La filosofia
e le sue storie

STORIA DELLA FILOSOFIA

l'età contemporanea

edited by Umberto Eco and Riccardo Fedriga

© 2014 by EM Publishers S.S.

경이로운 철학의 역사

3
현대 편
l'età contemporanea

UMBERTO ECO
RICCARDO FEDRIGA

움베르토 에코
리카르도 페드리가 편저
윤병언 옮김

arte

차례

일러두기

– 『경이로운 철학의 역사』는 다양한 형태와 성격을 가진 글들로 구성되어 있다. 기본적으로 번호가 달린 장들은 전형적인 연대기 형식으로 집필된 철학사를 다룬다. 이어서 필요한 곳마다 다양한 주제나 여러 철학자들에 대한 좀 더 깊이 있는 해설이나 짤막한 기사를 첨부했다.
– 이 기사들 가운데 '망원경 기호'로 시작되는 글들은 때로는 특정 시대를 벗어나기도 하고 특정 분야의 학문을 다루기도 하면서 철학사를 바라보는 우리의 관점을 좀 더 넓혀 줄 수 있는 보다 폭넓고 다양한 주제를 다룬다. 그 밖에 별면에 수록한 글들은 철학적 담론과 관련된 각 시대의 문화적인 측면들을 다룬다. 아울러 저자의 이름이 적혀 있지 않은 글들은 두 명의 감수자가 공동으로 집필한 글이다.
– '책과 호리병 기호'로 시작되는 글들은 원서에서 '문화적 배경Ambiente culturale'이라는 제목으로 본문 하단에 실었는데, 한국어판에서는 모두 별면에 실었다.
– 단행본은 『 』, 논문이나 장 제목은 「 」, 희극은 〈 〉로 묶었다.
– 본문 아래 각주는 모두 옮긴이의 것이다.

I

독일 관념주의

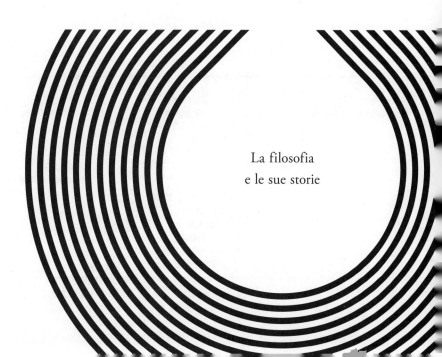

La filosofia
e le sue storie

1794년
로베스피에르의
죽음과 공포정치 종식

1799년
이집트에서 로제타석 발견

1804년
나폴레옹, 프랑스 황제 등극

1807년
틸지트 평화조약과
프로이센왕국의 굴복

1814~1815년
비엔나 협정

1824년
베토벤, 실러의
〈환희의 송가〉가 실린
제9번 교향곡 완성

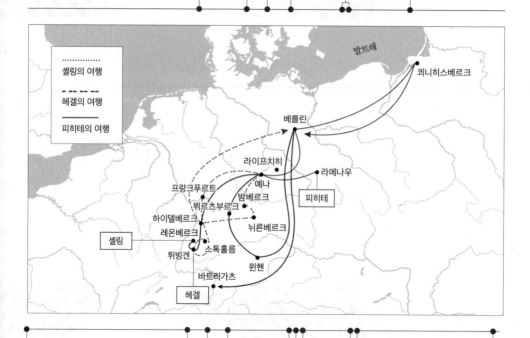

발트해

쾨니히스베르크

베를린

라이프치히

라메나우

예나

프랑크푸르트

밤베르크

피히테

뷔르츠부르크

하이델베르크

레온베르크

뉘른베르크

셸링

튀빙겐

소톡홀름

뮌헨

바트라가츠

헤겔

.... 셸링의 여행

– –– –– –– 헤겔의 여행

———— 피히테의 여행

1772년 헤르더,
『언어의 기원에 대한 논문』 출간

1797년 셸링,
『자연철학에
관한 생각』
출판

1807년 헤겔,
『정신현상학』
출판

1817년 헤겔,
『철학 백과사전』
출판

1836년
훔볼트, 『인간의
언어가 지니는
상이성에 관하여』
출판

1795년 피히테,
『언어 능력과
언어의 기원에 관하여』
셸링, 『철학적
원리로서의
'나'에 관하여』
실러, 『인간의 미적
교육에 관하여』 출판

1808년
피히테, 『독일 국민에게
고함』 출판

1816년 헤겔,
하이델베르크 대학 교수 임명

1793년 피히테,
『사상의 자유에 관하여』 출판

1809년 셸링,
『인간적 자유의 본질에
관한 철학적 탐구』 출판

프랑스혁명과 칸트Immanuel Kant의 철학 혁명은 1700년 대 말부터 독일에서 두각을 나타내기 시작한 이른바 '관념주의' 철학을 이해하기 위해, 정치적 혁명과 철학적 혁명의 차원에서 반드시 함께 검토되어야 할 요소들이다.

독일처럼 근본적으로는 봉건체제에서 여전히 벗어나지 못한 상태였고 경직된 계급사회가 국가체제의 구조적 분열을 조장하던 나라의 입장에서 프랑스혁명은 무엇보다도 사회 개혁을 통해 자유 및 인권 보장 제도를 마련할 수 있는 절호의 기회를 의미했다. 따라서 프랑스혁명을 바라보는 관념주의 철학자들의 입장은 긍정적일 뿐만 아니라 열광적이었고 이러한 분위기는 공포정치가 등장하고 나폴레옹Napoléon Bonaparte이 패권을 장악하기 전까지 계속 유지되었다. 피히테Johann Gottlieb Fichte는 혁명의 정당성을 인정하는 글을 발표했고 좀 더 젊고 패기가 넘쳤던 헤겔Georg Wilhelm Friedrich Hegel과 셸링Friedrich Wilhelm Joseph Schelling은 혁명적인 사상을 공개적으로 지지하고 나섰다.

관념주의 철학은 칸트의 강력한 영향하에 탄생했지만 동시에 칸트를 뛰어넘어야 한다는 과제를 안고 있었다. 세계는 개인이 타자의 그것과 동일한 인식 구조를 바탕으로 탐색하는 지식의 대상이라기보다는 인류의 역사와 획기적인 사건들이 주인공으로 등장하는 거대한 무대에 가까웠다. 피히테의 탄생(1762년)부터 셸링의 사망(1854년)에 이르는 시기에 이 무대를 장식한 것이 바로 미국혁명과 프랑스혁명이다. 헤겔을 비롯한 관념주의 철학자들은 이러한 사건들로 채워지는 역사가 어떤 초개인적 원인에 내재하는 일련의 법칙에 지배된다고 보

12

왔다. 이 법칙들이 지속적인 투쟁 속에서 모습을 드러내는 과정은 끝이 없고 '사실적인' 모든 것이 곧 '이성적인' 것으로 간주되는 만큼 어떤 의미에서는 퇴보가 있을 수 없는 과정이었다. 관념주의 철학자들은 칸트와 그의 비판철학을 유산으로 물려받았지만 결국에는 이성의 한계를 바라보는 지점에서 상이한 입장을 취할 수밖에 없었다. 이들은 철학이 현실의 깊은 의미를 파고들어 그 구조를 파악할 수 있어야 한다고 보았다. 바로 그런 이유에서 관념주의 철학자들은 비판철학의 경계를 벗어나 칸트 이전의 형이상학과 철학 전통에 관심을 기울였다.

피히테, 셸링, 헤겔의 철학체계를 도식적으로 요약하는 것은 상당히 어려운 일이다. 공통된 특징들을 찾으려고 노력하면 노력할수록 부각되는 것은 오히려 차이점들이다. 피히테는 '자아' 중심적인 사상과 의식의 형식적 특성들에 대한 특별한 관심을 바탕으로 주체적이고 윤리적인 관념주의를 정립시켰고, 셸링은 자연, 예술, 신화에 대한 각별한 관심을 바탕으로 미학적 관념주의를 발전시키면서 인간이 예술적 직관으로 절대성을 파악할 수 있는 가능성을 제시했다. 반면에 헤겔은 정신의 개념을 중심으로 그리스도교의 역사 및 그리스도교에 대한 철학적 재평가에 주목하는 관념주의를 발전시켰다.

헤겔학파에서 유래하는 한 역사철학적 관점에 따르면 관념주의 사조는 직선적이고 일관된 방식으로 발전했으며 마지막 단계에서 다름 아닌 헤겔에 의해 체계를 갖춘 것으로 설명된다. 하지만 이는 상당히 도식적인 해석에 불과하다. 피히테, 셸링, 헤겔은 이들 간의 적잖은 나이 차이에도 불구하고 철학적인 관점에서는 동년배로 간주해야 할 만큼 밀접한 정신적 유대관계를 형성하고 있었고 때로는 은밀하게, 때로는 공개적으로 서로의 철학체계를 참조하기도 하고 비판하기도 했다. 결과적으로 이들 사이에는 여러 가지 공통점이 존재한다. 이 가운데 가장 중요한 것은 두말할 필요 없이 철학을 하나의 완전한 체계로 간주함으로써 다른 모든 학문의 기반이 될 수 있고 모든 것을 이해할 수 있는 학문으로 구축하기 위해 노력했다는 점이다. 관념주의 철학자들은 인간의 모든 지식이 백과사전적 기획에 따라 이성적으로 체계화되어야 한다고 보았다.

초월적 관념주의는 현상들을 사물 자체가 아니라 표상으로 간주한다는 칸트의 설명에서 예고된 것처럼 독일 관념주의의 궁극적인 의미는 현실의 이성적인 구조가 근본적으로는 지식을 체계화할 수 있는 인간의 지적 능력과 상응한다고 보았다는 데 있다.

관념주의를 거부했던 철학자들의 비판적인 의견들 가운데 하나는 관념주의 철학이 현실의 존재를 부인하고 현실을 사유의 결과물로 간주한다는 것이었다. 하지만 이보다 더 잘못된 생각은 없다. 피히테에서 헤겔에 이르기까지 사유의 주체인 '나'의 활동에 맞서 대두되었던 것은 항상 자연, 자연적 실재, 객체로 간주되는 비자아, 세계, 존재 자체 등이었다. 다시 말해 자연적 실재가 단순히 정신적인 활동을 통해서만 생각할 수 있는 무언가로 간주되었을 뿐이다. 하지만 정신적인 활동과 관련된 관념주의적인 범주들을 '문화'로 대체하면 실제로 관념주의 철학자들은 외부 세계를 오로지 문화 활동이 그것에 어떤 형식이나 의미를 부여한다는 식으로만 생각했다는 점이 드러난다. 관념주의 철학자들이 역사에 관심을 기울인 것도 바로 그런 이유에서였다.

주목해야 할 것은 과거의 철학자들이 신학자나 과학자이기도 했던 반면, 다시 말해 전문적인 차원에서 어느 한곳에만 몰두하는 학자들이 아니었던 반면 관념주의의 출범과 함께 철학은 철학과 교수들이 다루는 학문으로 인식되기 시작했고 바로 이 교수들이 철학의 전문가로서 이전 세대 철학자들이 구축한 다양한 종류의 사유를 재구성하려고 시도했다는 점이다. 이러한 철학자의 유형과 이미지는 오늘날까지 살아남아 지속되고 있다.

1

피히테

1.1   청년기, 1762~1794년

요한 고트리프 피히테는 1762년 작센주 라메나우의 가난한 가정에서 태어났다. 피히테는 대학에서 신학을 공부했지만 경제적 어려움으로 인해 학업을 중단하고 가정교사로 활동했다. 그럼에도 불구하고 지속적으로 철학에 관심을 기울인 피히테는 철학적 결정주의가 이성의 요구를 완벽하게 충족할 수 있는 반면 마음의 요구와 자유에 대한 갈증은 충족하지 못한다는 점에 주목했다.

종교철학을 다룬 피히테의 첫 번째 저서는 『모든 계시에 대한 비판의 시도 *Versuch einer Kritik aller Offenbarung*』라는 야심찬 제목을 지녔다. 피히테의 야망은 그에게 '새로운 세계'를 펼쳐 보이면서 그의 사고방식을 완전히 뒤바꿔 놓은 순수이성, 실천이성, 판단력 비판서의 저자 칸트로부터 인정받는 것이었다. 피히테의 첫 번째 저서는 1792년에 출판되었고 다음 해에 곧장 2쇄가 나올 정도로 커다란 주목을 받았다. 하지만 처음에 이 책은 익명으로 출판되었고 사람들은 곧장 저자가 칸트라고 생각했다. 이어서 칸트가 공개적으로 자신이 이 책의 저자

가 아니라고 발표했을 때 전해진 충격은 자연스레 저자에 대한 궁금증을 유발
시키면서 책의 대대적인 성공을 보장해 주었다. 피히테는 이내 독일 철학의 주
인공으로 떠올랐고 1794년 예나 대학에 철학 강사로 초빙되었다.

　이 책을 통해 피히테가 주장한 내용의 요지는 계시가 인간이 느끼는 어떤
'필요'에 상응하며, 인간에게 도덕적 계율이 이미 주어져 있음에도 불구하고
이성의 힘은 감각적인 충동의 유혹을 뿌리치기에 충분치 못하다는 것이었다.
피히테는 계시가 상상력을 통해 신을 도덕적 계율의 저자로 표상함으로써 감
각적인 충동을 극복하기 위한 힘을 계율 자체에 부여한다고 보았다. 계시가 이
성의 일시적인 나약함을 보충할 뿐만 아니라 감성적으로 보다 고차원적인 도
덕적 조건을 구성하는 데 일조한다고 보았던 것이다.

　피히테는 실용적인 측면에도 커다란 관심을 기울였고 이러한 특징은 정치
적인 성격을 지닌 두 편의 저서『사고의 자유에 관하여*Zurückforderung der Denkfreiheit*』
(1793년)와『프랑스혁명에 관한 대중적 견해의 정정을 위하여*Beitrag zur Berichtigung
der Urteile des Publikums über die französische Revolution*』(1793~1794년)에서 그대로 드러난다. 여
기서 피히테는 법과 정치 및 윤리의 관계에 대한 자신만의 이론을 처음으로 소
개하면서 정치구조의 변화를 꾀하려는 시도 자체의 보편적인 타당성을 바탕으
로 혁명의 정당성을 지지했다. 피히테에 따르면, 한편에는 '자연 상태', 즉 인간
이 오로지 윤리적 차원의 심적 계율에 복종하는 이성적 주체로서 행동할 수 있
는 '자연적 조건'과 인간이 도덕적 주체로서 법적 시효와 무관하게 지니는 '자
연적 권리'가 존재하고, 다른 한편에는 똑같이 법적 시효에 따라 소멸될 수 없
는 권리의 영역에 속하지만 자연적 권리에 비해 훨씬 협소한 의미를 지니는 계
약의 영역이 존재한다. 이 계약의 영역은 인간의 행위가 어떤 경우에 정당하고
어떤 경우에 부당한지 판가름하며 칸트적인 의미의 도덕적 계율처럼 절대적
의무에 속하는 것이 아니라 인간의 독단적 자유의지에 따르는 행위의 정당성
여부를 판가름하는 영역이다. 달리 말하면 이 경우에 인간은 원칙적으로 판가
름의 조건을 받아들이느냐 마느냐에 따라 계약에 동의할 수도 있고 그렇지 않
을 수도 있다.

피히테에 따르면, 정치적 질서의 기반을 형성하는 '사회계약'은 여러 종류의
잠재적 계약 중 하나에 불과하며 이 역시 독단적 자유의지의 결정에 좌우된다.
달리 말하면, 어떤 특정한 정치적 제도에 복종을 약속하는 형태의 계약 역시
변화를 겪을 수밖에 없다. 즉 시민들은 고유의 정치 구도를 변형할 수 있는 권
리를 지닌다. 바로 그런 이유에서 피히테는 혁명이 그 자체로 정당하며 국가는
오로지 조건부의 복종만을 요구할 수 있다고 보았다. 개개인의 동의가 줄어들
면, 혹은 개개인이 계약을 하나둘씩 파기하기 시작하면 국가의 입장에서는 사
실상 자유의지 행사에 대한 개개인의 자연적 권리를 짓밟지 않고서는 이를 막
을 방도가 없다고 보았던 것이다.

1.2   예나, 1794~1799년

피히테는 예나에 머무는 동안 자신의 철학과 수용 경로를 구축하게 될 체계
적인 저서들, 예를 들어 『모든 학문 이론의 토대Grundlage der gesamten Wissenschaftslehre』
(1794~1795년), 『자연법의 토대Grundlage des Naturrechts』(1796~1797년), 『윤리학의 체계
System der Sittenlehre』(1798년), 『학문 이론을 위한 첫 번째 및 두 번째 서설Erste und zweite
Einleitung in die Wissenschaftslehre』(1797년)을 비롯해 그의 철학을 새로운 방식으로 체계
화한 미완의 저서 『학문 이론의 새로운 방법론Wissenschaftslehre nova methodo』을 집필했
다. 이 책이 끝내 완성되지 못한 이유들 가운데 하나는 이 책을 집필하던 시기
에 피히테가 이른바 '무신론 논쟁'(1798~1799년)에 연루되었기 때문이다. 이 논
쟁으로 인해 피히테는 결국 예나 대학 교수직에서 물러나 베를린 대학으로 이
적하게 된다.

　이상의 저서들을 집필하면서 피히테는 좀 더 특별하고 비체계적인 주제를
다루는 일련의 글들을 출판했다. 주목할 만한 책들 가운데 『학자의 사명에 관
한 강의Einige Vorlesungen über die Bestimmung des Gelehrten』(1794년)는 사회 안에서 문화인이
감당해야 할 안내자 역할과 이성 활성화라는 과제를 분명히 하기 위해 쓰였다.

　피히테의 철학 전체를 관통하는 가장 기본적인 사상은 철학을 '학문 이론'으로 보는 관점 속에 요약되어 있다. 이 '학문 이론'을 체계적으로 소개한 책이 바로『학문 이론의 개념 *Über den Begriff der Wissenschaftslehre*』(1794년)이다. 예나에서 강의를 시작하기 얼마 전에 집필한 이 저서에서 피히테는 학문으로 인정받기 원하는 철학이 충족시켜야 할 형식적인 기준들을 제시했고 '학문 이론'은 뒤이어『모든 학문 이론의 토대』(1794~1795년)에서 보다 심도 있게 체계화되었다. 이러한 이론을 바탕으로 정립된 것이 바로 '원칙'과 '체계'라는 개념이다.

　피히테의 '체계'라는 개념은 전제와 결론의 논리적 결속력을 바탕으로 전개되는 복합적인 증명 과정을 가리킨다. 피히테는 이 과정이 철저하고 완전해야 한다고 보았다. '철저해야' 하는 것은 어떤 중간 단계도 빠트리지 말아야 하기 때문이며 '완전해야' 하는 것은 증명 과정이 어떤 식으로든 결말을 가지고 있어야 하기 때문이다. 피히테는 '철저함'과 '완전함'이 탐구 결과의 진실성에 대한 확신을 얻기 위해 절대적으로 필요한 요인이라고 보았다. 진실의 증명 과정이 무한히 계속되거나 증명 과정에서 일련의 결함이 발견된다면 확실성을 보장하는 요소들이 부재한다고 볼 수밖에 없으며 결과적으로 우리의 지식은 '의혹'과 '불확실성' 때문에 모든 의미를 상실하게 된다고 보았던 것이다.

　지금까지 피히테가 데카르트 René Descartes에 의해 정립된 기본적인 기준들의 영역 내부에서 움직였다면 그가 이러한 기초적인 단계를 훌쩍 뛰어넘는 곳은 다름 아닌 '원칙 Grund-satz'의 차원이다. '원칙'을 논하면서 피히테는 이 단어를 구성하는 두 용어, 즉 '토대'를 뜻하는 Grund와 '명제'를 뜻하는 Satz의 중요성을 강조했다. 피히테는 '원칙'이 언어학적 구도, 즉 문법적인 형태를 갖춘 문장의 형식을 취해야 하며 '절대적인' 성격을 지녀야 한다고 보았다. 다시 말해 설명의 출발점으로 기능해야 하는 최초의 '우선적인 진리'뿐만 아니라 다른 어떤 것에도 의존하지 않고 그 자체로 충분한 '무조건적인 진리'를 표현할 수 있어야 한다고 보았던 것이다. 아울러 이러한 형식적인 기준들을 충족하기 위해 명제는 이 기준들과 모순되지 않은 내용을 표현해야만 하며, 내용 자체가 우선적이고 무조건적인 토대를 구축해야 하고 고유의 진리에 대한 확실성을 포함해야 했다.

이 시점에서 제기된 문제는 과연 무엇이 최초의 빼놓을 수 없는 원칙으로 채택될 수 있는가였다. 『모든 학문 이론의 토대』에서 피히테가 원칙으로 채택한 것은 흔히 이론의 여지가 없다고 받아들여지는 정체성의 논리(A=A)다. 피히테는 이러한 선택이 정당화될 수 있는지, 다시 말해 이 원칙의 명백함이 사실은 더 고차원적인 또 다른 원칙에 좌우되지 않는지 질문하면서 정체성의 뿌리를 이루는 것은 스스로를 전제하는 '자아'의 활동이라는 결론을 이끌어 냈다.

여기서 '자아'는 순수하게 위치를 점하는 활동으로 설명된다. 즉 개인적인 의식, 혹은 경험적이거나 심리적인 차원의 사유는 핵심적인 문제가 아니다. 결정적인 것은, 무언가가 정체성을 지닌 실체로 존재하려면 '설정'될 필요가 있으며 '설정된 상태로' 존재하기 위해서는 다른 무엇도 아닌 스스로에 의해 설정되어야 한다는 사실이다. 이러한 필요성이 대두되는 이유는 악순환을 피해야 한다는 원칙을 진리로 받아들여야 하기 때문이라기보다는 정체성이 설정되는 순간, 설정된 정체보다 더 원천적인 위치를 점하기 위한 활동을 가정할 수밖에 없기 때문이다.

주목해야 할 것은 피히테가 정체성을 범주적이지 않은 하나의 가정 명제로 간주했다는 사실이다. 'A=A'는 A가 설정되었다거나 스스로와 동일하다는 의미가 아니다. 이 명제는 오히려 A가 설정될 경우 스스로와 동일한 실체로 설정되어야 한다는 것을 의미한다. 반면에 '나'의 경우 '나=나'라는 명제는 가정적이지 않으며 절대적이다. 다시 말해 '나'의 경우에는 내용과 형식이 서로를 필연적으로 수반하는 현상이 일어나므로 스스로를 전제하는 '자아'는 내용과 형식의 측면 모두에서 무조건적인 원칙으로 주어진다.

'자아'를 가장 우선적이고 중요한 원칙으로 세우는 데 적용했던 것과 동일한 방식으로, 아울러 비모순율과 충족이유율 같은 논리적 원리를 활용하면서 피히테는 또 다른 두 가지 원칙, 즉 '자아'가 '비자아'를 전제한다는 원칙과 '자아'가 '자아' 스스로와 '비자아'의 대립을 주도한다는 원칙을 도출해 냈다.

첫 번째 원칙이 정체성의 논리 'A=A'에서 유래하는 반면 두 번째 원칙은 대

립의 논리 '-A≠A'에서 유래하며 '자아'에 '비자아'가 절대적으로 대립된다는
명제로 귀결된다. 여기서 '비자아'는 단순히 반대 위치를 점하는 활동으로 간
주된다. '비자아'는 대립의 형식이라는 측면에서 무조건적이지만 질료에 좌우
된다는 특징을 지닌다. 즉 '비자아'는 자아에 대립하는 실재이며 '자아'와 다른
타자, 객체, 세계다. 주목해야 할 것은 '비자아'를 정의하면서 피히테가 '자아'
에 우선하는 '사물 자체'의 존재에 대해 전혀 언급하지 않는다는 점이다.

이제 남은 것은 '자아'와 '비자아'의 공존을 꾀하는 문제다. '자아'와 '비자아'
는 절대적인 대립 속에서 서로를 배척하지만, 우리는 의식적으로 경험을 통해
주체와 객체, '자아'와 '비자아'가 모두 실재한다는 사실을 이해한다. 달리 말하
면 우리의 의식은 객체에 의해 '결정'되거나 '변경'되며, 세상을 표상한다. 이러
한 특징을 설명하기 위해 피히테가 도입한 것이 바로 학문 이론의 세 번째 원
칙, 즉 '자아'는 분리가 가능한 '자아'에 분리가 가능한 '비자아'를 대립시킨다
는 원칙이다. 다시 말해 '자아'와 '비자아'는 사실상 절대적인 방식으로 대립하
는 것이 아니라 부분적으로만 대립하며 서로에게 한계를 부여한다. 피히테에
따르면, 인간의 의식이 유한한 것도 바로 이 때문이다.

피히테는 『모든 학문 이론의 토대』에서 취했던 설명 방식에 한 번도 만족한
적이 없었다. 무엇보다도 이 책이 세 장, 즉 의식의 원리원칙적인 부분, 이론적
인 부분, 실천적인 부분으로 나뉘어 있었고 결과적으로 의식의 전체적인 통일
성을 부각시키는 데 실패했다는 점을 느꼈기 때문이다. 아울러 이러한 구분과
순서 자체가 의식의 이론적인 활동과 실천적인 활동을 독립적이고 개별적인
것으로 보이게끔 만든다는 문제가 있었다. 정작 피히테가 의도했던 것은 오히
려 전자가 후자에 좌우된다는 것을 증명해 보이는 것이었다. 결과적으로 피히
테는 학문 이론의 새로운 방법론을 고안하기에 이르렀고 1796~1797년 겨울
학기 강의를 시작하면서 이에 관한 자신의 계획을 공고하기도 했다.

그렇다면 이 새로운 방법론의 주요 특징은 무엇인가? 첫 번째 특징은 지적
직관이라는 개념을 활용하면서 이를 의식에 대한 설명의 출발점으로 삼았다는
데 있다. 피히테는 정체성의 논리를 바탕으로 스스로를 설정하는 '자아'에 더

이상 얽매이지 않고 스스로를 '자신에게 되돌아오는' 활동으로 설정하는 '자아', 즉 스스로를 '자의식'으로 간주하는 '자아'에서 직접 출발했다. 자아에 대한 이러한 즉각적인 인식을 지칭하기 위해 피히테는 '자아적인 특성'을 뜻하는 Ichheit라는 용어를 사용했다.

『모든 학문 이론의 토대』에서 크게 벗어나는 또 하나의 특징은 최초의 원칙에서 출발하는 설명의 구도가 이론적인 부분과 실천적인 부분의 분리를 가져왔기 때문에 결국 이를 포기했다는 점이다. 지적 직관이라는 자아적인 특성이 부각되면 사실상 통일된 의식을 두 부분으로 나눌 필요는 사라지고 만다. 왜냐하면 의식의 모든 활동은 '자아'가 스스로를 설정하면서 자기 자신으로 되돌아오는 원천적인 활동에서 그 뿌리를 발견할 수 있기 때문이다. 바로 그런 이유에서, 피히테는 자아가 스스로를 현실 속에 위치시키는 실천적인 기량 혹은 성향이 이론적인 기량보다 먼저 추론되어야 한다고 보았다.

피히테의 학문 이론은 철학에 대한 특별한 설명이나 철학의 복합적인 체계로 간주될 수 있다. 특별한 설명일 경우 학문 이론은 지금까지 살펴본 체계의 가장 중요한 학문 분야로 간주될 수 있고, 복합적인 체계일 경우 다시 여러 분야로 세분화될 수 있다. 이 분야들 가운데 피히테가 예나에서 활동하던 시기에 주제로 다룬 것은 '법'과 '윤리'다.

피히테가 자신의 법 이론을 설명한 책『자연법의 토대』(1796~1797년)의 가장 기본적인 전제는 개인이 이성적이고 자유로운 존재임에도 불구하고 이는 또 다른 개인들 사이에서만 가능하다는 것이었다. 피히테에 따르면, "인간이라는 개념은 개인이라는 개념과는 거리가 멀다. 이러한 개념은 생각조차 할 수 없다. 인간은 우선적으로 종적인 개념이다". 피히테는 책 서두에서 이성적인 존재들의 상호 '인식'을 바탕으로 하는 상호주체성Intersubjektivität 이론을 제시한 뒤 이를 바탕으로 인간이 서로에게 한계를 부여하며 법적인 성격의 관계를 구축한다고 설명했다. 이러한 구도를 바탕으로 피히테는 시민들 간의 동의를 전제로 구축된 근대 계약론과 주체의 의식에 집중하는 초월주의 철학의 조화를 꾀했다.

결과적으로 피히테가 제안한 구도는 비교적 복잡한 성격을 지닌다. 가장 특징적인 것은 피히테가 권력의 대리인에 대한 시민의 복종과 결합의 약속을 바탕으로 하는 고전적인 국가 형태가 아니라 고대 스파르타에서 사법부 역할을 했던 에포로스ephoros 제도에 관심을 기울였다는 점이다. 피히테에 따르면, 국가의 체제 유지를 위해 근본적으로 필요한 것은 더 이상 입법부, 사법부, 행정부의 구분이 아니라 이상의 세 기능을 실질적으로 통합하는 권력 대행자와 체제 보장 임무를 맡은 사법부 간의 구분이다. 여기서 정부의 정책에 국가의 존속을 위협할 정도로 심각한 문제가 있다고 판단될 경우, 사법부를 구성하는 에포로스들에게는 정치 지도자들에게 거부권을 행사하고 민회를 소집할 수 있는 권한이 주어지며 민중에게는 정부 교체나 에포로스들에 대한 신뢰 철회를 결정할 권리가 주어진다.

윤리학 분야의 주저 『윤리학의 체계』(1798년)에서 피히테는 윤리적인 계율의 '유전적인 유래'를 추적하겠다는 야망을 표명한 바 있다. 다시 말해 윤리의 기원 혹은 '탄생'에 대한 설명을 제시하겠다는 것이었다. 피히테는 인간 심리에 존재하며 도덕적 계율의 기원이 되는 윤리의 가장 우선적이고 필수적인 원칙이 무엇인지 밝히려고 노력했다. 피히테의 탐구 영역은 사실상 칸트의 그것과 크게 다르지 않았다. 하지만 칸트의 도덕적 계율이 순수하게 형식적인 성격을 지녔던 반면 피히테의 계율은 물질적인 차원에서도 평가가 가능하다는 특징을 가지고 있었다.

피히테의 관점에서 이성과 감성의 관계는 더 이상 복구가 불가능한 적대관계가 아니다. 피히테는 이성과 감성의 관계가 물질세계 안에서 실행되는 도덕적 계율을 참조한 상태에서 점차적으로 형성되는 감각적인 세계를 바탕으로 구축된다고 보았다. 여기서 엿볼 수 있는 것은 피히테가 행위에 소용되는 도구로서의 신체 및 이성적 주체의 도덕적 행위를 가능하게 하는 유기적인 총체로서의 자연에 기울인 관심이다.

법과 윤리의 관계에 관한 한, 피히테는 이 두 분야를 상이한 원리를 바탕으로 기능하는 상이한 범주로 간주했다. 피히테에 따르면, 법은 이성적인 존재들의 개별적인 내면세계와는 무관하게 외부 세계에서 이들의 공존을 가능하게 만들 수 있는 조건의 탐구를 바탕으로 기능하며 윤리는 이성적인 존재가 지니는 의도의 특성뿐만 아니라 의도를 구체적으로 실현할 수 있는 실질적인 기량을 토대로 기능한다.

1798년 가을 《철학저널 *Philosophisches Journal*》에 실린 한 논문에서 프리드리히 카를 포르베르크 Friedrich Karl Forberg는 신이라는 존재의 불확실성을 주장한 바 있다. 같은 호에 실린 「신의 세계 통치에 대한 믿음의 근거에 관하여 *Über den Grund unseres Glaubens an eine gottliche Weltregierung*」라는 논문에서 피히테는 포르베르크의 논제뿐만 아니라 글 속에 함축되어 있는 무신론적인 결론과 정반대되는 주장을 펼쳤다. 피히테는 신의 존재보다 더 확실한 것은 없으며 신을 '세계의 도덕적 질서'로 이해해야 한다고 주장했다. 하지만 바로 그런 이유에서 창조주로서의 신을 부인하는 듯이 보인 피히테의 입장은 이른바 '무신론 논쟁'으로 불리는 커다란 논란을 불러일으켰다. 이 논쟁은 수많은 지식인과 문화인의 정신세계를 깊이 뒤흔드는 결과를 가져왔고 1798년에서 1801년 사이에만 피히테와 포르베르크의 주장에 답하는 글 100편 이상이 책과 저널을 통해 출간되었다.

이 논쟁의 절정을 이룬 글들 가운에 주목할 만한 것은 프리드리히 하인리히 야코비 Friedrich Heinrich Jacobi의 『피히테에게 보내는 편지 *Jacobi an Fichte*』(1799년 3월)다. 이 편지에서 저자는 후세에 위용을 떨치게 될 '허무주의'라는 용어를 처음으로 사용하면서 피히테의 학문 이론을 비판했다. 당연히 이러한 종류의 비판에 놀랄 수밖에 없었던 피히테는 야코비의 오해가 몇몇 우스꽝스러운 해석에서 비롯되었음에도 불구하고 『인간의 숙명 *Bestimmung des Menschen*』(1800년)이라는 글을 통해 답변을 제시하면서 동시에 무신론 논쟁 전체에 대한 철학적 평가를 시도했다.

하지만 독일의 귀족들과 종교 지도자들의 개입을 불가피하게 만들었던 무신론 논쟁은 결국 피히테의 예나 대학 교수직 해임이라는 결과로 이어졌다. 이 고통스러운 일화 후에 피히테는 예나를 떠나 베를린으로 이주했고 이곳에서 저술 활동에 매진하며 생애의 마지막 시간을 보냈다.

베를린에서 집필한 글들은 출판된 저서와 편집되지 않은 단상들 사이에 커다란 차이를 보인다. 이 시기의 피히테 철학에 대한 대략적인 설명을 위해 참조해야 할 책은 무엇보다 『복된 삶을 위한 지침Die Anweisung zum seligen Leben』이다. 종교철학을 주제로 다루었지만 이 책은 학문 이론에 대한 쉽고 간결한 설명을 동시에 포함하고 있다. 일찍이 『인간의 숙명Bestimmung des Menschen』에서 처음으로 소개했던 몇몇 개념들을 바탕으로 피히테는 더 이상 '자아'가 아닌 '절대성'을 이론의 기반으로 제시했다. 원천적인 삶을 의미하는 이 '절대성'은 주체나 어떤 지고의 실재를 바탕으로 정립되지 않으며, 인간의 의식을 현현의 공간으로 삼는 일종의 무인칭적인 생성 과정을 가리킨다.

피히테는 세계를 해석하기 위한 다섯 가지 기본적인 관점, 즉 감각적인 쾌락, 적법성, 고차원적인 윤리, 학문 이론으로서의 철학, 종교의 관점을 제시했다. 흥미로운 점은 피히테가 적법성의 관점에 칸트적인 의미의 도덕적 계율뿐만 아니라 자신이 예나에서 발전시킨 법과 윤리의 철학을 모두 포함시켰다는 것이다. 반면에 고차원적인 윤리의 관점은 법의 형식적인 측면을 무시하고 삶의 의미가 역사적 행동의 차원에서뿐만 아니라 지적 혁신의 차원에서 정신적인 창조 능력에 있다고 보는 관점이다.

결과적으로 부각되는 것은 윤리적 관점과 종교적 관점 간의 밀접한 연관성이다. 종교는 사실상 창조적 주체성보다는 신성한 삶을 중요시하며 후자를 주체성 자체의 내재적인 원리이자 동력으로 간주한다. 피히테는 인간의 자유가 중재하지 않으면 신성한 삶은 가시화되거나 현실화될 수 없으며, 신성한 원리에 대한 인간의 의식은 인간의 능력과 확신을 강화하며 또 다른 창조를 위한 발전의 밑거름이 된다고 보았다. 피히테에게 신은 새로운 활동의 끝없는 원천이었다. 바로 그런 이유에서 피히테는 신을 무에서 우주를 창조한 페르소나로 상상하는 것이 모순이라고 보았다.

피히테는 당시에 설립된 베를린 대학의 교수로 활동하며 생의 마지막 시간을 보냈다. 피히테가 학문 이론을 다루는 강의에 앞서 개최한 철학 입문 강좌의 내용은 『의식적 사실들Tatsachen des Bewusstseins』이라는 제목으로 출판되었고

1812년의 논리학 강의 내용은 『초월적 논리학*Transzendentale Logik*』이라는 제목으로 출판되었다. 실용 철학 분야에서 주목할 만한 저서는 1813년에 집필된 뒤 사후에 출판된 『국가론*Die staatslehre*』이다. 이 저서에서 피히테는 자신의 학문 이론을 그리스도교의 철학적 실천으로 간주하는 독특한 그리스도론을 바탕으로 자신만의 정치철학과 새로운 형태의 국가론을 발전시켰다. 피히테는 1814년 1월 베를린에서 세상을 떠났다.

언어에 관한 논쟁

언어의 본질에 관한 문제는 1700년대 후반과 1800년 초반 사이에 독일에서 지속적이고 특별한 관심과 열띤 토론 및 성찰의 대상으로 주목받았다. 논쟁의 주인공들이 집중적으로 관심을 기울였던 것은 언어의 보편적이고 '신화적인' 기원을 탐색하는 문제, 다양한 언어의 이질적이고 역사적인 차원을 수용하는 문제, 언어 자체를 집단적이고 역동적인 작업으로 보는 관점의 문제, 언어 능력이 본질적으로 선천적인 것인지 습득 과정을 요하는 것인지 다루는 문제 등이었다. 특히 마지막 문제는 하만Johann Georg Hamann이나 피히테처럼 언어의 신성한 기원을 주장하는 이들과 그림Jacob Grimm이나 헤르더Johann Gottfried von Herder 처럼 인간적이고 역사적인 차원을 강조하는 이들 사이의 좀 더 고차원적인 논쟁으로 확산되었다.

1851년 1월 베를린-브란덴부르크과학아카데미Berlin-Brandenburgische Akademie der Wissenschaften에서 야콥 그림(1785~1863년)이 발표한 『언어의 기원에 관하여Über den Ursprung der Sprache』는 언어의 본질에 관한 오랜 논쟁에 사실상 종지부를 찍었다고 볼 수 있는 저서다. 그림의 논문이 두 달 전 셸링이 발표한 짧은 논고에 대한 일종의 답변이었다면 셸링이 다룬 것은 1770년에 아카데미 공모 주제로 제시되었던 문제, 즉 '인간은 자연적인 기량만으로 언어를 창조할 수 있는가, 그렇다면 어떤 방법으로 이를 창조할 수 있는가'라는 질문이었다. 독일 관념주의를 대표하는 철학자 셸링의 설명에 답변하면서 그림은 이것이 사실상 대답하기 어려운 질문이라는 입장을 표명했다. 그림은 언어의 본질이 수수께끼로 남아 있다면 그것은 역사적인 지식의 부재 때문이지 언어의 '본질' 자체 때문이 아니라고 보았다. 그는 언어가 끝없는 인간적 '생산'의 결과이며 따라서 '역사 전체를 따라' 그 흔적을 추적해야 한다고 주장했다. 언어의 본질적으로 역사적이며 전승적인 성격을 전제로 그림은 보편적인 차원의 언어가 '모든 개별적 언어의 특수성' 속에서 분해되며 '공통의 기원'으로부터 점점 멀어지는 '변형'의 과정을 밟는다고 보았다. 그림은 이 과정을 거꾸로 거슬러 올라가 적어도 인간이 스스로를 항상 '생각할 뿐만 아니라 생각하기 때문에 말하는' 존재로 간주해 왔다는 사실과 사유는 항상 언어라는 '발전적인 형태의 기능'과 서로를 자극하는 관계에 놓여 있다는 점을 이해해야 한다고 강조했다.

한편 셸링은 1770년의 아카데미 공모 이후 긴 세월이 흘렀음에도 불구하고 철학이 어떻게 이러한 본질적인 차원의 문제, 즉 언어의 본질이라는 문제를 사실상 포기해 왔고 비교언어학을 통해 얻을 수 있는 놀라운 장점을 활용하지 못했는지 상기시키면서 계몽주의가 만개한 시대에, 당시의 수상자 헤르더와 심사위원 하만 사이에서 오간 오래전의 논쟁 내용을 다시 언급한 뒤 언어의 '신성할 뿐 아니라 인간적인' 기원을 발견해 낸 공로는 하만에게 있다고 천명했다. 실제로 셸링은 역사의 기원을 형성하는 인류의 정신적인 위기가 민족들의 다양성과 차이점을 발생시켰고 이러한 차이점들이 '원천적인 언어의 통일성'을 파괴했다고 보았다.

헤르더

1770년의 공모에서 우승을 차지한 요한 고트프리트 헤르더(1744~1803년)는 수상 논문을 통해 '인간은 우선적으로 동물로서' 언어를 지닌다고 주장했다. 헤르더가 이러한 표현을 통해 의도한 것은 인간이 '강렬한 육체적 감각'이나 '강렬한 영적 고통'을 참지 않고 목소리를 통해 외부로 발산하며 그 이유는 이러한 느낌을 다른 이들과 공유함으로써 '보이지 않는 사슬'이 형성되기를 바라기 때문이라는 것이었다. 물론 헤르더의 이러한 주장이 그가 인간을 동물과 다를 바 없는 존재로 간주했다는 것을 의미하지는 않는다. 오히려 그는 "어떤 동물도, 가장 완벽하다고 할 수 있는 동물도 인간이 사용하는 진정한 언어에 조금이라도 비할 만한 것을 가지고 있지 않다"고 확신했다. '동물적인 언어'라는 표현은 언어의 자연적인 기원에 대한 오해를 불러일으킬 뿐이었다. 결과적으로 괴성과 음절을 말의 대등한 기원으로 간주하면서 콩디야크Étienne Bonnot de Condillac처럼 '짐승을 인간으로' 다루거나 루소Jean Jacques Rousseau처럼 '인간을 짐승으로' 다루는 오류를 범하지 말아야 했다. 따라서 언어 문제는 근본적인 차원에서 다루어야 하며 이를 위해 인간이 동물과 다른 점, 동물의 그것과 다른 인간만의 특징에 주목할 필요가 있었다. 이러한 관점에서 헤르더는 동물을 오로지 제한된 환경 속에서만 살아가도록 만드는 동물만의 '타고난 기술적 본능'이나 '성향'이 인간에게는 절대적으로 부족하다는 인류학적 관점의 사실에도 주목해야 한다고 보았다. 결과적으로 중요한 것은 "말을 한다는 것이 동물들은 이해하지 못하는 복합적인 형태의 요구, 어떤 내면적인 소통의 요구에 상응하는 것은 아닌가?"라는 질문이었다.

헤르더는 이 질문에 대한 답이 '자연경제적인' 사유 속에 있다고 보았다. 자연경제적인 차원에서는 인간과 동물의 차이뿐만 아니라 이들이 사용하는 언어의 차이 역시 '정도의 차이가 아닌 종적인 차이'였기 때문이다. 자연경제의 관점에서 부각되는 것은 무엇보다도 인간의 '자유라는 특권', 즉 '언어의 탄생을 정당화하는 유전적 기초'로서의 자유다. 이 자유는 인간이 '자연의 완벽한 부속품'에 머무는 것을 막고 그를 '스스로가 감당하는 고난의 최종 목적'으로 존재하도록 종용한다. 동물은 '본능'과 통합된 '기술적 성향'을 지니지만 인간은 그렇지 않다. 인간은 '이성'과 '자유'를 함께 인지하며 이들을 사유의 긍정적인 힘으로 이해한다. 이 사유의 힘은 감각적인 동시에 인식적이고 의지적인 특성을 지니며 구별된 기능을 가지고 있을 뿐 매순간 '분리될 수 없는 영혼'의 힘으로 표출된다. 바로 그런 의미에서 자유로운 인간은 인식하고 원하고 일할 뿐만 아니라 동시에 자신이 인식하고 원하고 일한다는 것을 이해하는 존재다.

헤르더에 따르면 언어의 '신성한' 기원을 주장하는 이들의 반론은 인간 기원론의 논지를 무너트릴 수 있을 만한 체계를 갖추지 않았다. 언어를 창조하려면 충분한 지성을 지녀야 하고 지성을 갖추려면 언어를 가지고 있어야 한다는 논리를 펴면서 인간이 언어를 창조했을 리가 없다고 보는 모든 이들에게 헤르더는 무엇보다도 언어의 신성한 기원을 이해하기 위해서는 기본적으로 지성과 지성을 뒷받침하는 언어가 필요하다고 반박했다. 아울러 헤르더는 언어가 어떤 '천상의 영'에 의해 창조되었다면 처음부터 완벽했을 것이며 결과적으로 인간이 사용하는 것과 상당히 다른 언어가 탄생했을 것이라고 보았다. 반면에 인간의 언어는 정신적인 성장 방식과 고유한 발견의 역사가 부각되는 구조를 지니고 있었고, 바로 그런 이유에서 미래뿐만 아니라 무엇보다도 먼 과거를 바라볼 줄 안다는 특징을 지니고 있었다. 헤르더가 신화학에 관심을 기울였다는 사실은 바로 이러한 측면에서 이해되어야 한다.

미결된 상태로 남아 있던 마지막 문제는 '말의 필연적이고 내재적인 기원'에서 말의 실질적인 전달 행위에 이르는 과정의 문제, 언어를 '인간의 영혼이 지니는 진정한 의미'로 보는 관점에서 내면적인 대화를 외부에 전달하기 위한 필수적인 '도구'로 보는 관점에 이르는 문제였다. 이와 관련해서 헤르더는 집단적이고 역동적인 성격의 언어를 뒷받침하는 자연의 법칙이 존재하며 이러한 법칙이 인류가 발전을 꾀하고 사회를 구축하려는 성향, 다양한 언어와 함께 문화의 사슬을 형성하려는 성향을 결정한다고 보았다.

1799년에 출판한 『지성과 경험: 순수이성 비판을 위한 형이상학*Verstand und Erfahrung: Eine Metakritik zur Kritik der Reinen Vernunft*』에서 헤르더는 칸트의 지성주의를 극복할 수 있는 아프리오리a priori의 언어학과 이를 포함하는 완전한 철학의 체계화를 시도했다. 이 언어학은 다음과 같은 원칙들에 의해 구축된다. 1) 언어는 좋은 경우에든 나쁜 경우에든 사유에 활용된다. 따라서 언어에는 오해와 모순이 내재한다고 보아야 하며, 그런 의미에서 형이상학 자체를 언어의 철학으로 간주할 필요가 있다. 2) 사유는 선험적으로 발명되지 않은 언어, 즉 경험적이고 구체적인 언어 안에서 형태를 취한다. 3) 어떤 대상을 이해하는 것은 무엇보다도 그것을 대상으로 인식한다는 것을 의미하며 대상의 감각적 인상에서 개념적 구체화로 전이가 이루어진다는 것을 의미한다. 4) 범주들은 지성의 순수한 개념이 아니라 '정보의 기록, 배열, 이해'를 목적으로 하는 지적 활동의 결과다.

하만

헤르더가 발전시킨 것은 사실 요한 게오르크 하만(1730~1788년)이 일찍이 『순수이성에 대한 메타 비평*Metakritik über den Purismus der Vernunft*』(1784년)에서 칸트가 지성의 고유한 것으로 간주한 자연스러움을 언어에 되돌려 주기 위해 짧고 날카롭게 제시했던 몇몇 논제들이다. 하만은 특정 개념이 항상 하나의 구체적인 단어와 결속되어 있다는 조지 버클리George Berkeley의 말을 인용하면서 '철학의 정화'를 3번에 걸쳐 시도했던 칸트의 오만방자함을 폭로했다. 칸트는 사실상 모든 '전승과 전통과 믿음'으로부터 이성을 해방시키는 데 그치지 않고 이성을 '경험 자체 및 경험의 일상적인 결과'로부터 독립적인 것으로 만들기 위해 총력을 기울였고, 그렇게 이성을 '처음이자 마지막 기관이며 기준인' 언어로부터 독립시켰다. 그런 식으로 칸트가 소홀히 했던 것은 사유가 언어 사용을 바탕으로 이루어진다는 사실과 이성적 오류의 중심에도 언어가 있다는 사실이다.

하만이 가장 많이 다루었던 주제는 언어의 본질과 기원이다. 여러 저서에서 다양한 언어들 간의 유사성을 분석했던 하만은 시를 '인류의 모국어'로 간주했고 무엇보다 헤르더와의 논쟁을 통해 탄생한 견해, 즉 언어가 자연적이고 신성한 기원을 지닌다는 입장을 지지했다. 셸링이 그의 논고에서 긍정적으로 평가했던 이 '고차원적인 가정'은 하만의 경우 이성과 언어의 일치, 혹은 이들과 로고스의 일치라는 특징으로 나타났지만 피히테의 경우에는 조금 다른 형태로, 즉 인간 이성의 본질로부터 언어 창조의 '필요성을 추론하는' 데 주력하면서 일종의 '선험적 역사'를 구축하는 경향으로 나타났다.

슐레겔

언어의 기원에 관한 논쟁에서 중요한 위치를 차지하는 또 다른 책은 프리드리히 슐레겔(Friedrich Schlegel, 1772~1829년)의 『인도인들의 언어와 지혜에 관하여 Über die Sprache und Weisheit der Indier』다. 세상에서 가장 오래된 언어인 산스크리트어를 독자들에게 소개하려고 쓴 이 책은 언어역사학의 출발에 결정적인 역할을 했을 뿐만 아니라 다양한 언어의 '내부적인 구조 변화'를 부각시킴으로써 '언어계보학'이 도달해야 할 목표를 제시했다. 슐레겔에 따르면, '역사학적 탐구'에 대한 믿음은 언어의 기원에 대한 과거의 환상적인 가설들을 더 이상 수용할 수 없다는 각성의 결과였다. 슐레겔은 이 가설들이 모두 '언어와 정신의 발전이 도처에서 동일한 방식으로 시작되었다'는 독단적이고 그릇된 전제에서 출발했고 결과적으로 언어적인 '다양성이 얼마나 방대한지' 간파하지 못했다고 보았다.

훔볼트

언어의 기원에 관한 논쟁에 크게 기여한 또 한 명의 인물은 빌헬름 폰 훔볼트(Wilhelm von Humboldt, 1767~1835년)다. 훔볼트는 『언어의 상이성에 관하여 Über die Verschiedenheit des menschlichen Sprachbaus』에서 '결코 문명과 문화에서 유래할 수 없는 것을 문명과 문화에 부여하는' 오류를 범하지 말아야 하며, 언어는 '오히려 문명과 문화의 존재 자체를 좌우하는 어떤 힘에 의해' 생산된다고 보았다. 훔볼트는 역사적으로 '문화가 언어에 끼친 영향력이 언어의 지적 수준을 결정할 정도로 항상 지속적이었다고는 말할 수 없으며', 오히려 '언어와 문화가 항상 동일한 방식으로 관계하지 않는' 만큼 이에 대한 어떤 법칙도 사실은 존재하지 않는다고 주장했다. 반면에 훔볼트는 어떤 정신적인 개별성(개인, 민족, 국가)을 요구하는 다양한 언어들의 고유한 특징을 가리키기 위해 '언어의 내부 형식'이라는 표현을 고안해 냈다. 여기서 '언어의 내부 형식'이 존재한다는 것은 풍부한 문화를 바탕으로 진행되는 언어의 모든 발전 과정이 오로지 언어의 '원천적인 구조에 의해 고착된 한계에서' 이루어질 수 있음을 의미한다. 훔볼트는 언어의 이 원천적인 구조 안에 고유의 언어적 특징들이 총체적으로 축적되어 있으며 언어의 유기적인 구조와 고유의 형식이 영원히 각인되었다고 보았다.

한편 훔볼트는 그가 처음으로 '언어'를 다룬 저서 『생각하기와 말하기에 관하여 *Über Denken und Sprechen*』(1796년)에서 표명했듯이, 생각하기와 말하기라는 상호 보완적인 활동을 통해, 수많은 개별적인 언어권에서 동일한 '정신적 힘'이 표출될 뿐만 아니라 자연에서 '공통된 사고방식을 통해 동종의 이해를 구하는' 유일한 존재 인간의 고유한 힘이 발현된다는 생각을 가지고 있었다. 훔볼트는 '역사적인 관점에서' 우리가 항상 발견하는 것은 '일찍부터 언어를 활용해 온 인간'이라는 점을 강조하는 데 그치지 않고 '이러한 측면에서 보았을 때, 언어는 문화적 활동의 결과가 아니라 정신의 비의도적인 발현이며 국가나 민족 차원의 작품이 아니라 이들에게 운명적으로 주어진 선물'이라고 설파했다.

비판철학과 독일 철학

/ 칸트 혹은 철학적 성찰의 새로운 출발점

1790년대에 들어서면서 칸트의 철학은 수많은 철학 사조 가운데 하나가 아니라 철학적 경험의 차원에서 발을 들여놓는 순간 더 이상 돌이킬 수 없는 지점으로 인식되기 시작했다. 칸트는 철학의 시선을 지식의 우발적이고 변화무쌍한 내용에서 지식의 보편적이고 불변하는 형식으로 되돌릴 수 있도록 허락해 주었다. 칸트의 비판철학 덕분에 인간의 이성은 무엇인가 확고부동한 것을 확보할 수 있었고 삶의 모든 영역에서 고유의 해명 작업을 성공적으로 수행할 수 있었다. 이것이 바로 1786년 카를 레온하트 라인홀트Karl Leonhard Reinhold가 『칸트의 철학에 관한 편지Briefe über die Kantische Philosophie』를 출판하면서 비판철학에 대해 내린 전반적인 평가였다. 칸트의 철학이 가져온 결과들을 널리 소개하기 위해 쓴 이 편지에서 칸트의 사상이 지닌 특수성과 인식론적인 의미를 간파하는 데 성공한 라인홀트는 지적 가능성의 조건에 대한 칸트의 정의가 사실상 철학적 성찰 자체를 인간에 내재하는 근본 구조의 해부학으로 간주할 수 있는 조건을 마련할 뿐만 아니라 철학적 분석과 보편적인 의식이 공유하는 핵심적인 내용을 표면화할 수 있는 가능성을 제공한다고 보았다. 그는 앎의 세계를 이끌 보편적 기준에 대한 이해 없이는 법과 윤리의 보편적 원리를 파악하는 단계에 도달할 수 없으며 미래에 대한 희망의 기반에 대해서도 아무런 설명을 제시할 수 없다고 주장했다.

라인홀트가 칸트 철학을 엄격히 체계화하려고 집중적으로 시도한 저서들은 『인간의 표상 능력에 대한 새로운 이론의 시도Versuch einer neuen Theorie des menschlichen Vorstellungsvermögen』(1789년)와 『철학자들이 지금까지 범해 온 오해를 바로잡기 위한 기고Beyträge zur Berichtigung bisheriger Missverständnisse der Philosophen』(1790~1794년), 『철학적 앎의 기반에 관하여Über das Fundament des philosophischen Wissens』(1791년) 등이다. 여기서 비판철학의 체계화 작업은 무엇보다도 표상의 구조, 달리 말하자면 이성 비판에서 정의된 정신의 기량들, 즉 감각, 지성, 이성의 공통 요소에 대한 보다 깊은 이해를 통해 이루어진다.

따라서 표상 능력은, 라인홀트에 따르면, 실제로 존재하는 어떤 특별한 주체의 기량이 아니라 형상화 능력과 물질적인 요소의 조합 가능성이며 이 가능성에 따라 인식 대상이 구축된다. 질료와 형상의 다양한 조합 방식은 아울러 다양한 표상 형식들, 예를 들어 직관, 개념, 관념 등을 제공하며 결과적으로 표상의 주체가 그를 에워싸는 욕망, 지식, 도덕적 행위에 대응하는 방식들의 총체를 제공한다. 이성 비판의 중심 주제는 주체가 아니라 주체와 세계의 소통을 규정하고 규제하는 '연관성'의 보편적이고 선주관적인pre-soggettivo 구조다. 라인홀트는 이 연관성을 '의식Bewusstsein'이라고 불렀다.

분명한 것은 이런 식으로 정신의 여러 기량에 대한 칸트의 분석을 하나의 유일한 기반으로 환원시키는 것이 가능할 뿐만 아니라 비판철학의 전제들을 재구성하는 작업이 비판철학의 결과를 변화시킨다는 사실이다. 따라서 이성 비판의 축은 지적 가능성의 조건에 대한 탐구에서 이러한 관계의 기원 역할을 할 수 있는 의식의 가능성 탐구로 옮겨 간다. 비판철학은 기초철학Elementarphilosophie, 즉 의식의 보편적인 요소들에 대한 선험적인 차원의 묘사로 발전하며 무엇보다도 형이상학, 즉 표상과는 다른 대상들에 대한 선험적 관점의 학문과 차별화된다. 그런 식으로 라인홀트는 철학의 기반을 더 이상 '물 자체Ding an sich'가 아니라 '문장Satz',

즉 정신의 보편적인 특성들을 함축할 수 있고 의식 속에서 일어나는 모든 것을 표현할 수 있는 하나의 문장으로 이해했다.

이 마지막 측면이 아마도 라인홀트의 사상 중에서 후세의 철학에 가장 큰 영향을 끼친 부분일 것이다. 예를 들어 피히테의 학문 이론이 지닌 가장 독특한 특징 가운데 하나는 철학적 가능성의 조건과 철학이 일반적인 관점과 다른 이유들에 대해 방대한 지면을 할애하며 집중적으로 성찰했다는 점이다. 피히테는 일찍이 1793년에 집필한 『기초철학에 대한 성찰*Eigene Meditationen über Elementarphilosophie*』에서 라인홀트의 철학을 재검토하며 그의 '표상'을 대체하기 위해 고유의 본성에 대한 분명하고 즉각적인 이해력을 원리로 제시했다. 피히테의 원리는 달리 말하자면 스스로를 자각하는 의식의 활동, 혹은 구체적인 의식의 지적이고 실천적인 능력과 즉각적으로 일치하는 활동을 가리킨다.

개별적인 방식으로, 하지만 못지않게 급진적인 방향으로 나아간 인물은 야콥 지기스문트 베크Jakob Sigismund Beck다. 베크는 칸트의 비판철학을 다룬 논문들 가운데 『비판철학을 평가할 수 있는 유일한 관점*Einzig möglicher Standpunkt, aus welchem die kritische Philosophie beurtheilt werden muß*』(1796년)이라는 글에서 칸트 철학의 가치가 개별적인 개념들을 기준으로 드러나는 것이 아니라 그의 철학을 이해하기 위해 취해야 하는 관점들에 대한 상대적인 가치로서 빛을 발한다는 점에 주목했다. 라인홀트와 마찬가지로 베크는 칸트의 비판철학을 향한 심도 있는 접근을 방해하는 까다로운 요소들을 제거해야 한다고 보았다. 하지만 베크는 표상을 기반으로 비판철학을 재정립하려는 라인홀트의 시도에는 동의하지 않았다. 베크는 어떤 구체적인 대상을 전제로 한다는 점에서 표상 개념이 지식의 선험적인 차원과 경험적인 차원의 혼동을 부추기거나 버클리적인 유형의 심리적인 관념주의로 귀결될 수 있다고 보았다.

/ 마이몬과 술체의 회의적 입장

1791년부터 라인홀트의 철학을 비판적인 시각으로 바라보기 시작한 학자들은 그의 기초철학과 칸트의 비판철학이 지니는 논리적인 일관성을 인정하면서도 이들의 철학이 의식의 실재와 특성을 이성적으로 정당화하는 작업에서 의식 자체가 세계와 유지하는 구체적인 관계의 이해로 전이하는 과정에 대해 아무런 설명도 제시하지 못한다는 점을 지적했다. 이들은 칸트가 학문과 경험의 성립 조건을 정립하는 데는 성공했지만 어떤 조건에서 비판철학이 학문과 경험의 조건을 정의할 수 있는지는 구체적으로 밝히지 않았다고 보았다.

  살로몬 마이몬(Salomon Maimon, 1753~1800년)은 이처럼 칸트의 철학에 대해 비판적인 입장을 취했던 초기의 인물 가운데 한 명이다. 그의 『초월적 철학에 관한 에세이 *Versuch über die Transscendentalphilosophie*』(1790년)가 칸트의 비판철학에 대한 해석을 시도한 책이라면 『철학 사전 *Philosophisches Wörterbuch*』(1791년)과 『철학 산책 *Streifereien im Gebiete der Philosophie*』(1793년)은 라인홀트의 기초철학에 대한 치밀한 분석으로 이루어져 있다. 마이몬은 경험에서 유래하지 않는 개념을 경험에 적용하는 것이 어떻게 가능한가라는 질문에 칸트가 충분한 답변을 제시하지 않았다는 점에 주목했다. 칸트나 라인홀트가 이 질문에 적절한 답을 제시할 수 없었던 것은 이들이 지성과 감각의 엄격한 분리를 고집했고 이것이 데카르트, 라이프니츠 Leibniz, 스피노자 Spinoza에서 나타나는 육체와 정신의 전형적인 구분을 그대로 따르는 것이었기 때문이다.

  그런 식으로 비판철학과 기초철학은 칸트와 라인홀트가 퇴치하고자 했던 교리적 이성주의의 동일한 모순 속으로 빠져들고 말았다. 지성의 선험적 형태를 분석하는 필수적이고 보편적인 앎을 보장할 수 있지만 이 앎은 오로지 지성에 의해 구축된 대상, 궁극적으로는 수학적 대상에만 적용될 수 있었다.

  마이몬이 전적으로 비이성적이라고 판단한 감각적 앎은 오로지 몇몇 사건들의 잠재적인 연관성을 증언할 뿐이며 어떤 특별한 경험을 바탕으로 부각되는 경험적 규칙성, 즉 칸트가 원했던 것처럼 선험적으로 주어진 개념에 제약받지 않는 규칙성만을 가리킨다.

　고트로프 에른스트 슐체Gottlob Ernst Schulze도 상당히 극단적인 입장을 취했던 인물 가운데 하나다. 칸트 철학의 초기 수용 과정에서 핵심적인 역할을 했던 그의 『아이네시데모스 혹은 라인홀트 교수의 철학적 기반에 관하여Aenesidemus oder über die Fundamente der von dem Herrn Professor Reinhold』(1792년)에서 슐체는 칸트의 비판철학이 결론적으로는 순박한 주관주의이며 라인홀트의 기초철학 역시 칸트의 주관주의를 체계적으로 재구성한 것에 불과하다고 주장했다. 슐체는 기초철학이 고유의 원칙을 구축하기 위해 제시하는 지성의 다양한 기능들에 대해 타당한 설명을 제공하지 못하기 때문에 철학체계로서 불완전하다는 점에 주목했다. 그는 아울러 기초철학 전체가 경험과 표상을 대등하게 보는 독단적이고 근거 없는 관점에서 출발한다고 주장했다. 표상으로 환원될 수 없는 경험도 존재한다는 것이었다.

　하지만 마이몬과 슐체 모두 현실의 체계적이고 이성적인 이해가 가능하다고 보는 입장이 전적으로 틀렸다고 주장했던 것은 아니다. 이들의 회의적인 입장은 오히려 이성 자체를 인간이 지닌 고유의 한계 때문에 결코 완벽한 방식으로 확인할 수 없는 진리에 서서히 다가서는 과정이자 이를 위한 끝없는 발전으로 보는 견해에서 유래한다. 따라서 이들은 이 과정을 생생하게 유지하는 것이 철학의 과제라고 보았다. 진실과 유사의 한계 지점에 머물면서 철학 자체를 불변하는 체계로 간주하는 대신 끊임없이 혁신을 꾀할 줄 아는 사유의 훈련이 곧 철학이었다.

/ 칸트 이후 철학 논쟁의 실천적 관점

이상의 비판적 입장에 대한 대응은 칸트의 실천철학에 대한 성찰과 피히테의 학문 이론 전개를 중심으로 하는 비판철학적 전제들을 재검토함으로써 이루어졌다. 핵심적인 것은 무엇보다도 윤리와 의지의 관계, 즉 감각적 요인과 아무런 연관성이 없는 순수한 도덕적 계율과 사실상 감각적 충동과 사심 없는 충동의 경합에 의해 발현 여부가 결정되는 의지 사이의 관계였다. 라인홀트의 『칸트의 철학에 관한 편지』 제2권이나 피히테의 『모든 계시에 대한 비판의 시도』에서 읽을 수 있듯이 도덕적 계율과 의지의 관계는 자유의 문제로 귀결된다.

라인홀트는 자유를 즉각적인 깨달음의 결과로 이해한 반면 피히테는 인간의 의지에 대한 구조적인 탐구를 통해 자유의 존재를 증명할 수 있다고 보았다. 피히테는 인간이 어떤 개인적인 목표를 추구하는 성향뿐만 아니라 이러한 성향이 제시하는 지표로부터 거리를 유지할 수 있는 잠재력으로서의 의지를 바탕으로 자신의 생각(절대적으로 옳다는 생각)과 일관된 행동을 주도할 때 비로소 자유롭다고 생각했다.

비판철학이 이처럼 새로운 국면을 맞이했다는 것을 잘 보여 주는 예는 개인 혹은 사회 공동체가 스스로의 뜻이나 계획을 바꿀 수 있는 권리를 지니듯이 기존의 국가 질서에 대해서도 전복을 꾀할 수 있는 권리가 회복되어야 한다는 견해의 등장이다. 이것이 바로 피히테가 『사고의 자유에 관하여』(1792년)와 『프랑스혁명에 관한 대중적 견해의 정정을 위하여』(1793년)에서 주장했던 내용이다. 그런 식으로 칸트 철학에 대한 토론과 프랑스혁명에 대한 성찰의 폭발적인 조합이 탄생했고 이는 향후 유럽 문화의 전개에 결정적인 영향력을 행사했다.

저자와 저작권

/ 저작권과 독점권

1700년대에는 '저자'의 지적소유권 문제와 관련하여 저자의 위상이 높아지는 현상이 일어났다. 이러한 현상은 지적인 성격을 지닌 작품의 보급과 독점 활용의 권리를 지닌 주체의 인권적이고 법률적인 보호 문제와 관련하여 실용적인 차원에서 이루어진 협상의 결과였다. 특히 잉글랜드와 프랑스에서는 법률 제정과 정치적인 여파의 문제를 두고, 독일에서는 원칙의 문제와 근본적으로는 철학적인 차원의 결과를 두고 저작권 문제에 대한 열띤 공방이 벌어졌다.

가장 활발한 움직임을 보였던 곳은 잉글랜드다. 존 밀턴John Milton은 1644년 런던에서 출판한 『아레오파지티카Areopagitica』를 통해 서양 문학사상 최초로 출판의 자유를 천명하며 "책을 파괴하는 사람은 이성 자체를 파괴하며 신의 본질적인 이미지를 파괴하는 것과 같다"라는 주장을 펼쳤다. 현대의 '판권copyright' 개념이 탄생한 곳도 런던이다. 하지만 역사적인 관점에서 잉글랜드가 가장 크게 기여한 부분은 1700년대 내내 잉글랜드 문화와 출판계를 뒤흔든 이른바 '출판업자들의 투쟁'에 집중되어 있다.

  15세기 말 인쇄기술이 도입되었을 때 잉글랜드 왕은 출판물의 통제와 검열을 사립기관에 의탁했고 이 기관은 이어서 엄청난 권력을 행사하는 기관으로 빠르게 성장했다. '서점조합Stationers' Company'으로 불리던 이 기관은 인쇄업자에서 서점 경영인에 이르기까지 출판업에 종사하는 모든 전문 인력을 총괄하는 협회였고 출판물을 검열하고 불법 출판업자들에게 제재를 가하는 임무를 맡았다. 출판 허가의 취득 과정은 출판업자가 추기경으로부터 사전 인가를 받은 뒤 해당 저서의 검열을 서점조합에 의뢰하고 검열을 통과하면 세금을 지불하고 서명을 등록하는 것으로 완료되는 것이 보통이었다. 반면에 등록되지 않은 책의 출판은 불법이었고 처벌이 가능한 범죄로 간주되었다.

  이러한 체제는 1700년대에 들어서면서 서서히 균열되기 시작했다. 이 균열에 적잖은 영향력을 행사했던 존 로크John Locke와 대니얼 디포Daniel Defoe는 서점조합이 독점적인 방식으로 지배하던 도서 시장에서 '저자'라는 존재의 '권리'에 가장 먼저 관심을 기울였던 인물들이다. 서점조합의 관리들은 이러한 문화적 변화에 대항하기 위해 자신들이 자연적 권리와 다름없는 지적소유권을 보장할 수 있는 유일한 기관이라고 주장했다. 문제는 이들이 지적소유권을 자연적 권리에 비유하면서 실제로 그 소유권이 출판사에 있는지, 저자에 있는지는 밝히지 않았다는 점이다. 기나긴 분쟁 끝에 결국에는 저작권법이 1710년 이른바 '앤 여왕 법Statute of Anne'이라는 이름으로 탄생했다. 이에 따라 저자들은 처음으로 그들의 작품에서 발생하는 수익에 대한 권리를 가지게 되었다.

  하지만 1710년의 저작권법은 분쟁을 종식시키는 데 성공하지 못했다. '앤 여왕 법'을 따르지 않는 아일랜드 및 스코틀랜드 출판사들과의 경쟁을 피할 수 없는 입장에 놓이자 서점조합은 그들이 구입한 판권의 자연적인 성격을 강조하면서 판권의 효력이 국제사회에까지 확장되어야 한다는 주장을 펼쳤다. 이어서 이른바 '출판업자들의 투쟁'이 십여 년 넘게 지속되는 동안 상황은 점점 서점조합에 불리한 방향으로 흘러갔다. 마지막 충돌이라고 할 수 있는 1774년 2월 '도널드슨 대 베켓Donaldson v. Becket' 재판에서 잉글랜드 대법원은 지적소유권이 자연적으로는 존재하지 않으며 따라서 서점조합이 독점할 수 없다는 판결을 내렸다. 아울러 대법원은 지적소유권이 나라의 이윤을 위해 수정하고 변경할 수 있는, 절대적으로 법적인 성격의 보호 장치라는 점을 강조했고 무엇보다 역사상 처음으로 지식의 사회적인 가치를 인정하면서 저자에게 보상이 이루어져야 한다는 점을 명시했다. 결과적으로 '저자'는 특권적인 위상을 획득하면서 더 이상 간과할 수 없는 인물로 부상했고, 그런 식으로 지적소유권과 근대적인 의미의 '판권' 개념이 탄생했다.

프랑스의 상황은 약간 달랐다. 출판 활동의 통제는 '왕의 특권' 체제하에서 왕이 출판자에게 어떤 책의 독점 출판 특허를 인가하는 형식으로 이루어졌다. 프랑스에서는 잉글랜드의 '서점조합'에 상당하는 조직도, 저작권 체계라고 부를 수 있는 어떤 것도 존재하지 않았다. 출판 통제는 오히려 1723년 '도서 검열 규정' 발표와 함께 급속히 관료적인 체제를 갖추면서 점점 격화되는 양상을 보였다. 저작권 문제에 대한 디드로Denis Diderot나 콩도르세Marquis de Condorcet 같은 지식인들의 분명한 입장 표명에도 불구하고 저작권에 대한 토론의 여건은 1789년 「인간과 시민의 권리선언Déclaration des droits de l'Homme et du citoyen」이 있은 뒤에야 형성되기 시작했다. 이 인권선언문의 11번째 조항은 출판의 자유를 시민의 빼앗을 수 없는 권리로 정의했다. "표현과 소통의 자유는 인간에게 주어진 가장 값진 권리 가운데 하나다. 따라서 모든 시민은 자유롭게 말하고 쓰고 출판할 권리를 지닌다." 이 권리를 보호하기 위한 구체적인 내용의 저작권법은 1793년 7월에 발표되었다. 이 저작권법이 규정하는 바에 따르면, 지성이 낳은 작품은 인류의 발전에 기여하는 자연의 선물이며 따라서 군주의 남용으로부터 보호받아야 하고 작품의 자연적 소유권자인 저자에게 환원되어야 했다. 잉글랜드의 판권이 본질적으로 법률적인 특성을 지니는 것과는 달리 프랑스의 저작권은 법체계와는 무관한 인간의 자연적인 특권이라는 인식을 바탕으로 정립되었다.

/ 독일의 지적소유권 논쟁

독일에서는 1837년이 되어서야 처음으로 저작권 관련법이 제정되었다. 제도적 장치는 프랑스와 잉글랜드에 비해 훨씬 늦게 마련되었지만 독일에서는 저작권 문제에 대한 첨단의 이론적 성찰과 토론이 이루어졌다. 저작권 논쟁은 1700년 대 중반에 시작되었고 독일 문화를 대표하는 레싱Gotthold Ephraim Lessing, 칸트, 괴테 Johann Wolfgang von Goethe, 피히테, 헤겔, 쇼펜하우어Arthur Schopenhauer 같은 인물들이 나름대로 이 논쟁에 참여했다.

저작권 논쟁은 기본적으로 지적소유권의 법적 보호를 주장하는 이들과 사상의 자유로운 유통을 우선시하는 이들 사이에서 벌어졌다. 이 논쟁은 오늘날 저자들의 권리를 보호하기 위해 더 엄격한 법적 장치가 필요하다고 주장하는 이들과 누구나 자유롭게 인터넷에서 학술 정보를 활용할 수 있어야 한다고 주장하는 오픈액세스open access 이론가들의 논쟁과 상당히 유사한 면을 가지고 있었다. 지적소유권의 법적 보호를 지지하는 이들은 저서에 대한 저자의 권리가 보호되지 않으면, 따라서 저자의 수익이 보장되지 않으면 저술 활동은 생명력을 잃거나 원시적인 형태의 후원 문화를 수용할 수밖에 없으며, 결과적으로 가장 중요한 '저자의 자율성'을 보장할 수 없는 상황이 전개될 것이라고 주장했다. 이와 달리 사상의 자유로운 유통을 우선시하는 이들은 그것이 다름 아닌 계몽주의 혁명의 목표를 달성하기 위해 필요하다고 보았다. 이들은 책을 통해 표현되는 사상이 저자 개인의 것이 아니라 천재적 인류의 소유물이며, 이러한 생각이야말로 이성이 사회의 물질적, 문화적 번영에 기여해야 한다는 계몽주의 원칙에 부합한다고 주장했다. 이들은 저작권을 보호하려는 모든 시도가 이러한 관점에서는 오히려 검열 행위나 다를 바 없다는 견해를 가지고 있었다.

요한 라이마루스Johann Reimarus는 『작가, 출판가, 독자를 고려하여 살펴본 출판문화Bücher-Verlags in Betrachtung der Schriftsteller, der Buchhändler und des Publikums erwogen』(1791년)에서 도서의 자유로운 유통에 대한 보다 구체적이고 체계적인 설명을 시도했다. 라이마루스는 저자가 자신의 저서에 대한 물질적인 소유권 혹은 경제적 수익권이 아니라 사상의 순수하게 지적인 소유권, 즉 사상 자체와는 엄격하게 구별되어야 하는 인지적인 차원의 소유권을 지닐 뿐이며 저자의 고유한 지적 자산으로 남는 것이 바로 이러한 소유권이라고 보았다. 모든 출판물은 공공의 지배하에 놓이는 만큼 공용으로 간주되어야 하고 저자 개인은 자신의 수익을 그가 속한 사회 공동체의 유익을 위해 포기해야 한다는 것이 그의 생각이었다. 그런 식으로 그는 지식의 보급이라는 계몽주의적 원칙에서 저작권을 부인하기 위한 이론적인 전제들을 찾아냈고 결과적으로는 오히려 저작권 침해와 불법 출판을 지지하는 입장에 서서 "다름 아닌 불법 출판에 힘입어 계몽주의와 지식세계가 상식적으로는 상당히 늦게 전달되거나 아예 전달될 수 없는 곳까지 널리 보급될 수 있다"라는 주장을 펼쳤다.

이러한 주장을 논박하기 위해 피히테는 몇 개월 후 『도서 중복 인쇄의 불법성 증명: 추론과 비유*Beweis der Unrechtmäßigkeit des Büchernachdrucks: Ein Räsonnement und eine parabel*』를 발표했다. 피히테는 책을 통해 표현된 사상의 '형식'에 양도 불가능한 지적소유권의 핵심이 있다고 보았다. 피히테에 따르면, "인쇄된 종이는 구입과 동시에 즉각적으로 저자의 소유권에서 벗어난다. (…) 하지만 어느 누구도 결코 자신의 소유로 만들 수 없는 것은 (…) 표현된 사상의 형식이다". 따라서 출판자는 저자의 지적소유물에 대해 단순히 사용권을 지닐 뿐이지 소유권까지 획득하는 것은 아니다. 책 내용이 지닌 고유한 '형식'은 저자가 독점적으로 소유하며 이 독점적 소유물에 대해 저자는 두 가지 권리, 즉 자신이 해당 저서의 작가임을 인정받을 권리와 제삼자가 그의 '자연적이고 본유적이며 양도 불가능한' 지적소유물을 남용할 경우 이를 거부할 수 있는 권리를 지닌다. 이런 식으로 피히테는 저작권 문제를 물질적인 소유의 차원에서 지적소유권을 보유하는 주체의 차원, 즉 저자 고유의 특별한 생각에 대한 특권을 지니는 주체의 차원으로 옮겨 놓았다. 피히테는 『도서 중복 인쇄의 불법성 증명: 추론과 비유』의 결론 부분에서 다음과 같은 비유를 제시했다. 신비로운 만병통치약을 만드는 데 성공한 한 연금술사가 바그다드에 살고 있었다. 연금술사는 어떤 상인에게 독점 판매를 의뢰했고 상인은 빠른 시일 내에 거금을 벌어들였다. 하지만 어떤 경쟁자가 그의 약을 빼앗아 다량으로 복제한 뒤 훨씬 싼 값에 팔기 시작했다. 상인은 결국 칼리프에게 자초지종을 알리고 경쟁자를 고소했다. 경쟁자는 자신의 일이 약품의 훨씬 더 빠르고 풍부한 보급을 약속한다고 설명하면서 다만 약품을 발명한 공로는 연금술사에게 돌아가야 한다고 주장했다. 하지만 칼리프는 그의 설명을 침착하게 들은 뒤 조금도 주저하지 않고 그에게 교수형을 명령했다. 라이마루스를 겨냥한 논쟁적 성격이 분명하게 드러나는 이런 비유를 한 피히테의 의도는 지적소유권이 법으로 보호되어야 할 자연적 권리라는 것이다. 피히테는 이 자연적 권리가 어떤 경우에도, 심지어는 공공의 이윤을 위한 경우에도 침해받아서는 안 된다고 보았다.

반격에 나선 라이마루스는 『도서 출판 및 저작권 연구에 대한 추가 설명Nachtrag zu der erwägung des Bücherverlags und dessen Rechte』(1791년)에서 이 모든 것을 출판 계약에 묶인 저자나 출판사의 관점이 아니라 독자 입장에서 바라보고 판단해야 한다고 주장했다. 그는 "정부가 보편성을 염두에 두어야 하는 만큼 작가의 수익만 걱정할 것이 아니라 지식의 보급에 기여하며 그의 글을 찾아서 읽는 이들에게 무엇이 유익한지도 생각해야 한다"라고 보았다. 라이마루스가 이러한 문제와 관련하여 사회적 갈등에 깊은 관심을 기울였다는 것은 그가 저자는 사회 공동체에 의무감을 느껴야 하고 "귀족 계층이 아니라 평민층 독자들을 위해서 글을 써야 한다"라고 주장했다는 사실에서 분명히 드러난다.

저작권 논쟁은 1785년에서 1791년 사이에 가장 활발하게 전개되었지만 이 문제에 내재하는 철학적 한계를 명확히 규명하고 저자라는 존재의 특성들을 구체적이고 체계적으로 설명한 인물은 칸트다. 이에 대한 칸트의 생각들은 『도서 중복 인쇄의 불법성에 관하여Von der Unrechtmäßigkeit des Büchernachdrucks』(1785년)라는 제목의 짧은 논고와 『도덕의 형이상학Die Metaphysik der Sitten』(1797년), 『도서 출판에 관하여Über die Buchnachmacherei』에서 읽을 수 있다. 1785년의 논고에서 칸트는 '기계적인 작업opus mechanicum', 즉 종이책 같은 물질적 대상을 생산하는 작업과 '신비로운 작업opus mysticum', 즉 사실상 저자와 독자의 대화를 생산하고 이를 위해 출판사가 중재자 역할을 하는 작업을 엄격히 구분해야 한다고 주장했다. 결과적으로 작품이 인쇄된 책으로 간주될 때 작품은 저자의 권리가 미치지 않는 독립적인 객체이며 누구든지 소유권자가 될 수 있는 반면 책을 통해 독자에게 전달하고자 하는 담론으로 인식될 경우 작품은 지적소유권을 보유하고 내용에 대해 책임을 져야 하는 저자를 필요로 한다. 따라서 칸트가 의도하는 저작권의 정의는 물질적인 실체의 소유가 아니라 책을 가능하게 만드는 담론 행위를 바탕으로 성립된다. 저자와 독자라는 조건을 충족하면서 구축되는 이 열린 담론 속의 대화가 자율적으로 자유롭게 발전하는 공간이 바로 책이다. 칸트는 따라서 불법 출판이 저자라는 존재의 의미를 너무 엄격하게 정의하려는 시도, 결과적으로 저자의 권리와 의무를 너무 상세하게 규정하려는 시도를 바탕으로 시작된다고 보았다. 칸트에 따르면, 저자는 자신의 이름으로 말할 권리를 지니며 타자가 허가 없이 저자를 대신해 말하는 행위를 금할 권리를 지닌다. 철학적인 관점에서 이는 곧 이상의 특권이 표현의 자유라는 양도 불가능한 자연적 권리의 법률화라는 점을 인정한다는 것을 의미한다. "한 권의 책 속에서 저자는 글을 통해 그의 독자와 대화를 나눈다"라는 칸트의 설명에서 엿볼 수 있듯이 칸트에게 책은 저자의 자율성이 전제하는 동시에 보증하는 '이성의 공공 법정'을 의미했다.

2

역사, 과거, 고전주의 혹은
낭만주의 미학의 주제들

2.1 고대와 근대의 대조

'근대적'이라는 의식, 즉 혁신적이고 독창적이며 역사적인 차원에서 단절적이고 아방가르드적인 관점을 소유한다는 의식은 사실상 프랑스혁명 직후의 세대가 경험한 고대와 근대의 대조에서 탄생했다. 프랑스혁명이 표상하는 정치적, 문화적, 역사적 차원의 단절은 서구 세계에서 한 번도 정당한 권리를 누려 본적이 없는 자유와 평등이라는 가치를 기반으로 새로운 미래를 건설하기 위해 마치 과거와의 모든 연관성을 지워 버린 듯이 보였다. 하지만 실제 상황은 이보다 훨씬 더 복잡하게 흘러갔다.

다름 아닌 '근대', 즉 '모던'이라는 개념 자체가 대조의 필요성을 내포하고 있었다. '근대'를 뜻하는 라틴어 modernus의 기원은 서기 5세기로 거슬러 올라가며 라틴어 modo에서 유래한다. Modo는 이미 5세기에 '오직'이나 '금방'이라는 뜻뿐만 아니라 '지금'이라는 뜻을 동시에 지니고 있었다. 여하튼 modernus는 역사적 '현재'를 가리키며 고대를 뜻하는 antiquus와 반대되는 말로 특히 샤를마뉴 시대에 그리스도교의 '현재'를 세속적인 '고대'와 정반대되는 것으로 강조하기 위해 사용되었다. 지금의 '현재'는 사실상 모든 과거의 '현재'를 부인하는 셈이었고, 따라서 '근대(현재)'라는 용어는 상대적인 의미로만 쓰일 수 있다. 이러한 논리가 더 구체적인 방식으로 적용되면서 1687년 프랑스 학술원에서 시작된 '고대와 근대의 논쟁Querelle des anciens et des modernes'은 유럽 문화와 학계에 지대한 영향력을 미치며 1700년대 말의 독일 철학자들에게까지 전승되었다.

프랑스에서 '고대와 근대의 논쟁'은 근대문학과 고대문학 가운데 어느 쪽이 더 훌륭한 문학인지에 대한 열띤 공방으로 이어졌다. 니콜라 부알로Nicolas Boileau를 중심으로 고대문학을 지지하던 이들은 후세의 문학도들이 대부분 모방을 꾀했을 정도로 뛰어난 양식적 완성도를 보인 만큼 고대 작가가 훨씬 더 훌륭한 문학가라고 주장했다. 샤를 페로Charles Perrault를 중심으로 근대문학을 지지하던 이들은 고대 문학가들의 수준을 뛰어넘는 것이 아주 불가능한 일은 아니라고 주장했다. 이들은 진리가 시간의 딸이라는 생각과, 무엇보다 과학 탐구가 가져온 결과들을 바탕으로 근대 작가들을 오히려 진정한 의미의 고대인으로 간주할 수 있다고 보았다. 다시 말해 근대 작가들이 경험의 측면에서 훨씬 더 풍부하고 권위 있는 작가들이라고 보았던 것이다.

이러한 논쟁은 예기치 못한 결과를 가져왔다. 철학자들이 고대와 근대를 비교하는 것은 비생산적이며 세밀한 분석을 통해 각 시대가 지니는 고유한 특징은 사실상 헤아릴 수 없는 성격의 요소라는 것을 알 수 있다고 주장했기 때문이다. 철학자들은 아울러 모든 역사적 시대의 특징이 환원 불가능하다는 사실을 처음으로 분명하게 인식했고, 이러한 생각은 무엇보다도 요한 고트프리트 헤르더와 낭만주의 철학자들의 후기 계몽주의적인 입장의 이론적 기반이 되었다. 『인류의 교육을 위한 또 하나의 역사철학Auch eine Philosophie der Geschichte zur Bildung der Menschheit』(1774년)에서 헤르더는 여러 시대들을 각 시대 고유의 특수한 논리에 따라 검토해야 한다고 보았다. 헤르더는 그리스 문화를 또 다른 고대 문명과의 연관성 속에, 예를 들어 이집트나 페니키아 문화와의 관계 속에 위치시킴으로써, 그리스인들이 결과적으로는 독창적이고 더 훌륭한 문화를 창출해 냈지만 동시에 다른 문명으로부터 적잖은 영향을 받았다는 사실에 주목해야 한다고 주장했다. 그는 아울러 상당히 근대적인 발전 개념을 바탕으로 세계의 다양한 시대를 인간의 연령에 비유했다.

2.2   고전 시대에 대한 특별한 관심

1700년대 후반부터는 독일을 중심으로 그리스 세계에 대한 관심이 대대적으로 확산되기 시작했다. 이러한 현상이 일어나는 데 결정적인 역할을 한 인물은 요한 요아힘 빙켈만Johann Joachim Winckelmann이다. 빙켈만은 일련의 저서를 통해 오랫동안 이탈리아에 머물면서 직접 보고 공부한 그리스 로마 예술의 매력을 유럽인들에게 소개하고 고대 예술의 유산에 대한 유럽 지식인들의 지적 관심을 고취하는 데 큰 역할을 했다. 빙켈만은 『그리스 예술 모방론Gedanken über die Nachahmung der griechischen Werke』(1755년), 『고대 미술사Geschichte der Kunst des Altertums』(1764년), 『미문의 고대 기념비Monumenti antichi inediti』(1767년) 같은 저서들을 통해 대부분 소개된 적이 없는 고대 예술작품들의 존재를 알리면서 온 유럽이 고대 예술에 열광하도록 만들었다.

　다름 아닌 혁명과 변화의 시대에 낡고 오래된 문화에 대한 관심이 새로이 싹텄다는 것은 상당히 아이러니한 일이지만 이 '고대인들과의 대조'를 시도하는 작업에는 당대의 가장 영향력 있는 독일 지식인들 대부분이 참여했고 특히 프리드리히 실러Friedrich Schiller와 프리드리히 슐레겔은 1795년 두 편의 논문을 발표하면서 과거 프랑스에서 이루어졌던 논쟁의 주제들을 다시 다루었다. 단지 용어들만 바꾸었을 뿐이다. 예를 들어 '고대/근대'라는 대립 개념 대신 이에 상응하는 '고전/낭만' 개념이 도입되었다. '고전적'이라는 말은 시대를 초월하는 가치가 부각되는 경우, 그 자체로 완성을 상징하며 모방이 불가능한 완벽한 경지의 결과로 인식되는 것을 가리키기 위해 사용되었고, 반대로 '낭만적'이라는 말은 무언가 역동적이고 혁신적이지만 불분명하고 배경이 되며 끊임없는 변화의 기로에 놓여 있기 때문에 완벽하다고 볼 수 없을뿐더러 본질적으로 무언가 '부족한' 것을 가리켰다. '낭만'은 다름 아닌 '생성', 즉 진행형으로 인식되었기 때문에 '미완성'으로 이해될 수밖에 없었다. 아울러 '낭만', 즉 '로만티크'라는 용어가 사용된 예는 1600년대 중반 잉글랜드, 즉 '로망스'어로 쓰인 고대 소설로부터 영감을 얻어 지어낸 이야기나 전설 혹은 우화를 '낭만적'이라고 부르던 잉글랜드에서 발견된다.

독일의 독보적인 낭만주의 이론가 프리드리히 슐레겔이 『그리스 시 연구에 관하여*Über das Studium der griechischen Poesie*』(1795년)에서 설명한 바에 따르면, 그리스 시가 표현하는 아름다움은 완전한 충족감을 선사하며 이는 하나의 확고한 형식과 보편적인 차원 안에서 모든 불안감을 사라지게 만들기 때문이다. 반면에 근대 시가 '아름다움' 대신 표현하는 '흥미로움'은 오로지 내용의 독창성, 특이함, 개별성 등을 부각시킬 뿐이며 '미완'의 성격이 강하기 때문에 어떤 식으로든 보편적인 차원을 제시하지 못한다. 근대 시, 즉 낭만주의 시는 어쨌든 '탐색', '결핍', '갈망*Sehnsucht*'의 성격을 가지며 이런 이유에서 '아름다움'을 추구하는 진정한 시인에게는 일종의 '한계'로 비춰진다. 바로 이 개념을 기반으로 슐레겔은 새롭고 전적으로 근대적이며 낭만주의적인 미학 이론을 구축했다.

요한 볼프강 폰 괴테와 함께 독일 고전주의를 대표하는 작가 프리드리히 실러는 『소박한 문학과 감상적인 시에 대하여*Über naive und sentimentalische Dichtung*』(1795년)에서 시 양식을 두 종류로 구분할 수 있다고 보았다. '순수한 시'는 자연세계에 대한 즉각적이고 직접적인 경험을 표현하며 고대인들이 생각했던 것처럼 현실의 모방 혹은 묘사가 핵심인 반면, '감상적인 시'는 문명사회의 발달과 함께 현실화된 자연과의 단절 혹은 인간이 자연과 유지하는 거리를 전제로 하며 자연에 대한 향수 혹은 자연으로 되돌아가고자 하는 갈망의 표현이 핵심이다. 프리드리히 횔덜린*Friedrich Hölderlin*이 이 갈망을 비극적인 어조로 묘사한 작품이 바로 『그리스의 은자 히페리온*Hyperion oder Der Eremit in Griechenland*』(1797~1799년)이다.

『인간의 미적 교육에 관하여*Üer die ästhetische Erziehung des Menschen*』(1795년)에서 실러가 주목했듯이, 그리스에서 '개인'은 우선적으로 시민이지만 사회적인 차원에서는 인류의 구성원이었다. 반대로 근대처럼 분업화된 사회에서는 '인류'를 통일된 방식이 아니라 파편적으로만 표현할 수 있었고 결과적으로 그리스인들의 세계로 되돌아간다는 것은 불가능했다. 실러가 이에 대한 대응책으로 제시했던 것이 바로 미적 교육이다. 그는 미적 교육이 아름다움을 기량의 자유로운 훈련으로 보는 관점에서, 본능적인 유희의 힘으로, 유한과 무한의 대립을 극복할 수 있는 가능성을 제시한다고 보았다.

2.3   고대인과의 철학적 대조

따라서 고대인들과의 대조가 지니는 중요성을 자각하는 것은 고전주의자에게든 낭만주의자에게든 필수적이고 기본적인 사항이었다. 과거를 아는 것은 현재의 가치를 확립하기 위한 초석이었고 이는 무엇보다 인류의 문화와 인간의 삶을 근본적으로 혁신하는 데 필요했다. 슐레겔이 낭만파의 기관지 《아테네움 *Athenäum*》에 실은 일련의 논문을 통해 이론화한 낭만주의 시는 의식적으로 고전적 조화와 완성을 추구하지 않으며 의도적으로 '완성되지 않은 상태'의 근대적인 특징들, 즉 장르의 혼합이나 구조적 불균형 혹은 혼돈을 추구한다. 낭만주의 문학작품들은 환상적인 이야기나 시, 혹은 이상적으로 각색된 자서전적 일화나 철학적 성찰 또는 대화의 연속으로 이루어진다. 어조는 비극적이고 애가적일 뿐 아니라 아이러니와 위트라는 요소까지 가지고 있다. 낭만주의 철학과 시는 '발전'의 형태, 즉 종점이 없는 생성의 형태를 취하며 갈망과 향수만을 표현하지 않고 영원하며 절대적인 것으로 간주되던 것의 학살을 익살스럽게 표현한다.

　'고대인들과의 대조'는 진리에 대한 인식의 차원에서도 차이를 만드는 데 결정적인 역할을 했다. 고대인들에게 진리를 이해하는 것은 로고스, 즉 우주에 각인된 질서를 발견하는 것과 같았다. 이들은 우주적 질서가 지니는 이성적인 측면을 개관적으로 이해할 수 있으며 이를 위해 필요한 것은 로고스의 기반을 구축하는 기하학적 규칙에 주목하는 일이라고 믿었다. 고대 미학의 규칙들도 이러한 사고에서 유래한다. 고대인들은 그 안에서 질서를 발견할 수 있기 때문에 자연이 아름답다고 보았고 아름다움을 창출하는 경우에도 자연을 모방하는 것으로 충분하다고 보았다. 하지만 낭만주의자들은 이 모든 것을 전적으로 다른 관점에서 바라보았다. 이들에게 인간의 세계는 혼돈 속에서 진행되는 무한한 생성 과정이자 모든 것이 지칠 줄 모르고 움직이며 끝없이 변신하는 용광로와 다를 바 없었다. 따라서 자연 안에 낭만적인(아름다운) 것은 전혀 없었다. 오로지 인간만이 자연을 낭만적이고 낭만주의적으로 만들 수 있었기 때문이다. 철학자나 시인, 다시 말해 더 이상의 구분이 필요 없는 이들에게 과제는 사물들의 객관적인 질서를 정의하는 것이 아니라 질서를 자유롭게 구축하는 일이었다. 낭만주의자들은 사물들의 객관적인 구조가 존재한다는 생각 자체가 불필요하다고 보았다. 이들에게 세계의 질서와 의미는 그 자체로 존재하는 것이 아니라, 낭만주의 시가 표현해야 할 끝없는 생성 과정 내부에서만 창조될 수 있는 성격의 것이었다.

바로 그런 이유에서 낭만주의 철학자들은 다양한 유형의 역사들이 모두 흥미로운 관점을 제시한다고 보았다. 슐레겔이 1800년대 초반에 '로망스'어와 동방의 언어를 집중적으로 연구했던 것도, 중세 연구에 몰두하면서 중세를 항상 참조해야 할 모형으로 삼았던 것도 바로 그런 이유에서였다.

노발리스Novalis 역시 그의 『그리스도교세계 혹은 유럽Die Christenheit oder Europa』 (1799년)에서 중세 문화가 지닌 신비롭고 경이로운 요소들이 얼마나 매력적인지 설명한 바 있다. 중세에 인류의 정신은 분해되어 있지 않았고 그리스도교라는 종교에 의해 조화롭게 통일되어 있었다. 개신교도들의 거친 사상과 계몽주의자들의 이성적 신앙으로 인해 파편화된 것들이 조화로운 중세의 이미지 속에서는 통일된 모습을 갖추고 있었다. 강렬하게 논쟁적인 성격을 지녔던 근대 문화의 주인공들에게 중세의 평화로운 이미지는 상당히 매력적으로 다가올 수밖에 없었다.

역사는 더 이상 계몽주의 역사철학에서처럼 직선적이고 점진적인 방식으로

축적되는 사건들의 질서정연한 계승으로 간주되지 않았다. 상당수의 유럽 지
식인들은 헤르더처럼 역사를 유기적으로 결속된 상이한 시대들의 '질적인' 계
승으로 보았고 이 계승의 구도와 인생이 밟는 여러 단계 사이에 유사성이 존재
한다고 생각했다. 이 부분은 헤르더가 『언어의 기원에 대한 논문*Abhandlung über
den Ursprung der Sprache*』(1772년)에서, 훔볼트가 근대 언어학의 시작을 알린 『언어의
상이성에 관하여*Über die Verschiedenheit des menschlichen Sprachbaus*』(1836년)에서 언급한 바
있다.

헤르더와 훔볼트는 인류의 역사를 개별성 내지 특수성의 점진적인 부상이
라는 관점에서 해석했다. 낭만주의 철학자들처럼 이들은 인류의 역사를 어떤
에너지의 발현 혹은 생명력의 활성화로 간주했고, 따라서 어떤 식으로 고대 도
시의 통일된 단계에서 특히 모든 역사적 형성 과정의 개별적인 성격을 노출시
키는 점진적인 차별화가 이루어졌고 이 개별적인 역사를 통해 개인의 핵심적
인 역할이 동시에 부각되었는지 관찰하는 것이 가능하다고 보았다. 그런 의미
에서 이들은 근대국가가 이 에너지를 억제하는 대신 시대가 요구하는 다양한
형태로 발전시켜야 하며 분산시키는 대신 국가의 잠재력을 극대화하기 위해
집중시켜야 할 과제를 안고 있다고 보았다. 이러한 차원에서 고전주의 이상이
었던 '성장Bildung'(혹은 육성育成) 역시 프랑스혁명 이후 복원해야 할 가장 중요한
문화적 성과들을 바탕으로 분열된 유럽 문화에 정신적이고 문화적인 통일성을
부여해야 한다는 과제에 일조할 개념으로 간주되었다.

3

셸링

3.1 등장

프리드리히 빌헬름 요제프 셸링은 1775년 뷔르템베르크Württemberg의 레온베르크Leonberg에서 태어났다. 경건주의적인 성향의 개신교 가정에서 태어난 셸링은 아버지의 뜻에 따라 일찍부터 고대 언어를 공부했다. 셸링은 동년배들보다 3년이나 앞서 튀빙겐 대학에 입학했고 얼마간은 선배 헤겔, 횔덜린과 교류하며 이들과 함께 임박한 정치적, 철학적 혁명을 열정적으로 지지하기도 했다. 셸링은 칸트, 플라톤Platon, 영지주의를 공부한 뒤 '천지 창조와 악의 기원'에 대한 논문(1792년)으로 2년간의 철학 과정을 마쳤고 이어서 2세기의 그리스 신학자 마르키온Markion에 관한 연구 논문(1795년)으로 3년간의 신학 과정을 마쳤다. 이 시기에 셸링은 당대의 종교세계를 지배하던 신학적 보수주의에 강한 반감을 가지고 있었고 이로 인해 결국에는 성직자의 길을 포기하게 된다.

반면에 셸링의 지대한 관심을 끌었던 것은 신화의 이성적이고 철학적인 해석이다. 『가장 오래된 고대세계의 신화, 역사적 전설 및 철학적 견해에 대하여

Über Mythen, historische Sagen und Philosopheme der ältesten Welt』(1793년)에서 주장했던 것처럼, 셸링은 신화가 사회를 응집시키는 기능을 가졌다고 보았다. 이것이 바로 셸링이 구축하고자 했던 '새로운 신화학' 또는 '이성의 신화학'의 핵심 주제다. 이 신화학의 요지는『독일 관념주의의 가장 오래된 체계적 기획*Das älteste Systemprogramm des deutschen Idealismus*』(1796년)에 구체적으로 소개되어 있다. 작자 미상이지만 셸링의 글을 헤겔이 옮겨 적은 것으로 추정되는 이 글에 표명된 입장은 철학이 일종의 미학으로 변신해야 하며 시가 원래의 모습을 되찾고 인류의 교육자 역할을 다시 담당해야 한다는 것이었다. 이를 위해 필요한 것이 바로 앎과 삶, 즉 '이성의 일신론'과 '상상력이나 예술의 다신론'의 조화를 꾀할 수 있는 '이성의 신화학'이었다. 이를 통해서만 개인이 지닌 기량들 사이의 분열뿐만 아니라 사회계층 사이의 분열을 막을 수 있었다. 이러한 입장은 칸트 이후 어떤 식으로 신화가 고고학적 탐구의 대상에서 근대 문화의 미학적-정치적 결함을 보완하기 위한 해결책으로 변신했는지 보여 준다.

3.2   초월적인 철학과 자연철학

이후에 셸링은 철학에만 몰두했다. 셸링의 철학을 처음부터 뒷받침했던 생각은 무엇보다 초월적 철학과 자연철학이라는 두 종류의 상이한 철학이 하나의 체계와 조화를 추구하며 따라서 필연적으로 공존한다는 것이었다.

먼저 초월적 철학은 초감각적인 것에 대한 직관적 지식뿐만 아니라 피히테가 지식 전체를 구축하는 '자아'를 바탕으로 칸트의 철학을 극복하고자 했던 노력의 결과로 이해할 수 있다. 이러한 관점은 셸링의『보편적인 철학적 형식의 가능성에 대하여*Über die Möglichkeit einer Form der Philosophie überhaupt*』(1794년),『철학적 원리로서의 '나'에 관하여*Vom Ich als Prinzip der Philosophie*』(1795년),『교리주의와 비판주의에 대한 철학적 편지*Philosophische Briefe über Dogmatismus und Kriticismus*』(1795년)에서 보다 구체적으로 설명된다. 반면에 자연철학은 '절대적이고 무조건적인 성격'의 단일성과 '상대적이고 제한적인 성격'의 다양성을 지닌 두 가지 상이한 현실이 어떤 식으로 결속되어 있는지 설명하고 새로운 과학적 발견에 대한 철학적 근거를 마련할 필요성에 의해 추진된다. 셸링은 자연을 생동하는 동시에 어떤 구체적인 목적을 지닌 유기체로 간주했다. 셸링이 『자연철학에 관한 생각Ideen zu einer Philosophie der Natur』(1797년), 『세계영혼에 대하여Von der Weltseele』(1798년), 『자연철학 체계의 초안Erster Entwurf eines Systems der Naturphilosophie』(1799년)을 통해 주장했던 것처럼 양극성의 원리, 즉 '생산력-생산품', '인력-저항력'의 경우처럼 상반된 힘의 지속적인 상호작용을 바탕으로 이루어지는 자연의 끊임없는 생성 과정은 못지않게 끊임없는 정신적 발전의 반영이자 무의식적인 상징이라고 볼 수 있다.

어떤 식으로 자연의 문제가 정신 안에서 해소되는지 설명하는 자연철학과 어떤 식으로 정신의 문제가 자연 안에서 해소되는지 설명하는 초월적 철학은 분명히 상반된 과제를 안고 있음에도 불구하고 단일한 체계를 구축하며, 이 체계를 바탕으로 '보이는 정신'인 자연과 '보이지 않는 자연'인 정신이 '하나의 전체hen kai pan'로 통합된다. 이것이 바로 셸링의 몇 안 되는 완성작 가운데 최고의 걸작으로 간주되는 『초월적 관념주의 체계System des transcendentalen Idealismus』(1800년)의 핵심 내용이다.

이 저서에서 셸링은 정신의 진화사에 관한 생각을 발전시켰다. 이를 모형으로 구축된 것이 바로 헤겔의 변증법이다. 셸링에 따르면 정신은 필연적으로 무의식 상태에서 일종의 '외부 세계'로 객관화되며 이 객관화 과정의 마지막 단계에 이르러서야 완성된 자의식의 형태를 갖추게 된다. 이 '자아'의 역사를 지배하는 것은 자연철학에서 유래하는 대조의 메커니즘, 즉 무한하고 무의식적인 원심 활동과 자의식 및 유한한 세계를 생산해 내는 제한적이고 의식적인 구심 활동 사이의 상응관계다.

'자아'는 이 객관화 과정을 통해 스스로를 인식하며 외부 세계가 사실은 스스로의 자기 제한적인 활동이 외형적으로 투영된 것에 지나지 않는다는 사실을 깨닫는다. 그런 식으로 이론적인 측면에서 의식을 객관적인 활동의 결과로 보고 실질적인 측면에서 활동을 외부 세계의 주관적인 변형으로 보는 것이 일종의 사실적인 환영임을 깨닫는 단계에 이르는 것이다.

셸링은 절대성의 자율적인 측면을 인정하는 단계에 머물거나 피히테처럼 절대성을 유한한 세계 안에 무한한 세계를 실현하려는 갈망으로 환원시키지 않는다. 셸링은 자의식의 역사가 주관적이고 의식적인 순간과 객관적이고 무의식적인 순간의 절대적인 일치를 통해 결론에 도달한다고 보았다.

자연 안에서 주관성과 객관성의 일치가 부분적으로만 일어나는 것은 그것이 무의식적이기 때문이다. 역사적인 차원에서도 주관성과 객관성의 일치는 오로지 전제될 뿐이며 이는 그것이 여전히 무의식적이고 인간의 자유롭고 의식적이지만 여전히 환영적인 행위를 초월하기 때문이다. 반면에 주관성과 객관성, 의식과 무의식의 절대적인 일치를 구체적으로 확인할 수 있는 경우는 예술에서만 발견된다. 예술 안에서 의식과 무의식의 일치는 전적으로 의식적이며, 바로 그런 이유에서 셸링은『초월적 관념주의 체계』마지막 부분에서 철학자로서는 처음으로 예술에 지고의 가치를 부여했다.

셸링이 예술을 높이 평가한 보다 구체적인 이유가 있다면 그것은 아마도 예나 대학에 교수로 부임하기 전 드레스덴에서 몇 주간 슐레겔 형제를 비롯한 낭만주의 문인들과 함께 시간을 보내면서 예술세계에 대한 지대한 관심을 기울이며 발전시킨 예술 예찬론적인 관점 때문일 것이다. 이 시기에 셸링은 무엇보다도 '함께 철학적으로 생각하고 토론할 수 있는 기회'를 얻었고 이러한 경험은 이후의 저술 활동에 커다란 영향을 끼쳤다.

셸링에 따르면, 절대적인 원리는 그것의 무한한 성격 때문에 성찰의 영역에서 벗어날 수밖에 없으며 오로지 철학자의 지적 직관으로만 파악될 수 있다. 하지만 절대적 원리는 직관적으로 파악될 수 있을 뿐만 아니라 예술가의 미적 직관을 통해 감각적으로 표현될 수도 있다. 예술작품이 일반적인 관점으로 접근 가능한 보편적 직관의 구체성을 통해 인간을 절대적인 세계로 인도하면서 실현하는 것은 하나의 '기적' 혹은 모순, 즉 무한성을 유한한 방식으로 표현하는 일이다. 예술가에게 하나의 고민거리로 존재하는 유한과 무한의 비극적인 모순은 예술작품을 통해 '조화'와 '안정적인 위대함'이라는 결론을 맺는다.

달리 말하자면 예술작품은 기술과 직업이라는 차원의 예술 같은 의식적인
요소와 자연의 선물이나 영감이라는 차원의 예술 같은 무의식적인 요소를 결
합함으로써 무한성의 절대적 현실성에 대한 구체적인 설명을 제시한다. 의식
과 무의식, 자연과 자유의 결합 내지 일치는 일반적으로 잠재적으로만 가능
할 뿐이지만 이 결합의 '유일하고 영원한 계시'인 예술은 철학의 '유일하게 진
실하고 영원한 기관이자 문서'일 뿐만 아니라 철학을 포함한 모든 지식이 앎
의 '시적poetica' 기원으로 회귀하리라는 예언의 단서이기도 하다. 셸링의 이러한
'예술적 절대주의'는 낭만주의 미학의 원칙, 즉 절대적인 것은 오로지 예술을
통해서만 이해될 수 있다는 원칙이 정립되는 데 결정적인 역할을 했다.

3.3   정체성과 보편적 미화

예나를 떠나 뷔르츠부르크에 정착(1803~1806년)한 셸링은 계속해서 자연철학과
예술철학을 연구했고 철학 교육의 제도적 개혁에도 깊은 관심을 기울이며 『학문
적인 연구의 방법론에 관한 강의Vorlesungen über die Methode des akademischen Studium』(1803년)
를 집필했다.

하지만 셸링이 보다 집중적으로 탐구했던 것은 정신의 통일성과 자연적 다
양성의 완벽한 조화, 다시 말해 철학의 영혼인 관념주의와 철학의 신체인 사실
주의 사이의 완벽한 조화를 이끌 수 있는 정체성의 체계였다.

주관성과 객관성의 일치, 관념적인 것과 사실적인 것의 일치, 앎과 존재의
일치라는 개념은 이미 자연철학과 초월적 철학의 조합으로 윤곽이 드러나 있
었지만 이 모든 것을 셸링은 비평적인 차원의 신중함에서 벗어나 보다 직접
적이고 기하학적인 방식으로 해석하기 시작했다. 이러한 특징들이 구체적
으로 드러나는 저서는 『철학 전체의 체계와 각별한 자연철학의 체계System der
gesammten Philosophie und der Naturphilosophie insbesondere』(1804년), 『자연철학 입문Einleitung in die
Naturphilosophie』(1806년), 『자연철학에 관한 아포리즘Aphorismen über die Naturphilosophie』

(1806년) 등이다.

하지만 이때부터 셸링은 수많은 문제점과 모순에 부딪히기 시작했고 특히 '일치', 즉 '정체'의 철학을 토대로 '주체성'을 설명하는 데 많은 어려움을 겪었다. 셸링이 이 시기의 저서들, 특히 『예술철학*Philosophie der Kunst*』(1802~1803년)과 『자연과 조형예술의 관계에 관하여*Über das Verhältnis der bildenden Künste zu der Natur*』(1807년)에서 '정체성'의 이상적인 측면을 논하기 위해 대부분의 지면을 '예술'에 할애한 것은 결코 우연이 아니다. 어떻게 보면 셸링이 다름 아닌 절대성에 접근하는 방식 자체가 예술을 바탕으로 구축된다고도 할 수 있다. 절대성에 이르는 과정은 『브루노 혹은 사물의 신성하고 자연적인 원칙*Bruno, oder das göttliche und natürliche Prinzip der Dinge*』(1802년)에서처럼 원칙적으로 신플라톤주의적인 성격을 지니지만 이것이 설명되는 방식은 스피노자적인 성격을 지닌다.

셸링에 따르면, 현실은 신이 포괄하는 우주 안에서 유한한 세계에 제공되는 무한한 세계의 정보를 바탕으로 구축되기 때문에 필연적으로 유한한 세계가 절대적인 세계로 환원되는 종말론적인 과정의 측면을 지닐 수밖에 없다. 물론 상반되는 개념들의 변증적 관계에 의해 생성되는 형식적 풍부함 덕분에 모든 차이점들이 단순히 주체에 대한 객체(질료)의 양적 우세나 객체에 대한 주체(인간의 자의식)의 양적 우세로 환원되는 것은 사실이지만, 이러한 형식적 풍부함이 절대적인 것의 통일성과 정체성을 위협하는 것은 아니다.

이 시점에서 셸링은 우주를 거대한 예술작품으로 보는 관점을 취하지만 예술에 우월성을 부여하는 관점은 포기하기에 이른다. 그는 철학이 절대성의 학문이자 '진, 선, 미'의 통일성에 대한 관조이며 원형의 틀 속에서 절대성의 관념 자체를 파악하는 한편 예술은 절대성의 원형을 짝패의 형태로, 즉 신화적인 방식으로 실재하는 관념의 형태로 표현한다는 점에 주목했다. 이러한 성찰은 오히려 철학의 우월성을 부각시켰고 철학은 예술이 감각적인 차원에서 기적적으로 펼쳐 보이는 결과를 더 이상 기다리지 않는다는 점에 주목하도록 만들었다.

셸링에 따르면, 이제 '모든 것의 형태를 다루는 학문 혹은 예술의 잠재력'으로서 예술철학은 단순히 예술의 보편적 위상을 정립해야 할 과제를 지닐 뿐이

다. 즉 예술철학의 과제는 절대성을 드러내는 데 소용되는 관념들을 예술이 어
떤 식으로 실체화하는지 이해하는 일, 다시 말해 신화적이고 예술적인 형상들
이 무언가를 '의미'하는 데 그치지 않고 '의미'하는 무언가로 '존재'한다는 차원
에서 모든 예술의 조건이자 재료인 신화의 형태로, 아울러 상징적인 형태로 절
대성이 실체화되는 과정을 이해하는 일이다.

　　하지만 시간이 흐르면서 셸링은 예술이 역사를 초월해 자기성찰적인 절대
성의 모형으로 기능할 수 있다는 생각에서 점점 멀어졌고 현실의 모든 미화는
환영에 불과하다는 생각을 떨쳐 버리지 못했다.

3.4   자유와 세계의 연령

1806년을 전후로 셸링은 예나의 낭만주의와 피히테 철학의 영향에서 완전히
벗어났다고 볼 수 있다. 특히 피히테 철학에 비판적인 입장을 취했던 셸링은
피히테의 심각한 자연 혐오가 단순히 '자아'의 자유롭지만 기계적인 자기실현
을 위해 천박한 방식으로 활용된다고 지적한 바 있다. 종교적 갈등으로 인해
1806년 뷔르츠부르크를 떠나 뮌헨으로 이주한 셸링은 에를랑겐에서 보낸 7년
을 제외하고는 1841년까지 뮌헨에 머물면서 먼저 바이에른학술회의 회원으
로, 이어서 바이에른미술아카데미의 총서기관으로 활동했다.

　　이 시기에 셸링의 '정체성 체계'는 헤겔이 주목했던 '모든 소들이 전부 검게
보이는 밤', 즉 절대적인 통일성 속에서 현실적인 구분이 불가능해지는 상황
에 처해 있었고 결과적으로 절대적 유일성에서 유한한 세계의 다양성으로 전
이하는 과정을 설명하는 데 어려움을 겪을 수밖에 없었다. 결국 셸링은 일찍이
1804년『철학과 종교*Philosophie und Religion*』를 통해 '추락'의 차원에서 해석했던 '자
유'와 '유한성' 문제를 계기로 '정체성 체계'를 지배하던 긍정적이고 열린 시선
을 결정적으로 포기하기에 이른다.

　　이러한 차원에서 전환점을 구축하는 저서는 1809년에 출판된『인간적 자유

의 본질에 관한 철학적 탐구*Philosophische Untersuchungen über das Wesen der menschlichen Freiheit*』
다. 여기서 셸링에게 항상 역동성을 의미하던 '기초적 모순'은 더 이상 악이나
자유를 제한적이거나 부적절한 관점에서 해석하는 신정론에 흡수되지 않고 절
대성 내부에 위치하는 것으로 간주된다. 오류가 단순히 진리의 상실과 일치하
지 않는 것처럼, 악은 실재의 상실이 아니라 오히려 실재를 위협하는 부재라고
할 수 있다. 아니 바로 그런 이유에서 악(암흑, 혼돈, 무의식)은 심지어 신(빛, 질서, 의
식)이 존재하기 위한 어두운 기반 내지 선결 조건이 되기도 한다. 신은 악을 제
거하고 극복해야만 진정한 의미의 신, 즉 인격적인 신이 될 수 있다.

셸링에 따르면, 자유의 잠재력은 존재 자체에 내재하는 모순이다. 인간은 자
유의지에 따라 선을 선택함으로써 세계의 구원에 일조할 수 있지만 동시에 악
을 선택함으로써 원칙들의 위계를 파괴하고 선결 조건으로 남아야 할 악을 지
배적인 위치로 부상시킬 수 있다. 정신세계를 통한 자연의 완성 과정이 파괴되
는 현상에 대해 인간이 책임과 고통을 느끼는 것은 바로 그가 자유롭기 때문이
며, 인간은 이 고통을 어렵지 않게 우주적인 고통으로 간주한다.

1809년에 찾아온 아내의 갑작스런 죽음은 셸링의 이러한 철학적 위기에 실
존적인 가치를 부여했고 이때부터 셸링은 죽음, 사후세계, 자연과 정신세계의
연관성 같은 존재의 비이성적인 측면들을 특히 민감하게 다루기 시작했다.

『슈투트가르트 강의*Stuttgarter Privatvorlesungen*』(1811년)에서 드러나듯이 셸링은 이
러한 측면들을 모두 철학적 주제로 발전시켰고 이를 바탕으로 방대한 분량의
저서를 계획했다. 이것이 바로 셸링이 출판을 지속적으로 예고하고 연기했던
『세계의 나이*Die Weltalter*』다. 실제로 우리가 이 저서에 대해 알고 있는 것은 판본
만 세 종류가 존재하는 첫 번째 부분「과거」와 이에 대한 부록으로 집필된『사
모트라케의 신에 관하여*Über die Gottheiten zu Samothrake*』(1815년)뿐이다. 세 종류의 판
본들은 각각 1811년, 1813년, 1815년에 집필되었고 모두 사후에 출판되었다.

셸링은 이 야심찬 구도의 저서를 통해 신이 스스로의 모습을 드러내는 과정
또는 역사를 '과거', '현재', '미래'로 나누어 그리고자 했다. 셸링은 원천적 모
순에 의해 시작된 우주의 나이를 식별할 수 있으며 이 우주가 성장하는 과정

에 따라 절대성이 스스로 안고 있는 자연 혹은 과거를 극복하면서 서서히 자의
식을 획득하고 마지막 순간에 하나의 인격체로 완성된다고 보았다. 모든 측면
에서 모든 것을 의미하는 이 인격체는 단순한 정신에 머물지 않고 보다 우월한
신체적 차원의 정신과 일치한다.

3.5   부정적 철학과 긍정적 철학

1813년에 두 번째 아내를 맞이한 셸링은 뮌헨에서 공직 생활을 시작했고 이곳
에서 바이에른학술회 회장을 역임했다. 1827년부터 교수를 겸하기 시작한 셸
링은 연구 결과들을 출판하지 않기로 결심한 뒤 이른바 마지막 철학의 두 가
지 양식, 즉 '부정적 철학'과 '긍정적 철학'을 동시에 발전시켰다. 후자는 다시
자연철학을 계승한 '신화의 철학'과 '계시의 철학'으로 분류된다. 청취자들이
남긴 셸링의 수많은 강의 기록 때문에 상충하는 해석들이 존재하지만, 셸링은
1841년 베를린으로 거처를 옮겼을 때에도 이 이중적인 구도를 그대로 유지했
다. 한편 그를 베를린으로 인도한 정치적이고 반헤겔주의적인 동기는 결국 그
에게 커다란 실망을 안겨 주었다. 1846년부터 교수 활동을 그만둔 셸링은 1854
년 스위스에서 세상을 떠났다.

　베를린에서 강의를 진행하는 동안 셸링은 모두의 예측대로 모든 종류의 논
리적이고 추상적인 철학(예를 들어 헤겔의 철학)을 사실상 거부하고 오히려 청중들
이 시대착오적이라고 판단하던 신화학이나 계시 같은 주제들의 중요성을 강조
했다. 물론 청중의 입장에서는 이러한 분야의 철학이 완성된 상태로 소개된 적
이 없고 셸링의 철학 역시 구축 단계에 있었기 때문에 이를 이해하는 데 어려
움을 겪을 수밖에 없었다.

　셸링의 '마지막' 철학에 대해 현대 학자들은 특히 두 가지 측면을 높이 평가
한다. 무엇보다도 중요한 것은 '부정적 철학'과 '긍정적 철학'의 대조에서 비롯
되는 극적인 긴장감이다. 이러한 긴장감은 뮌헨 강의록 『근대 철학의 역사에

관하여*Über die Geschichte der neueren Philosophie*』(1827년)의 역사-철학적인 관점에서도 분명하게 나타난다. '부정적 철학'은 사유의 가능성과 본질을 순수하게 논리적인 차원에서 탐구하는 것으로 그치기 때문에 '현실'과 '존재'를 증명하지 못한다는 한계를 지닌 반면 '긍정적 철학'은 이성의 무기력하고 유고遺稿적인 성격을 강조하면서 현실과 존재를 절대적인 차원에서 탐구하기 위해 경험에 의존한다는 특징을 지녔다는 것이 셸링의 생각이었다. 이러한 관점에서 발전된 것이 바로 신의 존재를 원천적인 '사실'로 간주하는 상당히 독특한 경험주의였다.

현대 학자들이 높이 평가하는 두 번째 측면은 셸링이 지속적으로 연구했던 상당히 복합적인 성격의 잠재력 이론이다. 셸링이 언급하는 잠재력은 세 종류, 즉 우주 발생론적인 차원의 잠재력, 신통기적인 차원의 잠재력, 자연사 및 인류사적인 차원의 잠재력이며, 특히 세 번째는 현실 전체의 구조를 생성하는 지속적인 원동력으로 간주된다. 첫 번째 잠재력은 모든 운동의 원동력이 되는 어둡고 이기적인 성격의 힘이며 두 번째 잠재력에 의해 제어되지 않는 이상 자체적으로 파괴될 수밖에 없는 특징을 지닌 반면, 두 번째 잠재력은 첫 번째 잠재력을 생산적인 힘으로 변화시키는 힘이며, 끝으로 세 번째 잠재력은 대립되는 양상을 보이던 첫 번째와 두 번째 잠재력의 결정적인 조화 및 우주의 정점을 상징한다.

3.6   신화, 철학, 종교: 마지막 셸링

말년에 셸링은 견고한 형이상학적 구도와 해박한 역사-문헌학적 지식을 바탕으로 본래 관심사였던 신화학을 보다 구체적인 형태로 발전시켰다. 1841년 셸링이 신화를 주제로 일련의 강의를 시작했을 때 포이어바흐Ludwig Feuerbach, 엥겔스Friedrich Engels, 키르케고르Søren Kierkegaard 같은 차세대 철학의 주인공들이 셸링의 강의를 들으러 베를린에 와 있었다. 이 강의 기록들은 셸링의 초안을 바탕으로 두 편의 방대한 저서 『신화의 철학*Philosophie der Mythologie*』과 『계시의 철학

Philosophie der Offenbarung』으로 편집되었다. 극단적으로 난해한 내용을 다루기도 하고 간혹 해독이 불가능한 글들로 구성된 이 저서에서 신화는 더 이상 알레고리처럼 무언가에 대한 설명 내지 비유로 설명되지 않는다. 셸링은 콜리지Samuel Taylor Coleridge가 사용했던 용어를 인용하면서 신화를 일종의 '타우테고리',* 즉 '정체묘사'로 정의했다. 셸링에 따르면 '신화는 비유가 아니라 정체묘사다. 신화적인 신들은 실제로 존재하는 실체이며 무언가 다른 것을 가리키는 대신 신화가 의미하는 대로 존재한다'.

셸링은 신화가 신의 '점진적인 계시'를 구현하고 인간의 의식 속에서 전개되는 신의 '필연적인' 역사를 구축하기 위해 '신성'의 발전을 이룩할 수 있는 사회의 지극히 자연스럽고 필연적인 결과물이라고 보았다.

셸링에 따르면, 인류의 역사에서 신화가 구축되는 과정은 의식이 신화를 통해 고유의 유령으로부터 해방되는 초기 단계에서 인류가 신들을 잃는 동시에 그리스도의 계시를 받아들이는 마지막 단계에 이르는 과정이다. 그런 의미에서 신화는 신의 섭리에 따른 그리스도교적 계시의 은밀한 예시豫示였다고 볼 수 있다. 이러한 이론을 통해 극명하게 드러나는 것은 유대교보다는 오히려 세속 종교에서 그리스도교의 전례를 발견하는 셸링의 독특한 관점이다. 셸링은 그리스도가 세속 종교 안에 어떤 식으로든 선재하고 있었다고 보았다. 셸링에 따르면, 그리스도는 '순수하게 자연적인 형태로 나타났을 뿐 세속인들에게 빛이자 세속주의 고유의 힘'이었고 그리스도교를 사실상 수용할 수 있는 것 역시

---

* 타우테고리tautegory는 정체를 뜻하는 그리스어 타우토테스tautotes에서 유래하며 본질적으로는 정체에 대한 아리스토텔레스의 모호한 정의와 직접적으로 연관된다. 아리스토텔레스는 정체가 '하나'지만 '여러 개'로 간주되며 어떤 무엇이 그 자체와 동일하다는 논리 속에서 정체는 이미 두 실체로 간주된다고 보았다. 이와 유사한 방식으로 셸링은 신화가 어떤 개념적 의미에 대한 알레고리가 아니며 어떤 의미의 내부로부터 발전해서 필연적으로 부각되는 타우테고리로 해석되어야 한다고 보았다. 다시 말해, 셸링에 따르면, 신화는 그것 자체와는 다른 무언가의 알레고리가 아니며 스스로를 표상할 뿐이다. 신화는 어떤 객체에 대한 앎을 제시하는 대신 스스로의 실재를 제시할 뿐이며, 따라서 기호처럼 지적 대상이 아니라 정서와 의지의 대상이다. 신화는 신화가 표상하는 것 자체로 존재하며 이러한 존재 방식을 바탕으로 표상하는 것의 형언할 수 없는 성격을 표현함으로써 초월성과 객체화 불가능성을 천명한다.

세속주의뿐이었다. '마지막' 셸링의 철학에서 그의 '신화철학'과 '계시철학'이 서로 밀접한 관계와 연속성을 유지하는 것도 바로 이러한 차원에서 설명된다. '신화철학'은 실제로 '계시철학'의 전제가 되며 셸링은 이를 바탕으로 철학을 가장 높은 위치에 두고 역사나 문헌학 같은 다양한 학문들을 복합적으로 활용하면서 인류의 역사를 재구성하려는 야심찬 계획을 세웠다.

철학은 신의 계시에 대한 설명을 제시해야 할 과제를 안고 있기 때문에 종교적 주제들에 대한 관심을 토대로 정립된다. 하지만 종교는 단순히 철학의 일부나 전제로 간주되어서는 안 된다. 셸링은 세속 종교와 그리스도교의 구분 없이 이들을 모두 내포하는 철학적 종교 또는 종교적 철학의 필요성을 주장하면서 현실의 진정한 이해에 가장 근접한 형태의 철학으로 간주되는 관념주의 철학의 결과와 후기 낭만주의 철학의 종교적 경험을 통합시키기 위해 노력했다.

'계시철학'의 핵심이 그리스도였다면 목표는 미래의 교회, 즉 '새로운 예루살렘'이었다. 이 교회는 더 이상 조건적이지 않으며 세속 종교와 유대교를 포괄할 수 있는 하나님의 나라, 즉 '그 자체로 존재하며 어떤 유형의 제한이나 외적 권위도 찾아볼 수 없고 누구든 자유롭게 참여할 수 있으며 이를 정신의 고국으로 간주할 수만 있다면 그러한 확신 속에서 누구든 소속될 수 있는 나라'를 의미했다. 셸링의 꿈은 '무미건조한 교리에 의존하는 옹색하고 변덕스러운 그리스도교', '천박하고 초라한 계율 안에 갇힌 그리스도교' 대신 보편적으로 인정할 수 있는 그리스도교를 건설하는 것이었다. 그리스도교는 이를테면 사적인 종교에서 공적인 종교로, 물론 국교라는 차원에서가 아니라 인류의 종교라는 차원에서 인류에게 '진정한 학문'이 될 수 있는 종교로 변신할 필요가 있었다.

셸링이 피력한 이러한 방대하고 복합적인 사상과 논제들은 낭만주의 철학자들의 자연철학과 미학뿐만 아니라 사변적 이신론과 무의식의 심리학 및 실존주의 철학에도 적잖은 영향을 끼쳤다.

예술과 진리

미적 인간

칸트의 『판단력비판Kritik der Urteilskraft』(1790년)이 출간된 후에 일어난 현상들 가운데 하나는 서양 문화사상 처음으로 예술에 절대적인 형이상학적 가치를 부여하기 시작했다는 것이다. 그리고 이와 함께 미학에도 커다란 변화가 일어났다. 주도권이 아름다움의 효과를 연구하는 수용의 미학, 다시 말해 이 영역의 최고 권위자 칸트처럼 아름다움을 대상의 특성이 아니라 대상이 불러일으키는 심적 상태로 간주하는 미학에서 서서히 예술작품을 '천재'의 관점에서 관찰하는 미학으로 넘어가기 시작한 것이다. 셸링은 천재의 작품을 "유한한 세계에서 일어나는 절대성의 기적적인 현현"이라고 정의했고 바로 그런 이유에서 진실에 가장 가까이 다가설 수 있는 분야는 다름 아닌 예술이라고 보았다. 하지만 상황이 이러한 방향으로 흘러가는 데 결정적인 계기를 마련한 인물은 프리드리히 실러다. 그는 '천재'를 뒷받침하는 '아름다운 영혼', 즉 감각(쾌락)과 지성(의무)의 조화라는 개념을 예술 이론의 차원에서 조명했을 뿐만 아니라 아름다움을 '현상 속에서의 자유 혹은 자율성', 따라서 지적 대상들의 자유에 대한 상징적이면서도 사실적인 표현으로 보는 관점을 발전시켰다. 물론 실러의 가장 중요한 업적은, 두말할 필요도 없이, 미적 삶의 교육적이고 윤리적인 가치라는 혁명적인 주제를 도입했다는 데 있다. 실러는 칸트의 엄격한 철학체계에 내재하는 감수성의 가치 폄하 경향을 극복하고 근대의 정치적 분열 및 인류학적 관점들의 괴리 현상을 극복하기 위해 『인간의 미적 교육에 관하여』(1795년)를 통해 '미적 인간상'의 구현을 목적으로 하는 교육학적 미학을 제안했다. '미적 인간'이란 유희를 통해(정말 인간다운 인간은 즐길 줄 아는 인간이다!) 질료적 본능(변화, 수동성, 수용성, 삶)과 형식적 본능(불변성, 활동, 생산성, 형식)의 조화를 꾀하면서 아름다움을 생동하는 형태로 만들 줄 아는, 그런 의미에서 완벽한 인간을 의미했

다. 그러나 실러가 『소박한 문학과 감상적인 시에 대하여』(1795년)에서 주목했던 것
처럼, 이 이상적인 미학의 위상, 이 행복한 표상의 왕국에 인간은 오로지 점진적
으로만, 즉 그리스 세계에 이미 존재하던 고전 미학을 순박하지 않고 감상적이며
사색적인 성격의 미학으로 조화롭게 재구성하는 발전 과정을 통해서만 접근할
수 있다.

자연적 상징과 예술적 상징

실러의 미학이 역사철학에 집중하는 모습을 보인 반면 괴테의 미학은 뚜렷하게
자연철학적인 성격을 지니고 있었다. 괴테는 자연의 생명력과 아름다움을 예술 속
에서도 발견할 수 있다고 생각했다. 결과적으로 예술적 전개의 유기적인 성격과
단순한 집합의 단계를 초월하는 총체적인 성격, 자유의지의 영역이 아니라 자연의
권리로 간주되는 천재성 등을 칭송하는 경향이 생겨났다. 모든 자연현상의 '원천
적인 현상' 혹은 '내재적인 형식'에 대한 형태학적 탐구 역시 예술적 창조에 직관적
으로 참여하는 미학적 탐구와 다를 바 없는 것으로 간주되었다. 여기서 '자연의 모
방'이라는 오래된 예술 원리는 괴테를 통해 예술은 자연이 간헐적으로만, 여하튼
잠정적으로만 표현하는 아름다움을 영원한 것으로 만들 수 있으며 바로 그런 차
원에서 자연보다 우월하다는 논리로 재정립된다. 바로 그런 이유에서 아름다움은
상반되는 요인들의 조화를 의미했다. 괴테의 대담한 고전주의나 그가 시도한 다양
한 형태의 조합들, 예를 들어 시간과 영원의 조합, 행동(파우스트)과 아름다움(엘레
나)의 조합, 서양 문화와 동양 문화의 조합 등은 근대의 문화적, 정치적 분열을 막
기 위한 전략의 일부였다. 그런 의미에서 무엇보다 중요한 것은 '상징'의 정의다. 괴
테는 '상징'이 알레고리처럼 보편성을 암시하는 데 그치지 않고 스스로를 끊임없
이 보편적인 것으로 전시하는 독특한 성격을 지닌다고 보았다. '상징'에 내재하는
이러한 '존재와 의미의 일치' 원리는 널리 알려진 괴테의 또 다른 원리, 즉 이론은
현상들의 배경에서 찾을 것이 아니라 현상 자체에서, 현상의 발생 경로에서 찾아
야 한다는 원리와 일맥상통한다.

세계의 '낭만화'

존재의 미화를 현실화하려는 시도에 대한 실러의 회의주의적인 견해나 칸트의 비판철학처럼 '한계'를 인정하는 사유를 대체하며 낭만주의 철학자들, 특히 예나, 베를린, 하이델베르크에서 활동했던 독일 철학자들은 일찍부터 현실 전체의 미학적 기초, 다시 말해 예술적 기초에 대한 절대적인 믿음을 강조하기 시작했다. 그리고 이를 위해 허무주의적인 뉘앙스로 세계의 신화 창조(mitopoiesis)적인 기원, 따라서 이성주의적인 차원에서는 '근거가 없는' 기원을 주장하거나 '하나-전체'의 신플라톤주의적인 해석을 바탕으로 우주의 미적 조화를 칭송하면서 천재의 창조적 재능을 통해 이 미적 조화의 이미지를 부각시켰다. 예술(혹은 환영)과 진실의 원천적인 결속력은 그런 식으로 의심의 여지가 없는 사실로 인식되었고 예술가는, 셸링의 가르침과 피히테가 설파했던 '자아'의 절대화에 힘입어, 무한성을 유한성으로, 유한성을 무한성으로 번역할 수 있는 유일한 유형의 인간으로 인식되었다. 간단히 말하자면 예술가는 세계를 '낭만화'할 수 있는 인간, 세계를 우화나 신화에 비유하기도 하고 작품의 배경으로 활용하기도 하면서 마음대로 창조하거나 재창조할 줄 아는 존재였다. 이러한 차원에서 예리하게 발전한 것이 바로 천재 혹은 예언자 시인의 신화였다. 장 파울(Jean Paul, 본명 요한 파울 프리드리히 리히터Johann Paul Friedrich Richter)와 하인리히 폰 클라이스트Heinrich von Kleist, 에른스트 호프만Ernst Hoffmann, 윌리엄 블레이크William Blake, 윌리엄 워즈워스William Wordsworth, 새뮤얼 테일러 콜리지, 퍼시 비시 셸리Percy Bysshe Shelley 같은 다양하고 이질적인 성격의 인물들이 바로 이 신화적인 예술가상을 추구했다. 예언자 시인의 신화는 뒤이어 쇼펜하우어가 제시한 천재성과 광기의 유사성 이론을 통해 완전한 형태로 체계화된다. 그렇게 해서 예술가는 창조성을 바탕으로 존재의 형이상학적 정당성을 제시할 임무를 떠맡았지만 동시에 미학적인 의식의 근대적 자율성에 대한 모호한 대변자였다는 의미에서 정통하지 못한 세계의 희생양이기도 했다.

그러나 프리드리히 슐레겔은 이러한 세계의 파편적이고 혼돈스러운 성격이 긍정적인 열매를 맺을 수 있다고 보았다. 예를 들어 『비평적 단상Kritische Fragmente』(1797년)과 『시에 관한 대화Gespräch über die Poesie』(1800년)에서 슐레겔은 근대 시가 무한에 대한 고통스러운 향수를 긍정적으로 변화시키면서 보편적인 단계의 시, 혹은 그의 표현대로 '시의 시'나 '초월적 시'로 발전할 수 있다고 보았다. 슐레겔은 '새로운 신화'를 통해 가능해진 인위적인 백과사전주의와 소설이라는 혁명적인 형식을 바탕으로 모든 장르를 조합하고 궁극적으로는 시와 철학을 통합하는 것이 근대 시의 과제라고 생각했다. 결과적으로 부각되는 것은 하나의 절대적인 책, 즉 작품 자체에 대한 비판을 포함하며 완성되는 법 없이 영원히 생성될 뿐인 책의 이미지였다. 이런 관점에서 근대 예술은 자연적인 조화나 완성과는 무관하게 필연적으로 완성의 순수한 가능성에 매달릴 수밖에 없었고 유한한 세계를 무한한 세계에 알레고리적으로 위탁하는 방식에 의존할 수밖에 없었다. 근대 예술의 내재적 '아이러니'는 스스로의 작품을 인정하면서도 그것과 거리를 유지한다는 데 있다. 거리를 유지하는 이유는 작품에 유한한 형식들을 부여할 때부터 이미 무한한 세계와 견주면서 드러나게 될 이 형식들의 상대적인 부족함과 이것들이 오로지 '파편'으로만, 혹은 순수한 예고나 약속의 형태로만 기능할 뿐이라는 사실을 인식하기 때문이다.

반면에 노발리스의 '마술적 관념주의'는 주관적 판단과는 거리가 멀었다. 문학 작품에서뿐만 아니라 단상 형식의 철학 저서들에서도 노발리스는 성찰의 단계를 거치지 않고 유사를 통해 인간과 자연 사이의 조화를 표현할 수 있는 다름 아닌 예술에서 사실상 앎의 형태로는 접근이 불가능한 진리를 발견할 수 있다고 보았다. 노발리스의 '진실하면 진실할수록 더 시적'이라는 말도 바로 이러한 차원에서 이해되어야 한다. 세계의 낭만화 혹은 질적 발전을 주도하는 시를 통해서만 미약해진 근대적 '정신과 자연의 조화'를 되살릴 수 있고 그런 식으로 유럽 그리스도교의 통일성을 회복하고 황금시대를 구현하기 위한 기반을 마련할 수 있었다. 그런 차원에서 시인 혹은 예술가는 절대적인 인간, 예언자, 의사, 심지어는 마술사의 위상을 획득했다.

'새로운 신화'(헤더, 슐레겔, 셸링)의 창조력과 응집력(미학과 정치)에 대한 일반적인 믿음은 프리드리히 횔덜린이 그의 철학적 서사시와 단상들을 통해 다루었던 주제들 가운데 하나다. 횔덜린에 따르면, 근대 문화의 원죄는 원천적인 정체성의 파괴에 있으며 주체와 객체의 분리를 가져온 '판단력'을 통해 자의식이 부상하는 경로와 직접적으로 연결된다. 그런 식으로 새롭고 혁신적인 문화에 도달하게 되는 과정은 '비정상적인 경로'를 통해서만, '하나-전체'로 간주되는 자연과의 화해 및 이질화의 변증적인 경로가 완결되는 법 없이 끝없이 진행되는 과정을 통해서만 가능했다고 본 것이다. 시의 정화 기능을 통해 가능해지는 화해의 과정은 두말할 필요 없이 미적 차원에 속하지만 불화를 모르는 '아름다운 영혼'의 차원과는 거리가 멀다. 왜냐하면 여기서 독창적인 방식으로 칭송되는 것은 비극의 영웅이기 때문이다. 원천적인 것이 오로지 그것을 표현하는 기호의 파괴를 통해서만 부각될 수 있듯이 비극의 영웅은 자연에 고유의 목소리를 되돌려 주기 위해 스스로를 희생한다. 이것이 바로 횔덜린의 '엠페도클레스Empedocles'가 겪는 비극적인 운명이다. 횔덜린의 '예술가'는 이러한 비극의 영웅이며 은밀한 언어를 사용할 뿐 숙명에 의해 이성적으로는 이해가 불가능한 진리를 표현하기 위해 스스로를 희생해야 하는 존재다.

자연철학

1790년과 1830년 사이에 독일에서는 자연현상에 대한 체계적이고 조화로운 관점의 필요성이 대두되었다. 이는 칸트, 괴테, 셸링, 헤겔뿐만 아니라 대부분의 과학자들이 공감하는 요구였고 결과적으로 화학현상, 전기현상 및 생명체에 대한 관심이 주를 이루는 '자연철학Naturphilosophie'이 구체적인 형태를 갖추기 시작했다. 이 시기의 자연철학은 상당히 사변적인 성격을 지녔지만 이는 자연현상에 대한 통일된 관점을 제시하려는 노력에서 비롯된 현상이었고 이러한 노력은 새로운 과학적 발견과 중요한 학문적 성과라는 긍정적인 결과로 이어졌다.

/ 물리학과 생명체

『자연과학의 형이상학적 원리Metaphysische Anfangsgründe der Naturwissenschaft』(1786년)에서 칸트는 질료가 '그것의 절대적인 침투 불가능성이 아니라 나름의 척력斥力을 바탕으로 공간을 채운다'고 보았다. 칸트는 이처럼 역학적인 관점을 수용했지만 동시에 뉴턴Isaac Newton의 수학적 물리학을 계속해서 자연과학의 모형으로 받아들였다. 하지만 수학은 유기적인 자연의 탐구에 적용하기 어려웠고 이러한 사실은 물리학 법칙과 유사한 생명체의 법칙을 정립하는 데 커다란 걸림돌이 되었다. 유기체들의 삶 역시 일련의 법칙을 따른다는 것만큼은 분명했다. 마치 어떤 초월적인 지성이 부여한 목적론적인 구도가 유기체의 삶을 지배하는 것처럼 비쳤던 것이다. 어떤 구체적인 목적이 유기적인 생명체 내부에 각인된 듯이 보였다. 유기체는 '동력 외에 아무것도 지니지 않은 단순한 기계'와 전적으로 달랐다. 유기체를 지탱하는 것은 오히려 일종의 '형성력nisus formativus'이었다. 일찍이 이 '형성력' 개념을 제시했던 요한 프리드리히 블루멘바흐(Johann Friedrich Blumenbach, 1752~1840년)는 전성설preformismo을 비판하고 후성설epigenesi을 지지했던 인물이다. 칸트의 생명체 연구를 수용했던 인물 가운데 한 명이 바로 블루멘바흐의 제자였던 카를 프리드리히 킬마이어(Carl Friedrich Kielmeyer, 1765~1844년)다. 그는 '유기적인 생명체 내부에서 발견되는 원인과 효과의 연쇄 작용 대부분이 일상에서의 수단과 목적의 관계처럼 비춰진다는 점을 인정할' 필요가 있다고 보았다. 하지만 칸트와 마찬가지로 목적론을 지지하지 않았던 킬마이어는 유기체가 하나의 '거대한 기계'처럼 비춰지지만 이를 지배하는 법칙들은 '동물세계의 물리학'을 통해 확인해야 하고 번식 과정 역시 생명체의 기본적인 물리화학적 조건과 함께 연구해야 한다고 보았다. 그는 유기체의 '양태'들이 기계적인 원인으로 환원될 수 없는 방식과 단계에 따라 '질료'가 활용된 결과라고 보았다.

/ 자연의 양극성

평생을 과학 탐구에 몰두했던 시인 괴테는 뉴턴의 물리학과 기계주의를 전적으로 반대했던 인물이다. 하지만 괴테가 이러한 입장을 취했던 이유는 칸트가 기계주의를 반대하며 역동설을 지지했던 이유와는 다르며, 근본적으로는 광학현상에 대한 해석적 차원의 상이한 견해와 입장에서 비롯된다. 빛이 미립자로 구성된다는 뉴턴의 이론을 거부한 괴테는 색이 빛과 어두움이라는 양극의 역동적인 긴장관계에서 비롯된다고 보았다. 자연은 고유의 '원천적인 양극성' 속에서 영원한 '수축sistole과 이완diastole'을 통해 박동한다는 것이 괴테의 생각이었다. 그는 여러 요소들 사이에서 발견되는 양극의 상호 인력 혹은 '친화력'의 기반 역시 이와 크게 다르지 않으며 이를 지배하는 법칙들이 인간에게도 적용될 수 있다고 보았다. 이러한 차원에서 쓴 것이 바로 소설 『친화력*Die Wahlverwandtschaftenche*』(1809년)이다.

전자기현상 연구나 이른바 '갈바니주의', 즉 '생체전기 이론' 역시 모든 자연적 생성 과정은 기본적인 '양극성'을 바탕으로 이루어진다는 생각에 기초한다. 이 분야에서 킬마이어와 알렉산더 폰 훔볼트(Alexander von Humboldt, 1769~1859년) 외에도 특별히 두각을 나타냈던 인물은 '전기 분해'와 '자외선'을 발견한 요한 빌헬름 리터(Johann Wilhelm Ritter, 1776~1810년)다. 리터는 이른바 '갈바니의 고리'를 집중적으로 연구했다. 이 용어는 금속선의 양극을 개구리의 다리 근육과 근육 신경에 각각 꽂고 근육의 반응을 관찰한 실험에서 유래한다. 근육이 선을 연결하거나 떼어 낼 때에만 경련을 일으킨다는 결과를 바탕으로 리터는 모든 신체가 이 '갈바니의 고리'로 구성된다는 결론을 내렸다. 그는 아울러 '갈바니의 고리'가 생물과 무생물의 불확실한 경계를 증명한다고 보았다. 리터에 따르면 삶은 '동물의 신체 속에서 갈바니주의의 표출이 절정에 이르는 순간'이었고 양극성의 원리에 따라 '배가되는 화학반응'과 같았다. 그는 동일한 원리가 광학현상에도 적용될 수 있으며 적외선의 정반대 편에 자외선이 위치하는 만큼, 광학은 일종의 '초월적인 화학'으로 간주될 수 있다고 보았다.

/ 셸링의 자연철학

'자연철학'은 셸링을 통해 구체적이고 본격적인 형태를 갖추기 시작했다. 셸링은 '자연 이론'이 완성도를 갖추려면 '경험적 지식의 요소들', 즉 질료와 역학관계를 토대로 구축되어야 한다고 보았다. '역학관계와 별개로 질료를 생각'하는 것은 불가능했다. 칸트와 마찬가지로 셸링은 질료가 고유의 원천적인 인력과 척력을 바탕으로 공간을 메운다고 보았다. 셸링에 따르면, 이를 가능하게 만드는 것은 '자연 활동의 가장 완전한 균형이 이루어지는' 곳에서 주어지는 '절대적 유동성'이다. 모든 것이 '생성'인 자연 속에서 '절대적 유동성'은 '자연 안에서 주어지는 모든 것을 유동적으로 만드는 열량의 질료'와 일치한다. 자연의 모든 특성을 구축하는 것은 '신체들의 전기적 관계'에서 부각되는 '절대적 상대성'이다. 다시 말해 '절대적 상대성'은 때로는 양성을, 때로는 음성을 띄는 '동일한 신체' 내부에서 주어진다. '절대적으로 비전기적인 신체는 존재하지 않는다.' 셸링은 '원천적 대립'의 소재지, 즉 자연 전체를 관통하는 '이원적 체계'가 모든 신체 내부에서 상이한 강도로 부각된다고 보았다. 가장 일반적인 '이원적 체계'는 다름 아닌 자기력magnetismo의 형태로 표출된다. 이 자기력의 양극성은 '자연 전체의 특성', 혹은 '이중성의 정체성, 정체성의 이중성'을 상징적으로 표상하는 현상이다. 셸링은 아울러 자기현상, 전기현상, 화학반응이 양극성의 모형에 항상 상응하는 자연의 무한한 생산성을 표상한다고 보았다. 양극성의 자기현상은 직선적이며 전기현상은 표면들 사이에서 작용하고 '화학적 친화력'은 부피를 취한다. '질료가 구축되는' 역동적인 과정은 수학의 제곱, 즉 어떤 수가 그 수만큼 배가되는 경우와 유사한 '힘의 증폭' 과정이다. 이 과정의 첫 단계는 인력과 척력의 상호작용에서 비롯되는 질료의 생성 단계와 일치하며 그런 식으로 중력이 형성되고 공간이 채워진다. 두 번째 단계에서는 첫 단계에서 진행된 양극화의 반복과 혁신이 이루어지며, 그런 식으로 자기현상, 전기현상, 화학반응과 함께 '공간의 모든 차원을 비추는' 빛이 형성된다. 첫 단계뿐만 아니라 두 번째 단계의 과정들이 훨씬 더 새롭고 복합적인 방식으로 반복되면서 자연은 유기적인 단계에 접어들게 된다. 여기서 생의 과정은 '화학반응의 고차원적인 잠재력'으로 간주된다. 셸링은 이러한 관조적 시점에서 '질료의 구축을 보장하는 역동적인 과정의 일반적인 추론'을 바탕으로 자연의 생성 과정을 설명했다.

/ 양극성과 유기체

자연의 생성 과정에서 양극성이 중요한 역할을 한다는 논제는 유기체의 관찰에
도 적용되었다. 요한 요셉 폰 괴레스(Johann Joseph von Görres, 1776~1848년)는 유기적
인 기관이나 체계 속에서 개별적으로 생산되는 모든 것을 지탱하는 것이 다름 아
닌 상호 의존관계, 즉 '유기적인 체계'를 보장하며 대립을 통해 오히려 분명하게
드러나는 의존관계라고 보았다. 대우주-소우주 이론에서처럼, 모든 유기체는
'영혼을 지닌 하나의 우주'와 같았다. 괴레스는 동일한 법칙이 태양계뿐만 아니
라 '유기적 소우주의 중심'에도 적용되며, 따라서 태아의 발달을 주재한다고 보
았다. 셸링의 절대적인 신봉자였던 노르웨이 학자 헨리크 스테픈스(Henrik Steffens,
1773~1845년) 역시 지질학과 우주론, 화학과 기계학을 하나로 통합시킬 '자연철
학'의 필요성을 주장했다. 그는 '사물들이 스스로와 유지하는 신성한 통일성'을
보호하는 것이 과학의 과제라고 보았다. 스테픈스는 모든 종류의 화학 구성물을
산소, 수소, 탄소, 질소의 4원소로 환원할 수 있다는 확신하에 지질학 및 화학 연
구에 몰두했다. 그는 4원소의 무한한 조합 가능성이 자연의 형성력 자체에 의해
보장된다고 보았고 땅과 물로 이루어진 지구는 어떤 '혼돈 상태의 액체'에서 유
래하며 여기에 '일관성'을 부여한 것이 바로 자기현상이라고 보았다.
셸링의 자연철학적 구도를 토대로 발견된 현상에는 앞서 언급한 리터의 '전기
분해'와 '자외선', 덴마크의 물리학자 한스 크리스티안 외르스테드(Hans Christian
Ørsted, 1777~1851년)의 '전자기elettromagnetismo'가 있다. 외르스테드는 화학반응과 이
른바 '전기적 충돌' 사이에 밀접한 관계가 있다는 점에 주목했다. 그는 '전기적 충
돌'이 일종의 복사輻射현상을 일으키며, '열기'와 '빛'을 통해 멀리서도 효과를 발
휘할 수 있는 힘으로 부각된다고 보았다. 그는 이러한 특징을 전류가 흐르는 전
선 가까이에 나침반 바늘을 놓고 전류의 방향이 바뀌자마자 바늘이 회전하는 현
상을 통해 증명해 보였다. 외르스테드의 발견은 자연적 생성 과정들의 기본적인
통일성을 부각시켰을 뿐만 아니라 '자연의 탐구'가 '질을 양으로' 변환시킬 수 있
다는 구체적인 가능성으로 해석되었다. 외르스테드의 발견 덕분에 자기현상, 전

기현상, 화학현상의 측량과 수학화가 가능해졌다.

/ 생물학의 탄생

19세기 초반 독일의 과학자들에게 지대한 영향력을 행사했던 '자연철학'은 생명체 연구의 발전에도 결정적인 역할을 했다. 생명체를 본격적으로 다루는 학문, 즉 '생물학'은 자연철학에 특별한 관심을 기울이며 탐구에 몰두했던 카를 프리드리히 부르다흐(Karl Friedrich Burdach, 1776~1847년)나 고트프리트 라인홀트 트레비라누스(Gottfried Reinhold Treviranus, 1776~1837년) 같은 학자들의 노력으로 확실한 체계를 갖추기 시작했다. 트레비라누스는 총 6권으로 구성된 상당히 설득력 있는 제목의 저서 『생물학 혹은 살아 있는 자연의 철학Biologie oder Philosophie der lebenden Natur』을 1802년에서 1822년 사이에 출판했다. 모든 형태의 생기론vitalismo을 주의 깊게 관찰했던 트레비라누스는 끝없이 움직이는 무한한 우주에 아주 기본적인 형태의 저항력이 존재한다고 보았던 칸트와 동일한 입장을 취했다. 그는 '하나하나의 유기체가 개별적으로 우주에 종속된다는 것은' 틀림없지만 유기체에 영향을 끼치는 '외부적인 요인'의 우연성과 변화무쌍함에 저항하는 '통일적인' 힘이 존재한다는 것 또한 부인할 수 없는 사실이라고 보았다. 생명체의 구축을 위한 최소한의 조건이 주어지자마자 이러한 통일성을 보장하는 것이 바로 '생명'이었다. 트레비라누스는 번식의 문제에 특별한 관심을 기울이며 일원적인 생성(generatio univoca)과 다원적인 생성(generatio aequivoca)*의 오래된 분류법을 새롭게 조명하기도 했다.

인류학적이고 우주론적인 차원의 질문을 던지면서 자연철학의 관조적이고 사변

---

* '다원적인 생성'은 어떤 유기체가 다양한 종류의 비유기적 물질에서 생성되거나 유기적인 실체가 비유기적인 질료의 기계적인 조합에 의해 조직된다고 보는 경우를 가리킨다. '일원적인 생성'은 어떤 유일무이한 주체가 시간이 흐르면서 변화를 겪고 번식하거나, 무언가 유기적인 것에서 또 다른 유기적인 것으로 생성되는 경우를 가리킨다.

적인 측면에 더 민감하게 반응했던 로렌츠 오켄(Lorenz Oken, 1779~1851년)은 생명체
와 '무기물' 사이의 연관성을 증명하는 어떤 근거도 존재하지 않는다고 주장했
다. 그는 자연의 생성 과정에서 일련의 지속적인 '충동'을 발견할 수 있으며 이러
한 '충동'이 '감각'을 통해 드러난다고 보았다. 오켄에 따르면, 모든 동물은 이러
한 감각을 표출하기 위한 고유의 방식을 지니며 '감각의 전시'는 아주 단순한 단
계에서 복잡한 단계에 이르기까지 상당히 다양한 방식으로 이루어진다. 자연이
발휘하는 일련의 기능들 가운데 '가장 높은 단계의 생명력'을 표출하는 것은 '동
물적인 기능'이며 이 기능은 다름 아닌 인간을 통해 가장 완성된 단계에 도달한
다. 가장 다양한 종류의 신체기관을 지닌 존재가 바로 인간이기 때문이다. 오켄
에 따르면, 인간은 '동물에 고유한 모든 특징들의 총합'인 반면 동물들은 '몇몇 개
별적인 특징들이 특별한 방식으로 발전한 경우'에 지나지 않는다. 동물의 다양한
종들 사이에 존재하는 차이점을 만들어 내는 것은 이들이 '흡수하는 영양분의 순
수한 다양성'에 불과하다. 이 차이점은 '사실상 차이점이라고도 할 수 없으며' 동
일한 '동물적 기능'이 발휘되는 상이한 방식에 지나지 않는다. 표면적으로만 자
율적일 뿐 동물들은 '동물의 왕국이라는 한 거대한 동물의 일부'에 지나지 않는
다. 이 동물의 왕국 안에서 '동물들의 세계'는 자율적인 방식으로 정립되지 않으
며 '서로 다른 두 종류의 동물이 동일한 단계에 존재하지 않도록' 규제하는 '엄격
한 규칙'에 따라 정립된다.

오켄은 아울러 모든 생명체가 일종의 '원천적인 점막' 혹은 '바다의 거품'에서 유
래하며 첫 단계에서는 '원시적인 수포'의 형상을 취한다고 보았다. 그는 이 수포
들의 조합이 유기적인 형태의 물질을 형성하며 이어서 이 물질이 사실상 배아와
태아의 발달 과정에서 볼 수 있듯이 실질적인 연속성이 없는 변화를 겪게 된다고
보았다. 오켄에 따르면 인간의 태아는 '동물의 왕국에서 일어나는 모든 변화의
단계'를 거치면서 성장하며, 그만큼 태아와 동물의 왕국 사이에는 완전한 평행론
이 존재한다.

/ 헤겔의 백과사전

헤겔은 『논리학Wissenschaft der Logik』(1813년)에서 드러나는 것처럼 자연현상이 일련
의 과정을 겪는다는 특징에 지속적인 관심을 기울였다. 그러나 자연철학의 문제
들에 대한 체계적인 연구는 두 번의 증보판 출판으로 완성되는 『철학 백과사전
Enzyklopädie der Philosophischen Wissenschaft im Grundriss』(초판 1817년, 1827년, 1830년)에서 이루어
진다. 생명체의 성장 과정에 대한 관심과 함께 헤겔은 관찰한 사실들을 측량하기
위해 수학이 활용되는 방식에도 관심을 기울였다. 헤겔은 수학이 '양', 즉 '크기'
를 다루는 학문임에는 틀림없지만 순수하게 '논리'적인 과정으로서의 수학과 역
학 같은 실용적인 분야에 '적용'되는 수학을 구분할 필요가 있다고 강조했다. 이
어서 헤겔은 『철학 백과사전』의 1827년과 1830년도 판본에서 유기체와 생명체
의 문제에 상당한 지면을 추가로 할애했다. 주목할 만한 변화는 헤겔이 대우주-
소우주 이론에 천착하는 모든 경향으로부터 거리를 두어야 한다고 밝혔다는 점
이다. 헤겔은 영혼의 '외부'로부터 '내부'에 접근하는 것이 불가능하다고 보았다.
아울러 인간을 동물로 보는 인간의 '동물화'에 반대했고, '동물의 유기체가 지니
는 유기적인 차원의 개별성'이 아무리 근본적인 요소라 하더라도, 이성의 의식적
인 훈련을 통해서만 가능한 모든 실질적인 개성을 무시하면서까지 인간 존재를
이러한 동물적 개별성으로 축소시키는 태도를 버려야 한다고 주장했다. 정신의
'절대적인 필요성'이 근본적으로는 '무기력한' 자연의 '우발적인 필요성'보다 훨
씬 고차원적이며 중요하다는 것이 헤겔의 생각이었다. 헤겔은 자연의 생성 과정
에 대한 관찰과 묘사가 다양한 방식으로 이루어질 뿐 자연이 궁극적으로는 추상
적인 차원에서만 연구되고 평가될 수 있으며, 그런 식으로 외부적인 정의를 취한
다고 보았다. 자연철학은 헤겔을 통해 보다 구체적이고 체계적인 형태를 갖추었
다. 하지만 그의 자연철학 안에는 강렬하게 관조적인 요소들이 들어 있었고 머지
않아 이러한 요소들은, 거의 19세기 중반까지 진행된 헤겔학파의 전개 과정이 보
여 주듯이, 과학의 본격적인 발전과 실질적인 대조를 불가능하게 만들 만큼 교리
적인 성격의 공식으로 수용되었다.

4

헤겔

4.1 청년 헤겔

게오르크 빌헬름 프리드리히 헤겔은 1770년 8월 27일 슈투트가르트에서 한 국가 관리의 아들로 태어났다. 튀빙겐의 개신교 세미나를 마치자마자 헤겔은 성직자의 길을 포기하고 먼저 스위스에서(1793~1796년), 뒤이어 프랑크푸르트에서(1796~1799년) 교사 생활을 했다. 이 시기에 헤겔은 프랑스혁명처럼 당대 유럽 사회에 뿌리 깊은 상처를 남긴 사건들을 깊이 성찰하며 이 상처의 기원을 먼 과거에서, 즉 그리스도교의 역사에서 발견했다. 이러한 성찰을 토대로 쓴 책이 바로 『그리스도교의 실정주의*Die Positivität der christlichen Religion*』(1795년)와 『그리스도교의 정신과 운명*Der Geist des Christentums und sein Schicksal*』(1799년)이다. 여기서 헤겔은 예수를 자유의 메시지를 전한 인물로, 즉 형식주의적이고 권위주의적인 정신을 대표하는 바리새인들의 비정상적이고 단절된 삶으로부터 벗어날 필요성을 설파한 인물로 간주했다. 헤겔은 예수가 본질을 상실한 '실정 종교'의 억압적인 성격을 간파했지만 종교 지도자들과의 마찰을 극복하지 못했고 결국에는 그의 민족이 사랑과 용서의 계율을 받아들이도록 만드는 데 실패했다고 보았다. 헤겔에 따르면, 예수는 유대 민족의 숙명적인 순응주의를 받아들이고 더 나은 삶을 향한 유대인들의 민족적 도약을 포기할 것인지, 아니면 동족을 포기하고 복음의 생명력을 유지할 것인지 선택해야 했다. 예수는 의식적으로 두 번째 길을 선택했고 이는 그를 죽음으로 이끄는 길이었지만 동시에 그의 메시지가 영원히 지속되도록 만들 수 있는 길이었다. 실제로 예수는 죽음을 통해 더 이상 엄격한 규율에 얽매이지 않는 삶에 대한 희망을 후세에게 안겨 주었다.

4.2 정신현상학

1799년 아버지가 세상을 떠난 뒤 유산을 물려받은 헤겔은 교사직을 그만두고 대학에서 가르칠 수 있는 가능성을 모색하기 시작했다. 예나에서 교수로 활동하던 셸링의 도움으로 헤겔은 1801년부터 예나 대학에서 강의를 시작했다.

같은 시기에 집필한 두 편의 긴 논문 『피히테와 셸링의 철학적 체계의 차이 *Die Differenz des Fichteschen und Schellingschen Systems der Philosophie*』(1801년)와 『신앙과 지식 *Glaube und Wissen*』(1801년)에서 헤겔은 셸링의 입장을 지지하며 '분리는 철학적 요구의 원천'이라고 주장했다. 즉 철학은 아리스토텔레스적인 경이로움이나 로크의 불편함에서 탄생하지 않으며 오히려 고통과 한 시대의 모순에서 탄생한다는 것이었다.

헤겔은 예나에 머무는 동안 논리학, 자연철학, 정신철학, 윤리학, 정치학, 자연법 등에 대해 쓴 일련의 글들을 바탕으로 주요 저서들의 초고를 마련했다. 이 시기를 마감하며 집필한 저서가 바로 1807년에 출판한 『정신현상학 *Phänomenologie des Geistes*』이다. 20년이 지난 뒤, 보완이나 수정을 거쳐 증보판을 내자는 제안을 받았지만 헤겔은 책의 집필 과정이 그에게는 그야말로 '발굴 여행'이었기 때문에 『정신현상학』은 '수정이 불가능한' 일종의 탐험 기록이라는 답변을 제시했다. 물론 헤겔이 증보판의 출간을 포기한 것은 자신의 『정신현상학』을 청년기의 미숙한 작품으로 간주해서라기보다는 그만의 '여행'을 통해 이미 또 다른 대륙을 발견했다는 확신을 가지고 있었기 때문이다.

이러한 관점에서, 『정신현상학』은 경험이라는 확실한 지반 혹은 아리스토텔레스가 분석학적 차원에서 규정한 진리와 확실성의 영역에서 결코 벗어나지 말아야 한다는 칸트의 명령에 대한 도전을 상징한다. 다시 말해 확고한 경험 세계를 벗어나 표상과 현상과 불확실성의 왕국인 변증법의 바다에서 난파의 위험을 감수한 채 항해하려는 과감한 도전이었던 것이다.

헤겔이 발견한 것은 표면적인 현상 속에도 진리가 존재한다는 것이었고 원칙적으로는 현상과 진리, 변증과 분석 사이에 어떤 본질적인 불화도 존재하지 않는다는 것이었다. 헤겔은 오히려 이 용어들의 의미와 가치를 완전히 전복시켜 '분석'을 지성의 전형적인 분리 본능에 복종하는 파편적인 진리로, '변증'을 모순이라는 매개체로 고립된 개념들을 용해시킬 수 있는 이성의 역동적인 활동으로 변형시켰다.

헤겔은 지식을 결과에만 부합하지 않고 지식의 구축 과정 전체에 부합하는 것으로 이해했다. 그런 의미에서 헤겔은 철학이 지식 사랑을 뜻하는 이름 '필로소피아'를 포기하고 실질적인 차원에서 '의식의 경험을 다루는 학문'이 되어야 한다는 자신의 생각에 충실했다고 볼 수 있다. 헤겔에 따르면, 현상은 환영이 아니라 진행형의 진리이며 이 진리가 현상이라는 이유로 반드시 무효화될 운명에 처한 것도 아니다. 경험을 뜻하는 독일어 Erfahrung을 헤겔은 어원적인 의미, 다시 말해 어근 Fahrt의 뜻 '여행'을 바탕으로 '진정한 앎을 향해 달리는 자연적 의식의 여정'으로 해석했다. 헤겔에게 경험은 곧 '감각적인 의식'의 둔탁함으로부터, 예를 들어 '지금'과 '여기'의 모습이 곧 진리라는 식의 둔탁함으로부터 '절대적인 앎'의 차원에 도달하기 위한 경로 혹은 과정을 의미했다.

4.3   새로운 세계를 향하여

『정신현상학』을 써 내려가던 정치적 혼돈의 시기에 헤겔은 그가 사는 세계가 또 다른 세계의 탄생을 위해 분해되고 있고 아직 완성되지 않았을 뿐 서서히 모양새를 갖추어 가고 있는 이 새로운 세계의 징후를 이곳저곳에서 찾아볼 수 있다고 믿었다. 바로 그런 이유에서 헤겔은 1806년 9월 18일 예나 대학의 철학사 강의를 마치면서 학생들에게 이렇게 이야기했다. "우리가 이제까지 지녔던 모든 개념과 표현의 총체가, 세계의 사슬이 분해되면서 마치 꿈속의 이미지처럼 추락하고 있습니다." 과거는 희미한 기억들만 남긴 채 사라져 가고 있었고 미래는 새로움을 향한 무의식적인 갈망, 혹은 '미지의 세계에 대한 불안한 느낌'에 지나지 않았다.

헤겔에 따르면, 새로운 세계를 향해 나아가기 위해서는 분해된 '세계의 사슬', 무너진 체계의 본질을 의식하고 '절대적인 황폐'를 정면으로 바라보며 오랜 세월에 걸쳐 밟아 온 단계들을 검토하고 하나하나의 과정을 면밀히 살펴볼 필요가 있었다. 이 모든 것은 인간을 여전히 표상이나 개념 혹은 은밀하게 저급화된 도덕적 계율에 종속시키는 과거의 '사슬'과 속박으로부터 벗어나 '절대적 앎' 속에서 솟아오를 새로운 세계의 모습을 관찰하며 '스스로'의 동시대인이 되기 위해 필요했다.

헤겔은 이미 지나간 역사의 발자취를 추적하며 과거에 새로운 의미를 부여하고자 노력했고 역사의 문맥으로부터 전통 철학의 개별적인 범주들, 주제들을 추출해 낸 뒤 이들을 새로운 해석의 차원으로 옮겨 놓았다. 좋은 예가 될 수 있는 것은 주인과 종의 관계에 대한 헤겔의 새로운 해석이다. 헤겔은 이 관계의 인식 과정에서 일어나는 자의식의 탈환에 주목했다.

주종관계의 첫 단계에서는 주인만이 자유로운 존재로 부각된다. 그는 종이 그에게 제공하는 노동의 결과를 향유한다. 하지만 이런 관계가 지속되고 종의 노동에 의존하는 성향이 분명하게 드러나면서 이 관계는 주인이 오히려 종에게 종속되는 관계로 발전한다. 결국에는 주인이 아니라 종이 스스로의 노동 덕분에 훨씬 더 자유롭고 독립적인 존재로 부각되는 현상이 일어난다. 헤겔에 따르면, "결과적으로 독립적인 의식은 사실상 종의 의식이다".

헤겔은 그의 현상학적 논제를 자의식의 '추상적인' 차원에서 발전시켰지만 그렇다고 해서 역사적 사실이나 이론적 입장을 전혀 고려하지 않았던 것은 아니다. 헤겔은 역사적 사실이나 이론적 입장들이 이미 와해된 상황에 있었기 때문에 자의식의 형성에 남긴 일련의 흔적만을 고려했을 뿐이다. 헤겔은, 앞서 언급한 노예적인 단계가 역사에 실재했을 가능성을 조금이라도 인정한다면, 오로지 소수 민족만이, 예를 들어 근대 유럽인들, 특히 '독일인들'처럼, 사실상 '모두가 자유로울 수 있는' 단계에 도달할 수 있었다는 점에 주목해야 한다고 보았다.

헤겔에게 자유로운 사람이란 곧 동물적인 자기보호 본능을 거부하고 삶을 초월하는 위치에 설 줄 아는 사람을 의미했다. 이러한 특징을 설명하기 위해 헤겔은 프랑스혁명을 통해 다시 표면으로 떠오른 오래된 표어 "자유 아니면 죽음을 달라"를 인용했다. 헤겔은 자유의 쟁취가 위험을 수반한다고 보았다. 오로지 스스로의 목숨을 걸고 타인의 의지에 복종하느니 차라리 죽음을 택하겠다는 각오로 임하는 자만 쟁취할 수 있는 것이 자유였다. 이것이 바로 인간을 지배할 줄 아는 자와 복종밖에 모르는 자를 분류하는 결정적인 기준이었다. 능력 혹은 용기가 없어서 자신의 삶을 보전하기만 원하는 사람은 자유를 생존과 뒤바꾸는 셈이었고 따라서 복종할 수밖에 없었다. 인간이 지니는 가치의 위계를 결정짓는 것은 극단적인 분쟁이었다.

헤겔이 『정신현상학』의 친필 원고를 출판사에 보낸 것은 1806년 10월, 바로 프랑스군이 프로이센군을 무찌르고 예나에 입성했던 시기다. 헤겔이 멀리서 나폴레옹을 지켜본 것도 이때였다. 여러 가지 이유에서 헤겔은 더 이상 예나에 머물 이유가 없다고 판단했고 결국 밤베르크 신문사의 제안을 수락한 뒤 1807년부터 1년간 편집장으로 활동했다. 헤겔은 세상에서 일어나는 다양한 사건에 관심을 기울이며 정확하고 날카로운 관점에서 소식을 전했다. 이어서 1808년 가을에 헤겔은 뉘른베르크의 한 유명한 김나지움 학장으로 부임했다. 이곳에서 헤겔은 철학 교수로도 활동하며 젊은 학생들을 위해 좀 더 평범한 언어로 강의하는 법을 터득했다. 교육학이 포함된 이 시기의 강의 내용을 출판한 책이 바로 헤겔의 『철학 입문*Philosophische Propädeutik*』이다.

뉘른베르크에서 헤겔은 1812년과 1816년 사이에 가장 방대한 저서 『논리학』을 완성했다. 이 저서의 가장 기본적인 목표는 존재론을 재정립하는 것, 다시 말해 어떤 식으로 사유의 범주들이 단순한 주관적 추상화에 머물지 않고 '존재'를 '사유'와 결속시키는 기능을 발휘하는지 증명하는 것이었다. 헤겔은 현실이 본질적으로 사유에 적합하다고 보았다. 물론 이는 사유가 사물에 의식을 부여한다는 뜻이 아니라 사물들이 '사유를 향해' 있으며 '사유의 정립'에 의해 구축되는 실체로 간주된다는 것을 의미한다.

헤겔은 사물들이 자체적으로 이성적인 구조를 갖추고 있고 사유는 이를 구체화할 뿐이며 구체화를 위해 개념을 바탕으로 특수한 것을 보편적인 것으로 만든다고 보았다. 하지만 어떻게 객체가 주체로 번역되는지, 어떻게 주체가 객체 안으로 파고들어 보편적인 요소를 해독해 내는지 설명하는 문제가 남아 있었다. 헤겔은 아이러니한 어조로 이 문제에 대해서는 주체와 객체의 상호 근접 불가능성과 물 자체의 인식 불가능성을 선포한 당대의 철학자들보다 동물들이 더 훌륭한 답변을 내놓을 것이라고 지적했다. "짐승들도 이 형이상학자들만큼 어리석지는 않을 것이다. 짐승들은 적어도 사물을 향해 달려가고 그것을 붙들고 소모하지 않는가." 헤겔에 따르면, 이 "가장 저급한 수준의 지혜 학교"에서 생명을 가진 모든 존재들은 무엇이 개별적인 사물들의 '진실'이며 이 사물들의 자율성과 접근 불가능성이 얼마나 억측에 가까운 것인지 적나라하게 보여 준다.

굳이 기술적이거나 체계적인 성격의 특징들을 언급하지 않더라도, '사유를 통해 정립된' 사항들이 사물 속에 실재하는 방식은 어떤 식물의 씨앗 속에 뿌리, 줄기, 잎사귀가 모두 잠재적으로 존재하는 것과 다를 바 없다는 간단한 측면이 충분한 설명으로 제시될 수 있다. 다시 말해 이러한 잠재적 요소들은 생물학적 전성설이 제시하는 세밀화의 형태가 아니라 일종의 '계획'으로 존재한다.

『논리학』에서 헤겔은 생리학적 체화 및 소화 과정과 사고 활동의 동등 비교를 시도했다. 일찍이 예나에서 활동하던 시절부터 헤겔은 생리학과 소화 기능에 대해 남다른 관심을 가지고 있었다. 헤겔은 프랑스의 저명한 생리학자 마리 프랑수아 사비에르 비샤Marie François Xavier Bichat의 제자였던 앙텔므 리슈랑Anthelme Richerand의 저서『생리학의 새로운 요소들Nouveaux élémens de physiologie』의 독일어 번역본 출판을 기획했고 라자로 스팔란차니Lazzaro Spallanzani의『동물과 식물의 물리학 논문Opuscoli di fisica animale e vegetabile』을 집중적으로 연구했다. 헤겔이 스팔란차니와 근대 생리학의 소화 과정 연구를 통해 깨달았다고 생각했던 것은 유기체가 삼킨 음식을 즉각적으로 흡수하며 '상대적으로' 비유기적인 특성을 '부인'하면서 음식을 스스로와 동일한 것으로 간주하고 체화한다는 것이었다.

헤겔은『논리학』에서 천문학과 생리학 법칙들이 천체나 유기체 위에 새겨진 것이 아니라 인간의 정신 안에서 개념을 통해 표현된다고 주장했다. 사유는 인간에게 제2의 본성 이상을 의미했다. 인간은 음식을 소화할 때처럼 무의식적이고 기계적이며 본능적으로 사고한다는 것이 헤겔의 생각이었다. 바로 그런 이유에서 그는 논리학을 공부하는 것이 사고에 도움을 준다는 주장은 모순이라고 지적하면서 "이는 마치 해부학이나 생리학을 공부하는 것이 소화에 도움을 준다고 말하는 것과 같다"라고 설명했다.

상당히 난해하고 세분화된 구조를 지닌 저서『논리학』에서 헤겔은 논리적 범주들의 계승 구도를 이른바 '변증법적' 방법론을 바탕으로 분석했다. 이를 흔히 '정반합These Antithese Synthese'이라고 부르지만 실제로 헤겔은 한 번도 이러한 도식을 활용한 적이 없다.

이 변증법적 방법론의 핵심 개념은 '지양'을 뜻하는 Aufheben이다. 헤겔이 이 용어를 사용하면서 의도했던 것은 라틴어 tollere의 의미, 예를 들어 성경 구절 '세상의 죄를 폐지하는 하나님의 어린 양을 보라Ecce agnus Dei qui tollit peccata mundi'에서 사용된 tollere의 뜻에 가깝다. 즉 죄의 무게를 폐지하되 죄의 원인과 책임에 대해서는 기억할 필요가 있다는 차원에서 '지양'을 의미한다. 달리 말하자면 헤겔의 Aufheben은 무언가를 부정하되 그것의 진실을 유지하기 위해 부정한 것을 동시에 보전한다는 뜻이다.

이 논리적 범주들의 전개는 최초의 순수한 사유(파르메니데스Parmenides의 '존재')
에서 출발하는 철학적 단계들의 전개와 유사한 양상을 보이며 주관적인 사유
가 관객의 입장을 취하는 자율적이고 자연스러운 과정으로 감지된다. 이상의
주제들을 헤겔은『철학사 강의Vorlesungen über die Geschichte der Philosophie』를 통해 역사적
인 관점에서 체계적으로 다루었다.

4.4   철학 백과사전의 기획

헤겔은 1816년에 정교수로 임명되었고 하이델베르크 대학에서 2년간 강의한
뒤 1818년부터 베를린 대학에서 가르쳤다. 하이델베르크에서 헤겔은 처음으
로 '철학 백과사전'이라는 주제를 대학 강의에 도입했고 이로 인해 모든 것을
설명하겠다고 자신하는 과대망상에 사로잡힌 인물로 알려지기 시작했다. 헤겔
은 1817년 하이델베르크에서 출판한『철학 백과사전』의 내용을 바탕으로 강
의를 진행했다. 이 저서는 학생들이 쉽게 암기하고 활용할 수 있도록 쓴 일련
의 문단들로 구성되었고 그의 강의는 정규 과정에서 논리적 일관성과 포괄적
인 관점을 터득하기 위해 공부해야 할 의무 과목 가운데 하나였다.

『철학 백과사전』은 크게 세 부분, 즉 '논리학', '자연', '정신'의 장으로 나뉜
다. '논리학'에서 헤겔은 일찍이『논리학』에서 다루었던 내용을 사실상 재생하
는 데 주력했고 '자연'에서는 물질세계의 기계학적인 법칙부터 필연이 지배하
는 유기적인 구조의 자연에 이르기까지 여러 가지 형태의 자연적 특징들을 관
찰했다.

'정신'을 다루는 마지막 장은 다시 세 단계로 나뉜다.

(1) 주관적 정신, 즉 영혼과 의식, 이론적이고 실천적인 정신을 갖춘 개인적
인 인간의 단계.

(2) 객관적 정신, 즉 타인과 관계하는 인간의 정신적 차원으로, 법학과 윤리

학 및 도덕성 이론을 바탕으로 분석되는 단계.

(3) 절대적 정신, 즉 예술과 종교와 철학의 형태로 표현되는 정신의 단계.

『철학 백과사전』는 헤겔이 의도한 대로 처음부터 끝까지 읽을 수 있지만 거꾸로도 읽을 수 있으며 그렇게 읽어야 할 필요가 있다. 헤겔의 체계가 '순환의 순환' 구조를 지닌 만큼 어떤 특별한 입구는 존재하지 않으며 이론적으로는 어느 지점이든 '출발점'이 될 수 있기 때문이다.

헤겔의 백과사전 체계는 결국 하나의 닫힌 체계였고 이러한 이미지는 이어서 베를린 시절에 헤겔이 유지하던 정치적인 입장에 상응하는 것으로 간주되었다. 이러한 견해의 생성에 일조한 것은 무엇보다도 헤겔의 몇몇 매력적인 비유들 가운데 하나인 올빼미의 비유다. 헤겔은 『법철학 강요Grundlinien der Philosophie des Rechts』(1821년) 서문에서 이 비유를 소개하며 저녁이 되어서야 고개를 들고 움직이기 시작하는 올빼미가 현실의 형성 과정이 일단락을 맺는 단계에서 활동을 시작하는 철학과 닮았다는 점에 주목했다. 올빼미의 비유는 흔히 세계의 변혁을 주도하는 대신 관조적인 자세를 선호하는 헤겔의 입장을 대변하는 것으로 해석되어 왔다. 헤겔도 과거의 역사적 상황을 수동적으로 기록하는 것이 사유의 과제이며 '내면의 밤'이 사유 고유의 무대라는 점을 강조했던 것이 사실이다. 여기서 올빼미의 비유와 대조적이지만 바로 그런 의미에서 균형을 이루는 또 다른 비유, 즉 두더지의 비유에 주목할 필요가 있다. 헤겔이 『역사철학 강의Vorlesungen über die Philosophie der Geschichte』(1822~1831년)에서 언급한 바에 따르면, 철학에 비유되는 올빼미는 밤에 볼 수 있는 능력을 지녔지만 능동적으로 대응하지 않았던 반면 역사에 비유되는 두더지는 땅속에서 아무것도 볼 수 없지만 그가 땅을 파는 방식만큼은 확실하고 효과적이다. 여기서 헤겔은 철학이 문제점들을 명시하고 해결하는 방식으로 두더지의 작업에 기여할 수 있으며 이는 국가가 시민경제의 문제점을 해결하기 위해 개입하는 것과 크게 다르지 않다고 보았다. 그런 식으로 철학의 구체적인 활동 범위에 대한 헤겔의 정의는 더 풍부한 의미를 지니게 되었다. 이러한 측면은 헤겔이 1808년, 한 편지에 썼던 문장에서 잘 드러난다. "날이 지날수록 더욱더 확신하게 되는 것은, 이론적인 작업이 실천적인 작업보다 훨씬 생산적이라는 것이다. 표상의 세계가 혁신되면, 실질적인 현실은 더 이상 지탱하지 못한다."

『법철학 강요』(1821년) 서문의 "이성적인 것은 현실적이다"라는 언명 역시 바로 이러한 차원에서 이해해야 한다. 여기서 '현실적'이라는 의미의 독일어 Wirklichkeit는 단순한 경험적 현실을 가리키는 Realität와는 다르다. 헤겔은 마키아벨리Niccolò Machiavelli가 '현실의 이미지'와 정반대되는 것으로 언급했던 '무언가의 실질적인 진실'을 가리키기 위해 Wirklichkeit를 사용했다. 그런 의미에서 Wirken은 역사의 흐름 속에 각인되는 실질적인 활동을 의미하며 '이성적인' 것은 역사적 이해가 아니라 역사 속에서 만들어지는 결과를 가리킨다.

헤겔은 자신의 시대를 퇴폐적인 현상과 '세계의 산문',* 삶의 실질성에 비해 추상이 우위를 점하는 현상과 존재의 관료화가 지배하는 붕괴의 시대로 해석했다.『미학 강의Vorlesungen über die Ästhetik』에서 헤겔은 이러한 시대상을 가장 잘 묘사한 예술가들이 음악 분야의 로시니Gioacchino Antonio Rossini와 문학의 로렌스 스턴Laurence Sterne이라고 보았다. 아리스토파네스Aristophanes가 도시국가의 붕괴를, 세르반테스Miguel de Cervantes가 봉건세계의 붕괴를 웃으면서 묘사했듯이 로시니와 스턴 역시 그들만의 유머를 발휘해 근대 세계의 붕괴를 묘사했다는 것이다. 물론 근대의 붕괴와 함께 탄생할 새로운 세계에 대해 헤겔은 아무런 언급도 하지 않았다. 철학자는 예언자가 아니라고 굳게 믿었기 때문이다.

『법철학 강요』(1821년) 출판 이후의 법철학 강의 기록에서 읽을 수 있듯이, 이러한 붕괴의 징후 가운데 하나는 국가 내부에서 "돈의 상업화, 은행이 상당히 중요해졌다는 사실이다. (…) 국가는 나라의 운영을 위해 자금을 필요로 하기 때문에 결국에는 돈의 유통이라는 독립적인 체제에 의존할 수밖에 없다". 라피트Laffitte, 페리에Périer, 로스차일드Rothschild 같은 은행가들이 정치적 권력마저 장

• '세계의 산문'은 헤겔이 『미학 강의』에서 '유한한 것과 변화에 의존하는 세계, 상대성이라는 틀에 박힌 세계, 개인이 결코 벗어날 수 없는 필연성에 의해 억제된 세계'의 일상을 가리키기 위해 사용한 표현이다. 다시 말해 개인이 자립성과 삶의 주인공으로 존재할 특권을 상실하고 모든 것을 비생산적인 결정론에 의탁하면서 우연에 농락당하고 타자에게 의존하며 억압받고 타자를 위해 수단화되는 세계의 특징을 가리킨다.

악하도록 만든 7월혁명이 일어나기 얼마 전부터 헤겔은 돈이 '독립적'이고 추상적이며 절대적인 힘의 형태로 홉스가 말한 '지상의 신'이나 자신이 '이성의 상형문자'로 간주하던 국가의 주권까지 지배하기 시작했다는 새로운 사실을 직감하고 있었다.

『역사철학 강의』에서 헤겔은 '열정'을 칭송하며 이를 『실용적인 관점에서 본 인류학Anthropologie in pragmatischer Hinsicht』에서 '이성의 암'으로 간주했던 칸트와는 전혀 다른 입장을 취했다. 헤겔은 역사가 인간의 의식적이고 지적인 의도를 바탕으로 설명될 수 있는 성격의 것이 아니며 오히려 인간의 열정 및 관심을 바탕으로 설명된다고 보았다. 역사의 진정한 원동력은 사실상 열정이었다. 헤겔은 개개인의 무의식적이고 자연적인 에너지를 구축하는 것은 다름 아닌 열정이며 시간이 흐른 뒤에야 '책략적 이성'이 이러한 에너지들을 조합하거나 분리할 뿐이라고 보았다. 열정의 순간과 이성의 순간은 전적으로 다른 것이었다. 헤겔에게 열정은 능동적인 요소였고 열정 없이는 세계에서 어떤 위대한 것도 실현될 수 없었다. 이러한 '능동적인 요소'의 총체를 구축하는 것은 무엇보다도 세계사에 흔적을 남기면서 특별한 역할을 한 인물들의 열정이었다. 이 '영혼의 인도자들'이 위대했던 이유는 뛰어난 개성을 소유했기 때문이 아니라 모두의 정신을 대변하며 모두가 무의식적으로 느끼고 기다리고 있던 것에 목소리를 부여할 줄 알았기 때문이다.

헤겔이 베를린 대학 학장으로 임명되었을 때 그의 명성은 절정에 달해 있었다. 하지만 그는 동시에 정치적 이해와 관점의 차이로 인해 분열될 조짐을 보이던 제자들의 논쟁에 깊숙이 연루되어 있었다. 헤겔은 1831년 11월 14일 베를린에서 사망했다.

헤겔학파

/ 좌파 대 우파

헤겔이 세상을 떠난 뒤 제자들 사이에서 가까스로 유지되던 균형이 깨어지자 일찍이 단결된 형태로 큰 영향력을 행사했던 헤겔학파는 뿌리 깊은 갈등의 흔적들을 표면에 드러내기 시작했다. 학파 내부에서 갈등과 분열을 자극한 것은 무엇보다 정치적 상황이었다. 유럽에서는 프랑스혁명의 기억과 인상이 여전히 생생하게 남아 있었고 1830년 파리에서 일어난 7월혁명이 뒤이어 '민중의 봄'으로 이어지게 될 혁명의 열기에 새로운 원동력을 제공하고 있었다. 사회적 분쟁이 더욱더 악화되는 가운데 프리드리히 빌헬름Friedrich Wilhelm 3세(1770~1840년) 치하의 프로이센왕국에서는 숨 막히는 정치적 상황이 전개되고 있었다. 뒤이어 왕위에 오른 프리드리히 빌헬름 4세(1795~1861년)는 세속적이고 이성주의적인 근대 문화를 뿌리 뽑고 프로이센왕국을 그리스도교 국가로 부활시키겠다고 작심한 인물이자 바로 그런 이유에서 무신론과 혁명의 스승 헤겔을 향한 증오로 똘똘 뭉친 인물이었다. 헤겔학파의 분열 과정이 분수령을 이룬 시기는 1835년에서 1837년에 이르는 2년간이다. 바로 이 시기에 헤겔학파의 입장을 옹호하며 젊은 신학자 다비드 프리드리히 슈트라우스(David Friedrich Strauß, 1808~1874년)가 쓴 『비평적으로 바라본
예수의 삶Das Leben Jesu kritisch bearbeitet』과 논쟁적인 글들이 출판되었다. 슈트라우스의
『비평적으로 바라본 예수의 삶』은 철학적인 성격의 저서라기보다는 본질적으로
문헌학적이고 역사-비평적인 차원의 연구서였고 저자의 의도는 성서 문헌의 구
조적인 일관성과 신빙성을 확인하고 문헌의 역사-문화적인 배경을 연구하는 것
이었다. 바로 이러한 특징들을 토대로 확인할 수 있는 슈트라우스의 기본 입장은
복음서의 내용을 일종의 문화-역사적인 결과로 환원시킴으로써 모든 종류의 초
월적인 성향을 제거해야 한다는 것이었다. 이러한 관점에서 복음서는 초기 그리
스도교 사회 구성원들이 기대하고 느꼈던 내용들, 따라서 역사적인 차원에서 구
체적일 수밖에 없는 내용들이 반영된 환상적이고 신화적인 이야기로 다가온다.

　결과적으로 슈트라우스의 『비평적으로 바라본 예수의 삶』이 물의를 일으킨
것은 그다지 놀랄 일이 아니다. 슈트라우스는 소속되어 있던 교육기관으로부터
추방되었고 그가 촉발한 논쟁은 짧은 시간 내에 헤겔의 제자 모두를 논쟁의 현
장으로 끌어들였다. 헤겔의 철학은 실제로 제자들 사이에서 결코 양립할 수 없는
상이한 방식으로 해석되고 있었다. 이러한 상황은 헤겔의 철학체계가 맞이하게
될 위기에 그대로 반영되었다. 헤겔의 사유를 이처럼 다양하고 이질적인 방식으
로 해석하는 경향은 헤겔학파가 명확하게 두 갈래로, 즉 노장들의 우파와 이른바
청년 헤겔주의자들의 좌파로 양분되는 결과를 가져왔다. 후자가 '청년' 헤겔파로
불린 이유는 단순히 젊은 청년들이 주를 이루었기 때문이 아니라 이들이 문화적
이고 정치적인 혁신을 주장했기 때문이다.

　물론 실제로는 슈트라우스를 지지하거나 비판하는 입장이 헤겔주의자들의 좌
파와 우파를 가름하는 기준이었다. 슈트라우스를 비판하던 이들, 즉 헤겔 우파
의 지식인들은 헤겔이 이성과 신앙의 조화를 도모해야 할 필요성을 가르쳤고 일
반적으로도 모순적이고 대립되는 개념들의 조화에 주목할 것을 요구했다고 보
았다. 이러한 해석은 곧 본질적인 차원에서 이성이란 '계시된 진실'에 종속된다
는 생각과 철학의 신학화 기획을 헤겔에게 부여한다는 것을 의미했다. 헤겔 우
파에는 게오르크 안드레아스 가블러Georg Andreas Gabler, 프리드리히 빌헬름 카로베

Friedrich Wilhelm Carové, 카를 로젠크란츠Karl Rosenkranz 같은 철학자들, 카를 루트비히 미슐레Karl Ludwig Michelet, 요한 에두아르트 에르트만Johann Eduard Erdmann 같은 역사학자들, 카를 프리드리히 괴셀Karl Friedrich Göschel, 에두아르트 간스Eduard Gans 같은 법학자들이 속해 있었다.

반면에 헤겔 좌파에 속한 시인 하인리히 하이네Heinrich Heine, 철학자 루트비히 포이어바흐, 막스 슈티르너Max Stirner, 브루노 바우어Bruno Bauer, 모제스 헤스Moses Hess, 카를 마르크스Karl Marx, 프리드리히 엥겔스 등은 헤겔의 변증법적 사고를 역동적이고 논쟁적인 어조로 해석했다. 이들은 헤겔이 모순들의 환원 불가능성과 양립 불가능성을 주장했고 부정이 지니는 변혁의 힘을 칭송했다고 보았다. '우파'가 헤겔의 철학을 고스란히 신학으로 전락시켰다고 비판했던 이 '청년'들은 이성을 모든 것에 우선하는 요소로 간주하며 종교가 교리에 모든 것을 내맡기는 만큼 종교 자체를 극복 대상으로 간주하고 결과적으로 이성이 종교를 비판할 권리를 지닌다고 주장했다.

물론 '좌파'의 입장이 오로지 종교에만 연관되어 있었던 것은 아니다. 이들의 입장에는 전통적인 지식의 형태와 전통 철학이 19세기에 맞이했던 위기가 그대로 반영되어 있었다. 이 위기로 인해 현실의 완전한 이해를 위해 필요한 지적 지도를 제공할 수 있는 사유체계에 대한 열망은 점점 줄어들었고 새롭고 특이한 형태의 앎, 예를 들어 언어학, 인류학, 사회학, 경제학, 정치학 등의 학문들이 부각되는 추세를 보였다. 청년 헤겔파의 지식인들은 대학의 철학이 종교 못지않게 현실적인 삶과 거리가 멀다고 보았다. 신학이나 대학의 철학 모두 '이질화된' 현실 개념에 얽매여 있었고 이러한 한계 속에서는 이론이나 개념이 현실을 대체한다는 점을 고스란히 드러내고 있었다. 신학이나 대학의 철학 모두 위계적인 형태의 양극성(하늘-땅, 정신-물질, 영혼-육체, 이론-실천, 보편성-개별성, 무한-유한 등)을 바탕으로 권위적인 형태의 사유체계를 유지하고 있었다.

좌파 철학자들의 종교 비판은 곧장 전통 철학 비판으로 이어졌다. 종교가 인간화되어야 하고 내면적인 담론으로, 즉 초월주의적인 전제로부터 자유로운 담론으로 번역되어야 한다면, 전통 철학은 고유의 신학적인 성격을 벗어던지고 지상으로, 즉 삶과 경험의 세계로 내려와야 했다. 이러한 전제를 바탕으로 이 '청년' 철학자들의 신랄한 비판은 철학의 본질적인 변화를 요구하며 철학은 단지 '담론' 혹은 '지식'이나 '이론'으로만 머무는 데 더 이상 만족할 수 없으며 구체적인 삶과 실천과 경험으로 변신해야 한다고 주장했다. 헤스의 말대로 철학은 먼저 '부인된 뒤에 사회 안에서 실현되어야' 했다. 그런 의미에서 철학은 스스로를 무너트리기 위한 도구였다. 비평철학은 원칙적으로 철학 자체에 대한 비평이었고 구체적인 현실 속에서도 철학이 권력체제를 지탱하기 위해 종교 못지않게 적극적으로 이용해 온 분열 상황을 극복해야 했다. '하늘이 지상으로 내려와야' 하듯이 이론은 실천과 하나가 되어야 했고 좌파의 '청년' 철학자들은 바로 이러한 문제점을 내세우며 '철학의 종말'을 선포했다.

　좌파 철학자들은 그들의 투쟁이 지니는 본질적으로 정치적인 성격을 천명하는 데 조금도 주저하지 않았다. 헤겔 좌파의 철학자 모두가 동의했고 뒤이어 마르크스의 『포이어바흐에 관한 테제*Thesen über Feuerbach*』로 이어지게 될 거대한 기획의 내용을 요약하면서 하이네는 다음과 같이 기록했다. "철학에서 우리는 위대한 순환 여행을 행복하게 마감했다. 그러니 우리가 이제 정치에 관심을 기울이는 것은 당연한 이치다." 이와 유사한 어조로 포이어바흐는 1842년에 "정치는 우리의 종교가 되어야 한다"라고 천명했다. 특히 하늘과 땅, 영혼과 육체의 분리에서 비롯되는 종교적 의식의 '이질화'는 부르주아 정신이 자아에 부여하는 이기주의의 투영 혹은 고립된 주체의 뒤틀린 환상이 빚어내는 결과로 간주되었다. 철학도 동일한 문제를 안고 있었다. 정확히 말해 '악한 개신교 정신'이 인간을 하나의 '사적인 개인'으로 만들었듯이, 개인들을 분리시킨 것이 철학이었다. 이들의 비판은 부르주아 사회가 지니는 모순적이고 파편적인 성격을 향해 있었다. 이러한 전제들을 바탕으로 헤스는 상업적 세계에 대한 체계적 비판을 시도했다. 끝없이 전쟁을 치러야 하는 상인들의 세계와 문명사회의 유사성에 주목한 헤스의 비판을 바탕으로 다름 아닌 마르크스의 정치경제학 비판이 탄생했다.

　'청년' 철학자들의 위협적인 비판에는 충격을 가하면서 논쟁을 불러일으키고 선입견을 무너트리려는 의도가 분명히 담겨 있었다. 따라서 우상 파괴적이고 체제 전복적인 태도를 보이는 인물도 결코 드물지 않았다. 하이네는 십자가를 '썩은 부적'으로 정의했고 '실재하는 모든 교육체제를 전복시킬' 필요가 있다고 반복해서 강조했다. 그런 의미에서, 프랑스가 정치적 혁명의 나라였다면 독일은 비평과 철학적 혁명의 조국이었다. 칸트에서 헤겔에 이르는 독일의 전통 철학이 일종의 혁명 이론으로 소개되는 것도 이 때문이다.

/ 변증법과 사회비평

청년 헤겔학파의 철학자들은 그들이 거부하고 극복하려 했던 전통 철학과 마찬가지로 '사유'를 가장 중요하고 결정적인 요소로 간주했다. 하지만 이들의 정치적 요구는 아주 구체적이었고, 이론적인 작업의 분리를 반대하는 이들의 비판적 논리에는 분명히 사회적인 성격의 주제들이 포함되어 있었다. 이들은 철학적 성찰에 관여하는 주체가 '사고하는' 인간에 그치는 것이 아니라 동시에 '행동하는' 인간이 되어야 하고 '이론'이 '실천'에 참여해야 한다고 보았다. 이러한 입장에는 급진적인 민주주의적 해결책을 제시하려는 의도가 숨어 있었다. 브루노 바우어는 "민중이 더 이상 귀족들의 권력 다툼을 구경만 하는 관중으로 머물기 원치 않는다"라고 주장했고 바로 그런 이유에서 '혁명을 통한 평준화'라는 비장한 해결책을 제안했다.

　다름 아닌 '이론'이 혁명에 참여해야 한다는 입장을 통해 강하게 부각되었던 것이 헤겔의 변증법이다. 하지만 이 변증법 역시 헤겔학파 내부에서는 상이한 방식으로 해석될 수밖에 없었다. '우파' 철학자들은 변증적 모순들의 '극복' 혹은 '지양aufhebung'을 모순들 간의 '화해' 또는 분쟁의 종말로 해석했다. 이들은 결국 선험적인 방식으로 현실이 일종의 안정적이고 정돈된 질서라는 점에 주목했고, 이 질서에 대한 이론적 표현이 절대적 지식의 '체계'라고 보았다. 반면에 '좌파'는 헤겔의 변증법을 역동적이고 비판적으로 해석하며 '모순의 극복'에서 새로운 모순의 도입 조건을 발견했다. 그런 의미에서 변증법은 기존의 질서를 무너트릴 수 있는 일종의 잠재력으로 감지되었고 이론적인 차원에서 비평의 무기로, 특히 닫힌 형태의 체계적 질서와 상극을 이루는 방법론으로 간주되었다. 변증법은 다시 말해 현실 속에서 끝없이 생성되는 모순들을 해석하기 위한 일종의 이론적 도구였다.

이러한 해석은 현실을 끝없는 생성 과정으로 보는 역동적인 현실관과 역사의 점진적인 발전에 주목하는 역사철학을 뒷받침한다. 이러한 관점을 토대로 헤겔 좌파는 헤겔이 주장했던 이성과 사실의 일치 이론을 해석했다. 헤겔은 『법철학 강요』와 『철학 백과사전』에서 이성은 '사실적'이며 사실은 '이성적'이라고 정의한 바 있다. 표면적으로는, 존재하는 모든 것이 사실적인 만큼, '사물들의 실재적 실상'을 강조하는 것은 지극히 당연한 이치인 듯이 보인다. 이것이 바로 헤겔 우파가 표명했던 명백하게 보수적이고 '옹호론적인' 해석이었다. 이러한 해석을 바탕으로 우파의 지식인들은 프로이센왕국을 절대정신의 표상이자 '이성의 실현'을 상징하는 나라로 간주했다.

하지만 현실을 바라보는 또 다른 관점과 방식을 바탕으로 헤겔의 논제를 해석할 수 있다. 존재하는 모든 것이 아니라 오로지 오랜 역사적 발전 과정의 내재적 의미를 반영하는 것만이 사실적이라면, 그렇다면 이성은 실존하는 존재 자체에 관여하는 것이 아니라 오로지 역사적 과정의 의미와 발전의 특정 방향에만 관여한다고 볼 수 있다. 그런 의미에서 사실적인 것은 무엇보다도 역사에 점진적인 발전의 의미를 부여하며 인류사의 심층 구조를 구축하는 '자유의 요구'다. 이것이 바로 '헤겔 좌파'가 제시했던 변증법 해석이다. 슈트라우스는 '존재하는 것의 본질적인 핵심'이 진정한 의미에서 사실적이라고 보았고 엥겔스는 '오로지 존재하는 동시에 필연적인 것만이', 즉 존재하는 모든 것이 아니라 존재해야 할 근본적인 이유를 자체적으로 지니는 것만이 사실적이라고 보았다. 그런 차원에서 사실에 이성적인 특성을 부여한다는 것은 곧 역사의 발전적인 성격을 인정한다는 것을 의미했고, 무엇보다도 '좌파'의 지식인들에게, 존재의 의미를 진보의 의미로 확장시키는 혁명의 정당성을 인정한다는 것을 의미했다. 역사는 이성의 실현 과정이었고 인간의 자유롭고 이성적인 창조력의 표현인 만큼 신성한 것으로 간주되었다. 이것이 바로 포이어바흐의 핵심 사상을 구축하는 종교 비판 이론의 결론을 통해 부각되었던 부분이다. 포이어바흐에 따르면 신은 초월적인 존재와 거리가 멀었고 인간이 스스로의 보편적 자의식과 역사적 생성 과정에 관여하면서 부여하는 스스로의 확장된 표상에 지나지 않았다.

포이어바흐는 헤겔학파와 스승 헤겔의 철학적 결별을 이끈 인물이기도 하다. 1840년대 초반부터 헤겔학파의 주인공들은 스승의 철학으로부터 점점 멀어졌고 여러 갈래로 분산되는 양상을 보였다. 그뿐 아니라 '좌파' 자체도 혁명을 지지하는 자본주의 비판자들과 표현의 자유 및 법적 보호 장치의 회복에 주목하는 부르주아 민주주의자들로 명백히 양분되었다. 청년 헤겔학파가 철학을 대하는 입장 자체가 점점 모호해지면서 헤겔의 이름은 자취를 감추게 되었다. 청년 마르크스의 등장은 이미 또 다른 이야기의 시작이었다.

문학과 소설 속의
부르주아 서사시

19세기의 유럽 문학은 낭만주의에서 시작해 사실주의, 자연주의를 거쳐 이른바 '세기말 문학' 사조, 즉 상징주의, 퇴폐주의, 탐미주의로 이어지는 연대기적 구도를 지닌다. 하지만 가장 중요한 역할을 했던 것은 혁명 이후 18세기의 도식적인 이성주의나 고전주의 전통에 더 이상 얽매이지 않는 새로운 세계관을 모색하면서 새로운 문학과 인류학에 대한 탐구를 주도했던 낭만주의 문학 운동이다. 19세기에는 정치적이고 사회적인 차원에서뿐만 아니라 문학적인 차원에서도 세계가 더 이상 돌이킬 수 없는 지점을 통과했으며 과거의 전통을 계승하거나 복원하려는 시도 자체가 불가능할 정도로 대대적인 변혁이 진행되고 있다는 의식이 또렷하게 나타났다.

산업화와 부르주아 계층의 신분 상승 현상은 언어와 문학적 상상력에도 직접적인 영향을 끼쳤다. 과거의 '문필 공화국'은 작가가 스스로의 지적 역할을 찾아야 할 뿐만 아니라 시장경제를 염두에 둔 상태에서 작품 활동을 해야 하는 불안한 현실에 자리를 내주고 말았다.

17세기 잉글랜드에서 '로맨스', 즉 환상적인 기사 소설의 특징적인 측면들을 가리키기 위해 고안된 '낭만적'이라는 용어는 뒤늦게 18세기 중반부터 자연의 신비나 풍경의 환상적인 측면 혹은 현실의 풍부하고 변화무쌍한 측면을 가리키는 용어로 활용되기 시작했다. '낭만적'이라는 표현은 먼저 프랑스에서 문학의 회화적인 요소들을 지칭하기 위해 사용되었고, 18세기 초반부터 더 구체적인 정의를 통해 근대화를 추구하는 지식인들이 즐겨 사용하는 용어로 정착되었다. 뒤이어 이 용어는 독일의 새로운 '낭만주의' 시학을 통해 확실하고 독창적인 이론적 기반을 갖추게 된다.

낭만파의 기관지 《아테네움》의 창시자 가운데 한 명인 빌헬름 슐레겔Wilhelm Schlegel에게는 '근대'에 생기를 불어넣는 모든 것이 '낭만적'이었고 이와 정반대되는 것이 기원전으로 거슬러 올라가는 고대의 '고전적' 정신이었다. 슐레겔은 '낭만적'이라는 말이 근대에 더할 나위 없이 잘 어울리는 표현이라고 보았다. 왜냐하면, "고대의 귀중한 유산을 물려받은 나라들과 처음에는 이질적이었지만 시간이 흐르면서 은밀한 관계를 구축한 북방 민족들의 문화적 조합을 통해 새로운 유럽 문명이 탄생했듯이, 독일의 고대 방언과 라틴어의 조합에서 탄생한 표현들을 이해할 수 있도록 조명해 주는 로망스어군에서 유래하기 때문이다. 반대로 원칙적으로는 상당히 단순한 것이 고대 문명이었다". 이러한 대조는 어떤 이론보다 훨씬 분명하게 다가왔다. 한편에는 과거의 획일적인 세계가 존재했고 다른 한편에는 다양한 문화의 퇴적지인 낭만주의가 서로 반대되는 요소들이 공존하는 유연하면서도 변화무쌍하고 유기적인 세계 혹은 현실의 '힘겨운 정복'으로 존재했다. 빌헬름과 프리드리히 슐레겔의 친구였던 노발리스에게 낭만적인 것은 곧 '멀리 있는' 것, 우리 안과 바깥에 공존하는 무한한 세계를 의미했다.

스탕달Marie Henri Beyle Stendhal은 『적과 흑Le Rouge et le Noir』을 쓴 소설가가 되기 전부터 작가가 전통문학으로부터 아무런 도움도 얻지 못할 때 느끼게 될 고독을 직감했지만 그럼에도 불구하고 모든 유형의 전통문학에 도전장을 내밀면서 "모험을 걸어야 하는 만큼, 낭만주의자가 되기 위해서는 용기가 필요하다"라고 선포했다. 1820년대를 전후로 독일에 뒤이어 프랑스와 이탈리아에서도 낭만주의에 관한 토론이 시작되었고 스탕달이 제안한 '모험'과 '도약'은 과거와의 마찰을 피할 수 없는 상황에서 유럽의 새로운 시학을 특징짓는 '변조'의 의미를 획득했다.

하지만 기억해야 할 것은 프랑스혁명, 나폴레옹의 등장, 빈 회의와 왕정복고, 유럽 국가들의 근본적인 체제 변화 등 짧은 기간 안에 너무 많은 변화들이 일어났고 이런 변화를 목격한 유럽인들이 역사의 본질적인 비지속성과 단절성을 의식하고 깨닫기 시작했다는 사실이다. 이는 1800년대 전반의 유럽 문화를 특징짓는 가장 중요한 요소 가운데 하나였다.

과거에 대한 지식이 항상 새롭고 변화무쌍하며 감각적이거나 충격적인 현재를 해석하는 데 확실한 안내자 역할을 할 수 있다는 믿음은 1700년대에서 1800년대로 넘어오는 사이에 여지없이 무너졌다. 역사 자체가 일종의 문제점으로 부각되었고 개개인의 내면적인 세계와 공동체의 활동을 바탕으로 이해하고 재구성해야 하는 하나의 현실로 간주되었다. 이처럼 인간이 역사의 극적인 요소를 감지할 수 있는 존재였기 때문에, 문학은 시대가 안고 있는 문제점들을 글로 표현할 수 있었고 표면적인 현실의 무대 뒤에서 벌어지는 보다 일상적이고 사실적인 모습을 폭로함으로써 그들의 '가슴' 속에 담겨 있는 언어를 일깨울 수 있었다. 이 언어란 항상 다른 세계, 다른 존재와의 관계에 놓인 주체의 언어를 의미했다. 왜냐하면 인간의 신비는 곧 사회의 신비, 즉 사회 고유의 권력과 폭력, 무질서와 정의의 피할 수 없는 변증적 관계와 직접적인 연관성을 가지고 있었기 때문이다.

/ 고전주의 체계의 붕괴

결과적으로 증폭된 것은 동시대의 역사에 대한 관심이었다. 이러한 현상은 틀림없이 고전주의 비판에 탄력을 제공하는 요인들 가운데 하나였다. 과거만을 다루어야 한다는 편견이 하나의 법칙처럼 기능하던 문학체계는 비판을 피할 수 없었다. 무엇보다도 프리드리히 슐레겔이 지적했듯이 "시의 우주 속에서는 아무것도 멈춰 있지 않으며, 모든 것이 끝없이 생성되고 변화하며 조화롭게" 움직였기 때문이다. 이러한 관점에서 그리스 문학은 더 이상 근대의 서사시, 서정시, 소설의 모형으로 간주될 수 없었다. 이는 무엇보다도 근대문학이 고전주의적인 전제와 대조를 이루면서 위계적이거나 이미 결정되어 있는 구도에 의존하지 않고 지극히 이질적인 요소들이 복잡하고 다양한 방식으로 배합되는 소설이라는 장르에 의해 변형되고 지대한 영향을 받는 현상이 일어났기 때문이다. 학자들이 '소설 romanzo'과 '낭만적인romantico 것' 사이에 모종의 유전자적 관계를 설정한 것은 결코 우연이 아니다. 그만큼 소설이라는 장르는 이미 변형 단계에 들어선 문학세계를 사실상 지배하고 주도하는 역할을 담당했다. 예를 들어 상이한 장르들은 소설이라는 불규칙적이고 변화무쌍한 형태의 장르에 녹아들면서 상대화되기 시작했고, 이러한 복합성을 바탕으로 소설은 '자아' 혹은 '영웅'의 탐구를 통해 세속적이고 역사적이며 극적인 상황을 배경으로 '세계의 모습'을 그려냈다. 아울러 이 복합적인 성격은 뒤이어 소설이라는 장르에 '현실세계 전체의 거울로' 존재할 수 있는 가능성, 혹은 진정한 '시대의 이미지', 혹은 헤겔이 『미학 강의』에서 언급했던 일종의 '부르주아 서사시'로 존재할 수 있는 가능성을 보장해 주었다.

고전주의 이후의 문학을 특징짓는 이러한 조합 및 융합 과정의 기원에 관심을 기울였던 낭만주의 이론가들은 윌리엄 셰익스피어William Shakespeare가 인간의 심리적 역동성과 개인이 외부 세계를 반복적으로 경험하고 발전시키는 데 활용하는 내면적 이미지들을 가장 먼저 표현해 낸 작가라는 데 주목했다. 관건은 당연히 셰익스피어를 모방하는 것이 아니라 서정적인 언어를 극화하고 그것을 산문적인 운율 혹은 일상적인 대화의 뉘앙스와, 아울러 현실의 어두우면서도 격정적인 전개와 융합시킬 줄 아는 그의 기술을 이해하는 일이었다. 분명한 것은 낭만주의가 문학을 당대의 '삶'에 지속적으로 관여할 뿐 아니라 작가가 역사로부터, 무엇보다 자아의 깊은 내면으로부터 솟아오르는 말들을 식별하는 능력과 그의 기억과 활동 외에는 또 다른 모형을 지니지 않는 열린 체계로 수용했다는 점이다. 루소 이후 우화의 세계나 구전문학 및 대중문학에서 나타나는 꿈의 세계에 대한 탐구가 이루어진 것은 결코 우연이 아니다. 예를 들어 브렌타노Franz Brentano, 아르님 Bettina von Arnim, 그림 등은 헤르더의 발자취를 좇아 환상 설화와 설화의 민속학적 해석에 집중했다. '대중적인' 것의 발견은 곧 전통과 대중적인 가치의 복구를 의미했고 민족 공동체의 정체성 탐구 내지 확인을 의미했다. 낭만주의는 다름 아닌 기원의 탐구를 통해, 그리고 어떤 의미에서는 월터 스콧Walter Scott의 소설적인 환영을 통해, 로마 제국의 질서가 무너지고 기사문학이나 고딕 예술이 국가 공동체의 표현으로 정착되는 중세를 재발견했다. 바로 이러한 경로를 통해, 그리고 로망스어군 문헌학 및 독일어 문헌학을 바탕으로 로마 이후의 유럽 역사를 다루는 근대적인 의미의 역사학이 탄생했다. 하지만 역사학자들은 귀족 문화에 대한 그들의 향수가 부르주아 문화와 상충된다는 점에서 과거를 현재와 정반대되는 것으로 고려할 수도 있다는 점에 주목하기 시작했다. 헤겔의 천재적인 역사 미학도 바로 이러한 관점을 바탕으로 구축되었고 낭만주의가 고전주의 전통이 깊이 뿌리 내리지 못한 곳에서 출발한 것도 동일한 관점을 공유했기 때문이라고 볼 수 있다.

이 시점에 주목해야 할 것은 낭만주의 문학의 주체에 관한 문제다. 낭만주의의 관점에서 분명한 것은 개인의 독창성을 강조하고 '나'의 미로 속에 뛰어들어 무의식의 단층들을 파고드는 문학이 한 방향으로만 움직일 수는 없다는 것이었다. 그런 차원에서 작가는 현실 앞에 선 하나의 등불에 불과하지만 자신의 내밀한 표현력과 지적 능력으로부터 고유의 예술이 지니는 근원적 동기를 축출해 내는 존재, 혹은 워즈워스가 원했던 것처럼 감동을 하나의 평화로운 명상으로 빚어내는 존재였다. 시를 일종의 회화로 간주하던 모방 원리도 낭만주의에서는 시를 정통한 언어적 계시로 보는 관점, 즉 모방에 의해서가 아니라 이미지의 힘 자체에서 표출되며 내면의 경험에서 우러나오는 존재론의 관점 속에 용해된다. 낭만주의 시인이 시를 쓰는 이유는 스스로의 내면을 관찰하고 스스로를 자연으로부터 이질화된 색다른 존재로 느끼기 때문이다. 그런 의미에서 그의 노래는 '나'와 유령 혹은 고뇌가 나누는 대화 혹은 이야기다. 이어서 이 모든 것에 헤겔이 낭만주의의 아이러니를 설명하며 지적했던 고통과 불행에 대한 의식이 상응한다는 것은 이 불행의 의식 자체가 서정적인 '나'의 극적인 조건이며 이 의식의 문학적 객관화 과정을 통해, 즉 환상과 사실주의, 내면 분석과 멜로드라마 사이의 극적인 대조를 통해 생성되는 무대의 기원이라는 것을 의미한다.

한편 낭만주의 속에 함축되어 있던 사실주의적인 요구가 부각되고 발전하는 과정을 주도했던 인물들은 1800년대의 2세대 작가들이었다. 잃어버린 자연과 세속화된 자연의 탐색을 통해 시에서 근대적인 감수성과 상징의 언어가 탄생했다면 산문에서, 다시 말해 소설에서 부각된 것은 더 이상 관념주의 철학이 아니라 과학적 실증주의를 모형으로 하는 자연주의적이고 사실주의적인 표현의 논리였다. 한편에서는 대도시의 독자들이 즐거움과 행복, 감동과 사실적인 멜로드라마를 문학에 요구했고 다른 한편에서는 수많은 형태의 일간지들이 발간되면서 기사 및 일회적인 양식의 글로 가득한 일종의 새로운 백과사전이 형성되었다. 그뿐 아니라 신문이라는 새롭고 회화적인 독서 공간을 토대로 시끌벅적한 도시 생활 및 역사상 최초로 등장한 대중문화와 더할 나위 없이 잘 어울리는 충격적인 소식들, 전대미문의 소식들에 대한 요구가 증가했다. 아름다움을 탐구하는 미학의 역사화 현상은 연대기 차원뿐만 아니라 유행의 차원에서도 일어났고 그런 식으로 근대인의 취향은 흥미로움을 우선시한다는 논리하에 추한 것과 사소한 것을 수용하는 방향으로, 아울러 아름다움과 저속함의 조합, 이른바 '키치'를 수용하는 방향으로 나아갔다. 그렇게 형성된 대중의 취향을 칭송하기 위해 열렸던 것이 바로 만국박람회다.

II

헤겔 이후의
철학과 마르크스

La filosofia
e le sue storie

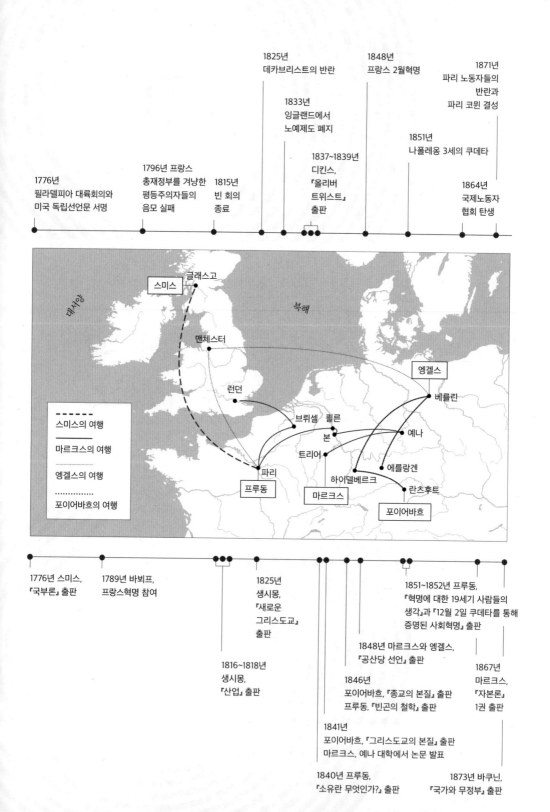

1825년
데카브리스트의 반란

1848년
프랑스 2월혁명

1871년
파리 노동자들의
반란과
파리 코뮌 결성

1833년
잉글랜드에서
노예제도 폐지

1837~1839년
디킨스,
『올리버
트위스트』
출판

1851년
나폴레옹 3세의 쿠데타

1776년
필라델피아 대륙회의와
미국 독립선언문 서명

1796년 프랑스
총재정부를 겨냥한
평등주의자들의
음모 실패

1815년
빈 회의
종료

1864년
국제노동자
협회 탄생

대서양

스미스

글래스고

북해

엥겔스

맨체스터

베를린

런던

브뤼셀

쾰른

예나

본

트리어

에를랑겐

프루동

파리

하이델베르크

마르크스

란츠후트

포이어바흐

--- 스미스의 여행

— 마르크스의 여행

⋯⋯ 엥겔스의 여행

········ 포이어바흐의 여행

1776년 스미스,
『국부론』 출판

1789년 바뵈프,
프랑스혁명 참여

1825년
생시몽,
『새로운
그리스도교』
출판

1851~1852년 프루동,
『혁명에 대한 19세기 사람들의
생각』과 『12월 2일 쿠데타를 통해
증명된 사회혁명』 출판

1848년 마르크스와 엥겔스,
『공산당 선언』 출판

1816~1818년
생시몽,
『산업』 출판

1867년
마르크스,
『자본론』
1권 출판

1846년
포이어바흐, 『종교의 본질』 출판
프루동, 『빈곤의 철학』 출판

1841년
포이어바흐, 『그리스도교의 본질』 출판
마르크스, 예나 대학에서 논문 발표

1840년 프루동,
『소유란 무엇인가?』 출판

1873년 바쿠닌,
『국가와 무정부』 출판

19세기에 들어서면서 전례를 찾아볼 수 없는 규모와 방식으로 자연을 굴복시키는 데 성공한 인간은 지구를 철근과 유리가 즐비한 건축물로, 증기기관차와 화려한 가스 조명으로 가득 채워 넣으면서 당대를 기술 승리의 시대로 이끌었다. 19세기의 인간은 고속 선박으로 바다를, 비행기로 하늘을 가르면서 새로운 물리학 법칙들을 발견해 내고 물질세계를 마음대로 다스리며 자연을 기술이 창조한 새로운 기구들로 끝없이 채워 넣었다.

　　하지만 관념주의처럼 방대한 철학적 체계를 구축하는 과정은 오히려 정신과 감성, 예술과 역사를 선호하거나 칭송하며 결정적으로 당대의 과학자들이 생각했던 것과는 전혀 다른 차원의 지식 개념을 추구한 듯이 보인다. 헤겔은 철학의 본질적인 과제가 의식이 스스로에 대한 이해의 단계로 나아가며 밟는 모든 과정을 답습하는 것이며 그런 의미에서 의식의 여정에는 역사의 여정이 상응한다고 보았다. 헤겔이 정신현상학 외에 법과 윤리, 국가와 종교에 관심을 기울였던 것도 이 때문이다. 그런 의미에서 당대의 철학 역시, 과학과 멀어지는 듯이 보였을 뿐, 정치와 무관하지 않았고 무엇보다도 법률과 사회구조, 혹은 개인적이거나 사회적인 도덕성의 핵심 문제들과 결코 무관하지 않았다.

　　헤겔의 관념주의와 함께 철학의 무대에 새로이 등장한 것은 시간이 흐르면서 극복되고 보다 완전한 형태로 정립되는 다양한 입장들 간의 실질적인 '모순'을 통해 실현되는 '현실의 경로'라는 개념이다. 다시 말해, 모든 개별적인 현상은 이러한 경로의 구도에서만 구체적인 의미를 지닐 수 있으며 또 다른 현상들과의 관계가 성립될 때에만, 따라서 개별적인 현상으로서의 무의미함이 드러나고 또 다른 무언가로 끊임없이 변화하는 상황 속에서만 의미를 지닌다. 이처럼 과거의 철학에서 찾아볼 수 없는 전적으로 새로운 이론적 구도를 바탕으로 마르크스는 자본주의라는 현실을 이해하고 극복하기 위한 역사적, 개념적 도구들을 구축했다.

마르크스가 헤겔의 사유에서 드러나는 진리의 핵심적인 요소를 수용하는 과정은 포이어바흐의 비판을 통해 이루어졌다. 포이어바흐의 비판은 헤겔의 체계에 대한 상반된 역사적 해석들, 흔히 '헤겔 좌파'와 '헤겔 우파'로 구분되는 대립 현상의 고랑에서 탄생했다. 포이어바흐에게 헤겔 비판 및 해석은 곧 종교에 대한 총체적인 비판을 의미했다. 그는 종교를 뒷받침하는 근본적인 메커니즘을 제시하며 이 메커니즘이 헤겔의 체계와 상당히 유사하다는 점에 주목했고, 인간의 고유한 특성들을 무한하고 영원한 사실들로 정화하는 사유의 산물이 바로 종교라고 주장했다. 결과적으로 철학의 중심에 위치해야 하는 존재는 더 이상 관념의 순수한 발현으로 간주되는 인간이 아니라 구체적인 특성과 요구를 지닌 개인으로서의 인간이라는 것이 포이어바흐의 생각이었다.

포이어바흐의 사상은 엥겔스와 마르크스에게 결정적인 영향을 끼쳤지만 이들은 헤겔의 사상에 대해 성급한 결론을 내리는 대신 그의 놀라운 직관력이 돋보이는 두 가지 논제, 즉 현실이 끝없는 생성을 통해 구성된다는 것과 이 움직임이 모순과 분쟁을 통해 전개된다는 논제의 깊이와 이론적 유용성을 이해하려고 노력했다. 여기서 주목할 것은 결과적으로 헤겔의 사상과 그의 위대한 비판가였던 마르크스의 거리가 그다지 멀지 않다는 점이다. 하지만 마르크스는 이러한 구도를 적용해야 할 영역이 추상적인 관념의 세계가 아니라 현실세계라고 보았다. 따라서 헤겔의 사상에 함축된 근본적인 논제들이 "발을 달아야 할 뿐" 유지되는 것이 옳다면, 철학은 어쨌든 현실 속의 관계에 대해, 예를 들어 기술의 발전과 밀접하게 연관된 생산관계처럼 사회 활동의 토대가 되는 현실적인 관계에 관심을 기울여야 했다. 19세기에 만개한 유토피아 사상 역시 이러한 관심을 바탕으로 이루어진 구체적인 사회 기획의 일종이었다. 평등한 사회를 꿈꾸었던 유토피아 사상가들의 정신적 원동력은 사실상 과학자들이 지닌 진보 정신과 크게 다르지 않았다.

마르크스의 입장에서, 사회를 특징짓는 구체적인 관계들을 이해하는 데 직접적인 도움을 줄 수 있는 분야는 경제 이론이었다. 다름 아닌 스미스Adam Smith 나 리카도David Ricardo 같은 경제학자들의 이론에서 마르크스는 자신의 분석을 위한 핵심 범주들을 발견했다. 그런 식으로 구축된 이론적 구도를 토대로 그는 현실과 사회를 분쟁 구도에 놓인 구체적인 힘들의 총체로 이해했다. 이러한 역동적인 맥락 속에서 마르크스는 부르주아 계층의 몰락과 프롤레타리아 계층의 등극을 예상할 수 있는 분명한 징후들을 발견했다.

1

사회적 유토피아

1.1 유토피아적 사회주의

'사회주의'라는 용어는 1830년을 전후로 잉글랜드와 프랑스에서 등장하기 시작했고 제롬-아돌프 블랑키Jérôme-Adolphe Blanqui가 1837년의 저서 『유럽 정치경제학의 역사Histoire de l'économie politique en Europe』에서 처음으로 '유토피아적 사회주의'라는 표현을 사용했다. 하지만 이 표현이 하나의 역사학적 범주로 정립된 것은 『공산당 선언Manifesto of the Communist Party』이 1848년에 발표되고 결정적으로 1880년에 엥겔스의 『유토피아에서 학문에 이르는 사회주의의 발전Die Entwicklung des Sozialismus von der Utopie zur Wissenschaft』이 출판된 후의 일이다.

'유토피아적 사회주의'는 좀 더 구체적으로 사회주의 태동기의 학자들이 정립했던 사회주의 이론과 기획안들을 가리킨다. 19세기 초에 활동했던 이 사회학자들은 '유토피아'라는 용어에 과거와는 상당히 다른 의미, 더 이상 이상적인 타향의 의미가 아니라 미래에 실현될 수 있는 바람직한 사회의 청사진이라는 의미를 부여하며 산업사회에 실재하는 긴장의 사회적 해결책을 제시했다.

'유토피아적'이라는 수식어의 활용과 관련된 문제들은 보통 시대 구분의 문제와 직결된다. 일각에서는 18세기 사상가들 가운데 사유재산을 사회적 차별의 근본적인 원인으로 보고 공동재산제도를 기반으로 사회 재건설을 제안했던 모든 철학자들을 근대 사회주의의 선구자로 간주했던 반면 다른 이들은 다름 아닌 프랑스혁명과 산업혁명을 유토피아적 사회주의 운동의 직접적이고 실질적인 계기로 간주했다. 후자가 좀 더 일반적인 견해에 해당한다. 아울러 이 운동의 마지막 장을 장식하는 사건이 1848년의 『공산당 선언』 출판이라고 보는 견해가 있는 반면 일부 학자들은 이 운동이 1860년까지 지속되었다고 주장한다.

특별한 경우를 제외하면 '유토피아적 사회주의자'라는 표현은 일반적으로 마르크스 이전 혹은 그와 동시에, 어쨌든 마르크스와 직접적인 연관성 없이, 부르주아 계층을 비판하며 자본주의체제를 거부하고 사회주의체제를 주장했던 이들을 지칭했다.

새로운 세계의 건설 경로에 대한 견해들 가운데 일반적으로 논의되는 것은 두 가지다. 한편에서는 생시몽Claude Henri de Saint-Simon, 푸리에Charles Fourier, 카베Étienne Cabet, 블랑Louis Blanc, 프루동Pierre Joseph Proudhon처럼 문화사회적이고 경제적인 측면에서 사회의 어느 정도 근본적인 변혁을 예상하는 관점을 제시한 반면 다른 한편에서는 바뵈프François-Noël Babeuf, 부오나로티Filippo Michele Buonarroti, 블랑키Louis Auguste Blanqui처럼 이러한 변혁을 실현하기 위해 정치권력이 필요하다는 관점을 제시했다. 특히 첫 번째 견해를 지지한 학자들은, 혁명을 원하는 특정 공동체가 아니라 사회 전체를 고려하며, 변혁 기획안의 이론적인 측면을 독특한 방식으로 발전시켰고 이들의 유토피아적 사회주의 이론이 마련한 여러 갈래의 길을 따라 다양한 형태의 사회주의, 즉 국제주의, 무정부주의, 공산주의, 사회민주주의 등이 탄생했다.

1.2   프랑스

프랑스의 프랑수아 노엘 바뵈프, 일명 그라쿠스Gracchus는 18세기의 유토피아주의가 19세기의 사회주의로 전환되는 과정의 과도적인 단계를 대표하는 인물이다. 1789년부터 혁명운동에 가담한 바뵈프는 진보주의적이고 평등주의적인 입장을 표명하면서 사유재산제도의 폐지와 귀족 및 고위 성직자들의 잔여 특권 폐지, 「인간과 시민의 권리선언」에 여전히 남아 있는 '능동적 시민권'과 '수동적 시민권'의 구분 폐지 등을 주장했다. 바뵈프는 추종자들과 함께, 실방 마레샬Sylvain Maréchal의 편집으로, 「평등한 자들의 선언문Le Manifeste des Egaux」(1795년)을 발표했고 다양한 집필 활동을 통해 총재정부Directoire의 정책을 비판했다. 무력으로라도 정치권력을 획득해야 한다고 느낀 바뵈프는 체제 전복을 꾀하는 음모에 가담했다가 1796년에 검거되어 사형 선고를 받았다.

　뒤이어 필리프 부오나로티는 투쟁의 역사를 연구하면서 이론적인 기반을 마련하기 위해 『바뵈프의 이른바 '평등성'을 위한 모반의 역사Histoire de la Conspiration pour l'Égalité dite de Babeuf』(1828년)를 집필했다.

　바뵈프의 정신을 이어받아 지속된 신바뵈프주의의 지지자들 사이에서 핵심적인 역할을 했던 인물은 루이 오귀스트 블랑키다. 하지만 바뵈프나 부오나로티와 달리 이론보다 실천의 중요성에 주목했던 블랑키는 몰락한 지성인들이 혁명을 이끌어야 할 소수 계층이자 주인공이며 정권을 장악하고 사회의 평등화와 민중화를 실현할 수 있는 독재체제를 구축하는 것이 이들의 과제라고 보았다. 비밀결사단의 일원이었고 체제 비판적인 계간지의 협력자였을 뿐 아니라 수많은 투쟁의 일화와 음모에 연루되었던 블랑키는 사형 선고를 받았다가 사면된 뒤 30년 이상을 감옥에서 보냈다. 그의 저작은 그의 글들, 다시 말해 아포리즘과 단상으로 구성된 저서들보다는 오히려 사회주의자들의 폭력적인 정권 장악을 주장하며 기존 사회와 대립하고 끊임없이 투쟁했던 그의 삶 속에 상징적으로 함축되어 있다.

　클로드 앙리 드 생시몽은 『산업L'Industrie』(1816~1818년)을 비롯해 『정치론Le

Politique』(1819년), 『산업 체계에 관하여*Du système industriel*』(1822년) 같은 저서에서 협력관계를 토대로 구축된 사회체제의 설계를 시도했다. 생시몽은 아메리카 정복과 루터Martin Luther의 종교개혁으로 인해 시작된 불안정한 시기가 끝난 뒤에 새롭고 유기적인 시대가 산업사회와 함께 열릴 것이라고 보았다. 과학이 산업사회의 주인공으로 부각되고 평화가 인간관계와 국제관계를 지배하는 사회의 청사진을 제시하면서 생시몽은 과학자, 사업가, 기술자, 정의로운 정치인이 사회를 이끌 것이며 관료주의에 빠진 관리, 귀족, 신부, 기생충과 다를 바 없는 부르주아 계층과 맞서 싸울 것이라고 예상했다. 생시몽의 체계에서, 사유재산제도를 뒷받침하는 유일한 기반은 개인의 능력인 반면 공동체를 재구성하는 과제는 국가의 몫이었다. 아울러 생시몽이 『산업종사자들의 교리문답*Catéchisme des industriels*』(1824년)과 『새로운 그리스도교*Le Nouveau Christianisme*』(1825년)에서 명확하게 천명했던 것처럼 산업사회의 목적은 하류층의 복지를 향상하는 데 있었다.

샤를 푸리에는 『4가지 운동과 보편적 운명의 이론*Théorie des quatre mouvements et des destinées générales*』(1808년), 『집단 농경 조합에 관한 논문*Traité de l'association domestique-agricole*』(1822년), 『새로운 산업적, 사회적 세계*Le Nouveau monde industriel et sociétaire*』(1829년), 『거짓 산업*La fausse industrie*』(1836년) 등의 저서에서, 생시몽과는 전혀 다른 방식으로 미래의 산업사회를 불의의 온상으로 간주했고, 반대로 자연적인 충동을 다름 아닌 18세기의 유토피아 세계에서처럼 선한 요인으로 간주했다. 푸리에는 산업사회가 경쟁의 원칙과 자유시장체제로 인해 사회 자체의 균열을 조장할 것이며 목표가 되어야 할 이상적인 조화를 파괴하게 될 것이라고 내다보았다. 푸리에가 모형으로 제시한 공동체는 성과 연령이 다르고 제한된 수(대략 1,800명)의 개인들이 공동주택에 모여 살며 다양한 형태의 단체 노동에 종사하고 각자의 기량에 따라 보상을 받는 유형의 공동체로 권위적인 중심 세력의 존재를 용납하지 않는다. 공동체 내부에서는 개인적인 삶 역시 결혼제도 혹은 이성적 사랑의 구속력에 좌우되지 않으며 여성의 삶을 억압하는 사회적 선입견에도 영향을 받지 않는다. 아울러 이 공동체는 교육과 생태학에 높은 관심을 기울이며 농업 노동을 산업 노동보다 훨씬 중요하고 핵심적인 요소로 간주한다. 푸리에의 사상은 미국을 비롯해 유럽과 남아메리카에서도 공동체 단위의 노동과 삶의 실천을 위한 이론적 기초를 마련했다.

1.3   잉글랜드

잉글랜드에서는 리카도를 추종하는 사회주의자들이 고전경제학 사상을 자본주의에 대한 비판의 형태로 발전시켰다. 이들은 노동자들로부터 착취한 노동 결과물의 일부가 축적된 것이 바로 자본이라고 주장했다. 이러한 생각은 잉글랜드의 유토피아 사회주의를 대표하는 인물 로버트 오언Robert Owen에게 커다란 영향을 끼쳤다. 스코틀랜드 뉴래너크New Lanark에 있는 대규모 직물 공장의 공동 경영자였던 오언은 산업의 발전에서 기인하는 구체적이고 실질적인 문제들을 해결하기 위해 높은 임금을 지불하고 근무 시간을 줄이는 동시에 근무 환경을 향상시키고 집값, 생활비, 교육비가 저렴한 마을을 만들었다.

오언은 이러한 활동을 국가적인 차원으로 확장했고 모범적인 공동체 건설을 위해 고위층에 호소하며 「생산직 및 노동직의 빈곤자 구제를 위한 협회 위원들에 보내는 보고서Report to the Committee of the Association for the Relief of the Manufacturing and Labouring Poor」를 집필했다. 1819년에는 국가적인 차원의 노동조건 규제를 합법화하는 최초의 공장노동법Factory Act이 통과되었다. 오언은 1817년부터 1824년까지 유럽과 미국에서 노동자들의 공동체 설립을 추진했고 인디애나주의 뉴하모니New Harmony에 공동체를 만들었지만 그의 계획은 결국 실패로 돌아갔다. 멕시코에서도 이와 유사한 시도가 마찬가지의 운명을 겪었다. 잉글랜드로 돌아온 오언은 법적 차원에서 노동자들의 권리를 보호할 필요성을 느꼈고 노동자 계층을 대변하는 정당을 창당할 계획으로, 구체화되기 이전 상태의 노동주의Labourism 형성에 크게 기여하며 노동운동을 펼쳤다.

일찍이 『새로운 관점의 사회 혹은 인간의 성격 형성에 관한 에세이A New View of Society Or, Essays on the Formation of Human Character』(1813년)에서부터 오언은 가난한 이들이

가난한 이유를 이들의 잘못이나 성격에서 발견하는 통념을 거부하면서 성격의 형성에 결정적인 영향을 끼치는 것은 환경이라고 주장했다. 『새로운 감성의 세계에 관한 책The Book of the New Moral World』(1836~1844년)에서는 농사와 산업에 종사하는 수백, 수천 명의 노동자로 구성된 이상적인 사회, 즉 지역 사회나 자본가들, 아울러 노동자 자신들이 투자자 역할을 하는, 즉 가난한 이들에 대한 세금을 부담하는 사회의 청사진을 제시했다. 오언의 이상적인 공동체 내부에는 군대나 교회가 존재하지 않으며 이곳에서는 오히려 일종의 상호 교육제도를 통한 영속적인 교육이 이루어진다.

1.4　19세기 중반의 프랑스

피에르 조제프 프루동은 1840년대부터 1860년대에 이르는 시기에 상당한 분량의 저서들을 출판하며 커다란 영향력을 행사했던 사상가다. 1840년에 출판한 『재산이란 무엇인가?Qu'est-ce que la propriété?』에서 프루동은 사유재산이 그 자체로 권리를 의미할 수 없으며 노동자들의 피땀 어린 결과물이 착취되는 현상을 피하기 위해서라도 사유재산제도가 제한되어야 한다는 관점을 이론화했다. 1846년에는 『경제적 모순들의 체계 혹은 빈곤의 철학Système des contradictions économiques ou Philosophie de la misère』이 출판되었지만 이 저서에 표명된 프루동의 생각에 대해 뚜렷한 비판적 입장을 피력하며 마르크스가 『철학의 빈곤Misère de la philosophie』을 발표했다. 이 두 저자의 입장은 실제로 계급투쟁의 개념뿐만 아니라 노동체제의 개념을 중심으로 명백하게 대조되는 양상을 보였다.

　프루동은 사회에 대해 상당히 낡고 진부한 관점을 그대로 유지했다. 그의 사회 관념은 가족 단위로 구성된 농민들과 장인들의 공동체, 아울러 혼인의 파기 불가능성과 여성 하위가 특징인 공동체의 차원을 넘어서지 않았다. 하지만 프루동은 개념적 체계의 불완전성을 주장할 때 근대 사상가로서의 면모를 여실이 보여 준다. 그는 어떤 개념적 체계도 그 자체로 완전하지 않으며 모든 이론

은 현실 상황의 변화무쌍함과 무한한 다양성에 대응하기 위해 지속적으로 수
정되어야 한다고 보았다. 프루동은 '상호주의Mutualism', '연방주의Federalism' 같은
개념의 아버지로, 아울러 무정부주의 사상의 형성에 크게 기여한 철학자로 간
주된다. 주요 저서로는 『한 혁명가의 고백Les Confessions d'un révolutionnaire』(1849년), 『19
세기 혁명의 일반적인 관념Idée générale de la révolution au XIXe siècle』(1851년), 『12월 2일의
쿠데타에 의해 증명된 사회혁명La Révolution sociale démontrée par le coup d'État du 2 décembre』
(1852년), 『혁명 속의 정의와 교회 안의 정의De la justice dans la Révolution et dans l'Église』
(1858), 『연방제도적 원칙에 관하여Du Principe fédératif』(1863년) 등이 있다.

유토피아적 사회주의의 2세대 철학자들 가운데 피에르 르루Pierre Leroux는
1827년 《르 글로브Le Globe》 지에 발표한 「유럽연합에 관하여De l'union européenne」라
는 제목의 기사에서 자신의 생각이 생시몽의 사상에서 유래했음을 밝힌 바 있
고 1831년에는 실제로 생시몽학파의 일원으로 활동하기도 했다. 르루는 『개인
주의와 사회주의에 대하여De l'individualisme et du socialisme』(1833)라는 저서를 통해
사회주의라는 용어를 널리 알리는 데 결정적인 역할을 한 인물이다. 하지만 이
시기에 르루는 사회주의를 '권위주의적'인 사상으로 평가하며 부정적인 의미
로 이해했고, 시간이 흐른 뒤에야 사회주의의 긍정적인 가치를 인정했다. 그는
교회가 모든 인간이 평등한 세계를 실현하는 데 실패했으며 결과적으로 이 과
제는 평신도들의 인본주의 사상을 바탕으로 지속되어야 한다고 보았다. 르루
는 자신의 이론을 체계화하는 동시에 적극적으로 정치 활동에 참여했고 1848
년 혁명이 끝난 뒤에 잉글랜드에서 망명 생활을 시작했다. 1858년 프랑스로 돌
아온 르루는 그다음 해에 유토피아적 사회주의를 다룬 최초의 저서 『드빌 박사
에게 보내는 편지Lettre au docteur Deville』를 출간했다.

에티엔 카베 역시 잉글랜드에서 망명 생활을 했던 인물로 1834년부터 1841
년까지 잉글랜드에 머무는 동안 오언으로부터 큰 영향을 받았다. 카베는 1840
년에 『이카리아 여행Voyage en Icarie』를 출판했고 뒤이어 『나는 왜 공산주의자인가
Comment je suis communiste』(1845년), 『예수에 따른 진정한 그리스도교Le Vrai Christianisme
suivant Jésus-Christ』(1846년)를 출판했다. 카베는 계급투쟁을 종식시킬 수 있는 공산주

의의 확립이 한 명의 지도자 혹은 새로운 예수에 의해 이루어져야 한다고 주장했고 그런 차원에서 생산수단의 보유 주체이자 사회적 삶의 기획 주체인 국가에 중요성을 부여했다. 카베의 이론은 그 자신과 추종자들에 의해 본보기가 될 수 있는 공동체가 설립되며 실현되었다. 1847년에는 일리노이주에 '이카리아Icaria'가 설립되었고 이후에 설립된 '새로운 이카리아'는 1895년까지 존속했다.

반면에 노동자 계층의 지지를 얻으면서 대대적인 성공을 거두었던 『노동의 편성Organisation du travail』(1839년)의 저자 루이 블랑은 무엇보다도 '노동의 권리'가 보장되어야 하며 '사회 취로 작업장ateliers sociaux'을 설립해서 우선적으로는 국가가 운영하고, 뒤이어 노동자들 스스로가 은행 융자금을 기반으로 운영해야 한다고 주장했다. 아울러 『국가와 코뮌에 관하여De l'État et de la Commune』에서 블랑은 국가권력의 규모가 특히 경제 분야에서 축소되어야 하고 반대로 지방 기관의 활성화가 체계적으로 이루어져야 한다고 보았다. 1848년에는 사회적 긴장과 실업 현상의 해결 방안을 모색하기 위해 결성된 룩셈부르크각의Luxembourg Commission의 위원장으로 활동하며 자신이 세운 계획을 실현하기 위해 노력했다. 하지만 그렇게 해서 설립된 공장은 블랑이 계획했던 것과는 달리 원조 단체로서의 역할만 수행하며 상당히 다른 결과를 낳았고 아주 짧은 기간 동안 운영되었다. 블랑이 기획했던 공장 운영의 실패는 아이러니하게도 유토피아적 사회주의가 쇠퇴하는 계기가 되었다.

2

루트비히 포이어바흐

2.1   신학에서 헤겔주의와 헤겔 비판으로

루트비히 포이어바흐는 1804년, 바이에른주의 란츠후트Landshut에서 태어났다. 법률가였던 아버지 파울 요한 안셀름 포이어바흐Paul Johann Anselm Feuerbach는 바이에른주의 새로운 형법을 제정하고 상류층의 특권과 군주의 권위에 대한 법의 우위를 선포했던 인물이다. 하지만 루트비히는 일찍부터 법률보다 좀 더 자유로운 정신세계를 모색하면서 아버지의 이성주의 대신 기도와 성경 연구를 바탕으로 은밀하게 종교적인 성향의 사상을 발전시켰고 이러한 경험을 토대로 후에 자신의 종교 비판을 정초하기 위한 이론적 기반을 마련했다. 1823년 하이델베르크 대학에 입학한 포이어바흐는 신학자 카를 다우프Carl Daub의 밑에서 신학 공부를 시작했다.

낭만주의의 예리한 관찰자였고 셸링 및 헤겔의 관념주의에 직접적인 영향을 받은 다우프 밑에서 공부하는 동안 포이어바흐는 헤겔을 직접 만나 그의 철학적 원칙들을 분명하게 이해할 필요를 느꼈다. 헤겔의 강의를 직접 들어야겠다는 생각으로 아버지에게 신학에서 철학으로 전공을 바꾸게 해 달라고, 아니 그의 말대로 "좁은 팔레스타인에서 보다 넓은 세계로" 나아가게 해 달라고 끈질기게 요청한 뒤 허락을 받아 낸 포이어바흐는 철학과에 입학해 모든 과정을 이수하고 마지막 해에 에를랑겐 대학에서 『이성의 통일성, 보편성, 무한성에 관하여De ratione una, universali et infinita』(1828년)라는 제목으로 논문을 제출했다. 이 논문의 핵심 논제는 이성의 통일성이야말로 관념주의를 대표하는 세 명의 철학자 피히테, 셸링, 헤겔의 공통된 철학적 기반일 뿐만 아니라 모든 인간관계의 기반이라는 것이었다. 아울러 주목해야 할 것은 포이어바흐가 헤겔에게 이 논문을 보내면서 피력했던 내용, 즉 이성이 현실을 붙들어야 하며 '나', '저세상', '신' 등에 대한 상투적인 설명을 포기해야 한다는 주장이다.

포이어바흐는 이러한 생각을 『죽음과 불멸성에 관한 생각Gedanken über Tod und Unsterblichkeit』(1830년)에서 구체적으로 표명하기 시작했다. 이 책에서 포이어바흐는 인간이 죽음을 신에게 바치는 지고의 헌정으로 보는 관점과 이러한 사고에서 생존의 이유를 발견하려는 자세를 버려야 하며 스스로의 존재를 항상 인류의 역사와 후세대의 기억과 결부시켜 생각하는 버릇 또한 버려야 한다고 주장했다. 다시 말해 인간은 그에게 개별적으로 주어진 시간의 영역 안에서, 그리고 감각적인 존재라는 차원에서 스스로의 독보적인 성격을 인정하고 그것에 가치를 부여할 줄 알아야 한다고 보았던 것이다.

이 저서는 익명으로 출판되었지만 당대의 경건주의자들과 신학자들에 대한 노골적인 풍자를 담고 있어서 포이어바흐가 대학 교수로서 경력을 쌓아 가는 데 커다란 걸림돌이 되었다. 향후 5년 동안 포이어바흐는 에를랑겐 대학에서 강사 생활을 하며 논리학과 형이상학, 철학사를 가르쳤지만 정교수가 되기 위한 그의 모든 노력은 수포로 돌아가고 말았다.

하지만 그 사이에 포이어바흐는 일련의 중요한 역사서들을 집필하기 시작했다. 1833년에 출판한 『프란시스 베이컨에서 베네딕트 스피노자에 이르는 근대 철학의 역사Geschichte der neuern Philosophie von Bacon von Verulam bis Benedict Spinoza』에서 포이어바흐는 과학적 실험의 이론적 평가에서 출발해 데카르트의 철학이 표상하는 내면화 과정과 신비주의 철학자 뵈메Jakob Böhme의 사상을 거쳐 스피노자의 체계에 이르는 철학의 역사를 검토했다. 이 저서에서 철학자들은 하나의 역사적 틀 속에 갇혀 있으면서도 이들의 개별적인 특징에 따라 소개된다.

1836년에 출판한 『라이프니츠Leibniz』에서 포이어바흐는 헤겔이 연구했던 것보다 훨씬 더 심층적으로 라이프니츠의 『모나드론 Monadologie』에 대한 재평가를 시도했다. 포이어바흐는 모나드monad가 모든 관계의 중심이자 정신세계와 물질세계의 통일된 단위이며 모나드론에 비하면 '예정된 조화' 이론은 단순한 신학적 장치에 지나지 않는다고 평가했다. 반면에 1839년의 저서 『피에르 벨Pierre Bayle』에서 포이어바흐는 관용주의를 수호하려는 벨Pierre Bayle의 투쟁을 칸트의 도덕적 자율성 원리와 연결시켜 해석했고 이로써 자신이 헤겔의 영향으로부터 보다 자유로워졌음을 보여 주었다.

포이어바흐는 사유가 경험의 세계를 적극적으로 수용해야 한다고 확신했다. 일찍이 『아벨라르와 엘로이즈Abälard und Heloise』(1834년)에서 포이어바흐는 작가와 인간 사이의 '가장 아름다운 결속력'은 사랑이라고 제안한 바 있다. 뒤이어 '청년' 헤겔파에 합류해서 이들의 계간지에 글을 쓰면서부터 이 경험의 세계는 한편으로는 감정의 세계로, 다른 한편으로는 자유를 획득하기 위한 정치적 투쟁의 영역으로 확장된다.

『헤겔 철학 비판Zur Kritik der Hegelschen Philosophie』(1839년)에서 포이어바흐는 역사와 종교를 바라보는 관점에서뿐만 아니라 철학체계의 구조적인 차원에서 헤겔 철학과 본격적으로 거리를 두기 시작했다. 헤겔이 절대자의 육화라는 신학 사상을 받아들였던 반면 포이어바흐는 이러한 사상의 가능성 자체를 문제 삼으면서 육화는 역사의 종말을 가져왔을 것이라고 비판했다. 그런 식으로 포이어바흐는 절대 종교의 이상을 거부했을 뿐만 아니라 헤겔이 자신의 철학체계를 완성된 형태의 철학으로 제시하는 태도에 대해서도 비판적인 입장을 취했다. 포이어바흐는 인류의 역사가 무수히 많은 다수의 개인들을 통해 실현되며 헤겔의 철학은 그가 속한 시대의 산물에 지나지 않는다고 강조했다. 포이어바흐는 헤겔이 종교와 이성 간의 화해를 시도한 것 외에도 그의 철학이 스스로의 체계 안에 갇혀 벗어나지 못한다는 점을 비판했다. 포이어바흐는 헤겔의 철학이 그의 『정신현상학』과 『논리학』이 감각 혹은 존재에서 출발하는 대신 감각이나 존재의 개념에서 출발하기 때문에 최종 결과를 섣불리 예견하거나 그런 식으로 악순환을 조장하면서 혼잣말밖에 할 줄 모르는 철학적 독백을 만들어 낸다고 보았다. 이처럼 헤겔 철학에 대한 비판적인 견해를 고수했음에도 불구하고 이 시기에 포이어바흐는 여전히 헤겔의 철학과 관념주의의 영향하에 놓여 있었다.

2.2 그리스도교에 대한 긍정적 평가와 비판

포이어바흐의 저서들 가운데 가장 널리 알려진 『그리스도교의 본질*Das Wesen des Christentums*』(1841년) 서론에서도 저자는 관념주의적인 구도에 여전히 얽매여 있음을 여실히 보여 준다. 왜냐하면 종교를 인간의 본질이 지니는 무한한 성격에 대한 자의식에서 비롯된 것으로 보았기 때문이다.

포이어바흐에 따르면, 인간은 이러한 무한한 성격이 개인의 한계와 분쟁관계에 놓여 있음을 자각하고 본질을 외부로 끌어내 무한한 존재, 즉 신으로 만들어 버린다. 포이어바흐는 이러한 이질화 과정을 두 단계로 세분했다. 먼저 본질적으로는 긍정적인 객관화가 이루어진다. 이는 주체가 객체에 투영되고 객체가 표면적으로는 다르지만 본질적으로는 주체와 일치하게 되는 과정이다. 하지만 두 번째 단계에서 부정적인 성격의 본격적인 이질화가 이루어진다. 이 이질화가 부정적일 수밖에 없는 이유는 주체(인간)와 객체(신)의 일치가 사실상 인정될 수 없기 때문이다. 포이어바흐는 인간이 그런 식으로 자신이 만든 신에게 봉사하고, 신을 칭송하면 할수록 스스로를 비참하게 만드는 상황을 기꺼이 받아들인다고 보았다. 바로 그런 이유에서 포이어바흐는 이 비정상적인 관계를 뒤엎어야 하고 이질화된 내용을 원래 상태로 복원해야 한다고 주장했다.

포이어바흐는 아울러 이성적 범주에 비해 종교가 지니는 구체성을 강조하면서 종교의 역동성, 즉 스스로의 영역에서 끊임없이 벗어나며 다시 회귀하는 성향을 혈액순환에 필요한 심장의 수축과 이완 운동에 비유했다. 포이어바흐는 바로 그런 이유에서 종교가 개인적인 차원에서 자신만의 세계에서 벗어나지 않으려는 병적 성향을 유발할 수 있다고 보았다.

이러한 관점에서 포이어바흐는 신이 그리스도로 육화한 사건을 교리적인 차원에서 부인했지만 인류학적인 차원에서 인간이 어떤 구체적인 인물을 통해 '사랑'을 발견하고 '타인을 위해 고통을 감내하는 것은 신성하다'는 것을 확인하려는 욕구를 지녔다고 주장했다. 그런 의미에서 신은 오히려 '인간의 불행을 보며 흘린 눈물'에 가까웠다. 포이어바흐는 삼위일체론을 비롯한 그리스도교 교리의 상징성과 효과를 인정하면서도 이 모든 것이 다름 아닌 간접적인 방식으로 혹은 전위된 방식으로 인식되기 때문에 이를 이해하는 방식 자체가 전복되어야 하며 그래야만 인간이 다시 일어설 수 있다고 보았다. 바로 그런 이유에서 정작 필요한 것은 기도와 하늘나라가 아니라 지상의 삶과 인류의 무한한 발전이었다.

포이어바흐는 『그리스도교의 본질』 2부에서 신학에 대한 비판적인 입장을 집중적으로 표명하면서도 종교 자체가 지니는 인류학적인 차원의 가치들을 높이 평가했으며 이를 복원할 필요가 있다고 주장했다. 뒤이어 집필한 『변화의 필요성Die Notwendigkeit einer Veränderung』(1842년)에서 포이어바흐는 종교가 혁명의 잠재력을 가지고 있으며 철학이나 정치학도 종교로 발전하기를 기대한다고 기록했다.

2.3   관념주의와의 결별과 인간에 대한 새로운 관점

자신의 급진적인 철학이 헤겔의 철학에서 유래한다고 설명한 브루노 바우어의 해석에 자극을 받아 포이어바흐는 헤겔과의 결정적인 결별을 선언하고 헤겔의 철학은 인간과 사유의 관계, 유한과 무한의 관계를 뒤엎으려는 일종의 이질화에 불과하다고 비판했다. 1842년 초반에 쓰기 시작해 다음해에 출판한 『철학의 혁신을 위한 기본 논제*Vorläufige Thesen zur Reform der Philosophie*』(1843년)에서 포이어바흐는 관념주의 철학과 결별을 선언한 뒤 철학이 유한성에서, 아울러 인간과 인간의 요구에서 출발할 줄 알아야 한다고 강조했다. 『철학의 혁신을 위한 기본 논제』에서 제시한 내용을 『도래할 철학의 원리*Grundsätze der Philosophie der Zukunft*』(1843년)에서 더 체계적으로 발전시킨 포이어바흐는 이전 시대의 모든 철학을 헤겔과 함께 정점에 이르는 이질화 과정으로 해석하면서 헤겔이 개념의 추상화를 통해 구체성을 발견할 수 있다고 억측을 부리는 '독일의 프로클로스*Proklos*'라고 주장했다.

이러한 추상화를 대체하기 위해 포이어바흐는 소통을 향해 열린 자세로 인도할 수 있는 감수성이라는 차원을 제시했다. 포이어바흐에 따르면, 감성적인 인간은 단순한 '나'가 아니라 타자를 함축하는 '나(너)'이며 스스로의 본질 속에 타자에 관한 언급이 항상 포함되어 있는 존재다. 이러한 주장은 뒤이어 인간적인 요구와 감성을 바탕으로 인간의 실질적이고 구체적인 모습에 주목했던 카를 마르크스나 프리드리히 엥겔스 같은 철학자들에게 적잖은 영향을 끼쳤다. 반면에 포이어바흐가 제시한 '대화의 원리'는 20세기에 들어서 마르틴 부버*Martin Buber*나 카를 뢰비트*Karl Löwith* 같은 학자들에 의해 유아론적 주체를 대체할 목적으로, 즉 경험적 의식을 모든 지식의 유일한 기반으로 간주하며 모든 현실이 자신의 의식 속에 있다고 보는 유아론적인 관점을 대체하기 위해 기용되었다.

2.4   인간중심주의 문화 비판

막스 슈티르너는 저서 『유일자와 그의 소유*Der Einzige und sein Eigentum*』에 대한 포이어바흐와 바우어 등의 비판적인 의견에 답하면서 포이어바흐가 개인에 우선하는 인류의 중요성을 강조하고 사랑의 윤리를 설파한 것은 그가 관념주의와 그리스도교 신학에서 사실상 크게 벗어나지 못했다는 것을 의미한다고 지적했다. 이러한 문제점을 인식한 포이어바흐는 한편으로는 과거의 정신세계에서 벗어나기 위해 노력하면서도 다른 한편으로는 인간이 의존할 수밖에 없는 자연적 본질을 탐구하며 그것의 구체성을 확보하고자 노력했다. 『종교의 본질*Das Wesen der Religion*』(1846년)에서 포이어바흐는 어떤 본질에 의존할 수밖에 없다는 느낌이 종교의 기원이라는 데 주목했다. 인간이 이러한 의존적인 상황에서 벗어나 필요한 해답을 얻기 위해 그에게 요구되는 실재들을 의인화함으로써 신을 만들어 냈다고 본 것이다. 더 나아가서 포이어바흐는 이러한 의인화 과정이 유일신주의와 함께 절정에 달했고 이 단계에서 신이 자연의 창조주이자 인간을 자연의 지배자로 만든 조물주로 등극했다고 보았다.

이처럼 인간과 자연의 관계가 전복되는 상황에서 이루어진 것이 바로 도시 창조와 기술 발전이었다. 문명인보다 원시인이 자연을 더 깊이 공경했다는 사실을 증명하는 것은 자연의 착취에 대한 죄의식의 함축적 표현이라고 볼 수 있는 희생번제일 것이다. 반면에 문명화된 인간은 자연을 비롯해 같은 인간마저도 굴복시키려는 성향을 고수한다. 포이어바흐는 이러한 목적론적인 성향을 바탕으로 다름 아닌 식민주의와 인종차별주의의 이데올로기가 성립되었다고 보았다.

포이어바흐는 삶의 기원에 관한 문제나 진화론 등 과학 분야에도 주의를 기울였지만 과학을 칭송하는 데 상당히 조심스러운 입장을 취하면서 과학의 이데올로기 속에 인간중심주의라는 강력한 위험이 도사리고 있으며 모든 개념은 칸트의 '물 자체'라는 관점이 적용된 '자연'의 임시적이고 부분적인 번역에 불과하다고 지적했다.

1848년 혁명이 일어날 무렵 포이어바흐는 자신이 정의의 회복을 위해 투쟁하는 이들과 소외된 자들의 편이라는 입장을 표명하면서도 자신의 과제는 무엇보다 "마음과 정신의 병을 깨끗이 치료하는" 것이며 이를 위해 매진하는 것이 종교 연구라고 밝힌 바 있다. 마르크스는 『독일 이데올로기*Die deutsche Ideologie*』와 『포이어바흐에 관한 테제』에서 이러한 입장을 수동적이라고 규정하고 환상적인 섬에나 있을 법한 본질을 관조적인 자세로 관찰하는 대신 혁신을 위한 실천이 필요하다고 주장했다. 하지만 포이어바흐는 사회주의를 원칙으로 내세운 마르크스를 존중하고 그의 『자본론Das Kapital』을 긍정적으로 평가하면서도 무엇보다 중요한 것은 이론이며 인간의 극복할 수 없는 한계와 존재의 본질에 주목해야 한다고 강조했다.

이것이 바로 포이어바흐가 학생들의 초청으로 하이델베르크 시청에서 1848년 12월 1일과 1849년 5월 2일 사이에 '종교의 본질'을 주제로 진행한 일련의 강의에서 중점적으로 다루었던 내용이다. 1848년 혁명이 끝나갈 무렵 혁명에 희망을 걸고 프랑크푸르트에서 열리는 민주주의 집회에 참석하기도 하면서 진행했던 이 강의에서 포이어바흐는 『그리스도교의 본질』과 『종교의 본질』에서 표명했던 관점들을 통합하고 인간은 자연에 의존할 수밖에 없는 존재라는 측면을 강조하기 위해 노력했다. 무엇보다 중요한 것은 포이어바흐가 인간의 즉자적 본질이 '자아' 안에 실재하는 '비자아'라는 점을 발견해 냈다는 사실이다. 포이어바흐는 이 '비자아'가 일종의 무의식이며 바로 이 심연의 가장자리에서 의식이 부상한다고 보았다.

2.5   마지막 저서들

1851년에 '종교의 본질'에 관한 강의 내용을 묶어 출판한 뒤 포이어바흐는 6년간 호메로스Homeros와 헤시오도스Hesiodos의 서사시와 성서를 원어로 읽고 문헌학적인 차원에서 해설서들을 참조하여 연구했다. 1857년에 출판한 『유대교와 그리스도교의 고전 문헌에 따른 신의 계보학Theogonie, nach den Quellen des klassischen hebräischen und christlichen Altertums』에서 포이어바흐는 세속주의와 유일신주의의 대립에서 비롯된 기존의 모순들을 수정하고 이들의 근본적인 공통점은 바로 신들을 창조하려는 욕망이라고 주장하면서 이 욕망을 자유를 쟁취하기 위해 자신의 운명과 끊임없이 투쟁하는 노예의 도약에 비유했다.

마지막 저서인『유심론과 유물론에 관하여*Über Spiritualismus und Materialismus*』(1866년)에서 포이어바흐는 윤리학과 유물론을 정초하는 데 주력했다. 윤리학과 관련하여 포이어바흐는 쇼펜하우어를 참조하며 다양한 주제들, 예를 들어 행복을 추구하려는 본능을 바탕으로 하는 '금욕'의 문제, 시간의 흐름에 영향을 받기 때문에 불변한다고 볼 수 없는 '성격'의 문제, 타자와 기쁨뿐 아니라 고통까지 함께 나눌 수 있는 기량 혹은 호감을 바탕으로 하는 '동정'의 문제 등을 다루었다. 유물론과 관련하여, 포이어바흐는 인간의 주체성 개념을 타자와의 관계를 바탕으로 조명한 것이 독일 유물론의 특징이자 18세기의 프랑스 유물론과 다른 점이며, 따라서 물질의 추상적인 개념에 끌려다닐 것이 아니라 삶에서 직접 출발할 필요가 있다고 보았다. 삶은 언제나 관계이며 의식 속에서 '나'와 '너'를 분리할 수 없는 차원으로, 아울러 인간 조건의 향상을 위한 노력으로 환원된다는 것이 포이어바흐의 생각이었다.

『그리스도교의 본질』은 포이어바흐가 1872년 9월 13일 사망하기 전에 이미 프랑스어와 영어로 번역되었고 그의 이름은 그만큼 널리 알려진 상태였지만 말년의 포이어바흐는 명성보다 자신의 생각을 젊은 세대와 평민들이 수용하는 모습을 위로로 삼았다. 후세대는 포이어바흐의 사상을 지속적으로 탐구했고 마르크스의 제자들은 그들의 스승이 포이어바흐의 그리스도교 및 관념주의 비판을 수용하고 이를 국가와 부르주아 사회와 경제에까지 확장시켜 적용한 데 전적으로 동의했다.

20세기에 들어와서 개신교 신학자 칼 바르트Karl Barth는 인류학적 관점으로 물든 신학을 정화하고 절대적 '타자'의 목소리를 듣기 위해 포이어바흐의 철학에 귀를 기울였다. 마르틴 부버와 칼 뢰비트는 인간이 본질적으로 관계에 의존한다는 포이어바흐의 주장을 대화의 철학이 필요하다는 뜻으로 이해했고, 알프레드 슈미트Alfred Schmidt 같은 프랑크푸르트학파의 마지막 세대들은 인간사의 변천과 무관하게 독립적으로 실재하는 즉자적 본질의 개념에 주목했다. 포이어바흐에 대한 관심은 활발한 연구와 유고의 출판을 통해 오늘날까지 생생하고 이어지고 있다.

3

카를 마르크스

3.1 마르크스 철학의 기원

1818년 트리어에서 태어난 카를 마르크스는 프랑스에서 일어난 정치 혁명과 1
차 산업혁명에 의한 경제 혁명의 여파에 직접적인 영향을 받으면서 자라났다.
유럽에서는 왕정복고가 한창 진행 중이었고 사회적, 정치적 긴장과 변화의 징
조가 도처에서 발견되던 시기에 마르크스는 독일 사회의 정치적, 경제적 후진
성을 통감하며 성장했다. 청년 마르크스는 분석적인 관찰자인 동시에 적극적
인 활동가였고 이러한 성향은 그의 사상에서 이론과 실천 사이의 긴장이라는
형태로 표출되었다.

 당시에 프로이센의 문화와 정신세계를 지배하던 헤겔의 철학과 그의 철학
적 체계 및 가르침을 그대로 물려받은 후계자들은 우파와 좌파, 즉 보수당과
진보당으로 양분되어 있었다. 마르크스는 청년 헤겔파로 불리던 좌파를 지지
하며 헤겔의 철학을 철저하게 연구했고 자신만의 이론을 구축하기 위한 기반
으로 삼았다. 헤겔의 철학은 마르크스의 정신세계와 삶 전체에 다양한 방식으

로 결정적인 영향을 끼쳤다.

마르크스의 졸업 논문 주제는 데모크리토스Demokritos와 에피쿠로스Epikuros의 자연철학이었고 1841년 예나 대학에서 논문 심사를 받았다. 에피쿠로스는 프로메테우스와 함께 마르크스의 지적 영웅이었고 마르크스는 "필요에 의해 산다는 것이 불행이다. 필요에 의존하며 살 필요가 없다"라는 에피쿠로스의 금언을 가슴속에 오랫동안 간직했다.

대학을 졸업한 뒤 마르크스는 1842년과 1843년 사이에 신문사에 근무하면서 프로이센왕국의 강압적이고 탄압적인 정책에 맞서 그만의 고집스럽고 급진적인 정치 활동을 시작했다. 하지만 이 시기에 마르크스의 활동은 참여의 성격이 강했다. 마르크스는 아르놀트 루게Arnold Ruge가 이끄는 문예평론지《독일연보Die Deutsche Jahrbücher》, 이어서 모제스 헤스가 이끄는《라인신문Rheinische Zeitung》에 글을 쓰며 조력자 역할을 했다. 헤스는 엥겔스와 함께 마르크스에게 사회주의적이고 공산주의적인 세계관을 전수한 인물이다. 엥겔스는 이어서 마르크스의 가장 가까운 친구이자 지칠 줄 모르는 조력자가 되었다. 마르크스는 본에서 쾰른으로 이주한 뒤《독일연보》의 편집장으로 활동했지만 프로이센 정부의 검열로 인해 지식인의 역할을 자유롭게 수행할 수 없다는 것을 깨닫고 1843년 3월에 편집부를 떠났다.《독일연보》는 며칠 후 정부의 명령으로 폐간되었다. 마르크스는 같은 해 6월 인생의 반려자가 될 젠니 폰 베스트팔렌Jenny von Westphalen과 결혼한 뒤 파리로 이주했다. 마르크스는 루게와 함께《독일-프랑스 연보Deutsch-Französische Jarbücher》라는 이름의 새로운 문예지 발간 계획을 세웠고 이 계획에는 모제스 헤스와 하인리히 하이네, 그리고 그의 친구 엥겔스가 조력자로 참여했다.

파리에 머물던 시기에 마르크스의 이론적이고 정치적인 관점은 헤겔 좌파의 정신세계에서 점점 멀어지는 양상을 보였다. 헤겔 철학의 유산에 대한 해석의 차이를 피부로 느끼면서 마르크스는 종교의 의미와 역할을 중점적으로 비판하며 성찰하기 시작했고 정치뿐만 아니라 국가를 비롯한 정치적 제도의 영역을 비판적으로 조명하는 작업이 시급하다고 확신했다. 1843년 9월 루게에게 보낸 편지에 마르크스는 이렇게 기록했다. "종교가 인간의 이론적 투쟁을 보여 주는 기호이듯 정치 공동체인 국가는 실천적 투쟁의 기호다. (…) 비평가는 정치적인 문제에 관여할 수 있을 뿐만 아니라 관여해야 한다. (…) 우리의 모토는 의식의 개혁이다. 교리를 통해서가 아니라 종교적인 방식으로 나타나든 정치적인 방식으로 나타나든 그 자체로는 어둠에 가려진 신비로운 의식의 분석을 통해 의식을 개혁할 필요가 있다. 결국 왜 세계가 오래전부터 꿈꾸어 왔던 것을 진정으로 소유할 수 있는 유일한 방법은 그것을 의식하는 것뿐인지 보게 될 것이다."

마르크스는 1844년에 발행된 《독일-프랑스 연보》에 「헤겔 법철학 비판을 위한 서설Zur Kritik der Hegelschen Rechtsphilosophie, Einleitung」을 발표하면서 헤겔이 국가에 대한 개념적 설명을 시도한 것에 비판적인 입장을 취했다. 사회에 대한 이론을 구축하기 위해서는 사회의 '개념'에서 출발할 것이 아니라 오히려 특정한 사회의 물질적인 구조에 대한 분석에서 출발해야 한다고 보았던 것이다. 같은 연보에 실린 「유대인 문제에 관하여Zur Judenfrage」라는 제목의 논문에서 마르크스는 세속 국가가 시민을 종교로부터 해방시킬 것이라는 브루노 바우어의 논제를 비판적인 관점에서 예리하게 검토했다. 마르크스는 바우어가 해방에 관한 비판적 담론을 종교적 해방과 정치적 해방에 국한시킨다고 지적하면서 적어도 세 종류의 해방에 대해, 즉 이 두 유형의 해방과 함께 인간적 해방에 대해서도 논의할 필요가 있다고 주장했다.

마르크스는 정치적 해방이 현실적인 한계를 지니는 만큼 완전할 수 없으며 그 이유는 무엇보다도 정치적 해방이 두 요인, 즉 모두에게 동등한 보편적 권리의 차원에서 이루어져야 할 시민의 해방과 개인적 이윤을 중시하는 불평등한 문명사회의 부르주아적인 조건 사이에 존재하는 긴장과 모순을 바탕으로 전개되기 때문이라고 보았다. 그런 의미에서 정치 공동체는 '환영 같은 공동체'라고 볼 수 있었다.

정치적 해방의 불완전성은 오로지 세 번째 유형인 인간적 해방의 역사적 실현을 통해서만 보완될 수 있고 인간적 해방은 모든 인간이 인류의 소속이라는 사실을 바탕으로 평등을 구현하는 구체적인 역사적 사건을 통해서만 이루어질 수 있었다. 하지만 이 모든 것을 가능하게 하려면 불의를 겪을 경우에도 권한이나 특별한 권리를 요구하지 않고 사회 전체의 해방에 기여할 수 있는 보편적 계층이 필요했다.

마르크스에 따르면, 해방의 주인공은 도시의 노동자였다. 이론을 실천에 옮길 수 있는 것이 도시 노동자들의 활동이고 그런 의미에서 노동자 계급은 독일 전통 철학의 상속자라고 할 수 있었다. 그런 식으로 청년 마르크스는 프랑스혁명의 역사적 경험을 자본주의 생산체계의 부상과 사회의 계층화 및 노동자 계급 형성과 연관 지어 생각했다. 근대의 사회문제를 탄생시킨 것은 정치혁명과 산업혁명의 조합이었다.

『경제-철학 초고Die Ökonomisch-philosophischen Manuskripte』(1844년)에서 이러한 구도는 좀 더 넓은 영역으로 확장되고 마르크스는 고전 정치경제학에 대한 집요한 연구의 열매를 맺는다. 정치경제학이란 산업혁명의 관점에서 국가가 아닌 사회의 경제 발전 과정을 설명하는 학문이다. 정치경제학은 마르크스가 자신의 학문세계를 발전시켜 나가는 과정에서 핵심적인 역할을 했을 뿐만 아니라 관찰자인 동시에 실천가로서 벌인 그의 탐구 활동 전체를 지배했던 특징이기도 하다. 정치경제학 비판을 위한 첫 원고에서 마르크스는 애덤 스미스의 월급, 이윤, 지대地代의 구분을 바탕으로 자신의 인류학적 관점을 뒷받침하는 이질화 이론을 구축했다. 마르크스는 이질화라는 용어를 헤겔의 철학에서 차용했고 이질화 현상을 생산관계의 네 가지 핵심적인 차원에서 관찰했다.

첫 번째 차원에서 발생하는 것은 노동자와 노동의 결과인 생산품 사이의 이질화다. 다시 말해 생산품의 세계에서 그것을 만들어 낸 노동자는 이방인에 불과하다. 여기서 주목해야 할 것은 체계적인 과정을 거쳐 진행되는 노동자의 소외다.

두 번째 차원의 이질화는 노동 자체와 노동자 사이에서 일어난다. 다시 말해 노동의 결과인 생산품뿐만 아니라 노동이라는 활동 자체가 임금 노동자에게 이질적으로 다가올 때 발생한다.

세 번째 차원의 이질화는 노동자가 자신의 인간성 상실에 대해 의식하면서 일어난다. 노동은 근본적으로 인간이 자연을 변화시키는 활동이며 그런 의미에서 자유롭고 의식적이어야 하는데 실제로는 그렇지 못하다는 것을 실감할 때 발생하는 것이다. 노동은 목적이 있을 때에는 자유롭고 의식적인 활동이지만 임금 노동자에게는 생존을 위한 수단에 불과하며 이러한 사실이 그의 인간성을 변질시키거나 상실하게 만든다.

끝으로 네 번째 이질화는 자본주의 생산체계 안에서 이루어지는 인간관계의 이질화로 인해 주체와 타자 사이에서 일어난다.

마르크스는 부르주아 경제체계에서 노동자가 결국에는 스스로를 인간적인 차원에서 이방인으로 바라보는 상황에 도달하게 되고 사실상 어떤 복합적인 역사의 결과로 보아야 할 이러한 상황이 다름 아닌 정치경제학적인 관점에서 일반적이고 필연적인 것으로 수용된다고 보았다. 다시 말해 정치경제학적 관점이 자본주의 생산체계의 메커니즘에 고유한 역사적인 성격의 법칙들을 역사의 흐름과 변화에 좌우되지 않는 '영원한' 법칙으로 탈바꿈시킨다고 보았던 것이다. 한편 헤겔 철학의 관점에서 볼 때, 경제체제의 역사적인 특징을 인정한다는 것은 그것의 본질적인 비영속성을 인식하고 역사적 특징을 극복 대상으로 간주한다는 것을 의미했다. 바로 그런 차원에서 마르크스는 그가 제시한 새로운 사회체제, 즉 공산주의를 부르주아 경제체제의 불합리한 조건을 제거함으로써 인류를 이질화로부터 해방하고 인간적인 본질을 회복하기 위한 필연적인 역사적 과정으로 간주했다.

1845년 2월 프로이센 정부의 요청으로 프랑스에서 추방된 마르크스는 파리를 떠나 브뤼셀로 이주했다. 이때부터 마르크스는 역사적 발전 과정을 본격적으로 이론화할 필요를 느끼면서 분석적인 관찰자의 입장을 취했다. 프랑스 사회주의의 유토피아적인 관점으로부터 결정적으로 벗어나면서, 결과적으로는 부르주아 세계보다 우월한 사회주의적 공존 및 생산방식의 이상적인 규범들을 제시하겠다는 생각을 포기하면서 마르크스는 사회적인 생산 및 재생산 방식의 성장 경로와 변형 과정으로서의 역사 개념을 새롭게 정의하는 것이 가장 중요한 과제라고 생각하기 시작했다. 마르크스가 유토피아적인 관점에서 벗어나

역사의 구체적인 발전 과정을 연구하는 방향으로 나아간 시점은 그가 헤겔적
인 관점을 뒤엎고 헤겔 좌파의 환상적이고 추상적인 성격에 비판적인 입장을
취하기 시작한 시점과 일치한다.

하지만 헤겔의 철학에 대한 비판적인 견해를 형성하는 데 결정적인 역할을
했던 루트비히 포이어바흐 역시 마르크스의 비판을 피할 수 없었다. 마르크스
는 특히 포이어바흐가 노동이라는 인간적인 실천의 구체적이고 현실적인 차원
을 등한시했다고 보았다. 『포이어바흐에 관한 테제』의 11번째 논제를 다루면
서 마르크스는 철학자들이 "지금까지 세계를 해석하는 데 그쳤지만 이제는 세
계를 변형시켜야 할 때"라고 기록했다. 마르크스가 1845년에 쓴 이 짧은 글은
그가 사망한 뒤 엥겔스에 의해 1888년에 출판되었다.

마르크스는 1844년과 1845년 사이에 엥겔스와 공동으로 집필한 『독일 이데
올로기』에서 처음으로 유물론적 역사관을 소개했다. 마르크스에 따르면, 역사
의 역동적인 흐름과 변혁은 생산력의 증가율과 생산을 이끄는 사회적 구도 사
이의 관계를 바탕으로 전개된다. 마르크스는 인간이 어떤 구체적인 환경과 조
건 속에서 생산해 내는 생산품만 중요한 것이 아니라 그것을 어떤 방식으로 만
들어 내는가도 못지않게 중요하다고 보았다. 생산은 생산품 생산일 뿐만 아니
라 동시에 사회적 생산관계의 생산이었다. 마르크스는 구체적인 형태를 갖춘
사회의 차별화된 특성을 생산력의 증가율과 사회적 생산관계의 특별한 연관성
에서 도출해 낼 수 있으며 바로 이러한 연관성이 구축하는 공간에서 제도와 관
습을 총괄하는 궁극적인 체제의 기반과 구조 및 이 체제와 일관성을 유지하는
관념들, 이른바 '상층구조'라 불리는 것을 발견할 수 있다고 보았다. 마르크스
가 『정치경제학 비판을 위하여 *Für die kritik der politischen ökonomie*』 서문에 기록한 것처
럼, 다름 아닌 "생산관계의 총체가 사회의 경제구조를 구축한다. (…) 사회의 경
제구조를 바탕으로 법적이고 정치적인 상층구조가 구축되며 현실에 대한 의식
의 결정적인 형태들 역시 경제의 사회적 구조에 상응한다. 삶의 물질적인 생산
양식이 일반적으로는 삶의 사회적, 정치적, 정신적 발전 과정에 결정적인 영향
력을 행사한다". 마르크스의 '상층구조'는 정치제도뿐만 아니라 종교적, 철학

적 이데올로기를 비롯해 예술과 문학의 형식까지도 포함하는 개념이며 이 안에서 본격적인 이데올로기, 즉 그릇된 의식이 형성된다.

마르크스와 엥겔스의 유물론적 역사관은 일정한 형태의 사회에서 또 다른 형태의 사회로, 혹은 일정한 소유 양식에서 이를 대체할 수 있는 양식으로 전이 혹은 발전하는 과정의 규칙과 척도를 제시한다. 『독일 이데올로기』에서 저자들은 소유 양식이 부족사회의 소유 양식에서 고대 도시사회와 중세 봉건사회의 소유 양식을 거쳐 부르주아 사회의 사유재산제도에 도달하는 경로를 거쳐 발전했고, 결국 부르주아 사회에서 사회계층이 소유주 계층과 노동자 계층으로 양분되는 구조가 부각되는 결과를 가져왔다고 설명했다. 저자들은 바로 이 단계에서 노동의 분리와 생산력의 발전이 한편으로는 세계시장의 구축에 힘입어 "역사를 보편적인 역사로 변형"시켰고 다른 한편으로는 한 계층의 편향적인 발전에 결정적으로 기여했다고 보았다. 이 계층이 바로 "사회의 모든 짐을 견뎌야 하고" 따라서 서서히 "근본적인 혁명의 필요성을 자각하는" 노동자 계층이다. 마르크스는 자본주의 생산방식이 전 세계로 확장되리라는 생각을 끝까지 버리지 않았다.

마르크스는 유물론적 역사관을 바탕으로 인간의 해방과 자유화를 역사에 내재하는 법칙의 필연적인 결과로 간주했다. 마르크스가 1843년에 루게에게 보낸 편지에서 언급했던 '꿈'은 생산과 재생산의 물질적 역동성 속에서만 실현될 수 있었고 따라서 계층 간의 분열로 점철된 사회에서 계층이 없는 사회로 도약하는 불가피한 과정을 통해서만 실현될 수 있었다.

이러한 구도가 정립되면서 마르크스의 사유를 지탱하는 개념적인 틀은 본질적인 측면에서 완성되었다고 볼 수 있다. 뒤이어 변화와 수정이 이루어졌고 어떤 측면에서는 커다란 보완이 이루어졌지만 학문적인 기획의 커다란 틀은 이 단계에서 이미 결정된 상태였다.

3.2 "전 세계의 노동자여 단결하라!"

이러한 역사관이 바로 1847년 런던 회합에서 '의인동맹Bund der Gerechten'의 해체
와 함께 탄생한 '공산주의자동맹Bund der Kommunisten'의 의뢰로 같은 해 11월에 열
릴 두 번째 회합을 위해 마르크스와 엥겔스가 집필한『공산당 선언』의 핵심 내
용이다. 이 선언문의 열정적이고 웅변적인 내용을 뒷받침하는 것은 부르주아
계층이 탄생하기까지 역사적으로 지속되어 온 사회의 발전 과정이 사회계층
간의 분쟁과 투쟁으로 이루어졌다는 생각이다. 저자들은 근대 자본주의 사회
의 주인공이자 구체제에서 벗어난 혁명 세대가 전통문화의 구속력과 결속력을
해체시키면서 과학과 기술의 놀라운 발전을 이룩했고 생산력을 어마어마한 규
모로 확장시키면서 옛 계급사회에서 안정적이던 모든 것을 무의미하게 만들었
다고 보았다. 마르크스와 엥겔스에 따르면, 부르주아 계급은 낡은 착취 전략의
가면으로 기능하던 종교적이고 정치적인 환영을 무너트리며 "공개적이고 직
접적이며 파렴치한 착취"를 제시했지만 역사의 유물론적인 관점에서 볼 때 생
산력의 놀랍고 빠른 향상은 결국 사회적 생산체계와 마찰을 일으킬 운명에 처
해 있었다. 결국 저자들은『공산당 선언』에 이렇게 기록했다. "부르주아 계층
은 그들에게 죽음을 가져다 줄 무기를 생산했을 뿐만 아니라 이 무기를 집어들
인간들을 탄생시켰다. 이들이 바로 노동자들, 프롤레타리아들이다."

『공산당 선언』은 1848년에 발표되었고 같은 해 2월 23일에 일어난 파리혁명
과 함께 전 유럽을 휩쓸기 시작한 폭동의 파도는 왕정복고로 인해 생성된 정치
적, 제도적 구도를 뒤흔드는 결과를 가져왔다. 마르크스는 폭동이 진압될 때까
지 혁명운동에 참여했고 벨기에에서 추방당한 뒤 3월 초에 파리로 돌아왔다가
4월에는 쾰른으로 이동해《신라인신문Neue Rheinische Zeitung》발간에 주력했다. 마
르크스는 사회질서가 회복되면서 파리로 돌아왔지만 1849년 수도를 떠나라는
프랑스 정부의 명령을 받고 런던으로 이주해 남은 생애를 보냈다.

1848년의 혁명과 격변을 경험한 마르크스는 이 모든 것을 관찰자와 분석자
의 눈으로 바라보며 '이론화'의 강렬한 요구를 느끼지 않을 수 없었다. 마르크

스는 그의 꿈이 이제 학문적이고 이론적인 증명을 필요로 한다고 느꼈다. 결국 마르크스는 인류 해방을 위한 공리를 정립하기 위해 방대한 분량의 정치경제학 비판에 착수했다.

3.3   자본론 혹은 인류 해방의 공리

마르크스의 정치경제학 비판의 핵심은 '경제적 가치의 이론'이다. 마르크스는 대영박물관 도서관에서 지칠 줄 모르고 연구에 몰두하며 고전 정치경제학 이론들, 특히 애덤 스미스와 데이비드 리카도의 가치 이론을 공부하고 자본주의 생산방식의 등극과 함께 탄생한 다양한 형태의 부르주아 경제 이론을 섭렵했다. 바로 이 시점에서 경제적, 사회적 현상을 탐구하는 마르크스의 분석적 관찰자 관점이 부각되기 시작한다. 1857년과 1858년 사이에 마르크스는 자신의 연구 결과를 집대성해 『정치경제학 비판 요강Grundrisse der Kritik der politischen Ökonomie』을 출판했고 그다음 해에 『정치경제학 비판을 위하며』를 출판했다.

 이 두 저서에서 마르크스는 개념적인 구도를 확장하는 동시에 이론의 깊이를 다지기 위해 노력했다. 예를 들어 마르크스는 자본주의 사회가 형성되기 이전의 생산양식들을 계보학적인 차원에서 다루면서 아시아의 생산양식과 독일의 공동체에 주목했다. 반면에 한 생산양식에서 또 다른 생산양식으로 전이하는 과정이나 역사적 시간에 대한 마르크스의 이해는 점점 더 복잡해지고 다층적으로 전개되는 양상을 보였다. 예를 들어 마르크스는 자본주의 생산양식의 학문적인 분석을 위해 역사적 의미가 반영된 자본주의 생산양식의 구체적인 기능뿐만 아니라 끈질기게 살아남아 공존하는 고대 생산구조와 상이한 생산시간 및 방식의 복합적인 조합 현상이나 자본주의 생산양식의 비영속적인 성격에 대한 설명을 시도했다. 마르크스는 역사적 변화와 변혁에 대한 면역성을 자본주의 생산양식에 부여했던 저자들이 결코 발견할 수 없었던 것들을 정치경제학이 밝혀낼 수 있다고 보았다.

　　마르크스가 『자본론』 1권을 출판한 뒤 1868년 7월에 쓴 편지는 그의 경제적 가치론이 어떤 의미를 지니는지 잘 설명해 준다. "가치의 개념을 논리적으로 설명해야 할 이유에 대해 왈가왈부하는 행위를 뒷받침하는 것은 관건이 무엇인지, 아울러 학문적 방법론이 무엇인지에 대한 완전한 무지뿐이다. 1년이 아니라 단 몇 주만이라도 노동이 멈추면 모든 국가가 파국에 이른다는 것은 어린아이도 아는 사실이다. 아이들은 아울러 다양한 요구에 상응하는 생산품들이 양적 차원에서 상이한 사회적 노동량을 요구한다는 사실도 이해한다. 사회적 노동을 구체적인 방식으로 배분해야 한다는 당위성이 특정한 사회적 생산 형태에 의해 배제될 수 없으며 당위성을 이해하는 방식만 변할 수 있다는 것은 자명한 사실이다. 자연의 법칙들은 어떤 식으로든 무효화되지 않는다. 역사적 상황에 따라 변화하는 것은 이 법칙들이 효력을 발휘하는 형식에 지나지 않는다. 사회적 노동의 결속력이 개인적 노동에 의한 생산품들의 사적인 교환이라는 가치를 지닐 때 이러한 특정한 사회적 상황에서 이루어지는 노동의 배분 형식은 다름 아닌 이 생산품들의 교환가치와 일치한다. 학문은 다름 아닌 가치의 법칙이 어떤 식으로 효력을 발휘하는지 설명하는 데 달렸다."

　　마르크스가 가치론을 발전시키면서 세운 목표는 생산품이 곧 상품이며 따라서 다른 상품들과 교환할 만한 가치를 지니는 어떤 구체적이고 역사적인 상황에서, 일정량의 사회적 노동에 상응하는 실질적인 생산품의 사회적 경비 구조가 취하는 형식에 대해 설명하는 것이었다. 『자본론』 1권의 첫 장 첫 문장에서 읽을 수 있듯이, 세계는 일종의 거대한 상품 창고다. 상품들의 사용가치가 다양하다는 점을 고려할 때 이들의 교환 가능성은 사회적 노동시간에 의해 생성된 교환가치를 가늠할 수 있는 '기준가치'를 필요로 하며, 이는 곧 화폐와 일치한다.

　　풀어야 할 수수께끼는 자본주의 생산방식에서 한 상품의 교환가치를 바탕으로 그것을 구매할 때 소요되는 금액이 이윤을 남긴다는 것이었다. 고전적인 경제학자들은 상품을 바라보는 물신주의적인 관점 때문에 상품의 생산 과정에 잠재하는 메커니즘을 해독해 내지 못했고 바로 그런 이유에서 스미스와 리카도 같은 학자들은 자본주의경제를 특징짓는 과다한 성격을 파악하기 위해 사회적 생산품의 배분 과정을 집중적으로 조명했다. 마르크스는 반대로 생산품의 생산 과정에 주목했고 이는 그것이 곧 상품의 생산 과정인 동시에 다름 아닌 사회적 생산구조의 생산 과정이었기 때문이다.

마르크스의 입장을 간략하게 요약하면 다음과 같다. 일종의 상품으로 주어지는 노동력을 구입한 자본가는 교환시장에서 노동자에게 생존수단의 사용가치에 상응하는 임금을 제공한다. 결과적으로 자본가는 생산된 상품에 포함되어 있는 잉여가치를 취득할 정당한 권리를 가진다. 한편 이 잉여가치는 생존수단의 가치를 뛰어넘는 노동에서 유래한다. 임금 노동자의 잉여노동은 자본가에게 돌아갈 잉여가치에 상응한다. 이것이 바로 자본주의 생산 과정에서 실행되는 착취의 형식이다. 자본주의 생산 과정에서 발생하는 잉여가치는 부의 축적과 자본주의 발전의 기반이 무엇인지 잘 설명해 준다.

이러한 과정이 실행되기 위해 충족되어야 할 조건은 복합적인 역사의 결과로 주어지며 앞서 살펴본 것처럼 사회적 생산구조와 생산력 상승률의 구체적인 조합에 좌우된다.『자본론』2권에서 마르크스가 주목한 것처럼, "순환 과정을 가능하게 만드는 시점에 노동력의 매매가 있으며 이 노동력의 매매는 생산품의 사회적 배분에 앞서 일어나는 생산 요소들의 배분을 바탕으로 이루어진다. 다시 말해 노동자의 상품인 노동력과 비노동자의 사유재산인 생산수단의 분리가 전제되어야 한다". 마르크스에 따르면, 자본과 노동력의 교역은 중심적인 역할을 하는 사회계층들 간의 구조적인 대립, 즉 생산수단을 소유하는 계층과 고유의 노동력을 소유하는 계층 사이의 대립을 전제로 이루어진다. 아울러 생산수단의 가치는 소요된 노동, 즉 죽은 노동에 상응하며 고정자본과 일치하는 반면 노동력 자체는 살아 있는 노동이며 유동자본과 일치한다. 다름 아닌 고정자본과 유동자본의 관계가 자본의 유기적인 구도를 결정짓는다. 결국 유동자본과 고정자본이 합산된 자본과 유동자본에서만 산출되는 잉여가치의 관계가 이윤을 평가하는 기준이 된다.

자본주의 생산방식의 구조적인 체계를 점검한 뒤 마르크스는 자본주의의 생성 과정과 전제 조건들을 분석하고 재구성하는 데 몰두했다. 무엇보다 사회적 생산 및 재생산의 방식들이 지속되는 연속선상에서 자본주의로 전이하는 현상과 전형적인 자본주의 생산방식이 부각되는 현상을 탐구해야 한다는 것이 마르크스의 생각이었다. 마르크스가 그린 역사의 거대한 화폭과 위대한 서사시는 자본의 원천적인 축적 과정이 봉건적인 생산방식의 위기에서부터 출발했으며 이어서 수공업과 노동조합이 서서히 자본주의적인 형태의 생산구조를 수용하는 단계를 거쳐 대규모 산업의 시대에까지 이르게 된다는 사실을 확연하게 보여 준다.

마르크스의 자본주의 계보학은 생산방식과 사회적 생산구조의 계보학이다. 마르크스는 산업 시대에 이르러 과학과 기술이 발달하고 기계를 대량으로 활용할 수 있는 조건이 마련되면서 실현된 생산력 증대가 사회계층이 자본가 계층과 도시 노동자 계층으로 양분되는 데 결정적으로 기여했다고 보았다. 마르크스에 따르면, 사회계층이 자본가 계급과 노동자 계급으로 양극화하는 현상은 고정자본의 꾸준한 증가 현상과 실업자 및 불완전고용자로 구성되는 이른바 '산업예비군'의 형성 과정에서 확연하게 드러난다. 소수의 손에서 실현되는 부의 축적은 곧 다수의 현실에서 발견되는 사회적 고난 및 빈곤의 축적과 일치한다. 마르크스는 이러한 경향을 피할 수 없으며 자본주의적인 자본 축적의 근본 원리는 산업예비군의 점진적인 증가 차원에서 정의될 수 있다고 확신했다.

결과적으로 마르크스가 구축한 정치경제학 비판의 공리는 자본주의적인 생산방식의 역사적 본질을 증명할 뿐만 아니라 자본주의 생산방식을 극복해야 하는 이유, 다시 말해 계급 간의 대립이 해소되는 차원의 생산방식으로, 아울러 인류의 해방이 실현되는 사회로 도약해야 하는 명쾌한 이유를 제시하기에 이른다.

마르크스가 자본주의 생산방식의 비영속성을 증명할 수 있는 공리를 구축하던 시기에 그의 분석적이고 관찰자적인 시점에 지속적으로 중첩된 것은 다름 아닌 참여자의 시점이었다. 런던에서 '국제노동자협회'가 탄생한 것은 『자본론』 1권이 출판되기 3년 전인 1864년이다. 마르크스는 이론가로서 노동자협회가 당연히 경계 없는 자본주의의 통합과 세계시장 구축에 강경하게 대응해야 한다는 입장을 취했다. 1864년 11월 국제노동자협회의 '결성 선언문'에서 마르크스는 서로 다른 주장을 펼치는 이론가들과 협회에 가담한 여러 부류의 공산주의자, 사회주의자, 유토피아적 사회주의자, 무정부주의자, 공화당원 사이에서 합의를 이끌어 내기 위해 노력했고 결국에는 만장일치의 동의를 얻어 냈다. 이후에도 마르크스는 굽힐 줄 모르는 실천가의 모습을 그대로 드러내며 청년기의 저서 『철학의 빈곤Das Elend der Philosophie』에서 신랄하게 비판했던 프루동의 후계자들과 『국가와 무정부Государственность и анархия』의 저자 바쿠닌Mikhail Aleksandrovich Bakunin과 같은 무정부주의자들에 맞서 투쟁을 계속 이어 갔다. 정치적 반대파의 입장을 비판하면서 마르크스는 자신의 이론과 개념적 도구들을 체계적으로 활용했다. 1870년 프랑스가 프로이센과의 전쟁에서 패배했을 때 마르크스는 국제노동자협회의 두 번째 선언문에서 파리 노동자 계급이 혁명을 시도하는 것은 성급한 행위라고 지적하며 우려를 표명했고, 1871년 3월 파리 노동자 계급의 항쟁과 함께 민중의 자치 정부 '파리 코뮌'이 선포되었을 때에도 마르크스는 노동자로 구성된 정부의 성공 여부에 회의적인 입장을 취했다.

국제노동자협회가 해체되기 1년 전인 1875년에 마르크스는 여전히 분석자의 입장에 서서 노동자의 정치적 목표가 참여에 있음을 강조하며 독일 노동당이 고타에서 발표한 강령의 세부 논제들을 치밀하게 비판했고 그 내용을 『고타 강령 비판Kritik des Gothaer Programms』(1875년)에 발표했다. 고통스럽게 반복되는 역사와 혁명운동의 피해에 대한 생생한 기억은 마르크스로 하여금 혁명적 변혁의 과정에서 노동자 계급의 독재 정부가 주도하는 과도기의 필요성을 절감하게 만들었다. 여기서 마르크스의 '오랜 꿈'은 좀 더 향상된 단계의 공산주의 사회, 다시 말해 착취와 예속과 대립에서 벗어나 인간 사회의 전면적인 발전과 사회적 부의 충만한 축적이 완성되면서 드디어 스스로의 깃발에 "각자의 능력에 따라, 각자의 필요에 따라"라고 적을 수 있는 사회의 꿈으로 발전한다.

마르크스는 1881년 아내가 세상을 떠났을 무렵 러시아의 여성 혁명가 베라 자술리치Vera Zasulich가 보내 온 서신 속 질문에 적절한 답을 찾기 위해 오랜 고민에 빠져 있었다. 그녀의 질문은 그녀가 사는 곳처럼 낙후한 곳에서 공산주의 사회 건설이나 노동자 혁명이 불가능하다면 이를 대체할 수 있는 또 다른 변혁의 가능성이 존재하느냐는 것이었다. 하지만 마르크스의 생각은 흔들리지 않았다. 그는 오로지 자본주의 생산방식의 완전한 발전만이 진정한 혁명의 길을 열어 줄 수 있으며 계층이 사라지고 인류의 해방이 실현되는 사회를 구현할 수 있다고 확신했다.

마르크스의 사상은 시간과 공간을 초월해 20세기의 정치와 사회에 지대한 영향을 끼쳤을 뿐 아니라 뜨겁고 격렬한 논쟁의 대상으로 발전했다. 그만큼 근대의 사회적 문제를 두고 깊이 고민했던 이 위대한 사상가의 유산에 대해서는 헤아릴 수 없을 정도로 많은 이론적, 실천적 해석들이 존재한다. 비록 그가 가장 선호했던 농담은 "나는 마르크스주의자가 아니다"였지만, 마르크스의 유령은 위기가 닥치고 변혁의 조짐이 보일 때마다 주기적으로 떠오를 수밖에 없는 운명에 처한 것처럼 보인다.

문학적 사실주의

찰스 디킨스Charles Dickens에서 오노레 드 발자크Honoré de Balzac에 이르기까지 19세기 유럽 문학의 핵심 주제는 산업혁명 이후에 부각되기 시작한 사회의 새로운 이미지들, 다시 말해 사회적 분열과 극빈자 계층의 확산과 도시의 낙후 현상 혹은 도스토옙스키Fyodor Mikhailovich Dostoevskii가 주목했던 이른바 '지하생활자'의 삶이었다. 마르크스가 자본주의 세계에 대한 비판적 분석의 대상으로 삼았던 것이 바로 이 '지하생활자'의 존재다. 프랑스혁명 이후 작가는 정치 활동에 직접 참여하지 않는 이상 혁신적인 이데올로기적 위상을 제시하기 위해 평신도 사제 혹은 신을 모르는 예언자의 길을 걸으면서 결국에는 '보헤미안bohémien'이나 '플라뇌르flâneur'가 될 수밖에 없는 존재였다. 19세기부터 사용되기 시작한 '보헤미안'이라는 용어는 순응주의를 거부하는 자유분방한 화가, 음악가, 시인들을 가리키는 말이었고, 문자 그대로 '한가롭게 거니는 사람', 즉 흥밋거리를 찾아 거리에서 배회하는 사람을 뜻하는 '플라뇌르'는 사회적 질서와 관습, 혹은 독일 낭만주의자들이 인색하고 비열한 행위를 가리키기 위해 '필리스티아적'이라고 부르던 것들의 영역에서 벗어나 색다른 것을 모색하는 사람을 가리키던 말이다. 이처럼 예술가들의 위상과 입장이 변화하는 현상은 예술과 삶의 관계에 근본적인 변화를 가져왔다. 문학은 고유의 불균형, 즉 언어가 결국에는 현실에 대한 비판과 반항의 기능을 수행해야 한다는 운명적인 사실을 의식하기 시작했다. 그런 식으로, 계몽주의와 함께 시작된 혁명이 완성 단계에 이르는 동안 작가는 '지성인'으로, 즉 평가를 목적으로 현실을 주의 깊게 살피는 '관찰자'로 변신했다. 이어서 자유롭지만 수입이 보장되는 노동의 가능성에 의해서만 독립성을 보장받는 지성인으로 거듭난 작가는 저널리즘과 유사한 형태의 서술을 시도하기 시작했다.

발자크와 디킨스의 소설이 그랬듯이, 소설이라는 장르는 창작인 동시에 증언이며 사회에 대한 지식과 사회의 숙명적으로 인간적인 구조에 대한 지식이 모두 뒤섞여 있는 이야기로 변신했다. 작가는 '과학자'가 도래하기 이전부터 이미 하나의 사회학을 구축하며 현재에 대한 비판적인 묘사를 시도하고 있었다.

이것이 바로 낭만주의를 토대로 탄생했지만 반낭만주의적인 사실주의, 즉 1848년에 시작된 혁명운동의 실패에 대한 의식이 구체화되고 마르크스의 사회주의적 비판을 통해 속속들이 드러난 부르주아 사회와 예술가 사이의 분쟁이 구체화되면서 부각되기 시작한 바로 그 사실주의였다.

잉글랜드에서는 찰스 디킨스가 그의 작품들을 통해 전통적인 가치의 위선적인 측면과 사회의 불의를 폭로했다. 길버트 체스터턴Gilbert Keith Chesterton은 한 유명한 저서에서 디킨스를 이렇게 평가했다. "디킨스는 관중, 반항하는 관중이었다. 그는 이론도, 개혁을 위한 특별한 계획도 가지고 있지 않았지만 무언가 겸손하고 인간적인 것을 추구했다. 디킨스는 빅토리아 여왕 시대의 차가운 정치적 타협을 비판했지만 다른 이들도 동일한 입장에서 비판한다는 사실은 전혀 의식하지 못했다." 디킨스는 자연에 근접해 있는 조그만 시골 마을들과는 달리 도시를 신이 부재하는 공간으로 묘사했다. 이러한 구분은 디킨스의 보다 성숙한 양식과 단계의 작품에서 더욱 뚜렷하게 나타나며 결국에는 『데이비드 코퍼필드David Copperfield』(1849~1850년) 같은 작품의 핵심 주제이자 일종의 형이상학적 문제로 부각된다. 데이비드 코퍼필드의 삶을 되돌아보는 형식으로 서술되는 이 작품은 신이 그를 위해 예정해 놓았던 운명의 윤곽이 점점 분명하게 드러나는 과정으로 해석될 수 있다. 디킨스의 말기 작품들은 인간이 자유롭게 구축한 사회 고유의 공허함을 인식하는 문제에 집중되는 경향을 보인다. 특히 그의 마지막 작품 『우리 서로의 친구Our mutual friend』(1864~1865년)는 당대의 잉글랜드 사회와 문화에서 부각되기 시작한 금전만능주의와 허무주의의 정체를 폭로하는 데 집중되어 있다.

프랑스에서는 발자크의 작품 『인간 희극Comédie humaine』의 구도를 바탕으로 정립된 새로운 시학이 뒤이어 비판주의적인 관점의 해석자 플로베르Gustave Flaubert의 시학으로, 아울러 객관적인 표현 양식으로서의 자연주의로, 혹은 숨어서 관찰하고 서술하는 '나'의 인위성을 부인하는 척 가장하는 인위적 구도의 양식으로 발전했다. 이 양식이 '실험적 소설'이라는 이름으로 불렸던 것도 바로 그런 이유에서다.

러시아의 사실주의는 윤리적이고 실존주의적인 측면을 특별히 강조하는 경향을 보였다. 이를 위해 도스토옙스키는 인간의 내면을 파고들며 범죄와 부조리 사이에서 인간이 겪는 갈등의 실체를 드러내는 데 주력했고, 이를 위해 톨스토이Lev

Nikolaevich Tolstoy는 자연과 순수와 부패와 자유를 주제로 전개되는 인간의 역사에 대해 집요할 정도로 서사적인 시각을 제시했다. 그런 식으로, 사람들은 모든 언어가 언어에 의해 표상되는 진실의 박동에 상이한 어조를 부여한다는 사실을 깨닫기 시작했다. 동일한 현상은 자연주의 연극에서, 예를 들어 분석적인 묘사가 돋보이는 입센Henrik Ibsen의 극작품과 '가족' 중심의 드라마에서도 찾아볼 수 있다. 소설과 마찬가지로 연극 역시 작품을 구축하는 언어와 문화에 좌우된다는 것은 부인할 수 없는 사실이다.

작가와 독자 사이의 관계 역시 부르주아 중산층의 사회적 지위가 상승함에 따라 점점 더 시장경제의 법칙에 좌우되는 경향을 보였다. 문학이 이미 이러한 산업화 과정의 일부를 차지하고 있던 19세기 중반에는 문학을 위한 새로운 상업적 중재의 장이 열리면서 한 작품의 성공과 인지도를 결정하기 시작했다. 이러한 상황은 심지어 귀스타브 플로베르의 『마담 보바리Madame Bovary』처럼 법정 시비에 연루되어 있던 작품마저도 인기를 끌 수 있었다는 사실에서 극명하게 드러난다.

문학작품을 해석하는 기준들은 고차원적인 문학비평뿐만 아니라 광고, 신문 지상의 서평, 혹은 평범한 인간과 그의 욕망과 기대의 세계에 호소하는 논제를 바탕으로 제공되기 시작했다. 미국 여행을 마치고 돌아온 토크빌Alexis de Tocqueville은 일찍부터 대중문화의 기본적인 특징이 무엇인지 직감했다. 그는 미국인들이 감동적인 경험과 감성의 충족을 위해, 아울러 지루한 일상에서 벗어나 미지의 세계와 상상적인 것의 마법에 매료되기 위해 책을 읽으며, 그들에게는 독서가 광고나 현장에서 소모되는 공연이 발휘하는 것과 크게 다르지 않은 효과를 발휘한다는 데 주목했다.

물론 실제로는 문화산업이 본격적으로 시작되었을 때부터 연재소설이 이미 소개되고 있었고, 문예란에 실리는 연재소설은 독자들과 암묵적인 방식으로 대화를 나누고 등장인물의 성격을 독자의 반응 혹은 요구에 부응하도록 유도하면서 모험소설, 추리소설, 탐정소설 등 다양한 장르들의 조합을 시도했다. 이러한 특징은 심지어 도스토옙스키도 복합적인 구도를 지닌 그의 소설을 집필하며 분명하게 의식했던 부분이다. 이는 곧 서사의 차원들이 배가되며 복잡해지고 다양한 차원이 서로에게 영향을 끼치는 구조가 성립된다는 것을 의미했다. 결과적으로 중요해지는 것은 이 차원들 간의 대응 메커니즘, 조합 가능성과 대립의 기하학이었다.

아울러 주목해야 할 것은 19세기 후반부터 문학의 무대에 등장한 실증주의의 영향이다. 산업의 체계화 과정과 밀접한 연관성을 지니는 실증주의는 과학을 지식의 도구이자 현실의 지배 수단으로 칭송하며 사회의 확고부동한 진보에 대한 신계몽주의적 믿음을 설파했다. 이러한 정황 속에서 생물학, 생리학, 역학 등의 패러다임들이 문학으로 전이되는 현상이 일어났다. 이 패러다임들이 비판적이고 이론적인 성찰의 차원에서 문학으로 번역된 예들은 이폴리트 텐Hippolyte Taine의 '환경 이론'이나 샤를 오귀스탱 생트뵈브Charles Auguste Sainte-Beuve의 '영적 식물학' 등에서 찾아볼 수 있다. 동일한 행운은 다윈주의에도 주어졌다. 물론 이 경우에는 종교적이고 영적인 차원을 중시하며 진화론을 거부하는 종교 지도자들 혹은 지식인들이 이를 부정적으로 활용한 예들도 얼마든지 찾아볼 수 있다. 어쨌든 부인할 수 없는 것은 19세기 소설의 언어가, 과학적 진실에 동의하는 순간에도, 이 진실을 새로운 상황과 이미지의 구도 속으로, 삶에 대한 독창적인 직관의 세계로 전이시켰다는 사실이다.

『공산당 선언』의
문학적 양식에 관하여

몇 개의 멋진 문장만으로도 세상을 바꿀 수 있다는 주장은 받아들이기 힘들 것이다. 단테Alighieri Dante도 많은 작품을 썼지만 신성로마 제국의 황제를 이탈리아에 돌려주지는 못했다. 하지만 1848년에 발표된 후 2세기에 걸쳐 지대한 영향력을 발휘해 온 『공산당 선언』은 문학적인 관점에서 혹은 적어도 이 글이 지니는 탁월한 논술적, 수사학적 구조의 관점에서 다시 읽어 볼 필요가 있다. 베네수엘라 출신의 루도비코 실바Ludovico Silva는 1971년에 『마르크스의 문학적 양식*El estilo literario de Marx*』이라는 책을 출판한 적이 있다. 실바는 마르크스의 성장 과정까지도 문학적인 차원에서 조명하며 마르크스의 모든 저서를 세밀하게 분석했다. 저자에 따르면, 널리 알려진 사실은 아니지만 마르크스는 시를 쓴 적이 있고 이를 읽은 사람들의 표현에 의하면 아주 형편없었던 것으로 보인다. 하지만 저자는 이상하게도 『공산당 선언』에 대해서만큼은 많은 언급을 하지 않았다. 아마도 마르크스 혼자만의 글은 아니었기 때문일 것이다. 하지만 안타까운 일이다. 왜냐하면 문학적인 측면에서도 굉장히 훌륭한 글이기 때문이다. 『공산당 선언』에서 저자들은 종말론적인 어조와 아이러니한 어조, 효과적인 슬로건과 명쾌한 설명을 번갈아 활용하는 재치를 보여 준다. 따라서 오늘날에도 얼마든지, 예를 들어 광고 학교에서 자세하게 분석하며 가르쳐 볼 만한 책이다.

이 글은 베토벤의 5번 교향곡처럼 상당히 충격적인 효과를 전달하며 시작한다. "한 유령이 유럽을 배회하고 있다." 물론 우리는 이 글이 발표되었을 당시에 낭만적 고딕 소설이 여전히 유행하고 있었고 따라서 유령을 상당히 진지하게 받아들였다는 사실을 잊지 말아야 한다. 본론으로 들어가면서 저자들은 고대 로마에서 부르주아 계층의 탄생과 발전상에 이르는 사회적 투쟁의 역사를 개괄한 뒤 이 새롭고 '혁명적인' 계층의 정복 과정을 집중적으로 다룬다.

이 계층이 상품 판매의 물꼬를 트기 위해 바다와 육지의 모든 경로를 지칠 줄 모르고 횡단하는 이미지는 마치 극장에서 영화를 보는 것처럼 생생하게 다가온다. 나는 여기서 마르크스가 유대인이자 메시아주의자로서 「창세기」의 도입 부분을 염두에 두었다고 생각한다. 이 혁명적인 계층이 머나먼 나라들을 위협할 뿐 아니라 변혁시킬 수 있는 것은 바로 이들이 만든 생산품의 낮은 가격이 중국의 끝없는 성벽마저도 무너트릴 수 있는 위협적인 무기이기 때문이며, 아울러 이방인을 철저히 배제하고 미워하는 야만인들의 항복을 얻어 내고 여러 도시들을 자신들이 행사하는 권력의 기반이자 증거로 정착시키고 발전시킬 뿐 아니라 스스로를 다국화하고 글로벌화하며 심지어는 더 이상 민족적 차원에 머물지 않는 세계적 차원의 문학까지 창출해 내기 때문이다. 정말 놀라운 것은 『공산당 선언』이 일찍이 150년 전에 글로벌 시대의 탄생과 글로벌화가 폭발시킬 또 다른 잠재력의 전모를 이미 예견했다는 느낌을 준다는 것이다. 다시 말해 『공산당 선언』은 글로벌화가 자본주의의 확장 과정에서 우발적으로, 예를 들어 인터넷 발명으로 발생한 현상이 아니라 이 '새로운' 계층이 주목하지 않을 수 없었던 숙명적인 결과라고 암시한다. 단지 시장의 확대를 위해 채택된 가장 편안하고 가장 피비린내 나는 길의 이름이 다름 아닌 식민지화였을 뿐이다. 한편으로는 마르크스와 엥겔스가 글로벌화의 독주를 대체할 수 있는 모든 형태의 잠재력이 처음에는 혼란스럽고 분열된 형태로, 예를 들어 파업의 형태로 나타나는 만큼 반대 세력에 의해 오히려 악용될 수 있다고 지적했던 부분도, 부르주아가 아닌 모든 유형의 노동자 입장에서, 다시 한번 깊이 성찰해 보아야 할 문제다. 이상은 솔직히 놀랍기 때문에 칭송하지 않을 수 없는 부분이지만, 여기서 극적인 반전이 일어난다. 부르주아라는 마법사는 이제 그가 일깨운 지하세계의 저력을 다스리지 못하는 무기력한 존재로 변신한다. 승자는 고유의 과다생산에 숨을 헐떡이며 자신의 가슴과 복부에서 스스로를 매장할 존재, 즉 노동자 계급을 탄생시킨다.

이제 이 새로운 세력이 무대에 오른다. 먼저 혼란스럽고 분열된 모습을 드러내며 파업과 기계 파손을 일삼던 노동자 세력은 부르주아 계층의 전략에 따라 적의 적과, 예를 들어 절대군주제, 봉건적 사유재산, 가난한 부르주아 등과 싸울 수밖에 없는 입장에 놓인다. 그리고 시간이 흐르면서 서서히 적대 세력의 일부, 다시 말해 부르주아 계층이 노동자 계급으로 추락시킨 장인, 상인, 땅을 가진 농부 계층을 흡수하기 시작한다. 결과적으로 시위는 조직적인 투쟁의 성격을 띠게 되고 노동자들 사이에서도 소통이 시작된다. 이는 사실상 부르주아 계급이 의도적으로 발전시킨 커뮤니케이션이라는 또 다른 형태의 힘 덕분에 가능했다. 『공산당 선언』의 저자들은 이를 일종의 암석 등반으로 해석했지만 사실은 새로운 대중적 소통 방식도 염두에 두고 있었다. 우리는 마르크스와 엥겔스가 『신성한 가족Die heilige Familie』에서 당대의 텔레비전이나 다름없는 '연재소설'을 대중적 상상력의 모형으로 활용할 줄 알았고 연재소설이 대중화한 표현이나 상황 등을 활용하면서 이데올로기를 비판하기도 했다는 사실을 잊지 말아야 한다.

이 시점에서 공산주의자들이 등장한다. 이 공산주의자들이 과연 누구이며 무엇을 원하는지 구체적으로 말하기 전에 『공산당 선언』은 이들을 두려워하는 부르주아의 관점과 입장을 취하면서 까다로운 질문들을 던진다. 당신들은 사유재산제도의 폐지를 원하는가? 당신들은 여성들도 공유하고 싶은가? 그런 식으로 종교와 조국과 가정을 파괴하고 싶은가?

이 시점부터 글은 묘한 방식으로 흘러간다. 저자들은 이 모든 질문에 확신에 찬 답변을 제시하며 상대를 오히려 달래려는 자세를 보이다가 갑자기 적의 급소에 일격을 가하면서 노동자 계급의 박수를 이끌어 낸다. 우리가 재산제도의 폐지를 원한다고? 아니, 항상 변해 왔던 것이 재산제도가 아닌가? 프랑스혁명은 부르주아의 사유재산제도를 살리기 위해 봉건적 재산제를 폐지하지 않았는가? 우리가 사유재산제도의 폐지를 원한다고? 바보 같은 소리! 그런 것은 존재하지도 않아. 인구 10분의 1에게만 있고 나머지 10분의 9에게는 없는 것을 어떻게 제도라고 말할 수 있는가! 그렇다면 당신들은 우리가 '당신들의' 사유재산을 폐지하기를 원한다고 나무라는 것인가? 맞다. 바로 그것이 우리가 원하는 바다. 여성들을 공유한다고? 아니 우리는 오히려 여성들이 생산도구라는 생각을 버려야 한다고 믿는다. 우리가 여성들을 공유하는 것처럼 보이는가? 여성들을 공유한다는 말은 아내로 부족해서 노동자의 아내를 착취하고 동료의 아내까지 유혹하는 당신들이 지어낸 이야기에 불과하다. 조국을 파괴한다고? 하지만 노동자들에 없는 조국을 어떻게 빼앗을 수 있는가? 우리는 오히려 이들이 승리를 거두고 국가를 설립하기 바란다. (…)

이어서 저자들은 걸작에 가까운 망설임으로 종교에 대한 답변을 대신하는 단계에 도달한다. 말로 표현하지 않았을 뿐 이들의 답변이 사실상 '우리는 이 종교를 파괴하고 싶다'라는 것은 분명하다. 이들은 그런 식으로 민감하기 짝이 없는 주제에 접근하다가 대충 건너뛰면서 지나치게 뜨거운 논쟁을 피하고 싶을 뿐 모든 변화에는 대가가 따른다는 점을 파악하도록 만든다.

이어서 다양한 형태의 사회주의에 대한 비판과 사회운동에 대한 좀 더 이론적인 설명이 이어지지만 독자들은 이미 저자들의 이야기에 완전히 빠져든 상태다. 사회운동의 계획은 지나치게 까다로운 부분이 있지만, 피날레를 장식하는 간단하고 기억하기 쉬운 두 개의 슬로건은 숨을 멈추게 만든다. "노동자들은 그들을 옥죄는 사슬 외에 잃을 것이 없다." "전 세계의 노동자여 단결하라."

『공산당 선언』은 놀라운 비유로 번뜩이는 탁월한 시이며, 무엇보다 정치적 웅변의 걸작이라는 점을 인정하지 않을 수 없다. 따라서 이 저서는 셰익스피어의 안토니우스가 카이사르의 주검 앞에서 펼치는 연설이나 키케로Marcus Tullius Cicero의 『카틸리나 반박Orationes in Catilinam』과 함께 학교에서 꼭 가르쳐야 할 책이다. 아울러 마르크스가 고전문학을 공부했던 만큼 글을 쓰며 이상의 작품들을 참조했을 가능성도 완전히 배제할 수 없다.

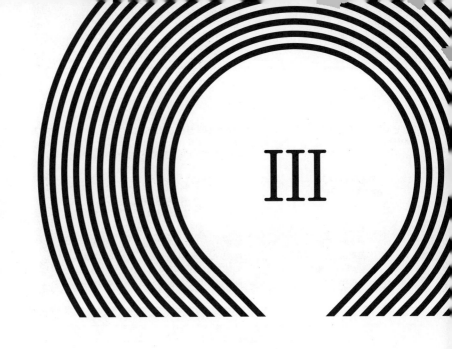

III

체계적 철학에
대한 비판

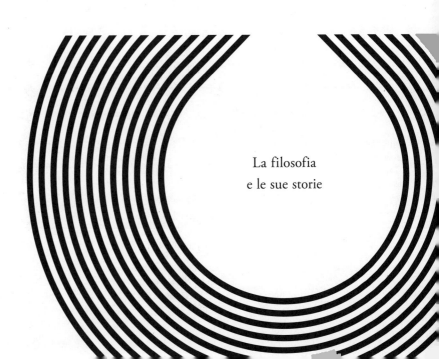

La filosofia
e le sue storie

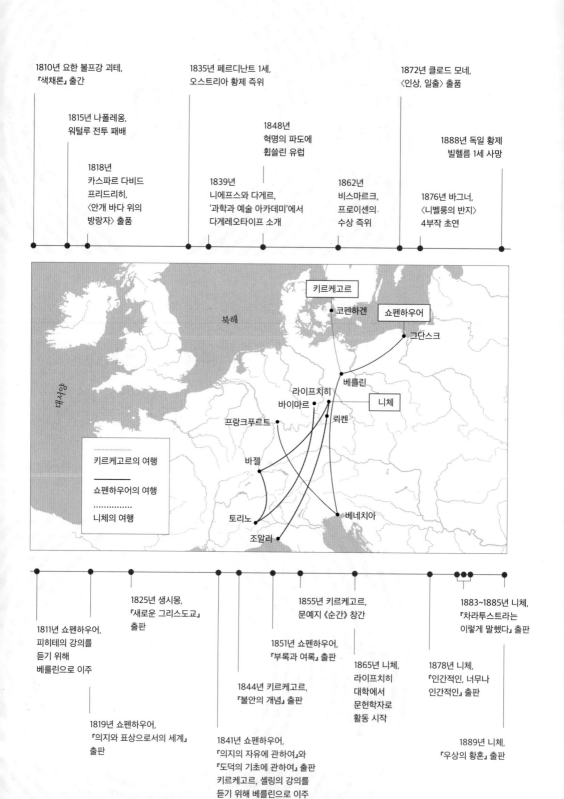

1810년 요한 볼프강 괴테,
『색채론』 출간

1815년 나폴레옹,
워털루 전투 패배

1818년
카스파르 다비드
프리드리히,
〈안개 바다 위의
방랑자〉 출품

1835년 페르디난트 1세,
오스트리아 황제 즉위

1848년
혁명의 파도에
휩쓸린 유럽

1839년
니에프스와 다게르,
'과학과 예술 아카데미'에서
다게레오타이프 소개

1862년
비스마르크,
프로이센의
수상 즉위

1872년 클로드 모네,
〈인상, 일출〉 출품

1888년 독일 황제
빌헬름 1세 사망

1876년 바그너,
〈니벨룽의 반지〉
4부작 초연

키르케고르

코펜하겐

쇼펜하우어

그단스크

북해

베를린

니체

라이프치히

바이마르

프랑크푸르트

뢰켄

대서양

바젤

키르케고르의 여행
쇼펜하우어의 여행
니체의 여행

베네치아

토리노

조알리

1811년 쇼펜하우어,
피히테의 강의를
듣기 위해
베를린으로 이주

1825년 생시몽,
『새로운 그리스도교』
출판

1855년 키르케고르,
문예지 《순간》 창간

1851년 쇼펜하우어,
『부록과 여록』 출판

1844년 키르케고르,
『불안의 개념』 출판

1865년 니체,
라이프치히
대학에서
문헌학자로
활동 시작

1883~1885년 니체,
『차라투스트라는
이렇게 말했다』 출판

1878년 니체,
『인간적인, 너무나
인간적인』 출판

1819년 쇼펜하우어,
『의지와 표상으로서의 세계』
출판

1841년 쇼펜하우어,
『의지의 자유에 관하여』와
『도덕의 기초에 관하여』 출판
키르케고르, 셸링의 강의를
듣기 위해 베를린으로 이주

1889년 니체,
『우상의 황혼』 출판

헤겔이 지속적으로 관심을 기울였던 주제나 해결책의 차원을 뛰어넘어, 아울러 19세기 초반의 철학 논쟁에 생기를 불어넣었던 헤겔 철학의 주제들 혹은 헤겔학파의 성과를 뛰어넘어 19세기가 물려받은 헤겔의 진정한 유산은 오히려 진리에 대한 앎이 그것의 체계적 전개에 대한 인식과 일치할 수밖에 없으며 이러한 전개가 헤겔의 체계 속에서는 일종의 결론인 동시에 추구해야 할 모형이라는 확신과 이러한 확신의 확산이라고 볼 수 있다. 결과적으로 철학의 실현과 구체화를 뒷받침한다는 차원에서 헤겔의 변증법은 철학 자체의 역사적 전개라는 구도 속에서 이해된다. 하지만 동시에 헤겔의 변증법은 '절대정신의 철학'이기도 하다. 역동적인 체계 안에서 지속적으로 활용되지만 어떤 식으로든 '사유의 진정한 결말'이라는 형태로 완성되기 때문이다. 여기서 피할 수 없는 질문이 제기된다. 이론적 성찰은 결국 순수한 역사-철학적 박학주의에 대체되어 텅 빈 상태로 남게 될 것인가?(이것이 바로 니체의 반론이었다) 아니면 사유의 완성이란 아이러니하게도 사유가 해체되는 순간에만, 다시 말해 사유의 체계 전체를 생생하게 유지하는 과정의 마지막 순간에 완성된 사유의 형태로만 생동하는 것인가? 이러한 유형의 질문과 함께 헤겔주의를 황혼의 철학으로 인식하고 헤겔 철학 자체가 황혼기로 접어드는 상황을 1848년의 혁명 이후 왕정복고 계획이 수포로 돌아간 역사적 상황과 일맥상통하는 것으로 간주하는 것은 사실상 사회적 결속력을 뒷받침해야 할 기본적인 연대감에 대한 신뢰가 사라지고 새로운 형태의 불안감이 부상하면서 이루어진 평가였다.

헤겔주의를 패러다임으로 간주하는 관점이 사라지고 체계적인 철학에 대한 믿음이 무너지는 현상은 세계의 위기와 사회를 운영하고 표상하는 방식의 위기를 실감하는 문화적 상황에서 지극히 당연하게 인식되었다. 작곡가 바그너Richard Wagner는 4부작 〈니벨룽의 반지Der Ring des Nibelungen〉를 완성하면서 마지막 오페라 〈신들의 황혼Götterdämmerung〉(1874년)을 무대에 올렸고 신들이 자살을 시도하는 장면을 통해 귀족 사회와 신생 자본주의 사회의 몰락을 상징적으로 표현했다. 바그너와 가까우면서도 애매한 관계를 유지했던 니체Friedrich Wilhelm Nietzsche는 1889년에 자신의 철학적 여정을 중단하며 『우상의 황혼Götzen-Dämmerung』을 발표했고 이 간결하면서도 강렬한 저서에서 기존의 가치체계와 구체적인 이론체계의 타당성에 의문을 제기했을 뿐만 아니라 가치와 진리의 개념 자체를, 그의 말을 빌리면 "가치들의 가치 자체"를 문제 삼았다. 시간이 흐르면서 이성은 더 이상 현실의 본질과 인간의 경험을 고유의 이성적 언어와 범주 안에서 설명할 수 없다는 생각이 점차적으로 확산되었다. 이러한 의식이 상징적인 형태로 육화되어 나타난 예들을 우리는 키르케고르가 발전시킨 '개성' 혹은 니체의 '힘에의 의지'나 '초인' 개념에서 찾아볼 수 있다.

이처럼 강렬한 독창성을 자랑하며 모든 비교와 체계화를 거부하는 이론들에서는 포스트헤겔주의 사상의 공통점이라고 볼 수 있는 몇 가지 특징이 발견된다. 첫 번째 특징은 현실이 체계적이고 이성적인 방식으로 발전한다는 사고를 거부하며 이 체계적인 발전 방식에는 그에 못지않게 체계적인 철학적 범주 및 사상적 구도와 설명 양식이 상응한다는 생각을 비판하는 입장이다. 두 번째 특징은 현실의 독특한 측면들, 예를 들어 '불안', '의지', '디오니소스적인 특성'처럼 이성적인 요소는 조금도 찾아볼 수 없는 측면에 몰두하는 태도다. 세 번째 특징은 철학적 체계 자체의 총체적인 투명성을 이상으로 간주하며 따라서 철학의 임무는 이 이상을 뒷받침할 견고한 서사를 제시하기 위해 투명한 체계를 기록으로 구체화하는 것에 불과하다는 견해를 거부하고 비판하는 입장이다.

하지만 이러한 비판의 요구는 이미 관념주의 내부에서 감지되었다는 점에 주목할 필요가 있다. 셸링의 사유 전체는, 자연에 관한 성찰에서 마지막 단계인 '긍정적인 철학'에 이르기까지, 절대적으로 무의식적이며 논리에 우선하지만 정신과 의식 자체의 기원이 되는 현실, 그럼에도 무의식적이기 때문에 정신이 결코 완벽하게는 파악하지 못하는 현실을 사유하려는 시도로 해석될 수 있다. 어떤 측면에서는 관념주의 사상가였던 쇼펜하우어도 칸트의 현상주의를 극단적인 단계로 몰고 간 뒤 어떤 토대도 허락하지 않는 순수한 표상의 차원에서 세계를 증발시켰다고 할 수 있다. 쇼펜하우어는 이 표상의 이면에 오로지 대상도 충족도 모르는 끝없는 욕망의 무의식적인 중얼거림이 있을 뿐이라고 보았다.

체계적인 철학에 대한 비판은 무엇보다도 개성에 대한 자각과 일맥상통하는 면을 지닌다. 개성은 본질적으로 어떤 부류에 속할 수 없으며 심지어는 특정 민족의 윤리와 정신을 공유하면서도 그 민족에 소속되기를 거부하는 특성으로 인식되었다. 세계와 인간의 경험을 어떻게 개성, 불안, 고독 같은 개념들을 바탕으로 생각해야 하는가라는 문제는, 개인의 자유를 행동 지침이나 정신적 기반의 부재에 대한 고통스러운 인식의 영역으로 이해하고 윤리적 삶을 체계적으로는 설명될 수 없는 다양하고 복합적인 선택의 영역으로 이해했던 키르케고르의 '자의식' 개념을 바탕으로 20세기 초반에 다양한 형태로 관찰되고 연구되는 양상을 보였다.

1

쇠렌 키르케고르

1.1 번민하는 삶

전기를 살펴보면 커다란 변화나 사건 없이 단조로운 삶을 산 것처럼 보이지만
쇠렌 키르케고르는 자신의 존재와 삶을 굉장히 강렬한 시선으로 바라보았던
인물이다. 그의 『일기*Dagbog*』에 나타나듯이, 키르케고르는 스스로의 경험을 관
찰하며 독특한 인상과 탁월한 철학적 성찰이 돋보이는 묘사들을 날마다 기록
하면서 살았다. 1813년에 코펜하겐에서 태어난 키르케고르는 아주 어렸을 때
부터 어머니 없이 나이 많은 아버지 밑에서 그리스도교 경건주의 교육을 받으
며 성장했다. 키르케고르는 일찍이 청년기부터 그를 괴롭혔던 우울증에서 평
생 벗어나지 못했다. 그는 『일기』에서 자신이 떨쳐 버리지 못하는 '육신의 가
시'에 대해 자주 언급했지만 이 고통의 실질적인 원인에 대해서는 끝내 아무것
도 밝히지 않았다. 마찬가지로 그가 언급했던 '무서운 지진', 즉 어느 시점에선
가 가족과 관련된 충격적인 비밀을 발견한 뒤 세상에 대한 태도를 바꾸도록 만
들어 버린 사건에 대해서도 그것이 정말 어떤 종류의 문제였는지는 밝히지 않

왔다. 아울러 키르케고르는 1841년 레기네 올센Regine Olsen과의 약혼을 1년 만에 파기한 동기에 대해서도 구체적으로 설명하지 않았다. 이 일화들은 키르케고르의 삶에 적잖은 악영향을 끼쳤을 뿐만 아니라 그의 저서에도 깊은 여운과 흔적을 남겼다. 그의 글과 성찰이 항상 고통스러운 경험에서 비롯되었으리라는 느낌을 주는 것도 이 때문이다.

키르케고르가 철학자로 성장하는 과정 역시 순탄하지 않았다. 아버지의 뜻대로 코펜하겐 대학 신학부에 입학했지만 학업을 중단했다가 아버지가 세상을 떠난 뒤에 다시 공부를 시작했다. 키르케고르는 헤겔과 슐라이어마허Friedrich Schleiermacher, 헤겔주의 신학자인 마르하이네케Philipp Konrad Marheineke의 사상을 섭렵했고 이어서 당대의 정통 신학과 거리를 두기 시작했다. 키르케고르는 1840년에 학위 논문으로『소크라테스를 중심으로 살펴본 아이러니의 개념에 관하여 *Om Begrebet Ironi med stadigt Hensyn til Socrates*』를 제출했고 같은 논문을 다음 해에 단행본으로 출판했다. 1841년과 1842년 사이에 베를린에서 셸링의 강의를 들은 키르케고르는 처음에는 열광적이었지만 머지않아 그의 철학에 깊이 실망하고 말았다. 코펜하겐으로 돌아온 키르케고르는 아버지로부터 물려받은 적은 유산으로 생계를 유지할 수 있게 되자 예정되어 있던 목사직을 포기하고 저술 활동에 몰두하기로 결심했다.

이 시기에 키르케고르는 자신의 주저들을 익명으로 출판하기 시작했다. 빅토르 에레미타Victor Eremita라는 이름으로『이것이야 저것이냐*Enten-Eller*』(1843년), 요한네스 데 실렌티오Johannes de Silentio라는 이름으로『공포와 전율*Frygt og Bæven*』(1843년), 콘스탄틴 콘스탄티우스Constantin Constantius라는 이름으로『반복*Gjentagelsen*』(1843년), 일라리우스Hilarius라는 이름으로『인생 행로의 여러 단계*Stadier paa Livets Vei*』(1845년), 요한네스 클리마쿠스Johannes Climacus라는 이름으로『철학의 단편 *Philosophiske Smuler*』(1844년)과『철학의 단편에 대한 결론적이고 비학문적인 후서 *Afsulttende uvidenskabelig Efterskrift til de Philosophiske Smuler*』(1846년), 안티클리마쿠스Anticlimacus라는 이름으로『죽음에 이르는 병*Sygdommen til Døden*』(1849년)과『그리스도교 담론 *Christelige Taler*』(1848년)을 출판했다.

익명은 저자인 키르케고르 자신과 저서 내용 간의 메울 수 없는 간극을 간접적으로나마 표출하기 위해, 아울러 인간에게 주어진 다양한 삶의 가능성을 암시하는 동시에 개인적으로는 어떤 삶의 모형도 수용하지 않겠다는 의도를 드러내기 위해 사용된 것으로 보인다. 키르케고르가 『건설적 담론*Opbyggelige Taler*』(1843년)처럼 전적으로 종교적이고 신학적인 내용의 책들을 출판할 때에만 본명을 사용한 것은 결코 우연이 아니다. 키르케고르에 따르면 전적으로 그리스도교적인 차원에서 볼 때 인간의 불안과 근심을 잠재울 수 있는 유일한 삶의 모형은 종교적인 삶뿐이었다.

말년에 키르케고르는 두 가지 논쟁에 휘말렸다. 먼저 1846년에는 자신을 우스꽝스럽게 묘사하며 굴욕적인 풍자를 서슴지 않았던 저널과 다툼에 휘말렸고 1850년대에는 그가 비난하던 덴마크의 루터교파 교회를 상대로 개인적인 투쟁을 벌였다. 키르케고르는 루터교파가 그리스도교의 가르침을 실천적으로 부정하는 오류를 범하고 있다고 지적하면서 1855년 투쟁을 위해 정기간행물《순간*Øjeblikket*》을 창간했다. 키르케고르가 출판자인 동시에 유일한 편집인이었다. 키르케고르는 같은 해 11월에 길에서 갑자기 쓰러졌고 며칠 후 병원에서 세상을 떠났다.

1.2   관념주의 비판

키르케고르가 대학에서 받은 교육은 전적으로 헤겔주의적인 색채를 띠고 있었다. 키르케고르는 헤겔의 위대함을 인정하면서도 저술 활동을 통해 관념주의의 사변적 구조물을 허무는 데 몰두했다. 키르케고르는 헤겔을 비롯한 관념주의자들이 인간을 동물의 일종으로 소급시킬 수 있다고 주장한 뒤 인간의 사유와 행위의 보편적 법칙을 탐구하겠다는 억측을 부린다고 지적했다. 키르케고르는 헤겔 철학의 '객관적' 성찰을 거부하며 구체적이고 특별한 방식으로 실존하는 개인의 중심적인 역할을 인지할 수 있는 '주관적' 성찰을 제시했다. 키르케고르는 모든 사유가 특정 인간에 의해 생산될 수밖에 없는 만큼 실존적 주체가 지배적인 역할을 담당하며 주체의 역할은 추상적인 논리의 영역으로 소급될 수 없다고 보았다. 달리 말하면 "진리는 나에게 진리일 때에만 진리다". 키르케고르는 현실에 대한 객관적이고 절대적인 지식을 얻는 것이 어떤 식으로든 불가능하다고 보았다.

키르케고르에 따르면 실존적인 주체가 지니는 기본적인 특징 가운데 하나는 역동성이었다. 이와 관련하여 키르케고르는『철학의 단편에 대한 결론적이고 비학문적인 후서』에서 "움직임이 없는 존재는 생각할 수 없다"라고 주장했다. 끊임없이 변화하는 현실을 논리적이고 고정적인 도식으로 제어하려는 시도 자체가 모순이었고 변화 자체를 선험적으로 예측한다는 것도 모순이었다. 바로 그런 이유에서, 실존적인 주체는 우발적이라는 또 다른 특징을 지니고 있었다. 우발적이기 때문에 "변화는 결코 필연적이지 않으며" 오히려 일종의 가능성이었다. 아울러 키르케고르는 실존적인 주체의 본질적인 성격이 이론과는 거리가 멀다는 점을 강조했다. 생각에만 집중할 때에도 개인은 추론과 증명에 의한 추상적인 방식으로 사고하지 않으며 어떤 목표나 목적을 추구한다고 보았던 것이다. 결과적으로 철학이 실존적 존재에 충실하기 위해서는 인식론이라는 이상적인 범주를 포기하고 존재를 실천적 행동의 주체로 간주하는 윤리학에 집중할 필요가 있었다.

1.3 '이것이냐 저것이냐', 미적 삶과 윤리적 삶

키르케고르의 주요 저서들 가운데 가장 먼저 출판된『이것이냐 저것이냐』(1843년)는 모차르트Wolfgang Amadeus Mozart의 오페라 〈돈 조반니Don Giovanni〉에 대한 해설과『유혹자의 일기Forførerens Dagbog』가 포함된 일종의 논문집으로 실존적 주체의 삶이 경험하는 두 종류의 근본적인 '단계', 즉 '미적 삶'과 '윤리적 삶'을 주제로 다룬다. 이 두 단계 사이에는 어떤 연속성이나 변증적 관계가 존재하지 않는다.

'미적 삶'과 '윤리적 삶'의 양태는 실존적 주체 앞에서 오히려 고통스러운 양립 불가능성을 드러내며 날카롭게 어긋나는 모습을 보인다. 키르케고르에 따르면, 인간은 처음부터 이해가 불가능한 '죄의식'과 이 죄의식이 조장하는 불안 속에서 살아갈 수밖에 없기 때문에 둘 중 하나를 선택할 수밖에 없는 입장에 놓여 있다.

'미적 삶'을 선택할 때 인간은 순간의 쾌락에 안주하며 본질적인 절망 상태에서 잠시라도 벗어나게 해 줄 수 있는 일시적인 아름다움에 의존한다. 키르케고르가 묘사하는 미적 인간, 예를 들어 『유혹자의 일기』의 화자나 돈 조반니 같은 인물들은 단순한 자유주의자가 아니라 순수한 모험보다는 느리고 치밀하게 계산된 정복을 선호하는 세련된 쾌락주의자들이다. 하지만 이 유혹자의 에로스적인 전략이 열매를 맺으면 정복 대상에 대한 모든 흥미는 사라진다. 시간이 흐르면서 이 고통스러운 쾌락의 탐구는 미적 인간에게 권태감과 압박감과 상실감을 남긴다. 따라서 쾌락을 추구하는 미적 삶의 승리는 필연적으로 미적 인간이 어떤 식으로든 피하려는 절망으로 귀결된다. 내면의 중심을 잃은 그는 이제 자신의 수많은 경험 속에서 자아를 상실하며 자신이 "제어하지 못하는 것의 죄수"로 변신한다.

하지만 이러한 절망은 미적 인간을 뒤흔들며 그가 본능적인 무관심으로부터 눈을 돌려 또 다른 선택의 가능성을 직시하도록 만든다. 이러한 가능성이 바로 윤리적 단계로 도약할 수 있는 약속의 기반을 이룬다. 키르케고르에 따르면 윤리적 삶은 새로운 실존적 노력을 통해 자아를 재정립함으로써 생성된다. 윤리적 삶을 대변하는 전형적인 인물은 가정과 직장에서 책임감을 바탕으로 일반적인 삶의 모형에 적응하며 이것을 자신의 삶으로 수용하는 '남편'이다. 그가 수용하는 일반적인 도덕적 감수성은 형식적이거나 기계적이지 않으며 개인적이고 은밀한 확신을 바탕으로 정립된다. 예를 들어 그는 아내에게 신뢰를 강요하기 전에 스스로 신뢰를 다짐한다.

미적 인간이 오로지 현재를 위해 현재 속에서만 살아가는 반면 윤리적 인간은 항상 사회적 목표를 염두에 두고 행동하며 과거를 중시하는 동시에 미래를 지향하는 인간이다. 따라서 그는 모든 역사의 무게를 짊어진다. 결과적으로 키르케고르가 말하는 윤리적 인간은 스스로의 오류에 대한 의식과 자신의 과거에서 피어오르는 고통스러운 순간에 대한 기억에서 벗어나지 못한다. 그는 머지않아 자신이 선택한 삶이 인류 전체를 억압하는 죄의식으로부터 결코 자유롭지 못하다는 것을 느끼게 된다. 윤리적 삶의 선택이 가져오는 자연적인 결과는 따라서 다시 절망과 불안 속에서 자라나는 회한의 감정이다. 『불안의 개념 *Begrebet Angest*』(1844년)에서 키르케고르는 인간과 외부 세계의 갈등에서 오는 고통의 본질에 주목하며, 인간이 다름 아닌 선과 악의 선택에 주어지는 자유의 현기증 앞에 노출되어 있기 때문에 발생하는 것이 불안감인 만큼 '불안'은 인간의 본성을 형성하는 기본적인 감정들 가운데 하나라고 주장했다. 반면에 『죽음에 이르는 병』(1849년)에서는 인간이 스스로를 대할 때 발생하는 번뇌가 집중적으로 조명된다. 키르케고르가 말하는 '죽음에 이르는 병'이란 죽음을 가져오는 병이 아니라 자아가 지속하는 '죽음의 경험'을 의미한다. 이 병의 이름은 절망이다. 키르케고르는 인간이 스스로의 자아와 평화롭게 공존하지 못할 때 죽음에 이르는 절망이라는 병이 발생한다고 보았다. 절망이 표출되는 두 가지 방식을 키르케고르는 "절망적으로 자기 자신이기를 바라는" 경우와 "절망적으로 자기 자신이 아니기를 바라는" 경우로 구분했다. 인간은 스스로의 한계에 대한 의식과 한계를 초월하고자 하는 욕망 사이에서 끝없이 번뇌한다는 것이 바로 키르케고르의 생각이었다. 이 문제에 어떤 방식으로 접근하느냐에 따라 상이한 해결책들이 마련되겠지만, 키르케고르는 이 해결책들이 모두 아무런 결과도 이끌어 내지 못한다고 보았다. 인간은 자기 자신이 아니기를 원할 경우에도 결국에는 스스로를 포기하지 못한다는 사실을 깨닫고 절망한다. 이것이 바로 나약함에서 비롯되는 절망이다. 반대로 자기 자신이기를 원할 경우에도 인간은 스스로의 한계를 발견하고 절망한다. 이것이 바로 자존심에서 비롯되는 절망이다. 의식적으로든 무의식적으로든, 모든 인간은 이 절망이라는 병에서 고통을 얻는다. 하지만 절망할 줄 모르는 사람은 회복할 줄도 모르며 스스로의 병을 이해하는 사람에게 주어지는 회복을 꿈도 꾸지 못한다.

키르케고르는 이 '죽음에 이르는 병'에서 벗어날 수 있는 유일한 구원의 길이 바로 '믿음'에 있다고 보았다. 신도는 자신의 삶이 신에 의해 좌우된다는 점을 인정하면서 스스로의 한계에 대한 인식과 무한한 세계에 대한 욕망 사이의 고통스러운 갈등에서 벗어난다. 종교는 따라서 미적 삶과 윤리적 삶에 이어 삶의 세 번째 가능성으로 주어진다. 주목해야 할 것은 미적 삶의 단계에서 윤리적 삶의 단계로 나아갈 때처럼 윤리적 단계에서 종교적 단계로 나아갈 때에도 두 단계 사이에 아무런 연속성이 존재하지 않으며 오로지 심연을 뛰어넘는 '도약'만이 가능하다는 사실이다. 키르케고르는 『공포와 전율』에서 이 도약의 본질에 대해 설명했다. 키르케고르는 아브라함이 아들을 희생양으로 바치라는 신의 명령에 고개를 숙이고, 그것이 비록 아버지로서 아들에 대한 사랑의 의무를 저버리고 모든 도덕적 상식에서 벗어나는 행위임에도 불구하고 기꺼이 따르는 모습에서 이 도약의 본질을 발견할 수 있다고 보았다. 다시 말해 이 일화는 윤리적 원칙과 종교적 원칙이 양립할 수 없으며 신에 대한 믿음이 모든 형태의 실존적이고 사회적인 평화에 오히려 걸림돌이 된다는 것을 보여 준다. 키르케고르에 따르면, 종교적 인간은 사회와 결별하고 신과 소통하며 외롭게 살아가는 인간이며 신앙 자체는 사회적으로 공유되는 예배와 아무런 관계가 없는 고독한 경험이다. 키르케고르는 종교적 경험을 그리스도교의 극적인 역사가 예배라는 형식으로 축소시켰을 뿐이라고 보았다.

키르케고르는 그리스도교 신앙이 철학이나 이성과도 이질적이며 신앙을 지닌다는 것은 사실상 무한한 존재가 유한한 존재로 육화한다는 '논리적 모순', 즉 인간으로 나타난 신의 '절대적 모순'을 수용한다는 것을 의미한다고 보았다. 키르케고르는 이러한 문제의 극단적이고 모순적인 상황이 레싱이 던졌던 질문, 즉 하나의 역사적인 사건 혹은 특정 시간의 유한한 틀 안에 위치하는 사건이 영원한 효력과 무한한 의미를 지니는 것은 어떻게 가능한가라는 질문을 통해 이미 함축적으로 묘사된 바 있지만 이 문제에 대한 답변은 레싱이 추구했던 이성적인 방식으로는 제시될 수 없으며 행위를 통해서만, 즉 레싱이 이해하지 못했고 원하지도 않았던 신앙의 '도약'을 통해서만 주어질 수 있다고 보았다.

이러한 관점에서 키르케고르는 헤겔 역시 신앙의 본질적인 의미를 무시하고 이성과 유용성으로 환원될 수 없는 신앙 고유의 특성을 간과하는 중대한 오류를 범했다고 보았다. 헤겔이 논리적인 철학을 바탕으로 신학체계를 구축함으로써 당대의 신학 논쟁에서는 큰 성공을 거두었지만 결과적으로는 그리스도교의 진정한 의미에 주목하지 못했다고 본 것이다. 그리스도는 아이러니하게도 인간처럼 고통을 받고 세상을 떠났지만 신앙인은 비이성적인 방식으로나마 그를 신으로 인정한다는 것이 키르케고르의 생각이었다. 신앙의 형성 과정 역시 마찬가지로 설명이 불가능한 모순을 내포하고 있었다. 한편으로는 신앙인이 되기 위해 개인이 먼저 믿기로 결단하는 일종의 선택이 필요했지만 다른 한편으로는 신앙 자체가 신의 선물이며 따라서 믿음을 개인적인 노력의 결과라고는 볼 수 없었기 때문이다. 키르케고르는 인간이 고유의 실존적인 의미를 확보할 때에만, 즉 신에 대한 믿음의 격정적인 드라마를 경험할 때에만 사회적인 관점에서 훌륭한 삶의 유형들이 제시하는 무분별한 익명의 존재론적 범주에서 벗어날 수 있다고 보았다.

키르케고르가 덴마크의 교단과 투쟁을 벌였던 것도 바로 교회의 무분별한 태도 때문이었다. 그가 점점 더 급진적인 방식으로, 결국에는 임종의 순간에 종부성사를 거부할 정도로 강경한 자세를 보였던 것은 덴마크를 지배하던 루터교파가 신도들이 그리스도교의 모순을 주목하지 못하도록 그들을 길들이는 데 주력했으며 결과적으로 종교적 경험을 그리스도교의 정신과 정반대되는 방향으로 이끌고 진정한 실존적 구원의 가능성을 사실상 파괴하면서 발전해 왔다고 생각했기 때문이다.

1.4   실존주의의 유산

키르케고르의 철학적 경험과 그가 철학적으로 활용한 '실존'이라는 개념에 주목한 20세기의 실존주의는 키르케고르 철학의 부활을 예고하며 이른바 '키르케고르 르네상스'라는 형태로 부각되었다. 무엇보다도 인간이라는 존재가 지니는 비극적인 의미와 근원 악에 대한 인식 및 인간의 활동을 위한 정신적 토대의 부재에 대한 인식 등이 20세기 실존주의 사상가들, 예를 들어 칼 바르트 같은 신학자나 독일의 하이데거Martin Heidegger와 야스퍼스Karl Jaspers, 프랑스의 사르트르Jean Paul Sartre와 『형이상학적 일기Journal métaphysique』의 저자 가브리엘 마르셀Gabriel Marcel, 『키르케고르 연구Études kierkegaardiennes』의 저자 장 발Jean Wahl, 이탈리아의 루이지 파레이손Luigi Pareyson 같은 철학자들이 주목했던 주제들이다.

실존주의 철학자들이 가장 많은 관심을 기울였던 것은 역시 불안의 개념이다. 키르케고르의 철학적 관점이나 20세기 실존주의의 관점에서, 확실성을 추구하고 정신적인 토대의 절망적인 부재로부터 구원의 길을 탐색하는 인간에게는 신의 존재나 신과의 관계마저도 절대적인 보증이 될 수 없었다. 20세기 초반의 철학자들에게 지대한 영향력을 행사했던 키르케고르 르네상스는 기본적으로 이러한 '불안'이나 인간의 '실패'에 대한 실존주의적인 차원의 재해석을 바탕으로 전개되었다.

2

아르투르 쇼펜하우어

2.1 삶

아르투르 쇼펜하우어는 1788년에 그단스크에서 태어났다. 1805년, 사업가였던 아버지가 세상을 떠난 뒤 경영학을 공부하라는 아버지의 조언을 따르려고 했지만 결국 다른 길을 가기로 결심하고 1809년 괴팅겐 대학 의학과에 입학했다. 머지않아 철학으로 전공을 바꾼 쇼펜하우어는 1811년에 피히테의 강의를 듣기 위해 베를린으로 거처를 옮겼다. 이어서 피히테를 '부풀린 풍선'에 비유할 정도로 그의 철학에 크게 실망한 쇼펜하우어는 전쟁에 휩싸인 베를린을 떠나 바이마르 남부의 루돌슈타트Rudolstadt에 머물다가 1813년 예나 대학에 논문을 제출하고 학위를 받았다. 그의 졸업 논문 『네 가지 충족이유율의 근거에 관하여 *Über die vierfache Wurzel des Satzes vom zureichenden Grunde*』를 흥미진진하게 읽은 괴테는 쇼펜하우어에게 색채 이론에 대한 관심을 심어 주는 데 결정적인 역할을 했다. 아울러 쇼펜하우어는 괴테의 소개로 알게 된 동양학자 프리드리히 마이어 Friedrich Majer와 교류하며 기원전 4세기 이전으로 거슬러 올라가는 고대 인도의 종교-철학 문헌 『우파니샤드*Upanisad*』를 접하게 된다. 이것이 바로 쇼펜하우어의 후기 사상에 지대한 영향을 끼치게 될 동양 철학과의 첫 만남이었다. 어머니와의 불화 끝에 1814년 2월 드레스덴으로 이주한 쇼펜하우어는 이곳에서 괴테와의 결별을 야기할 『시각과 색채에 관하여*Über das Sehn und die Farben*』(1816년), 이어서 『의지와 표상으로서의 세계*Die Welt als Wille und Vorstellung*』(1819년)를 집필했다.

30세에 이미 자신의 철학적 임무를 본질적인 차원에서 완수했다고 확신한 쇼펜하우어는 이를 자축하며 장기간 이탈리아를 여행했다. 하지만 독일로 돌아왔을 때 그를 반긴 것은 저서들에 대한 실망스럽고 혹독한 평가뿐이었다. 이어서 베를린 대학의 철학과 교수직에 지원했지만 이 계획 역시 수포로 돌아가고 말았다. 이러한 결과는 헤겔과 그의 제자들에 대한 쇼펜하우어의 지속적인 비판에 기인한 것이기도 했다. 1831년, 헤겔을 사망으로 몰아넣은 콜레라가 만연했을 때 베를린을 떠난 쇼펜하우어는 오랫동안 고통스럽고 고독한 시간을 보낸다. 그는 여행을 자주했지만 오랜 기간 병석에 머물렀고 결코 만족스럽지 못한 연애 행각을 벌이면서 결코 훌륭했다고 볼 수 없는 개인교수로 활동하며 어려운 시기를 보냈다.

프랑크푸르트로 이주한 쇼펜하우어는 고독한 지성인답게 철학적 사고와 저술 활동을 재개하는 데 성공했고 이곳에서 글을 쓰며 남은 생애를 보냈다. 그는 먼저 1836년에 『자연에 내재하는 의지에 관하여*Über den Willen in der Natur*』를 출판한 뒤 1841년에 두 편의 중요한 저서 『인간 의지의 자유에 관하여*Über die Freiheit des menschlichen Willense*』와 『도덕의 기반에 관하여*Über das Fundament der Moral*』를 출판했다. 1851년에 출판된 마지막 저서 『부록과 여록*Parerga und Paralipomena*』은 그에게 커다란 성공을 안겨 주었다. 하지만 1844년에 출판된 『의지와 표상으로서의 세계』 증보판과 재차 출판된 또 다른 저서들은 쇼펜하우어에게 다시 한번 좌절감을 안겨 주었다. 이 책들은 그의 사후에야 가치를 인정받았다. 쇼펜하우어는 자신의 '작품 전집' 출간을 위한 작업에 몰두하다가 1860년에 세상을 떠났다. '작품 전집'은 쇼펜하우어의 제자이자 '사도'였고 그의 서재와 상당량의 친필 원고들을 유산으로 물려받은 율리우스 프라우엔슈테트Julius Frauenstädt가 완성했다.

2.2　칸트 이후의 철학 논쟁을 통한 등단

학위 논문 『네 가지 충족이유율의 근거에 관하여』에서 쇼펜하우어는 칸트의 철학을 바탕으로 독특한 인식론을 구축했다. 이 논문에서 쇼펜하우어는 자신이 칸트의 유일한 후계자이며 오로지 범주 이론의 구축 방식과 지성의 역할을 바라보는 관점에 있어서만 칸트와 의견을 달리한다고 주장했다. 하지만 그는 충족이유율의 정의를 라이프니츠로부터 차용했고 "부재하기보다는 존재해야 할 분명한 이유 없이 존재하는 것은 아무것도 없다"라는 충족이유율이 표상의 세계를 이해할 수 있도록 만들어 준다고 보았다.

이 저서의 근본적으로 관념주의적인 전제는 "언제나 인식될 뿐 결코 인식하지 않는" 객체가 오로지 "언제나 인식할 뿐 결코 인식되지 않는" 주체와의 관계 속에서만 정의될 수 있으며 곧 표상과 일치한다는 것이다. 여기서 객체들은 일관적으로 동일한 특성을 지니는 대신 충족이유율의 네 가지 상이한 형태 혹은 근거가 지배하는 네 종류의 범주로 분류된다.

(1) 경험의 객체. 객체의 첫 번째 범주는 경험 전체를 구축하는 완전한 표상들의 범주, 혹은 칸트처럼 말하자면 경험의 내용(시공간에 주어지는 감각적인 정보들)뿐만 아니라 그것의 형식적인 구도(지성의 범주들)를 동시에 포함하는 표상들의 범주다. 이 표상들은 '생성의 충족이유율'에 의해, 정확히 말하면 '인과율'에 의해 연결되어 있으며 이 인과율은 왜 특정한 물리적 상태가 필연적으로 그것의 이전 상태에서 유래하는지, 예를 들어 왜 물이 100도에 도달해야만 끓기 시작하는지 설명해 준다. 이 필연적인 연관성을 정립하는 것이 바로 인간의 지성이다. 다시 말해 지성은 쇼펜하우어가 기능적인 측면에서 근본적인 수정을 가한 칸트의 인과율이라는 범주를 통해 공간과 시간을 은밀하게 결속시키면서 객체들이 표상으로 부각될 수 있게 만든다. 이 연관성 덕분에 지성은 무의식적이면서도 독창적인 방식으로 우리가 우리 신체를 즉각적인 객체로 간주하며 떠올리는 시공간적인 표상과 감각적으로 떠올리는 또 다른 객체들의 표상을 연결시킨다. 물리적 경험의 세계는 결과적으로 시공간 내부에서 연속적

이고 지속적으로 생성되는 표상들의 망사에 비유할 수 있으며 그런 식으로 표상들 사이의 인과관계뿐만 아니라 우리의 신체와 표상들 사이의 인과관계가 유지된다.

(2) 개념들. 개념은 객체의 표상과는 다르다. 두 번째 범주의 객체인 개념은 첫 번째 범주의 객체들이 지니는 개별적인 특성의 추상화를 통해 확보되는 표상이다. 개념에 생명을 부여하는 것은 이성이다. 아울러 이성은 개념을 판단과 연결시킨다. 우리는 이 개념들의 진실성에 대해 질문을 던지면서 답을 얻기 위해 '지식의 충족이유율'을 활용한다. 예를 들어 불완전한 판단을 좀 더 확실한 판단과 대조하면서, 혹은 그것을 개념이 설정하는 실질적인 상황과 비교하면서 답을 얻는다. 첫 번째 경우에는 삼단논법을 바탕으로 추론된 '논리적 진리'를 얻고, 두 번째 경우에는 판단을 통해 표명된 개념들 사이의 관계가 묘사된 객체들 사이의 실질적인 인과관계를 반영하는지 확인하면서 '경험적 진리'를 얻는다.

마지막으로 또 다른 두 가지 판단 유형이 존재한다. 이 판단 유형들은 그 자체로 진실하며 충족이유율처럼 경험의 가능한 조건들이 명시된 '형이상학적 진리'를 갖춘 유형과 비모순율처럼 사유의 가능한 조건들이 명시된 '메타논리학적 진리'를 갖춘 유형으로 대별된다.

(3) 직관. 세 번째 범주의 객체들은 반대로 직관의 순수하고 개별적인 형식 속에서만, 예를 들어 공간이라는 형식 속에서 기하학적 직관으로, 시간이라는 형식 속에서 수학적 직관으로 실재한다. 이러한 직관적 객체들이 일련의 구체적인 특징을 지니는 방식, 예를 들어 한 각의 사인sine 값이 각의 크기에 비례한다거나 3 다음의 숫자는 항상 4라는 특징을 지니는 방식은 오로지 이러한 객체들이 어떤 식으로 정의되느냐에 따라 결정된다. 이 범주를 특징짓는 것은 '존재의 충족이유율'이다.

(4) 의지의 주체. 끝으로 네 번째 범주는 의식의 주체라는 단 하나의 객체를 지닌다. 우리가 인간의 특정 행위를 관찰하며 동기에 대해 질문하는 이유는 어떤 구체적인 행위를 실행에 옮기겠다는 결정이 행위 자체의 물리적 원인에 기

인하는 것도, 어떤 논리적 전제의 결과로 주어지는 것도 아니기 때문이다. 인간은 모두 각자의 결정을 지극히 자유롭게 내린 것으로 감지한다. 특정한 상황과 특정한 동기가 주어지는 만큼 의지의 주체가 사실상 또 다른 결정을 내릴 수 없다는 것이 분명함에도 불구하고 결정만큼은 자유롭게 내렸다고 여기는 것이다. 결과적으로 여기서 언급된 자유는 본래의 모습과 다르게 존재할 수 있는 자유, 실제로 내린 결정과 다른 결정을 내릴 수 있는 자유다. 쇼펜하우어는 이러한 측면을 오로지 칸트의 성격 이론을 통해서만 명확하게 파악할 수 있다고 보았다. 칸트와 마찬가지로 쇼펜하우어는 개인이 시간과 공간을 뛰어넘어 전적으로 자유로운 상태에서 스스로의 '지적 성격'을 결정지으며 바로 이것이 특정한 동기가 주어질 때 특정한 방식으로 행동하려는 통제 불가능한 의지의 형태로 나타난다고 보았다. 이 범주를 특징짓는 것이 바로 '행위의 충족이유율'이다.

2.3　의지와 표상으로서의 세계

『네 가지 충족이유율의 근거에 관하여』에서 쇼펜하우어는 세계를 어떻게 표상 혹은 현상들의 흐름으로 간주할 수 있는지 보여 준다. 쇼펜하우어는 이어서 2년간 이러한 현상적 세계의 본질, 즉 칸트가 언급했던 '물 자체'가 사실은 의지와 일치한다는 놀라운 직관적 깨달음을 철학적으로 체계화하기 위해 노력했다. 쇼펜하우어에게 의지는 세계의 수수께끼를 풀고 의미를 해독하기 위한 열쇠였다. 그가 이러한 내용을 체계적으로 정리한 저서가 바로 『의지와 표상으로서의 세계』다.

　　4부로 구성된 이 책의 1부에서 쇼펜하우어는 『네 가지 충족이유율의 근거에 관하여』의 주요 내용을 다시 검토하며 '세계는 나의 표상이다'라는 명제의 해석을 시도했고, 2부에서는 자연의 현상학적 해석과 의지를 중점적으로 다루었다.

　　쇼펜하우어는 '세계는 나의 표상이다'라는 본질적인 깨달음에 도달하기 위한 길이 우리의 인식 구조가 아니라 그것이 뿌리내린 우리 신체를 통해서만 열릴 수 있다고 보았다. 쇼펜하우어에 따르면 인간의 의식은 신체를 두 가지 방식으로, 즉 여타의 객체들과 마찬가지로 표상을 통해 대상으로, 다시 말해 공간과 시간과 질료를 바탕으로 현실을 오로지 그것의 제한적이고 특정한 형식 안에서만 주목하는 식별 원칙에 따라 인식하는 동시에 "전적으로 다른 방식, 즉 '의지'라는 말이 가리키는 대로" 인식한다. 실제로 우리는 신체의 운동 원리가 의지에 있다고 해석할 수 있으며 이 원리를 의도적인 운동뿐만 아니라 비의도적인 운동에도, 예를 들어 심장박동이나 핸드폰의 답신 신호에도 적용할 수 있으며 심지어는 외부의 충격에 의한 운동에도 적용할 수 있다.

쇼펜하우어는 따라서 우리의 신체가 표상일 뿐 아니라 동시에 의지이며 이 의지가 바로 신체의 현실적 기준이 되는 만큼 '표상인 신체'와 '의지가 객체화된 신체' 사이의 관계가 인간의 신체와 유사한 또 다른 물체에도 똑같이 적용될 수 있다고 보았다. 거시적 차원에서, 표상의 형식으로만 주어지는 모든 것은 인간의 의지와 유사한 원칙에 기초한다고 할 수 있다. 따라서 우리는 우리의 몸에 대한 앎의 이중적인 기원을 바탕으로 표상으로서의 세계를 뒷받침하는 것은 의지로서의 세계라는 것을 이해하게 된다.

이러한 해석적 입장을 토대로 자연이라는 책에 주목한 쇼펜하우어는 왜 의지를 기반으로 간주할 때 모든 현상이 쉽고 분명하게 파악되는지 설명하고자 했다. 쇼펜하우어에 따르면 이러한 객관화 과정에서 의지는 어떤 목적도 추구하지 않으며 자연세계 전체와 관련하여 고통스러운 갈등을 통해 얻은 의지 자체의 맹목적인 보존을 추구할 뿐이다. 의지는 물 자체처럼 공간과 시간 바깥에서 승리하며, 공간과 시간의 영역 내부에서만 살아가는 모든 것의 존재를 분해해 버린다. 의지 안에서 세계의 의미가 발견되는 순간 세계 자체는 의지가 스스로의 보전을 위해 요구하는 모든 개별적 형식의 고통스러운 희생으로 점철된 거대한 형이상학적 비극의 무대로 드러난다.

미학이라기보다는 자연철학에서 주로 활용되는 쇼펜하우어의 관념론 역시 이러한 사유와 직접적인 연관성을 지닌다. 쇼펜하우어는 개별적인 존재와 의지 사이의 변증법이 사실상 의지의 영구적 객체화 형식인 관념에 의해 중재된 다고 보았다. 예를 들어 만유인력이나 화학작용 혹은 동식물의 종과 유사한 관념들은 모두 의지가 객체화를 바탕으로 일정한 힘을 유지하며 영구적인 보전을 꾀하는 데 쓰인다. 하지만 쇼펜하우어에 따르면 이러한 관념들의 개별적인 표현은 모두 의지의 이상적인 형식만 생존할 수 있는 투쟁 끝에 소멸될 수밖에 없는 운명에 처해 있다. 여기에 바로 쇼펜하우어적인 염세주의의 뿌리가 있다. 쇼펜하우어는 인간이 "고통과 권태 사이에서 방황하며" 살아간다고 보았다. 다시 말해 모든 의지에 필연적으로 내재하는 요구 혹은 필요하지만 부족한 사항들이 유발하는 고통과 부족한 점들이 충족될 때 찾아오는 권태 사이에서 끝없이 방황한다고 보았던 것이다.

이러한 차원에서 중요한 역할을 담당하는 것이 예술이다. 쇼펜하우어에 따르면 현실세계를 휘감으며 그것을 직시할 수 없도록 만드는 마야의 베일을 뚫어 낼 수 있는 것이 바로 예술이었다. 그는 예술이 사물에 대한 직접적이고 직관적인 통찰과 다르지 않으며 충족이유율에도 좌우되지 않고, 다름 아닌 예술을 통해 관념들을 파악할 수 있는 가능성이 주어진다고 보았다.

이것이 쇼펜하우어가 『의지와 표상으로서의 세계』 3부에서 다루는 내용이다. 여기서 세계를 관찰하는 관점은 공간과 시간 바깥의 특별한 표상으로 간주되는 관념, 아울러 그런 식으로 다양성의 본질을 되돌려 주는 관념들과 일치한다. 관념은 개념처럼 추상화를 기반으로 이해되지 않으며 직관적으로 이해된다. 플라톤의 철학에서 유래하는 이 관념이라는 용어는 시공간의 내부에 머무는 개별적인 객체들과는 무관하게 총체적 다양성의 본질적인 형식을 복원할 수 있는 기량을 가리킨다. 관념은 자연을 관찰하는 과정보다 예술작품을 통해 훨씬 더 잘 이해된다. 관념이 예술작품에서는 예술가가 기울이는 노력의 대상으로 부각되기 때문이다. 천재는 다양성의 세계를 뛰어넘어 그것의 원천적인 형식을 깨달을 수 있을 뿐 아니라 그러한 관념에 감각적인 형식을 다시 부여함으로써 우리가 관념 자체를 직관적으로 인식할 수 있도록 도와주며 그런 식으로 우리에게 한줌의 평온함을 선사한다. 예술작품을 감상하면서 인간은 위로를 받고 의지가 그에게 부여하는 고통으로부터 잠시나마 벗어난다.

따라서 예술의 위상은 얼마나 높은 차원의 관념들을 투영하느냐에 따라 결정된다. 그런 식으로, 중력의 관념을 노출시키는 건축예술이 존재하고 인간의 이상적인 형상을 재생하는 회화나 조각이 존재하고 시의 가장 높은 차원을 지배하며 인간의 모든 개별적 특징 속에 실재하는 이상을 복원할 뿐만 아니라 인간 조건의 비극적인 성격을 극적으로 표상할 수 있는 비극이 존재한다. 끝으로 어떤 특별한 역할이 음악에 주어진다. 음악은 직접적으로 표상하는 내용을 지니지 않으며 시간의 직관적인 형태로만 의지의 직접적인 객체화로 간주된다.

'자의식을 획득한 경우 삶에 대한 의지의 긍정과 부정'이라는 부제가 달린 『의지와 표상으로서의 세계』 4부에서 쇼펜하우어가 다루는 것은 전적으로 인간적인 삶의 세계, 즉 사회적으로 구성되며 법이 다스리고 도덕적 원칙에 따라 인도되며 구원을 목표로 전개되는 세계의 관점에서 바라본 '의지'다. 의지의 가장 차원 높은 객관화를 보여 주는 인간의 의지는 특별히 강렬한 방식으로 표출되며, 바로 그런 이유에서 쇼펜하우어는 인간의 존재를 중심으로 발생하는 모든 현상을 다름 아닌 의지로 환원했다. 『의지와 표상으로서의 세계』 증보판 (1844년)에 추가된 「관능적 사랑의 형이상학」이라는 제목의 유명한 글에서 쇼펜하우어는 사랑을 근본적인 차원에서 저속한 것으로 보는 관점을 제시했다. 이에 따르면, 관능적 유혹의 유희가 지니는 모든 아름다움과 시적인 정서는 종의 번식을 핑계로 개인의 이기주의를 감추려는 의지의 기만으로 환원된다.

쇼펜하우어에 따르면, 인간을 이끄는 것은 모든 타자를 가치 없는 존재로 간주하고 고유의 의지를 관철시키는 데 소용되는 실용적 이기주다. 또한 모든 인간은 고유의 '지적 성격'에 의해 인도되며 이 '지적 성격'은 시공간과 무관하게 전적으로 자유로운 상태에서 정립되는 만큼 구체적인 '경험적 성격'으로 표출된다. '경험적 성격'은 어떤 구체적인 동기가 주어졌을 때 재고의 여지없이 특정 행동을 취하도록 만들며 인간이 경험이나 실수를 바탕으로 확보하는 자의식의 유일한 대상이다. 잘못된 동기에서 비롯된 잘못된 선택, 다시 말해 우리의 고유한 성격과 모순되는 요인에 인위적인 중요성을 부여하며 이루어진 선택에서 비롯되는 고통스러운 후회는 우리로 하여금 우리의 고유한 성격을 이해하고 이를 충족시킬 방법을 모색하도록 만든다. 이런 자기 교육의 고통스럽고 느린 과정의 결과를 쇼펜하우어는 '취득된 성격'이라고 불렀다.

나쁜 성격을 지닌 인간의 이기주의, 즉 개인적인 의지의 지배력을 폭력적인 방식으로 확장시켜 타자의 의지까지 장악하려는 이기주의에 맞설 수 있는 것은 법이다. 무엇보다 국가가 다스리는 법에 따라 다양한 형태의 범죄에 상응하는 대응책이 마련된다. 이 경우에 법의 도구는 형벌을 가할 수 있는 권력이며 형벌에 대한 지식은 상대적으로 우리가 선택을 하거나 결정을 내릴 때 고려해야 할 반대 동기로 간주된다. 하지만 이 제도적 법률을 뒷받침하는 것은 자연법, 즉 스스로의 의지나 최소한 신체와 신체의 활용 영역에 대한 주권이 침해되는 것을 거부할 수 있는 정당한 요구로서의 자연법이다.

쇼펜하우어에 따르면, 도덕적 감성 역시 자연적인 기반을 지닌다. 그는 도덕적 감성이 칸트의 정언명령에 복종하는 '절대적 의무'를 토대로 정립될 수 없다고 보았다. 도덕적 감성의 자연적 기반을 구축하는 것은 오히려 동정compassione의 감정, 즉 예술적 경험과 유사하게, 특별한 현상의 차원을 뛰어넘어 타인의 고통을 마치 우리의 고통처럼 느낄 수 있는 '피에타pietas'의 감정이다.

받아들일 준비가 된 이들은 이 피에타의 감정을 토대로 살아 있는 모든 존재가 동일한 사형 집행인에게 고통 받는 존재라는 것을 직관적으로 이해할 수 있다. 이 사형 집행인이란 다름 아닌 의지를 말한다. 이러한 직관적인 이해는 의지 주체의 입장에서 근본적인 차원의 방향 전환, 이른바 '초월적 전환'을 시도할 수 있는 가능성을 열어젖힌다. 쇼펜하우어에 따르면, 성인들은 동정에서 유래하는 의식을 토대로 의지의 강렬하고 거침없는 행보를 가로막고 의지를 다스린다. 성인은 그가 의도적으로 참여하는 가난과 절제의 수련을 통해 의지가 사라진 상태, 즉 '무의지noluntas'에 도달한다. 쇼펜하우어는 인간만이 의지라는 그 자체로 어둡고 모호한 원칙을 스스로에 대한 명쾌한 의식의 단계로 끌어올릴 수 있으며 의지를 원칙적으로 부정할 수 있는 정신적인 기반을 마련함으로써 고통에서 벗어날 수 있다고 보았다. 인간의 존재가 지니는 중요한 의미들 가운데 하나가 바로 '무의지'에 도달할 수 있는 가능성에 달려 있었다. 인간이 의지의 상쇄를 바탕으로 고통에서 벗어나는 길을 발견할 수 있는 곳이 바로 이 우주적 염세주의의 심장이다.

2.4   결말과 성공 혹은 『부록과 여록』

쇼펜하우어는 철학적 체계를 완성한 뒤, 내용이나 양식에 커다란 변화를 주지 않은 채 1830년대의 저서들과 『의지와 표상으로서의 세계』 증보판(1844년)에 추가로 실을 글들을 집필하면서 사상의 깊이를 다지는 데 주력했다. 하지만 뒤이어 쇼펜하우어의 철학적 양식에는 커다란 변화가 일어났는데 이러한 변화는 1851년에 출판된 『부록과 여록』에서 확인할 수 있다. 여러 시기에 걸쳐 다양한 주제로 쓴 글들을 모아 두 권에 나누어 출판한 이 저서(제목은 문자 그대로 '추가된 부분과 남은 부분'이라는 뜻이다)에서 쇼펜하우어는 주저에서 표명했던 내용들의 타당성을 재차 확인하고 피력하려는 의도를 지니고 있었지만 실제로는 글쓰기의 양식과 주제의 측면에서 커다란 변화를 시도했다. 철학 논문 형식을 버리고 좀 더 '대중적인' 어조를 선택한 쇼펜하우어는 내용의 측면에서도 아주 다양하고 이질적인 주제들을 선택하는 대담함을 드러내며 당대의 지식인들을 비판하는 「대학에서 가르치는 철학에 대하여」, 「작가라는 직업에 대하여」를 비롯해 「심리학적 관찰」 같은 글모음, 사회에 대한 그의 관심을 엿볼 수 있는 「여성에 관하여」, 「교육에 관하여」, 당시에 만연했던 실리주의의 퇴폐성을 비판한 「독자적 사고」, 「독서에 관하여」, 「언어와 말에 관하여」 등의 글을 선보였다.

또 한 가지 주목해야 할 것은 염세주의 철학자 쇼펜하우어의 명성과는 전혀 어울리지 않는 '행복의 철학'이라는 획기적인 주제다. 『부록과 여록』 1권의 마지막 부분을 장식하는 「현명한 삶을 위한 아포리즘」에서 쇼펜하우어는 "가능한 한 행복하고 즐거운 방식으로 삶을 살아가는 기술"을 제시했다. 발타사르 그라시안Baltasar Gracián, 칼데론 데 라 바르카Calderón de la Barca, 프랑수아 드 라로슈 푸코Francois de la Rochefoucauld 같은 저자들의 이른바 '교훈문학letteratura moralistica'에 천착했던 쇼펜하우어는 유려한 교훈문학 양식을 실험하면서 "가능한 최악의 세계에서" 최선을 다할 수 있는 유용한 처방을 소개했다.

오늘날에도 다양한 형태로 편집되어 많은 독자들의 사랑을 받고 있는 쇼펜하우어의 유명한 경구들 대부분이 『부록과 여록』에서 유래하며, 쇼펜하우어적인 아포리즘 양식이 널리 유행하게 된 것도 사실은 이 저서가 거의 모든 언어로 번역되면서 커다란 성공을 거두었기 때문이다.

쇼펜하우어와 니체 사이에

정치

아르투르 쇼펜하우어는 1788년에 태어났고 프리드리히 니체는 1900년에 사망했다. 이들 사이에 1813년에 태어나 1855년에 사망하기까지 실존주의 철학자로서 짧고 강렬한 삶을 살았던 키르케고르가 존재한다. 이 세 철학자들의 생애는 1세기가 넘는 긴 세월로 확장되지만 이들은 1850년을 전후로 동시에 활동했던 철학자들이다.

정치적인 차원에서 이 시기의 가장 특징적인 요소는 이른바 '베스트팔렌 체제'를 정착시키려는 움직임이었다. 30년 전쟁이 끝난 뒤 유럽에서는 주권국가를 가장 중요한 정치 공동체 형태로 인정하고 국가 간에 동등한 권위가 유지되는 국제 사회의 형성을 선포하며 베스트팔렌 평화조약(1648년) 정신을 계승하고 정착시키고자 노력했다. 이어서 베르사유 조약에 힘입어 더욱 튼튼한 기반을 마련한 '베스트팔렌 체제'는 국가들이 주인공 역할을 하며 국가 외에 다른 어떤 권위 주체도 용납하지 않는 체제로 정립되었다. 결과적으로 부각된 국가의 특징은 주권의 완전한 실행 혹은 법적이고 행정적인 요소들이 유일한 제도적 주체로 집중되는 중앙집권적인 형태였다. 이 '완전한' 주권이라는 개념에는 네 가지 원칙이 함축되어 있었다. 이 원칙들은 내부적 주권의 원칙(국가의 영토 내부에는 다른 모든 형태의 권력에 우선하는 주권이 존재한다), 외부적 주권의 원칙(한 국가는 또 다른 국가의 내부 문제에 관여할 수 없다), 독립권의 원칙(한 국가는 또 다른 국가에게 아무것도 강요할 수 없다), 그리고 국가들 간에 존재하는 동등한 존엄성의 원칙이다.

'국가'의 개념 역시 19세기에 정립되었다. 국가를 구체적인 영토 내부에서 고유의 권력을 행사하는 일관적인 형태의 체제로 정의할 수 있다면, 국가의 개념은 다수가 소속된 한 공동체의 정체성을 결정짓는 문화적인 요소들, 예를 들어 사회적인 특징을 비롯해 고유의 언어, 선별된 형대로 기억되는 역사적 사실들의 총체, 디양한 형태의 기호나 기념비 등으로 구성되는 상징체계에 의존한다. 그리스-로마 시대에는 존재하지 않았던 이러한 국가 개념에서 중요한 것은 단순한 영토의 차원을 뛰어넘어 전통문화와 관습과 언어에 의해 정의되는 민족의 개념이다.

계몽주의와 프랑스혁명, 나폴레옹의 제국과 왕정복고 이후 시대를 특징짓는 요소들은 부르주아 계층의 신분 상승과 산업혁명의 결과로 탄생한 자본주의 생산양식, 노동자 계층의 형성과 이들의 자의식 형성 등이다. 18세기 중반 이후부터 시작해 19세기가 흐르는 동안 유럽 사회에 일어난 대대적이고 급진적인 변화들에 대해 지식인들은 정치 이데올로기적인 관점에서 상당히 다양한 반응을 보였다. 한편에서는 과거와의 연속성을 중시하며 변화를 거부했지만 다른 한편에서는 문명의 발달에 기여한다는 점을 높이 평가하며 변화를 적극적으로 수용해야 한다고 주장했고 또 다른 편에서는 변화만으로는 충분치 못하다는 점을 지적하며 혁명 자체의 비급진성에 대해 비판적인 입장을 표명했다.

아이러니하게도 '부르주아'라는 용어는 부르주아 계층의 신분 상승 과정이 정점에 달했을 때 지성인들과 예술가들이 경멸조의 용어로, 즉 저속하고 위선적이며 실속주의적인 성격이 모두 함축되어 있는 용어로 사용하기 시작했다. 아울러 19세기에는 역사를 바라보는 관점으로서의 마르크스주의와 스펜서Herbert Spencer의 사회적 다윈주의, 콩트Auguste Comte의 실증주의, 독일 사회학 계통의 역사주의적, 해석학적 관점이 대두되었다.

19세기 전반부에는 프랑스와 잉글랜드에서 근대 사회주의의 초기 이론이 정립되고 새로운 사회의 구축을 위한 최초의 실험들이 이루어졌다. 이 실험들을 통해 드러난 것은 더 정의로운 인간 공동체를 설립하는 단계에 도달하기 위한 두 가지 길이 존재한다는 것이었다. 첫 번째는 경제와 문명사회를 구축하는 길이었고, 두 번째는 정치권력을 획득하는 길이었다. 엥겔스는 이 초기 단계의 사회주의를 '유토피아적'이라고 평가한 반면 마르크스는 사회체계와 경제체계의 법칙들을 역사적 전개 과정의 관점에서 '과학적'으로 구축할 수 있다고 보았다.

예술

19세기의 예술 활동을 특징짓는 요소들 가운데 하나는 새로운 표현을 끊임없이 탐색하는 실험적 성향이다. 이러한 성향은 다양한 사조와 예술 운동의 지속적인 탄생이라는 결과로 이어졌다. 중세와 르네상스의 예술세계를 재발견하는 데 집중되어 있던 '질풍노도Sturm und Drang'의 단계에서 벗어나 새로운 형태의 사실주의들이 등장했고 이를 토대로 예술가들이 전례 없는 표현법들을 개발해 내는 상황이 전개되었다. 이러한 상황에서 부각된 '풍경화'라는 장르는 예술적 탐색의 핵심이자 동력으로 작용했고 이른바 '야외에서En plein air' 그리는 회화라는 측면에서 사진의 발명에 크게 일조했다. 사진의 기원은 1839년 다게르Louis-Jacques-Mandé Daguerre와 니에프스Joseph Nicéphore Niépce가 '과학과 예술 아카데미Académie des Sciences et des beaux-Arts'에 자신들의 실험 내용을 소개했던 순간으로 거슬러 올라간다. 초기에 사진을 가리키던 용어도 다게르의 이름을 사용한 '다게레오타이프daguerreotype'였다. 다게레오타이프를 통해 부각된 현실의 비주관적이고 객관적인 표현은 예술가들로 하여금 예술 활동 자체의 위상과 방식에 대해 성찰하도록 만들었고 결국에는 창작자의 시선이라는 주관적인 영역에 관심을 기울이도록 유도했다.

'풍경' 연구는 또 하나의 혁신적인 양식인 '인상주의'를 탄생시켰다. 1880년까지 지속된 인상주의 운동은 일반적으로 1863년 '살롱Salon'전에 출품했다가 낙선된 에두아르 마네(Edouard Manet, 1832~1883년)의 〈풀밭 위의 점심식사Le Déjeuner sur l'herbe〉와 함께 시작된 것으로 간주된다. 이 작품은 뒤이어 나폴레옹 3세가 개최한 '낙선전Salon des Refusées'에서 첫 선을 보였다. 처음에는 부정적인 의미로 사용되었던 '인상주의'라는 명칭은 클로드 모네(Claude Monet, 1840~1926년)의 작품 〈인상, 해돋이 Impression, Soleil Levant〉에서 유래한다. 1874년 당시에는 화가였고 뒤이어 사진가로 널리 알려진 나다르Nadar가 이 작품을 전시했다.

아울러 19세기는 폭발적인 인기를 끌며 음악문화를 주도한 멜로드라마의 세기였다. 1820년과 1860년 사이에 음악세계를 지배한 이탈리아의 멜로드라마를 본격적인 문화산업으로 추진하며 성공 가도를 달렸던 인물은 빈첸초 벨리니Vincenzo Bellini, 가에타노 도니체티Gaetano Donizetti, 조아키노 로시니, 그리고 주세페 베르디 Giuseppe Verdi다. 이들은 완성된 대본을 참조하며 대본에 얽매인 상태에서 곡을 썼던 과거의 오페라 작곡가들과 달리 곡을 쓰기 위해 직접 주제를 정하고 대본 작성에도 직접 관여하며 작품의 기획을 진두지휘했다. 결과적으로 음악이 부각된 반면 대본은 부차적인 요소로, 즉 음악의 부속품으로 밀려나고 말았다. 이들은 오페라의 주제를 기존의 문학작품이나 극작품에서 차용하는 방식을 취했다. 베르디를 예로 들면 〈라트라비아타La traviata〉는 알렉상드르 뒤마(아들, Alexandre Dumas)의 『춘

희*La Dame aux camélias*』에서, 〈리골레토Rigoletto〉는 빅토르 위고Victor Hugo의 「왕의 환락Le Roi s'amuse」에서 유래한다.

리하르트 바그너는 1851년에 자신의 시학을 상세하고 체계적으로 설명한 『오페라와 드라마*Oper und Drama*』를 출판했다. 이 저서에서 그는 전통 오페라가 음악을 목적과 목표로 만들고 드라마를 도구로 만드는 오류를 범했다고 비판했다. 바그너는 오페라를 종합예술Gesamtkunstwerk로 정의하면서 드라마 안에 미술과 시와 춤과 음악이 함축되어 있어야 한다고 주장했다. 자신의 오페라 대본을 직접 썼던 바그너는, 바로 그런 의미에서 시인이 작곡가와 하나가 될 수 있으며 표현 불가능한 것을 표현하는 데 도전할 수 있다고 보았다.

바그너는 1848년부터 1874년까지 26년이라는 긴 세월에 걸쳐 4부작 오페라 〈니벨룽의 반지〉를 작곡했다. 1부 〈라인의 황금Das Rheingold〉, 2부 〈발퀴레Die Walküre〉, 3부 〈지크프리트Siegfried〉, 4부 〈신들의 황혼〉으로 구성된 이 작품에서 부각되는 사회주의적이고 유토피아주의적인 이상과 열정의 회상은 귀족 사회와 부르주아의 분쟁이 신화적으로 정화되는 과정과 조화를 이룬다.

독일 철학과 동양 사상

19세기에 독일의 철학자들 사이에서 동양 문화가 큰 인기를 끌었던 이유는 이러한 현상과 밀접한 연관성을 지닌 두 가지 역사적 요인에서 발견된다. 우선적으로는 유럽인들이 아시아를 식민지화하는 과정에서 전달된 동양의 이미지가 큰 역할을 했고 두 번째 요인인 낭만주의의 탄생 역시 동양 문화의 전파에 크게 일조했다. 19세기에는 무엇보다 '문화의 요람'으로 정의되던 인도 문화에 대한 동경과 '차마고도'의 탐험가들을 통해 전해지던 이야기들을 바탕으로 '고대 동양'의 신화적인 이미지가 조성되고 강하게 부각되었다.

관념주의와 낭만주의 시대에 걸쳐 독일 민족의 정체성을 구축하는 과정은 문화적 기원에 대한 탐구와 특히 독일의 민족적 정신을 대변하는 언어학과 종교학 연구를 바탕으로 이루어졌다. 결과적으로 라틴 문화와 정반대되는 그리스 문화가 독일 사회의 문화적 모형으로 인식되는 정황에서 고대 동양 철학은 두 가지 상이한 방식으로, 즉 한편으로는 그리스 문화를 대체할 수 있는 문화적 모형으로, 다른 한편으로는 서양 문화와 사상의 기원이자 그리스 사상의 원천으로 해석되었다.

첫 번째 해석적 입장을 대표하는 철학자 헤겔은 『역사철학 강의』에서 동양 문화의 주요 특징을 대략적으로 묘사하며 이렇게 기록했다. "동양 문화에는 의식이라는 것도 도덕적 감수성이라는 것도 존재하지 않는다. 모든 것은 자연적 질서에 지나지 않으며 그런 식으로 극악무도한 현실과 가장 고귀하고 숭고한 현실이 공존하도록 방치된다. 이는 동양에서 어떤 철학적 지식도 찾아볼 수 없다는 결과로 이어진다."

반면에 그리스 문화가 고대 인도의 동양 철학에서 유래했다고 보는 두 번째 해석을 지지한 이들은 슐레겔 형제를 비롯한 예나의 낭만주의 철학자들이었다. 이들의 입장은 성서의 종교학적 기원과 언어학적 기원에 대한 집중적인 탐구뿐만 아니라 동방의 성서 자료에 대한 문헌학적인 탐구와 서방 종교와 동방 종교에 모두 등장하는 동일한 신화에 대한 세밀한 검토로 이어졌다.

이러한 학문적 성향을 증언하며, 빌헬름 폰 훔볼트는 '언어적 차이와 민족들의 분화 현상 사이에' 연관성이 존재한다는 사실을 발견해 냈다. 19세기의 독일에 동양 사상, 특히 인도 철학을 실질적으로 소개한 인물은 요한 고트프리트 헤르더였다. 주목해야 할 책은 헤르더가 인도의 시인 칼리다사(Kalidasa, 4~5세기)의 희곡 「샤쿤탈라Śakuntalā」를 논한 글을 묶어서 출판한 『한 동양적 드라마에 관하여Über ein morgenländisches Drama』(1792년)다. 여기서 헤르더는 동양을 이국적이고 환상적인 세계로 묘사했고 이는 이전 세대의 잉글랜드나 프랑스 탐험가들이 들려주던 이야기와 크게 다르지 않았다. 헤르더는 인도 문화의 독창성을 칭송하며 『샤쿤탈라』를 "동양의 꽃"이라고 불렀다.

헤르더가 『샤쿤탈라』에 대해 글을 쓸 무렵 유럽에는 인도인들이 신성한 경전으로 간주하는 산스크리트어 종교 문헌 『바가바드기타Bhagavad Gītā』가 이미 찰스 윌킨스Charles Wilkins의 번역으로 출판되어 있었다. 『샤쿤탈라』의 첫 영어 번역본은 윌리엄 존스William Jones의 번역으로 1789년에 출간되었고 독일어로는 요한 게오르크 포스터Johann Georg Forster가 번역하여 1791년에 출간되었다. 이것이 바로 헤르더가 읽고 공부했던 번역본이다.

프리드리히 슐레겔은 그의 유명한 저서 『인도인들의 언어와 지혜에 관하여』를 1808년에 출판했다. 낭만주의 운동이 전개되기 시작할 무렵부터 이 책은 고유의 신비주의적이고 범신론적인 성격으로 인해 독일을 중심으로 유럽 문화 전체에 지대한 영향을 끼쳤다. 슐레겔은 여기서 성서에 내포된 종교적 가르침과 인도의 경전에 포함된 내용이 일맥상통한다는 점을 이론적으로 설명하는 데 주력했다.

슐레겔의 해석은 헤르더의 그것과도 많이 다르고 상당히 진보한 측면을 보여준다. 왜냐하면 동양을 더 이상 이국적인 세계로만 묘사하지 않고 서구 문화의 기원으로 간주했기 때문이다. 슐레겔은 낭만주의 시를 정의하면서 세운 '진보적인 보편 시'의 논리를 바탕으로 인도를 '모든 문명의 요람'으로, 따라서 '새로운 신화'의 창조를 위한 영감의 원천으로 이상화했다. 슐레겔은 아울러 모든 언어의 기원이 한 민족, 즉 '고귀하다arya'는 뜻의 이름을 가진 아리안족에게 있다고 보았다. 하지만 원천적인 언어는 신성해야 한다는 슐레겔의 생각에서 불행하게도 장자 역할을 하는 민족 역시 신성한 기원을 지녀야 한다는 입장이 발생했다. 결과적으로 문화와 언어의 기원을 다루는 담론에서 아리안족의 순수성이라는 문제가 부각되었고 이는 근대 유럽의 인종차별주의를 부추기며 신생 민족사회주의에 이데올로기를 선사하는 결과로 이어졌다.

프리드리히 슐레겔의 형 아우구스트 빌헬름 슐레겔은 파리와 런던에서 동양 언어를 공부한 뒤 1818년 본에서 독일 최초의 산스크리트어 교수로 임명되었다. 빌헬름은 본에서 자신이 번역한 『바가바드기타』를 출판하기 위해 산스크리트어 인쇄활자를 수입하기도 했다.

프리드리히 슐레겔의 인도 사상 해석에 관심을 기울였던 셸링은 슐레겔과는 달리 인도 사상을 세계정신이 자의식을 구축하는 과정의 일부에 지나지 않는 것으로 간주했다. 셸링은 헤겔처럼 그리스 문화의 우월성을 믿었고 그리스 문화가 건설적인 데 비해 인도 문화는 파괴적이라고 보았지만, 헤겔과는 달리 동양 철학과 서양 철학은 사실상 동일한 뿌리를 지닌다고 보았다.

동양 문화의 매력은 괴테의 그리스 모방적 고전주의에도 상당한 영향을 끼쳤다. 괴테는 '동양 문화 모방'의 위험성을 지적하면서도 『서동시집West-östlicher Divan』(1814~1827년)에서 동방의 신화와 문학을 넘나들며 자아의 정화를 꾀했고 심지어는 자신의 꿈을 그리스의 올림포스에서 페르시아의 에덴으로 바꾸기까지 했다. 괴테는 신비주의적인 성격의 이국적 취향이나 황홀한 이질감에 매료되는 대신 "영영 분리되어 버린 모든 것들을" 완성된 형태로, 아울러 삶에 유용한 형태로 통일시키려는 목표에 자극을 받았다.

하지만 고대 인도의 종교 사상에 진정한 철학적 사유의 권위와 존엄성이 부여되는 것은 오로지 쇼펜하우어에 도달해서야 일어나는 일이다. 쇼펜하우어의 철학체계가 형성 단계에서 인도 철학에 실질적인 영향을 받았는가라는 오래된 문제의 진위 여부를 떠나서 분명한 것은 쇼펜하우어가 고대 인도의 문화에 대해 참조할 수 있는 당대의 모든 자료에 흥미를 느꼈다는 사실이다.

어머니 요한나Johanna Schopenhauer의 거실에서 쇼펜하우어는 낭만주의 철학자들과 학자들, 특히 슐레겔 형제와 헤르더의 제자였던 동양학자 프리드리히 마이어를 만날 수 있었다. 쇼펜하우어에게 아브라함-이야상트 앙퀴틸-뒤페롱Abraham-Hyacinthe Anquetil-Duperron이 번역한 『우파니샤드』의 독서를 추천했던 인물이 바로 마이어다. 『우파니샤드』란 인도 아리안족의 가장 오래된 종교, 즉 브라만교의 기원이 되는 신성한 경전들의 모음집 베다Veda의 해설서였고 브라만교가 발전된 것이 바로 힌두교다.

쇼펜하우어는 『우파니샤드』에 실린 밀교적인 성격의 이론들을 '인간이 지닐 수 있는 가장 고귀한 지혜의 발현'으로 해석했다. 그만큼 자신의 철학적 체계를 구축하는 핵심적인 진리가 이 경전에 알레고리적인 방식으로 함축되어 있다고 보았기 때문이다. 다시 말해, 브라만Brahman이라는 우주의 범신론적 원리 혹은 브라흐마Brahma라는 우주의 조물주이자 모든 것을 내포하는 동시에 모든 피조물 속에 실재하는 지고의 존재, 그리고 마야의 베일, 즉 인간이 현실을 모호하고 변질된 방식이 아니면 이해할 수 없도록 만드는 형이상학적이고 환영적인 '베일'의 신화 속에 함축되어 있다고 본 것이다. 쇼펜하우어는 이러한 요소들이 『의지와 표상으로서의 세계』에 이미 함축되어 있는 내용의 신화적인 표현이라고 생각했다. 동일한 차원에서 쇼펜하우어는 "베다의 '마야'가 사실상 칸트의 현상과 동일하다"라고 기록했다. 그는 확고한 의지의 표명에서 비롯되는 형이상학적 고통이

윤회 이론의 환생 고리와 일치한다고 보았다.

　쇼펜하우어의 윤리학 역시 결론적인 차원에서는 베다의 교리와 일치한다. 그의 윤리학이 의지의 부정 혹은 무의지와 지식을 바탕으로 고통에서 벗어나는 길을 보여 주는 것처럼 베다의 교리는 명상을 통한 깨달음 혹은 열반에 이르는 과정을 토대로 윤회에서 벗어나는 길을 보여 준다. 더 나아가서 쇼펜하우어는 동정의 기적을 가능하게 만드는 형이상학적 토대가 의지라는 직관적 해석을 "베다와 『우파니샤드』에서, 인간이든 동물이든 생명을 지닌 모든 존재를 향해 천명되는 '그것이 바로 너다tat tvam asi'*라는 신비한 문장"에서 도출해 냈다.

　가톨릭을 지지하던 슐레겔과 달리 쇼펜하우어는 유일신주의, 특히 유대교가 특유의 낙관주의를 바탕으로 고대 베다의 지혜를 부패시켰고 그릇된 방식으로 인간을 다른 모든 생명체 위에 올려놓았다고 보았다. 쇼펜하우어는 『우파니샤드』가 세계의 진정한 형이상학, 즉 그가 형이상학적이고 보편적인 의지의 원리를 바탕으로 설명하려는 비관주의를 내포한다고 보았다.

　쇼펜하우어는 인도의 종교 사상을 자신의 형이상학과 일치하는 것으로 간주했다. 그가 베다의 『우파니샤드』를 중심으로 형성된 브라만 사상의 원칙들과 기원전 6세기에 등장한 불교의 원칙들을 매번 분명하게 구분했던 것은 아님에도 불구하고, 그의 철학에 영감을 얻은 수많은 제자들과 추종자들은 인도 철학 연구에 몰두하면서 쇼펜하우어를 서양 최초의 부처로 간주했다.

• 『우파니샤드』를 비롯한 전통 해설서들의 설명에 따르면 '그것이 바로 너다tat tvam asi'에서 '그것tat'은 속성이나 한계가 없는 우주적 본질, 즉 '니르구나 브라만'을 가리킨다. 반면에 쇼펜하우어는 이 문장에서 무엇보다도 이기주의의 극복에, 다시 말해 이 문장에 함축된 우주론적이고 통일적인 의미를 강조하면서 모든 존재가 현상적으로는 다르지만 유일한 본질을 공유한다는 점에 주목했다. 쇼펜하우어는 "네가 지금 살해하는 동물, 그것이 바로 너다"라는 말에서 '그것이 바로 너다'라는 문구를 이해하는 사람은 '의지의 형이상학적 통일성'을 이해하는 사람이며 이러한 이해는 결과적으로 모든 생명체에게 상처나 피해를 입히는 행위에 대한 솔직한 거부감 혹은 박애 정신으로 표현된다고 보았다.

3

프리드리히 빌헬름 니체

3.1   청년 니체

프리드리히 빌헬름 니체는 1844년 10월 15일, 독일 뢰켄Röcken에서 태어났다. 니체의 아버지 카를 루트비히Karl Ludwig Nietzsche는 개신교 목사였고 그의 어머니 프란치스카 욀러Franziska Oehler 역시 아버지처럼 목사 집안에서 태어난 독실한 신자였다. 니체에게는 여동생 엘리자베트Elisabeth Förster-Nietzsche와 남동생 요제프Josef Karl Ludwig-Nietzsche가 있었고 니체의 가족은 1849년 7월 아버지 루트비히가 '뇌연화증'으로 세상을 떠나지 전까지 교회 사택에서 살았다. 남편의 충격적인 사망 이후 프란치스카는 아이들을 데리고 나움부르크Naumburg로 이주했다. 니체는 이곳에서 유년기를 보내며 고전음악 수업을 받았다.

니체의 어린 시절에 대해서는 사후에 발견된 상당량의 자료들, 예를 들어 그가 그린 그림이나 직접 쓴 희곡, 시, 서사시, 노래, 자전적 성찰로 이루어진 단상들, 다양한 주제를 비평적으로 다룬 글들이 남아 있다. 어린 니체는 원시적이고 야생적인 영웅들의 모습에 매력을 느꼈고 특히 북유럽의 신화에 매료되었다. 이 위대한 야생의 이미지가 그에게 끼친 영향은 니체가 사용하는 '초인'이라는 용어나 동물적 왕성함을 상징하는 표현에서 그대로 드러난다. 어린 니체는 일찍부터 비평적이고 역사적이고 문헌학적인 분석의 관점에서 글을 읽기 시작했다. 특히 니체는 독일 역사의 첫 장을 장식하는 동고트족의 왕 에어마나리히Ermanarich의 일대기에 오랫동안 천착하며 그에 관한 전설적인 이야기들을 주제로 시를 쓰기도 하고 비극과 교향시를 계획하기까지 했다.

1858년 니체는 유서 깊은 학교 포르타Pforta에 입학해 라틴어와 그리스어를 집중적으로 공부하며 문헌학자가 되기 위한 기반을 다졌다. 전통문화와 신앙의 굴레로부터 벗어나려는 욕구를 충족하기 위해 프로메테우스적이거나 심지어는 사탄적인 인물을 다루는 작품들, 예를 들어 괴테의 『프로메테우스Prometheus』, 조지 고든 바이런George Gordon Byron의 『맨프레드Manfred』, 실러의 『군도Die Räuber』, 횔덜린의 『엠페도클레스의 죽음Der Tod des Empedokles』 등을 읽는 데 몰두했다. 한편 니체는 가족의 전통문화는 물론 목사들의 세대가 오랫동안 유지해 온 루터교파의 엄격할 뿐 편협하기 이를 데 없는 신앙관을 혐오했고 이에 대한 비판적인 태도를 점점 더 극단적인 형태로 발전시켰다.

일찍이 1862년에 집필한 『자유의지와 운명Willensfreiheit und Fatum』과 『운명과 역사Fatum und Geschichte』에서 니체는 전통적인 그리스도교 신앙이 인간의 나약함을 선호한다는 점에 주목했다. 니체는 그리스도교가 인간을 '우유부단해서 스스로의 운명을 개척할 능력이 없는' 존재로 만든다고 보았고, 결과적으로 인류는 확실한 인도자가 되어 줄 역사와 학문에서 살 길을 발견해야 한다고 주장했다. 성장기의 니체에게 지대한 영향을 끼친 미국의 철학자이자 시인 랄프 왈도 에머슨(Ralph Waldo Emerson, 1803~1882년)의 사상과 포이어바흐의 사상이 융합되는 성향을 보이는 이 두 저서의 핵심 주제는 무엇보다도 과거를 지배하는 힘과 결정력과 활동력을 갖춘 인간의 자유의지였다. 니체에 따르면 "자유의지란 다름 아닌 운명의 지고한 활성화"를 의미했다.

니체는 고대 그리스 시인 테오그니스Théognis에 관한 연구로 포르타를 졸업한 뒤 1864년 본 대학에 입학했다. 처음에는 어머니의 뜻대로 신학과를 선택했지만 이어서 방향을 바꾸어 문헌학을 공부했다. 이때부터 음악과 연극에 심취하며 풍부한 예술적 경험을 쌓았지만 니체는 문헌학 연구를 등한시하지 않았다. 문헌학은 니체가 '지식의 모든 분야에서 목적 없이 배회하는' 경향을 거부하게 만든 원동력이었다. 이와 동일한 차원에서 니체는 성서의 복음서를 문헌학적으로 다루고 다비드 프리드리히 슈트라우스의 『비평적으로 바라본 예수의 삶』(1835년)을 공부했다. 니체는 교리주의를 비판하며 교리주의적인 신앙의 정신적인 기반을 위기에 빠트렸다. 그는 여동생에게 이렇게 말했다. "이 시점에서 인류의 길은 둘로 나뉜다. 네가 영혼의 평화와 행복을 얻기 원한다면 믿음을 가져도 좋지만 진리의 제자가 되길 원한다면 탐구에 몰두해라."

1865년 10월 라이프치히로 거처를 옮긴 니체는 본격적으로 문헌학 연구에 몰두했고 테오그니스, 호메로스, 헤시오도스 같은 그리스 저자들의 글을 집중적으로 연구한 뒤 확실한 연구 성과를 제시하기까지 했다. 그의 단상들을 통해 확인할 수 있듯이, 니체는 문헌학을 철학에 도달하기 위한 가장 이상적인 길로 간주했다. 니체가 "보물들을 지키지만 그것의 가치를 이해하지 못하는 어수룩한 간수"에 비유했던 디오게네스 라에르티오스Dioghenes Laertios의 1차 자료들에 대한 연구를 바탕으로 집필한 저서가 바로 『그리스 비극 시대의 철학Die Philosophie im tragischen Zeitalter der Griechen』이다. 이 책에서 니체는 그리스 철학의 역사를 독특한 인물들의 역사로 소개했다.

니체는 소크라테스 이전 시대의 철학자들이 '신화'와 맞서 싸우려 했다는 점과 종교를 멀리하고 학문과 지식에 주목했다는 점을 높이 평가했다. 이들의 철학에서 니체는 신화를 필요로 하지 않는 좀 더 훌륭한 삶의 가능성을 발견했고 그런 차원에서 데모크리토스를 칭송하며 그를 가장 먼저 학문의 가치를 인식하고 학문을 '삶의 원천'으로 평가할 줄 알았던 인물로, 아울러 모든 신학과 목적론으로부터 자유로운 '지적 열정'을 선택했기 때문에 불행할 수밖에 없었던 '가장 자유로운 인간'으로 묘사했다. 니체가 칭송한 또 다른 철학자 헤라클레이토스Heracleitos는 세계를 '예술가 혹은 소년의 유희'로 해석하고 생성의 무고함을 주장했다.

이 시기에 니체는 문헌학 연구를 비롯해 그에게 지혜와 삶의 스승이었던 쇼
펜하우어의 철학에 깊이 빠져 있었다. 쇼펜하우어의 형이상학에 대해서만큼은
비판적인 태도를 취했지만 니체는 그를 '고유의 양식'을 지닌 '가장 진실한' 철
학자이자 '다시 태어난 독일'의 표상으로, 아울러 고대 문화에 대한 순수하게
사전적이고 역사적인 차원의 해석에 맞서 미학적 평가를 제시할 수 있는 사유
의 소유자이자 대학 교수들의 학술철학에 대항할 수 있는 인물로 평가했다. 이
와 같은 입장과 맥락에서, 니체는 당대의 문헌학 연구에 대한 실망감을 토로하
며 문헌학자들의 방법론적인 혼돈과 고대의 정신을 꿰뚫어 보지 못하는 편협
한 사고를 신랄하게 비판했다. 결국 니체는 그의 문헌학 연구가 지니는 완성도
와 관점의 탁월함에 주목한 프리드리히 리츨Friedrich Ritschl의 추천으로 바젤 대
학의 교수가 되었고 이곳에서 호메로스와 고전문헌학 강의를 진행하며 쇼펜하
우어의 철학을 바탕으로 새로운 차원의 문헌학적 방법론을 제시했다.

3.2 예술의 형이상학에서 바그너와의 결별까지

니체는 1872년에 『비극의 탄생Die Geburt der Tragödie aus dem Geiste der Musik』을 출판했다.
원제는 『음악의 정신으로부터 유래하는 비극의 탄생 혹은 그리스적인 것과 염
세주의Die Geburt der Tragödie aus dem Geiste der Musik. Oder: Griechenthum und Pessimismus』, 1886년
에 출판된 판본의 제목은 『비극의 탄생 혹은 그리스적인 것과 염세주의Die Geburt
der Tragödie Oder: Griechenthum und Pessimismus』다. 이 저서에서 니체는 그리스 문화를 이해
하기 위한 새로운 접근 방식을 소개하는 한편 리하르트 바그너처럼 비극 문화
와 독일 문화의 부활을 위해 노력해야 한다는 입장을 표명했다. 하지만 비극의
탄생과 사망이라는 문헌학적인 주제를 압도하며 전면에 부각되는 것은 니체의
거시적이고 보편적인 형이상적 관점, 즉 소크라테스 이후의 서양 사상 전체를
본질적으로는 이성주의와 낙관주의적로 평가하고 비극과 비극적인 세계관의
천적으로 간주하는 관점이다. 니체는 소크라테스의 낙관주의가 사실상 현상

적 환영의 가치를 인정하고 개인의 성찰이 지니는 파괴적인 성격을 아름다운
그리스 공동체 안에 끌어들였다고 보았다. 다시 말해 '개인'과 '전체'의 그리스
적인 균형을 무너트린 것이 소크라테스이며, 그리스 비극이 '개인'에게 '개별
성의 원칙'으로부터 벗어나 자연과 하나가 될 수 있는 조건을 마련했기 때문에
도달할 수 있었던 통일성을 소크라테스가 결정적으로 해체시켰다고 본 것이
다. 니체에 따르면, 자연과 하나가 될 수 있는 가능성은 일종의 극적인 희열에
의해 주어지며 비극이 중요한 것도 바로 이 때문이다. 니체가 비극을 이러한
관점으로 보기 시작한 배경에는 쇼펜하우어가 이론화한 모순, 즉 현상들의 개
별성과 형이상학의 원천적인 통일성 사이에 존재하는 모순이 자리 잡고 있다.
니체는 이 모순이 미학적 사면을 필요로 하는 일종의 원죄에 가깝다고 보았다.

　니체는 이러한 모순이 결국 자연 내부에 존재하는 두 가지 상반되는 요소,
즉 디오니소스적인 요소와 아폴론적인 요소의 대립에서 비롯된다고 보았다.
아폴론적인 요소는 '개별성의 원칙'을 표상하며 아름다운 외모와 형식을 비롯
해 그리스 건축과 조각에서 찾아볼 수 있는 조화와 균형을 상징한다. 니체에게
아폴론적인 요소는 고통을 잊게 해 주는 일종의 '꿈'을 의미했다. 반면에 디오
니소스적인 요소는 개별성의 원칙을 무너트리고 그것을 원천적인 통일성 안으
로 빨아들이는 원시적인 힘의 즉각적인 표현에 가깝다. 디오니소스는 모순과
함께 개별화의 고통을 끝없이 생산해 내지만 동시에 개인도 통일되어 있는 풍
부하고 원천적인 세계의 일부라는 점을 드러내며 고통을 한층 더 고차원적인
쾌락으로 해결한다. 고대 그리스의 오르페우스 비의秘儀나 난교亂交 의례 등이
디오니소스적인 표현의 전형적인 예들이다.

　하지만 디오니소스적인 요소와 아폴론적인 요소는 극단적으로 대치될 뿐
사실상 동일한 모순의 양면에 불과하다. 니체는 아폴론적인 문화 전체를 일종
의 가면으로 소개하면서 존재의 비극성을 감내하고 안정적인 형식을 구축하며
디오니소스적인 기반을 은폐하려는 시도로 해석했다. 그런 식으로 디오니스소
적인 차원과 아폴론적인 차원이 밀접하게 연관되어 있다고 보았던 것이다. 무
엇보다도 존재의 가장 추한 측면들에 대한 두려움이 아폴론적인 환영의 원천

이었고 디오니소스적인 요소란 사실상 파괴적인 야만성 혹은 순수한 혼수상태와 다르지 않았다. 이러한 분석을 바탕으로 니체는 『비극의 탄생』에서 통일성을 추구하는 이 두 가지 상이한 원칙의 대비와 투쟁에서 파생된 역사의 철학을 발전시켰다.

아울러 니체는 이러한 이원론적 구조가 다름 아닌 예술을 필연적인 것으로 만든다고 보았다. 니체에 따르면, 아폴론적인 것과 디오니소스적인 것을 융합하면서 개별적인 차원과 자연적인 차원 모두에 소용되는 것이 예술이다. 영원한 창조주는 예술에서 위로를 얻고 창조주로서의 필연성을 발견하는 반면 천재 예술가는 자연이 낳은 가장 고차원적인 작품인 동시에 자연 자체를 정당화하는 존재다. 예술작품은 사실상 원천적인 통일성과의 무의식적인 일체감에서 탄생한다. 반면에 쇼펜하우어가 말하는 무의지 상태가 현실적으로 불가능하다는 사실은 더 훌륭한 문명사회의 건설을 위한 환영의 메커니즘을 수용하도록 만든다.

니체가 그리스 문화를 선택한 것은 동방의 순수하게 디오니소스적인 혼수상태와 무관하며 그리스 문화가 일종의 피라미드 구조를 구축하면서 본능의 생명력에 확고하게 결속되어 있는 '천재의 현실'을 정상에 위치시킬 줄 알았기 때문이다. 그리스 문화는 그런 식으로 천재의 예술적 표현력을 극대화하는 '비극적 기반'과 파괴적이지 않은 관계를 유지했을 뿐 아니라 천재에게 절대적인 방식으로 복종하면서 자연의 무의식적 목적에 순응했다. 니체는 당대의 독일 문화에 새로운 의미를 부여할 수 있는 이러한 유형의 천재가 바로 바그너라고 보았다.

프로이센-프랑스 전쟁의 충격과 파리 코뮌의 결성이 가져온 '문명의 가을'을 경험한 니체는 『반시대적 고찰Unzeitgemäße Betrachtungen』에서 독일 비극 문화의 부활에 주목하는 문화 기획적인 차원에서 근대 문화에 대한 본격적인 비판을 감행했다. 『반시대적 고찰』은 상이한 주제로 1873년과 1876년 사이에 출판된 4편의 글로 구성된다. 신학자 다비드 프리드리히 슈트라우스를 신랄하게 비판한 첫 번째 글에서 니체는 그를 아무런 "의미도 없고 실체도, 목적도 없는" 호

교론과 바리새인 문화를 대변하는 인물로 규정했다. 두 번째 글은 「삶에 대한 역사의 유용성과 해악에 관하여Vom Nutzen und Nachteil der Historie für das Leben」라는 제목으로 알려진 글이며, 세 번째 글은 쇼펜하우어의 교육자적인 측면을 다룬다. 네 번째 글 「바이로이트의 리하르트 바그너Richard Wagner in Bayreuth」에서 니체는 자신을 직접 바그너와 견주며 청년기에 견지했던 관점과 상당히 거리가 먼 입장을 취한다. 『반시대적 고찰』에서 가장 눈에 띄는 글은 아마도 「삶에 대한 역사의 유용성과 해악에 관하여」일 것이다. 역사에 대한 니체의 본질적으로 모순적인 입장을 엿볼 수 있는 다양하고 이질적인 주제들이 바로 이 저서에 등장한다.

당대의 문화에 대한 근본적인 비판의 차원에서, 니체는 역사적 지식이 개인의 활동과 삶에 유용하다는 점을 인정하면서도 역사가 빈번히 무의미한 박학주의로 흐르는 경향이 있으며 결과적으로 역사 자체에 대해 수동적인 입장을 취하게 만든다고 지적했다. 니체는 현재가 역사의 흐름 속에서 사라질 운명에 처해 있다는 의식이 결국에는 개인의 정신적 파멸을 가져올 수 있다는 점에 주목하면서 역사주의 비판을 전개했다. 결국 역사주의를 '역사적 질병'으로 간주한 니체는 이에 맞서 반역사적이고 역사 초월적인 요인들을 매개로 삶을 치료할 필요가 있다고 주장했다.

이 시기에 니체는 바그너의 독일 이데올로기에 대해 비판적인 입장을 취하기 시작했다. 니체에게 적잖은 영향력을 행사하며 이러한 변화를 이끌어 냈던 인물은 바젤의 역사학자 야코프 부르크하르트Jacob Burckhardt다. 니체와 부르크하르트는 프로이센-프랑스 전쟁이 국가들 간의 "동물적인 싸움"이며 문화 자체에 대한 위협이라고 주장했다. 니체가 기록한 것처럼, "십중팔구 승자는 어리석게 변하고 패자는 사악해진다. 전쟁은 모든 것을 단순하게 만든다. (…) 전쟁은 혼수상태에 빠진 문명의 겨울이다". 니체는 전쟁에서 승리를 거머쥔 독일 국민의 난폭한 국민주의에 대항할 수 있는 자유로운 의지와 정신을 부르크하르트에게서 발견했다. 니체는 이러한 유형의 인간을 "르네상스적인 인간"으로, 다시 말해 과거를 새로운 형태의 삶으로 바꿀 수 있는 인간으로 정의했다. 아울러 니체는 다수의 뛰어난 개인들이 경쟁에 뛰어드는 구도를 그리스 문화의 특징이자 장점으로 평가했던 부르크하르트의 입장을 수용하면서 바그너처럼 스스로를 예외적인 존재로 천명하는 독재적인 '천재'의 자세를 비판하기 시작했다.

바그너에 대한 1876년의 기록은 이 시기에 니체가 예술의 형이상학 자체에 근본적인 문제점을 제기하며 청년기의 환영과 '천재'의 신화에서 완전히 벗어났음을 분명하게 보여 준다. 니체는 문헌학에 새로운 역할을 부여하면서 고대의 '부활' 신화와 결별을 선언했다. "이제 우리는 고대 문명과 영원히 결별한다. 우리의 관점에서 고대 문화는 뿌리까지 완전히 썩었기 때문이다." 니체는 신화, "불순한" 사상, 종교를 비롯해 종교를 대신하는 예술조차도 모두 "환각제"나 "불량한 약품"에 불과하며 따라서 새로운 문화의 기반으로 삼을 수 없다고 보았다. 이와 같은 맥락에서 니체는 전통적인 스승들 대신 '의사, 자연과학자, 경제학자'가 독일의 청년들을 가르쳐야 한다고 주장했다. 바로 이 시기에 '부활'이라는 용어를 비롯해 부활의 유의어들까지 니체의 글에서 자취를 감추기 시작했다. 니체에 따르면, 독일 문화가 그리스 고전 문화의 신화에 천착했던 것은 그만큼 저속한 현실의 공허함을 메우기 위해 무언가가 필요했기 때문이다. 니체는 고전 문화를 '복원'하려는 모든 노력이 헛된 망상에 불과하다고 보았다. "어떤 형태의 모방도 불가능하다. (…) 그리스 문명을 맹목적으로 뒤좇기만 하는 문화는 아무것도 생산해 낼 수 없다."

바그너와 쇼펜하우어의 영향에서 벗어난 니체는 17세기의 프랑스인들이 그리스 문화의 가장 뛰어난 후계자이며 이들의 문화가 "르네상스의 거대한 사슬"에서 중요한 고리 역할을 한다는 해석을 제시했다. 니체에 따르면, 그리스인은 "르네상스적인 인간"처럼 명석하고 긍정적인 인류, 넓은 아량을 지닌 영혼의 표상이었다. 따라서 그리스의 태양을 추구한다는 것은 점진적으로 "좀 더 폭넓고 초국가적이며, 더 유럽적이고 더 동양적으로, 궁극적으로는 더 그리스적으로" 변할 수 있는 가능성을 의미했다.

3.3   자유로운 정신의 철학

니체가 1878년에 출판한 『인간적인, 너무나 인간적인*Menschliches, Allzumenschliches*』은 지금까지 니체가 칭송했던 모든 것과의 '위대한 결별'을 상징하는 동시에 삶의 새로운 가능성을 실험하기 위한 또 다른 여정의 출발을 상징하는 작품이다. 이 저서에서 니체는 순수하게 철학적인 관점을 유지하는 형이상학적 천재의 과장된 직관에서 벗어나 앎의 세계를 향해 매진하는 과정의 필요성과 노력의 지속성을 강조했다. 『인간적인, 너무나 인간적인』만의 특징이 있다면 그것은 반낭만주의적인 성격의 각성과 열성이다. 니체는 자연과학과 동일한 차원의 역사철학과 동시에 겸양이라는 덕목이 필요하다고 주장했다. 왜냐하면 영원한 현실이나 절대적인 진실은 존재하지 않으며 모든 것이 생성의 여정에 참여한다고 보았기 때문이다. 니체에 따르면, 역사는 내면적인 성찰의 허위적인 즉시성에 맞서 자아의 복합성을 조화롭게 구축하기 위해, 다름 아닌 "과거가 우리 안에서 백 개의 파도를 타고 끊임없이 흐르기 때문에" 요구된다. 니체가 한때 일종의 질병으로 간주했던 역사는 이제 고유의 여명과 여정을 조명하며 형이상학적 기만의 배후에 숨어 있는 복합성을 드러낸다. 그런 식으로 니체는 "'물 자체'의 본질과 핵심으로부터 곧장 솟아오른다"는 이유로 우월하다고 평가되는 것들의 "기적적인 기원"을 주장하는 의견과 맞서 싸워야 하는 것이 바로 역사라고 보았다. 바로 그런 이유에서 필요했던 것이 '관념과 미학적, 도덕적, 종교적 감성의 화학'이다. 니체는 이 감성의 화학이 가장 "저급한 질료에서 가장 경이로운 색상을 얻어 내는" 것이 어떻게 가능한지 보여줄 수 있다고 믿었다.

　『인간적인, 너무나 인간적인』에서 니체는 '자유로운 정신과 총체적인 진보의 변증법'을 발전시켰다. 니체에 따르면, 한 사회의 '지적 진보'는 가치를 확증하거나 강화하는 어떤 '영웅'의 권력이나 에너지가 아니라 오히려 "자유롭지만 감성적으로 훨씬 나약하며 불안전한 인간들", 병자들, "사회의 안정적인 요소들을 피폐하게 만들고" 상처를 통해 무언가 새로운 것을 끌어들이는 퇴행적인 존재들과 직결된다. 병자는 건강한 사회, 즉 스스로의 가치관을 확실하게 믿는 사회에 대한 상대적인 변화 가능성을 표상한다. 강한 사회란 따라서 관용적인 사회이며 새로운 요소들을 거부하지 않고 아무런 문제없이 수용할 수 있는 사회를 말한다. 이 시기에 니체가 가장 중요하게 생각한 것은 학문과 역사가 지니는 탈신화적인 성격이었다. 다시 말해 중요한 것은 거짓 증언을 토대로 인간 사회의 발전을 방해하는 데 주력했던 종교나 '이상적인' 교리에 의존하지 않고 학문과 역사 자체의 탐구에 매진하는 일이었다. 따라서 니체는 개인이 이를 위해 먼저 그의 사회와 종족과 국가가 강요해 온 편협한 사고와 선입견에서 벗어나 자유로운 영혼이 되어야 한다고 주장했다.

니체가 갑작스레 '영원회귀' 사상을 소개한 때는 1881년이다. 니체의 '영원회귀' 개념은 원래 우주의 열사熱死 이론과 에너지 소진 이론의 치밀한 비교를 바탕으로 탄생했다. 니체의 생각은 세계가 유한한 수의 요소들로 이루어졌다면 결국에는 동일한 조합의 끊임없는 반복을 가정하지 않을 수 없다는 것이었다. 결과적으로 니체는 역사를 비롯해 지상에서 살아가는 인간의 복잡하고 다사다난한 삶에 도덕적인 의미는 물론 다른 어떤 의미도 부여할 수 없으며, 오히려 순간의 충만함과 영원함을 강조하고 칭송하는 것이 가능할 뿐이라고 보았다.

니체가 '영원회귀'에 헌정한 전적으로 새로운 형식의 글이 바로 『차라투스트라는 이렇게 말했다*Also sprach Zarathustra*』(1883~1885년)이다. 니체는 영원회귀가 모든 가정들 가운데 가장 과학적이지만 인간의 삶에 근본적인 변화가 일어나기를 원한다면 영원회귀를 체화할 필요가 있으며, "모든 세대들이 영원회귀를 위해 일하고 영원회귀의 비옥한 토양이 되는" 동시에 궁극적으로는 "영원회귀가 커다란 나무로 자라나 그림자로 미래의 온 인류를 감싸 안을 수 있어야" 한다고 주장했다. 바로 그런 이유에서 니체의 차라투스트라는 철학의 기술적인 언어를 극복하고 상징적인 언어를 극단적인 차원으로 몰고 가면서 새로운 대화자를 찾는다. 이것이 바로 니체가 자신을 대변하는 인물, 이란의 현자이자 예언자이며 조로아스터교의 창시자인 차라투스트라Zarathustra에게 부여하는 과제다.

니체는 차라투스트라를 통해 그리스도교적 가치관을 풍자적으로 비판하면서 새로운 형태의 고행주의를 제시했다. 차라투스트라의 고행주의는 고행 자체의 가치를 강조하는 대신 인간의 정신을 더욱 풍부하고 강인하게 만드는 도구이자 '마지막 인간'만을 만족시키는 전통적인 가치와 진리의 속박으로부터 벗어나기 위한 도구로 제시된다. 궁극적으로 물질적 풍요를 추구하는 '마지막 인간'과 달리 차라투스트라가 말하는 '우월한 인간'은 모든 신들이 죽고 전통적인 윤리관이 붕괴된 시대에 옛 가치에 대한 미련을 버리고 자신만의 독창적인 가치를 스스로에게 부여할 줄 아는 인간이다.

"신은 죽었다!" 그럼에도 불구하고 '신의 그림자', 즉 '현실의 형이상학적 구조'만큼은 살아남아 '우월한 인간'에게 치명적인 위협으로 존속한다. 바로 그런 이유에서 차라투스트라는 '우월한 인간'에게 광장을 멀리하고 세인들의 과장된 언사에 귀를 기울이지 말라고 충고한다. 차라투스트라는 아울러 인간이 자신과 자신의 고통에 대해 솔직해야 하며 결국 죽음을 원하게 되더라도 고통을 솔직하게 받아들일 줄 알아야 한다고 설파한다. 결국 우월한 인간이 파국으로 치닫지 않고 영원회귀의 사유를 체화하는 과정은 '초인'이 되기 위한 근본적인 변화의 과정과 일치한다.

1882년에 니체는 『즐거운 학문*Die fröhliche Wissenschaft*』을 출판했다. 아포리즘 형태로 집필된 이 저서는 출판 당시에 4장으로 구성되어 있었지만 1887년에 증보판이 출판되면서 다섯 번째 장이 추가되었다. 이 저서의 특징은 니체가 서두와 결말을 모두 시로 장식했다는 점이다. 니체가 아포리즘 형식의 글과 시를 혼용한 것은 단순히 취향 때문이 아니다. 니체가 의도한 것은 사실상 예술과 학문의 단절이라는 문제의 해결이었다. 니체는 특별한 학문의 필요성, 즉 예술에 대한 비판의 결과가 아니라 예술과 학문의 조합으로 이해될 수 있는 말 그대로 '즐거운' 학문의 필요성을 주장했다. 더 이상 무미건조하지도 중성적이지도 않은 학문, "미소와 지혜"를 품은 학문, "불평을 모르고 거만하지도 않은" 학문, 형이상학과 종교와 도덕이 사라진 시대에 인간의 미래를 바라볼 줄 아는 학문이 필요하다고 본 것이다. 따라서 『즐거운 학문』은 여전히 당대의 문화를 비판하는 차원에서 쓰였다고 볼 수 있다. 니체는 전통 철학의 기초 개념들이 단순하고 생리적인 요구들을 "순수 정신, 이상, 객관성 같은 관념의 망토로 휘감으며" 무의식적으로 꾸민 것에 불과하다는 과감한 해석을 제시했다. 니체는 과거의 철학이 '신체에 대한 오해'에서 비롯되었다고 보았다. 니체에게 지식이란, 도덕적인 행위와 마찬가지로, 충동들의 관계, 본능들의 관계에서 비롯되는 결과에 불과했다. 사심 없는 지식이란 존재하지 않았다.

의식의 개념과 진리의 개념을 재구성하려는 니체의 시도 역시 이러한 지식 개념에서 유래한다. 의식의 개념이 철학사적인 관점에서 과대평가되어 왔다고 본 니체의 적나라한 지적에 따르면, "우리의 정신적인 생산 활동 대부분은 우리가 전혀 의식하지 못하는 상태에서 전개된다". 결과적으로 진리 역시 지성의 이러한 무의식적인 요인의 위협에서 벗어나지 못한다. 결국 철학자가 발견할 수 있는 유일한 진리란 존재하지 않는다. 진리는 반대로 개인의 다양한 충동과 욕구 사이에서 전개되는 역동적인 유희의 '언제나' 유동적인 결과에 불과하다. 니체에 따르면, 인간은 『즐거운 학문』의 결론에서 거론되는 영원회귀에도 위로받을 수 없고 아무것도 확신할 수 없는 고독한 존재다. 인간이 저지르는 수많은 실수와 실수에서 비롯된 고통이 운명적으로 끝없이 반복되며 학문의 즐거움 자체를 허망하게 만들기 때문이다.

1880년대에 들어서면서 현실을 역동적인 관점으로 바라보기 시작한 니체는 다름 아닌 역동성을 바탕으로 기존의 모든 교리적, 형이상학적 관점에 대한 파괴적인 비판을 감행했다. 세계의 끝없는 운동과 역동성에 주목하면서 니체는 현실에 대한 모든 플라톤적이고 이원론적인 해석을 위기에 빠트렸다. 니체에 따르면, 힘을 좌우하는 것은 본질적으로 힘의 발현이며 따라서 힘의 외부에 그것의 형식을 구축하는 어떤 실체가 존재한다는 것은 잘못된 생각이다. 힘의 형식은 힘의 표현인 것처럼 보이지만 사실은 표현의 불가능성을 드러낼 뿐이다. 달리 말하면, "모든 것이 힘"이다. 단지 유기체의 경우에만 필연적으로 신체라는 매개체가 필요할 뿐이다.

『차라투스트라는 이렇게 말했다』를 집필하던 시기에 니체는 또 다른 현실

해석을 시도하면서 새로운 가치를 창출할 수 있고 영원회귀 사상과도 일맥상
통하는 세계관의 원동력을 가리키기 위해 '힘에의 의지'라는 표현을 사용하기
시작했다. 니체는『힘에의 의지Der Wille zur Macht』라는 제목의 저서를 직접 계획하
고 쓴 적이 없지만, '힘에의 의지'라는 표현만큼은 니체의 사유를 구축하는 핵
심 개념들 가운데 하나다. '힘에의 의지'란 자아의 협소한 관점과 시야의 한계
를 뛰어넘으려는 의지, 또는 냉철하고 무인칭적인 객관성을 추구하는 대신 다
양한 시각과 폭넓은 관점을 확보하려는 의지를 말한다. 힘의 첫 번째 단계에
서는 위계화와 기능화를 통해 혼돈에 형체를 부여하고 혼돈을 다스리는 작업
이 이루어지고, 좀 더 높은 단계에서는 개별적인 힘의 구심점에서 출발하는 불
안하고 협소한 관점으로부터 멀어지는 과정이 실행된다. 니체는 '힘에의 의지'
를 표상할 수 있고 '정의'에 도달할 수 있는 능력을 지닌 개인들의 역사적인 출
현이, 우발적일 뿐 충분히 가능하다고 보았다. 니체가 가장 이상적인 예로 제
시한 인물은 괴테다. 니체는 괴테를 "가장 폭넓지만 그렇다고 해서 혼란스럽지
않은" 인물로 정의했다.

　니체가 1880년대에 구축한 또 하나의 핵심 개념은 바로 '초인'이다. '초인'은
모든 생동주의적인 관점의 편협성을 극복하기 위해 생동주의를 부인하는 대신
그것을 좀 더 완전한 형태로 수용할 줄 아는 인물이자 영원회귀의 정신을 받아
들이면서 모든 현실에 적응할 줄 알고 모든 현실을 자신에게 적응시킬 줄 아는
인물이다. 그를 움직이는 것은 "아모르파티amor fati", 즉 운명애運命愛이며 "너 자
신이 되어라"라는 의지의 가장 풍부하고 고귀한 표현이다. 이 운명애를 토대로
초인은 새로운 자유를 얻는다. 초인의 "자유로운 정신은 환희와 확신으로 가득
찬 숙명론을 받아들이며 모든 것의 중심에 서서 오로지 동떨어진 것만이 비난
받아 마땅하며 모든 것이 전체 안에서 구원받고 긍정될 수 있다는 믿음을 지닌
다. 그는 더 이상 부정하지 않는다. 이것은 가능한 온갖 믿음들 가운데 가장 고
귀한 믿음이다. 나는 이 믿음에 디오니소스라는 이름으로 세례를 주었다".(『우
상의 황혼』)

　니체는『아침놀Morgenröte』(1881년)을 집필하면서 '도덕을 상대로' 전투를 벌이

기 시작했다. 이 저서에서 도덕은 설득을 위한 탁월하고 악마적인 기술의 총체이자 "철학자들의 키르케"로 정의된다. 니체는 키르케에게 유혹당한 플라톤, 루소, 칸트 같은 철학자들이 그들의 철학체계를 "모래 위에 구축했고" 이를 절대적인 것으로 선전했을 뿐이라고 주장했다. 니체에 따르면, 절대적인 가치란 존재하지 않으며 도덕은 오히려 오류를 토대로 구축된다. 가장 심각한 오류는 도덕적인 행위가 의식적인 행위이기 때문에 가치를 지닌다는 그릇된 믿음이다. 니체가 폭로하는 이 '뿌리 깊은 오류'는 소크라테스와 플라톤의 윤리적 지성주의에서 발견된다. 니체에 따르면, 이들의 "광기와 억측"은 "올바른 지식에 올바른 행위가 뒤따른다는 믿음"에서 비롯된다. 니체는 소크라테스와 플라톤이 올바른 행위란 무엇인가에 대한 '인식'에 올바른 '행위'가 뒤따르지 않는 경우를 "혐오했다"고 보았다. 소크라테스나 플라톤과는 달리 니체는 특정 행위에 대해 우리가 알고 있는 '앎'이 결코 그 행위를 실천에 옮기도록 만드는 요인의 전부는 아니라고 주장했다.

이는 본질적으로 두 가지를 의미한다. (1) 인간의 의지는 자유롭지 못하다. 특정 행위의 주체는 그 행위가 어떤 요인에서 비롯되었는지 혹은 무엇을 의미하는지에 대해 가장 먼저 완벽하게 이해하는 존재가 아니다. (2) 인간의 도덕적 행위에 대해서는 어떤 평가도 불가능하다. 심지어는 그리스도교 교리도 인간의 행위가 오로지 신에 의해서만 평가될 수 있다고 규정한다.

니체에 따르면, 인간의 행위는 기본적으로 생존 본능과 쾌락의 탐색에서 비롯된다. 하지만 이는 인간의 행위가 완전하게 이해될 수 있다거나 어떤 단순한 메커니즘의 결과로 간주될 수 있다는 것을 의미하지 않는다. 니체에 따르면, 인간이 전적으로 순수한 의도에서 시도하는 도덕적 행위, 예를 들어 희생이라는 비이기주의적인 행위를 할 경우에도 도덕적 행위는 언제나 이기주의적인 요인에 좌우된다. 자기 분열은 사실상 인간이 자신의 일부, 혹은 그가 가장 사랑하는 부분을 자기 바깥으로 표출하는 메커니즘에 지나지 않는다. 이때 사유, 야망, 창조물처럼 또 다른 형태로 표출되는 자아를 위해 자아의 남은 부분을 희생시키는 것이다. 이 희생은 항상 객관적으로 표출되는 부분과 일치하는 자기 사랑을 충족하려는 욕망, 즉 이기주의에 좌우된다. 도덕은 "행복 고유의 법칙에서 솟아나는" 자연스러운 행복의 탐색에 어떤 식으로든 도움이 되지 못한다. 행복이 도덕에서 발견하는 것은 오히려 장애물뿐이다. '도덕적'이라고 불리는 계율들은 사실상 개인의 삶을 직접적으로 훼방하는 것들뿐이며 어떤 식으로든 개인의 행복을 '원하지' 않는다. 인간은 결코 '지고의 행복'을 무의식적으로 추구하지 않는다. 아울러 '이성의 발달에 도덕성이 부도덕성보다 훨씬 더 큰 도움이 된다는 견해' 역시 틀렸다고 볼 수밖에 없다. 그렇다면 왜 도덕에 대해 이야기하는가? 도덕은 어떻게 정의해야 하는가? 니체의 대답은 일관적이지 않다. 무엇보다도 니체는 도덕을 일종의 과정으로, 도덕의 가치를 '생성된' 가치로 간주했다. 니체는 한편 도덕이 공동체의 보존을 위해 탄생했고 다양한 종류의 계율로 세분화되었다고 보았다. 니체가 아포리즘 형식의 저서 『아침놀』과 『인간적인, 너무나 인간적인』에서 변화무쌍한 방식으로 분석하는 것이 바로 이 계율들이다.

　반면에 『도덕의 계보학Zur Genealogie der Moral』(1887년)에서 도덕은 훨씬 더 구체적이고 세분된 형태로 논의된다. 세 부분으로 구성된 이 책에서 니체는 도덕의 기본적인 유형을 두 종류, 즉 '주인들의 도덕'과 '노예들의 도덕'으로 구분했다. 첫 번째 유형의 도덕은 강한 성격의 개인 혹은 지배자의 이기주의적인 요구들을 원칙으로, 두 번째 유형은 억압받는 개인의 나약함을 지고의 원칙으로 내세운다. 니체는 후자가 본질적으로는 원한에 가까운 감정을 바탕으로 '평등성', '동정', '금욕' 같은 가치들을 선전한다고 보았다. 『도덕의 계보학』 1부에서 니체는 '선과 악'의 개념과 '좋음과 나쁨'의 개념을 비교 분석하면서 이 개념 쌍들이 표면적으로만 동등해 보일 뿐 본질적으로는 다르다는 점에 주목했다. 니체는 그리스도교가 다름 아닌 노예의 도덕에서 탄생했기 때문에 그리스도교를 심리학적인 차원에서 바라볼 필요가 있다고 주장했다. 제2부에서 니체는 '죄'와 '양심의 가책'을 주제로 '양심의 심리학'을 제시했다. 니체는 그리스도교가 이 개념들을 특별히 잔인한 방식으로 발전시켜 왔다고 진단했다. 제3부에서는 금욕주의 이상의 의미를 다룬다. 니체는 금욕주의가 본질적으로는 고통에 의

미를 부여하거나 고통을 이겨 낼 수 있는 육체를 부정하고 삶 자체를 부정하면
서 위력을 발휘한다고 보았다.

출처를 확인할 수 없는 정보에 따르면, 1889년 1월 3일 토리노에서 니체는
마부에게 학대당하는 말을 끌어안고 흐느껴 울며 심리적인 붕괴의 조짐을 나
타낸 것으로 보인다. 당시에 니체의 이름은 소수의 지식인들에게만 알려져 있
었다. 책을 읽거나 글을 쓰기가 어려울 정도로 건강이 악화되면서 바젤 대학
의 문헌학 교수직에서 물러난 니체는 1879년 봄부터 적은 연금으로 생계를 유
지하며 건강 회복과 심리적 안정에 적합한 장소를 찾아 스위스, 니스, 이탈리
아의 여러 도시로 거처를 옮기면서 생활했다. 하지만 토리노의 사건이 있은 뒤
몇 년 사이에 건강이 빠르게 악화되었고 니체는 종종 의식을 잃거나 혼수상태
에 빠지곤 했다. 니체가 갑자기 유명해지기 시작한 것이 바로 이 시기다. 특히
1900년 8월 25일 사망한 후에 그의 인기는 급상승했고 빠르게 저속한 형태의
숭배로까지 이어졌다.

전설에 가까운 과장된 평가들이 니체의 철학을 집어삼켰고 결과적으로 그
의 사상은 독일의 신화적 영웅주의나 반라틴주의로 축약되는 경향을 보였다.
당시에 유행했던 표현들, 예를 들어 '금발의 야수', '초인', '힘에의 의지' 같은
표현들은 본래의 철학적 의미를 잃고 잔인하고 천박한 뉘앙스의 슬로건으로
전락하는 양상을 보였다. 의식이 살아 있던 마지막 해에 니체는 오로지 집필에
만 몰두했고 1888년 5월에서 1889년 1월 2일 사이에만 『바그너의 경우*Der Fall
Wagner*』, 『우상의 황혼』, 『안티크리스트*Der Antichrist*』, 『이 사람을 보라*Ecce homo*』, 『니
체 대 바그너*Nietzsche contra Wagner*』를 비롯해 상당한 분량의 글을 집필했다.

니체의 중요성을 인식하기 시작한 다양한 분야의 새로운 지식인들과 문화
인들은 소외되었던 니체가 그만의 철학으로 역사에 지대한 영향력을 행사할
인물이라는 점을 인정하는 듯했다. 하지만 이러한 칭송과 인정의 분위기에서
위험한 오해의 소지와 징후를 가장 먼저 발견한 것은 니체 자신이었다. 니체는
새로운 신앙에 목마른 헌신적인 후계자들이 그의 철학을 두고 제시하는 '신화
적인' 성격의 해석이나 이상주의적이고 '영웅적인', 심지어는 '반유대적인' 해

석, '초인'의 생물학적이고 다윈주의적인 해석에서 오해의 징후를 발견했다.

　이처럼 복합적이고 다양한 해석을 낳은 니체의 저서와 원고들에 대한 역사학적이고 문헌학적인 차원의 연구들은 오래전부터 진행되어 왔다. 학자들의 연구 결과는 니체의 사유에 대한 세분된 구도를 가능한 한 정확하게 조명하기 위한 일련의 도구를 제공했다. 결과적으로 철학자들은 니체가 성찰의 대상으로 주목했던 다양한 철학적 범주와 그의 철학적 여정에서 드러나는 내적인 변화들을 비교적 구체적이고 정확하게 포착할 수 있는 단계에 도달했다. 방법론적이고 이데올로기적인 차원에서 새로운 니체 해석들이 지속적으로 이루어졌지만, 이들 가운데에는 니체를 나치의 영웅으로 간주하는 잔인할 정도로 단순한 해석적 입장들이 실재한다.

『힘에의 의지』 원문과
개념과 해석의 과정

/ 위대한 저서의 탄생

니체는 1888년 가을에 임대한 토리노의 집에서 그를 결국 치매로 이끈 심리적 붕괴를 경험했다. 니체가 살던 집의 주인 다비데 피노Davide Fino는 1889년 1월 19일 니체의 생활용품과 책들, 수첩 등이 담긴 궤짝을 그의 가족에게 발송했다. 모두들 토리노에서 보내온 궤짝 안에 『힘에의 의지』라는 책이 들어 있으리라고 생각했지만 초고로 보이는 글과 메모 외에 다른 책은 발견하지 못했다. 니체의 유산 관리자들은 그 책이 어딘가 다른 곳에 있거나 소실되었을 것이라고 추정했다.

『힘에의 의지』 초고와 출판에 대한 언급은 주로 니체가 『차라투스트라는 이렇게 말했다』를 탈고할 무렵인 1880년대 중반에 쓴 원고들 사이에서 발견된다. 운문의 철학적 활용을 시도한 뒤 니체는 자신의 사유를 체계적으로 소개하는 이론적인 저서의 필요성을 느꼈다. '힘에의 의지'라는 표현을 비롯해 이와 깊은 연관성을 지닌 '모든 가치의 전도Die Umwertung aller Werte'라는 표현은 먼저 『선과 악을 넘어서Jenseits von Gut und Böse』(1886년)와 『도덕의 계보학』(1887년) 같은 저서에서 등장하기 시작했다. 니체는 1887년과 1888년 사이에 『힘에의 의지』에 대한 생각을 정리해 책의 구도를 확정하려고 노력했지만 성공하지 못했다. 하지만 이 실패를 오히려 일종의 전략 수정의 기회로 삼은 니체는 수북이 싸인 초고 일부를 활용해 짧고 간단하지만 효과적인 형태로『우상의 황혼』과『안티크리스트』를 출판했다. 니체는 이 책들이 전작들과는 달리 그에게 국제적인 명성을 안겨 줄 것으로 예상했다. 따라서『힘에의 의지』도『차라투스트라는 이렇게 말했다』가 얻은 차가운 반응과는 다른 결과를 이끌어 낼 수 있으리라고 기대했다. 니체의 제자이자 필경사였던 피터 가스트Peter Gast와 니체의 여동생 엘리자베트는 니체가 남긴 여러 기획안 가운데 하나를 기준으로 초고들을 편집해 1901년의『힘에의 의지』초판에 이어 1906년에 두 배에 가까운 분량으로 증보판을 출판한 뒤 계속해서 또 다른 판본들을 소개했다.『힘에의 의지』는 엄청난 성공을 거두었고 니체의 사유를 대변하는 가장 중요한 작품으로 각광 받았다. 니체는『힘에의 의지』라는 제목으로 책을 쓴 적이 없지만, '힘에의 의지'는 니체가 일찍이 문헌학적 저서들을 집필하던 청년기부터 그의 사상 전체를 뒷받침해 온 핵심 개념이다. 이 개념의 철학적인 의미를 요약하면 다음과 같다. 니체에 따르면, 눈에 보이는 세계는 외관에 불과하며 인간은 현상을 인지할 수 있을 뿐 물 자체를 파악하지 못한다. 이것이 바로 칸트의 가르침이었고 칸트와 쇼펜하우어 이후 후기 칸트주의자들은 물론 물리학자, 생물학자, 생리학자, 심리학자 등 거의 모든 분야의 학자들이 수용했던 부분이다. 하지만 이들이 모든 것을 여분 혹은 외면으로 간주하며 매달리는 본질이란 과연 무엇인가?

　본질은 힘이며 모나드 혹은 에너지를 보유하는 소립자들로 구성된다. 에너지의 구심점들은 위계를 지니며 물리학의 원자, 화학의 분자, 생물학의 세포 등으로 존재한다. 니체는 낮은 단계의 힘이 높은 단계의 힘에 지속적인 영향력을 행사하는 양태가 결과적으로 우주 전체에 하나의 이미지를 부여하며 이 이미지는 영혼과 목표를 지닌 어떤 거대한 존재의 조화로운 이미지가 아니라 희생이나 피해를 감수하고라도 스스로의 뜻을 관철시키려는 '힘에의 의지'가 유일하게 명백한 실체로 부각되는 투쟁 혹은 남용의 이미지라고 보았다. 니체는 이 '힘에의 의지'라는 관점에서 다윈Charles Robert Darwin의 진화론을 해석했고 다윈의 세계관이 지나치게 낙관적이며 목적론적이라고 평가했다.

　세계 안에 실재하는 힘들의 투쟁은 가장 적절한 것의 우세를 궁극적인 목표로 이루어지지 않으며 투쟁 자체를 목적으로 전개된다는 것이 니체의 생각이었다. 그는 힘이 우세를 점하기 위해서가 아니라 단순한 과시를 목적으로 투쟁할 뿐이며 이를 위해 힘 자체의 총체적인 소진까지도 감내하는 것이 힘의 본질적인 특성이라고 보았다. 니체는 힘의 본질을 설명하기 위해 생물학적 특성을 예로 제시했다. 한 생명체의 사멸이 종의 생존을 위해 필요하다는 전통적인 사고의 문제점을 지적하면서 니체는 단세포 생물이 사멸과 동시에 둘로 나뉘어 사실상 두 개의 새로운 생명체를 탄생시킨다는 점에 주목할 필요가 있다고 주장했다. 이 자살에 가까운 행위 속에 바로 힘의 진정한 발현이 있다고 본 것이다. 니체는 힘이 힘 자체를 원할 뿐이며 본질적으로는 힘의 주체가 지니는 의도와도 무관하다고 생각했다.

　니체의 '힘에의 의지'에서 우리는 후기칸트주의 인식론이나 과학의 영향 외에도 쇼펜하우어의 영향력을 어렵지 않게 발견할 수 있다. 쇼펜하우어 철학의 핵심 개념 역시 '의지'다. 하지만 쇼펜하우어의 염세주의가 본질적으로 체념의 교리였던 반면 니체의 염세주의는 능동적인 원리를 추구하며 힘과 힘의 발현에 뒤따르는 모든 것을 칭송하는 경향을 보였다.

　이러한 측면을 고려하면, 니체가 '제3제국Drittes Reich'의 간판 철학자가 되었다는 것은 그리 놀라운 일이 아니다. 물론 니체가 정말 나치주의자였는가라는 문제는 쟁점이 되지 못한다. 중요한 것은 왜 하필이면 '위조'가 다름 아닌 니체의 저서를 대상으로 이루어졌으며 왜 니체의 철학을 교과목으로 진지하게 고려했던 유일한 교육기관이 바로 나치의 학교였느냐는 것이다. 당연히 이러한 문제는 제2차 세계대전이 끝난 뒤에 상당히 진지하고 민감한 화두로 부상했다. 사람들은 '힘에의 의지'가 비극적이고 참혹한 승리를 거둔 시대에 니체의 철학을 진지한 성찰의 대상으로 삼는 것이 과연 합당한가라는 질문을 던졌다. 이 물음을 중심으로 대두된 수많은 해석과 입장들 가운데 주목할 필요가 있는 것은 크게 두 가지다. 첫 번째는 문학적 해석을 제안한 독일 출신의 미국 철학자 발터 카우프만(Walter Kaufmann, 1921~1980년)이 『니체: 철학자, 심리학자, 안티크리스트*Nietzsche:*
Philosopher, Psychologist, Antichrist』(1950년)에서 주장한 내용이다. 카우프만은 예를 들어
니체가 사용한 "금발의 야수"라는 표현이 바그너의 시대에 부활한 고대 독일의
신화적인 영웅들을 가리키는 것이 아니라 동물원의 사자를 가리키는 문학적인
표현이라고 주장했다. 하지만 니체의 철학을 이러한 기교적인 해석보다 한층 더
강렬한 방식으로 부활시킨 인물은 하이데거다. 1961년에 출판한 『니체*Nietzsche*』에
서 하이데거는 완전히 새로운 알레고리적 해석을 바탕으로 니체가 더 이상 시대
적 논쟁의 대상이 아니라는 점을 강조하며 니체를 플라톤, 아리스토텔레스, 데카
르트, 칸트, 헤겔 같은 위대한 철학자들의 대열에 올려놓았다. 하이데거는 『차라
투스트라는 이렇게 말했다』를 아리스토텔레스의 『형이상학*Metaphysica*』을 읽을 때
와 마찬가지의 존중과 경외심을 가지고 꼼꼼히 읽어야 한다고 주장하면서 이러
한 태도를 어떤 해석학적 입장보다도 중요한 것으로 만들었다.

　이와는 달리 좀 더 학구적인 차원에서 역사-문헌학적 방법론을 선택한 학자
들은 무엇보다도 니체의 글이 위조되었다는 점에 주목했다. 원래의 글로 복원하
는 것만이 니체에게 돌아가야 마땅한 철학적 위상을 회복하는 길이며 그래야만
정치적 입장과 무관한 니체 해석이 가능하다고 주장했다. 이것이 바로 1960년대
중반에 니체의 모든 저서에 대한 원전 비평을 시도하면서 편집과 출판에 착수했
던 두 명의 이탈리아 학자 조르조 콜리(Giorgio Colli, 1917~1979년)와 마치노 몬티나
리(Mazzino Montinari, 1848~1986년)의 입장이었다. 물론 이념적인 차원에서 받아들일
수 없는 측면은 모두 위조의 결과라는 그릇된 전제에서 출발했지만, 콜리와 몬티
나리가 치밀한 문헌학적 점검을 거친 뒤에 소개한 '니체 전집'은 결과적으로 니
체에 관한 공정하고 자유로운 토론을 가능하게 만드는 놀라운 문화적 성과를 이
루어 냈다. 하지만 그런 식으로 정통성을 회복한 1960년대의 니체가 1930년대
에 읽히던 니체와 전적으로 다르다는 이들의 주장은 또 다른 문화적 오해에 불과
하다.

/ 위조의 경로

실제로 문헌학적 검토를 위해 이들이 내세운 전제는 니체의 글이 여동생 엘리자
베트에 의해 '여러 경로를 거쳐' 위조되었으리라는 것이었다. 다시 말해 니체의
여동생이 (1) 니체가『힘에의 의지』라는 책을 정말 마지막 순간까지 구상하고 있
었다는 망상에 사로잡혀 있었고, (2) 그런 식으로 그녀가 독자들에게 제시한 판
본이 다름 아닌 니체의 미완성 저서라는 인상을 심어 주었고, (3) 오빠의 글에 극
단적인 표현과 반유대적이고 나치즘적인 성격의 주장들을 삽입했고, (4) 필사 과
정에서 심각한 오류를 범했고, (5) 아포리즘과는 무관한 문구에 아포리즘적인 성
격을 부여했고, (6) 다른 저자들의 책에 대한 니체의 독서 메모를 니체 고유의 사
상적 표현으로 간주했다고 보았던 것이다.

(2)와 (4)는 사실상 답을 내포하고 있어서 문제 자체가 성립되지 않는다. 1901년
에 출판된『힘에의 의지』는 1906년을 비롯해 여러 차례에 걸쳐 증보판이 출판되
었고, 따라서 엘리자베트의 의도가 매번 결정판을 제시했다고는 보기 어렵다. 반
면에 (1)은 확인할 수 없는 인간의 의도를 해석하는 문제이기 때문에 훨씬 복잡
하다. 실제로 건강상의 문제가 아니었다면 니체가 이 책의 계획을 어떤 방향으로
이끌어 갔을 것인지 알 길이 없다. 하지만 (3)에 대해서는 확실하게 사실이 아니
라고 답할 수 있다. 엘리자베트는 반유대적이거나 나치즘적인 주장들을 삽입하
지 않았다. 실제로 위조한 부분이 있다면 그것은 서간문에서 그녀가 사실과는 달
리 자신을 마치 니체가 가장 선호했던 대화 상대자인 것처럼 소개했다는 점이다.

어쨌든 분명한 것은 니체가 정말『힘에의 의지』를 출판할 계획이었다 하더라
도 그것을 결코 우리가 알고 있는 형태로는 출판하지 않았으리라는 것이다. 아울
러 니체가 자신의 글에 아포리즘적인 성격을 부여하지 않았으리라는 것도 어느
정도는 확실하다. 이는 곧 엘리자베트의 오류로 지적된 사항들 가운데 가장 정확
한 것이 (5)라는 것을 의미한다. 물론 이 경우에도 니체가 정말 책을 출판할 계획
이었다면 아포리즘 역시 우리가 알고 있는 형태로는 표현하지 않았겠지만『우상
의 황혼』에서 보여 준 것 같은 아포리즘 형식을 어느 시점엔가 포기했을 가능성

이 전혀 없는 것은 아니라는 반론을 얼마든지 제기할 수 있다.

　끝으로 (6) 역시 일리가 있는 지적이다. 엘리자베트가 니체의 초고에 독서 노트가 포함되어 있었다는 사실을 빈번히 놓쳤다는 것은 인정해야 한다. 하지만 그렇다고 해서 그것이 엘리자베트의 의도였다고 결론 내리기는 힘들다. 왜냐하면 독서 노트의 유래를 밝히는 작업은 그만큼 까다로운 일이었고 오늘날에도 여전히 진행되고 있기 때문이다.

염세주의 논쟁

쇼펜하우어의 『의지와 표상으로서의 세계』(1819년)는 독일에서 이른바 철학적 '포효의 시대'로 불리던 시기, 다시 말해 현실의 이성적인 측면을 칭송하는 헤겔 철학이 절정에 달했던 시기에 출판되었고 역사에 남을 만한 놀라운 실패작으로 기록되었다. 거의 모든 초판 인쇄본들이 소각장에서 불꽃과 함께 사라졌고 교수직과 거리가 멀었던 쇼펜하우어는 대학 교수들이 자신을 상대로 침묵을 조장하며 음모를 꾸몄다며 불평을 늘어놓았다. 하지만 그의 '비주류' 철학은 서서히 확산되었고 1830년대 중반 이후로는 쇼펜하우어를 중심으로 제자들의 동아리가 형성되기 시작했다. 이 제자들을 쇼펜하우어는 '사도' 혹은 '복음기자'라고 불렀다. '사도'는 그를 따랐지만 그를 위해 글은 쓰지 않았던 제자들을, '복음기자'는 그의 사상을 알리거나 옹호하기 위해 글을 썼던 제자들을 가리킨다. 이는 쇼펜하우어에게도 그만의 '학파'가 있었다는 것을 의미한다. 직계 제자들은 어느 누구도 그의 사상을 염세주의적인 관점에서 해석하지 않았다. 염세주의적인 관점은 쇼펜하우어가 세상을 떠난 뒤 에두아르트 폰 하르트만(Eduard von Hartmann, 1842~1906년), 필립 마인랜더(Philipp Mainländer, 1841~1876년), 율리우스 반젠(Julius Bahnsen, 1830~1881년) 같은 지지자들이 도입했다.

퇴역 군인 출신이자 독학으로 철학을 공부한 하르트만은 1869년 『무의식의 철학*Philosophie des Unbewußten*』을 출판하면서 철학자로 이름을 알리기 시작했다. 이 책으로 커다란 성공을 거둔 하르트만은 세 차례나 교수직을 제안받았지만 대학의 문화와 학문세계를 거부했던 쇼펜하우어의 지지자답게 교수직을 받아들이지 않았다. 하르트만은 『무의식의 철학』에서 쇼펜하우어의 철학에 셸링과 헤겔의 몇몇 개념들을 접목하면서 쇼펜하우어 철학의 변형을 시도했다.

하르트만에 따르면, 쇼펜하우어의 둔감하고 눈먼 '의지'는 엄격히 말해 아무것도 '의도'할 수 없었다. 하르트만은 의지가 내면적인 동시에 무의식적인 목적을 지닌다는 사실에 주목할 필요가 있으며 이 무의식을 의식의 단계로 끌어올리는 것이 곧 철학의 임무라고 보았다. 하지만 이 임무를 완수하기 위해서는 무엇보다도 염세주의를 철저하게 학문적인 기반 위에 정초하고 인류의 모든 환영을 철저하게 해체해야 했다.

하르트만은 염세주의의 학문적인 기반을 마련하기 위해 세계의 '행복 지수'를 수학적으로 산출하는 데 주목했다. 하르트만의 계산에 따르면, 실존하는 세계에서 쾌락만 남겨 두고 고통을 제거하면 행복 지수는 항상 0 이하를 유지하는 반면 실존하지 않는 세계에서는 0과 일치한다. 따라서 존재하지 않는 것이 존재하는 것보다 선호할 만한 상태이며 의지의 무의식적인 목적을 뒷받침하는 것은 바로 존재하지 않으려는 성향이다. 구원을 보증하는 것이 바로 현실의 이러한 형이상학적 구도다.

쇼펜하우어가 세상의 고통으로부터 벗어날 수 있는 유일한 가능성을 열반이라는 개인주의적인 차원에 의탁했던 반면 하르트만은 의지로부터, 결과적으로 고통으로부터 벗어나는 과정 자체가 인류 전체의 참여를 전제로 하는 보편적인 차원에서 전개되어야 한다고 보았다. 하지만 이러한 요구가 실현되기 위해서는 인류가 '행복'에 대해 생각하며 유지해 온 모든 환영의 실체가 분명하게 드러나야만 했다. 다시 말해 하르트만은 현실세계에서 주어지는 행복의 환영, 초월적인 차원에서 주어지는 행복의 환영, 인류사의 발전 속에서 주어지는 행복의 환영을 폭로해야 한다고 보았다. 그는 이러한 환영의 실체에 대한 뚜렷한 인식이 가능할 때에만 그가 "세계의 보편적인 구원과 발전 과정에 요구되는 개성의 완전한 포기"라고 부른 태도를 인류가 수용할 수 있다고 주장했다. 그런 식으로 하르트만은 허무주의적인 구원을 제시했지만 이를 실천하는 방식에 대해서는 아무런 언급도 하지 않았다.

필립 마인랜더 역시 독학으로 철학자가 된 인물이다. 은행에서 일하며 쇼펜하우어의 철학에 매료되었던 마인랜더의 염세주의는 "신은 죽었다. 그의 죽음이 곧 세상의 생명이 되었다"라는 문장 속에 집약되어 있다. 그는 고통과 고난과 불행이 지배하는 이 세상에 사실상 신이 머물 자리가 없다고 보았다. 그럼에도 불구하고, 세상은 모든 것이 신과 하나였던 창조 이전 상태로 되돌아가려는 성향을 지녔다는 것이 그의 생각이었다. 그는 세계가 소멸할 운명에 처해 있으며 결국 최종적인 구원을 얻게 되리라는 사실의 과학적인 근거가 엔트로피에 관한 열역학 탐구를 통해 제시될 수 있다고 보았다. 엔트로피는 루돌프 클라우지우스 Rudolf Clausius가 1864년에 도입한 개념이며 기본적으로는 모든 형태의 열역학체계가 자연스럽게 무질서를 향해 진화하는 상태를 가리킨다. 하지만 마인랜더는 이러한 과정을 활성화하고 가속화하기 위해 무언가를 할 수 있고 또 해야 한다고 보았다.

마인랜더는 구원을 가속화하는 방법에 세 가지가 있다고 보았다. 첫 번째, 사회주의는 수요를 제거함으로써 인류를 쇠약하게 하고 그런 식으로 인류의 소멸을 예비하는 방법이다. 두 번째 방법은 절제와 금욕의 보편화다. 금욕은 장기적으로 보았을 때 인류의 멸종으로 이어질 수 있다. 세 번째 방법은 자살이다. 마인랜더에 따르면 자살은 개인을 곧장 원천적인 무無에 도달할 수 있도록 할 뿐만 아니라 본보기가 되는 행동의 의미를 지닌다. 마인랜더가 몸소 행동으로 옮긴 것이 바로 이 세 번째 방법이다. 1876년 3월 31일 밤, 마인랜더는 자신의 저서 『구원의 철학 Philosophie der Erlösung』 초판본을 받아 본 뒤 이론과 실천의 극단적인 일관성을 보여 주며 스스로 목숨을 끊었다.

고등학교 선생이었던 율리우스 반젠은 1856년에 쇼펜하우어를 직접 만난 적이 있고 그때부터 그의 제자를 자처했다. 첫 번째 저서 『성격학을 위한 기여 Beiträge *zur Charakterologie*』(1867년)에서 반젠은 개인적인 차원의 개별적인 의지를 깊이 연구하기 위해 의지의 형이상학, 다시 말해 쇼펜하우어적인 교육학의 기반으로도 활용될 수 있는 성격학을 발전시켰다. 하지만 마지막 저서인 『세상의 본질과 세상에 대한 지식 속의 모순*Der Widerspruch im Wissen und Wesen der Welt*』(1880~1882년)에서는 쇼펜하우어의 이론을 염세주의적인 관점에서 해석하며 모든 구원의 가능성을 부정했다. 반젠에게 세상은 시작도 끝도 없는 "영원한 황혼"에 불과했다. 반젠의 '사실적 변증법'은 쇼펜하우어 이후 가장 극단적인 형태의 염세주의로 발전했고 결국 '불행주의'라는 이름을 얻었다.

하르트만의 『무의식의 철학』이 출판된 뒤 독일 내부에서는 이른바 '염세주의 논쟁'이 활발히 전개되었고 당대의 독일 문화를 대표하던 지식인들까지 적극적으로 참여했다. 결과적으로 염세주의는, 사회학자 게오르크 짐멜Georg Simmel이 정확하게 지적했던 것처럼, 일종의 문화로 인식되기 시작했다. 하지만 당시의 독일 문화는, 적어도 표면적으로는, 염세주의를 수용할 만한 특별한 이유를 가지고 있지 않았다. 프로이센-프랑스 전쟁에서 승리를 거둔 독일은 제국의 기반을 닦으면서 통일의 꿈을 이루어 가고 있었다. 그렇다면 왜 염세주의가 유행했던 걸까?

이것이 바로 쇼펜하우어주의자이면서 자신의 생각을 쇼펜하우어의 사유와 정반대되는 방향으로 발전시킨 니체가 던졌던 질문이다. 니체는 그리스인들이 비극을 통해 보여 주었듯이 실재가 어떤 경우에든 부재보다 선호할 만하다고 생각했다. 삶을 경멸하고 부재를 갈망하는 쇼펜하우어의 염세주의에 맞서 니체는 디오니소스가 상징하는 삶의 비극적이지만 적극적인 수용을 주장했다. 하지만 니체는 쇼펜하우어가 염세주의를 바탕으로 존재의 의미와 가치의 문제를 가장 먼저 제기한 철학자라는 점에 주목했다.

『즐거운 학문』의 357번 아포리즘 '독일적인 것은 무엇인가라는 오래된 문제에 관하여'에서 니체는 쇼펜하우어에서 시작된 철학의 발전상, 다시 말해 염세주의에서 허무주의로 이어지는 발전 과정의 청사진을 제시하며 이렇게 말했다. "또 하나는 쇼펜하우어도 염세주의, 즉 존재의 가치라는 문제를 다루었다는 점에서 확실히 독일인으로 간주해야 하지 않는가라는 견해다. 나는 그렇게 생각하지 않는다. 영혼의 천문학자가 정확한 날짜와 시간을 계산해 냈다고도 볼 수 있을 정도로 이 문제를 확실하게 예견하도록 만든 사건, 즉 그리스도교의 신에 대한 신앙이 몰락하고 과학적 무신론이 승리를 거둔 사건은 모든 민족이 공로와 영예를 치하해야 할 전 유럽적인 사건이었다. 반면에 독일인들, 다시 말해 쇼펜하우어와 같은 시대를 살았던 독일인들은 이 무신론의 승리를 너무 오랫동안 위험천만하게 지연시켰다. 헤겔이야말로 이 승리를 뒤로 미루는 데 탁월했던 인물이다. (…) 철학자 쇼펜하우어는 독자적이고 고집스러운 최초의 독일 무신론자였다." 니체는 쇼펜하우어에 비해 쇼펜하우어 이후의 염세주의가 분명히 퇴보의 길을 걸었다고 보았다. "이는 물론 폰 하르트만을 두고 하는 말이 아니라 반대로 그가 우리에게는 지나치게 영리한 인물이었다는 아직까지도 해소되지 않은 나의 오랜 의혹에 관한 이야기다. 그러니까 내가 하고 싶은 말은 그처럼 악의적이고 교활한 인간이 처음부터 독일의 염세주의를 우롱하는 데 그치지 않고 결국에는 제국의 기반을 다져야 할 시대에 독일인들을 과연 어디까지 우롱할 수 있는지 그 분명한 예를 독일 국민에게 유서로 물려주었다는 것이다. 반면에 이렇게도 묻고 싶다. 고통스러운 사실적 변증법과 '개인적 불운'을 맴돌며 평생 쾌락을 느꼈던 반젠 같은 낡은 팽이를 과연 독일인의 영예로 여길 수 있을까? 독일적이라는 것은 바로 이런 것을 말하는가? (…) 아니면 늙은 처녀나 딜레탕트와 다를 바 없는 달콤한 순결의 사도 마인랜더 같은 인물을 진정한 독일인으로 간주할 수 있을까? (…) 하르트만을 비롯해 반젠도, 마인랜더도 명확하게 파악하지 못한 것이 있다면 그것은 바로 쇼펜하우어의 염세주의, 신이 사라진 어리석고 맹목적이며 광적이고 의심스러운 세계를 바라보며 공포에 사로잡힌 그의 시선, 그의 진지한 경악이 독일인들 사이에서 결코 예외적인 경우가 아니었을 뿐 아니라 오히려 지극히 독일적인 사건이었다는 점이다. (…) 아니! 오늘날의 독일인들은 염세주의자가 아니다! 쇼펜하우어는 염세주의자였다. 다시 한번 말하지만, 염세주의자 쇼펜하우어는 독일인이라기보다는 훌륭한 유럽인이었다."

쇼펜하우어가 신의 죽음을 인정한 최초의 철학자이자 허무주의의 선구자라는 점을 강조하면서 니체는 근대의 유럽 문화에서 쇼펜하우어가 차지하는 위상과 그의 철학이 지니는 고유한 의미를 분명하게 밝히고 가치를 인정했을 뿐만 아니라 사실상 니체가 아니었다면 이해하기 힘들었을 독특한 문화현상, 즉 19세기 말에 다름 아닌 독일에서 철학적 허무주의가 확산된 현상에 대해 상당히 설득력 있는 해석을 제시했다. 실제로 허무주의는 유럽에서 공산주의의 유령이 이미 맴돌던 시기에 확산되기 시작했다.

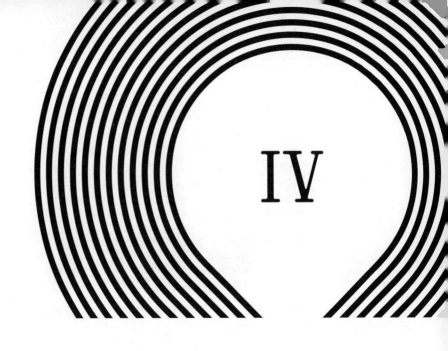

IV

실증주의 철학과
사회적 발전

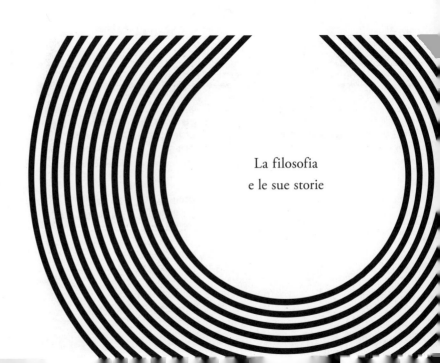

La filosofia
e le sue storie

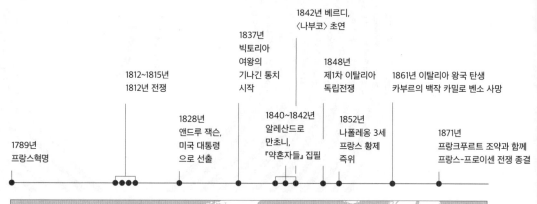

1789년
프랑스혁명

1812~1815년
1812년 전쟁

1828년
앤드루 잭슨,
미국 대통령
으로 선출

1837년
빅토리아
여왕의
기나긴 통치
시작

1840~1842년
알레산드로
만초니,
『약혼자들』집필

1842년 베르디,
〈나부코〉초연

1848년
제1차 이탈리아
독립전쟁

1852년
나폴레옹 3세
프랑스 황제
즉위

1861년 이탈리아 왕국 탄생
카부르의 백작 카밀로 벤소 사망

1871년
프랑크푸르트 조약과 함께
프랑스-프로이센 전쟁 종결

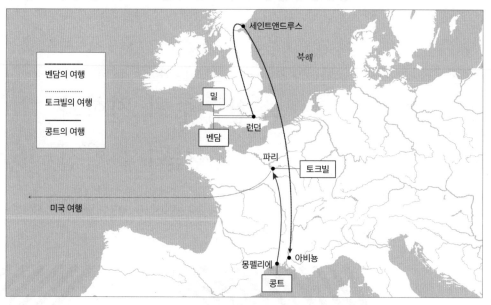

벤담의 여행

토크빌의 여행

콩트의 여행

세인트앤드루스

북해

밀

런던

벤담

파리

토크빌

미국 여행

몽펠리에

아비뇽

콩트

1789년
제러미 벤담,
『도덕 및 입법의
원리 서설』출판

1803년 맨 드 비랑,
『사고력에 끼치는
습관의 영향』출판

1835년
알렉시 드 토크빌,
『미국의 민주주의』
1권 출판

1843년 존 스튜어트 밀
『논리학 체계』출판
빈첸초 조베르티,
『이탈리아인들의
도덕적 문화적
우월성』출판

1874년
에밀 부트루,
『자연법칙의
우연성에
관하여』출판

1833년
존 스튜어트 밀,
『벤담의 철학에
관한 의견』출판

1842년 콩트,
『실증철학 강의』완성

1859년 존 스튜어트 밀,
『자유론』출판

1831년 토크빌, 형무소 체제를
연구하기 위해 미국 유학

1879년 로베르토 아드리고,
『실증주의자들의 도덕성』출판
아우구스토 베라,
『카부르와 자유국가의 자유교회』출판

1830년 안토니오 로스미니,
『관념의 기원에 관한 새로운 에세이』출판

산업사회의 발전과 기술의 진보는 분석적이고 실험적인 성격의 과학이 제공하는 새롭고 다양한 가능성에 대한 신뢰를 증대시켰을 뿐만 아니라 인간을 위한 삶의 조건을 향상하고 인류 전체에 행복을 가져다 줄 발전적인 역사에 대한 긍정적이고 진보적인 사고 역시 증폭시켰다.

하지만 앙리 드 생시몽이 '실증주의Positivisme'라는 용어를 고안하면서 사용한 'positive'라는 용어는 긍정적이라는 뜻이 아니라 라틴어 'positum'이 의미하는 '주어진' 혹은 '정해진' 것, 즉 추상적인 개념이나 상상의 미래와는 거리가 먼 사실적인 정보를 가리킨다. 생시몽은 이 '실증주의'라는 용어를 『산업 종사자들의 교리문답』(1823~1824년)에서 처음으로 사용했다. 하지만 이 용어를 널리 알리는 데 결정적인 역할을 한 인물과 저서는 오귀스트 콩트와 그의 『실증철학 강의Cours de philosophie positive』(1830~1842년)다. 계몽주의적 이성주의에 주목하는 경향이 있는 실증주의의 가장 중요한 특징은 무엇보다도 자연과학을 지식의 유일한 원천이자 앎의 유일한 패러다임으로 간주했다는 데 있다. 이는 곧 과학적 방법론을 인간과 인간의 행동방식을 탐구하는 학문에도 적용한다는 것을 의미했다.

실증주의는 본질적으로 산업화 시대의 철학이었고 수학을 비롯해 화학, 생물학, 의학, 물리학 같은 자연과학을 비롯해 신생 학문이었던 사회학의 발전에 주목했던 철학이다. '사회학Sociologie' 역시 콩트가 인간 사회의 진화 과정뿐만 아니라 기능적이고 구조적인 측면에서 반복적으로 확인되는 현상들에 대한 실증적인 탐구의 영역을 규정하기 위해 사용한 용어다. 근대의 태동기와 근대를 완성하는 계몽주의 시대에 과학적 지식의 패러다임이 역학이었고 과학의 탐구 대상이 기하학적 연장extensa의 세계였다면 이러한 상황은 실증주의의 등장으로 변화를 겪게 된다. 다시 말해 실증주의는 과학적 패러다임을 역학에서 생물학으로, 과학의 탐구 대상을 기하학적 세계에서 유기체로 바꾸어 놓았다. 이 유기체 개념은 점점 더 복잡해지고 차별화되는 사회의 점진적인 진보를 정의하기 위한 핵심 용어로 활용되었다.

콩트의 『실증철학 강의』는 12년에 걸쳐 1842년에 완성되었고 허버트 스펜서의 『종합 철학의 체계A System of Synthetic Philosophy』라는 기념비적 저서는 34년에 걸쳐 1896년 완성되었다. 그 사이에 출판된 『종의 기원The Origin of Species』(1859년)에서 찰스 다윈은 동물과 식물의 진화를 '생존을 위한 투쟁'과 '자연적 선별'이라는 개념을 바탕으로 설명했다. 다윈은 환경에 적응하는 탁월한 능력을 지닌 특성들이 동시에 항구적으로 고착되거나 유전적으로 보존되려는 성향을 지니며 그런 식으로 종이 환경에 적응하고 새로운 형태의 종으로 서서히 진화하는 과정 자체를 결정짓는다고 보았다.

하지만 다윈의 이러한 생각을 수용한 실증주의자들은 진화의 논리를 지나치게 강조함으로써 '진화'가 '진보'와 중첩되는 결과를 가져왔고 오늘날에는 사실상 다윈의 진정한 의도였다고 보기 힘든 목적론적인 의미를 진화론에 부여했다. 예를 들어 콩트는 인간의 지식이 유아기에서 성년기에 이르는 인간의 성장 과정과 유사하게 종교적 미신의 단계에서 과학을 정복하는 단계로 발전한다고 설명했다.

실증주의는 철학 사조라기보다는 철학적 '태도'에 가까웠고 '과학에 대한 신뢰'라는 확고부동한 요소를 바탕으로 출발했음에도 불구하고 현실을 해석하는 상이한 관점들을 수용하면서 결과적으로 철학적 견해 자체를 상당히 다양한 사회적 맥락에서 이해하는 성향을 보였다. 예를 들어 잉글랜드에서는 산업혁명이 하나의 완결된 역사적 사실이었던 반면 프랑스에서 산업혁명은 여전히 확인되지 않은 여러 가지 가능성들의 전제에 불과했다. 한편 존 스튜어트 밀 John Stuart Mill의 실증주의는 콩트와 다윈의 사상이 지니는 몇 가지 특징들을 자유 실용주의 문화와 융합하는 방향으로 나아갔다. 독일의 실증주의는 다른 곳에서보다 훨씬 더 뚜렷하게 유물론적인 차원에서 출발했고 이탈리아의 실증주의는 스펜서의 사상과 독일의 실증주의를 집중적으로 수용하는 성향을 보였다.

1

오귀스트 콩트와 실증주의

1.1 성장과 정치적 입장

실증주의를 대표하는 철학자 오귀스트 콩트(1798~1857년)는 군주제를 지지하는 전통적인 가톨릭 가정에서 태어나 프랑스 최초의 부르주아 엘리트 교육기관인 '에콜 폴리테크니크École Polytechnique'에서 공부했다. 콩트는 1831년 혁명이 일어났을 때 자유주의 정부를, 1848년에는 루이 보나파르트Louis Napoléon Bonaparte의 반란을 지지했다. 콩트의 제자들은 스승의 이러한 정치적 입장을 긍정적으로 받아들이지 않았다. 콩트는 가족 문제와 심리적인 문제, 경제적인 문제로 인해 상당히 복잡하고 고된 삶을 살았다. 학계에서 인정받지 못했고 결과적으로 대학에서 가르칠 기회를 얻지 못한 콩트는 개인교사로 수학을 가르치며 생활했다.

콩트가 실증주의 사유를 체계화하던 시기에 프랑스에서는 계몽주의적인 발전의 갈망과 혁명적이고 '파괴적인' 측면의 갈등이 빚어낸 또 하나의 욕구, 즉 건강하고 조화로운 사회를 되찾으려는 욕구가 널리 확산되고 있었다. 바로 이러한 차원에서 앙리 드 생시몽은 '유기적인' 기술주의 사회의 건설을 계획했고 그 계획의 사회주의적인 성격을 제자들은 상당히 다양한 방식으로 해석했다.

콩트는 생시몽의 사유를 이론화하고 보급하는 데 참여했고 이어서 1822년에 독자적으로 『사회의 재편성을 위해 필요한 과학적 작업의 계획*Prospectus des travaux scientifiques nécessaires pour réorganiser la société*』을 발표하면서 자신만의 입장을 표명하기 시작했다. 콩트는 기본적으로 종교나 형이상학 같은 낡고 제한적인 사고방식에서 벗어나 과학적 이성과 올바른 자연적 질서를 토대로 정립될 수 있는 정치체계를 추구했다. 그런 의미에서 콩트는 물리적인 현상과 마찬가지로 인간적인 사실들 역시 과학적 탐구와 관찰자의 관점에서 바라볼 필요가 있다고 보았다. 그는 이러한 입장을 추상적인 개념이나 상상의 미래와는 거리가 먼 '정해진' 것들 혹은 사실적 정보를 추구하는 '실증적' 태도로 정의했다. 인간적인 사실들 혹은 인간과 관련된 주제들을 여러 자연과학 분야에서 검증된 방법론과 기준을 바탕으로 다룰 수만 있다면 놀랍도록 객관적인 차원의 인문학을 창출해 낼 수 있다는 것이 콩트의 생각이었다.

콩트의 가장 영향력 있는 저서 『실증철학 강의』는 1830년부터 12년에 걸쳐 완성되었다. 총 6권에 달하는 이 방대한 저서에서 콩트는 모든 분야의 진보가 이루질 수 있다는 확신을 바탕으로 거대한 규모의 과학문화 기획안을 선보였다. 콩트는 인간이 세계와 현실을 설명하기 위해 상당히 다양한 지적 태도를 취해 왔고 마르크스가 경제를 기준으로 시대의 변천사를 설명한 것도 이러한 예들 중 하나라고 보았다. 인류의 진보가 바로 이러한 지적 태도의 다양성을 집약적으로 표상하는 세 단계, 즉 신학적 단계, 형이상학적 단계, 과학적 단계를 거쳐 이루어진다는 것이 콩트의 생각이었다.

콩트에 따르면, 신학적 혹은 종교적 단계의 인간은 경험을 바탕으로 인지한 현상들이 대부분 초자연적인 요소에서 유래한다고 간주했고 이 요소들이 자연의 규칙뿐만 아니라 기적처럼 절대적으로 예외적인 현상도 생산해 낸다고 생각했기 때문에 세계 안에서 발생하는 모든 문제의 해결책을 바로 이 초자연적인 요소에서 발견하려고 노력했다. 콩트는 이 첫 번째 단계에서 생산되는 개념들이 환상과 크게 다르지 않다는 점에 주목했고 결과적으로 이 단계가 '허위적인' 성격을 지녔다고 평가했지만 이 경우에도, 내부적인 차원의 진보를 바탕으로, 모든 자연현상이 영혼을 지녔다고 보는 물신주의가 다신주의를 거쳐 모든 사물이 단 하나의 신성한 원리에서 출발한다고 보는 유일신주의로 발전했다고 주장했다.

콩트는 두 번째 혹은 과도기적 단계를 형이상학적 단계로 명명하면서 이 단계에서는 앞서 영혼을 지녔다고 간주되던 초자연적인 요소들을 대체하며 영적이지는 않지만 현상세계에 내재하며 동시에 현상들의 생성을 주도하는 자연적 힘이 부각된다고 보았다. 콩트에 따르면, 이 단계에서 삶은 일종의 '생명력'으로 간주된다. 아울러 신학적인 단계가 절정에 이르면서 유일신 개념에 도달했듯이, 이 두 번째 단계도 모든 것이 모든 유형의 힘들을 총괄하는 유일하고 보편적인 힘, 즉 자연에서 유래한다고 보는 관점에 도달하게 된다.

마지막으로 과학적인 단계 혹은 실증적인 단계에 이르면 인간은 고유의 상상력과 환상이 정신세계의 발전을 위해 필수적인 요소였음에도 불구하고 환상에만 의존하는 모든 유형의 설명을 포기하고 더 이상 초월적인 존재나 실체 혹은 그와 유사한 성격의 개념에 의존하지 않으며 경험적 근거에만 의존하는 증인의 관점에 모든 종류의 담론과 이론을 의탁한다. 콩트는 이 과학적 단계의 '본질적인 특징'을 세 가지로 분류했다. 첫 번째는 무엇보다도 사실을 중시하는 경향이다. 이러한 경향은 현상에 대한 사실적 이해가 현상이 우리의 경험적 감각에 포착될 때에만 가능하다고 보는 입장에서 그대로 드러난다. 과학적 단계에서 인간의 경험적 세계와 감각은 변화무쌍하지만 점점 더 예리하고 풍부해지려는 성향을 지니며 결과적으로 한층 더 깊이 있는 지식을 보다 진보한 방식으로 검증하려는 경향을 보인다. 그런 의미에서 경험적 사실은 불변하는 진리로 고정되어 있지 않으며 새로운 탐색 도구, 새로운 환경이나 기준 등이 제시될 때마다 변화를 겪는다. 이는 곧 우리의 지식이 상대적인 가치만을 지니며 절대적이거나 완성된 가치는 결코 지닐 수 없다는 것을 의미한다. 과학적 단계의 두 번째 특징은 규칙을 탐구하는 성향이다. 이는 현상들 간의 규칙적인 관계에 집중하며 원인의 탐구에는 주목하지 않는 성향을 말한다. 다시 말해 규칙을 중시하는 성향은 현상의 근본적인 '원인'이나 현상들의 발생 요인 혹은 최종적인 원인, 즉 현상 자체가 '추구하는' 목표의 탐색을 소홀히 하는 성향과 일치한다. 끝으로 세 번째 특징은 미래에 일어날 변화에 주목하는 성향이다. 미래 진단은 과거에 발생했던 현상들에 대한 지식을 바탕으로 이루어진다. 미래를 "내다보기 위해 보자"라는 것이 실증주의의 새로운 모토이며 이는 곧 고전적인 유형의 과학자들이 고수하던 관조적인 태도가 결정적으로 퇴보했음을 의미한다.

하지만 『실증철학 강의』에서 콩트는 과학이 지니는 이러한 보편적인 특징들을 제시하는 데 그치지 않고 이 특징들이 과학의 여러 분야에서 특정한 방식으로 적용될 때 구축되는 해당 분야의 고유한 방법론적 특징에 주목했다. 예를 들어 생물학에서는 전적으로 관찰에 의존하는 방식, 즉 현상을 시야에 포착되는 대로 관찰하는 방식이 지배적이며 물리학에서는 인위적인 실험을 통한 관찰이 지배적이다. 반면에 천문학적 현상들은 실험을 통한 검증이 불가능하기 때문에 대부분 지적인 차원의 추론을 바탕으로 정의된다. 예를 들어 지구의 자전은 육안으로는 확인할 수 없고 이론적인 계산을 통해서만 확인이 가능하다.

과학이 본질적으로 이러한 구도를 지녔다고 상정할 때 모든 지식은 '과학적 단계'에 이르는 일련의 발전 과정을 거쳐 자연스럽게 고유한 종착지에 도달하겠지만 그렇다고 해서 철학의 과제나 역할이 불필요해지거나 사라지는 것은 아니다. 콩트는 철학 역시 과학의 총체적인 진보에 기여하며 나름의 역할을 수행한다고 보았다. 좀 더 구체적으로 말하자면, 콩트는 철학이 과학 자체의 방법론을 여러 측면에서 명확하게 체계화하고, 비록 다양하고 이질적인 분야들이 어떤 유일한 원리에서 유래하는 전적으로 일률적인 체계를 구축하는 것은 아니지만, 다양한 분야의 연구 결과들이 서로 모순을 일으키지 않도록 여러 분야 간의 '일맥상통하는 부분' 내지 상관관계를 규명해야 한다고 보았다.

1.2   과학의 구도

다양한 종류의 과학 지식을 일관적인 구도 안에 체계화한다는 것은 곧 여러 분야에 대한 특정 분야의 상대적인 위상을 식별할 수 있도록 기준을 마련하고 이분야들의 분류법이나 위계질서를 백과사전적이고 체계적으로 구축한다는 것을 의미한다. 콩트는 과학의 여러 핵심 분야에 각 분야가 보유하는 보편성과 확장성의 정도를 기준으로 구체적인 위상을 부여했다. 예를 들어 물리학은 생물학보다 낮은 위상을 차지하며 이는 물리학이 생물학에 비해 훨씬 보편적이고 확장성이 뛰어난 현상들을 다루기 때문이다. 다시 말해 물리학 법칙은 유기적인 생명체에만 국한되지 않고 모든 물체에 적용된다. 반면에 생물학의 상황은 훨씬 더 복잡하다. 실제로 유기적인 생명체는 물리-화학적인 현상들을 바탕으로 구축되지만 화학이나 물리학으로는 환원되지 않는다. 다시 말해 화학이나 물리학만으로는 설명이 불가능하다.

  과학의 '분류'를 논하는 것은 과학의 가치를 평가하는 것과 다르다. 중요한 것은 오히려 분야별 확장성의 범위를 규명하고 분야들 간의 상대적인 위상을 규정하는 일이다. 콩트는 과학의 핵심 분야를 여섯 종류로 분류했다. 물론 다섯 종류만 언급하며 수학을 제외하는 경우가 많은 것은 수학을 모든 학문의 기초적이고 보편적인 도구로 간주했기 때문이다. 콩트는 가장 낮은 단계에 다름 아닌 수학을 위치시킨 뒤 천문학, 물리학, 화학, 생물학, 사회학의 순서로 한 단계씩 상승하는 구도를 제시했다. 콩트는 여기서 각 분야가 바로 아래 단계에 위치한 분야의 법칙들을 활용하는 동시에 타 분야와 공유가 불가능한 고유의 법칙들을 지닌다고 보았다. 공유가 특별히 까다로운 경우는 물리학과 화학의 법칙들을 생물학과 사회학 분야에 적용할 때 발생한다. 콩트는 따라서 생명체를 구축하는 다양한 기능들의 분석과는 별개로 "지적이고 감성적인" 기능, 즉 오늘날 인간의 심리적 현상이라고 부르는 것을 다루었다. 하지만 콩트에게 지성이나 감성에 대해 논한다는 것은 사실상 '두뇌의' 기능에 대해 논한다는 것을 의미했다.

콩트는 과학 분야들의 위계를 제시함으로써 '환원주의Réductionnisme', 즉 유기적인 현상들에 대한 물리적이고 화학적인 설명에만 집중하는 태도를 분명하게 거부했다. 하지만 콩트는 심리적 현상을 연구할 때에 여전히 프랑수아 조세프 빅토르 브루세François Joseph Victor Broussais처럼 오로지 "객관적으로" 드러나며 "외형적으로" 제어 가능한 것들만을 과학적으로 다룰 수 있다고 주장하면서 내면의 관찰이나 심상 연구를 거부하는 학자들의 의견에 동조하는 성향을 보였다. 따라서 콩트가 제시한 과학의 위계 구도 속에 사실상 심리학의 자리는 없었다고 보아야 한다. 바로 이 예외적인 상황이 상당수의 실증주의 철학자들에게 많은 비판을 받은 부분이다. 비판적인 태도를 견지했던 실증주의자들 가운데 몇몇은 다름 아닌 심리학의 선구자로 간주된다.

반면에 콩트는 사회적인 성격의 유기체 혹은 사회 공동체에 대한 연구를 고유의 구조와 역동성을 지닌 독립적이고 자율적인 분야로 소개하면서 과학의 위계적인 구도 내부에서 가장 높은 위상을 차지하는 학문으로 간주했다. 콩트는 사회적인 현상들이 한 번도 과학적인 차원에서 진지하게 연구된 적이 없고 결과적으로 올바른 정치를 위한 개념들이 확보된 적이 없기 때문에 모두가 편협하고 개인적인 기준으로 정치를 이끌어 왔다는 점에 주목했다. 바로 그런 이유에서 콩트는 사회를 탐구하는 학문에 과학적인 기반을 마련하는 것이 가장 시급하고 중요한 과제라고 주장했다. 그는 이 학문을 다름 아닌 '사회학Sociologie'이라는 이름으로 부르기 시작했고 동일한 탐구 영역을 지칭하기 위해 빈번히 '사회적 물리학Physique sociale'이라는 용어를 사용했다. 여기서 사회학을 다름 아닌 자연과학, 무엇보다도 물리학을 모형으로 발전시키고자 했던 콩트의 의도를 엿볼 수 있다.

물론 사회학이 물리학이나 생물학의 부록에 불과했던 것은 아니다. 콩트는 인간의 삶에 실질적인 영향력을 행사하기 때문에 새로운 차원의 규칙들을 토대로 정의할 필요가 있는 사회적 조건들이 존재한다고 보았다. 사회학이 생물학과 다르다는 것을 가장 분명하게 보여 주는 것은 사회학의 모체 사상, 즉 인간 사회가 삶의 양태를 일정한 상태로 유지하는 것에 만족하는 하등한 동식물의 세계와는 달리 근본적으로는 "인류의 점진적인 발전 혹은 지속적 진보"에 대한 확신을 바탕으로 존속한다는 사상이다.

콩트의 사회학은 두 종류의 탐구 방식, 이른바 '사회적 정역학'과 '사회적 역학'을 토대로 체계화된다. 먼저 '사회적 정역학'은 사회의 해부학적 구조 혹은 조화의 구도, 다시 말해 모든 사회가 필연적으로 존중해야만 하는 질서의 구조를 탐구한다. 따라서 정역학적 사회학은 어떤 식으로 사회적인 요인이나 특징들이 서로 밀접한 관계를 유지하며 사회의 총체적인 통일성 유지에 기여하는지 탐구한다. "정역학적 법칙의 진정한 철학적 원리"는 사회의 몸과 구성 요소들의 결속을 주도하는 생명체들의 성향과 결속에 대한 이들의 근본적인 동의에 의해 주어진다. 다시 말해 사회는 사회적 결성의 가장 기본적인 형태, 즉 가족이라는 기초적인 '사회 단위'의 형성에 결정적인 역할을 하는 결속력을 가정하지 않고서는 설명하기 힘들다. 콩트에 따르면, 가족의 형태는 시대와 지역에 따라 크게 다르지만 모든 형태의 가족은 예외 없이 두 가지 공통분모, 즉 여성이 남성에게 복종하고 나이가 적은 사람이 많은 사람에게 복종한다는 공통점을 지닌다. 콩트는 기본적으로 두뇌 활동이라는 자연적이고 신체적인 요소의 관점과 사회 내부에서 주도적인 역할을 해야 하는 '추상적인 지성'의 관점에서 여성이 남성에 비해 열등하지만 감성과 사교성의 측면에서는 여성이 사회적으로 중요한 역할을 한다고 보았다. 아울러 콩트는 가족이 사회의 조직적인 측면을 결정짓는 가장 기초적인 요소이며 사회가 기본적으로는 수많은 가족 구성원을 기반으로, 아울러 노동의 세분화는 물론 모두가 사회 자체의 존속을 위해 서로의 역할을 존중하며 경쟁에 참여하는 구도를 바탕으로 성립된다고 보았다.

'사회적 역학'은 반대로 사회의 움직임과 발전과 진보를 다룬다. 콩트는 이 진보가 본질적으로는 지적 향상과 연결된다고 보았다. 그가 집중적으로 다루었던 것 역시 사회적이고 정신적인 측면의 진보다. 반면에 콩트는 생물학자들이 주목했던 생물학적 발전에 별다른 관심을 기울이지 않았다. 콩트에 따르면, 지적 진보 역시 본질적으로는 앞서 언급한 세 단계, 즉 신학적, 형이상학적, 과학적 단계를 거쳐 이루어지며 각 단계는 고유의 사회적, 정치적 구도를 지닌다. 예를 들어 신학적 정신이 지배하는 사회에서 "인간의 활동은 본질적으로 군사 활동이었고 사회 자체는 정상적인 사회로 발전하기 위한 준비 단계의 사회"에 불과했다. 콩트는 이 정상적인 사회가 형이상학적 단계에 해당하는 과도기를 거친 뒤에 실증주의적인 정신에 힘입어 발전하는 양상을 보이며 '산업적 단계' 와 이에 상응하는 '정치적 질서'에 도달한다고 보았다. 그런 식으로 고대에는 군사 활동을 핵심 사업으로 운영되고 교권주의와 노예제도를 바탕으로 엄격한 위계질서가 지배하는 사회가 존재했던 반면 근대에는 군대가 사라지고 순수하 게 생산이 요구하는 과제를 바탕으로 세분화된 산업사회가 존재한다고 보았던 것이다. 콩트는 아울러 인류의 완벽하게 '정상적인' 상황을 상징하는 새로운 사 회가 세 단계로 구성되는 또 다른 위계체제를 지닌다고 보았다. 이 세 단계는 "산업적 혹은 실천적 단계, 미학적 혹은 시적 단계, 과학적 혹은 철학적 단계"를 말하며 마지막 단계가 바로 사회를 이끄는 궁극적인 차원과 일치한다. 이러한 주장을 펼치면서 콩트는 프란츠 조세프 갈(Franz Joseph Gall, 1758~1828년)의 골상학 Phrénologie 이론, 즉 인간의 습관이나 성향이 특정한 뇌 기능의 발달에서 유래한 다고 보는 이론을 근거로 제시했다.

실험실의 생명체

생명체의 화학 분석

19세기의 생체의학은 실험과학으로 변신하는 데 성공했지만 화학과 물리학 분야에서 수용한 탐구 전략의 체계적인 적용이 생체의학에서는 불충분한 것으로 드러났고 생명체의 구조라는 복합적인 실체는 또 다른 탐구 방식과 새로운 개념을 요구하기 시작했다. 결국 핵심적인 분야로 부상한 생리화학chimica fisiologica, 생화학biochimica, 실험생리학 등은 생명체가 정상적이거나 병적인 상태에서 일으키는 현상들의 발현 방식이나 구조적인 특징들에 대한 설명을 제공할 수 있는 학문으로 인정받기 시작했다.

19세기 초반에 앙투안 라부아지에Antoine Lavoisier가 호흡 기능의 양적 분석을 바탕으로 동물의 신체에서 열기가 발생하는 원인의 규명 가능성을 제시했던 것이 중요한 역할을 했다면, 이러한 가능성을 토대로 학자들은 유기적인 생명체 내부에서 다름 아닌 실험실의 실험 결과와 유사한 화학반응, 예를 들어 화학 물질이 열기에 노출될 때 발생하는 것과 유사한 변화가 일어난다고 생각했다. 생리학자들은 그런 식으로 호흡이나 소화 같은 생리 기능에 직접적으로 관여하는 화학 물질의 기초적인 성분을 분석했고 분석 결과를 다름 아닌 생명체 고유의 화학 방정식을 발견하는 데 활용했다.

얀스 베르셀리우스(Jöns Berzelius, 1779~1848년)나 윌리엄 프라우트(William Prout, 1785~1850년) 같은 학자들은 생리학을 연구하면서 화학을 적극적으로 활용했고 프리드리히 뵐러(Friedrich Wöhler, 1800~1882년)가 1828년에 무기화합물로부터 요소尿素를 합성해 낸 뒤로는 생리학적인 문제들을 유기화학적인 방식으로 해결할 수 있다는 기대가 한층 높아졌다. 하지만 프라우트의 연구에서 드러난 것처럼, 당대의 화학은 양분이 동물의 세포를 구성하고 활성화하는 요소로 변화하는 현상, 즉 신진대사

metabolismo를 여전히 정의하거나 설명할 수 없는 단계에 머물러 있었다.

네덜란드의 화학자 헤라르뒤스 요하네스 뮐더(Gerardus Johannes Mulder, 1802~1880년)는 1838년에 모든 유기체가 함유하는 공통된 화학 성분을 발견했고 이를 '프로테인'이라고 명명했다. 이 발견은 대다수의 생리학자들이 화학을 바탕으로 생물학적 변화 과정을 탐구할 수 있다는 결론에 도달하며 이러한 방식의 타당성을 인정하는 데 결정적인 역할을 했다.

이러한 변화 속에서도 학자들이 지속적으로 선호하며 우선적으로 참조했던 것은 유스투스 폰 리비히(Justus von Liebig, 1803~1873년)의 이론이다. 리비히는 1842년 『생리학과 병리학에 적용된 유기화학Die organische Chemie in ihrer Anwendung auf Physiologie und Pathologie』에서 지난 50년간 이루어진 유즙, 피, 살, 소변의 기초적인 분석 자료들을 토대로 유기적인 생명체들의 화학적 구성에 관한 정보들을 재구성했다. 라부아지에의 의견에 동의했던 리비히는 동물들이 일종의 "움직이는 난로"와 같으며 이 난로의 효율적인 기능은 오로지 동물이 무엇을 섭취하느냐에 따라, 아울러 양분에서 얻는 열량에 따라 결정된다고 보았다. 달리 말하자면 동물의 열기는 유기체 내부에서 이루어지는 연소 과정 혹은 산화작용을 바탕으로 설명될 수 있었다. 하지만 리비히는 생명체의 변형 과정을 설명하면서 전적으로 추상적인 해석에 의존했고 유기적인 생명체 내부에서 일어나는 화학반응이 모종의 생동하는 에너지에 의해 발생한다고 주장했다. 단지 이러한 에너지가 화학적 탐구를 통해 설명될 수 있다고 생각했을 뿐이다.

독일의 실험생리학

유기체의 기능을 탐구하기 위해 실험 기술을 활용하는 문화는 먼저 독일과 프랑스, 뒤이어 잉글랜드를 비롯한 여러 나라에서 생리학이 독립적인 학문으로, 무엇보다도 해부학과 완전히 다른 분야로 인식되는 데 결정적인 역할을 했다. 특히 독일에서 실험 기술의 도입은 실험이라는 새로운 탐구 영역에 실험 도구뿐만 아니라 도구를 갖춘 실험실과 연구실 등 다양한 부대시설과 장비가 요구된다는 점을 인정하는 분위기 속에서 때맞춰 이루어졌다.

독일의 생리학은 모든 자연현상을 물리학적이고 화학적인 현상이나 일련의 규칙으로 환원하는 것이 가능하다고 보는 환원주의로부터 커다란 영향을 받았다.

이러한 입장을 대변했던 학자 요하네스 뮐러Johannes Müller는 생리학에서 실험이 차지하는 중요성을 강조하며 생리학이 이론만으로는 믿을 만한 결과를 얻어 내기 힘들다는 점을 인정했다. 1836년에 베를린 대학의 교수로 임명된 뮐러는 이곳에서 제자들을 가르치며 독일에서 가장 중요한 과학자로 손꼽히는 인물들을 배출해 냈다. 이들 가운데 실험생리학 분야에서 두각을 나타낸 인물은 카를 프리드리히 빌헬름 루트비히(Carl Friedrich Wilhelm Ludwig, 1816~1895년), 에른스트 빌헬름 브뤼케(Ernst Wilhelm Brücke, 1819~1892년), 헤르만 폰 헬름홀츠(Hermann von Helmholtz, 1821~1894년), 에밀 뒤부아 레몽(Emil Du Bois Reymond, 1818~1896년) 등이다.

헬름홀츠는 신경의 전도 속도를 계산하고 감각의 생리학을 연구하면서 중요한 성과를 이루어 냈다. 예를 들어 헬름홀츠는 눈으로 색을 감지할 때 망막의 원추세포가 빨강, 초록, 보라에 특별히 민감하다는 점에 주목하면서 색을 식별하는 시각 메커니즘이 존재한다는 사실을 밝혀냈다. 아울러 헬름홀츠는 광학과 음향학을 도구화하고 생리학적 광학과 음향학을 정초하는 데 결정적인 역할을 했다.

반면에 전기생리학elettrofisiologia의 창시자인 뒤부아 레몽은 근육 수축에 관한 자신의 오랜 연구(1842~1884년) 결과들을 바탕으로 '신경'과 '전기'에 주목하는 뇌기능 이론을 고안했다. 이 이론을 토대로 그는 과학자들에게 여전히 남아 있던 생동주의적인 성향의 고정관념들을 무너트리기 위해 노력했다.

독일의 생리학은 무엇보다도 19세기 중반 카를 프리드리히 빌헬름 루트비히가 공개한 실험생리학의 물리학적 연구 기획을 토대로 발전했다. 루트비히는 생리학적 탐구의 목적이 유기체의 구조를 모든 형태의 생명체에 공통된 최소한의 구성 요소로 해부하는 데 있다고 보았다. 루트비히는 실험가로서의 뛰어난 재능과 기술 덕분에 커다란 명성을 누렸다. 그의 소식을 전해 들은 당대의 생리학자들은 루트비히로부터 가르침을 받기 위해 유럽 전역에서 라이프치히에 있는 그의 실험실로 몰려들었다. 루트비히는 혈액의 화학 성분과 혈관의 신경 분포, 호흡기관을 생리학적 차원에서 연구하는 데 그치지 않고 생리학 기능의 움직임을 포착하기 위해 최초의 '동태 기록기Kymograph'를 개발하기도 했다.

19세기 후반에 활동한 독일의 생리학자들은 전반적으로 생리학이 의학 이론과 의술의 객관적인 학문적 토대를 마련할 것이라고 확신했을 뿐 아니라 정확성을 요하는 과학 분야의 새로운 연구 결과들을 직접 다루고 수용하는 유연성을 보여 주었다.

프랑스의 실험생리학

프랑스에서 생리학의 탄생에 크게 기여한 요인은 두 가지로 요약된다. 첫 번째 요인은 파리에서 병원의 의사들과 의학과 교수들에게 제공되던 수많은 임상 사례들이 결국 이들에게 병리학적 설명을 모색하도록 만들면서 이루어진 의술의 놀라운 발전이다. 두 번째는 프랑스 군대가 제공하던 늙고 병든 말처럼 실험 대상으로 활용할 만한 동물들이 상당히 풍부했다는 사실이다. 결과적으로 프랑스 생리학의 특징이라면 다름 아닌 생체해부 기술을 체계적으로 적용했다는 점과 신경계통의 기능에 지대한 관심을 기울였다는 점을 빼놓을 수 없다.

프랑스의 생물의학 분야에서 '실험'의 확산을 주도했던 인물은 바로 프랑수아 마장디(François Magendie, 1783~1855년)다. 물리학을 동경했던 마장디는 소수의 기본적인 원리를 모색했고 이 원리들을 다름 아닌 생체해부학의 절개 과정에서 발견했다. 마장디는 생동주의자들의 입장이 일관되지 못하다는 점을 분명하게 밝히고 생리학적 탐구가 환원주의적이며 실험적인 성격의 탐구라는 점을 널리 알리기 위해 노력했다. 바로 그런 차원에서 그는 화학 개념들을 광범위하게 활용했고 물리학적이고 순수하게 관찰적인 방법론을 선호했다.

프랑스의 생리학 분야에서 누구보다도 중요한 역할을 한 인물은 클로드 베르나르(Claude Bernard, 1813~1878년)다. 마장디의 제자였던 베르나르는 1845년과 1865년 사이에 생리학 분야에서 놀라운 사실들을 발견해 냈다. 예를 들어 간의 글리코겐이 수행하는 기능, 지방산 대사에서 췌액이 담당하는 소화 기능, 기초적인 메커니즘의 기능 저하에서 비롯되는 당뇨의 개념, 독극물의 효과에 관한 연구 등이 그가 이루어 낸 성과들이다. 베르나르는 아울러 생체의 유기적이고 복합적인 구조가 정상적으로 기능하기 위해서는 '내부 환경milieu intérieur'의 보존이 필수적이며 생체 조직과 기관이 서로를 보완하는 방식으로 활동하는 동시에 이러한 조화를 보장하는 환경의 보존을 위해 유기적인 방식으로 기능한다는 점에 주목했다. 생명체의 조직이 다양한 방식과 형태로 유지되며 그 방식이 자기 조절, 성장, 생식처럼 상당히 구체적이라는 사실을 발견한 베르나르는 1865년에 출판한『실험의학 연구 서설 Introduction à l'étude de la médecine expérimentale』에서 세상에는 유일한 역학, 유일한 물리학, 유일한 화학이 존재하고 모든 생명체가 이 역학적, 물리학적, 화학적 법칙을 따르지만 생명체들의 기능은 "기관"과 특별한 "과정"과 "그들에게 고유한 유형"에 따라

드러난다고 주장했다. 베르나르는 생리학의 학문적인 기반이 생동주의나 기계주의에 있지 않으며 이는 생명체의 유기적인 구조가 다른 어떤 학문도 밝혀낼 수 없는 생리학적이고 '유기영양생물적인organotrofica' 법칙에 지배되기 때문이라고 보았다.

생화학의 기원

'생화학Biochemie'은 에른스트 펠릭스 호페-자일러(Ernst Felix Hoppe-Seyler, 1825~1895년)가 1877년 화학 기술을 토대로 유기적인 생명체의 기능을 이해하는 방법론을 정의하기 위해 도입한 용어다. 1870년대와 1880년대에 호페-자일러가 운영했던 스트라스부르의 생리화학 실험실은 세계에서 가장 중요한 연구소로 주목받았고, 이곳에서 헤모글로빈hemoglobin의 구조가 발견되고 발효의 메커니즘과 유기체 내부에서 당의 생산 과정에 관한 연구가 이루어졌다.

생화학자들은 생리학적인 과정을 화학적인 과정으로 환원하는 방식에 더 이상 얽매이지 않고 생물체의 다양한 구성요소들이 나타내는 다양한 반응의 특수성을 여러 각도에서 정의하기 위해 화학과 물리학 분석을 적극적으로 활용했다. 1830년대에는 부패의 원인으로 간주되는 효소들, 특히 '펩신pepsin'이 발견되었고 그런 식으로 생명체가 나타내는 다양한 반응에서 발효가 중요한 역할을 한다는 것이 밝혀졌다. 1850년대 초반에는 루이 파스퇴르(Louis Pasteur, 1822~1895년)가 다양한 유형의 발효현상들이 특정한 유기체들의 실재와 활동에 좌우되며 이 유기체들이 전염병에 원인을 제공하기도 한다는 사실을 알아냈다.

하지만 1897년에는 에두아르트 부흐너(Eduard Buchner, 1860~1917년)가 효모의 추출물을 활용한 당의 발효 가능성을 입증하는 데 성공했다. 부흐너의 실험은 발효의 생물학적 본질을 주장한 파스퇴르의 이론을 사실상 뒤엎는 결과를 가져왔고 그런 식으로 미생물의 물질대사 연구를 활성화하는 데 크게 기여했다. 부흐너는 발효 과정에 단 하나의 효소가 관여한다고 생각했다. 변화가 단 한 번의 공정을 거쳐 이루어진다고 보았던 것이다. 하지만 1900년대 초반부터 학자들은 에틸알코올 속에서 포도당의 발효가 여러 차례에 걸쳐 이루어지며 각각의 공정에 하나의 효소가 상응한다는 것을 이해하기 시작했다.

실증주의 대 정신주의

현실을 자연적인 사실로 환원하는 데 집중하면서 이 자연적 사실을 설명할 수 있는 유일한 형태의 지식은 과학뿐이라고 주장하는 것이 콩트의 실증주의적인 패러다임에 의존하는 학자들의 입장이었던 반면 실증주의와 정반대되는 입장들, 이른바 '정신주의'적인 성격의 입장들이 19세기 말에 프랑스에서 대두되기 시작했다. 몇몇 철학자들은 철학 고유의 과제를 새롭게 정의하고 자연과학에 대한 철학의 입장을 분명하게 밝힐 필요가 있으며 인간이 지니는 정신세계의 독창성, 특히 자연적이고 기계적인 현상을 지배하는 법칙들의 필연적인 관계로 환원될 수 없는 미학적, 윤리적, 종교적 가치의 특수성을 강조할 필요가 있다고 느꼈다. 그런 의미에서 철학은 과학을 대체할 수 있는 형태의 지식으로, 즉 순수하게 사실적인 차원으로 축약될 수 없는 현상들에 적용할 수 있는 형태의 지식으로 간주되었다. 정신주의자들에게 절대적인 현실이란 정신적인 차원의 현실을 의미했고 이 현실에 도달하는 길은 지식이 아닌 의식이었다. 이들은 과학이 현실에 대한 앎의 한 형태임에는 틀림없지만 정통성이 결여되어 있다고 생각했다. 이러한 정신주의의 유산을 집대성한 앙리 베르그송(Henri Bergson, 1859~1941년)은 정신주의를 20세기에 전수하면서 이를 '지속'과 '생'의 철학으로 탈바꿈시켰다.

내면 경험을 모든 철학적 분석의 출발점으로 삼은 19세기 말의 정신주의는 몽테뉴Michel de Montaigne, 데카르트, 말브랑슈Nicolas de Malebranche, 파스칼Blaise Pascal의 철학에서 공통적으로 찾아볼 수 있는 철학적 입장을 재차 강조하는 데 성공했다. 하지만 이러한 입장을 일찍이 19세기 초에 먼저 제시했던 인물이 있다. 그의 이름은 프랑수아-피에르 맨 드 비랑(François-Pierre Maine de Biran, 1766~1824년)이다.

이론을 정립할 줄 아는 인간의 기량을 정당화하기 위해 감각을 이 기량의 기반으로 제시한 관념주의자들의 해석을 거부하면서 맨 드 비랑은 이 기량이 의식 혹은 "은밀한 의미"에서 유래한다고 주장했다. 맨 드 비랑은 주관적 판단의 원리가 '사유하는 실체res cogitans'가 아닌 인간의 의지와 노력 속에 있다고 보았다. 의지야말로 모든 실질적인 생산의 원리이자 힘이며 자아가 육체의 저항에 맞서 스스로의 모습을 자신에게 드러내는 일종의 원천적인 행위라고 본 것이다.

후세대의 정신주의자들은 인식의 주체가 실질적인 정신 활동의 주체이며 이론적 지식에만 관여하는 데카르트적인 주체에 국한될 수 없다고 주장했다. 그런식으로 활동을 추구하는 능동적 감성은 주체의 창조적인 노력에 상응하는 자유의 기반으로 간주되기 시작했다. 수동적인 감성은 상대적으로 필요에 상응하고 일차적인 감성이 아니라 정신 활동을 인식하는 데 쓰이는 부차적인 감성으로 간주되었다. 맨 드 비랑은 『사고력에 끼치는 습관의 영향Influence de l'habitude sur la faculté de penser』(1803년)에서 '연장'과 '물질'은 의지라는 원리만큼 중요하지 않으며 오히려 의지에 저항하는 요소들이라고 주장했다. 그는 의식이 가장 우선되어야 할 현실인 동시에 계시가 이루어지는 공간이라고 보았다. 맨 드 비랑의 사상에 가장 먼저 관심을 기울였던 인물은 빅토르 쿠쟁(Victor Cousin, 1792~1867년)이다. '절충적 정신주의'를 대표하는 철학자 쿠쟁은 맨 드 비랑과 마찬가지로 진·선·미의 불변하는 진리에 접근할 수 있는 유일한 길이 정신주의와 '의식의 방법론'에 있다고 보았다.

맨 드 비랑과 쿠쟁이 주목했던 '은밀한 의미' 혹은 '의식'을 후세대 정신주의자들은 실증주의적 결정주의의 위협으로부터 인간의 자유를 수호하기 위한 개념적 도구로 간주했다. 특히 '은밀한 의미'의 철학에 각별한 관심을 기울였던 펠릭스 라베송(Félix Ravaisson, 1813~1900년)은 과학자들이 주도한 현실의 과학적 '분석'에 대응하기 위해 '의식의 철학'이 주도할 수 있는 '조합'을 제시했고 의식의 철학만 이 정신 활동의 본질적인 역동성과 궁극적 원인을 설명할 수 있다고 보았다.

라베송은 우월한 것을 열등한 것에 견주어 설명하는 실증주의적이고 유물론적인 '평민'의 철학을 거부하며 모든 것을 의식으로 귀결시키는 '귀족적인' 정신주의를 제안했다. 라베송의 '의식'은 관념적이지도, 이원론적이지도 않으며 오히려 자연 자체의 생명력을 상징하는 정신에 가까웠다. 그가 『19세기 프랑스의 철학La Philosophie en France au XIXe siècle』(1868년)에 기록한 것처럼 정신주의자들에게 생성의 원리는 곧 정신이 "다른 모든 존재의 기원이며 모든 것을 좌우한다고 인식하는 존재에 대해 자발적으로 취하는 의식 혹은 사실상 이 존재의 행위에 불과한 의식"을 의미했다. 정신주의자들은 자연과 물질이 신성한 정신의 외형적 발현이며 이것들이 단지 습관을 통해 혹은 점점 더 본능적이고 기계적으로 변해 가는 재생이나 반복 속에서 자유나 자의식이 겪는 분해나 퇴폐의 과정을 거쳐 소모된다고 보았다. 하지만 바로 그런 이유에서 습관은, 라베송이 『습관에 관하여De l'Habitude』(1838년)에서 주목했던 것처럼 극단적으로 대치되는 정신과 물질, 자유와 필연성의 조합이 이루어지는 공간으로 기능한다. 처음에는 자연스럽고 의식적인 행동으로 출발하지만 습관은 반복을 거쳐 분석적이고 기계주의적인 개념들을 구축하며 정신을 물질의 기계적인 움직임과 유사한 것으로 만든다. 그런 식으로 관성은 활동에, 물질세계는 감성의 세계에 종속된다. 라베송은 자연과 정신의 통일성이 결국 의식과 자유의 궁극적인 원인으로 간주되는 신의 사랑과 의지에 의해 주어진다고 보았다.

궁극적인 원인을 중요하게 생각하는 성향은 후기비판주의 철학자 쥘 라슐리에(Jules Lachelier, 1832~1918년)의 저서에서 분명하게 나타난다. 라슐리에는 『귀납의 기반Du fondement de l'induction』(1871년)에서 칸트의 『순수이성비판Kritik der reinen Vernunft』과 『판단력비판』의 재해석을 통해 자연 안에 존재하는 두 종류의 현실, 즉 원인에 관한 필연적인 법칙들을 바탕으로 구축되는 추상적인 현실과 반대로 궁극적인 원인에 근거하는 구체적인 현실을 구분했다.

라베송과 라슐리에의 제자 에밀 부트루(Émile Boutroux, 1845~1921년)는 실증주의의 핵심 개념인 '자연법칙'을 집중적으로 연구했던 인물이다. 그는 기계주의적인 법칙들이 모든 자연현상과 생물학적 현상, 심리적 현상을 빠짐없이 설명할 수 있는 것은 아니며 그 이유는 지나치게 복잡한 현상들을 다루기 때문이기도 하지만 무엇보다도 이 현상들이 서로 이질적이기 때문이라고 보았다. 다시 말해 사회현상이나 생물학적, 심리적 현상들을 설명하는 법칙들은 물리적 현상을 설명하는 데 쓰이는 기계주의적인 법칙으로 소급될 수 없다고 보았다. 부트루는 그런 식으로 자연의 법칙 자체를 필연적이지 않고 우발적인 것으로 보는 '우발주의contingentisme'를 전제로 자연의 법칙은 생리나 의식의 세계로까지 확장 적용될 수 없다고 주장했다.

레베송에게 그랬던 것처럼 부트루에게도 자연은 창조적 정신의 표현을 의미했다. 부트루에 따르면, 자연이 우리 눈에 전적으로 기계적이고 물질적으로 비치는 것은 자연의 창조물이 반복과 습관에 빠지기 쉬운 특성을 지녔기 때문이다. 따라서 동물적인 삶과 인간적인 정신은 자연이 끊임없이 진화하고 혁신할 수 있다는 사실을 가리키는 지표에 가깝다. 특히 인간의 감성은 인간이 필수적이지 않을 뿐 어떤 목적에 부응하는 법칙에 답변을 시도하는 공간이다. 『자연법칙의 우발성에 관하여De la contingence des lois de la nature』(1874년)에서 표명된 부트루의 '우발주의'는 그런 식으로 학문의 정당성을 부인하는 대신 학문의 모든 가치를 궁극적 원인에 대한 상대적인 가치로 만들어 버린다.

2

제러미 벤담의 공리주의

2.1 철학적 공리주의

공리주의Utilitarianism의 원칙을 최초로 정의한 인물은 잉글랜드의 법학자이자 철학자인 제러미 벤담(Jeremy Bentham, 1748~1832년)이다. 그는 『도덕 및 입법의 원리 서설*An Introduction to the Principles of Morals and Legislation*』(1789년)에서 공리 혹은 유용성을 이렇게 정의했다. "유용성의 원칙이란 어떤 행동이든 그것이 행동하는 주체의 행복을 더하거나 빼앗는 정도에 따라, 다시 말해 주체가 스스로의 행복을 추구하거나 방해하는 성향에 따라, 긍정적이거나 부정적으로 평가하는 기준을 의미한다." 존 스튜어트 밀은 공리주의를 "유용성, 혹은 최상의 행복이라는 원칙을 도덕의 기반으로 수용하는 이론, 혹은 어떤 행동이든 행복을 추구하는 경우에는 정당하며 행복과 정반대되는 것을 추구하는 경우에는 부당하다고 보는 이론"이라고 정의했다.

  이러한 정의들은 다수 혹은 집단의 관점을 고려할 때 철학적 공리주의, 즉 보편적인 유용성 혹은 공리, 즉 "최다수의 사람들을 위한 최상의 행복"을 목표로 하는 윤리관으로 발전한다. 유용한 것은 궁극적으로 옳다고 보는 입장, 개인적인 선택이나 정치적인 선택을 그것이 유용하다는 이유로 정당화하는 입장, 개인이나 집단의 행복을 극대화할 수 있는 능력이 가치평가의 기준이 되어야 한다는 입장 등은 모두 공리주의적이라고 할 수 있다.

공리주의는 이른바 '결과주의conseguenzialismo'라는 윤리적 관점, 즉 인간의 행동은 그것의 동기와는 무관하게 행동의 결과만을 바탕으로 평가되어야 한다는 도덕론의 일종이다. 행동의 동기에는 어떤 행위를 옳다고 보고 실천에 옮기는 주관적인 경우가 있는 반면 단순히 약속을 지키기 위해 행동에 옮기는 경우도 허다하다. 어떤 경우에든 행동의 유용성을 평가할 때 이 행동을 실행에 옮긴 사람의 의도는 오로지 행동의 결과와 직접적인 연관성이 있을 때에만 고려 대상으로 간주된다.

윤리적 공리주의의 바탕에는 이성주의적인 성향의 인류학적 관점, 즉 인간이 어떤 행위를 실천에 옮길 때 동기로 기능하는 것은 유용성과 행복이며 행복은 바로 고통으로부터의 탈출과 쾌락의 추구를 의미한다는 생각이 깃들어 있다. 이러한 생각은 19세기와 20세기의 경제 이론에 다양한 방식으로 기여했고 일종의 원리로 적용되면서 투자와 이윤 관계의 분석을 통해 이성적인 경제 활동의 다양한 예측을 가능하게 만들었다.

벤담은 두 세기의 교량 역할을 했던 인물이다. 벤담은 개혁의 정신을 물려받았지만 동시에 18세기 프랑스와 잉글랜드의 몇몇 핵심적인 사상을 수용하면서 이를 좀 더 완성된 형태로, 즉 철학적 공리주의와 법리적 실증주의로 발전시켰다. 이 사조들은 이어서 사실상 19세기의 가장 영향력 있는 철학 사상으로 발돋움했고 이 철학을 중심으로 다름 아닌 인문학의 진보가 이루어졌다. 벤담은 그가 생산해 낸 엄청난 분량의 저서 못지않게 다양한 영역의 주제들, 예를 들어 철학, 심리학, 정치학, 법률 등과 관련된 문제들을 기본적으로 공리주의적인 관점에서 다루었다. 공리주의에 대한 벤담의 상세한 설명을 읽을 수 있는 책은 프랑스혁명이 일어난 1789년 런던에서 출판된 그의 첫 번째 저서 『도덕 및 입법의 원리 서설』이다.

하지만 벤담은 단순한 이론가로 만족하지 않고 계속해서 개혁운동에 참여하며 자신의 생각을 정치와 법률에 적용하기 위해 노력했다. 19세기 초에 벤담은 '철학적 급진주의philosophical radicalism'를 대변하는 주요 지식인들 가운데 한 명이었고 이들과 민주주의 정치 개념을 공유했다. 벤담은 1823년에 존 스튜어트 밀의 아버지 제임스 밀James Mill과 함께 '철학적 급진주의' 그룹의 기관지《웨스트민스터 리뷰Westminister Review》를 창설했다. 철학적 급진주의자들은 사상적인 측면에서 19세기의 잉글랜드 정치에 지대한 영향력을 행사했고 사회의 근본적인 개혁을 추구하며 선거권의 보편화와 의료기관 및 교육기관 설립, 사형제도 폐지, 여권 확장, 동성애 금지제도 폐지 등에 앞장섰다.

벤담의 사상은 제자들의 활동에 힘입어 후세에도 커다란 힘을 발휘했고 정치와 법률의 개혁을 뒷받침하는 정신적 기반을 구축했다. 벤담의 사상과 법학 저서들은 유럽의 여러 국가들이 법률을 개혁하는 데 구체적으로 이바지했지만 벤담은 정작 조국 잉글랜드에서 그가 세웠던 목표, 즉 법률의 총체적이고 체계적인 개혁을 실현하는 데 성공하지 못했다. 관습법은 체계적으로 성문화된 법률과 무관하지만 실질적인 차원에서 여전히 법으로 인정된다.

2.2 도덕적 감성의 환산, 쾌락과 고통, 상과 벌

앞서 살펴본 벤담의 유용성 원칙이 규정적인 성격을 지녔고 따라서 어떤 가치를 "인정하느냐 인정하지 않느냐"라는 판단의 기준이었다면, 행위의 동기에 대한 설명은 무엇보다도 비유와 묘사를 통해 제시된다. 벤담이 『도덕 및 입법의 원리 서설』에 기록한 것처럼, "자연은 인류를 고통과 쾌락이라는 두 주인에게 복종하도록 만들었다". 아울러 고통과 쾌락은 옳은 것과 그른 것의 기준이며 실제로 "우리가 생각하고 말하고 행동하는 모든 것"을 다스린다.

한 공동체의 관심사는 공동체를 구성하는 개인의 관심사에 주목하지 않으면 사실상 이해하기 힘들다. 따라서 벤담의 공리주의체계는 개인의 이른바 '심리적 쾌락주의psychological hedonism'라는 원칙을 바탕으로 구축된다. 이 원칙에 따라 사람들은 고통에서 벗어나는 방법과 다양한 쾌락의 탐색을 통해 개인적인 행복의 극대화를 추구한다. 집단적 유용성을 결정짓는 것은 다양한 개인적 유용성의 총합이며 한 공동체의 궁극적인 관심 혹은 공동체적 유용성의 의미는 "최다수의 사람들을 위한 최상의 행복"이라는 유명한 문구에 집약되어 있다. 벤담에 따르면, 모두의 행복, 이른바 '윤리적 쾌락주의'의 구현은 다름 아닌 도덕과 법률의 목표와 일치한다.

벤담에 따르면, 선하고 좋은 것은 집단의 행복을 배가하며 악하고 나쁜 것은 행복의 감소를 가져온다. 선과 악은 경험적인 차원에서만 해석될 수 있으며 정의正義도 초월적이거나 절대적인 원칙으로는 존재하지 않는다. 벤담은 사회적 공동체가 하나의 허구적인 실재에 지나지 않는다고 보았다. 구체적으로 실재하는 개인들이 공동체의 구성원으로 존재할 뿐이며 사회의 관심은 사회를 구성하는 개인들이 지니는 관심의 총합에 지나지 않는다고 보았던 것이다. 벤담의 공리주의는 이러한 차원을 초월하는 다른 어떤 집단적 가치도 인정하지 않는다. 공동선이란 단순히 개인적인 행복의 총합에 지나지 않으며 인간의 자연적인 평등성을 기반으로 구축되는 보편적인 행복일 뿐이다. 공리주의적 평등성의 원리는 "누구든 한 명, 오로지 한 명에 불과하다"는 표현에 집약되어 있다.

벤담은 보편적인 유용성, 즉 공리를 정의하기 위해 수학에서 도용한 '도덕적 감성의 환산' 혹은 '행복의 계산법felicific calculus'이라는 방식을 고안했다. 이 경우에도 벤담은 19세기를 지배하게 될 이른바 '과학주의Scientism', 즉 다양한 자연과학 분야를 모형으로 구축된 인문학을 가장 먼저 선보이며 선구자적인 면모를 유감없이 드러냈다. 벤담이 '도덕적 감성의 환산'에 이론적 기반을 마련하기 위해 고안한 규칙 체계는 상당히 복잡하게 세분화되어 있다. 이 체계의 대략적인 구도를 파악하기 위해서는 벤담이『도덕 및 입법의 원리 서설』에서 분석적으로 묘사한 핵심적인 요소들을 살펴볼 필요가 있다. 벤담은 쾌락과 고통의 기원을 네 가지로 분류했다. 이에 해당하는 물리학, 정치, 도덕, 종교는 다시 열네 가지 유형의 쾌락과 열두 가지 유형의 고통으로 세분화된다. 이러한 쾌락과 고통의 유형들은 이어서 각 유형 간의 상관관계를 바탕으로, 아울러 개별적인 유형에 결정적인 영향을 끼치는 시공간의 변화무쌍한 환경과 이에 뒤따르는 감각의 변화를 염두에 둔 상태에서, 예를 들어 인도인과 잉글랜드인의 감각이 다를 수밖에 없다는 사실을 염두에 둔 상태에서 분석된다. 하지만 벤담은 쾌락과 고통의 여파를 결정하는 다양한 특성들, 예를 들어 강도, 지속성, 확실성, 시차, 풍부함, 순도, 확장성, 즉 동일한 쾌락이나 고통을 경험한 사람들의 수 등을 동시에 고려했다. '도덕적 감성의 환산' 과정은 어쨌든 단순한 공정이 아니다. 벤담은 사실상 쾌락의 질에 차이가 없다는 판단하에 양적인 측면만을 고려했지만 그렇다고 해서 그가 제시한 환산 모형이 단순해지는 것은 아니다. 게다가 '도덕적 감성의 환산'은 존 스튜어트 밀을 통해 훨씬 더 복잡해지는 양상을 보인다. 밀은 저급한 경우와 고급한 경우를 구분하고 쾌락과 고통의 질에 대한 평가를 첨가했다.

'도덕적 감성의 환산'은 법리학의 기초 개념이기도 하다. 정부와 법률가의 입장에서 쾌락과 고통은 상과 벌로 환산되며 상벌제도는 개인적이고 개별적인 관심의 방향을 공동의 관심사와 공동선으로 이끄는 도구로 활용된다. 법적 제재의 형태 역시 쾌락과 고통이라는 틀, 즉 행동을 결정짓는 동기의 틀을 벗어나지 않는다. 벤담이 『도덕 및 입법의 원리 서설』에서 주장한 것처럼, "정부의 과제는 상을 주거나 벌을 주며 공동체의 행복을 권장하는 것이다".

법리적 실증주의의 창시자인 벤담은 법률 이론을 이해하기 위해 반드시 참조해야 할 저자다. 벤담은 "있는 그대로"의 사실에 주목하는 법률과 무언가가 "꼭 어떤 식이어야만 한다" 점에 주목하는 법률을 구분함으로써 사실에 대한 판단 및 묘사에 집중하는 설명적인 법리학expository jurisprudence과 가치의 판단과 규범의 제시에 집중하는 검열적인 법리학censorial jurisprudence을 최초로 구분한 인물이다.

여러 저서에서 벤담은 취향에 따른 주관적 선택의 결과에 불과한 것을 객관적인 사실인 것처럼 소개하는 모든 이론의 허구적이고 인위적인 성격을 폭로했다. 이러한 허구성을 극명하게 드러내는 것이 바로 '자연법'이었다. 벤담에게는 '자연법'이라는 개념 자체가 '존재하는' 것과 '존재해야 하는' 것을 혼동하는 전형적인 형이상학적 오류에 불과했다. 벤담은 법의 유효성이 법의 내용 자체를 초월한다고 보았다. 그는 당대의 정신세계를 지배하던 '자연법 사상'을 거부하고 인간의 '자연적 권리'를 주장하는 이들과 대척하며 미국과 프랑스의 인권선언이 칭송한 자연법의 '위대한 이론적 혁신'은 말도 안 되는 헛소리에 불과하다고 신랄하게 비판했다.

벤담은 악법도 법이지만 훌륭한 법을 만들 수 있는 가능성이 실재한다고 믿었고 이 가능성의 실현을 위해 끊임없이 노력했다. 벤담은 공리주의 원칙을 바탕으로 공정한 법관에 의해 제정되는 법률의 필요성을 주장했다. 그는 모든 법이 자유에 대한 일종의 제재를 상징하는 만큼 그 자체로 일종의 악이라는 점을 충분히 인지한 상태에서 투자와 이윤의 평가 혹은 '도덕적 감성의 환산'을 기반으로 법을 관리해야 한다고 주장했다. 벤담은 이러한 '환산'의 관점에서 공리의 증대만이 법리학을 정당화할 수 있다고 보았다.

법리학적인 차원에서 공리주의가 이룩한 중요한 성과들 가운데 하나는 형벌을 더 이상 처벌이 아닌 억제와 예방과 재교육의 차원에서 다루었다는 점이다. 일찍이 체사레 베카리아Cesare Beccaria가 유사한 방식으로 주장했던 이 계몽주의적인 형벌 개념과 이론을 벤담은 훨씬 더 체계적인 방식으로 발전시켰고 이를 바탕으로 잉글랜드 형법과 감옥 체제의 체계적인 개혁안을 제시했다.

바로 이러한 차원에서 쓰인 벤담의 유명한 저서『판옵티콘Panopticon』은 프랑스 철학자 미셸 푸코Michel Foucault가 그의 『감시와 처벌Surveiller et punir』(1976년) 3장에서 '판옵티콘'을 훈련제도의 이상적인 형태로 주목하면서 더욱 유명해졌다. '판옵티콘'은 치밀한 방식으로 설계된 이상적인 감옥이다. 이 안에서 수감자들은 끊임없는 감시와 관리의 대상이지만 감시자 역시

감시의 대상이며 모두가 관리의 궁극적인 주체로 간주된다. 관리와 교육을 통해, 아울러 상벌의 효과적이고 체계적인 분배를 통해 제도의 힘과 효과를 극대화해야 한다는 것이 벤담의 생각이었다. 벤담에게 국가는 공공의 유용성, 즉 공리의 이름으로 구축되는 권력의 우아하고 효과적인 운영체계를 의미했다.

버트런드 러셀Bertrand Russell은 그의 『서양 철학사A History of Western Philosophy』에서 벤담이 감옥에 흥미를 느꼈고 "자유를 중요하게 생각하지 않았다"라고 기록했다. 하지만 벤담에게도 개인의 자유는 사회경제적인 차원에서 필수적인 요소였다. 애덤 스미스와 마찬가지로 벤담은 정부가 경제 분야에서 가능한 한 개입을 자제해야 하며 정부의 잦은 개입은 피해를 가져올 뿐이라고 확신했다. 벤담은 개인적이고 개별적인 유용성을 공공의 유용성으로 조화롭게 재구성해야 하는 법률가와 정부의 인위적인 과제가 관여할 수 없는 것이 바로 경제라고 보았다. 경제라는 영역에서 공공의 유용성은 개인적인 유용성의 자연스럽고 자율적인 조화와 상호 교류를 통해서만 도달할 수 있다고 본 것이다.

개인적인 유용성의 추구가 어떤 자연스러운 형태의 조화를 바탕으로 공공의 유용성을 생산해 낸다는 생각은 시장자유주의 이데올로기를 뒷받침하는 핵심 사상 중 하나다. 마르크스는 벤담을 "부르주아적인 사상의 신탁 사제"라고 불렀다. 물론 벤담의 탁월한 저서들은 이 엄정한 평가를 훌쩍 뛰어넘는 놀라운 가치와 의미를 지녔지만 그의 공리주의가 부르주아 문화의 등극과 19세기 자유국가의 탄생에 지대한 영향을 끼친 주요 철학 사상들 가운데 하나라는 것은 분명한 사실이다.

3

존 스튜어트 밀

3.1 한 젊은 철학가의 초상화

존 스튜어트 밀(1806~1873년)은 19세기 잉글랜드의 가장 영향력 있는 사상가로 칭송받는 인물이다. 밀이 세상을 떠나자마자 철학자 헨리 시지윅Henry Sidgwick은 "대략 1860년에서 1865년까지 존 스튜어트 밀은 잉글랜드의 철학을 지배했던" 인물이라고 평가했고 『브리태니커 백과사전Encyclopædia Britannica』 역시 그가 탁월한 논리학자이자 철학자라는 사실을 인정했다. 밀이 후세의 철학자들에게 칭송받는 이유들 가운데 빼놓을 수 없는 것은 그가 철학적인 차원에서 굉장히 많은 분야에 관심을 기울였다는 사실이다. 밀은 실제로 논리학에서 인식론과 경제학, 정치학, 사회학, 윤리학, 심리철학, 종교철학에 이르는 상당히 다양한 분야의 학문을 섭렵했고 정치가로 활동했을 뿐만 아니라 당대의 정치 논쟁에도 적극적으로 참여했던 인물이다.

밀의 성장 과정 혹은 실존적인 경험과 그가 발전시킨 고유의 철학적 입장 사이에는 밀접하면서도 독특한 연관성이 존재한다. 1826년 겨울, 20세의 나이

에 심각한 내면적 위기를 겪었던 밀은 이 경험을 『자서전*Autobiography*』(1873)에서
청년기의 "정신적 위기"로 묘사한 바 있다. 밀은 타협을 모르는 아버지 제임스
에게 엄격한 교육을 받으면서 철학적 급진주의와 공리주의의 교리를 비롯해
아버지가 열렬히 지지했던 벤담의 정치학과 사회학 이론을 받아들였다. 실제
로 몇 년간 벤담의 비서로 일하기도 했던 밀은 이 시기에 "세계를 개혁하는 존
재가" 되는 것이 자신의 "삶의 목적"이라는 생각을 품고 있었다(『자서전』). 밀은
"가능한 한 더 큰 행복을 쟁취하는 것이 인간의 모든 사유와 행동에 부합하는
유일한 목표"라고 생각했다. 인간의 행위를 지배하는 것은 사실상 "쾌락과 고
통"뿐이며, 이는 개인이 "당면한 상황과는 무관하게", 아울러 이를 "의식하든
의식하지 못하든 간에" 변하지 않는 사실이었기 때문이다.(『벤담의 철학에 관한 의
견*Remarks on Bentham's Philosophy*』, 1833년)

  하지만 인류와 공동선을 위하여 일하는 것이 실제로는 인간을 행복하게 할
수 없었고 이러한 사실에 대한 인식은 오히려 깊은 실망감을 안겨 줄 수 있었
다. 밀은 개인의 행복을 추구하는 관점과 인류 전체의 행복을 추구하는 관점의
조합을 바탕으로 구축되는 공리주의 원칙이 '분석의 파괴력'을 견뎌 낼 수 없
다고 보았다. 밀은 이렇게 고백했다. "어떤 감정을 느낄 경우 그것이 나를 행복
하게 해 주리라는 사실을 인지하는 것이 그 감정을 실제로 느끼게 해 주는 것
은 아니다(『자서전』)." 밀은 이러한 위기의 해결책이 인간은 "환경의 무능력한
노예"가 아니며, 비록 환경이 인간의 성격 형성을 좌우한다 하더라도, 고유의
'습관'과 '의지력'에 자율적으로 '변화'를 줄 수 있는 '실질적인 힘'을 소유한다
는 뚜렷한 자의식에서 온다고 보았다.

  시간이 흐른 뒤에 밀은 이렇게 기록했다. "우리는 다른 사람들이 '우리를 위
해' 교육과 훈련을 요구하며 우리의 성격을 축조하는 것 못지않게, 원하기만
한다면 성격을 자율적으로 형성할 수 있는 기량을 지녔다." 밀은 공리주의자
들이 주장하는 것처럼 우리의 성격이 '우리를 위해' 형성된다는 사실을 성격은
'우리에 의해' 형성될 수도 있다는 사실과 양립할 수 없는 것으로 해석해서는
안 된다고 보았다.(『논리학 체계*System of Logic*』, 1843년) 이러한 깨달음은 밀이 일찍이

청년기에 이해하고 수용했던 공리주의적인 관점을 근본적으로 바꾸어 놓았다.

특히 밀은 독서가 주는 커다란 감동의 경험을 바탕으로 '감성의 함양涵養 (cultivation of feelings)'이 성격의 자율적인 형성에 크게 기여한다는 점을 발견했고 그런 식으로 성격과 개성의 형성에 결정적인 역할을 하는 요소는 다름 아닌 '자기 수양'이라는 점을 깨달았다. 바로 그런 이유에서 밀은 시를 읽기 시작했고 특히 워즈워스의 시와 괴테나 콜리지 같은 낭만주의 작가들의 작품을 읽으면서 공리주의 사상의 편파적인 성격과 한계를 극복하기 위해 노력했다. 밀의 문학적인 취향을 청년기의 공리주의 사상으로 되돌아가려는 의도나 성향의 지표로 보는 해석들이 존재하지만 밀이 경험한 '정신적 위기'는 사실상 그의 철학적 입장과 이론적인 관점을 근본적인 차원에서 변형시켰다. 이 문제와 관련하여 주목해야 할 저서는 시와 시인의 역할에 대해 논하는 『시란 무엇인가?What is Poetry?』이다. 밀은 이 책에서 시가 '감성의 함양'뿐만 아니라 인간의 의지를 좌우할 수 있는 고정관념의 형성에도 중요한 역할을 한다고 보았다. 밀에 따르면, 진리를 '아는' 것만으로는 부족하다. 다시 말해 진리의 이해가 의지를 좌우하는 것은 아니다. '아는' 것은 '느끼는' 것과 상응하지 않으며 앎은 행위와도 상응하지 않는다. 그런 의미에서, 어떤 진리가 행동을 유발할 수 있는 최소한의 잠재력을 지녔다면 그 진리를 적절한 방식으로 표현할 수 있는 것은 무엇보다도 시인의 작품이다. 밀은 진정한 '성격 형성 과정'의 학문을 구축하기 위한 기초 작업에 해당하는 것이 바로 시인의 활동이라고 보았다. 이 학문을 밀은 '행동학'이라 불렀고 이를 체계화하기 위해 부단히 노력했지만 끝내 꿈을 이루지 못했다.

밀의 '사고와 성격의 근본적인 변화'에 직접적으로 기여했던 요인들 가운데 하나는 다양성의 원칙이다. 밀은 이 원칙을 토대로 모든 관점을 검토하고 상이하고 이질적일 뿐 아니라 양립조차 할 수 없는 다양한 사고방식 속에 공통분모로 실재하는 진리를 발견할 수 있다고 보았다. 그런 식으로 밀은 다양한 문제들을 바라볼 때 실재하는 '관점의 불완전성'과 그가 벤담의 사유에서 발견한 '편협성'을 구체적인 방식으로 극복하기 시작했다.

하지만 밀은 다양한 사유의 탐구가 인간의 정신에 대한 과학적인 접근 방식"을 토대로 이루어져야 긍정적인 결과를 맺을 수 있다고 보았다. 밀에 의하면, 필요한 것은 "모두가 참조할 수 있는" 확실한 이론적 기반을 비롯해 편파적인 체계에서 발생하는 파편적인 견해의 한계를 극복할 수 있는 "유일하게 보편적인 판단 기준"이었다. 외견상 양립이 불가능해 보이는 상이한 관점과 의견을 표명하는 이들의 상호 이해를 돕는 것이 다름 아닌 "정신의 철학", 혹은 밀의 표현대로, "과학적 토대를 갖춘 형이상학"이었다. 밀은 이렇게 말했다. "어떤 감정을 직접적으로 느낄 수 없는 경우에도 그것이 지극히 정당하고 자연스러운 감정임을 우리가 이해하고 인정할 수 있는 이유는 우선적으로 우리에게 형이상학적 탐구가 가능하기 때문이다. 형이상학 덕분에 인간은 스스로의 편협한 사고를 타자의 또 다른 편협한 사고방식과 비교하며 수정할 수 있다."(『스마트의 '의미론 개요'에 관하여*Smart's Outline of Sematology*』, 벤저민 험프리 스마트Benjamin Humphrey Smart에 관한 서평, 1832년)

3.2 방법론의 문제와 논리학

밀은 그가 관심을 기울였던 다양하고 방대한 학문 분야에 확고한 이론적 기반을 부여하고자 노력했고 총체적인 절충주의에 빠지지 않기 위해 다양성을 방법론적인 문제와 연결시켰다. 바로 그런 이유에서, 즉 인문학에 기반을 마련할 목적으로 시작되었던 것이 밀의 방대한 '논리학 기획'이다(『논리학 체계』 6권). 사실상 윤리적이고 정치적인 성격의 문제들을 "정확하고 철학적인 성찰의 대상"(『벤담의 철학에 관한 의견』)으로 다루기 위해서는 개념적 틀이 필요했고 이 틀을 마련하기 위해서는 다름 아닌 "방법론을 가능한 한 명확하게 규정할" 필요가 있었다. 밀은 그런 식으로 그가 "발전시킬 수 있다고 확신한"(『서간문 1812~1848년*The Earlier Letters of John Stuart Mill 1812-1848*』) 유일한 학문의 학문성 자체를 혁신하기 위해 노력했다.

논리학적인 차원에서 중요한 것은 벤담의 제자들이 발전시킨 이른바 '진리의 논리학'처럼 순수한 논리성과 일관성에 주목하는 논리학과 이와는 전혀 다른 차원의 논리학, 즉 정치학이나 사회학 같은 다양한 인문과학의 체계화에 필요한 '실질적인 추론'의 논리학을 공존하도록 만드는 것이었다.(『논리학 체계』) 밀에 따르면, "직관에 의한 한층 고차원적인 현실을 인식"하는 것은 분명히 형이상학자의 과제지만 진리를 불투명하게만 인식하는 이들에게 증명 과정을 바탕으로 명확한 설명을 제시하는 것은 논리학자의 과제였다. 논리학이 "아무것도 증명하지 않는다는 것"은 사실이지만 "모든 것이 어떤 식으로 증명되는가를 명확하게 보여 주는 것은 다름 아닌 논리학"이었다.(『서간문 1812~1848년』) 밀은 어떤 식으로든 '사실적인 차원의 증명'과 '순수한 추론'의 조화를 꾀하면서 삼단논법을 토대로 새로운 진리를 증명해 내는 과정의 어려움을 극복할 필요가 있다고 보았다.

삼단논법, 즉 연역을 통한 논증 방식은 일종의 모순을 안고 있다. 밀은 "모든 삼단논법 속에 '논점 선취의 오류petitio principii'가 포함되어 있다는 사실을" 인정할 필요가 있다고 지적했다. 논점 선취의 오류란 증명하고자 하는 논제가 전제 속에 암묵적으로 포함되었을 때 발생하는 오류다. 이를 오류로 볼 수밖에 없는 이유는 "어떤 보편적 원리로부터 특별한 사실을 추론해 내는 것이, 동일한 원리에 따라 상식으로 간주되는 것들을 제외하면, 사실상 불가능하기" 때문이다. 그럼에도 불구하고 일상의 경험은 우리가 "생각해 본 적이 없는 진리를" 진리로, "일어난 적이 없거나 직접적인 관찰이 불가능한 사실을" 사실로 인식할 수 있다는 점을 보여 준다. 이것이 가능한 이유는 우리가 '일반적인 논리'를 바탕으로, 즉 일반적인 것에서 특별한 것을 추론해 내는 '삼단논법'을 바탕으로 생각하기 때문이다.(『논리학 체계』) 그렇다면 처음부터 전제에 내포되어 있지 않은 새로운 진리는 어떻게 찾아낼 수 있는가?

밀은 이 "새로운 진리를 발견하는 문제가 안고 있는 커다란 모순이 일반적인 논리를 바탕으로 해결된다고" 보았다. 밀에 따르면, 삼단논법의 대전제를 구축하는 '일반적인 진술'은 연역법에서 사용되는 진정한 논리적 전제와는 다르며, 오히려 삼단논법의 소전제를 구축하는 '특별한 진술'로부터 결론의 대등하게 '특별한 진술'을 도출해 내기 위해 우리가 활용하는 하나의 규칙에 가깝다. 예를 들어, "천하무적 웰링턴 공작은 죽을 수밖에 없는 존재"라는 진술은 '직접적인 관찰을 통해서는' 도달할 수 없는 결론이며 모든 인간은 죽을 수밖에 없는 존재라는 사실이 하나의 규칙으로 적용될 때에만, 따라서 "모든 인간은 죽을 수밖에 없고 웰링턴 공작은 인간이므로 웰링턴 공작 역시 죽을 수밖에 없는 존재"라는 삼단논법의 형태로 표현될 때에만 타당성을 지닌다.(『논리학 체계』) 밀은 오로지 실질적인 추론만이, 다시 말해 특별한 것에서 특별한 것을 도출해 내는 추론만이 논리적으로 타당한 진술을 구축할 수 있지만, 모든 타당한 진술은 보편화될 수 있고 진술의 타당성을 인정받기 위해서라도 보편적인 형태로 표현되어야 한다고 보았다.(『논리학 체계』)

이와 유사하게, 유용한 사회제도의 선택 역시 선험적으로는 이루어질 수 없으며 역사의 보편적인 법칙으로부터 추론이 가능하기 때문에 타당한 것으로 간주되는 실질적인 조건에 의존할 수밖에 없다. 따라서 밀은 모든 형태의 편협성을 극복하고 다양성에 주목하며 삼단논법이 지니는 모순의 논리적 핵심을 찾아낼 때에만 다름 아닌 '중재 원리'의 기능을 정의할 수 있다고 보았다. 밀에 따르면, 인간은 "이러한 원리를 가장 원칙적인 원리들에 비해 훨씬 더 용이하게 적용할 수 있으며 도덕적 형이상학의 문제에 대해 상반된 견해를 표명하는 사람들 사이에서도 이 원리에 대한 동의를 합리적으로 이끌어 낼 수 있다".(『논리학 체계』)

흔히 '실천적 절충주의'로 정의되는 이러한 입장을 바탕으로 밀은 '직관의 가르침' 대신 '경험의 가르침'을 중시하고 사실에서 유래하는 앎과 사실과는 무관한 편견을 구분하는 데 주목하면서 전적으로 인위적인 감정을 비롯해 보편적 이상으로 간주될 뿐 지극히 편파적이며 사실상 특권 계층의 이윤에만 부합하는 덕목들을 철저하게 거부했다. 바로 그런 이유에서 밀은 논리학의 목표가 윤리학과 철학을 직관적 판단이 아니라 경험적 사실을 토대로 재정립하는 데 있다고 보았다. 밀에 따르면, "거의 모든 의견 차이는 사실상 방법론의 차이"에 불과했다(『서간문 1812~1848년』). 밀은 만인이 인정하는 일상적이고 비원칙적인 원리들을 기준으로 모두가 수용하는 사실과 가장 원칙적인 원리의 양립가능성을 확인하는 것이 가능하다고 보았다. 논리학은 밀에게 무엇보다도 나쁜 제도와 그릇된 이론의 거대한 지적 기반을 구축해 왔던 지식의 선험주의적인 개념에 본격적으로 대항할 수 있는 진지한 학문을 의미했다. 따라서 중요한 것은 원칙적으로 고정관념이나 선입견을 체계화할 목적으로 고안되지 않았고 활용되지도 않는 방법론을 채택하는 데 동의하고, 다른 사고방식과 다른 생각을 지닌 사람들도 보편적으로 받아들이며 모든 측면에서 진실로 간주되는 일반적인 원리들을 사회과학과 정치학의 중재 원리로 수용하는 것이었다.

3.3 개인과 사회

이러한 방법론적 원리와 새로운 사고방식을 바탕으로, 아울러 학문의 올바른 기반은 다름 아닌 방법론의 적합성을 토대로 마련될 수 있다는 확신을 가지고 밀은 사회학, 정치학, 윤리학 분야에서 수용되거나 수용이 가능한 의견들의 범위를 확장하는 데 주력했다.

성격형성 이론의 학문적인 기반과 핵심을 구축하는 것이 시적 상상력이었다면, 생시몽의 역사철학을 토대로 조합한 사회발전 이론의 학문적인 기반을 구축하는 것은 잉글랜드 시인 콜리지의 '문화철학'이었다. 여기서 '개인을 다루는 학문'과 '사회인을 다루는 학문'의 이론적 구조는 상당히 유사한 것으로 드러난다. 먼저 밀은 인간의 행동을 뒷받침하는 동기들 가운데 개인적인 목적과는 무관하게 상상력에서 유래하는 도덕적 감성이 나름대로 중요한 역할을 한다고 보았다. 인간의 의식적인 행동이 행동 주체의 자아에 영향을 끼치면서 상상력을 바탕으로 정형화하는 습관적인 사고에 의해 형성되는 것이 바로 도덕적 감성이었다. 결과적으로 밀은 한 개인이 어떻게 내면적인 훈련과 상상력을 토대로 스스로의 성격 형성에 자율적으로 기여하는지 설명할 수 있다고 보았다. 이와 유사한 방식으로, 밀은 인간을 사회제도의 권위에 복종하도록 만드는 결정적인 요인이, 개인의 입장에서 고유의 자산이나 지위를 보호하려는 의도와는 무관하게 집단적 상상력의 산물인 감정이나 확신, 다시 말해 집단적 사고가 선택하고 존중하고 지배하는 제도가 사회 자체에 영향을 끼치면서 형성하는 사회적 습관이라고 생각했다. 그런 식으로 한 사회가 어떻게 적절한 교육제도를 바탕으로 고유의 사회적 성격을 자율적으로 형성하는지 설명할 수 있다고 보았던 것이다.

3.4   자유에 관하여

존 스튜어트 밀의 정치 사상은 그의 저서 『자유론On liberty』에 집약되어 있다. 1854년에 짧은 논문으로 고안되었다가 부가 설명과 평론 등을 첨가하면서 분량이 늘어난 이 책은 1859년이 되어서야 최종판이 출판되었다.

밀의 『자유론』이 19세기 자유주의 사상의 고전으로 간주되는 이유는 프랑스 혁명 이후 벵자맹 콩스탕Benjamin Constant이나 알렉시 드 토크빌을 비롯한 상당수의 유럽 지식인들이 관심을 기울여 연구했던 19세기의 민주주의 사상이 이 책에 집약되어 있기 때문이다. 다양한 각도에서 19세기 유럽의 지식인들은 자유주의국가, 즉 사상의 자유와 종교, 출판, 회합의 자유 같은 기본적인 권리를 인정하고 보장하는 국가에 어울리는 유일한 형태의 민주주의가 대의代議민주제, 다시 말해 선거인 집단을 구성하는 국민과 정부의 정치체제 사이에서 국회가 중재자 역할을 수행하는 민주주의라고 주장했다. 이들은 정치에 참여하는 행위, 즉 민주주의의 중요한 특징인 정치참여권 역시 시민이 절대 국가를 상대로 쟁취한 다양한 형태의 개인적 자유 가운데 하나라고 보았다. 다시 말해 국회 혹은 대리인을 통한 정치참여권은 훨씬 더 보편적인 차원의 자유를 뒷받침하는 요소였고 이 보편적 자유에는 자유로운 의사 표현의 권리나 정치에 직간접적인 영향력을 행사하기 위해 회합을 가질 수 있는 권리를 비롯해 시민이 다름 아닌 자신의 대변자로 국회의원을 선출할 수 있고 스스로도 국회의원에 출마할 수 있는 권리가 포함되어 있었다.

밀은 『자유론』에서 자유의 역사가 기나긴 분쟁의 과정이며 다름 아닌 의식의 자유를 위해 투쟁이 벌어지고 종교가 전례 없는 위기를 맞이한 16세기 유럽에서 시작되었다고 설명했다. 밀은 근대가 시작될 무렵 종교적 관용의 문화와 종교적 자유를 획득하기 위해 벌어진 투쟁의 "전쟁터"에서 "상당히 넓은 영역의 개인적인 권리들이 회복되었고" 바로 이러한 정황 속에서 인간의 탄생과 죽음, 생식과 성적 취향의 자유를 비롯해 과학적 탐구의 자유, 사상과 표현의 자유, 정보 교환과 정치 활동의 자유, 종교적 자유의 기준과 본질에 관한 토론이 이루어졌다고 보았다. 그런 식으로 세계의 관심이 국가에서 개인으로, 권력에서 권리로, 지배자들의 추상적이고 보편적인 권위에서 개인의 주권으로 바뀌었다는 것이 밀의 생각이었다. 결정적인 변화를 가져온 것은 구체제를 무너트린 프랑스혁명이었다. 밀은 혁명 이전의 구체제를 억압적인 절대적 독재주의 체제이자 모든 인간이 타자의 독단에 좌우되고 불의가 지배하던 세계, 사회구조와 정치구조의 뿌리가 곧 불의였던 세계의 낡고 병든 체제로 이해했다.

반면에 '개인'은 이러한 체제를 거부하며 스스로의 권리를 주장할 수 있는 주권자로 등장했고 '개인'의 주권자적 성격은 "상당히 다채롭고 이질적인 방식으로" 표출되었다. 이러한 정황을 배경으로 밀은 초기의 공리주의적인 관점과 신뢰를 발전시켜 여성들의 정치적 평등이나 노동자 계급의 사회적 조건에 주목하기 시작했다. 어떻게 보면 밀은 자유주의와 민주주의와 사회주의의 교차로에 섰던 인물이라고 할 수 있다. 밀은 아버지 제임스의 가르침과 이성적인 차원에서 사회제도를 개편하는 것이 충분히 가능하다고 보았던 벤담의 가르침이 과연 자신의 세대가 당면한 사회적 위기와 문제점들을 극복하는 데 실질적인 도움을 줄 것인지 검토해야 하는 입장에 놓여 있었다. 프랑스에서는 1848년 혁명 이후 나폴레옹 3세가 지극히 형식적이고 표면적인 차원에서 국민투표라는 민주주의 형식을 도용했을 뿐 사실상 국회를 무시하고 제2제국을 선포함으로써 독재체제의 부활을 알렸고, 빅토리아 여왕이 다스리던 잉글랜드는 노동

조합의 발달로 급증하기 시작한 노동자들의 시위는 물론 차티스트 운동Chartist Movement이 보편적 비밀선거를 원칙으로 민중의 선거권을 획득하기 위해 일으키던 폭동에 시달리고 있었다. 결과적으로, 추상적 낙관주의에 빠져 있던 전통적인 자유주의는 당대의 정치가 드러낸 복잡한 현실과 새로운 차원의 문제점들을 파악해야 하는 입장, 특히 민주주의는 또 다른 형태의 전제정치, 즉 '다수의 의견'이 사회적이고 정치적인 차원에서 모든 것을 지배하는 형태의 전제정치로 이어질 수 있다는 토크빌의 진단을 현실적으로 검토해야 하는 입장에 놓여 있었다.

『자유론』에서 밀은 '자아와 관련되는 행위'와 '타자와 관련되는 행위'를 구분하면서 시민 '개인'의 특수성 속에 사회적 번영의 기틀이 마련되어 있다고 주장했다. 밀은 예를 들어 국가적인 차원의 정책이 형식적으로는 공공의 영역에 제한되지만 실제로는 개인의 자유를 모든 유형의 위협으로부터 보호하기 위해 실행되어야 한다고 보았다. 아울러 밀은 진리의 변증적이고 역사적이며 분쟁적인 성격에 주목하면서 다수의 의견에 대항하여 상반된 의견을 고수하는 소수의 권리를 옹호했고, 바로 이러한 특수한 상황에 대한 정치적 입장을 토대로 자유와 발전의 기틀이 마련된다고 주장했다.

밀은 무분별한 방식으로 모두에게 확장되는 총체적 민주주의가 '다수의 독재'와 대중적인 성격의 순응주의로 변질될 위험이 있다는 점을 지적하면서도 모든 시민에게 선거권이 보장되어야 한다는 입장을 적극적으로 지지했다. 하지만 시민정신이 결여된 문맹이나 극빈자들 혹은 교구에서 가난한 사람이나 신체 부자유자들에게 일자리와 생활비를 지원하기 위해 운영하는 기관의 노동자들처럼 다수당에 쉽게 회유당할 수 있는 사람들은 예외로, 즉 선거권을 부여하기에 부적절한 부류로 간주했다. 한편 밀은 복식투표를 병행하는 선거 방식, 즉 높은 수준의 교육을 받은 지식인들에게 두 번 이상, 그리고 더 많은 수의 후보에게 투표할 수 있는 기회를 줌으로써 상대적으로 "교육을 충분히 받지 못한 계층의 수적 우세"와 균형을 맞출 수 있는 방안을 제안했다.

밀은 자유가 균형을 요하며 이를 충족하기 위해서는 나폴레옹 3세의 민주주의체제처럼 정부가 국민 대다수의 동의를 등에 업고 권력을 독단적으로 사용함으로써 개개인의 자유를 침해하는 권위적인 민주주의의 득세를 막아야 한다고 보았다.『자유론』에서 밀은 모든 인간의 사적인 영역과 개인적인 자유가 가장 핵심적인 요소인 만큼 모든 '개인'이 각자의 삶과 사유의 절대적인 주인이며, 결과적으로 타자의 입장에서, 혹은 사회단체나 권력기구 또는 사회의 지배적인 견해가 개인의 영역을 간섭하거나 자유를 침해하는 행위는 어떤 식으로든 정당화될 수 없다고 주장했다. 밀은 이러한 '자유'를 세 가지 부류로 세분화했다. 첫 번째 부류에는 의식, 견해, 감정, 사상의 자유가 포함된다. 두 번째 부류에는 어느 누구에게도 방해받지 않고 자신의 성향에 부합하는 삶의 양식을 추구할 수 있는 자유가, 세 번째 부류에는 회합의 자유를 포함해 정치적이고 사회적인 성격의 자유가 포함된다. 이러한 자유의 유일한 한계는 법에 의해 주어지며 누군가가 자신의 자유와 권리를 행사할 목적으로 타자의 자유를 침해하는 것이 법으로 금지된다.

4

알렉시 드 토크빌과
자유주의 사상

4.1 '과거와 미래의 균형을 바탕으로' 하는 사유와 삶

알렉시 드 토크빌(1805~1859년)이라는 철학자와 그의 『구체제와 혁명 *L'Ancien Régime et la Révolution*』, 『미국의 민주주의 *De la démocratie en Amérique*』가 차지하는 지적, 정치적 위상을 파악하는 일은 그를 연구하는 학자들뿐만 아니라 토크빌 자신에게도 항상 어려운 문제였다. 정통왕당파 Légitimistes나 초기의 사회주의 이론 같은 극단적인 경우들을 제외하면, 19세기 전반에 유럽, 특히 프랑스에서 토크빌을 참조하는 경향은 중도적 왕권주의나 자유주의 사상, 공화주의를 비롯한 거의 모든 정치적 성향이 공유하던 일반적인 경향이었다. 하지만 이러한 현상을 제외하면, 자신의 입장을 스스로 정의하려는 토크빌의 시도는 부정적인 색채를 띠거나 현실과 상반되는 측면들을 제시하며 어떤 입장도 취하지 않으려는 태도를 보이는 경우가 대부분이었다. "나는 혁명당에도, 보수당에도 속하지 않는다. (…) 나는 과거와 미래 사이에서 완벽한 균형을 유지하고 있고, 따라서 지극히 자연스럽게 본능적으로 과거나 미래 어느 쪽에도 흥미를 느끼지 않는다. 나

는 솔직히 양쪽을 모두 자연스러운 시선으로 바라보기 위해 어떤 특별한 노력
도 기울이지 않았고 그럴 필요도 느끼지 못한다."

토크빌이 말하는 이 '양쪽'이란 정치정당뿐만 아니라 두 시대와 두 종류의
사회구조, 두 종류의 인류학적 관점을 가리킨다. 실제로 토크빌의 사상 전체를
뒷받침하는 가장 핵심적인 주제는 근본적으로는 불평등을 기반으로 구축되는
귀족 중심의 위계적인 사회구조가 평등을 기반으로 구축되는 개인 중심의 민
주주의적인 사회구조로 변화하는 불연속적인 전이 과정이다. 따라서 토크빌에
게 중요한 것은 단순히 미국의 사회적, 정치적 특수성이나 프랑스혁명의 복잡
한 전개 과정을 소개하고 설명하는 것이 아니라 근대의 도래가 보여 주는 역사
적 불연속성의 뿌리 깊은 의미를 추적하는 것이었다. 민주주의의 도덕적 우월
성뿐만 아니라 민주주의의 도래가 지니는 숙명적인 성격을 깊이 인식했던 토
크빌은 이러한 불연속성을 일종의 비극으로 이해했다. 그가 처한 상황은 그의
말대로 "어느 한쪽으로도 치우치지 않는 형평성"을 유지하기보다는 길을 잃고
혼란스러워하는 사람의 상황에 가까웠다. 하지만 이 혼란이야말로 근대의 도
래와 역사적 전이 과정을 탐색하는 토크빌의 시선을 불안하면서도 각별히 풍
부하게 만든 결정적인 요인이었다.

더 나아가서 토크빌은 근대가 이루어 낸 진정한 인류학적 차원의 혁명이 민
주주의를 정치체제로 정립하거나 법적 평등성을 사회체제의 기반으로 체계화
한 과정보다는 오히려 근대적 개인주의의 승리를 통해 완결되었다고 보았다.
그는 근대의 개인주의가 흔히 "지나치게 열정적인 자기애"로 정의되는 통속적
인 이기주의와는 전적으로 다르고 새롭다는 점에 주목했다.

토크빌은 근대적인 차원의 개인주의적인 감성이 "모두가 군중으로부터 멀
리 떨어져 한적한 곳에서 가족이나 친구들과 함께 지내는 것을 선호하는 진지
하고 차분한 감성"에 가깝다고 보았다. 개인주의는 따라서 비난의 대상이 되기
쉬운 순수하게 개인적인 열정 이상의 무엇이었고 개인을 모든 가치의 가장 기
초적인 단위로 간주하는 근대적인 이데올로기의 핵심이었다.

토크빌에 따르면, 지배 계층의 구성원들은 스스로를 훨씬 더 커다란 세계의

일원으로 간주할 뿐 아니라 "대부분의 경우 그들의 세계를 초월하는 무언가에 은밀히 집착하며 이 무언가의 이름으로 기꺼이 스스로를 망각하는 데 익숙하다". 따라서 "지배 계층이 이끄는 사회에서는 모두가 서로에게 의존하고 단결을 추구하며 (…) 강렬한 위계질서와 결속력을 바탕으로, 개인이 자신의 위치를 지키고 사회 전체가 체제에 복종하는 것이 가능하다".

토크빌에 따르면, 지배 계층의 사회를 특징짓는 위계의 원칙은 어떤 식으로든 사회가 하나의 유기체라는 사실을 중시하지만 평등성의 원칙은 반대로 "사람들을 개별적인 존재로 분리시키고 각자가 오로지 자기 일에만 집중하도록" 만든다. 평등성은 "인간을 타자와 대등한 존재로 전시하지만 이들을 하나로 묶는 결속력은 제공하지 않는다". 민주주의는 오히려 사회적 구속의 "사슬을 끊고" 인간을 훨씬 더 자유로운 동시에 외로운 존재로 만든다.

민주주의 열풍이 동반하는 위험은 사회적 결속력이나 소속감의 약화로 그치지 않는다. 토크빌은 민주주의도 자유를 위협할 수 있다고 보았다. 물론 토크빌에게도 민주주의적인 자유는 모든 인간이 자신의 삶을 스스로 결정할 수 있는 보편적인 권리를 의미했다. 자유를 누구도 침해할 수 없는 보편적 권리로 이해하는 새로운 차원의 관점을 수용하면서 토크빌은 이 새로운 유형의 자유가 귀족 사회에서 소수 계층의 특권 가운데 하나로 간주되던 자유보다 훨씬 더 우수하고 발전된 개념이라는 점을 분명하게 인정했다. 하지만 토크빌은 민주주의적인 자유가 개인의 고립화 현상을 바탕으로 모두가 평등하다는 원칙을 내세워 모두를 똑같이 무기력하게 만들고 모두가 사회적, 정치적 차원에 더 이상 아무런 관심도 기울이지 않는 상황을 조장할 우려가 있다고 보았다. 토크빌은 이러한 상황이 충분히 일어날 수 있으며 그 이유는 무엇보다도 개인의 모든 관심이 물질적인 풍요와 사회적으로 높은 위상을 차지하기 위한 경쟁에 집중되기 때문이라고 주장했다. 그는 개인의 이러한 고립 상태가 새로운 형태의 독재주의를 초래할 수 있다고 보았다. "사소하고 퇴폐적인 쾌락의 충족을 위해 매진하며" 이를 위해서라면 도덕이나 자유 따위는 아랑곳하지 않고 내팽개칠 수 있는 "동등하고 유사한 인간들의 무리" 위에 일종의 "달콤한 전제주의"가

군림할 수 있다고 보았던 것이다.

4.2 토크빌과 미국

토크빌은 미국의 형무소 체제를 연구하기 위해 1831년에서 1833년까지 미국에 머물며 '민주주의 자체의 본질과 특징'을 파악하는 데 주력하는 동시에 유럽이 궁극적으로 받아들여야 할 '민주주의체제'가 오히려 '자유'를 침해하는 결과로 이어질 수 있다는 점에 주목하면서 이를 방지하기 위한 해결책을 모색했다. 토크빌이 미국에서 연구한 내용을 바탕으로 집필한 『미국의 민주주의』는 1부와 2부로 나뉘어 각각 1835년과 1840년에 출판되었다. 주목해야 할 특징은 이 책이 제목과는 달리 미국을 비롯해 프랑스와 유럽에 대해서까지 이야기한다는 사실이다.

토크빌은 미국의 민주주의가 이상적인 민주주의 사회를 표상하는 동시에 역사적으로 예외적인 경우에 속한다고 보았다. 그는 미국이 민주주의 사회, 즉 법적 평등성이 보장되고 경제적, 사회적 불평등의 최소화가 실현되는 사회를 어떤 정복의 결과로, 혹은 오랜 역사적 과정을 거쳐 쟁취하지 않았다는 점에 주목했다. 평등성은 미국이라는 나라가 탄생한 순간부터 이미 미국 사회의 가장 중요한 특징 가운데 하나였다. 노예제도를 제외하면, 법적 평등성은 미국의 사회구조뿐만 아니라 미국 문화와 미국인들의 인간관계 및 가족관계의 유형을 결정지은 가장 중요하고 핵심적인 요소였다. 토크빌은 사회학적이고 정치학적인 관점에서뿐만 아니라 인류학적인 차원에서 미국이 19세기 초반의 유럽 사회와는 상당히 다르다는 점에 주목했다. 그는 유럽 사회의 구체제가 부정적인 측면들을 그대로 드러내면서 위기를 맞은 뒤 완전히 와해된 상태에서 황혼기에 접어들었다고 보았다.

토크빌은 미국의 민주주의가 보여 주는 가장 중요한 특징들을 세밀하게 열거하면서 평등성을 열정적으로 부르짖는 성향, 간헐적이지만 자유를 강조하는 성향, 물질적 풍요를 추구하는 성향, 사회적 지위에 집착하는 성향, 인정받기 위해 노력하는 성향, 현실과 직접적인 연관성이 없는 지적 활동에는 관심을 기울이지 않는 성향, 결과적으로 도구적인 이성을 선호하는 성향, 애정을 쏟는 대상의 범위를 가족과 친구로 제한하는 성향, 기본적으로 시민정신에 입각한 덕목은 물론 일반적인 도덕적 덕목에 대해서도 관심을 기울이지 않는 성향 등에 주목했다.

하지만 토크빌이 이러한 특징들보다 더 중요한 요소로 간주하며 집중적으로 관찰했던 것은 그가 민주주의 사회에 임박한 것으로 간주하던 크나큰 위협으로부터, 즉 개인주의적인 성향이 조장하는 사회의 파편화와 모든 인간을 평등하지만 자유인이 아니라 노예로 만들어 버리는 새로운 전제주의의 위협으로부터 미국 사회가 벗어날 수 있었던 이유다. 이와 관련하여 토크빌이 특별히 주목했던 두 가지 요인은 사립 단체나 지방 기관의 활성화와 투철한 종교 정신이다.

4.3 '치밀하게 계산된 이윤'과 종교

『미국의 민주주의』에서 분석한 예들을 바탕으로 토크빌은 혁명가들의 전통적인 공화당주의에 얽매이지 않는 지방자치 기관들의 자율성을 중요한 요소로 강조했다. 토크빌은 사적인 이윤과 개인적인 야망이야말로 미국의 가장 생생하고 자율적인 민주주의적 감성을 구축하는 요소이며, 아이러니하게도 개인주의적 민주 사회의 결점처럼 부각되는 시민정신을 재구성하기 위해서는 바로 이러한 요소에서 출발해야 한다고 주장했다.

토크빌에 따르면, 대부분의 미국인들이 경제와 사회의 발전에 기울이는 관심은 국가적인 차원이 아니라 지역 사회에 집중되어 있었고 정책에 적극적으로 참여하는 문화 혹은 다양한 목적을 추구하는 협회나 기구를 통해 집단적으로 행동하는 문화 역시 지역 사회라는 영역 안에서 훨씬 더 쉽게 구체화되는 경향을 보였다. 따라서 주목해야 할 것은 조국이나 공동체에 대한 미국인들의 사심 없는 사랑이 아니라 이들의 '치밀하게 계산된 이윤', 다시 말해 가능한 한 오랜 기간에 걸쳐 취할 수 있는 최대한의 경제적, 사회적 이윤을 고려한 상태에서 공동체나 공동체의 구성원들에게 봉사를 약속하는 이른바 '이지적 이기주의'다.

토크빌은 종교에도 중요한 역할을 부여했다. 그리스도교는 민주주의 사회의 번창과 개인적인 이기주의의 창궐이 동반하는 물질주의에 맞서 윤리적인 차원의 대항 세력으로 기능할 수 있었다. 토크빌에 따르면, 무엇보다도 종교와 민주주의가 양립할 수 없다는 견해는 선입견에서 비롯된 오해에 불과했다. 왜냐하면 사람들 간의 형제애와 신 앞에서는 모든 인간이 평등하다는 생각을 강조하는 그리스도교야말로 역동적인 민주주의 역사의 기원으로 간주될 수 있기 때문이었다. 그런 의미에서 토크빌은 계몽주의와 혁명정신에 호소하며 가톨릭을 멀리하는 정치적 입장뿐만 아니라 황권과 교권의 동맹을 재차 주장하는 왕정복고 지지자들의 입장을 모두 거부했다.

일찍부터 프랑스 정부의 중책을 맡았고 특히 1849년에 외무부 장관을 역임했던 토크빌은 1851년 12월 2일 나폴레옹 3세가 쿠데타를 일으켜 독재 정부를 수립했을 때 정치에서 물러났다. 당시의 정치 상황은 자유와 안녕의 공존을 꾀하는 데 실패한 프랑스 정치인들의 무기력한 정신세계를 그대로 드러낸다. 하지만 이러한 상황에 대한 통찰을 계기로 토크빌은 또 다른 명저 『구체제와 혁명』의 집필에 착수했다. 하지만 1859년 4월 16일 토크빌이 세상을 떠나면서 이 책은 결국 미완성으로 남았다.

형식적으로나마 민주주의적 동의를 얻은 나폴레옹 3세의 독재정치는 과거의 절대주의와 근본적으로 다른 특징들을 드러냈고, 토크빌이 우려했던 것처럼, 일찍부터 평등성을 토대로 형성된 근대 유럽 사회의 '민주화된' 성격과 지극히 잘 어울리는 새로운 형태의 전제주의적인 성향을 나타냈다. 토크빌은 『미국의 민주주의』에서 미국이 평등성과 자유를 조합하는 데 성공한 이유를 분석했지만 마지막 저서에서는 거울에 비친 프랑스의 상대적인 실패를 분석하면서 역사적 이유를 조명하는 데 집중했다.

토크빌에 따르면, 민주주의의 '평등성'은 근대 사회의 발전이 가져올 수밖에 없는 필연적인 결과지만 '평등성'을 획득하기까지의 과정과 이에 따르는 정치적이고 제도적인 변화의 색채는 상당히 다양하다. 바로 그런 이유에서 토크빌은 이렇게 경고했다. "우리는 미국을 모든 민주주의국가의 모범으로 간주하는 편견에서 벗어나야 한다." 미국은 모범적이지만 동시에 예외적인 국가다. 역사적으로 전례를 찾아볼 수 없는 국가이기 때문이다. 반면에 유럽의 국가들, 특히 프랑스는 역사의 무게가 특별히 무겁고 숙명적으로 느껴질 수밖에 없는 나라다.

대혁명은, 칭송의 대상이든 혐오의 대상이든, 시대의 분수령으로 간주되는 것이 일반적이었다. 공화당파와 자유주의자들에게 혁명은 새로운 세계의 여명을 의미했고 정통왕당파에게는 복구가 불가능한 재난을 의미했다. 하지만 혁명에 대해서도 토크빌은 다시 한번 지적인 측면과 정치적인 측면을 모두 고려하는 복합적인 분석을 시도했다. 토크빌에 따르면, 혁명은 역사의 불연속성을 표상하는 사건이 아니라 오랜 세월에 걸쳐 지속되어 온 역사적 발전 과정의 완성 혹은 가속화를 의미했다. 실제로 군주제의 절대주의는 권력을 중앙정부에 집중시키고 모든 형태의 견제 세력, 예를 들어 과거에 군주의 권력을 견제하던 귀족들의 정치적 영향력을 조직적으로 무력화하면서 결과적으로 자코뱅파와 보나파르트파의 '민주주의적 전제주의'가 성장하는 토양을 마련했다. 절대주의는 따라서 사회적 평등의 실현에 굉장한 공헌을 한 셈이지만 동시에 모든 인간을 절대적 권력에 무조건적으로 복종하는 똑같은 노예로 만들어 버렸다. 반면에 국가의 완벽한 통합을 추구하며 통일성의 교리에 집착했던 혁명주의자들은 분리주의자들의 분리 운동과 반혁명주의자들의 위협으로부터 벗어나기 위해 정치적 다원주의와 지방자치제를 추구하는 모든 형태의 자율적인 정치 활동에 제재를 가했다.

토크빌에 따르면, 민주주의 사회를 위협하는 가장 위험한 형태의 전제주의는 견제 세력 없이 집중되는 권력의 주체가 아니라 다수의 의견이 지배하는 전제주의다. 민주주의 사회에 도덕적 권위나 지적 권위를 인정하는 문화가 없다고 보는 것은 잘못된 견해다. 민주주의 사회에서는 이러한 문화가 지배 계층이 주도하는 사회와는 다른 방식으로 전개될 뿐이다. 지배 계층이 주도하는 사회에서는 권력과 재산과 문화의 불평등한 분배가 지극히 정상적인 것으로 인식되기 때문에 사람들은 사회적 지위가 높은 이들의 도덕적이거나 지적인 의견에 동의하고 이를 수용하는 경향이 강하다. 반면에 사회적 위치의 높고 낮음 자체가 무의미한 사회에서는 타자의 도덕적이거나 지적인 권위를 인정하지 않으려는 경향이 더 강하게 나타난다. 토크빌에 따르면, "이러한 평준화는 특정 공동체에 속한 개인들을 모두 독립적이고 자율적인 존재로 만들지만 동시에 개인을 고립시키고 다수가 취할 수 있는 집단행동의 위협에 노출시킨다". 토크빌은 미국을 이처럼 위협적인 형태의 전제주의에 훨씬 더 취약한 나라로 간주했다. 왜냐하면 미국에서는 이러한 평준화가 훨씬 더 광범위하고 보편적인 차원에서 진행되었고 고차원적인 지식이나 문화에 대한 관심은 상대적으로 감소했다고 보았기 때문이다. "미국에서는 기득권층이 개인에게 엄청난 분량의 축조된 의견들을 제공하기 때문에 개인은 독창적으로 자기만의 의견을 구축해야 할 이유를 발견하지 못한다."

토크빌은 이러한 유형의 문제와 관련하여 종교에도 중요한 의미와 역할을 부여했다. "신과 인간의 본성에 관한 보편적인 관념들은 일상적인 사고의 범주 바깥에서 별개로 다루어야 할 부류의 관념에 속한다. 개인의 이성은 신의 권위를 인정하며 잃는 대신 무엇이든 더 얻는 일에 집중하기 때문이다." 토크빌은 혁명 이전과 혁명의 시대에 프랑스에서 일어난 것처럼, 모든 종교기구의 권위와 존재의 정당성을 부인하는 정책이 위험한 결과를 가져온다고 보았다. 토크빌에 따르면, 종교의 부재는 중요한 주제나 문제에 대한 공통된 의견이나 감성의 형성을 거의 불가능하게 만들고 사회 자체를 약하게 만들면서 전제주의의 위협에 노출시킨다. 토크빌은 이렇게 말했다. "개인적으로는, 인간이 과연 완전한 종교적 자유와 완전한 정치적 자유를 동시에 감당할 수 있는 존재인지 의심스럽다. 나는 오히려 믿음이 없으면 복종할 필요가 있고 복종할 필요가 없는 자유인에게는 믿음이 필요하다고 생각한다."

아울러 민주주의 사회에서 종교적 차원을 망각하는 현상은 모든 정신적 차원을 완전히 단념하는 단계로 전락할 수 있으며, '민주적 인간homo democraticus'의 삶을 독점하는 물질적인 차원과 이에 대한 일상의 염려가 개인의 존재 자체를 좌우하는 결과로 이어질 수 있다. 토크빌에 따르면, 사실상 "미국인이 어떤 식으로든 잠시나마 스스로의 굴레에서 벗어나, 다시 말해 그의 삶을 채우는 순간 순간의 관심과 그의 삶을 들끓게 하는 소소한 열정의 세계에서 뛰쳐나와 짧은 순간이나마 모든 것이 위대하고 순수하고 영원한 이상적 세계로 침투해 들어갈 수 있는 것은" 오로지 종교 덕분이다.

여기서 '현세'라는 또 다른 차원에 대해 언급할 필요가 있다. 인생은 최종적 구원에 도달하기 위한 일종의 여정이라는 의미에서 삶의 일시적 공간을 가리키는 이 '현세'적인 차원의 종교적 감성은 민주주의 사회의 바람직하지 못한 표류를 막고 바로잡는 데 크게 기여한다. 토크빌의 주장처럼 "종교는 일상적인 습관을 수정하고 미래를 내다보며 행동하도록 유도한다". 토크빌에 따르면, 개인주의는 공시적인 차원에서 사람들 간의 결속력, 무엇보다도 가족의 결속력을 느슨하게 만들며 통시적인 차원에서는 세대 간의 결속력을 파괴한다. 결과적으로 "민주주의국가에서 모든 신세대는 새로운 국민과 다를 바 없다". 따라서 민주주의는 인생을 바라보는 관점이 전적으로 '현재'의 삶에 집중되는 실존주의적인 관점을 장려하고 '현세'의 개념을 무의미하게 만든다. 바로 이러한 단절이 과거에 대한 앎을 현재를 이해하는 데 불필요한 지식으로 만든다. 결과적으로 '근대'는 과거와의 근본적인 단절을 의미하며, 근대적인 관점에서 과거는 더 이상 미래를 약속하는 지적 자원이나 미래를 정당화하는 근거로서의 가치를 지니지 않는다. "과거가 더 이상 미래를 비추지 않기 때문에 정신은 암흑을 걷는다." 아울러 토크빌은 이러한 단절이 문화적 감성의 저하라는 결과로 이어지기도 한다는 점에 주목했다. "기득권층은 자연스럽게 과거와 역사적 탐구의 중요성을 강조하면서 우리의 정신을 과거에 고정시킨다. 민주주의는 반대로 과거의 모든 것에 대한 본능적인 적대감을 심어 준다."

근대의 도래와 함께 드러난 수많은 단절을 분명하게 설명하기 위해 흔히 인용되는 예들 가운데 하나는 '가정교육'이다. 근대와는 달리 귀족 사회에서는 기본적인 교육이 가족을 중심으로 이루어졌다. "귀족 사회에서 가족들은 수 세기에 걸쳐 동일한 사회적 위치를 유지했고 대부분의 경우 동일한 곳에 거주했다. 이러한 특징은 모든 세대들을 동시대인으로 만들었다. 대다수의 사람들은 선조들이 누구인지 알았고 그들을 존경했다. 아울러 손자들을 사랑할 줄 알았고 선조나 후손 모두에게 의무를 다해야 한다는 생각으로 더 이상 존재하지 않거나 아직은 존재하지 않는 이들의 이름으로 희생을 감수하곤 했다." 이러한 가족정신esprit de famille의 개념에는 과장된 동시에 미래를 내다보며 감당하는 헌신의 의미가 함축되어 있었다. 전통 사회의 구성원들은 예를 들어 가문의 영광처럼 초개인적인 차원이나 과거에 뿌리를 두고 있지만 미래 역시 내다볼 줄 아는 거시적인 관점에 관심을 기울였다. 이는 사실상 현재에만 집중하는 개인주의적인 성향의 민주주의 사회에서는 찾아볼 수 없는 태도다.

반혁명운동과
왕정복고 시대의 정치사상

일찍부터 프랑스혁명 도중에 혁명과 반대되는 의미로 언급되던 철학적이고 정치적인 차원의 '대응'은 머지않아 '반혁명운동'의 동의어로 간주되기 시작했다. 하지만 혁명을 반대하던 학자들이 그들의 입장을 뒷받침할 수 있는 보다 뚜렷한 형태의 의견들을 제시하기 시작한 것은 왕정복고 시대에 들어와서야 일어나는 일이다.

따라서 혁명을 반대하며 '대응'하던 저자들의 글은 혁명 직후에 쓰인 것들, 다시 말해 혁명 자체가 분석과 논박의 대상이었던 글과 이후에 좀 더 넓은 관점에서 쓰인 것들, 즉 근대 이전의 세계가 지닌 중요한 특징을 명확하게 정의하고 부각할 목적으로, 아울러 빈 회의에서 천명된 왕정복고를 분명하게 지지할 목적으로 쓰인 글로 구분할 필요가 있다.

철학적 전통주의의 분노에 찬 '대응'은 무엇보다도, 아니 거의 예외적으로 '개인', '이성', '자연', '진보' 같은 계몽주의적인 이상을 총체적으로 비판하고 거부하는 입장을 표명하면서 전개되었다. 이러한 유형의 비판은 이 개념들이 혁명적 역사의 구체적인 표현이라는 점을 단죄하는 데 집중되어 있었다.

처음에는 프랑스 혁명을 지지했지만 에드먼드 버크Edmund Burke의 『프랑스혁명에 관한 성찰Reflections on the Revolutions in France』을 읽고 깊은 감명을 받아 생각을 바꾼 조제프 드 메스트르(Joseph de Maistre, 1753~1821년)는 버크의 영향이 분명하게 드러나는『프랑스에 관한 고찰Considérations sur la France』에서 프랑스의 전통적인 법률체제로 돌아갈 것을 주장했다.

근대적인 차원에서 성문화된 헌법을 바탕으로 국가의 기본적인 법률체계를 구축하겠다는 생각 자체는 프랑스혁명 직후에 형성된 반면, 프랑스의 전통주의와 반혁명주의 사상은 역사를 통해 면면히 이어져 내려오는 전통적인 법률체계를 선호했다. 다시 말해 오래된 관습과 사고방식이 그대로 살아남아 있고 봉건사회 고유의 정치구조는 물론 봉건적인 형태의 '위계질서', '특권', '자유' 등의 흔적이 생생하게 살아 있는 일종의 성문화되지 않은 헌법을 선호했던 것이다. 우선적으로 '추상적'이었고 뒤이어 '혁명적'으로 발전한 계몽적 이성주의를 거부하는 태도는 봉건사회에 대한 향수 혹은 집착과 어우러져 '유기적인' 정치 공동체에 대한 사유로, 다시 말해 사회 공동체는 하나의 살아 있는 유기체이며 이 유기적인 공동체의 생존과 활동은 신의 섭리에, 따라서 대제사장처럼 신을 대리하는 군주에 좌우된다는 생각으로 발전했다. 이처럼 왕들의 신성한 권리를 토대로 구축되는 '정통주의'와 '군주주의'가 바로 드 메스트르의 정치적 입장을 뒷받침하는 핵심 사상이다.

하지만 드 메스트르의 사상이 지니는 독특한 색채는 신권정치에 대한 각별한 관심에서 드러난다. 예를 들어 그는 '통치'를 세계에 유기적인 생명과 질서를 부여하려는 신의 의지가 표명되는 현상으로, 아울러 '인간'과 '사회'를 신이 자연에 직접 배치하는 실체로 이해했다. 이러한 점이 특별히 중요한 것은 오로지 신권정치의 차원에서만 드 메스트르의 자연법주의와 그의 '그리스도교적 자연주의'에 대해 이야기할 수 있기 때문이다. 드 메스트르가『정치체제의 생성 원리에 관한 에세이Essai sur le principe générateur des constitutions politiques』에서 강조한 바에 따르면, 신이 직접적으로 개입하는 섭리의 영역 바깥에서 주어지는 모든 것은 "오류이자 부패, 무無"에 불과했다. 신은 물리적이고 정치적인 현실을 구성하는 수많은 요소들이 세계라는 공간 안으로 진입하는 과정을 인도하고 체계화하는 "불패의" 손이었다. 이러한 신권정치적인 관점은 드 메스트르가 러시아에 머무는 동안 집필한 뒤 유작으로 1821년에 출판된 『상트페테르부르크의 밤*Les Soirées de Saint-Pétersbourg*』의 부제 '섭리의 현세적 통치에 관한 대화Entretiens sur le gouvernement temporel de la Providence'에서도 분명하게 드러난다. 그의 입장에서는 어떤 사건도 우연히 일어나지 않았고 그의 사전에 '행운'이라는 말은 존재하지 않았다. 심지어는 '무질서'도 신의 계획에 포함되어 있었고 로베스피에르Maximilien François Marie Isidore de Robespierre 같은 지옥 사자나 나폴레옹 같은 '정오의 악령'들로 가득한 '혁명'조차 신의 작품이자 이성과 계몽의 세기에 인간이 드러낸 오만방자함을 꾸짖으며 신이 내린 일종의 형벌이었다. 반면에 '왕정복고'는 드 메스트르에게 모든 면에서 교황의 권력과 권위를 복구하고 그리스도교의 중세적인 질서를 회복하기 위한 방법이자 신의 주권을 '자연스러운' 것으로 만들고 신의 권위에 도전하겠다는 생각 자체를 근절하기 위한 유일한 수단을 의미했다.

루이 드 보날드(Louis de Bonald, 1754~1840년)는 교황의 신권정치를 지지하지 않았지만 열성적인 저술 활동을 통해 드 메스트르의 핵심 사상을 전파하는 데 앞장섰고 1815년에서 1830년까지 정치에도 적극적으로 참여했던 인물이다. 보날드는 『정치적, 종교적 힘의 이론*Théorie du pouvoir politique et religieux*』에서 "혁명이라는 스캔들의 필연성"을 인정했지만 원칙적으로 개인주의적인 '나'에 사회적인 '우리'가 우선한다고 주장했다. "인간은 오로지 사회를 위해 존재할 뿐이며 사회가 인간을 성장시키는 것도 오로지 사회 자체를 위해서다." 보날드는 '종교적 사회'가 '정치적 사회'에 모범적이고 신성한 모형으로 기능할 뿐 아니라 그런 식으로 '정치적 사회'를 구축한다고 보았다. 『원시 법률*Législation primitive*』에서 보날드는 그가 "보편적인 비례"라고 부르는 것의 의미를 이렇게 설명했다. "권력이 수상에 의존하듯이 수상은 백성에게 의존한다. 이러한 비례는 훨씬 더 추상적이고 분석적인 언어로 표현된 보다 보편적인 비례를 사회와 관련된 언어로 번역한 것에 지나지 않는다. 즉, 원인이 수단에 의존하듯이 수단은 효과에 의존한다. 권력과 수상과 백성은 사회를 구성하는 페르소나로 정의된다."

보날드는 사회를 생성하는 원동력이 다름 아닌 언어에서 유래한다고 보았다.

그는 콩디야크의 관례주의와 감각주의를 노골적으로 비판하면서 언어가 인간의 정신이 보유하는 자율적이고 창조적인 사고력의 결과로 생성된 기호들의 총체라는 논리를 거부했다. 반대로 그에게 언어는 태양 광선이 물리적인 사물들을 환하게 비추듯이 언어 자체가 비추고 드러내는 필연적인 관념들의 표현을 의미했다. "인간은 자신의 사유를 표현하기 전에 할 말을 생각한다. (…) 인간은 말하기 전에 무슨 말을 해야 할지 안다. 인간은 그 말을 받아들일 뿐 창작하지 않는다." 물론 이 경우에도 중요한 것은 언어를 통해 관념과 정신을 연결하는 어떤 초월적인 존재의 직접적인 개입이다.

『도덕적 앎의 첫 번째 대상에 관한 철학적 탐구*Recherches philosophiques sur les premiers objets des connaissances morales*』에서 보날드는 '근대 철학'이 신을 좌천시켰다면 이 신에 대한 믿음을 회복하기 위한 유일한 수단은 전통의 회복이라고 주장했다. 전통을 강조하면서 그는 신의 권위를 대변하는 군주의 권위에 국민들이 다시 고개를 숙여야 한다고 강조했다.

펠리시테 드 라므네(Félicité de Lamennais, 1782~1854년)는 상당히 복합적인 인물이다. 오랫동안 가톨릭 정통파 신학을 대표하는 신학자로 알려져 있었지만 프랑스에서 1830년 혁명이 임박했을 때 신생 가톨릭 자유주의를 지지했고 1832년 교황으로부터 단죄를 받은 후에는 앙리 도미니크 라꼬르데르Henri Dominique Lacordaire, 샤를 드 쿠Charles de Coux 등과 함께 일간지 《라브니르*L'Avenir*》를 창간했다. 드 라므네의『한 신자의 말*Paroles d'un croyant*』은 1834년에 출간되었다. 아울러 1848년을 전후로 사회민주주의를 지지했던 드 라므네는 생애의 마지막 시간을 로마교회와 날카롭고 치열한 논쟁을 벌이면서 보냈다.

드 라므네의 초기 사상을 구축하는 철학적 입장은 반주관주의와 반데카르트주의다. 그는 감각주의적인 유물론에서 칸트의 형이상학에 이르는 상당수의 이론들을 그가 경멸하던 '주관주의'의 범주에 포함시켰고 이 '주관주의'와 대적하기 위해 전통과 권위를 자랑하는 상식의 철학을 내세웠다.

드 라므네의 주저『종교에 대한 무관심에 관하여*Essai sur l'indifference en matière de religion*』전체를 지배하는 것은 정치와 종교를 통합해야 하는 불멸의 결속력에 대한 생각이다. 그는 오로지 정치와 종교의 조합을 바탕으로 전개되는 정책이 뒷받침될 때에만 당대의 정신세계를 지배하던 '무신론과 혁명'의 이항식을 해체할 수 있다고 보았다. 무신론과 혁명이 지배하는 암울한 상황을 가장 뚜렷하게 보여주는 것은 바로 종교에 대한 무관심과 거부감이었다. 그는 시대정신을 체계적으로 장악해 온 이러한 무관심이 결과적으로는 성서 해석의 자유라는 개신교적 원칙을 비롯해 계몽주의와 혁명의 이론을 바탕으로 발생한 종교적 '관용'의 형태로 표출되었다고 보았다.

귀족 출신의 스위스 학자 칼 루트비히 폰 할러(Carl Ludwig von Haller, 1768~1854년)는 당대의 독일 문화에 지대한 영향력을 행사한 책『국가론의 복원Restauration der Staats-Wissenschaft』의 저자다. 폰 할러는 고대 스위스 도시들의 역사를 바탕으로, 아울러 스위스의 전통적인 제도들을 모형으로 고유의 국가 개념을 구축했다. 그가 염두에 두었던 것은 '고대 공화국의 자유'이지 평등성을 강조하는 유형의 프랑스 공화국이 아니다. 그가 궁극적으로 선호했던 것은 절대군주제다. 폰 할러는 '주인과 종'의 관계를 그가 구축한 '자연주의적' 체계의 기반으로 제시하면서 특별히 원칙주의적인 성향을 나타냈다. 폰 할러에 따르면, "지배자와 피지배자의 관계는 인간의 의지에 좌우되지 않는다. 법의 효과는, 신에게서 유래하는 모든 것과 마찬가지로, 보편적이며 필연적이고 철회가 불가능하다. (…) 통치권 계승자는 권력을 물려받는 것이 아니라 국민 이전에 존재하며 그의 권위는 고유의 권력과 권리를 토대로 성립된다".

아울러 '자연'은 여전히 수천 년 전에 존재했던 그대로의 자연이며, 자연 고유의 특징인 위계질서 역시 "세계 못지않게 오래되었다". 근대적인 의미의 국가 개념을 비판하고 거부하며 폰 할러는 군주제와 봉건사회에 고유한 직접적인 종속관계의 복원을 시도했다. 폰 할러에 따르면, 백성은 불평등한 종속관계를 바탕으로 왕에게 예속되는 반면 사회는 다양한 부류의 개인적 의무나 과제가 단계별로, 궁극적으로는 신을 향해 배치되어 있는 위계적인 구도에 지나지 않았다.

후안 도노소 코르테스(Juan Donoso Cortés, 1809~1853년)는 대응주의와 반혁명주의 차원에서 군주제의 역사적 필요성을 인식하고 주장했던 인물이다. 하지만 도노소 코르테스는 세속화를 막을 수 있는 유일한 길이 왕정복고나 구체제의 회복에 있지 않으며 싸워야 할 혁명 세력의 힘 못지않게 강력한 힘, 즉 신의 권위에 호소하는 데 있다고 확신했다. '대응'이라는 용어의 원천적이고 물리적인 의미에 호소하면서 도노소 코르테스는 당대에 "유럽을 집어삼키고 있는 심각하고 뿌리 깊은 문제", 즉 신성하고 인간적인 권위가 추락하는 현상을 바로잡기 위해 예외적이고 극단적인 방식이 요구된다고 진단했다. 바로 그런 이유에서 계시록적인 성격을 띠는 도노소 코르테스의 관점에 따르면, 역사란 화해가 불가능한 적대 세력들 간의 분쟁과 전쟁의 무대에 불과했고 사회 역시 크고 작은 침략 세력과 저항 세력의 행동과 대응으로 구성되는 유기적인 현실에 불과했다.

이탈리아의 정통왕당파를 다룰 때 주목해야 할 인물들 가운데 한 명은 팔레르모 출신의 조아키노 벤투라(Gioacchino Ventura, 1792~1861년)다. 스콜라철학의 복원에 매진했던 벤투라는 프랑스의 반혁명주의자 드 라므네의 이론과 성찰의 핵심 요소들을 스콜라철학의 기본 개념에 접목함으로써 드 라므네의 사상을 보다 독창적인 방식으로 발전시켰다. 하지만 1830년 이후 드 라므네가 자유주의로 선회하는 모습을 지켜보며 실망한 벤투라는 『혁명의 정신과 혁명의 중단 수단에 관하여Dello spirito della rivoluzione e dei mezzi di farla cessare』에서 교회가 국가에 우선한다는 원칙과 이를 바탕으로 하는 민주적 신권정치론을 주장했다. 철학자 빈첸초 조베르티Vincenzo Gioberti의 영향이 확연하게 드러나는 『빈의 사망자들을 위한 조문Discorso funebre per i morti di Vienna』에서는 교회 지도자들을 향해 민중의 길을 인도하며 민중과 함께 투쟁할 것을 공개적으로 요청하기도 했다.

반면에 예수회 학자 루이지 타파렐리(Luigi Taparelli, 1793~1862년)는 스콜라철학의 복원과 부활의 차원에서 구체제의 정치적 복구를 시도했던 인물이다. 철학적인 차원에서 그의 목표는 개신교와 개신교의 도래 이후에 등장한 개인주의, 이성주의, 자율성 등의 영향으로 부패하기 시작한 형이상학, 윤리학, 법학의 통일성을 회복하는 것이었다. 그는 『사실에 근거한 이론적 자연법 논문Saggio teoretico di diritto naturale appoggiato sul fatto』에서 사회계약 이론을 비판하고 민중 혹은 다수에게 통치권을 부여하는 입장을 거부했다. 그는 통치권, 즉 인간의 영혼에 상응하는 사회의 통일성 원리는 오로지 신에게서 유래하는 자연적이고 필연적인 법 덕분에 존재한다고 보았다. 타파렐리에 따르면, 통치권은 신성하지만 사회는 개인의 완성을 위한 도구로 존재할 뿐이다. 1850년, 타파렐리는 이탈리아 가톨릭의 역사에 지대한 영향을 끼친 정기간행물《가톨릭 문명*La civiltà cattolica*》을 카를로 마리아 쿠르치Carlo Maria Curci와 함께 창간했다.

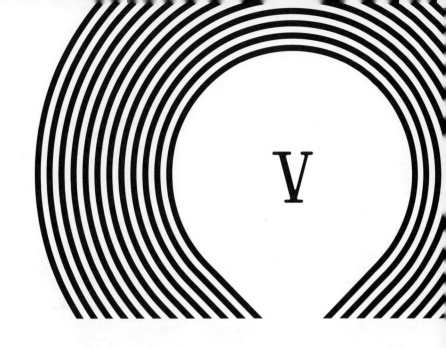

V

과학과
진화론

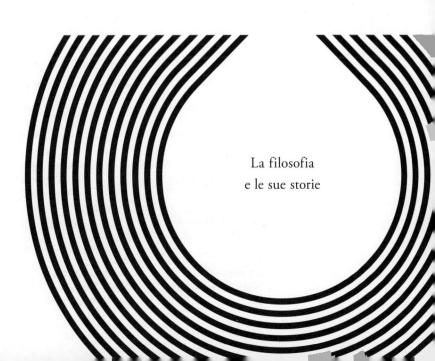

La filosofia
e le sue storie

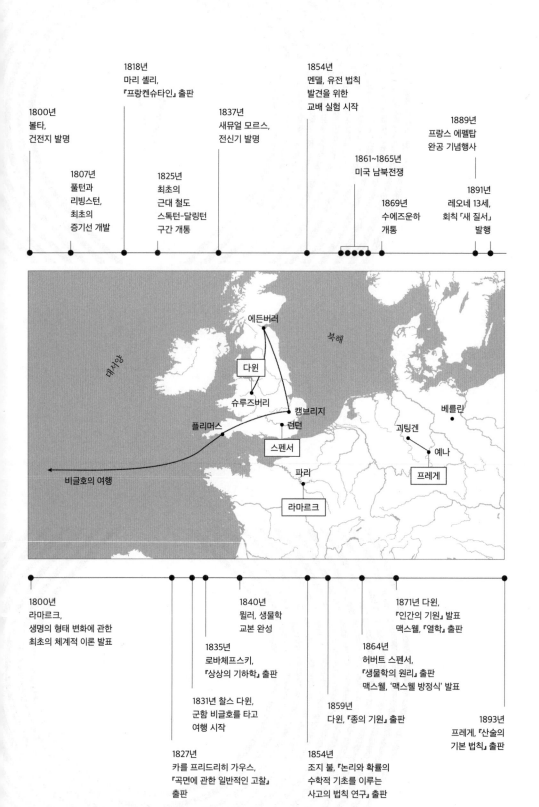

1800년
볼타,
건전지 발명

1807년
풀턴과
리빙스턴,
최초의
증기선 개발

1818년
마리 셸리,
『프랑켄슈타인』 출판

1825년
최초의
근대 철도
스톡턴-달링턴
구간 개통

1837년
새뮤얼 모르스,
전신기 발명

1854년
멘델, 유전 법칙
발견을 위한
교배 실험 시작

1861~1865년
미국 남북전쟁

1869년
수에즈운하
개통

1889년
프랑스 에펠탑
완공 기념행사

1891년
레오네 13세,
회칙 『새 질서』
발행

에든버러

북해

대서양

다윈

슈루즈버리

캠브리지

런던

플리머스

스펜서

파리

베를린

괴팅겐

예나

프레게

라마르크

비글호의 여행

1800년
라마르크,
생명의 형태 변화에 관한
최초의 체계적 이론 발표

1840년
뮐러, 생물학
교본 완성

1871년 다윈,
『인간의 기원』 발표
맥스웰, 『열학』 출판

1835년
로바체프스키,
『상상의 기하학』 출판

1864년
허버트 스펜서,
『생물학의 원리』 출판
맥스웰, '맥스웰 방정식' 발표

1831년 찰스 다윈,
군함 비글호를 타고
여행 시작

1859년
다윈, 『종의 기원』 출판

1893년
프레게, 『산술의
기본 법칙』 출판

1827년
카를 프리드리히 가우스,
『곡면에 관한 일반적인 고찰』
출판

1854년
조지 불, 『논리와 확률의
수학적 기초를 이루는
사고의 법칙 연구』 출판

19세기에 사람들은 자신이 '과학의 시대'에 살고 있다는 것을 조금도 의심하지 않았다. 과학철학이나 공상과학을 다루는 문학 등 여러 분야에서 끊임없이 출판되던 엄청난 분량의 책과 정기간행물을 비롯해 심지어는 신학자들까지도 과학에 관심을 기울였다는 사실이 모든 분야의 핵심 주제가 다름 아닌 '과학'이었다는 것을 보여 준다. 19세기는 과학적 이데올로기와 과학적 예언의 세기였고, 모든 것을 모두에게 약속하는 '과학'이라는 이름으로 불리던 수많은 분야의 공통점이 무엇인지 밝히기 위해 매진하던 탐구의 세기였다. 19세기에 일어난 과학의 열풍과 함께 방대한 분량의 전문 학술지와 기사들이 출판되었고 특히 1860년 이후에는 탐구의 열풍이 급격히 가속화되었다. 여기서 상당히 흥미로운 현상들을 몇 가지 발견할 수 있다. 로열소사이어티Royal society가 발행한 『과학논문 카탈로그 1800~1900년Catalogue of Scientific Papers 1800-1900』을 살펴보면, 19세기에, 특정 분야에서 집중적으로 활용되던 용어들이 서서히 변화하는 현상을 비롯해 다양한 부류의 '권위 있는' 과학 분야들이 급부상하거나 갑자기 쇠퇴하는 현상이 일어났음을 확인할 수 있다.

예를 들어 유기화학이나 물리화학 같은 새로운 분야의 놀라운 발전과 함께 충격적인 과학적 사실들이 발표되었고, 눈으로 관찰할 수 있는 사물들의 범위가 우주 공간처럼 '무한히 큰' 실체의 탐구뿐만 아니라 원자, 전자, 세포, 염색체처럼 '무한히 작은' 실체들의 탐구를 포함하는 방향으로 확장되는 현상이 일어났다. 아울러 진화의 개념에 특이한 방식으로 관여하는 이론이나 비에우클레이데스 기하학처럼 전통적인 패러다임을 대체할 수 있는 새로운 과학 패러다임의 탄생은 수 세기에 걸쳐 유지되어 온 세계관과 종교적 신념을 뒤흔들며 사회적, 경제적 질서의 정신적 기반과 학문의 위상 자체를 위기에 빠트렸다.

그렇다면 19세기는 왜 '과학적 이데올로기의 세기'로 불리는가? 그 이유는 상대적으로 과학적 탐구의 여파가 과학과 기술을 바라보는 19세기의 철학자들과 과학자들의 성찰에 아무런 실질적인 영향도 끼치지 않았기 때문이다. 과학의 발전과 열풍을 지지하거나 반대하던 과학자들이나 철학자들의 논쟁은 주로 이론적인 측면에, 다시 말해 풍부해진 과학적 지식의 인식론적인 측면에 집중하는 경향을 보였고 비평가들은 각 분야의 출판물에 주목하며 정치적이거나 사회적인 차원의 평가, 과학의 기적적인 성과에 대한 경제적인 차원의 평가에 치중하는 성향을 보였다. 철학적 성찰은 어김없이, 비판적인 차원에서, 소멸 위기에 놓인 농경사회의 회복을 호소하는 방향으로 전개되었다. 철학자들은 과학적 탐구와 실험을 지원하기 위한 사회적 여건이나 제도적인 장치를 마련하는 측면에 대해서는 아무런 관심을 기울이지 않았다. 기술은 문화론이나 철학적 성찰의 대상이 될 수 없다고 보는 견해가 지배적이었기 때문이다.

과학이 점점 더 세분화되는 상황에서 기술적이고 전문적인 언어 및 상징적인 기호까지 도입하기 시작한 과학 탐구 분야의 성장과 발전상을 바라보며 대부분의 학자들은 수학과 물리학의 몇몇 분야들을 근대 과학의 가장 훌륭하고 핵심적인 요소일 뿐 아니라 모든 형태의 학문과 인식론이 따르고 본받아야 할 분야로 간주하면서 사실상 수학과 물리학에만 적용될 수 있는 원칙들을 바탕으로 보편적인 과학적 방법론을 구축하는 데 놀라울 정도로 고집스럽게 집착하는 양상을 보였다. 인식론적 차원의 논쟁에서 과학적 지식을 지지하던 학자들은 자연현상을 예측할 수 있는 과학의 힘과 수학적 형식주의의 엄밀함을 바탕으로 과학의 이론적이고 실험적인 탐구 결과들이 확실하고 절대적인 진리로 간주되어야 하는 반면 종교나 다양한 종류의 형이상학이 주장하는 억측에 가까운 내용은 사실상 진리로 간주될 수 없다고 주장했다. 심지어는 에른스트 마흐Ernst Mach처럼 과학적인 법칙과 이론에 존재론적인 의미를 부여하지 않는 학자들마저도 근대 과학의 기술적인 언어와 방법론이 모든 전통적인 지식 및 인식론과 단절할 수밖에 없는 상황을 가져왔을 뿐 아니라 궁극적으로는 인간이 도달할 수 있는 가장 높은 형태의 진리를 표상한다는 점에 동의했다.

　관찰과 실험을 통해 놀라운 발전을 이룩한 생명과학 분야에서 수학적 방법론이 제한적이지만 여전히 활용되었던 반면 대부분의 학자들과 일반인들의 관심은 전통적인 동식물 분류학이나 인간의 자연적 위상에 관한 통속적인 논쟁을 멀리하고, 탐구에만 몰두하던 자연과학자들의 연구 결과를 완전히 무시한 채 주로 다윈주의나 생리학적 환원주의 같은 해석학적 모형에 관심을 기울였다. 다시 말해 19세기의 과학과 기술은 생명의 근원을 탐색하면서 여러 가지 과학적 사실들을 밝혀냈지만 철학적 논쟁은 이런저런 '발견'의 사회적, 정치적, 인종적, 신학적, 인식론적 여파에 집중한 나머지 과학적 발견의 내용을 전혀 파악하지 못했고 그러기를 원하지도 않았다.

1

찰스 다윈

1.1 삶

찰스 로버트 다윈은 1809년 의사이자 잉글랜드에서 손꼽히는 부자들 가운데
한 명이었던 로버트 다윈Robert Waring Darwin의 아들로 태어났다. 찰스는 1825년 아
버지의 뜻에 따라 에든버러에서 의학 공부를 시작했지만 피를 무서워하고 의
사라는 직업을 싫어했기 때문에 의학을 포기하고 캠브리지 대학에 입학했다.
다윈은 캠브리지에서도 두각을 나타내지 못했지만 지질학 교수 애덤 세지윅
Adam Sedgwick의 지도로 지질학에 관심을 가지기 시작했고 다름 아닌 세지윅의 소
개로 로버트 피츠로이Robert Fitzroy 선장을 만났다. 장기 항해를 계획했던 피츠로
이는 만과 항구들의 위치를 정확히 설정하기 위해 잉글랜드 해군의 함선 비글
Beagle호를 타고 지구를 횡단할 예정이었다. 피츠로이에게는 산호초들과 산호도
들의 특징을 세밀히 조사하는 데 도움을 주고 측량을 맡아 줄 지질학자가 필요
했다. 비글호를 타고 여행(1831년 12월~1836년 10월)을 시작한 다윈은 주로 지질학
과 관련된 업무를 담당했지만 꽤 많은 시간을 현지조사에 할애해 고국으로 가

겨갈 동식물군의 표본과 화석들을 채취했다. 여행이 끝나갈 무렵 갈라파고스 Galapagos 제도를 지나면서 다윈은 섬마다 조금씩 다른 유형의 동물들이 서식한다는 사실에 주목했다. 하지만 항해 도중에 그의 업무와 주요 관심사는 지질학 탐사였고, 고국으로 돌아온 다음에야 다윈은 그가 목격한 것이 유기체의 변형 이론을 위한 중요한 발견이었다는 사실을 깨닫게 된다.

1.2 종들의 변형이라는 문제

다윈은 『산호초의 구조와 분포 *The Structure and Distribution of Coral Reefs*』에서 기나긴 세월에 걸쳐 이루어지는 지각 변동이 현재에도 진행 중인 지표면의 느린 운동에 기인한다는 찰스 라이엘(Charles Lyell, 1797~1875년)의 지질학 이론을 바탕으로 산호도들과 산호초들의 존재와 생성 원인에 대한 설명을 제시했다. 다윈은 지반이 천천히 떠오르거나 가라앉는 현상이 산호초의 형성과 유형을 결정짓고 산호초가 해면 가까이 부상하거나 수백 미터 아래로 침강하도록 만드는 직접적인 원인이라고 보았다.

여행기를 집필하는 동안 다윈은 지구 곳곳에서 채취한 풍부하고 다양한 동식물 표본과 화석들을 잉글랜드의 자연과학자들에게 소개하고 이들과 함께 표본들을 분류한 뒤 관찰 내용을 책으로 묶어 출판하는 일에 착수했다. 하지만 다윈은 머지않아 라이엘의 지질학이 비판받는 이유가 지구의 나이만큼이나 오랜 세월에 걸쳐 이루어진 생명체들의 형태 계승에 대해 아무런 설명도 제공하지 못하기 때문이라는 것을 깨달았다. 바로 이러한 문제를 해결해야겠다는 생각으로 다윈은 '종의 문제'를 집중적으로 연구하기 시작했다.

다윈은 종의 문제를 다룬 몇몇 이론들을 일찍부터 숙지하고 있었다. 그중에 하나가 장 바티스트 라마르크(Jean Baptiste Lamarck, 1744~1829년)의 이론과 상당히 유사할 뿐 아니라 생명체들의 점진적인 변형을 다룬 그의 할아버지 에라스무스 다윈Erasmus Darwin의 이론이었다. 여행을 하는 동안에도 다윈은 라마르크의 이론을 지지하는 내용으로 가득한 자연사 사전을 매일같이 읽고 참조했다.

하지만 다윈은 라이엘이 『지질학 원리 *The Principles of Geology*』(1830~1833년)에서 라마르크의 이론을 논박하며 취한 비판적인 입장이 틀리지 않았다는 점에 주목했다. 유기체의 변형은 유기체가 새로운 환경에 적응하기 위해 기울이는 노력의 결과라고 볼 수 없었고 변형 인자가 유전을 통해 전이된다고 볼 수도 없었다. 유전을 통해 전이된다면 여러 개체들의 교배 과정을 거치면서 변형 자체가 약화될 수밖에 없었다. 다윈은 종의 변형, 더 나아가서 오랜 세월에 걸쳐 이루어지는 생명체들의 형태 변형을 유발하는 원인이 라이엘의 지질학에서처럼 날마다 조금씩 일어나는 변화의 메커니즘 속에 실재한다고 보았다. 다시 말해 지질학적인 차원에서는 현재에서 그리 멀지 않은 시대에, 하지만 오랜 세월에 걸쳐 느리게 진행된 화산활동이 안데스산맥을 솟아오르게 만들었다면 생명체들 역시 아주 느리게 진행되는 생물학적 활동을 바탕으로 유기체에 커다란 변화를 일으킬 수 있는 메커니즘을 지녔으리라고 보았던 것이다.

무척추동물들의 생식 과정에 관한 연구 결과와 라이엘이 주장하는 인식론 모형을 바탕으로 다윈은 종의 변형을 유발하는 원인이 유성생식 및 생식 과정에 있다고 확신했다. 변형 인자가 날마다 조금씩 지속적으로 활동하는 만큼 변형의 결과나 효과는 오랜 기간이 지난 다음에야 나타난다는 것이 다윈의 생각이었다.

1837년 7월, 다윈은 종의 변형과 관련된 내용을 기록으로 남기기 시작했다. 그의 글은 생각을 놓치지 않으려고 빠르게 써 내려간 탓에 해독하기가 상당히 까다로울 뿐 아니라 가설과 이론을 번갈아 제시하며 일종의 논리적 소용돌이를 일으킨다. 무엇보다 놀라운 점은 다윈이 종의 변형과 연관성이 있다고 간주하는 분야들의 범위가 유성생식과 무성생식을 비롯해 생물지리학, 지질학, 고생물학, 발생학, 비교해부학, 동식물분류학, 행동생물학, 심지는 인류학과 철학, 신학까지 어우를 정도로 상당히 방대했다는 사실이다.

1838년 9월, 다윈은 첫 번째 획기적인 결론에 도달했다. 다윈의 결론에 따르면, '인위적인' 환경에서 동식물은 높은 번식률과 변형률을 나타내고 인간은 자신의 목적에 부합하는 유형의 변형을 선택한다. 반면에 종의 변형이 상대적으로 드물게 일어나는 '자연적인' 환경에서는 오히려 생명체들이 무리를 지어 새로운 영토로 이주하는 상황이나 기후의 변화 같은 요인들이 짧은 기간이나마 인위적인 환경이 생산하는 것과 동일한 효과, 즉 생식 기능을 놀랍게 자극하는 효과를 낳는다. 환경의 변화에 노출된 유기체는 어떤 식으로든 변형을 시작하지만, 결국에는 생존에 유리한 변형 인자를 지닌 동물과 식물만이 살아남는다. 다윈은 자연선택이 독특한 방식으로, 즉 생존경쟁에 아무런 도움도 주지 못하거나 오히려 방해가 되는 변형 인자를 모두 제거하는 방향으로, 따라서 동일한 유형이지만 경쟁력을 지닌 변형 인자들이 생식을 통해 생존하며 후세대에게 새로운 특징들을 전이하는 방향으로 이루어진다고 보았다.

1.3　새로운 이론

1838년부터 1858년까지 다윈은 종의 문제에 대한 대외적인 언급을 뒤로 미루어 둔 채 전혀 다른 유형의 문제들을 탐구하는 데 몰두했다. 이 기간에 다윈은 켄트의 저택에 머물면서 다수의 지질학 논문들을 비롯해 널리 알려진 저서 『한 자연과학자의 세계 여행 A Naturalist's Voyage Round the World』(1839년)과 학구적인 성격의 여행기들을 집필했고 세계 곳곳에서 소식을 전해 오는 학자들, 비둘기 교배 전문가들과 서신으로 의견을 교환하며 연구에 전념했다. 아울러 다윈은 비밀리에 극소수의 학자들과 자신이 고안해 낸 이론을 공유하며 이들로부터 거의 모든 생물학 분야의 중요한 관련 정보들을 제공받았다.

　다윈은 지질학뿐만 아니라 동물학 분야에서 전문가로서 인정받는 것만이 자신을 아마추어 학자로 보는 비판적 시각에서 벗어나는 유일한 길이라고 생각했다. 바로 그런 이유에서 많은 시간을 투자해 해양 무척추동물족의 분류에 몰두한 다윈은 연구 결과를 발표해 잉글랜드뿐만 아니라 해외에서 자신의 연구 성과를 인정받는 데 성공했다. 다윈의 연구는 식물학자 조지프 돌턴 후커(Joseph

Dalton Hooker, 1817~1911년)와의 협력을 계기로 새로운 국면을 맞이했다. 이때부터 다윈은 식물들의 지리학적 분포에 관심을 기울였다. 구체적으로, 다윈은 1838년 에서 1844년 사이에 발견한 고립-변형-적응의 메커니즘이 지상에서 식물들의 분포를 관할하는 실질적인 요인으로 간주될 수 있는지 확인하는 작업에 몰두했 다. 다시 말해 이론상으로는 새로운 종의 생성에 적합한 것으로 간주되는 고립 된 지대에 실질적으로 더 많은 수의 종들이 존재하는지 확인할 필요가 있었다. 하지만 장기간의 꼼꼼한 분석과 검토 과정을 통해 드러난 결과는 정반대였다. 즉 생명체는 오히려 열린 공간에서 훨씬 더 다양한 형태로 생성된다는 결과를 얻었던 것이다.

다윈은 결국 그가 구축했던 이론의 핵심 논제를 번복하며 모든 생식 행위가 그 자체로 변형을 일으킬 수 있다는 결론에 도달했다. 종의 변형은 길들여진 환 경에서뿐만 아니라 자연 상태에서도 빈번히 일어난다고 본 것이다.

다윈에 따르면, 자연선택은 종의 크고 작은 모든 변형을 생존에 불리할 경우 억제하는 데 그치지 않고 종의 변형을 가능한 한 많은 유형으로 다양화하고 차 별화하는 데 기여한다. 다시 말해 자연선택은 생존에 불리한 변형을 억제하는 기능만 하는 것이 아니라 '종의 변형'과 '종 분화speciation'의 복잡한 전개 과정을 돕는다. 열린 공간에서 생명체들은 종의 다양한 변형에 힘입어 가능한 한 많은 수의 "생체적 틈새Ecological niche", 즉 특정 종이나 종족이 고유의 서식지 내부에서 차지하는 '생체적 공간'을 구축한다. 들판을 가로지르는 강이나 사행천 혹은 바 위 더미는 생명체들의 형태에 차별화와 적응의 기회를 제공한다. 단지 언제나 까다롭고 파멸을 감수해야 할 정도로 위험천만한 적응 기회가 주어질 뿐이다.

1856년 봄에 다윈은 그의 스승이자 친구인 라이엘과 자신의 연구 결과 및 성 과에 대해 이야기를 나누었고 여름에 주저 『종의 기원』 집필에 착수했다. 하지 만 1858년 6월 18일 앨프리드 러셀 월리스Alfred Russel Wallace의 편지와 그의 논문 「근원적인 유형에서 일탈하려는 종의 자연적인 성향에 관하여On the Tendency of Varieties to depart Indefinitely from the original type」를 읽은 다윈은 이 논문에 자신의 이론이 소개되어 있다는 사실을 발견했다. 물론 월리스의 이론은 다윈이 1854년에서

1856년 사이에 완성한 새로운 이론보다는 종의 고립 상태와 분화를 조명한 초기 이론에 훨씬 더 가까웠다.

하지만 다윈은 자신의 이론을 도둑맞았다는 의혹에서 벗어나지 못했다. 라이엘과 후커는 실의에 빠진 다윈을 위로하고 그의 명예 회복을 위해 공개 발표라는 대안을 제시했다. 결국에는 월리스의 동의 없이 린네학회Linnean Society에서 1858년 7월 1일 월리스의 논문과 다윈의 연구 결과 요약문이 동시에 발표되었고 이를 계기로 두 편의 논문 모두 8월 20일에 출판되었다. 같은 시기에 라이엘과 그의 친구들은 다윈과 그의 연구 결과를 소개하고 알리기 위해 본격적인 선전 활동을 펼치면서 획기적인 저서의 출판이 임박했음을 알렸다. 『종의 기원』의 초판본은 1859년 11월 24일 출판과 동시에 일제히 매진되었고 2쇄와 3쇄본 역시 불과 몇 달 사이에 모두 매진되었다. 몇 년 후에 다윈은 또 한 편의 저서 『가축과 재배 식물의 변형 *The Variation of Animals and Plants under Domestication*』을 출판했다. 이 책에는 다윈이 월리스의 논문을 받아 보았을 때 중단되었던 연구의 자료들, 즉 종의 연구를 위해 모아 두었던 동식물의 변형에 관한 자료들이 부분적으로 실렸다.

다윈은 책을 쓸 때 표현 선택에 최대한 신중을 기하고 보수주의자들이나 종교 지도자들의 심기를 건드릴 만한 문제들은 다루지 않겠다는 스스로와의 약속에 충실했다. 다윈의 노력은 성공적인 결과로 이어졌다. 그의 이론이 반교권주의적이고 반신학적이고 유물론적인 주장에 즉각적으로 적용될 수 있다는 인상에도 불구하고, 모두들 다윈의 신중한 어조와 투철한 과학정신을 칭찬하지 않을 수 없었기 때문이다.

하지만 그의 이론이 사회적이거나 정치적인 영역, 혹은 철학적이거나 윤리적인 영역에도 즉각적으로 적용될 수 있다는 인상은 다윈이 스스로를 변호할 수밖에 없는 상황으로, 예를 들어 사회진화론자들의 극단적인 이론들을 암묵적으로 지지한다는 비판적인 시각에서 벗어나기 위해 자신의 입장을 밝힐 수밖에 없는 상황으로 몰고 갔다. 그런 차원에서 당대의 화제들에 대한 다윈의 입장을 읽을 수 있는 책이 바로 1871년에 출판된 『인간의 유래, 성과 관련된 선택

The Descent of Man, and Selection in Relation to Sex』이다.

하지만 다윈의 다양하고 상당히 진보적인 입장들은 1838년과 1839년의 연구 기록에서도 찾아볼 수 있다. 예를 들어 다윈은 윤리적인 범주의 발전 과정을 유익한 요인의 선별이라는 차원에서 설명하며 사람들이 서로에게 진실만을 말하는 문화가 정착된 부족의 경우 더 높은 생존력을 지니며 진실만을 말하는 특징이 후세대에는 일종의 "타고난" 성향으로 발전한다고 보았다.

다윈은 처음부터 자신의 이론이 인류의 생물학적이고 문화적인 역사의 모든 영역에 적용될 수 있다고 생각했다. 하지만 좌파 혹은 우파 유물론자들의 지지자로 간주될 수 있다는 우려 때문에 이러한 문제에 대한 공개적인 입장 표명을 자제하려고 노력했다.

실제로 다윈은 『인간의 유래, 성과 관련된 선택』에서 자연선택이 인간의 사회 내부에서는 이루어지지 않는다고 밝혔다. 다윈에 따르면, 인간 사회에서는 공동체의식이 지배적이기 때문에, 예를 들어 천재적이지만 앞을 못 보는 수학자는 신체적으로 열등할 뿐 충분히 살아남을 수 있었다. 다윈은 아울러 인간의 행동 양식이나 신체적인 특징의 변형을 좌우하는 데 성적인 차원의 선택이 결정적인 역할을 한다고 강조했다.

다윈은 그를 이해하지 못하는 사람들의 비난과 비판으로부터 종에 관한 자신의 이론을 변호하기 위해 끊임없이 노력했다. 물론 전혀 다른 분야를 탐구하기도 했지만 이 경우에도 연구 자체는 자신의 이론에 대한 설득력 있는 설명을 제시하기 위한 증거자료들을 확보하는 데 집중되어 있었다.

1881년에 출판된 마지막 저서에서 다윈은 50년이 넘도록 실험을 반복하며 지속해 온 연구 내용을 발표했다. 이 책이 바로 땅을 비옥하게 만드는 지렁이의 행동을 연구한 『지렁이의 활동을 통한 분변토의 형성 *The Formation of Vegetable Mould Through the Action of Worms*』이다. 언뜻 무의미한 주제인 것처럼 보이지만, 이 책은 사실 전적으로 새로운 분야의 탐구를 가능하게 만들었다. 다윈은 1882년 4월 19일에 세상을 떠났다.

과학과 과학의 관중

19세기가 흐르는 동안 서서히 '증기 문명'을 대체하며 등극한 '전기 문명'은 사실상 우리가 살고 있는 인터넷 시대를 여전히 지배하고 있다. 인터넷의 발명은 이른바 지식 사회의 탄생에 결정적인 역할을 했다. 이 인터넷이라는 교육과 탐구의 거대한 용광로 속에서 과학자들은 전문가로서 자신과 자신의 지식세계를 전 세계의 수많은 독자들에게 알리는 것이 중요하다는 것을 누구보다도 잘 알고 있다.

과학자가 전문가의 입장을 표명하며 활동할 수 있는 여건이 마련되는 과정은 소통 방식의 근본적인 변화와 함께 진행되었다. 예를 들어 19세기에는 우편제도, 철도 노선, 전보망의 체계적인 확장과 함께 전화가 등장했고 사실상 구텐베르크 Johannes Gutenberg의 시대 이후로는 크게 바뀐 것이 없는 인쇄 분야에서도 의미 있는 기술혁신이 이루어졌다. 이 혁신의 모험은 1814년 런던에서 이루어진《타임스The Times》의 소유주 존 월터John Walter와 인쇄기술자이자 발명가인 프리드리히 코트로프 쾨니히Friedrich Gottlob König의 협력에서 시작되었다고 볼 수 있다. 19세기 초에 잉글랜드에서는 새로운 유형의 인쇄 기계들이 일간지와 서적을 비롯한 인쇄물들을 과거와는 비교할 수 없는 빠른 속도를 찍어 내기 시작했다. 결과적으로 출판물의 가격은 낮아지고 글을 읽는 사람들의 수는 늘어나는 현상이 일어났다.

유럽의 과학자들은 새롭고 획기적인 소통의 도구와 경로를 비롯해 모든 유형의 출판물들을 적극적으로 활용하며 지식을 전파하는 데 매진했다. 하지만 이들의 노력은 관중의 이해를 돕고 모두의 유익을 도모한다는 차원에서 오히려 과학의 위상과 과학자의 품위를 떨어트리는 결과를 가져왔다.

사람들은 전문가가 교육적이거나 정치적인 목적으로 과학의 내용을 다양한 각도에서 다양한 수준의 독자에게 소개하는 모든 유형의 글을 '대중과학', '일반인을 위한 과학', 혹은 19세기 후반에, '모두를 위한 과학'이라는 이름으로 불렀다.

결과적으로 하나의 장르를 구축하기 시작한 과학 서적들은 과학의 보급과 과학에 종사하는 전문인들 간의 소통에 크게 기여하며 독립된 분야로 발전했다. 자연 탐구와 기술 발전에 지대한 관심을 기울였던 19세기 유럽의 독자들은 과학 서적들을 읽으면서 근대화와 산업화, 혹은 과학의 영웅이나 희생자를 주제로 열띤 토론을 벌이고는 했다. 하지만 과학 서적 독서만이 이들의 궁금증을 불러일으켰던 것은 아니다. 과학과 관련된 모든 것에 대한 이들의 관심이 배가하는 데는 또 다른 요인들, 예를 들어 곳곳에서 설립되던 자연박물관이나 과학을 정치나 종교적인 주제와 함께 다루는 토론 문화, 특히 과학의 발전상과 첨단 기술을 전시할 목적으로 지역이나 국가 단위, 혹은 국제적인 규모로 개최되던 박람회 등이 크게 기여했다.

이러한 정황을 고려할 때 '대중과학' 혹은 '모두를 위한 과학'은 과학과 사회의 역사적인 관계뿐만 아니라 과학자의 위상이 어떻게 변화했는지 이해하는 데 중요한 단서를 제공한다. 인쇄소에 증기기관이 도입된 19세기 초반만 해도 과학자는 '자연철학자'라는 이름으로, 그가 다루는 분야는 '자연철학'이라는 이름으로 불리는 것이 보통이었다. 하지만 '자연철학자'는 서서히 우리가 이해하는 대로의 '과학자'로 변모했고 이러한 변화 과정의 흔적은 당대에 발행되던 일간지와 대중적인 성격의 과학 서적에 그대로 남아 있다. 이러한 변화를 도운 중요한 요인으로 과학자와 출판가의 밀접한 협력관계를 꼽을 수 있다.

산업화의 확산과 삶의 조건이 서서히 향상되는 현상, 대중교육이 지리적인 불균형 속에서도 널리 보급되는 현상 등에 힘입어 유럽에서는 중간 계층에 속한 독자들의 수가 증가하고 책을 읽는 문화가 정착하기 시작했다. 대중적인 과학 서적의 저자들은 자연스럽게 이러한 현상에 대한 긍정적인 해석을 제시했고 독자들은 결과적으로 그들의 시대를 '진보'의 세기로 이해했다.

물론 엄밀히 말하자면 대중과학은 진보의 시대 19세기나 계몽의 시대 18세기에 탄생하지 않았다. 대중과학은 활자의 발명만큼이나 오래된 전통에서 유래했다. 군주들의 시대에서부터 '자연철학자'는 자신의 연구 결과를 이해하기 쉬운 형태로 비전문가들에게, 예를 들어 왕이나 왕비 혹은 자신들에게 생계수단과 작업 환경을 제공하던 귀족들에게 설명할 의무를 지니고 있었다. 반면에 전문가들이 일반 대중을 상대로 자연철학에 대해 글을 쓰고 이 글들이 다양한 목적을 지닌 복합적인 장르로 발전하기 시작한 것은 17세기 후반이 되어서야 일어나는 일이다.

오래전부터 책은 교육적이거나 종교적인 목적 혹은 반종교적인 목적으로 제작되는 것이 일반적이었다. 그러나 '모두를 위한' 과학 서적들은 이러한 전형적인 목적의 범주에서 벗어나 정치적인 개입의 도구로, 즉 정치적인 이유에서 특정 과학자나 그의 이론을 지지하거나 반대하는 논쟁의 도구로 활용되기 시작했다. 기본적으로 지식이나 유용한 정보를 널리 알리기 위한 도구였기 때문에, 대중과학이라는 장르는 전문가들과 정치 지도자들 사이의 관계, 대학 문화와 대중문화, 과학과 신앙의 관계에도 직간접적으로 정치적 영향을 끼칠 수 있는 분야로 인식되었다.

빠르게 하나의 독립된 학문 분야로 성장한 대중과학은 상당히 다양한 차원의 소통 양식을 생산하면서 다양한 과학 분야의 전문가들이 의견을 교환하는 대화의 장과 소통의 도구로 활용되었다. 대중과학은 과학자가 '특별한' 전문가이며 따라서 평범한 사람들보다 우월하다는 신화적인 견해뿐 아니라 과학자들의 실험실이 지식의 구축 현장이며 결과적으로 문화적, 도덕적, 정치적 진보의 요람이라는 인상을 심어 주는 데에도 상당히 효과적이었다. 대중과학은 심지어 남성이 여성보다, 특정 종족이 다른 종족보다 우월하다는 선입견을 조장하기도 했다.

잉글랜드에서 대중과학이 특별한 성공을 거둘 수 있었던 것은 전문가들과 대중의 만남과 대화를 장려하기 위한 기관이 존재했기 때문이다. 이 기관이 바로 험프리 데이비Humphry Davy와 마이클 패러데이Michael Faraday가 첨단 연구 활동을 지원하는 동시에 연구 결과를 대중에게 소개할 목적으로 1799년 런던에 창설한 로열인스티튜션Royal Institution이다. 대중과학의 저자들 가운데 몇몇은 일간지에 끊임없이 회자되고 런던의 살롱에서 각광 받는 유명인이었다. 예를 들어 화학 분야에서 중요한 논문들을 발표했던 패러데이는 대중과학 분야의 베스트셀러 저자였고 물리학자 존 틴들John Tyndall은 유명한 작가이자 공개 강의로 엄청난 성공을 거두었던 인물이다. 비교해부학자 토머스 헉슬리Thomas Huxley는 과학적 지식을 널리 알리는 데 놀라운 설득력을 발휘했다.

몇 년 뒤에는 다윈의 진화론이라는 획기적인 이론이 만인의 관심을 끌며 화두로 등장했다. 모든 것은 헉슬리와 주교 새뮤얼 윌버포스(Samuel Wilberforce, 1805~1873년)의 만남에서 시작되었다. 1860년 6월 30일, 영국과학진흥협회British Association for the Advancement of Science가 개최한 회합에서 다윈을 지지하는 헉슬리와 반대하는 윌버포스가 논쟁을 벌였을 때 공개 토론을 관람하기 위해 거의 천 명에 달하는 청중이 모여들었다고 전해진다. 논쟁이 점점 격렬해지는 가운데 헉슬리가 인간과 원숭이의 혈연관계에 대해 언급하자 한 부인이 기절하는 해프닝이 벌어지기도 했다. 불과 며칠 사이에 일간지가 쏟아 낸 엄청난 양의 관련 소식과 시민들 사이에서 입소

문으로 전해지던 이야기들, 그리고 무엇보다도 다윈의 친구들이 퍼트렸던 소문, 즉
논쟁이 헉슬리의 압도적인 승리로 끝났다는 소문에 힘입어, 진화론 논쟁은 과학의
역사에서 빼놓을 수 없는 신화적인 사건으로 기록되었다.

프랑스에서도 '대중과학'이나 '모두를 위한 과학'은 세기 중반부터 커다란 성공
을 거두었고 파리의 독자들은 과학을 알리기 위해 노력하는 '보급자'들에게 뜨거
운 찬사를 보냈다. 독일에서는 알렉산더 폰 훔볼트, 유스투스 폰 리비히, 헤르만 폰
헬름홀츠 같은 유명 과학자들을 비롯해 빌헬름 뵐셔Wilhelm Bölsche처럼 과학을 전
문적으로 다루는 작가들이 주목을 받았다.

프랑스와 독일 외의 유럽 국가들, 특히 이탈리아에서 과학자들은 앞서 언급한
저자들의 행보와 저서와 양식을 모방하며 나름대로 과학을 보급하는 데 앞장섰
다. 이탈리아에서는 1870년대에 들어서면서, 즉 이탈리아가 통일된 지 대략 10년이
지난 후에야 대중과학 혹은 '모두를 위한' 과학이 호응을 얻기 시작했다. 이 시기에
박물관과 대학이 마지못해 대중에게도 문을 열기 시작했고 일반인을 위한 과학 강
의를 개최했다. 전시회와 박람회가 유행하는 한편 과학자들이 일반 대중을 위해
펴낸 책들도 인기를 끌기 시작했다. 물론 이 시기에 출판된 책들은 국민의식을 고
취하려는 의도가 강하게 부각되는 경향을 보였다.

하지만 당시에 이탈리아는 유럽에서 문맹률이 상당히 높은 나라들 중에 하나
였다. 1861년의 조사 결과에 따르면 이탈리아 전체 인구의 75퍼센트가 문맹이었
고, 역사학자들의 보고에 따르면 글을 읽고 쓸 줄 아는 인구는 사실상 전체 인구의
10~12퍼센트밖에 되지 않았다. 20세기 초에 잉글랜드와 프랑스가 문맹 퇴치에 성
공했던 반면 이탈리아 롬바르디아와 피에몬테 주의 문맹률은 여전히 25퍼센트, 이
탈리아 중남부의 문맹률은 60퍼센트에 달했다. 문맹률을 현저히 떨어트리는 데 성
공한 프랑스와 잉글랜드의 실례에 주목했던 이탈리아의 일부 과학자들은 조국의
문화적 후진성을 극복하고 발전의 가속화를 꾀하면서 가능한 모든 종류의 출판
물들을 동원해 노동자들, 농부들, 수공업자들에게 실증적인 차원의 과학적 지식
과 정보를 제공하려고 노력했다. 과학기술의 보급에 뛰어들었던 이탈리아인들은
정치에도 적극적으로 참여하는 경향을 보였고 교회 지도자들과 대적하는 반면 최
고의 출판사들, 특히 북부 이탈리아의 출판사들과 효과적인 협력관계를 유지하며
공교육이 채워 줄 수 없는 부분들을 독서문화로 보완하기 위해 노력했다. 대중과학
을 지칭하기 위해 사용되던 '세분화된', '세속적인', '대중적인', '모두를 위한' 등의 표

현들은 이탈리아에서도 유행어가 되었고 대중과학을 칭송하는 분위기는 1880년에 이르러 절정에 달하게 된다.

　다른 나라에 비해 독자층은 그리 두텁지 않았지만 이탈리아의 출판사와 저자들은 질과 다양성의 측면에서 프랑스, 독일, 잉글랜드와 충분히 경쟁할 수 있는 높은 수준의 대중과학 서적들을 소개했다. 이탈리아의 과학자들 가운데 몇몇은 실제로 이탈리아어라는 언어 장벽을 뛰어넘는 데 성공했다. 아울러 일반 대중에게 모더니티를 칭송하며 시대의 변화에 적응할 필요성을 강조하는 것이 이탈리아 저자들의 일반적인 성향이었다.

　이탈리아의 과학자들이 과학을 보급하는 데 앞장섰다는 것은 당시에 출판된 도서들 가운데 과학기술 서적의 비율이 상당히 높았다는 사실을 통해 확인할 수 있다. 이탈리아의 통일 이후 10년간 과학 서적의 출판 비율은 20퍼센트였지만 1880년대에 들어서면서 40퍼센트로 급증했다. 반면에 같은 시기에 발행되던 과학기술 분야의 정기간행물은 그다지 좋은 성과를 올리지 못했다. 물론 과학자들 간의 긴밀한 협력이 요구되고 정해진 시간 안에 편집을 마감해야 한다는 어려운 점이 있었지만, 정기간행물의 실패는 결국 이탈리아 과학자들 간의 소통과 결속력이 터무니없이 부족했음을 보여 준다.

　아울러 1890년대에 대중과학은 독자들의 관심이 소설에 집중되면서 서서히 인기를 잃기 시작했다. 이러한 현상은 이탈리아의 통일에 일조했던 과학의 보급자들과 저자들의 세대가 문화의 무대에서 사라지는 시기에 일어났다. 후세대 과학자들은 계속해서 과학의 보급에 힘썼지만, 세계대전을 겪은 뒤 자연스럽게 무형의 공동체를 형성하며 보다 견고한 결속력을 지니게 된 이탈리아의 과학자들은 더 이상 과학의 역할과 중요성을 강조하거나 과시할 필요를 느끼지 못했고 결과적으로 과학을 보급하기 위해 평범한 수준에 머물러야 했던 상황에서 벗어나, 훨씬 더 고차원적이고 높은 수준의 과학 발전에 매진하기 시작했다.

라마르크의 생체 변이론

18세기가 끝나갈 무렵 자연주의 사상을 지지하는 여러 학파들은 환경의 변화에 따라 생명체의 형태도 변화할 수 있다는 원칙을 어느 정도 수용하는 양상을 보였다. 기후의 변화나 포식-피식 관계의 변화, 지질의 변화가 동식물들의 생체 변이를, 때로는 눈에 띄는 방식으로, 일으킬 수 있다고 보았던 것이다. 예를 들어 시베리아 빙판에서 발견된 매머드는 많은 이들에게 종적인 차원에서 부적합하고 지나치게 추운 곳으로 이주한 아시아 코끼리를 의미했다. 따라서 문제는 생명체가 겪을 수 있는 변이의 한계는 무엇인지, 다시 말해 변이가 종Species의 단계에서 일어나는지 혹은 속Genus의 단계에서도 일어날 수 있는지, 아울러 생명체가 본질적인 변화를 일으킬 수 있는지, 예를 들어 바다의 동물이 육지의 동물로 변할 수 있는지 확인하는 것이었다.

생명체의 변이에 관한 체계적인 이론을 처음으로 제시했던 인물은 프랑스의 자연과학자 장 바티스트 라마르크다. 그는 생명체를 체액의 역동적인 흐름에 좌우되는 물리적 유기체로 간주했다. 강과 시냇물이 지표면에 골을 파며 뻗어 나가듯이 살아 있는 생명체의 경우에도 피, 림프, 수액이 살을 파고들어 길을 열며 뻗어 나간다고 보았던 것이다. 라마르크에 따르면, 기후 조건과 환경의 변화는 생명체가 기존의 습관을 수정하도록 강요하며 결과적으로 체액의 순환체계가 유지하던 경로에 변화를 주거나 신체의 몇몇 부위를 소홀히 한 채 특정 부위에 영양을 집중적으로 공급하도록 만든다. 어떤 특별한 변화가 요구될 경우, 유기체는 이 요구에 부응하기 위해 더 많은 체액을 분비하며 결과적으로 스스로의 모습을, 때로는 범상치 않은 방식으로, 변형시킨다. 반대로 운동량이 부족한 신체 부위는 시간이 흐르면서 체액의 감소를 겪으며 수축된다. 이러한 예는 지하나 동굴에서 사는 동물들의 눈이 활동량 부족으로 인해 아주 작게 변하는 경우에서 발견된다. 환경이 어떤 특별한 변화를 자극하는 경우는 새로운 생명체의 생성이나 생명체의 완전한 변형을 유발할 수 있다.

자신의 이론을 다양한 방식으로 체계화하는 과정에서 라마르크가 특별히 주목하고 강조했던 것은 목적의식과 의지다. 라마르크는 자연이 생명체의 완성 단계를 지향한다고 보았다. 환경의 변화에 적응하려는 생명체들의 개별적인 의지가 항상 실현된다는 사실 덕분에 '삶의 에너지'가 생명체들의 세계를 점점 더 복합적으로 만든다는 것이 라마르크의 생각이었다.

허버트 스펜서의 진화론

종의 진화에 관한 이론을 제시하며 인간 역시 장기간에 걸친 진화의 대상에서 벗어날 수 없으며 동물들의 경우와 크게 다르지 않은 경로를 밟는다고 주장했던 찰스 다윈이 19세기 후반의 실증주의 철학문화를 대변하는 주인공들 가운데 한 명이었다면, 진화론이 생물학적 진화론에서 철학적 진화론으로 발전하는 데 결정적인 역할을 했던 인물은 허버트 스펜서다. 철학적 진화론은 사실상 자연사뿐만 아니라 인류의 역사 및 사회사에 관여하는 포괄적인 관점으로 대두되었고 현실의 통일적인 이해를 위한 일종의 기본 원칙으로 기능했다. 『종합 철학의 체계』 서두를 장식하는 「일차 원리들First Principles」에서 스펜서는 생물학뿐만 아니라 윤리학과 사회학을 총괄할 수 있는 '종합 철학Synthetic Philosophy'의 기본적인 특징들을 제시한 바 있다. 스펜서는 무엇보다도 지식이 두 가지 실증주의적 원리를 토대로 형성된다고 보았다. 지식은 경험적인 차원에서 관찰이 가능한 사실들을 토대로 구축되어야 한다는 것이 첫 번째 원리이며, 학문의 과제는 관찰 가능한 사실들 사이에서 점차적인 보편화 과정을 통해 지속적으로 발견되는 관계들을 식별하는 데 있다는 것이 두 번째 원리다. 일반적인 학문의 과제와는 달리 철학의 과제는 보편적이지만 편파적인 개념들, 즉 다양한 학문 분야들이 개별적으로 도달하게 되는 개념들을 일관적인 방식으로 종합하는 것이었다. 하지만 이러한 관점을 유지하면서 스펜서는 철학적이고 과학적인 지식이 사실상 예외적인 분야로 간주되는 정신적인 차원이나 종교와 어떤 식으로든 대립하지 않는다는 점에 주목했다. 부르주아 가정에서 태어난 스펜서는 종교적 성향이 상당히 강한 환경에서 자랐지만 아버지가 감리교도인 반면 어머니가 퀘이커교도였기 때문에 엄격한 교리에 얽매이지 않고 성장할 수 있었다. 그런 의미에서 스펜서의 종합 철학은 학문과 종교의 근본적인 조화와 보완성에 대한 신뢰를 바탕으로 정립되었다고 볼 수 있다. 스펜서에 따르면, 인간은 지식을 전개하는 과정에서 항상 지적 결론의 상대적인 성격을 감지한다. 바로 그런 이유에서 신앙은 철학과 과학을 보완하는 영역으로 정립될 수 있으며, 인간에게 그의 탐구 목표들이 지니는 유동적인 한계의 성격을 상기시킨다는 장점을 지닌다. 반면에 철학은 신앙의 대상이 지니는 미지의 초월성이 앎에 대한 인간의 갈망을 억제하지 못하도록 만든다. 스펜서는 정신적인 차원의 실질적인 포착 불가능성을 앎이 지니는 유동적인 한계로 이해해야 하며 이 한계를 인류의 성장에 필요한 자극제로 이해해야 한다고 보았다. 이러한 견해는 지식의 영역을 지속적으로 확장시키는 것이 학문의 과제라는 스펜서의 생각과 일맥상통한다.

스펜서는 다양한 과학 분야의 연구 결과에 보편적으로 적용될 수 있는 세 가지 원칙으로 '질료의 파괴 불가능성', '운동의 지속성', '힘의 지구력'을 제시했다. 바로 이 세 가지 원칙들의 철학적인 조합을 바탕으로 정립되는 것이 진화의 법칙이다. 더 나아가서 이 진화의 법칙은, 동일한 원칙들을 기준으로, '비유기적인 질료', '유기적인 질료', '초유기적인 차원'의 점진적인 변화들을 설명하는 데 쓰인다. 끝으로 언급된 '초유기적인 차원'에서 설명되는 것이 바로 인간 사회의 발전상이다. 스펜서는 이 세 가지 차원에서 항상 세 종류의 전이, 즉 비일관성의 영역에서 일관성의 영역으로(집약 현상), 동질성의 영역에서 이질성의 영역으로(차별화 현상), 부정형의 영역에서 정형의 영역으로(정립 현상) 전이하는 경로를 확인할 수 있다고 보았다.

스펜서는 진화의 법칙이 현실과 학문의 다양하고 이질적인 영역에 어떤 식으로 적용될 수 있는지 연구했다. 스펜서에 따르면, 생물학적 관점에서 진화는 주변 환경의 변화에 생물학적 신체가 적응하는 현상이다. 생명체의 구조는 환경의 자극에 반응하거나 대응하는 과정을 토대로 정립되며, 다름 아닌 자연선택을 토대로 유기체의 생존을 보장하는 데 적합한 생체 구조들이 보존되고 생식을 통해 상속된다. 이러한 생물학적 관점은 심리학에 적용될 때 다름 아닌 환경에 적응하는 능력으로서의 의식 개념과 연결된다. 스펜서는 여기서 심리학을 객관적인 차원과 주관적인 차원으로 구분했다. 객관적인 심리학은 심리적인 기능과 이를 좌우하는 생체적인 요구의 상관관계를 정립하며 그런 식으로 생물학의 일부로 남는다. 반면에 주관적인 심리학은 심리 주체를 단순한 총체적 지각 능력의 주체로 간주하는 대신, 감지하는 내용에 통일성을 부여함으로써 개인의 현실적인 선택을 가능하게 만들기 때문에 궁극적으로는 객관화될 수 없는 원리로 간주하며 탐구한다. 사회학적인 관점에서 스펜서는 유기적인 생명체의 발달과 사회적 발달의 밀접한 진화론적 연관성을 인정하면서도 한편으로는 국가의 잠재적 억압 정책에 맞서 개인의 권리를 보호하는 데 앞장섰다.

끝으로 윤리학 분야에서 스펜서는 공리주의적인 입장을 고수했다. 스펜서는 '선'과 이에 뒤따르는 '의무'가 "개인의 삶을 유지하는" 데 가장 적합한 개인적 행동과 일치하지만 동일한 행동을 취할 수 있는 권리가 타자에게도 주어진다는 점을 충분히 인정해야 하며, 사회의 구성원들이 서로를 도울 때 개인적인 목표에도 보다 쉽게 도달할 수 있다고 보았다.

2

19세기 물리학의
기초 개념들

2.1 뉴턴 물리학의 유산

18세기에 뉴턴의 세계관, 즉 세계가 인력 혹은 척력에 좌우되는 입자들로 구성된다는 생각은 레온하르트 오일러(Leonhard Euler, 1707~1783년), 장 달랑베르(Jean d'Alembert, 1717~1783년), 조제프 루이 라그랑주(Joseph Louis Lagrange, 1736~1813년) 같은 뛰어난 물리수학자들의 기여 덕분에 형식적인 차원에서 상당히 세련된 양식을 취하며 첨단화되는 양상을 보였다.

　18세기 말에서 19세기로 넘어오는 시기에 피에르 시몽 드 라플라스(Pierre Simon de Laplace, 1746~1827년)는 물리학의 수학적 체계화 과정을 무엇보다도 천체역학과 천문학에 분야에 적용했다. 라플라스는 특히 천문학이 다양한 분야의 물리학에 본보기가 될 수 있는 방법론적 패러다임을 제공한다고 보았다. 왜냐하면 천문학이야말로 수학으로 완벽하게 번역될 수 있을 뿐 아니라 소수의 법칙으로 요약될 수 있는 학문이었기 때문이다. 관찰 가능한 모든 것을 동시에 추정 가능한 것으로 만드는 것이 바로 이 법칙들이었다. 아울러 이러한 이론적 구도에서 정립된 것이 라플라스의 결정론이었다. 라플라스는 만약 어떤 "초월적 정신"이 우주의 모든 입자에 가해지는 모든 종류의 힘을 "현재에" 파악할 수 있고 이 입자들 하나하나의 위치와 속도를 헤아릴 수 있다면 이 정신은 완전한 방식으로 미래를 내다볼 수 있을 것이라고 주장했다.

라플라스와 앞서 언급한 학자들의 중요한 학문적 기여 덕분에 뉴턴의 만유인력 법칙과 세계관의 위상은 19세기 중반에 이르러 절정에 달한다. 분수령이 된 사건은 1846년의 해왕성 발견이다. 먼저 계산과 예측을 하고, 뒤이어 관측으로 확인한 해왕성의 존재는 천왕성의 관측된 궤도와 뉴턴의 이론을 바탕으로 추정된 궤도 사이의 몇몇 오차를 제거할 수 있도록 해 주었다.

뉴턴의 역학은 막강한 영향력을 과시하며 19세기 전체를 지배했다. 물리학자 제임스 맥스웰(James Maxwell, 1831~1879년)은 장Field의 개념을 바탕으로 새로운 물리학을 정립하는 데 많은 노력을 기울였던 인물임에도 불구하고 『브리태니커 백과사전』 9쇄 판본에서 여전히 뉴턴의 역학 이론을 지지하며 수용하고 있음을 명백하게 밝힌 바 있다. 맥스웰은 실제로 물리학의 목적이 질료의 운동 법칙을 토대로 모든 현상을 설명하는 데 있다고 보았다.

2.2 빛을 파동으로 보는 관점의 보편화

19세기 초반에만 해도 광학, 전기학, 자기학, 열역학 같은 새로운 물리학 분야들의 체계는 만유인력의 법칙에 기반을 둔 물리학이나 전통 역학에 비해 상당히 미숙한 단계에 머물러 있었고 이들과 사실상 아무런 연관성도 없는 것처럼 보였다. 하지만 19세기가 흐르는 동안 이러한 상황은 급변하는 양상을 보였고 물리학의 신생 학문들은 새로운 주인공으로 부상하며 놀라운 속도로 발전했다.

특히 19세기 전반에는 뉴턴이 주장했던 빛의 입자론, 즉 빛은 직선상에서 운동하는 입자들로 구성된다는 관점의 입지가 흔들리기 시작했다. 이러한 변화가 일어난 것은 무엇보다도 빛의 실질적인 파동성을 암시하는 여러 가지 근거들이 도처에서 발견되었기 때문이다. 빛의 파동 이론은 1830년대부터 본격적으로 수용되기 시작했다. 이러한 과정에서 결정적인 역할을 했던 것은 토머스 영Thomas Young의 이른바 '이중 슬릿 실험Double-slit experiment'이다. 빛의 파장 혹은 결너비보다 훨씬 더 큰 크기의 동그란 구멍 안으로 빛을 통과시키면 구멍 반대편에 배치된 판자 위로 동그란 이미지가 투영되는 것을 볼 수 있다. 하지만 빛의 결너비에 견줄 만큼 상당히 작은 두 개의 구멍으로 빛을 통과시키면 파동의 전형적인 간섭 현상이 일어난다. 간섭 효과는 파동의 상승선들이 만나는 지점에서 일어나며 이때 판자 위로 밝은 무늬가 형성되고, 한 파동의 상승선과 또 다른 파동의 함몰선이 만나는 지점에서 상쇄되며 이때 판자 위로 어두운 무늬가 형성된다.

빛의 파동이 일으키는 또 하나의 전형적인 현상은 '회절'이다. 빛이 곡선을 그리며 장애물을 '피해 가기' 때문에 일어나는 이 회절 현상은 우선적으로 빛이 직선상에서 운동하는 입자들을 매개로 전파된다는 입자 이론의 전제와 직접적으로 상충된다. 반면에 빛이 파동이라면 이는 곧 빛이 어떤 질료를 매개로 진동해야 한다는 것을 의미했다. 그래서 이른바 '발광성 에테르luminiferous aether'의 존재를 가정하기에 이르렀고 공기가 음파의 매개체로 존재하듯이 에테르가 빛의 전파 매개체로 존재하리라는 관점에 주목하기 시작했다. 사실상 19세기 내내 학자들은 기계적인 방식으로 에테르 안에서 빛의 파동이 생성되는 경로를 끊임없이 추적했고, 공기 중에 있는 분자들의 압축과 확장에서 기인하는 음파의 경우를 모형으로 에테르를 구성하는 입자들의 운동에서 파동의 원인을 발견하려고 노력했다. 이러한 시도는 물론 1905년 특수 상대성 이론이 발견되면서 오류로 판명되었고 이로 인해 전통 물리학이 지닌 역학적인 구도의 대대적인 재편성이 시작되었다. 모든 물리학 현상이 입자 운동의 효과로 환원될 수 있는 것은 아니라는 점이 분명해졌기 때문이다.

하지만 뉴턴이 주장했던 빛의 입자 이론이 빛의 파동 이론에 의해 완전히 파기되었던 것은 아니다. 입자 이론은 파동 이론의 특별한 경우로 간주되었고 파동 이론은 무엇보다 빛이 빛 자체의 파장보다 훨씬 더 큰 규모의 장애물을 만났을 때 설득력을 발휘하는 이론으로 간주되었다. 빛의 파동 이론 연구는 따라서 이전 세대의 학자들이 유산으로 남긴 물리학을 보완한 형태의 이론인 셈이다. 파동 이론 자체는 앞으로 살펴볼 전자기학 분야의 또 다른 발견들을 통해 보완된다.

2.3   전자기학과 장의 개념

전기나 자기의 존재에 대해서는 고대 그리스인들도 인지하고 있었지만 이들은 전기와 자기를 개별적인 현상으로 인식했고 이 현상들에 대한 설명을 제시할 때 유체 이론에 의존하는 것이 보통이었다. 이러한 전기와 자기 사이에 연관성이 존재한다는 것을 최초로 발견해 낸 인물은 덴마크의 물리학자 한스 크리스티안 외르스테드(1777~1851년)다. 외르스테드는 나침반의 바늘이 볼타전지 안에 장착된 전선과 가까운 위치에서 평행을 유지하다가 전류가 흐르는 순간 방향을 바꾸며 90도 회전한다는 사실을 발견했다. 외르스테드는 나침반 바늘의 회전을 유도한 힘이 당대에 익히 알려져 있던 어떤 유형의 힘과도 다르다는 점이 놀라웠다. 일반적인 유형의 힘들은 물체와의 연장선상에 적용되는 인력이나 척력이었지만 외르스테드가 발견한 힘은 힘이 주어지는 방향에서 수직선상으로 회전하며 거리에도 좌우되지 않고 두 물체 사이에서 발생하는 인력이나 척력과도 상관이 없었디. 결과적으로 이 현상은 자기장과 전류, 따라서 자기와 전기 사이에 모종의 관계가 존재한다는 것을 의미했다.

전기와 자기의 연관성을 증명하는 실험적 현상들은 19세기 물리학의 중요한 성과들 가운데 하나인 '장Field'의 개념을 정립하는 데 크게 기여했다. '장'이라는 용어는 사실 18세기부터 유체역학 분야에서 사용되어 왔지만 19세기에 정립된 '장'의 개념이 가리키는 것은 입자의 경우처럼 구체적인 위치를 요구하지 않는 하나의 물리적 실재, 즉 잠재적 공간의 모든 지점에서 정의되며 심지어는 질료가 없는 곳에서도 있을 수 있고 모든 지점에서 벡터의 형태로 주어지는 물리적 실재다. 결과적으로 '장'은 강도와 방향성을 지닌다. '장'의 이론은 전자기학의 창시자 가운데 한 명인 마이클 패러데이(1791~1867년)의 '역선line of force' 개념을 바탕으로 설명되는 것이 보통이다. '역선'은 특정 공간 전체를 지배하며 상응하는 장의 강도와 기본적인 특징들을 표상하는 이상적인 직선이나 곡선을 말한다. 장 내의 어떤 입자에 가해지는 힘은 입자가 위치한 지점에서 '역선'이 지니는 접선에 의해 정의된다. 그런 식으로 정립된 '역선'의 수학적 정의는 오늘날에도 그대로 유지되고 있다. '역선' 이론이 '장' 개념을 정립하는 데 결정적인 역할을 한 이유는 동떨어진 물체들 간의 작용을 전제하지 않은 상태에서 전류가 흐르는 물체들 간의 상호작용을 설명하는 데 '역선'이 크게 기여했기 때문이다. 동떨어진 물체들의 상호작용이라는 전제는 사실 뉴턴도 수용하기 힘들다고 판단했던 부분이다. 단지 그의 비판자들이 그가 정반대의 의견을 주장한다고 비난했을 뿐이다.

뒤이어 알베르트 아인슈타인Albert Einstein의 물리학에서 핵심 개념으로 활용되는 '국소성locality'의 패러다임 역시 '장'의 이론과 직결된다. 패러데이는 바로 이 '국소성' 개념에 대한 성찰을 토대로 전자기학 연구 분야에 새로운 활력을 불어넣었다. 패러데이가 이른바 전자기 유도electromagnetic induction 현상, 즉 폐회로를 구성하는 표면에서 시간이 경과함에 따라 자기 다발magnetic flux이 변화할 때 이 변화에 비례하는 기전력electromotive force이 발생하는 현상을 발견한 것은, 외르스테드가 주목했던 것처럼, 전류의 흐름이 자기장을 생성할 뿐 아니라 자기장의 변화 역시 전기장을 형성한다고 확신했기 때문이다.

뒤이어 이러한 실험적 발견에 수학적 형식을 부여한 인물은 제임스 맥스웰이다. 맥스웰의 방정식은 자기현상과 전기현상에 대한 통일적인 설명을 제시했을 뿐 아니라 광학을 전자기학의 한 분야로 만들었다. 눈에 보이는 빛은 실제로 전자기파 스펙트럼의 미세한 부분, 즉 적색 가시광선보다 파장은 길지만 더 낮은 주파수를 지닌 적외선과 적색 가시광선보다 파장은 짧지만 더 높은 주파수를 지닌 자외선 사이에서 극히 작은 부분을 차지하는 독특한 전자기적 현상임이 드러났다. 아인슈타인은 『물리학의 진화The Evolution of Physics』(1965년)에서 1864년에 발표되었던 맥스웰의 방정식을 "뉴턴 이후 물리학이 이룩한 가장 중요한 성과"로 평가했다. 맥스웰은 시간의 흐름에 좌우되는 자기장과 전기장의 변화가 각각 공간에 좌우되는 전기장과 자기장의 변화 방식과 직접적인 연관성을 지닌다고 보았다. 결과적으로 분명해진 것은 자기장의 실재를 결정하는 것이 전기장의 상대적인 움직임이고, 전기장의 실재를 결정하는 것이 자기장의 상대적인 움직임이며, 전류가 자석에 대해 혹은 자성이 폐회로에 대해 상대적으로 멈춰 있을 경우 아무런 현상도 발생하지 않는다는 것이었다. 달리 말하면, 맥스웰의 방정식이 분명하게 보여 주는 것은 전자기학적 현상이 지니는 파동의 성격이다. 전기장과 자기장은 서로 직각을 이루는 평면상에서 진동하며 이들의 전파는 두 신동선과 수직 방향으로 뻗어 나간다. 이는 마치 코르크 마개가 물속으로 가라앉았다가 떠오르는 식으로 진동하는 반면 파동은 물 표면의 방향으로, 즉 코르크 마개의 진동과 직각을 이루는 방향으로 뻗어 나가는 현상과 유사하다. 예전에는 이러한 진동에 매개체가 필요하다고 생각했고 전자기학 분야에서 매개체로 간주되었던 것이 다름 아닌 에테르다. 1905년에 이르러서야 전자기적 장의 진동이 에테르를 필요로 하지 않으며 허공 속에서도 전파될 수 있다는 것이 밝혀졌다.

뉴턴의 『자연철학의 수학적 원리*Philosophiae Naturalis Principia Mathematica*』(1687년)가 출판된 지 200년도 채 되지 않은 시기부터 전자기적 '장'의 개념은 전적으로 새롭고 기존의 물리학적 세계관에서 벗어나며 물리적인 차원에서 미립자들 못지 않게 사실적인 무언가를 가리키기 시작했다. 장은 존재했고 허공에서도 전파되지만 질량을 지닌 물질의 특성을 가지지는 않았다. 따라서 물리학은 새로운 실체의 존재로 인해 더욱 풍부해졌고, 이 실체는 독일의 물리학자 하인리히 헤르츠(Heinrich Hertz, 1857~1994년)가 증명해 보인 것처럼 파동의 방식으로 에너지를 실어 나르며 뉴턴의 역학 방정식들처럼 가역성을 지니는 구체적인 법칙들에 복종한다는 것이 밝혀졌다. 빛을 포함한 모든 전자기적 파동이 허공에서 전파되는 속도 역시 점점 더 정확하게 측정되었고 대략 초당 30만 킬로미터라는 것이 드러났다. 이 속도가 원천적인 동력으로부터 독립적이라는 사실은 알베르트 아인슈타인이 특수 상대성 이론을 구축하기 위해 제안했던 두 가지 전제들 가운데 하나다. 특수 상대성 이론의 등장으로 인해 장의 개념은 에테르 이론을 완전히 대체하게 된다.

2.4　열역학과 기체 분자 운동론

열을 연구하는 물리학의 두 가지 기본적인 원리, 즉 열역학 제1법칙과 제2법칙은 루돌프 클라우지우스(1822~1888년)의 다음과 같은 표현으로 요약될 수 있다. "우주의 에너지는 일정하며 우주의 엔트로피는 최대치를 지향한다."

에너지 보존 법칙의 정립에 크게 기여한 인물은 율리우스 마이어(Julius Mayer, 1814~1878년)와 제임스 줄(James Joule, 1818~1889년)이다. 줄은 실험을 통해 외부에서 전달된 운동에너지가 폐쇄된 용기 안에서 열에너지로 전환될 수 있다는 것을 입증했고 이로써 기계에너지 혹은 운동에 의해 생산되는 에너지가 과거에는 일종의 유체로만 간주되던 열에너지로 전환될 수 있으며 열에너지 역시 기계에너지로 전환될 수 있다는 것을 증명해 보였다. 이러한 원리는 전자기학 현상에도 그대로 적용된다. 예를 들어 전류의 흐름이 전선과 마찰을 일으킬 때 전선에서 발생하는 열에너지가 바로 이러한 경우에 속한다. 이때 전류의 운동에너지 일부가 열에너지로 전환되지만 전자의 운동에너지와 생성된 열에너지의 합은 결국 전류의 흐름을 발생시킨 에너지의 양과 동일하다.

열역학 제1법칙에 따르면, 모든 물리적 변형 과정의 최종 단계에서 발생하는 에너지는 출발 단계의 에너지와 동일하다. 예를 들어 자갈의 낙하 운동은 출발 단계에서 잠재적인 에너지를 지닐 뿐이지만 이 에너지가 일부는 운동에너지로, 일부는 공기와 마찰을 일으키며 열에너지로 전환된다. 이때 운동에너지와 열에너지의 합은 항상 출발 단계의 잠재적 에너지와 일치한다. 그런 식으로 에너지의 개념은 역학적 현상과 전자기적 현상을 비롯해 모든 물리적 현상을 이론적으로 통합하기 위한 핵심 개념으로 부상했다.

열역학 제2법칙은 운동과 열량의 전환에 뒤따르는 불균형 현상에서 유래한다. 에너지를 보존하면서도, 열량이 운동으로 전환되거나 운동이 열량으로 전환되는 과정에는 에너지의 손실이 발생하기 마련이다. 다시 말해 모든 종류의 에너지가 동등한 활용성을 지니는 것은 아니다. 운동으로 전환될 수 없는 에너지 혹은 유용하지 않은 에너지의 흐름을 정의하기 위해 고안된 물리량 '엔트로피entropy'는 어떤 물리계의 잠재적 운동 능력을 가늠하는 데 쓰인다. 엔트로피는 잠재적 운동 능력이 크면 클수록, 결과적으로 유용하지 않은 에너지의 발생률이 적으면 적을수록 낮아지며 잠재적 운동에너지가 적으면 적을수록 높아진다. 예를 들어 어떤 밀폐된 공간을 채우고 있는 차가운 가스와 더운 가스가 분리되어 있는 상황은 두 종류의 가스가 뒤섞이기 시작하는 단계에 비해 상대적으로 낮은 엔트로피를 기록한다. 뒤이어 두 가스의 혼합 과정이 완전히 종결되면 온도의 차이가 사라지는 단계에서 엔트로피는 최대치에 달한다. 왜냐하면 운동에너지를 생산하기 위해 두 가스의 온도 차를 더 이상 활용할 수 없기 때문이다.

결과적으로 열역학 제2법칙이 말하는 것은 엔트로피가 모든 유형의 밀폐된 물리계에서 상승한다는 것이다. 우주가 하나의 밀폐된 물리계라면, 따라서 우주에 총체적인 차원의 엔트로피를 부여할 수 있다면, 모든 것이 잠재적 운동 능력의 감소를 지향할 것이며 그런 식으로 우주 자체는 별들의 핵이 지닌 열기와 별들 간의 냉기 사이에서 유지되던 균형이 깨어지고 냉기와 열기의 모든 차이와 생명의 근원인 열역학적 균형이 사라지는 이른바 '열역학적 사망'의 단계에 이르게 될 것이다. 이러한 관점은 개념적인 차원에 머물지 않고 실질적인 차원에도 지대한 영향을 끼쳤다. 열역학 분야의 몇몇 과학사학자들은 열역학 제2법칙이 19세기 후반 잉글랜드에서 인류의 점진적인 번영에 대한 빅토리아왕조 시대의 전형적인 믿음에 금이 가도록 만들었다고 보았다.

『기체 운동론The dynamical theory of gases』(1860년)의 저자 제임스 맥스웰의 결정적인 영향하에 정립된 '기체 분자 운동론kinetic theory of gases'은 물리학의 한 분야가 또 다른 분야로 환원될 수 있다는 것을 보여 주는 중요한 예로, 정확하게는 열역학이 뉴턴의 역학으로 환원되는 경우를 보여 준다. 여기서 '환원'이 의미하는 것은, 거시적인 관점에서 바라본 기체의 특성들, 예를 들어 압력이나 온도 같은 전형적인 열역학적 특성들이 미시적인 차원의 특징들, 특히 기체를 구성하는 분자들의 평균속도와 관련된 특성들을 토대로 정의될 수 있다는 것이다. '기체 분자 운동론'에 따르면, 예를 들어 피스톤이 작동하는 실린더 안의 기체 구조는 탄성을 지닌 수많은 미립자들이 밀집된 공간 안에서 충돌하며, 변형을 일으키는 대신, 당구공처럼 단순히 튕겨져 나가는 상황을 모형으로 설명된다. 동일한 관점에서 기체의 온도와 내부 에너지 역시 분자 속도의 평균값으로 환원될 수 있다. 이러한 연구들을 통해 새롭게 조명되고 부각되었던 것은 다름 아닌 질료의 원자론적인 관점과 뉴턴의 역학을 바탕으로 하는 기계론이었다.

질료의 원자론적 관점은 19세기 말에 여전히 많은 학자들의 비판과 빌헬름 오스트발트(Wilhelm Ostwald, 1853~1932년) 같은 에너지주의자들의 거센 반대에 부딪혔지만 20세기 초반에 들어서면서 결정적으로 승기를 거머쥐기 시작했다. 무엇보다도 모든 기체는 같은 온도, 압력, 부피를 조건으로 같은 개수의 분자들을 지닌다는 아보가드로Amedeo Avogadro의 가설이 중요한 역할을 했고 그런 식으로 기체를 구성하는 분자들의 수를 계산하기 위해 동원되던 다양하고 독립적인 실험 기술의 축적이 결국에는 분자와 원자의 존재를 인정하도록 만드는 데 크게 기여했다.

따라서 흥미로운 것은, 전자기학에 힘입어 '장'이 질료를 대체할 수 있는 물리적 실재로 정립된 세기에 사실상 데모크리토스로까지 거슬러 올라가는 질료의 입자 이론이 다름 아닌 기체 분자 운동론에서 새로운 근거를 발견했다는 점이다.

20세기에 물리학의 위상은 양자역학의 발견으로 인해 또 다른 복잡한 상황에 놓이게 된다. 한편에서는 광자 같은 전자기파의 매개 입자뿐만 아니라 질료를 구성하는 미립자들 역시 입자적인 동시에 파동적인 성격을 지녔고, 따라서 궁극적으로는 입자도 파동도 아니라는 사실이 밝혀진 반면, 20세기 후반에 발전된 장의 양자 이론을 통해 '입자'는 그만큼 덜 중요한 개념으로, 어떤 식으로든 장의 개념과 달리 어디에선가 유도된 개념으로 간주되었다.

원소로 이루어진 세계
혹은 19세기의 화학

화학 분야에서 진정한 의미의 혁명이 시작된 것은 18세기 말이다. 이 혁명을 주도했던 프랑스의 화학자 앙투안 라부아지에는 물체의 상태가 변화하려면 최소한 두 종류 이상의 물질들이 조합되거나 분리되는 과정이 필연적으로 요구된다는 이론을 정립했고 연소combustion 및 하소calcination 과정에 대한 연구를 바탕으로 '요소'를 더 이상 분해할 수 없는 물질로 이해하는 관점의 부당성을 증명했다. 질료가 보이지 않는 입자들, 즉 원자들로 구성된다는 존 돌턴John Dalton의 원자론 역시 같은 시기에 널리 알려지기 시작했다. 돌턴은 여러 가지 상이한 요소들을 구성하는 원소들이 서로 다를 수밖에 없으며 상대적으로 동일한 요소들을 구성하는 원소들은 같다는 점에 주목했다.

이러한 이론들의 보급은 곧 질료를 구성하는 기본적인 입자들의 상대적인 무게를 계산하기 위한 새로운 방법론의 요구로 이어졌다. 몇몇 학자들은 기체들 간의 반응과 조합에 관한 게이뤼삭(Joseph-Louis Gay-Lussac, 1778~1850년)의 실험 결과에 의존하며 물질의 구조에 관한 보다 광범위한 연구를 시도했다. 특히 아메데오 아보가드로(1776~1856년)는 모든 화학적 요소들이 원자들로 구성된다는 돌턴의 이론을 게이뤼삭이 발견한 '기체 반응 법칙'과 융합할 수 있다는 점에 주목했고, 그런 식으로 원자나 분자 같은 보이지 않는 물리적 실재들의 조합관계를 기체의 부피처럼 측정이 가능한 실재들을 바탕으로 설명하고 정의하는 데 성공했다.

1800년 3월 20일에는 알레산드로 볼타(Alessandro Volta, 1745~1827년)가 전지를 발명했고 이를 바탕으로 이른바 '전기화학electrochemistry'이라는 전적으로 새로운 연구 분야가 구축되었다. 볼타전지의 발명은 무엇보다도 전류의 본질에 관한 본격적인 토론이 전개되는 데 결정적인 계기를 마련했다. 베르셀리우스는 전류의 화학적 효과에 대한 실험을 통해 모든 염鹽이 전류에 의해 분해된다는 사실을 관찰했다. 이러한 실험 결과를 바탕으로 베르셀리우스는 모든 무기화합물과 유기화합물이 양성적인 성분과 음성적인 성분으로 구성된다는 이원론적인 관점을 발전시켰다. 반대로 아보가드로를 비롯해 오귀스트 드 라 리브(Auguste de la Rive, 1801~1873년)나 마이클 패러데이 같은 학자들은 전류가 전력의 발생 순간을 뒤따르는 화학반응을 통해 형성된다고 보았다. 패러데이는 아울러 혁신적인 이론들을 제시하며 화학 명명법을 구축하고 '전기분해electrolysis'와 관련된 법칙들을 정의하는 데 크게 기여했다.

존 돌턴의 원자론이 널리 보급된 단계에서, 화학자들과 물리학자들은 원자 질량을 정의하기 위한 방법론을 정립하고 화학 성분들의 명칭과 기호를 체계화하기 위해 노력했다. 수많은 화학 성분들의 명칭이 19세기 후반에 결정되었고 모든 성분에 적용될 수 있는 보편적인 이론과 체계를 모색하는 것이 점점 더 중요한 과제로 부각되었다. 이탈리아의 학자 스타니슬라오 칸니차로Stanislao Cannizzaro는 아보가드로의 법칙을 활용함으로써 원자와 분자의 질량과 관련하여 세분화된 방식으로 적절한 값을 얻어 낼 수 있다는 점에 주목했다. 이는 곧 원자 질량을 토대로 화학 요소들의 체계화를 위한 기준을 마련하는 것이 가능하다는 것을 의미했다. 뒤이어 드미트리 이바노비치 멘델레예프(Dmitrii Ivanovich Mendeleev, 1834~1907년)는 화학적 요소들이 원자 질량의 상승 구도를 토대로 체계화될 때 이 요소들의 특성이 주기적이라는 사실, 다시 말해 규칙적으로 반복된다는 사실에 주목했다. 화학 원소들의 체계 구축을 위한 가장 기본적인 요소가 원자량이라고 본 멘델레예프는 원자량의 목록을 분석하면서 원소들이 지니는 특성의 점진적인 변화 성향을 발견했다. 물질의 구성 요소에 대한 어떤 관념적 성찰도 거부한다는 차원에서 멘델레예프의 연구는 라부아지에, 아보가드로, 칸니차로의 연구와 맥락을 같이한다. 멘델레예프는 자신의 주기율표를 더 발전된 학문이나 또 다른 지식에 도달하기 위한 하나의 도구에 불과하며 언제든지 수정될 수 있는 체계로 간주했다.

전적으로 새로운 유형의 논쟁을 불러일으키며 윌리엄 프라우트는 1815년에 화학 요소들의 원자 무게가 정수에 가깝다는 사실에 주목한 뒤 수소가 모든 물질의 기반일 수 있으며 모든 화학 요소가 상이한 수의 수소 원자들과 결합을 통해 구축될 가능성이 크다는 가설을 제시했다. 그의 이론은 많은 학자들의 지지를 얻었지만 동시에 많은 비난과 비판을 받았다. 베르셀리우스는 그의 이론을 신랄하게 비판했던 학자들 가운데 한 명이다. 반면에 비판을 꺼렸던 이들은 원자의 개념 자체에 대한 언급을 가능한 한 피하려고 노력했고 이는 무엇보다 이 개념이 결코 명확하게 검증된 적이 없는 입자 이론과 직결되는 듯이 보였기 때문이다. 특히 윌리엄 울러스턴(William Hyde Wollaston, 1766~1828년)은 '원자 질량'이라는 용어를 대체하기 위해 '당량equivalent weight'이라는 새로운 용어를 도입했고 사실상 순수하게 실험적인 성격의 수적 관계를 바탕으로 하는 측정체계를 적용하며 입자들의 무게를 측정했다. 울러스턴의 방법론은 잉글랜드의 저명한 전기화학자, 특히 전기분해를 통해 칼륨, 나트륨, 칼슘, 바륨, 마그네슘 같은 상당수의 화학 원소들을 분리해 낸 것으로 유명한 험프리 데이비(1778~1829년)의 지지를 얻었다.

한편 프랑스에서 과학자들의 연구 활동은 당대의 정신세계를 지배하던 콩트의 실증주의 철학을 수용하고 콩트처럼 현실 이해를 위한 모형 활용을 거부하면서 물리학에 편중되는 성향을 보였다. 하지만 이러한 상황은, 적어도 무기화학 분야에서만큼은 장 바티스트 앙드레 뒤마(Jean Baptiste André Dumas, 1800~1884년)가 주장했던 화학당량체계가 널리 수용되는 결과로 이어졌다.

3

19세기의 논리학

3.1 위대한 개화의 시대

칸트는 『순수이성비판』(1787년)의 증보판 서문에서 형식논리학을 "완전하며 닫혀 있는 체계로 간주할 필요가 있다"라고 천명했지만 이러한 판단은 다음 세기에 이루어진 논리학의 확장과 놀라운 발전에 의해 오판임이 드러났다.

실제로 19세기는 논리학의 대대적인 연구와 탐색이 이루어졌던 세기다. 오거스터스 드 모르간(Augustus De Morgan, 1806~1871년)은 논리학을 향상시키기 위해 상관관계에 의한 추론을 전통적인 삼단논법에 포함시켰다. 이러한 추론의 예는 다음과 같은 논제에서 찾아볼 수 있다. '모든 고래는 포유동물이다. 따라서 고래들의 모든 꼬리는 포유동물의 꼬리다.' 하지만 한편으로는 연역적 사고의 논리적 분석이 아리스토텔레스 논리학의 전통적인 틀에서 크게 벗어난다는 의식이 자라나기 시작했고 이러한 의식을 바탕으로 학자들은 몇 가지 혁신적인 결과에 도달했다.

논리학은 오랜 세월에 걸쳐 굳건하게 유지해 온 철학과의 결속력 자체를 느

슨하게 만들거나 때로는 아예 무효화해 버리는 단계에 이르렀고, 수학적인 형
식을 취하면서 19세기 후반부터는 수학 자체의 기반으로 간주되기 시작했다.
이러한 관계의 기본적인 조건들은 분석과 대수를 다루는 몇몇 중요한 이론서
에서 확인할 수 있다.

그런 식으로 대수학 분야의 '추상대수학abstract algebra'이 탄생했고 이로 인해 대
수학은 계산이라는 산술적인 경험의 영역으로부터 벗어나기 시작했다. 이러한
상황은 결과적으로, 복소수가 확장된 '사원수quaternion'의 경우처럼, 새로운 형
식적 개념들이 등장하는 과정을 용이하게 만들고 수학적으로 새로운 방법론이
적용될 수 있는 가능성을 제시했다. 수학적 '양'은 더 이상 이상적인 개념으로
간주되지 않았고 오히려 기호들의 형식적인 조합 규칙들, 즉 기호가 지니는 구
체적인 내용과는 무관하게 기호들을 조합하는 법칙들이 핵심 주제로 부각되기
시작했다.

분석을 바라보는 관점에도 근본적인 변화가 일어났다. 오귀스탱 루이 코시
(Augustin Louis Cauchy, 1789~1857년)가 제시한 '극한'의 개념은 많은 문제를 안고 있
던 '무한소' 개념을 포기하도록 유도하면서 수학자들이 실수들의 체계를 정초
하는 문제에 더 큰 관심을 기울이도록 만들었다. 이 문제와 관련된 탐구 활동
은 19세기 후반에 들어서면서 이른바 '분석의 산술화' 단계로 발전했다. 이 '분
석의 산술화'를 처음으로 시작했던 인물은 카를 바이어슈트라스(Karl Weierstrass,
1815~1897년)이며 완성 단계로 끌어올린 인물은 리하르트 데데킨트(Richard
Dedekind, 1831~1916년)이다. 이러한 과정을 거치면서 실수들은 유리수의 차원, 즉
두 정수(두 번째 수는 0이 아니다) 사이의 비율 관계로 얻어낼 수 있는 모든 수의 차
원과 자연수, 즉 음수를 제외한 모든 정수의 차원에서 정의되기 시작했다.

한편으로는 비에우클레이데스 기하학의 발견으로 인해 분석적 개념들을 위
한 확실한 기반으로 기하학 대신 산술이 부각되는 양상이 나타났다. 결과적으
로, 명백성의 뿌리 깊은 요구에서 비롯되었던 수학의 체계화는 직관이나 심리
적인 차원의 분명함에 의존하지 않고 자연수의 이론을 정초하려는 시도를 통
해 전개되었다.

뒤이어 두 종류의 중요한 논리체계가 각각 1847년과 1879년에 구축되었다. 상이한 개념적 차원에 속할 뿐 아니라 정반대되는 과제를 지녔음에도 불구하고 이 논리체계들은 논리학의 역사에서 수학적 논리학의 기원이라는 월계관을 차지하기 위해 경쟁하는 양상을 보였다.

3.2 조지 불의 대수학적 논리학

먼저 1847년에 출판된 『논리학의 수학적 분석The Mathematical Analysis of Logic』에서 조지 불(George Boole, 1815~1864년)은 일찍이 라이프니츠가 기획했던 논리학의 수학적 체계화를 재차 시도하면서 논리학을 추상대수학의 체계로 설명하고 정의했다. 7년 후에 불은 기호들의 활용 방식을 확률 이론으로까지 확장시켜 주저 『논리와 확률에 관한 수학적 이론의 기초를 이루는 사고의 법칙에 관한 연구 An Investigation of the Laws of Thought on Which are Founded the Mathematical Theories of Logic and Probabilities』 (1854년)에 적용했다. 논리학에 대한 불의 대수학적 관점은 수학의 새로운 개념과 캠브리지의 대학에서 발전시킨 새로운 유형의 대수학 개념에 뿌리를 두고 있었다.

당대의 혁신적인 잉글랜드 수학자들 가운데 한 명이었던 조지 피콕(George Peacock, 1791~1858년)은 1830년대에 실수의 양수 계산에 관여하는 '산술적 대수학'과 대수학적 계산 과정의 형식적인 특성에만 관여하며 계산 과정이 적용되는 대상에는 관심을 기울이지 않는 '상징적 대수학'의 구분을 시도했다. 상징적 대수학에서 수학은 결과적으로 '양quantità'보다는 '형식forme'을 다루는 학문에 가깝고 따라서 물리량과 물리량들 사이의 관계를 표현하고 설명하는 의무에서 벗어났다고 볼 수 있다. 하지만 대수학적 계산의 타당성은 대수학 기호들의 활용을 지배하는 규칙들의 일관적인 적용 여부에 좌우된다. 달리 말하면 대수학 기호들 간의 관계에 함축되어 있는 진실을 존중하는 해석은 모두 유효하다. 예를 들어, $x+y=y+x$라는 등식으로 표현되는 '교환법칙commutative property'은 '산술'의 차원에서 x와 y는 숫자를 가리키고 기호 +는 합산을 의미하는 것으로, '집합'의 차원에서 x와 y는 집합을 가리키고 기호 +는 '조합'을 의미하는 것으로, 또 '명제'의 차원에서 x와 y는 명제를 가리키고 기호 +는 '배타적 논리합'을 의미하는 것으로 해석될 수 있다.

여기서 주목해야 할 것은 수학적 구조를 지닌 불의 새로운 논리학이 일종의 '상징적 대수학'이라는 점이다. 불의 논리학이 탐구 대상으로 취하는 것은 사고의 내용이 아니라 사고의 형식이다. 아울러 이러한 관점의 타당성을 뒷받침하는 것은 상당히 유사한 형태의 전례였다. 즉 물리학의 수학적 체계화가 인간이 자연의 법칙들을 발견하고 이해하는 데 결정적인 역할을 했듯이, 논리학의 수학적 체계화도 다름 아닌 사고의 법칙들을 발견하고 이해하는 데 크게 기여하리라는 것이었다. 수학적 논리학의 기본 전제는 논리적인 법칙들이 대수학적인 형식을 지녔으며 대수학에 사용되는 기호들이 특정 사고방식을 이 사고방식의 본질에 대한 어떤 형이상학적 가설이나 결론에도 구애받지 않고, 표상할 수 있다는 것이었다.

논리학의 기반을 구축하는 요소들 가운데 하나는 인간의 정신이 지니는 특별한 기량, 즉 범주를 파악할 수 있고 범주에 포함되는 요소들을 다른 모든 것과 구분해서 가리킬 수 있는 사고 능력이다. 가장 중요하고 핵심적인 사고 행위는 따라서 우리가 범주를 구축할 때 사용하는 '선택'적 사고다. 불의 대수학적 논리학에서 X, Y, Z 같은 기호들은 범주의 구성 요소들을 가리키며 이른바 '선택 기능'을 지닌 x, y, z는 범주를 대상으로 기능한다. 예를 들어 x는 X들의 범주가 선택되었다는 것을 의미한다. 1은 존재하거나 존재하지 않는 대상들의 모든 범주가 포함된 담론의 세계 혹은 '참'을 가리키며 0은 텅 빈 범주나 '거짓'을 가리킨다. 정체를 밝히는 기호 =는 '~이다'라는 뜻으로 읽는다.

불이 제시한 논리 연산은 다음과 같다.

· $x+y$는 x에 속하거나 y에 속하지만 이들 모두에 속할 수는 없는 요소들의 범주를 가리킨다(배타적 논리합).

· $x \cdot y$는 x에 속하거나 y에 속하는 요소들의 범주를 가리킨다(논리합).

- $x-y$는 X이지만 동시에 Y는 아닌 요소들의 범주를 가리킨다.
- $1-x$는 X를 제외한 나머지 모든 요소들을 가리킨다.

일반적인 대수학과 사고를 다루는 대수학의 근접성을 보장하는 것은 대수학의 법칙들, 예를 들어 합산과 결과의 교환법칙이나 합산과 감산에 대한 결과의 상대적인 '분배법칙distributive property' 등이 결코 타당성을 잃은 적이 없다는 사실이다. 예를 들어 x, y, z가 각각 남성들의 범주, 여성들의 범주, 유럽인들의 범주를 가리킬 때, 방정식 $z(x+y)=zx+zy$가 의미하는 것은 유럽의 남성들과 여성들의 범주가 유럽 남성들의 범주와 유럽 여성들의 범주를 조합한 것과 같다는 것이다.

반면에 논리학의 특징들 가운데에는 이른바 '멱등법칙idempotency laws'이라는 것이 존재하며 이 법칙으로부터 이차 방정식 $x(1-x)=0$, 즉 비모순율이 유래한다. 예를 들어 x가 소들의 범주, '$1-x$'가 소를 제외한 동물들의 범주를 가리킬 때, 이 방정식이 의미하는 것은 소들과 소가 아닌 동물들이 모두 속하는 범주는 텅 비어 있다는 것이다. 결과적으로 비모순율은 아리스토텔레스의 논리학에서처럼 근원적인 원리가 아니며 수학적 법칙에서 유래한다고 볼 수 있다. 불에 따르면, "모두가 형이상학의 핵심 원리로 간주해 왔던 것은 사실상 형식적인 차원에서 수학에 가까운 사고법칙의 결과에 지나지 않는다".

불은 새로운 논리학을 활용해 아리스토텔레스의 삼단논법을 대수학적인 용어로 번역했다. 그는 범주의 개념이 자신의 목표에 특별히 부합한다는 사실, 즉 범주론적인 명제들을 표현하는 데 상당히 적절하다는 점에 주목했다. 예를 들어 '모든 X는 Y다'라는 명제는 '$x(1-y)=0$' 혹은 '$x=xy$'로 번역될 수 있으며, '어떤 X도 Y가 아니다'라는 명제는 '$xy=0$'로 번역될 수 있다. 결과적으로 삼단논법을 일종의 방정식 이론으로 환원하는 것이 가능하며 그런 식으로 삼단논법에 의존하는 명제들의 타당성을 대수학적 차원에서 증명할 수 있다. 물론 모든 명제들을 방정식으로 환원하는 과제에는 어려움이 뒤따른다. 무엇보다도 불의 입장에서 이 과제는 '계사copula'가 없는 모든 명제를 '계사'가 있는 명제로 환원한다는 것을 의미했다. 예를 들어 '카이사르는 갈리아를 정복했다'라는 명제를 불은 단일한 요소의 두 가지 범주 x와 y 사이에 존재하는 일치관계 '$x=y$'에 입각해서, 즉 '카이사르'와 '갈리아를 정복했던 인물'의 일치관계를 토대로 번역했다.

뒤이어 범주들의 대수학을 보다 고차원적인 단계로 발전시킨 인물은 찰스 샌더스 퍼스(Charles Sanders Peirce, 1839~1914년), 체계화한 인물은 에른스트 슈뢰더(Ernst Schröder, 1841~1902년)다.

3.3 고트로프 프레게의 개념표기법

불의 논리학과 경쟁 구도를 형성하며 또 하나의 논리체계를 제시했던 인물은 19세기의 가장 중요한 논리학자로 간주되는 고트로프 프레게(Gottlob Frege, 1848~1925년)다. 프레게가 1879년에 출판한 『개념 표기법Begriffsschrift』의 부제는 「산술을 모형으로 하는 순수사고의 형식언어eine der arithmetischen nachgebildete Formelsprache des reinen Denkens」였다. 이 저서에서 프레게는 산술에서 순수하게 연역적인 방식으로 논리학적 법칙만 활용하는 연산이 어떻게 가능한가라는 문제를 제기했다. 프레게의 주장은 모든 산술적 진실이 본질적으로는 분석적인 성격을 지니며 사실상 선험적 이해가 가능한 원초적 단계의 논리적 진실에서 파생된 결과라는 것이었다. '논리주의'라는 수식어는 바로 이러한 관점에서 비롯되었다. 프레게는 자연언어가 지니는 고유의 모호함과 애매함이 산술과 산술의 이성적 이해를 위한 기반을 파악하는 데 커다란 걸림돌이 된다고 보았다. 프레게에 따르면, 자연언어가 모호한 이유는 증명의 개념과 양립될 수 없는 요소들, 예를 들어 '어쨌든', '그래서', '따라서' 같은 단어들이 활용될 뿐 실제로 적용된 추론의 규칙들을 제시하지 않으며 어떤 식으로든 규칙으로 기능하지 않는다는 데 있었다.

이러한 장애물을 극복하기 위해 필요한 것은 인위적인 언어, 즉 단일하고 명백한 해석만 수용하며 증명에 소요되지 않는 모든 불필요한 측면들을 제거하고 증명의 구조적 기반을 구축하기 위해 엄격한 틀을 제시하는 형식언어 '개념

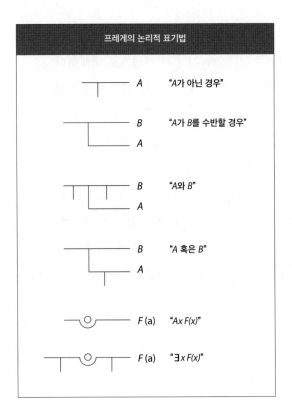

표기법'이었다. 프레게가 '개념적 언어'를 뜻하는 '개념표기법'이라는 용어를
선택한 이유는 이 언어가 기호로 번역하는 유일한 대상이 수학적 명제들의 개
념적이고 객관적인 내용, 다시 말해 직관적이거나 심리적이지 않으며, 논리적
원칙들을 토대로 수학적 진실을 정당화하는 데 핵심적인 것으로 드러나는 내
용뿐이었기 때문이다.

　프레게는 불이 자신의 산법에 수학적 내용을 포함시키지 않고 논리적 연산
의 형식적인 측면만 강조했을 뿐이라는 점을 지적하며 불의 논리체계에 대해
비판적인 입장을 취했다. 본질을 표현할 수 있는 것은 내용뿐이기 때문에, 프레
게는 불이 명백한 오류를 범했다고 보았다. 그렇다면 이 내용을 명백하고 일관
적인 방식으로 식별해 낼 수 있는 방법은 무엇인가? 프레게는 한 명제의 개념

적 내용이 명제가 지니는 논리적 추론 기능을 토대로 부각될 수 있다고 보았고 이를 위해 '주어'와 '술어'의 개념을 '기능'과 '논제'의 개념으로 대체했다.

예를 들어, 1) '브루투스는 카이사르를 살해했다', 2) '카이사르는 브루투스에게 살해당했다' 같은 명제들은 서로 다른 주어와 술어를 사용하기 때문에 문법적인 차원에서는 상이하지만 개념적인 차원에서는 동일한 내용을 지니며 결과적으로 동일한 추론적 기능을 발휘한다. 다시 말해 명제 1)에서 추론할 수 있는 모든 것은 명제 2)에서도 추론이 가능하며, 이 관계는 역으로도 성립된다.

아울러 명제 1) 또는 2)에서 '카이사르'를 또 다른 인물로 대체하면 명제의 내용뿐만 아니라 명제가 지니는 진실의 가치도 변화하기 마련이다. 이는 명제가 참이나 거짓이라는 진실의 가치를 생성하는 문장으로 정의될 수 있기 때문이다.

결과적으로 이 문장의 구조는 불변하는 요소, 예를 들어 '브루투스는 살해했다'는 점과 가변적인 요소, 예를 들어 '카이사르'에 의해 주어졌다고 볼 수 있다. 프레게는 첫 번째 요소를 '기능', 두 번째 요소를 '논제'라는 이름으로 불렀다. 명제 1)은 '기능'의 역할을 수행할 수 있으며 이때 '브루투스는 x를 살해했다'라고 읽힐 수 있고 '카이사르'를 x라는 '논제'로 취할 수 있다. 반면에 명제 2)가 '기능'의 역할을 수행할 때, 이 문장은 '카이사르는 x에게 살해당했다'라고 읽힐 수 있으며 '브루투스'를 x라는 '논제'로 취할 수 있다. 이는 곧 두 종류의 상이한 '기능'과 '논제'를 지닌 두 명제들이 동일한 개념적 내용을 지닐 수 있다는 것을 의미한다.

아울러 동일한 명제도 상당히 다양한 양태의 기능/논제 관계를 바탕으로 분석될 수 있다. 예를 들어 3) '카토는 카토를 살해했다'라는 명제는 동일한 개념적 내용이 세 가지 양태로 분해되는 경우를 보여 준다. 즉, 이 명제는 'x는 카토를 살해했다'(희생자), '카토는 x를 살해했다'(살인자), 'x는 x를 살해했다'(자살)로 해석될 수 있다.

3.4 양화 이론

앞으로 살펴볼 내용은 자연언어의 문법에 더 이상 얽매이지 않는 양화quantification 이론의 발전 양상이다. 주어/술어의 문법적 관계를 토대로 전개되던 전통적인 명제 분석은 '모든 인간은 죽을 수밖에 없는 존재다'라는 명제에서 '모든 인간' 이 지닌 동일한 역할을 '소크라테스는 죽을 수밖에 없는 존재다'라는 명제의 고유명사 '소크라테스'에게 부여해 왔다. 프레게에 따르면, 이러한 종류의 모호함을 극복하기 위해서는 명제 분석을 기능/논제의 관계와 가변적/불변적 요소의 구분을 토대로 전개할 필요가 있었다. 예를 들어 '소크라테스는 죽을 수밖에 없는 존재다'라는 명제는 기능의 역할을 수행할 때 'x는 죽을 수밖에 없는 존재다'로 읽힐 수 있으며 불변적 요소 '소크라테스'를 논제로 취할 수 있다. 반면에 복합적인 유형에 속하는 '모든 인간은 죽을 수밖에 없는 존재다'라는 명제는 명제 내부에서 기능을 발휘하는 두 종류의 문장, 즉 'x는 인간이다'와 'x는 죽을 수밖에 없는 존재다'라는 의미로 해석될 수 있으며 가변적 요소 x를 논제로 취한다. 결과적으로 이 명제는, 기능적인 차원에서, x가 인간일 때 죽을 수밖에 없는 존재라는 이야기가 모든 x에게 적용된다는 것을 의미한다. 이 문장은 프레게의 표기법과는 약간 다른 유형의 형식언어로 다음과 같이 표기될 수 있다. $\forall$ (x) [U(x)→(M(x)]. 여기서 U는 '인간', M은 '죽을 수밖에 없는 존재'를 가리키며, U(x)는 '(x)는 인간이다', M(x)는 '(x)는 죽을 수밖에 없는 존재다'라는 기능적 문장을 가리킨다.

프레게는 아울러 양화 이론의 관점에서 이른바 '보편성 중복'의 문제, 즉 보편성을 표현하는 '누군가', '모든' 같은 단어들이 한 문장 안에서 2회 이상 등장하는 문제의 해결책을 모색했다. 특히 대수학에서는 보편성의 중복을 일으키는 명제들, 예를 들어 '매번 a라는 수와 b라는 수에 대해 하나의 수 q와 r이 존재하며 이때 $b=(a \cdot q)+r$이다'와 유사한 명제들이 너무 자주 등장하기 때문에, 이러한 명제들의 내용을 모호한 수식어에 의존하지 않고 보다 명확하게 표현할 수 있는 방법이 필요했다.

예를 들어 자연언어에서 4) '모든 남성은 한 여성을 사랑한다'와 유사한 형태의 명제는 두 종류의 상반되는 해석을 불러일으키며, 결과적으로 5) '모든 남성은 한 명의 어떤 여성을 사랑한다' 혹은 6) '모든 남성이 각자 사랑하는 한 명의 특정한 여성이 존재한다'는 의미로 해석될 수 있다. 프레게의 논리학 이론에서 문장 5)와 6)의 차이는 보편 양화사(universal quantifier, ∀)와 존재 양화사(existential quantifier, ∃)의 적용 범위를 명시함으로써 간략하게 설명될 수 있다. 다시 말해 문장 5)와 6)은 다음과 같은 형식언어로 표현된다. U는 남성, D는 여성, A는 사랑의 약자다.

5) $\forall x[U(x) \rightarrow \exists y(D(y) \wedge A(x, y))]$
6) $\exists y[D(y) \wedge \forall x(U(x) \rightarrow A(x, y))]$

여기서 U(x)는 'x는 남성이다', D(y)는 'y는 여성이다'라는 의미로, 이 가변적 요소들을 대상으로 기능하는 A(x, y)는 'x는 y를 사랑한다'는 의미로 읽는다. 따라서 형식언어로 표현된 5)는 '어떤 x에게든, x가 남성이라면, y가 존재하고 y는 여성이며 x가 사랑하는 존재다'라는 뜻이며, 반면에 6)는 '한 y가 존재하며, 이때 y가 여성이고 어떤 x든, x가 남성이라면, x는 y를 사랑한다'는 뜻이다.

프레게의 입장에서 논리학은 총체적인 학문이었고 결과적으로 논리학을 바라보는 외부적인 관점이나 논리학보다 우월한 관점은 존재하지 않았다. 하지만 바로 그런 이유에서 프레게가 던지지 않았던 질문들이 있다. 예를 들어 논리학의 '일관성'에 관한 문제, 다시 말해 논리학이 특정 논제를 증명하면서 정반대되는 논제를 동시에 인정하게 되는 경우를 체계적으로 피할 수 있는지의 여부와 '완전성'에 관한 문제, 다시 말해 논리학 체계가 '논리적 진실만을 모두' 증명해 낼 수 있는지의 여부에는 관심을 기울이지 않았다. 이 주제들을 뒤이어 1920년대에 집중적으로 다룬 인물은 다비트 힐베르트(David Hilbert, 1862~1943년)다.

『산술의 기본 법칙Grundgesetze der Arithmetik』(1893년)에서 프레게는 자신이 『개념표기법』의 출판과 함께 제안했던 계획, 즉 기하학을 제외한 모든 유형의 수학을 논리학적인 차원에서 체계화하는 작업을 다시 시도하면서 이 목표에 부합하는 논리적 원리들을 탐색했다. 특히 무한집합의 개념을 토대로 정립된 '무한소 해석학', 즉 '미적분학'은 '집합'의 개념이 오래된 만큼 근본적으로는 논리학적 개념이라는 사실의 증명 자체를 시급한 문제로 만들었다. 프레게의 생각은 하나의 집합 내지 범주가 두 종류의 상이한 전개 과정을 거쳐 묘사될 수 있다는 것이었다. 집합이 유한할 경우에는 요소들을 열거하는 것만으로 충분하지만 무한할 경우에는 집합의 모든 요소들을 특징짓는 하나의 성질을 명시할 필요가 있었다. 두 집합이 동일할 때의 문제와 어떤 종류의 특성이 한 집합의 존재를 실질적으로 결정짓는가라는 문제에는 각각 프레게가 보편적 논리학의 원칙으로 간주했던 두 종류의 공리, 즉 동일한 요소들을 지닌 두 집합을 동일하게 보는 '외연 공리Axiom of extensionality'와 어떤 특성이 주어졌을 때 이러한 특성을 지니는 모든 대상만으로 구성되는 집합이 항상 존재한다고 보는 '함축 공리Axiom of comprehension'가 적용된다.

　이러한 집합 이론의 구도는 버트런드 러셀이 집합 이론의 실질적인 결과에 내포되어 있는 몇 가지 모순점들을 발견하면서 결정적인 위기를 맞이했다. 러셀의 발견을 기점으로 20세기 논리학은 새로운 계절을 맞이하게 된다.

불의 산법

불의 산법, 혹은 불의 대수는 어떤 식으로든 숫자들을 다루지 않는 특별한 유형의 추상대수학이다. 불의 산법은 독특한 특성을 지닌 실재들의 부분적인 집합을 토대로 성립된다. 이 산법이 핵심적으로 다루는 가변적 이항 '1'과 '0'은 각각, 필연적이지는 않지만 일반적으로, 두 종류의 진릿값인 '참'과 '거짓'을 의미한다. 불의 대수는 실제로 특정 유형의 모든 구조에 공통된 형태를 연구하는 보편대수학을 '두 가지 상태'에서 모형의 형태로 다루는 분야라고 할 수 있다. 1854년 아일랜드의 코크 대학에서 조지 불이 명제논리학을 대수학의 형태로 기술하기 위해 고안해 낸 이 대수학은 흔히 논리대수라는 이름으로 불리며 오늘날 수학논리학, 통계학, 집합 이론, 컴퓨터 프로그램 같은 분야에서 다양한 형태로 활용되고 있다.

불의 출발점은 자연언어의 몇몇 문장들 사이에 실재하는 밀접한 연관성과 가변적 이항관계였다. 특히 자연언어에서는 '공언'의 형태를 취하는 문장들, 예를 들어 '비가 내리고 있다' 혹은 '덥다' 같은 표현들을 사용할 수 있으며 이러한 유형의 문장에 대해서는 '참' 혹은 '거짓'이라고 말하거나 두 진릿값 중 어느 하나를 부여하는 것이 가능하다. 더 나아가서 이러한 문장들이 조합을 통해 하나의 명제를 구축할 때 명제의 결과는 조합 자체에 좌우된다.

　이와 유사하게, 독립적으로 존재하는 가변적 요소들을 기반으로 기본적인 연산 과정을 통해 어떤 가변적 요소가 의존적일 경우 이 요소가 참인지 아닌지 정할 수 있다. 특히 가변적인 요소에는 세 가지 기본적인 연산 과정, 즉 '논리곱'(*), '논리합'(+), '부정'(!)을 적용할 수 있다. 가장 보편적인 형태를 고려할 때, 이러한 연산 과정들은 정확히 진릿값 1과 0에 적용될 수 있으며, 이 과정은 다음의 도표로 요약될 수 있다.

A	B	A+B	A*B	!A	!B
0	0	0	0	1	1
0	1	1	0	1	0
1	0	1	0	0	1
1	1	1	1	0	0

　이러한 조합 과정은 사실상 명제논리학이 명제들 간의 관계 혹은 명제들의 조합이나 흔히 '진리표'라고 불리는 도표상의 진릿값 관계를 설명하는 부분과 전적으로 유사하다. 여기서 불이 그의 산법을 구축할 때 중요한 목표로 설정한 응용성을 엿볼 수 있다.

　이러한 응용성이 두드러지게 나타나는 예를 살펴보자. 우리가 비나 우박이 내릴 때에만(예를 들어 눈이 올 경우는 제외하고) 폴이 우산을 가져온다는 사실을 알고 있다고 가정할 때, 우리는 '논리합(+)'을 일반언어의 '혹은'으로 대체하고 진릿값을 계산한 뒤, 폴이 우산을 가져오지 않는 경우는 오로지 '참'과 '거짓'의 가능한 조합들 가운데 한 가지일 뿐이며 이 경우가 불의 논리에서 두 명제의 논리합 가치 0에 상응한다는 결론을 내릴 수 있다. 좀 더 구체적으로, A가 '비', B가 '우박', A+B가 '비 혹은 우박'이 내리는 경우를 가리킨다면, 이상의 결론은 다음과 같은 도표로 요약될 수 있다.

가변적 요소 A '비가 내린다'	가변적 요소 B '우박이 내린다'	(A+B) '비나 우박이 내리므로 폴은 우산을 가져온다'
0	0	0
0	1	1
1	0	1
1	1	1

우리는 여기서 폴이 우산을 가져오지 않는 상황을 묘사하는 것은 진리표의 첫 줄뿐이라는 것을 한눈에 알아볼 수 있다. 이처럼 불의 산법은 사실상 이러한 논리적 과정을 보다 명백하게 보여 주는 일반화에 가깝다.

이 산법의 기본적인 연산 과정은 몇 가지 구체적인 특성을 지닌다. 법칙으로 표현되는 이 특성들을 우리는 첫 번째 도표를 기준으로, 아울러 얻을 수 있는 것은 서로 상반되는 두 종류의 진릿값뿐이라는 사실을 토대로 쉽게 이해할 수 있다. 이 법칙들은 다음과 같다.

교환법칙Commutative property: $a+b=b+a$; $a*b=b*a$

결합법칙Associative property: $a+(b+c)=(a+b)+c$; $a*(b*c)=(a*b)*c$

멱등법칙Idempotency laws: $a+a=a$; $a*a=a$

흡수법칙Absorption law: $a+(a*b)=a$; $a*(a+b)=a$

분배법칙Distributive property: $a*(b+c)=(a*b)+(a*c)$; $a+(b*c)=(a+b)*(a+c)$

최대단위/최소단위의 존재maximum/minimum: $a*0=0$; $a+1=1$

보완법칙Complement law: $a*!a=0$; $a+!a=1$

보완법칙의 경우, '$a*!a=0$'는 집합론의 관점에서도 해석할 수 있다. 다시 말해 한 집합에 속할 뿐 아니라 그것의 보완 영역에도 속하는 요소들의 집합은 텅 비어 있다는 의미로 해석할 수 있다. 불이 비모순율이라는 형이상학적 원리의 논리적 분석을 제공했다고 주장한 것도 바로 그런 이유에서였다.

아울러 불의 논리에서도 아리스토텔레스의 논리학에서처럼 부정의 부정은 긍정이라는 것을 증명할 수 있다. 불의 논리에 등장하는 모든 기호에서는 짝패를 도출해 내는 것이 가능하다. 예를 들어 연산기호나 진릿값 1 혹은 0은 이에 상응하는 짝패로 대체할 수 있다. 대체 가능한 +의 짝패는 *, 0의 짝패는 1, a의 짝패는 !a다.

비에우클레이데스 기하학

/ 에우클레이데스 제5공리의 증명

에우클레이데스Eukleidēs는 『원론Stoicheia』에서 평행선을 "동일한 평면에서 서로 다른 방향으로 끝없이 뻗어 나가며 어느 지점에서도 만나지 않는 직선들"로 정의했고 1권 27번, 28번 단상에서 이러한 유형의 두 직선을 한 직선이 빗각으로 가로지를 때 평행선 안쪽으로 동일한 크기의 두 엇각과 동일한 크기의 상응각이 형성된다는 것을 증명했다. 이 두 명제를 기반으로 에우클레이데스는 '평행선공리'로 불리는 제5공리를 정립했다. 에우클레이데스의 공리에 따르면, "한 직선이 다른 두 직선을 가로지르며 형성하는 동측내각의 합이 두 직각보다 작을 때 두 직선은 내각의 합이 작은 방향으로 계속 뻗어 나가다가 만난다". 이는 에우클레이데스가 직관적인 인식이 충분히 가능한 사실들을 설명하는 보다 분명한 유형의 공리들, 예를 들어 직각들의 크기는 동일하다든지 어떤 지점에서 출발해 어떤 지점에 도달하든 직선을 그릴 수 있다는 공리, 혹은 중심점과 반경이 주어지면 원을 그릴 수 있다는 식의 공리들에 비해 어느 정도는 비직관적이고 불분명한 성격을 지니고 있었다. 바로 그런 이유에서, 『에우클레이데스의 원론 1권 해설primum Euclidis

Elementorum librum commentarii』의 저자 프로클로스의 경우가 극명하게 보여 주듯이, 일찍부터 수학자들은 에우클레이데스의 제5공리에 대한 더 분명하고 논리적인 성격의 설명을 제시하기 위해 부질없는 노력을 끊임없이 기울여 왔다. 이러한 시도들은 근대에 이르기까지 계속되었고 사실상 18세기 내내 지속되었다.

이 시기에 '제5공리'에 대한 가장 일관적인 설명을 제시했던 인물은『모든 결점으로부터 자유로워진 에우클레이데스*Euclides ab omni naevo vindicatus*』(1733년)의 저자 제롤라모 사케리(Gerolamo Saccheri, 1667~1733년)다. 사케리는 첫 4가지 공리와 첫 28가지 명제들을 요약한 뒤 이를 바탕으로 제5공리의 내용을 유도해 낼 수 있다고 믿었다. 하지만 사케리가 제시한 연구 결과와 상당수의 정리들은, 그가 기대했던 것과는 달리, 그를 오히려 비에우클레이데스 기하학의 선구자들 가운데 한 명으로 만들었다. 결과적으로 그의 의도는 수포로 돌아가고 말았다. 그의 연구 업적은 머지않아 모두의 기억 속에서 사라졌고 달랑베르는『백과사전*Encyclopédie*』에 "직선은 물론 평행선의 정의와 특성은 하나의 암초이며 기하학적 요소들에 대한 일종의 악례다"라고 기록했다.

요한 하인리히 람베르트Johann Heinrich Lambert와 아드리앵 마리 르장드르Adrien Marie Legendre 역시 사케리 못지않게 허망한 시도를 반복했다. 반면에 평행선 공리가 유효하지 않은 기하학체계를 처음으로 구상했던 인물은 카를 프리드리히 가우스(Carl Friedrich Gauss, 1777~1855년)다. 가우스는 연구 기록을 출판하고 소개하는 대신 자신이 성찰한 내용을 편지로 친구들에게만 알리면서 비밀 유지를 각별히 당부했다. 그의 표현대로 "보이오티아 사람들의 고함", 다시 말해 권위 의식에 빠진 지식인들의 항의와 선입견에 사로잡힌 과학자들과 철학자들의 조롱을 피하고 싶었던 것이다.

물론 가우스 기하학은 공간에 대한 우리의 직관적 사고방식과 근본적인 차원에서 다른 유형의 관점을 내포하고 있었다. 하지만 가우스는 이렇게 말했다. "나는 우리가 형이상학자들의 아무런 의미 없고 말뿐인 지식에서 벗어나면, 공간의 본질에 대해 아는 것은 아주 적거나 심지어는 거의 없다는 느낌을 받는다."

가우스가 이른바 '천체기하학', 즉 "세 내각의 합이 두 직각의 합과 동일하지 않은 삼각형이 존재하는" 기하학체계에 대해 함께 의논하고 의견을 교환했던 페르디난트 카를 슈바이카르트Ferdinand Karl Schweikart와 프란츠 타우리누스Franz Taurinus는 모두 법학을 전공한 아마추어 수학자들이었다. 가우스의 권고로 타우리누스는 『평행선 이론Theorie der Parallellinien』을 1825년에 출판했고 자신이 "로그-구형 기하학Logarithmisch-sphärischen Geometrie"이라고 부르는 새로운 기하학의 정리들을 부록으로 실어 소개했다. 2년 뒤에 가우스는 근대 미분기하학의 탄생을 알린 『곡면에 관한 일반적인 고찰Disquisitiones generales circa superficies curvas』을 출판했다. 이 저서에서 가우스는 한 표면의 두 지점을 연결하는 가장 짧은 경로라는 의미의 '측지선geodesic line'의 개념과 '내재적 관점에서 바라본 곡면', 다시 말해 표면을 포함하는 공간에 대한 언급 없이 정의되는 곡면의 개념을 도입했다.

1832년, 가우스가 옛 친구 파르카스 보여이Farkas Bolyai로부터 선사받은 그의 저서 속에는 그의 아들 야노시 보여이Janos Bolyai가 쓴 한 편의 글이 부록으로 실려 있었다. 이 「부록, 절대적으로 참인 공간 과학에 대한 설명Appendix scientiam spatii absolute veram exhibens」은 야노시 보여이가 평행선 공리로부터 자유롭고 독립적인 기하학을 구축하고 공간의 계산에 쓰이는 비에우클레이데스 평면삼각법 공식을 발견하는 데 성공했다는 것을 보여 주는 논문이다.

어쨌든 가우스뿐만 아니라 보여이도 이와 유사한 생각을 이미 러시아에서 니콜라이 로바체프스키(Nicolaj Lobačevskij, 1793~1856년)가 발표한 적이 있다는 사실을 모르고 있었다. 로바체프스키는 1826년에 짧은 논문을 발표한 뒤 1829년에 『기하학의 원리에 대하여O началах геометрии』, 1835년과 1838년 사이에 『기하학의 새로운 원리들과 완전한 평행선 이론Новые начала геометрии с полной теорией параллельных』을 출판했다. 특히 '기하학의 새로운 원리들'을 다루면서 로바체프스키는 에우클레이데스의 기하학이 실용적인 관점에서 경험적 사실과 조화를 이룬다는 것은 부인할 수 없는 사실이라고 기록했다. 하지만 칸트가 『순수이성비판』에서 "모든 기하학 원칙들의 확고부동한 확실성"을 인정했던 것과는 달리, 로바체프스키는 기하학적 개념들이 사실상 "운동의 특징에서 유래하는 인위적인 장치들"에 불과하다고 보았다. 우리가 자연에서 유일하게 인지할 수 있는 것이 바로 운동이었다. 로바체프스키는 "자연의 힘 일부가 어떤 기하학적 법칙을 따르고 또 다른 일부가 또 다른 유형의 특별한 기하학적 법칙을 따른다고 가정하는 데에는 어떤 모순도 있을 수 없다"고 보았다.

『기하학의 새로운 원리들과 완전한 평행선 이론』에서 로바체프스키는 에우클레이데스의 제5공리로부터 자유로운 이른바 '절대적 기하학'을 발전시켰다. 그는 삼각형의 합동 조건을 다루면서 두 종류의 가설, 즉 내각들의 합이 두 직각보다 작다는 가설과 내각들의 합이 두 직각과 동일하다는 가설을 명확하게 구분할 필요가 있다는 점에 주목했다. 이 시점에서 로바체프스키가 발표한 핵심 공리에 따르면, "한 점에서 뻗어 나오는 선들은 동일한 평면에 있는 하나의 직선을 가로지르거나 그 직선과 결코 만나지 않는다". 여기서 평행선은 하나의 주어진 직선을 가로지르는 직선들과 피해 가는 직선들 사이의 중간 단계를 표상한다.

로바체프스키는 이어서 선분 p에 대한 평행각 p(p)를 도입했다. 만약 p(p)가 직각이라면 기하학은 정상적이며, 직각에 미치지 못한다면 기하학은 상상적이다. 이 상상적 기하학 영역에서, 로바체프스키는 타우리누스와 보여이가 구축했던 것과 동일한 삼각법 규칙과 특성을 개별적으로 발견하는 데 성공했다.

로바체프스키의 저서는 독일에서 1840년에 『평행선 이론에 대한 기하학적 고찰Geometrische Untersuchungen zur Theorie der Parallellinien』이라는 제목으로 출판되었지만 그가 이룩한 연구 성과는 가우스의 관심과 지지에도 불구하고 모두의 외면 속에서 기억의 저편으로 빠르게 사라지고 말았다.

/ 리만의 가설과 새로운 기하학

『기하학의 기반을 이루는 가설들에 관하여Über die Hypothesen, welche der Geometrie zu Grunde liegen』(1854년)에서 베른하르트 리만(Bernhard Riemann, 1826~1866년)은 기하학의 성격과 기하학적 시각 자체를 근본적으로 변형시키게 될 몇 가지 새로운 관점을 소개했다. 리만은 '다양체'(Mannigfaltigkeit, 여러 차원의 공간)의 개념과 다양체에 대한 '계량Metrik'의 개념, 아울러 점들 사이의 '거리' 개념을 도입했고 '확장'의 관계와 '계량'의 관계를 구분했다. 이러한 구분에는 '무제한'과 '무한'의 구분이 상응한다.

  가우스의 표면 연구에서 영감을 얻은 리만은 뒤이어 다양체에 대한 측지선과 곡면의 개념을 정의하는 데 주력했다. 리만에 따르면, "공간이 삼차원적이고 무제한적인 다양체"라는 것은 경험이 위안을 줄 수 있는 가설이지만 그렇다고 해서 자연적으로 "공간은 무한하다는 결론이 뒤따르는 것은 아니다". 리만은 공간의 곡면이 양각을 지닐 때 공간은 오히려 유한할 수밖에 없다고 보았다.

  그런 식으로, 펠릭스 클라인Felix Klein이 주목했던 것처럼, 전적으로 새로울 뿐 아니라 보여이나 로바체프스키의 기하학과도 상이한 유형의 비에우클레이데스 기하학을 체계화할 수 있는 가능성이 대두되었다. 리만의 기하학에서는 제5공리뿐만 아니라 직선의 무한성 개념도 아무런 역할을 할 수 없었다.

  가우스의 서간문과 리만의 강의록이 출판되면서 1860년대부터는 이처럼 새롭고 혁신적인 기하학적 관점이 널리 보급되는 양상을 보았다. 이러한 변화에 결정적으로 기여했던 인물 벨트라미(Eugenio Beltrami, 1835~1900년)는 1868년의 한 기사에서 로바체프스키의 기하학적 명제들이 사실은 에우클레이데스의 기하학 모형을 바탕으로 해석될 수 있다는 사실을 증명해 보였다. 이와 유사한 형태의 기하학적 구도를 제시했던 인물들은 클라인과 푸앵카레Jules Henri Poincaré다. 새로운 기하학은 사람들의 관심을 사로잡고 환상과 상상력을 자극하며 지식인들의 열띤 토론과 학습문화를 활성화하는 데 기여했다. 19세기 말에, 비에우클레이데스 기하학은 수학의 역사가 남긴 유산의 일부로 인식되면서 안정적인 위상을 확보하기 시작했다.

VI

인문학의 세계

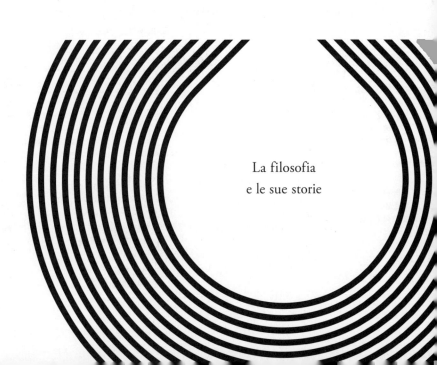

La filosofia
e le sue storie

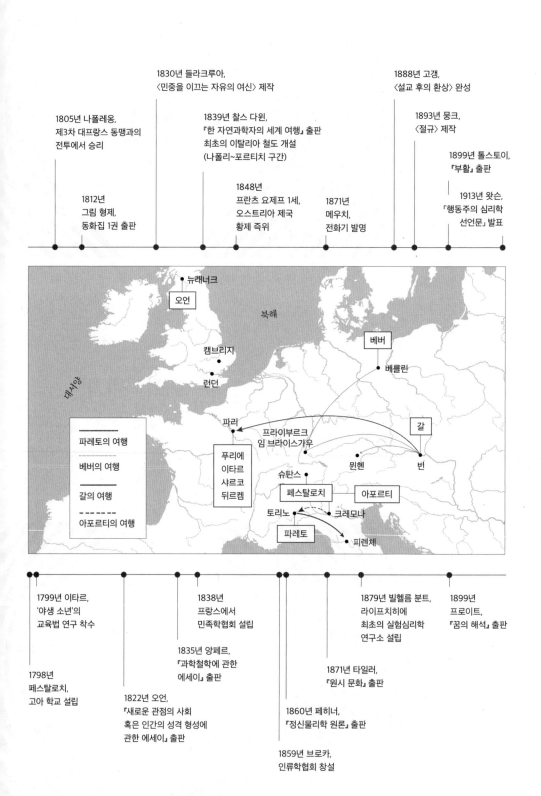

1805년 나폴레옹,
제3차 대프랑스 동맹과의
전투에서 승리

1830년 들라크루아,
〈민중을 이끄는 자유의 여신〉 제작

1839년 찰스 다윈,
『한 자연과학자의 세계 여행』 출판
최초의 이탈리아 철도 개설
(나폴리~포르티치 구간)

1888년 고갱,
〈설교 후의 환상〉 완성

1893년 뭉크,
〈절규〉 제작

1899년 톨스토이,
『부활』 출판

1812년
그림 형제,
동화집 1권 출판

1848년
프란츠 요제프 1세,
오스트리아 제국
황제 즉위

1871년
메우치,
전화기 발명

1913년 왓슨,
「행동주의 심리학
선언문」 발표

뉴래너크

오언

북해

베버

베를린

캠브리지

런던

대서양

파리

갈

프라이부르크
임 브라이스가우

파레토의 여행

베버의 여행

갈의 여행

아포르티의 여행

푸리에
이타르
샤르코
뒤르켐

슈탄스

뮌헨

빈

페스탈로치

아포르티

토리노

크레모나

파레토

피렌체

1799년 이타르,
'야생 소년'의
교육법 연구 착수

1838년
프랑스에서
민족학협회 설립

1879년 빌헬름 분트,
라이프치히에
최초의 실험심리학
연구소 설립

1899년
프로이트,
『꿈의 해석』 출판

1835년 앙페르,
『과학철학에 관한
에세이』 출판

1798년
페스탈로치,
고아 학교 설립

1822년 오언,
『새로운 관점의 사회
혹은 인간의 성격 형성에
관한 에세이』 출판

1871년 타일러,
『원시 문화』 출판

1860년 페히너,
『정신물리학 원론』 출판

1859년 브로카,
인류학협회 창설

'인문학'은 '인간 과학'과 즉각적으로 중첩될 수 있는 개념인가? 그렇다면 이들은 항상 존재했던 개념들이라고 볼 수 있다. 고대 문헌 『히포크라테스 전집 *Corpus Hippocraticum*』에도 의술을 실제로 활용하기 위해서는 무엇보다도 인간에 대한 이해가 요구된다고 적혀 있다. 사실상 의술은 인간 자체에 대한 관심에서 비롯된 지식의 일부를 인간에게 적용하는 것에 지나지 않는다. 헤겔도 『정신현상학』에서 심리학, 인류학 같은 다양한 인문학의 생성 경로를 추적하면서 본질은 인간의 이성이 현실세계에서 스스로를 관찰하는 데 있다는 점에 주목한 바 있다. 어쨌든 '인간'이라는 표현 자체는 단순히 인간을 가리키는 것으로 그치지 않고 보다 폭넓은 평가의 의미를 확보하면서 '인류'라는 명사로, 즉 '존엄성' 같은 도덕적 가치나 '문화' 같은 정신적 자산이 포함된 '인류'라는 표현으로 확대된다.

따라서 '인문학'이라는 용어에 포함된 '인간'이라는 표현에는 보완적인 의미, 즉 인문학이 인간을 다루며 인간을 연구 대상으로 취하는 학문이라는 의미가 함축되어 있을 뿐 아니라, 좀 더 본질적인 차원에서, 인간이 스스로에 대해 말하고 '나름대로' 스스로를 전시하는 학문, 혹은 생각하고 말하고 상징을 생산해 내고 문화적 가치들을 체계화할 줄 아는 존재로서의 인간을 가장 적절하고 존엄한 방식으로 탐구하고 알리는 학문이라는 의미가 함축되어 있다.

특히 우리가 다루려는 시대의 인문학은 하나의 새로운 측면, 즉 인문학이 진정한 의미의 '인간 현상학'으로 구축될 수 있다는 것을 보여 준다. 이러한 가능성은 다름 아닌 자연과학과 정신과학의 개념적 구분에 의해 주어진다. 전자가 객관적이라면 후자는 해석적이며 이는 인문학에서 학문의 주체가 궁극적으로는 스스로에 대해 연구하고 성찰하고 이야기하기 때문이다.

하지만 동시에 이러한 상황은 일종의 이중적 순환 운동을 통해 전복된다. 프랑스의 철학자 미셸 푸코가 인문학의 고고학적 발굴을 통해 증명해 보였듯이, 우리가 마주하고 있는 것은 학문의 주체가 다름 아닌 '인류'를 감찰하는 항구적인 연구의 객체로 부각되는 상황이다. 이 객체가 여전히 잠재하는 형태로 머물러 있다면 '인류'를 만들어 내는 것, 우리 안에 있는 '인간'을 교육시키는 것, 즉 교육하다라는 뜻의 라틴어 E-ducere의 원래 의미대로, '바깥으로 꺼내는' 것이 인문학의 과제이며 궁극적으로는 이상적 '인류'에 부분적으로만 참여하는 이들을 가능한 한 이 '인류'에 더욱더 가까워지도록 만드는 것이 인문학의 과제라고 할 수 있다.

19세기에 비교인류학의 초기 연구들은 진화론적 관점을 토대로 전개되었다. 원시사회 및 원주민들과 직접적으로 접촉할 수 있는 기회를 얻은 선교사들, 군인들, 식민지 관리들은 인류학적 관점에서 유용하고 중요한 정보와 자료들을 제공했고 전문 분야의 학자들은 이 정보들을 토대로 이론을 구축하고 인간의 발달 과정을 정의할 수 있는 보편적인 법칙을 발견하기 위해 노력했다. 아울러 언어학도 놀라운 발전을 이루어 냈고 그리스어, 라틴어, 산스크리트어를 비교 분석하여 공통의 기원, 즉 '인도-유럽어군'을 재구성하는 데 성공했다.

인문학의 기본적인 접근 방식이 살면서 사물과 상징물들을 생산해 내는 존재로서의 인간과 말하는 존재로서의 인간이라는 두 가지 측면에 의해 구축된다면 여기에는 사고하는 존재로서의 인간과 완성이 가능한 존재, 즉 교육의 주체이자 대상인 존재로서의 인간이라는 측면이 추가되어야 한다. 이러한 측면들은 소외된 주체의 교육에 대한 관심과 이를 위해 사고 활동의 내면적 역동성 혹은 신경학적 특징들에 주목하는 실험적인 방법론, 또는 단순한 '교육'의 개념을 훨씬 더 광범위하고 삶의 모든 경로에 지속적인 영향을 끼칠 수 있는 '인격 형성' 개념으로 발전시키려는 노력에서 찾아볼 수 있다. 이와 같은 측면들이 보완될 때, 푸코의 표현대로 '인문학의 정사면체'라고 정의할 수 있는 차원이 형성되며, 여기서 인간은 스스로를 생산해 내는 존재이자 문제화하는 주체인 동시에 문제화된 주체로 활동하는 존재다.

1

민족학과 문화인류학

1.1 하나의 새로운 학문

유럽의 바깥 세계에서 사는 종족들의 생활양식에 대한 관심은 19세기 중반에 들어서면서 학문의 형태로 발전했고 이어서 '민족학etnologia'이라는 이름으로 불리기 시작했다. 민족ethné의 탐구를 의미하는 이 '민족학'이라는 분야에서 '문화인류학' 혹은 '사회인류학'으로 불리게 될 학문이 유래했다.

'민족학'이라는 용어는 앙드레 마리 앙페르(André Marie Ampère, 1775~1836년)가 1835년에 출판한 『과학철학에 관한 에세이Essai sur la philosophie des sciences』에서 '사회지리학'이라는 표현을 대체하기 위해 사용하면서 처음으로 등장했다. 뒤이어 1838년에는 다양한 민족 사이의 해부학적 차이에 관한 연구를 장려할 목적으로 프랑스 파리에 '민족학협회Société éthnologique'가 설립되었고 잉글랜드에서는 1843년에 '문명화되지 않은' 민족들의 특성에 관한 연구, 예를 들어 언어나 사회구조에 관한 연구 혹은 해부학적인 차원의 연구를 장려하기 위해 '런던민족학협회Ethnological Society of London'가 설립되었다.

민족학은 기본적으로 '야생' 혹은 '야만' 종족에 대한 연구였기 때문에 기존의 특정 분야나 지식에서 직접적으로 파생한 학문이라기보다는 '여분에 관한 학문'에 가까웠다. 왜냐하면 민족학은 당시에 급부상하던 언어학, 심리학, 사회학 같은 '인문학'이나 역사철학의 발전에 사실상 아무런 기여도 하지 않는 민족들에 대한 단순한 호기심의 형태로 탄생했기 때문이다. 애초에 부각되지 않았다면 쉽게 망각될 수도 있는 현상에 대한 학자들의 관심이었기 때문에, 이 '여분'에 관한 관심이 소화되는 과정은 결코 단순하지 않았다.

후기계몽주의자들은 일찍이 물리적이고 언어학적인 차원과 도덕적이고 문화적인 차원에서 여러 민족에 관한 비교 연구를 시도했고 연구 결과를 바탕으로 이 학문을 궁극적으로는 인종에 관한 통일된 시각과 형제애를 인류에게 선사할 수 있는 분야로 평가했다. 1799년 파리에 창설된 '인간의관찰자협회La Société des Observateurs de l'Homme'는 이러한 보편적인 관점을 바탕으로 탄생한 지적 요구가 실재했음을 증명해 준다. 19세기 초반에 민족학은 여전히 문화민족의 진보를 주장하거나 야만족의 퇴보를 주장하는 복잡하고 논쟁적인 성격의 학문이었고, 무엇보다도 성서를 존중하는 입장에서 '인간의 본성'과 관련된 가설들에 대해 상당히 신중한 태도를 취하는 보수적인 학문이었다.

유럽과 거리가 먼 세계의 '야생' 혹은 '야만' 민족에 대해 체계적인 지식을 구축할 수 있는지의 여부가 여전히 불확실하던 시기에 민족학은 잉글랜드에서 진화론이 가져온 과학적 단절을 계기로 보다 확실한 내용과 구체적인 형태를 갖추기 시작했다. 진화론은 그만큼 민족학을 사회적으로나 학문적인 차원에서 인정받는 분야로 발전시킬 수 있는 커다란 잠재력을 지니고 있었다. 진화론은 실제로 자연세계의 변이 과정을 정의하기 위한 강력한 개념적 도구와 이론적 구도를 제공했고 이러한 구도를 바탕으로 인류의 역사를 새로운 방식으로 재구성할 수 있도록 만들었다. 진화론적인 관점에서 사람들은 지구상의 민족들을 전적으로 새로운 차원에서 바라보기 시작했다. 각 시대가 바로 이전 시대보다 기술적인 지식이나 법률이나 종교의 차원에서 훨씬 복잡한 형태로 발전했다는 사실을 증명하는 것이 바로 야생적이고 야만적인 민족의 존재였다. 이러한 구도에서 중요한 위상을 차지하는 야만족은 일종의 사회적 화석으로, 다시 말해 지적이고 기술적인 발전의 차원에서 머나먼 시대를 표상하는 존재로 간주되었다. 야만족을 연구한다는 것은 곧 문명화된 민족의 과거를 연구하는 것과 마찬가지였고 선사시대에서 문명화의 문턱에 이르는 여정과 경로를 탐색한다는 것을 의미했다. 후기계몽주의자들도 이와 유사한 결론에 도달했지만 이러한 생각을 발전시킬 새로운 추진력을 부여한 것은 진화론이었다.

찰스 다윈의 『종의 기원』(1859년)을 읽거나 이 책의 본질적인 메시지를 파악한 사람들은 '문명화되지 않은' 민족을 전혀 새로운 방식으로 이해하기 시작했다. 인류의 발전사나 진화 단계에서 차지하는 구체적인 위상 때문에 '문명화되지 않은' 민족은 '야만적'이 아니라 '원시적'인 민족으로 정의되었다. 물론 이러한 관점은 잉글랜드를 비롯해 유럽 사회를 인류사적 발전의 정점에 위치시킴으로써 유럽인들의 우월성을 편파적으로 부각시킨다는 단점을 지녔지만, 당대의 학자들이 완성된 형태로 정립하기 위해 노력했던 것은 무엇보다 인류사의 통일된 관점이었다. 먼저 자연과학과 생물학 분야의 연구 결과를 토대로 부각된 인류사의 일관적이고 통일된 관점은 이어서 '문화적'인 차원에도 그대로 적용되기 시작했다.

에드워드 타일러(Edward Tylor, 1832~1917년)는 유명한 저서 『원시 문화Primitive Culture』(1871년)의 서두에서 문화를 이렇게 정의했다. "문화 혹은 문명은 (…) 지식, 신앙, 예술, 도덕, 법률, 관습을 비롯해 인간이 사회의 구성원으로서 취득할 수 있는 모든 형태의 기량이나 습관의 복합적인 총체를 말한다." 이러한 유형의 정의는 문화의 특수한 차원, 즉 특정 민족 혹은 사회에 고유한 문화의 측면과 문화의 보편적인 차원을 융합할 때 가능하다. 다시 말해, 이 문화 개념은 문화의 특수한 측면을 문화의 보편적인 차원, 즉 문화라는 용어가 인간이 '세계 안에서' 살아가기 위해 무언가를 고안하고 실행하고 상징적으로 표현할 수 있는 기량의 총체를 가리키며 결과적으로 모든 인간이 문화 생산력을 지녔다고 보는 차원과 결속시킨다. 타일러가 과학자들에게 제시한 이러한 문화진화론적인 차원의 문화 개념은 후세대의 학자들에게도 지대한 영향을 끼쳤다.

1.2 민족학, 민족지학, 인류학

민족학은 이 학문이 탄생했을 당시의 특징과 복합적인 성격을 서서히 상실했고 원시민족의 자연적인 특성에 관한 연구를 인류학에 떠맡긴 채 원시민족의 관습과 문화를 연구하는 분야로 발전했다. 물론 이러한 변화는 아주 느린 속도로, 일관성이나 유형을 찾아보기 힘든 흐름 속에서 이루어졌다.

반면에 19세기 후반에는 본질적으로 자연과학에 가까웠던 인류학이 서서히 물리학적이고 해부학적인 차원을 뛰어넘어 심리적인 차원, 아울러 언어적이고 문화적인 차원에서 인류를 탐구하는 데 집중하는 학문으로 정의되기 시작했다. 이러한 정황을 배경으로 민족학은 서서히 인류학 내부에서 특수한 역할과 부차적인 역할을 떠맡았다. 민족학의 역할이 특수했던 이유는 원시민족의 제도를 비롯해 물질문화, 사회구조, 예술, 종교, 통치 유형 등을 연구하는 것이 민족학의 몫이었기 때문이고, 부차적이었던 이유는 민족학을 제외한 기타 학문 분야들, 즉 고고학, 언어학, 자연인류학이 인류학을 구축하는 기초학문으로 간주되었기 때문이다. 19세기 초에 민족학 연구를 장려할 목적으로 프랑스와 잉글랜드에 설립된 기관들은 뒤이어 인류학 연구를 장려하는 기관에 흡수된다.

19세기 후반부터 민족학은 유럽과 거리가 먼 세계의 민족들, 특히 문화의 '서구적인' 기준에서 많이 벗어난 세계의 민족들이 지녔던 기술, 예술, 제도에 관한 연구에 집중하는 경향을 보였다. 따라서 원시 상태 혹은 자연 상태의 비유럽 문화에 대한 학문으로 출발한 민족학은, 다양한 언어와 학문적 성향에 따라 정도를 달리할 뿐, 다수의 연구 분야로 구성되는 '인류학'의 보다 보편적이고 포괄적인 체계 속에서 또 다른 특징과 기능을 지닌 학문으로 변모했다.

예를 들어 1879년에 아메리카 원주민족의 언어적, 문화적, 고고학적 특징을 탐구할 목적으로 워싱턴에 설립된 '아메리카민족학연구소Bureau of American Ethnology'는 다름 아닌 창설자들의 뜻에 따라 훨씬 더 포괄적인 차원의 인류학을 장려하고 탐구하는 방향으로 발전했다. '민족학'이라는 용어는 프랑스어, 이탈리아어, 독일어를 사용하는 지역에서 제2차 세계대전 직후까지도 비유럽 문화에 대한 관심을 가리키는 의미로 사용되었지만 영어권에서는 일찍이 20세기에 들어서면서 잉글랜드의 경우 '사회인류학'으로, 미국의 경우 '문화인류학'으로 대체되었다. 반면에 프랑스에서 민족학적인 유형의 연구들은 뒤늦게 에밀 뒤르켐Emile Durkheim의 사회학이나 뤼시앙 레비브륄Lucien Lévy-Bruhl의 철학을 통해 조명되었고 이들의 제자 마르셀 모스Marcel Mauss와 로베르 에르츠Robert Hertz, 모리스 레나르트Maurice Leenhardt의 연구 혹은 사하라 남부의 아프리카 언어와 문화에 관심을 기울였던 모리스 들라포스Maurice Delafosse나 루이 톡시에Louis Tauxier 같은 식민지 관리자들의 연구를 통해 부각되었다.

아울러 19세기 후반에는 '민족지학etnografia', 즉 민족들의 다양한 특성을 '묘사'하는 연구 분야가 빠른 속도로 발전했다. 민족지학이란 순수하게 이론적인 성찰이나 견해에 의존하지 않고 연구 대상인 특정 민족과의 직접적인 접촉을 바탕으로 얻은 정보나 직접적인 관찰을 토대로 탐구하는 분야다. 1860년과 1880년 사이에 아메리카, 아프리카, 아시아, 오세아니아 지역에서 이러한 유형의 탐색 활동이 두 배로 늘어났다는 사실은 그만큼 민족지학에 대한 관심이 증폭했음을 보여 준다.

이 시기에 탐사단의 일원이었던 선교사들이 중요한 역할을 했다는 것도 빼놓을 수 없는 특징이다. 반면에 미국에서 민족지학적 탐사는 먼저 학자들의 순수한 관심과 취지로 시작되었고, 뒤이어 '아메리카민족학연구소' 같은 연구기관에서 인디언 주거 지역으로 학자들을 파견하면서 이루어졌다. 반면에 독일어권에서는 의사들이나 자연과학자들이 민족학자를 자처하며 '현장에' 뛰어들었다. 이탈리아에서는 여행가, 탐험가, 수집가들의 활동이 두드러졌다. 하지만 이들이 수집한 엄청난 양의 정보들은 해당 지역의 사회문화적인 제도나 관습의 기능이나 역사에 관한 이론을 정립하는 데 부적절하거나 직접적인 연관성을 발견하기 힘든 것들이 대부분이었다.

이론적인 성찰은 오히려 '책상에 앉아' 연구하는 학자들의 몫이었다. 학자들은 선교사들이나 식민지에 거주하는 유럽인들과 서신을 교환하며 이들이 현지에서 관찰하거나 직접 연구한 내용을 참조하며 민족지학의 다양한 측면들을 이론화하는 데 매진했다. 물론 예외적인 경우가 없었던 것은 아니다. 미국의 변호사 루이스 헨리 모건(Lewis Henry Morgan, 1818~1881년)은 오대호 지역의 이로쿼이족Iroquois을 집중적으로 탐구한 뒤 중요한 논문을 펴냈을 뿐 아니라 북아메리카 원주민들과 교류하며 직접 쌓은 경험을 바탕으로 민족지학적 관점에서 관찰한 내용을 비교하며 친족의 용어체계에 대한 상당히 방대한 연구를 진행했다.

모건은 문화진화론 분야에서 큰 성공을 거둔 책의 저자이기도 하다. 모건은 『고대 사회Ancient Society』(1877년)에서 사냥, 낚시, 축산, 농사 같은 원주민들의 다양한 생존 기술과 정치-사회적 제도들의 연관성을 분석하며 제도의 진화 과정을 재구성했다. 하지만 모건과 같은 시기에 활동하던 학자들 가운데 그들이 연구하던 원시민족 혹은 야만족과 직접적으로 접촉한 경험을 지닌 학자들은 상대적으로 드물었다. 반면에 이민족과의 일상적인 접촉은 민족지학 연구의 필수적인 요소였고, 결과적으로 민족지학의 실질적인 연구는 선교사들이나 식민지 관리들에게 돌아갔다. 이들의 연구는 인류학의 역사에서 중요한 부분을 차지하는 박물관학의 발전에도 크게 기여했다.

19세기 말에는 줄곧 이론적이고 방법론적인 차원에서만, 본질적으로는 체계 구축의 차원에서만 전개되어 온 민족학 연구에 몇 가지 중요한 변화가 일어났다. 무엇보다도 독일에서 미국으로 이주한 인류학자 프란츠 보아스(Franz Boas, 1858~1942년)가 뉴욕의 컬럼비아 대학에 창설한 최초의 인류학과가 중요한 의미를 지닌다. 보아스가 배핀Baffin섬의 에스키모와 캐나다 서해안 지역의 콰키우틀족Kwakiutl과 교류하며 연구한 내용에는 독일 역사주의의 관점이 분명하게 반영되어 있지만 이러한 관점은 문화진화론을 강력하게 거부하고 비판하는 보아스의 입장을 이론적으로 뒷받침하는 관점이기도 하다. 보아스는 사회 공동체를 연구할 때 문화적 변이를 좌우하는 '법칙'들을 내세우기 전에 공동체 고유의 환경과 역사와 문화를 먼저 고려해야 한다고 믿었고 바로 그런 차원에서 사회의 진화 '단계'와 관련된 모건의 관점과 이를 공유하는 연구자들의 주장을 강하게 비판했다. 이러한 입장을 구체적으로 설명하기 위해 고안한 이른바 '역사적 특수주의'를 주장하면서 보아스는 지역 연구와 지역 언어로 쓰인 문헌 연구와 역사적 탐구를 선호했고 한 민족의 생활양식이나 종교적 성향, 예술적 성향을 증언할 수 있는 역사박물관 고유의 재구성 방식을 추구했다. 보아스에게 민족학은 훨씬 더 방대한 차원에서 다루어야 할 보편적 인류학, 즉 언어학, 고고학, 자연인류학을 포함하는 보다 세밀하고 포괄적인 인류학의 일부에 불과했다. 하지만 그는 인류학의 문화적인 차원을 중요하게 생각했고, 문화는 생존을 위한 인간의 선택을 이끌 뿐 아니라 생물학적이거나 인종적인 유형의 영향과 무관한 자율적인 표현의 장이라는 점을 강조하려고 노력했다. 보아스가 미국의 문화인류학에 지대한 영향을 끼칠 수 있었던 이유는 무엇보다도 '문화'를 비과학적인 차원의 '인종'과 상반되는 개념으로 사용했기 때문이다.

19세기 말에는 잉글랜드의 학계에서도 큰 변화가 일어났다. 우선적으로 박물관이 활성화되었고 원시민족들과의 접촉이 활발해지면서 이들에 대한 체계적인 연구가 이루어지기 시작했다. 예를 들어 캠브리지 대학에서는 1898년과 1899년 사이에 오스트레일리아와 뉴기니 사이에 위치한 토레스 해협 제도로 탐사단을 파견해 지역 민족들의 물질문화에 관한 정보들을 수집했다. 탐사단장 앨프리드 해던(Alfred Haddon, 1855~1940년)은 자연과학자들과 언어학자들의 예기치 못했던 참여로, 무엇보다도 뒤이어 민족학의 발전에 결정적인 역할을 하게 될 윌리엄 리버스(William H. R. Rivers, 1864~1922년)의 참여로 소기의 목적을 달성하는 데 성공했다. 하지만 19세기 말에 잉글랜드 민족학의 이론적인 구도는 여전히 진화론적인 전제에 머물러 있었다. 반면에 미국에서는 같은 시기에 '특수주의'에 기반을 둔 새로운 형태의 민족학 연구가 진행되고 있었다.

19세기 말의 잉글랜드 인류학을 특징짓는 인물과 책은 제임스 조지 프레이저(James George Frazer, 1854~1941년)와 그의 기념비적인 저서 『황금가지 The Golden Bough』다. 프레이저의 영향력은 민족학자들의 그것을 훨씬 뛰어넘어 문학으로까지, 심지어는 빅토리아 시대의 문화적 감성으로까지 확장된다. 프레이저는 다수의 민족학자들과 교류하며 서신과 의견을 교환하던 1890년에 『황금가지』를 출판했다. 혁신적인 구도의 논문 10편으로 구성된 이 책에서 프레이저는 고전문학과 민족학 문헌들을 검토하고 해석하며 그가 인류의 사상적 여정이라고 부른 역사, 즉 마술의 단계에서 종교의 단계, 종교의 단계에서 과학의 단계에 이르는 발전 과정의 재구성을 시도했다.

반면에 독일어권 혹은 중부 유럽에서 민족학은 전혀 새로운 형태로 발전했다. 전통적으로 실증주의적인 성향이 강했지만 문화진화론을 거부했던 중부 유럽의 민족학은 독일어로 소통한다는 특징 외에도 프리드리히 라첼(Friedrich Ratzel, 1844~1904년)의 '인류지리학Anthropogeographie'에 정신적으로 의존한다는 특징을 지니고 있었다. 라첼은 그가 역사적 변이의 주요 동력으로 간주하던 문화적인 요소들의 확산 현상을 연구했던 인물이다.

하지만 이 이론이 포착하는 현상을 정의하기 위해 고안된 '확산주의Diffusionismus'는, 진지한 민족학자들의 지지를 받았을 뿐, 대부분의 경우 구체적인 문화적 특징들이 특정 대륙에서 또 다른 대륙으로 전파되는 현상에 대한 사변적인 성찰에 소요되었고, 결과적으로 이러한 성찰을 바탕으로 생산된 견해들 역시 근거가 없거나 모순적인 것으로 드러났다.

독일어권의 확산주의자들 가운데 주목할 만한 인물은 오세아니아 연구가 프리츠 그레브너(Fritz Graebner, 1877~1934년)와 민족학자이자 오늘날 독일의 몇몇 인류학 박물관에 소장되어 있는 아프리카 예술품들을 직접 수집했던 박물관학자 레오 프로베니우스(Leo Frobenius, 1873~1938년)다.

이어서 민족학의 개념 자체를 뒤바꾼 일종의 민족지학적 혁명이 19세기 말과 20세기 초반 사이에 일어난다. 미국에서는 보아스가 특정 문화의 개별적이고 구체적인 특수성의 관점에서 원시문화 연구를 추진하고 장려했던 반면 잉글랜드에서는 정보를 수집하는 데 익숙할 뿐 아니라 뛰어난 이론적 사고력을 갖춘 학자의 입장과 기량을 충분히 감안한 상태에서, 원시 문화의 연구 자체를 원시민족과의 접촉이 보다 강렬하고 연장된 형태로 이해하려는 성향이 두드러지게 나타났다.

그렇게 해서 원시 문화의 현장 탐사자인 동시에 이론가인 이른바 '인류학자'가 탄생했다. 무엇보다도 대학이 인류학을 독립된 학문으로 인정하면서, 이 새로운 유형의 학자는 선교사와 식민지 관리자의 임무를 대체할 수 있는 존재로 부각했다. 실제로 선교사와 식민지 관리자의 관심은 본질적으로 그들이 연구하는 원시민족의 삶을 변형시키는 쪽으로 기울어 있었다. 전자가 선교라는 임무 때문에 원주민들을 신자로 개종시켜야 하는 입장에 놓여 있었다면 후자는 주권국과의 권력관계에 얽매여 원주민들의 삶에 강제적으로 개입할 수밖에 없는 입장에 놓여 있었다. 반면에 인류학자는 선교사나 식민지 관리자와는 달리 중립적인 자세를 취할 수 있고 판단의 객관성을 유지하며 모든 형태의 정치적 타협으로부터 자유로울 수 있었다.

새로운 사회를 위한 새로운 지식

산업혁명은 18세기 후반과 19세기 초반에 잉글랜드를 중심으로 전 유럽에서 부의 생산 과정과 분배 과정에 혁신적인 변화를 가져왔고 프랑스 혁명은 구체제 고유의 권력체제를 빠른 속도로, 아울러 근본적으로 변형시킴으로써 공공사업 운영의 차원에서 유럽의 여러 국가에 본보기가 되었다.

이 두 혁명 못지않게 커다란 변화를 가져온 것은 인구혁명이었다. 인구혁명이란 유럽의 인구가 급증하는 현상을 비롯해 도시와 시골을 기준으로 인구 분포가 크게 변화한 현상을 가리킨다. 반면에 과학혁명은 앞서 언급한 모든 혁명보다 먼저 일어났고 새로운 유형의 지식을 생산해 냈을 뿐 아니라 과학자들의 공동체 형성에도 크게 기여했다. 과학자들은 경험이나 실험을 통해 확인한 정보들을 서로 교환하고 공유하며 방법론의 치밀함이 지니는 중요성과 과학적 언어가 지니는 실용적 가치를 인정하고 과학적 언어와 방법론이 아주 다양한 부류의 실질적인 문제들을 해결하는 데 적용될 수 있으며 혁신적인 결과를 낳을 수 있다는 데 동의하는 경향을 보였다.

일찍이 16세기와 17세기 사이에 일어난 과학혁명의 핵심은 천문학적 현상에서 생물학적 현상에 이르는 다양한 부류의 자연현상이었다. 반면에 18세기 말에서 19세기 초반으로 이어지는 시기에 관건은 이 과학혁명 자체를 상당히 다양하고 이질적인 현상들과의 관계 속에서, 예를 들어 사회 내부에서 일어나는 다양한 사건들, 사회적 관계를 제어하는 다양한 제도들, 혹은 역사적 사건들과의 관계 속에서 재현하는 것이었다. 이 과제에 천착했던 이들은 이러한 사건이나 현상들마저 과학적인 관점에서 이해하려고 노력했던 계몽주의적 이상주의자의 후계자들이다. 하지만 이들은 18세기의 계몽주의자들처럼 사회와 정치의 비판적 담론에만 집중하는 태도를 과감히 거부하고 사회와 정치의 객관적이고 체계적인 분석에 주목했다.

17세기 초반에 프랑스를 중심으로 등장한 이른바 '형성 단계의 사회학' 역시 과거와 당대의 사회적 현상에 대한 날카롭고 대조적인 평가의 흔적을 분명하게 지니고 있었다. 예를 들어 프랑스의 사회학 사상가 클로드 앙리 드 생시몽은 '산업사회'의 탄생을 선포하고, 구체제에서는 선조들로부터 정치적인 성격의 특권을 물려받은 개인에게 권력이 자동적으로 주어졌다는 점을 지적하면서 구체제의 사회에 대한 '산업사회'의 상대적인 우월성을 주장했다.

산업사회에서는 산업 관리들, 과학자들, 다양한 분야의 기술자들 같은 새로운 유형의 지배 계층이 지속적으로 부각되는 양상을 보였다. 이들은 스스로의 가치를 인정받기 위해 경쟁에 뛰어들었고 부를 생산하기 위한 새로운 방식들을 현실에 적용하며 경영을 도모했다.

반면에 '왕정복고'의 철학적 입장을 대표하던 두 명의 철학자 조제프 드 메스트르와 루이 드 보날드는 프랑스혁명의 문제점들을 지적하면서 혁명주의자들이 왕과 교회의 권위에 도전했을 뿐 아니라 문명사회의 기반 자체를 뒤흔들어 놓았고 혼돈과 무질서가 지배하는 사회의 출범을 주도했다고 비판했다.

왕정복고가 실패로 돌아간 뒤 얼마 지나지 않아 미국으로 건너간 토크빌은 수세기에 걸쳐 유럽을 지배해 온 귀족 사회와 전혀 다른 유형의 민주주의 사회를 만들고 민주주의체제를 유지하는 것이 충분히 가능하다는 자신의 생각을 심도 있게 발전시키고 구체적으로 확인하는 데 몰두했다. 이 탐구 과정에서 탄생한 『미국의 민주주의』에서 토크빌은 드 메스트르와 보날드가 고발한 민주주의의 무질서가 민주주의의 도입 과정에서 일어날 수 있는 일시적인 현상에 불과하며 민주주의 고유의 불변하는 특성은 아니라고 주장했다. 이를 증명하는 것이 바로 미국의 민주주의였다. 토크빌은 미국의 민주주의가 과거의 오랜 문화유산을 기반으로 정립된 정치질서의 전복을 계기로 정착되지 않았고 오히려 역사적 전례를 찾아볼 수 없는 정치체제를 구축하려는 미국인들의 의지가 민주주의에 그대로 반영되었다고 보았다.

한편 '과학혁명'을 자연과학뿐만 아니라 사회학과 역사학에까지 확대 적용하는 관점과 방식은 상당히 다양하다는 점에 주목할 필요가 있다. 실제로는 많은 학자들이 자연과 사회라는 두 종류의 이질적인 현실 사이에 커다란 차이가 존재한다는 점을 인지했고 결과적으로 자연과학과 사회과학 사이에는 학문이라는 상식적인 차원의 공통점 외에 특별한 유사성이 있을 수 없다고 생각했다. 이들은 유사성이 고유의 연구 분야와 또 다른 연구 분야를 사심 없이 비교하는 학자들의 작업에 활기를 불어넣으려는 모두의 희망에 실재할 뿐이며, 과학자들이 독자들의 동의를 얻기 위해 이러한 비교의 결과를 발표하는 것도 공통된 희망의 차원에서 이해해야 한다고 보았다. 하지만 다른 한편에는 일찍부터 확고한 체제를 갖춘 전통 학문의 실용적인 가치를 인정하고 전통적인 방법론을 토대로 사회적 현상을 진지하게 다룰 수 있다고 보는 입장이 존재했다. 그런 식으로, 예를 들어 홉스나 루소의 경우처럼, 철학적인 성격의 담론을 바탕으로 역사적인 현상들을 조명하려는 다양한 시도들이 이루어졌다.

  이러한 지적 노력의 놀라운 예들 가운데 하나가 바로 헤겔의 역사철학이다. 헤겔은 19세기 초에 역사철학을 소개하며 사회적 현상에 관한 담론을 지배하는 것은 철학적 성찰이라는 점을 다시 한번 증명해 보였다. 헤겔은 '정신'과 정신의 전개 과정처럼 형이상학적인 성격의 실재와 과정에 관한 성찰을 바탕으로 역사적인 사건들의 새로운 면모를 발견했다. 일반적인 평가에 따르면, 이 역사적인 사건들의 판단 기준으로 기능하던 신의 섭리가 모호해지는 상황에서 비롯되는 지적이고 윤리적인 혼란에 대한 답변을 제시하는 것이 바로 헤겔의 역사철학이다. 사회학적 주제를 다루는 담론에 헤겔이 기여한 바는 크게 두 가지로 요약된다. 먼저, 헤겔은 다양한 사회적 제도들을 '객관적 정신'의 구체화가 만들어 낸 산물로 간주하며 제도에 특별한 위상을 부여했고, 아울러 특유의 직관력을 바탕으로 이른바 '이질화'라는 문제에 주목했다. 헤겔에 따르면, "인간이 생산해 내는 생산품들은 생산자 자신으로부터 이질화되며, 결과적으로 상이한 주체들이 이 생산품들을 잠재적 향유의 대상으로 간주할 수 있고, 그런 식으로 전제나 도구로 활용할 수 있다". 이러한 논제는 역사적 현상들의 다양성, 다시 말해 이 "전제와 도구"를 갖춘 새로운 행동 주체들의 만남을 통해 항상 개편되는 역사적 다양성의 근거를 조명하는 데 쓰이며, 아울러 어떻게 특정 생산품의 생산자가 아닌 또 다른 주체들이 생산품을 탈취하거나 생산자들과 대적하며 생산품을 제어할 수 있는지 설명하는 데 활용된다.

  하지만 역사학자 레오폴트 폰 랑케(Leopold von Ranke, 1795~1886년)는 동일한 역사적 이해를 공유하면서도 인간적인 현상들의 연구에 대한 과학혁명의 영향으로부터 상당히 다른 결과를 도출해 냈다. 랑케는 이러한 인간적인 현상들의 연구가 이 현상들의 본질적인 역사성이라는 범주 안에서가 아니면 불가능하다고 확신했고, 따라서 다양한 방식으로 분류되는 모든 현상들의 원인과 결과를 중심으로 보편적인 원리들을 정립하려는 시도는 원칙적으로 포기해야 한다고 주장했다. 랑케의 저서에서 그의 '과학적' 역사 탐구는 실제로 특정 사건이 일어난 방식과 시간과 장소에 집중되며 그 사건이 "과연 어땠는지" 포착하고 이를 소통할 목적으로 전개된다.

랑케는 역사를 탐구하는 학자가 우선적으로 특정 사건 혹은 개인과 관련된 1차 사료에 주목해야 하고 가능한 한 많은 양의 사료들을 수집하고 편집하는 데 주력해야 한다고 보았다. 실제로 이러한 관점을 공유하는 랑케의 세대와 차세대의 수많은 학자들은 독일 역사상 가장 방대한 분량의 문헌들을 집대성한 『독일의 역사 문헌집*Monumenta Germaniae Historica*』을 제작하는 데 성공했다. 이러한 부류의 기록물을 토대로 랑케와 그의 제자들은 일련의 역사적 사건들을 검토하면서 놀라운 사실들을 발견했고 이들 가운데 상당수가 정치 세력 간의 변화무쌍한 관계에 기인한다는 사실을 밝혀냈다.

한편 19세기의 독일 학자들 가운데 일부는 인간적인 현상들의 탐구 양식에 동일한 맥락의 과학적인 성격을 부여할 목적으로 이른바 '해석학ermeneutica'이라는 학문체계를 이론화하고 활용하는 데 주력했다. 신학자 프리드리히 슐라이어마허(1768~1834년)와 철학자 빌헬름 딜타이(Wilhelm Dilthey, 1833~1911년)가 정립한 '해석학'의 입장은 인간의 행위를 이해할 때, 행위가 취하는 다양한 형태들을 텍스트로 고려하는 해석 과정이 요구된다는 것이었다. 이 해석 과정에서 해석자의 순수하게 주관적인 관점이나 독단적인 판단에서 비롯되는 오류를 피하기 위해 요구되는 것이 바로 고대의 영광과 권위를 간직한 세 종류의 전통 학문, 즉 종교적 교리와 성경을 해석하는 신학, 법률이나 규율 혹은 계약이나 증언 등의 내용을 해석하는 법학, 호메로스의 서사시를 비롯해 중세의 프레스코나 비극 등의 문학작품과 예술작품을 분석하는 전통 미학이었다. 물론 이러한 탐구 분야들을 가장 적절한 방식으로 소개하고 발전시킨 인물들은 헤겔, 랑케, 슐라이어마허 같은 독일의 학자들이었지만, 그렇다고 해서 해석학이 독일인들의 전유물이었던 것은 아니다. 사실상 이 독일 학자들의 특별한 지적 권위는 19세기에 이들이 경험한 대학의 특별한 학문적 열기에서, 다시 말해 일방적인 강의의 차원을 뛰어넘어 교수들의 활발한 연구 활동이 전개되고 결과적으로 놀라운 수준의 학문적 결과와 비범하고 강렬한 저작들이 생산되는 독특한 상황에서 비롯되었다고 볼 수 있다. 아울러 해석학적 입장을 지지하는 학자들은 자연과학의 성공을 모범적인 경우로 이해하는 대신 맞서 대응하며 도전하거나 극복해야 할 대상으로 간주했다.

반면에 자연과학의 방법론이 인문학을 위한 훌륭한 모형으로 채택될 수 있다는

'강한' 신념을 표명하며 모방의 근거를 이론화한 오귀스트 콩트는, 다름 아닌 자연
과학적 방법론의 모범적이고 이상적인 성격을 근거로, 인류의 사유가 "신학적인"
단계와 "형이상학적인" 단계를 거쳐 가장 고차원적인 "실증적인" 단계에 도달했다
고 주장했다. 콩트는 그런 의미에서 자연과학의 놀라운 성공을 이야기할 때 '사회
학'이라는 새로운 학문의 성공에 대해서도 언급할 필요가 있으며, 수많은 학문 분
야들 가운데 사회학이 가장 높은 위상을 차지하는 이유는 사회학의 과제가 다름
아닌 "사회적 구성을 좌우하는 법칙들", 즉 존재하는 것들 가운데 가장 복잡한 현
실의 질서를 좌우하는 법칙들을 식별해 내는 데 있기 때문이라고 보았다.

  이러한 과제를 완성하기 위해 콩트는 장기간에 걸쳐 방대한 영역의 사회적 현상
들을 대조하고 조합하며 설명하는 데 몰두했고 연구 결과를 논문 형태로 발표했
다. 콩트는 저술 활동을 통해 유럽과 미국에서 대학 안팎의 지식인들에게 커다란
호응과 지지를 얻었지만 무모할 정도로 방대한 연구 기획의 결과들은 그가 기대했
던 규모와 수준에 미치지 못했다. 이러한 특징들을 감안할 때, 콩트의 사회학과 헤
겔의 역사철학 사이에는 모종의 유사성이 존재한다고 볼 수 있다. 어떤 의미에서
는, 콩트가 '실증적' 태도를 지나치게 강조함으로써 실증주의자로서 영원한 결별을
고해야 할 '형이상학적' 태도에 오히려 충실했다고도 볼 수 있다. 마지막 단계에 이
르렀을 때 콩트는 심지어 '신학적'인 성격의 야망을 드러내기까지 했다.

  콩트가 이론화한 사회학적 실증주의는 실패로 돌아갔지만, 보다 완곡한 형태로
수정된 콩트의 사상은 살아남았고, 방대한 범위의 지적 경로를 요구하는 대신 자
연과학적인 방법론을 세밀한 부분에 적용하며 발전하는 양상을 보였다. 그런 식으
로 당대의 사회현상들에 대해서는 주의 깊고 체계적인 관찰이 지속적으로 이루어
질 수 있었고, 무엇보다도 '인구혁명'이나 '산업혁명'을 계기로 광범위하고 빠르게
진행된 도시화 과정이 일련의 사회적 현상들, 즉 양적 분석이 가능했기 때문에 다
루기가 용이한 동시에 연구할 만한 가치가 충분히 있는 사회적 현상들을 분석 대
상으로 제공했다. 학자들의 입장에서는, 총체적이고 일반적인 차원에서 이러한 현
상들로 구축되는 것이 바로 '사회문제'였다. 무엇보다도 새로운 형태의 폭동, 시위,
반란 등이 생생한 우려를 낳았고, 새로운 시민 계층들에게 주어지는 삶의 물질적
이고 정신적인 조건들을 비롯해 이 계층들의 정치적인 집단행동이 새로운 형태의
농성이나 항의나 폭동으로 이어질 수 있다는 점 등이 문제점으로 부각되었다.

  반면에 몇몇 사상가들은, 당대의 역사적인 사건들과 사회현상들을 묘사하고 설

명하는 차원을 뛰어넘어, 또 다른 관점과 목표를 제시하려고 노력했다. 관건은 근대 사회라는 구체적인 영역을 뛰어넘어 사회 자체를 연구하고, 시공간적인 차원에서 사회의 규모와 유형을 다양하게 만드는 과정의 담론을 좀 더 추상적인 단계로 확대하는 것이었다. 19세기 후반에 이러한 과제를 근본적인 차원에서 새로운 방식으로 실현하려고 했던 인물이 바로 마르크스와 엥겔스, 그리고 허버트 스펜서다.

마르크스와 엥겔스의 저서는 스펜서의 글과는 비교할 수 없을 정도로 창조적이고 강렬하며 복합적인 지적 노력의 결과였고 2세기에 걸쳐 세계의 정치와 경제, 사회, 지식에 막대한 영향력을 행사했다.

반면에 스펜서의 사회학적 사유는, 그가 위대한 생물학자 찰스 다윈의 이론을 생물학적 현상의 영역 바깥으로 확대하려고 시도했기 때문에, 흔히 '사회적 다윈주의'라고 불린다. 다시 말해 스펜서는 모든 진보가, 자연세계뿐만 아니라 인간세계에서도, 수많은 유형의 개별적인 공동체들이 오로지 스스로의 존재를 향상하거나 존속하기 위해 벌이는 투쟁의 의도적이지 않은 결과에 불과하다고 보았다. 자연세계에서든 인간세계에서든 자원의 부족이라는 숙명적인 조건 때문에 투쟁은 어쩔 수 없이 "적응력이 더 뛰어난 생명체의 생존"이라는 결과로 이어진다고 보았던 것이다. 그런 식으로 생물학적인 차원의 공동체 혹은 인간의 사회적 공동체가 환경을 점점 더 자신에게 유리하도록 변형시키거나 제어하면서 이루어지는 것이 바로 진화였다.

스펜서는 인간 사회의 경우 진화 과정이 훨씬 더 확실하고 빠르게 전개되며 경쟁 상황을 제한하는 인위적인 장치에 좌우되지 않는 만큼 더 유익하다고 보았다. 스펜서에 따르면, 결과적으로 진보한 인간 사회에서는 과거에 수용될 수 없었던 보편적 원칙, 즉 사회적 진화 과정은 오로지 어떤 목적으로 어떤 조건에서 누구를 상대해야 하는지 이성적으로 선택할 수 있는 개인들의 취지에 의탁되어야 한다는 원칙이 정립된다. 근대 사회의 공동체들이 사회적 진화의 보다 성숙한 단계를 표상하는 이유는 다름 아닌 '계약'이 기초적인 사회관계를 구축하기 때문이다. 스펜서는, 결과적으로, 현대 사회에서 개인의 개별적인 계약 활동을 제어하겠다고 주장하며 그런 식으로 개인의 자유를 보호하는 대신 침해하는 정치정당들의 존속이 정당화될 수 없다고 보았다. 그런 의미에서 스펜서의 사회학은 특정 개인의 자유로운 의견이나 행위에 국가가 제도적으로 개입하는 것을 강력하게 거부하는 19세기 자유주의 이데올로기에 이론적 기반을 제공했다고 볼 수 있다.

야생의 사고 혹은
클로드 레비스트로스의 인류학

1908년 브뤼셀에서 태어난 클로드 레비스트로스(Claude Lévi-Strauss, 1908~2009년)는 1931년에 철학학사 학위를 받은 뒤 브라질의 상파울루로 이주해 사회학을 가르치며 민족학 연구를 시작했다. 1950년대에 프랑스로 돌아와 강의를 시작했고 1973년에 아카데미프랑세즈Académie française의 회원이 되었다. 민족학에 구조주의를 도입한 인물로 평가받는 레비스트로스는 유일한 구조주의 철학자로 간주되기도 한다. 『슬픈 열대Tristes tropiques』(1955년), 『구조적 인류학Anthropologie structurale』(1958년), 『야생의 사고La Pensée sauvage』(1962년), 『오늘날의 토테미즘Le totémisme aujourd'hui』(1962년), 『날것과 익힌 것Le cru et le cuit』(1964년) 외에 수많은 저서를 펴낸 레비스트로스는 라캉의 사유에 지대한 영향을 끼쳤고 부분적으로는 마르크스주의의 구조주의적 해석에도 큰 영향을 끼쳤다.

레비스트로스가 스스로 인정했듯이 그의 철학적 방법론은 마르크스주의와 심리분석과 언어학의 복합적인 영향하에 놓여 있다. 마르크스주의로부터 레비스트로스는 구조의 인식론적인 차원과 체험적인 이해의 측면을 도출해 냈다. 구조는 어떤 사실을 직시하도록 도와주는 일종의 전시 방식에 지나지 않았다. 다시 말해 어떤 분야의 탐구가 경험적이고 귀납적인 원칙을 따를 경우 탐구 내용의 전시는 반대로 추상적인 모형을 구축하는 기초 단계에서 출발해 연역적인 방식으로 전개된다.

거꾸로, 우리는 전시 모형에서 출발해 인간이 수용할 수밖에 없는 무의식적인 규칙들의 복합적인 체계로 번역되는 구조 혹은 상징의 기능을 주관하는 구조의 존재론을 심리분석과 언어학에서 도출할 수 있다. 그런 의미에서 구조는 내부적인 응집력과 일관성에 의해 지탱되는 하나의 체계에 가깝다. 응집력과 일관성은 외관상 상이한 체계들이 어떤 변형을 통해 유사한 구도를 드러낼 때, 이 변형의 연구를 통해서만 윤곽을 드러낸다. 예를 들어 레비스트로스는 신화를 연구하면서 신화 자체를 구축하는 몇 가지 기초 요소들, 즉 그가 신화소라고 부르는 요소들을 탐색하는 데 집중했다. 언어의 음소처럼 기초 요소들의 조합이나 구성을 바탕으로 최소한의 의미가 구축된다고 보는 관점을 다름 아닌 신화에 적용했던 것이다.

따라서 레비스트로스의 구조는 무엇보다도 인간이 실제로 행동에 옮기는 것들의 체계적이고 일관적인 묘사로, 다시 말해 실질적인 행동 모형에 대한 추상적인 묘사로 제시된다. 하지만 또 다른 측면에서 살펴보면 구조는 역사와 문화의 선험적인 차원을 구축하고 모든 변화를 주재하며 가능하게 하는 불변 요소들의 복합적이고 '언제나 이미 주어져 있는' 체계를 구축한다. 레비스트로스는 자신의 탐구를 "표상의 구체적인 체계들을 통해 특성을 드러내는 집단적인 지성"에 대한 경험적 관찰로 정의했다. 이 집단적인 지성의 특성은 순수하게 주관적이라고는 볼 수 없는 차원의 특성이며, 오히려 "고유의 현실을 지니며 모든 대상으로부터 독립적인 대상"이라는 성격을 취한다.

1949년에 출판된 『친족관계의 기본 구조 Les Structures élémentaires de la parenté』에서 레비스트로스는 인도, 중국, 남아메리카에 관한 다큐멘터리를 토대로 친족관계의 체계에 관한 방대한 분량의 정보들을 수집한 뒤 이 자료에서 다양한 유형의 생활 문화와 관습을 보편적인 규칙하에 범주화하기 위해 몇 가지 단순한 원칙들을 도출해 냈다. 이 보편적인 규칙이란 레비스트로스가 '근친상간의 금지'라는 공식을 언급하며 표명했던 보편문화적 원칙을 말한다. '근친상간의 금지'는, 간단히 말하자면, 독보적인 위치를 차지한다. 이 명령어는 자연적이지도 않고 문화적이지도 않으며 자연과 사회의 교차로에 머물면서 인간이 성교가 단순하고 사실적인 행위이자 욕망의 결과에 지나지 않는 자연 상태에서 성교 자체가 일련의 규칙에 지배되는 사회적 결속의 상태로 움직이는 경로를 결정한다. 『날것과 익힌 것』(1964년)을 통해 분명해지는 것이 있다면 그것은 레비스트로스가 주목한 구조주의적 탐구의 목적이 우리 현대인의 패러다임을 기준으로는 우발적이고 부조리하게 보일 수밖에 없는 행동양식, 생활문화, 사회적 관습 등을 인지하는 메커니즘이 무엇이었는지 밝히는 데 있었다는 것, 다시 말해 "객관화된 사유와 그것의 메커니즘에 대한 최상의 지식"을 획득하는 데 있었다는 것이다.

2

19세기의 교육학

2.1 사회적 변화와 교육의 문제

19세기에 일어난 놀라운 경제적, 사회적, 정치적 변화는 당대의 교육에 관한 혁신적인 생각과 교육 현황에 관한 논의에 결정적인 영향을 끼쳤다. 유럽 국가들의 독립과 산업화 현상이 자극하고 유발했던 것들 중에 하나는 다름 아닌 미래의 시민과 노동자들의 교육에 대한 질문이었다. 교육과 관련된 논제들 가운데 가장 뜨거운 관심을 불러일으켰던 것은 교육의 '세속화'다. 일찍이 계몽주의자들에 의해 부각되었던 '세속화' 논쟁이 18세기 말에 다양한 형태의 제안과 개혁안이라는 결과로 이어졌던 반면, 이 주제와 긴밀하게 연결되어 있는 보다 실질적인 문제는 다름 아닌 교육 대상의 범주를 확대하는 것이었다. 결과적으로 많은 학자들은 초기 교육의 중요성에 큰 관심을 기울였지만, 여성들의 역할과 장애인 교육의 가능성에 대한 성찰 역시 중요한 논제로 부각되었다.

더 나아가서 교육제도와 교육 대상에 관한 성찰은 교과목과 교육과정에 관한 토론으로 이어졌다. 무엇보다도 독서에만 의존하는 교육 형태에서 벗어나 경험적인 측면을 존중하고 활용할 줄 아는 교육의 필요성이 대두되었다. 교육학적 사유의 중심 주제 가운데 하나는 교육이 생산적인 활동이어야 하며 피교육자에게 실험 가능성은 물론 그가 배우는 내용의 실용적이고 구체적인 측면과 대면할 수 있는 기회를 제공해야 한다는 것이었다. 아울러 교육은 자연의 법칙을 따르고 자연과 접촉하면서 전개되어야 하는 과정이라는 사고가 교육의 개념을 빠른 속도로 지배하기 시작했다. 이러한 성찰 외에도 19세기에는 교육학의 인식론적이고 방법론적인 기반과 실험적 교육학의 필요성에 대한 진지한 논의와 질문들이 시작되었다. 물론 이 질문들에 대한 구체적인 답변은 20세기에 들어와서야 마련되었지만, 19세기 유럽의 교육학이 다루었던 다양한 주제들은 뒤이어 지역적 성향에 따라 상이한 방향으로 발전했다.

2.2 잉글랜드와 미국의 교육학과 대중교육

잉글랜드에서 교육은 한편의 드라마에 가까웠다. 많은 학자들이 노동자 계층을 교육하고 이들에게 깨달음과 성장의 기회를 주어야 한다는 복잡하고 까다로운 문제를 두고 진지하게 고민했지만 한편에는 빈민 계층의 수많은 어린이들을 대상으로 이루어진 교육의 경험을 통해 드러난 일련의 문제점, 특히 교육 기관이나 교육과정과 관련된 문제점들이 산재해 있었다. 하지만 18세기 말과 19세기 초에 등장하기 시작한 흥미로운 제안들과 새로운 교육 방식들은 머지않아 다른 유럽 국가들의 커다란 관심을 불러 모았다. 예를 들어 잉글랜드 성공회 목사 앤드류 벨Andrew Bell과 퀘이커교도 조지프 랭커스터Joseph Lancaster는 이른바 '조교제도Monitorial System'를 제안했다. 조교제도는 몇몇 상급반 학생들에게 조교의 역할을 부여하고 다수의 하급반 학생들을 여러 무리로 나눈 뒤 조교들이 이들의 활동과 학습 과정을 관찰하고 관리하도록 하는 제도였다.

이와 유사한 맥락에서 또 하나의 의미 있는 교육 방식을 제안했던 인물은 산업 분야의 이점들이 이상적인 사회 구축의 요구와 조합될 수 있다고 보았던 로버트 오언(1771~1858년)이다. 오언의 생각은 일종의 모형이 될 수 있는 공동체, 즉 농경사회와 산업사회의 구분이 사라지고 새로운 세계를 실현하기 위한 도구로서의 노동이 학업과 병행되는 실험적 공동체를 만들자는 것이었다. 이러한 원칙을 기준으로 뉴래너크에 공동체를 설립하고 사회적인 관점에서뿐만 아니라 이윤의 차원에서도 최상의 결과를 얻은 오언은 짧은 기간 동안 미국에 머물면서 인디애나주의 뉴하모니에 또 다른 공동체 설립을 시도했지만 성공하지 못했다.

오언은 1822년에 출판한 『새로운 관점의 사회 혹은 인간의 성격 형성에 관한 에세이』에서 교육에 관한 자신의 생각을 구체적으로 밝혔다. 그는 무엇보다도 인간의 성격이 형성되는 과정에서 사회적 환경이 끼치는 영향의 중요성에 주목했고 이에 뒤따르는 사회 개혁의 필요성과 고차원적인 기술 교육에 집중되는 교육 정책의 필요성을 강조했다. 바로 이러한 구도와 원칙들을 바탕으로 설립된 뉴래너크의 공동체에서는 모두에게 동등한 교육이 상당히 넓고 기능적이며 식당과 간호실을 갖춘 공간에서 이루어졌다. 오언은 교육과정을 연령별로 세분했다. 그는 아이들이 18개월까지는 탁아소를 이용하고 2살부터 5살까지는 유치원에서, 6살부터는 초등학교에서 교육받는 체계를 도입했다. 10살 이후부터 학생들의 교육은 작업실의 활동과 병행되었다. 이러한 교육 구도는 학생들이 윤리적으로 건전한 습관을 키우고 유용한 지식들을 습득할 수 있는 기회를 제공했다. 청소년들은 오후 과정에, 성과 나이를 불문하고, 모두 참여할 수 있었다. 교과과정에는 역사, 지리학, 화학, 천문학, 체육, 예술 등이 포함되어 있었고 선생이 학생들의 관심과 기량을 기준으로 과목을 선택할 수 있었다. 한 가지 흥미로운 사실은 오언이 당대에 만연하던 피교육자 처벌 문화의 금지를 제안했다는 점이다. 그는 교과목에 대한 존중을 위협이나 폭력에 의존해 유도할 수 없으며 배움에 대한 열정은 존엄성을 토대로 구축되는 관계 속에서만 취득될 수 있다고 보았다. 교육에 대한 오언의 견해와 경험은 여러 가지 측면에서, 예를 들어 교육과 사회와 정치의 상관관계에 주목했다는 점과 유아교육과 기술교육의 중요성에 주목하고 평생교육 개념을 도입했다는 점에서 상당히 중요한 의미를 지닌다.

미국의 철학자 존 듀이(John Dewey, 1859~1952년)의 교육학적 관점도 나름대로 혁신적인 측면을 지니고 있었다. 듀이는 교육이 사회적인 동시에 그 자체로 생동적인 과정이며 따라서 미래의 삶을 위한 단순한 준비 과정과는 거리가 멀다고 보았다. 『나의 교육 신조My Pedagogic Creed』(1897년)에서 듀이는 교육의 현장인 학교를 다음과 같이 정의했다. "나는 학교가 무엇보다도 사회적인 기관이라고 믿는다. 교육 자체가 사회적인 과정인 만큼 학교는 간단히 말해 청소년이 종적 유산을 향유하고 사회적인 목적을 위해 자신의 기량을 활용할 수 있도록 만드는 데 유용한 좀 더 효과적인 도구들이 집중되어 있는 공동체적인 삶의 한 형태다." 듀이는 피교육자로서의 삶이 그의 구체적인 경험이나 머무는 환경, 관심사들 같은 기본적이고 구체적인 요소들로 구축되어야 하며 피교육자의 점진적인 학습 과정 역시 교육자가 개념이나 가치를 권위적으로 주입시키는 방식이 아니라 피교육자가 자신의 심리적, 문화적, 사회적 요구를 충족시키기 위해 습득해야 할 기량과 판단 능력을 스스로 발전시킬 수 있도록, 그런 식으로 서서히 자율성을 획득하도록 그를 돕는 방식으로 이루어져야 한다고 주장했다.

2.3 프랑스의 교육학

프랑스의 유토피아적 사회주의 내부에서, 교육에 관한 가장 급진적이고 복합적인 의견을 제시했던 인물은 샤를 푸리에다. 푸리에는 1816년에 출판한 『조화로운 신세계Le nouveau monde amoureux』에서 노동자 계층이 받는 정신적이고 물질적인 억압의 실태를 폭로하는 동시에 전통적인 교육제도의 부정적인 측면들, 예를 들어 학습 성과와 관련하여 부모들이 자녀들에게 좌절감을 안겨 주고 가족 정서를 불안정하게 만드는 지극히 일반적인 현상을 비롯해 학교가 특권층을 우대하며 사회적 불의를 조장하는 현상, 추상적이고 건조한 교육 방식에서 벗어나지 못하는 현상 등을 비판했다.

푸리에는 그의 저서에서 사람들이 무리를 지어 자급자족이 가능한 소규모 공동체를 형성하며 '공동주택Phalanstère'에 모여 사는 형태의 사회를 설계했다. 이 공동체 내부에는 결혼제도 혹은 일부일처제가 존재하지 않았고 성에 관한 전통적인 도덕관념도 존재하지 않았다. 푸리에는 가족제도가 폐지되었기 때문에 인간이 태어나면서부터 단체교육체제에서 성장하고 아이들이 어른들의 공동체 안에서 이들의 삶과 문화를 보고 배우면서 자유롭게 성장하는 형태의 교육 모형을 구상했다.

이 모형에 따르면, 교육은 피교육자가 고유의 성향에 주목할 수 있도록 자연과의 밀접한 연관성 속에서 이루어져야 하고 자유시간과 노동시간의 구분도 사라져야 한다. 결과적으로 배우는 아이들은 가능한 한 재미를 느끼면서 혹은 모방심리를 통해 활동에 참여한다. 교육과정에는 대략 30가지의 활동이 포함되며 과정 자체는 아이가 태어난 해에서 19세가 되는 해까지 모두 9단계로 구분된다. 초기의 교육은 기본적으로 놀이와 구체적인 경험을 토대로 이루어지며, 유일하게 허락되는 학습 과목은 글쓰기다. 푸리에가 생각한 교육의 궁극적인 목적은 피교육자가 고유의 성향을 발견할 수 있는 단계, 따라서 직업을 선택할 수 있는 단계로 그를 이끌고 성장시키는 것이었다.

19세기에 프랑스에서는 신체적, 정신적 부자유자들에 대한 흥미로운 토론이 전개되었다. 이 토론은 아베롱Aveyron의 숲에서 야만인의 상태로, 즉 정상적인 방식으로 걷지 못하고 언어 능력이 전혀 없는 이른바 '야생 소년'이 발견되면서 시작되었다. 이때부터 빅토르Victor라는 이름으로 불린 이 소년은 의사 장 마크 이타르(Jean Marc Itard, 1775~1838년)에게 의탁되었고 소년이 지닌 문제의 핵심이 열악한 환경에서 비롯된 뿌리 깊은 성장 장애 및 지연이라고 확신한 이타르는 치료가 아닌 교육을 선택했다. 그가 남긴 두 권의 소중한 연구 기록에서 읽을 수 있듯이, 이타르는 사물에 대한 소년의 관찰력, 기억력, 판단력 향상을 위해 감각을 훈련시키고 일깨우는 데 집중했다. 빅토르의 재활은 이타르 자신의 집에서, 깊은 애정관계와 총체적인 교육 방식을 토대로 이루어졌다. 물론 그가 계획했던 교육과정은 소년이 이른 나이에 사망하면서 중단되었지만 그가 남긴 세밀한 연구 기록은 특수교육 분야에서 준수해야 할 중요한 기준들을 마련해 주었다. 예를 들어 정신질환이나 성장 장애를 겪은 환자들을 집안이나 정신병동에 격리시키는 당시의 관례가 비정상적인 정책으로 드러났고 아울러 위생 상태가 나쁘고 치료나 재활 시설을 전혀 갖추고 있지 않은 정신병동의 경우도 개선되어야 문제로 부각되었다. 이타르를 뒤를 이어 활동했던 의사 에두아르 세갱(Edouard Séguin, 1812~1880년)은 감각적인 차원의 교육과 교육에서 이미지가 차지하는 중요성을 비롯해 도덕적이거나 지적인 차원의 교육이 신체 단련과 병행되어야 한다는 점을 강조했다. 앞서 살펴본 견해들은 뒤이어 학자들 간의 열띤 토론 주제로 부각되었고 20세기 초에 마리아 몬테소리Maria Montessori에 의해 보다 구체적으로 이론화되었다.

2.4 스위스와 독일의 교육학

프랑스와 잉글랜드의 교육학자들이 다루었던 몇몇 주제들은 스위스의 교육학에서도 어렵지 않게 찾아볼 수 있다. 스위스에서 교육학은 특수한 상황에서 발전했지만 뒤이어 유럽 전역에서 전폭적인 지지를 얻었다. 이러한 과정은 무엇보다도 요한 하인리히 페스탈로치(Johann Heinrich Pestalozzi, 1746~1827년)의 의미심장한 저서들을 통해 전개되었다. 페스탈로치는 사회를 구성하는 개인의 개별적인 의지와 가족의 중심적인 역할을 토대로 새로운 사회를 정초하기 위한 민중교육의 중요성을 강조했다.

1767년 페스탈로치는 고아들을 수용하기 위해 농장 유형의 공동주택을 설립한 뒤 산수와 글을 비롯해 농업과 수공업 분야의 노동에 참여하는 법을 아이들에게 가르쳤다. 이는 무엇보다도 산업화된 사회에서 아이들이 착취당하는 상황을 막기 위한 조치였다. 하지만 페스탈로치는 경제적인 어려움으로 인해 1779년 활동을 중단했고 뒤이어 20년간 교육학 연구에 매달렸다. 이 시기에 아포리즘 모음집 『은자의 황혼Die Abendstunde eines Einsiedlers』과 소설 『린하르트와 게르트루트_Lienhard und Gertrud_』를 출판했고, 당대의 사회적 질서와 교육제도를 비판하는 한편 시민의 교육과 인격 형성, 즉 자유로운 존재이자 참여하는 존재로서의 훈련을 토대로 이루어져야 할 개혁의 필요성을 강조했다.

페스탈로치에게 이상적인 스승이란 무엇보다도 제자들에 대한 강렬한 애정을 지닌 동시에 아이의 경험을 주의 깊게 관찰하면서 아이가 스스로의 기량을 구체적인 형태로 취득할 수 있도록 도울 줄 아는 존재를 의미했다. 아울러 페스탈로치는 이상적인 어머니를 아이의 첫 번째 스승이자 화목한 가정을 유지하는 데 핵심적인 역할을 하는 존재로 정의했다. 그런 의미에서 그는 어머니들에게 헌정하는 또 다른 저서들, 『어머니들의 책_Buch der Mütter_』, 『백조의 노래_Schwanengesang_』, 『게르트루트는 어떻게 그의 아이들을 가르치는가_Wie Gertrud ihre Kinder lehrt_』 등을 통해 어머니들이 교육자로서의 역할을 훌륭하게 수행할 수 있는 다양한 방법과 조언을 제시했다. 페스탈로치의 이론은 무엇보다도 교육이 왜 아이의 자연적인 성장에 주목해야 하는지, 이어서 인격 형성 과정이 왜 전문적인 교육과 지적 교육, 도덕적 감성 교육의 조합을 토대로 전개되어야 하는지 보여 준다. 페스탈로치의 교육학이 '손과 정신과 가슴의' 조합으로 정의되는 것도 바로 그런 이유에서다. 페스탈로치는 아울러 교육이 경험을 바탕으로 이루어져야 하며 일반적이고 일상적인 주변 환경에 배움의 장이라는 가치를 부여할 수 있어야 한다고 보았다.

이러한 원칙들을 토대로 페스탈로치는 1798년 슈탄스_Stans_에 고아들을 위한 교육기관을 설립했다. 가족적인 체계를 갖춘 이 학교에서는 교사의 존재가 교육기관이 발휘해야 할 모든 기능을 표상했고 교육의 도구는 다름 아닌 사랑이었다. 아이들이 교육자와 피교육자의 관계를 수용하고 도덕적으로 성장하도록 만드는 것이 바로 이 사랑이었다. 학교 내부에서는 수업과 병행되는 작업이 상당히 중요한 역할을 했다. 구체적인 경험과 훈련의 가능성을 제시하는 것이 바로 작업이었기 때문이다.

이 고아원을 모형으로 몇 년 뒤에는 부르크도프_Burgdof_에 학교가 설립되었고, 1805년 이베르동_Yverdon_에 설립된 학교는 1825년까지 운영되었다. 이베르동의 학교는 전 유럽에 널리 소개되었고 당대의 저명한 교육학 사상가들의 방문 지로 각광 받았다. 이 방문자들 가운데 주목할 만한 인물은 프리드리히 프뢰벨 (Friedrich Fröbel, 1782~1852년)이다. 짧은 기간 동안 견습생으로 이베르동에 머물었 던 프뢰벨은 뒤이어 페스탈로치의 몇몇 주제들을 독창적으로 발전시키는 연구 에 몰두했고 1839년부터는 블랑켄부르크Blankenburg에 설립한 유치원Kindergarten에 서 유아교육에 매진했다.

프뢰벨은 어린아이들이 근본적으로 선하다는 생각을 토대로 교육에 임했다. 바로 그런 이유에서 프뢰벨은 자연과의 접촉을 통해, 색깔과 소리와 리듬과 형 상에 자극받는 창조적인 활동을 통해, 모든 아이들에게 내재하는 신성함을 일 깨울 수 있다고 보았다. 아이들의 구체적인 활동은 놀이였다. 프뢰벨은 놀이가 아이들의 조화로운 성장을 돕고 다른 아이들과의 관계를 정립하는 데 중요한 역할을 한다고 보았다.

이러한 관점에서 중요한 요소로 주목받았던 것은 교육을 위한 공간과 자료 다. 프뢰벨의 정원에는 놀이기구를 갖춘 공간이 마련되어 있었고, 자연과 접촉 이 가능한 정원에서 교사의 역할은 개념이나 정보를 주입시키는 것이 아니라 아이들의 활동을 의도적으로 계획하거나 체계화하는 법 없이 인도하는 것이었 다. 아울러 프뢰벨은 아이들이 기하학 모형들을 다루면서 자신의 경험을 구조 화하는 데 익숙해지며 그런 식으로 자연 및 신성함과 접촉하게 된다고 보았다. 물론 이 마지막 측면은 프뢰벨의 교육학에서 가장 인위적이고 부자연스러운 요소로 간주되지만 또 다른 특징들, 예를 들어 교사에게 교육 감독이라는 역할 을 부여한다는 점, 유아기의 특수성을 인정하고 존중한다는 점, 자연과의 접촉 에 중요성을 부여한다는 점 등은 다른 유럽 국가들에서도 대대적인 지지를 얻 었다. 프뢰벨의 교육 방식은 독일과 프랑스에 널리 보급되었고, 이탈리아에서 는 1869년부터 교사 견습생들을 위한 일반 학교를 유치원에서 함께 운영하는 제도가 도입되었다.

프뢰벨이 제안한 교육 방식 외에도 독일에서는 교육에 대한 다양한 성찰 이 활발하게 전개되는 양상을 보였다. 특히 요한 프리드리히 헤르바르트(Johann

Friedrich Herbart, 1776~1841년)는 교육학의 의미를 명확히 정의하기 위해, 아울러 책임감 있고 조화로운 존재로서의 인간 형성을 목표로 하는 교육과정을 설계하기 위해 노력했다. 헤르바르트는 교육학이 무엇보다도 철학적 학문으로 정립되어야 한다고 보았다. 헤르바르트에 따르면, 교육학은 "학생들을 다스리기" 위해 존립한다. 왜냐하면 피교육자인 아이들의 본질적인 특성이 다름 아닌 "야생적 방종"이기 때문이다. 아울러 교육학은 심리학뿐 아니라 교육의 목표를 제시하는 윤리학과 밀접한 연관성을 지닌다. 따라서 교육자와 부모들은 아이들의 도덕적 본성을 유지하기 위해 사랑과 권위의 균형을 바탕으로 구축되는 교육관계를 정립할 줄 알아야 한다. 반면에 교육자는 학생들의 관심을 존중해야 하며 그런 의미에서 미적 교육이 중요한 위치를 차지한다. 헤르바르트의 성찰은 특히 독일과 이탈리아에서 커다란 반향을 일으켰고 무엇보다도 교육자의 역할과 양성 과정, 체계적인 교육과정의 필요성, 교육학과 심리학과 윤리학의 본질적인 관계에 주목하도록 만들었다.

교육에 관한 진지하고 흥미로운 성찰들은 사실 교육학자들이 아닌 몇몇 사상가들의 저서에서도 찾아볼 수 있다. 예를 들어 요한 볼프강 괴테(1749~1832년)는 교육적인 차원에서 예술이 중요한 역할을 한다는 점에 주목했다. 괴테는 예술이 어린 학습자의 상상력을 자극하고 창의력을 증대하는 데 결정적인 역할을 하며 예술 활동이 지성과 감성의 조합, 머리로 깨닫는 과정과 손으로 하는 작업의 조화를 가능하게 할 뿐 아니라 결과적으로 인간의 조화롭고 완전한 발전에 동력을 제공한다고 보았다. 괴테는 『빌헬름 마이스터의 수업시대Wilhelm Meisters Lehrjahre』 2장에서 청년들의 이상적인 교육 공간, 혹은 일종의 교육적 유토피아를 소개한 바 있다. 괴테가 묘사하는 이 공동체 내부에서는 교육과정과 함께 병행되는 농경 생활의 경험을 토대로 피교육자들이 각자의 개인적인 성향을 인지할 수 있으며 손으로 하는 작업과 머리로 하는 작업을 모두 경험하기 때문에 뒤이어 전문적으로 학습할 분야를 스스로 선택할 수 있다. 괴테는 아울러 문학, 음악, 회화, 조각 등의 분야로 구성되는 미적 교육에 커다란 중요성을 부여했다.

사실은 카를 마르크스(1818~1883년)의 저서에서도 교육과 관련된 수많은 질문들의 자취를 확인할 수 있다. 이는 무엇보다도 마르크스의 사상에서 교육과 정치의 연관성이 핵심적인 역할을 했기 때문이다. 마르크스에게 교육제도와 학교의 존재는 지배 계층의 이윤과 사고방식을 표현하는 이데올로기적 도구를 의미했다. 공동체적인 차원에서 사회의 변혁을 꾀하기 위해서는 결과적으로 학교의 이데올로기적인 기능을 폭로하고 교육제도를 개선하기 위해 지적 활동 외에도 노동의 중요성에 주목하며 신체적 기량의 발전을 꾀할 필요가 있었다. 마르크스는 교육과정이 정신적인 성장, 신체의 단련, 다양한 기술 교육으로 세분되어야 하며 전인교육을 목표로, 즉 전문적인 기량에만 의존하지 않고 노동시간과 자유시간을 조화롭게 조절할 수 있는 완전한 인격체의 형성을 목표로 이루어져야 한다고 보았다.

2.5 톨스토이의 민중교육과 슈타이너의 예술교육

열악한 상황에 놓인 사회계층의 환경에 지대한 관심을 기울이며 상류사회의 교육제도를 날카롭게 비판했던 소설가 레프 톨스토이(1828~1910년)는 학교가 지배 계층의 가치체계와 이윤의 세계를 표상하며 불행에 허덕이는 수많은 농민들의 요구에는 아무런 관심도 기울이지 않는다고 보았다. 이러한 상황에 맞서 톨스토이는 학습의 자유와 무상교육을 원칙으로 농민 자녀들을 위한 학교를 여러 곳에 설립했고 학습자들의 관심이 기준이 되어야 한다는 생각을 고집하며 읽고 쓰는 법을 가르치는 혁신적인 방식을 도입했다. 톨스토이는 의무교육 제도를 반대했고 자유교육과 자연과의 접촉이 보장되는 제도를 지지했다.

반면에 루돌프 슈타이너(Rudolf Steiner, 1861~1925년)는 상당히 독특한 교육관을 표명한 인물이자 '인지학anthroposophie'(1913년)의 창시자였다. 슈타이너에게 인지학은 '인간의 정신'세계를 '우주의 정신'과 일치하는 단계로 이끌어야 할 일종의 인식 과정을 의미했다. 슈타이너의 교육학적 관점은 혼합주의, 즉 이질적인 기원에서 유래하는 다양한 요소들, 예를 들어 자연에 관한 괴테의 성찰에서 신지학적인 원칙들, 니체의 철학, 동양 사상에 이르는 여러 가지 요소들의 조합을 토대로 이루어졌다. 교육학의 방법론적 차원에서 슈타이너는 명상이 학습자의 직관력 향상과 정신세계의 완전한 구현에 기여한다고 보고 명상 훈련의 활용을 적극적으로 권고했다. 명상 훈련은 학습 평가제도나 주입식 교육, 교과서 같은 장치들을 거부하고 인격의 형성을 위해 조화의 차원과 예술 교육을 중시하는 교육체제에서 유용한 도구로 활용되었다.

2.6 시민의 성장과 이탈리아 유치원의 탄생

이탈리아에서는 일찍이 빈첸초 쿠오코(Vincenzo Cuoco, 1770~1823년)가 『공교육의 체계화 실행 기획*Progetto di decreto per l'ordinamento della pubblica istruzione*』(1809년)에서 교육의 기본적인 원칙들에 대한 명확한 지침을 제시한 바 있다. 쿠오코는 교육이 공공에게 개방되어야 하고 일관적이어야 하며 다수를 위한 과정과 소수를 위한 과정으로 세분화되어야 한다고 보았다. 다수를 위한 과정은 일반인들에게 유용한 지식을 공급하기 위해, 소수를 위한 과정은 과학과 학문의 발전을 위해 필요했다. 쿠오코는 아울러 교육이 자격을 갖춘 교사들에게 의탁되어야 하지만 국가의 제어와 조정을 필요로 한다고 보았다. 교육 시간과 과정을 결정하고 교과서를 선택하거나 편집하는 과정을 주관하는 것이 바로 국가였다.

이와 유사한 주제들은 카를로 카타네오(Carlo Cattaneo, 1801~1869년)의 저서에서도 발견된다. 카타네오는 국가의 문화적 성장 과정에서 교육이 담당하는 핵심적인 역할과 학습의 가치를 강조했다. 특히 카타네오는 당대에 학생들의 관심이 집중될 만큼 핵심적인 위치를 점했던 인문학보다는 전문성을 고려해 과학 분야를 장려하는 방향으로 나아가야 하며 이를 위해 교육과정을 개편할 필요가 있다고 주장했다.

한편 라파엘로 람브루스키니Raffaello Lambruschini, 지노 카포니Gino Capponi, 니콜

로 톰마세오Niccolò Tommaseo 같은 몇몇 가톨릭 자유주의 사상가들의 성찰을 특징
짓는 요소는 민중 해방의 요구에 대한 관심이었다. 이들의 사상은, 사실상 급진
적 사회 개혁에 대한 의지가 전혀 없었음에도 불구하고, 사회와 국가의 운명적
도약을 위해서는 교육의 장려와 민중교육, 교육제도의 개혁과 교육정신의 고
취가 필연적으로 요구된다는 점을 상기시킨다. 특히 람브루스키니는 농민들과
노동자들이 기계로 변하는 상황을 피해야 한다고 주장했다. 교사들과 부모들
을 대상으로 출판한 『교육자 지침서Guida dell'educatore』에서 그는 교육자와 피교육
자의 관계가 권위와 존중의 균형을 토대로 성립된다는 점을 비롯해 인문 교육
과 과학 교육이 조화롭게 병행되어야 한다는 점, 자연과의 접촉이 지니는 중요
성, 경험을 중시하는 교육 방식의 중요성 등을 강조했다.

　교육과정에 대한 논의 외에도 이탈리아에서는 교육 현장에서 의미심장한 시
도들이 이루어지는 양상을 보였다. 특히 1821년부터 크레모나의 초등학교 교
장으로 활동했던 페란테 아포르티(Ferrante Aporti, 1791~1858년)는 조교제도를 도입
하고 교사들의 교육에 적극적으로 관여하며 민중교육의 확산을 위해 노력했
다. 아포르티는 토리노의 교육 발전에도 크게 기여했고 토리노 대학에서 초등
학교 교사들을 위한 교육 방법론 과정의 강사로도 활동했다. 하층민의 요구에
특별한 관심을 기울이며 부분적으로는 페스탈로치의 관점을 수용했던 아포르
티는 무엇보다도 기본적인 교육 개념들의 이해를 도모하고 피교육자들의 도덕
적 감성 교육에 방향성을 부여할 수 있는 교육과정을 설계하는 데 몰두했다. 고
위층의 비판적인 시각에도 불구하고 그의 저서와 주장은 많은 이들의 지지를
얻었고 수많은 유치원의 설립이라는 결과로 이어졌다. 아포르티의 교수법은
내용을 전달하는 방식이 어느 정도 기계적이라는 단점을 지녔을 뿐 농민 사회
에서 초등학교조차 갈 기회가 없는 어린 학생들이 글쓰기와 읽기를 배우는 데
상당히 효과적이었다.

　19세기 말과 20세기 초 사이에 이탈리아에서는 유아교육 분야에서 의미심
장한 시도들이 이루어졌다. 로사 아가치Rosa Agazzi와 카롤리나 아가치Carolina Agazzi
자매는 이른바 '조무래기들의 학교scuola delle cianfrusaglie'라는 방법론을 개발했고

마리아 몬테소리(1870~1952년)는 1908년에 '어린이들의 집Casa dei bambini'을 설립
했다. 몬테소리의 학교는 상당히 견고하고 세분화된 교육학 이론이 체계적으
로 적용되었을 뿐 아니라 교육학의 자율성과 과학적인 방법론을 원칙으로, 아
울러 독창적인 교수법과 교사 교육 방식을 바탕으로 실현된 성숙하고 모범적
인 실례로 평가받았다.

몬테소리

마리아 몬테소리의 강한 개성은 그녀의 교육 방식이 성공을 거두는 데 결정적인 역할을 했지만 동시에 동일한 교육 방식의 적용을 가로막는 단점이기도 했다. 그녀와 똑같은 열정과 헌신의 자세를 지닌 교사들을 찾기가 쉽지 않았기 때문이다. 아이들을 가르치는 데 있어서 자유뿐만 아니라 규범과 훈련을 요구했던 그녀의 교육 방식은 비판자들마저 혼돈하거나 곡해하는 경우가 비일비재했다. 반면에 몬테소리가 제시했던 평화의 개념과 내면적 정숙의 개념은 그녀의 저서와 교육학 사상 전체를 이해하기 위한 해석의 열쇠로 간주된다.

몬테소리의 교육 방식은 피교육자가 탄생해서 성인이 되기까지의 모든 성장 과정에 관여한다. 하지만 교사는 아이 안에 내재하는 학습 욕구를 일깨우는 중재자에 지나지 않는다. 바로 그런 이유에서 교사는 뛰어난 관찰력을 지녀야 하고 적절한 교육 자료를 선택할 줄 알아야 할 뿐 아니라 어느 순간에는 입을 다물 줄도 알아야 한다.

몬테소리는 교육 혹은 성장 기간을 4단계로 구분했다. 2세에서 6세까지의 아이들에게 적용되는 1단계에서 교육은 감각의 훈련을 목표로, 아울러 적절한 환경에서 삶의 실용적인 측면과 사회성에 적응하는 훈련을 목표로 이루어진다. 이 단계에서 중요한 것은 운동, 시간, 가사, 자연과의 관계, 독립성, 침묵, 언어, 숫자, 공간, 소음과 소리, 색깔, 글, 자아 교육 등이다. 7세에서 12세까지 적용되는 2단계에서는 감각적인 차원의 교육에서 추상적인 차원의 교육으로 전이가 이루어진다. 선생은 중재자로 남지만 아이는 항상 어른의 실재를 확실하게 감지할 수 있어야 한다. 이 단계에서 다루어지는 주제들은 물, 화학, 천문학, 역사, 세계의 종교, 예술, 음악, 스카우트 운동 등이다. 마리아 몬테소리에 따르면, "어떤 실질적인 목표에 소용되는 수작업은 내면의 훈련에 도움을 준다. 자연스럽게 선택한 작업에서 손동작의 완성도가 높아질 때, 그리고 어려움을 극복하고 작업을 완성하려는 의지가 생성될 때, 의식은 단순한 작업 공정과는 완전히 다른 무언가로 풍부해진다. 이것이 바로 스스로의 가치에 대한 의식이다". 12세에서 18세까지 적용되는 3단계, 즉 청소년기는 "아이가 성인으로 혹은 사회의 구성원으로 성장하는 시기다. (…) 누군가와 관계한다는 것이 새로운 힘을 주고 에너지를 솟아오르게 만든다. 인간의 본성은 사고의 차원에서뿐만 아니라 행위의 차원에서도 사회적 삶을 필요로 한다".

마리아 몬테소리는 중·고등학교의 개혁을 강력히 요구했고 잉글랜드나 독일에서처럼 도시를 벗어난 공동체에서 이루어지는 교육체제를 적극적으로 지지했다. 아울러 몬테소리는 학생의 자유뿐만 아니라 안전도 중요하며, 건강 유지, 적절한 영양 보충, 도덕 교육, 개성의 표출 등이 중요한 요소라고 보았다. 18세에서 24세까지 적용되는 4단계에서 몬테소리는 젊은 청년이 자율적으로 행동하도록, 협력에 적극적이고 경제적으로 독립하기 위해 노력하도록 종용할 필요가 있다고 강조했다.

3

언어학

3.1 고전 문화의 유산

우리는 19세기 언어학의 결정적인 성과 내지 결론적 깨달음이라고 간주할 수 있는 두 가지 사고의 자취를 고대 그리스 문화와 라틴 문화의 전통에서 발견할 수 있다. 첫 번째는 모든 언어가 시간이 흐르면서 변화할 수밖에 없다는 생각이며, 두 번째는 동떨어진 시대와 지대의 상이한 언어들이 하나의 공통된 기원을 지닐 수 있다는 생각이다. 물론 고대 그리스와 로마에서는 어느 누구도 야만족의 언어에 대해 지적 차원의 관심을 기울이지 않았고 적절한 문헌학적 개념이 없어서 문화를 바라보는 거시적인 관점이 형성되기 힘들었기 때문에 이러한 생각들을 수용하거나 발전시킨다는 것이 사실상 불가능했다. 단지 소수파에 불과했던 에피쿠로스와 그의 제자들만이 이러한 생각을 수용하고 지지하면서 상이한 언어를 지닌 문화권들의 대등한 존엄성과 상대성을 인정해야 한다는 관점과 인류의 진화론이라는 과감한 시각을 제시했을 뿐이다. 실제로 이 두 가지 생각이 수용되기까지는 정신적이고 문화적인 차원의 뿌리 깊은 변화가

필요했다. 무엇보다도 타자의 언어에 대한 존중과 관심을 이끌어 낸 것은 그리
스도교의 전파 현상이었다. 실제로 외국어에 대해 관심을 기울이는 문화는, 에
피쿠로스학파를 제외하면, 그리스도교가 전파되지 않는 지대에서 전혀 찾아볼
수 없는 요소였고 반대로 교회의 중요한 특징들 가운데 하나였다.

　아울러 유럽의 지식인들이 뚜렷하게 인지한 상태에서, 라틴어가 여러 언어
로 분해되는 현상은 언어적 변화와 서로 다른 언어들의 친족관계를 증명하는
뚜렷한 근거를 구축한다. 근대 언어학이 정의하는 중세 유럽 언어의 특징들은
우구초네Uguccione da Pisa의 『유래어휘사전Derivationes』*이나 단테의 『속어론De vulgari
eloquentia』에 그대로 드러나 있다. 라틴어라는 단일어가 로망스어군의 다양한 언
어로 분해되는 과정은 언어의 변화에 관한 하나의 뚜렷한 모형을 제시했고 이
모형은 세기가 흐르면서 여러 언어에 관한 더 많은 정보와 지식들을 축적하고
활용할 수 있도록 해 주었다. 그런 식으로 언어의 다양성이 부분적으로나마 단
순화될 수 있다는 것이, 즉 수많은 언어들이 가능한 한 작은 수의 어족으로 축
약될 수 있다는 것이 분명해졌다. 어족이 생성 단계에서 유사성을 지닌 언어들
로 구성된다면 여러 어족의 기원에는 유일한 모체 언어, 즉 다양한 종류의 로망
스어가 라틴어에서 유래했듯이, 많은 언어의 기원이 되는 모어가 존재한다.

3.2 18세기의 논쟁

공학자이자 상징논리학의 창시자였고 수학자이자 뛰어난 문헌학자로서 다양
한 언어의 체계적인 연구에 커다란 중요성을 부여했던 독일의 철학자 고트프
리트 빌헬름 폰 라이프니츠(1746~1716년)는 마지막 저서이자 사후 반세기가 지
난 뒤에야 출판된 『인간의 지성에 대한 새로운 에세이Nouveaux Essais sur l'entendement

---

* 1190년부터 1210년 사망할 때까지 페라라의 주교로 활동했던 우구초네는 그리 널리 알려지지 않은 인물
이지만 중세 문화 연구 분야에서는 상당히 중요한 위치를 차지하는 법학자이자 언어학자다. 그의 『유래어휘
사전』은 모든 복합어들의 근간을 이루는 단순한 단어들의 주요 어근들을 알파벳순으로 정리한 사전이다.

humain』3권 2장에서 널리 알려진 수많은 언어들을 소수의 어족으로, 예를 들어 라틴어에서 유래하는 로망스어족, 게르만어족, 슬라브어족, 켈트어족, 핀우그리아어족(헝가리아어, 핀란드어), 셈어족(아랍어, 히브리어) 등으로 분류했다. 그런 식으로 산스크리트어와 고대 인도어, 유럽의 고대어와 근대어들 사이의 유사성에 관한 근시안적이고 비과학적인 연구 방식에서 벗어나 시간상으로나 공간상으로나 거리가 먼 언어들 사이의 친족관계에 주목하는 보다 체계적인 언어 연구가 시작되었다. 결과적으로 외견상 무관해 보이는 언어들도 다른 언어들과 함께 하나의 공통된 언어에서 유래한다는 사실을 토대로 동일한 어족에 포함될 수 있었다. 라이프니츠로부터 영감을 얻은 당대의 독일 언어학자들은 게르만어족 언어들을 연구하기 위해 자료를 수집하고 해석하며 여러 언어의 특징들에 대한 탁월한 설명 방식을 개발했고 당시에 알려져 있던 세계 각국의 언어들을 분류하고 목록을 체계화하는 데 주력했다. 이러한 정황에서 두각을 나타냈던 요한 크리스토프 아델룽(Johann Christoph Adelung, 1732~1806년)은 방대한 분량의 유작『미트리다테스 혹은 언어에 관한 일반적인 지식*Mithridates, oder allgemeine Sprachenkunde*』(1806~1817년)을 남겼다. 이 연구서를 비롯해 시몬 드 시스몽디Simonde de Sismondi나 토크빌 같은 저자들에 의해 진행된 일반적인 역사-언어학적 탐구의 결과에서 부각된 것은 다양한 언어의 다양한 시대적 상황과 언어현상 및 언어의 역사적 변화 과정을 연구하고 이해하기 위한 방법론적 열쇠가 다름 아닌 '비교Vergleichung'에 있다는 확신이었다. 이러한 입장을 문헌학, 법학, 역사학에 관한 방대한 학문적 경험을 토대로, 누구보다도 적극적으로 표명했던 인물이 바로 빌헬름 폰 훔볼트다.

　18세기 후반 인도가 잉글랜드의 식민지였을 당시 콜카타의 고등법원 판사였고 고대 라틴어와 그리스어뿐만 아니라 페르시아어와 수많은 동양 언어들에 대한 해박한 지식의 소유자였던 윌리엄 존스(1746~1794년)는 신성한 언어로 간주되는 고대 인도의 산스크리트어와 유럽의 고대 및 근대 언어들 사이에 뚜렷한 유사성이 존재하며 놀랍게도 이를 증명하는 예들이 독립적이거나 예외적이지 않고 오히려 체계적인 연관성을 드러낸다는 점에 주목했다. 왕립아시아학회Royal Asiatic Society의 창설자인 존스는 자신이 발견한 사실들을 토대로 1786년 2월 2일 학회 개강 연설에서 산스크리트어에 대해 다음과 같은 학술적 견해를 발표했다. "산스크리트어는 오래된 언어라는 사실과는 무관하게 상당히 놀라운 구조를 지닌 언어다. 그리스어보다 완벽하고 라틴어보다 풍부하며 이 두 언어보다 훨씬 더 우아한 산스크리트어는 그럼에도 불구하고 동사들의 어근뿐만 아니라 문법적 형식의 차원에서 우연이라고는 보기 힘들 정도로 그리스어, 라틴어와 많은 유사성을 보여 주는 언어다. 이러한 유사성은 극명하게 드러나며, 따라서 어떤 문헌학자도 연구에 임하면서 이 세 언어가 동일한 기원을 가지고 있으리라는 느낌을 피할 수 없을 것이다. 명확함의 정도에 있어서는 이러한 경우들에 미치지 못하지만 비슷한 이유에서, 켈트어족은 물론 고트어족 역시, 상당히 이질적인 관용어들이 뒤섞여 있음에도 불구하고, 사실은 산스크리트어와 동일한 기원을 지녔다고 볼 필요가 있다. 고대 페르시아어 역시 동일한 어족에 속하는 것으로 보인다." 결과적으로 라틴어-로망스어군의 패러다임은 상당히 방대한 어족으로, 즉 브리튼 제도의 켈트어족 지대에서 인도, 스칸디나비아에서 지중해에 이르는 영역으로 확장되었고 이 언어군의 명칭은 인도켈트어족, 인도게르만어족, 아리안유럽어족으로 불리다가 결국 인도유럽어족이라는 용어로 통일되었다. 공통분모의 역할을 하는 모체 언어가 존재했으리라는 가정을 충족하는 것은 다름 아닌 라틴어였다.

존스는 자신의 생각이 널리 수용되는 것을 보지 못한 채 세상을 떠났다. 20년이 지난 뒤에야 존스의 가설은 프리드리히 슐레겔이 1808년에 『인도인들의 언어와 지혜에 관하여』를 출판하면서 다시 논의되며 화두로 떠올랐다. 슐레겔의 해석에서 영감을 얻은 프란츠 보프(Franz Bopp, 1791~1867년)는 교수들의 권고로 몇 년간 파리에서 머물며 상당한 분량의 산스크리트어 문헌들을 접했고 인도유럽어족 언어들의 동사 형태에 대한 체계적인 비교 연구에 몰두할 수 있었다. 보프는 이 연구 결과를 프랑크푸르트에서 1816년에 『그리스어, 라틴어, 페르시아어, 독일어의 격변화와 비교한 산스크리트어의 격변화 체계에 관하여*Über*

das Conjugationssystem der Sanskritsprache in Vergleichung mit jenem der griechischen, lateinischen, persischen und germanischen Sprache』라는 제목으로 출판했다. 2년 전에 코펜하겐에서 출판된 또 한 권의 중요한 인도유럽어족 연구서『고대 북부 언어 혹은 아이슬란드어의 기원에 관한 연구*Undersøgelse om det gamle Nordiske eller Islandske Sprogs Oprindelse*』의 저자 라스무스 크리스티안 라스크(Rasmus Christian Rask, 1797~1832년)는 여러 언어들 간의 친족관계를 증명하기 위해 언어 비교 자체의 타당성을 보장할 수 있는 음절 혹은 음소들 간의 체계적인 상응관계를 식별하는 과정이 필요하다고 보았고, 그런 식으로 게르만어족 언어의 자음들과 라틴어, 그리스어, 산스크리트어의 자음들 사이에 모종의 체계적인 관계가 존재한다는 것을 증명해 보였다. 이 관계를 뒤이어 야콥 그림은 다름 아닌 '자음추이Lautverschiebung'라는 이름으로 불렀다.

3.3   역사학적 언어학의 탄생

18세기의 언어학 토론과 산스크리트어의 발견 이후, 라스크나 그림 같은 19세기의 언어학자들은 역사학적 언어학의 체계적인 정립을 시도했다. 이들은 상이한 언어들 사이에 존재하는 생성 단계에서의 유사성, 즉 여러 언어들의 공통된 기원을 가정하도록 만드는 유사성이 그저 여기저기에서 나타나는 단어들 간의 근접성이 아니라 체계적인 상관관계를 바탕으로 정립되어야 한다고 보았다. 이러한 상관관계 덕분에 일련의 음소들은, 실제의 소리가 다른 경우에도, 구조적인 연관성을 지닌다고 볼 수 있었고 이러한 체계적인 성격 덕분에 공통된 어근의 가설을 정당화할 수 있었다. 이러한 기준에 따라, 예를 들어 산스크리트어의 bharami, 그리스어의 phéro, 라틴어의 fero, 독일어의 boren이, 혹은 독일어의 feuer와 그리스어의 pyr가 동일한 어근을 지니는 것으로 간주되었다. 여기서 분명하게 드러나는 연관성은 단어들이라기보다는 언어형태론적인 요소들, 즉 어형 변화나 합성어 형성 과정, 단어의 유래 경로, 한 언어의 형식적인 요소들과 문법적 범주들이 결정되는 과정과 관련된 요소들과 직결된다. 언어 사용자들은 단어들을 한 언어에서 또 다른 언어로 전이시키지만 어미변화 내용이나 접요사들 혹은 단어들의 유래 방식을 전이시키는 경우는 거의 없다. 이러한 원칙들을 기준으로 윤곽이 드러난 인도유럽어족에는 켈트어족, 게르만어족(고대 고트어, 독일어, 영어, 네덜란드어, 아이슬란드어), 이탈리아어족(오스코-움브리아어족, 라틴어, 로망스어족 언어들), 지금은 존재하지 않는 메사피아어족과 베네토어족, 일리리아어족(알바니아어), 고대 그리스어, 비잔틴 그리스어, 근대 그리스어, 발트어족(리투아니아어, 라트비아어), 슬라브어족(불가리아어, 체코슬로바키아어, 폴란드어, 러시아어, 슬로베니아어, 세르보크로아트어), 아르메니아어, 인도이란어족(아베스타어, 고대 페르시아어, 중세 페르시아어, 근대 페르시아어, 베다어, 산스크리트어, 팔리어와 중세 인도의 또 다른 인도유럽어족 언어, 힌디어와 근대 인도의 또 다른 인도유럽어족 언어들), 토하라어, 히타이트어가 속한다. 아울러 셈어족 언어들도 언어 생성 단계에서 모체가 되는 단일한 언어에서 유래했음이 확인되었다. 시간이 흐르면서 19세기와 20세기 사이에는 또 다른 종류의 수많은 어족들, 예를 들어 캅카스어족, 우랄-알타이어족, 함어족, 중국-티베트어족, 바스크어, 에트루리아어 등이 윤곽을 드러냈고 상대적으로 일본어, 한국어, 바스크어, 에트루리아어 같은 언어들은 생성 단계에서 다른 언어와 확실한 유사성을 지니지 않는 것으로 드러났다.

3.4   언어 과학으로서의 언어학

그렇게 해서 언어들 사이의 유사성은 물론 다양한 어족에 포함되는 언어들의 발전 경로를 연구하면서 수많은 언어들을 개별적으로 분석하고 정의하는 방대하면서도 세밀한 작업이 시작되었다. 예를 들어 언어들의 문법적 구조와 구문론적 구조, 단어들의 뜻과 음운론을 비롯해 시공간적인 차원에서 언어들이 변화하는 과정과 각 언어의 발전 성향을 다루는 연구가, 고대에서 근대에 이르는 다양한 시대의 문헌들을 체계적으로 검토하고 모든 관련 자료들을, 기록된 문헌뿐만 아니라 가능할 경우 구어나 문학작품 혹은 대중적인 성격의 사료들까지 참조하며 이루어졌다. 오늘날에도 여전히 계속되고 있고 결론을 상상조차하기 힘든(오늘날 사용되고 있는 언어의 수는 대략 7,000개에 달한다) 이 작업이 사실상 새롭고 자율적인 탐구 영역으로 발전하기 시작한 것은 19세기 전반부터다. '언어학'이라는 통칭으로 번역될 수 있는 이 연구 분야를 독일에서는 'Sprachwissenschaft' 혹은 Linguistik이라고 불렀고 프랑스에서는 1826년부터 Linguistique, 몇 년 뒤 잉글랜드에서 Linguistics, 이탈리아에서 1839년부터 Linguistica, 1867년부터 Glottologia라는 용어를 사용했다. 특히 Glottologia라는 용어는 '말소리의 과학'이라는 뜻으로 일찍이 1798년부터 통용되었다. '언어학'을 에스파냐에서는 Lingüística, 러시아에서는 Jazykoznanije, 일본에서는 言語言葉이라고 불렀다.

이 새로운 학문은 상당수의 나라에서 상이한 유형의 저항에 부딪혔다. 예를 들어 이탈리아에서 언어학은 초기에 '독일인들이나 하는' 학문으로 간주되었다. 반면에 카를로 카타네오 같은 철학자는 젊은 후학들을 격려하며 언어학의 연구와 발달을 지지하고 추진하는 데 기여했다. 언어학 연구가 지연되거나 저항에 부딪히는 현상은 잉글랜드에서도 일어났지만 슬라브족 국가나 일본, 북유럽, 독어권 국가에서 언어학은 반대로 자연스럽게 수용되는 양상을 보였다. 하지만 언어학에 대한 지나친 관심은 오히려 커다란 오해로 이어지는 결과를 낳았다. 여러 언어들이 생성 단계에서 공통분모를 지니고 있었으리라는 가정은 이론적 근거와 타당성을 지니고 있었지만 여기서 공통된 언어가 존재했다면 그 언어를 사용했던 민족도 존재했을 수밖에 없다는 의견이 대두되었다. 사람들은 상상의 나래를 펼치면서 이 민족이 어디서 살았는지 이야기했고 서쪽에서 동쪽으로 대규모의 집단이 이주했으리라는 가설을 두고 열띤 토론을 벌였다. 심지어는 언어만으로 동방과 서방을 정복한 신화적인 민족의 우월성을 주장하는, 결코 솔직하다고 볼 수 없는 의견들이 대두되었다. 유럽의 그리스도교세계에 남아 있던 반유대주의와 인종차별주의는, 이러한 정황에 힘입어, 민족적 우월성을 신화적으로 포장하고 심지어는 이 신화에 과학적인 성격까지 부여하는 비열한 행보를 보였다. 물론 카를로 카타네오를 비롯해 여러 학자들은 이러한 태도를 신랄하게 비판했지만 이 신화는 불행하게도 지식인들의 비판을 거뜬히 이겨 냈다. 19세기 후반에 몇몇 언어학자들은 커다란 오류를 범하기도 했다. 언어학적 비교를 토대로 고대어를 재현하는 것이 충분히 가능하다고 믿었던 독일의 저명한 언어학자 아우구스트 슐라이허(August Schleicher, 1821~1868년)는 1868년 자신이 재구성한 인도유럽어로 번역된 한 편의 우화를 소개하면서 이 우화를 단순한 실험이 아니라 신빙성이 있는 가설의 형태로 제시했다. 하지만 라틴어의 경우를 살펴보면 슐라이허가 잘못된 길로 접어들었다는 것이 그대로 드러난다.

예를 들어 우리가 라틴 문학의 풍부한 문헌들을 조금도 참조할 수 없으며 아는 것도 로망스어족의 언어들뿐이라고 가정하자. 언어학적인 차원에서, 우리는 말소리들, 격변화, 문법, 단어들 사이에 성립되는 체계적인 상관관계의 예가 너무 많기 때문에 하나의 공통된 언어적 기원을 상정하지 않을 수 없으며, 결과적으로 원천어의 몇몇 특징들을 가능한 한도 내에서 재구성할 수 있다고 확신할 수 있다. 하지만 우리가 재구성하는 것은 과연 무엇인가? 분명한 것이 있다면 그것은 우리가 살아남아 있는 것만 재구성할 수 있다는 사실이다. 따라서 우리는 공통분모가 되는 고대어를, 라틴어의 명사변화나 형용사변화 없이, 미래분사나 수동태 없이, 문장을 구성하는 데 기둥 역할을 하는 접속사 없이 재구성해야 한다. 결국 우리는 실제의 라틴어와는 판이하게 다른 결함투성이의 언어를 얻게 될 것이다.

아울러 우리는 로망스어족의 언어들 사이에서 나타나는 상관관계들, 예를 들어 복합시제 같은 요소들을 재구성된 라틴어에 적용할 수밖에 없을 것이다. 바로 여기에 슐라이허와, '시간'의 요소를 소홀히 한 언어학자들의 사실상 가장 커다란 오류가 있다. 결국 우리는 결함투성이인 동시에 과잉 상태의 괴물 프랑켄슈타인 같은 언어를 얻게 될 것이다. 따라서 최근에 발생한 언어적 요소들 사이의 상관관계는 고대의 요소들을 재구성할 때 동일한 상관관계의 공시태적인 차원에 투영되어야 한다. 우리가 살펴본 라틴어의 예는 슐라이허의 우화가 여러 언어의 공통분모로 기능했을 고대 인도유럽어의 실제 모습과는 거리가 멀 수밖에 없다는 것을 깨닫게 해 준다. 중요한 것은 재구성된 인도유럽어가 다양한 언어들을 개별적으로 연구하는 데 어떤 식으로든 유용한 도구로 쓰일 수는 있지만 역사적 언어의 현실을 충실하게 설명해 줄 수 있는 것은 아니라는 사실이다. 재구성된 고대어는, 언어학자 안토니노 팔리아로Antonino Pagliaro의 표현대로 "사실적인 허구"에 가깝다. 이는 조금도 유연하지 않은 물체와 완벽하게 유연한 물체가 실제 사물들의 신축성을 측정하는 데 극단적인 경우의 척도로 유용하게 쓰일 수 있는 것과 마찬가지다.

4

과학적 심리학의 탄생

4.1 심리학과 철학

19세기 초반까지만 해도 심리학은 철학의 일부에 불과했다. 아리스토텔레스에서 토마스 아퀴나스Thomas Aquinas, 데카르트, 로크, 칸트에 이르기까지 철학자들은 철학적 성찰의 상당 부분을 심리적인 문제와 심리의 기능에 할애해 왔다. 심리적인 차원의 내면세계를 이해하기 위한 철학자들의 기본적인 접근 방식은 '내면 성찰' 혹은 '자기 관찰'이었고, 심리의 세분화된 기능들, 즉 느낌, 감각, 기억력, 상상력, 사고력과 관련된 이론들 역시 철학자의 '내면 성찰'이라는 작업을 통해 구축되었다.

'감정'의 탐구 역시 동일한 '내면 성찰'을 통해 전개되었다. 인간의 심리는 하나의 독립된 현상으로, 특히 동물세계가 지니는 상이한 형태의 심리적 삶과 동떨어진 것으로 간주되었다. 많은 철학자들은 인간의 심리가 예를 들어 '영혼'이라는 용어를 사용할 때 부각되는 정신적인 차원, 특히 '영혼의 불멸성'처럼 형이상학적인 성격의 문제들을 동반하는 정신적인 차원에 속한다고 보았다.

  반면에 19세기 후반에 들어서면서 심리적 과정을 어떤 형이상학적인 문제와
도 무관한 것으로 간주하고 인간의 심리를 독립적으로 다루려는 이론적인 성
향의 탐구가 무르익기 시작했다. 이처럼 보다 진지하고 새로운 관점에서, 학자
들은 자연과학에 고유한 실험적 방법론을 토대로, 아울러 탐구자에 의해 변형
될 수도 있는 심리적 특징들 사이에서 불변하거나 지속적인 관계들을 찾아내
는 방식으로 심리학을 탐구하기 시작했다. 크게 두 가지 요인이 이 독립적이고
과학적인 심리학의 발전에 결정적인 영향을 끼쳤다. 이 두 요인은 신경계와 뇌
기능에 관한 연구의 괄목할 만한 성과와 찰스 다윈(1809~1882년)의 진화론이다.
  19세기 후반에 학자들은 뇌 손상 환자들에 관한 연구 결과를 바탕으로 특정
사고기능에 특화된 '뇌 영역'이 존재한다는 것을 분명하게 보여 주었다. 예를
들어 폴 브로카Paul Broca는 1861년에 대뇌 좌반구 하측 전두엽의 일부가 언어 능
력의 생산에 관여한다는 것을 밝혀냈고, 카를 베르니케Carl Wernicke는 1874년에
측두엽의 일부가 언어의 이해와 파악에 관여한다는 것을 밝혀냈다. 아울러 19
세기 말에 이루어진 카밀로 골지(Camillo Golgi, 1843~1926년)와 산티아고 라몬 이
카할(Santiago Ramón y Cajal, 1852~1934년)의 신경세포 구조에 관한 연구를 비롯해 신
경세포들 사이의 신경전도에 관한 연구 결과 역시 심리적인 과정을 이론화하
기 위한 생리학적 근거들을 범주화하는 데 크게 기여했다. '뇌 영역'에 관한 가
장 체계적이고 중요한 저서가 데이비드 페리어(David Ferrier, 1843~1928년)의 『뇌
의 기능The Functions of the Brain』(1876년)이라면 찰스 스콧 셰링턴(Charles Scott Sherrington,
1857~1952년)이 『신경계의 보완 작용The Integrative Action of the Nervous System』(1906년)에서
제시한 것은 신경생리학과 심리학의 관계에 관한 수많은 토론의 핵심 주제, 즉
'신경계의 기능'에 대한 보편적인 이론이었다. 페리어와 셰링턴은 모두 신경회
로들이 복잡하게 얽혀 있다는 사실을 바탕으로 심리의 전개 과정을 설명할 수
있다고 보는 환원주의적인 성격의 견해를 지지했던 인물들이다.
  이와는 전혀 다른 방식으로 러시아의 생리학자 이반 파블로프(Ivan Pavlov,
1849~1936년)는 1901년부터 '조건반사'에 관한 연구를 시작했다. 파블로프는 조
건반사라는 현상을 설명하기 위해 일종의 '보완 활동'이 전제되어야 한다고 보

았고 이 보완 활동이 일반적인 형태의 신경 활동을 근거로는 정의될 수 없기 때문에 이를 "고차신경 활동"이라고 불렀다. 조건반사의 실례로 가장 많이 거론되는 것은 흔히 '파블로프의 개'라고 부르는 실험이다. 파블로프에 따르면, 개의 혀와 먹이의 접촉으로 인해 분비되는 타액은 무조건적인 반사의 결과이자 동물의 생존을 목적으로 고정되어 있는 선천적이고 자연적인 메커니즘의 결과다. 반면에 개가 먹이를 취할 때마다 학습을 통해 인지한 특별한 상황, 예를 들어 불이 켜지는 상황이 주어질 때 동일한 반응을 보이며 타액을 분비하는 경우, 타액은 분명히 조건반사의 결과라고 볼 수 있다. 즉 동물이 자연적인 메커니즘의 발동에 앞서 그것을 예상하며, 동일한 반응을 보이도록 하는 것이 조건반사다.

다윈의 진화론 역시 19세기 말의 심리학적 개념들을 중심으로 발달한 두 가지 관점의 형성에 결정적인 영향을 끼쳤다. 무엇보다도 신경계, 특히 뇌의 발달과 밀접한 관계를 유지하며 진행되는 사고 기능의 변화 과정 속에서 정신의 점진적인 진보가 이루어진다는 생각이 다름 아닌 진화론의 영향으로 널리 확산되었다. 이러한 관점을 소개하는 데 가장 큰 역할을 한 저서는 조지 존 로마네스(George John Romanes, 1848~1894년)의 『동물의 지성 Animal Intelligence』(1882년)이다. 아울러 서로 다른 종들 간의 관계나 먹고 먹히는 먹이사슬 관계 혹은 환경에 적응할 목적으로 다양한 종들이 취하는 행동 유형들이 주목받는 가운데 다윈은 『인간과 동물의 감정 표현 The Expression of the Emotions in Man and Animals』(1872년)에서 동물과 인간의 세계에서 나타나는 감정적인 차원의 반응이나 경험의 소통 방식을 이론화했다. 이 저서는 오늘날에도 모든 인간의 얼굴 표정에서 나타나는 기초적인 감정들을 연구하는 학자들이 반드시 참조해야 하는 책이다.

4.2 실험심리학

심리학 분야에서 시도된 첫 번째 실험들의 자취를 찾아볼 수 있는 책은 구스타프 테오도어 페히너(Gustav Theodor Fechner, 1801~1887년)가 기초적인 감각과 지각의 심리학을 구축하며 1860년에 출판한 『정신물리학 원론*Elemente der Psychophysik*』
이다. 이 책에서 페히너는 충동이나 자극의 물리적인 특징과 감각기관이 이러
한 충동을 수용할 때 결과로 주어지는 느낌 사이의 관계를 연구했다. 페히너는
기본적인 정신물리학적 '관계'를 정의하는 이른바 '베버-페히너의 법칙', 즉 감
각 강도가 자극 강도에 비례한다는 법칙을 세우는 데 결정적으로 기여했다. 페
히너는 '절대 식역absolute threshold', 즉 자극에 의해 발생하는 물리적 에너지의 최
소량이 주어질 때에만 감각기관이 기능이 발휘된다는 것을 보여 주었다. 이 '절
대 식역'의 단계들을 정립하기 위해 도입된 다양한 정신물리학적 방법론들이
오늘날에도 지각 활동 연구에 여전히 활용되고 있다. 예를 들어 '적응 수정 방
법'*은 감각의 주체가 자극의 강도를 조절하며 자극이 더 이상 감지되지 않는
지점을 식별할 수 있다는 것을 보여 준다. 예를 들어 음향기기의 볼륨이라는 장
치도 이러한 방법론적 원칙을 적용해 어느 지점 이하로는 소리가 들리지 않도
록, 동시에 이를 기점으로 음량을 조절할 수 있도록 고안되었다. '절대 식역' 외
에 '차별 식역differential threshold' 역시 깊이 연구된 분야들 가운데 하나다. 두 종류
의 자극 사이에 존재하는 최소한의 변화를 토대로 정립되는 '차별 식역'은 차이
를 식별하기 힘든 두 종류의 소리가 동일한 강도를 지니는지 상이한 강도를 지
니는지 감각의 주체 입장에서 식별할 수 있다는 것을 보여 준다.

　1879년에는 빌헬름 막스 분트(Wilhelm Max Wundt, 1832~1920년)가 최초의 실험심
리학 연구소를 라이프치히에 설립했다. 분트는 이곳에서 청각, 시각, 촉각, 후
각의 정신물리학을 다양한 각도에서 연구했고 그의 연구는 19세기 말에 출판
된 새로운 심리학 교재들의 내용이 적어도 감각과 지각을 다루는 장에서만큼
은 훨씬 더 풍부해지는 결과로 이어졌다. 분트의 연구소에서 정신물리학적 실
험을 실질적으로 진행했던 이들은 유럽 출신이거나 미국에서 건너온 젊은 학

---

* 정신물리학에서 적응 수정 방법은 자극의 양이 지속적으로 증가할 때 감각의 불연속적인 변형이 일어나
며 이러한 감각의 변형이 감각 자체의 양적 증가와 일치한다는 것을 전제로 성립된다. 어떤 느낌에서 또 다
른 느낌으로 전이가 이루어질 때 발생하는 것은 사실상 질적인 차원의 차이지만 이를 양적인 차원의 차이
로 해석하는 것이 바로 적응 수정 방법이다.

생들이었다. 이 학생들이 바로 연구 과정을 마친 뒤 고향으로 돌아가 각 나라에 새로운 실험심리학 연구소를 설립했던 이들이다.

그런 식으로 자연스럽게 연대를 형성한 심리학자들은 주기적으로 열리는 학술대회를 통해 결속을 도모하면서 많은 학자들과 연구자들의 참여를 자극하고 호응을 얻는 데 성공했다. 1889년에는 실험심리학을 주제로 최초의 국제 학술대회가 파리에서 열렸고 2차 학회가 1892년 런던에서 열렸다. 특히 1905년에 로마에서 열린 다섯 번째 학회는 괄목할 만한 학문적 성과를 이루고 사회적으로 커다란 반향을 일으켰기 때문에 중요한 의미를 지닌다. 이탈리아에서는 최초의 실험심리학 연구소가 1903년 피렌체 대학에 설립되었고 2년 뒤에는 토리노 대학, 로마 대학, 나폴리 대학에 실험심리학과가 개설되었다.

실험심리학자들은 감각과 지각 외에 기억과 사고의 메커니즘에도 특별한 관심을 기울였다. 헤르만 에빙하우스(Hermann Ebbinghaus, 1850~1909년)는 『기억에 관하여 Über das Gedächtnis』(1885년)에서 일련의 새로운 실험절차들을 도입했고 실험심리학자들은 오랫동안, 적어도 20세기 전반부에는 줄곧 동일한 절차들을 활용했다. 에빙하우스에 따르면, 기억의 메커니즘을 파악하기 위해서는 감각의 주체가 경험해 본 적이 없는 종류의 자극에 주목할 필요가 있었다. 예를 들어 에빙하우스는 감각의 주체에게 아무런 의미가 없는 음절들을 제시한 뒤 어떤 요인들이 이 음절들을 기억하는 데 주요하게 작용하는지 파악하려고 노력했다. 에빙하우스는 그런 식으로 기억의 메커니즘을 지배하는 다양한 법칙들, 예를 들어 기억해야 할 음절들의 목록이 길면 길수록 기억하기 위해 반복해서 읽는 횟수도 늘어난다는 사실을 밝혀냈다. 더 나아가서 에빙하우스는, 자신이 밝혀낸 '망각 곡선'을 기준으로, 기억되었던 것들의 60퍼센트 정도가 이를 이해하자마자 곧장 기억 속에서 사라지며 처음에 이해했던 내용의 30퍼센트만 기억으로 살아남는다는 결론을 이끌어 냈다.

4.3 사고심리학

사고심리학자들은 19세기 말부터 대략 1910년까지 뷔르츠부르크 대학을 중심으로 중요한 학문적 성과를 이루어 냈다. 이들은 산술적 문제를 해결하는 데 소용되던 사고 과정을 감각 주체에게 말로 상세하고 세밀하게 표현할 것을 요구하는 실험을 시도했다. 그런 식으로 감각 주체의 이른바 '언어적 규약들protocolli verbali'을 검토하고 대조하면서 사고 주체가 문제를 해결하기 위해 동원했던 사고의 경로와 법칙이 과연 무엇이었는지 밝혀내려고 노력했다.

19세기 후반에 학문적인 차원에서 가장 중요한 심리학 저서로 간주되던 책은 미국의 철학자이자 심리학자인 윌리엄 제임스(William James, 1842~1910년)의 『심리학 원리The Principles of Psychology』다. 제임스는 분트의 영향으로 인해 당대의 심리학에 각인된 실험적인 성격과 구도의 가치를 인정하고 수용했지만, 실험심리학적 탐구 영역에서 결정적으로 벗어나는 듯이 보이는 몇 가지 심리 과정에 주목하며 이를 이론화하는 데 성공했다.

제임스는 특히 '의식'을 감각, 지각, 이미지, 감정, 생각 등이 서로 끊임없이 경쟁하고 뒤섞이며 만들어 내는 일종의 '흐름'으로 간주했다. 제임스는 개인이 내면적으로 경험하는 이 '의식의 흐름'이 일종의 심리적 현실이며 재현될 수 없고 지나치게 주관적이기 때문에 실험적인 탐구의 대상으로 고려될 수 없다고 주장했다.

제임스가 이러한 기능주의 심리학을 대표하는 철학자였다면 에드워드 티치너(Edward Titchener, 1867~1927년)를 중심으로 성장한 구조주의 심리학은 제임스의 기능주의와 대적하는 양상을 보였다. 기능주의 심리학이, 다윈의 영향하에, 뇌가 환경에 적응하며 발휘하는 기능을 중요시했던 반면 구조주의 심리학은 심리 과정의 구조적인 형태에 집중하는 경향을 보였다. 티치너는 실험심리학을 체계화할 목적으로 실험 도구와 실험 과정까지 화보로 상세하게 소개하는 교재 『실험심리학Experimental Psychology』(1901~1905년)을 집필했다.

4.4 정신병리학

19세기에는 정신질환의 연구 및 치료 영역에서도 근본적인 변화가 일어났다. 당시에는 정신병원이나 요양원이 표명하던 이른바 '공인 정신의학'의 입장을 존중하며 정신병을 뇌의 손상에서 비롯된 질환으로 간주하는 것이 보통이었다. 병의 유기체적 성격에 주목하는 정신의학 분야의 대가였던 독일의 정신의학자 에밀 크레펠린(Emil Kraepelin, 1855~1926년)은 특정 장애에 유기적인 원인, 예를 들어 출산 도중에 입은 뇌 손상이나 유아기의 감염력, 뇌종양 등의 원인을 부여하면서 다양한 형태의 정신질환을 계통별로 분류했다. 결과적으로 병원에 입원한 정신질환 환자들은 의학적인 차원의 치료를 받았다.

하지만 19세기 말에 들어서면서 정신의학자들은 이러한 정신질환 계통학의 경직된 성격과 유기체적인 차원의 환원주의를 비판하기 시작했다. 왜냐하면 특정 질환이 원칙상 유일한 유기체적 원인으로 환원된다는 것을 받아들일 수 없었고, 무엇보다도 특정 질환이 다양한 유형의 유기체적 병인에 의해 발생할 수 있을 뿐 아니라 특정 병인 역시 다양한 유형의 질환을 유발할 수 있었기 때문이었다.

이러한 과도기적 상황에서 특별히 중요한 요소로 부각되었던 것이 바로 환자의 존재다. 환자는 더 이상 정신병리학적 계통학이 분류하는 특정 질환의 실례나 물리적 단서가 아니라 대체가 불가능한 개인사와 병력을 지닌 특별한 존재로 간주되었다. 결과적으로 정신의학자들은 정신질환 자체를 종전과는 다른 관점에서 이해하기 시작했고 환자를 추상적인 대상이나 무수히 많은 병적 실례들 가운데 하나가 아니라 고통 받는 존재이자 고유의 특별한 질환에 특화된 방식으로 치료를 받아야 할 존재로 인식하기 시작했다. 이처럼 '유기체적 정신의학'을 반대하며 등장했던 것이 바로 '역동정신의학'이다. 역동정신의학에서 강조되는 것은 환자의 개성이며, 특히 정신질환은 심리적인 원인에서 비롯된 신경기능의 변형으로 간주된다. 하지만 정신병리학 분야에서 이처럼 심리적 역동성에 주목하는 관점은 고유의 역사를 지니고 있었고 '최면'과 심리학적 '암시'에 관한 연구 결과들을 토대로 18세기 말부터 19세기를 거쳐 서서히 발전했다.

19세기 말에는 프랑스에서 낭시Nancy학파의 창시자 이폴리트 베르나임 (Hippolyte Bernheim, 1840~1919년)과 살페트리에르Salpêtrière학파의 창시자 장 마르탱 샤르코(Jean Martin Charcot, 1825~1893년)가 최면과 암시에 대한 상반된 해석을 제시하는 상황이 전개되었다. 샤르코는 최면을 최면술사에 의해 환자의 신경계 내부에서 발생하는 생리적인 차원의 변형으로 간주한 반면 베르나임은 암시와 최면이 심리치료사와 환자의 관계에 의해 결정되는 일종의 심리학적 과정이며 이것이 곧 심리치료 자체의 기반을 구축한다고 보았다.

정신의학자 피에르 자네(Pierre Janet, 1859~1947년)는 히스테리와 다중인격 연구를 바탕으로 최면과 관련된 모든 문제들을 전반적으로 조명했던 인물이다. 자신의 탐구와 치료 방식을 "심리학적 분석"이라고 명명했던 자네는 초기 단계에서 "무의식의 차원에 고정되어 있는 생각들" 때문에 환자들에게서 나타나는 징후들을 분석하고, 두 번째 단계에서 이러한 고정관념들을 생산해 낸 정신적 외상의 흔적을 최면으로 찾아낸 뒤 이를 토대로 외상을 제거하고 환자의 심리적 회복을 꾀하는 것이 가능하다는 것을 보여 주었다.

역동적인 정신의학과 심리치료의 현장에서 최면을 활용하는 방식이 보다 완전한 형태의 구도를 갖추게 되는 것은 프로이트(Sigmund Freud, 1856~1939년)의 저서를 통해서다. 지그문트 프로이트가 1895년에 출판한 『히스테리 연구Studien über Hysterie』에서 직접 언급한 것처럼, 그는 히스테리 증세를 생산해 낸 정신적 외상의 흔적을 무의식의 세계로부터 끌어내기 위해 최면술을 사용했다. 프로이트에 따르면, 최면에 걸려 있는 동안 환자는 유아기에 겪은 정신적 외상의 단서를 드러내며 일종의 카타르시스적인 단계를 거쳐 자신의 정신질환으로부터 자유로워진다. 프로이트가 처음으로 다루었던 히스테리 환자 안나 오Anna O가 바로 이런 경우에 속한다.

프로이트는 최면의 심리치료 효과에 대한 성찰의 단계를 거치면서 당대의 정신병리학으로부터 멀어졌고, 결과적으로 '정신분석'이라는 새로운 이론을 구축하기에 이르렀다. 프로이트가 이 '정신분석' 이론의 기본적인 요소들을 설명한 책이 바로『꿈의 해석*Die Traumdeutungquasi*』(1900년)이다. 이 책을 출판하면서 프로이트는 심리학 역사의 새로운 장을 열었다. 여기서 프로이트는 환자의 역동적 심리를 이해하고 그가 지닌 정신질환의 생성 과정을 재구성하기 위해 새로운 출처의 정보에 주목할 것을 제안했다. 프로이트가 정신분석을 처음으로 다룬 저서『꿈의 해석』에서 꿈의 내용을 활용했다면 후속 저서들, 특히『일상생활의 정신병리*Zur Psychopathologie des Alltagslebens*』(1901년)에서 프로이트는 환자의 심리적 문제점들을 파악하는 데 필요한 '단서들', 예를 들어 '말실수', '망각', '자유연상' 등을 적극적으로 활용했다. 아울러 정신병리학에서는 환자가 심리치료사의 암시에 수동적으로만 반응했지만, 심리분석에서는 심리치료사의 질문에 능동적으로 대응하며 대화에 적극적으로 참여하는 모습을 보인다.

　프로이트는 정신병리학뿐만 아니라 심리의 구조 및 기능과도 직접적으로 연관되는 심리적 삶의 수많은 측면에 대해 새롭고 독창적인 관점들을 도입했다. 무엇보다도 중요한 것은 '심리적 현실'이라는 개념이다. 한 사람이 심리적이고 지적이고 감정적인 차원에서 경험하는 모든 것들은 두말할 필요 없이 실제의 삶에서 발생하는 사건이나 정황, 혹은 그가 살면서 구축한 구체적인 인간관계에서 유래하지만, 이것들은 심상이나 감정의 실질적인 내용에 대해서는 아무런 설명도 제시하지 못한다. 프로이트에 따르면, 심리적 현실은 내면에서 일어나는 어떤 지속적인 재구성의 결과이며, 따라서 실질적인 현실과 직접적인 대조가 불가능하다. 정신분석을 시작할 무렵 프로이트는 당대의 정신의학자들이나 심리학자들과 마찬가지로, 신경 증세의 원인이 정신적 외상을 일으킨 실질적인 사건들, 예를 들어 유년기에 겪은 성폭행 같은 사건일 가능성이 충분히 있다고 생각했다. 하지만 뒤이어 프로이트는, 외상을 조장한 사건의 실질적인 발생과 상관없이, 본질적인 것은 정신질환 환자가 해당 사건의 내용과 규모를 개인적인 차원에서 상상이나 환상을 기반으로 재구성하고 결국에는 병적인 단계로까지 발전시키는 과정이라고 주장했다. 그리고 이러한 심리적 전개가 대부분 무의식적인 차원에서 이루어지기 때문에 이를 환자의 의식 상태로 되돌려놓기 위해서는 '정신분석 기술'로 정의되는 체계적이고 복합적인 치료 과정이 필요하다고 보았다.

프로이트는 사람의 성격 형성에 유아기에서 사춘기에 이르는 시기의 성性적 발달이 중요한 역할을 한다고 생각했고 이 주제를 초기 저작들 가운데 하나인『성性 이론에 관한 세 편의 에세이*Drei Abhandlungen zur Sexualtheorie*』(1905년)에서 심도 있게 다루었다. 프로이트에게 성은 단순히 생식을 목적으로 하는 유기적인 기능이 아니라 감정적인 요소와 인간관계로 구성되는 복합적인 체계를 의미했다. 아울러 프로이트는 심리치료 사례 연구의 중요성을 강조하면서 이러한 연구가 개인적인 차원의 심리 과정을 추적하고 이를 바탕으로 정상적이거나 병적인 심리의 발달 이론을 구축하는 데 필수적이라고 주장했다.

프로이트를 중심으로 모여든 수많은 제자와 학자들, 정신의학자들 가운데 몇몇은 스승과 분석관계에 들어갔고 이어서 심리분석의 저변 확대를 위해 활동하면서 권위 있는 심리학자로 성장했다. 1906년부터 1915년까지 수요일마다 빈에 있는 프로이트의 집에서는 '수요심리학회'라는 제자들과 조력자들의 모임이 열렸다. 국제정신분석학회의 첫 번째 회합은 1908년 잘츠부르크에서 이루어졌다.

4.5 20세기 심리학의 게슈탈트 이론과 행동주의 이론

1910년 전후에는 앞서 살펴본 심리학 태동기의 이론들을 비판하며 새로운 이론을 제시하는 학자들이 등장하기 시작했다. 특히 이전 세대의 심리학이 지닌 문제점으로 제기된 것은 내면을 관찰할 때 객관적인 시각이 부족하다는 점과 심리적인 요소들을 개별적으로만 다루는 성향, 즉 인간의 심리를 하부구조와 심리적인 요소들의 총합으로 간주하며 이 심리적인 요소들이 유기적인 구도나 이를 제어하는 일련의 법칙과는 무관하게 조합된다고 보는 관점이었다. 이러한 문제점들을 보완하고 분트의 영향을 받은 구조주의 심리학이나 다윈의 영향을 받은 기능주의 심리학의 한계를 극복하며 등장한 것이 바로 막스 베르트

하이머(Max Wertheimer, 1880~1943년)가 1912년의 저서 『운동 지각에 대한 실험 연구 *Experimentellen Studien über das Sehen von Bewegung*』를 토대로 소개하기 시작한 형태심리학과 존 브로더스 왓슨(John Broadus Watson, 1878~1958년)이 1913년 마니페스토를 출판하면서 세상에 소개한 행동주의 심리학이다. 대략 1950년까지 미국의 심리학을 주도했던 것이 바로 행동주의 심리학이다.

이러한 정황을 배경으로 심리학은 인간 심리의 구조와 기능에 대한 과학적인 설명과 지식을 제공해야 할 뿐 아니라 학교나 노동 현장에서 심리학의 연구 결과들을 실용적으로 활용하기 위한 적절한 도구들을 제공해야 하는 과제를 떠맡았다. 이 도구들 가운데 가장 중요한 역할을 했고 또 널리 활용되었던 것이 바로 심리테스트다. 심리테스트는 성장하는 어린이들의 지적 능력을 평가하거나 지적으로 부족한 면들을 충족하기 위한 전략을 고안하는 데 사용되었다. 이 분야에서 선구자 역할을 했던 프랑스 심리학자 알프레드 비네(Alfred Binet, 1857~1911년)와 테오도르 시몽(Théodore Simon, 1873~1961년)은 '지적 연령'이라는 개념을 한 아이의 지적 수준이 동년배 아이들의 평균적인 수준과 비교했을 때 드러내는 상대적인 차이를 정의하기 위해 사용했다. 빌리암 슈테른(William Stern, 1871~1938년)은 지적 연령과 실제 연령의 상관관계를 '아이큐Intelligence Quotient'로 환산했고 루이스 메디슨 터먼(Lewis Madison Terman, 1877~1956년)은 비네의 심리테스트를 모형으로 좀 더 발달된 형태의 '지능검사'를 고안했다. 터먼이 스탠퍼드 대학에서 일했기 때문에 이를 '스탠퍼드-비네' 지능검사라고 부른다.

심리학 연구가 실용적인 차원에 적용된 또 다른 분야는 노동이다. 이 분야에서 심리테스트는 어떤 유형의 노동 혹은 전문직이 한 개인의 적성에 더 적합하고 더 커다란 동기를 부여할 수 있는지 테스트 결과나 실질적인 정보를 바탕으로 결정할 수 있다는 취지로 실행되었다. 제1차 세계대전 기간에도 심리테스트, 즉 적성검사는 지원병들을 선별할 목적으로 병사들의 적응 능력이나 성향을 확인하기 위해 널리 활용되었다. 1917년과 1919년 사이에 170만 명에 달하는 미군 병사들이 적성검사를 받았다.

20세기 심리학의 발전

/ 근대 심리학에서 20세기 '심리학의 바벨탑'으로

빌헬름 분트가 라이프치히 대학에 최초의 실험심리학 연구소를 설립한 1879년 이후로 심리학은 본질적으로 실험적인 방법론과 이와 관련된 개념들 혹은 기능적인 절차들, 다시 말해 통계, 분석, 법칙, 변수 사이에 실재하는 기능적 차원의 관계들을 심리학적 탐구에 도입하려고 노력했다. 분트는 즉각적이고 직접적인 경험의 탐색을 바탕으로 정신의 구조를 이해할 필요가 있으며, 이를 위해서는 감각의 주체가 현실을 경험하는 순간 즉각적으로 제공하는 감상이나 현실 묘사를 체계적인 방식으로 기록하고 검토하는 내면 관찰적인 방법론이 요구된다고 보았다.

하지만 분트 자신이 인정했던 것처럼, 모든 심리 과정이 실험적인 방식으로 연구될 수 있는 가능성을 지니고 있었던 것은 아니다. 결과적으로 심리학자들은 정신의 몇 가지 특별한 기능만이 실험적인 방식으로 탐구될 수 있으며 이른바 고차원적인 심리 과정, 예를 들어 성장 단계의 심리나 사회적 심리를 탐구하기 위해서는 객관적인 현실이 아니라 인간의 주관적인 경험에 주목하는 현상학적인 관찰이 요구된다는 것을 인정해야만 했다. 그런 식으로 이전 세대의 철학 논쟁에서 대두된 바 있는 이원론이 다시 부각되는 현상, 다시 말해 두 종류의 상이한 심리학 사조가 대립하는 현상이 일어났다. 인간 심리를 정신의 구조와 기능의 보편성과 불변성의 차원에서 고려하며 심리적인 요소들의 객관화와 양적 환산의 요구를 강하게 느낀 학자들은 실험적인 방법론을 수용한 반면, 인간 심리의 주관적인 측면과 연대기적인 측면을 핵심적이며 필수불가결한 요소로 간주한 학자들은 현상학적 관찰의 방법론을 수용했다. 이는 사실상 기초적인 심리 과정의 주체, 즉 개인의 심리에 주목하고 실험적인 방식으로 보편적인 요소에 접근하려는 입장과 인간의 정신을 개인이 아닌 또 다른 정신 혹은 주체와의 관계 속에서, 즉 대인 관계와 사회적 관계의 역동성 속에서 이해하려는 입장의 대립이었다고 볼 수 있다. 이러한 정황에서 수많은 '심리학들'이 탄생했고, 이러한 현상을 카를 뷜러Karl Bühler는 "현대 심리학의 바벨탑"이라고 표현했다.

/ 게슈탈트 혹은 형태의 심리학

'게슈탈트Gestalt'라는 단어는 '형태', '도식', '표상'을 뜻하며 게슈탈트 심리학, 이른바 형태심리학은 지각 기능을 집중적으로 탐구하는 심리학 사조를 가리킨다. 독일에서 1910년대에 탄생해 1930년대까지 꾸준한 성장세를 보이며 학문적 체계를 마련한 게슈탈트 심리학은 이 분야를 대표하는 심리학자들이 대부분 나치의 탄압을 피해 미국으로 이주하면서 다시 미국을 중심으로 발전했다.

게슈탈트 심리학은 흔히 베르트하이머가 1912년에 '파이 현상'에 관한 논문을 발표하면서 탄생한 것으로 간주된다. 게슈탈트 심리학을 대표하는 심리학자에는 창시자 막스 베르트하이머 외에도 심리의 발달 과정을 집중적으로 연구한 쿠르트 코프카Kurt Koffka, 동물의 지각 과정에 관한 연구로 유명한 볼프강 쾰러Wolfgang Köhler, 심리학적 요인들의 총체를 의미하는 '장field의 이론'으로 유명한 쿠르트 레빈Kurt Lewin, '자아실현의 욕구'를 정의한 것으로 유명한 쿠르트 골드슈타인Kurt Goldstein 등이 있다.

게슈탈트 심리학의 관심은 주로 지각 과정에 집중되거나 복잡한 상황에서 문제를 해결하려는 전략의 심리학에 집중된다. 물론 게슈탈트 심리학은 '지적 습득 과정'을 비롯해 '기억', '사고 활동', '사회심리학'을 다루는 탐구 분야의 발전에도 크게 기여했다.

게슈탈트 심리학의 연구자들은 인간의 경험이 그것의 기초적인 구성 요소들로 분해될 수 없다고 보았다. 반대로 전체는 그것을 구성하는 요소들의 총합을 구조적인 차원에서 지배하는 현상이었다. 게슈탈트 심리학의 원칙을 따르면, '전체는 부분들의 총합 이상이다'. 동일한 차원에서, 한 사회가 지니는 특징들은 동일한 사회를 구성하는 개개인의 특징에 상응하지 않는다. 더 나아가서, 우리 자신을 포함해 우리가 듣고 보는 모든 것과 우리의 행동 자체는 우리의 사고 과정을 인도하는 하나의 복잡하고 유기적인 조합의 결과다.

사람들은 세계를 이해하기 위해 그 안에서 일련의 형태를 발견하려고 노력하며 적합해 보이는 패턴을 모방과 이해와 공유라는 방식으로 선택하고 수용한다. 이와 유사하고 무의식적인 과정을 바탕으로 우리의 지각 활동과 사고 활동과 감각 활동의 구도가 조직된다.

시각을 통해 감지된 정보들의 기본적인 조합 원리는 다음과 같다.

(1) 단순성의 원리: 최종 구조는 최대한 단순한 형태로 감지된다.

(2) 근접성의 원리: 가능한 한 가까이에 있는 정보들을 묶어 하나의 의미 있는 형태로 지각하려는 성향이 존재한다.

(3) 유사성의 원리: 색이나 모양, 크기, 방향 등을 기준으로 서로 비슷한 것끼리 묶어 하나의 의미 있는 형태로 지각하려는 성향이 존재한다.

(4) 연속성의 원리: 모든 정보들이 일관성과 연속성을 유지하는 하나의 군에 속한다고 보는 성향이 존재한다.

(5) 공동운명의 원리: 같은 방향으로 움직이는 것들은 하나의 군을 형성하며 일관적으로 이동한다고 보는 성향이 존재한다.

(6) 전경-배경의 원리: 전경을 배경으로부터 두드러지는 형태로, 배경을 전경으로부터 분리된 형태로 감지하려는 성향, 결과적으로 사물들을 전경과 배경으

로 분류하려는 성향이 존재한다.

(7) 유도운동의 원리: 고정된 사물들은 유동적인 구도 안에서 움직이는 것처럼 감지된다.

(8) 친숙성의 원리: 지각 대상이 불분명할 때 친숙하거나 의미가 있어 보이는 정보들을 중심으로 감지하려는 성향이 존재한다.

이 원리들은 다양한 착시 현상의 원인을 설명하는 데 쓰일 뿐 아니라 이러한 설명을 바탕으로 지각 과정의 표면적인 모순들을 제시하고 인간의 지각 활동을 지배하는 조합과 구성의 메커니즘을 밝히는 데 활용된다.

하지만 사회심리학 영역에서 게슈탈트 이론과 상충되는 입장을 주장했던 학파가 있다. 이 학파를 구성하는 미국의 행동주의 심리학자들은 다수가 칭송하거나 인정하는 형태로 표현되는 사회적 충족의 양식에 좌우되는 것이 바로 사회적 행동이라고 보았다. 이들은 개인의 사회적 행동에서 느낌, 감각, 목적, 의도, 확신, 동기, 믿음 등이 차지하는 중요성을 강조하며 특정 행동이 발생한 원인을 추적하는 '귀인歸因이론attribution theory'을 제시했다.

이러한 정황과 탐구 영역에서 발전한 것이 쿠르트 레빈의 '장field의 이론'이다. 레빈은 일상적인 삶의 복잡한 현실을 개인이 고유의 목표를 달성하기 위해 활동하는 '현장'으로 간주했다. 이곳에서는 동일한 사물도 개인이 그 순간에 느끼는 요구나 설정한 목표에 따라 다양한 의미로 해석되거나 감지될 수 있다.

레빈이 자신의 게슈탈트 심리학을 모형으로 발전시킨 중요한 관점들 가운데 하나는 감각 주체의 모든 인식 활동과 지각 활동의 패러다임이 '과제 해결problem solving'을 바탕으로 정립될 수 있다고 보는 관점이다. 레빈의 이러한 직관은 '과제 해결'뿐만 아니라 이와 관련된 '통찰insight' 개념을 다루는 일련의 탐구에 새로운 가능성을 제시했다.

동물의 이해력 및 사고 활동과 관련된 게슈탈트 심리학의 이론적 모형은 행동주의 심리학의 그것과 상반된 입장을 따른다. 행동주의 심리학의 모형에 따르면, 동물들은 시행착오를 기반으로 구축되는 일련의 규칙을 기준으로 문제를 해결하지만 게슈탈트 심리학의 관점에서는 이해력과 직관력, 다름 아닌 '통찰'을 기반으로 구축되는 설명의 원칙을 기준으로 문제를 해결한다.

　게슈탈트 심리학을 기반으로, 개인의 성격을 다루는 이론과 심리치료 분야에서 중요한 성과를 이루어 낸 인물은 쿠르트 골드슈타인이다. 그는 인간의 행동과 관련하여 이야기할 수 있는 유일한 충동 혹은 본능이란 환경에 대응하려는 본능이자 대응하는 방식 자체를 도식적으로 체계화하려는, 예를 들어 그것을 명백히 표명하려는 본능이라고 보았다. 골드슈타인은 이러한 주장을 펼치면서 정신분석가 프로이트를 포함한 몇몇 심리학자들의 기계주의적인 관점과 이를 토대로 인간 행동의 궁극적인 목적을 긴장의 완화로 해석하는 성향을 강력하게 비판했다.

　게슈탈트 심리학은 예술과 회화를 다룬 에른스트 곰브리치Ernst Gombrich의 비평적이고 예술사적인 해석과 루돌프 아른하임Rudolf Arnheim의 시각적 사고 연구에 결정적인 영향을 끼쳤다. 곰브리치의 관심을 사로잡았던 것은 '지각의 지속성'이라는 게슈탈트 심리학의 원리다. 이 원리에 따르면, 관찰의 변화무쌍한 여건에서 비롯되는 이미지의 변화에도 불구하고 사물은 익히 알려진 특성을 바탕으로, 즉 과거에 포착된 특성을 바탕으로 감지된다. 다시 말해 감지된 사물들은, 시각적인 차원에서 일어나는 이미지의 미세한 변화에도 불구하고, 이미 포착된 정체성과 형태와 크기와 색깔을 그대로 유지한다. 곰브리치는 사물을 관찰하고 회화로 표현하는 사람의 주관적인 관점에 동일한 원리를 적용했다. 아른하임의 기본적인 생각은 인지력의 발달이 점진적인 차별화를 향해 이루어지는 동시에 이 차별화가 다름 아닌 게슈탈트 심리학의 단순성 원리를 기준으로 전개된다는 것이었다. 이 원칙에 따르면 우리는 모든 형상을 그것의 구조가 상황이 허락하는 한도 내에서 가능한 한 단순한 결과로 나타기를 기대하며 바라본다. 다시 말하자면, 생물학적인 차원에서 우리는 가장 단순하고 경제적인 해결책을 선호한다.

/ 포스트모던 심리학

포스트모더니즘적인 사유에 따르면, 과학과 문화는 지식이 축적되는 과정이나 지식을 한 세대에서 또 다른 세대로 전수하는 과정이 아니다. 과학과 문화는 오히려 말하는 사람과 듣는 사람에게 공통된 언어로 표현된 '서사' 혹은 관점에 가깝다.

포스트모던 심리학은 상당히 오랜 전통에서 유래했음에도 불구하고 20세기 마지막 사반기가 되어서야 등장했다. 포스트모던 심리학은 정신을 대인관계와 사회관계의 개인적 매개체로 간주하며 이를 구체적인 역사적 환경의 맥락에서 관찰한다. 포스트모더니즘적인 관점에서 정신은 언제나 '지금 여기에 있는 정신'이다.

케네스 거겐Kenneth Gergen은 모던 심리학과 포스트모던 심리학의 대립을 뒷받침하는 몇 가지 차이점과 상이한 입장들을 개괄적으로 소개한 바 있다. 우선 심리학자들은 정신이나 행동, 대인관계 등을 공통된 연구 대상으로 취하며 이 연구 대상을 과학 공동체 전체와 공유한다는 것이 모던 심리학의 첫 번째 전제이자 입장이다. 두 번째 전제는 연구 대상을 먼저 개별적인 경우에 적용해서 관찰한 뒤 관찰의 결과를 바탕으로 보편적인 법칙을 찾아내야 한다는 것이다. 세 번째 전제에 따르면, 이러한 법칙과 지식의 습득 과정에는 경험적인 탐구가 병행되어야 하고 이러한 탐구는 어떤 개인적인 요인이나 윤리적이고 정치적인 요인과 무관한 실험적 방법론을 바탕으로 이루어져야 한다. 끝으로, 네 번째 전제는 실험을 토대로 가설이 증명되는 과정에 힘입어 지식의 지속적인 발달이 전개된다는 것이다.

이와는 달리 포스트모던 심리학은 무엇보다도 영원히 불변하는 심리학적 탐구 대상은 존재하지 않는다고 주장한다. 심리학적 차원의 탐구 대상은 언어에 의해 구축되고 연구자가 속한 시대의 역사-문화적 맥락에서 검토되어야 하는 일종의 역사적 재구성에 가깝다. 아울러 포스트모던 심리학은 심리학이 설정하는 탐구 대상, 즉 주체가 익명의 중립적 실험자나 분석가가 제시하는 보편적인 연구의 이름으로 스스로의 특별한 자유와 고유의 자율성을 상실하는 것은 아니라고 주장한다. 끝으로, 포스트모던 심리학자는 지식의 축적에 의한 발전을 신뢰하지 않으며 오히려 연구자인 자신과 자신의 연구 내용을 심리학의 이론적이고 방법론적인 차원에서 언젠가는 일어나게 될 필연적인 변화의 일부로 간주한다.

포스트모던 심리학이라고 부를 수 있는 심리학 이론들은 상당히 다양하다. 언어심리학, 소통심리학, 문화심리학, 서사심리학을 비롯해 인간관계를 핵심 주제로 다루는 모든 탐구 영역과 활동들, 예를 들어 심리치료, 심리분석, 심리상담 등이 모두 포스트모던 심리학에 속한다.

특히 '서사'는 심리분석의 차원에서 개인의 정체성 구축에 필요할 뿐 아니라 타자의 정체, 현실의 실재를 파악하기 위해 필수적인 관계 인식 차원의 활동으로 부각되었다. 레프 비고츠키Lev Vygotskij를 비롯해 미하일 바흐친Michail Bachtin, 폴 리쾨르Paul Ricoeur, 제롬 브루너Jerome Bruner 같은 학자들이 제시한 탐구의 가능성들을 추적하면서 포스트모던 심리학자들은 '논리적 사유'와 '서사적 사유'의 구분이 필요하다는 것을 깨달았다. 논리적인 사유가 논리적인 과정과 범주의 분류와 형식적인 절차와 증명을 위한 논제를 활용하는 반면 서사적인 사유는 사고 활동이나 일상적인 서술에 활용된다. 따라서 서사적 사유는 인간의 가장 기본적인 사고력 가운데 하나이며 인간이 대화 상대나 스스로를 대상으로 대인관계의 경험이나 내면 경험을 구조화할 수 있도록, 아울러 내면세계(정신 상태, 신앙, 가치관, 감정, 의도, 목적 등)를 외부 세계와, 현재를 과거 혹은 미래와 연결시킬 수 있도록 허락한다. 물론 이러한 구조화 내지 조직화 방식은 여러 문화의 다양한 상징체계에 따라 판이하다.

20세기의 마지막 몇 년 동안에는 심리학의 관심 영역이 개인적, 집단적 차원의 자전적 기억에 대한 탐구를 비롯해 가족관계, 2인 관계, 3인 관계, 다인 관계의 상호 대응 메커니즘에 대한 연구 분야로까지 대대적으로 확장되는 양상을 보였고, 심리학적 방법론도 언어적 상호 대응을 분석하는 방식(대화 분석, 서사 구조 분석)이나 비언어적 소통관계(제스처와 시선)를 탐구하는 방법론 등을 통해 점점 예리해지고 고급화하는 양상을 나타냈다.

이러한 발전 과정에서 크게 부각된 것이 바로 '의식'이라는 주제다. '의식'은 20세기의 모던 심리학과 포스트모던 심리학의 거의 모든 탐구 영역에 어김없이 등장하는 주제이며 그만큼 이 '의식'을 이해하고 해석하는 방식도 다양하다. 하지만 기본적으로 인식론적 차원의 의식과 현상학적 차원의 의식을 구분할 필요가 있다. 현상학적 차원의 의식은 고유의 관점을 지녀 본 경험, 혹은 누구와도 대체할 수 없는 특별하고 개별적인 인간으로 존재한다는 것의 의미나 그런 존재로서 '실질적으로 느끼는 것'에 대한 1인칭 차원의 주관적인 경험을 가리킨다. 반면에 인식론적 차원의 의식은 내면의 상황을 언어적으로 재생하거나 스스로의 행동방식을 체계화할 목적으로, 혹은 사회에서 활용하기 위한 스스로의 소개 방식이나 이미지를 개량할 목적으로 내면적인 측면에 접근할 수 있는 정신의 체계적인 기량을 가리킨다.

20세기에 벌어진 심리학 논쟁 가운데 하나는 인간의 보편적인 정신을 탐구하는 심리학자들과 언어의 부재 상태를 탐구하는 학자들 사이에서 전개되었다. '언어의 부재'라는 개념을 시모네 고차노Simone Gozzano는 『언어 없는 의식Mente senza linguaggio』(2001년)에서 기초적인 의식과 고차원적인 의식을 구분하기 위해 사용했다. 기초적인 의식은 현시점의 행동 혹은 즉각적인 행동을 이끌어 내기 위해 융합되는 수많은 이질적인 정보들의 이미지 혹은 이 정보들이 산재해 있는 머릿속의 표상이나 장면을 발전시킬 수 있는 기량을 의미한다. 이 기초적인 의식의 전형적인 주체는 인간의 두뇌와 비슷한 뇌 구조를 가진 동물들이다. 하지만 동물의 기량은 제한적이며 동물들은 의미론적이거나 상징적인 기능이 포함된 고유의 언어를 지니지 않는다. 동물들은 과거나 미래의 개념도 가질 수 없으며, 결과적으로 뚜렷한 생물학적 차원의 개성을 지녔음에도 불구하고 자아를 지녔다고 말할 수 없다.

고차원적인 의식, 즉 인간의 의식은 오히려 기초적인 의식을 기본적인 토대로 발전하며 깨어 있을 때 과거의 장면과 미래의 이미지를 명확하게 구분하고 재구성하거나 조합할 수 있다는 특징을 지닌다. 의식이 부상하는 현상은 의식의 형성 과정에서 '계획'과 '언어'의 연결고리가 형성될 때 이루어진다. 이는 우리에게 미래를 생각하고 계획할 수 있는 인식 능력을 허락하는 것이 다름 아닌 언어이기 때문이다.

고차원적인 의식의 발달 과정을 연구한 레프 비고츠키와 알렉산더 루리아Aleksander Lurija는 도구를 사용하고 마음대로 변형시킬 수 있는 실용적인 지성이나 언어 생산 능력을 특징짓는 의식의 전개 과정이 생물학적인 발전의 방향과 사회문화적인 의식의 발전 방향이 수렴되면서 일어나는 결과라고 보았다.

'의식'은 막스 벨만스Max Velmans의 『의식의 이해*Understanding Consciousness*』(2000년)에서 나타나는 것처럼 포스트모던 심리학의 방법론적인 선택에도 깊이 관여하는 양상을 보인다. 심리학적 방법론은 기본적으로 내면적 성찰이나 언어적 감찰과 관련되는 1인칭 차원 혹은 질적인 차원의 방법론과 이와는 달리 다양한 맥락에서 간주되는 관찰의 주체와 객체가 명확하게 구분되는 요소들을 정립하는 데 기여하고, 결과적으로 제어가 가능한 실험적 구도의 과학적인 정의를 허락하는 3인칭 차원 혹은 양적인 차원의 방법론으로 대별된다. 따라서 한편으로는 현상적 의식의 주관성을 보존할 필요성, 즉 질적인 차원의 방법론에 대한 요구가 분명하게 대두되는 반면 다른 한편으로는 심리학 이론을 상호관계에 의한 객관적인 측면을 기준으로 보편화할 필요성, 즉 양적인 차원의 방법론에 대한 요구 또한 결코 포기할 수 없는 것으로 나타난다.

하지만 포스트모던 심리학은 20세기에서 21세기로 넘어오는 시기에 이러한 마비 상태와 고질적인 이원론에서 벗어난 듯이 보인다. 포스트모던 심리학은 이를 위해 다름 아닌 '2인칭 차원의 관점'을 수용하기 시작했다. 이는 곧 '타자'와 '세계'를 동시에 관찰할 수 있도록 허락하는 '공유가 가능한 관점', 다시 말해 서로의 경험에 직간접적인 영향력을 행사하며 경험에 대한 이해 자체를 예리하고 고차원적인 방식으로 상호관계와 사회관계의 차원에서 공유하는 관찰자들의 관점이다.

5

사회학 사상의 발전

5.1 새로운 사회학을 향하여

19세기의 마지막 20년이 흐르는 사이에 두각을 나타내기 시작한 새로운 세대
와 유형의 학자들이 20세기 초반까지 이루어 낸 학문적인 성과는 유럽의 사회
학을 근본적으로 변혁시켰다. 이들의 학문은 이어서 발전에 발전을 거듭했고
사회학이 세계 도처에서 연구되고 학습되고 있는 지금도 여전히 영향력을 잃
지 않고 있다.

　이들은 사회학의 발전을 위해 상당히 다양한 방법론을 활용하면서 수많은
주제들을 다방면에서 연구했다. 하지만 이들은 무엇보다도 사회학의 학문적
인 위상을 확고하게 정립하려는 목표를 가지고 있었고 이 목표를 달성하기 위
해 두 가지 전략을 사용했다. 이들은 우선적으로 사회학적 담론을 가능한 한 정
치적 이념과 분리시키려고 노력했다. 그때까지만 해도 사회학에 영감을 제공
할 뿐 아니라 사회학의 연구 방식과 내용 자체에 결정적인 영향력을 행사하던
정치적 이념과 이데올로기를 결국에는 사회학에 방해가 되는 요소로 간주했던

것이다. 아울러 이들은 의도적으로 사회성의 본질과 관련된 높은 수준의 보편적 이론들을 구축하려고 노력했다. 왜냐하면 수많은 사회현상에 관한 학문적 연구가 순수하게 경험적인 차원의 연구, 즉 경험의 실체를 드러낼 뿐인 연구로 전락하는 것을 막아야 한다고 느꼈기 때문이다.

이러한 이중의 전략 혹은 의도를 그대로 엿볼 수 있는 저서는 독일의 사회학자 페르디난트 퇴니스(Ferdinand Toennies, 1855~1936년)가 1887년에 출판한 『공동체와 협력체*Gemeinschaft und Gesellschaft*』다. 저자는 이 책에서 공동체와 협력체라는 두 용어를 원시사회가 현대 사회로 전이하는 과정 전체를 대략적으로 묘사하기 위해 사용했다. 하지만 이 용어들은 훨씬 더 풍부한 연구 결과를 도출해 내는 데, 즉 모든 유형의 사회적 관계들을 분석하면서 사용해야 할 개념들을 확보하는 데 사용된다. 이러한 관점을 심도 있게 발전시킨 학자가 바로 독일의 막스 베버(Max Weber, 1864~1920년)와 프랑스의 에밀 뒤르켐(1858~1917년)이다.

5.2 베버와 주체의 사회적 역할

베버의 사회학 사상에서 핵심적인 요소는 인간의 주체성이다. 다시 말해 베버의 사회학은 각 개인의 정신 속에 머물며 행동을 특정 방향으로 이끄는 주관적인 가치, 판단력, 기대, 원칙, 감각의 총체에 중심적인 위치를 부여한다.

베버에 따르면, 인간이라는 동물은 스스로의 생존에 불충분할 수밖에 없는 기량과 성향을 그의 생물학적 구조 안에 각인한 자연과 아주 특별한 관계를 유지한다. 버려진 인간의 현실은 그에게 무수한 사물, 충동, 유혹, 위험, 무리의 상이하고 모순되는 측면들을 보여 준다. 이 보이지 않는 현실 속에서 구체적인 위상을 확보하기 위해 인간은 주관적인 해석을 통해 스스로 현실을 구축할 수밖에 없는 상황에 놓인다. 인간은 그런 식으로 현실의 수많은 측면들 가운데 몇 가지만을 고르고 이를 저울질하면서 현실에 의미를 부여한다. 베버에 따르면, 인간의 태도는 오로지 소통을 통해 주체들 간의 공유가 가능해진 주관적인 해석 과정에 따를 때에만 행동으로 간주될 수 있다.

하지만 베버는 개별적인 사건들을 좌우하는 개인의 주관적이고 다분히 심리적인 해석 과정을 직관적으로 이해하려는 전통적인 입장과 거리를 두었다. 그의 사회학 이론이 제시하는 것은 오히려 이상적인 유형들, 즉 추상적인 개념들이다. 이 개념들은 사회적 행동과 관련된 다양하고 반복되는 주제들의 실체를 파악하고 이 주제들을 다루는 가장 의미 있는 방식들을 부각하는 데 소용된다. 이 방식에 다름 아닌 사회적이고 문화적인 차원에서 구체적으로 표명되는 실질적인 방식들이 근접한 형태로 상응한다. 추상화의 단계를 극대화하면서, 베버는 어떤 역사적 맥락과 사회적 경험이 관건이든 간에, 개인적인 또는 십난석인 행동을 몇 가지 기본적인 유형으로 소급할 수 있다는 전제하에 이 유형들을 개념화했다. 각각의 유형이 지니는 특징은 아래의 동향들 가운데 어느 것이 우세하느냐에 따라 결정된다.

1) 전통적인 동향: 과거에 항상 일어났던 일은 그 자체로 가치가 있으며 따라서 현재의 기준이 될 수 있다는 생각에 따라 행동한다.

2) 감성적인 동향: 성찰의 중재 없이 자연스러운 감성적 충동에 따라 행동한다.

3) 이성적인 동향: 주어진 상황에서 중요하고 구체적인 목표를 달성하기 위해 가능한 한 최소한의 자원만 활용하면서 행동한다.

베버는 더 나아가서 어떤 목표 자체를 선택의 대상으로 삼는 순수하게 목적론적인 이성과 어떤 특별한 목표를 어디에서든 어떤 이유로든 보편적이고 추구할 만한 것으로 평가하는 가치론적인 이성을 구분했다.

베버가 『경제와 사회 *Wirtschaft und Gesellschaft*』(1922년)에서 체계적으로 소개하며 방대한 분량의 역사적 지식을 바탕으로 구축한 수많은 이상적인 유형의 개념들이 이러한 분류법을 따른다. 예를 들어 베버는 그가 상당히 중요한 의미를 부여하는 정치적 현상들을 다루면서 '순수한 힘'을 '지배력'과 구분했다. '순수한 힘'은 협박 혹은 폭력을 사용해 타자의 행동을 제어하는 능력을 말하는 반면 '지배력'은 하류층의 복종이 보장된다는 전제하에 '순수한 힘'이 상류층의 권력이라는 형태로 나타나는 경우를 말한다.

베버는 복종을 세 가지 유형으로 분류했다. 스스로의 열등성을 자연적인 것으로 간주하는 동시에 이러한 상황을 숙명으로 받아들이는 자의 무조건적이고 자동적인 복종이 있는 반면, '피지배자'의 입장에서 복종하거나 복종하지 않을 경우 발생하는 상대적인 결과의 실체와 가능성을 바탕으로 무엇이 자신에게 더 유익한지 숙고한 뒤 결정하는 계산에 의한 복종이 있고, 끝으로 지배자가 행사하는 권력의 정당성을 인정하는 피지배자의 도덕적인 의무감에서 비롯된 복종이 있다.

그렇다면 피지배자가 지배자의 정당성을 인정하는 것은 어떤 이유에서인가? 베버는 이 권력의 정당성을 다시 세 가지 유형으로, 즉 전통적인 유형과 카리스마적인 유형과 이성적인 유형으로 분류했다. 전통적인 유형의 정당성은 통치권자가 지니는 과거의 영광과 신성함이 피지배자의 복종을 자연스럽게 유도하면서 발생하며, 카리스마적인 권력의 정당성은 지배자가 비범한 능력을 지녔을 때 그를 향한 경외심이 피지배자의 복종을 유도하면서 발생한다. 반면에 이성적인 유형의 정당성은 권력의 주체가 객관적으로 확인된 기량과 능력을 기반으로 통치권을 유지하고 자신의 권력도 공적으로 규정된 법에 따라 행사하기 때문에 피지배자의 복종이 이성적인 판단을 근거로 실현된다고 볼 수 있는 경우에 발생한다.

그러나 권력의 정당성은, 그것의 본질이 무엇이든 간에, 정치적 통치체계의 다양한 특성들 중 하나에 불과하다. 통치체계의 수많은 특성들을 식별하기 위해 베버는 개인들 간의 분쟁을 어떤 식으로 해결하는지, 정도에서 벗어난 행동을 어떻게 벌하는지, 정당의 경제적 지원이 어떤 식으로 이루어지는지, 행정이 어떤 식으로 실행되는지 검토했다. 베버는 이러한 특징들이 특정 통치체제가 유지하는 정치적 정당성의 유형에 상응한다고 보았다. 예를 들어 이성적인 유형의 정치적 정당성을 바탕으로 구축되는 정치체제의 전형적인 특징은 관료제다. 이는 기본적으로 근대국가의 특징이기도 하다.

앞서 언급한 것처럼, 행동의 사회학을 구축하면서 주체성에 중요한 역할을 부여했기 때문에, 베버는 사회역사적 발전 과정의 다양하고 상이한 측면들을 설명하기 위해 상당히 복잡하고 추상적인 개념들로 세분된 체계를 축조하는 방향으로 나아갔고 이를 완성하기 위해 특별한 현상의 세밀한 분석도 마다하지 않았다. 예를 들어 베버가 『프로테스탄트 윤리와 자본주의 정신*Die protestantische Ethik und der Geist des Kapitalismus*』(1904~1905년)에서 분석한 아주 독특한 문화현상, 즉 예정론 교리는 1500년대 후반에 칼뱅Jean Calvin의 추종자들이 사업을 하면서 베버가 '세속적 금욕주의'라고 부른 것을 실천에 옮기도록 만들었다. '세속적 금욕주의'란 재물의 향유를 거부하면서 한편으로는 물질적 풍요를 신의 축복으로 해석하며 부의 축적을 위해 적극적으로 노력하는 자세를 말한다. 베버는 바로 이러한 현상이 '자본주의 정신'이라는 전례 없는 윤리관에 종교적 정당성을 제공했고 이 자본주의 정신에 영향을 받은 초기의 사업가 세대들이 바로 근대 자본주의를 탄생시켰다고 보았다.

이 시점에서 베버와 마르크스의 차이점을 살펴볼 필요가 있다. 학자들은 베버의 사회학 사상에서 그가 '마르크스의 유령과 오랫동안 지속해 온 대화'의 결과를 발견했다. 유령과의 대화라는 이미지는 흔히 베버를 마르크스에 대적할 수 있는 가장 급진적인 동시에 성공적인 사회학 이론가로 간주하는 견해보다 두 사상가의 관계를 훨씬 효과적으로 설명해 준다. '대화'라는 용어가 암시하듯, 베버의 사상은 마르크스의 사상에 부분적으로 동의하지만 그것을 보완하며, 다른 한편으로는 상반되거나 모순된 관점을 표명하면서 마르크스의 사상에 수정을 가한다. 베버의 사상과 마르크스의 철학 사이에는 본질적인 차이가 있다. 베버의 사상이 마르크스의 철학에 비해 훨씬 복합적이라는 점 외에도, 베버는 마르크스가 사회-역사적 사실의 어떤 측면들을 지나치게 강조하거나 무시하고 또 지나치게 축약된 방식으로 다룬다는 것을 분명하게 인식하고 있었다. 결과적으로 베버는 계급투쟁이 사회구조를 결정짓는 가장 기본적인 요소라는 마르크스의 의견에 동의했지만 이러한 과정에서 계급투쟁만이 중요한 것은 아니라는 사실, 즉 특정 사회 내부에서 물질적인 자산의 생산과 배분을 좌우하는 자원의 경영권을 소유하는 자와 소유하지 못한 자의 불평등한 사회적 분리가 전부는 아니며 사회 구성원들의 사회적 위치에 상응하는 삶의 양식적인 차원을 기준으로 차별화되는 계층들의 분리 역시 중요하다는 사실을 강조했다. 베버는 사회계층이 사회적 위치에 따라 주어지는 특정 직업과 특정 소비 형태에 대한 권리를 기준으로 차별화되는 양상을 보이며, 특별한 경우에는 차별화 자체가 법으로 보호되거나 종교적인 성격의 계율로 규정된다고 보았다.

더 나아가서 베버는 역사적 사건들이 지니는 우발적인 성격을 제거할 수 없다는 사실에 마르크스보다 더 많은 관심을 기울였다. 마르크스는 역사적 사건들 가운데 가장 중요한 것들만을 골라 그가 상정한 인류의 유일한 발전 경로라는 관점에서 관찰했고, 이 발전 경로의 마지막 단계에서 계급투쟁, 즉 사회 발전의 핵심 메커니즘으로 기능하던 투쟁 과정이 막을 내리고 인간의 완전한 자연 통치라는 과제가 통일된 사회의 의식적인 선택에 의탁될 것이라고 보았다. 베버는 이러한 마르크스의 생각에서 그의 사유가 헤겔의 역사철학에 직간접적으로 의존한다는 사실을 발견했고 이를 비판했다. 베버는, 마르크스가 미처 생각하지 못했던 부분이지만, 예측이 불가능하다는 인상을 줄 뿐 사실상 충분히 예측할 수 있고 커다란 영향력까지 발휘하는 역사적 사건들의 역할이 훨씬 더 날카로운 의미를 지닌다고 보았다. 예를 들어 특정 민족의 사회와 문화의 질서는, 대중에게 전통적인 원칙과 기존의 가치관에 대한 도전의식을 일깨워 줄 수 있는 몇몇 위대한 인물의 카리스마에 의해 빠르게 무너질 수 있었다.

더 나아가서 베버는 인류 전체의 유일하고 궁극적인 운명을 전제로 출발하는 헤겔과 마르크스의 획일적인 역사관을 공유하지 않았다. 왜냐하면 무엇보다도 역사적 문명사회들이 태동과 발전 과정에서부터 달랐고 이들의 다양하고 상이한 문화적 특징들이 기본적으로는 양립될 수 없는 종교적 관점에서 생성되었기 때문에 쉽게 변하거나 사라지지 않으리라는 것을 분명하게 인식하고 있었기 때문이다.

5.3   에밀 뒤르켐

뒤르켐이 체계적이고 지속적으로 관심을 기울였던 대상은 인간의 '주관적인 활동'이다. 뒤르켐은 이 활동이 본질적으로는 '인간의 행위'라는 범주를 구축하기 때문에 이를 지칭하기 위해 흔히 사용되는 단어가 바로 '행동'이라고 보았다. 바로 그런 이유에서 뒤르켐이 만약 베버의 글을 읽었다면 아마도 그의 의견에 동의하지 않았을 것이다. 뒤르켐은 무엇보다도 사회학의 연구 대상을 명백한 사회적 사실로 간주하는 자신의 방법론과 베버의 관점 사이에 커다란 차이가 있다고 느꼈을 것이다.

『사회학적 방법의 규칙들Les Règles de la méthode sociologique』(1895년)에서 뒤르켐은 사회학자들이 사회적 사실들을 일종의 사물처럼, 즉 개인의 개별적인 행동에 '한계'와 조건을 부여하는 구체적이고 외부적인 현실의 차원에서 이해하고 다루어야 한다고 주장했다. 그는 사회가 실제로 '한계'를 부여할 때에만 사회로서 존재할 수 있고 탐구 대상으로도 간주될 수 있다고 확신했다. 그런 의미에서 뒤르켐은 허버트 스펜서의 생각이 틀렸다고 보았다. 다시 말해 사회란 자신의 목표를 달성하기 위해 경쟁하는 수많은 개인의 자유롭고 독립적이고 상대적인 행동들의 총체적이고 우발적인 결과에 지나지 않는다는 스펜서의 시각이 틀렸다고 본 것이다.

뒤르켐은 이러한 개별적이고 자율적인 '행동'이 계약관계가 핵심적인 역할을 하는 근대 사회에서는 특별히 중요하다는 점을 인정했지만 이러한 특징을 바라보는 스펜서의 관점과 해석에 문제가 있다고 지적했다. 우선 스펜서가 사회 활동의 보편적인 차원이 지니는 것 못지않게 커다란 중요성을 아무런 근거 없이 이러한 계약관계에 부여한다는 점이 문제였고, 다름 아닌 근대 사회 내부에서 이러한 계약관계들이 형성되고 고유의 기능을 발휘하는 방식과 과정을 잘못 이해했다는 것이 문제였다.

뒤르켐은 근대 사회에서 계약관계가 아무런 제한 없이 자동적으로 주어지는 것은 아니라고 보았다. 무엇보다 "계약서의 모든 내용이 계약에 관여하는 것은 아니다". 아울러 계약관계가 형성되고 계약이 대인관계를 특별한 맥락에서 규제하게 되는 과정은 오로지 계약에 관여하는 제도가 존재하고 고유의 기능을 발휘할 때에만 가능하다. 계약제도는 본질적으로 공적인 차원의 현상이며, 법이 보장하는 권위를 바탕으로 생산되고 공인되는 일련의 규칙이다. 다시 말해 어떤 문제들을 두고 어떤 방식으로 계약관계가 성립될 수 있으며 계약 내용이 구성될 수 있는지, 어떤 구체적인 권리 혹은 의무가 계약상의 다양한 조건이나 혜택을 계약자들에게 부여하는지, 또 어떤 조건에서 계약자들이 서로에게 약속을 이행하라고 강요할 수 있으며 그것이 불가능할 때에 계약상의 의무에서 벗어날 수 있는지 규정한다.

이 모든 것이 사실이라면, 스펜서가 틀렸다고 볼 수밖에 없는 이유는 현대 사회에 존속하는 수많은 정치적 장치들이 개인적인 관심사보다는 공통의 관심사를 더 중요한 것으로 강조하면서 개인이 자신의 기량과 능력을 자율적이고 자기중심적인 방식으로 활용하지 못하도록 유도하는 것이 문제라고 지적했기 때문이다. 하지만 현대 사회에서도 개인의 자유로운 활동은 사실상 특별한 권위를 지닌 정치기구에 의해 필연적으로 제한될 수밖에 없다.

뒤르켐은 사회학을 다양한 제도의 체계적인 연구로 이해했다. 총체적인 차원에서 이 제도들은 사회를 한눈에 보여 주는 지도에 가까웠다. 뒤르켐은 아울러 사회제도가 고유의 역학을 지닌다는 점에 주목했다. 근대화 과정에서 전모를 드러낸 이 역학은 두 가지 기본적인 원리를 바탕으로 구축된다.

1) 제도는 고유의 사회 영역과 관련된 규칙들을 가능한 한 보편적인 차원에서 정립하려는 성향을 지니며, 결과적으로 이 규칙들을 다양한 방식으로 해석하고 적용할 수 있는 풍부한 가능성을 제공한다.

2) 특정 사회의 제도들은 시간이 흐르면서 점점 더 복잡해지고 세분화되는 경향이 있으며, 결과적으로 특정 사회 내부에서 개인은 상당히 다양하고 상이한 유형의 권리와 의무를 취득하며 상이한 기량과 요구를 발전시킨다.

뒤르켐은 연대감의 메커니즘에, 즉 사회의 구성원들이 서로의 유사성에 주목하면서 자신들의 존재와 운명이 근본적으로 결속되어 있다는 느낌에 도달하는 과정에 지대한 관심을 기울였다. 무엇보다 원시사회의 연대감과 문명사회의 연대감 사이에는 근본적인 차이가 있었다. 뒤르켐은 원시사회에 고유한 연대감이 '기계적'이며 이런 성격은 "동일한 행동방식과 사고방식"의 원칙이 원시인들에게 전달하던 엄청난 중압감에서 비롯되었다고 보았다. 다시 말해 원시사회의 계율이 동일한 규칙과 방식을 정확하게 지속적으로 준수하도록 만드는 데 집중되어 있었고 모두가 존중하는 범주에서 벗어나는 사회 구성원에게 벌을 내리면서 사회의 전통을 유지했다고 보았던 것이다.

반면에 문명사회의 연대감은 '유기적'이며 개인과 단체는 "상이한 행동방식과 사고방식"을 바탕으로 차별화될 뿐 상호 보완적인 직업에 종사하며 서로의 요구를 충족한다. 문명인이 서로의 기대치에 부응하기 위해 사용하는 기본 수단은 거래 혹은 계약이다. 문명사회에서는 누군가가 계약을 위반했을 때 원시사회에서처럼 벌을 주는 대신 보상을 요구한다. 간단히 말하자면 원시사회의 기계적인 연대감은 서로 상이한 구성원들 사이의 유사성을 근거로 형성되는 반면 문명사회의 유기적인 연대감은 이들 사이의 차이를 기반으로 형성된다.

원시사회가 문명사회로 전이하는 과정은 스펜서의 생각처럼 행복한 삶의 조건과 실현을 모색하는 개인들의 노력을 바탕으로 전개되지 않았다. 뒤르켐에 따르면, 원시사회에 "스펜서가 말하는" 개인은 존재조차 하지 않았다. 이 전이 과정은 본질적으로 공동체적이고 사회적인 차원에서 전개되었다. 인구 증가와 함께 급증하는 수요가 공급의 한계를 넘어서는 상황이 발생했을 때, 기본적으로 사냥, 낚시, 채집에 의존하며 살아가던 원시사회는 자원을 확보하기 위해 영토 확장에 힘썼지만 농경사회와 도시사회는 생산력 강화에 주력했다. 자체적으로 생산력을 강화하기 위해서는 지속적으로 차별화될 뿐 아니라 공동체의 보편적인 규칙이나 가치보다는 고유의 독특한 규칙과 가치에 주목하는 개인 및 단체의 다양한 지식과 기술이 필요했다. 결과적으로 사회의 제도적인 구조는 점점 더 복잡해지고 변화에 민감하게 반응하는 추세를 보였다. 뒤르켐은 근대 사회를 거쳐 현대 사회에 이르는 동안 뚜렷한 개별화 현상이 일어났고 이 현상이 결국에는 "스펜서가 말하는" 유형의 개인을 탄생시켰다고 보았다. 하지만 그는 스펜서의 '개인'도 스스로의 이윤을 추구하거나 목표를 달성하기 위해 '계약' 같은 제도를 이용하는 동시에 존중해야 하는 입장에서 벗어나지 못한다고 보았다.

　제도에 지속적인 관심을 기울이면서 뒤르켐은 현대 사회의 '개인'이 어떤 요인에도 구애받지 않고 자신의 사업을 자율적으로 경영하기 위해 소속 사회의 제도나 규범에서 벗어나려는 경향이 있으며 이러한 경향이 사회질서를 위협할 수 있다는 데 주목했다. 이러한 경향이 가장 두드러지게 드러나는 형태가 바로 오늘날 '일탈'이라고 부르는 현상, 즉 한 사회의 도덕성을 구축하는 사회적 규범을 위반하는 행위다. 뒤르켐은 다양한 형태의 '일탈'에 대한 심도 있는 연구 결과에서 그의 주요 업적으로 평가되는 중요하고 문제적인 사회학 이론 몇 가지를 도출해 냈다. 특히 『사회학적 방법의 규칙들』에서 그는 사회학적인 관점을 기준으로 "범죄는 정상적"이라는 놀라운 견해를 제시했다. 뒤르켐에 따르면, 사회적 규범들은 경험적인 차원에서 검증이 가능할 뿐 사람들이 실질적으로 어떻게 행동하는지에 대한 경험적인 묘사라고 볼 수 없고 어떻게 행동해야 하는지를 예시하며 규정하는 계율에 가깝기 때문에, 개인의 실질적인 활동이 조장하는 변화와 균열의 위협에 언제나 노출되어 있다. 따라서 사회는 이러한 위협에 맞서 규범의 위반자뿐만 아니라 사회의 구성원 대부분에게 악영향을 끼치는 위반 행위를 형벌제도로 규제함으로써 위반된 규범이 무엇인지 상기시킨다. 널리 알려진 저서 『자살론 Le Suicide』(1897년)에서 뒤르켐은 방대한 통계 자료의 분석을 바탕으로 자살이라는 특이한 '일탈' 행위의 빈도가, 사회 유형이나 계층에 따라 따르고 개인의 성향이나 종교 또는 직업이나 거주 지역에 따라 상이할 뿐, 특정 계층이나 사회에 고유한 도덕성의 구조적 파생물이며 개인의 의도라고 볼 수 없는 일종의 풍조에 좌우된다고 보았다. 예를 들어 가톨릭교에서는 자살의 직접적인 원인이 될 수 있는 실존적 위기에 빠진 사람들을 가까이서 돌보아야 한다고 가르치기 때문에 개신교도들 사이에서보다는 가톨릭교도들 사이에서 자살률이 훨씬 낮게 나타난다.

　그러나 사회적인 차원의 '행동방식과 사고방식'이 명백한 사회적 사실이며

특정 계층이나 특정 사회의 도덕성을 구축하는 사실적인 요인이라면, 이 요인
들은 개인적인 행동이나 '일탈' 행위가 조장하는 균열의 위협에 노출되어 있
었다. 결과적으로 드러나는 것은 사회와 사회계층의 결속력이 지니는 본질적
으로 우발적이며 개성에 취약한 성격이었다. 뒤르켐은 이러한 극적인 상황에
우려를 표명하며 마지막 저서 『종교 생활의 원초적 형태*Les Formes élémentaires de la vie
religieuse*』(1912년)에서 이렇게 말했다. "개인의 이성과 신앙 속에서 사회라는 개념
이 사라지도록 내버려 두면, 개인이 사회의 전통과 희망을 더 이상 느끼지 못하
고 공유할 수 없도록 내버려 두면, 사회는 소멸하고 말 것이다."

　이런 사태가 벌어지지 말라는 절대적인 법은 존재하지 않지만 일어날 수 있
는 확률을 급격하게 떨어트릴 수 있는 가능성이 사회문화적인 차원의 '행동방
식 및 사고방식'과 개인적인 방식의 관계를 중재하고 유지할 수 있는 핵심적인
사회현상, 즉 '종교'에 의해 주어진다. 종교는 이러한 행동방식과 사고방식을
신의 의지, 즉 인간을 지배할 뿐 아니라 보호하고 인도하며 그에게 영감을 선사
하는 신성한 존재의 의지가 다스리는 것으로 간주한다. 신에 대한 믿음은 종교
의례라는 집단적인 활동, 즉 공동체 의식을 고취하고 개인의 헌신을 종용하는
강렬한 감정을 불러일으키면서 신이 신성한 존재임을 상기시키고 어떤 의미에
서는 그의 신성함을 재현하는 종교의례에 의해 강화된다. 종교는 결과적으로
개인이 각자 속한 사회의 '행동방식과 사고방식'을 정당한 것으로 받아들이고
실천하도록 만들며 이를 실천하는 신도는 법적인 차원의 형벌을 피하기 위해
서가 아니라, 세속적인 자아의 차원을 초월해 신이 상징하며 표상하는 공동체
의 일원이라는 의식을 표현하기 위해 행동한다.

　이처럼 사회가 곧 신이며 신이 곧 사회라는 뒤르켐의 주장은 자연스레 뜨거
운 논쟁을 불러일으켰고 특히 신앙을 가진 학자들에게 신랄한 비판을 받았다.
하지만 뒤르켐은 이러한 논쟁의 열기를 어느 정도 가라앉히면서 자신의 논제
를 뒷받침하는 근거로, 고대 로마에서는 결혼제도, 가족제도, 계약제도 같은 세
속적인 제도들이 모두 기본적으로는 종교의례적인 성격을 띠었다는 사실에 주
목할 필요가 있다고 주장했다. 간단히 요약하면, 뒤르켐에게 신화가 인간의 원

시적인 '사고방식'을 의미했다면 종교의례는 인간의 원시적인 '행동방식'을 의미했다.

사회적인 차원의 '행동방식과 사고방식'의 놀라운 중요성을 인정했다는 점에서 뒤르켐은 인간의 주체성에 집중하는 베버의 사회학 이론과 구도에 동의했다고 볼 수 있다. 하지만 그의 동의는 동시에 무의식적이었다고 보아야 한다. 사회적인 현상들을 사회적 사실로, 즉 일종의 객관적인 사물로 간주하고 연구해야 한다는 그의 방법론적인 원칙과 주체성을 강조하는 베버의 입장이 양립할 수 없기 때문이다. 나아가서 신과 사회를 일치시키는 뒤르켐의 입장이 다양한 종교들의 변화무쌍한 교리와 종교의례에 본질적으로 무관심할 수밖에 없는 입장이었던 반면 베버가 '프로테스탄트 윤리관'을 비롯해 방대한 종교사회학 저술을 통해 보여 주고자 했던 것은 다름 아닌 이러한 상이한 내용들이 종교들 간의 차이점을 만들어 낸다는 것이었다.

다시 말해, 베버가 남긴 풍부한 유산은 '종교들의 사회학'에 가까운 반면 뒤르켐의 유산은 '종교사회학'에 가깝다. 하지만 이 두 사상가의 근본적인 차이가 이러한 단순한 측면으로 귀결되는 것은 아니다. 뒤르켐은 원시종교, 특히 토테미즘을 연구하면서 원시사회에 실재했던 종교와 사회 간의 상호 침투적인 관계와 이 관계에서 드러나는 동의의 형태를 강조했다. 반면 베버는 유대교, 그리스도교, 이슬람교, 불교, 힌두교, 유교 같은 유서 깊은 종교 전통들을 다루면서 이 종교들이 공통적으로 사회에 대한 최종적인 판단과 불신을 종용하고 사회, 아니 세계와 맞설 것을 가르치려 했다는 점에 주목했다. 이 종교들은 초월적인 차원에서 세상을 거부하고 보이는 세계의 불편한 점들이 무엇인지 가르치며 결과적으로 구원을 갈망하고 탐색하도록 만든다. 물론 이러한 구원을 탐색하는 방향이나 방식 역시 다양한 종교들의 신학적인 내용에 따라 판이하며 이러한 다양성 역시 여러 문명권의 문화적 유산이 지니는 수많은 측면에 그대로 반영되어 나타난다.

엘리트 이론

/ 19세기와 20세기 사이의 한 정치 이론

19세기 말엽에 등장한 이른바 '엘리트 이론'은 공개 토론이나 과학 분야의 토론 현장에서 간헐적으로 논의되다가 20세기에 들어서면서 중요한 화두로 각광을 받기 시작했다. 이 이론이 모든 유형의 사회구조에 대한 학문적인 분석을 바탕으로 분명하게 보여 주는 것은 일반적인 차원에서 간과될 뿐 이데올로기적인 차원에서 정당화되는 독특한 사회현상, 즉 모든 사회 내부에서 평균적으로는 소규모지만 체계와 조직력을 갖춘 이른바 엘리트 계층이 다수의 시민들을 상대로 고유의 지배력을 행사하며 이들의 복종에서 발생하는 모든 유형의 특권을 독차지하는 현상이다. '엘리트 이론'은 1896년 이탈리아 학자 가에타노 모스카(Gaetano Mosca, 1858~1941년)가 마키아벨리를 비롯한 과거의 저자들을 인용하며 정치적 관계의 유형들을 연구한 『정치 요강Elementi di scienza politica』에서 구체적으로 정립되었고, 뒤이어 이탈리아의 경제학자 빌프레도 파레토(Vilfredo Pareto, 1848~1923년)와 독일 출신이지만 이탈리아에서 오랫동안 활동한 로베르트 미헬스(Robert Michels, 1876~1936년)에 의해 다양한 형태로 발전했다.

이 '엘리트 이론'의 사상가들이 공통적으로 인정하고 알리고자 했던 것은 마키아벨리가 언급했던 '실질적인' 현실, 즉 소수의 지배 계층이 수많은 피지배 계층의 동의를 원칙과 가치라는 이름으로 포장하며 감추거나 정당화해 왔다는 사실이다. 그런 의미에서 이들이 집중적으로 비판했던 것은 두 종류의 대표적인 현대 이데올로기였다. 첫 번째는 자유민주주의 사회에서 소수 계층이 다수 계층을 지배하는 현상은 일어날 수 없다고 보는 자유주의 이데올로기였고, 두 번째는 자유주의 이데올로기에 대한 비판적인 입장을 고수하며 노동 계층이 기존의 사회질서를 거부하고 계급투쟁을 통해 모든 형태의 지배관계에서 벗어난 보편적 평등성을 바탕으로 새로운 사회질서를 정립하게 되리라고 보는 사회주의 이데올로기였다.

이러한 정치 이데올로기들을 비판적이고 회의주의적인 시선으로 바라보던 '엘리트 이론' 사상가들의 입장은 19세기 말에 일어난 유럽 사회의 중요한 구조적 변화라는 맥락에서 이해되어야 한다. 산업화된 도시사회에서 노동자 수가 증가하고 노동자 계층이 특유의 조직적인 성격을 갖추는 동안 사회주의 사상이 빠르게 확산되었고, 참정권자들이 늘어나고 국제자본주의가 성장하는 과정은 유럽의 정치 분쟁을 오히려 악화하는 결과로 이어졌다. 같은 시기에 19세기의 군주제와 통치체제를 뒷받침하는 구조적인 기반이 와해되기 시작했고, 민중이 정치의 실질적인 주인공으로 부상함으로써 사회제도의 전통적인 구도와 체계에 근본적인 변화를 가져왔다. 이때부터 정치 활동은 기본적으로 국회라는 공간 바깥에서, 예를 들어 대중이 모일 수 있고 연설이 가능한 광장이나 노동자들이 파업을 준비하는 공장, 혹은 정치 지도자를 선출하거나 선거운동을 준비하는 정당에서 이루어졌다.

이러한 상황에 주목한 가에타노 모스카와 빌프레도 파레토는 19세기 말에 이탈리아의 사회적 위기를 예감하며 사회주의뿐만 아니라 민주주의에 대한 회의적인 시각을 표명했다. 반면에 로베르트 미헬스의 이론은 당시에 유럽에서 가장 견고한 기반과 결속력을 자랑하던 '독일사회민주당Sozialdemokratische Partei Deutschlands' 내부의 전투적인 정치 활동과 그 결과로 나타난 정치적 패배를 배경으로 탄생했다.

'엘리트 이론'은 방법론적인 차원과 이데올로기 비판적인 차원에서 정치학 이론에 지대한 영향을 끼쳤고 정치학과 조직사회학 분야의 학자들에게도 놀랍고 다양한 관점들을 제시했다. 이탈리아의 저명한 정치 이론가 노르베르토 보비오 Norberto Bobbio에 따르면 엘리트 이론은 "이른바 '조작된 민주주의'의 허구를 발견하고 폭로하는 데 여전히 기여하고 있다"(『정치학 사전Dizionario di politica』).

/ 가에타노 모스카와 통치 계층

가에타노 모스카는 1896년 『정치 요강』에서 통치 계층이라는 개념의 이론화를 시도하며 이렇게 기록했다. "모든 정치체제에서 드러나는 다양한 정치적 성향이나 지속적으로 반복되는 정치현상들 가운데 하나만큼은 모두가 쉽게 이해할 수 있을 정도로 분명하다. 모든 사회에는 두 종류의 계층, 즉 지배자 계층과 피지배자 계층이 존재한다." 모스카는 소수가 다수를 지배하는 현상의 근본 원인이 모종의 내부적 결속력을 부여하며 사회 공동체를 조직적으로 구축할 수 있는 개인의 역량에 있다고 보았다.

모스카는 자신의 사실주의적인 학문적 접근 방식이 당대의 정치학 이론이나 이데올로기적 사상의 접근 방식과는 근본적으로 다르다고 주장했다. 달리 말하면 그는 민주주의 및 사회주의 정치 이론과 정권의 형태에 주목하는 이론적 성향이 권력의 실질적인 행사 방식, 혹은 모든 정치체제에 내재하는 과두정치적인 구조를 묘사하고 설명하는 데 부적절하다고 보았다. 모스카는 이러한 부적절한 접근 방식을 도입했던 인물로 마키아벨리, 생시몽, 콩트, 마르크스와 엥겔스, 텐을 지목했다.

모스카는 '조직력'이 통치 계층을 구축하고 지배력을 확보하는 데 필요한 핵심 요소라고 보았지만, 다양한 정치 영역들, 예를 들어 경제, 정치, 문화 간의 권력관계에 대해서는 분명한 의견을 제시하지 않았다. 조직력은 그만큼 통치 계층 자체를 구축하는 데 필요한 '내부적인' 원리에 가까웠고, 통치 계층이 권력을 '외부적으로' 행사하는 방식은 '정치 공식'을 어떻게 체계화하느냐에 달려 있었다. 이 '정치 공식'에 힘입어 통치 계층은 권력의 활용 방식을 경제화하고 다수의 동의를 기반으로 권력을 행사하며 스스로의 존재를 정당화하지만 '정치 공식'은 단순한 정치적 도구라기보다는 오히려 인간의 기본적인 요구와 사회의 토대가 되는 기본적인 가치들의 표현에 가까웠다.

모스카는 과두정치를 인간 사회의 숙명적인 요소로 간주했음에도 불구하고 귀족 중심의 정치체계와 자유주의 정치체계의 구분을 상당히 진지하게 받아들였고, 귀족 중심의 통치 계층이 권력의 시발점은 사회의 상류층이라는 원칙에 의해 정당화되며 따라서 갇힌 구조를 지니는 반면, 자유주의체제의 통치 계층은 하층민들의 참여에 의해 정당화되며 상대적으로 열린 구조를 지닌다고 보았다. 모스카는 자유주의 정치체제가 근대 사회에서는 지배 계층을 구성해야 하는 엘리트들의 선별 문제를 해결할 수 있기 때문에 선호할 만하다는 점에 주목했다. 물론 이러한 평가가 그의 중심 사상인 엘리트주의와 상충되는 것은 아니다. 오히려 구조적 개방성을 기준으로 다양한 형태의 정치체제를 분류하는 작업에 힘입어 모스카는 자유주의체제에 대한 전적으로 비관주의적인 관점에서 벗어날 수 있었고 권력의 행사 방식을 묘사하면서 훨씬 더 세분화되고 차별화된 관점들을 적용할 수 있었다.

/ 파레토와 엘리트주의

'엘리트'라는 용어를 처음으로 사용한 인물은 파레토다. 모스카의 『정치 요강』이 출판된 지 얼마 지나지 않아 1902년에 『사회주의체제 *Systèmes socialistes*』를 출판한 파레토의 주요 관심사는 모스카가 분석한 정치권력이 아니라 경제였다. 하지만 파레토는 자신의 경제학적 관점에서 두 가지 문제점을 발견했고 이로 인해 오히려 정치학 연구, 좀 더 정확하게는 사회학 연구에 몰두하기 시작했다. 그가 발견한 문제는 경제행위를 모형으로 인간의 사회적 행동방식을 설명할 수 없고 특히 사회계층들 사이에서 벌어지는 권력의 불평등한 배분 현상도 설명하기 힘들다는 것이었다. 파레토는 첫 번째 문제에 이성적 행위와 비이성적 행위의 분리를 토대로 접근했고 두 번째 문제에 이른바 '엘리트 이론'을 구축하면서 접근했다.

인간의 행위가 지니는 비이성적인 성격의 문제는 20세기 초반의 유럽 인문학을 특징짓는 핵심 주제 가운데 하나였다. 이는 예를 들어 프로이트의 '심리분석', 귀스타브 르 봉Gustave Le Bon의 '군중심리론', 조르주 소렐Georges Sorel의 '폭력 이론' 등을 통해 분명하게 드러나며 이들보다 먼저 마르크스와 니체도 감성적인 측면과 비이성적인 측면의 정치적 역할에 주목한 바 있다. 파레토 역시 행위에 대한 이성적 이론의 한계를 인정했고 이를 극복하기 위해 비이성적 행위를 경제적인 성격의 모형으로부터 이탈한 유형으로 분류하는 한편 실질적인 차원에서는 비이성적인 행위가 사회의 변화 과정에서 커다란 역할을 한다는 점에 주목했다.

이어서 파레토는 더 이상 경제학자가 아닌 사회학자로서 인간의 행위가 지니는 비이성적인 요소의 '이성적' 분석을 시도했고 비이성적 행위가 과학적이고 논리실험적인 지식과는 전혀 다른 유형의 지식에 의해 유도된다는 결론에 도달했다. 그는 비이성적 행위가 행위의 목적과 수단의 관계에 대한 솔직하지 못한 관점에서 비롯되며 인간이 이러한 비이성적 행위를 정당화하고 분명히 이성적인 사고를 토대로 체계화하는 성향을 지녔다고 보았다. 비이성적 행위를 정당화하는 데 쓰이는 이성적 사고를 파레토는 '파생derivazione'이라고 불렀다. '파생'의 형태는 상당히 다양하고 변화무쌍하지만 주의 깊게 살펴보면 다양성의 이면에서 이른바 '잉여residuo'의 범주들을 발견할 수 있으며 이 범주들이 사실상 비이성적인 행위의 실질적인 동기라는 사실을 확인할 수 있다. 변화한 뒤 남는다는 차원에서 사실상 불변하는 요소를 뜻하는 '잉여'라는 용어는 인간의 본능, 감정, 의지, 습관 등에 내재하는 항구적인 요소들을 가리킨다. 반대로 '파생'은 동일한 요소들의 이성적이고 변화무쌍한 부분, 즉 반드시 이성적이지만은 않은 동기들을 이성적으로 정당화할 필요에 부응하며 동원되는 다양한 사고를 가리킨다. 특히 서로 대립하는 양상을 보이는 두 종류의 '잉여', 즉 파레토가 각각 "응집의 보존 본능"과 "결속의 본능"이라고 부르는 것들은 어떤 식으로 엘리트들이 권력을 얻고 보존하는지를 구체적으로 설명하는 데 중요한 역할을 한다. 하지만 모스카와는 달리 파레토는 이러한 권력의 쟁취와 보존 현상을 단순히 정치적인 관점에서만 바라보지 않고 대부분의 주요 사회 형태들을 특징짓는 보다 실질적인 요소, 즉 엘리트들에 의해 구성되는 소수의 지배자 계층과 다수의 피지배자 계층 사이에 존속하는 불평등의 차원에서 탐구했다. 달리 말하자면, 파레토는 권력의 행사가 우월한 능력을 지닌 소수의 입장에서 다수의 감성과 비이성적이고 미신적이며 제의적이고 비논리적인 태도를 악용하는 순간에 실현된다고 보았다.

이 시점에서 분명하게 드러나는 것은 파레토와 모스카 사이에 존재하는 관점의 차이, 즉 파레토의 이론을 뒷받침하는 인류학적인 관점에서 개인들 간의 차이점을 결정짓는 것은 이들이 소속된 사회가 아니라 이들의 사회적 위치에 반영되는 자연적인 요소라는 점이다. 파레토에 따르면, 모든 역사적 상황과 사회적 영역에는 사회계층 간의 위계가 존재하며 그 정상에는 엘리트들, 즉 성공을 통해 다양한 활동 영역에서 스스로의 뛰어난 역량과 우월성을 증명해 보이는 이들이 존재한다. 일반적으로 정치 엘리트, 경제 엘리트, 지적 엘리트를 구분하는 것도 바로 그런 이유에서다. 더 나아가서 파레토는 지배 계층을 구성하는 엘리트들을 "여우와 사자", 즉 권력을 행사하기 위해 동의에 의존하는 경우와 힘에 의존하는 경우로 구분했다.

파레토는 소수가 다수를 지배하는 상황이 사실상 수정 불가능한 현실임에도 불구하고 엘리트 계층이 권력 자체의 보존을 위해 항상 쇄신되어야 한다고 보았다. 이러한 견해에서 비롯된 것이 이른바 '엘리트들의 순환' 규칙, 즉 통치 계층이 내부적인 차원에서 항상 새로운 인재들로 교체되어야 하고 특히 피지배 계층의 인재들이 등용되어야 하며 그래야 사회 자체가 역동성을 유지하고 쇠퇴 과정으로 돌입하는 것을 막을 수 있다는 원리다. 파레토는 이러한 원리가 역사의 역동적인 변화 속에서 핵심적인 역할을 하며 결과적으로 인류의 역사 전체가 "귀족 사회의 공동묘지"로 간주될 수 있다고 보았다.

/ 미헬스와 복합적인 사회구조의 분석

모스카의 정치계층 이론을 독창적인 방식으로 발전시킨 로베르트 미헬스는 정당과 노동조합을 비롯한 다양한 사회조직의 구조적 체계에 대한 경험적인 차원의 연구에 몰두했다. 막스 베버의 제자이자 친구였던 미헬스는 모든 조직사회를 통치 계층의 목적과 의도에 복종하는 관료사회 혹은 일종의 기계로 변형시키는 메커니즘의 존재에 주목했다. 조직사회가 숙명적으로 과두제를 형성한다는 자신의 이론, 이른바 '과두제의 철칙Ehernes Gesetz der Oligarchie'을 증명하기 위해 미헬스는 유럽의 대표적인 정당들 가운데 하나였던 '독일사회민주당'의 구조를 분석했다. 미헬스의 선택이 의미심장한 이유는 그가 초기에 이 정당의 활동 당원이었기 때문이기도 하지만 무엇보다도 이 정당을 특징짓는 요소 가운데 하나가 평등성 이론이었기 때문이다. 『근대 민주주의 정치정당의 사회학Zur Soziologie des Parteiwesens in der modernen Demokratie』(1911년)에서 미헬스는 특정 엘리트들이 통치 계층을 형성하고 그들만의 통치체제를 정립하는 과정의 여러 단계를 분석하고 이러한 복합적인 현상이 발생하는 이유를 설명하면서 "누군가가 '조직사회'를 언급할 때 드러내는 것은 곧 과두제적 성향"이라고 주장했다. 그는 조직사회의 근본적인 필요성과 이에 독특한 방식으로 부합하는 대중 심리 및 정치 지도자들의 심리가 정당이 구조적인 차원에서 서서히 소수 지배체제로 변화하는 과정을 필연적으로 만든다고 보았다.

미헬스에 따르면 조직사회는 여러 단계를 거쳐 점차적으로 변화한다. 첫 번째 단계에서는 유권자들의 기대와 요구가 구체적으로 정의되고 계열화되는 과정이 엘리트들로 구성되는 지도자 계층의 형성에 직접적인 동기를 제공한다. 두 번째 단계에서 엘리트 계층은 대규모의 조직적인 행정부를 구축하며 체계화되는 양상을 보이고 이 행정부에 부여되는 과제와 자원이 엘리트 계층과 평범한 정치인들 간의 차별화 현상을 심화한다. 지도자들의 입장에서 유권자들이 그들에게 부여한 대변자로서의 권한을 '스스로의 권력'으로 대체하고 물질적인 차원과 상징적인 차원의 자원을 모두 관리하기 시작하면서 더욱 견고해지는 통치 계층의 관료

체제화가 결국에는 조직사회의 세 번째 변형 단계로 이어진다. 이 단계에서 통치
계층은 유권자들과 분리되고 정당을 본래 목적과 거리가 먼 방향으로 인도한다.
그런 식으로 다름 아닌 '목적의 수정'이 이루어지고 이 시점에서 정당의 실질적인
목표는 더 이상 정당의 구성원들이 원하는 바가 아니라 스스로의 권력을 탐욕스
럽게 추구하는 엘리트들이 원하는 바를 실현하는 것으로 뒤바뀐다.

그런 식으로 "어떤 목표를 달성하기 위한 수단으로 출발했던 조직사회는 이 시
점에서 목표 자체로 변한다. 신체의 기관이 신체 자체에 우선하는 결과를 낳는 셈
이다. (…) 정당의 지고한 법칙들은 통치의 메커니즘을 방해하거나 조직을 위협할
수 있는 모든 요인들을 제거하는 도구로 변한다".(『권력과 과두정치. 선집 1900~1910
Potere e oligarchie. Antologia 1900~1910』) 미헬스에 따르면, 심지어 활동 당원들의 이상적인
참여를 바탕으로 설립된 혁명당도 사실은 얼마든지 지배 계층의 권력 보존과 증
대를 목표로 가동되는 '관료주의'라는 기계로 변신할 수 있다.

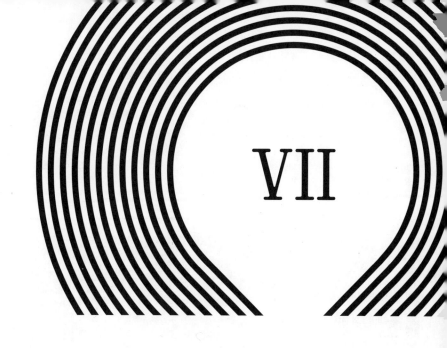

VII

19세기와 20세기 사이의 철학

La filosofia
e le sue storie

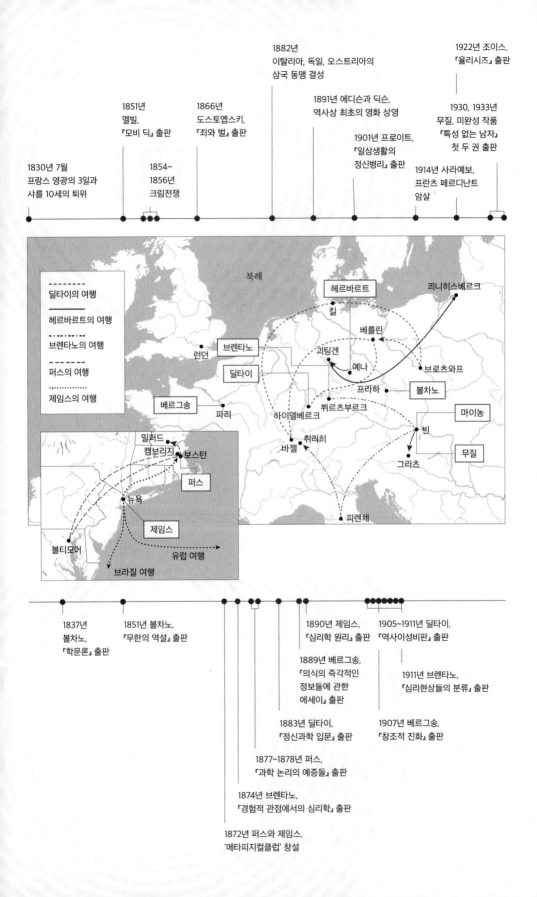

1830년 7월
프랑스 영광의 3일과
샤를 10세의 퇴위

1851년
멜빌,
『모비 딕』 출판

1854~
1856년
크림전쟁

1866년
도스토옙스키,
『죄와 벌』 출판

1882년
이탈리아, 독일, 오스트리아의
삼국 동맹 결성

1891년 에디슨과 딕슨,
역사상 최초의 영화 상영

1901년 프로이트,
『일상생활의
정신병리』 출판

1914년 사라예보,
프란츠 페르디난트
암살

1922년 조이스,
『율리시즈』 출판

1930, 1933년
무질, 미완성 작품
『특성 없는 남자』
첫 두 권 출판

북해

딜타이의 여행
헤르바르트의 여행
브렌타노의 여행
퍼스의 여행
제임스의 여행

헤르바르트

쾨니히스베르크

킬

베를린

브렌타노

괴팅겐

예나

브로츠와프

런던

딜타이

프라하

볼차노

베르그송

뷔르츠부르크

파리

하이델베르크

마이농

취리히

빈

바젤

무질

밀퍼드

그라츠

캠브리지

보스턴

퍼스

뉴욕

제임스

피렌체

볼티모어

유럽 여행

브라질 여행

1837년
볼차노,
『학문론』 출판

1851년 볼차노,
『무한의 역설』 출판

1890년 제임스,
『심리학 원리』 출판

1905~1911년 딜타이,
『역사이성비판』 출판

1889년 베르그송,
『의식의 즉각적인
정보들에 관한
에세이』 출판

1911년 브렌타노,
『심리현상들의 분류』 출판

1883년 딜타이,
『정신과학 입문』 출판

1907년 베르그송,
『창조적 진화』 출판

1877~1878년 퍼스,
『과학 논리의 예증들』 출판

1874년 브렌타노,
『경험적 관점에서의 심리학』 출판

1872년 퍼스와 제임스,
'메타피지컬클럽' 창설

19세기 말에서 20세기 초로 넘어오는 시기를 특징짓는 다양하고 상이한 유형의 철학들을 공통된 관점에서 이해하거나 설명하는 것은 결코 쉬운 일이 아니다. 이 시기의 철학자들 사이에서 공통분모를 발견하는 것 또한 쉽지 않다. 이 과도기의 철학은 흔히 실증주의와 실증주의의 과학 예찬론에 대한 일종의 대응으로 간주되는 것이 보통이지만, 이러한 평가는 거시적인 관점에서만 옳을 뿐 지나치게 단순하고 편파적인 설명임에 틀림없다. 실제로 실증주의자들의 확신, 즉 자연과학의 방법론이 실질적으로 유효한 지식을 생산해 낼 수 있는 유일한 탐구 방식이며 기계주의적인 패러다임이 자연현상들을 설명하기 위한 가장 선호할 만하고 심지어 예외적인 형태의 패러다임이라는 확신은 19세기가 끝나갈 무렵 본격적인 비판의 대상으로 주목받았다.

과학이 인간의 삶을 향상하기 위한 도구이며 무한한 진보의 도구라는 믿음에도 금이 가기 시작했고 역사가 이성에 의해 전개된다는 생각에도 서서히 의혹의 그림자가 드리워졌다. 결과적으로 철학적 지식의 다양한 분야에서 나타나는 관점의 변화를 이해하기 위해서는 이 시기의 주인공들 가운데 한 명인 딜타이의 날카로운 관점에 주목할 필요가 있다. 그는 이렇게 기록했다. "로크와 흄David Hume과 칸트가 구축한 인식 주체의 혈관 속에는 살아 있는 피가 흐르지 않고 사유의 순수한 활동으로 간주되는 이성의 희박해진 림프가 흐를 뿐이다. 반면에 역사학자로서, 심리학자로서 인간의 모든 면을 다루었던 나의 경험은 인간을 기본적으로 그가 지닌 수많은 기량의 관점에서, 지식과 개념을 설명하는 순간에도 원하고 느끼고 표상하는 존재라는 관점에서 바라보도록 만들었다."

딜타이가 이러한 관점을 발전시켜 활용한 독특한 학문적 방법론과는 무관하게, 그의 관찰은 다양한 지식 분야의 철학자들이 안고 있던 잠재적인 형태의 요구, 즉 '인간'의 전통적인 이미지가 지니는 추상적이고 관념적인 한계를 뛰어넘어 인간을 그가 지닌 무한한 능력과 충동의 측면에서 관찰해야 할 필요가 있다는 요구에 힘을 실어 주었다. 이러한 요구는 사실상 프로이트가 1900년에 출판한 『꿈의 해석』 같은 저서에도 함축되어 있었다. 딜타이, 제임스, 베르그송 같은 인물들은 상당히 이질적인 유형의 철학자들이지만 모두 주체로서의 '인간'에게 다름 아닌 '살아 있는 피'를 부여하기 위해 노력했다는 공통점을 지닌다. 그래서 흔히 '생의 철학'이라고 명명되는 이들의 철학은 이러한 표현 자체가 가리키는 차원을 뛰어넘어 19세기 말에서 20세기로 넘어오는 과도기를 비상한 철학적 활동의 시대로 만들었다. 물론 무엇보다 중요한 것은 이들이 '살아 있는 피'가 각자에게 무엇을 의미하느냐에 따라 탐구의 과제 자체를 나름대로 해석했고 그런 식으로 연구의 혁신적인 측면이나 형식과 방법론과 결과의 측면에서 상당히 이질적이고 독창적인 이론들을 발전시켰다는 사실이다.

이 장에서는 20세기의 학자들이 적극적으로 받아들이게 될 이러한 관점의 다양성과 이질성을 집중적으로 조명하기 위해 기본적인 주제들을 지역별로 다루고 이탈리아, 오스트리아, 독일, 프랑스, 잉글랜드, 미국에서 이루어진 다양한 학파와 철학 논쟁의 발전 과정을 살펴볼 계획이다.

이 시기에 특별히 중요한 역할을 한 연구 분야는 역사학이다. 학자들은 다른 분야들의 경우와는 달리 역사학을 발전시키면서 수많은 방법론적이고 인식론적인 문제에 부딪혔고 이 문제들이 주로 실증주의의 개념적 구도가 지니는 한계에서 비롯된다는 것을 깨달았다. 예를 들어 '법칙'이나 '실험', '증명' 같은 개념들이 자연과학 내부에서만큼은 지극히 정상적인 개념이지만 역사학 분야에는 동일한 방식으로 적용되기 힘들거나 근본적으로 다른 차원의 해석을 요구한다는 것이 점점 분명해졌다. 결과적으로 역사학 분야에서 진행된 분석은 자연과학과 분명하게 구별되는 동시에 고유의 탐구 방식과 도구와 대상을 지닌 학문의 지식세계가 존재한다는 것을 보여 주었다. 이것이 바로 인식론적인 차원에서 자연과학의 그것과 대등한 권위와 정당성을 요구하던 학문, 이른바 정신과학의 지식세계였다. 이는 곧 역사의 학문적이고 과학적인 측면, 다시 말해 정신과학적인 측면이 자연과학의 방법론을 유일한 설명 모형으로 간주하는 입장이나 탐구 가능성에 의탁될 수 없다는 것을 의미했고, 무엇보다도 역사학이 정신과학의 전개 과정을 특징짓는 요소, 즉 지적 주체를 지적 대상과 연결시키는 특별한 유형의 관계를 바탕으로 정립되어야 한다는 것을 의미했다. 이러한 주제들의 강렬한 침투성과 주체에 관한 성찰의 핵심적인 성격은 사실상 역사적 관점이나 문제 혹은 해석과 아무런 상관이 없는 퍼스 같은 학자의 이론에서도 분명하게 드러난다. 기호들의 언어에 관한 퍼스의 이론은 기호와 대상 사이에서 해석 주체가 소통 메커니즘의 필수불가결한 요소로 기능한다는 점을 보여 준다. 이러한 측면은 자연과학이 "설명하는" 학문인 반면 정신과학은 "이해하는" 학문이라는 딜타이의 말 속에 그대로 요약되어 있다.

1

통일 이탈리아의 철학

1.1 계몽주의의 유산

19세기 초반의 이탈리아 문화는 기본적으로 프랑스에 의존하고 있었다. 나폴레옹의 침략 역시 결과적으로는 프랑스 문화와의 유대관계를 더욱 견고히 하는 데 일조했고 이탈리아에 혁명 사상을 전달하면서 이탈리아인들이 통일의 당위성에 대한 기본적인 인식과 견해를 비롯해 이탈리아 부흥운동의 정신적인 기반을 마련하는 데 크게 기여했다. 밀라노와 나폴리에서 성장한 독창적이고 강렬한 성격의 계몽주의는 관념주의와 콩디야크의 감각주의에서 유래하는 새로운 유형의 사상들을 적극적으로 수용하면서 철학을 기본적으로 반형이상학적이고 평신도주의적인 방향으로 발전시켰다.

경제학자이자 정치사상가인 멜키오레 조이아(Melchiorre Gioia, 1767~1829년)는 감각주의에서 출발했지만 도덕과 정치 분야에서만큼은 실용주의적인 입장을 고수했던 인물이다. 계몽의 세기가 낳은 천재 시인 자코모 레오파르디(Giacomo Leopardi, 1798~1837년)는 감각주의자이자 유물론적 비관론자였다. 계몽주의의 계승자들 가운데 특별히 중요한 역할을 했던 인물은 잔도메니코 로마뇨지 (Giandomenico Romagnosi, 1761~1835년)다. 인식론적 성찰에서 출발한 로마뇨지는 이어서 '사회문화적 철학' 혹은 사회적 삶에서의 '개인'에 주목하는 철학을 발전시켰다. 이탈리아 통일 이후까지 지속될 독창적인 사유의 전통이 로마뇨지의 철학을 바탕으로 형성되었다.

로마뇨지의 직계 제자인 카를로 카타네오(1801~1869년)는 철학에 대한 순수한 관심에서 출발했던 인물이 아니다. 형이상학을 반대하고 거부하는 성향이 강했던 그는 노르베르토 보비오의 표현대로 "전투적인 철학"의 신봉자였고 사회의 진보를 추구하며 투쟁적인 차원에서 철학적 사고를 전개했던 인물이다. 이러한 전투적인 철학에서 파생된 사조 가운데 하나가 바로 인간은 그가 속한 자연적이고 사회적인 관계의 구체적인 틀 안에서 연구되어야 한다는 정치적 관점이 반영된 심리학이다.

로마뇨지 못지않게 중요한 인물은 주세페 페라리(Giuseppe Ferrari, 1811~1876년)다. 비코Giovanni Battista Vico의 신봉자였던 페라리는 회의주의자인 동시에 반종교주의자였고 민주주의적 연방주의를 지지하는 한편 이탈리아 통일을 위해 교황의 개입을 요구하는 신교황파를 신랄하게 비판했던 인물이다. 페라리는 주저 『혁명의 철학Filosofia della rivoluzione』(1852년)에서 이탈리아에 만연한 온건주의를 비판하는 동시에 계몽주의 정신을 강조하면서 정의와 평등의 보편적인 가치를 실현하기 위해 매진해야 한다고 주장했다. 반면에 로마뇨지의 철학의 중심으로 형성된 평신도주의와 혁신주의 사조는 낭만주의와 관념주의의 등극으로 인해, 특히 종교적인 색채가 강한 낭만주의적 정신주의의 영향으로 인해 철학적 토론의 무대에서 뒷전으로 밀려나고 말았다.

하지만 이탈리아의 철학문화는 남부에 프랑스의 '절충주의'와 스코틀랜드의 '상식의 철학'이 도입되면서 더욱더 활발해졌고, 나폴리 왕국에서는 독일 철학, 좀 더 정확히 말해 칸트의 철학이 소개되기 시작했다. 이러한 정황에서 칸트의 영향하에 성장했던 인물이 바로 파스콸레 갈루피(Pasquale Galluppi, 1770~1846년)다. 물론 갈루피의 사상은 비판철학이 아니라 엄격한 도덕주의 철학에 가깝다.

1.2 로스미니와 조베르티

이탈리아 부흥운동 시기의 가톨릭 철학을 대표하는 인물은 안토니오 로스미니 (Antonio Rosmini, 1797~1855년)와 빈첸초 조베르티(1801~1852년)다. 항상 '가톨릭 자유주의'를 대표하는 학자로 함께 소개되는 것이 보통이고 '정신주의'의 지지자들이라는 꼬리표가 붙어 다니지만, 사실 로스미니와 조베르티는 글을 통해 상당히 다른 유형의 그리스도교 사상을 표명했던 인물들이다.

조이아와 로마뇨지에 대한 비판적인 시각에서 출발한 로스미니는 종교를 위해 긍정적인 결과를 제공할 수 있는 "견고하고 건강한" 철학을 정초해야 한다고 주장했다. 주저 『관념의 기원에 관한 새로운 시론*Nuovo saggio sull'origine delle idee*』(1830년)에서 로스미니는 책의 제목에 함축되어 있는 질문에 답변을 제시하면서 모든 개념들이 단 하나의 원천적인 관념에서, 다시 말해 칸트의 범주들을 통합하는 유일한 진리로서의 선험적 형태, 즉 존재라는 관념에서 유래한다고 주장했다.

조베르티는 '존재논리주의ontologismo'를 로스미니처럼 종교에 견고한 철학적 기반을 마련하기 위해 고안했지만 사실은 로스미니주의에 대한 비판적인 시각에서 출발했고 이러한 관점을 근대의 포스트-데카르트 철학에 대한 보다 광범위한 차원의 비판으로 확장시켰다. 조베르티는 포스트-데카르트 철학을 일종의 '심리주의'로 정의하면서 심리주의가 근본적으로는 '인간'에서 출발해 '신'에 도달할 수 있다고 주장하기 때문에 악하다고 볼 수밖에 없으며 회의주의로 환원될 수밖에 없는 일종의 주관주의에 불과하다고 보았다. 직접적인 정치 참여를 마다하지 않았던 로스미니와 조베르티는 가톨릭교회 내부에서 이탈리아의 통일을 지지하는 의미심장한 의견들을 피력하곤 했다. 개략적으로 요약하면, 가톨릭 정치 지도자들의 견해는 교황청이 이탈리아의 통일을 지지하고 통일운동을 활성화하는 데 정신적인 지주 역할을 적극적으로 수행할 수 있을 뿐만 아니라 급진적인 자유주의자들과 진보주의자들의 막강한 견제 세력으로 기능할 수 있다는 것이었다. 하지만 이러한 계획은 교황청과 가톨릭교회가 기본적으로 보편성을 추구한다는 특성과 바로 그런 이유에서 교황청이 이탈리아가 통일될 경우 이탈리아의 적이 될 나라들과 유지할 수밖에 없는 우호관계 때문에 근본적으로 불안정한 요소들을 안고 있었다.

이러한 정황에서 조베르티가 신교황파를 지지하며 표명했던 유명한 정치적 입장들을 구체적으로 확인할 수 있는 저서가 바로 『이탈리아인들의 도덕적, 시민적 우월성에 대하여Del primato morale e civile degli italiani』(1843년)다. 조베르티는 이탈리아를 다른 모든 나라의 '군주국'으로 소개하면서 이탈리아의 이러한 우월성과 탁월한 국가적 정체성을 정당화하는 것이 다름 아닌 교황청의 존재라고 주장했다. 그는 교황청이 이탈리아가 국가로 존재하기 위한 전제일 뿐 아니라, 종교개혁과 근대 철학이 가져온 가증스러운 결과의 부정적인 영향에서 벗어나지 못하는 유럽의 다른 민족들 사이에서 진정한 문명화 과제를 수행할 수 있는 정신적인 힘의 기반이라고 보았다. 결과적으로 조베르티는 이탈리아가 연방주의를 구축하는 과정 자체를 교황의 주재하에 전개되어야 할 정치적 과제로 간주했다고 볼 수 있다.

물론 조베르티는 변화무쌍한 인물이었고 시간이 흐르면서 정치적인 차원에서뿐만 아니라 철학적인 차원에서도 종전과 상이한 입장들을 표명하는 경우가 잦았다는 사실을 기억할 필요가 있지만, 그럼에도 불구하고 이탈리아의 우월성을 칭송하는 조베르티의 저서는 외국의 문화와 사상을 거부하는 이들에게, 특히 고대로부터 면면히 전해 내려오는 전통 사상 혹은 가톨릭 사상이나 순수하게 이탈리아적인 사상을 지지하고 사랑하던 이들에게 오랫동안 끝없는 영감을 제공했다.

1.3 관념주의

이탈리아에서 헤겔주의가 가장 큰 영향력을 행사했던 지역은 남부였고 헤겔주의를 수용했던 이들은 무엇보다도 부르봉가 왕국의 특권층을 중심으로 형성된

문화와 사회제도를 혐오하며 불만과 불안에 사로잡힌 부르주아 계층을 대표하
는 학자들이었다. 이 혁명기의 역사를 증언하는 인물은 스테파노 쿠사니(Stefano
Cusani, 1815~1846년), 스타니슬라오 가티(Stanislao Gatti, 1820~1870년), 안젤로 카밀로
데 메이스(Angelo Camillo De Meis, 1817~1891년), 저명한 문학사가 프란체스코 데 상티
스(Francesco De Sanctis, 1817~1883년) 등이다. 이들은 모두 이탈리아 고유의 정신주의
와 프랑스에서 수입한 절충주의 사이에서 방황하던 시대의 아들이었고, 주로
감옥이나 망명지에서 헤겔의 철학에 눈을 떴다.

  이 관념주의자들 가운데 유일하게 이탈리아 바깥 세계에까지 명성을 떨친
인물은 아우구스토 베라(Augusto Vera, 1813~1885년)다. 베라는 동시대의 다른 헤겔
주의자들 사이에서 발견되는 공통분모들을 거의 찾아볼 수 없는 인물이기도
하다. 그는 정치적인 박해를 받은 적이 없으며 통일운동에도 간접적으로만 참
여했다. 그가 이해한 '헤겔'은 『정신현상학』에 나타나는 '역동적인' 헤겔과는
거리가 멀었다. 다시 말해 그에게 헤겔은 이탈리아 부흥운동에 참여했던 같은
세대의 헤겔주의자들이 대략적으로 자유주의자나 진보주의자로 인지했던 헤
겔이 아니라 오히려 『철학 백과사전』에 나타나는 '체계적인' 헤겔, 인식이 가능
한 세계의 모든 파생적인 지식들을 하나의 이상적인 체계 안에 묶고 조합할 수
있는 능력을 지닌 헤겔이었다.

  반면에 베르트란도 스파벤타(Bertrando Spaventa, 1817~1883년)는 베라와 전적으로
다른 유형의 철학자였다. 그는 비평적인 관점이 함축되어 있는 관념주의를 가
능한 한 정확하게 이탈리아의 학계뿐만 아니라 문화계 전체에 도입하려고 노
력했던 인물이다. 스파벤타는 먼저 나폴리에서 공부한 뒤 1849년부터 토리노
에서 헤겔 철학 연구에 몰두했고 후기계몽주의의 급진적인 철학에도 지대한
관심을 기울였다. 관념주의 문화를 이탈리아에 전파하기 위해 효과적인 방식
과 다양한 가능성들을 모색했던 그의 폭넓은 계획은 뚜렷하게 전략적인 특징
을 지니고 있었고 이는 그가 1861년 나폴리 대학 개강 연설에서 제시했던 "유럽
사상의 유통"이라는 공식에서도 확연하게 드러난다. 이러한 전투적인 성격의
사유에서 우리는 이탈리아에서만큼은 평신도주의와 근대 사상이 주도적인 역

할을 해야 한다는 그의 주장을 읽을 수 있다.

스파벤타에 따르면, 이탈리아에서 근대 문화는 부흥운동과 함께 시작되었지만 반종교개혁 운동의 여파로 이탈리아 반도에 형성된 억압적인 분위기에서 벗어나기 위해 유럽을 바라보기 시작했다. 이탈리아인들은 원래 천재적인 선구자들이었다. 예를 들어 조르다노 브루노Giordano Bruno는 스피노자의 길을, 캄파넬라Tommaso Campanella는 데카르트의 길을, 비코는 칸트와 헤겔의 길을 무의식적으로나마 예비한 인물들이었다. 하지만 로스미니와 조베르티의 철학적 체계에는 반대로 칸트와 헤겔의 사상에 고유한 구조적인 측면들이 반영되어 있었다. 물론 이들이 누군가를 모방했기 때문에 이탈리아의 정신주의를 사상적 퇴보의 결과로 간주하는 것은 잘못된 해석이다. 이들의 사상은 오히려 유럽의 정신적 발전에 기여하고 일조하려는 노력, 그런 의미에서 다른 유럽 국가에 뒤처지지 않으려는 노력의 일환으로 이해되어야 한다.

'유럽 사상의 유통' 이론은 성찰해야 할 대상의 측면에서 상당히 세분화되어 있었고 무엇보다도 철학적인 동시에 정치적이고 사회문화적인 기획에 가까웠다. 스파벤타는 이탈리아가 유럽에서 가장 높은 수준의 문화를 지닌 나라로 성장할 수 있으며 근대 사상에 고유한 특징들이 이탈리아 고유의 사상적 성향과 조화를 이룰 수 있다고 확신했다. 근대 철학이 다름 아닌 르네상스와 함께 시작되었다는 점을 감안할 때 이탈리아의 우월성을 이론적으로도 증명할 수 있다는 것이 그의 생각이었다. 그런 의미에서 스파벤타의 설명은 신생 이탈리아를 이끌 문화적 헤게모니를 장악하기 위한 치열한 투쟁의 실체가 무엇이었고 이탈리아처럼 오래된 가톨릭 국가의 역사와 수 세기에 걸쳐 이탈리아에 부재했던 근대 문화의 만남을 근대 철학의 차원에서 바라볼 때 드러나는 문제점들이 무엇이었는지 보여 준다.

1.4 실증주의

1860년대 중반까지 이탈리아에서는 헤겔주의자들의 관념주의적인 이성주의와 다양한 형태를 유지하던 이탈리아 특유의 정신주의가, 명확하게 대별되는 사조를 구축하지 못했을 뿐, 서로를 인지하며 일종의 경쟁 구도를 형성하고 있었다. 이탈리아 고유의 사상사적인 차원에서 또 다른 유형의 경쟁 구도를 형성했던 로스미니주의와 조베르티주의의 근본적인 차이는 사상적인 차원의 양립 불가능성에서 비롯될 뿐 아니라 기본적으로는 지리적인 특성에서, 다시 말해 두 사조가 서로 다른 지역에서 성공을 거두있다는 사실에서 비롯된다. 조베르티주의가 주로 이탈리아 남부에서 성공을 거둔 반면 로스미니주의가 성공을 거둔 곳은 북부다.

헤겔주의에서 이탈하는 철학자들이 등장하는 현상은 기괴하면서도 갑작스러운 인상을 선사하며 일어났다. 헤겔주의의 현장에서 헤겔의 철학을 직접 느끼고 섭렵하기 위해 베를린으로 유학을 떠났던 안드레아 안줄리(Andrea Angiulli, 1837~1890년)는 실증주의의 열렬한 지지자가 되어 이탈리아로 돌아왔고, 파스콸레 빌라리(Pasquale Villari, 1826~1917년)는 1865년 '피렌체고등연구소Istituto di studi superiori di Firenze'에서 '실증주의 철학과 역사학적 방법론La filosofia positiva e il metodo storico'이라는 제목의 개강 기념 강의를 통해 새로운 철학적 변혁의 폭풍을 예고했다. 당대 유럽의 정신문화를 지배하던 실증주의의 수용 여부를 두고 고민하던 이탈리아 문화에 실질적인 변화가 일어나기 시작한 것이 바로 이 시기다.

실증주의는 여러 개의 얼굴을 가지고 있었다. 이탈리아 인본주의와 르네상스를 연구한 저명한 역사학자 빌라리는 오귀스트 콩트, 존 스튜어트 밀의 사상과 갈릴레이Galileo Galilei의 정신에 호소하면서 역사학자들이 역사적 사실에 좀 더 집중하는 성향을 보장할 수 있는 방법론을 구축해야 한다고 주장했다. 반면에 교육학자 아리스티데 가벨리(Aristide Gabelli, 1830~1891년)는 『인간과 도덕학 L'uomo e le scienze morali』에서 "도덕적 감성이 관건인 학문을 물리학의 고유한 방법론을 활용해 발전시킬 수 있다"라는 목표를 제시하면서 실증주의 학문으로 발돋움할 수 있는 계기를 마련했다. 물론 동시대의 수많은 학자들은 전혀 다른 생각, 예를 들어 실증주의 사상이 경험에 주목하는 성향을 자극한다거나 학문적인 방법론을 혁신하도록 부추기는 것은 아니라는 생각을 가지고 있었다.

다윈에게는 과학적인 차원의 가정에 불과했던 것도 하나의 세계관으로 발전하기 시작했다. 결과적으로 부각되는 것은 일원론적이고 자연주의적인 형이상학이었고 이러한 일원론적 관점은 철학적인 차원에서는 세련되지 않았지만 지식인들의 다양한 요구와 질문에 적절한 답변을 제시할 수 있는 사상으로 발전했다. 실제로 이러한 세계관이 19세기 후반에 큰 성공을 거둘 수 있었던 것은 이 세계관 고유의 독창성이나 치밀함 혹은 매력 때문이 아니라 낡은 이탈리아 정당들의 정치 행각에 불만을 품고 정의와 민주주의의 적극적이고 총체적인 실현을 부르짖던 젊은 세대들의 정치-사회적인 혁신의 요구 때문이었다. 그런 의미에서 실증주의, 즉 전격적인 진보의 철학은 과학의 발전상을 그대로 수용하고 전통문화와 투쟁하는 프리메이슨의 반교권주의도 기꺼이 수용할 수 있는 견고하고 포괄적인 관점을 제공했다고 볼 수 있다.

이탈리아의 실증주의 철학자들 가운데 가장 중요한 인물은 두말할 필요 없이 로베르토 아르디고(Roberto Ardigò, 1828~1920년)다. 원래 성직자였던 이 철학자는 사제복을 벗어 던지고 스스로 무신론자임을 공표하면서 많은 물의를 일으켰던 인물이다.

그는 철학을 단순한 방법론으로 환원하는 대신 '무분별한 세계'를 철학의 구체적인 탐구 대상으로 제시하면서 '무분별한 세계'가 곧 실증적 학문의 다양한 분야들을 구축하는 모든 개별적인 '분별 과정'의 원천이자 기반이라고 주장했다. 아르디고의 표현에 따르면, 철학은 "극단적인 한계의 학문"이다. 그는 이 '한계'의 철학을 '최초의 원인', 즉 선험적 원인을 탐구하는 연역적인 성격의 철학과 정반대되는 것으로 이해했다. 아르디고의 사상에서 철학의 역할을 규정하는 '한계'라는 개념은 스펜서의 '인식 불가능성' 개념이나 칸트의 '물자체'와는 다르다. 스펜서의 '인식 불가능성'은 사실 극복할 수 없는 동시에 의식 자체를 구축하는 한계인 반면 아르디고의 '한계'는 일시적이고 상대적인 성격을 지닌다.

아르디고의 상대적 '한계' 이론에 따르면, 지식은 확실하게 확인할 수 있는 사실을 기반으로 형성되지만 이러한 지식을 기반으로 구축되는 일련의 법칙들은 불변하지 않으며 완성을 목표로 언제든지 향상될 수 있는 잠재력을 지닌다.

아르디고에게 현실을 지배하는 가장 기본적인 법칙은 '무분별한 세계'에서 '분별된 세계'를 향해 발전하는 진화의 법칙, 따라서 자연적인 사실들은 물론 인간적인 사실들의 변화 과정을 지배하는 진화의 원리였다. 현실에서 벌어지는 모든 일을 좌우하는 것이 이 원리였다. 태양계의 형성이나 포유동물의 성장 과정 같은 상이한 현상들의 특징을 결정짓는 것도 어떤 무분별한 상태에서 특별한 기능과 특별한 성격을 지닌 '특별한 실재'를 분별할 수 있는 단계로 인도하는 점진적인 진화 과정이었다. 아울러 이 과정이 점진적이라는 것은 그 결과가 단 한 번의 공정에 따라 결정되는 것이 아니라 여러 단계를 거쳐 수정될 수 있다는 것을 의미했다.

현실은 물론 결정론적인 성격의 과정에 지배되지만 현실을 실제로 결정하는 것은 원인들의 고리이며 이 고리는 우발적인 요인들의 교차로 생성된다는 것이 아르디고의 생각이었다. 다시 말해 그는 일련의 원인으로 구성되는 고리가 내부적인 과정을 거쳐 필연적인 방식으로 결정되지만 이러한 고리들이 교차하는 현상과 결과적으로 일어나는 상호 반응을 결정하는 것은 우발적인 요인이라고 보았다.

아르디고는 진화의 법칙을 토대로 윤리관의 형성 과정을 고찰한 『실증주의자들의 윤리Morale dei positivisti』(1879년)에서 모든 유형의 종교적이고 영성주의적인 교리를 비판하며 진화의 법칙이 지배하는 구도의 관점에서 사회제도와 윤리관의 재해석을 시도했다. 그에게 윤리관이란 개인이 사회생활을 통해 이해하는 사회문화적인 규칙들의 총체를 의미했고 따라서 자율성의 지표라기보다는 사회적 조건의 결과에 가까웠다. 결과적으로 아르디고는 윤리관이나 권리가 인간의 사회적 공존에 소용되는 도구에 불과하며 다른 지식이나 자연을 구성하는 모든 요소들과 마찬가지로 진화할 수밖에 없는 운명을 지녔다고 보았다.

실증주의는 체계적인 성찰의 차원에서 전반적으로 빈약한 모습을 보였을 뿐 적어도 19세기 말까지는 이탈리아 문화를 주도했던 이데올로기다. 반면에 이탈리아 대학 내부에서는 가톨릭의 정신주의 전통에 깊이 관여했던 사상가들이 여전히 명맥을 유지하고 있었다. 한때 헤겔주의와 자유주의를 거부하고 비판했던 이 정신주의자들은 뒤이어 유물론과 대립하는 양상을 보였다. 이 정신주의를 대표하는 인물들은 가톨릭 철학자 프란체스코 보나텔리(Francesco Bonatelli, 1830~1911년)를 비롯해 로스미니주의의 입장에서 헤겔주의를 비판했던 주세페 알리에보(Giuseppe Allievo, 1830~1913년), 플라톤의 해석자이자 번역가였던 프란체스코 아크리(Francesco Acri, 1834~1913년) 등이다.

반면에 실증주의와 대조되는 유럽의 비이성주의는 이탈리아에서 어떤 구체적인 철학적 입장을 형성하는 대신, 가브리엘레 단눈치오Gabriele D'Annunzio의 경우처럼, 문학적이고 미학적인 유형의 사조로 기울어지는 양상을 보였다.

이탈리아의 관념주의는 일찍부터 위기를 맞이했다. 베라는 헤겔의 교리에 매달린 채 늙어 갔고 스파벤타의 글들은 모두의 기억에서 사라지고 말았다. 스파벤타의 철학은 20세기 초에 들어와서야 조반니 젠틸레(Giovanni Gentile, 1875~1944년)에 의해 재조명되기 시작했다. 베라와는 달리 스파벤타에게는 고유의 학파가 있었지만 제자들은 학파의 명맥을 오래 유지하지 못했다.

반면에 스파벤타의 관념주의를 기반으로 마르크스주의를 수용했던 철학자 안토니오 라브리올라(Antonio Labriola, 1843~1904년)에 대해서만큼은 주목할 필요가 있다. 당대에 이탈리아의 가장 대표적인 마르크스주의자였던 라브리올라는 마르크스주의의 혁명적이고 학문적인 가치를 가장 중요한 요소로 간주했고 결과적으로 사회적 다윈주의나 실증주의 사회학의 경제적 결정주의에 반대하는 입장을 표명했다. 라브리올라는 당대에 대단한 문화적 영향력을 행사했던 마르크스주의 논쟁, 정확히 말하자면 마르크스주의의 이론적인 측면에 관한 논쟁에 베네데토 크로체(Benedetto Croce, 1866~1952년), 조르주 소렐(1847~1922년)과 함께 참여했던 것으로도 유명하다. 20세기의 이탈리아 철학은 크로체가 실증주의의 문화적 저변 확대를 과제로 내세우면서 시작되었지만 사실상 실증주의는 이미 이탈리아 문화의 일부를 차지하고 있었다.

2

볼차노와 브렌타노

2.1 오스트리아의 철학

오스트리아의 철학은 관념주의와 신칸트주의가 핵심적인 역할을 했던 독일의 철학과는 상당히 다른 면모를 보여 준다. 물론 오스트리아의 철학이 전적으로 독립된 경로로 발전했다고 보는 것은 상상에서 비롯된 견해에 불과하다.

관념주의와 신칸트주의가 뿌리를 내릴 수 없었다는 점을 감안하더라도 사실상 오스트리아의 철학에서 자생적인 요소는 찾아보기 힘들다. 외래 사상이 침투할 수 없었던 이유는 중부 유럽의 독특한 사상적 성향이 아니라 오스트리아만의 독특한 역사적 상황, 즉 당대의 오스트리아 교육제도가 지닌 특수성에서 찾아야 한다.

당시에 합스부르크 왕가의 교육체제는 칸트의 철학과 관념주의 철학을 학과목에서 제외하고 요한 프리드리히 헤르바르트의 사상을 고집하는 관습에서 벗어나지 못하고 있었다. 이러한 상황은 상당히 오랫동안 지속되었고 브렌타노도 자신의 학파가 영향력을 행사하는 곳은 이러한 관습과 전통이 그대로 유지되는 오스트리아 왕국이라고 인정한 바 있다. 또 다른 예로, 로베르트 무질 Robert Musil이 오스트리아 왕국의 특수성을 지적하기 위해 고안했던 유명한 표현 '카카니아Kakania'는 '제국적인 동시에 왕국적인' 성격을 가리키는 Kaiserlich-Königlich라는 표현의 약자 K.K.에서 유래한다. 따라서 오스트리아의 철학이 지니는 특수성은 1848년을 전후로 전개된 정치적 상황과 밀접한 연관성을 지니며 이러한 상황에서 비롯된 문화정치의 결과였다고 볼 수 있다.

2.2   볼차노의 수학과 논리학

1800년에 프라하에서 종교학 교수로 임명된 베른하르트 볼차노(Bernhard Bolzano, 1781~1848년)는 진보주의를 지지했다는 이유로 입지를 잃기 시작했고 결국에는 강의의 기회마저 박탈당하고 말았다. 헤르바르트와 마찬가지로 볼차노는 라이프니츠의 힘 개념을 발전시키면서 칸트의 '초월적 변증론'이 가져온 결과들을 체계적으로 해부하는 작업에 착수했다. 심리학적 차원에서도 볼차노는 『아타나시아Athanasia』(1827년)에서 영혼의 불멸성을 이성적으로 증명하는 데 주력했다. 널리 알려진 바와 같이 이는 칸트가 연구를 포기했던 개념이다.

　간단히 말하면 헤르바르트가 인간의 기량에 주목하는 낡은 전통 심리학으로부터 벗어나면서 경험심리학을 개혁한 반면 볼차노는 이성적인 심리학을 재정립했다고 볼 수 있다. 따라서 이들의 심리학이 공통분모를 지닌다는 것은, 탐구 방식이나 언어적 표현에서 나타나는 객관적인 차이에도 불구하고 그다지 놀라운 일이 아니다. 특히 『학문론Wissenschaftslehre』(1837년)에서 볼차노는 상당히 혁신적인 논리학을 소개했다. 그의 논리학에서 가장 특징적인 것은 '표현 자체'나 '문장 자체' 같은 개념들이다. 볼차노는 표현이나 문장 자체가 관찰이나 성찰, 확신 같은 인간의 사고 활동과 아무런 연관성이 없으며 언어적인 구도와도 무관하다고 보았다. 언어적 구도의 실재나 부재가 '표현 자체'나 '문장 자체'의 본질에 어떤 영향도 끼치지 못한다고 보았던 것이다. 볼차노는 우리가 '의미론적

플라톤주의'라고 정의할 수 있는 입장, 즉 사물들의 의미 자체가 고유의 세계를 지니며 이 세계 안에서 독립된 대상으로 존재한다는 이론적 입장을 취한다. 볼차노는 그런 식으로 그가 정의하는 논리학의 모든 주요 개념들을 논리학의 구조 자체에서 도출해 냈다. 볼차노가 근대 논리학의 기반을 닦은 인물로 평가되는 것도 바로 그런 이유에서다.

볼차노는 수학 분야에서도 남다른 업적을 남겼고 가장 먼저 이른바 '집합론'을 이론화함으로써 게오르크 칸토어(Georg Cantor, 1845~1918년)의 연구와 체계화에 결정적인 계기를 마련했다. 볼차노는 그의 불편한 정치적 입장과 이미지 때문에 당대의 철학적 사유에 직접적인 영향력을 행사하지 못했지만 또 나른 경로를 통해 특히 논리학과 수학 분야에서 나름의 철학적 방향을 제시하는 데 성공했다.

2.3   프란츠 브렌타노와 의식의 지향성

가톨릭 사제로 임명된 뒤 뷔르츠부르크 대학의 철학 교수로 발탁된 프란츠 브렌타노(1838~1917년)는 1870년 이후로 교황은 오류를 범하지 않는다는 교리에 동의할 수 없다는 입장을 표명했고 이러한 정황에서 시작된 정신적 위기를 극복하지 못한 채 사제복을 벗고 뷔르츠부르크 대학 교수직에서 물러났다. 뒤이어 빈에서 교수 자격을 취득했지만 결혼을 목적으로 잠시 오스트리아를 떠났다가 다시 교수직을 박탈당하고 일반 강사의 자격으로 활동을 재개했다.

브렌타노는 빈 대학에서 당대의 문화계 주인공들과 지식인들의 관심과 사랑을 독차지하며 15년이 넘도록 강사로 활동했고 은퇴한 뒤 이탈리아로 거처를 옮겨 말년을 보내다가 스위스에서 사망했다. 브렌타노는 탁월한 강의뿐만 아니라 그가 창설한 철학협회의 활동을 통해 당대의 오스트리아 철학과 문화에 지대한 영향을 끼쳤고 여러 측면에서 유럽의 현대 철학에도 뚜렷한 자취를 남겼다. 브렌타노는 무엇보다도 후설Edmund Husserl의 현상학 같은 상당히 영향력 있는 현대 철학 사조의 형성에 결정적인 계기를 마련한 사상가다. 브렌타노가 '지향성' 개념을 소개한 『경험적 관점에서의 심리학*Psychologie vom empirischen Standpunkt*』(1874년)이 출판되지 않았다면 사실상 현대의 분석철학 영역에서 이루어진 다양한 논쟁의 의미는 설명하기가 힘들어진다.

브렌타노는 철학적 방법론이 근본적으로는 자연과학의 방법론을 모형으로 구축되어야 한다고 보았다. 물론 그렇다고 해서 그가 실증주의적인 차원의 경험주의를 지지하거나 청년기에 『아리스토텔레스의 심리학*Die Psychologie des Aristoteles*』(1867년) 같은 중요한 논문들을 발표하면서 집중적으로 연구했던 아리스토텔레스의 철학적 입장을 전적으로 지지했던 것은 아니다. 브렌타노는 오히려 데카르트 철학의 일면에 주목하면서, 가장 높은 단계의 인식론적 명백함을 '외면적 인식'이 아닌 '내면적 인식'에 부여해야 한다고 보았다. 여기서 주목해야 할 것은 브렌타노의 '기술的記述的 심리학'과 이 심리학에서 핵심적인 역할을 하는 다름 아닌 '지향성' 개념이다. 브렌타노에 따르면, 지식의 가장 중요한 특징은 중세 스콜라철학자들이 '지향성'이라고 불렀던 것, 즉 '어떤 대상을 향해 기울어지는' 성향이다. 다시 말해 느낌은 느끼는 대상을 향해, 표현은 표현하는 대상을 향해, 감정과 욕망은 바라는 대상을 향해, 판단은 브렌타노의 제자 카를 슈툼프Carl Stumpf가 '사물의 상태'라고 불렀던 것을 향해 기울어져 있다.

브렌타노는 아울러 모든 범주적 판단을 실존적 판단으로 간주하며 논리학의 혁신을 도모했다. 브렌타노는 예를 들어 'S는 P다'라는 판단이, S이면서 P인 대상은 실존한다는 차원에서, '하나의 SP가 있다'는 의미로 해석될 수 있다고 보았다. 이는 곧 모든 의식 활동이 표상을 '기반으로' 전개된다는 것을 의미했다. '하나의 SP가 있다'는 판단을 내리거나 'SP가 있기를' 기대하기 위해서는, 무엇보다 SP를 '표상해야'만 한다. 더 나아가서, 브렌타노는 의식이 관심을 기울이는 대상, 즉 의도의 대상이 내재적 혹은 '심리적' 대상이지 '초월적인' 대상은 아니라고 보았다.

브렌타노는 시간이 흐르면서 '지향성'이 대상의 정신적인 표상에 항상 '직접적으로' 기울어지는 것은 아니라는 점에 주목한 뒤 '직접적인' 표상 방식과 '간

접적인' 표상 방식의 구분을 시도했다. 이 시점에서 브렌타노는 전적으로 새로
운 관점과 진취적인 방식으로 존재론, 심리학, 미학, 지각심리학, 윤리학, 역사
철학과 관련된 다양하고 독특한 주제들을 다루기 시작했다. 하지만 브렌타노
의 이러한 광범위한 관찰자적 시각은 그가 다룬 주제들을 철학적 차원에서 산
만하고 불안정하게 만드는 결과로 이어졌다. 따라서 잠재적인 형태로 남아 있
을 수밖에 없었던 브렌타노의 사유를 사실상 완성 단계로 끌어올린 이들은 오
히려 그의 제자들이다. 때로는 스승이 의도했던 이론적 체계의 차원을 뛰어넘
어, 때로는 마이농Alexius Meinong이나 후설처럼 그에게 커다란 실망을 안겨 주며,
제자들은 스승의 이론 속에 복잡하게 얽혀 있는 내용을 풀어헤치고 주제별로
체계화하는 데 주력했다.

　브렌타노와 특별히 가까웠던 제자들은 스위스 출신의 안톤 마르티Anton Marty
와 독일의 카를 슈툼프다. 프라하 대학의 교수로 활동했던 마르티는『일반문법
론 및 언어철학의 정초에 대한 연구Untersuchungen zur Grundlegung der allgemeinen Grammatik
und Sprachphilosophie』(1908년)에서 스승 브렌타노의 기술적 심리학을 기반으로 구축
한 고유의 언어 이론을 제시했다. 마르티는 언어적 표현이 '의도적인' 소통에
소용되는 현상이며, 이러한 현상은 브렌타노가 사용한 '지향성'의 기술적인 의
미에 국한되지 않고 '의도'라는 말이 지니는 의미의 보편적이고 폭넓은 차원에
서 일어난다고 보았다. 의미를 세분화하면서 마르티는 '자의미적autosemantisch' 표
현과 '공의미적synsemantisch' 표현을 구분했다. 예를 들어 이름은 자의미적 표현이
지만 관계사나 전치사는 공의미적 표현이다. 표상이나 판단의 내용은 첫 번째
범주에 속하며 문장의 의미로 이해된다. 마르티는 '의미'가 어떤 특성을 '지시
하는' 것이 아니라 그 자체로 '변화하는', 다시 말해 소통의 상황 내부에서 '함께
변화하는' 성격을 지닌다고 보았다.

　브렌타노의 또 다른 제자 카지미에쉬 트바르도프스키(Kazimierz Twardowski,
1866~1938년)는 스승의 지도하에 발표한 뒤 1894년에 출판한 논문『표상의 내용
과 대상Zur Lehre vom Inhalt und Gegenstand der Vorstellungen』으로 당대의 철학에 커다란 영향
을 끼쳤던 인물이다. 트바르도프스키가 고국 폴란드에 고유의 철학 학파를 구

축하겠다는 일념으로 조직한 '르부프-바르샤바학파'에 20세기의 몇몇 저명한 논리학자와 철학자들이 가담했다. 트바르도프스키는 표상의 내용과 대상의 구분이 불분명하다는 점에서 비롯되는 어려움에 주목하며 브렌타노 심리학의 보완을 시도했다. 트바르도프스키에 따르면, 예를 들어 둥근 사각형이나 금으로 만든 산처럼 존재하지 않거나 존재할 수 없는 대상들이 표상하는 내용 역시 실재하는 모든 대상의 경우처럼 그 자체로 사실적이었다. 따라서 이 사실적인 내용은 사실상 존재하지 않는 대상과 분명하게 구별되어야 한다는 것이 그의 의견이었다. 더 나아가서 전혀 다른 내용이, 의도적으로, 동일한 대상을 가리키는 경우가 존재했다. 예를 들어 '모차르트의 고향'이라는 표현과 '유바붐Juvavum*에 솟아오른 도시'라는 표현은 동일한 대상을 가리키지만 담고 있는 내용은 일치하지 않는다.

브렌타노의 다른 제자 카를 슈툼프는 뷔르츠부르크를 비롯해 프라하, 할레, 뮌헨, 베를린 등지에서 강의하며 국제적인 명성을 얻었던 철학자다. 슈툼프를 '오스트리아 철학'이라는 범위 안에서 설명할 때 발생하는 어려움은 사실상 '오스트리아 철학'이라는 표현 자체가 오스트리아 제국의 영토 안에서 전개된 철학 전통에 상응해야 한다는 요구 내지 경직된 시선에서 비롯된 수많은 어려움 중 하나에 지나지 않는다. 슈툼프는 철학적 방법론이 자연과학적인 방법론을 모형으로 구축되어야 한다는 브렌타노의 원리를 문자 그대로 받아들이면서 근대적인 학문 개념과 실험 정신을 수용했던 인물이다. 1907년 베를린 대학의 개강 기념 강의 내용을 실어 출판한 『철학의 부활Die Wiedergeburt der Philosophie』에서 슈툼프는 철학의 실천이 과학적 탐구와 조화를 이루어야 하며 정신과학의 영역에 국한되어서는 안 된다고 주장했다. 그래야 철학이 관념주의와 함께 시작된 철학적 퇴보의 과정에서 벗어날 수 있다고 보았기 때문이다. 동시에 슈툼프는 '지향적 관계'의 양극을 형성하는 '심리적인 기능'과 '표면적인 기능'의 구분에 주목하면서 브렌타노가 구축한 심리학의 개선을 시도했다. 슈툼프는 물리학이

• 잘츠부르크의 옛 이름.

나 자연과학이 현상에서 도출해 낼 수 있는 완성된 단계의 결론을 토대로 정립되는 반면 그가 가장 기본적인 정신과학으로 간주하는 심리학의 우선적인 연구 대상은 심리의 다양한 기능이며 가장 보편적인 학문인 철학 역시 심리학과 밀접한 관계를 유지한다고 보았다.

브렌타노가 지각의 '내부적인' 명백함을 바탕으로 고유의 이론을 정립했던 반면 슈툼프는 보편적 검증이 가능한 판단의 '신빙성'에 관심을 기울였다. 이러한 원칙을 바탕으로 슈툼프는 일찍이 『음향심리학Tonpsychologie』(1883~1890년)에서 이른바 '조성 융합 이론'을 중심으로 음악적 감각에 대한 상당히 세분화된 이론을 발전시켰다. 이 '조성 융합 이론'의 핵심은 두 가지 이상의 음악적 요소들이 이들 사이의 관계를 토대로 하나의 느낌을 구축한다는 것이었다. 이러한 유형의 연구를 토대로 슈툼프는 후설에게 결정적인 영향을 끼쳤고 뒤이어 게슈탈트 심리학의 발전에도 크게 기여했다. 이는 게슈탈트 심리학의 창시자들이 모두 베를린에서 그의 지도를 받은 제자들이었다는 사실에서 분명하게 드러난다.

알렉시우스 마이농(1853~1920년)은 빈 대학에서 역사학 학위를 받은 뒤 철학에 몰두하면서 프란츠 브렌타노의 제자가 되었고 1878년에 그라츠 대학의 철학 교수로 임명된 뒤 그라츠에 실험심리학 연구소를 창설했다. 심리분석을 토대로 '대상들의 관계'를 마이농은 개별적인 대상들이 집합을 형성하는 '집합관계'와 a, b…… 등으로 표시될 수 있는 요소들 간의 '상관관계', 이러한 요소들을 비롯해 이들의 연관성 자체를 포괄하는 '압축관계'로 분류했다. 두 색상 a, b 사이의 유사성이 '상관관계'의 대표적인 예라면 a, b 등의 음으로 구성되는 선율은 '압축관계'에 속한다. 더 나아가서 마이농은 '선율'처럼 "이상적인" 유형의 관계를 유지하는 대상들이 존재하는 반면 슈툼프의 '조성 융합'처럼 "사실적인" 유형의 관계에 속하는 것들도 존재한다고 보았다.

『대상 이론에 관하여Über Gegenstandstheorie』(1904년)의 출판과 함께 철학적으로 보다 성숙한 단계에 접어든 마이농은 심리학과 '대상 이론'을 엄격하게 구분하기 시작했다. 트바르도프스키가 제시한 '내용'과 '대상'의 구분법을 수용하면서 마이농은 '압축관계'와 '상관관계'에 속하는 것들을 더 이상 '정립된 내용'이 아니라 '정립된 대상' 혹은 '고차원적인 대상'으로 간주했다. 대상 이론을 구축하면서 마이농은 표상, 사유, 감정, 욕구에 각각 상응하는 네 가지 기본적인 대상 유형, 즉 지시적, 객관적, 평가적, 희망적 유형을 제시했다. 아울러 마이농은 대상의 다양한 유형을 결정하는 데 '존재' 혹은 '초존재Außersein'가 기준으로 적용될 수 있다는 점에 주목했다. 예를 들어 '존재'의 영역에서 시간 안에 머물며, 실재하는 사물들처럼 '실존하는' 것들이 있는 반면 시간과는 무관하게 숫자들처럼 이상적인 대상으로 '존속하는' 것들, '금으로 만든 산'처럼 '잠재적인' 가능성의 형태로 존재하는 것들, 심지어는 '둥근 사각형'처럼 '모순의 형태'로 존재하는 것들이 있다. 물론 마이농의 이러한 방법론이 지니는 단점, 즉 현실의 사실적인 측면을 등한시하고 대상들의 유형을 배가하는 데만 집중하는 성향은 뒤이어 버트런드 러셀의 날카로운 비판을 피할 수 없었다. 아울러 길버트 라일Gilbert Ryle 은 이러한 성향의 문제점을 묘사하며 "존재론적 정글"이라는 표현을 사용했다.

심리학 분야에서도 마이농은 사실적인 방식과 환상적인 방식의 분리 원칙을 체계적으로 적용하면서 사실적인 감정과 환상적인 감정을 구분했고 이러한 관점은 그의 제자 슈테판 비타제크(Stephan Witasek, 1870~1915년)가 미학 이론을 구축하는 데 상당히 유용한 이론적 기반을 제공했다. 특히 『전제에 대하여*Über Annahmen*』(1902년)에서 마이농은 일상적이고 통속적인 차원의 '판단'이 거의 추측에 가까운 형태로 남아 있으며 주장하는 바를 사실로 간주하거나 표명하는 법 없이 전개된다는 점을 지적한 바 있다.

그라츠학파에서 유래하는 심리학적 주제들을 세부적으로 논의하고 발전시키는 데 크게 기여한 인물은 이탈리아 심리학의 창시자들 가운데 한 명인 비토리오 베누씨(Vittorio Benussi, 1878~1927년)다.

19세기의 수도, 빈과 베를린

빈

19세기에 빈의 도시 구조가 변형되는 과정은 유럽의 역사에서 전례를 찾아보기 힘든 아주 독특한 경우로 간주된다. 우선적으로 주목해야 할 것은 유럽에서 동방을 향해 최전방에 위치한다는 지리적인 특성 때문에 상당히 견고하게 쌓아 올린 빈의 방어용 성벽이다. 빈이 오랫동안 유지해 온 중세적 도시 구조는 늘어나는 인구를 수용하기에 부적절하다는 문제점이 이미 17세기부터 드러났지만, 19세기에 빈의 시민들은 대도시를 건설하기 위해 기존의 방어체제를 허무는 대신 행정기관들이 들어서 있던 구시가지Altstadt를 그대로 유지한 상태에서 훨씬 더 크고 견고한 두 번째 성벽을 쌓아 올렸고 성벽 내부에 일반인들을 위한 대규모의 주거 지역과 녹지대를 건설하는 한편 귀족들과 부르주아들을 위한 저택들, 문화기관과 종교기관 등을 건축했다.

  19세기의 초에, 새로이 단장된 도시 안에서 옛 모습을 그대로 유지하며 위용을 자랑하던 내부 성벽 안쪽의 넓은 공간에는 시민들을 위한 산책로와 카페, 매점, 가로수길 등이 들어섰고 황궁의 영역도 황궁정원, 시민정원, 테세우스신전Theseustempel 같은 건축물이 들어서면서 크게 확장되었다. 하지만 1850년대 말에 옛 성벽의 철거 명령이 내려지면서 대조적인 형태를 유지하던 구시가지와 신시가지에 통일성을 부여해야 한다는 문제가 부각되었고 결과적으로 구시가지의 군부대와 황궁, 주거지, 가로수길, 순환도로 등을 구조적으로 개편해야 한다는 요구가 제기되었다. 뒤이어 1858년 1월에 발표된 건축 공모 기획안에는 도시 공간 활용에 대한 명확하고 엄격한 규정들을 비롯해 극장, 교회, 박물관 등 수많은 공공기관이 건축되어야 한다는 조건이 명시되었다. 그만큼 제국의 수도답게 위대하고 현대적인 형태의 도시를 건설하려는 의지는 분명했다고 볼 수 있다.

1859년에 통과된 실행 계획안에서 핵심 사업으로 부각되었던 '순환도로'는 구시가지와 신시가지를 연결하는 문제뿐만 아니라 대중교통의 원활한 소통을 위한 중요한 요소였다. 이를 건설하기 위해 행정부와 전문가들은 적극적인 '협력관계'를 도모했고, 건축가 오토 바그너Otto Wagner의 두드러진 활동에 힘입어, 19세기가 막을 내릴 무렵 빈은 유럽의 가장 부유하고 우아한 수도들 가운데 하나로 발돋움해 있었다.

베를린

수도로서의 면모를 갖추기 위한 베를린의 도약과 발전이 이루어지기 시작한 것은 19세기 후반에 들어와서야 일어나는 일이다. 인구가 1800년과 1850년 사이에 19만 명에서 42만 명으로 늘어났지만 행정력이 방어용 성벽 내부에만 적용되던 베를린의 도시 규모는 1700년대에 확장된 영역을 더 이상 벗어나지 못하고 있었다. 프리드리히 빌헬름 4세가 1815년에 왕정 건축가로 임명한 카를 프리드리히 쉰켈Karl Friedrich Schinkel은 도시 규모가 확장되어야 한다는 문제를 어떤 식으로든 파악하지 못했고 중심가를 아름답게 꾸미는 데에만 관심을 기울이며 기능적인 측면에서도 고전주의 미학의 기준을 따를 뿐 아니라 본질적으로는 부와 권력을 과시하는 데 소요되는 상징적인 성격의 건축물들을 세워 올리는 데 집중했다.

정작 필요했던 도시의 확장 문제가 정책적인 차원에서 간과되는 상황은 늘어나는 인구를 수용하지 못한 채 도시의 공간이 상대적으로 점점 비좁아지는 현상을 초래했다. 도시의 인구 증가는 농경사회를 지배하던 봉건체제적인 관습들 대부분이 폐지되고 생산력 증대를 위한 농업의 산업화 정책이 도입됨에 따라 시골을 떠나기 시작한 농민들이 대도시로 몰려드는 현상에서 비롯되었다. 이 새로운 도시민들을 수용하기 위해 대로를 중심으로 들어서기 시작한 대형 건축물들은 기초적인 주거 환경을 열악하게 만들었을 뿐만 아니라 부동산 수익의 비정상적인 증가 현상을 초래했다. 이 '거대 임대주택'들은 기본적으로 평균치를 훨씬 뛰어넘는 거주자 밀도를 기준으로 설계되었고 사람들은 원래 상인들의 매장이나 장인들의 작업실로 쓰이던 반지하층까지 주거 공간으로 활용했다. 1853년부터 적용되기 시작한 새 건축법의 사실상 유일하게 새로운 요소는 안전과 직결되는 제한 사항들, 예를 들어 건물의 높이를 최대 25미터로 규제한다든지, 사고가 발생할 경우 소방관들이 작업할 수 있는 최소한의 공간을 보장하기 위해 정원의 한쪽 폭을 5.3미터 이상으로 할 것을 규정하는 일련의 법적 장치들뿐이었다. 결과적으로 대지 면적을 최대한 활용하도록 만들었던 이러한 제한적인 성격의 건축법은 1887년까지 유지되었고, 이 해에는 부동산 소유자들이 일으키던 수많은 문제들을 해결하기 위한 몇 가지 시정 명령과 도시계획적인 차원의 사업이 실행되었다.

일찍이 1858년에 프로이센 정부가 요청한 장기적인 도시계획안을 마련하기 위해 기용되었던 인물은 건축가 호브레히트James Hobrecht다. 4백만 명까지 수용할 수 있는 규모의 도시를 설계한 호브레히트의 방대한 제안은 1862년에 이미 문서화되었지만 1873년이 되어서야, 다시 말해 베를린이 새로운 독일 제국의 수도라는 것이 명확해진 뒤에야 실행 허가를 받았다. 유럽의 다른 수도들이 근대화되는 과정에서 일어났던 것과는 정반대로, 베를린의 경우에는 기존의 도시 구조, 혹은 구시가지의 구조가 문제점으로 제기되지 않았다. 도시계획에 관여했던 모든 이들의 관심은 오로지 구시가지 외부에 들어서게 될 지대의 양적 성장에 집중되어 있었다.

호브레히트의 기획은 사실상 어떤 도시계획적인 관점도 반영되지 않은 설계도의 단순한 실현 계획에 불과했다. 그가 예외적으로 주의를 기울이며 강조했던 것은 안전을 위한 준수 사항들, 교통의 기계적인 소통이나 급수시설과 배수시설의 원활한 작동을 위한 준수 사항들뿐이었다. 사실상 유일하게 긍정적인 결과를 가져온 것은 연결 밸브들을 활용한 조직적인 배수로체제의 도입이었다. 원형 및 방사형 도로망을 중심으로 구획된 규칙적인 형태의 주거 지역들은 200에서 400미터의 길이와 150에서 250미터에 달하는 폭을 지니고 있었고 사실상 '거대 임대주택'체제로만 활용이 가능했다. 실제로는 파리의 도시 구조에서 영향을 받은 몇몇 거리나 광장이 존재했지만 전체적으로 보았을 때 혁신적인 관점이 반영된 도시 공간은 사실상 찾아보기 힘들었다. 광장과 대로들은 도시 공간의 진정한 활력소가 아니라 빽빽하게 들어선 건물들의 갑갑한 느낌을 여기저기서 해소하는 데 필요한 상투적인 요소들에 불과했고 18세기에 형성되거나 쉰켈에 의해 도입된 구시가지의 요소들과 조화를 이루는 데에도 사실상 실패했다고 볼 수밖에 없다.

실제로는 계획을 실현하는 단계에서부터 수많은 문제점들이 드러났다. 예를 들어 활용할 수 있는 땅이 충분했음에도 불구하고 대지의 활용도를 극대화하려는 취지가 설계와 건축에 반영되고 결과적으로 주거 환경을 열악하게 만들면서 도시계획 자체의 가치를 떨어뜨리고 말았다. 특히 하층민들의 주거 지역에서는 일찍이 설계에 포함되어 있던 광장조차 건설되지 못하는 경우가 속출했고, 이는 무엇보다도 공공건물이 들어서야 할 땅들을 부자들이 비싼 돈을 주고 사들이면서 일어났던 현상이다. 1887년에는 새로운 건축법을 토대로 건축 허가 기준을 간소화하는 조치가 이루어졌지만 이를 오히려 악용하는 경우들이 끊이지 않았다. 1897년이 되어서야 좀 더 세부적인 법안들이 마련되었고 결과적으로 반지하층의 주거 공간 활용이 금지되고 건물 내부에 들어서는 정원의 규모도 정형화되었다.

  대규모의 도시화가 개편을 요구했던 또 하나의 요소는 대중교통체제다. 1865년에 창설된 운송회사 베스코프는 대중교통수단으로 철로용 마차를 운영했지만 일찍이 1881년에 최초의 전철 노선을 개설하는 데 성공했다. 이어서 베를린 시내에 일부는 지하 철도로 일부는 고가 철도로 구성된 2개의 핵심 노선(Berliner S-Bahn) 개발이 시작되었고 1882년에는 베를린 동부와 서부에 역이 건설되었다.

3

빌헬름 딜타이와
독일의 역사주의

3.1 역사주의의 기원과 의미

빌헬름 딜타이의 이름과 저서들은 기본적으로 독일 역사주의의 탄생과 발전을
이야기할 때 함께 거론되는 것이 보통이다. 역사주의란 일반적으로 18세기 말
에서 19세기 초에 이르는 독특한 역사-문화적 과도기에 형성된 '역사적 의식'
이란 관념이 다름 아닌 서구 문화의 구축적인 특징들 가운데 하나로 부각되고
더 나아가서 역사학이라는 독자적인 학문적 구도 안에서 역사적 지식의 형태
를 결정짓는 데 소환되는 핵심적인 요소들 가운데 하나로 정립되는 과정을 포
괄적으로 가리키는 용어다. 하지만 풀비오 테시토레Fulvio Tessitore가 『역사주의 입
문*Introduzione allo storicismo*』(1991년)에서 지적했듯이 역사주의라는 '개념'의 역사와
'말'의 역사가 반드시 일치하는 것은 아니다. 왜냐하면 이 역사주의라는 표현이
학문적일 뿐 아니라 문화적인 차원의 용어로 부각되기 이전부터, 적어도 비코
를 기점으로 역사주의의 이론과 역사를 추적하는 것이 가능하기 때문이다.

　실제로는 수많은 형태의 역사주의 사조와 입장이 존재하지만 역사주의의 핵

심 개념은 크게 두 가지 유형으로 구분된다. 기본적으로 첫 번째 유형의 역사주의는 역사적 현실에 대한 보편적인 철학적 서술의 원칙으로 이해할 수 있다. 반면에 두 번째 유형의 역사주의는 역사적 지식, 혹은 이른바 정신과학적 지식의 방법론적이고 학문적인 자율화 과정과 밀접한 관계를 유지하며 발전했고 궁극적으로는 현실세계에 대한 논리 구축적인 관점이 개별적이고 객관적인 세계의 역사-사실적 관점으로 대체되어야 한다는 입장을 고수한다. 이 두 유형의 역사주의를 상징하는 대표적인 사조는 다름 아닌 크로체의 '절대적 역사주의'와 딜타이의 '비평적 역사주의'다.

　현대 독일의 역사주의 철학자들과 역사주의적 탐구 방향을 다룰 때 주목해야 하는 것은 두 번째 사조 '비평적 역사주의'다. 독일에서 역사주의에 대한 의식적인 평가를 처음으로 시도했던 인물은 요한 고트프리트 헤르더다. 헤르더는 역사란 인류가 점진적인 발전을 거듭하며 신의 섭리에 따라 완성 단계를 향해 나아가는 과정이라는 관점의 역사철학을 발전시켰다. 하지만 헤겔의 역사주의 모형에서 분명하게 벗어난 이론적인 차원의 역사주의를 처음으로 제시했던 인물은 빌헬름 폰 훔볼트다. 사실상 보편적인 역사에 대한 모든 선험적 차원의 이해 방식을 비판하면서, 훔볼트는 오로지 역사적 진보 형태에 대한 경험적인 차원의 확인이 가능할 때에만 역사적 사건들을 비롯해 언어의 역사적 산물에 대한 해석학적이고 문헌학적인 이해를 바탕으로 올바른 역사 개념에 도달할 수 있다고 보았다. 따라서 훔볼트는 독일 역사주의의 창시자로, 다시 말해 헤겔의 관념주의가 제시했던 결론보다는 칸트의 비판주의가 남긴 유산에 더 큰 관심을 기울이며 역사적 차원 안에서 개별성이 담당하는 역할의 중요성에 주목하는 역사주의의 창시자로 간주될 수 있다. 이러한 역사주의적 관점에서는 개별성, 즉 개개인뿐만 아니라 개별적인 시대와 역사 속에서 등장하는 다양하고 특수한 문화적, 종교적, 정치적 표현들의 개별성이 바로 '자아'나 '우리'뿐만 아니라 '세계'와 '타자'에 대한 역사-해석학적 이해 과정의 기반을 이룬다.

　독일 역사주의의 이론적인 정초 과정에서 결정적인 역할을 한 인물은 역사학의 이론적이고 방법론적인 측면을 다룬 『역사학*Historik*』의 저자 요한 구스타프 드로이젠Johann Gustav Droysen이다. 드로이젠의 입장에서, 칸트의 비판주의적인 시각을 확장하는 작업은, 역사적 지식의 잠재적인 조건을 정의한다는 차원에서, 역사를 다루는 모든 유형의 철학 및 신학과 '역사학'의 결정적인 분리를 의미했다. 훔볼트의 '개별성'에 관한 역사주의 이론의 전제들을 발전시키면서 드로이젠이 이론화한 것은 순수이성의 인식론적 주체가 역사-경험적 주체로 전이하는 과정의 당위성이었다. 여기서 역사적 주체는 더 이상 개념적 표현의 주체로만 간주되지 않으며 개별적인 표현의 총체 속에서 주어지는 모든 것의 주체로 간주된다. 드로이젠의 역사학 이론에서 '이해Verstehen'가 핵심적인 역할을 하는 이유와 역사주의가 본질적으로 윤리적인 성격을 지니는 이유는 바로 이러한 관점을 통해 그대로 드러난다.

3.2 딜타이의 독일 역사주의

독일 역사주의를 대표하는 가장 중요한 인물은 두말할 필요 없이 빌헬름 딜타이다. 하이델베르크와 베를린에서 공부했고 1867년에 '도덕적 의식의 분석'에 관한 논문으로 교수 자격을 획득한 딜타이는 바젤, 킬, 브로츠와프, 그리고 베를린에서 강의했다. 칸트 철학의 주제들, 특히 비판주의와 현상주의에 대한 딜타이의 지대한 관심은 '역사적 이성 비판'을 철학적으로 정초하려는 그의 시도, 즉 1905년에서 1911년 사이에 집필한 글들을 모아 출판한『역사이성비판Kritik der historischen Vernunft』에서 분명하게 드러난다. 딜타이의 입장에서 관건은 칸트가 세 권의 '비판서'에서 제시했던 인식론적, 윤리적, 철학적 목표의 범주를 확장하는 것이었고 이를 위해 관심을 자연적이고 도덕적인 원칙들의 초월적 연역이라는 영역으로부터 정신세계에 대한 지식의 영역으로, 즉 개별적인 성격의 지식뿐만 아니라 문화체제나 정치-사회적 체제에 관한 지식의 영역으로, 아울러 사회-역사적 세계의 해석과 구축의 한계와 방식을 명확하게 정의하는 영역으로 유도하는 것이었다. 정신과학의 이론적 목표는, '체험

Erlebnis'과 '표현Ausdruck'과 '이해Verstehen' 사이에 존재하는 일종의 '구조적인 연관성Strukturzusammenhang'을 토대로, 타자들과의 개별적인 관계는 물론 복합적인 사회-역사적 현상들과의 관계 속에서 전개되는 개인적인 삶의 역사적 경험에 대한 실질적인 이해 과정을 활성화하는 동시에 정신과학의 학문적인 차원에서 체계화하는 것이었다. 이것이 바로 1883년의 저서 『정신과학 입문Einleitung in die Geisteswissenschaften』의 목적이자 주제였다. 그런 식으로 딜타이는 자연과학과 정신과학을 구분하고 이들의 근본적인 차이점에 주목하는 관점을 도입했다. 이러한 관점은 무엇보다도 자연적인 세계와 정신적이고 문화적인 세계 사이의 차이, 자연적이고 물리적인 성격의 경험과 인간의 내면적인 경험 사이에 존재하는 인식론적 차원의 이질성을 부각하는 데 크게 기여했다.

『정신과학 입문』의 역사-철학적인 목표들 가운데 하나는 형이상학에 대한 근본적인 차원의 비판이었다. 실제로 딜타이가 이 책의 2부 전체에 걸쳐 구축하는 것은 형이상학에 대한 진지하고 본격적인 비판의 역사, 즉 고대의 신화적 사유에서 플라톤, 아리스토텔레스, 스토아학파의 형이상학, 그리스도교의 종교적 형이상학을 거쳐 결국 "실질적인 현실 앞에서 인간의 형이상적 태도가 용해되는" 순간까지의 형이상학을 비판적인 관점에서 바라본 역사다. 딜타이에 따르면, 실증주의 내부의 자연주의적 방법론 혹은 관념주의에 고유한 추상적 이성의 형이상학적 모순에서 완전히 벗어나기 위해 필요한 것은 정신과학의 인식론적이고 심리학적인 체계화였다. 『기술적이고 분석적인 심리학을 위한 생각들Ideen über Eine beschreibende und zergliedernde Psychologie』(1894년)에서 주장했던 것처럼, 딜타이는 심리적인 연관성과 역사적인 연관성이 일종의 경쟁 구도를 형성하며 보편적인 연관성, 즉 사유와 의지와 감성을 갖춘 전인의 보편성을 구축하는 데 기여한다고 보았다.

결과적으로 우리는 이러한 전제에서 출발한 역사주의의 최종 결론이 왜 더 이상 형이상학적인 역사철학, 예를 들어 헤겔의 관념주의적인 역사철학이나 콩트의 실증주의적 사회학이 아니라 다름 아닌 '삶의 철학Lebensphilosophie'에서 발견되는지 어렵지 않게 이해할 수 있다. 물론 딜타이가 제시한 '삶'의 개념은 즉각적인 직관주의나 비이성주의적인 관점의 '삶'과는 거리가 멀다. 삶을 표상하는 모든 것들, 다시 말해 형이상학적 인식은 물론 모든 유형의 '세계관 Weltanschauung'을 통해 표출되는 보편성의 요구 혹은 삶의 베일 뒤에 감추어져 있는 불가해한 신비마저도 모두 역사의 전개 과정에 포함되며 시간의 지평 안에서 고유의 한계를 지닌다. 『역사이성비판』에서 딜타이는 경험 속에 실재하며 경험을 이해하는 형식 속에 실재하는 모든 것이 바로 "온 인류를 끌어안는 연관성"으로서의 '삶'이라고 주장했다. 그렇다면 삶은 어떤 "존재론적 본질"로 정의될 수 없으며 오히려 "인류 고유의 사실"에 가깝다. 바로 그런 의미에서 개인의 원천적인 관점은 삶의 객관적인 측면들로 구축되는 총체적인 관점으로, 삶이 수반하는 모든 경험의 복합적인 세계로 확장된다고 볼 수 있다. "이 경험의 세계를 나는 서로 소통하며 삶의 객관적인 측면들을 공유하는 모든 사람들 사이에서 형성되는 원리로 이해한다. 삶의 객관적인 측면이란 삶의 경로에 관한 판단, 가치 판단, 삶을 이끌어 가는 규칙들, 목표와 자산에 대한 관점 등을 말한다. 중요한 것은 이러한 요소들이 모두 사회적 삶의 산물이며 개인의 삶은 물론 공동체의 삶에 직접적으로 관여한다는 사실이다."

말년에 철학의 의미와 기능을 파악하고 묘사하는 데 몰두하며 집필한 『철학의 본질 Das Wesen der Philosophie』(1907년)에서 딜타이는 철학이 본연의 한계와 역사성을 간과할 수 없는 한편 회의주의적인 상대주의의 형태를 취할 수도 없다는 점에 주목했다. 바로 그런 이유에서 그는 다양한 '세계관'을 수용하는 동시에 사유의 보편적인 구조와 역사적인 기반을 공통 요소로 유지할 수 있는 '철학의 철학'을 정초하기 위해 노력했다.

결과적으로 딜타이의 역사주의는 비판주의적인 동시에 반형이상학적인 사유로 정의될 수 있다. 그의 사유가 본질적으로 반형이상학적인 이유는 삶과 삶을 이해하는 형식 사이의 변증적 관계를 항상 열린 형태로 유지하기 때문이다. 딜타이에 따르면, 역사적 경험과 이에 대해 역사가가 지니려고 시도하는 지식은 항상 오로지 고유의 과정으로 환원될 뿐 결코 추상적 보편타당성을 추구하는 추상적 원리나 원칙으로는 환원되지 않는다. 딜타이는 『역사이성비판』에서 역사가는 "역사를 역사 자체로 이해하려는 시도, 다양하고 역동적인 연관성들의 분석을 기반으로 이해하려는 시도"를 포기할 수 없다고 주장했다. 결과적으로 역사주의는 모든 존재론적, 형이상학적 의미를 상실했지만 그렇다고 해서 단순한 역사적 서술로 환원되는 것은 아니며, 역사주의의 과제가 인문학적 방법론을 제시하는 것으로 완결되는 것도 아니다. 역사주의는 그것이 언제나 삶에 대한 비판적 학문이라는 의식을 전제로 구축되며 역사학 자체를 기반으로, 즉 역사적이고 잠정적인 성격의 사실들을 기반으로 정립된다.

학자들은 딜타이의 역사주의 사상과 게오르크 짐멜(1858~1918년)의 상대주의 철학, 특히 한 시대의 가치들은 삶의 끊임없는 흐름 속에서 주어지는 잠정적 평가 형식이라는 견해 사이에 어떤 연관성이 존재한다는 점에 주목하거나 한 시대의 가치와 이념들은 이를 표현하는 문명권의 탄생 및 몰락과 밀접한 연관성을 지닌다는 오스발트 슈펭글러(Oswald Spengler, 1880~1936년)의 견해와 역사주의 사상 사이에서 모종의 유사성을 발견했다. 하지만 딜타이의 역사주의적 세계관과 보다 확실하고 구체적인 연관성을 지닌 것은 가치다신주의를 토대로 이념형을 이론화한 막스 베버(1864~1920년)의 사유다.

마지막으로 주목을 요하는 인물은 20세기의 독일 역사주의를 대표하는 또 한 명의 철학자 프리드리히 마이네케(Friedrich Meinecke, 1864~1920년)다. 라이프니츠에서 괴테에 이르는 역사주의의 기원과 역사를 다룬 유명한 저서에서 마이네케는 역사적 과정의 물질적인 성격과 윤리적인 가치들의 정신적인 성격을 조화롭게 유지할 수 있는 비판적 역사주의의 정초 가능성을 논했다.

4

퍼스와 실용주의

4.1　퍼스와 뉴잉글랜드의 문화

찰스 샌더스 퍼스는 1839년 매사추세츠의 캠브리지에서 태어나 하버드 대학을 중심으로 조성된 환경에서 성장했다. 수학 교수였던 아버지 벤자민 퍼스Benjamin Peirce는 아들에게 논리적이고 실험적인 사고력과 지식에 대한 열정을 심어 주었다. 뉴잉글랜드가 경제-문화적 패권을 상실하고 남북전쟁 이후 미합중국 영토가 서부를 향해 폭발적으로 확장되던 시대를 살았던 퍼스의 정신세계는 헨리 제임스Henry James가 그의 소설에서 묘사했던 대로 세련되고 귀족적이며 뿌리 깊게 유럽적이었던 매사추세츠 문화의 산물이다.

　지도 제작과 측지학 연구를 위해 설립된 국립기관 '연안측지조사단Coast and Geodetic Survey'에서 주로 활동했던 퍼스는 상대적으로 대학에서 경력을 쌓는 데 어려움을 겪었고 존스홉킨스 대학에서 잠시 활동했을 뿐 교수로 임명되는 데에는 결국 실패했다. 이러한 실패의 직접적인 원인은 혁명을 지향하는 퍼스의 반체제적인 성향에서 발견되며 이러한 성향은 그의 삶에서도 그대로 드러난다. 예를 들어 퍼스는 결혼하게 될 연인과 동거 생활을 했지만 이는 당대의 도덕-문화적 기준으로는 기성사회가 받아들이기 힘든 선택이었다.

퍼스는 생전에 몇몇 기사와 짧은 논문들밖에는 출판하지 않았지만 엄청난 분량의 유고를 남겼고 이 글들은 퍼스가 하나의 방대한 철학적 체계를 구축하기 위해 매진했음을 보여 준다. 하지만 그의 글들이 지니는 난해함과 완성되지 않은 체계 속에서 드러나는 비일관성과 복합적인 양식 때문에 퍼스는 오늘날에도 여전히 접근하기 쉽지 않은 철학자로 남아 있다. 퍼스는 1914년에 사망했다.

4.2 반직관주의와 기호

퍼스가 청년기에 특별한 관심을 기울였던 철학자는 칸트다. 다름 아닌 칸트의 철학에서 드러난 문제점들을 주제로 퍼스는 1867년에 첫 번째 철학 논문 『범주들의 새로운 목록에 관하여On a New List of Categories』를 집필했다. 이 짧지만 밀도 높은 논문에서 퍼스는 '명제에 내재하는 관계들'을 범주의 기반으로 제시했다. 퍼스는 '명제'를 감지 단계의 판단에 부여되는 논리적 형식으로 간주했다. 따라서 퍼스의 범주는 칸트의 범주와는 다른 유형의 보편성을 지닌다. 퍼스의 보편성은 그의 범주들이 모든 판단에 관여한다는 사실을 바탕으로 정립된다.

퍼스의 범주들은 크게 일차적 범주 '특성', 이차적 범주 '관계', 삼차적 범주 '표상'으로 구분된다. 특히 '표상'은 기호와 일치한다. 결과적으로 모든 인식 행위에 관여하는 범주로서, 기호는 지식의 형성 과정에 결정적인 영향을 끼치는 요소다. 퍼스는 지식이 전적으로 기호들을 통해 구축된다고 보았다. 퍼스의 철학에서 기호는 현실과 주체 사이에서 중재자 역할을 하는 요소이자 표상으로서의 지식 개념을 결정짓는 요소다.

퍼스는 1868년에 출판한 이른바 '반직관주의'적인 혹은 '반데카르트주의'적인 세 편의 논문에서 그가 기호의 한 유형으로 간주하는 '추론'을 바탕으로 지식 이론을 정립하고 이를 데카르트에 의해 정점에 달했던 직관주의적인 지식

이론과 정반대되는 유형의 이론으로 소개했다. 퍼스는 직관주의가 외부적이고 역동적인 대상의 직접적인 앎을 전제로 한다는 사실, 즉 사전 지식을 전제로 하지 않는 이론이라는 점을 비판했다. 퍼스는 모든 논리적 결론이 전제에서 도출되는 것과 마찬가지로, 모든 지식이 사전 지식을 토대로 전개되는 인식론적 조합 행위, 즉 추론을 토대로 구축되며 전제로 기능했던 사전 지식 역시 동일한 방식으로 형성된다고 보았다. 따라서 모든 지식은 일련의 사실과 상황에서 도출되는 추론의 결과였고 따라서 외부의 지적 대상은 총체적인 차원과 절대적인 진리의 차원에서만큼은 즉각적으로 인식될 수 없었다.

퍼스는 대상 자체, 즉 '물자체Ding an sich'는 결코 인식될 수 없다는 칸트의 입장에 동의하지 않았다. 그는 자신이 직접 "학구적 사실주의", 때로는 "객관적 관념주의"라고 명명한 관점을 취하면서 개념이나 관념들을 '사실'로 간주했다. 퍼스는 개념을 기호로, 기호를 지식의 도구로, 따라서 지식을 항상 불완전하지만 현실 이해에 요구되는 도구로 이해했다. 퍼스는 어떤 대상을 향해 기호들이 지속적으로 집중될 때 대상이 기호들을 통해 실질적으로, 비록 완전하지는 않지만 역동적인 방식으로 인식된다고 보았다. 물론 이는 그가 현실 자체를 역동적이고 변화무쌍한 실재로 이해했기 때문이다.

4.3 메타피지컬클럽과 실용주의의 탄생

1872년에 퍼스는 보스턴의 젊은 지식인들이 철학 토론을 목적으로 만든 메타피지컬클럽Metaphysical Club의 일원으로 활동하기 시작했다. 메타피지컬클럽에는 다양한 분야의 전공자들, 예를 들어 천시 라이트Chauncey Wright, 윌리엄 제임스 같은 학자, 프랜시스 엘링우드 애벗Francis Ellingwood Abbot, 프랜시스 그린우드 피바디Francis Greenwood Peabody 같은 신학자, 니콜라스 세인트 존 그린Nicholas St. John Green, 존 피스크John Fiske, 헨리 웨어 퍼트넘Henry Ware Putnam, 조셉 뱅스 워너Joseph Bangs Warner 같은 법학자 들이 회원으로 소속되어 있었다. 실제로는 법학도 실용주의로부터 큰 영향을 받았다.

메타피지컬클럽 회원들 사이에서 벌어지던 열띤 토론의 주제 가운데 하나
는 다름 아닌 진화론의 철학적 의미였다. 1859년에 출판된 다윈의 『종의 기원』
은 미국 지식인들 사이에서 격렬한 논쟁을 불러일으켰다. 그 이유는 무엇보다
도 미국의 거의 모든 대학이 종교적 체제의 일부를 차지하며 그리스도교 신앙
을 토대로 존속했기 때문이다. 결과적으로 진화론은 미국에서 민감할 수밖에
없는 주제였다. 미국의 실용주의는 바로 진화론에 대한 철학적 논쟁과 성찰을
바탕으로 탄생했다. 메타피지컬클럽의 일부 회원들은 다윈이 제시한 진화론의
핵심이 유명론이라는 입장을 취했고 따라서 종들이 진화한다면 이는, 종 역시
하나의 개념인 만큼, 개념들이 경험에서 유래하며 경험 바깥에서는 어떤 현실
도 지닐 수 없다는 것을 의미한다고 보았다. 이러한 입장을 논박하며 정반대되
는 의견을 제시했던 퍼스는 종의 진화가 종이라는 개념 고유의 현실을 수반한
다고 보았다. 퍼스의 입장에서, 이는 곧 개념 자체가 고유의 발전 경로를 지닌
실재로 간주되어야 한다는 것을 의미했다. 여기서도 다름 아닌 '역동적 형식'에
대한 퍼스의 생각을 읽을 수 있다.

실용주의는 바로 이러한 유형의 논쟁을 배경으로 구체적인 형태를 갖추기
시작했다. 따라서 미국의 철학 사조 가운데 가장 널리 알려진 실용주의는 메타
피지컬클럽 내부에서 탄생했다고 볼 수 있다. 클럽의 회원들 모두가 실용주의
의 탄생에 나름대로 기여했지만 핵심 이론을 고안해 낸 인물은 퍼스다. 퍼스
의 실용주의 이론은 《월간 대중과학*Popular Science Monthly*》에 '과학 논리의 예증들
Illustrations of the Logic of Science'(1877~1878년)이라는 제목으로 실린 총 6편의 기사를 통
해 소개되었다. 물론 여기서 '실용주의pragmatism'라는 용어가 언급되었던 것은
아니다. 이 용어는 1898년 캘리포니아의 버클리 대학에서 열린 윌리엄 제임스
의 역사적인 강연에서 처음 언급되었다.

실용주의의 이론적 핵심은 '개념'의 '의미'가 개념 자체의 실질적인 효과에
대한 생각에서 비롯된다는 것이었다. 하지만 제임스와 그에게 영향을 받은 실
용주의 학자들은 '의미' 자체의 개념적인 측면을 무시한 채 '의미'를 단순히 개

념의 실용적인 효과와 동일한 것으로 간주했다. 어떻게 보면 20세기의 사회-심리학적 지식 이론에서 중요한 위치를 차지하는 '행동주의behaviorism'는 퍼스의 이론에 대한 제임스의 몰이해에서 비롯되었다고 할 수 있다. 바로 그런 이유에서 미국의 실용주의는 성공의 철학으로, 즉 어떤 생각의 실질적이지만 일시적인 실현에 집중할 뿐 그것의 내용에 대해서는 어떤 분석도 시도하지 않는 철학으로 인식되었다. 실용주의는 이처럼 단순화된 형태로 보급되었지만 퍼스의 철학은 이러한 유형의 실용주의와 전적으로 다른 차원의 사유였다. 퍼스는 결국 차이점을 강조하기 위해 자신의 실용주의를 '프래그머티즘'이 아닌 '프래그머티시즘pragmaticism'으로 새로이 명명했다. 결론적으로 말하면, 제임스는 지식이 어떤 효과를 발휘할 때 사실로 간주될 수 있다고 보았던 반면 퍼스는 지식이 사실일 때에만 특정 효과를 발휘한다고 보았다.

4.4 논리학과 수학

퍼스의 논리학은 대수학적 논리학의 창시자인 조지 불의 논리학 영역에 속한다. 특히 퍼스는 모든 복합적인 유형의 관계를 묘사하기 위한 필요충분조건으로 세 가지 형태의 원천적인 관계들을 제시했다. 이른바 '현상학적' 범주 이론의 토대를 이루는 이 논리적 관계들은 한 가지나 두 가지 혹은 세 가지 용어에 대한 상관관계로 구성된다. 퍼스는 환원이 불가능한, 다시 말해 더 이상 분해할 수 없는 삼각관계가 존재한다고 보았다. 이 관계의 핵심은 다름 아닌 표상 혹은 기호의 체계다.

퍼스는 프레게와 상관없이 독립적으로 논리학에 양화사quantifier, 혹은 지표index, 즉 대명사 같은 지시사indicator를 가장 먼저 도입한 인물이다. 다름 아닌 개별적인 실재들을 가리키기 위해 도입된 지시사는 상징적인 기호에만 관여하던 기존의 논리학에서는 찾아볼 수 없는 새로운 요소였다. 하지만 퍼스가 논리학 분야에 도입한 가장 혁신적인 요소는 귀추적인abductive 추론 방식이다. 퍼스는 추론이 사물을 감지하는 단계에서 복잡한 학문적 이론의 단계에 이르기까지 지식의 모든 형성 과정에 직접적으로 관여한다고 보았다. 퍼스는 추론의 범주에 연역법이라는 전형적인 추론 형식과 일반적인 법칙들을 도출해 내는 데 쓰이는 귀납법 외에도 불확실한 논제를 형식화하는 데 소용되는 귀추법 혹은 가정법을 포함시켰다. "우리가 기대했던 것과는 다른 일들이 전개될 때 이에 대한 설명이 필요하다는 결론을 받아들인다면, 이 설명은 따라서 관찰된 현상들을 필연적인 결과로 간주하거나 최소한 그런 정황에서 충분히 일어날 수 있는 유형의 현상으로 간주하는 명제로 구성되어야 한다. 이 시점에서 우리는 하나의 가설을 수용해야 하며 이 가설은 그 자체로 타당할 뿐 아니라 관찰된 사실들에 타당성을 부여할 수 있어야 한다. 사실들 자체를 토대로 구축되는 이러한 가설의 수용 과정을 나는 귀추라고 정의한다."(『퍼스 선집 Collected papers of Peirce』)

　퍼스의 이론들 가운데 후세대의 논리학에 가장 커다란 영향력을 행사한 것은 다름 아닌 '귀추'의 분석 이론이다. 사실상 오늘날의 '진단' 같은 발견법적 논리들 대부분이 이처럼 불안정한 논제들을 다루는 유형, 다시 말해 불확실하거나 불완전한 정보만을 토대로 특정 현상에 대한 설명을 제시하기 위해 가설을 세우고 이를 확인하는 방식으로 전개되는 유형에 속한다. 귀추적인 추론은 오늘날 다양한 형태의 '기획'에도 활용된다. 기획의 목표는 일종의 가정으로 간주되며 목표가 설정될 때 목표로부터 그것에 도달하기 위한 과정 자체를 도출해 낸다.

　더 나아가서 퍼스는 위상수학적인 차원에서 집합론을 현실의 지속적인 성격에 주목하는 이른바 '연속주의 synechism' 철학으로 발전시켰다. 퍼스는 특히 두 가지 방식의 중요성을 강조했다. 첫 번째는 주로 '관계논리학 logic of relations'을 발전시키는 데 사용된 행렬 연산, 두 번째는 '무한집합 infinite set'을 정의하는 방식이다. '무한집합' 개념은 데데킨트가 1888년에 『수는 무엇이며 무엇이어야 하는가? Was sind und was sollen die Zahlen?』에서 가장 먼저 정의했던 것으로 간주되어 왔지만, 퍼스는 데데킨트보다 앞선 1881년에 『수의 논리학에 관하여 On the Logic of Number』에서 무한집합의 개념을 정의했다고 주장했다.

4.5   기호학

퍼스가 '기호학semiotics'이라는 용어를 처음으로 접한 것은 존 로크의 『인간의 지성에 관한 에세이*An Essay Concerning Human Understanding*』네 번째 책을 통해서였다. 하지만 퍼스는 기호학에 로크의 개념주의와는 상당히 다른 방식으로 접근했고 기호학의 탐구 영역을 다양한 방향으로 확장시켰다. 퍼스는 기호학을 "모든 기호화 현상semiosis의 다양한 유형과 본질적인 특성을 연구하는 학문"으로 이해했다.

퍼스의 기호 이론은 세 가지 요소로 구성되는 삼각 구도, 이른바 기호의 '삼각형 구조'를 토대로 정립된다. 물론 퍼스가 이러한 구도를 설명하기 위해 도형을 직접적으로 사용했던 것은 아니다. 표상 과정을 설명하기 위해 도입된 퍼스의 구도는 세 가지 요소, 즉 '기호, 대상, 해석자'를 비롯해 세 가지 관계, 다시 말해 '기호-대상', '기호-해석자'라는 두 종류의 이중관계와 '기호-대상-해석자'라는 삼중관계로 구성된다.

첫 번째 요소 '기호' 혹은 표상은 "누군가에게 어떤 측면이나 기량에 따라 무언가를 가리키는 무언가"를 의미하며, 이 '기호'가 가리키는 것은 두 번째 요소 '대상', '기호'와 관계하는 누군가는 세 번째 요소 '해석자'다.

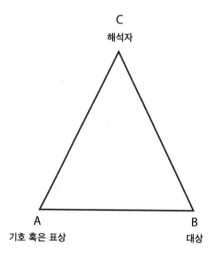

퍼스에 따르면, 기호의 가장 기본적인 특징은 기호의 지시가 두 방향으로 이루어지기 때문에 두 종류의 이중관계, 즉 '기호-대상'과 '기호-해석자' 관계를 형성한다는 것이다. '기호-대상'의 관계에는 세 가지 유형, 즉 1) 기호가 대상과 유사하기 때문에 대상을 가리키는 경우(아이콘), 2) 기호가 대상과 실질적으로 연결되어 있기 때문에 대상을 가리키는 경우(지표), 3) 기호가 대상의 관습에 의한 연관성 때문에 대상을 가리킨다고 볼 수 있는 경우(상징)가 있다. 기호는 총체적인 방식이 아니라, "어떤 측면이나 기량에 따라" 지시한다. 실제로 기호는 지시 대상에 대한 총체적인 지식을 제공하지 않으며 항상 부분적인 지식만을 제공할 뿐이다. 한편 기호는 해석자와도 관계한다. 여기서 해석자는 단순히 해석의 주체, 즉 사고 주체로서의 사람을 가리킨다기보다는 주체의 이해 행위, 즉 인식 기능을 가리킨다.

이러한 유형의 지시를 바탕으로 기호는 해석자가 대상 자체와 관계할 수 있도록 만든다. 이것이 바로 퍼스가 말하는 세 번째 관계, 즉 '기호-대상-해석자'의 관계다. 여기서 삼중관계가 성립되는 이유는 첫 두 관계가 요구되고 이로써 '표상'이 성립되기 때문이다.

대상은 해석 과정의 시작 단계에서 주어지는 복합적인 지식에 의해 구축된다. 퍼스가 "역동적"이라고 표현한 이 복합적인 대상에서 기호는 부분적이고 편파적인 측면만을, 다시 말해 내용 혹은 의미와 일치하는 "즉각적인" 부분만을 취한다.

퍼스의 기호학은 어떤 기호와 어떤 의미의 관계가 이 관계를 정립하는 해석 행위를 언급하지 않고서는 성립되지 않는다는 전제에서 출발한다. 퍼스는 기호가 해석의 주체에게 대상을 제공하는 동시에 주체가 이미 지니고 있는 지식의 일부를, 다시 말해 즉각적인 대상을 활성화한다고 보았다. 이 활성화를 통해 발생하는 것이 기호 자체를 완전히 새로운 사건으로 간주하는 인식 효과이며 이 인식 효과가 다름 아닌 해석이다.

퍼스는 더 나아가서 해석 자체가 역동적인 과정이라는 점을 강조했다. 어떤 기호의 해석자는 또 다른 해석자의 관점에서 또 다른 기호로 간주되며 그런 식으로 이른바 "무한한 기호화 현상" 혹은 "해석자들의 도주 현상"이 발생한다. 이러한 성격의 해석 과정은 논리적인 관점에서 결말을 지니지 않는다. 이 역동적인 흐름은 '성향habitus'이 구축되는 단계에서, 즉 어떤 모형에 따라 움직이려는 성향이 발생할 때 멈춘다. 이것이 바로 기호학적 관점에서 바라본 의미의 실용주의적 이론이다.

19세기의 수도, 런던과 뉴욕

런던

18세기에 대도시로 성장한 잉글랜드의 수도 런던은 중심가와 변두리의 명확한 구분이 거의 불가능할 정도로 상당히 복잡한 구조를 유지하며 발전했다. 그 이유는 무엇보다도 시티City와 웨스트민스터Westminster의 제도적이고 기능적인 분리 정책이 오랫동안 유지되었을 뿐 아니라 상업과 수공업 지대의 발전이 다양하고 이질적인 방식과 규모로 전개되었기 때문이다. 특히 런던은 대륙의 대도시들과 달리 방어용이나 세관 유치를 위한 성벽이 필요하지 않았고, 따라서 템스강을 제외하면 아무런 장애물 없이 모든 방향으로 확장될 수 있었다.

조지George 4세의 지지하에 추진된 대규모 도시계획의 총책을 맡았던 인물은 건축가 존 내시John Nash다. 리젠트스트리트Regent's Street와 리젠트파크Regent's Park가 그의 작품이다. 리젠트파크는 주변에 들어선 기념비적인 성격의 건물들, 다양한 건축양식, 풍부한 나무들, 다채로우면서도 체계적인 조경, 대도시의 안에서 창출될 수 있는 전형적인 회화적 표현 등이 특징이다. 리젠트스트리트는 몇 년 뒤에 정부의 보조로 완성되었다. 이 길은 평민들의 주거 지역인 소호Soho와 부촌인 웨스트엔드West End를 명확하게 구분하고 그런 식으로 평민들이 서쪽으로 이주 현상을 사전에 방지할 목적으로 만들어졌다. 같은 시기에 추진되던 파리의 도시계획을 기하학적인 구도의 측면에서 모방하려는 의도가 초기의 기획에는 분명히 포함되어 있었지만, 뒤이어 기념비적인 특징들은 점점 사라지고 토지 소유자들의 개입으로 인해 도시의 구도가 보다 세분화되는 경향을 보였다. 실제로 주변의 건축은 통일성과 균형미를 지배하는 중심적인 선을 갖추었다기보다 우아한 이미지를 공유하는 일련의 굵직한 건물들이 연속으로 배치된 것에 가깝다.

1830년을 전후로 트라팔가르 광장Trafalgar Square과 내셔널갤러리National Gallery가 탄생했고 팰맬Pall Mall가가 확장된 반면 버킹엄궁의 왕실 거주 공간을 확장하려는 내시의 기획은 에드워드 블로어Edward Blore의 보다 간략하고 경제적인 기획으로 대체되었다. 궁전 입구의 개선문은 이미 건축된 상태였지만 결국 해체되어 하이드파크 쪽으로 옮겨졌다(마블아치Marble Arch). 같은 시기에 대영박물관(British Museum, 1823년), 해머스미스브리지(Hammersmith Bridge, 1825년), 런던브리지(London Bridge, 1825년)가 완성되었다.

19세기의 도시계획은 여전히 개인 소유의 대규모 토지(estates) 문제와 연관되어 있었고 부동산의 이른바 '장기임대체제Leasehold system' 문제 혹은 사업가-소유자라는 독특한 메커니즘의 문제와 직결되어 있었다. 수도에서 막 벗어난 지역의 토지는 대부분 얼마 되지 않는 귀족 출신 토지 소유주들의 재산이었고, 이들은 농경 관례에 따라 토지를 장기간에 걸쳐, 일반적으로는 99년 단위로 사업가들에게 임대했다. 사업가들은 이곳에 건물을 짓거나 기존 건물을 보수해 임대료를 챙길 수 있었지만 계약이 만료되면 모든 것은 땅주인에게 돌아갔다. 이러한 체제 덕분에 토지가 분해되는 경우를 피할 수 있었음에도 불구하고, 어떤 통일적인 구도가 없었다는 점과 중상류층이 템스강 동쪽이나 남쪽에 정착하기를 거부하는 성향의 악용 현상은 결과적으로 사회적 게토와 빈민촌을 형성하는 데 결정적인 역할을 했다. 19세기 말에 혁신적인 운송체계가 도입되고 결과적으로 교외에 빠르게 도달할 수 있게 되자, 부르주아 계층은 교외의 땅을 높이 평가하기 시작했다. 이러한 변화는 결국 대규모의 사유지체제를 위기에 빠트리며 결과적으로 도시계획에 일관성과 완전성을 부여할 수 있는 가능성을 마련했다.

1850년대까지는 내시의 후계자 제임스 펜네손James Pennethorne이 기획한 지하철 개량도 원활하지 못한 행정체제 때문에 체계적으로 전개되지 못했고 부분적인 작업만이 이루어졌다. 예를 들어 일부 오염된 지역의 폐쇄와 정화작업 후에 옥스퍼드스트리트(Oxford Street, 1845년)를 비롯한 몇몇 거리의 개방 작업이 진행되었고, 몇개의 공원이 대중들에게 공개되었다.

철도 사업은 활발하게 전개되는 양상을 보였고 런던에는 이미 6개의 철도역이 있었지만 1852년과 1853년 사이에 대규모의 역 4개가 추가로 건설되었다. 1855년에는 런던에 드디어 안정적인 체계를 갖춘 '수도노동청Metropolitan Board of Works'이 설립되었다. 이 기관은 도시계획을 실행에 옮길 뿐 아니라 도시계획과 관련된 모든 조치와 사업을 제어하고 관리할 수 있는 권한을 동시에 가지고 있었다.

19세기의 마지막 사분기에 시티는 재건축 과정을 거치면서 경제-금융 중심지로서의 입지를 다지는 데 성공한 반면 상류사회를 상징하는 웨스트엔드와 하층민들의 사회를 상징하는 이스트엔드의 대조와 빈부 차이는 점점 심화되는 양상을 보였다. 1876년에는 베드포드파크Bedford Park와 함께 정원이 있는 주택의 시대가 열렸고 이 지대는 20세기 초반까지 지속적으로 발전했다. 19세기 말에 런던에 도입된 전기는 곧 런던의 지하철 건설로 이어졌다.

뉴욕

19세기에 이루어진 뉴욕의 발전은 북미의 일반적인 도시 형성 과정과 비교했을 때 결코 정상적이라고 볼 수 없는 형태로 전개되었다. 뉴욕은 경제-사회적인 발전 과정과 도시의 역사 자체가 지니는 복합성 때문에 예외적일 수밖에 없는 경우에 속하지만 동시에 현실이 얼마나 급격하게 변화할 수 있는지 보여 주는 좋은 예다.

실제로 뉴욕은 미국 동부 해안의 대도시들 가운데 경제적인 차원이나 기업적인 차원에서 가장 커다란 규모를 자랑하는 도시다. 1800년에 뉴욕의 인구는 이미 6만명에 달했고 이 수치는 당시에 뉴잉글랜드의 가장 큰 도시였던 필라델피아의 인구를 훌쩍 뛰어넘는 것이었다. 뉴욕은 상업과 무역 분야에서 미국 대륙과 유럽을 용이하게 연결할 수 있는 지리적인 여건 때문에 이상적이라고 할 수 있는 도시였다. 뉴욕의 상업과 무역의 발달에 크게 기여한 요인들 가운데 빼놓을 수 없는 것은 상업과 금융 분야의 엘리트 계층이 뉴욕에 집중되어 있었다는 사실이다.

뉴욕의 건축 사업을 체계적인 방식으로 활성화기 위한 제도의 필요성은 이미 1804년 시의회에서 표명된 상태였다. 도로의 공공 관리 및 제어의 정당성에 대한 논의가 이루어자, 1807년 뉴욕 정부는 건축가들과 다양한 분야의 전문가들로 구성된 위원회를 결성한 뒤 이들에게 뉴욕의 도시기획안을 위촉했다. 수많은 어려움 끝에 이 전문가들은 뉴욕 반도 전체로 확장되고 길이가 총 20킬로미터에 달하는 직교 조직의 망사 구조를 제시했다. 여기서 남-북의 축을 형성하는 12개의 '애비뉴'는 동-서의 축을 형성하는 155개의 '스트리트'를 90도로 가로지르도록 배치되었다.

이 계획은 뉴욕의 놀라운 성장세에 완벽하게 부응하는 구조를 지닌 것으로 드러났고 뒤이어 바다와 육지를 연결하는 규칙적이고 빠른 운송 경로가 도시 내에 설립되었다. 한편 유럽에서 대서양을 건너오는 이민자들의 수는 지속적으로 늘어

1890년에 뉴욕의 인구는 250만 명에 육박했다.

도시 건설은 토지를 지역별로 세분화하고 필요와 기능과 규모에 따라 각 지역에 들어서야 할 건물들, 예를 들어 교회, 창고, 상점, 호텔, 주택, 회사, 철도역, 공공기관 등의 종류를 자유롭게 선택하면서 진행되었다. 건물들은 여러 지역을 하나의 선으로 연결하는 도로를 따라 지역별 경제적 요건을 충족하며 두서없이 들어서는 양상을 보였다. 반면에 뉴욕에서 가장 오래된 지역이었기 때문에 일찍부터 가장 많은 수의 건물들, 특히 은행과 회사가 집중적으로 들어섰던 곳은 다름 아닌 월스트리트다.

19세기 중반을 전후로, 산업혁명이 가져다준 병폐에 대해 비판적인 시각을 견지하던 일군의 뉴욕 지성인들은 도시의 구조뿐만 아니라 삶의 양식도 유념할 필요가 있다는 생각을 널리 알리기 시작했다. 그렇게 해서 이른바 '공원운동Park Movement'이 탄생했고, 여기에 참여한 시민들은 대규모의 도시 공원을 뉴욕 시내에 건설하자는 의견에서 응집력과 추진력을 발견했다. 공원 건설안은 1851년 선거 캠페인 내용 가운데 하나였다. 2년 뒤에 뉴욕시는 건물이 들어서지 않은 상당히 넓은 땅의 매입을 허가했고, 공원이 들어설 공간의 면적은 장장 770에이커에 달했다. 미국의 다른 도시에서도 뉴욕의 센트럴파크는 수많은 형태의 해결책을 모색하기 위한 모범적인 사례로 간주된다.

1860년대 중반에 뉴욕의 인구가 급증하는 현상은 주택 문제를 해결하기 위해 건물 면적의 활용도를 극대화하는 결과로 이어졌다. 1890년의 인구 250만 명 가운데 대략 100만 명은 상당히 비위생적이고 오염된 지역, 따라서 전염병에 걸릴 가능성과 유아사망률이 상당히 높은 지역에서 살고 있었다. 바로 이곳을 사람들은 슬럼가라고 불렀다. 따라서 주거 환경의 차이는 원래 인종차별에서 비롯되었다고 볼 수 있다. 뉴욕에서 지배 계층의 주거 지역은 기본적으로 메디슨애비뉴Madison Avenue나 파크애비뉴Park Avenue를 중심으로 형성되었다.

이 시기에 혁신적인 교통수단들이 등장했고 브루클린 다리도 같은 시기에 건설되었다. 건설 당시에 세계에서 가장 큰 현수교였던 브루클린 다리는 1883년에 개방되었다. 이 시기에 초기의 빌딩들이 뉴욕에 솟아오르기 시작했고 결과적으로 남쪽 수평선상의 풍광에 커다란 변화가 일어났다. 뉴욕과 육지의 관계도 비슷한 시기에 새로운 국면을 맞이했다. 뉴욕의 교외인 육지에 자택을 두고 뉴욕으로 출근하는 문화가 이때부터 시작되었다. 맨해튼에는 상점과 은행과 행정기관들이 집중되

고, 고급 주택이 들어선 반면 산업시설은 오히려 점점 도시 바깥으로 밀려나는 현
상이 벌어졌고 그런 식으로 중산층과 하류층의 주거 지역이 교외에 형성되기 시작
했다. 19세기가 흐르는 동안 폭발적인 경제 성장을 이루어 낸 뉴욕은 금융과 기업
분야에서 세계적인 도시로 발돋움하게 된다.

13개의 실용주의와 존 듀이

/ 13개의 실용주의

"서기 1908년인 올해에 '실용주의'라는 용어는 탄생 10주년을 맞이한다. 따라서 이 용어가 가리키는 철학의 유형에 대한 논쟁이 앞으로 다가올 또 다른 10년을 물들이기 전에, 안정적이고 통일된 의미를 실용주의라는 용어에 부여해야 한다는 것이 결코 무리한 요구는 아닐 것이다." 이상은 저명한 철학사가 아서 러브조이 Arthur Lovejoy가 「13개의 실용주의The Thirteen Pragmatisms」라는 기사에서 당시에 실용주의라는 이름으로 소개되던 철학 이론들이 얼마나 다양하고 이질적이며 사실상 양립 불가능한 입장들을 표명했는지 지적하면서 했던 말이다. 물론 실용주의자들도 자신들이 이 용어를 활용하면서 취하는 입장의 정확한 내용에 대해 공통된 의견을 가지고 있지 않았다.

실용주의를 구축하는 데 핵심적인 역할을 했던 주요 철학자 세 명만 예로 들면, 1870년대에 실용주의 철학의 이론적 기반을 마련했던 찰스 퍼스는 윌리엄 제임스의 관점과 용어 활용 방식을 비판하며 그와 거리를 두었지만 제임스는 사실상 미국과 유럽에서 실용주의를 널리 보급하는 데 결정적인 역할을 했던 철학자다. 반면에 존 듀이는 자신의 '도구주의instrumentalism'를 토대로 퍼스의 사상에 가장 근접한 이론을 구축했다고 확신했다.

이들은 이전 세대의 철학을 이해하고 수용하는 측면에서도 상이한 성향을 드러냈다. 퍼스는 스스로를 칸트의 제자로 간주했던 반면 제임스는 칸트뿐만 아니라 헤겔마저도 결코 긍정적으로 평가한 적이 없었고 듀이는 헤겔의 추종자이자 칸트의 비판자였다.

아울러 뒤이어 100년이란 세월이 흐르는 동안에도 실용주의라는 용어는 결코 정확하게 정의된 적이 없다. 오히려 이 용어의 의미는 오늘날 과거 어느 때보다도 더 다양하며 아주 구체적이고 상세한 설명 없이는 이해가 불가능할 정도로 많은 차이점을 보이는 이론적 입장들을 가리키기 위해 사용된다.

물론 그렇다고 해서 '실용주의'라는 용어가 아무런 내용도 없이 단순한 이름에 그치는 것은 아니다. 실용주의를 정의하기 위한 통일적인 의미가 부재하고 실용주의가 적용되는 이론들이 상당히 다양하며 이질적임에도 불구하고, 실용주의는 식별이 가능한 전통적인 사유임에 틀림없다. 그만큼 미국이 실용주의라는 독창적인 사상으로 서양 철학에 크게 기여했다는 점은 대부분의 학자들이 인정하는 부분이다.

퍼스, 제임스, 듀이의 철학을 토대로 출발한 실용주의 전통은 이 세 명의 철학자들과 함께, 혹은 이들의 제자들과 함께 막을 내리는 대신 미국과 유럽 문화에 깊이 파고들며 20세기의 철학에 지대한 영향을 끼쳤다. 바로 그런 이유에서 몇몇 학자는 20세기의 가장 중요한 철학적 성과들을 '실용주의라는 주제의 변주'로 평가하기도 했다.

언제나 그렇듯이, 특정 사조의 영역은 대부분 경계 혹은 구분의 기준이 어디에 있느냐에 따라 결정되지만, 실용주의의 경계는 상당히 불분명하다. 물론 엄격하고 좁은 의미의 실용주의가 존재하지만 여기에는 앞서 언급한 세 명의 창시자들, 즉 퍼스, 제임스, 듀이와 이들의 철학에 동조했던 유럽의 철학자들이 포함되어야 한다. 반면에 광범위한 차원의 실용주의에는 시카고의 조지 미드(George Herbert Mead, 1863~1931년), 하버드의 클래런스 어빙 루이스(Clarence Irving Lewis, 1883~1964년),

캠브리지의 프랭크 플럼턴 램지(Frank Plumpton Ramsey, 1903~1930년), 그리고 신실용주의 철학자들이 포함될 뿐 아니라 본인들의 의사와는 무관하게 콰인Willard Van Orman Quine, 윌프리드 셀러스Wilfrid Sellars, 데이빗슨Donald Davidson 같은 분석철학자들이 포함되며 심지어는『존재와 시간Sein und Zeit』(1927년)의 저자 하이데거와『철학적 탐구Philosophische Untersuchungen』(1953년)의 저자 비트겐슈타인Ludwig Wittgenstein까지 포함되기도 한다.

실용주의의 확실한 특징이라고 볼 수 있는 요소에는 반본질주의antiessentialism, 반토대주의antifoundationalism, 반증가능주의falsifiabilism, 이와 함께 부각된 반회의주의, 전체론, 지식은 거울이나 복제에 가깝다는 관점을 거부하는 성향, 실제와 이론 혹은 실제와 가치의 이원론을 거부하는 성향 등이 있지만 이러한 성향들보다 더 중요한 것은 실용주의가 실제와 행동의 중요성을 강조하며 세계와의 관계 및 인간관계를 발전시키는 핵심 요소 '실천'의 중요성을 호소하는 데 선두 주자 역할을 했다는 것이다. 이러한 특징은 이론보다는 실천을 선호한다는 의미로 인식되는 '실용주의'라는 용어에서 그대로 드러난다.

/ 존 듀이

존 듀이(1859~1952년)의 사상과 활동은 20세기 전반에 실용주의자들 사이에서 두각을 나타냈다. 혁신을 도모했던 듀이의 업적 가운데 주목할 만한 것은 1896년 시카고에 설립한 '실험학교Laboratory School'다. 듀이의 학교는 흔히 미국의 교육사에서 가장 중요한 '실험적 시도'로 평가된다. 듀이는 열성적인 정치가였고 말년까지 사회 개혁을 위해 끊임없이 투쟁했던 인물이다. 따라서 리처드 로티Richard Rorty가 일반적인 차원에서 실용주의자들에 대해 했던 이야기는 듀이에게 그대로 적용될 수 있다.

미국의 어느 철학자보다도 오랫동안 정치가로 활동했던 듀이는 옛것을 고집하는 대신 새로운 것을 적극적으로 수용하는 자세의 중요성을 강조하며 오래된 도덕관념들을 적극적인 자세로, 즉 "혁신을 요구하는 듯이 보이는 사회제도뿐만 아니라 새로운 형태의 개인적이거나 예술적인 자유도 전혀 두려워하지 않는 '실험적인' 자세"로 대체하기 위해 노력했다. 듀이의 이러한 시도는 민주주의 사회에서 실험과학자를 모범으로 삼는다는 것이 무엇을 뜻하는지, 어떤 유형의 실천을 요구하는지, 복잡한 상황과 다양한 문제들 앞에서 어떤 유형의 태도를 취해야 하는지 잘 보여 준다.

물론 듀이의 입장에서 과학자를 모형으로 간주한다는 것은 또 다른 구체적인 의미를 지니고 있었다. 그에게 중요한 것은 당대의 과학자들이 선호하던 현상적인 설명의 패러다임을 수용하고 체화하는 일이었다. 간단히 말해 과학자들을 본받는다는 것은 찰스 다윈으로부터 무언가를 배운다는 뜻이었다. 왜냐하면 듀이가 활동하던 당시에 과학의 선두주자는 전통 물리학, 즉 필연성의 학문이 아니라 진화론, 즉 우발성과 확률의 학문이었기 때문이다. 따라서 과학자들을 본받는다는 것은 곧 모든 사건의 발생을 설명하기 위해 선험적 공간을 별도로 마련하려는 칸트와 칸트주의자들의 시도에 등을 돌리고 어떤 유기체와 환경 사이에 존재하는 역동적이고 우발적인 '상관관계' 서술에 집중한다는 것을 의미했다.

이러한 관점에서 사유와 지식, 성찰과 판단은 자연적인 과정의 일부로 간주되며 이 사고 행위들의 의미도 자연적인 범주에서 발견된다. 다시 말해 사유와 지식은 여기서 "환경 속의 대상들을 모방하는 데 쓰이지 않고 오히려 대상과의 더 효과적이고 유익한 관계들이 미래에 정립될 수 있도록 만드는 방법들을 감찰하는 데" 쓰이며 이를 위한 지적 도구라는 의미를 지닌다. 바로 그런 이유에서 '경험'은 더 이상 인식 과정을 촉발하는 정보들의 불합리한 총체의 이름, 즉 경험주의자들이 말하는 순수하고 즉각적인 인상들의 이름이 아니라, 주변 환경에 성공적으로 대응할 수 있는 자세와 태도를 발전시키는 인식 과정 자체의 이름으로 간주된다.

미적 경험에 관한 듀이의 성찰이 집중되어 있는 중요한 저서 『경험으로서의 예술 *Art as Experience*』(1934년)의 핵심 논제는 일상적인 경험과 창조적인 경험이 동일한 경험의 연속선상에 놓여 있으며 창조적인 경험은 일상적인 경험의 독특하고 예외적인 발산이 아니라 그것의 연장과 완성(fulfillment)을 의미한다는 것이다. 그런 의미에서 예술은 경험의 본질적인 특성을 가장 훌륭하게 살려 내는 활동으로 간주된다. 실제로 창조적인 예술 활동은 상이한 요소들 혹은 움직임들을 통일적인 방식으로 조합하면서 특별한 경험, 즉 나와 세계, 주체와 객체, 이성과 감성을 유기적이고 총체적인 방식으로 끌어들일 수 있는 경험에 생명을 부여한다. 이러한 유형의 경험세계에서는 결과가 그것을 얻어 내기 위해 필요했던 과정과 분리되지 않으며 결과와 과정이 모두 중요한 요소로 간주된다. 듀이는 예술작품이 그것을 생산해 낸 과정의 모든 순간들을 역동적인 방식으로 함축하고 있으며 바로 그런 이유에서 경험의 가장 모범적이고 완성된 형식으로 간주될 수 있다고 보았다. 그런 의미에서 예술작품의 통일성과 완전성은 창조 활동의 사회적인 역할을 결정짓는 중요한 요소다. 듀이에 따르면, 모든 경험은 구체적인 형태의 예술작품으로 실현된다는 전제하에서만 소통되거나 전달될 수 있으며 사회적으로도 공유될 수 있다.

듀이가 미적 활동의 자연적인 기반에 주목하면서 강조했던 사실 가운데 하나는 전형적으로 '현대적인' 경험의 방식과 유형이 예술작품의 합리적인 향유를 어렵게 만든다는 것이었다. 듀이는 감성과 이성의 분리, 지적 활동과 실용적인 활동의 분리, 작업과 문화의 분리, 나와 세계의 분리를 조장하는 경험들, 특히 예술작품들이 박물관과 갤러리로 집중되는 현상 내지 풍조가 작품 자체를 예술이 세계와 결속된 형태로 유지하던 공간으로부터, 아울러 그것을 만들어 내고 생명을 불어넣은 힘의 세계로부터 분리시킨다고 보았다. 따라서 예술에 관한 듀이의 성찰과 관점은 경험의 본질적인 의미를 회복할 기회를 제공한다. 이 본질적인 의미를 기점으로, 예술작품의 완전하고 자연적인 향유의 차원으로 돌아가는 것이 가능해질 것이다.

윌리엄 제임스와
19세기의 미국 철학

5.1 윌리엄 제임스의 삶과 저서

윌리엄 제임스는 1842년 1월 11일 뉴욕에서 부유한 집안의 맏아들로 태어났다. 작가 헨리 제임스 주니어의 형이기도 한 윌리엄은 독특한 유형의 자유주의 사상가였던 아버지 헨리 제임스 시니어 밑에서 상당히 독특한 유형의 교육을 받으며 성장했다. 제임스의 교육과정이 지닌 가장 특징적인 요소들은 '독립적인 사고'와 '여행'이었다고 볼 수 있다. 주요 여행지는 유럽이었고 이곳에서 제임스는 상당히 다양한 종류와 유형의 학교에서 공부했다.

19살이 되던 해에 회화에 매료되어 화가 수업을 받았지만 진로를 바꿔 과학을 공부하기 시작한 제임스는 화학과 비교해부학을 공부한 뒤 22세가 되던 해에 하버드 의과대학에 진학했다. 1865년 브라질 탐험에 참여했다가 천연두에 걸려 건강이 악화된 상태로 돌아온 제임스는 1869년에 학위를 받았지만 건강상의 문제로 병원에서 경력을 쌓는 데 어려움을 겪었다. 이 경우에도 제임스가 해결책으로 선택한 것은 유학이었다. 독일로 유학을 떠난 제임스는 특히 신경계의 생리학에 관한 헬름홀츠와 분트의 연구에 관심을 기울였다. 이 시기에 우울증에 빠지기도 했던 제임스는 정신주의 철학자 샤를 르누비에Charles Renouvier의 책을 읽고 이 위기를 극복했다고 언급한 바 있다.

1871년에 제임스는 퍼스를 비롯한 여러 친구들과 함께 메타피지컬클럽을 창설했다. 1875년까지 지속된 이 클럽 회원들의 활동을 토대로 실용주의가 탄생했다. 제임스에게 인생의 전환점이 되었던 해는 1872년이다. 하버드 대학에서 강의할 기회를 얻은 제임스는 이때부터 학자로서 성공 가도를 걷기 시작했고 그의 사생활도 결혼을 하면서 안정적인 단계로 접어들었다. 하버드 대학에서 1875년부터 심리학을 가르친 제임스는 1879년부터 1907년 퇴직할 때까지 철학 교수로 활동했다. 이 시기에도 제임스는 여행을 게을리하지 않았고 유럽을 돌아다니면서 학자와 뛰어난 강사로서 명성을 떨쳤다. 윌리엄 제임스는 1910년 뉴햄프셔의 여름 별장에서 세상을 떠났다. 제임스가 출판한 책에는 『심리학 원리』(1890년)나 『종교적 경험의 다양성The Varieties of Religious Experience』(1902년) 같은 심리학 저서들, 아울러 『믿고자 하는 의지The Will to Believe』(1897년), 『프래그머티즘Pragmatism』(1907년), 『진리의 의미The Meaning of Truth』(1909년), 『다원주의적 우주A Pluralistic Universe』(1909년) 같은 철학 저서들이 있다. 『철학의 몇 가지 문제들Some Problems of Philosophy』(1911년)과 『근원적 경험주의Essays in Radical Empiricism』(1912년)는 사후에 출판되었다.

5.2 기능주의 심리학과 의식의 흐름

윌리엄 제임스는 1878년 미국의 유서 깊은 출판사 헨리홀트Henry Holt로부터 '아메리칸사이언스American Science' 총서에 포함될 심리학 교본의 집필을 의뢰받고 수락했지만 출판사의 희망대로 2년 안에 탈고하겠다는 약속을 지키지 못하고 12년이라는 세월이 흐른 뒤에야 책을 완성했다. 예정보다 2배로 불어난 분량의 책을 집필하는 동안 극심한 심리적 압박에 시달렸던 제임스는 "인쇄소에서 불에 타 버린다고 해도 이 책을 다시 쓸 생각은 없다"라고 토로하기도 했다. 하지만 이 『심리학 원리』라는 제목의 저서는 독자들의 대대적인 호응을 이끌어 내며 커다란 성공을 거두었고(제임스가 2년 뒤에 출판한 축약본이 특히 많이 읽혔다) 머지않아 미국에서 대학 교과서로 활용되기 시작했다.

이 책에서 제임스가 제시하고자 했던 것은 형이상학의 후견을 더 이상 필요로 하지 않는 체계적인 과학으로서의 심리학이었다. 하지만 심리 과정의 실험적인 평가 방식을 체계화하는 데 몰두했던 분트나 그의 제자들과는 달리, 제임스는 그가 심리학의 '생리적 기초 단계'라고 부른 것에 상당한 지면을 할애하면서도 담론을 오히려 후설의 현상학적 접근 방식과 유사한 '의식의 흐름'과 이 흐름의 내면 분석에 집중시켰다.

이 저서의 개념적 틀을 결정지었던 요소는 미국 학자들이 수용한 다윈의 진화론이다. 따라서 지성은 본질적으로 적응을 위한 일종의 도구로, 정신의 발달은 유기체가 고유의 환경에 적응하는 과정의 결과로 해석되었다. 이러한 관점에서 심리학의 핵심 논제는 더 이상 '정신이란 무엇인가?'라는 질문이 아니라 '정신은 무엇에 소요되며 어떻게 기능하는가?'라는 질문에 달려 있었다. 정신이 본질적으로 내면적 연관성을 외형적 연관성에 적응하도록 만드는 데 쓰인다는 허버트 스펜서의 생각은 분명히 정신을 자족적이고 독립된 실체로 간주하던 형이상학적 심리학의 한계를 뛰어넘어 더 발전된 형태의 관점을 보여 주었지만, 제임스는 스펜서의 관점에 정신을 환경의 단순한 기계적 반영으로 간주하는 맹점이 있다고 보았다. 제임스에 따르면, 정신의 가장 중요한 특성은 그것이 '지적 지성'이라는 데 있었다. 정신은 목적을 제시하거나 스스로에게도 부여할 수 있는 역동적이고 창조적인 요소였다. 제임스는 정신이 목적론적이며, 주관적인 관심과 취향에 주목하면서 스스로의 기능에서 벗어날 줄 안다고 보았다. 정신이 환경에 대해 자연스러운 입장을 취할 수 있는 것도 바로 그런 이유에서였다. 다윈과 마찬가지로 제임스는 환경이 선별 기능, 즉 자연스러운 변형을 수용하거나 거부하는 기능을 지닌 요인이지만 변형의 원인은 아니라고 보았다.

『심리학 원리』의 가장 독창적인 이론은 제임스가 의식을 분석하는 부분에 등
장한다. 연상주의associationism자들의 분자론에 반대하며 그는 의식이 '생각의 흐
름stream of thought', 즉 끊임없이 변화하는 유동적 사유의 움직임에 가깝다고 주장
했다. 제임스에 따르면, 의식은 서로 분리되어 있는 개별적인 요소들 혹은 기초
적인 요소들로 구성되는 것이 아니라 끊임없이 '흐르는' 연속체에 가깝다. 제
임스는 이 연속체 내부에서 '실질적인 부분들substantive parts'과 '유동적인 부분들
transitive parts', 아울러 우선적으로 부각되는 '일차적인' 영역과 뒷전에 머무는 '추
이적인' 영역을 구분했다.

주목을 요하는 또 하나의 유명한 이론은 제임스와 함께 덴마크의 생리학자
카를 랑게Carl Lange가 동시에 제안했기 때문에 흔히 '제임스-랑게' 이론이라고
불리는 감정의 이론이다. 예를 들어 우리가 곰을 만나면 무서워서 도망친다는
것이 일반적인 견해지만, 이 표현에서 드러나는 판단의 순서가 틀렸다고 본 제
임스에 따르면, "하나의 정신 상태는 또 다른 정신 상태에서 즉각적으로 유도되
지 않으며 신체적 표현의 중재를 요구한다. 따라서 보다 이성적인 관점에 따라,
우리는 도망치기 때문에 두려움을 느끼며 그 역은 성립하지 않는다고 보아야
한다".

5.3   믿고자 하는 의지

여러 논문과 강연 내용을 편집해 1897년에 출판한 저서 『믿고자 하는 의지』의
핵심 논제는 믿는 내용의 결론이 불분명한 경우에도 개인에게는 믿을 권리가
주어져야 한다는 것이다. 중요한 것은 수많은 종교적 가설들 가운데 어느 하나
를 선호하고 믿는 행위가 수반하는 실질적이고 개인적인 차원의 결과나 효과
이며 이것이 믿을 권리를 정당화할 수 있는 근거가 된다. 믿음의 대상인 특정
가설이 '훌륭한 기량'을 보여 주면, 다시 말해 개인의 삶을 위해 유익한 결과를
제공하고 그의 삶을 효율적으로 만들어 준다면 이 가설을 믿는 행위는 전적으

로 정당할 뿐 아니라 이성적이기까지 하다. 단지 정상적인 인식론적 기준으로 판단했을 때 이를 뒷받침하는 이성적 근거가 충분하지 못할 뿐이다. 하지만 믿음이 어떤 보장되지 않은 결과를 얻기 위한 유일한 선택 사항으로 부각되는 상황이 존재하기 때문에 믿음은 어떤 식으로든 고유의 정당성을 지닌다고 볼 수 있다.

물론 제임스의 논제가 적용될 수 있는 영역은 제한되어 있다. 즉 제임스의 논제는 믿음의 대상이, 그것의 진실 여부에 대한 결정적인 증거는 없지만, 믿음을 지닌 개인의 입장에서 더할 나위 없이 생생하며 '피할 수 없고', 즉 현실 속에서 그의 믿음에 대한 입장을 표명할 수밖에 없고, 믿는다는 것이 그의 삶에 너무나 커다란 차이를 만들어내기 때문에 '의미심장'할 수밖에 없는 경우에만 적용된다.

실제로 제임스의 관심이 집중되었던 분야는 도덕적 신념과 종교적 믿음이다. 이 분야에서 표명된 제임스의 입장은 실증주의의 유물론적인 관점은 물론 전통 신학의 교리주의적인 이성주의와 상충되기 때문에 특별한 의미를 지닌다. 제임스의 비교적 분명한 목표는 종교적 믿음의 정당화였지만 그가 정당화하기 위해 노력했던 것은 교회가 대외적으로 요구하던 교리주의적인 신앙이 아니라 "부담과 위험을 감수하면서도 믿고자 하는 바에 귀를 기울일 수 있는 개인의 권리"였다.

5.4　진리에 관한 실용주의적 관점

제임스는 『믿고자 하는 의지』에서 부각된 입장들을 토대로 '진리의 개념'에 대한 실용주의적 해석을 시도했다. 제임스는 자신이 발전시킨 진리의 개념을 퍼스가 제시한 의미론이 '자연스럽게' 확장된 이론으로 소개했지만 제임스의 관점은 사실상 퍼스의 원리, 즉 어떤 사고의 의미는 사고의 생산 행위에 해당하는 '태도'라는 원리에 대한 그만의 해석을 포함하고 있었다. 즉 제임스는 이 '태도'에 보편적 구속력을 지니는 퍼스의 '일반적인' 결과뿐만 아니라 개인이 미래에 맞이할 실질적이고 개별적인 경험의 '특별한' 결과도 포함되어야 한다고 보았다. 이러한 관점을 바탕으로, 아울러 사고의 기능은 현실을 복사하는 것이 아니라 더 나은 세상의 현실과 관계하도록 만드는 것이라는 전제를 바탕으로 제임스는 실용적이고 도구적인 차원에서 출발하는 진리의 이론을 제시했다. 제임스의 관점에 따르면, 어떤 개념이나 가설 혹은 이론은 "우리의 경험이 지니는 또 다른 부분들과 만족스러운 관계를 확보할 수 있도록 도와줄 때" 진리로 간주될 수 있다. 그런 식으로 진리와 동격인 '참'이라는 수식어는 '유익하다', '유용하다', '편리하다' 같은 표현의 동의어, 즉 전통적인 진리의 개념과는 달리 선호와 관심의 요소를 도입하는 개념들의 동의어가 된다.

제임스의 이러한 주장은 다양한 반응과 뜨거운 논쟁을 불러일으켰다. 버트런드 러셀과 조지 에드워드 무어George Edward Moore는 제임스의 이론이 진리를 정체성의 기준으로 간주하는 전통적인 관점에서 벗어나려는 무모한 시도에 불과하다고 평가했다. 반면에 다른 이들은 '진리'와 '확증'이 혼동된다는 점을 지적했고 또 어떤 이들은 제임스의 이론을 '진리'라는 말로 가리킬 수 있는 어떤 형이상학적 본질이 존재한다는 생각과 이를 탐색하는 자세로부터 영원히 벗어나라는 일종의 권고로 이해했다.

어쨌든 제임스에게 실용주의는 전통적인 이원론을 극복하고 온갖 형태의 교리주의와 맞서 싸우기 위해 필요한 지적이고 윤리적인 혁신의 기획이었다. 실용주의의 보급에 적극적으로 앞장섰던 제임스의 노력도 이러한 관점에서 읽어야 한다.

5.5 순수한 경험의 세계

말년에 제임스가 극복하려고 노력했던 이원론들 가운데 하나는 물질과 정신을 대립되는 개념이자 현실에 대한 설명의 궁극적인 원리로 제시하는 관점이었다. 모든 현상이 경험주의적인 차원에서 완벽하게 설명될 수 있다고 믿었던 제임스는 '순수한 경험'을 우주의 궁극적인 '재료stuff', 즉 모든 사물과 정신의 궁극적인 재료로 정의했다. 이 재료는 절대적으로 물질적이거나 정신적이지 않고 오히려 중립을 유지하며 끊임없이 움직인다는 특성을 지닌다. 경험의 요소는 그것이 관계하는 것들의 맥락에 따라 물질이거나 정신일 수 있고, 신체적이거나 심리적일 수 있다.

전통적인 경험주의와는 달리 제임스의 '근본적인 경험주의'는 경험의 영역에 사물만 포함되지 않으며 이들 사이에 실재하는 관계도 함께 포함된다는 것을 보여 준다. 사물들의 관계는 사물들 못지않게 경험의 중요한 일부를 차지한다는 것이 제임스의 생각이었다. 그런 식으로 제임스는 우선적으로 흄의 경험주의가 초래했던 경험의 파편화를 극복하고 아울러 프랜시스 허버트 브래들리 Francis Herbert Bradley나 조사이어 로이스Josiah Royce 같은 관념주의자들이 다양한 경험들 사이의 관계를 이해하기 위해 전제로 내세웠던 절대정신의 필요성을 극복할 수 있다고 보았다.

조이스와 내면의 독백

베르그송이 1889년에 『의식의 즉각적인 정보들에 관한 에세이 *Essai sur les données immédiates de la conscience*』를 출판하고 윌리엄 제임스가 1년 뒤인 1890년에 『심리학의 원리』를 출판하면서 '의식의 흐름'이라는 개념을 도입한 뒤 내면의 경험은 일종의 끊임없는 흐름이라는 생각이 널리 확산되기 시작했다. 실제로 작가들은 오래전부터 일련의 외부적인 사건에서 원인을 발견할 수 없는 경험들, 즉 '이전'과 '이후' 또는 '원인'과 '결과'의 논리로는 설명하기 힘든 경험들의 정체에 대해 의문을 품고 문제점을 제기해 왔다. 헨리 제임스는 1880년에 경험이 "의식의 (…) 지극히 정교한 무명실로 만들어진 거대한 거미집과 같다"라고 표현했다. 에두아르 뒤자르댕 Édouard Dujardin은 『월계수가 베어졌다 *Les lauriers sont coupés*』를 1888년에 출판했고 제임스 조이스 James Joyce는 이 작품에서 발견한 내면 독백이라는 양식을 발전시켜 소설 『율리시즈 *Ulysses*』(1922년)를 완성했다.

조이스의 '내면 독백'은 일련의 복잡하고 미묘한 표현들이 윌리엄 제임스가 말하는 '의식의 흐름'을 떠오르게 하는 등장인물의 이야기다. 화자가 설명을 덧붙이거나 구도를 제시하기 위해 개입하는 법이 없기 때문에 차라리 생방송에 가까운 이 독백은 어떤 논리적 구도의 흔적도 찾아볼 수 없고 거의 무의식에 가까운 은밀한 내면적 인상들을 등장인물의 머릿속에 떠오르는 대로 표현한다. 그리고 이 이야기의 흐름을 주도하는 것은 전적으로 파편적인 문장 형식이다.

예를 들어 주인공 블룸은 도시를 배회하며 다음과 같이 말한다. "그는 은빛 열기에 희미해진 소 떼를 바라보았다. 은빛으로 반짝이는 올리브나무. 조용하고 기나긴 하루 동안 가지치기, 무르익게 하기. 올리브들은 단지에 담는 거 맞지? 나한테 앤드류한테서 가져온 것이 몇 개 남아 있어. 몰리는 그걸 입에서 뱉어 냈지. 이젠 무슨 맛인지 알 거야. 엷은 종이에 써서 상자에 담은 오렌지, 그리고 시트론 열매. 그 불쌍한 시트론이 여전히 세인트케빈 거리에 살고 있는지 누가 알겠어? 그리고 마스티언스키가 그 낡은 시턴을 여전히 지니고 있는지. 그땐 멋진 저녁 시간을 함께 보내곤 했지. 시트론의 등나무 의자에 앉아 있던 몰리. 촉감이 좋고 차가운 기름진 과일을 손에 들고 코로 가져가 향기를 맡아 본다."

아울러 침대에 누워 반쯤 잠든 상태에서 상상의 나래를 펼치는 몰리의 마지막 독백에서는 구두점들마저 자유로운 연상의 흐름에 자리를 양보하고 자취를 감춘다. "우리가 알헤시라스에서 배를 놓친 날 밤. 감시원들은 조용히 램프를 들고 돌아다녔지. 오 저 깊은 곳의 무시무시한 급류, 오 바다, 때로는 불에 타오르는 것처럼 보이는 주홍빛 바다. 그리고 찬란한 황혼과 알라메다 정원의 무화과들, 그래, 그 기이한 골목들 그리고 분홍색, 푸른색, 노란색 집들 그리고 장미 정원과 재스민과 제라늄과 선인장과 그리고 지브롤터, 소녀인 내가 산의 꽃이었던 곳에서 그래 안달루시아 소녀들처럼 내가 머리에 장미를 꽂았을 때, 아니 빨간 꽃을 꽂을 때, 그래 그는 무어인의 성벽 밑에서 내게 입을 맞추었지. 그리고 내겐 그 역시 다른 사람과 다를 바 없을 거라는 생각이 들었지, 그래서 나는 눈으로 또 다른 입맞춤을 원한다고 말했어. 그래 그리고 그는 내가 원한다면 그래, 그래요 내 산의 꽃이라고 대답하길 원했지. 그래서 나는 먼저 팔로 그를 휘감고 그래 그리고 그를 내게로 끌어당겼어. 그가 내 향기로운 가슴에 와 닿을 수 있도록, 그래 그의 심장은 미친 듯이 뛰고 있었어. 그리고 그래 나는 그래요, 좋다고 말했지."

이러한 유형의 내면 독백을 후세대의 작가들은 일종의 양식적 해결책으로 활용했다.

6

앙리 베르그송

6.1 베르그송의 철학

앙리 베르그송(1859~1941년)의 사유는 실증주의자들과 정신철학자들이 열띤 논쟁을 거듭하며 대립하던 시기에 형성되었다. 이전 세대의 정신철학을 근본적으로 혁신하는 데 앞장섰던 베르그송의 저술 활동은 일찍이 심리학 분야에서 시작된 실증주의 비판을 기점으로 전개되었다. 특히 『의식의 즉각적인 정보들에 관한 에세이』(1889년)에서 베르그송은 연상주의자들의 인상 분석이 심리적인 흐름과 변화를 양적 측량이 가능한 과정으로 환원함으로써 모든 질적 요소 혹은 감성적인 측면의 강도를 전적으로 무시한다고 지적했다. 베르그송은 의식 상태의 강렬함을 연장된 형태로 환원하려는 빌헬름 분트의 연상주의 심리학적 성향이 기계주의 물리학이라는 학문적 패러다임을 그대로 반영한 경우에 불과하며 기계주의 물리학적 관점은 감각적인 특성의 다양함을 공간적이고 양적이며 획일적인 현실과 혼돈하도록 만든다고 보았다. 바로 그런 이유에서 베르그송은 일상적인 경험만으로는 인식할 수 없는 특이한 현실에 주목하고 그 중요성을 인지할 줄 아는 내면적 의식의 가치를 높이 평가했다.

현대 과학의 집요한 공간화 성향을 인지한 베르그송은 이에 대한 비판적인 관점을 자신의 철학적 핵심 요소로 발전시켰다. 현실을 왜곡하는 모든 그릇된 해석의 기원에는 항상 시간의 차원에 대한 오해가 있었다는 것이 베르그송의 생각이었다. 그는 시간이 과학의 실용적인 요구에 답하기 위해 단순하고 획일적이며 양적 환산이 가능한 요소로 축약되었다고 보았다. 역학적인 차원에서 시간은 결국 과거, 현재, 미래로 구성되는 하나의 구체적인 직선적 구도 안에서 지속적으로 등장하는 여러 순간들의 연속에 불과했다. 이러한 과학적 시간 개념을 대체하기 위해 베르그송은 과정으로서의 시간 개념, 즉 과거를 보존하면서 새로운 것을 창출해 내는 시간, 따라서 순간들의 총합으로는 환원이 불가능하며 오히려 일종의 '지속성duree', 즉 의식적으로는 예측하기 힘들고 살아 움직이는 지속적인 흐름으로 감지되는 시간 개념을 제시했다. 이 '지속성'을 구성하는 순간들의 다양성은 어떤 선율을 구성하는 음들의 침투성, 혹은 어떤 생명체를 구성하는 여러 부분들의 구체적 다양성에 우선하는 유기적 총체성에 비유할 수 있다. 따라서 우리는 의식의 경로를 이중적인 측면에서, 즉 의식을 직접적으로 인지하는 관점이나 공간의 굴절을 통해 그것을 표상하는 관점에서 바라볼 수 있다. 달리 말하면, 이 지속성 속에서 살아가는 실질적이고 구체적인 '나'가 존재하는 반면 공간으로 투영된 단편적이며 상징적인 '나'의 표상이 존재한다.

흐름과 생성의 현실을 되찾아야 한다는 과제에 직면한 베르그송은 경과한 공간의 연속적인 단계들을 동시적으로 묘사하는 작업, 따라서 시간의 상징적 번역이나 사진에 불과한 묘사에 만족하지 않고 실질적인 흐름을 생성해 낸 순수 행위를 포착하기 위해 '지속성'의 관점을 고수했다. 사실상 '자유'도, 순수한 '지속성'의 즉각적인 관점에서 고려할 때, 결정주의에 의해 희생될 수 없는 요소였다. 따라서 의식을 사실, 인상, 감정, 관념의 총합으로 간주하지 않고 유기적인 실재로 간주할 때, 우리가 취하는 행동은 특정 조건이나 상황을 토대로 기계적인 인과법칙에 의해 결정되는 것이 아니라 인격체가 통일된 방식으로 발산하는 자유로운 행위로 간주된다. 베르그송에게 자유롭게 행동한다는 것은 어쨌든 "스스로를 되찾아 순순한 '지속성' 안에 위치시킨다는 것"을 의미했고 외부 세계 혹은 사회적 순응주의가 강요하는 규칙들에 복종하면서 행동하지 않는다는 것을 의미했다.

따라서 여전히 '의식'에 관한 근대 철학의 영향하에 있었다고 볼 수 있는 베르그송은 『의식의 즉각적인 정보들에 관한 에세이』에서 '나'의 깊은 내면적 경험 바깥에 위치하는 모든 것을 상대적이고 표면적이며 기계적인 요소로 간주했고, 절대적인 현실은 오히려 심리적인 '지속성' 안의 즉각적인 정보와 심리적 법칙의 일시성 속에 실재한다고 보았다. 베르그송은 사회적 삶까지도 '나'의 공간적인 투영이 이루어지는 장소로 간주했다.

이러한 전제들을 바탕으로 베르그송은 20세기 미학에 커다란 영향력을 행사하게 될 『웃음Le Rire』(1900년)이라는 저서에서 희극에 대한 현상적인 분석을 시도했다. 베르그송은 사회를 구성하는 보다 생생하고 근원적인 이치가 웃음을 생산하며 이 웃음이 사회적 행동의 자동적인 메커니즘과 규칙들의 창궐에 대한 방어 기능을 지녔다고 보았다. 웃음을 선사하는 희극은 어쨌든 "생명체에 적용되는 기계적" 성향에 대한 위협적이고 조롱 섞인 반응이며 궁극적으로는 의식의 삶에 필수적인 긴장과 유연성의 보존을 추구한다. 이러한 긴장과 유연성이 반대로 빠르게 소모되거나 경직되는 곳이 바로 사회생활 공간이다.

베르그송의 철학은 그가 초기에 취했던 철학적 입장들 때문에 수용되는 과정에서 적잖은 어려움을 겪었지만 우선적으로 정신철학자들과 가톨릭 철학자들, 예를 들어 에두아르 르 루아Edouard Le Roy와 자크 슈발리에Jacques Chevalier 같은 철학자들의 열광적인 지지를 얻었다. 베르그송의 지지자들은 그의 철학이 사회와 과학과 지성 자체에 대한 저평가를 조장한다고 지적했던 조르주 폴리처Georges Politzer나 폴 니장Paul Nizan 같은 이들에 대한 신랄한 비판도 아끼지 않았다. 베르그송은 한편 초기의 직관적이고 개인주의적인 성향을 크게 수정하면서 자신이 출발점으로 삼았던 정신철학 전통의 획일적인 측면에 과감히 도전하는 자세를 보였다.

　결과적으로『물질과 기억 *Matière et mémoire*』(1896년)에서처럼 베르그송의 탐구는 내면 경험을 포기한 채 물질적인 차원의 현실과 사물들의 인지 과정에 주목하는 방향으로 나아갔다. 베르그송이 이 저서에서 집중적으로 다루는 것은 물질과 사유의 상관관계, 즉 전통 철학이 과거에 육체와 정신의 이원론이라는 형태로 제기했던 문제다. 간단히 말해 행동의 실용적인 요구가 경험의 정보들을 선택하고 분해하는 반면 순수하게 감각적인 차원에서 우리가 사물들과 관계하는 방식은 즉각적이라는 문제다.

　베르그송에 따르면, 육체와 정신의 관계는 물질의 공간적인 현실과 기억의 정신적인 현실이 교차하는 인지적 경험을 중심으로 형성된다. 하지만 정신과 물질의 본질, 정신과 물질의 관계가 지니는 본질은 우리의 일상적인 인식 습관, 즉 공간적인 차원에 집중되는 우리의 지적 성향에 의해 은폐된다. 베르그송은 우리의 인식 활동에도 양극성의 개념을 도입했다. 즉 인간의 지성은 추상화에 의존하고 유동적인 현실로부터 부동의 개념들을 포착하려는 성향이 강하지만 인간의 본능은 현실과 직접적이고 즉각적으로 관계하려는 성향이 강하다.

　지성과 본능은 이질적이지만 완전하게는 분리될 수 없는 성격을 지닌다. 지성이 즉시성을 잃지 않고 그대로 유지하면서 지성의 충만한 인지력을 쟁취할 때 본능은 직관으로, 즉 본능의 즉시성과 지성의 인지력을 모두 보유하는 기량으로 승격한다. 이러한 관점을 뒷받침하는 근거들 가운데 하나는 다름 아닌 미적 직관이다. 분석적 이성은 사물과 사물의 주변을 관찰하면서 상대적이고 외형적이며 단편적인 관점을 제시하지만, 베르그송이『형이상학 입문 *Introduction à la métaphysique*』(1903년)에서 주목했던 것처럼 직관적 이성은 "대상의 내부로 침투해 들어가 대상이 지닌 유일한 것, 따라서 표현 불가능한 것과 조응할 수 있도록 만드는 공감대"에 가깝다.

6.2 생의 약동

심리학적 관점에서 벗어나 우주론적 관점을 취하면서 베르그송은 저서들 가운데 가장 중요한 위치를 점하는 『창조적 진화 *L'évolution créatrice*』(1907년)를 집필했다. 베르그송이 콜레주드프랑스의 교수로서 명성을 떨치던 시기에 출간된 이 저서는 그의 사상에 전환점이 되었을 뿐 아니라 1927년 노벨 문학상을 받는 데 결정적인 계기가 되었다. 이 저서에서 베르그송은 인식론, 우주론, 진화론이 수렴될 수 있는 지점에 주목했다. 이 지점에서 물질과 지성은 동일한 발생 시점을 지니며 모두 베르그송이 '생의 약동élan vital'이라고 부른 것의 도치나 차단의 움직임을 표상한다. '직관'은 삶의 의미 자체를 토대로 포착될 수 있는 반면 '지성'을 특징짓는 것은 오히려 "삶에 대한 자연적인 몰이해"다. 지성은 무기력한 물질 안에서 편안함을 느끼지만, 행동과 과학의 성공이 보여 주는 것처럼, "무언가 절대적인 것에 도달한다".

지성의 역할에 대한 베르그송의 재평가는 인류학 분야에서도 찾아볼 수 있다. 베르그송에 따르면, '작업하는 인간homo faber'은 생산적 지성 고유의 양면적인 성격을 지닌다. 예를 들어 직관이 항상 중재되거나 투영되는 노력의 일종이듯이, 아울러 삶이 '심리적인 차원'에 소속되어 있음에도 불구하고 오로지 공간적이고 물질적인 중재 속에서만 전개되듯이, 생산적 사유는 의식의 부상에 기여한다. 이러한 전제들을 바탕으로 베르그송은 생명체의 사유와 행동이 사실상 실증주의적 결정주의의 인과관계와도 다르고 정신철학의 목적론적인 인과관계와도 다른 유형의 인과법칙에 복종한다고 주장했다. 따라서 기계주의적인 관점, 즉 '생성'이 과거의 구성 요소들을 토대로 결정된다고 보는 경우는 물론이고 목적론적인 관점, 즉 '생성'이 예정된 보편적 목적을 기반으로 결정된다고 보는 경우 역시 정도에서 벗어났다고 볼 수밖에 없다. 왜냐하면 이러한 관점들을 지배하는 기하학적 사고가 부분들의 총합에만 주목할 뿐 '전체'를 그것의 유기적이고 자연적이며 창조적인 생성 과정의 차원에서 관찰하지 못하기 때문이다.

베르그송은 1920년대와 1930년대에 제1차 세계대전을 계기로 반프로이센 국민주의 운동에 참여해 장교로 활동했고 전쟁 뒤에는 국제연맹 Société des Nations 의 학술 분야 국제협력위원회 의장직을 맡아 평화의 문화를 구축하는 데 전념했다. 이 시기의 사회-정치적 경험을 바탕으로 베르그송은 마지막 저서 『도덕과 종교의 두 원천Les deux source de la morale et de la religion』(1932년)을 집필했다. 이 저서에서 베르그송은 『창조적 진화』에서 정립한 생의 철학을 토대로 인간 사회에 대한 총체적인 검토를 시도했다. 베르그송은 삶의 두 가지 근본적인 의미, 즉 '약동élan'의 과학적이고 보수적인 의미와 형이상학적이고 창조적인 의미의 양극성을 기준으로 다양한 유형의 사회, 윤리, 종교를 분류할 수 있다고 보았다. 예를 들어, 닫힌 구조의 사회와 열린 구조의 사회를 구분할 수 있다. 닫힌 구조의 사회는 위계질서와 강압적인 형태의 도덕적 원칙들, 보수적이고 교리적인 형태의 종교를 바탕으로 결속 상태를 유지하며 항상 전쟁의 위협과 공존한다. 반면에 열린 구조의 사회는 인류 전체로 확장될 수 있는 이상적인 유형의 공동체이자 보편성을 중시하는 도덕적 원칙들을 비롯해 위대한 인물들의 삶과 가르침, 이들이 증언하는 신비주의적이고 역동적인 종교적 경험을 배우고 본받기를 선호하는 사회다. 이러한 열린 구조와 닫힌 구조의 이원론을 바탕으로 베르그송은 당대의 산업사회를 평가하면서 사회가 민주주의와 평화를 실현하기 위해 열린 구조를 정립하는 방향으로 나아가야 한다고 강조했다. 한편 베르그송은 인류의 해방을 목표로 나아가는 과정에서 기계가 핵심적인 역할을 하게 될 것이라고 전망했다. 그런 식으로 물질과 기억, 물질과 약동이 공유하는 지속성을 설명한 뒤 베르그송은 역학과 신비주의가 공통된 기원뿐만 아니라 공통된 미래를 지녔다고 주장했다. 따라서 베르그송의 책들 가운데 오랫동안 전통주의적인 성향이 가장 강한 저서로 간주되어 왔던 『도덕과 종교의 두 원천』이 제시한 것은 사실상 내재주의적인 성향이 가장 강하고 보수주의적인 성향인 가장 약한 정신철학이었다고 볼 수 있다.

베르그송이 주장한 '생의 역동'이라는 차원의 절대성은 유한할 뿐 아니라 생성 단계에 머문다는 특징을 지닌다. 베르그송의 '생의 철학'과 동시대의 독

일 철학자 게오르크 짐멜의 공통분모로 간주될 수 있는 이 '유한한' 생성 단계
의 절대성은 베르그송의 해석자들, 예를 들어 블라디비르 장켈레비치Vladimir
Jankélévitch와 모리스 메를로퐁티Maurice Merleau-Ponty의 철학적 핵심 개념이기도 하
다. 이들 외에도 20세기 후반에 베르그송을 재해석하고 소개하는 데 크게 기여
한 질 들뢰즈Gilles Deleuze는 특히 『베르그송주의Le Bergsonisme』(1966년)에서 베르그송
이 설명하는 생동적인 변화를 잠재력의 예측할 수 없는 실현이나 내면적인 차
별화의 움직임으로 해석했다.

19세기의 수도, 파리

프랑스의 수도는 도시계획에 의한 변형 가능성이 극단적인 형태로 구체화된 실험적인 경우에 속한다. 프랑스 제1제정 당시의 파리는 구조적으로나 외형적으로 여전히 중세의 도시였고 미로에 가까운 구조와 회화적인 색채를 그대로 유지하고 있었다. 무엇보다도 서민들의 주거 지역이 비위생적이었고 센강의 빈번한 범람도 상황을 악화하는 주요 요인들 가운데 하나였다.

나폴레옹은 '총재정부'에 의해 시작되었던 도시 재편성 계획을 완성하기 위해 12개의 구(arrondissements)를 지정하고 여기에 각각 한 명의 구청장(maire)과 그를 보좌하는 일군의 기술자들과 뒤이어 경찰의 임무를 수행하게 될 의원들을 배치했다. 정부의 뜻에 부합하는 제국적인 대도시를 창조하려는 의지는 도시계획의 실현 과정에 효과와 역동성을 부여하는 요소였다. 그런 식으로 상당히 방대한 공공시설의 건설 계획이 한편으로는 한 개인의 수도를 미화하기 위해, 다른 한편으로는 실직 상태에 있는 노동자들에게 불안한 마음을 씻어 버릴 수 있는 기회를 주기 위해 시작되었다. 그렇게 해서 새로운 '제국의 거리Rue Impériale'가 '카루셀의 개선문'(Arc de triomphe du Carrousel, 1806~1808년)과 함께 창조되었고 노트르담 성당 앞 공간을 확장하는 작업도 함께 시작되었다. 아울러 센강에는 4개의 새로운 다리가 들어섰다. 결과적으로 강이 범람할 위험도 하수구의 악취도 강을 더럽히던 쓰레기들도 모두 사라졌지만, 시골스러웠던 파리의 전통적인 풍광도 함께 사라졌다.

반면에 왕정복고 시대에 전개된 파리의 도시계획에서는 창의적인 측면을 찾아보기 힘들다. 부르주아 계층이 귀족주의적인 형태의 소모주의를 추구하면서 대로를 따라 새로운 주택가를 건설하고 몇몇 중심가의 재건축을 시도했지만 이러한 작업들은 도시계획 차원에서 처음부터 일관성을 상실한 채 진행되었고 결과적으로 구조적인 모순과 조화롭지 못한 요소들을 생산했을 뿐이다. '7월 왕정' 시기에는, 1833년 랑뷔토Rambuteau 백작이 센주의 주지사로 임명되면서 좀 더 이성적인 형태의 개입이 이루어졌다. 랑뷔토 백작이 추진한 도시계획과 뒤이어 오스만Haussmann 남작이 추진하게 될 사업 사이에는 적잖은 유사성과 상관관계가 실재한다.

하지만 중심가의 실질적인 확장 현상에도 불구하고 대부분의 파리 시민들은 도시의 중심에서 벗어나지 않았고 반대로 오래된 주거 지역은 많은 사람들이 왕래하는 혼잡한 상황과 위생시설의 관리 부족으로 인해 빠른 속도로 낙후했다.

1852년에 황제에 오른 나폴레옹 3세는 무엇보다도 일관성 있는 도시계획을 통해 파리를 유럽 최고의 수도로 만들겠다는 생각을 가지고 있었다. 1853년에 센주의 주지사로 임명된 오스만 남작은 황제의 목표를 현실화할 수 있는 구체적인 계획을 가지고 사업의 유형을 연구했다. 가장 중요하고 규모가 컸던 기획은 두말할 필요 없이 오래된 주거 지역의 보수 작업과 주요 기념비들의 고립화였다. 오스만이 지녔던 구도의 모양새는, 간략히 말하자면 샤틀레Châtelet 광장에서 교차되는 남-북 축과 동-서 축을 기반으로 형성되는 구심적인 체계와 방사형 도로와 중첩되도록 배치한 상태에서 옛 성벽을 따라 만든 순환 도로의 조합이었다. 그런 식으로 1858년에서 1870년까지 파리의 중심부에 건설된 새로운 도로들의 거리를 모두 합산하면 95킬로미터에 달한다. 오스만의 파리에서 새로운 도시를 지배하는 것은 도로, 즉 순환과 소통의 요소였고 광장들은 반대로 이전 세기처럼 쉬어 갈 수 있는 한적한 장소가 아니라 수많은 차량들이 만나고 교차하기 위해 집중되는 공간이었다.

이 시대에 기획의 형태로만 남았거나 이미 실행 단계에 들어갔지만 미완의 상태로 남은 많은 계획들은 모두 공화국의 새로운 행정체계하에서 실현되고 완성되었다. 반면에 만국박람회는 파리의 여러 공간들을 정비하고 가꾸기 위한 여러 가지 기회와 전제를 제시했다. 19세기가 끝나 갈 무렵 파리는 도시계획과 인구밀도의 차원에서 예전과는 완전히 다른 도시로 변해 있었고 당당히 유럽 대륙의 수도로 성장해 있었다. 철학자 발터 벤야민(Walter Benjamin, 1892~1940년)은 한 시대를 상징하는 파리의 역할을 칭송하며 『파리, 19세기의 수도Paris, die Hauptstadt des XIX. Jahrhunderts』, 그리고 무엇보다도 미완의 『아케이드 프로젝트Das Passagen-Werk』에서 기다란 대리석 회랑의 아케이드를 묘사하며 이곳을 장식하는 무쇠와 유리와 가스등의 뒤편에 숨어 있는 상점들을 기술과 상업과 대중문화가 지배하는 현대의 소모 문화를 상징하는 요소로 해석했다.

7

아베나리우스, 마흐,
경험비판론

7.1 과학지상주의 비판

19세기의 실증주의를 기점으로 과학적 지식은 자연현상의 진실에 접근하기 위한 방법론적 모형으로 부각되기 시작했다. 이러한 야망에 계기를 마련해 주었던 것은 당대의 이론물리학이다. 사람들은 물리학이 뉴턴(1642~1727년)과 맥스웰(1831~1879년)의 업적에 힘입어 근본적으로 완성 단계에 도달했으며 결국에는 우주에 대해 몰랐던 모든 것을 설명해 줄 수 있으리라고 확신했다. 따라서 당시에 고전물리학의 토대였던 기계론적 결정주의가 사실상 현실 전체를 이해하기 위한 해석의 열쇠로 간주되었다고 해도 그리 놀라운 일은 아니다. 실제로 물리학자 피에르 라플라스(1749~1827년)는 우주의 '현재' 상태가 '과거'의 효과인 동시에 '미래'의 원인이라고 주장했다. 라플라스가 생각했던 것처럼, 만약 자연에 생기를 불어넣는 모든 힘과 자연을 구성하는 물체들의 모든 위치를 어떤 지고의 지성이 인식하고 있으며 이를 단 한 번의 계산으로 파악할 수 있다면, "그에게는 어떤 것도 불확실하지 않고, 그의 눈에는 미래와 과거도 현재처럼 보일 것이다". 라플라스는 인간이 역학과 기하학 분야의 발견들을 토대로 이러한 이상적 상황에 접근할 수 있다고 보았다.

하지만 이러한 유형의 환원주의적 관점은 19세기 후반부터 비판의 대상으로 부각되기 시작했다. 예를 들어 에밀 부트루(1845~1921년)는 기계주의가 꿈꾸는 '세계들'과 이를 뒷받침하는 법칙들이 하등한 세계와 법칙으로 환원될 수 있다는 생각 자체가 틀렸다고 보았다. 아울러 부트루는 『현대 과학과 철학의 자연적 법칙이라는 개념에 대하여De l'idée de loi naturelle dans la science et la philosophie contemporaines』 (1895년)에서 자연의 법칙들은 필요한 것이 사실이지만 그에 못지않게 현실로부터 추상화하는 성향이 강하다는 점을 지적했다. 하지만 부트루의 비판은 정신철학적인 전제를 기반으로 전개되었고, 따라서 그가 강조하고자 했던 것은 단순히 자연법칙들을 특징짓는 제한적인 성격이나 추상화 경향이 아니라 이 법칙들이 인간은 자유로운 존재라는 사실을 뒷받침하는 근거이자 신의 창조에서 비롯된 결과라는 관점이었다.

훨씬 더 풍부하고 진지한 내용을 지닌 비판적 시각은 다름 아닌 과학자들 사이에서 내부적인 모순과 문제점들을 의식하기 시작한 학자들에 의해 부각되었다. 사실상 기계주의적인 관점에 모순이 전혀 없다고는 보기 힘들다. 뉴턴의 역학과 열역학과 전자기학의 융합 역시 완벽하게 조화로운 방식으로는 실현되지 않았다. 자세히 들여다보면, 전자기학을 특징짓는 '장'의 개념은 사실상 '힘'과 상반되는 개념을 모색하면서 탄생한 반면 '힘'은 오히려 열역학의 핵심 개념이었다. 이러한 유형의 긴장은 사실상 개념화된 천문학이라고 볼 수 있는 역학의 관점과 현실의 현미경적 분석을 선호하는 환원주의적 관점 사이에서도 발견된다. 한편으로는 경험적인 차원에서도 약점들이 드러났다. 예를 들어 실패로 돌아간 에테르의 측량 시도들 가운데 가장 대표적인 앨버트 마이컬슨Albert Michelson과 에드워드 몰리Edward Morley의 1887년 실험에서는 빛의 속도로 일어나야 했던 에테르의 간섭 현상이 발견되지 않았다. 물리학 이론의 기둥 역할을 하는 수학 분야에서도 상황은 크게 다르지 않았다. 예를 들어 비에우클레이데스 기하학의 발전은 존재론직 위상을 비롯해 수학이 경험적 현실에 정확히 상응한다는 믿음 자체를 뒤흔들어 놓았다.

이처럼 비판적 시각을 뒷받침하는 근거들이 속속 드러나자 과학자들은 과학의 개념 자체에 대한 재평가를 시도했다. 자연의 이미지 자체가 변화하고 있었기 때문에, 사실상 무엇이 자연의 탐구로 간주될 수 있고 간주되어야만 하는지도 검토 대상에서 제외되지 않았다. 이러한 차원에서 과학의 개념적 혁신을 이끌었던 핵심 인물들은 에른스트 마흐(1838~1916년), 리하르트 아베나리우스(Richard Avenarius, 1843~1896년), 앙리 푸앵카레(1845~1912년), 피에르 뒤엠(Pierre Duhem, 1861~1916년)이다. 이 과학철학자들은 상이한 입장과 관점을 표명하면서도 이전 세대의 천진난만한 사실주의를 버리고 과학의 현상학적 관점을 취하는 부분에서만큼은 동의하는 자세를 보였다. 과학의 현상학적 관점이란 과학은 더 이상 현실의 직접적인 관찰을 통해 정립되는 학문이 아니라 일종의 추상화와 상징화의 과정에 가깝다고 보는 관점을 말한다.

7.2 현상주의와 경험비판주의

현상주의에 따르면, 과학적 탐구의 대상으로 간주되는 것은 현상들, 다시 말해 인간이 감각적으로 감지하는 것들이다. 색깔, 소리, 온도, 압력, 공간, 시간 등은 단순한 요소인 동시에 에른스트 마흐가 말하는 '인상', 즉 상이한 방식으로 연상될 수 있을 뿐 아니라 '외부의 물체'나 '나' 같은 복합적인 구조를 구축할 수 있는 '인상'들이다. 이상의 구조물들은 진정한 실체가 아니라 개념, 즉 서로 밀접한 관계를 유지하는 일련의 복합적인 인상들을 가리키기 위해 활용되는 사고의 개념 또는 상징이다.

한편 마흐와 아베나리우스의 저술 활동을 통해 부각된 것은 무엇보다도 일종의 혁신적인 경험주의, 이른바 '경험비판주의'였다. 실제로 현상주의 내부에서 경험은 인상들의 지속적인 흐름으로 간주되었다. 따라서 모든 종류의 이분법은, 예를 들어 물리적인 것과 심리적인 것을 구분하는 관점은 어떤 식으로든 순수한 경험의 일부를 차지하지 않는다. '사물'을 '사고'와 분리시키는 것은 전적으로 관습적인 한계에 지나지 않는다.

이러한 관점에서 과학의 과제는 더 이상 현실의 탐구와 설명이 아니라 현상의 묘사와 분류라고 할 수 있다. 마흐가 『역학의 발달. 역사적 비판적 고찰*Die Mechanik in ihrer Entwicklung historischkritisch dargestellt*』(1883년)에 기록했듯이 "과학이 경험을 대체하며 제시하는 일련의 표상과 이미지는 경험 자체를 보다 손쉽게 조작할 수 있는 도구로 활용된다". 따라서 과학은 현실의 단순화와 파편화를 통해 적응을 꾀하는 인간에게 유용한 도구이자 수난으로 간주된다. 개념적 장치들이 존재하기 때문에 인간은 이 장치들을 활용해 기초적인 정보들을 조합하고 항구적인 요소와 통일된 형식을 식별할 수 있다. 마흐는 이러한 실용적인 형식들이, 생물학적이고 진화론적인 이유에서, 최소한의 에너지를 소비하며 최대한 많은 결과를 얻어 내도록 설정되어 있다고 보았다. 이러한 "경제적 원칙"은 아베나리우스도 지지했던 부분이지만 그는 경제라는 용어 대신 "최소한의 노력"이라는 표현을 사용했다. 이 원칙이 그대로 적용된 아베나리우스의 저서가 바로 『최소한의 노력이라는 원칙에 따라 세계를 생각하는 사유로서의 철학*Philosophie als Denken der Welt gemäß dem Prinzip des kleinsten Kraftmaßes*』(1876년)이다. 이 두 철학자는 아울러 과학을 생물학적인 차원에서 바라보는 관점과 육체와 정신, 물리적인 것과 심리적인 것의 구분법은 사라져야 한다는 생각을 또 다른 공통분모로 지니고 있었다. 하지만 마흐가 이러한 이분법을 인식 과정과 적응의 자연적인 결과로 간주한 반면 아베나리우스는 이를 경험의 왜곡과 변조 혹은 '내사*Introjektion*'의 결과라고 보았다. 아베나리우스는 『인간적인 세계 개념*Der menschliche Weltbegriff*』(1891년)에서 '경험'이 개인과 외부 환경 사이의 실질적인 관계를 있는 그대로 보여 주는 반면 '내사'는 내부 세계와 외부 세계, 즉 사유와 존재 사이에 부적합하고 불필요한 요소를 도입한다고 보았다.

이 시점에서 우리가 주목해야 할 것은 표면으로 쉽게 드러나지 않는 문제다. 마흐와 아베나리우스는 사실상 인상들 외에 다른 어떤 현실도 전제하지 않았다. 따라서 이들의 현상주의는 단순히 인식론적 차원에 머물지 않고 존재론으로도 확장될 수 있는 가능성을 지녔다고 볼 수 있다. 하지만 피에르 뒤엠은 그렇게 생각하지 않았다. 뒤엠은 마흐와 그의 '반형이상학'적 입장을 비판하면서 순수한 인상과 일치하지 않는 궁극적인 현실은 결국 종교가 포착하게 될 것이라고 주장했다. 좀 더 정확히 말하면, "물리학을 초월하는 질서가 존재한다는 확신은 그것이 물리학 자체의 이론으로 존재할 뿐이라는 것을 보여 준다"(『물리학 이론. 물리학의 대상과 구조 La Théorie physique. Son objet, sa structure』). 아울러 물리학을 뒷받침하는 형이상적 기반의 연구는 "물리학이 지배하는 영역에서 그것의 확실성과 명백함에 아무것도 추가하지 못한다"(『물리학과 형이상학 Physique et métaphysique』, 1893년).

반면에 앙리 푸앵카레는 과학적 탐구의 비존재론적인 특성에 동의하면서도 입체 같은 기하학적 실재에 의해 구축되는 현실의 존재를 부인하지 않았다. 푸앵카레는 기하학이 경험에서 출발하며 경험이 기하학에 자연적인 입체들을 제공하는 반면 기하학은 이를 단순화되고 이상화된 입체들로 대체한다고 보았다. 물론 그렇다고 해서 푸앵카레가 과학의 도구적이고 약정적인 성격을 무시했던 것은 아니다. 그는 기하학적 공리들이 약정에 의한 구축물로 남는다고 보았다.(『과학과 가설 La Science et l'Hypothèse』, 1902년)

푸앵카레에 따르면, 아마도 과학자가 자연을 연구하는 좀 더 솔직한 이유는 과학의 유용성 때문이라기보다 오히려 과학에서 즐거움을 느끼기 때문이라고 보아야 마땅하겠지만, 그렇다고 해서 과학의 이론적인 가치가 사라지는 것은 아니다. 과학적 명제들은 사물들 사이에 존재하는 실질적인 관계를 포착하기 때문에 객관적이며 정확한 예측을 가능하게 만든다. 극단적인 형태의 약정주의를 고집했던 인물은 사실 에두아르 르 루아(1870~1954년)다. 르 루아는 실제로 과학이 도구적인 가치만을 지닐 뿐이며 과학이 연구하는 사실들 역시 과학자들의 창작물에 불과하다고 주장했다.

19세기 말과 20세기 초반 사이에는 경험이나 사실 같은 과학의 기초 개념들에 대한 신랄하고 날카로운 비판들이 전개되기 시작했다. 하지만 이처럼 비판적인 시각을 표명했던 과학자들도 대부분은 과학이 지니는 '진리 검증' 역할을 포기하지 않았다. 단지 이 진리가 영원한 진리로 간주될 수 없고 사물들의 불변하는 상태라기보다는 약정을 토대로 정립된다는 것을 인정했을 뿐이다. 간단히 말하자면, 이 시기에 과학은 스스로의 실패 가능성을 발견하고 있었다. 그리고 머지않아 일어난 아인슈타인의 상대성 이론과 양자역학의 혁명이 물리학과 과학의 역사 자체를 송두리째 바꾸어 놓았다.

7.3 마흐의 가설과 현상

에른스트 마흐의 사상은 우선적으로 '실체'의 형이상학적 의미, 즉 침투가 불가능하고 안정적이며 구체적인 특징을 지닌 '토대'라는 의미를 무효화하고 물리학을 자연세계에서 발생하는 현상들의 법칙에 대한 탐구 영역으로 제한하는데 크게 기여했다. 19세기의 물리학은 사실 에테르 같은 불가해한 실체를 포기하지 못한 채 시간을 낭비하고 있었다. 마흐는 이러한 '불가해성' 자체가 물질에 대한 천진난만한 표현이며 '불가해한 실체'란 과학적 지식들을 토대로 명백하게 드러난 지속적인 관계들의 총체에 의미를 부여해야 한다는 명분하에 제시된 그릇된 가정에 불과하다고 보았다. 마흐에 따르면, 오류는 현상들을 실체로 이해하고 개념화하는 데 있었다. 마흐는 이러한 개념들이 물리-화학적 경험의 상징화에 지나지 않으며 따라서 이 개념들이 선사하는 포괄적인 성격을 경이롭게 바라볼 필요가 전혀 없다고 보았다. 마흐에 따르면, 과학적 탐구의 대상은 일련의 상관관계, 즉 더 이상 '원인'의 차원이 아닌 '기능'적인 차원의 상호의존관계들이었다.

실제로 현상주의의 원칙에 따르면, 모든 현상이 동등한 차원의 요소들로 구성되는 만큼, "현상 효과"의 원인으로 간주될 수 있는 더 작거나 핵심적인 현상들은 존재하지 않는다. 따라서 현상들 간에는 일방적인 종속관계, 즉 인과관계가 성립되지 않으며 오로지 상호 의존관계, 즉 기능관계가 성립될 뿐이다. 결과적으로 함께 변화한 것은 물리적 법칙의 개념이다. 물리적 법칙은 더 이상 현실의 흐름을 주관하는 수정 불가능한 규칙이 아니라 도식화와 추상화를 토대로 이루어지는 과학적 예측과 진단의 도구로 인식되기 시작했다.

하지만 과학은 통계와 예측이라는 목표를 두고 이상적인 조합, 그래서 자연에는 존재하지 않는 조합을 시도하지 않을 수 없었다. 이러한 조합의 대표적인 예는 관성 운동, 즉 외부적인 힘이 가해지지 않거나 힘의 완벽한 균형이 보장되는 상황에서만 일어나는 운동이다. 마흐는 이상적이고 추상적인 요소들이 과학의 발전에 기여할 수 있다는 점을 부인하지 않았다. 하지만 그의 인식론은 과학의 모든 이론적인 단계를 단 하나의 현실적 차원, 즉 인상들의 차원으로 환원시킨다. 마흐의 인식론 체계에서, 이론은 사실들에 적합한 방식, 법칙은 사실들의 목록, 원리는 법칙들의 요약으로 간주된다. 아울러 오로지 사실들의 모방 혹은 복제만, 다시 말해 우리의 감각기관과 환경의 상호작용에 의해 생산되는 것들만이 가설로 수용될 수 있다. 과학적 발견의 과정은 과거에 감지했지만 무시했던 것, 그럼에도 기억 속에 저장되어 있던 것을 보다 구체적으로 의식하는 과정에 지나지 않는다.

원자 개념에 대한 비판도 마흐의 관점이 가져온 결과들 가운데 하나라고 볼 수 있다. 마흐는 '원자' 개념이 물질에 대한 천진난만한 표현의 대표적인 예라고 믿었을 뿐만 아니라 기체 분자 운동론과 형이상학적 원자론에 사실상 확인이 불가능한 가설들을 토대로 현상들의 기반을 헤아리려는 시도들이 숨어 있다고 보았다. 따라서 원자론적 가설은 아주 간단한 검증 단계에서도 실패로 돌아갈 수밖에 없었다. 물론 기체 분자 운동론을 체계화했던 루트비히 볼츠만(Ludwig Boltzmann, 1844~1906년)의 의견은 달랐다. 오랫동안 지속된 마흐와의 논쟁에서 볼츠만은 원자론이 기체 분자의 운동 성향을 해석하기 위한 유용하고 경제적인 수단이라고 주장했다. 볼츠만은 형이상학적 차원의 가설을 지지하는 대신 원자를 일종의 모형으로, 비교 대상으로 간주함으로써 사실상 마흐의 방법론이 인정하는 과학의 탐구 영역에서 조금도 벗어나지 않는 자세를 보였다. 볼츠만은 과학적 지식의 구축적인 성격과 약정적인 측면을 기꺼이 인정하면서 오히려 마흐가 이러한 측면을 전부는 인정하지 못한다고 비판했다.

7.4 에너지 이론

'원자'를 정면으로 거부하면서 대조적으로 부각되었던 것은 다름 아닌 '에너지'다. '에너지'를 자연 탐구의 핵심 개념으로 간주하는 에너지 이론은 물리적인 과정 자체를 에너지의 변형 과정으로 해석하며 에너지와 에너지의 변형에 대한 모든 기계주의적인 해석을 거부한다. 에너지 이론을 지지하며 체계화하기 위해 노력했던 학자 빌헬름 오스트발트(1853~1932년)는 에너지가 사실적인 실체이며 심지어는 하나의 근본적인 진리에 가깝다는 입장을 고수했다. 그렇다면 에니지 이론은 마흐가 꿈꾸었던 과학, 즉 검증 불가능한 가설로부터 자유로운 과학의 위상에서 확실하게 벗어난 경우라고 볼 수 있다.

이러한 에너지 이론을 지지하며 원자론을 거부했던 이들은 뒤엠과 푸앵카레다. 하지만 이들의 인식론에서는 마흐에게서는 찾아볼 수 없는 또 하나의 특징이 발견된다. 이들은 모두 과학적 탐구 과정에서 가정이 수행하는 역할에 커다란 비중을 부여했다.

푸앵카레에 따르면, 가설들은 약정적인 성격을 지니며 경험에 의해 축조되는 것은 아니지만 그렇다고 반드시 순수한 추론에 의해 정립되는 것도 아니다. 가설들은 과학의 객관적 가치를 구축하는 자연적이고 '비인공적인 사실들'을 단순하고 편리한 언어로 번역하기 위해 과학자들이 창초해 낸 과학적 언어의 일부였다. 반면에 푸앵카레는 과학자들이 대등한 기능을 지닌 대체 언어를, 동일한 논리와 동일한 경험만 보장된다면 충분히 구축할 수 있다고 보았다. 결론적으로 말하자면, 푸앵카레는 반대로 자연적이고 비인공적인 사실이 과학 이론의 정립에 독단적인 방식으로 결정적인 역할을 한다는 점에 아무런 이의도 제기하지 않는 듯이 보인다.

그러나 뒤엠은 비인공적 사실과 과학적 사실의 어떤 상응 가능성도 인정하지 않았다. 뒤엠에 따르면, 이론적인 가설들은 '직접적인 경험'의 의미를 지니지 않는다. 과학의 상징적인 개념들은 과학적 지식이 표현하는 내용과의 유사 관계를 요구하시 않는다.(『물리학 이론. 물리학의 대상과 구조』) 과학이 우선적으로 정립하려고 시도하는 것은 오히려 일련의 기호와 일련의 현상 사이에 존재해야 할 상응관계다. 결과적으로, 과학적 탐색이 특정 형태의 가설을 기점으로 출발하는 것은 언제나 가능하지만 경험적인 차원의 대조는 항상 탐색 과정의 마지막 단계에서야 요구된다. 아울러 가설과 사실 간의 즉각적인 상관관계가 부재하는 만큼, 이러한 대조가 수반하는 것은 특정 가설의 검증이 아니라 여러 가설들의 총체적인 검증이다. 이 시점에서 주목해야 할 것은 뒤엠의 이른바 "관찰의 이론적인 성격"이라는 논제, 즉 자연적이고 비인공적인 사실에 직접적으로 관여할 수 있는 '순수한' 관찰점은 존재하지 않는다는 논제다. 달리 말하면, 물리학적 관찰이나 측량은 언제나 과학적 언어로 구축된 특정 이론이 전제될 때에만 가능하다. 뒤이어 일종의 수정안을 제시하며 뒤엠은 어떤 이론적 선택을 내리기 위해 결정적인 근거를 제시할 수 있는 실험이나 경험을 활용한다는 것은 불가능하지만, 특정 이론의 적용 범위를 결정하고 이 이론이 경험적인 정보들을 번역하기 위해 최소한의 기초적인 가설들을 활용할 수 있는 범위를 설정하는 것은 가능하다는 결론을 내렸다.

작가와 철학자로서의
로베르트 무질

오스트리아 태생의 공학자 로베르트 무질(1880~1942년)은 중부 유럽의 한구석에서 또 다른 구석으로 끝없이 유랑할 운명을 타고났다는 인상을 준다. 그의 영혼을 지배하는 것은 사실 오스트리아 제국의 수도 빈에 대한 뿌리 깊은 혐오와 청년기부터 나이가 들어 작가로 인정받을 때까지 오랫동안 지속된 고립의 꿈뿐이었다.

무질은 군사기술학교에서 받은 성장기의 엄격한 교육 경험을 바탕으로 첫 번째 소설 『생도 퇴를레스의 혼란Die Verwirrungen des Zöglings Törless』(1906년)의 배경을 설정했다. 16세의 나이에 사랑하는 어머니와 떨어져 기숙사 생활을 시작한 주인공 퇴를레스의 고립된 세계를 지배하는 것은 기숙사 학생들의 퇴폐적이고 무의미한 잔인함과 힘을 남용하는 성향, 지적 우월성을 냉소적으로 과시하는 성향, 세상에 대한 근거 없는 경멸의 감정뿐이다. 하지만 이러한 상황에서도 주인공은 한 창녀와의 만남을 통해 감각적인 세계에 눈을 뜨게 되고 생도 한 명에게도 동성애적 매력을 느끼기 시작한다. 자신이 마치 퇴를레스라는 '문이 없다'는 뜻의 이름 때문에 세계와 단절된 채 살아온 것 같다는 인상을 받으면서도 그는 눈앞에 아른거리는 야릇한 생각들의 희미한 드라마 속에서 사도마조히즘적인 장면들과 이제 막 피어오르기 시작한 욕망의 꽃들이 스스로 "살아가는 삶과 느끼는 삶 사이의" 경계선을 뛰어넘을 수 있다는 생각 안으로 녹아드는 것을 느낀다. 주인공이 학교를 떠나 어머니에게 돌아오면서 막을 내리는 소설의 서사 형식은 주인공이 생동하는 성년기의 세계로 뛰어들기 위해 청년기에서 벗어나는 과정을 상징적으로 표현한다고 볼 수 있다. 이 소설의 가장 중요한 특징은 이야기 자체가 다양한 심리적 외상의 지속적인 폭로를 토대로 구축되었다는 것이다. 당대의 문화를 배경으로 무질의 소설과 프로이트 심리학의 직접적인 유전관계를 추적하는 것은 불가능하지만, 주인공이 겪는 외상은 무의식과 충동과 고백할 수 없는 욕망의 문을 활짝 열어젖히는 메커니즘이 무엇인지 그대로 보여 준다.

1919년부터 무질은 소설『특성 없는 남자 Der Mann ohne Eigenschaften』의 줄거리를 구축하기 위한 기초 작업에 착수했고 소설을 채우게 될 글들을 노트와 단상의 형태로 집필하기 시작했다. 1930년부터 출간되기 시작해 마지막 권이 유작으로 1944년에 출간되었지만 이 소설은 이른바 '미완의 대성당'으로 남았고, 지금은 완성되지 못한 이야기가 어떤 식으로 전개되었을 것인지 어렴풋이나마 짐작케 하는 의미심장한 노트들이 함께 실린 형태로 읽힌다. 이 소설에서 주목해야 할 것은 무엇보다도 저자의 철학적 글쓰기다. 여기서 저자 무질은 철학의 과제가 다름 아닌 철학적 다변의 무의미함을 폭로하는 데 있으며 철학은 파편적인 경우에도 하나의 완성된 우주를 구축하는 데 기여해야 한다고 보는 철학자에 가깝다.『특성 없는 남자』는, 무질이 의도했던 것처럼 일종의 철학적 '사고실험 Gedankenexperiment'이며 이성적 전개가 지배적인 역할을 하는 사상 소설이자 관찰과 이탈과 외부 요인들이 화자의 정신에 강렬히 각인되는 방식으로 서사의 지속성을 파편화하지만 서사 자체와 메타포, 아이러니, 반풍자적 의도의 결속력은 결코 파괴되지 않는 소설이다. 마리노니 Bianca Cetti Marinoni가 주목했던 것처럼, "결국 승리를 거둔 것은 논술의 원칙이다. 따라서 완전하지 못한 해결책으로 남았지만『특성 없는 남자』는 일종의 연구실과 다를 바 없는 작품, 실험적이고 열려 있으며 양식적 차원을 뛰어넘어 당당히 우리 시대의 가장 진취적인 아방가르드 문학작품들 가운데 하나로 간주될 만한 작품이다". 전면에 부각되는 것은 다양한 주제와 사상의 서사-구도적인 복합성, 무질이 등장인물들을 묘사하며 이들에게 부여하는 정확한 도덕적 감성의 특징들이다. 결과적으로 '소설' 자체는 현실을 이해하기 위한, 무질이 이해하는, 지고의 형식으로 부각된다. 주인공은 하찮은 존재라는 의미에서 '특성 없는' 남자가 아니라 특징적인 특성, 혹은 그가 지닌 다방면의 철학적 사유에 통일성을 부여할 수 있을 만큼 중심적인 역할을 하는 특성이 없는 존재다. 따라서 우리는 하나의 정확한 이론적이고 인식론적 관점이 이러한 구도에 적용되어 있다는 사실을 간과할 수 없다. 이 구체적인 이론적 관점에 주목하며 철학자 케빈 멀리건Kevin Mulligan은 이렇게 기록했다. "카프카Franz Kafka와 프로이트처럼 브렌타노의 묘사주의 철학 전통을 배경으로 성장한 무질은 '무의미'를 폭로해야 한다는 과제를 아주 진지하게 받아들였던 마지막 사상가다." 무질은 볼차노, 브렌타노의 묘사주의 철학에서 시작해 마이농, 후설, 셸러로 이어지는 오스트리아 철학자들과 논쟁자들의 서열 끝자락에 위치한다. 무질과 연관성이 있는 철학자들 가운데 주목할 필요가 있는 인물은 철학자이자 수학자인 에른스트 마흐다. 무질이 카를 슈툼프의 지도하에 철학박사 학위 논문의 주제로 선택했던 것이 다름 아닌 마흐의 철학이다. 이러한 정황에서 경험비판주의 철학이 무질에게 끼친 영향은 크게 세계관의 차원과 서사적인 차원의 영향으로 대별된다. 첫 번째 경우 우리가 목격하는 것이, 스테파노 베나시Stefano Benassi가 주목했던 것처럼 "현실을 다양한 요소의 지속적인 흐름으로 느끼고 인지하면서도, 현실의 운율이 때로는 특별한 순간들을 기준으로, 마치 동일한 기능을 발휘하기 위해 다시 등장하는 고정된 구조 속에서 전개되는 것 같다는 느낌을 도외시하지 않는" 세계관이라면, 두 번째 차원의 영향은 소설을 논문에 가까운 방식으로 전개시키려는 무질의 개인적인 성향에서 나타난다. 이외에도 무질이 현대 이론물리학의 특징 가운데 하나인 비결정론으로부터 큰 영향을 받았다는 점과 그가 오스트리아의 철학 전통에 밀착되어 있었다는 것은 잘 알려진 사실이지만 한편으로는 무질에게도 니체의 초인주의와 비이성주의의 흔적이 어느 정도 남아 있다는 점에 주목할 필요가 있다. 초인주의적인 특징은, 무질의 원래 구상대로라면, 울리히와 동일시되어야 했던 등장인물 모오스브루거에게서 나타난다. 우리는 등장인물들에 대한 저자의 점진적인 질문과 답변을 통해 이들의 삶과 '실존적인' 방식을 가까이서 목격하게 된다. 예를 들어 주인공이 두 명의 이질적이고 상반된 성격의 여인들을 거의 기계적으로 채용하듯이 받아들이는 태도의 이면에는 주인공의 아주 단순한 생각, 즉 "집을 마련했을 때에는 당연히 여자도 마련해야 한다"는 생각이 숨어 있다. 물론 더 강하게 부각되는 것은 주인공이 정치적인 측면과 감성적인 측면의 조화를 꾀하면서 겪는 어려움이다.

실질적인 결론의 부재가 많은 질문들을 불러일으키지만, 『특성 없는 남자』는 고유의 생명력을 지니고 있으며 이 생명력을 부여하는 것은 무질의 문장과 관찰이 끊임없이 불러일으키는 철학적 긴장이다. 이는 두말할 필요 없이 20세기 소설의 가장 중요한 특징들 가운데 하나다. 다시 말해 무질은 논문에 가까운 형식으로 인식론적이고 존재론적인 탐구를 추구하며 어떤 조건에서 '특성 없는 인간', 즉 현대 소설에 등장하는 가장 일반적인 유형의 인간 또는 '현대인'이 살아갈 수 있는가, 이 특성 없는 현대인이란 도대체 누구인가라는 질문에 대한 답변을 끊임없이 시도한다.

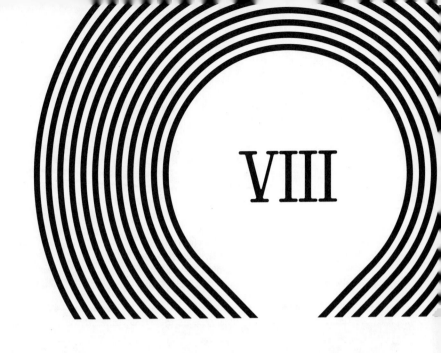

VIII

20세기 사유의
양식과 모형

La filosofia
e le sue storie

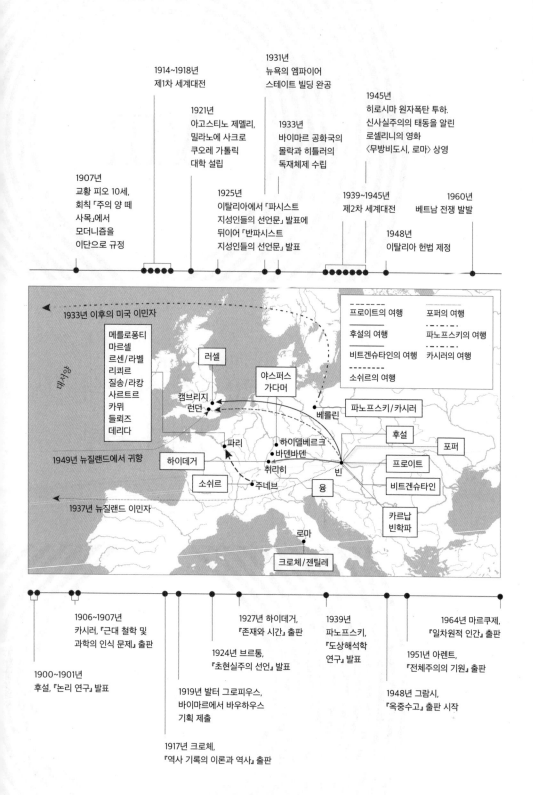

1907년
교황 피오 10세,
회칙 『주의 양 떼
사목』에서
모더니즘을
이단으로 규정

1914~1918년
제1차 세계대전

1921년
아고스티노 제멜리,
밀라노에 사크로
쿠오레 가톨릭
대학 설립

1925년
이탈리아에서 『파시스트
지성인들의 선언문』 발표에
뒤이어 『반파시스트
지성인들의 선언문』 발표

1931년
뉴욕의 엠파이어
스테이트 빌딩 완공

1933년
바이마르 공화국의
몰락과 히틀러의
독재체제 수립

1945년
히로시마 원자폭탄 투하.
신사실주의의 태동을 알린
로셀리니의 영화
〈무방비도시, 로마〉 상영

1939~1945년
제2차 세계대전

1948년
이탈리아 헌법 제정

1960년
베트남 전쟁 발발

1933년 이후의 미국 이민자

메를로퐁티
마르셀
르센/라벨
리쾨르
질송/라캉
사르트르
카뮈
들뢰즈
데리다

프로이트의 여행
후설의 여행
비트겐슈타인의 여행
소쉬르의 여행

포퍼의 여행
파노프스키의 여행
카시러의 여행

대서양

러셀

야스퍼스
가다머

파노프스키/카시러

캠브리지
런던

베를린

후설

포퍼

프로이트

비트겐슈타인

하이델베르크
바덴바덴
취리히

파리

하이데거

소쉬르

주네브

융

카르납
빈학파

1949년 뉴질랜드에서 귀향

1937년 뉴질랜드 이민자

로마

크로체/젠틸레

1906~1907년
카시러, 『근대 철학 및
과학의 인식 문제』 출판

1900~1901년
후설, 『논리 연구』 발표

1919년 발터 그로피우스,
바이마르에서 바우하우스
기획 제출

1917년 크로체,
『역사 기록의 이론과 역사』 출판

1924년 브르통,
『초현실주의 선언』 발표

1927년 하이데거,
『존재와 시간』 출판

1939년
파노프스키,
『도상해석학
연구』 발표

1948년 그람시,
『옥중수고』 출판 시작

1964년 마르쿠제,
『일차원적 인간』 출판

1951년 아렌트,
『전체주의의 기원』 출판

지금 지구에서 살아가는 사람들 대부분이 태어났고 살았던 세기의 세계관을 단 몇 마디로 요약하기란 결코 쉬운 일이 아니다. 무엇보다도 객관적인 시각을 확보하기 위한 최소한의 시간적 거리가 마련되어 있지 않고, 결과적으로 특정 인물, 사건, 사상 등을 기꺼이 포기한 상태에서 보편적인 시각을 구축한다는 것이 사실상 불가능하기 때문이다.

좀 더 거슬러 올라가는 19세기의 경우도 당대의 세계관이 지닌 기본적인 특징들을 단 몇 마디의 말로 요약하거나 정의하기란 쉬운 일이 아니다. 예를 들어 19세기의 철학을 간단히 관념주의라는 방대한 현상으로 환원하려는 시도는 실패로 돌아갈 수밖에 없다. 왜냐하면 관념주의와 대립했던 실증주의의 등극이나 신토마스주의, 마르크스주의의 영향에 대해서도, 아울러 포괄적인 관점을 허락하지 않는 수많은 유형의 이질적인 사조들이 대립했던 현상에 대해서도 같이 언급해야 하기 때문이다.

20세기의 상황은 훨씬 더 복잡하다. 관념주의가 계속해서 거의 20세기 중반까지, 특히 이탈리아에서 크로체와 젠틸레의 사상을 기반으로 명맥을 유지한 반면 마르크스 사상의 독특한 측면들을 적극적으로 재해석하고 발전시키려는 노력이 그람시Antonio Gramsci를 비롯해 프랑크푸르트학파와 루카치György Lukács를 통해 이루어졌다.

출발선에서부터 신칸트주의, 역사주의, 현상학, 베르그송주의, 심리분석, 신정신주의, 실존주의, 실용주의 사이에는 주도권을 쥐기 위한 모종의 경쟁 구도가 형성되어 있었고 이러한 구도는 결국 20세기를 대표하거나 지배한 철학이 존재할 수 없는 상황으로 이어졌다. 아울러 굉장히 흥미로운 사상가들 가운데 몇몇은 철학자가 아니라 아인슈타인이나 하이젠베르크Werner Heisenberg 같은 물리학자들이었다는 점도 다양성을 무엇보다 중요한 특성으로 만드는 데 크게 기여한 요인이다.

누군가는 이의를 제기하며 20세기의 철학을 두 가지 유형으로, 즉 분석철학과 분석철학자들이 '대륙철학'이라고 부른 유형으로 구분할 수 있을 것이다. 하지만 '대륙철학'이라는 표현 자체는 어떤 이론적 특징을 가리키는 것이 아니라 지리적인 특성을 가리킬 뿐이며 흔히 다양하고 이질적인 기원과 동기와 양식을 지닌 유럽의 철학 사조들을 포괄적으로 지칭하기 위해, 예를 들어 마르크스주의와 그리스도교 정신주의, 후설의 철학과 화이트헤드Alfred North Whitehead의 철학, 하이데거와 아도르노Theodor Adorno, 사르트르와 하버마스Jürgen Habermas, 마리탱Jacques Maritain과 푸코의 사상을 모두 통틀어서 지칭하기 위해 고안된 이름에 지나지 않는다. 따라서 '대륙철학'이라는 표현은 오로지 분석철학이 분석철학 고유의 특징으로 인정하지 않는 모든 사상적 특징들을 가리킬 뿐이다.

아울러 19세기에는 그다지 광범위한 현상이 아니었지만 20세기에 들어오면서 거의 대부분의 철학 사조와 인문학적 방법론에 지대한 영향을 끼치면서 근본적인 변화를 가져온 학문적 태도, 이른바 '언어학적 전환'이라는 표현으로 인지되는 학문적 관점에 주목할 필요가 있다.

초기에 '언어학적 전환'은 다름 아닌 분석철학의 성과를 가리키는 말로 사용되다가 러셀과 비트겐슈타인에 의해 구축된 언어철학의 여명기를 가리키는 표현으로, 뒤이어 분석철학의 전통을 따르는 미국 철학의 다양한 측면들, 예를 들어 논리학을 기반으로 언어를 분석하는 방식이나 형식논리학을 과학 분야의 기술적인 언어뿐만 아니라 일반적인 언어에도 적용하는 언어철학을 가리키는 표현으로 사용되었다.

하지만 '언어학적 전환'이라는 표현은 '대륙철학' 내부의 다양한 측면을 가리키기도 한다. 이 표현은 예를 들어 하이데거의 후기 사유에서 나타나는 해석학적인 특징, 즉 해석학을 철학으로 이해하면서 언어에 각별한 관심을 기울이는 태도나 구조주의 사유에서 철학과 언어학의 조화를 꾀하는 현상, 다시 말해 언어학적 차원의 분석을 철학적으로 활용하는 경향, 가다머Hans Georg Gadamer나 파레이손 같은 철학자들의 다양한 해석학 이론, 혹은 기호학적 해석이나 퍼스의 이론 또는 프랑크푸르트학파가 소통 현상에 기울인 관심, 구조주의, 신실용주의, 해체주의를 비롯해 이 모든 해석학적 관점이 언어에 기울이는 각별한 관심을 가리킨다.

하지만 분석철학자들은 어김없이 대륙철학의 '언어학적 전환' 현상이 지니는 문제점들, 예를 들어 대륙철학이 발전시킨 언어학적 관점의 폭이 해석학적 한계를 뛰어넘어 제어가 불가능한 지점으로까지 확장되었다는 점과 문장의 다양한 측면들을 모두 분석하려는 대륙철학자들의 성향, 즉 분석철학자들이 문장에서 정확하게 분석할 수 있는 최소한의 요소에 주목하며 논리의 엄격함을 추구하는 것과 정반대되는 성향 등을 지적했다. 분석철학자들의 입장에서는 무엇보다도 대륙철학이 사실상 비언어적인 현상들을 마치 문장인 것처럼 간주하고 언어적 차원의 해석을 시도함으로써 '진리'의 객관적이고 검증 가능한 원칙을 존중하는 대신 결국에는 '사실이 아니라 오로지 해석이 존재할 뿐'이라고 주장한다는 것이 문제였다.

이러한 견해의 차이에서 비롯된 분석철학자들과 대륙철학자들 간의 대립은 종교전쟁을 방불케 하는 거칠고 치열한 논쟁으로 악화되었지만 사실상 이들 사이에는 많은 유사성과 공통점이 존재한다. 예를 들어 토머스 쿤Thomas Kuhn의 과학적 패러다임 이론은 분석철학적 차원의 이론이 아니라 대륙철학의 해석학적 이론에 훨씬 더 가깝고 로티의 신실용주의적 입장도 로티 자신이 문제점을 지적했던 분석철학보다는 해석이 사실에 우선한다고 생각하는 유럽 철학자들의 견해에 더 가까워 보인다.

우리가 여기서 주목해야 할 것은 무엇보다도 이처럼 다채로운 경향과 입장을 견지하는 20세기의 수많은 철학 사조가 공통적으로 유지하는 성향이 존재한다는 사실이다. 아마도 미래의 인류는 세계와 인간에 대해 오로지 언어현상과 또 다른 표현이나 소통 도구들의 분석을 통해서만 이야기할 수 있다고 보는 경향을 20세기 철학의 가장 중요한 특징으로 간주하게 될 것이다.

1

신칸트주의

1.1 "칸트를 이해한다는 것은 칸트를 뛰어넘는다는 것을 의미한다"

빌헬름 빈델반트(Wilhelm Windelband, 1848~1915년)는 1883년에 출판한 『서론*Präludien*』 이라는 제목의 논문집에서 신칸트주의 운동의 기본 입장과 방향을 한 문장으로 요약하는 일종의 모토를 제시하며 이렇게 말했다. "칸트를 이해한다는 것은 칸트를 뛰어넘는다는 것을 의미한다."

물론 신칸트주의의 발전 과정에서 가장 중요한 역할을 한 인물은 두말할 필요 없이 헤르만 코헨(Hermann Cohen, 1842~1918년)이다. 코헨은 신칸트주의의 '칸트'를 이해하기 위한 필독서 『칸트의 경험론*Kant's Theorie der Erfahrung*』 초판본을 1871년에 출판하면서, 칸트가 제시한 지식 이론의 핵심은 칸트가 전제하는 물리-심리학적인 기반, 즉 인식 과정이 심리 구조에 뿌리를 두고 있다는 생각이 아니라 그가 경험의 조건으로 제시하는 '아프리오리'의 원칙적인 기능이라고 주장했다. 코헨에 따르면, 칸트의 '경험'은 로크나 흄의 경험주의가 제시하는 실질적인 유형의 경험이 아니라 학자들의 탐구 대상으로 주어지는 '학문적인 경험', 즉 그의 표현대로 "학문적인 사실 속에서" 추적이 가능한 경험을 가리킨다. 코헨은 칸트를 뛰어넘기 위한 비판적인 차원의 칸트 연구가 전개되어야 한다고 보았다. 그 이유는 무엇보다도 칸트가 지식의 두 가지 기본 요소로 지목했던 '감성'과 '지성'의 구분을 본질적인 차원에서 재평가할 필요가 있고, 시간과 공간의 선험적인 형태들이 자율적이지 않으며 오히려 지성이 지식을 생성하는 데 요구되는 종합판단의 범주들 안에 흡수되어 있는 만큼 수정이 필요했기 때문이다.

칸트의 윤리학과 미학의 신칸트주의 분석 과정에서도 지배적인 것은 칸트의 해석학적 심리학을 거부하는 입장이다. 신칸트주의적인 관점에 따르면, 비판철학은 인간 정신의 심리적인 구조에 대한 검토 결과를 기반으로 정립되지 않으며 오히려 선험적인 원리들이 지식과 윤리적 계율과 미학적 판단의 영역에서 수행하는 기능을 기반으로 정립된다. 칸트의 철학에서 드러나는 이러한 측면에 각별한 주의를 기울이며 형성된 것이 바로 마르부르크학파다. 코헨이 1872년부터 1912년까지 가르치며 이끄는 동안 마르부르크학파는 독일 신칸트주의를 대표하는 가장 권위 있는 학파로 성장했다. 물론 마르부르크학파가 곧 코헨학파와 일치하는 것은 아니다. 파울 나토르프(Paul Natorp, 1854~1924년)와 에른스트 카시러(Ernst Cassirer, 1874~1945년) 역시 마르부르크학파를 대표하는 철학자다. 나토르프와 카시러는 코헨의 방법론에 충실했지만 그들만의 철학을 독자적인 방향으로 발전시켰다.

특히 나토르프는 코헨이 비판적 탐구의 영역에서 제외한 심리학의 위상을 복원하는 데 주력했다. 물론 관건은 경험이나 경험의 묘사에 의존하는 심리학이 아니라 객관적인 지식에서 출발해 지식의 주관적인 조건으로 거슬러 올라갈 때 발견될 수 있는 심리적 축적물에 관한 연구였다. 나토르프가 다루었던 측면은 어떻게 보면 후설이 현상학적 차원에서 다룬 측면과 크게 다르지 않다.

하지만 지식의 근원을 그것의 심리적인 뿌리로 환원시키는 '심리주의'에 모두가 동의했던 것은 아니다. 빌헬름 빈델반트와 하인리히 리케르트(Heinrich Rickert, 1863~1936년)를 중심으로 형성된 이른바 바덴학파Badische Schule의 신칸트주의는 이러한 '심리주의'적인 접근 방식을 수용하지 않았다. 칸트의 철학을 반심리주의적인 관점에서 검토하려는 노력은 빈델반트와 리케르트의 해석을 통해 가치의 개념과 규칙의 차원을 더 중요시하는 결과로 이어졌다. 빈델반트가 주목했던 것처럼, 칸트에게 이성의 원리들은 사고, 의지, 지각 활동의 메커니즘을 좌우하는 절대적인 규칙들이었다. 철학이란 바로 그런 이유에서 "보편적으로 인정되는 가치들의 학문"이었고, 칸트의 관찰을 통해 드러나듯이, 사실적인 현실을 다룰 뿐 아니라 우리가 무언가를 옳다거나 아름답다고 판단하는 기준으로서의 가치들을 다루는 비판적인 성찰이었다. 실제로 리케르트는 가치를 시간에 구애받지 않으며 의식의 내용과도 무관한 독립적인 요소로 간주했다. 리케르트에 따르면, 진리가 진리인 이유는 사실을 반영하기 때문이지만, 사실이 참인 이유는 우리가 사실에 진리라는 가치를 부여하기 때문이다. 따라서 판단한다는 것은 항상 평가한다는 것을, 따라서 유효한 가치를 기준으로 취한다는 것을 의미한다. 결과적으로, 리케르트가 1892년에 출판한 『인식의 대상*Der Gegenstand der Erkenntnis*』에서 전통적인 관점의 전복을 요구하며 주장했던 것처럼, "~이다"라는 판단보다는 "~이어야 한다"라는 판단이 훨씬 더 중요하다.

　아울러 바덴학파의 철학자들은, '학문적인' 지식을 탐구의 출발점으로 간주하는 마르부르크학파와는 달리, 역사적인 지식이나 '문화과학'의 위상이라는 문제에서 출발할 필요가 있다고 생각했다. '문화과학'은 1883년 딜타이의 『정신과학 입문』이 출판된 이후로 독일 철학자들 사이에서 끊임없이 회자되던 주제다. 빈델반트는 다름 아닌 정신과 자연의 대립관계 자체를 비판적인 시각으로 검토할 필요가 있다고 보았다. 1894년에 벌어진 딜타이와의 논쟁에서 빈델반트는 인간세계와 역사 및 개성의 세계를 탐구하는 '개성 기술적인idiografico' 학문과 자연을 탐구하며 인과관계 및 규칙들의 세계에 주목하는 '법칙 정립적인nomotetico' 학문의 구분이 순수하게 방법론적인 구분에 불과하다고 주장했다.

　이러한 구분을 거부하는 빈델반트의 관점을 보다 구체적으로 체계화한 인물은 리케르트다. 20세기 초반에 리케르트는 자연과학에서 사용하는 개념들의 세계와 역사적인 지식에 고유한 개념들의 세계가 본질적으로 다르다는 점을 조명하면서 역사-사회적인 학문, 즉 그가 다름 아닌 '문화과학'이라고 부르기를 선호했던 학문의 인식론적 기반을 마련하는 데 크게 기여했다. 리케르트의 복합적인 연구는 개성을 역사적인 차원에서 다루는 탐구와 이에 대한 지식이 왜 법칙들의 세계와 범주에 종속될 수 없는지, 왜 오히려 경험의 다양성에 의미를 부여하면서 다양성의 가치를 소환할 수밖에 없는지, 다시 말해 왜 보편적으로 인정되는 문화적인 가치들의 복합적인 체계에 결속되어 있다는 사실을 간과할 수 없는지 보여 준다. 리케르트는 이 문화적인 가치를 인식 주체의 심리적인 차원뿐만 아니라 인식 대상의 사실적인 차원 바깥에 위치하는 '의미' 표현으로 이해했다.

1.2   지식의 형태와 문화의 형태

20세기에 들어서면서 보다 성숙한 단계에 도달한 신칸트주의는 19세기 '칸트로의 회귀' 운동과는 전혀 다른 철학적 위상을 보여 준다. 통속적인 견해와는 달리, 독일과 유럽의 신칸트주의는 간략하게 자연과학적 차원의 지식 이론으로 요약되거나 정의될 수 있는 성격의 사조가 아니다.

   역사적 발전의 차원에서 바라본 학문적인 지식의 문제가 철학적 성찰의 핵심 대상들 가운데 하나라는 것은 부인할 수 없는 사실이다. 카시러가 초기 저작에서 다루었던 것도 바로 이러한 유형의 문제였다. 1907년에 출판된 『근대 철학 및 과학의 인식 문제*Das Erkenntnisproblem in der Philosophie und Wissenschaft der neueren Zeit*』와 1910년에 출판된 『실체 개념과 기능 개념*Substanzbegriff und Funktionsbegriff*』에서 카시러는 경험적인 사실의 보편적 이해를 바탕으로 구축되는 전통적인 추상화 이론에 문제를 제기하면서 과학적 개념들의 본질적인 '기능적' 측면에 주목할 필요가 있다고 주장했다.

   모든 신칸트주의 학파의 철학자들에게 '학문적인 지식'의 문제는 '칸트 철학의 재정립' 과정에서 드러나는 하나의 특징적인 측면에 불과했다. 훨씬 더 중요하고 핵심적인 문제들은 오히려 모든 형태의 지식에 적용될 수 있는 새로운 이성론의 필요성과 연관되어 있었다. 칸트주의가 도모했던 것은 칸트가 일찍이 '비판철학' 3부작에서 다루었던 윤리학이나 미학뿐만 아니라 인간세계에 대한 총체적인 차원의 지식에 적용될 수 있는 새로운 유형의 이성론, 다시 말해 칸트의 관점을 인간세계의 역사적인 측면과 발전 과정의 측면으로까지 확대함으로써 목적과 가치와 문화의 영역에서 고유의 탐구 대상을 발견할 수 있는 일종의 문화철학이었다. 이 문화철학을 체계화하고 널리 알리는 데 결정적인 역할을 한 것은 신칸트주의 학파의 기관지 《로고스 *Logos*》다. 20세기 초에 활동했던 대표적인 신칸트주의 철학자들 대부분이 《로고스》를 통해 자신의 생각을 알리고 문화적인 철학, 다시 말해 삶의 의미를 강조하고 모든 자연과학적, 심리학적 차원의 이해로부터 자유로운 가치들의 세계에 주목하는 철학을 적극적으로 소개하는 데 앞장섰다.

칸트 철학의 여백에 남아 있던 문제들, 즉 칸트가 간과했던 언어나 신화 같은 문화적 형태들에 대해 가장 먼저 관심을 기울이며 질문을 던졌던 인물 역시 카시러다. 이러한 차원의 연구 결과를 1923년부터 1929년까지 세 권에 걸쳐 소개한 저서가 바로 『상징형식의 철학 *Philosophie der symbolischen Formen*』이다. 카시러는 칸트의 『판단력비판』을 재검토하는 과정에서 적극적으로 활용한 괴테의 '형태론 Morphologie' 개념을 바탕으로 생명체의 형태들만 가리키는 것이 아니라 문화 자체의 형태들, 다시 말해 학문적인 지식을 비롯해 윤리와 예술, 종교, 언어, 신화 등을 통해 표현되는 인간세계에서 **정신**이 스스로를 표현하고 실현하기 위해 취하는 객관화의 형태들을 탐구하는 독특한 형태학 이론을 고안해 냈다. 그런 식으로 카시러가 칸트의 '이성 비판'을 하나의 '문화 비판'으로 과감하게 변형시키는 과정에서 도입한 전적으로 새로운 요소가 바로 '상징형식 Symbolischen Formen' 이다. 카시러에 따르면, 상징은 의미를 실어 나르는 감각적인 기호다. 언어의 경우에도 상황은 마찬가지다. 언어는 타자와 소통을 가능하게 하는 매개체로서의 상징형식을 구축할 뿐 아니라 세계관을 형성하며, 더 나아가서 현실을 지각하는 메커니즘 자체를 가능하게 만든다. 궁극적인 차원에서 인간의 정신을 형성하는 이 에너지 속에 신화의 뿌리가 있으며, 고유의 특별한 '논리'에 의존하는 신화의 세계는 언어와 결속되어 있는 상징적인 세계 안에서 세분화된다. 더 나아가서 카시러는 학문적인 지식도 일종의 상징형식이며 가장 추상적인 단계에서 수학적 메커니즘의 의미를 함축할 수 있는 순수한 기호들의 영역을 구축하기 위해 즉각적인 현실뿐만 아니라 신화적인 세계로부터 지속적으로 멀어지는 형태를 취한다고 보았다.

결과적으로 카시러의 철학은 신칸트주의가 남긴 복합적인 유산 가운데 가장 주목할 만한 성과를 표상한다고 볼 수 있다. 하지만 신칸트주의가 고유의 지평을 확장하며 문화철학을 구축하는 방향으로 나아간 것과 유사한 과정을 우리는 프랑스 철학에서, 예를 들어 레옹 브랑슈비크(Léon Brunschvicg, 1869~1944년)의 세련된 저술에서 찾아볼 수 있다. 브랑슈비크는 칸트주의를 일종의 관념주의로 발전시킨 인물이다. 그는 정신의 활동이 가장 중요하고 핵심적인 역할을 할 뿐 아니라 경험적 세계를 역동적으로 관찰하는 지성 혹은 이성이 학문적인 지식, 특히 수학적 지식의 지평을 관할한다고 보았다. 브랑슈비크가 바로 이러한 관점에서 수학의 역사적이고 철학적인 발전 과정을 조명한 저서가 1912년에 출판한 『수학철학의 여정 Les étapes de la philosophie mathématique』이다. 결론적으로 말해, 다양한 유형과 성향의 신칸트주의 철학자들이 공통적으로 인정했던 것은 칸트가 언급한 이성의 한계와 구조의 문제를 재정립해야 한다는 것이었다. 예를 들어 이탈리아 철학자 안토니오 반피(Antonio Banfi, 1886~1957년)는 『이성론의 원리들 Principi di una teoria della ragione』(1926년)에서 이성주의가 '비판적'일 수밖에 없으며 학문적인 지식과 철학적 성찰이 만나는 곳에 머물면서 인간의 삶과 문화에 기여해야 한다고 보았다. 왜냐하면 이성의 삶 자체를 끝없이 풍요롭게 만드는 것이 곧 문화의 다양성이었기 때문이다.

1.3 신칸트주의의 몰락

세계대전의 종결과 함께 독일 문화는 뿌리 깊은 변화를 겪기 시작했다. 오스발트 슈펭글러(1880~1936년)가 『서구의 몰락*Der Untergang des Abendlandes*』(1918~1922년)에서 근본적인 변화를 예고하며 언급했던 한 시대의 완전한 결말은 사실상 신칸트주의의 주인공들이 철학의 무대에서 사라지는 시기와 일치한다. 빈델반트가 1915년에, 코헨은 1918년에, 나토르프는 1925년에 세상을 떠났다. 물론 중요한 것은 이러한 전기적인 차원의 정보가 아니라 신칸트주의가 새로운 유형의 문제들을 안고 있었고 이 문제들을 사실상 극복할 수 없는 상황에 놓여 있었다는 사실이다. 이 문제들은 신칸트주의 내부에서 논쟁을 통해 부각된 질문과 의혹에서 비롯되었을 뿐 아니라 '벨 에포크Belle Époque'라는 이름으로 불리는 구체적인 시대의 낙관주의가 급격히 와해되는 역사적 현상에서 비롯되었다.

　신칸트주의 철학이 19세기 후반에 발전시킨 범주나 체계의 이론은 앞서 언급한 새로운 유형의 질문에 더 이상 아무런 답변도 제시하지 못했다. 한 세대의 모든 철학자들이 신칸트주의로부터 어떤 정신적 위로도 얻지 못했던 반면, 경직된 문화의 형식들을 파괴하면서 생존하는 삶의 의미와 단순히 지적 차원으로만 환원될 수 없는 삶의 실존적 의미, 역사의 의미, 문명의 운명과 종교적 의식의 의미, 차가운 원리와 가치의 범주에 종속되는 인류학적 차원의 본질에 대한 생각 등이 결국에는 당대의 사회적 불안을 해결하는 데 아무런 도움도 주지 못하는 낡은 철학적 방법론을 포기하도록 만들었다.

　하지만 결과적으로 요구되던 철학의 재검토 작업에는 부분적으로나마 신칸트주의 철학자들이 직접 뛰어들었다는 점에 주목할 필요가 있다. 예를 들어 나토르프는 말년에 신칸트주의 학파의 학문적 구도를 재검토하는 데 몰두했고 사유의 범주들을 앎의 형식과 역사적 차원에서 실현된 '사실'로 환원하는 대신 원천적인 생성 단계의 삶과 결속시킴으로써 '로고스'가 존재론적 영역에 머물면서 존재 자체를 근원적인 방식으로, 궁극적으로는 모든 역사-문화적 객관화에 우선하는 것으로 표현하는 차원에 주목했다.

이와는 약간 다른 방식으로, 마르부르크학파의 대표적인 철학자 니콜라이 하르트만(Nicolai Hartmann, 1882~1950년)은 사유의 단계보다 존재의 단계가 더 중요하며 후자를 향해 거슬러 올라가야 할 필요가 있다는 점에 주목했다. 하르트만은 『인식의 형이상학Grundzüge einer Metaphysik der Erkenntnis』(1920년)에서 신칸트주의 철학자들의 전통적인 관점을 뒤엎고 인식 대상이 인식 주체에 우선한다는 주장을 펼쳤다. 하르트만은 새로운 형태의 존재론을 구축했지만 이 존재론의 핵심적인 부분을 차지하는 것은 역시 지식의 분석이다. '존재론'이라는 용어는, 신칸트주의 철학의 핵심 개념이 아니지만, 또 다른 신칸트주의 철학자 리케르트의 저서에 지속적으로 등장한다. 리케르트는 일찍이 『철학의 체계System der Philosophie』(1912년)에서 주체의 정초 기능과 무관한 독립적인 위상을 '가치'에 부여하고 가치 자체를 절대적인 것으로 해석했지만 1930년대 초반부터는 철학이 제시하는 다양한 인류학적 질문에 답하기 위해 '다원적 존재론'을 구체적인 형태로 제시하기 시작했다.

한편으로는 카시러 역시, 『상징형식의 철학』을 완성한 뒤에 조금은 다른 관점에서, 독일 철학에 새로운 방향성이 필요하다는 점을 인정하고 수용하는 모습을 보였다. 자신의 철학을 삶의 철학, 철학적 인류학과 대조하고 융화를 꾀하면서 카시러는 문화의 철학을 경험적 세계에 좀 더 주목하는 방향으로, 아울러 인간은 자연과 문화의 단절이 아니라 조화를 토대로 스스로의 환경을 조성할 줄 아는 생명체라는 점에 주목하는 방향으로 발전시켰다. 1944년에 출간된 말년의 저서 『인간에 관한 에세이An Essay on Man』에서 카시러는 인간이 "상징적인 동물"이라는 유명한 정의를 이끌어 냈다. 카시러는, 오랫동안 지속해 온 칸트주의적인 관점을 그대로 유지하면서, 인류가 문화적 위기를 맞이할 수 있고 역사의 의미를 상실한 채 악의 부활을 목격할 수 있다는 점에 주목하는 인류학적 철학을 제시했다.

무엇보다 중요한 것은 1929년 스위스 다보스에서 이루어진 카시러와 하이데거의 기념비적인 대화다. 하이데거는 신칸트주의와 문화철학에 대해 비판적인 자세를 취하면서 문화철학이 이성의 이름으로 하나의 진정한 철학적 문제를 간과한다고 지적했다. 이는 어떻게 "세상에 내던져진" 인간이 존재에 대해 질문을 던질 수 있고 모든 형태의 앎과 "실재"에 대한 모든 지식의 의미를 구분할 수 있는가라는 문제였다. 반면에 카시러는 지식을 비롯해 언어와 문화형식의 잠재적 조건에 대한 칸트의 탐구자적 자세, 결과적으로는 계몽주의 정신에 호소하는 자세를 고수했다. 카시러가 1931년에 하이데거의 저서 『칸트와 형이상학의 문제 _Kant und das Problem der Metaphysik_』에 대한 서평을 발표하면서 강조했던 것처럼, 칸트의 철학은 계몽주의 정신의 가장 '고귀한 딸'이었고 하이데거가 주장하는 '기초존재론 Fundamentalontologie'과는 결코 융합될 수 없는 성격의 철학이었다. 이러한 대립의 일화와 함께 신칸트주의의 역사와 시대는 막을 내린 듯이 보인다. 뒤이어 독일에서는 하이데거가 철학의 무대를 지배하기 시작했고 신칸트주의의 철학은 망각의 그늘에 버려졌다.

이러한 상황은 독일에서만 전개되지 않았다. 프랑스에서도 브랑슈비크 같은 권위 있는 학자는 1927년에 출판한 『서양 철학에서의 의식의 진보 _Le progrès de la conscience dans la philosophie occidentale_』에서 과학 지식의 발달로 더욱 풍부해질 칸트적 이성의 운명적인 진보에 대해 굳건한 믿음을 표명했지만 결국에는 실존주의 철학과 마르크스주의에 매료된 신세대 철학자들의 비판을 피할 수 없었다. 이탈리아 철학자 반피의 신칸트주의도 이와 비슷한 운명에 처해 있었다. 다만 반피의 경우는 자신의 철학적 방향을 스스로 전환했다는 차이가 있다. 반피는 제2차 세계대전이 종결된 후에 자신의 비판적 이성주의와 문화철학을 신칸트주의와는 전혀 다른 변증법적 유물론의 구도 속에, 아울러 인류사의 새로운 시대를 열기 위해 필요한 지식의 구도 속에 포함시켰다.

그런 식으로 신칸트주의는 전혀 다르면서도 어떤 측면에서는 교차되는 운명들과 함께 몰락을 맞이했다. 뒤이어 등장한 철학 사상의 커다란 변화는 '신칸트주의'라는 가지에서 자라난 철학과 해석학적 입장들을 이미 사라진 세계의 쓸모없는 유산으로 간주하면서 오랫동안 어둠 속에 가두어 왔다. 하지만 철학의 역사가 보여 주듯이, 단 한 번에 모든 것이 결정되는 운명은 없다. 20세기 말에 신칸트주의 철학자들의 저서들은 또 다른 맥락에서, 그리고 독일어가 더 이

상 기준이 될 수 없는 다양한 언어권에서 새롭게 조명되었다. 그런 식으로 체계
적인 성격의 철학 저서들을 통해 보다 객관적인 시선으로 이론화된 신칸트주
의의 지식 개념과 문화적 시각은 보다 현대 철학적인 언어와 양식으로 소개되
었다. 신칸트주의가 부활한 것은 아니지만 신칸트주의가 출발선에서 주목했던
문제들은 여전히 탐구 대상으로 남아 있다.

칸트로의 회귀

신칸트주의는 1860년대에 독일에서 탄생했다. 좀 더 구체적으로 말하자면 신칸트주의는 헤겔 철학을 공부한 저명한 고대 철학사가 에두아르트 첼러Eduard Zeller가 1862년에 하이델베르크 대학 개강 연설에서 칸트와 칸트의 지식 이론으로 돌아갈 필요성을 천명하면서 시작되었다. 첼러는 이러한 요구가 과학의 급속한 발전으로 인해 관념주의체계, 본질적으로는 헤겔의 철학적 체계가 설득력을 상실하면서 붕괴된 뒤 철학자들에게 주어진 새로운 과제이자 일종의 시대적 과제라고 주장했다. 그는 관념주의가 '교리주의'에서 벗어나지 못했던 반면, 교리주의에 맞서 체계적이고 전투적인 '교리주의 비판'을 시도했던 인물이 바로 칸트이며 이것이 그의 위대한 업적 가운데 하나였다는 점에 주목할 필요가 있다고 보았다. 바로 그런 이유에서, 칸트가 인식의 기량과 한계를 구분하기 위해 이성을 대상으로 전개한 비판철학이야말로 관념주의를 대체할 수 있는 가장 적절한 철학적 대안이었다. 첼러는 더 나아가서 독일 철학이 칸트가 마련한 철학의 정도에서 벗어나 비판철학 정신을 배반하도록 유도한 것이 다름 아닌 관념주의라고 주장했다. 첼러는 물론 칸트가 해결하지 못한 '물자체Ding an sich'라는 문제, 즉 경험의 인식 불가능한 기반을 규정하는 문제가 남아 있었고 이러한 상황이 결국에는 관조적 관념주의의 숙명적인 탄생으로 이어졌지만, 다름 아닌 이러한 문제의식을 바탕으로, 정신의 선험적인 구조와 경험의 자율적인 세계가 조응하는 구도의 차원에서, 인식의 본질이 재차 검토되어야 한다고 보았다.

사실 "칸트로 회귀"할 것을 가장 먼저 제안했던 인물은 첼러가 아니라 헤르만 폰 헬름홀츠다. 1855년, 다름 아닌 칸트의 고향 쾨니히베르크에서 헬름홀츠는 강연을 통해 칸트가 당대의 과학적 성과와 경향에 지속적으로 관심을 기울였던 유일한 독일 철학자라는 점을 강조하면서, 시간과 공간의 선험적 형식에 대한 그의 사상이 수정될 수만 있다면, 다시 말해 모든 경험적 지식의 실질적인 조건을 구축하는 동시에 경험 자체와는 무관한 독립적인 형식들에 대한 생각이 수정될 수만 있다면, 칸트는 여전히 유효한 철학자라고 주장했다. 헬름홀츠에 따르면, 이 선험적인 형식들은 감각기관의 신경 조직에 관한 생리학의 차원에서 검토할 필요가 있었다. 감각적인 정보들이 정신 속에서 인식되고 활용되는 방식에 결정적인 영향을 끼치는 다양하고 구체적인 감각들의 에너지가 실재하며, 따라서 인간의 감지 능력 속에 '본유적인' 혹은 선험적인 요소가 실재한다는 것이 다름 아닌 생리학 연구를 통해 드러났기 때문이다.

그런 식으로 첼러, 헬름홀츠와 함께 철학의 새로운 계절이 시작되었다면, 한편으로는 프랑스에서도 크게 부각되지 않았을 뿐 이와 유사한 현상이 일어났다. 샤를 르누비에는 1854년부터 칸트의 '물자체'가 지닌 고유의 부조리를 폭로하는 동시에 칸트 철학의 주요 논제들을 참조하면서 표상 행위의 핵심적인 역할, 다시 말해 지식의 주체와 객체의 만남이 이루어지는 지점의 중요성에 주목했다. 여기서 부각되는 것은 모든 지식이 상대적이라는 원리와 칸트의 범주 이론이다. 르누비에는 모든 형태의 형이상학적 절대주의로부터 해방된 칸트주의를 존중하면서도 칸트의 범주 이론을 상이한 방식으로 재구성했다.

'칸트로의 회귀' 운동의 진원지는 어쨌든 1860년대의 독일이었다고 볼 수 있다. 독일에서는 첼러가 천명했던 모토를 집요하게 인용했던 젊은 철학자 오토 리프만Otto Liebmann과 프리드리히 랑게Friedrich Lange가 이 운동에 참여했다. 랑게는 1866년에 『유물론의 역사와 유물론의 현대적 의의 비판*Geschichte des Materialismus und*

Kritik seiner Bedeutung in der Gegenwart』을 출판했다. 크게 주목받았을 뿐 아니라 니체도 관심 깊게 읽었던 이 책에서 랑게는 헬름홀츠를 인용하며 왜 칸트가 시대를 초월한 철학자인지, 왜 그만의 지식 이론으로 과학자들 사이에서 유행하는 유물론에 맞서 승리를 거둘 수 있는 철학자인지 증명해 보이고자 했다. 랑게에게도 칸트 철학의 핵심은 '물자체'였다. 하지만 랑게는 이것을 부정적인 의미에서 일종의 한계로 해석했다. 즉 랑게에게 칸트의 '물자체'는 현상들에 관한 지식의 차원이 넘어설 수 없는 한계, 따라서 현상을 초월해 존재하는 무언가를 파악하려는 모든 노력과 파악할 수 있다는 확신을 무의미하게 만들어 버리는 한계를 의미했다. 아울러 랑게는, 헬름홀츠와 마찬가지로, 선험적 형식들이 '플라톤주의'로부터 자유로워야 한다고 보았다. 그는 플라톤주의가 선험적 형식을 부동의 절대적인 형식으로 변형시키지 못하도록 그것을 고유의 물리-심리학적 근원지로 환원할 필요가 있으며, 이때 경험의 전제 조건이라는 역할을 그대로 유지해야 한다고 보았다.

2

신관념주의

2.1 신관념주의와 유럽의 상황

신관념주의neoidealismo는 20세기 전반에 이탈리아의 문화를 주도하며 지대한 영향력을 행사했던 철학 사조다. 관념주의에 영향을 받은 이 시기의 이탈리아 철학을 지엽적인 현상으로 보는 부정적인 견해와는 달리 신관념주의와 당대의 유럽 철학 사이에는 분명한 연관성과 유사성이 존재한다. 예를 들어 과학적 실증주의를 거부하는 입장은 현상학과 신관념주의가 지니는 분명한 공통점이며 기본적으로 역사주의적인 관점을 고수하는 성향은 신관념주의를 비롯해 독일 역사주의나 다양한 유형의 실존주의 철학과 마르크스주의에서도 똑같이 나타난다. '칸트로의 회귀'나 '헤겔로의 회귀'가 19세기 후반에 이미 광범위한 영역으로 확산된 철학 운동이었다면 신칸트주의, 생의 철학, 신헤겔주의는 각각 독일, 프랑스, 잉글랜드를 대표하는 철학 사조였다. 이탈리아의 신관념주의가 다른 유럽 국가들의 철학과 특별히 다른 점이 있었다면 그것은 통일된 지 얼마 되지 않은 국가의 차원에서 이탈리아만의 색채와 전통에 뿌리를 둔 철학을 모색했고 특히 이탈리아 부흥운동 시기의 문화적 특징들을 전통화하려고 노력했다는 점이다.

이탈리아의 신관념주의를 주도했던 철학자는 베네데토 크로체(1866~1952년)다. 크로체는 일찍이 첫 번째 저서『보편적 예술 개념을 기준으로 살펴본 역사*La storia ricondotta sotto il concetto generale dell'arte*』(1893년)에서 파스콸레 빌라리의 실증주의를 논쟁적인 자세로 비판하며 역사적인 지식이 역사적 사실들에 대한 순수한 지식에 불과하다는 입장을 거부하고 지식의 주체, 즉 개인의 상상력이 지니는 창조적 가치를 인정할 필요가 있다고 주장했다. 한편 크로체가 자신의 철학적 관점을 체계적으로 소개한 글은 청년기에 집필한『표현의 학문과 일반언어학으로서의 미학*L'estetica come scienza dell'espressione e linguistica generale*』이다.

자연과학을 거부하지는 않았지만 과학적 실증주의를 비판적인 시각으로 바라보았던 크로체는 변증적이고 본질적으로 역사적인 성격의 정신과학을 정초하기 위해 노력했다. 크로체는 역사-문화적 세계를 정신과 동일한 것으로 간주했고 이 정신을 특징짓는 것은 개별성 속에서 유지되는 통일성이라고 보았다. 크로체에 따르면, 이 정신을 역사적으로 구축하는 기본적인 범주들이 바로 '예술', 즉 특별하고 개별적인 것의 직관과 '철학', 즉 보편적이고 논리적인 것의 지식과 '경제', 즉 특별하고 개별적인 것의 적용과 '도덕', 즉 보편적인 것의 적용이다. 이 범주들 사이에서 '미/추'나 '선/악'처럼 추상적인 구분을 바탕으로 형성되는 대립관계는 주어지지 않으며 오로지 상대적인 자율성과 상호적인 조응관계가 주어질 뿐이다. 크로체는 역사적 시간의 차원에서 예술이 철학에, 경제가 도덕에 선행하며, 선행 범주는 논리적인 관계의 결과지만 동시에 후행 범주의 재료를 구축한다고 보았다. 크로체에 따르면, 각각의 범주는 다른 범주들과 분명하게 구별되는 독립적인 전개 과정을 지니며 고유의 형식과 차별화된 특징을 기준으로 평가된다. 특히 '예술'은 고유의 자율적인 형식과 표현의 가치를 기준으로 평가되어야 하며 미적 차원을 초월하는 성격이나 내용에 주목하는 성격의 관점에 구애되지 않는다. 법과 정치가 포함되는 '경제'도, 이와 유사한 방식으로, 추상적인 형태의 도덕적 평가에 좌우되지 않으며 자율적인 동시에 세속적이며 내재적인 고유의 역할을 기준으로 평가된다. 이러한 구도를 바탕으로 크로체가 자신만의 철학적 체계를 완성하기 위해 기울인 노력의 결과가 바로 1905년에 출판된『순수 개념의 학문 논리학의 개요*Lineamenti di una logica come scienza del concetto puro*』와 1908년에 출판된『실천철학*Filosofia della pratica*』이다.

하지만 크로체의 저서들 가운데 가장 큰 성공을 거두었고 이탈리아뿐만 아니라 전 유럽에서, 정확히 말해 독일이나 프랑스보다는 잉글랜드와 에스파냐에서 커다란 반향을 일으켰던 저서는 다름 아닌『표현의 학문과 일반언어학으로서의 미학』이다. 데 상티스의 문학비평과 비코의 역사학에 뿌리를 둔 크로체의 미학은 무엇보다도 이탈리아에서 커다란 인기를 끌었고 피렌체에서 발행되던 《보체*Voce*》나 《레오나르도*Leonardo*》 같은 문예지의 홍보를 통해서 뿐만 아니라 대학 내부에서 활동하는 관념주의 지지자들의 호응에 힘입어 널리 알려졌다.

이탈리아의 관념주의는 크로체와 젠틸레를 중심으로 양분되는 양상을 보였다. 빈번히 지적되던 크로체의 추종자와 제자들의 문제점은 미학을 경직된 형태의 공식과 원칙들로 규격화하고 화석화한다는 것이었다. 이러한 상황은 결국 크로체의 미학을 수정하고 보완하려는 입장과 그의 제자들이 고수하던 교리주의적인 입장의 대립으로 이어졌다.

크로체가 현대 미학에 크게 기여한 바는 두말할 필요 없이 예술의 독자적인 가치를 인정하고, 이론적인 측면에서든 실천적인 측면에서든, 이 가치가 정신의 또 다른 형식으로 환원될 수 없다는 점을 논리적으로 정립했다는 것이다. 크로체에 따르면, 예술은 '특별한 것의 직관'이기 때문에 철학과는 다른 앎의 형식을 구축한다. 창조자인 예술가가 간직한 은밀한 감정의 "떠오름" 혹은 "여명"을 표현하는 만큼 예술은 예술 고유의 언어와 일치한다. 물론 크로체의 미학에서 부각되는 또 다른 논제들, 예를 들어 자연적 아름다움을 부인하는 입장이나 기술을 과소평가하는 경향, 즉 기술은 "내면적인 예술작품"을 "외형적인 예술작품"으로 번역하는 데 소용되는 부차적인 성격의 도구에 불과하다는 생각, 아울러 시와 시라고 볼 수 없는 작품을 구분하는 경향 등은 설득력이 없어 보이지만 이러한 관점들이 사실은 장르, 문헌학, 수사학에만 집중하는 진부한 비평

문화에 이론적으로 맞서기 위한 대안을 마련하면서 고안되었다는 점에 주목할 필요가 있다. 아울러 크로체는 자신의 이론을 몇 번에 걸쳐 재검토하고 가다듬으면서 이를 구체적으로 문학비평과 그가 뛰어난 재능을 발휘했던 시 분석에 적용했다.

크로체는 1903년에 문예지 《라 크리티카 *La Critica*》를 창간했고 비평가로 활동하며 이탈리아 문화의 혁신을 도모했다. 이 시기에 크로체에게 커다란 영향을 끼치며 중요한 역할을 했던 인물이 바로 조반니 젠틸레다. 젠틸레는 머지않아 '라테르차 Laterza' 출판사의 총서 '근대 철학의 고전' 책임편집자로 발탁되었다. 라테르차는 크로체의 책을 출간하던 출판사다. 크로체에게 헤겔의 철학을 적극적으로 소개하고 권유했던 인물이 바로 젠틸레다. 스파벤타의 철학적 입장에 주목하면서 젠틸레는 칸트의 초월주의 철학과 헤겔의 변증법을 융합하기 위해 노력했다. 젠틸레는 '자연'이 더 이상 헤겔의 철학에서처럼 정신과 정반대되는 실체로 이해될 수 없으며 관념 역시 신성한 초월성이 아니라 사유의 내부로 환원되어야 한다고 보았다. 젠틸레는 헤겔의 『논리학』에 등장하는 몇 가지 범주들을 집중적으로 조명했다. 젠틸레에 따르면, '존재', '무無', '생성' 등의 범주는 현실의 객관적이고 논리적인 위상을 표상하지 않는다. 이 범주들은 그저 생동하는 의식 혹은 "생각하는 사유"의 '순간들'에 지나지 않는다. '생성'은 '존재'와 '무'의 조합과 일치하며 앎의 전개 과정에 상응한다. 추상적이고 경직된 '순간들'을 구체화하는 것이 바로 지식의 형성 과정이며 '생성'은 지성의 분석적인 차원에서만 분리될 뿐이다. 젠틸레는 목적론적이고 형식론적인 구도의 고대 변증법을 거부하고 칸트의 초월주의 철학에서 완벽하게 정립된 원리, 즉 인식 주체가 인식 대상에 우선한다는 원칙을 고수하는 근대 변증법을 제시했다.

크로체는 젠틸레의 이러한 정신적 내재주의와 철학은 본질적으로 철학사와 동일하다는 관점에 동의를 표하면서 1906년에 『헤겔 연구 *Saggio sullo Hegel*』를 발표했다. 헤겔의 철학에서 크로체는 무엇보다도 철학적으로 "살아 있는 것"과 "죽어 있는 것"을 구분했다. 크로체에 따르면 헤겔의 철학에서 "살아 있기" 때문에 지속적인 발전의 여지가 남아 있는 요소는 현실의 정신적인 기반이라는 개념,

즉 현실 자체를 현실의 역사-문화적 전개 과정에 상응하도록 만드는 정신의 개념이었다. 반면에 "죽어 있기" 때문에 포기해야 하는 것은 낭만주의 철학에서 유래하는 신학적인 구도, 즉 역사의 숙명적인 발전을 '관념-자연-정신'의 형이상학적 삼분법으로 환원하는 구도였다. 크로체는 이러한 구도 안에서 초월적 존재를 '하나이자 진리이며 선한(Unum-Verum-Bonum)' 삼분법적 존재로 이해하는 스콜라주의의 잔재와 자연을 신성하고 초월적인 이데아의 이질화로 이해하는 신플라톤주의의 잔재를 발견했다. 크로체는 자연을 정신과 상반되는 것으로 볼 수 없다는 견해와 초월성을 대체하기 위해 내재성을 강조하는 입장에서 젠틸레와 의견을 같이했지만 내재성을 순수한 사유의 과정으로 간주하는 젠틸레의 해석에는 동의하지 않았다. 크로체는 이러한 해석에 신비주의적인 사고와 신학적 사유의 흔적이 남아 있다고 보았다. 하지만 바로 그런 이유에서 탁월한 헤겔주의 철학자였던 젠틸레는 변증법을 본질적으로 '상반되는' 범주들을 다루는 과정으로 보았고 이 범주들의 대립관계가 통일된 관점을 이끌어 내는 주관적인 사유 안에서 해소된다고 보았다. 이와는 달리 크로체에게 변증법은 예술, 철학, 경제, 도덕처럼 명확하게 구분되는 범주들의 연결고리를 의미했다. 크로체는 이 독특한 범주들이 독립적이고 자율적이지만 정신의 회귀 과정을 거쳐, 즉 변증적인 과정을 거쳐 통일된 단계에 도달한다고 보았다.

2.2   신관념주의의 균열

이탈리아 신관념주의를 진두지휘했던 크로체와 젠틸레 사이에는 처음부터 뿌리 깊은 사상적 차이가 존재했다. 무엇보다도 마르크스의 철학을 평가하는 관점과 내용의 차원에서 상이한 의견들을 표명했고, 기본적으로 이들의 연구 분야와 철학적 소양과 성향 자체가 상이했다. 젠틸레의 철학이 관조적이고 추상적이었던 반면 크로체의 철학은 실증주의와 실용주의에 더 가까웠다. 젠틸레가 고유의 철학체계를 구축하기 위해 몰두하며 자신의 사유를 '능동주의

attualismo'라고 부르기 시작했을 무렵 크로체는 그가 '형이상학을 복원하는' 풍
조로 평가했던 성향에 대해 감추고 있던 생각들을 표명하기 시작했다. 크로체
의 견해는 두 철학자 간의 공개적인 불화와 논쟁이라는 결과로 이어졌고 이들
의 대립은 제1차 세계대전에 대한 상이한 의견으로 인해 이질적인 정치적 입장
들을 생산하며 점점 더 악화되는 양상을 보였다. 크로체는 보수적인 성향의 자
유주의 노선을 그대로 유지하면서 단눈치오와 미래주의자들이 지지하던 전쟁
옹호론이나 민족주의 사상을 거부했던 반면 젠틸레는 이탈리아 부흥운동을 다
른 각도에서 해석하며 간섭주의와 파시스트 혁명을 지지하는 쪽으로 기울어졌
다. 젠틸레는 파시즘이 우파의 보수주의적이고 절충주의적인 입장과는 "또 다
른 이탈리아"의 반부르주아적인 입장과 정신적 이상을 계승할 수 있다고 보았
다. 젠틸레가 교육부 장관으로 일하는 동안 크로체가 대부분의 내용을 고안한
교육제도 개편안을 실행에 옮기기 위해 두 사람이 협력한 적은 있지만 이들의
관계는 이탈리아의 통일사회당Partito Socialista Unitario 대표 자코모 마테오티Giacomo
Matteotti가 1924년 5월 30일 의회에서 공개적으로 파시스트들을 비난한 뒤 6월
10일 무솔리니Benito Mussolini가 보낸 암살자에게 살해당하는 사건이 벌어지면서
결정적으로 와해되고 말았다. 이어서 1925년에는 「파시스트 지성인들의 선언
문」과 「반파시스트 지성인들의 선언문」이 잇달아 발표되었고 결국 정치계가
크로체와 젠틸레를 중심으로 반파시스트파와 파시스트파로 양분되는 현상이
일어났다. 이 시점에서 신관념주의의 균열은 능동주의와 역사주의가 대립하는
형태로 전이되었다.

크로체를 상대로 공개적인 논쟁을 유도하면서 젠틸레는 주관주의와 형이상
학을 중심으로 고유의 철학을 이론화하고 체계화하는 데 주력했다. 철학적인
차원에서 완성도가 높은 『교육학 요강 Sommario di pedagogia』(1913년)이나 『순수 행
위로서의 정신에 관한 일반론Teoria generale dello spirito come atto puro』(1916년), 『인식 이론
으로서의 논리학 체계 Sistema di logica come teoria del conoscere』(1917~1922년) 같은 젠틸레
의 저서들에서 분명하게 드러나는 것은 행위 자체를 원칙적으로 인식론적 차
원에서 이해하려는 태도와 여기에 관조적인 성격의 의미를 부여하려는 성향이

다. 각별한 관심을 기울였던 교육학의 문제를 다루면서 젠틸레는 교육 현장에서 정립되는 교육자와 피교육자의 정체성 일치라는 관점을 제시했다. 젠틸레에 따르면, 교육자와 피교육자가 서로 상반되는 입장에 놓이는 것은 표면적인 현상에 지나지 않으며 이들은 하나의 유일한 현실, 즉 보편적 정신이라는 현실의 두 순간을 가리킬 뿐이다. 교육과정은 본질적으로 상호 보완적인 형태의 자기교육이다. 각자가 타자에게서 스스로를 발견하고 타자를 통해 좀 더 고차원적인 자아, 최상의 자아를 구축하는 것이다. 인간의 자기 형성이라는 주제에서 출발한 젠틸레는 이 자기 형성 개념을 인간 정신의 중심적인 성격이라는 좀 더 보편적인 주제로 발전시켰다. 이 정신의 중심적인 성격이란 시간이 흐르면 흐를수록 스스로를 일종의 내재적 신으로 드러내려는 성향을 말한다. 정신은 자아의 자기 위상, 즉 아리스토텔레스가 언급했던 '사유의 사유', 고정적이지 않고 역동적이며 구체적이고 변증적인 자기 위상이다. 젠틸레가 보여 주고자 했던 것은 정신이 스스로 자연을 생성하며 통일성/다양성이라는 고유의 변증적 논리를 바탕으로 공간과 시간을 창조해 낸다는 것이다. 물론 관건은 정신에 외재하지 않고 내재하는 공간과 시간이다. 정신은 자연을 통해 실재하고, 주체는 스스로를 대상으로 중재하며 실재한다.

젠틸레에 따르면, 정신의 통일적 실재는 "다양성의 통일"이라는 구체적인 형태로 주어진다. 다시 말해 정신은 스스로와 정반대되는 실재, 즉 자연을 부정하면서 정립된다. 자연은 정신의 본질적-변증적 단계를 표상한다. 자연 자체는 정신이지 자연과학자들이 생각하는 것처럼 그 자체로 존재하는 추상적인 실체가 아니다. 자연은 정신의 '부재'와 일치한다. 바로 이 지점에서 오류(이론적인 차원)가, 죄와 고통(실질적인 차원)이 발생한다. 오류와 고통 역시 변증적 단계로 간주될 수 있다. 단지 고유의 자율성을 갖추지 못했을 뿐이다. 오류는 '과거', 즉 자연 상태의 정보나 사실이 행위나 진리의 차원으로 건너온 단계다. 오류는 일단 오류로 인식되고 나면, 따라서 변증적으로 극복된 다음에는 더 이상 아무것도 아니다. 마찬가지로 죄와 악도 죄와 악으로 인식된 다음에는 고유의 부정성속에서 완전히 삭제되며 절대적인 긍정성과 선으로 변한다.

'내재성'과 '역사'의 가치에 대한 절대적인 믿음은 젠틸레가 마지막으로 입장을 표명하며 자신의 철학이 지니는 종교적이고 '가톨릭적인' 측면을 강조했을 때에도 번복되지 않았다. 젠틸레의 종교는 사실상 인간과 역사에 내재하는 정신이 신학자들의 신에 우선한다고 보는 내재성의 종교였다. 그에게 신학은 절대적 존재의 대리적이고 신화적인 형식이자 종교를 철학적으로 열등한 단계에서 유지하기 위한 수단에 불과했다. 바로 이 지점에서 젠틸레학파는 우파와 좌파, 즉 가톨릭학파와 평신도학파로 분리되기 시작했지만 그런 식으로 양분된 형태를 유지하면서 제2차 세계대전 이후까지 이탈리아에서 젠틸레의 능동주의를 소개하며 영향력을 발휘했다.

2.3 관념적 역사주의

크로체가 전시에 집필한 『역사 기록의 이론과 역사*Teoria e storia della storiografia*』(1917년)에는 그가 성장기에 경험한 철학적 관점들의 변화 과정이 그대로 요약되어 있다. 이 저서에서 크로체는 철학을 순수하게 관조적인 성격의 성찰로 간주하는 관점에 문제가 있으며 자신의 철학은 이와 정반대되는 방향으로 전개된다고 주장했다. 그는 고유의 철학적 관점을 절대적인 역사주의의 관점으로 정의했다. 크로체는 일찍이 젠틸레가 동의했던 대로 철학과 철학사 사이에 순환적인 형태의 발전 메커니즘이 실재한다고 설명하면서 철학 자체가 역사 서술의 방법론으로 발전해야 하며 모든 형태의 신비주의와 형이상학의 영향에서 하루속히 벗어나야 한다고 주장했다. 그람시는 이러한 크로체의 관점이 마르크스주의를 비판하는 동시에 보완한다고 평가했다. 동일한 관점을 유지하면서 크로체는 제1차 세계대전과 제2차 세계대전 사이에 방대한 분량의 역사책들, 예를 들어 『나폴리 왕국의 역사*Storia del Regno di Napoli*』(1925년), 『1871년에서 1915년에 이르는 이탈리아의 역사*Storia d'Italia dal 1871 al 1915*』(1928년), 『바로크 시대의 이탈리아 역사*Storia dell'età barocca in Italia*』(1929년), 『19세기 유럽의 역사*Storia d'Europa nel secolo* *decimonono*』(1932년) 등을 집필했다. 이탈리아와 유럽의 역사를 다룬 저서에서 크로체는 간략하게나마 자기비판적인 어조로 청년기의 투쟁적 사상이 여러모로 부족한 점을 지니고 있었고 특히 파시즘과 제국주의의 비이성적이고 유물론적인 사상의 공격에 대응하기 위한 윤리적이고 정치적인 차원의 굳건한 방어망을 구축하기에 역부족이었다는 점을 밝힌 바 있다. 반면에 크로체는 자유라는 관념을 기준으로 근대의 역사를 진보의 역사로 해석했다. 그가 역사 자체를 "악에서 선으로 전이하는 과정이 아니라 선에서 최선을 향해" 진보하는 과정으로 해석했다는 점은 크로체의 사상이 지니는 근본적으로 낙관주의적인 측면을 보여 준다.

반면에 크로체는 파시즘을 비이성적이고 야만적인 요소들이 갑작스럽게 부상하는 현상이자 역사의 거시적인 발전 과정에서 얼마든지 일어날 수 있는 일화로 간주하는 경향을 보였다. 물론 역사를 바라보는 그의 기본적인 입장과 일맥상통하기 때문에 크로체의 입장에서 세계사의 지속성에 대한 긍정적인 믿음을 확인할 수 있지만, 제2차 세계대전 직후 마르크스주의자들은 그의 입장을 순진한 발상이라든가 정면 도전을 의도적으로 회피하는 자세로 간주하며 부정적인 평가를 내놓았다. 이와 유사하게 크로체가 '자유주의'를 역사 초월적인 사상으로 해석하는 방식도 그의 역사주의를 지지하던 이들 사이에서 지나치게 형이상학적이라는 평가를 받았다. 왜냐하면 자유주의는 사실상 초월적 역사의 경제적 구체화이기 때문에 초월적 역사 자체와는 일치하지 않았고, 이러한 자유주의를 지지자들뿐만 아니라 비판자들, 보수주의자들뿐만 아니라 혁명가들까지 경쟁하듯 인용하는 구도가 만들어졌기 때문이다.

크로체의 말년을 특징짓는 것은 제2차 세계대전 이후 이탈리아의 문화와 철학적 성향이 급격히 변화하는 상황에서 심화된 그의 고립이다. 저항운동(1943~1945년)이 활발히 전개되던 시기부터 이미 상당수의 명민한 제자들이 민주주의적 능동주의를 지지하며 그의 가르침에 등을 돌린 상태였다. 특히 귀도 칼로제로Guido Calogero와의 논쟁은 상당히 치열한 방식으로 전개되었다. 크로체가 칼로제로의 반파시즘적인 입장을 지지하지 않았던 이유는 그가 젠틸레의 제자였기 때문이라기보다는 자유사회주의 지지자였기 때문이다. 자유주의를 고집하는 크로체의 성향은 빈번히 보수주의로 해석되며 오해를 불러일으켰고 이탈리아 문화에 대한 그의 영향력은 마르크스주의, 실존주의, 신실증주의 같은 새로운 철학 사조들이 대두되면서 빠르고 현저하게 축소되었다. 하지만 크로체는 말년에도 사상가로서 활동을 결코 게을리하지 않았다. 『헤겔 연구와 철학적 입장들 *Indagini su Hegel e schiarimenti filosofici*』(1952년)에서 크로체는 변증법에 대한 해석의 재정립을 시도했고 상반되는 요소들의 중요성을 강조하면서도 이들을 초기의 '유용성' 개념에서 발전된 '생동성'의 범주 안으로 환원시켰다. 일찍이 『역사 기록의 이론과 역사』에서 다루었던 주제들을 새롭게 조명한 1938년의 저서 『사유와 행동으로서의 역사 *La storia come pensiero e come azione*』에서도 정신적인 차원의 변증법은 단순히 이론적인 입장과 실천적인 자세의 편리한 이분법으로 환원되지 않으며 역사 자체가 때로는 사유로, 때로는 행동으로 간주되는 일종의 도덕적 드라마에 직접 관여하는 것으로 소개된다. 말기의 성찰에서도 이 드라마는 의지와 자연의 대립이라는 형태로, 즉 그림자처럼 따라다니는 비이성적인 것을 정신의 입장에서 부인하려는 의지가 끝없이 부각되는 대립의 형태로 반복된다.

2.4   잉글랜드와 미국의 관념주의

관념주의는 잉글랜드와 미국에서도 적극적으로 수용되며 환영을 받았고 기본적으로는 두 종류의 형태로 양분되는 양상을 보였다. 먼저 정신주의적이고 플라톤적인 관념주의는 실증주의가 개인적인 의식의 차원이나 경험적인 세계의 현상들에 대해 만족할 만한 설명을 제시하지 못한다는 비판적인 시각을 제시하면서 출발한 반면 헤겔주의적인 관념주의는 실증주의가 과학적인 범주에 부여하는 인식론적 가치와 경험을 모든 설명의 기반으로 간주하는 관점에 문제를 제기하며 출발했다.

첫 번째 유형의 관념주의를 대표하는 인물은 클레멘트 웹(Clement C. Webb, 1865~1954년)과 앤드루 세스 프링글패티슨(Andrew Seth Pringle-Pattison, 1856~1931년), 두 번째 유형을 대표하는 인물은 프랜시스 허버트 브래들리(1846~1924년)다. 두 번째 관념주의는 특별한 주목을 요한다. 브래들리는 헤겔의 입장을 고수하며 『현상과 실재*Appearance and Reality*』(1893년)에서 감각에 확실성을, 학문적 이성에 한계를 부여하는 관점의 비판을 시도했다. 이러한 비판적 시각을 토대로 고유의 이론을 체계화하면서 브래들리는 경험적 세계가 수많은 논리적 모순에 직접적인 영향을 받지만 이 모순들은 이성적인 차원에서만 해결될 수 있기 때문에 모든 경험은 사실상 현상에 불과하며 뿌리 깊은 비모순적인 현실, 그래서 직관적으로만 이해할 수 있고 개념화할 수 없는 현실의 부적절한 표상에 불과하다고 보았다.

브래들리와 유사한 관점을 고수했던 철학자 버나드 보즌켓(Bernard Bosanquet, 1848~1923년)은 철학이 우주론적 의미를 지니며 주관적인 경험이 드러내는 모순에서 서서히 우주의 총체적 정신에 대한 직관의 세계로 인도한다고 보았다. 반면에 브래들리와 보즌켓의 철학에서 출발한 미국의 대표적인 신관념주의 철학자 조사이어 로이스(1855~1916년)는 실용주의에 앞서 헤겔의 관점을 의지의 차원에서, 즉 자기 정립을 위한 윤리적 노력의 최종 단계로 해석했다. 로이스에 따르면, 사상은 단순한 관조적 성찰이 아니라 고유의 오류와 한계를 수정하고 극복하면서 완성 단계를 향해 나아가는 하나의 행위에 가까웠다.

잉글랜드의 관념주의는 이탈리아 관념주의와도 밀접한 관계를 유지하며 발전했다. 특별한 교량 역할을 했던 인물 로빈 조지 콜링우드(Robin George Collingwood, 1889~1943년)는 『정신의 거울 혹은 지식의 지도*Speculum Mentis, or the Map of Knowledge*』(1924년)에서 크로체적인 관점과 젠틸레적인 관점의 조합을 시도했다. 하지만 크로체의 저서를 여러 권 영어로 번역하기도 했던 콜링우드에게 크로체의 역사주의가 끼친 영향은, 사후에 출판된 『역사의 관념*The Idea of History*』(1946년)에서 볼 수 있듯이, 그의 지대한 관심사였던 역사적 지식 분야에서 보다 분명하게 드러난다.

크로체의 미학에 관하여

『표현의 학문과 일반언어학으로서의 미학』과 『미학 개론과 시*Breviario di Estetica e La poesia*』는 이탈리아의 문화에 지대한 영향력을 행사한 베네데토 크로체의 대표작이자 많은 문제점들을 드러냈던 저서들이다. 자신의 미학적 관점을 표명하면서 크로체는 처음부터 두 가지 형태의 지식, 즉 직관적인 지식과 논리적인 지식이 존재하며 안다는 것은 곧 이미지나 개념을 양산해 내는 것을 의미한다고 주장했다. 하지만 문제는 직관이란 무엇인가에 대해 설명이 요구되는 순간부터 발생한다. 크로체에 따르면, 순수한 감각이나 느낌은 직관이 아니다. 우선적으로 직관은 감각의 결과인 것처럼 보이지만 감각의 직관성은 크로체가 그의 미학 이론을 지배하는 또 다른 범주, 즉 '표현'을 도입하는 순간 모순에 부딪힌다. 크로체에 따르면, 모든 진정한 직관은 직관인 동시에 '표현'이다. 직관과 '표현'을 분리한다는 것은 불가능하다. "정신은 직관하는 동시에 표현과 형성 행위를 동반한다." 크로체는 물론 직관의 범주에서 감각을 제외하지 않는다. 그는 진정한 직관의 경우에도 그것이, 감각처럼, 불완전하기 짝이 없다는 점에 주목할 필요가 있다고 주장한다.

"우리가 직관적으로 관찰하는 일상의 세계는 그다지 중요하지 않은 것들로 채워져 있고 소소한 표현들로 번역된다. 이 표현들은 어떤 특별한 단계에서 정신의 집중력이 상승하는 경우에만 점차 확대되거나 풍부해질 수 있다. (…) 이 표현들은 우리가 속으로 표현하는 일련의 판단과 일치한다. 예를 들어, '여기에 누가 있다. 말 한 마리가 있다. 이것은 무겁다. 이것은 쓰다. 이것은 마음에 든다' 등의 판단과 일치한다. 이것들은 잡동사니의 이미지 말고는 회화적으로 다른 어떤 유형의 솔직하거나 독특한 표현도 지닐 수 없고 그저 몇 가지 특징들만 간신히 포착할 수 있는 단순한 빛과 색채의 눈부심에 지나지 않는다."

그렇다면 이 일상의 잡동사니에 불과한 이미지를 뛰어넘는 것은 무엇인가? 다시 말해 이 이미지보다 더 훌륭한 것은 무엇인가? 그것은, 예를 들어 라파엘로 Raffaello Sanzio가 〈라 포르나리나La Fornarina〉라는 회화작품을 그렸을 때처럼, 작품을 관찰하고 이해하고 완성하기 위해 활용하는 '직관-표현'이다. 크로체에 따르면, '직관-표현'은 예술의 전유물일 뿐 아니라 오로지 "훌륭한" 예술의 전유물이다. 크로체는 실제로 만초니Alessandro Manzoni나 프루스트Marcel Proust, 말라르메Stéphane Mallarmée 같은 작가들의 완성되지 않은 표현들마저도 주저하지 않고 일종의 잡동사니로 간주했다.

이 시점에서 누군가는 크로체가 예술이란 과연 무엇인가에 대해 이야기해 주기를 기대할 수 있을 것이다. 하지만 『표현의 학문과 일반언어학으로서의 미학』에서 직관의 정의로 귀결되지 않는 예술의 정의는 어느 곳에서도 찾아볼 수 없고 예술의 의미를 소환하지 않는 직관의 정의도 전혀 등장하지 않는다. 크로체는 이를테면 '예술의 경험', 혹은 예술적인 것에 대한 섬광과도 같은 인식을 예술의 모든 특징들에 대한 직관적인 인식의 원천적인 기점으로 간주한다.

예를 들어, 크로체는 이렇게 말한다. "아름다움을 '성공적인 표현'으로 정의하는 것이, 다시 말해 '더할 나위 없는 표현'으로 정의하는 것이 적절하고 정당해 보인다. 사실상 성공적이지 않은 표현은 표현이라고 할 수 없기 때문이다." 또 다른 예로, 크로체는 "성공적인 표현들"을 이른바 "틀린 표현들"과 구분하기 위해 두 폭의 그림을 비교하면서 그림 자체에 대해서는 아무런 언급도 하지 않고 그저 하나는 "영감이 부족하고" 다른 하나는 "영감이 뛰어나다"라거나, 하나는 "강렬한 느낌"을 주는 반면 다른 하나는 "차갑게 알레고리적"이라는 식의 수식어들을 사용한다. 하지만 그림이 주는 "강렬한 느낌"이 과연 무엇인지에 대해 그는 아무런 설명도 제시하지 않는다.

사실 크로체가 활용하는 '해석'의 개념도 이에 못지않은 불분명한 점들을 가지고 있다. 크로체에게 미학적으로 판단한다는 것은 예술가의 입장에 서서 작품의 창조 과정을 "예술가가 생산해 낸 물리적인 기호의 도움"을 받아 간접적으로 경험한다는 것을 의미했다. 크로체는 무엇보다도 천재와 취향이 본질적으로 동일하다고 보았다. 물론 이것이 곧 취향에 의한 판단을 기준으로 작품을 모두 동일한 관점에서 동일한 방식으로 해석할 수 있다는 것을 의미하지는 않는다. 크로체는 판단이 다양할 수밖에 없다는 경험적인 차원의 현상을 무시하지 않는다. 하지만 그는 치밀한 분석을 통해 언제든지 창조의 원천적인 조건들을 복원하고 창조 과정을 유일하게 옳은 방식으로 경험하는 것이 충분히 가능하다고 보았다. 결과적으로 크로체는 하나의 형식이 다양한 해석의 모형으로 채택될 수 있다는 점은 물론 수많은 해석자들이 동일한 형식을 독특하고 상이한 관점에서 해석할 수 있다는 점도 인정하지 않았다. 이러한 가능성을 뒤이어 이론화한 인물은 파레이손이다.

한편으로는, 이에 못지않게 당황스러운 상황이 크로체가 개념적인 지식이란 무엇인가에 대해 설명할 때 발생한다. 크로체는 순수한 지식의 모형을 명쾌하고 완성된 논리적 개념에서 발견했다. 반면에 과학 지식처럼 실용적인 목적과 직결되는 지식에 대해 우리가 지닌 것은 저급한 위僞 개념들뿐이라고 보았다. 하지만 이 위 개념들은 크로체의 지지자들이 생각했던 것과는 달리 크로체 자신에게 상당히 중요한 의미를 지니고 있었다. 크로체에게도 과학의 위 개념들은 실용성을 체계화하는 데 절대적으로 필요한 것이었기 때문이다. 하지만 동시에 크로체는 이 위 개념들이 "잡동사니"의 세계, 즉 우리의 감각이 형성되는 세계에 소속되어 있고 우리의 감각과 마찬가지로 현실의 불완전한 윤곽을 구성하는 유형화를 토대로 전개된다고 보았다. 그런 식으로 크로체는 이 "잡동사니"의 세계를 거북해하면서도 다른 한편으로는 이 세계가 바로 삶의 터전, 즉 우리가 맛보기와 추론과 오류를 반복하며 살아가는 세계라는 것을 인정할 수밖에 없다는 듯이 말한다. 그는 이 세계를 삶의 흐름이라는 구체적인 특성과 의미에 비추어 이해하고 생생하게 묘사하지만 그것을 구분해 낸 뒤에는 더 이상 아무런 관심도 기울이지 않는다. 마치 철학은 그가 상세히 묘사하는 인간의 조건과 타협할 수 없다는 듯이 아무 말도 하지 않는다.

크로체는 예를 들어 어떤 감각이나 정의가 지니는 개연성이 무엇인지, 즉 사실이 아니어도 최소한 수용될 수 있는 가능성이 과연 무엇인지에 대해 아무런 질문도 던지지 않는다. 그는 단지 이러한 미학적인 차원의 우려를 역사에, 즉 초현실적이지도 않고 환상적이지도 않은 개별적 세계에 대한 지식이기 때문에 결국 추론과 유사성과 개연성을 활용할 수밖에 없는 역사에 의탁할 뿐이다.

미학에 관한 지침서의 내용이나 문학 장르에 대한 그의 의견들이 많은 문제점을 안고 있다는 사실보다 훨씬 더 당황스러운 것은 그가 '직관 표현'이라고 부르는 예술적 정수가 '내면적 고찰'로만 환원될 수 있으며 기술이나 질료를 통한 예술적 정수의 '외형적 표출', 예를 들어 대리석이나 캔버스, 목소리를 통한 예술의 실질적인 표현은 부차적인 요인에 불과하다는 생각이다. 이러한 생각이 당황스러운 것은 다음과 같은 의견 역시 크로체의 것이었기 때문이다. "많은 이들이 다양하고 중요한 생각들을 머릿속에 가지고 있으면서도 이를 입 밖으로 표현하지 못할 뿐이라고 말하지만 실제로 그런 생각들을 가지고 있다면 얼마든지 아름답고 멋진 말로 표현할 수 있을 것이다." 물론 크로체는 이런 '생각들'을 구체적인 말로 표현하는 것이 그저 경험적인 차원의 요구에 불과하다고 말할 수 있을 것이다. 하지만 예를 들어 한 유명한 테너가 고음에 대한 완벽한 자신감을 내면적으로 직감한 뒤 무대에 올랐다가 실수를 범하고 관객들에게 야유를 받은 이유가 직감을 밖으로 표현했지만 단지 성대가 말을 듣지 않았기 때문이라는 이야기에 대해 과연 무슨 말을 할 것인가? 크로체가 하는 말은 예를 들어 스케치를 끊임없이 반복한 뒤 완벽하고 결정적인 형상에 도달하는 화가들의 경우나 이와 유사한 예술적 경험에 대해 우리가 알고 있는 내용과 상충된다. 아울러 크로체의 의견은 예술에서 질료가 얼마나 중요한 역할을 하는지, 질료 자체가 상상력을 얼마나 크게 자극할 수 있는지 이야기하는 예술가들의 의견과 상충될 뿐 아니라 시인이 시의 초고를 큰 소리로 낭송하면서 자신의 시에 대한 청각적인 경험을 토대로 운율을 변형하거나 보다 적절한 표현을 찾기 위한 실마리를 발견하는 경우와도 상충된다. 물론 크로체는 반대로 『미학 개론과 시』에서 시인들이 그들의 내면적인 직관 혹은 시적 영감이 경험적인 차원에서 표출되는 것을 혐오하기 때문에 자신들의 시를 직접 낭송하지 않는다고 주장했지만, 이는 통계적 관점에서 틀린 주장이다.

크로체는 미켈란젤로Michelangelo Buonarroti가 쓴 소네트의 내용을 분명히 알고 있었을 것이다. 미켈란젤로는 그의 운문에서 예술가가 '직관 표현'을 자신이 다루는 질료와 대화를 나누면서, 다시 말해 질료의 결, 특성, 잠재력과 대화를 나누면서 발견한다고 기록했다. 더 나아가서 미켈란젤로는 조각작품이 대리석 속에 이미 들어 있다는 비유를 사용했다. 미켈란젤로가 이런 비유를 사용한 것은 예술가의 작업이 대리석 안에서 작품을 품고 있는 군더더기를 제거하는 일에 가깝다고 보았기 때문이다. 하지만 크로체는, 마치 미켈란젤로의 의견을 반박이라도 하려는 듯이, 특정 조각작품을 이미 "담고 있는 대리석 덩어리"라든가 특정 회화작품을 이미 "담고 있는 채색된 나무판" 같은 표현을 사용하면서 예술작품은 예술가들의 유일하게 진실하며 전적으로 내면적인 직관의 단순한 그릇에 지나지 않는다고 설명했다.

크로체는 '날아가는 말verba volant'처럼 증발하는 표현들이 존재하며 그렇지 않은 표현들, 즉 조각이나 그림처럼 영속하는 성격의 표현들이 존재한다는 것을 이해하지만 결국에는 증발하는 표현들이 글이나 녹음테이프처럼 물질적인 차원의 표현은 아니라는 결론을 내린다. 문제는 크로체가 이러한 결론을 영속적인 유형의 예술에까지 확대해서 적용한다는 것이다. 물론 작업실에서 멀리 떨어져 자신이 만들 수 있는 조각품의 지극히 세밀한 부분까지 고민하는 조각가를 상상할 수 있겠지만, 그가 이런 고민을 하는 것은 이미 대리석 위에서 땀을 흘려 본 적이 있고 작업실에서 돌을 깨며 일을 해 본 경험이 있기 때문이다. 조각가의 작업에 대한 직접적인 경험의 기억 없이 그는 아무것도 직관하지 못한다.

이러한 유형의 모순에 주목했던 후세대 학자들은 크로체의 미학을 대체할 수 있는 또 다른 미학 이론들, 예를 들어 예술작품의 창조에 절대적으로 요구되는 질료의 역할에 주목한 파레이손의 미학 이론이나 예술의 기술적인 측면에 주목한 질로 도르플레스Gillo Dorfles나 디노 포르마조Dino Formaggio의 관점에 매력을 느끼기 시작했다. 물리적인 자연세계의 완전성에 주목하면서 예술의 해석을 일상과 자연의 영역으로 끌어들인 존 듀이의 『경험으로서의 예술』(1934년)도 많은 관심을 끌었던 미학 이론 가운데 하나다.

기류처럼 증발하는 표현으로서의 시 개념 앞에서 크로체는 모두의 것인 동시에 그 누구의 것도 아닌 영토를 개방해야만 했다. 이 영토가 바로 순수한 세계와 잡동사니의 세계가 조화를 이루며 공존할 수 있는 문학의 세계다. 이 세계에서 크로체는 그가 사랑하는 작가들의 작품과 미워하는 작가들의 작품이 공존하는 것을 지켜볼 수 있었다. 크로체에게 문학은 정신적인 형식이 아니라 문화와 훌륭한 교육의 일부였고 산문의 왕국이자 시민문화적인 대화의 왕국이었다. 이 영역이 바로 크로체가 글을 썼던 곳이다. 크로체는 실제로 굉장한 작가였다. 그의 어조와 풍자와 정화된 성찰과 문장의 완성도 같은 요소들이 그의 생각과 말을 내용과 상관없이 설득력 있게 만들었다. 크로체는 그가 문학의 정수이자 천사로 이해하는 시의 존재를, 문학의 풍부하고 정중하고 조화로운 예들을 통해, 설득력 있게 설명할 줄 아는 연설과 양식의 대가였다.

3

후설과 현상학

3.1　현상학의 문제와 의미

에드문트 후설(1859~1938년)이 체계화한 현상학은 20세기의 철학에 지대한 영
향력을 행사한 철학적 방법론 가운데 하나다. 간략하게 정의하면, 현상학은 '주
체'가 무언가를 인식하는 데 활용하는 다양한 방식의 분석이라고 할 수 있다.
실제로 후설은 자신의 유일한 철학적 관심이 '주체'라고 여러 번에 걸쳐 강조한
바 있다. 미학적 판단이나 감정, 의지 같은 복합적인 범주에 관여하는 방식들을
제외하면 '감각', '기억', '상상' 등이 주체의 가장 기본적인 '의식 행위'라고 볼
수 있다. 아울러 이 기본적인 범주에 후설이 '범주적 의식 행위'라고 부르는 것
들, 즉 언어적인 차원에서 무언가를 제시하며 무언가 다른 것을 가리키는 경우
의 의식 행위가 포함된다. 물론 이러한 유형의 문제들은, 칸트나 잉글랜드의 경
험주의자들이 관심을 기울였던 영역에서처럼 언제나 철학적 탐구의 중심에 놓
여 있었다. 하지만 현상학은 다른 어떤 철학 사조에서도 찾아볼 수 없는 현상학
만의 독특한 특징, 즉 위와 같은 다양한 인식 경로를 이해하는 방식에 주목한다

는 특징을 지닌다.

이것이 바로 후설이 말하는 '형상', 즉 그리스어 '에이도스*éidos*'가 가리키는 본질에 대한 직관적인 이해 방식이다. 후설은 이러한 이해가 '판단의 보류'를 뜻하는 '에포케*epoché*'라는 이름의 기초적인 과정을 토대로 가능해진다고 보았다. 이 '에포케'는 물리적이고 생리학적인 현실이나 경험적 주체의 구체적인 심리에 관여하는 일련의 변수들에 대해 판단을 보류하는 과정이다. 예를 들어 '기억'이라는 행위를 현상학적인 차원에서 분석하기 위해서는 기억이 특정한 정신 상태에서 유래하는지 혹은 경험에서 유래하는지에 대해 판단을 보류해야 하고, 혹은 기억이 또 다른 기억들과의 제휴를 통해 생성되는지 또는 신경생리학적인 차원에서 대뇌피질의 특정 부위 혹은 또 다른 부위의 활성화를 통해 형성되는지에 대한 판단을 보류할 필요가 있다. 후설에 따르면, 이 에포케라는 판단의 보류 과정을 통해 성찰의 장이 마련되어야만 본질을 직관하는 것이 가능해진다.

여기서 우리의 시선은 감지 행위, 기억 행위, 상상 행위뿐만 아니라 이 행위들 속에서 '의식의 내용'처럼 나타나거나 드러나는 것들, 즉 '현상'에 주목하면서 이러한 행위와 내용의 우발적이거나 개별적인 특징이 아니라 보편적인 특징들을 찾아내는 데 집중된다. 예를 들어 기억 행위와 기억이 지니는 일련의 특징을 검토하면서, 우리는 우선적으로 어떤 것이 우발적인 특성인지, 즉 특별하지만 우발적인 방식으로 부각된다는 사실과 직결되는 특성인지 혹은 특별한 기억에 좌우되는 특성인지, 아니면 보편적인 특성인지, 즉 모든 종류의 기억 행위가 공통적으로 지닐 수밖에 없는 특성인지 이해해야 한다.

기억과 지각 사이에서, 혹은 다양한 의식 행위들 사이에서 부각되는 차이점들과는 무관하게, 현상학적 방법론이 지니는 또 하나의 기본적인 특징은 '심상'이라는 개념에 의존하지 않는다는 점이다. 현상학적인 차원에서, 의식의 내용, 즉 무언가를 기억하거나 감지할 때 의식 속에서 드러나는 것들은 의식 내부의 이미지, 즉 심상으로 간주될 수 없다.

이는 후설이 반복해서 강조했던 측면이다. 후설은 한편에 인식의 주체가 존재하고 다른 한편에 인식의 대상이 존재한다는 관점을 거부했다. 다시 말해 한편에 지각의 주체가 있고 그의 의식 속에 이미지를 각인하는 실체가 다른 편에 존재하는 것은 아니라고 보았던 것이다. 이러한 심상의 개념을 포기하면서, 혹은 그것을 대체하면서 마련된 것이 바로 현상학의 가장 기초적인 개념, 즉 지향성이라는 개념이다. 후설이 브렌타노의 분석을 기반으로 발전시킨 지향성 이론에 따르면, 의식은 항상 어떤 대상을 지향하거나 무언가를 '의도하기' 때문에 의식이 이 무언가와 관계하며 유지하는 정확한 상황에 대한 이해를 바탕으로 분석되어야 한다.

지각 행위, 기억 행위, 사고 행위를 통해 무언가가 지각되고 기억되고 사고된다는 것은 분명한 사실이다. 하지만 이와 같은 명백한 사실 뒤에는 현상학적 분석의 핵심적인 측면, 즉 의식은 다양한 의식 행위의 총체로 간주되어야 한다는 사실이 감추어져 있다. 현상학적 분석이 주목하는 것은 이 총체적인 의식 행위 고유의 구조적인 특징들을 상세하고 분명하게 정의할 필요가 있으며 이 의식 행위에서 노에시스nóesis라는 주체적인 측면과 노에마nóema라는 객관적인 측면이 부각되어야 한다는 점이다.

3.2 지향성이라는 개념

후설은 『논리 연구*Logischen Untersuchungen*』(1900~1901년)에서 지향성 이론을 소개하는 동시에 논리학을 심리학으로 환원하려는 성향의 모든 철학적 접근 방식이 근본적으로 틀렸다고 지적했다. 이러한 성향을 거부하며 후설은 논리적인 형식이나 의미들이 이를 발언하는 주체의 개별적인 심리 상태와 관련하여 주목해야 할 심리학적 탐구 대상이 아니라 순수하게 이상적인 차원을 지닐 뿐이라고 강조했다.

『논리 연구』를 발표하기 10년 전에 출판한 첫 번째 저서 『산술의 철학*Philosophie der Arithmetik*』(1891년)에서 후설은 숫자라는 개념의 주관적인 기원을 분석하며 세월이 한참 흐른 뒤에야 전모를 드러낼 형이상학적 구도를 예고하는 특유의 방법론을 선보인 바 있다. 후설은 숫자의 주관적인 기원이 일련의 대상을 조합하고 하나의 집합체로 보려는 의도하에 대상들의 개별적이고 감각적인 특성을 모두 무시한 채 그저 순수한 '무언가'로 간주하려는 태도에 있다고 보았다.

　뒤이어 '지향성'은, 후설의 현상학적 구도 속에서, 항상 '무언가에 대한 의식'의 가장 중요한 특성, 즉 언어의 형태로 감지될 수 있고 기억될 수 있고 상상될 수 있고 표현될 수 있는 어떤 대상에 대한 의식의 전형적인 특징으로 간주된다. 하지만 여기서 관건이 되는 것은 사실적인 대상이 아니라 의식의 대상이라는 점, 즉 그것을 감지하거나 기억하거나 상상하거나 사고할 때 실질적인 효과의 차원에서 인식되는 대상 혹은 현상이라는 점을 기억할 필요가 있다. 예를 들어 우리 앞에 놓인 물체를 관찰할 때 우리가 볼 수 있는 것은 시선에 포착되는 하나의 측면에 불과하다. 반면에 우리가 움직이면서 물체를 관찰하면 멈춰 서서 바라보았던 단면은 "어둠 속으로" 빨려 들어가고 "함께 인식"되지만 더 이상 시야에 포착되지 않으며 새로운 단면들이 눈에 들어온다. 모든 관점의 변화가 그런 식으로 전개된다. 실질적인 효과의 차원에서 "의도된" 것은 이 "단면들"이며 여기에 우리가 계속해서 동일한 대상을 관찰하고 있다는 간접적인 의식이 중첩될 뿐이다. 따라서 본질을 파악하는 직관적인 의식에 물리적인 대상이 주어지는 '현상'의 빼놓을 수 없는 특징은 대상이 항상 부분적인 정보들만 공개하며 모습을 드러낸다는 점이다. 이는 곧 현상학적인 차원에서 지각 과정에 일련의 규칙이 존재할 수 있다는 것을, 즉 "조화로운 직관의 세계가 무한히 확장되는" 과정 속에서 대상의 "끝없는 출현"을 지배하는 체계가 존재할 수 있다는 것을 의미한다.

3.3   의식 행위의 묘사 이론

'지향성' 개념은 사실적인 대상과 의식의 대상을 구분하는 데만 소용되는 것이 아니라 여러 종류의 의식 행위들, 다양한 의식 대상들을 구분하는 데 쓰인다. 감지된 대상은 단면과 함께 조합된 형상을 전시하지만 이 '조합'은 칸트가 주장했던 것처럼 의식의 주체에 의해 주도되는 것이 아니다. 의식의 주체는 물리적인 대상이 제공하는 여러 단면들을 순차적인 "시간의 차원에서" 조합하며 이에 대한 총체적인 이해를 꾀할 뿐 '조합' 자체는 감지된 내용에 지배된다. 이것이 바로 후설이 말하는 "수동적 조합"의 의미다. 반면에 우리가 범주적 의식 행위, 예를 들어 조합하기, 비교하기, 관련짓기, 배제하기, 나열하기 등을 통해 무언가를 의도할 때 우리는 이미 감지된 정보들을 우리가 원하는 대로 조합하며, 예를 들어 '이 책은 전등 오른쪽에 있다'거나 '이 전등은 책 왼쪽에 있다'고 말한다. 이 경우에는 의식 행위뿐만 아니라 의식 대상도 순수한 지각 행위와는 거리가 멀다.

기억된 대상이 감지된 대상과는 다른 특징들을 지니는 것과 마찬가지로 기억 행위 역시 지각 행위와는 다른 특징들을 지닌다. 기억 행위는 현상학적인 차원에서 "지나간 시간을 되돌아보는" 행위로 정의될 수 있다. 반면에 기억 대상이 지니는 본질적인 특징에는 과거라는 차원과 사실이라는 차원이 모두 관여한다. 예를 들어 의식 주체가 무언가를 기억할 때 그것은 언젠가 일어났고 결과적으로 감지된 어떤 사실에 상응한다. 여하튼 기억 속에는 감지된 대상의 이미지를 구축하는 원천적인 인상에 대한 부차적인 의식 혹은 부차적인 지향성이 실재한다. 반면에 상상이라는 의식의 대상에는 후설이 『순수현상학과 현상학적 철학의 이념들*Ideen zu einer reinen Phänomenologie und phänomenologischen Philosophie*』 1권에서 설명한 바 있는 '중립적 변형'이 일어난다. '중립적 변형'은 대상의 존재를 부인하지 않지만 신뢰의 차원에서 대상이 존재한다는 확실성을 무효화한다. 상상이라는 의식 속에서 일어나는 '중립적 변형'은 의식의 대상을 중립적으로, 즉존재하지도 부재하지도 않는 형태로, 혹은 환상적인 이야기 속의 사물들처럼 "마치 ~인 것 같은" 형태로 제시한다.

'지향성' 개념에는 의식 속에서 무언가가 표명된다는 사실이 함축되어 있다. 후설은 실제로 우리의 의도가 담긴 모든 형태의 경험이 그 자체로 하나의 표상이거나 표상을 기반으로 구축된다고 보았다. 여기서 표상이라는 용어는 무언가가 우리를 위해 객체화되고 우리의 의식 속에서 모습을 드러낸다는 단순한 사실을 가리킨다. 후설은 의식의 객체성, 즉 우리가 잠정적으로 '내용'이라고 불렀던 것을 의식 행위 자체의 '특성'과 차별화하기 위해 의식 행위의 '질료'로 정의했다. '질료'는 의식 행위의 한 측면, 즉 의식이 특정 객체를 특별한 형식이나 구도를 바탕으로 떠올리도록 하는 측면을 가리킨다. 반면에 '특성'은 주관적인 측면을 가리키며 동일한 질료가 감지되고 기억되고 상상될 수 있을 뿐 아니라 판단의 기반이 될 수 있다는 것을 의미한다. 이러한 첫 번째 층위에 또 다른 의식 행위들, 예를 들어 욕망과 의지와 감정과 미적 판단 행위의 '특성'들이 중첩될 수 있다.

더 나아가서 의도적인 의식 행위들은, 『논리 연구』에서 제시된 구도에 따라, 객관화 과정을 수용하는 의식 행위와 수용하지 않는 의식 행위로 구분될 수 있다. 객관화를 통해 "의식의 대상을 실재하도록 만드는" 의식 행위의 범주에 감지하기, 기억하기, 상상하기, 술어적인 판단이 포함된다. 이와 달리 객관화와 무관한 의식 행위는 자율적이지 않으며 앞선 의식 행위들을 기반으로 성립된다. 이 의식 행위의 범주에 욕망하기, 갈망하기, 기뻐하기, 즐거워하기 등이 포함된다. 하지만 무언가가 욕망과 기쁨과 갈망의 대상이 되기 위해서는 먼저 지각, 기억, 상상, 판단 행위를 바탕으로 의식 속에 실재해야 한다.

한편 객관화를 수반하는 의식 행위들은 다시 실증적 유형과 비실증적 유형으로, 혹은 정립 유형과 비정립 유형으로 나뉠 수 있다. 실증적 유형의 의식 행위들은 의식의 대상을 그것의 존재에 대한 확신과 함께 실존하는 것으로 간주하며, 지각 행위와 기억 행위가 이 유형에 속한다. 비실증적 유형의 의식 행위들은 대상의 존재 가능성을 중성화하며, 상상 행위가 이 유형에 속한다. 객관화와 무관한 의식 행위들 역시 실증적 유형과 비실증적 유형으로 구분될 수 있다. 예를 들어 기뻐하는 행위는 객관화를 수반하는 의식의 대상에 관여하는지 아니면 객관화와 무관한지에 따라 대상의 존재에 대한 확신을 유지하거나 존재 가능성을 중성화할 수 있다.

3.4 의미와 진리의 문제

『논리 연구』에서 후설이 집중적으로 다루는 것은 의미의 문제, 특히 범주적 의식 행위와 진리의 문제다. 의미를 부여하려는 의도, 다시 말해 화자가 언어적 기호를 활용해 전달하려고 하는 의미와 직결된다는 차원에서 후설이 '기호적 의도'라고 부른 것은 본질적으로 텅 빈 의도에 가깝다. 이 의도는 이해되거나 전달되기 위해 지각이나 기억, 상상 행위와 관계할 필요가 없다. 물론 지각 행위에 관여하는 것이 불가능하지는 않다. 무언가에 대한 언어적인 단계의 묘사만으로도 기본적인 '표상'이 제공될 수 있기 때문이다. 하지만 이 표상은 부정확하거나 모호한 상태로 남는다. 정확하게 무슨 이야기가 오가는지 이해하려면 이 '무언가'를 직접 눈으로 확인할 필요가 있다. 확인이 가능할 때 우리는 언어적 기호의 차원과 직관의 차원이 통일되는 단계, 다시 말해 사고의 대상이나 언어적 묘사의 대상과 시각의 대상을 동일한 대상으로 간주할 수 있는 단계에 도달한다. 똑같은 이야기가 의사 표현에도 적용된다. 우리는 직관의 차원에 의존하지 않고서도 우리의 생각을 얼마든지 말로 표현할 수 있다. 예를 들어 우리는 '차가 신문가게 앞에 주차되어 있다'고 말할 수 있다. 하지만 이 말의 내용이 의심스럽거나 가정으로 기울어질 때, 그래서 '정말 신문가게 앞에 차가 주차되어 있는지 의심스럽다'는 생각이 들 때 우리는 실제로 신문가게에 가서 차가 정말 주차되어 있는지 눈으로 확인한다. 결과적으로 현상학적인 관점에서 가장 중요하고 핵심적인 요소는 두말할 필요 없이 감각적인 경험이라고 할 수 있다.

여하튼 진리란, 즉 근거 있는 지식이란 머릿속으로 이해하는 것과 직관적인 정보가 일치하거나 조화를 이루는 형식이라고 볼 수 있다. 다시 말해 진리는 우리가 편의상 언어적인 표현과 동일한 것으로 간주하는 사고 행위와 직관적인 차원의 어떤 구체적인 정보가 완전하게 상응할 수 있는 가능성을 기반으로 성립된다. 이러한 생각은 오래된 진리 이론의 '사실과 지성의 조화Adaequatio rei et intellectus'라는 원칙을 재해석한 것으로 평가되곤 했다. 하지만 현상학적인 차원에서 진리를 구축하는 상응관계는 더 이상 지성과 물리적인 대상 사이가 아니라 다양한 의식 행위, 즉 언어적 의미를 부여하는 행위와 무언가를 감지하는 행위 사이에 주어진다.

현상학적인 차원에서 지식의 궁극적인 원천이 감각-직관적 단계에 있다면, 이에 못지않게 분명한 것은 감각적인 단계의 무언가가 언어적 표현의 특정 부분에만 상응하며 감각적인 것과는 사실상 아무런 연관성이 없는 언어적 형식이나 대상들이 존재한다는 사실이다. 예를 들어 '만년필이 탁자 위에 있다'라는 문장을 매듭짓는 '있다'라는 말은, 만년필이나 탁자의 경우와 달리, 감각적인 차원에서 어떤 대상에도 상응하지 않는다. 결과적으로 '있다'라는 말이 보다 일반적으로 감각적, 지각적, 객관적 차원의 어떤 대상과도 연관성을 지니지 않는다면, 동일한 이야기가 우리의 일상적인 말을 구성하는 또 다른 요소들, 예를 들어 '하나의', '그리고', '그렇다면', '모두', '아무도', '어떤', '무언가' 같은 표현이나 양과 수를 가리키는 표현에도 똑같이 적용된다. 이러한 표현들은 분명히 고유의 의미를 지녔음에도 불구하고 지각 단계와는 어떤 연관성도 지니지 않으며 감각적인 이해의 대상이 되지 못한다. 후설은 이 표현들을 "범주적 형식"이라고 불렀다.

이 형식들을 우리가 사고 행위와 언어 행위에 사용하는 순간, 예를 들어 말들을 접속하거나 분리하면서, 또는 개별적인 것을 '이것'처럼 결정된 형태로 지시한다든지 '무언가'처럼 부정형으로 가리키면서 다양한 의미들을 연결하고 구분하고 일반화하고 비교할 때, 우리는 이 모든 것을 조합하며 감각적인 차원에서 결코 직접적으로 주어질 수 없는 일련의 '대상성'을 표면으로 떠오르게 만든다. 이 대상성은 조합이라는 사고 행위를 바탕으로 형성되며 이어서 분명한 언어적 표현의 형태로, 또는 문장의 형태로 구체화된다. 따라서 문장을 구성하는 이러한 요소들이 직접적인 경험이나 직관적인 차원의 어떤 대상에도 상응하지 않는다면, 반대로 이 요소들이 취하는 범주적 형식에는 범주적 대상성이, 다시 말해 체계화, 일반화, 개별화 등의 다양한 형식을 바탕으로 문장 자체가 표현하는 사물들의 상태가 상응한다. 이 대상성은 그 자체로는 감지되지 않지만 그것이 실재한다는 것을 확인할 수 있다는 사실 자체가 감각적이고 직관적인 차원과의 소통을 가능하게 만든다.

후설은 사후에 출판된『경험과 판단*Erfahrung und Urteil*』(1939년)에서 일련의 연구를 바탕으로 범주적인 의식 행위와 언어-논리적 형식들의 관계가 안고 있는 문제점들을 분석하면서 이러한 언어 형식들의 생성이 다름 아닌 감각적인 경험에서 유래한다는 새로운 관점을 도입했다. 후설은 이 언어 형식들이 뒤이어 감각과 직관의 단계에서 벗어나 자율적이며 외견상 독립적인 형식을 취한다고 보았다.

3.5   시간의 현상학적 구도

현상학적 방법론이 적용된 전형적인 예들 중에 하나는 후설이『내적 시간의식의 현상학*Vorlesungen zur Phänomenologie des inneren Zeitbewusstseins*』(1928년)에서 시도한 내부적인 시간의식의 분석, 무엇보다도 이 분석의 핵심을 차지하는 '과거지향Retention'적인 특성과 '미래지향Protention'적인 특성의 메커니즘에 대한 해석이다. 이 메커니즘을 통해 구축되는 시간 개념은 현상학적 탐구에서 핵심적인 역할을 한다. 실제로 현상학적 시간의 구도는 다름 아닌 지각 활동의 기반을 이룬다. 후설이 이를 설명하기 위해 예로 든 선율 청취의 경우를 아래의 도표와 함께 살펴보자.

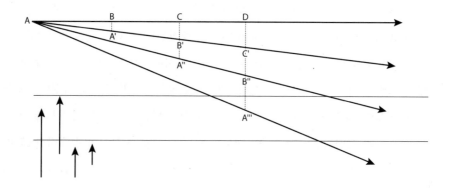

앞의 도표가 암시하는 것처럼, 하나의 선율이 A 지점에서 출발하고 선율의 첫 번째 음이 A 지점에 위치한다고 가정하자. 이 선율을 감지하는 방식에 대해 우리는 기본적으로 다음과 같은 첫 번째 설명을 제시할 수 있다. 물론 이 설명은 여전히 자연과학적인 단계에 머물러 있고 따라서 현상학적 관점에 완전히 도달했다고는 볼 수 없다.

우리가 선율을 듣기 시작하는 시점은 당연히 A이며 선율은 다른 음들을 노래하기 위해 다음 시점 B, C, D 등으로 이동한다. 우리가 B 시점에 위치한 두 번째 음을 감지할 때 첫 번째 음은 어떻게 보면 사라지지 않았고 단지 B 시점에만 실재하지 않을 뿐이다. 첫 번째 음은 이를테면 과거의 감지 활동 속으로, 즉 현재 시점 B의 과거 속으로 미끄러져 들어갔다고 볼 수 있다. 하지만 첫 번째 음은 여전히 "근처에" 머물면서 현시점에 "매달려" 있다. 단지 처음만큼은 "분명하지" 않고 일종의 환영처럼 감지될 뿐이다. 도표에서 이러한 상황을 보여 주는 부분은 단계별로 하강하는 첫 번째 수직선상의 A' 지점이다.

C 시점에서도 동일한 현상이 일어난다. B 시점에서 감지되었던 음이 C 시점에 와서 취하게 되는 특성들은 두 번째 음이 감지되었을 때 B 시점에서 첫 번째 음이 지녔던 것과 동일하다. 도표에서 이러한 상황을 보여 주는 부분은 단계별로 하강하는 두 번째 수직선상의 B' 지점이다. 이 시점에서 A는 동일한 두 번째 수직선상의 A"가 된다. A는 여전히 "함께 실재"하지만 좀 더 약하고 불분명해진 상태에서 점점 더 과거 속으로 가라앉는다. 이는 물론 의식의 차원에서 일어나는 일이다. 왜냐하면 물리적인 차원에서 A는 더 이상 존재하지 않기 때문이다. 동일한 이야기가 시점 D에도 적용된다. C', B", A'''는 "함께 실재"하지만 "강도"와 "명료함"에서 차이를 보인다. 수평선을 따라 선율이 전개되고 더 많은 음들이 감지됨에 따라 가장 약한 A'''를 선두로 B"와 C'도 완전히 사라질 때까지 점점 더 약해진다.

이제 우리는 지금까지 분석한 내용을 바탕으로 앞의 도표를 다음과 같이 해석할 수 있다. 수평선의 관찰 기준은 항상 지각과 의식의 주체라는 점을 기억하자. 이 수평선상의 모든 지점은, 따라서 문제의 선율을 구성하는 모든 음은 근원적인 인상인 동시에 하나의 '지금' 시점, 즉 앞으로 나아가는 현재다. 의식의 실질적인 주체, 즉 뼈와 살로 만들어진 감각의 주체에게는 오로지 현재의 차원 만이 존재할 뿐이다. 첫 번째 음을 듣는 순간이 그의 현재이며 '지금'이다. 두 번째 음을 듣는 순간도 언제나 그의 현재다

모든 '지금' 시점은, 우리의 의식이 세계와 유지하는 관계의 영원한 현재가 전개되는 가운데, 일종의 "중간 지대"로 미끄러진다. '지금' 시점은 이제 근원적 인 인상이 주어졌던 방식으로는 실재하지 않지만 완전히 과거로 밀려난 것도 아니다. 그것은 사실 하나의 '지금' 시점에서 새롭게 출발하는 선들 밑으로 점 점 더 깊이 가라앉으며, 점점 더 "모호한" 방식으로 실재한다. 이러한 과정은 도 표를 통해서도, 즉 현시점 하나하나를 기점으로 출발하는 수직선이 수평선들 과 교차하는 모습에서 확인할 수 있다. 이 과정을 후설은 '과거지향'이라는 기 술적인 용어로 정의했다. 예를 들어 D 지점에서 나타나는 첫 번째 '과거지향' 현상은 바로 이전 지점에서 감지된 음이 과거를 지향하기 시작하는 지점 C'로 표시된다. 두 번째 '과거지향' 현상은 B"로 표시된다. B"는 분명히 C'에 비해, 아 울러 B'에 있었을 때보다 훨씬 더 모호하며, 이를테면 이미 '과거지향'적인 현상 의 좀 더 '과거지향'적인 성향이라고 할 수 있다.

이러한 과거지향적인 후럼 없이 지각의 주체는 선율을 감지할 수 없으며, 좀 더 철학적으로 말하자면, 그것을 이해할 수 없을 것이다. 물론 우리가 이 선율 의 속도를 하염없이 늦춘다면 어느 시점에선가 음들이 모두 분리되어 있는 것 처럼 들리고 감각적인 차원에서 선율의 형상은 흔적을 감추고 말 것이다. 결과 적으로 후설의 분석에 대해서는 다음과 같은 자연과학적인 차원의 반론이 제 기될 수 있다. 즉 우리가 선율을 감지할 수 있는 실질적인 이유는 음들이 물리 적인 차원에서 충분히 가까이 모여 있기 때문이라는 의견이 제기될 수 있는 것 이다. 하지만 후설의 입장에 따르면, 음들이 물리적인 차원에서 충분히 가까이 모여 있더라도, 과거지향적인 동시에 미래지향적인 성향의 메커니즘 없이 선 율의 형태를 이해한다는 것은 불가능하다.

후설에 따르면, 모든 '지금' 시점은 과거를 바라보는 동시에 앞으로 나아가려

는 성향, 즉 '미래지향'적인 성향을 지닌다. 예를 들어 선율을 감지하는 행위는 선율과 함께 선율이 흐르는 것처럼 앞으로 나아간다. 현시점은 매순간 과거로 변하는 동시에 과거로부터 끊임없이 빠져나가는 성격 때문에 오히려 미래에 가깝다. 모든 '지금' 시점은 항상 불안정한 상태에서 다가올 '지금' 시점을 향해 기울어져 있다. '미래지향'적인 성향과 직결되는 또 하나의 특성은 '일관성'이다. 예를 들어 어떤 피아노곡을 듣는 동안 느닷없이 전자기타 소리가 들려오면 우리는 당황할 것이다. 익히 들어 본 적이 있는 곡이라면 상황은 다르고 미래지향적인 성향이 훨씬 더 강하게 나타나겠지만, 처음 듣는 곡일 경우 우리는 어떤 음들의 구체적인 조합이나 구체적인 멜로디를 기대하지 않는다. 우리는 그저 '지금' 시점에서 듣고 있는 것과 방금 들은 음들의 '과거지향'적인 잔상 사이에서 무언가 '일관적인' 것이 지속되기를 막연히 기대할 뿐이다.

지금까지의 분석 과정을 살펴보면, 우리는 하나의 자연적인 사실, 즉 선율의 청취라는 경우에서 출발해 이를 나름대로 묘사하며 음이나 음색 같은 모든 자연적인 특징들을 '제거'했다. 대략적으로는 이것이 바로 현상학적 '에포케'의 방법, 즉 "자연적인 특성을 보류"하는 방법이다. 현상학적 '에포케'는 개인적인 경험과 감성의 세계를 수반하는 자연적인 의식의 주체와 자연적인 대상 자체에 대한 판단을 보류하는 방식이다. 결과적으로 남는 것은 이하의 요소들이다.

1) 앞으로 나아가는 영원한 현재로서의 '지금' 시점.

2) 과거지향적인 성향, 즉 과거로 미끄러진 '지금' 시점들의 실재적 충만함을 다양한 단계로 보전하는 성향.

3) 미래지향적인 성향, 즉 현재의 '지금' 시점 및 과거지향적인 성향과 일관성을 유지하며 다가올 '지금' 시점을 향해 나아가는 성향.

이러한 요소들에 의해 구축되는 것이 바로 내적 시간의식의 일반적이고 본질적인 구조이자 현상학적 차원의 '에이도스'다. 좀 더 정확히 말하자면, 우리의 분석을 통해 부각되는 것은 1) 의식적인 차원의 시간을 구축하지만 그 시간 안에는 실재하지 않으며 끝없이 앞으로 나아가는 '영원한 현재'의 근원적인 순수 '주체'와 2) 현재가 미래지향적인 관점에서 앞으로, 과거지향적인 관점에서 뒤로 "확장되는" 형태의 삼각관계 속에서 구축되는 내적 시간의식이다.

이 모든 과정에 기억은 포함되지 않는다. 우리가 무언가를 기억할 때 우리는 일련의 사건을 가능한 한 분명하고 정확하게 구체적이고 객관적인 시간 안에, 개연적인 연속관계 안에 위치시키려고 노력한다. 하지만 아이러니하게도 현상학적인 차원에서, 다시 말해 항상 주체와 객체를 함께 다루는 분석 유형의 관점에서, 객관적인 시간이란 다름 아닌 기억된 시간이다.

3.6 에이도스의 개념과 현상학적 에포케

후설은 『현상학의 이념: 5편의 강의*Die Idee der Phänomenologie: Fünf Vorlesungen*』(1907년)에서 이미 언급한 바 있는 에포케의 개념, '본질'을 의미하는 에이도스의 개념, 에이도스의 '직관적 이해'를 비롯해 노에시스와 노에마의 개념을 모두 『순수현상학과 현상학적 철학의 이념들』(1913년) 1권에서 체계적으로 이론화했다. 후설의 현상학적 방법론이 완성 단계에 도달했음을 분명하게 보여 주는 이 저서의 출판을 기점으로 후설의 철학은 이른바 '초월론적 사유'의 단계로 접어들기 시작했다.

후설은 『논리 연구』에서 제시한 분석들이 방법론적인 차원에서 분명하게 정립되지 않은 전제들을 바탕으로 전개되었다고 느꼈다. 실제로 그의 분석들은 다양한 의식 행위들이 지니는 본질적인 특징의 묘사였고 그런 면에서 효과적인 현상학적 분석이었지만, 특징을 묘사하고 정의하기 위해 필요할 뿐 아니라 심리학적 방법론과 엄밀하게 구분되어야 하는 고유의 방법론에 대한 언급이 빠져 있었다.

뒤이어 『순수현상학과 현상학적 철학의 이념들』 1권에서는 에포케의 개념, 즉 물리적이고 심리적인 현실에 대한 '판단 보류'의 개념과 에포케에 의해 마련되는 본질의 '직관적 이해' 개념이 정립된다. 판단을 보류하면서 물리적이고 심리적인 현실을 중립화한다는 것은 현실 자체를 근본적으로 의심한다기보다는 그것을 일상 속에서 무비판적으로 이해하거나 수용하는 방식으로는 더 이상 고려하지 않는다는 것을 의미한다. 실증주의의 과학적 체계를 구축하는 기본적인 전제들 역시, 객관적으로 확실하고 명백한 사실임에도 불구하고, 총체적인 판단 보류의 대상으로 간주된다. 하지만 이는 과학의 연구 결과가 근본적으로 믿을 만한 것은 못 된다는 뜻이 아니라, 현상학적인 관점에서 또 다른 과학적 지식의 양산을 위한 절대적인 기반으로 간주되지 않는다는 것을 의미한다. 특히 우리가 이러한 구도를 내면적인 영역에 적용하면서 심리적, 경험적, 신경생리학적 차원의 지식들을 총체적으로 중립화할 때 의식은 현실 감각 혹은 인간적인 현실의 층위들이 지니는 의미를 상실하고 새로운 특징들이 뒷받침하는 존재 영역으로, 다시 말해 전적으로 새롭고 잠재적인 형태의 지식들 또는 에이도스의 형태로 주어지는 본질들의 영역으로 발전한다.

『순수현상학과 현상학적 철학의 이념들』 1권에서 후설은 새롭고 날카로운 분석적 관점의 극대화를 통해 현실세계의 구조를 완전히 다른 관점에서 관찰하고 연구하는 것이 어떻게 가능한지, 다시 말해 현실이 그 자체로 객관적인 사실이라는 전제에서 벗어나 현실이 의식 주체에게 주어지는 방식을 토대로 연구하는 것이 어떻게 가능한지 보여 주려고 노력했다. 이는 곧 연구 대상이 현실세계의 구조가 인식되는 방식이라는 것을 의미했고 이 방식을 어떤 초월적인 형식들의 총체로, 즉 경험적인 차원의 구체적인 정보에 대한 실질적인 이해를 지배하는 보편적인 구조들의 총체로 간주하고 관찰한다는 것을 의미했다. 이러한 구도를 기반으로 후설은 "영역적 존재론"의 개념 혹은 다양한 영역의 대상성이 인식되는 방식을 정립했다. 실제로 후설이 "영역적 존재론"을 제시하면서 주목했던 것은 현실의 다양한 지대 혹은 "영역"의 전형적인 구조적 특징들, 다시 말해 물리-질료적 차원의 현실과 그것의 세부 영역들, 예를 들어 소리, 색깔, 형식, 생물학적 현실, 심리적이거나 정신적인 현실 같은 영역의 특징을 다루는 존재론이었다.

'판단 보류'가 방법론으로 적용된 뒤에는 '본질'을 식별하고 이해하는 과정이 요구된다. 하지만 본질의 "직관적 이해"는 두말할 필요 없이 현상학의 가장 난해하고 까다로운 문제를 구축한다. 왜냐하면 기호화하거나 가르칠 수 있는 성격의 지식이 아니며 그만큼 체계화를 요구하는 과학적 방법론의 총체로 간주될 수 없기 때문이다. 후설의 "직관적 이해"는 사실상 현상학자의 능력과 주관에 좌우되는 직관적인 유형의 지식에 가깝다. 여기서 후설이 제시하는 해결책은 감지 행위나 기억 행위 같은 의식 행위들의 구체적이고 개별적인 예에서 출발해 이 예가 지니는 여러 가지 특징들 가운데 의식 행위나 대상의 특수성과 직결되는 특징들을 제외하고 보편적인 특징으로 간주될 수 있는 것에 주목하는 방식이다.

3.7   노에시스와 노에마

의식 행위의 복합성을 보다 분명하게 정립하기 위해 노력했던 후설은 다양한 의식 행위의 주관적인 측면과 객관적인 측면을 명백하게 정의할 필요성을 느꼈고 이를 위해 노에시스nóesis와 노에마nóema의 개념을 도입했다. 그가 일찍이 『논리 연구』에서 다루었던 질료의 개념과 특성의 개념을 발전시킨 것이 바로 노에시스와 노에마의 개념이다. 노에시스는 의식의 주관적인 측면, 즉 의식의 대상을 지적으로 지향하는 의식 행위 자체를 말하며 노에마는 의식의 객관적인 측면, 예를 들어 기억이나 느낌 같은 의식의 대상성을 말한다. 물론 많은 학자들이 주목했던 것처럼, 후설은 이 두 개념을 명확하게 구분하는 데 성공하지 못했고 특히 노에마, 즉 의식 행위에 상응하는 대상성을 완벽하고 체계적으로 정의하는 단계에 이르지 못했다. 하지만 우리는 후설이 『순수현상학과 현상학적 철학의 이념들』에서 노에마의 본질을 설명하며 제시한 흥미로운 해석을 다음과 같이 요약할 수 있다.

(1) 노에마는 현상학적 분석이 도입되는 순간 대상으로 구분되는 것, 다시 말해 실질적인 대상과는 다르기 때문에 의도의 대상으로 부각되는 것을 말한다.

(2) 노에마는 다양하고 명확히 구분되는 의식 행위들이 전개되는 과정에서

불변하는 요소다. 후설은 이 불변성이 "노에마의 핵심"이라고 보았다.

이 두 번째 개념은 전자에 비해 좀 더 복잡하고 난해하다. 실제로 어떤 사물이나 상황을 확신의 형태로 감지하는 것이 가능하기 때문이다. 예를 들어 여름 휴가 기간에 한참을 찾아 헤맨 뒤 유일하게 열린 신문가게에서 신문을 구입했다고 가정하자. 그리고 다음 해 여름에 한 친구가 신문가게들이 8월에도 문을 여는지, 있다면 어디서 찾을 수 있는지 물었고, 당장은 기억하지 못했지만 다음 날 우연히 같은 동네를 지나다가 작년 여름의 경험을 떠올리고는 동일한 신문가게가 여전히 열려 있는지 확인한 뒤 이 사실을 친구에게 알렸다고 가정하자. 위의 예에서 '신문가게'라는 의식 대상은 다양한 상황에서 다양한 의식 행위의 대상으로, 즉 우연한 발견의 형태, 우연히 떠오르는 기억의 형태, 동일한 기억을 애써 되살리는 형태, 의도적으로 확인하는 형태의 의식 행위에 대상으로 주어진다. 따라서 '신문가게'는 의식의 사실적인 대상이나 개별적인 의식 행위에 즉각적으로 상응하는 개별적인 의식 대상으로 간주될 수 없으며, 다양하고 이질적인 의식 행위들이 전개되는 가운데 불변하는 요소의 예로 간주되어야 한다. 바로 그런 이유에서 우리는 '노에마의 핵심'이라는 개념을 '의미'의 개념과 대등한 것으로, 즉 경험과는 무관하게 다양한 의식 행위에 공통적으로 나타나는 이상적인 요소로 간주할 수 있다. 그렇다면, 현상학적 의미의 차원에서 의식의 대상은 다양한 의식 행위의 조합 가능성과 일치한다. 잠재적으로 무한한 의식 행위의 전개 과정에는 어떤 식으로든 불변하는 의미의 핵심 요소가 실재한다. 우리가 부분적으로 '의미'와 일치시킬 수 있는 이 핵심 요소의 불변성은 아울러 일종의 규칙으로 기능하며 주체들 간의 소통과 상호주관성을 가능하게 만드는 요인이기도 하다.

3.8   현상학적 차원에서 바라본 타자의 경험

후설은 『데카르트적 성찰*Cartesianische Meditationen*』(1931년)의 다섯 번째 '성찰'에서

현상학적 분석을 그가 상호주관성의 기반으로 간주하는 '타자의 경험'이라는 문제에 적용했다. 후설이 타자의 경험에 대한 현상학적 이해의 전제로 제시한 것은 분명한 현상학적 정보로 간주할 수 있는 아주 기초적인 차원의 경험, 즉 타자의 신체를 지극히 자연적이고 단순한 대상으로 이해하는 경험이었다. 관건은 어떤 식으로 이러한 기초적인 경험의 단계에서 출발해 타자를 심리적 존재이자 경험을 지닌 존재로 이해하는 구체적인 경험의 단계에 도달하는지 파악하는 것이었다.

후설에 따르면, 이 경로의 첫 번째 단계에서 핵심적인 역할을 하는 것이 바로 타자의 신체가 보여 주는 유사성, 즉 타자의 신체와 '나'의 신체 사이에 실재하는 유사성이다. '나'는 이 유사성을 바탕으로 타자의 신체가 무언가를 느낄 수 있고 이해할 수 있는 유기적인 존재라는 사실을 이해한다. 이러한 '통각 Apperzeption'을 통해 인지되는 정보들은 직접적인 방식으로 도달할 수 없는 유형의 지식이라는 것이 일반적인 견해지만, 후설은 통각을 추론의 일종으로 보는 대신 단 한 번의 시선과 유사성을 토대로 직접 도달할 수 있는 유형의 분별력이자 이해력으로 간주했다. 단순한 사물들을 감지하는 경우와는 달리, 타자의 신체가 통각적인 차원에서 감지될 때 감지되는 내용에는 통각의 기원인 '나'의 신체가 항상 포함된다. 결과적으로 타자를 심리 주체로 이해하는 과정은 항상 유사하면서도 분명하게 다른 두 객체가 동시에 주어지는 상황에서 이들의 조합을 통해 전개된다고 볼 수 있다.

하지만 타자를 경험하는 과정이 '나'와의 유사성을 토대로 구축되는 만큼, 현상학적 분석의 관점에서, 감지되는 신체를 '나'의 복제품이 아니라 타자의 유기적인 신체로 이해하도록 만드는 것은 과연 무엇인가라는 문제가 제기된다. 후설은 이 문제에 대해, 타자가 아무리 '나'와 유사하더라도 '나'는 타자를 '나'의 복제품으로 이해하지 않으며 그 이유는 "이곳", 즉 '나'의 존재가 머무는 정확한 공간적 지점을 '나'의 원천적인 영역으로 간주하기 때문이라고 답변했다. 후설에 따르면, 처음부터 분명하게 주어진 이러한 근원적 조건 속에서 '나'는 고유의 개인적인 경험들을 직접 "저곳"에 머무는 타자의 신체에 전달할 수 없고 오로지 "내가 저곳에 있다면" 공유할 수 있는 경험으로만 전달할 수 있다. 이와 마찬가지로 타자는 '나'의 주관적인 상황이나 심리적 현실, '나'의 감각적인 세계를 총체적으로 이해하거나 표현할 수 없으며 그것은 타자가 '나'의 "이곳"이라는 정확한 위치와 직결된 경험적 세계를 소유하지 않기 때문이다. '나'의 관점과 타자의 관점은 상호 배타적인 관계를 유지한다. '나'를 통각적인 차원에서 이해하는 타자 역시 일련의 경험을 그가 있는 곳에서 "마치 내가 저곳에 있는 것처럼" 전달하지만 '나'의 존재가 "이곳"에 머무는 한 그 경험은 '나'의 것이 아니다. 현상학적 정보의 차원에서, 타자의 주관적인 경험이나 상황에 대해 '내가' 타자의 신체를 통해 통각적인 차원에서 이해한 현실은 '나만의' 주관적인 경험이나 상황과 근본적으로 양립할 수 없다는 특징을 지닌다. 하지만 사실은 이러한 양립 불가능성 자체가 타자에 대한 경험을 가능하게 만든다. 달리 말하면, 타자가 타자인 것은 그의 경험이 나에게 나만의 경험으로 주어질 수 없기 때문이 아니라, 좀 더 근원적이고 구축적인 차원에서, 타자에 대한 경험 자체가 구조적으로는 나의 것일 수 없는 '나의' 주관적인 관점에서 이루어졌기 때문이다.

3.9   학문의 위기와 '삶의 세계'

후설은 1936년에 출판한 마지막 저서 『유럽 학문의 위기와 초월론적 현상학*Die Krisis der europäischen Wissenschaften und die transzendentale Phänomenologie*』에서 '삶의 세계Lebenswelt' 라는 중요한 개념을 도입했다. 이 표현을 후설은 일상의 현실에 내재하는 의미의 구조이며 과학의 세계에 앞서 존재하지만 과학 역시 인간의 수많은 활동 가운데 하나인 만큼 필연적으로 소환할 수밖에 없는 구조를 가리키기 위해 사용했다. 후설이 이 '삶의 세계'라는 개념을 바탕으로 조명한 문제는 본질적으로 과학자들의 학문적 태도나 객관적인 이론에 의해 구축되는 추상적인 세계와 주관적인 삶이 구체적이고 역사적인 차원에서 구축하는 세계 사이의 관계라는 문제였다. 후설은 이 주관적인 삶을 개념이 형성되기 이전 단계의 단순하고 소리 없는 감각의 차원이 아니라 처음부터 상호주관적일 뿐 아니라 문화적이고 역사적인 차원의 구체적인 현실로 이해할 필요가 있다고 보았다. 후설에 따르면, 우리가 알고 있는 근대 과학은 사실상 그 자체로 존재하는 세계의 목적론적인 관념과 이 세계에 대한 개념적이고 총체적인 설명이 상응하도록 축조된 하나의 체계에 불과했다.

후설은 갈릴레이에 의해 정립된 '자연'에 이러한 목적론적인 관념이 적용되면서 '자연'의 내부에 일종의 수학적이고 이상적인 실체가 존재한다는 전제가 성립되었고, 이 실체를 이해하기 위해서는 모든 주관적인 시각과 선입견들을 추방해야 한다는 사고가 근대 과학을 지배하기 시작했다고 보았다. 후설에 따르면, 결과적으로 과학자들의 활동을 어떤 식으로든 좌우할 뿐 아니라 이들의 관심 분야 및 연구 결과와 이들이 추구하는 객관적인 진리의 생산 과정을 엄격하게 지배하는 것이 바로 이러한 목적론적 관념이었다. 그는 이러한 상황 자체가 과학자들이 사실로 간주하는 것과 사실이 아니라고 간주하는 것을 결정한다고 생각했다. 하지만 이러한 목적론적 관념은 오로지 "실용적인 가정"에 지나지 않았고 인간의 방대한 경험적 세계 내부에서 실행될 수 있는 수많은 기획의 일부에 불과했다. 결국 무한히 생성되는 객관적인 진리의 이상적인 발전 가능성으로 정의될 뿐, 과학의 세계는 모든 이론적 영역에 우선하는 독특한 차원이 토대로 주어질 때에만 정립될 수 있었다. 이 차원이 바로 앞서 언급한 '삶의 세계'다. 후설은 이 세계를 "사실적이고 구체적인 환경의 세계", 즉 우리가 살고 있는 실질적인 현실이자 끝없는 흐름 속에서 직관적이고 직접적인 방식으로만 주어지는 세계로 묘사했다.

입체파의 작업실

아비뇽의 여인들

1908년 가을에 만나 15개월 동안 서로 긴밀한 관계를 유지하며 활발한 활동을 펼쳤던 일군의 예술가들 가운데 일종의 지도자 역할을 했던 두 인물은 다름 아닌 조르주 브라크Georges Braque와 파블로 피카소Pablo Picasso다. 피카소가 흔히 역사상 최초의 입체파 작품으로 간주되는 커다란 규모의 누드화 〈아비뇽의 여인들Les demoiselles d'Avignon〉을 기획하기 시작한 것은 1907년 6월이다. 피카소가 처음에 의도했던 것은 바르셀로나 항구의 '아비뇽 거리'에 있는 한 유곽의 모습을 화폭에 담는 것이었다. 피카소는 뱃사람 한 명이 화폭 좌측에서 유곽의 여인들을 바라보는 가운데 우측에서 학생 한 명이 손에 해골을 들고 등장하는 장면과 하단부에 아침 식사를 위한 과일이 준비되어 있는 모습을 상상했다. 피카소는 정물화가 가미된 커다란 규모의 누드화와 죽음의 의미를 상징적으로 불러일으킬 수 있는 이미지를 염두에 두고 있었지만, 결국 상징성이 약하다는 이유로 주제와 구도에 수정을 가했다. 그런 식으로 뱃사람과 학생 대신 피카소는 두 명의 여인을 더 그려 넣었고 해골을 구성에서 빼 버렸다. 이 그림은 양식적인 차원에서 서양 전통문화와의 뿌리 깊은 단절을 표현한다. 서양 화가들이 19세기부터 그려 왔던 누드라는 전통적인 주제를 활용하면서 피카소는 신체 부위를 의도적으로 일그러트리고 부자연스러우며 조화롭지 못한 형태로 표현했다. 기하학적 인상을 유발하며 굵직하게 잘라 낸 듯 그려 넣은 선들은 원근법적 시각을 방해하면서 관찰자가 전면과 배경을 구분할 수 없도록 만들어 버린다.

이 작품의 예술적 기원으로 간주할 수 있는 요소는 두 가지, 즉 폴 세잔Paul Cézanne과 원시예술이다. 피카소가 〈아비뇽의 여인들〉을 구상하기 시작한 1907년의 살롱전은 페르낭 레제Fernand Léger가 "과거의 예술에서 완전하지 못한 상태로 남아 있던 모든 것을 이해한" 유일한 인물로 평가했던 세잔을 기리고 그가 이룩한 시각예술의 혁명을 재조명하기 위한 대규모의 회고전으로 개최되었다. 세잔에게서 유래하는 원근법의 해체는 피카소의 누드와 정물화에서 부각된 반면 아프리카 예술의 영향은 앞쪽에 앉아 있는 여인의 얼굴과 자태에서 찾아볼 수 있다. 당시에 아프리카 예술은 상징적인 의미뿐만 아니라 '의도적인 표현'의 요구를 충족시킨다는 장점을 지니고 있었다. 피카소는 아프리카 가면을 그대로 모방하지 않고 자신의 의도대로 변형시켰다.

이 그림을 지배하는 분홍은 1905년도의 작품에서도 찾아볼 수 있지만 머지않아 회색과 녹색을 특징으로 하는 입체파의 전개 과정에서 자취를 감추게 된다. 〈아비뇽의 여인들〉은 피카소의 그림들 가운데 가장 많은 비평과 해석의 대상으로 주목되었던 작품이다. 미술비평가이자 예술사가인 레오 스타인버그Leo Steinberg는 1972년에 이 작품을 여성적 우주와의 분쟁관계를 묘사하는 성적 비유로 해석한 바 있다. 뉴욕 현대미술관의 명예 관장을 역임했던 피카소 연구가 윌리엄 루빈William Rubin은 1983년에 이 작품이 죽음에 대한 두려움을 표현한다는 해석을 제시했다. 그는 좌우 가장자리에 위치한 여인들의 어두운 얼굴 표정이 바로 죽음에 대한 두려움을 표현하고 있으며 이는 가운데 위치한 여인들과 대조했을 때 극명하게 드러난다고 보았다.

세잔의 영향과 분석적 입체파

브라크와 라울 뒤피Raoul Dufy는 스승 세잔을 기리기 위해 1908년 여름을 마르세유 근교 마을 에스타크Estaque에서 함께 보냈다. 스승이 그렸던 동일한 풍경들을 화폭으로 옮기면서, 브라크는 야수파 풍경화를 세잔의 "방식대로" 해석하는 데 몰두했다. 브라크가 1908년에 그린 〈에스타크의 수도교Le viaduc de l'Estaque〉나 〈에스타크의 테라스La terrasse de l'Estaque〉에서는 작품을 구성하는 대상들이 완전히 이차원적인 평면을 배경으로 서로의 형체를 파고들며 색채는 프랑스 남부의 전형적인 화사함을 선사하며 빛이 화폭 전체를 비추는 인상을 준다. 풍경화를 그리면서 브라크는 "자연을 원기둥, 공, 원뿔에 따라" 다루라는 세잔의 유명한 권고를 그대로 따랐다. 브라크가 사용하는 붓의 움직임은 일방적이고 일률적이며 지붕들, 나무들의 주변 공간 역시, 세잔의 파사주passage 기법에 따라, 전면이나 후면 어느 방향으로든 자유롭게 이동할 수 있을 것처럼 보인다. 브라크는 단 하나의 관찰점만 허락하는 원근법을 거부하면서 서양 예술의 핵심적인 이론적 기반들 가운데 하나를 포기했다. 이러한 측면을 분명하게 의식하고 있던 브라크는 이렇게 말했다. "전통적인 원근법에 나는 만족할 수 없었어요. (…) 기계적이었기 때문에 사물들을 완전한 방식으로 포착할 수 없었습니다. (…) 우리가 이런 결론을 내렸을 때, 모든 것이 변했어요. 얼마나 변했는지 여러분은 모르실 겁니다!" 1908년 가을, 살롱 전시회의 심사위원들은 브라크가 여름에 그린 누드화와 풍경화를 모두 탈락시켰고 사실상 이 순간부터 입체파의 역사가 시작되었다.

　　브라크와 피카소는 이때부터 선의의 경쟁을 시작했다. "나와 브라크는 서로의 스튜디오를 방문했다. 우리 둘 다 상대가 하루 종일 무슨 작업을 했는지 눈으로 확인해야만 했다. 우리는 서로의 작업을 비판하기에 바빴다." 피카소는 브라크의 예리한 색상을 예찬했고 브라크는 피카소의 창조와 혁신의 에너지를 흡수했다. 이 시기에 피카소와 브라크는 화상 다니엘-헨리 칸바일러Daniel-Henry Kahnweiler가 '분석적 입체파'라고 정의했던 양식을 구축하고 있었고 이 양식은 피카소의 〈기타 치는 남자Homme à la guitare〉(1911년, 파리, 피카소미술관)와 〈앙브루아즈 볼라르의 초상Portrait d'Ambroise Vollard〉을 통해 절정에 달했다. 두 번째 작품에서 피카소는 사실적인 유사 관계를 떠올리게 할 수 있는 모든 요소를 제거하고 사실적 식별이 겨우 가능한 최소한의 요소들만, 예를 들어 좌측 상단의 탁자 위에 올려놓은 병이나 우측 상단의 책 한 권, 가운데에 펼쳐 놓은 신문이나 단추, 장식용 손수건 같은 요소들만 극단적으로 절약하며 활용했다. 관건은 창조적인 차원에서 개발한 새로운 양식의 초상화가 아니라 전통적인 초상화 양식의 틀만 존중한 상태에서 구성 자체를 해체하는 파편화 기법, 즉 관찰점들을 지속적으로 추가하면서 주제의 다양한 측면들을 노출시키는 한편, 대상과 음영의 둔탁함을 유지하며 원근법적 차원의 투명성을 강조하는 기법이었다.

시간과 의식

철학자 앙리 베르그송은 1907년도에 출판한 『창조적 진화』에서 시간과 의식, 정신과 물질의 관계에 대한 혁신적인 관점을 제시한 바 있고 그의 새로운 시간 개념은 시간적인 차원의 시각적 표현을 시도하던 입체파 예술가들에게 커다란 영향을 끼쳤다. 입체파 예술가들과 밀접한 관계를 유지하며 활동했던 시인 기욤 아폴리네르 Guillaume Apollinaire는 1912년에 출판한 『입체파 화가들Les Peintres 』에서 시간을 예술의 "네 번째 차원"으로 정의한 바 있다. 단일한 관찰점을 고집하는 시각의 획일성을 거부하면서 입체파 예술가들은 숙명적으로 시간의 범주를 무너트렸다. 다수의 관찰점을 제시한다는 것은 곧 작품의 관찰 시간을 연장한다는 것을 의미했기 때문이다. 과학 분야에서는 아인슈타인이 상대성 원리, 즉 두 현상이 지니는 동시성은 우발적이며 이 현상들 사이에는 어떤 종속관계도 존재하지 않는다는 원리를 이론화했다. 분명한 것은 예술, 철학, 과학 같은 상이한 유형의 인지 영역에서 똑같이 경험적 지식의 한계를 극복하고 현실의 새로운 표상 방식을 모색하려는 시도가 이루어졌다는 점이다. 입체파 회화작품은 개별적인 구성 요소들의 근접성을 확보한 뒤 작품의 이미지 혹은 장면의 총체적인 재구성에 필요한 확장된 해석을 바탕으로 이해되어야 한다.

종합적 입체파

1911년대에 들어서면서 브라크와 피카소는 회화의 입체감을 살리기 위해 물감을 모래와 섞어 사용하기 시작했고 이러한 방식은 머지않아 더 다양한 재료들을 사용하는 성향으로, 뒤이어 글자와 콜라주까지 활용하는 단계로 발전했다. 흔히 '종합적 입체파'라는 이름으로 불리는 이 시기의 가장 중요한 특징은 전통적인 회화 기법으로부터 벗어나려는 성향, 즉 현실의 파편들을 화폭 위에 찢어 붙이고 이 파편들이 회화의 공간을 구성하도록 만드는 성향이었다. 이러한 기법은 회화적 표현 자체를 훨씬 더 직접적으로 만들었고 신문 조각이나 벽지, 게임용 카드, 나뭇조각 등을 활용하면서 회화적 표현과 공간의 관계를 무산시키는 결과를 가져왔다.

피카소의 〈기타Guitar〉(1913년)는 파피에 콜레papier collé 기법으로 만든 실험적인 작품들 가운데 가장 성공적인 경우라고 볼 수 있다. '색'이 오랫동안 자취를 감추었다가 다시 등장하는 이 작품은 표현 대상을 암시하도록 배치되는 단순한 기하학적 형상들의 교차를 통해 구축된다. 피카소의 파피에 콜레는 세 가지 의미를 지닌다. 즉 둥글게 잘라 낸 선은 기타를 연상케 하는 반면 벽지는 일상을 상징하고 신문은 당대의 정치적 상황과 피카소 자신이 어떤 구체적인 정치적 입장을 지니고 있다는 사실을 시사한다. 아울러 피카소는 원근법적 차원을 완전히 포기하는 대신 연필로 그린 몇몇 선을 통해 방의 내부 구조를 묘사했다.

　입체파의 역사는 두 명의 주인공 브라크와 피카소를 비롯해 이들의 주변에서 활동했던 몇몇 예술가들의 이야기로 축약된다. 바로 이 주변의 예술가들, 예를 들어 알베르 글레이즈Albert Gleizes, 앙리 르 포코니에Henri Le Fauconnier, 로베르 들로네 Robert Delaunay, 페르낭 레제 같은 화가들의 작품에 1911년 살롱 드 앙데팡당Salon des indépendants의 한 관 전체가 헌정되었다. 아폴리네르는 『입체파 화가들』에서 레제의 그림을 "잎사귀로부터 쏟아지는 진한 녹색빛"과 "튜브를 연상케 하는 형상"이 돋보이는 작품으로 평가한 반면 들로네를 "오르페우스적인" 입체파 예술가로 정의하면서 그의 회화가 색의 놀라운 상징성 덕분에 "순수한 미적 즐거움과 감각을 일깨우는 직관과 숭고한 감정을 동시에" 선사한다고 평가했다.

　아울러 본질적으로는 다른 예술 사조에 속하지만 짧은 기간이나마 입체파에 몸 담았던 마르셀 뒤샹Marcel Duchamp, 피에트 몬드리안Piet Mondrian, 그리고 이탈리아의 아르덴고 소피치Ardengo Soffici, 지노 세베리니Gino Severini 같은 예술가들이 있다. 소피치는 1914년 12월에 『입체파와 미래주의Cubismo e futurismo』라는 저서에서 두 사조의 유사성과 차이점을 논한 바 있고 세베리니는 파리에서 1913년까지 입체파 콜라주를 실험하며 〈푸른 발레리나Ballerina blu〉(1912년, 베네치아, 구겐하임미술관) 같은 작품을 제작했다. 세베리니는 이 작품에서 발레리나의 의상 장식품들을 직접 회화에 활용했다. 뒤이어 전쟁에 참여했던 브라크의 관심이 다시 구상 쪽으로 기울면서 입체파의 활동은 사실상 1920년대에 막을 내렸다. 하지만 입체파의 경험과 관점은 대부분의 20세기 아방가르드 예술 사조에 직간접적인 영향을 끼쳤다.

메를로퐁티와
지각의 현상학

모리스 메를로퐁티(1908~1961년)는 후설이 『순수현상학과 현상학적 철학의 이념들』 2권에서 발전시킨 분석 내용에 영감을 얻어 '현상학적 환원'의 개념에 대한 전적으로 새로운 해석을 시도했다. 메를로퐁티는 현상학적 환원의 개념이 우리를 순수한 의식에 도달하도록 돕는 대신 경험하는 신체 혹은 신체성에 도달하도록 인도한다고 보았다. 우리에게 세계와의 관계, 즉 근본적으로 역사적이며 상호주관적인 관계를 허락하는 것은 생각이 아니라 신체였고 세계와의 관계를 이해하는 데 가장 중요한 역할을 하는 것도 신체와 직결되는 '지각' 활동이었다. 메를로퐁티는 이러한 근원적인 차원의 경험이 현상학적 탐구의 대상이 되어야 한다고 믿었다. 메를로퐁티가 전개한 이러한 차원의 탐구 결과를 집대성해 출판한 책이 바로 『지각의 현상학 *Phénoménologie de la perception*』(1945년)이다.

이 저서에서 메를로퐁티는 우선적으로 지각의 심리학적 분석을 지배하는 두 종류의 해석학적 구도, 즉 경험주의적인 분석과 이성주의적인 분석에 대한 비판을 시도했다. 경험주의적인 구도에 문제점을 제기하면서 메를로퐁티는 감각의 단계에서 이미 의식의 개입이 이루어진다는 점을 입증하려고 노력했다. 메를로퐁티가 주목했던 것은 경험적인 동시에 성찰의 단계에 이르지 못한 의식, 따라서 스스로에 대해 성찰할 수 없고 현실에 거의 파묻혀 있지만 이러한 위상 덕분에 현실 자체에 의미를 부여할 수 있는 의식이다. 이성주의적인 구도에 맞서 메를로퐁티는 왜 의식이 항상 제한적이고 편파적인 성격을 지니는지, 어떻게 항상 하나의 구체적인 시공간적 관점 내부에 위치하며 상황에 좌우되는지 보여 주는 일련의 분석들, 즉 경험하는 신체의 개념과 신체성의 개념을 중심으로 전개되는 분석들을 제시했다.

메를로퐁티는 어떤 이유에서 신체가 모든 경험의 핵심을 이루는지 설명하려고 노력했다. 그는 현실에 의미를 부여하거나 시공간을 감지하는 기량이 신체에 선험적인 형태로 포함되어 있다고 보았다. 메를로퐁티에 따르면, 신체가 지니는 유형의 의식은 이성적이거나 추상적이지 않으며 고찰 능력을 갖추지 않았고 복합적인 행위들이 동시에 활성화되는 순간에만 부각되고 인식될 수 있는 성격의 의식이다. 예를 들어, 이러한 의식으로부터 한 음악가의 전혀 논리적이지 않고 고민의 결과도 아닌 침전된 형태의 앎이 표출될 수 있다. 이러한 구도를 제시하면서 메를로퐁티가 의도했던 것은 신체를 가능한 한 사물화라는 형식과 무관한 것으로 만들고 신체는 그저 몸을 지닌 '사물'에 불과하다는 해석과 분리시키는 것이었다. 예를 들어, 신체가 '성性'을 '소유'한다고 말하는 것은 그것을 외부적인 특성인 것처럼, 마치 어떤 사물의 색깔인 것처럼 표현하기 때문에 부적절하다는 것이 메를로퐁티의 생각이었다. 동일한 차원에서, 말과 언어 역시 특별한 목적에 소용되는 도구에 불과한 것이 아니라 "의도적으로" 세계를 향해 표출되는 제스처나 입장에 가까웠다.

『지각의 현상학』 2부에서 메를로퐁티는 성찰의 단계에 도달하지 못한 의식의 개념이 오로지 사물이나 현실과의 직접적인 관계 속에서 간주될 때에만 의미가 있다는 점을 집요하게 강조했다. '의식'과 '세계'는 이들이 근원적인 차원에서 함께 주어졌기 때문에 유지하는 상호 침투적인 관계의 두 경계에 가까웠다. 메를로퐁티에 따르면, 이를 분석적인 차원에서 분리한다는 것은 일종의 오류였고, 이러한 오류 때문에 본질적으로는 이들의 재결합을 위해 필연적으로 요구되었던 것이 바로 인위적인 논리적 장치들이었다. 메를로퐁티는 이것이 바로 서양 철학사에서 끊임없이 일어났던 일이라고 보았다.

바로 그런 의미에서, 메를로퐁티는 신체가 "세계에 살고" 세계 안에서 사라진다는 표현을 사용했다. 처음부터 근원적인 형태로 주어지는 이 관계 속에서, 첫 번째 경계, 즉 신체적 '의식' 혹은 지향성은 고유의 한계 안에서 또 다른 경계, 즉 '세계'를 향해 움직이며 세계 자체의 우발성과 모호함의 윤곽을 드러내는 언제나 제한적이고 편파적일 수밖에 없는 관점들을 유지한다. 하지만 현실의 이러한 우발성과 모호함, 그리고 이러한 특성들을 "지향하는" 신체적 의식의 한계야말로 유아론을 극복하고 원천적인 상호주관성에 접근할 수 있는 가능성을 제공하는 요인이다. 다시 말해 우리에게 현실과 관계하면서 타자의 의식과 근원적인 관계를 유지하라고 요구하는 것은 다름 아닌 주관적 의식의 내재적 한계성이다. 이는 곧 현실에 대한 부분적인 지식만을 수용하는 모든 신체적 차원의 의미가 끝없는 상호 보완을 통해 타자에 의해 완성되어야 한다는 것을 의미한다.

'대자적 존재와 세계에 관여하는 존재'라는 소제목을 지닌 『지각의 현상학』 3부에서 메를로퐁티는 사고 활동의 문제, 시간성의 문제, 자유의 문제를 다룬다. 메를로퐁티는 자신의 연구 자체를 일종의 중재 작업으로, 즉 사고의 주체 혹은 대자적 존재의 성찰이라는 차원과 사물 및 세계에 관여하는 주체의 실질적인 경험적 차원 사이에서 중재를 꾀하는 작업으로 간주했다. 메를로퐁티에 따르면, 수학이나 논리학처럼 전적으로 추상적인 성격의 학문 분야에서도 사고 활동은 기본적으로 시간과 정신의 제한적인 성격에 의해 축조되는 제스처나 행동을 기반으로 세계에 관여한다. 이러한 관점을 토대로 메를로퐁티는 자유와 필연의 이원론적 사유에 도달했다. 현실에 의미를 부여하는 만큼 의식의 주체는 어떤 현실의 구체적인 상황에 구애받지 않는 자유로운 존재이며 그 이유는 무엇보다도 동일한 상황을 변화시킬 수 있는 자유의지를 지녔기 때문이다. 하지만 이 주체는 더 이상 데카르트주의나 비판주의 철학의 주체가 아니며, 따라서 현실이 그의 신체에 각인한 습관의 단서나 침전물을 염두에 두어야 한다. 메를로퐁티는 자유가 이러한 조건에 지배되며 때로는 이러한 조건과 타협할 필요가 있다고 보았다.

『지각의 현상학』과 『행동의 구조La structure du comportement』(1942년)는 메를로퐁티

철학의 이른바 '초기 사상'을 구축하는 저서들이며 현상학과, 특히 후설이 이론화한 '삶의 세계'에 관한 성찰과 직결되어 있다. 뒤이어 메를로퐁티의 사상은, 분명한 전환점이나 계기를 발견하기 힘들지만, 특히 1950년대에 접어들면서 존재의 문제에 집중하는 성향을 보인다. 이러한 성향을 증명하는 후기의 저서들이 바로 『보이는 것과 보이지 않는 것 *Le visible et l'invisible*』(1964년), 『눈과 정신 *L'oeil et l'esprit*』(1964년), 『세계의 산문 *La prose du monde*』(1969년) 등이다. 이 시기에 메를로퐁티는 태고의 감각적 차원을 복원하기 위해 노력했다. 그는 이러한 감각의 차원을 일종의 "흉하고 원시적인" 존재로 간주하면서 이 존재의 탐구가 철학적 담론의 논리적 구조나 언어적 표현 대신 예술의 형식과 시각적인 이해를 바탕으로 이루어져야 한다고 보았다. 『눈과 정신』에서 메를로퐁티는 세잔의 회화를 세계에 관여하는 근원적인 방식, 즉 범주화나 개념적 구분의 차원이 도입되거나 존재하기 전에 세계와 관계하던 방식의 이해 가능성으로 해석했고, 이와 관련하여 예술의 과제는 현실을 재생하거나 표상하는 것이 아니라 존재의 본질적인 모습이 눈에 "드러나도록 만드는" 것이라고 주장했다. 메를로퐁티에 따르면, 세잔이 그리고자 했던 "태고의 세계"에는 우리와 세계 사이의 근원적이고 유기적인 관계가 아직 철학적 이원론에 의해 파괴되지 않은 상태로 남아 있었다. 예를 들어 주체와 객체, 신체와 정신의 구분을 바탕으로 성립되는 이원론들은 서구 세계의 과학과 철학이 세계의 무한한 풍부함을 이성의 범주로 축약하는 데 소용되었을 뿐이다.

4

정신주의와 인격주의

4.1 정신주의

20세기에 정신주의는 무엇보다도 프랑스에서 두각을 나타냈다. 일반적으로 '정신주의'라는 표현은 '정신철학philosophie de l'esprit'이라는 명칭으로 불리는 상당히 방대하고 다양한 성격의 철학 운동을 가리킨다. 이 정신철학은 기본적으로 맨 드 비랑(1766~1824년)의 철학에서 유래한다. 드 비랑은 유물론적 사실주의뿐만 아니라 관념주의에 대한 비판적인 입장을 유지하면서 주체의 근원적인 차원은 순수한 정신적 존재의 차원, 다시 말해 순수하게 사유만 하는 존재의 차원이 아니라 오히려 긴장이나 노력의 차원이라는 점을 강조했다. 그런 의미에서 주체는 결코 육체와 분리된 상태의 정신적 주체로 실재할 수 없으며 항상 신체와의 관계를 유지한다. 사유하는 주체의 신체는 그런 식으로 주체 "고유의 신체"가 된다. 아울러 드 비랑은 이러한 "고유의" 신체가 주체의 자유를 뒷받침하는 동시에 자유를 방해하는 요소라는 점에 주목했다.

가브리엘 마르셀(1889~1973년)은 다름 아닌 드 비랑의 주장을 토대로 자신만의 독특한 철학적 관점을 발전시켰고 철학 자체를 "구체적인" 실존적 경험으로 이해할 필요가 있다고 주장했다. 마르셀은 이러한 실존적 경험을 바탕으로 '연장된 실체res extensa'와 '사유하는 실체res cogitans'의 데카르트적인 이원론을 비롯해 내재성과 초월성의 대립이 동시에 극복된다고 보았다. 마르셀에 따르면, 의식은 항상 육화되어 있으며 바로 그런 이유에서 끊임없이 "존재론적 신비"에 노출된다. 결과적으로 철학은 이러한 극적인 긴장 상태에 의해 활동 공간이 마련된 "뒤에"야 고유의 기능을 발휘한다. 바로 그런 이유에서 "구체적인 철학, 그것은 사유하는 사유의 철학이다". 마르셀은 이러한 철학을 "신소크라테스주의"라고 불렀다. 그리고 바로 이러한 관점을 토대로 사유와 존재의 관계를 재해석했다. 존재는 철학적 "질문"이 아니라 사유 속에 살아 있는 "신비"에 가깝다. 그런 의미에서 존재는 전통 형이상학과 고전논리학의 정형화된 범주들을 기준으로 개념화될 수 없다. 공허한 추상적 개념으로 남을 위험이 있기 때문이다. 존재는 오로지 실존적 지평에서만 조명될 수 있다. 주체가 '존재'와 관계하는 것은 이 관계가 "실재"할 때에만 가능하다. 결과적으로 철학은 "체계"적인 차원에 의존할 수 없으며 항상 시작 단계에 머물면서 개념적 차원을 초월하는 "두 번째 성찰"을 시도해야 한다. 마르셀은 『존재와 소유Etre et Avoir』(1935년)에서 이 창조적인 성격의 성찰을 "지적 직관"이라고 불렀고, 인간이 이러한 유형의 직관에 의존하며 존재에 참여하는 방식을 끊임없이 혁신한다고 보았다.

이처럼 형이상학을 극단적으로 거부하는 입장이 마르셀의 사상을 특징짓는 가장 중요한 요소였던 반면 프랑스 정신철학을 대표하는 르네 르센(René Le Senne, 1882~1954년)과 루이 라벨(Louis Lavelle, 1883~1951년)은 자신들의 사상을 전혀 다른 방향으로 발전시켰다. 이들은 당대의 프랑스 사상계를 지배하던 실증주의와 유물론에 이론적으로 대응하기 위해 1934년 오비에Aubier 출판사에서 '정신철학Philosophie de l'esprit'이라는 제목의 철학 총서를 발간하기 시작했다. 르센과 라벨은 정신철학의 취지를 알리는 '선언문'에서 과학주의와 정치적 국가주의 혹은 전체주의가 표상하는 이중의 위협으로부터 철학을 구해 내야 한다고 주장했다. 이들은 절대국가와 과학적 절대주의 사이에서 형성되는 "혐오스러운 동맹"관계가 개인적인 차원의 '의식'을 희생시킬 뿐 아니라 주체적인 인간의 정신적인 힘을 빈곤하게 만들 위험이 있다고 보았다. 왜냐하면 이 권력과 학문의 결탁이 개념적이고 기술적인 차원에서만 제어가 가능한 객관성을 내세우고 사회적 삶의 비인격적인 기능화를 내세우며 인간을 정신세계와의 정상적인 관계로부터, 아울러 "사유와 삶의 경험으로부터" 멀어지게 만들었기 때문이다. 이들은 아울러 철학의 "관조적인" 측면이 지니는 중요성을 강조하면서 이러한 측면이 윤리적인 차원과 형이상학적인 차원의 조화를 용이하게 만든다는 점에 주목했다.

그런 의미에서 이들의 정신철학은 고유의 이념이나 체계를 지닌 철학 사조라기보다는 일종의 철학 운동 내지 철학적 성향에 가까웠다. 이들은 20년간 지속된 열성적인 출판 활동을 통해 60권에 달하는 책을 출판하면서 독창적인 저서를 비롯해 정신철학의 고전들, 예를 들어 에크하르트Johannes Eckhart, 헤겔, 버클리, 키르케고르 같은 철학자들의 저서를 새롭게 번역하고 이들의 철학에 대한 해설서들을 소개했다. 이 다양한 출판물에서 나타나는 공통점은 인간의 다양한 활동 영역에서 정신적인 측면을 재발견하려는 저자들의 의도와 인간이 육화된 정신으로서 절대자와 유지하는 관계에 주목하는 성향이었다. 기획자들 자신이 평가한 것처럼, '정신철학' 총서는 일종의 "종교적 정신주의"를 확산하는 데 크게 기여했고 정신세계에 도달할 수 있는 다양한 길과 가능성을 인정하면서 존재의 정신적인 가치를 기반으로 인간과 인간의 화해라는 차원을 조명하는 데 일조했다. 총서의 기획 자체는 종교적 신앙과 무관하다는 것이 공식적인 입장이었지만 기획자들은 총서가 여러 측면에서 그리스도교 교리와 동일하거나 유사한 견해에 동의한다는 사실을 부인하지 않았다.

물론 르센과 라벨의 활동이 출판에만 국한되었던 것은 아니다. 이들 역시 고유의 철학적 관점을 발전시켰고 총서의 기획과 일관성을 유지하는 동시에 상당히 독창적인 의견들을 제시했다. 르센은 무엇보다도 인간을 절대적인 주체로 간주하는 해석이 위험한 결과를 가져올 수 있다는 점에 주목했고 주체의 절대성이 아니라 외면성과 내면성, 유한성과 무한성의 보편적인 관계에 주목할 필요가 있다고 주장했다. 그는 이 관계의 차원을 생동하는 변증적 관계로, 아울러 의식과 정신적 차원의 결속을 꾀하는 지속적이고 창의적인 노력의 순간으로 이해했다. 그에게는 느낄 수 있고 생각하거나 직관할 수 있는 모든 것을 포괄하는 것이 정신이었다. 결과적으로 정신세계의 표출에 관여하는 측면들 가운데 무엇보다 중요한 것은 바로 '가치'였다. 모든 유형의 존재론을 거부한 르셴은 그가 '가치'로 간주하는 존재의 근본적인 특징을 집요하게 강조하면서 이 존재를 지고의 존재로 정의했다. 세계를 정신세계로 만드는 모든 가치들의 원천이자 기원이 바로 절대자, 즉 신이었다. 르셴은 세계가 정신세계로 형성되는 과정이 보편적이고 근원적인 가치와 개별적인 의식의 내면적 관계를 통해 이루어진다고 보았다. 르셴에 따르면, 인간은 가치를 창조하지 않으며 가치들의 세계화를 수용하기 위한 공간을 창조할 뿐이다. 이 세계화란 곧 인간의 의식 속에서 절대자가 진리나 아름다움이나 사랑처럼 인간에게 절대적이며 본질적인 가치로 환원되는 과정을 의미한다. 궁극적인 차원에서, "가치로 존재한다는 것"을 근원적인 기점으로 간주할 때 이는 곧 세계화의 공간이 열리는 순간과 일치한다.

르셴은 가치를 취하는 여러 가지 이질적인 형태들이 인간의 다양한 성격을 구축한다고 보았다. 따라서 '나'는 신체, 내면성, 특성 등의 형태들이 각각 조합되는 여러 단층의 총체라고 볼 수 있다. 물론 그 안에서 인격의 형성 과정을 주도하는 것은 가치다. 르셴은 가치의 철학과 성격의 심리학이 함께 제공하는 이러한 동반 효과를 바탕으로, 모든 의식이 고유의 가치-성격적인 차이점과 세계의 역사-사회적 맥락에 소통의 가능성을 부여하면서 공동체적 인간관계를 수용할 수 있다고 보았다. 그는 이런 식으로 구축된 인간관계에 '정신'과 '가치'를 부정하는 용서할 수 없는 관점들, 예를 들어 모든 가치를 공허한 우상적 교리로 바꾸어 버리는 광신주의가 발을 들여놓을 수 없다고 확신했다.

르셴의 이러한 사유에 비하면 라벨의 철학은 훨씬 더 존재론적이고 형이상학적이다. 라벨 자신이 설명했던 것처럼, 그의 철학은 존재의 신비가 실존의 신비, 즉 '나'의 신비와 전적으로 일치한다는 점에 주목하는 "구체적인 것의 존재론"에 가깝다. 그는 모든 철학이 유한과 무한의 대립, 상대성과 절대성의 대립,

특수성과 보편성의 대립이 전부 사라지는 "불안"과 "기쁨" 사이의 극적인 긴장 내부에서 움직인다고 보았다. 라벨에 따르면, 모든 것이 존재에 참여하며 참여함으로써 존재한다. 그가 『존재에 관하여 De l'être』(1928년)에서 주장했던 것처럼, "존재라는 말은 최초의 용어다. 다른 모든 말이 존재를 전제로 표현되며 그런 식으로 존재를 제한하는 동시에 표현하기 때문이다". 존재는 따라서 어떤 무엇에 대해서도 외부적인 요인으로 머물지 않으며 어떤 무엇도 존재에 외부적인 요인으로 남지 않는다. 인간의 존재와 그를 "초월하는 존재"의 생동적인 관계는 존재에 대한 적극적인 참여와 참여자의 활동이 지속적으로 이루어진다는 전제하에서만 가능하다. 왜냐하면 존재란 존재하는 행위와 일치하기 때문이다. 그런 의미에서 모든 행위의 근원적인 뿌리는 '참여'에 있다. 라벨이 『행위에 관하여 De l'acte』(1937년)에서 말한 것처럼, "나는 '존재'를 존재에 참여하는 '나'와 개별적인 것으로 간주할 수 없으며 '나'를 내가 머무는 '존재'와 개별적인 것으로 간주할 수도 없다". 더 나아가서, 가장 고귀한 행위는 사랑의 행위, 즉 자아의 정복이 전적으로 자아의 포기와 일치하는 행위다. 진정한 정신세계는 존재의 구체적이고 현상적인 차원을 도외시하지 않으며 오히려 그것을 수용하면서 극복하고 경험하면서 초월한다. 그런 의미에서 '영혼의 불멸하는 삶'은 단순히 끝없이 지속되는 삶을 가리키는 것이 아니라 죽음을 함축하고 초월하는 삶을 가리킨다. 『인간의 영혼에 관하여 De l'âme humaine』(1951년)에서 볼 수 있듯이, 라벨은 영속성 자체를 시간성과 대치되는 것으로 이해하지 않고, 시간을 절대적으로 부정하는 대신 그것을 경험하며 함축하는 차원으로 이해했다. 라벨은 시간을, 영속성의 경험이라는 차원에서, 일련의 연대기적 순간들이 아니라 "우리의 영속화를 위한 수단"으로, 구체적인 것을 통해 구체적인 것을 정신세계화하기 위한 수단으로 간주했다.

4.2 인격주의

인격주의 역시 정신주의처럼 대략적으로는 설명하기 힘든 철학 사조들 가운데 하나다. 인격주의는 무엇보다도 에마뉘엘 무니에(Emmanuel Mounier, 1905~1950년)의 철학과 직결되며 이른바 '에스프리(esprit, 정신)' 운동과 무니에 자신이 1932년에 창간한 문예지《에스프리*Esprit*》와 깊은 연관성을 지닌다. 무니에는 데카르트 사상에서 유래하는 사고의 유아론적 '주체'를 대체하기 위해 '페르소나', 즉 '인격체'의 개념을 도입했다. 무니에가 『인격주의란 무엇인가?*Qu'est-ce que le personnalisme?*』(1947년)에서 밝힌 것처럼, '인격체'라는 용어는 성찰의 대상인 '자아' 안에서 꼼짝달싹하지 못하는 '나'가 아니라 보다 구체적인 '나', 즉 인간관계 속에서 살아가며 "자아로 존재하기에 앞서 세계 안에서, 세계를 향해" 살아가는 '나'를 가리킨다. 무니에는 현대인의 정신적 위기를 특징짓는 개인주의와 이기주의가 오로지 인격적인 동시에 공동체적인 도약을 통해서만, 다시 말해 개인과 '나'를 소외와 고립으로부터, 사회와 '우리'를 황폐한 순응주의와 황량한 소통 불가능성으로부터 구해 낼 수 있는 정신적 도약을 통해서만 극복될 수 있다고 보았다. 무니에에 따르면, 인격체 안에서 이루어지는 모든 내면화의 모토에는 연대적인 차원의 도약이 함축되어 있고 세계를 향한 모든 행위에도 "인격화의 움직임"이 포함되어 있다. 하지만 무니에의 인격주의는 단순하고 무미건조한 낙관주의와는 거리가 멀다. 그의 사상은 인간이 굴욕적인 조건과 한계에서 벗어날 수 없다는 사실에 대한 자각과 여기서 비롯되는 본질적으로 비극적인 성찰의 흔적들을 지속적으로 보여 준다. 그는 강렬하고 아름다운 교감이 이루어지는 사회 내부에서도 가장 고통스러운 형태의 고독이, 온화한 연대주의 속에서도 잔혹한 이기주의가, 심오한 인격자에게서도 비인격적인 개성 말살의 흔적이 얼마든지 표출될 수 있다고 보았다. 바로 그런 이유에서, 인격주의는 개념이라기보다는 일종의 실존주의에 가까웠고, 주체의 입장에서 고유의 개성과 현상을 극복하는 데 필요한 지속적인 긴장 혹은 "끝없는 이해의 힘"에 가까웠다.

무니에는 마르크스의 사회주의에도 깊은 관심을 기울였다. 그는 인간의 본성에 대한 마르크스의 깊은 이해와 놀라운 통찰력도 결국에는 인간이 경제사회의 메커니즘에 종속되고 물질의 폭력에 굴복하는 상황을 막지 못했다고 보았다. 무니에는 사회주의와 그리스도교의 대립관계나 차이점에 주목하는 대신 사회주의자들과 그리스도교도들이 근본적인 차원에서 약자들을 보호하고 인간의 인간다움을 높이 사는 데 동의한다는 신비로운 사실에 주목하면서, 사회주의와 그리스도교 사이에는 뿌리 깊은 결속력이 존재하며 사회주의의 궁극적인 목표 역시 "하나님 왕국의 일부"가 되는 것이라고 주장했다.

무니에가 문예지《에스프리》를 창간했을 때부터 '에스프리' 운동에 참여했던 또 한 명의 중요한 철학자가 있다. 사회주의자이자 평화주의자이며 현대 철학에서 독보적인 위치를 차지하는 이 철학자의 이름은 폴 리쾨르(1913~2005년)다. 그가 독보적인 위치를 차지하는 이유는 무엇보다도 그가 세 명의 영향력 있는 현대 철학자, 마르셀과 야스퍼스와 후설의 사상을 집대성했기 때문이다. 그런 식으로 자신의 사상이 형성되는 과정을 리쾨르 자신은 "성찰과 삶 사이의 능선에서 고통스러운 문제들을 끝없이 탐구하는" 과정으로 정의했다. 무니에와의 직접적인 협력관계 역시 리쾨르에게 지대한 영향을 끼쳤고 리쾨르는 무니에를 모든 젊은 세대의 스승으로 간주했다. 하지만 '에스프리' 운동과 여기에 참여했던 젊은 철학자들의 잠재적인 발전 가능성은 전쟁에 의해 한순간에 무산되고 말았다. 뒤이어 기나긴 철학적 탐구 과정을 거치면서 리쾨르는 존재론과 인격주의를 조합하려는 모든 시도를 결정적으로 포기하고, 범주의 영역을 비롯해 인격주의 자체의 한계를 뛰어넘어 인격체가 지니는 가치의 차원과 실천적이고 정치적인 차원을 주목하기에 이른다. 그는 특히 '참여', '위기', '내면적 자세' 같은 개념들에 주목하면서 인류 자체가 "인격체의 인격성"으로 드러나는 지점을 포착하기 위해 노력했다. 『유한성과 유죄성 Finitude et culpabilité』(1960년)에서 표명했던 것처럼, 리쾨르는 이 인류의 인격성이 궁극적으로는 실천적인 측면과 상호관계의 측면을 바탕으로 이루어지는 "이성과 실존, 목적과 실재"의 조합에서 유래한다고 보았다.

4.3   이탈리아의 인격주의

이탈리아에서 인격주의 철학은 프랑스의 인격주의에서 유래하는 성찰들을 기반으로 발전했지만 프랑스와 비교할 만한 문화적 사회적 반향을 일으키지 못했고 철학자들 간에 이루어지는 토론의 영역을 거의 벗어나지 못했다. 인격주의의 확산을 방해했던 요인은 무엇보다도 젠틸레의 관념주의적인 능동주의의 절대적 주관주의와 당대의 가톨릭 정신문화를 지배하던 신스콜라철학의 형이상학이었다. 당대의 이탈리아 철학을 지배하던 이 두 사조와 무관하게 독자적인 형태의 인격주의 사상을 발전시킨 철학자들 가운데 주목할 만한 인물은 아르만도 카를리니(Armando Carlini, 1878~1959년)다. 젠틸레의 제자였던 카를리니는 스승의 철학과도 거리가 먼 방향으로 발전시킨 자신의 독창적인 철학을 "초월적인 것을 실존화하기 위한" 시도로, 즉 주체가 제한적인 성격의 물질세계 안에 머물면서 고유의 내면적 자유를 향해 이 제한적인 조건을 초월하려는 노력을 바탕으로 자신의 인격적 존재를 실현하려는 실질적인 시도로 정의했다. 하지만 카를리니는 자신의 철학적 관점을 인격주의로 정의하는 데 동의하지 않았다. 반면에 공개적으로 인격주의를 지지하고 나섰던 인물은 루이지 스테파니니(Luigi Stefanini, 1891~1956년)다. 이탈리아 인격주의의 가장 독창적인 논제들 가운데 상당수가 바로 스테파니니의 사상에서 유래한다. 스테파니니는 주체의 논리-인식적 구조와 내면적인 경험을 조합하면서 본격적인 인격주의 형이상학을 구축했다. 『나의 철학적 관점La mia prospettiva filosofica』(1953년)에서 스테파니니가 주장한 바에 따르면, "존재는 인격적이며 존재 안에서 인격적이지 않은 모든 것은 개인적인 생산물의 범주에, 예를 들어 사람들 사이에서 표현하거나 소통하기 위한 도구의 범주에 속한다".

인격주의를 공개적으로 지지하지는 않았지만 '인격체'라는 주제를 나름대로 진지하게 다루었던 철학자들 가운데 언급이 필요한 이들은 아우구스토 구초(Augusto Guzzo, 1894~1986년), 펠리체 바탈리아(Felice Battaglia, 1902~1977년), 루이지 파레이손(1918~1991년)이다. 구초는 윤리적, 미학적, 종교적 표현들을 통해 드러나는 초월의 원리로 기능하는 동시에 구체적으로 실존하는 '나'의 개념을 제시했고, 바탈리아는 인격주의 논제들을 윤리-정치적 차원과 법적인 차원에서 다루었다.

구초의 제자 파레이손은 이탈리아에 실존주의 철학을 도입한 철학자로, 『존재와 인격체*Esistenza e persona*』(1950년)에서 인격주의의 실존주의적 해석을 시도했다. 야스퍼스의 철학에 큰 영향을 받은 파레이손은 진리가 객관화될 수 없으며 오히려 끝없는 해석 작업을 요구한다고 주장했다. 그런 의미에서 인격체는 해석의 주체와 일치한다. 파레이손에 따르면, 인격체 역시 항상 진리와 관계하며 진리와의 모든 관계는 "진리에 접근하는 개인적인 방식을 통해서만 표현된다". 사유의 전개 과정이 지니는 구축적인 다양성을 파레이손은 인격체의 분리할 수 없는 개별성으로 환원했다. 그는 사고 주체의 개별성을 제거해야 할 장애물이 아니라 "하나이며 절대적인" 진리에 도달하기 위한 유일한 방법적 가능성으로 간주했다. 파레이손에 따르면, "모든 인격체는 진리에 대한 하나의 해석"과 일치하며 따라서 존재에 관한 하나의 해석적 관점에 상응한다. 진리는 우리가 그것에 다가서는 방식과 구별될 수 없는 성격의 것이다. 철학적 해석의 다양성은 진리 자체의 다양성을, 결과적으로 상대주의적인 차원의 진리를 의미하지 않으며 "타인들의 진리"를 가리킬 뿐이다. 왜냐하면 진리는 그것이 표출되는 "다양한" 형식들 속에서만 존재하기 때문이다. 아울러 파레이손은 이론적인 차원과 실천적인 차원의 밀접한 연관성을 강조하면서, 인격체가 스스로를 실현하며 전개하는 해석 과정을 바탕으로 다양한 윤리적인 가치들을 조합할 때, 이 가치들은 엄격한 계율로 정립되는 것이 아니라 항상 다르게 해석될 수 있는 가능성을 유지한다고 보았다. 인격체가 지니는 이러한 창조적인 측면이 확연하게 드러나는 분야가 다름 아닌 예술이다.

근대주의에 대한
가톨릭세계의 이견들

/ 모든 이단의 총합

교황 피오Pius 10세는 1907년에 발표한 회칙 「주의 양 떼 사목Pascendi dominici gregis」
에서 19세기 말에 발전한 유럽의 근대주의를 이단으로 단죄하며 이를 "모든 이단
의 총합"으로 규정했다. 근대주의, 즉 모더니즘이라는 용어는 원래 신앙과 관련
된 종교적 세계와 근대 문화의 과학적 방법론이나 결과의 화해, 간단히 말해 종교
와 과학의 화해를 도모하는 학자들 혹은 신학자들의 입장에 부정적인 의미를 부
여하기 위해 사용되었다. 따라서 엄밀히 말하자면 교회 내부에서 생성되었지만
이 비판적인 입장, 즉 근대주의의 문제는 생성된 영역을 벗어나 사회와 정치에도
큰 영향을 끼치며 다양한 논쟁거리와 문제점들을 양산해 냈다. 근대주의는 따라
서 가톨릭세계와 교회가 근대와 현대에 접어들면서 경험한 뿌리 깊은 위기들 가
운데 하나를 표상한다.

　근대주의자들이 원했던 것은 가톨릭주의와 현대 철학의 대화다. 하지만 처음
부터 이 두 세계의 만남은 적잖은 문제점들을 안고 있었다. 무엇보다 초자연적
인 성격의 종교적 계시를 첨단의 과학문화가 제공하는 학문적 개념이나 방법론

을 바탕으로 소개한다는 것 자체가 너무 위험하다는 비판적인 의견들이 제시되었다. 예를 들어 성서 해석 분야에서 성서를 신이 준 영감으로 기록한 책, 결과적으로 신이 직접 쓴 것과 다를 바 없는 책으로 이해하지 말고 기본적으로 어떤 역사적 문헌과도 다를 바 없는 일종의 사료로 간주해야 한다는 평신도 학자들의 파격적인 의견은 교회의 강한 반발에 부딪힐 수밖에 없었다. 성서에 실린 수많은 이야기들은 문헌학적 비평의 관점들을 기준으로 해석되는 순간 역사적 진실이라는 성격을 상실할 수밖에 없었다. 결과적으로 위협받는 것은 오랜 세월에 걸쳐 로마 교회의 권위를 지탱해 왔던 성서의 확실성이었다. 더 나아가서 성서의 역사를 근대의 진화론적이고 역사학적인 관점에서 재해석하는 순간 교회도 더 이상은 절대적이고 불변하는 기관이 아니라 역사 속에서 실현될 뿐 변화할 수밖에 없는 하나의 영적 현실로 간주된다는 문제가 도사리고 있었다.

출판과 함께 모두의 놀라움을 자아냈던 사제 알프레드 루아지(Alfred Loisy, 1857~1940년)의 『복음과 교회 L'Évangile et l'Église』는 1902년에 곧장 금서로 지정되었다. 이 책에서 저자는 교회가 그리스도에 의해 직접 설립되었다는 주장을 지지하는 것이 불가능하다는 결론을 내렸다. 저자에 따르면, 그리스도는 세계의 종말이 임박했다는 확신 속에서 하나님의 왕국을 선포했을 뿐이고 교회는 한참 뒤에야 설립되었다. 그는 교회가 불변하는 기관이라는 주장도 지지할 수 없다고 보았다. 교회가 오히려 끊임없는 변화와 발전을 거듭해 왔고 역사적으로 새로운 상황이 발생할 때마다 이에 적응해 왔기 때문이다.

교리와 교회 및 성서를 근대주의적인 관점에서 해석하려는 시도는 전통과 위계를 중시하는 교회 지도자들에게 종교를 위협하는 파괴적인 행위로 인식되었다. 근대주의를 비판하고 거부하는 이들은 이러한 시도가 반드시 수호해야 할 절대적인 계율에 대한 혐오감을, 결과적으로 그리스도교의 와해를 조장한다고 보았다. 교회 지도자들이 철학 분야에서 근대 사상을 극단적으로 혐오하며 경계하는 성향을 보였던 것도 바로 이 때문이다. 일찍이 교황 레오네Leone 13세는 1879년의 교황회칙 「영원한 성부Aeterni Patris」에서 진정한 철학은 중세의 스콜라철학뿐이며 "스콜라철학의 모든 박사들 위에 이들의 수장이자 스승인 토마스 아퀴나스가 있다"라고 밝힌 바 있다. 교황 피오 10세는 1907년의 교황회칙 「주의 양 떼 사목」에서 근대 철학을 "교회의 적대 세력이 주장하는 사악한 교리"로 규정하고 근대 철학은 신이 아닌 인간의 '자아'를 성찰 원리로 내세우며 주관주의를 찬양한다고 비판했다.

　하지만 근대 철학이 반드시 신앙에 위배되는 것은 아니라는 생각으로 근대 철학과 열린 대화를 시도한 가톨릭 철학자들이 없지 않았다. 특히 프랑스의 철학자 모리스 블롱델(Maurice Blondel, 1861~1949년)은 유명한 저서 『행동L'action』(1893년)에서 초자연적인 차원의 필연성을 논리적으로 증명할 수 있다는 결론에 도달하기 위해 전형적으로 근대 철학적인 방법론을 활용했다. 또 다른 예로, 아일랜드의 예수회 신학자 조지 티렐(George Tyrrell, 1861~1909년)은 종교현상을 교리보다는 주관적이고 심리학적인 차원에 주목하는 실용주의적인 관점에서 연구했다.

/ 이탈리아의 근대주의

이탈리아에서 근대주의는 독창적인 철학적 견해를 표명하는 대신 성서해석학이나 그리스도교의 역사 혹은 문학 분야에서 두각을 나타냈다. 물론 좀 더 실천적인 차원에서 로몰로 무리(Romolo Murri, 1870~1944년)가 사회적, 정치적 혁신을 시도하며 그리스도교의 교리와 민주주의의 가치를 융합하기 위해 노력했다는 점도 기억할 필요가 있다.

　철학적인 차원에서는 빈곤함을 드러냈지만, 사회적이고 문화적인 차원에서는 이탈리아에서도 근대주의를 주제로 의미 있는 논쟁들이 이루어졌다. 「주의 양 떼 사목」에 실린 단죄의 내용에 대해서도 이탈리아의 유명 작가들은 물론 많은 학자들이 지대한 관심을 기울였다. 특히 크로체와 젠틸레는 자신들의 군건한 철학적인 입장을 고수하면서 가톨릭 신앙과 철학의 조화 가능성을 부인했고 그런 식으로 근대주의자들의 요구에는 사실상 아무런 관심이 없다는 입장을 표명했다. 크로체는 심지어 교황의 의견에 동의한다는 입장까지 공개적으로 밝히면서 교황과 교회의 권위, 교리, 교회의 전통과 위계가 모두 가톨릭세계의 결코 부차적이지 않은 요소들이라고 주장했다. 크로체는 철학자들이 교회를 교회 고유의 운명에 맡기고 종교에 관여하는 대신 철학에 전념해야 한다고 보았다. 따라서 근대주의자들은 "순수한 이성주의와 종교 사이에서" 한 가지를 선택해야 하고 모두에 관여하려는 모호한 입장을 포기해야 한다는 것이 크로체의 입장이었다.

이탈리아에서 근대주의를 지지했던 사상가들 가운데 가장 중요한 인물은 에르네스토 부오나이우티(Ernesto Buonaiuti, 1881~1946년)다. 1908년에 익명으로 출판된 『근대주의자들의 계획Programma dei modernisti』에는 「주의 양 떼 사목」을 신랄하게 비판하는 내용이 실려 있었다. 이 책의 저자들 가운데 한 명이 부오나이우티였다. 저자들은 근대주의가 불가지론이나 내재주의를 수용하지 않으며 근대 학문의 긍정적인 측면에 주목할 뿐인데도 교황이 이러한 순수한 운동을 곡해하고 의도적으로 비방한다고 지적했다. 이들은 자신들에게도 "교회의 시민권이" 있다고 주장하면서 새로운 시대의 도전을 받아들이려고 하는 신도들의 신앙에도 새로운 활력소가 요구된다고 호소했다. 1908년에는 부오나이우티가 쓴 『한 근대주의자 사제의 편지Lettere di un prete modernista』가 익명으로 출판되었다. 부오나이우티는 이 책에서 교회에 본질적으로 실천적인 성격의 개혁이 요구된다고 주장했다. 그는 "가톨릭세계의 사회적인 역할을 어떤 식으로든 개혁해야" 하며 가톨릭세계를 중세 문화나 스콜라철학과는 정반대되는 방향으로, 즉 "현대적인 영혼과의 생생한 접촉이 가능한 곳으로" 이끌어 내야 한다고 주장했다.

부오나이우티는 이탈리아 근대주의의 전개 과정에서 가장 유명했고 또 핵심적인 역할을 했던 인물이다. 그는 그리스도교 역사가로서 중요한 학문적 성과를 남겼을 뿐 아니라 지칠 줄 모르는 비평가였고 크로체와 젠틸레의 철학을 공개적으로 비판할 줄 아는 용기를 지녔던 인물이다. 그는 파시즘을 거부하고 비판했다는 이유로 공공기관의 표적이 되었을 뿐 아니라 그가 결코 떠나길 원치 않았던 교회로부터 파문과 박해를 당했고 철학자로 두각을 나타내지는 않았지만 항상 태풍의 눈 속에 머물면서 모두의 이목을 끌었던 인물이다. 하지만 바로 이러한 특이함 때문에 그는 이탈리아 근대주의를 대표하는 인물로 지목될 수 없었다. 가톨릭세계 내부에서 근대주의적인 개혁의 시도에 연루되었던 성직자들은 대부분 교회의 잔인한 억압 정책 앞에 무릎을 꿇고 복직을 하거나 침묵을 지켰고 교회를 떠난 이들도 혹독한 대가를 치른 뒤 사회적으로 고립되는 운명을 받아들였다. 이탈리아의 근대주의자들이 제시했던 논제들은 교회의 체계적인 검열 정책으로 인해 빛을 보지 못했지만 제2차 바티칸 공의회(1962~1965년)를 계기로 다시 부각되는 양상을 보였다.

5

신스콜라철학

5.1 신스콜라철학의 기원과 발전

중세 스콜라철학자들의 전통 신학과 철학에서 영감을 얻어 형성된 이른바 신스콜라철학이라는 사조의 기원은 프랑스혁명 이후 유럽 문화가 전통적인 그리스도교 사상과 교리를 무시하고 계몽주의 이성과 과학지상주의를 칭송하며 맹신하던 19세기 전반으로 거슬러 올라간다.

나폴레옹의 제국이 여명기로 접어들고 혁명주의 이상의 빛과 의미가 퇴색되던 시기에, 전통 철학과 그리스도교 사상의 중요성을 의식했던 철학자들은 계몽주의적 이성주의에 맞서 중세 스콜라철학자들의 사상을 복원하고 재해석하면서 전통 신학과 철학의 연구에 활력을 불어넣기 시작했다. 이러한 정황에서 탄생한 19세기의 신스콜라철학은 먼저 이탈리아와 프랑스를 중심으로 발전한 뒤 유럽으로 확산되었다. 스콜라철학의 그리스도교적인 전통을 적극적으로 복원하는 작업은 기본적으로 교단 차원에서 추진되었다. 예를 들어 예수회 학자들이 1850년에 창간한 기관지 《가톨릭 문명*La civiltà cattolica*》은 신스콜라철학을 널리 전파하고 학문적 성과를 알리는 데 결정적인 역할을 했다. 도미니크수도회와 알베로니Alberoni 대학의 토마스주의 학자들은 토마스 아퀴나스의 사상에 대한 연구 결과만을 집중적으로 소개하는 기관지《디부스 토마스Divus Thomas》를 1879년에 창간했다.

　기관지뿐만 아니라 세 아카데미의 설립도 중세 철학자들의 사상을 복원하고 재해석하는 데 절대적으로 유리한 입지를 제공했다. 마르첼로 벤투롤리Marcello Venturoli는 토마스주의 연구를 위해 1853년 볼로냐에 아카데미를 설립했고 1859년에는 주세페 페치(Giuseppe Pecci, 조아키노Gioacchino, 즉 미래의 교황 레오네 13세의 형)가 페루자에 성 토마스 아카데미를, 1874년에는 알폰소 트라발리니Alfonso Travaglini와 조반니 마리아 코르놀디Giovanni Maria Cornoldi가 볼로냐에 성 토마스 아퀴나스 철학-의학 아카데미를 설립했다. 신스콜라철학 토론은 교단에서 운영하는 학교의 강의실에서 벌어지던 토론뿐만 아니라 아카데미가 펴내는 출판물들을 매개로 벌어지던 지상 토론의 경우에도 수많은 스콜라철학자들이 자신의 철학을 소개하고 해석하는 방식의 차이점 때문에 상당히 논쟁적인 성격을 띠며 전개되었다. 하지만 다양한 해석에서 비롯된 논쟁적인 성격의 토론 문화는 머지않아 1879년 교황회칙 「영원한 성부」가 발표되면서 종식되었다. 교황 레오네 13세는 교황회칙의 발표를 통해 신스콜라철학 운동을 공식적으로 인가하면서 신스콜라철학의 발전에 크게 기여했을 뿐 아니라 토마스 아퀴나스가 가톨릭세계에서 가장 선호할 만한 사상가로 인식되는 데 결정적인 계기를 마련했다. 아울러 교황은 이러한 변화에 부응하기 위해 토마스 아퀴나스 원전비평 연구판본 전집의 출판을 추진했고(이 전집의 제작은 여전히 진행 중이다) 교황회칙에 개략적으로 소개된 "성 토마스 아퀴나스의 사상에 따른 그리스도교 철학"을 전파하기 위해 교황청 산하기관으로 1880년에 '성 토마스 아퀴나스 로마 아카데미'를 설립했다. 따라서 자연스럽게 토마스 아퀴나스의 철학을 집중적으로 연구하는 분위기가 조성되었고 이러한 풍조는 곧 '신토마스주의'라는 명칭의 탄생으로 이어졌다. 이 용어는 흔히 '신스콜라철학'과 동의어로 사용된다. 하지만 이 용어들 사이에는 명백한 차이점이 존재하며 이 차이점은 20세기가 흐르면서 점점 더 분명하게 드러났다. 신토마스주의가 토마스 아퀴나스의 사상을 다시 조명하고 발전시키는 데 집중했던 반면 신스콜라철학이 주목했던 것은 중세 스콜라철학의 위대한 스승들, 예를 들어 아오스타의 안셀무스Anselmus d'Aosta, 피에르 아벨라르Pierre Abelard, 알베르투스 만뉴스Albertus Magnus, 요한네스 둔스 스코투스Johannes Duns Scotus, 보나벤투라Bonaventura, 윌리엄 오컴William Occam 등의 사상이었다.

19세기의 신스콜라철학에 대해 기억해 두어야 할 것은 무엇보다도 과거의 그리스도교 철학에 대한 탐구 작업이 사실상 교회의 권위를 인정하지 않는 근대 철학에 대한 반발과 비판적인 입장에서 추진되었고 뒤이어 교황청이 근대 국가들의 정책에 대해 공개적으로 반대 입장을 표명하며 이들과 대립하던 상황에서, 특히 이탈리아의 통일을 꾀하며 교권주의에 반대하고 교황의 세속적인 권력을 폐지해야 한다고 주장하던 이탈리아 정부와 날카롭게 대립하던 상황에서 상대적으로 교황의 지지를 얻어 전개되었다는 사실이다. 중세 스콜라철학을 연구하는 기관들은 이탈리아를 제외한 다른 지역, 예를 들어 벨기에의 루뱅, 네덜란드의 네이메헌, 프랑스의 툴루즈에서, 그리고 독일의 경우 프란츠 야콥 클레멘스Franz Jakob Clemens, 요제프 클로이트겐Joseph Kleutgen 같은 학자들의 노력으로, 평신도 신학자들의 철학 운동과 경쟁 구도를 형성하며 탄생했다.

5.2 토마스 아퀴나스 철학의 24가지 논제

'신스콜라철학'은 중세 스콜라철학의 전통 철학과 신학 사상에 영감을 얻어 19세기에 형성된 철학 운동을 가리킨다. 20세기에 이루어진 신스콜라철학의 발전상을 이해하기 위해서는 무엇보다도 교황회칙 「영원한 성부」(1879년)의 내용과 여파를 충분히 검토할 필요가 있다. 우선적으로 주목해야 할 것은 교황 레오네 13세가 1878년부터 1902년까지 지속된 오랜 교황 재위 기간 동안 장장 60편에 달하는 교황회칙을 발표하면서 사실상 '교황회칙enciclica'이라는 문서 형식을 양식적인 차원으로까지 끌어올렸다는 점이다. 그런 식으로 교황의 역할이 부각되는 현상은 한때 교황의 세속적 권력이 박탈당하고 정치적으로 교황들의 활동 영역이 바티칸 언덕의 성벽 안으로 제한되면서 형성된 소외 상태를 극복하고 새로운 시대에 길을 열 수 있다는 희망을 안겨 주었다. 이 교황회칙들은 전세계의 가톨릭 신도들을 움직일 수 있는 저력을 지니고 있었다. 예를 들어 1891년의 교황회칙 「새로운 것들Rerum novarum」, 즉 교회가 사회에 대한 그리스도교적 입장을 공개적으로 표명한 최초의 역사적 문헌에서 레오네 13세는 당대에 부각되던 그리스도교 사상의 몇몇 측면과 중요성을 강조하며 사유재산제도를 인간의 자연적인 요구로 간주하고 지지하는 한편 사회주의적 집단주의를 비판하는 동시에 자유주의적 개인주의에 대한 국가의 상대적인 중요성을 강조했다. 역사에 뿌리를 둔 그리스도교 사상의 유기적인 체제를 구축하기 위해 노력해야 한다는 교황의 권고는 스콜라철학의 복원 작업이 이미 진행되고 있던 유럽의 여러 지역에서뿐만 아니라 북아메리카와 남아메리카에서도 대대적인 지지를 얻었다.

신스콜라철학이 만개했던 시기는 20세기 초반이다. 무엇보다도 토마스주의에 영감을 얻은 상당히 세분화된 신학 저서들이 이 시기에 출판되기 시작했고 뒤이어 토마스 아퀴나스를 비롯한 대표적인 스콜라철학자들의 원전 연구와 함께 중세 저자들의 원전비평에 몰두하는 연구기관들의 활동이 활성화되었다. 토마스주의가 철학적인 체계를 갖추고 완성 단계에 이르는 과정은 교회가 운영하는 여러 교육기관, 특히 예수회에서 운영하던 로마의 그레고리 대학Università Gregoriana di Roma이나 도미니크수도회에서 운영하던 콜레조로마노Collegio Romano, 즉 안젤리쿰Angelicum 같은 교육기관들의 활동을 토대로 전개되었다. 토마스주의에 입각한 신스콜라철학은 이른바 '토마스주의의 조합'이라는 일종의 풍부한 매뉴얼을 통해 체계화되었고, 예수회 학자 귀도 마티우시Guido Mattiussi가 작성한 뒤 교황 피오 10세가 1914년에 인가한 「토마스 아퀴나스 철학의 24가지 논제Le XXIV tesi della filosofia di San Tommaso」라는 제목의 성명서를 통해 공인되었다.

머지않아 논쟁의 대상으로 부각된 이 문헌을 살펴보면 철학적인 차원에서 핵심적인 요소로 간주되는 몇 가지 개념들과 일련의 용어들, 예를 들어 권력과 행위, 존재와 본질, 원인과 유사성의 개념들을 비롯해 아리스토텔레스-토마스주의 전통의 기본 원리들, 즉 비모순율, 동일률, 배중률 등이 등장한다. 이러한 개념과 원리들을 다루는 논제들이 발전되는 방향을 결정짓는 요소는 기본적으로 두 가지였다. 첫 번째는 데카르트에서 칸트에 이르기까지 근대 철학을 특징짓는 주관주의를 견제하기 위해 대두된 인식론적 사실주의였고, 두 번째는 질료형상주의, 즉 모든 실체는 영적 실체를 포함해서 질료와 형상으로 구성된다는 아리스토텔레스의 이론이 아리스토텔레스의 형이상학 자체를 이해하기 위한 해석의 열쇠가 된다는 관점, 따라서 아리스토텔레스의 형이상학은 질료가 지니는 본질적인 잠재력과 형상이 지니는 실질적인 효력의 융합에 좌우되는 실체 이론을 바탕으로 정립된다고 보는 관점이었다. 이러한 해석은 세계의 창조론에 대한 철학적인 설명을 가능하게 해 주었다. 이 설명에 따르면, 질료의 잠재력과 형상의 효력이 융합되는 과정을 통해 실체들의 탄생을 정립하는 존재 행위는 지고의 존재, 즉 어떤 무엇에도 의존하지 않고 잠재력도 보유하지 않으며 순수 행위와 다를 바 없는 존재에서 유래할 수밖에 없다. 스스로와 다른 무언가에 의존해야만 고유의 실효성을 발휘하는 존재는 과연 어떤 식으로 세계가 '시작'의 순간을 경험했는지 설명하지 못한다. 왜냐하면 이를 설명하기 위해서는 기원을 향해 끝없이 거슬러 올라가는 메커니즘을 작동시킬 수밖에 없으며, 존재 행위가 이미 존재하는 무언가로부터 물려받는 존재들의 연계를 전제하기 때문이다. 형이상학적 질료형상주의는 더 나아가서 인간이 육체라는 '질료'와 이성적 영혼이라는 '형상'으로 구성된 존재이자, 아리스토텔레스주의적인 차원에서, 모든 동물에 공통된 '생장'과 '감각'을 주관하는 영혼 외에도 '지각'을 주관하는 영혼이 특징인 존재라는 관점을 제공했다. 이성적 존재를 다른 동물들과 구별해 주는 요소가 바로 '지각'을 주관하는 영혼이었다. 인간의 지성이 지니는 고유의 기능들 가운데 보편적인 개념에 대한 이해력이나 지각 주체를 동반하는 자의식의 형성 능력 같은 것들은 신체기관과는 독립적으로 주어지기 때문에 지적 영혼의 비물질적인 본질을 증명하는 단서로 간주되었다.

자연철학적인 차원에서도, 우주의 생성 과정이 지니는 역동성은 잠재력에서 행위로 전이하는 과정에서 비롯되는 것으로 간주되었다. 이 과정은 신의 존재를 경험적인 차원에서 증명하기 위한, 다시 말해 감각적인 경험이 제공하는 정보들을 행위가 잠재력에 우선한다는 형이상학적 요구에 따라 해석하기 위한 유용한 근거로 제시될 수 있었다. 그런 식으로 부각된 것은 아리스토텔레스-스콜라학파 철학의 패권 원리, 즉 현실의 지각 가능성이라는 원리였다. 현실은 본질적으로 인간의 지성에 의해 침투가 가능하며, 따라서 사고와 존재의 근본적인 일치관계가 성립되는 만큼, 이성적인 설명이 불가능한 것은 현실 속에 존재할 수 없었다. 모든 우발적인 성격의 실체나 원인들의 연속, 다시 말해 다른 것에서 존재 가능성의 이유를 찾아야 하는 실체나 원인들은 현실에 대한 이성적 요구를 충족시킬 수 없었고, 이는 곧 신스콜라철학의 입장에서 가장 핵심적인 고전 철학적 개념의 성립 조건을 충족시킬 수 없다는 것을 의미했다. 사실에 비이성적인 측면이 존재한다는 것은 모순적인 가설에 불과했고 모든 지적 가치의 부정이라는 결과를 가져올 수밖에 없었다. 따라서 어떤 필연적인 존재, 우발적이지 않으며 유한하지 않은 존재, 우리가 흔히 신이라고 부르는 존재의 필요성을 인정할 수밖에 없었다.

24가지 논제로 환원이 가능한 이론적인 체계는 신스콜라철학의 교육기관에서 오랫동안 확고한 지지를 얻었지만 시간이 지나면서 정확한 한계를 드러내기 시작했다. 무엇보다도 24개의 논제는 처음부터 교리주의적인 성격을 지니고 있었다는 사실이 노출되었다. 왜냐하면 출발선에서부터 하나의 텍스트에 국한된 해석을 제시하며 탐구 자체에 한계를 부여했고 결과적으로 철학적 성찰의 출발점이 되는 수많은 문제와 관점의 다양한 측면들을 고려해야 하는 입장과 양립할 수 없다는 점이 드러났기 때문이다. 더 나아가서 토마스주의를 "토마스 아퀴나스의 사상에 따라" 구축된 개별적인 철학체계로, 따라서 토마스 아퀴나스의 원문과도 구분되어야 할 체계로 간주하는 관점은 그의 철학을 모든 종류의 질문과 모든 종류의 철학적 요구에 답할 수 있거나 답변을 마련하는 데 활용될 수 있는 사상으로, 즉 시대가 바뀔 때마다 철학과 과학의 발전과 변화를 조장하는 새로운 학문적, 역사적 관점과도 무관하게 불변하는 보편적 진실을 제시하는 사상으로 소개하는 성향이 있었다.

5.3　지식의 본질에 관한 논쟁과 신스콜라철학 밀라노학파의 기여

20세기 신스콜라철학의 발전 과정에서 핵심적인 역할을 한 학자들 가운데 주목해야 할 인물은 벨기에 출신의 추기경 데지레 메르시에(Désiré Mercier, 1851~1926년)와 이탈리아 프란체스코 수도회 출신의 아고스티노 제멜리(Agostino Gemelli, 1878~1959년)다. 메르시에는 루뱅의 가톨릭대학에 철학연구소를 설립했고 제멜리는 밀라노에 '사크로 쿠오레 가톨릭대학Università Cattolica del Sacro Cuore'(1921년)을 설립했다. 제멜리는 밀라노에서《신스콜라철학 리뷰Rivista di Filosofia Neo-Scolastica》(1909년)를 창간하기도 했다. 이 두 철학자의 공통점은 중세 스콜라철학의 복원을 위해 노력하면서도 열린 자세로 근대 및 현대 철학과 대화를 시도했다는 것이다.

　메르시에는 근대 정신세계와의 소통을 위해 인식론의 문제에 집중하는 경향을 보였다. 인식론은 무엇보다 칸트의 비판철학과 토마스주의의 비교를 가능하게 하는 핵심 요소였다. 메르시에는 이른바 '기준 이론', 즉『일반적 기준 이론 혹은 확실성의 일반론Critériologie générale ou théorie générale de la certitude』(1918년)에서 정립한 이론을 토대로 인식의 문제를 확실성의 논리-심리학적인 관점에서 다루는 한편 비평을 확실성의 자연스러운 조건에 관한 성찰로 간주했다. 기준 이론의 과제는 무엇보다도 판단에 관여하는 두 차원의 관계, 다시 말해 판단 주체의 구성 요소와 판단의 객체가 되는 사물 사이의 관계가 무엇인지 결정하고, 진리의 보장 원리, 즉 진리의 실재를 보장할 뿐 아니라 그것에 접근할 수 있는 방법을 제시할 수 있는 원리를 찾아내는 것이었다. 메르시에는 이 원리를 '확실성의 기준 이론적인 원리'라고 불렀다. 그는 칸트가 제안한 '선험적 종합판단'이 긍정적으로 수용되어야 하지만 판단의 두 차원을 통일하는 종합판단의 본질에 대해서는 약간 다른 해석이 필요하며, 무엇보다도 종합판단의 계기가 사고 주체의 주관성이 아니라 관계의 객관적인 표출에 의해서만 주어진다는 점을 인정할 필요가 있다고 보았다. 기본적으로 두 차원의 관계가 지니는 객관성은 그 자체로 명백하며 두 차원의 실재가 분명해지는 순간 의식에 즉각적으로 전달된다는 것이 메르시에의 생각이었다.

제멜리와 몇몇 철학자들은 메르시에의 사상에 영감을 얻어 토마스주의의 재해석을 시도하며 밀라노의 신스콜라철학 운동을 이끌었고, 이 운동은 밀라노 가톨릭대학에 철학과가 창설되면서 보다 활발하게 전개되기 시작했다. 밀라노학파는 루뱅학파처럼 근대 과학 및 철학과 소통할 필요성을 인정하면서 '24가지 논제'의 편협하고 단조로운 토마스주의를 극복하기 위해 노력했고, 극단적인 형태의 관념주의적인 주관주의나 절대적 사실주의를 거부하고 인식론적인 문제, 예를 들어 메르시에의 기준 이론에 더 많은 관심을 기울이면서 이른바 '즉각적인 명확성'을 지닌 진리나 확실성의 이해 방식을 분석하는 데 전념했다. 밀라노학파를 특징짓는 또 하나의 요소는 실증주의를 비롯해 당시에 이탈리아에서 소개되던 크로체와 젠틸레의 견고한 관념주의에 대한 비판적인 입장이다.

밀라노학파의 철학자들은 실증주의나 관념주의에 대한 신스콜라철학의 상대적인 우월성을 증명하는 것이 가능하다고 보았다. 첫 번째 근거는 신스콜라철학이 '영원한 철학'으로 불변하는 사유라기보다는 스콜라철학의 핵심 논제들과 근본 원리들을 복원하는 사유, 특히 지식의 사실성과 객관성의 복원에 주목하는 사유라는 데 있었다. 신스콜라철학이 실증주의적이고 관념주의적인 일원론을 거부하며 신과 세계, 영혼과 육체의 이원론을 지지하는 것도 바로 그런 이유에서였다. 두 번째 근거는 토마스 아퀴나스가 지각 주체의 머릿속에 떠오를 수밖에 없는 이러한 이원론적 차원들이 어떤 식으로 구성되는지 보여 주었다는 데 있다. 토마스 아퀴나스에 따르면, 세계는 자율적인 구조를 지니고 있으며 사물들의 생성은 생성 과정을 거치지 않는 절대적 존재가 전제될 때에만 가능해진다. 아울러 인간의 정신세계는 감각적인 지식과 결속되어 있지만 기본적인 원칙들의 진리에 도달할 수 있는 역량을 지녔고 인간의 육체는 영혼을 구속하는 실체지만 인생의 이상적인 목표와 문화 공동체의 목표를 달성하기 위한 결정적인 도구이기도 하다. 세 번째 근거로 제시된 요소는 전통 스콜라철학이 지니는 인간적인 측면이다. 이러한 기반을 토대로 신스콜라철학은 인간을 근본적으로 긍정적인 관점에서 관찰하며 보다 고귀한 인간적 목표에 도달할 수 있는 개인의 잠재력에 중요성을 부여했다.

신스콜라철학에서는 토마스 아퀴나스뿐만 아니라 아우구스티누스Aurelius Augustinus와 단테의 철학도 탐구 대상으로 간주되었고, 특히 단테의 사상은 그가 반체제주의자이자 정치 망명자였다는 정치 이데올로기적인 차원에서 벗어나 스콜라철학이 그대로 반영된 체계적인 철학으로 해석되었다.

5.4 현대 신스콜라철학의 생존과 발전

20세기에는 신학을 주도하던 해석학과 그리스도교 옹호론 곁에서 또 하나의 학문적 경향, 즉 중세 철학자들의 원문을 중점적으로 다루면서 이 원문들의 구성과 보급 경로에 주목하고 관련 문헌들을 바탕으로 원문비평적인 탐구에 집중하는 역사-철학적인 관점의 탐구가 부각되기 시작했다.

20세기 후반에 신스콜라철학과 밀접한 연관성을 유지하며 지속된 철학적 성찰의 흔적은 프랑스의 에티엔 질송(Etienne Gilson, 1884~1978년)이나 가톨릭 철학 내부에서 20세기 내내 지대한 영향력을 행사한 『온전한 인본주의Humanisme intégral』(1936년)의 저자 자크 마리탱(1882~1973년)의 사유에서, 이탈리아의 코르넬리오 파브로(Cornelio Fabro, 1911~1995년)나 구스타보 본타디니(Gustavo Bontadini, 1903~1990년), 소피아 반니 로비기(Sofia Vanni Rovighi, 1908~1990년), 독일어 문화권의 로마노 과르디니(Romano Guardini, 1885~1968년), 한스 우르스 폰 발타사르(Hans Urs von Balthasar, 1905~1988년) 등의 사유에서 찾아볼 수 있다.

오늘날 이 철학자들의 사유에 대한 지속적인 탐구를 바탕으로 신스콜라철학을 소개하고 가르치는 철학 학교에서는 고전 형이상학을 근본적인 차원에서 인정하는 동시에 인문학 및 과학과 대화하려는 자세를 보존 가치가 있는 정

신적 유산으로 간주한다. 이러한 자세야말로 초월성을 인정하는 동시에 그것
의 의미를 역사적인 차원에서 탐구해야 한다는 이중의 철학적 요구를 충족시
킬 수 있기 때문이다. 현대 철학에 의해 발전된 모든 형태의 열린 이성과 끝없
이 대화하며 비판적이고 이론적인 관점에서 재검토하는 형이상학적 차원에 대
한 신스콜라철학의 관심은 여전히 계속되고 있다.

에티엔 질송과
그리스도교 철학에 관한 논쟁

1930년대를 전후로 유럽의 지성인들 사이에서는 중체 철학에 대한 다양한 해석의 문제, 특히 '그리스도교 철학'은 과연 존재할 수 있는가라는 문제를 두고 열띤 토론이 벌어졌다. 이 문제를 가장 먼저 제시했던 중세학자 에밀 브레이에Emile Bréhier는 1928년에 열린 '그리스도교 철학은 존재하는가?'라는 제목의 강연에서 이 질문에 부정정인 답변을 내놓았다.

저명한 철학사학자 에티엔 질송(1884~1978년)은 1932년에 출판한 『중세 철학의 정신L'Esprit de la philosophie médiévale』에서 이 문제를 상세하게 다룬 바 있다. 질송은 무엇보다 '그리스도교 철학'이라는 표현의 의미를 정의하면서 이 표현이 그리스도교라는 종교가 없었다면 존재 이유를 설명하기 힘든 순수하게 이성적인 철학적 체계, 원리, 방법론을 가리키는 용어로 사용될 수 있다고 설명했다. 아울러 질송은 "종교적 교리와 철학적 체계를 형식적으로는 상이한 차원으로 구분하면서도 그리스도교의 교리를 이성의 필수적인 보완 요소로 간주하는 모든 철학"을 그리스도교 철학으로 간주할 수 있다고 주장했다.

질송은 그가 정의하는 차원의 '그리스도교 철학'이 충분히 가능할 뿐 아니라 역사적으로 실현되어 왔고 성 토마스 아퀴나스나 아우구스티누스, 보나벤투라 같은 철학자들이 그리스도교 철학의 주인공들이라고 보았다. 그는 그리스도교 철학자들이 상이한 언어적 표현을 사용했고 상이한 철학적 체계를 구축했을 뿐 신앙이라는 공통분모를 지녔고, 이들의 입장이 그리스도교와 무관한 철학자들과 근본적으로 달랐던 것도 신앙을 수호했기 때문이라고 보았다. 질송에게 중세 철학의 정신은 바로 그리스도교 철학의 정신을 의미했다. 토마스 아퀴나스를 비롯한 그리스도교 철학자들이 모두, 이 정신의 전개 과정을 다양하고 상이한 방식으로 체계화했을 뿐, 신앙을 통해 그리스도교의 진리를 깨닫고 이를 지지했기 때문이다.

하지만 질송은 자크 마리탱(1882~1973년) 같은 권위 있는 철학자들의 지지를 얻었던 반면 철학사적 관점에 주목하는 몇몇 철학자들의 신랄한 비판을 피할 수 없었다. 근본적인 차원에서 반론을 제기했던 인물은 앞서 언급한 에밀 브레이에다. 그는 그리스도교 교리와 일맥상통하고 바로 그런 이유에서 교회가 인정하는 철학이 '그리스도교 철학'이라면 이 철학은 차라리 신학이라는 이름으로 부르는 것이 마땅하다고 보았다. 브레이에는 아울러 그리스도교 철학이 역사적으로 존재해 왔다는 주장은 사실과 다르다고 보았다. 왜냐하면 그리스도교 사상가들이 실제로는 이성의 힘만으로 구축되는 자율적인 철학과 계시를 바탕으로 구축되는 교리 사이에서 항상 후자를 선택해 왔기 때문이다. 그는 그리스도교 사상가들이, 바로 그런 이유에서, 철학 자체를 결코 자율적이지 않으며 항상 지고한 교리에 종속된 것으로 간주한다고 보았다.

레옹 브랑슈비크 역시 그리스도교 철학의 역사적 존재를 인정하지 않았다. 브랑슈비크의 논리와 입장은 비교적 분명했다. 신학자들은 아리스토텔레스의 철학을 바탕으로 신학체계를 정립하면서 아리스토텔레스에게 세례를 주려 했지만 아리스토텔레스 자신이 세례를 원했던 것은 아닌 만큼, 아리스토텔레스는 세속인으로 남을 수밖에 없다는 것이었다.

철학자 모리스 블롱델 역시 나름대로 질송을 비판했다. 블롱델은 그리스도교 철학의 문제를 역사적인 차원에서 해결하려는 질송의 시도에 문제점을 제기하면서 철학자들과 신도들에게 공통된 주제들, 예를 들어 신의 존재론이나 창조론 같은 공통된 관심사들을 열거하면서 근본적인 유사성을 주장하는 방식이 결국에는 철학과 신앙 사이에 존재하는 관점의 근본적인 차이를 간과하도록 만든다고 주장했다. 블롱델은 그리스도교가 철학자들에게 철학의 근본적인 입장과 숙명적 한계를 관찰하고 의식하도록 강요하면서 놀랍게도 초자연적인 삶의 필요성을 부각하도록 만들었다고 보았다.

이처럼 다양한 비판적 시각에 세심한 주의를 기울이며 문제점을 인식했음에도 불구하고 질송은 자신의 입장을 포기하지 않았고 모순점들에 대한 설명을 시도하고 새로운 성찰과 관점들을 제안하면서 그리스도교 철학의 존재론을 수호하기 위해 각고의 노력을 기울였다. 질송은 철학 자체가 그리스도교적인 성격을 지녔고 이는 철학이 그리스도교 교리의 실천적인 측면을 수용할 뿐 아니라 신앙이 제시하는 일련의 해결책을 논리적이고 이성적으로 설명하기 때문이라고 보았다. 질송에 따르면, 신에 대한 이성적인 탐구가 '존재하는 자'라는 신의 이름을 바탕으로 이루어지는 것도 좋은 예가 될 수 있었다. 질송은 이 주제에 집요하게 매달렸고, 그 연구의 흔적을 우리는 『중세의 철학La Philosophie au Moyen Âge』(1922년)에서 찾아볼 수 있다. 1960년에 발표한 글에서 질송은 자신의 입장을 이렇게 설명했다. "성 토마스 아퀴나스는 '실체'와 '본질'의 단계에 머물러 있는 존재의 변증법을 발전시켜 우리가 말씀의 진리를 깨닫기 위해 가야 할 지점까지 도달하게 만드는 놀라운 지적 용기를 보여 주었다. 신이 스스로 '존재하는 자'임을 드러낸 것에서 철학자는 실체들의 기원과 심장 속에 순수한 '존재 행위'가 내재해야 한다는 것을 깨닫는다. 말씀의 빛으로 인식된 모든 철학적 개념들 위에 머물 수밖에 없는 것이 바로 신의 말씀이다. (…) 단순히 성서에 적혀 있다는 이유로, '존재'나 '신'의 철학적 개념들이 근본적으로 '존재 행위'의 개념과 일치한다고 주장할 수 있는 것은 아니다. 실제로 성서가 하는 말이 아니기 때문이다. 반면에 성서는 신의 고유명, 즉 스스로 '존재하는 자'라는 이름을 언급한다. 성서가 언급하기 때문에 나는 그것이 신의 이름이라고 믿는다. 그런 식으로 내가 믿음의 대상에 접근하는 동안 이 개념에 의해 풍부해진 나의 이성은 최초의 '존재' 개념을 보다 깊이 이해하는 단계에 도달한다. 나의 이성은 단 한 번의 움직임으로 최초의 '존재' 개념이 지니는 철학적 의미 속에서 예기치 않았던 깊이를 발견하고 믿음의 대상에 대한 불완전하지만 진실한 깨달음을 얻는다."

6

논리실증주의,
빈학파, 칼 포퍼

6.1 빈학파

20세기 초에는 논리실증주의 철학자들 사이에서 지식과 과학의 본질과 한계와 목적 등을 주제로 열띤 연구와 토론이 이루어졌다. 이러한 정황을 배경으로 1920년대에 독일의 물리학자이자 철학자인 모리츠 슐리크(Moritz Schlick, 1882~1936년)가 오스트리아의 수도에 창설한 것이 바로 '빈학파'다. 오토 노이라트Otto Neurath, 루돌프 카르납Rudolf Carnap, 쿠르트 괴델Kurt Gödel을 비롯해 수많은 철학자, 사회학자, 논리학자, 과학자가 빈학파의 일원으로 활동했다. 이들의 토론은 1924년부터 목요일 저녁의 정기 모임을 통해 보다 지속적이고 활발하게 이루어지기 시작했다. 정기 모임에 직접 참여하지 않았을 뿐 상당히 다양한 분야의 지성인들과 과학자들이 빈학파의 활동과 학문적 성과를 주시하고 공유하면서 상이한 학문 분야들의 연계성과 참조 가능성을 최대한 활용하는 학문 풍토를 조성하는 데 기여했다. 이 학자들 가운데 주목할 만한 인물은 베를린에서 응용 수학을 가르치던 리하르트 폰 미제스Richard von Mises, 물리학자 필립 프랑크

Philipp Frank, 법학자 한스 켈젠Hans Kelsen, 철학자 칼 포퍼Karl Popper, 논리학자 알프레드 타르스키Alfred Tarski, 자연철학자 한스 라이헨바흐Hans Reichenbach 등이다.

이들은 토론과 출판을 통해 활발한 활동을 전개하면서 '베를린학회'의 탄생에 결정적인 영향을 끼쳤다. 라이헨바흐가 1928년에 창설한 베를린학회는 빈학파와 마찬가지로 다양한 분야의 과학자들이 대거 참여하면서 활성화되었다. 아울러 빈학파의 영향력은 이탈리아의 철학자 알베르토 파스퀴넬리(Alberto Pasquinelli, 1929~2013년)와 과학사가 루도비코 제이모나트(Ludovico Geymonat, 1908~1991년)의 사상과 활동에도 커다란 영향을 끼쳤다.

하지만 1930년대에 들어서면서 조직력을 잃기 시작한 빈학파는 1933년에 아돌프 히틀러Adolf Hitler가 권력을 장악하고 1938년 오스트리아가 나치 독일에 합병되는 과정에서 해체되었다. 빈학파 내부의 불화가 크게 작용했지만, 해체의 원인은 무엇보다도 학파에 소속된 학자들 가운데 일부가 유대인이었고 상당수가 좌파의 지지자들이었기 때문이다. 이러한 상황은 상당수의 학자들이 카르납처럼 미국으로 이주하는 결과를 가져왔고, 그런 식으로 형성된 빈학파의 디아스포라는 아이러니하게도 영어권에서 고유의 사상을 널리 알리는 데 성공했다.

빈학파의 야심찬 계획은 특히 『통합 과학 국제 백과전서International Encyclopedia of Unified Science』의 제작을 추진하면서 전모를 드러냈다. 1930년대 초에 오토 노이라트가 추진하기 시작한 이 기획은 1935년 파리에서 열린 국제 학회에서 가치를 인정받았고 기본적으로는 통일된 과학적 방법론을 구축하기 위해 여러 과학 분야의 학문적 기반에 대한 설명을 체계화하려는 취지를 지니고 있었다. 백과전서 계획에 대해 포괄적인 설명을 제시하는 기사 「백과사전적인 보완으로서의 통합된 과학Unified Science as Encyclopedic Integration」에서 노이라트는 이렇게 말했다. "과학의 몇몇 어려운 점은, 예를 들어 특정 분야 내부에서도 두 명의 과학자들이 동일한 문제를 다루는지 서로 다른 문제를 다루는지가 항상 분명한 것은 아니며 이들이 무언가를 설명하면서 상이한 용어들을 사용할 때에도 정말 다른 내용을 주장하는지 아니면 똑같은 이야기를 하는지 확인하기가 힘들다는 사실에서 비롯된다. 따라서 과학 용어들을 통일하는 것이 과학의 통합을 꾀하는 우리의 목표 가운데 하나다." 백과전서의 전체적인 구도에는 파리에서 선보였던 서론 외에도 과학적 방법론을 다루는 부분과 다양한 과학 분야들의 실질적인 상황 및 이들 간의 관계를 조명하는 부분이 포함되어 있었다. 노이라트가 모두 36권으로 구상했던 이 방대한 백과전서의 출판 계획을 수용한 시카고 대학은 1938년부터 서론 형식의 논문들을 출판하기 시작했고 이 논문들의 저자 중에는 버트런드 러셀, 닐스 보어Niels Bohr, 존 듀이 등이 포함되어 있었다.

　그다음 해에 다섯 권이 더 출간되었지만 사실상 노이라트와 시카고 대학의 출판 계획은 처음부터 국제적인 차원에서 학자들의 협력관계를 조율하는 문제, 백과전서를 세 종류의 언어로 출판하는 문제, 출판에 필요한 자금을 마련하는 문제 등 현실적인 어려움을 안고 있었다. 게다가 이러한 어려움들을 극복하기 위한 시도조차 불가능하게 만든 제2차 세계대전이 발발했고, 한편으로는 통일된 관점을 구축하기 위해 과학을 통합해야 한다는 생각이 보편적인 동의를 얻었던 것도 아니었던 탓에 백과전서의 출판 계획은 결국 수포로 돌아가고 말았다.

　빈학파의 선언문으로 간주되는 한스 한Hans Hahn, 오토 노이라트, 루돌프 카르납의 공저 『과학적 세계관의 길Ways of the scientific world-conception』(1930년)에서 저자들은 일찍이 당대의 과학적 발전이 이룩한 결과들을 토대로 제기되는 인식론적 문제들을 해결하기 위해 과학적 탐구의 기반을 형성하는 기초적인 학문들, 예를 들어 논리학이나 수학 같은 분야에서 출발해 다양한 과학 분야들을 "하나의 과학"으로 통합함으로써 통일된 과학적 세계관을 구축하고 전파할 필요가 있다고 주장했다. 하지만 이 "하나의 과학"은 엄격한 방식으로 정립된 논제들의 조합이라기보다는 오히려 "기본적인 방향"이나 "탐구 방식"의 제안에 가깝다. 『과학적 세계관의 길』에서 읽을 수 있듯이 "이 과학은 과학의 통일이라는 목표를 지닌다. 이 과학의 본래 의도는 여러 과학 분야의 연구자들이 개별적으로 얻어 낸 결과들을 연결하며 체계화하는 것이다. 이러한 기획에서 바로 공동 작업의 중요성이 유래하며, (…) 다양한 공식들의 중립적인 체계뿐만 아니라 개념들의 보편적인 체계를 탐색하는 성향이 유래한다. 따라서 정확도와 명백함을 추구해야 하고 모호함과 침투 불가능한 깊이는 거부해야 한다".

　사상의 논리적 명백함을 추구하는 성향과 과학적 언어에서 표현의 모호함을
거부하는 성향은 빈학파의 주요 토론 주제들 가운데 하나였던 루트비히 비트
겐슈타인의 저서『논리철학논고Tractatus Logico-Philosohicus』의 영향력을 증언할 뿐 아
니라 어떻게 빈학파의 구성원들이 이질적이고 상이한 분야에 대한 관심과 일
관적이지만은 않은 이론적 입장을 표명하면서도 모든 형태의 형이상학을 거부
하는 자세만큼은 공유할 수 있었는지 보여 준다. 이들의 기획을 지탱하는 것은
무엇보다도 인간의 이성적 영역이 고스란히 과학적 이성으로 환원될 수 있다
는 생각이었다. 결과적으로 부각된 것은 형이상학의 제외라는 근본적인 차원
의 해결책이었고 이는 곧 전통 철학 전체를 지배하는 방법론의 제외를 의미했
다. 빈학파의 철학자들은 형이상학을 정확성이 떨어지는 일상적인 언어적 표
현과 용어에 의존하는 성향이 강한 사고방식으로 이해했다. 형이상학은 사실
상 상이한 차원의 현실들, 다시 말해 개념, 사건, 특성, 사물 등을 동일한 방식
으로 다룬다. 예를 들어 선善이나 지식, 둔탁함이나 나무 등을 모두 '~이다'라는
식으로 동일한 용어를 사용하여 표현한다. 아울러 형이상학적 사고는 인지 과
정이 경험적인 내용 없이 전개될 수 있으며 따라서 사고 활동이 순수하게 논리
적인 추론을 토대로 새로운 지식을 생산할 수 있다고 믿는 오류를 범한다.

　이러한 비판적인 입장이 전면적으로 드러난 문헌은 카르납이 1932년 학술지
《에어켄트니스Erkenntnis》에 발표한 논문 「언어의 논리적 분석을 통한 형이상학
의 극복Überwindung der Metaphysik durch logische Analyse der Sprache」이다. 카르납이 지적한 학
문적 형이상학의 문제점은 형이상학 혹은 신학 같은 유형의 지식이 경험세계
에서 찾아볼 수 있거나 검증이 가능한 어떤 구체적인 내용을 전혀 지니지 않는
'존재', '절대', '신' 같은 용어들을 토대로 구축된다는 것이었다. 카르납은 반대
로 어떤 용어나 문장이든 무언가를 가리키거나 의미하기 위해서는 기본적으로
다음과 같은 조건을 충족시켜야 한다고 보았다.

　a) 어떤 용어가 가리키는 경험적 대상은 익히 알려진 것이어야 한다.

　b) 문장은 기본적인 정보를 가리키는 문장들, 이른바 '프로토콜명제

Protokollsatz'들로부터 분명한 방식으로 추론되어야 한다.

c) 문장의 진실 여부를 가늠할 수 있는 조건, 즉 경험적 검증의 조건은 익히 알려진 것이어야 한다.

d) 문장의 옳고 그름을 확인하는 방법 역시 익히 알려진 것이어야 한다.

카르납은 이러한 조건이 주어졌을 때 '존재는 세계의 원리다'라는 유형의 문장이 아무런 의미가 없으며 '카이사르는 첫 번째 숫자다'라는 명백하게 무의미한 문장보다 더 특별할 것도 없다고 보았다. 결과적으로 과학적인 성격의 문장과 형이상학적인 문장을 구분하는 명백한 기준을 마련할 필요가 있었다.

6.2 논리실증주의와 검증 원리

이른바 '논리적 신실증주의'를 추구하던 빈학파의 학자들은 경험주의 전통에서 유래하는 인식론과 새로운 수학적 논리학의 조합을 꾀했고, 정체불명의 학문으로 간주하던 형이상학 비판을 시도하면서 형이상학이 의미론 구축을 위한 최소한의 충족 조건을 갖추지 못했을 뿐 아니라 전달하고자 하는 내용의 구체적인 검증 가능성을, 적어도 이론적인 차원에서는 전혀 제공하지 않는다고 지적했다. 반면에 어떤 이론이 '과학적인' 이론으로 간주되기 위해서는, 이른바 '이론적인' 명제들, 즉 경험적인 차원에서 검증이 불가능한 특성 혹은 대상을 다루는 명제들이 '관찰적인' 명제들로 , 즉 직접적인 검증이 가능한 특성 혹은 대상을 다루는 명제들로 번역될 수 있어야만 했다. 슐리크가 주목했던 것처럼, "한 문장의 의미는 유일하게 전적으로 사실적인 정보에 의한 검증을 통해 정립된다". 이것이 바로 슐리크의 연구 과정에서 탄생했고 카르납의 『세계의 논리적 구성Der logische Aufbau der Welt』(1928년)에서 완전한 형태로 정립된 '검증의 원리'다. 카르납은 이 저서에서 우리가 지닌 모든 지식의 체계 전체를 재구성하기 위해 감각적인 차원의 단순하고 기초적인 정보들, 즉 지식체계의 기반을 형성하는 기초적인 대상에서 출발해 좀 더 복합적인 차원의 사유를 향해 논리적으로 거슬러 올라가는 과정을 밟았다. 카르납에 따르면, 관건은 "몇 가지 간단하고 기본적인 개념들, 예를 들어 감각적인 특성이나 아직 체계화되지 않은 경험적인 차원의 정보들 사이에 실재하는 관계성 등을 선택하고, 이어서 이 개념들을 기반으로 또 다른 유형의 다양한 개념들을 정의하는" 것이었다. 이런 식으로 지식의 계보학을 재구성하는 작업은 이른바 '구축 체계'로 정의되었고, 논리실증주의자들은 이 체계를 기반으로 과학의 통합을 도모했다.

『세계의 논리적 구성』이 정초한 것은 문장을 지배하는 논리적 원칙, 즉 어떤 문장이 의미를 지니기 위해서는, 다시 말해 지적 대상으로 간주될 수 있는 내용을 지니기 위해서는 우선적으로 그것을 구성하는 용어들이 의미를 지녀야 할 뿐 아니라 논리적으로 배치되어야 한다는 원칙이었다. 어떤 문장의 의미와 이에 뒤따르는 학문적 가치나 위상은 결국 그것의 검증 조건에 의해, 즉 참이냐 거짓이냐를 확인하기 전에 의미의 실재 여부를 결정할 수 있는 가능성에 의해 결정된다. 『의미와 검증Meaning and Verification』(1936년)에서 슐리크는 예를 들며 이렇게 설명했다. "만약 어떤 친구가 나에게 자기를 잉글랜드보다 하늘이 '세 배만큼 푸른three times as blue' 나라로 데려가 달라고 했을 때 나는 어떤 식으로 그의 요구를 이해해야 할지 모를 것이다. 그가 하는 말은 내게 아무런 의미도 없는 것처럼 들릴 것이다. 왜냐하면 숫자와 '푸른'이라는 색상 이름의 조합 방식이 우리의 언어 규칙에서 벗어나 있기 때문이다."

따라서 한 명제의 의미를 이해하고 결정한다는 것은 곧 철학적 탐구가 더 이상 존재론적인 차원이 아니라 언어학적인 차원에서 전개되어야 한다는 것을 의미했다. 다시 말해 철학적 탐구는 더 이상 다양한 형이상학들, 즉 세계의 존재론적 체계들 사이에서 이상적인 유형을 고르는 데 집중할 것이 아니라 다양한 언어들 사이에서, 즉 통합된 과학을 구성하는 다양한 명제들의 상이한 해석들 사이에서 올바른 유형들을 선택해야 했다. 슐리크는 이 점을 1930년에 발표한 「철학의 전환점Die Wende der Philosophie」이라는 제목의 기사에서 분명하게 밝힌 바 있다. "철학은 (…) 명제들의 의미를 명백히 하거나 결정하는 활동이다. 명제들은 철학을 통해 명료해지며 과학을 통해 검증된다. 과학은 명제들의 진실 여부를 다루며 철학은 명제들의 의미를 다룬다." 빈학파의 학자들이 이러한 언어적인 측면에 주목하는 과정에서 결정적인 역할을 했던 것은 다름 아닌 비트겐슈타인의 『논리철학논고』다.

오토 노이라트는 과학적 명제의 전제 조건으로 '프로토콜명제'라는 기본 개념을 제시한 바 있다. '프로토콜'이라는 표현을 사용하면서 그가 의도한 것은 과학적 언어를 구축하는 기초적인 명제들, 즉 '여기', '지금'처럼 구체적인 시공간적 차원과 '붉은', '건조한', '뾰족한'처럼 관찰에서 비롯된 수식어들을 토대로 구성되는 명제들이었다.

하지만 이 프로토콜명제들을 이해하고 활용하는 방식이나 의미에 대해 빈학파의 학자들은 서로 다른 의견을 갖고 있었고, 결국 과학적 검증 기준의 엄밀한 해석을 주제로 전개된 논쟁 과정에서 학자들의 의견은 슐리크처럼 프로토콜명제들에 대한 '현상학적' 관점을 지지하는 해석과 노이라트나 카르납처럼 이른바 '물리학적' 관점을 지지하는 해석으로 양분되는 양상을 보였다. 현상학적 해석에 따르면, 프로토콜명제들은 감각적인 정보이며 인지 과정에서 즉각적으로 발생하는 느낌과 동일한 것으로 간주된다. 반대로 물리학적 해석에 따르면, 프로토콜명제가 묘사하는 것은 구체적인 물리적 대상이며 느낌들은 인지 과정에서 발생한 부산물에 불과하다. 노이라트와 카르납은 물리학적 해석의 구도만이 현상주의에 내재하는 유아론적 성향을 피할 수 있으며 결과적으로 우리의 모든 지식을 현실과 아무런 연관성이 없고 순수하게 주관적인 심리 과정으로 환원하려는 시도로부터 벗어날 수 있다고 보았다.

이러한 이견에서 비롯된 논쟁과 논리실증주의 운동 내부에서 발생한 방법론적 불확실성, 즉 과학의 기초 명제들을 다루는 방식에 대한 불확실성을 경험하면서 학자들은 좀 더 유연한 형태의 검증주의 이론을 실험하기 시작했다. 예를 들어 카르납은 『개연성의 논리적 기반Logical Foundations of Probability』(1950년)에서 검증의 원리를 '확인'의 원리로 대체했다. 카르납은 한 명제가 그것의 과학적인 검증 과정이 완전히 끝나는 시점에서 의미를 얻는 것이 아니라 현실을 묘사하는 명제들의 간단한 확인을 거치면서 의미를 확보하며, 아울러 이러한 경험적인 차원의 확인에 실질적으로 소요되는 정보의 양이 명제가 지니는 "확실성의 정도"를 결정한다고 보았다.

6.3 칼 포퍼와 형이상학 비판

오스트리아의 사상가 칼 포퍼(1902~1994년)의 철학적 여정은 빈학파 철학자들이 전개했던 것과 상당히 유사한 형태의 전통 형이상학 비판을 기점으로 시작되었다. 포퍼가 고유의 관점을 구축하는 데 결정적인 계기가 되었던 것은 아인슈타인의 물리학이다. 포퍼는 20세기 초반에 인문학 분야에서 핵심적인 역할을 했던 세 이론, 즉 프로이트의 정신분석학, 알프레드 아들러Alfred Adler의 개인심리학, 마르크스주의 역사학과 아인슈타인의 물리학 사이에 근본적인 차이가 있다고 보았다. 그에게 이 세 종류의 인문학 이론은 모든 것을 빼놓지 않고 설명할 수 있으며 오류의 가능성을 용납하지 않는 일종의 형이상학적 체계에 가까웠다. 그의 관점에 따르면, 이 이론들이 항상 옳다는 사실은 이 이론들이 지니는 진실의 표징이 아니라 오히려 현실과의 상응관계를 검증할 수 없다는 분명한 한계의 징후였다. 사실상 정반대의 요인들이 동일한 이론을 정당화하거나 확증하기 위해 제시될 수 있었다. 따라서 이 이론들은 학문이라기보다는 신화에 가까웠다. 왜냐하면 경험적 현실의 차원과는 전적으로 무관하게 오로지 모든 것에 대한 총체적인 설명의 요구에만 응답했기 때문이다. 반면에 상대성 이론은 전혀 다른 성격의 학문이었다. 포퍼는 이렇게 말했다. "아인슈타인의 연구는 결정적인 실험적 근거를 발견하는 데 집중되어 있었다. 이 근거들은 그가 이론적인 차원에서 예상했던 바와 상응할 경우 그의 이론을 더욱 확실하게 뒷받침할 수 있었지만, 상응하지 않을 경우 (…) 오히려 이론의 맹점을 드러낼 수 있었다. 나는 이것이 진정한 과학적 태도라고 느꼈다."

  뒤이어 포퍼의 철학적 입장은 빈학파의 논리실증주의에 고유한 귀납적 논리와 대립하는 양상을 보였다. 포퍼는 귀납법이 논리적인 기반을 지니지 않으며 그 이유는 한 가지 사실만으로도 번복될 수 있는 가능성에 지속적으로 노출되기 때문이라고 보았다. 예를 들어, '모든 백조는 희다'라는 주장은 '이 백조는 희다'처럼 개별적인 경우를 다루는 명제들의 축적에 의해 보다 확실한 진실성을 획득하는 것이 아니라 오히려 '이 새는 흑조다'라는 하나의 명제에 의해 거짓으로 판명될 수 있다는 것이었다. 결국에는 신실증주의자들이 과학적 명제의 경험적 검증 가능성에서 발견했던 과학과 형이상학 간의 경계라는 기준이 무너져 내렸고, 따라서 포퍼는 "귀납법은 존재하지 않는다"라고 천명할 수 있었다. 인식론적 기준으로서의 귀납법은 그런 식으로 과학적 언어와 경험적 사실의 결속이라는 요구를 충족시킬 수 있는 또 하나의 원칙 '반증가능성Fälschungsmöglichkeit'으로 대체되기에 이른다. 포퍼는 이 원칙이 과학의 인식론적인 체계가 정립되어야 한다는 요구와 과학을 형이상학과 명확하게 구분할 수 있는 기준이 마련되어야 한다는 요구, 아울러 과학의 실질적인 활동에 대한 설명을 제시해야 한다는 요구를 모두 충족시킨다고 보았다.

　포퍼의 설명에 따르면, 과학은 귀납적인 방식으로 얻어 낸 일련의 사실에서 유래하지 않으며 자연의 외부적인 법칙들을 발견함으로써 과제를 완성하는 것도 아니다. 과학자는 연구를 위해 일련의 복잡한 문제에서 출발하며 해결책을 찾기 위해 가설을 세우고 이를 논리적인 차원에서뿐만 아니라 경험적인 차원에서 검증하기 위해 노력한다. 하지만 과학자는 자신의 이론을 뒷받침해 줄 경험적 사실들을 찾으려는 것이 아니라 오히려 무효화할 수도 있는 결정적인 경우들을 찾아내려고 노력한다. 다시 말해 그는 자신의 가설을 토대로 발생할 수 있는 가장 개연적인 결과들이 아니라 가장 비개연적인 결과들의 영역에서 움직이며 그런 식으로 자신의 이론을 경험적인 차원에서 결정적인 방식으로 검증하려는 자세에서 벗어나 과학을 오히려 '반증 가능한' 명제들의 총체로 정의한다. 포퍼는 과학이 본질적으로 규범적이라기보다는 금지적이며 무언가를 정의하는 데 집중하지만 이 정의란 포함 과정이 아니라 제외 과정을 통해 진실에 다가서려는 끊임없는 접근 방식에 불과하다고 보았다. 제외하면 제외할수록 보다 확실한 지식을 제공하는 것이 과학이었다. 그런 의미에서 과학의 역사는 끊임없이 제기되는 가설의 역사다. 가설들은 시간이 흐르면서 검증되거나 오류로 판명되며 후자는 경험적 사실에 좀 더 부합하는 또 다른 가설, 즉 반증가능성이 훨씬 더 적은 가설에 의해 대체된다.

포퍼의 인식론은, 절대적인 진리의 개념을 포기해야 할 경우 진리의 규범적인 기능만큼은 어떻게 복원해야 하는가라는 질문을 제기한다. 이 질문에 답하기 위해 포퍼는 진리의 내용과 오류의 구분을 기준으로 정립되는 '박진성 verisimilitude'의 관점에서 진리 이론을 발전시켰다. 진리가 어떤 이론의 옳은 논리적 결과로 나타나는 명제들인 반면 오류는 그릇된 결과로 나타나는 일련의 명제들을 가리킨다. 과학적 명제가 지니는 박진성은 진리의 내용에서 오류의 내용을 제외한 결과에 따라 결정된다. 이를 하나의 공식으로 표현하면, '진리-오류=박진성'이다. 그런 식으로 경쟁 구도를 형성하는 이론들 사이에서 박진성이 더 높은 이론, 즉 진리에 좀 더 가까운 것을 선택하는 것이 가능해진다. 아울러 두 이론 모두의 반증가능성이 전제되는 만큼, 이 이론들을 구축하는 경험적인 차원의 '기본-진술'(포퍼는 이를 '잠재적인 반증potential falsification'의 요인으로 정의했다)을 비교함으로써 반증의 정도를 측정하는 것이 가능해진다. 이론 A가 지니는 잠재적인 반증 요인들의 총체가 이론 B의 모든 잠재적인 요인들을 포함한다면 이는 곧 이론 A가 이론 B보다 반증될 가능성이 높으며 따라서 훨씬 더 풍부한 경험적 내용이 함축되어 있다는 것을 의미한다.

한편으로는 아주 기초적이지만 어떤 식으로든 증명이 불가능한 사실을 서술하는 명제들, 예를 들어 '해는 항상 뜨기 마련이다' 같은 '기본-진술'도 학자들의 동의하에 '진리'로 간주되는 것이 보통이다. 포퍼는 '역사적인 차원에서' 이러한 유형의 진리가 박진성의 원리에 상응한다고 보았다. 이러한 유형의 명제들이 과학적 탐구를 위한 경험적인 기반을 구축한다면, 이는 '기본-진술'들의 정의를 지속적으로 수정-보완할 필요성에 부응하기 때문이다. 포퍼는 과학적 탐구를 늪지대의 말뚝 위에 지은 집에 비유했다. 이 경우에 집의 기초를 형성하는 공간은 다름 아닌 늪의 바닥이다. 기초를 닦기 위해 요구되는 것은 기존의 튼튼한 지반(확고부동한 진리)을 찾는 작업이 아니라 집의 구조를 지탱할 수 있을 정도의 견고함을 수용하기로 하는 전적으로 관례적인 결정이다.

진리를 이처럼 타협이 가능한 실재로 간주할 때, 인식론적 문제들은, 순수하게 방법론적인 영역 바깥에서, 과학적 탐구의 역사적이고 사회적인 계기들과 함께 고찰될 수 있다. 바로 이러한 방향의 고찰을 추구하며 토머스 쿤과 라카토슈Lakatos Imre, 파이어아벤트Paul Karl Feyerabend, 라우든Larry Laudan은 이른바 '새로운 과학철학'의 구축을 도모했고 인식론의 논의 공간이었던 빈학파의 반형이상학주의와 논리실증주의 영역을 과학의 사회학이라는 영역으로 대체했다.

포퍼가 이 새로운 차원의 과학철학적인 관점을 토대로 역사적, 정치적 차원의 성찰을 집대성한 저서들이 바로 『열린사회와 그 적들The Open Society and Its Enemies』(1945년), 『역사주의의 빈곤The Poverty of Historicism』(1957년)이다. 두 번째 책에서 포퍼의 비판적인 시각은 그가 약간 모호한 형태로 정의했던 '역사주의'에 집중된다. 이 '역사주의'라는 용어로 그가 의도했던 것은 현실을 해석하는 방식들 가운데 형이상학적인 성향의 흔적을 그대로 간직하고 있는 관점들, 예를 들어 본질주의, 즉 모든 현상을 현실의 어떤 불변하는 기초로 환원하려는 성향이나 전체론, 즉 사회적 현실을 사회의 구성 요소로 환원될 수 없는 하나의 총체로 간주하는 성향이었다. 바로 그런 이유에서 포퍼는 역사주의가 일시적이지만 실행이 가능한 혁신을 거부하고 사회혁명의 유토피아적인 이상을 추구한다고 보았다.

포퍼는 인간이 살아가는 현실을 이해하기 위해 필요한 것은 역사주의가 아니라고 주장하면서 현실세계를 세 종류로 분류했다. 첫 번째 세계는 돌이나 신체, 두뇌 같은 물질적인 실체들로 구성되어 있고 두 번째 세계는 인간의 정신에 의해 도입된 생각들의 총체들로 구성된다. 물론 뇌세포의 생물학적 기능은 이 두 번째 세계에 포함되지 않는다. 뇌세포의 기능은 비물질적인 사유의 물질적 질료에 불과하다. 끝으로 세 번째 세계는 인간의 정신이 생산해 낸 '객관적' 현실로 구성되며 이 현실은 첫 번째 세계의 객관적인 역사를 통해, 예를 들어 책을 통해 전수되고 보존된다. 이 세 번째 유형의 현실이 바로 인간의 사유가, 역사주의적인 설명에 의존하지 않고, 고유의 역사를 토대로 진보할 수 있도록 만드는 요인이다.

반면에『열린사회와 그 적들』에서 포퍼는 그의 인식론적 반증주의를 사회학적이고 정치학적인 차원에 적용했다. 포퍼에 따르면 완벽한 사회는 존재하지 않는다. 인간은 완성을 향해 끊임없이 나아가는 사회의 특정 단계에 접근할 수 있을 뿐이다. 반증가능성 이론에서 과학의 목표가 완벽한 진리에 도달하려고 노력하는 대신 과학적 가설의 검증을 가능하게 만드는 것이었듯이 정치 이론에서도 목표는 정치적, 제도적 현실을 관찰하고 검토하는 데 있다. 결과적으로 열린사회는 부분적이며 일시적인 정치적 가설을 토대로 발전한다. 열린사회는 개인의 자유를 우선적인 가치로 인정하고 비판의식을 권고하며 그런 식으로 다양하고 상이한 사상과 전통이 자유롭게 공존할 수 있는 공간을 보장한다.

바로 그런 이유에서 포퍼는 지식의 소통 과정을 지배하는 매스미디어의 메커니즘 속에 위험이 도사리고 있다고 보았다.『텔레비전: 민주주의에 대한 위협 *La télévision : un danger pour la démocratie*』(1994년)에서 주장했던 것처럼, "민주주의의 본질이 정치권력의 제어에 있는 만큼 민주주의 내부에는 어떤 형태의 통제되지 않은 권력도 존재하지 말아야" 하는 반면 텔레비전은 이 민주주의적 균형을 깨트리고 시민들의 교육과정과 문화적 삶에 지나치게 큰 영향을 끼친다고 보았던 것이다. 결과적으로 필요한 것은 일종의 제어장치였고, 그는 이를 "텔레비전 경영을 위한 자격증"이라고 불렀다.

7

프로이트와
정신분석의 발전

7.1   지그문트 프로이트

"정신분석은 1) 다른 방법으로는 접근이 불가능한 심리의 전개 과정에 대한 탐구 방식을 가리키거나, 2) 이러한 탐구를 바탕으로 정신신경증 증상을 치료하는 방식을 가리키거나, 3) 이러한 경로를 거쳐 점차적으로 축적되고 하나의 새로운 학문으로 수렴되는 일련의 지식을 가리킨다(「정신분석」, 프로이트 『전집』 9권, 1922년)." 이상은 지그문트 프로이트(1856~1939년)가 자신이 창조한 학문의 성격을 설명하기 위해 제시했던 수많은 정의들 가운데 일부일 뿐이다. 사실상 프로이트 정신분석학의 기원으로 해석될 수 있는 다양한 의학 이론이나 철학 사상, 예를 들어 니체 또는 쇼펜하우어의 철학은 얼마든지 인용이 가능하다. 하지만 분명한 것은 정신분석이 프로이트와 그의 천재적인 직관력에 의해 탄생했다는 사실이다. 물론 프로이트가 발견해 낸 놀라운 사실들이 모두 심리학이나 정신의학 같은 특정 분야에만 적용되는 것은 아니다. 토마스 만Thomas Mann이 1936년에 프로이트 탄생 80주년을 기념하며 발표한 글에서 언급했던 것처럼 "정신분석학적 관점은 세상을 바꾸어 놓았다". 좀 더 정확히 말하자면 정신분석은 인문학의 성격과 구조를 바꾸어 놓았고 정신분석학적 관점을 고려하지 않고서는 인간에 대해, 그의 행동과 그가 생산해 내는 고급문화나 대중문화, 그가 영위하는 사회적이거나 개인적인 삶에 대해 이야기하는 것이 불가능하도록 만들어 버렸다. 게다가 어떤 과학적 발견이나 인문학적 발견도 정신분석만큼 일반인들이 자아를 인식하는 방식에까지 관여하며 근본적인 변화를 이끌어 내지는 못했다. 프로이트 이후로는, 심지어 걸인도 자신이 무의식의 주체라는 사실을 이해했다.

유대인 가정에서 태어난 프로이트는 빈에서 의사가 된 뒤 파리에서 장 마르탱 샤르코(1825~1893년)의 지도하에 신경병을 연구하며 특히 히스테리 연구에 몰두했다. 이와 유사한 유형의 다양한 증세들을 다루면서 프로이트는 거세 현상에 주목하기 시작했고 시간이 흐르면서 이 현상이 일종의 심리적인 메커니즘을 구축할 뿐 아니라 정신분석에서 신경증과 복잡한 심리현상들을 이해하기 위한 핵심 요소라는 점을 깨달았다. 이 메커니즘이란 심리 주체가 고통스럽거나 받아들이기 어려운 기억 혹은 이미지들을 거부하는 동시에 무의식 속에 보존하게 되는 경로 또는 과정을 말한다. 이 메커니즘은 무의미하거나 사라진 기억들의 불분명한 총체가 아니라, 시간의 차원 바깥에서 의식을 지속적으로 자극하고 압박하는 일련의 요구들이 존재한다는 것을 보여 준다.

프로이트는 인간의 정신을 세 영역으로, 즉 의식, 전의식, 무의식으로 구분하면서 전의식이 의식의 표면으로 쉽사리 떠오를 수 있는 잠재적인 기억들로 구성되는 반면 무의식은 비이성적이거나 야만적인 충동과 무의식적이거나 거세된 욕망으로 구성된다고 보았다. 그런 식으로 프로이트는 수천 년에 걸쳐 유지되어 온 고정관념, 즉 정신은 의식과 일치한다는 관념을 무너트렸다. 더 나아가서 프로이트는 무의식이라는 보이지 않는 세계가 오히려 감성적인 삶의 진정한 원동력이며 의식의 실질적인 차원에 역동적으로 끊임없이 관여한다는 사실을 밝혀냈다. 『꿈의 해석』(1899년)에서 주장했던 것처럼, 프로이트는 무의식의 개입을 확인할 수 있는 지대가 다름 아닌 꿈이며, 거세된 욕망은 꿈의 환영을 통해 충족될 뿐 아니라 꿈이라는 표면적이고 불연속적인 형태의 서사 속에서만 추적이 가능하다고 보았다. 아울러 『일상생활의 정신 병리』(1901년)에서는 이른바 '정상적'인 사람들도 흔히 일어나는 기억 착오나 소지품 분실, 아무런 의미 없는 행동처럼 무의식으로 환원될 수밖에 없는 현상들의 영향에서 결코 자유롭지 못하며, 무엇보다도 거세된 기억들이 신경증 증상을 통해 비뚤어진 형태로 모습을 드러낸다고 주장했다.

프로이트는 인간의 기본적인 욕구를 보편적인 차원의 에너지로 간주할 수 없으며 오히려 아주 구체적이고 본질적으로는 쾌락을 탐색하는 성(性)적인 유형의 힘으로 간주해야 한다고 보았다. 그런 식으로 성의 영역을 확장함으로써 프로이트는 성이라는 단 하나의 모체를 정신분석의 기준으로 마련했고, 결과적으로 일련의 고정관념, 예를 들어 정상적인 상태와 비정상적인 상태, 건강한 행위와 퇴폐적인 행위 사이에 연속성이 없다거나 유아기의 성적 성향은 존재하지 않는다고 보는 선입견에서 벗어날 수 있는 가능성을 제시했다. 성적으로 미숙하기 때문에 아이들은 순결한 존재라는 고정관념을 무너트리면서 프로이트는 아이들 역시 성적 쾌락을 추구한다고 주장했다. 『정신분석학 개요*Abriss der Psychoanalyse*』(1938년)에서 프로이트는 이렇게 말했다. "성은 사춘기와 함께 시작되지 않는다. 그것은 탄생 직후부터 뚜렷한 징후를 나타낸다." 프로이트는 아이들이 구강, 항문, 생식기처럼 성적 욕구를 촉발하는 신체 부위에 일찍부터 민감하게 반응하며 이 부위들을 성감대로 인지할 뿐 아니라 아이들이 성적 쾌락을 탐색하는 차원에서 취하는 일련의 행동은 번식을 목적으로 하지 않기 때문에 본질적으로는 퇴폐적이라고 주장했다. 프로이트에 따르면, 아이들은 잠재적인 성적 욕망을 자기만족적인 형태로 해소하기 위해 이성의 부모를 상대로 사랑의 감정을, 동성의 부모를 상대로 일종의 경쟁의식을 발전시킨다. 프로이트는 욕망의 충족이 지니는 이러한 역동적인 측면이 인격 형성에 지대한 영향을 끼친다고 보았고 이를 오이디푸스 콤플렉스라고 불렀다. 프로이트는 정신분석의 개념을 보다 명확하게 정립하기 위해 새로운 예들과 모형들을 끊임없이 제시하면서 자신의 이론을 재검토하고 보완하는 데 평생을 바쳤지만 이러한 수정

과정 속에서도 성적 욕망을 정신분석의 가장 기초적인 요소로 간주하는 관점과 오이디푸스 콤플렉스라는 원리만큼은 끝까지 고수했다.

의식-전의식-무의식 이라는 구도를 바탕으로 프로이트는 인간의 정신을 세 종류의 "지대 혹은 심리적 요구", 즉 '에스Es', '자아Ich', '초자아Überich'로 구분했다. 이들 가운데 가장 오래된 혹은 원천적인 요구가 바로 '에스'다. '에스'는 무의식적인 충동이나 본능 혹은 신체적 요구의 심리적 발산을 의미하며 '에스'를 움직이는 것은 본질적으로 쾌락의 탐색이다. 반면에 '자아'는 외부 세계와의 관계를 유지하는 의식과 일치한다. 본질적으로 스스로의 생존 기능을 구조화하는 것이 자아의 몫이다. 바로 그런 이유에서 '자아'는 욕망을 충족하기 위해 외부 세계와 타협할 수밖에 없는 위치에 놓인다. 다시 말해 욕망을 추구하는 동시에 외부 세계가 제공하는 한계와 위험에 주의할 수밖에 없는 입장에 놓이는 것이다. 반면에 '초자아'는 부모가 부여하는 금기 사항들을 내면화하고 사회가 선생, 스승, 전통문화, 환경, 이상 등을 통해 제안하는 삶의 양식들을 이해하고 자기화할 수 있는 기량 혹은 의식과 일치한다. '자아'와 '초자아'의 관계가 지니는 역동성은 본질적으로 부모가 '자아'에 끼치는 영향이 연장되는 형태로 나타난다. 이 시점에서 프로이트가 주목하는 것은 분열되어 있을 뿐 아니라 구조적으로 분쟁적인 인간의 내면적 차원이다. 이 분열된 내면 안에서 '자아'는 모든 상황을 완벽하게 제어할 수 없으며 '에스'의 야만적인 요구와 '초자아'의 고차원적인 요구 사이에서 어느 편도 들지 못하고 다양한 형태의 가식적인 구실과 끝없이 타협해야 하는 입장에 놓인다. 프로이트가 『자아와 에스Das Ich und das Es』(1922년)에서 언급했던 것처럼, "'자아'는 기회주의자와 위선자를 자처하려는 유혹에서 쉽게 벗어나지 못한다. 이는 정치인이 사회의 실제적인 상황에 대해 분명히 인지하면서도 이를 밝히기보다는 오히려 지지도를 유지하는 데 더 주력하는 것과 유사하다".

뒤이어 프로이트는 자신의 정신분석 모형을 수정하면서 쾌락의 탐색에 집중되는 본능과 성적인 충동, 즉 '에로스' 외에도 전혀 다른 유형의 자기 파괴적인 '죽음의 본능', 즉 '타나토스'가 존재한다는 점에 주목했다. 프로이트는 이 타나토스가 어떤 대상을 마주할 때 일어날 수 있는 적대적인 반응의 근원을 구축한다고 보았다. 프로이트가 이러한 수정의 필요성을 느꼈던 것은 제1차 세계대전이나 나치의 등극 같은 비극적인 역사적 사건들을 목격했기 때문이다. 동일한 이유에서 프로이트는 정신분석 원리의 적용 범위를 확장시켜 자신의 이론을 일종의 본격적인 사회학으로 발전시켜야 한다는 생각에 도달했다. 프로이트는 『자서전Autobiographie』(1935년)에서 이렇게 말했다. "역사적인 사건들, 종교적인 성격이 강한 선사시대의 문화적 축적물들, 인간의 본성, 문화적 진보 사이의 상호관계는 정신분석의 연구 대상인 '자아', '에스', '초자아' 사이에서 벌어지는 역동적 분쟁의 투영에 지나지 않는다. 다시 말해 동일한 과정이 좀 더 넓은 무대에서 펼쳐졌을 뿐이다." 프로이트는 일찍이 1912년에 『토템과 터부Totem und Tabu』라는 저서에서 정신분석을 민족인류학에 적용했고 윤려와 종교가 부각하는 현상을 오이디푸스 콤플렉스의 차원에서 설명했다. 뒤이어 프로이트는 종교에 주목했다. 그는 종교가 삶의 고통을 참아내기 위한 환영이라는 방편에 지나지 않으며 이 환영 속에서 신의 존재는 사실상 아이를 보호하고 안심시키려는 부모의 형상을 그대로 반복할 뿐이라고 보았다. 프로이트가 『환상의 미래Die Zukunft einer Illusion』(1927년)에서 주목했던 것처럼, 모든 유형의 "신적 존재" 뒤에는 언제나 "아버지"의 형상이 숨어 있다. 프로이트의 무신론적 회의주의는 그의 사회 분석에도 그대로 반영된다. 『문명 속의 불만Das Unbehagen in der Kultur』(1929년)에서 프로이트는 쾌락과 행복을 추구하는 개인의 성향이 필연적으로 문명사회가 요구하는 희생과 상실에 위협받고 상처를 입는다고 보았다. 오스트리아와 나치 독일의 합병에 뒤이어 1938년에 빈을 떠난 프로이트는 런던에 안식처를 마련한 뒤 1년 만인 1939년에 사망했다.

7.2 프로이트 이후의 정신분석

정신분석은 불신 속에서 수용되었고 정신분석에 대해 공공연히 적대감을 표시

하는 지식인도 적지 않았다. 꿈을 연구했고, 무엇보다도 환자들을 침대에 눕게
한 뒤 자유로운 토로를 유도하며 이들의 도덕적 감성과 신앙의 내용을 분해하
고 이를 신경증적인 원리로 환원하면서 치료를 꾀하던 의사 프로이트는 의과
대학이나 의료기관의 전문가들 사이에서 오랫동안 일종의 허풍쟁이로 간주되
었다. 하지만 정신분석을 체계적인 학문으로 정립하고 그 가치를 널리 알리기
위해 노력하면서 프로이트는 1910년에 국제정신분석학회International Psychoanalytical
Association를 설립했다.

초기의 제자들 가운데 두각을 나타냈던 산드로 페렌치(Sándor Ferenczi, 1873~1933
년)와 카를 아브라함(Karl Abraham, 1877~1925년)은 정신분석을 헝가리와 독일에 전
파하는 데 크게 기여했다. 하지만 머지않아 이론적인 대립이 시작되었고 정신
분석의 아버지였던 프로이트의 관점에서 벗어나려는 성향과 프로이트에 '반대
하는' 최초의 입장들이 대두되기 시작했다. 프로이트의 이론을 지지하다가 생
각과 입장을 바꾸는 경우도 없지 않았다. 20세기의 문화에서 중요한 역할을 했
던 지식인들이 이 정신분석이라는 혁명적인 분야가 시작 단계에서 지녔던 어
려움을 스승 프로이트와 공유하며 그를 지지하다가도 종종 개인적인 이유나
이상이 다르다는 이유로 프로이트와 멀어지곤 했다.

프로이트와 가장 먼저 거리를 두기 시작한 인물은 알프레드 아들러
(1879~1937년)다. 그는 개인들의 심리학을 더 이상 쾌락의 추구라는 측면에서 해
석하지 않고 개인이 취하는 행동의 뿌리가 니체의 '힘에의 의지' 개념과 유사한
패권의 쟁취 욕망 혹은 우월하려는 욕망이라는 관점에서 해석했다.

가장 극적인 분열의 주인공 역할을 했던 인물은 초기에 프로이트가 자신의
수제자이자 정신분석 운동을 이끌 수 있는 인물로 간주했던 스위스의 정신분
석학자 카를 구스타프 융(Carl Gustav Jung, 1875~1961년)이다. 융은 뒤이어 유아들의
성 개념과 오이디푸스 콤플렉스 개념을 근본적인 차원에서 재정립했고 결국
모든 심리적 문제들이 성적 충동으로 환원될 수 있는 것은 아니라는 결론에 도
달했다. 아울러 융은 '분석심리학'을 정초하면서, 프로이트 심리학에서 유래하
는 개인적인 차원의 '무의식' 외에도, 전이가 가능할 뿐 아니라 다수의 인간에

공통된 심리적 기층, 즉 '집단 무의식'의 존재를 인정했고 이것이 인류의 종교적 전통이나 전설 또는 신화에서 발견되는 인간의 본유적인 성향, 즉 '원형'적인 특성에 의해 구축된다고 보았다. 융은 집단 무의식이 개인의 그것과는 달리거세되거나 망각되지 않기 때문에 사실상 어떤 정신분석 이론에 의해서도 의식의 단계로 복원될 수 없다고 보았다. 융에 따르면, 집단 무의식은 오히려 인간이 생각했던 모든 것의 근본적인 지평에 가깝다. 아울러, 개인의 의식과 '원형' 사이에서 교량 역할을 하는 것은 예술이다. 융은 예술이 고유의 상징들을 매개로 "삶의 보다 뿌리 깊은 근원에 접근할 수 있는 가능성"을 열어젖힌다고 보았다.

프로이트와 개인적인 친분을 유지했던 또 한 명의 심리학자 빌헬름 라이히(Wilhelm Reich, 1897~1957년)는 마르크스주의 사상에서 유래하는 철학적 직관을 계기로 스승과 멀어졌고 결국 이러한 직관을 토대로 죽음의 본능을 자본주의 문명사회의 억압에서 비롯된 것으로 해석했다. 나치 독일의 유대인 박해를 피해 유럽을 떠났던 라이히는 미국에서 성-사회학 이론을 발표했고 식품의약국의 금지 명령을 이행하지 않았다는 이유로 감옥 생활을 하다가 세상을 떠났다.

프로이트가 정립한 '성과 문명의 대립' 이론은 마르쿠제(Herbert Marcuse, 1898~1979년)의 성찰에 철학적인 기반을 제공했지만 『에로스와 문명Eros and Civilization』(1955년)에서 마르쿠제는 프로이트의 회의주의를 특징짓던 존재의 '공격적인' 요소들과 죽음에 대한 생각을 뒤로 미루어 두고 정신분석의 다양한 범주에 현실의 유토피아적 변형 기능을 부여하는 사회-정치적인 차원의 해석을 시도했다.

아동심리학 분야에서 주목받았던 안나 프로이트(Anna Freud, 1895~1982년)와 멜라니 클라인(Melanie Klein, 1882~1960년)은 이론적인 차원에서 치열하게 대립했던 것으로도 유명하다. 아버지의 연구를 이어받은 안나 프로이트는 자아의 형성과 현실 적응력의 형성에 관심을 기울였던 반면 클라인은 아이들과 아이들의 활동을 직접적으로 관찰하는 데 집중했다. 안나 프로이트의 심리학은 이른바 '자아의 심리학' 분야에서 중요한 위치를 차지한다. 여기서 주목해야 할 것은 미국에서 널리 보편화된 정신분석적 성향, 다시 말해 프로이트 심리학의 특징인 '깊이의 심리학'과 이 심리학의 '어두운' 측면을 부차적인 요소로 간주하며 오히려 '자아'와 적절한 인격 형성에 관심을 기울이고 심리치료를 기본적으로 아이가 교육과정에서 겪은 피해의 복구 작업 또는 심리적 분쟁 상태에서 '자아'를 해방하는 작업으로 간주하는 성향이다.

한편 '자아의 심리학'이 제시한 전체적으로 '안정적인' 노선과 정반대되는 방향을 선택했던 프랑스의 구조주의 심리학자 자크 라캉(1901~1981년)은 프로이트가 시도했던 데카르트 철학 전통과의 단절을 더욱더 날카롭게 전개하면서 모든 형태의 주관주의를 거부하고 '자아'와 의식은 모든 것을 결정짓는 뿌리 깊은 구조의 가면이라는 관점을 발전시켰다. 아울러 20세기 언어철학의 혁신적인 성과를 수용하면서 라캉은 무의식이 언어와 유사한 구조를 지녔으며 사회나 사회적 소통과 밀접한 관계를 유지하며 발전하는 영역이라고 보았다.

프로이트에 의해 부각된 몇 가지 특징들, 예를 들어 어떤 식으로든 한 개인의 삶과 존재에 결정적인 영향을 끼치는 무의식의 차원, 또는 유아의 초기 성장 단계가 이후의 성장을 고려했을 때 지니는 중요성 등은 오늘날에도 정신분석이 일종의 통일성을 유지하는 데 크게 기여하는 요소들이다. 물론 이제는 정신분석을 일관적이고 통일된 학문으로 간주하기 힘들다. 왜냐하면 정신분석이라는 동일한 이름을 사용하는 수많은 학파와 사조, 혹은 관점들이 존재하기 때문이다. 볼프강 메르텐스Wolfgang Mertens가 『정신분석학: 역사와 방법Psychoanalyse: Geschichte und Methoden』(1997년)에서 강조했던 것처럼, "오늘날 흔히 정신분석이라고 부르는 것은 수많은 이론과 학파의 때로는 평화롭고 때로는 전쟁에 가까운 공존 상태를 가리킨다. (…) 정신분석은 현재 사실상 수많은 언어로 이야기하고 있다".

자크 라캉

라캉은 1901년 4월 13일 파리에서 태어났다. 먼저 의학을 공부한 뒤 심리학을 전공한 라캉은 초현실주의자들의 모임에 참석하는 한편 알렉상드르 코제브Alexandre Kojève 같은 철학자들과 교류하면서 헤겔과 하이데거의 철학에 입문했다. 1953년 6월 6일 '파리정신분석학회Société Psychanalytique de Paris'에서 공식적으로 탈퇴한 라캉은 자신만의 학파를 설립하며 이른바 '프로이트로의 회귀retour à Freud' 운동을 시작했다. 라캉은 프로이트의 심리학적 관점과 소쉬르Ferdinand de Saussure의 언어학적 관점을 접목시킨 독창적인 해석을 제시했고 이를 바탕으로 "일종의 언어처럼 구조화된" 그만의 '무의식' 개념을 정립했다.

라캉의 이론적 성찰 과정은 보통 3단계로 구분된다. 1953년 3월 4일 '신경증환자의 개인 신화Le mythe individuel du névrosé'라는 제목의 강연과 함께 시작된 첫 번째 단계를 특징짓는 것은 이른바 '프로이트로의 회귀' 운동, 즉 프로이트의 저서들에 대한 치밀한 독서와 독창적인 해석이다. 이 단계에서 라캉이 집중적으로 발전시킨 주제는 '상상계'다. 라캉은 프로이트의 저서 『나르시시즘 입문Zur Einführung des Narzißmus』을 읽고 해석하면서 주체가 상상의 차원에서 형성되는 과정을 보여 준다. 바로 여기서 우리는 라캉이 발견해 낸 메커니즘들 가운데 하나를 만나게 된다. 이론적으로 체계화된 이 메커니즘을 흔히 '거울 단계' 이론이라고 부른다. 라캉에 따르면 6개월에서 18개월 사이의 아이들은 거울에 반사된 자신의 이미지를 처음으로 발견할 때 그 이미지를 자신의 것으로 인식하지 못한다. 아이는 먼저 외부적인 이미지로 자신을 객관화하는 과정을 거쳐야 한다. 아이는 이 과정을 통해서만, 즉 외부 이미지와의 정체 확인 과정을 거치면서 첫 번째 형태의 자기 정체성을 구축하게 된다. 결과적으로 무너지는 것은 모든 유형의 데카르트주의적인 전제다. 다시 말해, '자아'는 심리적인 삶의 통일적인 중심이 아니며 상상에 의한 복합적인 정체 확인 과정으로 환원된다.

두 번째 단계를 특징짓는 것은 '언어처럼 구조화된 무의식'이나 '상징' 같은 핵심 개념들의 발견이다. 라캉에 따르면, 무의식은 더 이상 너무 깊숙이 가라앉아 있어서 '의식적'이라는 수식어를 적용할 수 없는 심리적 차원을 가리키지 않는다. 다시 말해 단순히 묻혀 있거나 감추어져 있거나 거세된 것들, 따라서 의식할 수 없는 것들의 차원이 아니다. 라캉이 1964년 『무의식의 위치*Position de l'inconscient*』에서 언급했던 것처럼, 무의식은 오히려 "주체를 형성하는 것들의 흔적 위에서 형성된 개념"에 가깝다. 우리가 무의식에 대해 이야기할 때에 다루는 것은 주체의 역동적인 구축 요소들을 조명하는 데 기여하는 학구적인 성격의 개념 혹은 인위적인 관념이다. 한편 주체에게 자아 형성의 동기를 제공하는 사회적 관계는, 구조주의적인 차원에서, 기호의 체계나 상징적인 언어로 환원될 수 있다. 개인은 그의 주체를 구축하는 상징과 기표들의 불명확하고 무인칭적인 구도에 직접적인 영향을 받는다. 개인은 이 상징과 기표들을 지배하지 못하며 오히려 이것들의 효과나 산물로 남는다. 따라서 라캉의 담론은 마르크스의 논리와도 비슷하다고 볼 수 있다. 마르크스의 '의식'이 '그릇된' 의식, 즉 이데올로기인 것과 마찬가지로 라캉의 '자아'는 '상상적'이다. 다시 말해 마르크스의 '의식'이나 라캉의 '자아'는 모두 의식과 자아의 내부에서 일어나는 것들이 의식과 자아의 바깥 세계에 좌우된다는 사실을 알아차리지 못하거나 아예 모른다는 공통점을 지닌다. 그런 식으로 라캉은 다름 아닌 신경증상에서, 말을 하는 것은 주체가 아니라 언어의 체계 자체라는 사실의 근거를 발견했다. 바로 그런 이유에서 인간은 말하는 존재가 아니며 말이 인간을 표현할 뿐이다. 결과적으로 인간의 무의식적 심리는 "타자의 담론"이다. 라캉은 프로이트가 발견한 것이 바로 이것이며, 그런 의미에서 프로이트의 『꿈의 해석』은 언어학 논문으로도 읽을 수 있다고 보았다.

뒤이어 라캉의 연구는 무의식의 수사학을 발전시키는 방향으로, 즉 구조주의 언어학적 관점을 토대로 프로이트의 저서들을 재해석하는 방향으로 전개되었다. 라캉은 프로이트가 『꿈의 해석』에서 제안했던 꿈의 두 가지 법칙, 즉 '응축'과 '전위'의 법칙을 각각 비유와 환유로 해석했다. 환유는 한 기표에서 또 다른 기표로 이동하는 위치 변동을, 비유는 다수의 기표들이 응축되는 현상을 가리킨다. '상징계'는 기표들의 사슬로 간주되며, 주제는 항상 이 사슬 안에서 맴돌지만 이를 진혀 의식하지 못하고 한 기표에서 또 다른 기표로 끊임없이 인도될 뿐이다. 하지만 '상징계'는 무한한 참조의 사슬로 고스란히 환원된다. '상징계'는 이 사슬 바깥에서 더 이상 아무것도 아니며 끝없는 분산 속에서 용해되는 순수한 차이에 지나지 않는다.

이 모든 것을 고려한 뒤 라캉은 '거세'에도 새로운 의미를 부여했다. '거세'는 더 이상 사회적으로 수용될 수 없는 표상을 검열하고 은폐하는 움직임이 아니라 오히려 즐거움의 상실, 즉 인간이 문화적인 차원으로 돌입하는 순간 필연적으로 뒤따르는 상실에 가깝다. 다시 말해, 인간이 예외적으로 기표들의 세계에서만 살기로 하는 순간 마치 자연적이고 본질적인 특성을 잃어버리는 것 같은 상황이 연출된다고 볼 수 있다. 라캉은 이러한 관점을 프로이트의 『문명 속의 불만』을 해석하면서 도출해 냈다. 라캉의 세 번째 이론적 성찰 과정이 바로 『문명 속의 불만』에 대한 해석을 중심으로 전개된다. 라캉에 따르면, 현대인은 충동을 포기하고 안정적인 상태에서 살아가지만 자궁 속 삶, 즉 현실과의 분리도 개별성도 존재하지 않는 세계를 특징짓는 총체적인 차원을 상실했기 때문에, 더 이상 즐기지 못하고 욕망하며 살아간다. 상징계의 '바깥'에 존재하는 실재계는 어떤 식으로든 설명되거나 경험될 수 없지만 이 실재계는 부재하는 동시에 상징계의 내부에 일련의 흔적 혹은 '구멍'들을 남긴다. 이 구멍을 라캉은 '대상 a'*라고 불렀다. 이 대상은 설명이나 경험이 불가능하고 어떤 담론도 허락하지 않는 차원에 대한 상징계의 개방을 표상하며 개인의 심장 속에 머무는 욕망의 기호와 일치한다.

• '대상 a'에서 a는 타자를 뜻하는 autre의 소문자 약자이며 대체나 교환이 불가능한 대문자의 타자(Autre)와는 달리 자아와 교환될 수 있는 타자를 가리킨다. '대상 a'는 욕망의 원인이지만 욕망의 충족을 위한 목표로 발전하지 않고 목표의 주변을 맴돌며 욕망 자체에 가까운 형태로 남아 있는 대상이다.

8

마르틴 하이데거

8.1 삶과 저서

마르틴 하이데거는 1889년 9월 26일 메스키르히Meßkirch에서 태어났다. 신학 공부를 시작한 뒤 2년 만에 전공을 바꿔 철학을 전공한 하이데거는 1913년에 논문「심리주의의 판단 이론Die Lehre vom Urteil im Psychologismus」으로 학위를 받았고 1915년에「둔스 스코투스의 범주와 의미의 이론Die Kategorien und Bedeutungslehre des Duns Scotus」이라는 제목의 논문과 '역사학에서의 시간 개념Der Zeitbegriff in der Geschichtswissenschaft'라는 제목의 시범 강의로 교수 자격을 얻었다.

하이데거는 1919년부터 프라이부르크 대학에서 후설의 조교수로 활동했고 1923년에 마르부르크 대학의 교수로 초빙되어 1928년까지 활동했다. 이곳에서 한나 아렌트Hannah Arendt를 만나 연인이 되었고 1927년에『존재와 시간』을 출판했다. 1928부터 후설의 뒤를 이어 프라이부르크 대학에서 강의를 시작했고 1933년에 나치의 국가사회주의 독일 노동자당에 입당한 뒤 프라이부르크 대학 총장으로 임명되었지만 1년 만에 자리에서 물러났다.

전쟁 직후 교수직을 박탈당한 하이데거는 1949년이 되어서야 복직했다. 1947년에는 『인본주의에 관한 편지*Über den Humanismus*』를 발표해 자신의 사상에 커다란 변화가 일어났음을 세상에 알렸다. 뒤이어 하이데거는 그의 주요 논문들이 실린 『숲길*Holzwege*』(1950년), 『강연과 논문*Vorträge und Aufsätze*』(1954년), 『언어로의 도상에서*Unterwegs zur Sprache*』(1959년), 『이정표*Wegmarken*』(1967년) 등을 발표했다. 이 외에도 하이데거의 주요 저서로는 『횔덜린 시의 해석*Erläuterungen zu Hölderlins Dichtung*』(1944년), 『생각한다는 것은 무엇을 뜻하는가?*Was heißt Denken?*』(1954년), 『근거의 원리*Der Satz vom Grund*』(1957년), 『초연*Gelassenheit*』(1959년), 『니체』(1961년) 등이 있다. 1976년 5월 26일 하이데거가 사망한 뒤 얼마 지나지 않아 '오직 신만이 우리를 구원할 수 있다*nur noch ein gott kann uns retten*'는 하이데거의 인터뷰 내용이 공개되었다.

하이데거 자신이 제시했던 기획안을 토대로, 프랑크푸르트의 출판사 클로스터만*Klostermann*은 1975년에 하이데거 전집 출간을 시작했다. 처음에 예상했던 총 102권의 저서들 가운데 지금까지 출판된 책은 절반을 조금 넘는 정도에 불과하다. 크게 네 부분으로 나뉘는 하이데거 전집의 1부는 생전에 출판된 저서들, 2부는 대학 강의록, 3부는 공개된 적이 없는 논문과 강연 기록 및 단상들, 4부는 기사와 노트들로 구성된다.

8.2　청년 하이데거의 세 가지 탐구 방향

청년 하이데거의 철학적 탐구는 크게 세 가지 방향으로 전개되었다고 볼 수 있다.

1. 하이데거는 철학적 탐구의 발전에 적합한 유일한 방법론으로서의 후설 현상학을 비평적인 관점에서 해석하고 현상학적 방법론을 더 이상 의식적인 경험의 분석이 아니라 삶이 스스로를 이해하는 방식의 관점에서 검토했다.

2. 아울러 사도 바울의 서간문을 바탕으로, 초기 그리스도교를 인간 존재의 유한성, 즉 세속성과 역사성을 경험하는 원천적인 방식으로 재해석하며 신도

의 입장이 아니라 무신론자의 입장에서 그리스도교의 해석을 시도했다.

3. 아리스토텔레스의 『니코마코스 윤리학_Etica Nicomachea_』과 『물리학_Fisica_』을 토대로 아리스토텔레스의 철학을 신학의 예비 단계로 보는 신스콜라철학적인 관점을 거부하고 오히려 인간의 존재를 구축하는 운동의 묘사로 해석했다.

이 세 가지 방향의 탐구 내용에는 두 가지 질문이 함축되어 있다. 1920년대에 이루어진 하이데거의 모든 강의에서 형식을 달리할 뿐 공통적으로 나타나는 이 두 가지 질문은 간략하게 '철학이란 무엇인가?', '삶이 실재하는 방식은 무엇인가?'로 요약될 수 있다. 철학이란 무엇인가라는 질문은 사실상 학문적인 성격의 질문이 아니다. 왜냐하면 철학 자체가 삶이 스스로를 이해하는 하나의 탁월한 방식이기 때문이다. 반대로 삶이란 무엇인가라는 질문은 '개인적'이거나 '감성적'인 차원이 아니라 상당히 세련된 존재론적 차원의 질문이다.

이 두 질문의 상호 보완성에 주목하면서 하이데거는 철학사가 제공하는 전통적인 개념들에 비해 상당히 이질적이고 독창적인 '삶의 현사실성_Faktizität_'이라는 개념을 도입했다. 삶의 '현사실성'은 어떤 식으로든 삶의 객관적인 조건들, 예를 들어 생물학적이거나 역사적인 차원에서 "주어진 사실"이나 사물들의 "실질적인 상태"를 가리키지 않으며 아울러 자아의 주관적이거나 심리적인 조건들, 예를 들어 기대감이나 두려움, 혹은 우리 모두가 실현하고자 하는 계획도 가리키지 않는다. 왜냐하면 이러한 객관적이거나 주관적인 조건들이 전제될 때 삶은 삶 자체와는 다른 무언가로부터 유래하는 것처럼 인지되기 때문이다. 하이데거의 '현사실성'은 오히려 삶이 실재하는 원천적인 '방식', 혹은 삶이 고유의 내용 혹은 상황을 살아가는 '방식'을 의미한다. 이 '방식'에서 하이데거는 인간에게 가장 고유한 존재론적 차원을 발견했다. 하이데거에 따르면, 이 차원은 의식이나 자아와 일치하지 않고 형이상학이나 심리학을 바탕으로 이해할 수 없으며 오로지 삶을 가장 근원적이고 원천적인 방식으로 관찰하는 현상학을 통해서만 이해할 수 있다.

후설은 하이데거에게 관념주의와 사실주의의 양자택일적 관점에 벗어날 수 있는 새로운 길을 제시했지만 하이데거는 후설의 가르침을 근본적인 차원에서 검토할 필요가 있다고 보았다. 하이데거는 이러한 검토 작업이 스승의 철학적 차원을 필연적으로 뛰어넘도록 만들고 이로 인해 스승이 걸었던 것과는 전혀 다른 길을 걷게 되리라는 것을 일찍부터 예감하고 있었다. 모든 것은 기원을 이해하는 방식에 달려 있었다. 후설은 '자아'가 지닌 '경험'의 현상학을 철학의 핵심적인 요소로 간주했고『논리 연구』 6장에서도 그가 주목했던 것은 자아가 범주적 '직감' 혹은 '지각'을 바탕으로 감각적인 대상들의 본질적인 구조를 파악하는 기량, 따라서 대상들의 실재를 있는 그대로 파악하는 기량이었다. 하이데거는 후설이 그런 식으로 철학의 궁극적인 차원 혹은 원천적인 차원을 물 자체의 본질이 실재하는 '자아의 의도' 속에서 발견했다고 보았다. 하지만『순수현상학과 현상학적 철학의 이념들』(1913년)에서부터 후설의 탐구 방향은 관념주의와 초월주의로 기울어졌고, 후설은 사물의 현상학적 원천을 순수 의식으로, 다시 말해 있는 그대로의 일상적 세계에 대한 판단의 보류가 이루어진 상태, 혹은 세계가 '초월적 환원'을 통해 정신의 내용으로 정립된 상태의 의식으로 간주하기 시작했다.

하이데거가 후설의 철학에서 멀어지기 시작한 것도 바로 이 시점이다. 하이데거는 후설의 결론이 현상학 고유의 새로운 측면과 철두철미한 관점을 모두 무효화한다고 보았다. 현상학은 후설의 관점보다 더 근본적인 차원에서 연구되어야 하고 철학의 원천적인 토양은 세계를 실제로 구성하는 '현사실성' 속에서 발견되어야 한다는 것이 하이데거의 생각이었다. 1919년에 발표한 논문『철학에 대한 생각과 세계관의 문제*Die Idee der Philosophie und das Weltanschauungsproblem*』에서 하이데거는 우리의 삶을 정신이 생산하는 개념적인 구조의 철장 안에 가두지 말아야 한다고 주장하면서 삶을 이해하는 데 훨씬 더 적합한 구조가 다름 아닌 삶 속에 실재하며 이는 현사실적인 삶의 구조가 항상 삶 자체에 대한 이해를 동반한다는 점에서 분명하게 드러난다고 설명했다. 동일한 맥락에서『현상학의 근본적인 문제점들*Grundprobleme der Phänomenologie*』(1919~1920년)에서도 하이데거는 과학이 모든 것을 '사물'로 취급하고 설명하는 반면 삶은 그것을 실제로 생생하게 경험하며 살아간다고 주장했다.

이러한 차원에서 하이데거는 초기 그리스도교에 관심을 기울이기 시작했다. 『종교현상학 입문*Einleitung in die Phänomenologie der Religion*』(1920~1921년)이라는 제목의 강의록에서 하이데거는 사도 바울의 서간문에 묘사된 '경험'의 분석을 바탕으로 초기 그리스도교 사회의 구성원들이 이해하거나 직접적이고 방식으로 경험하고 느꼈던 '시간'의 개념, 즉 삶 속에서 여러 사건들이 일어나고 전개되는 단순한 틀로서의 시간이 아니라 삶이 실재하는 방식으로서의 시간, 다시 말해 "시간을 지녔기" 때문이 아니라 "시간이기" 때문에 "현사실적인" 삶 자체의 고유하고 특이한 실재 방식으로서의 시간을 연구했다. 하이데거는 이 시간성과 이에 뒤따르는 삶의 유한성을 피조물의 특징으로 이해하거나 피조물인 인간이 영원한 존재, 즉 신과 유지하는 의존관계의 특징으로 이해해서는 안 되며 오히려 삶 자체의 근본적인 특징으로, 다시 말해 삶은 근본적으로 "삶 자체와의 관계"라는 사실의 특징으로 이해해야 한다고 보았다. 삶은 "그냥 주어지거나 있는" 무언가가 아니며, 아울러 이미 구축된 상태에서 '타자'(세계, 타인, 신)와 관계하는 단순한 '실재'도 아니다. 삶은 시간 속에서만, 다시 말해 삶 자체로 끊임없이 귀결되는 미완의 운동 속에서만 "실재한다".

하이데거는 시간을 바라보는 '연대기적' 관점, 즉 우리가 일상적으로 시간을 "계산하는" 데 활용하며 어느 정도의 시간이 필요하다든지 너무 많은 시간을 낭비했다고 말할 때의 관점과는 전혀 다른 차원의 시간 개념이 다름 아닌 "현사실적" 삶의 경험에서 부각된다고 보았다. 하이데거는 사도 바울의 서간문에 언급된 예수의 재림이 초기 그리스도교 신도들의 입장에서는 미래에 일어나야 할 어떤 사건이 아니라 오히려 삶의 자기중심적인 현실에서 끊임없이 벗어나는 독특한 방식이자 정결함을 유지하며 기다림 속에서 살아가는 방식의 차원에 더 가까웠다는 점을 이해해야 한다고 주장했다. 하이데거에 따르면, 바울은 신도가 기다리는 예수의 재림이 "언제" 도래하리라고 이야기한 적이 없으며, 이 기다림 속에서 바울이 주목했던 것은 오히려 "어떻게" 살아야 하는가라는 문제였다.

하이데거는 시간과 삶의 결속력에 대한 이러한 관점을 구체적으로 발전시키기 위해 아우구스티누스의 『고백록*Confessioni*』을 읽으면서 세상에서 가장 분명하고 지극히 자연스러운 동시에 본질을 파악하기 가장 까다로운 것, 즉 '시간'이란 과연 무엇인가라는 문제를 제기했다. 아우구스티누스에 따르면, 시간은 그 자체로 측량이 가능한 무언가로 간주될 수 없으며 흐르듯이 전개되는 사건들의 단순한 척도도 아니다. 왜냐하면 시간은 오로지 정신적인 차원에서만 파악할 수 있으며 실제로 우리가 측량하는 것은 전개되는 사건들이 우리의 정신 속에 남기는 인상에 불과하기 때문이다. 이러한 아우구스티누스의 입장을 하이데거는 『시간의 개념*Der Begriff der Zeit*』(1924년)에서 이런 식으로 표현했다. "나는 현존하는 존재로서 '나의 느낌'을 측량하지 그 느낌을 일으키며 전개되는 사건들을 측량하지 않는다. 내가 시간을 측량할 때 (⋯) 측량하는 것은 바로 나의 느낌이다." 하이데거에 따르면, 시간은 결국 삶의 근원적인 구조를 구축하는 요인이며 현사실성의 경험에 상응한다.

하지만 하이데거는 이러한 관점조차도 신학과 형이상학의 탐구 대상으로 정착되면서 고유의 혁신성과 근본적인 의미를 상실했다고 보았다. 결과적으로 이러한 시간 개념을 정확히 이해하기 위해서는 그리스도교가 도래하기 이전 시대의 철학적 범주를 바탕으로 재검토하는 과정이 필요했고 바울과 아우구스티누스를 보다 진지하게 이해하기 위해서는 아리스토텔레스까지 거슬러 올라갈 필요가 있었다.

하이데거에 따르면, 결정적으로 '움직임'의 관점에서 삶의 해석을 시도한 철학자는 아리스토텔레스였다. 하이데거가 1920년대에 강의를 진행하면서 아리스토텔레스의 텍스트를 지속적으로 인용하고 해석했던 이유는 무엇보다도 삶의 '움직임'을 묘사하고 정의하기에 가장 적합한 개념들을 아리스토텔레스의 철학에서 발견했기 때문이다. 하이데거는 다름 아닌 아리스토텔레스의 사유에 대한 성찰을 기점으로 '현사실적'인 삶을 가리키기 위해 '현존재Dasein', '실존Existenz' 같은 용어들을 사용하기 시작했다.

하이데거는 삶이 항상 무언가를 가꾸고 고려하면서, 혹은 세계 안에 실재하는 대상이나 상황 또는 정보 등에 관여하면서 나아가지만 한편으로는 이러한 대상에서 정체성을 발견하려고 노력하면서 대상 안에서 스스로의 소모를 시도하고 그런 식으로 고유의 특수성을 상실한다고 보았다. 하이데거는 이처럼 "파멸을 향해 추락하는" 성향이 우발적인 유형의 몰락이라기보다는 오히려 삶의 일부이며 추락과 몰락을 자연스러운 것으로 만드는 일종의 '중력'으로 기능한다고 보았다. 이 '중력'은 실존적인 존재가 스스로를 구조화하는 '방식'과 일치하며 결과적으로 삶의 상실은 현존하는 삶 자체의 일부를 차지한다. 이 "실존의 추락"으로부터 실존적인 전개를 자연스럽게 역행하며 진자 운동처럼 부상하는 것이 바로 "삶의 상실에 대한 우려"처럼 전개되는 일종의 역행 운동이다. 바로 이 시점에서 삶의 시간적인 성격과 존재의 역사적인 성격이 부각된다.

8.3   존재와 시간

20세기의 철학이 낳은 기념비적 저서 『존재와 시간』(1927년)에서 하이데거는 존재의 근본적인 의미란 무엇인가라는 질문을 제기하며 이에 대한 답변을 시도했다. 하이데거는 철학사에서 중요한 위치를 차지하는 몇몇 철학자들, 예를 들어 아리스토텔레스, 칸트, 플라톤, 토마스 아퀴나스, 수아레스Francisco Suárez, 데카르트, 라이프니츠, 헤겔 등의 사상을 연구하고 수용하면서 이들이 모두 '현존재' 혹은 인간의 실존적 존재와 인간 외의 모든 실체들이 존재하는 방식 사이에 커다란 차이가 있다는 사실을 인정한다는 점에 주목했다.

하지만 하이데거는 철학의 역사가 이러한 '존재'의 문제를 본질적인 차원에서 항상 간과해 왔으며 이를 이미 오래전에 해결된 문제로 간주하면서 문제의 심각성을 은폐해 왔고 그런 식으로 이 문제에 대해 진지하게 숙고하는 모든 사람들의 의혹을 종식시켜 왔다는 사실에 주목해야 한다고 주장했다. 이러한 역사적 편견들 가운데 가장 대표적인 것은, 하이데거에 따르면, '존재'의 개념이 모든 종류의 실체에 직접적으로 관여한다는 차원에서 "가장 보편적인" 개념이며 바로 그런 의미에서 가장 "정형화되지 않은" 개념이라고 보는 견해다. 하지만 하이데거는 이러한 편견이 '존재'는 동시에 가장 모호한 개념이라는 사실을 감추지 못한다고 보았다.

또 하나의 편견은 '존재'가 고유의 보편성 때문에 정의하기 힘든 개념이라는 생각이다. 반대로, 하이데거에 따르면 "존재라는 개념은 정의가 불가능하지만 그렇다고 해서 존재의 의미와 무관하다고 볼 수 없으며 오히려 의미의 문제를 필연적인 것으로 만든다"(『존재와 시간』 1장). 아울러, 하이데거는 '존재'의 개념이 일상적인 사물과의 관계에서 지속적으로 사용되기 때문에 이를 "명백한 개념"이라고 보는 일반적인 견해 역시 편견에 가깝다고 보았다. 왜냐하면, 사물과의 관계가 "지속된다는" 사실 자체가 존재의 의미라는 문제는 "반복적으로" 제기되어야 한다는 필요성을 제기하기 때문이다.

결과적으로 분명해지는 것은 철학이 단순히 있는 그대로의 '존재'를 다루는 것으로 그치지 않고 동시에 '존재의 의미'를 다루는 존재론이라는 사실이다. 하지만 "존재에 관한 질문"을 이해하기 위해서는 "질문의 존재 자체"를 분석할 필요가 있다. 이 경우에 "존재란 무엇을 의미하는가?"라는 질문은 "질문이란 무엇을 의미하는가?"라는 질문과 동일하다.

무언가에 대한 질문은 항상 누군가를 향해 제기되기 마련이다. 다시 말해 질문의 내용은 항상 질문할 상대를 필요로 한다. 더 나아가서 우리의 질문이 어떤 구체적이고 체계적인 탐구의 성격을 지닐 때 부상되는 것은 다름 아닌 탐구 대상이다. 정상적인 질문의 방향은 항상 질문이 찾는 내용 혹은 원하는 대답을 기준으로 정해진다. 이러한 규칙들을 존재의 문제에 적용하면, 질문의 내용은 '존재Sein', 질문의 상대는 '현존재Dasein', 질문의 '탐구 대상'은 '존재의 의미'라는 것이 드러난다. 질문의 핵심은 당연히 질문의 내용이지만 '존재'에 관한 질문에서 주목해야 할 것은 질문의 상대, 즉 질문을 받는 자가 질문을 제기하는 자와 동일하다는 사실이다.

바로 그런 이유에서, 하이데거가 현존재를 설명하며 자주 사용했던 표현대로, "존재에 관한 한 존재자에게 중요한 것은 그의 존재 자체다"(『존재와 시간』 4장). 간단히 말하면 관건은 항상 그의 존재 자체다. 동일한 맥락에서 하이데거는 현존재가 존재와 관계하는 전형적인 방식을 다름 아닌 "존재의 이해"라는 이름으로 불렀다. 물론 이러한 '이해'는 주체의 인식 활동과는 다르다. 이 '이해'는 오히려 "현존재의 존재하기"와 일치한다.

이 '현존재의 존재'를 하이데거는 '실존'이라고 불렀다. 왜냐하면, 세계 안에 머물며 단순히 '실재'할 뿐인 존재자들과는 달리 '현존재'의 본질은, 스스로의 바깥에 머문다는 차원에서, '실존Eksistenz'의 구조적인 의미, 즉 '탈-존Ek-sistenz'에 있다고 보았기 때문이다. 이는 '현존재'가 존재의 가능성을 열어 둔 상태에서 살아간다는 의미로도 해석할 수 있다. '현존재'는 어떤 식으로든 이미 결정된 방식으로 "존재하는" 누군가를 가리키지 않으며 오히려 있는 그대로 "존재할 일을 지닌" 존재, 즉 존재 가능성을 지닌 존재를 가리킨다. '현존재'의 존재 가능성은 아직 실현되지 않았을 뿐 아니라 끝내 실현될 수 없는 성격의 가능성이다. 실현되는 순간 '현존재' 역시 자연적인 존재나 사물로 환원될 수밖에 없기 때문이다. 달리 말하자면 인간의 삶은 여러 가지 가능성을 "지니는" 것으로 그치지 않는다. 삶 자체가 하나의 가능성"이기" 때문이다.

존재론은 어떤 식으로든 전-존재적인 기반을 토대로, 다시 말해 '현존재의 스스로에 대한 이해'를 토대로 구축된다. 그런 의미에서 하이데거는 존재론을 '기초존재론Fundamentalontologie'이라고 불렀고 이 존재론이 다른 모든 학문에 기반을 제공한다고 보았다.

하이데거가 처음에 생각했던 구도에 따르면 『존재와 시간』은 두 부분으로 나뉘어 있었다. 하이데거는 존재의 의미에 대한 탐구의 '두 과제'를 1부와 2부로 나누어 다룰 계획이었다. 첫 번째 과제는 시간을 토대로 존재의 보편적인 의미를 이해하기 위해 필요한 실존론적 분석이었고 두 번째 과제는 플라톤, 라이프니츠, 데카르트, 헤겔 등의 사상을 토대로 존재론의 역사를 해체하는 것이었다. 하지만 하이데거의 계획은 1부조차 완성하지 못한 상태에서 중단되고 말았다.

하이데거의 실존론적 분석에 따르면, '실존'은 복수의 개인을 포괄하는 보편적인 유형의 개념이 아니라 "항상 나의 것인 존재", 다시 말해 "모든 개별적인 현존재의 존재"를 가리키는 개념이다. 이 존재는 스스로 "존재할 일을 지닌" 존재이며, '스스로를 향해' 동질화하거나 '스스로로부터' 이질화하는 방식으로, 다시 말해 '정통正統적'이거나 '비정통적'인 방식으로 존재한다. 이 두 가지 존재 방식은 도덕적 감성의 차원이 아니라 순수하게 구조적인 현상의 차원에서 관찰해야 하며, '현존재'들이 일상적으로 살아가는 방식에 충실하려면 실존적 분석은 오히려 실존의 '비정통적인' 방식에서, 다시 말해 실존 자체와 동질적일 필요가 없는 방식에서 출발해야 한다.

하이데거에 따르면, 인간은 객관적인 현실에 대한 의식의 차원이나 단순히 주관적인 '나'로 환원될 수 없는 성격의 존재다. 인간의 실존 혹은 '현존재'는 '세계-내-존재 In-der-Welt-sein'라는 성격을 지닌다. 이 표현이 분명하게 보여 주는 것은 '현존재'와 '세계'가 먼저 개별적으로 실재하다가 뒤이어 접촉하는 것이 아니라 '세계-내-존재'가 원래부터 분리될 수 없는 상태로 발생하는 현상이라는 점이다. 세계가 지닌 존재론적 구조는 '나'의 바깥에서 단순히 공간적으로 주어지지 않으며 오히려 하나의 '실존적인' 세계를 구축하는 기반과 일치한다. 세계의 이러한 실존적인 성격을 하이데거는 '세계성Weltlichkeit'이라고 불렀다. 하이데거는 이 실존적 세계 안에서 서로 접촉하는 존재자들 역시 주체와 상반되는 객체로 이해할 것이 아니라 세계의 존재자들에 대한 '고려'를 토대로 구축되는 '현존재'의 존재론적 구조를 기준으로 해석해야 한다고 보았다.

하이데거에 따르면, "현존재의 고려 속에서" 모든 것은 무엇보다도 일종의 "도구" 혹은 무언가를 "위한 수단"으로 활용된다. 이는 곧 실존적 세계 안에 실재하는 존재자의 근원적인 존재 방식을 결정하는 것이 존재자의 '활용성'이며 형이상학이 전통적으로 이론화하고 지지해 온 '실체'가 아니라는 것을 의미한다.

'현존재'의 원천적인 실존 방식이 세계 안에서 활용 가능한 존재자들 "곁에 존재하는" 것이라면 이러한 방식은 필연적으로 다른 '현존재'들과 "함께 존재하는" 방식을 수반한다. 하이데거는 세계 내부의 존재자들과 현존재의 관계를 '고려Besorge'의 관계로 명명한 반면 현존재와 또 다른 현존재들의 관계를 '배려 Fürsorge'의 관계로 간주했다. 이는 곧 '세계-내-존재'의 일상적인 삶 속에서 현존재가 항상 타자와 관계하며, 차별화를 시도하는 대신, 일반적인 말과 생각과 행동을 누구나 추구하는 만큼 어느 누구도 진정한 의미에서 자기 자신이라고 할 수 없는 세계의 일률적이고 평준화된 '공공의' 영역에 참여한다는 사실을 설명해 준다. 대중의 중립성을 매개로 진행되는 개인의 비개성화 역시 일종의 근원적인 혹은 '실존적인' 현상이며, 따라서 존재의 부정적인 성향으로 간주될 수 없다. 더 나아가서, 현존재가 자신에 적응하기 위해서는 필연적으로 무인칭적인 자아, 이른바 '세인man'의 분산을 경험해야 한다. 정통성에 도달하는 것은 오로지 비정통성에 대한 역행 운동을 통해서만 가능하다.

'현존재'라는 표현은 항상 '세계-내-존재'를 가리키지만 '세계-내-존재'는 이미 결정되어 있는 무언가의 폐쇄된 상태가 아니라 현존재의 개방된 상태를 의미한다. "Dasein(현존재)의 Da(여기)가 의미하는 것이 이 본질적인 차원의 개방이다."(『존재와 시간』 28장) '현존재'가 자신과 다른 무언가를 향해 스스로를 개방하는 것이 아니라 '현존재' 자체가 스스로의 개방과 일치한다. 바꾸어 말하자면 현존재는 실존"하면서"가 아니면 존재하지 않으며 항상 실질적인 현실 바깥의 가능성을 향해 나아간다.

하이데거는 존재가 스스로의 '세계-내-존재' 혹은 스스로의 '개방'을 실험하는 두 가지 기본적인 방식이 있다고 보았다. 첫 번째는 어떤 상황에 "놓여 있음을 느끼는" 방식, 두 번째는 "이해하는" 방식이다. "놓여 있다는 느낌"은 현존재가 자신이 세계에 의탁되었음을 인식할 때 기본적으로 지니는 심적 상태를 가리키며 하이데거는 이를 세계에 "던져진" 현존재의 느낌으로 정의했다.

하지만 현존재가 "던져진" 공간은 단순한 사물이나 세계의 상황 또는 삶의 제한된 조건이 아니라 오히려 결정된 형태의 무언가로는 결코 존재할 수 없다는 사실, 그저 "존재할 일을 지닐" 수 있을 뿐이라는 사실의 공간이다. 현존재는 따라서 그에게 어떤 섭리도 있을 수 없고 자신의 벌거벗은 존재 외에 다른 어떤 목적도 지닐 수 없기 때문에 필연적으로, 돌이킬 수 없이, 스스로일 뿐이라는 것을 느낀다.

하지만 그런 식으로 "던져진" 상황에서 하나의 역행 운동이 시작된다. 실제로 현존재는 스스로를 위해 여러 가지 가능성을 계획한다. 그 이유는 단순히 자신의 삶을 꾸려 나가기 위해 일련의 계획을 세우기 때문이 아니라, 좀 더 근본적인 차원에서 그의 존재하는 방식 자체가 '이해'와 '계획'이라는 방식을 따르기 때문이다. 하이데거는 인간의 이러한 이해 성향을 다름 아닌 '실존성'이라고 불렀다. 인간이 이러한 성향을 지니는 것은 '현존재'의 존재가 가능성의 성격을 지녔고 이것이 방법적인 차원의 가능성, 다시 말해 아직 실현되지 않았거나 필연과 정반대되는 것으로서의 가능성이 아니라 실존적인 차원의 가능성이기 때문이다. 하이데거에 따르면, "현존재는 가장 자기다운 존재가 되기 위해 자유로울 수 있는 가능성과 일치한다."(『존재와 시간』 31장) 다시 말해 현존재는 스스로를 전제로 실존할 수 있는 하나의 가능성이다. 하지만 현존재가 스스로의 존재를 계획하며 전제하는 것은 사실상 그의 존재가 세상에 "던져진" 것과 다를 바 없다는 사실에 지나지 않는다. 결과적으로 현존재는 항상 "던져진 계획"이며 항상 그가 내리는 결정 이상인 반면 결코 "실제로 실현하는 것 이상"이 아니다. 간단히 말하자면, 현존재는 결코 자기 자신의 차원을 넘어서지 않는다. 현존재가 고유의 존재를 세계에 던져진 존재로 이해할 때에만 세계 내부의 또 다른 존재자들을 이해할 수 있고 이들의 의미를 해석할 수 있다. 특히 현존재의 '개방' 안에서만, 다시 말해 현존재의 '던져진 계획' 안에서만 하이데거가 말하는 '이해'는 '담론'이나 '언어'로 구체화된다.

8.4 일상의 기본적인 존재 방식들

실존론적 분석을 토대로 하이데거가 묘사하고자 했던 것은 이미 결정된 형태의 존재론적 구조가 아니라 그것의 발생 경로, 그것이 구체적으로 확보되는 과정, 결과적으로 그것이 상실되는 과정이다. 바로 그런 의미에서 하이데거는 현사실성과 실존성에 이어 현존재의 세 번째 존재론적 차원으로 일상의 기본적인 존재 방식에서 유래하는 '퇴락'을 제시했다. 하이데거에 따르면, 일상에 처한 현존재는 본연의 잠재적 존재와 일찍이 결별한 상태에서 그가 배려하는 세계 내부의 존재자들과 함께 스스로를 상실하며 세상 속으로 '퇴락'한다. 하이데 거는 이 '퇴락'을 존재론적 조건으로 정의하면서 일상의 평범하고 전형적인 현상들, 예를 들어 '잡담'이나 '호기심' 같은 현상들의 분석을 시도했다. 하이데거에 따르면, '잡담'은 거론되는 내용에 대한 모든 것을 이미 알고 있고 이해했다고 추정하면서 모든 것에 대해 이야기하는 현상이며, '호기심'은 보려는 것이 무엇인지 이해하는 데는 관심이 없고 오로지 본다는 것을 즐기기 위해 보기를 갈망하는 현상이다. '퇴락'을 존재의 '세상에 던져진' 성격과 유사한 것으로 간주해서는 안 된다. 후자는 현존재가 스스로를 향해 동질화하며 존재하는 정통적인 방식이지만 전자는 현존재가 스스로로부터 이질화하며 존재하는 비정통적인 방식이다.

하이데거의 관점에서, 실존론적 분석이 안고 있는 본질적인 문제는 '사실성', '실존성', '퇴락'의 현상들을 존재론적 통일성의 기반으로 간주할 수 있는가라는 것이었다. 왜냐하면 이러한 현상들과 거리가 먼 외부 개념들을 토대로 이 현상들의 통합을 꾀한다는 것이 불가능한 반면 통합은 오로지 존재가 존재 내부에서 스스로를 이해하거나 이해하지 못하는 방식을 받아들일 때에만 가능했기 때문이다. 하이데거는 따라서 이러한 통일성의 기반을 제시할 수 있는 현존재의 근본적인 경험을 모색했고 통합의 인자를 다름 아닌 '번뇌'의 근원적인 심리 상태에서 발견했다. 이는 물론 현존재를 지적이거나 이성적인 관점에서 벗어나 '감성적'이거나 '감정적'인 차원에서 관찰하려는 시도와는 거리가 멀다. '번뇌'의 감성적인 색채는 전적으로 존재론적이다. 항상 무언가 구체적인 것에 대한 공포심을 드러내며 어떤 위협적인 실재 앞에서 도주를 유발하는 '두려움'과 달리, '번뇌'는 "자기 앞에 선 현존재의 도주"인 동시에 "자기 자신으로 존재하는 정통적인 방식", 즉 '세계-내-존재' 자체로부터의 도주라고 볼 수 있다. 번뇌가 무언가 앞에서 뒷걸음친다면 이 무언가는 이런 혹은 저런 실체가 아니라 번뇌 고유의 "세상에 벌거벗은 채로 던져진 존재의 성격"이다. 이처럼 '세상에 버려진' 성격이 현존재를 모든 세속적인 실재들 사이에서 길을 잃고 자신 안에서 완전히 고립된 존재로 만든다. 일상적인 퇴락 과정에서 현존재는 때때로 세속적인 실재들에 매달리거나 이 실재들을 기점으로 스스로를 인식하며 스스로 '안정'을 취한다. 반면에 현존재가 번뇌를 느끼는 것은 오히려 스스로를 동질화하면서 일어나는 현상이다. 번뇌는 현존재의 존재 가능성이 어떤 종류의 존재론적 실현을 통해서도 완성될 수 없다는 사실에서 비롯된다. 따라서 현존재는, 아이러니하게도, 다름 아닌 세계-내에 존재하기 때문에, 존재론적으로 스스로일 뿐이며 자기 안에서도 혼자일 수밖에 없다.

번뇌의 감성적인 측면을 강조하면서, 하이데거는 현존재의 통일적인 존재론적 구축 방식을 다음과 같은 세 가지 기본적인 관점에서 설명할 수 있다고 보았다.

(1) '자기를 앞질러 존재하기.' 현존재는 존재를 이해하는 실재이며 그런 의미에서 "항상 자기를 이미 앞질러" 존재하는 일종의 기획이다. 물론 관건은 자기와 다른 실재들에 대한 상대적인 존재 방식이 아니다. 현존재가 자기를 앞질러 존재하는 이유는 "그것의 존재와 다를 바 없는 존재 가능성을 위해 존재하기" 때문이다.

(2) '세계 내에 이미 머물면서 존재하기.' 존재를 이해하는 현존재는 결코 "'세계 없는' 주체"가 아니다. 반대로 현존재는 "항상 세계 내에 이미 던져진 것처럼" 존재한다.

(3) '세속적인 실재들과 가까이서 존재하기.' 실질적인 존재 방식은 동시에 "항상 현존재가 가꾸려는 세계와의 즉각적인 동질화를 바탕으로" 전개된다. 현존재는 이러한 몰입 속에서 퇴락한다.

하지만 현존재의 이러한 구조는 내부적으로 아직 해결되지 않은 한 가지 문제를 안고 있다. 현존재가 하나의 "통일적인 총체"인 동시에 무언가가 항상 부족한 실재, 즉 항상 존재할 거리를 지닌 실재라는 사실은 어떻게 설명해야 하는가?

하이데거는 이러한 문제를 해결하기 위해 다시 한번 현존재 고유의 가동성, 즉 현존재는 단 한 번에 불변하는 방식으로 '이미-주어진' 존재가 아니라는 사실에서 출발했다. 현존재는 스스로에게 도달하고 스스로를 자기화하면서 존재한다. 따라서 하나의 총체로 존재한다는 것은, 현존재의 입장에서는, 일종의 가능성으로 이해되어야 한다. 사실상 삶을 하나의 완성된 총체로 이해하고 느끼는 단계는 삶의 '마지막 순간'이 도래할 때에만 가능하다. 현존재의 마지막 순간은 아직 일어나지 않았지만 뒤이어 일어나게 되리라는 식으로 이해할 수 있는 무언가가 아니다. "마지막 순간의 존재로" 존재하는 현존재는 "종국을 향해 있는 존재", 좀 더 근본적인 차원에서 "죽음을 향해 있는 존재"로 이해되어야 한다. 그런 의미에서 죽음은 다름 아닌 결핍이 현존재의 보다 고유한 가능성이라는 것을 의미한다. 이 결핍은 무언가의 결핍이 아니라 고유의 존재와 세속적인 실재들의 존재 사이에서 발생하는 차이로서의 결핍이다.

'죽음을 향해 있는 존재'는 우리가 언젠가는 죽는다는 사실과 전적으로 무관하며 오히려 존재하기 때문에 죽음을 "먼저 답사하며" 실존하는 현존재의 빼놓을 수 없는 특징이다. 여기서 우리는 존재가 어떤 가능성을 두고 그것을 실현하기 위해 노력하지 않으며 그저 하나의 순수한 가능성으로만 유지하려는 유일한 경우를 발견하게 된다. 좀 더 구체적으로 말하자면 '죽음을 향해 있는 존재'는 현존재가 실현될 수 없는 실재일 뿐 아니라 다른 모든 실재들과 같은 방식으로 실현될 수 없으며, 어떤 식으로든 그것의 실현이 실질적인 실현 불가능성과 일치하는 실재라는 것을 의미한다.

하지만 현존재는 '죽음을 향해 있는 존재'라는 사실이 정통적인 실존 가능성을 분명하게 드러내는 반면, 이러한 가능성 자체가 실재와의 산란한 타협 과정에서 일상적으로 은폐된다는 사실은 어떻게 설명해야 하는가? 그리고 무엇보다도 정통적인 자기 동질화의 단계로 어떻게 되돌아올 수 있는가? 하이데거는 이것이 오로지 현존재가 죽음 혹은 고유의 불가능성을 향한 고통스러운 자유를 받아들이기로 '결정'할 때에만, 다시 말해 죽음을 먼저 답사하거나 예측하기로 하는 정통적인 '결정'을 통해서만 가능하다고 보았다. 이 '예비의 결정' 속에서만 현존재는 본래의 고유한 방식, 즉 정통적인 방식으로 존재한다.

이러한 결정을 통해 부각되는 것이 바로 현존재의 뿌리 깊은 의미, 즉 시간성이다. 하이데거가 제시했던 통일적인 존재론적 구축 방식의 세 가지 차원은 여기서 세 가지 '시간의 무아지경', 즉 과거, 현재, 미래에 상응한다.

(1) 현존재는 항상 "자기를 앞질러" 존재하며 그런 식으로 스스로에게 도달한다. 다시 말해 현존재는 고유의 존재 가능성이라는 계획을 바탕으로 스스로에게 도달한다. 이것이 바로 "도래의 원천적인 현상"이다.(『존재와 시간』65장) 이는 곧 미래란 현존재가 '도달하게 될' 순간이 아니라는 것을 의미한다. 왜냐하면 현존재는 실존하면서, 즉 '존재할 일을 지닌 상태에서', 그곳에 항상 '이미' 도달해 있기 때문이다. 결과적으로 현존재는, 구축적인 차원에서, 고유의 '미래'와 '일치'한다.

(2) 현존재는 계획을 가지고, 마치 세계에 던져진 것처럼, 스스로에게 도달한다. 하지만 "던져진 상태로 존재한다는 것은 오로지 도래하는 (미래의) 현존재가 현존재 고유의 '항상 이미 지나간 존재'일 수 있을 때에만, 다시 말해 '어떠했던' (과거의) 존재일 수 있을 때에만 가능하다". 과거는 그런 식으로 미래에서 분출된다.

(3) 던져진 상태로 되돌아오며 스스로에게 도달하는 과정은 세상에서 만나는 실재와 가까이에 존재하는 방식으로 전개된다. 하지만 "세상의 실재가 만남을 위해 다가오도록 적극적으로 유도하는 일은 오로지 이 실재가 모습을 드러낼 때에만", 즉 원천적인 '현재'의 지평에서만 가능하다.

하이데거에게 현존재는 '시간적'이었고 이는 단순히 시간 속에 존재하기 때문이 아니라 시간성이 현존재의 "존재하는 방식" 자체였기 때문이다. 위에서 언급한 세 가지 차원의 시간은 모두 문자 그대로 하나의 '무아지경', 다시 말해 각각 다른 차원의 시간을 향해 개방되어 있는 일종의 영속적인 '탈출구'다. 이는 곧 현존재가 지극히 '초월적인' 실재라는 것을 의미한다. 다시 말해 현존재는 항상 스스로를 향해 스스로를 초월하는 존재다. 그런 식으로 '과거-현재-미래'라는 시간의 일상적인 전개 방식은 실존적인 차원에서 전복된다. 시간은 다름 아닌 미래에서, 즉 '불가능성의 가능성'에서 분출된다. 현존재적 존재의 시간적인 의미는 현존재가 지니는 평균적인 일상성의 반복적인 분석을 통해 부각된다. 이 존재가 세속적인 실재들과 연결되어 있는 시간의 통속적인 개념을 이해할 수 있는 것도 바로 이 때문이다. 시간의 의미는 아울러 역사의 의미, 즉 현존재의 일시적인 역사성을 이해하기 위한 기반을 형성한다.

8.5   전회

하이데거는 『존재와 시간』의 마지막 부분, 즉 담론의 주제를 현존재 고유의 시간적인 차원에서 존재 자체의 원천적 의미라는 차원의 시간으로 발전시키면서 성찰했던 내용을 토대로 1930년대 초반부터 일련의 변화를 시도했다. 하이데거는 1946년에 출판한 『인본주의에 관한 편지』에서 이러한 변화를 뒤늦게 '전회'라는 표현으로 정의했다. 바로 이 '전회'를 기점으로 '현존재'보다는 존재의 원천적인 의미가 전면에 부각되었고 하이데거의 사유도 마지막 순간까지 지속될 두 번째 단계로 접어들기 시작했다.

　프랑스의 사상가 장 보프레Jean Beaufret는 하이데거에게 다음과 같은 질문을 제기한 바 있다. "어떤 식으로 인본주의라는 단어에 다시 의미를 부여할 수 있는가?" 제2차 세계대전이 끝난 직후였기 때문에 모두가 심각하고 진지하게 받아들일 수밖에 없었던 이러한 질문에 답하면서 하이데거는 '인류'라는 개념 자체가 사실은 인간이라는 실재를 특징짓는 존재론적 차원의 본질을 파악하기에 전적으로 부적절하다고 주장했다. 하이데거는 인류에 대한 다양하고 이질적인 해석들이 모두 "자연, 역사, 세계, 세계의 기반, 즉 총체적인 차원의 실재 등에 대한 이미 축조되어 있는 해석적 입장에서", 결과적으로 하나의 '형이상학'에서 출발한다고 보았다.

　여기서 이 '형이상학'이라는 용어는 '존재의 진리'라는 문제, 즉 '존재 자체' 또는 '존재와 실재의 차이'라는 문제를 항상 간과해 온 철학 전통을 의미한다. 하지만 이러한 문제를 다시 제기하기 위해서는 이를 은폐해 온 형이상학을 무시하는 것만으로는 부족하다. 왜냐하면 반형이상학적 입장들 역시 결국에는 존재의 진리에 대한 '형이상학적 망각'의 틀에서 벗어나지 못하기 때문이다. 따라서 존재의 진리에 관한 질문에 다시 주목하기 위해서는 오히려 형이상학의 숨은 토대를 파헤쳐 형이상학 내부에서 형이상학이 미처 생각하지 못했던 것, 혹은 생각하지 못하도록 방해했던 것을 찾아낼 필요가 있다.

하이데거는 현존재의 분석을 토대로 인간을 전통 형이상학과는 전혀 다른 방식으로 관찰했지만 결국 그가 발견한 것은, 따라서, 현존재가 다름 아닌 형이 상학과 여러 가지 측면에서 일치한다는 것이었다. 다시 말해, 전통적인 형이상 학과 마찬가지로 존재의 원천적인 의미를 가볍게 여기고 망각하지만 바로 그 런 이유에서 지속적으로 질문을 제기하는 것이 바로 현존재였다. 그런 식으로 하이데거는 현존재를 '존재의 진리'가 열리는 공간 또는 "존재의 빈터"로 재해 석했다. 물론 "이 '전회'는『존재와 시간』에서 표명된 관점의 변화가 아니다". '전회'는 오히려『존재와 시간』의 은밀한 출발점이었던 하나의 근본적인 경험, 즉 "존재의 망각"에 대한 경험에 다가서려는 시도에 가깝다.(『인본주의에 관한 편 지』)

하지만 '존재의 망각'은 철학자들의 단순한 '누락'으로 그치지 않는다. '존재 의 망각'은 사건적 인간으로서의 형이상학이 지니는 하나의 본질적인 특징이 다. 다시 말해, 이 망각은 단순히 존재를 이해하는 부족하거나 틀린 방식으로 그치지 않고 오히려 존재론적 진리의 본질적인 부분을 차지한다. 결과적으로 '존재의 망각'을 '존재의 사유'로 발전시키는 것이 가능해진다.

8.6 '알레테이아'라는 진리

하이데거가 직접 언급했던 것처럼, 탐구의 방향이 '존재의 의미'에 관한 문제에 서 '존재의 진리'에 관한 문제로 '전회'하는 과정의 기원은 그가 1930년과 1931 년 사이에 집필한 두 권의 저서로 거슬러 올라간다. 강연 내용을 정리해서 펴낸 첫 번째 책『진리의 본질에 관하여 Vom Wesen der Wahrheit』에서 하이데거는 '사물과 사고의 부합adaequatio rei et intellectus' 원리 같은 진리의 전통적인 개념, 즉 주어진 사물과 그것의 본질을 설명하는 개념의 적합성을 논리적인 정언의 형태로 표현하는 문제에서 출발했다.

하이데거가 제기한 질문은 과연 무엇을 근거로 정언이 사물과의 적합성을 주장할 수 있는가, 적합성의 대상은 서로 다른 두 종류의 실재, 즉 인식론적 표현과 표현된 물 자체가 아닌가라는 것이었다. 실제로 우리가 정언을 통해 사실로 간주하는 사물의 등장 자체는 일종의 "'열린 장ein Offene' 안에서 이루어지지만 이 장을 열어젖힌 것은 표현이 아니다". 따라서 진리에 고유한 공간은 '정언'이 아니라 '열린 장'이며, 정언적 표현과 사물 사이의 적합성은 어떤 구체적인 입장 속에서만 발생한다. 다시 말해 적합성은 "하나의 열린 장에서 등장하는 것에 대한 우리의 자유"를 기반으로 발생한다. 바로 그런 이유에서 하이데거는 "정언의 적합성으로 간주되는 진리의 본질은 자유다"라고 말할 수 있었다.(『진리의 본질에 관하여』 3장)

이러한 주장은, 우리가 진리를 "영원하고 불변하는" 무언가로 이해하고 자유를 순수하게 "인간적 독단"으로 이해할 때, 분명히 모순적으로 다가온다. 하지만 하이데거는 일상적인 사고방식에는 변화가 필요하며, 그런 의미에서 자유를 "실재가 존재하도록 내버려 두는" 행위로, 진리를 그리스어 '알레테이아alétheia'의 어원적인 의미로, 즉 부정 접두사 a와 은폐를 뜻하는 léthe로 구성되기 때문에 감추어진 것을 드러낸다는 차원에서 '폭로'의 의미로 이해할 필요가 있다고 보았다. 이 '폭로'는, 총체적인 실재의 차원에서, "드러나는 실재 앞으로 나오기"를 의미한다. 감추어진 것을 드러내는 차원의 진리는 인간 존재 안에, 인간의 '자유'에 의해 "보존되어" 있다. 이 진리를 보존하는 자유는 "실재가 있는 그대로 드러나는 과정에 연루되도록 내버려 두는" 행위다.

하이데거의 이러한 진리 해석은 두 가지 중요한 결과를 가져왔다. 첫 번째는 '인간'과 '존재' 사이의 간극을 지탱하는 독특한 관계에 변화가 일어났다는 것이다. 즉 이 관계는 더 이상 하이데거가 『존재와 시간』에서 언급했던 '이해'의 차원이 아니라 "감추어진 것을 드러내는 열린 장에 노출된 상태로 머물기"로 간주된다. 두 번째 결과는 '자유로운' 현존재의 입장에서 진리를 보존한다는 것의 의미가 더 이상 실재와의 만남을 허락한다는 차원에 국한되지 않고 아울러, 무엇보다도 실재를 있는 그대로, 결과적으로 존재 자체를 은폐물 속에, 즉 '베일' 안에 고스란히 내버려 둔다는 차원으로 확장되었다는 것이다.

여기서 우리는 '전회' 이후 하이데거의 사상이 보여 주는 가장 특징적인 사유들 가운데 하나를 발견하게 된다. 하이데거는 진리가 결코 단순한 사물들의 전시에 상응하는 것으로 그치지 않으며 동시에 전시 안에서 전시를 통해 전시가 불가능한 것을 전시하고 감추어져 있는 것을 감추어진 상태 그대로 드러내는 움직임에 상응한다고 보았다. 다시 말해 진리는 은폐에서 탈-은폐를 향해 전개되는 것이 아니라 은폐되어 있는 '상태 그대로' 탈-은폐되는 움직임에 상응한다. 하이데거는 바로 그런 의미에서, 아이러니하게도, 진리의 밑바닥에는 일종의 '비-진리'가 남아 있으며 이것이 진리와 상반되는 요소라기보다는 오히려 진리의 본질에 속하며 진리의 원천적인 '신비'를 구축한다는 점에 주목할 필요가 있다고 보았다.

플라톤의 『국가*Politeia*』에 등장하는 동굴의 우화에서 하이데거는 감추어진 것을 드러내는 차원의 진리 개념, 즉 '알레테이아'가 사물들의 출현에 주목하는 시각적인 차원의 진리 개념, 즉 '이데아'로 전이되는 역사적 순간을 발견했다. 하이데거에 따르면, "이데아들은 모든 실재의 정체를 가리키며 (…) 모든 이데아의 이데아란 실재하는 모든 것의 출현을 모든 시각적 영역에서 가능하게 만드는 것"이었다. 실제로 '선善', 즉 지고의 이데아는 플라톤에게 "빛날 수 있는 모든 것을 빛나게 하는 것"을 의미했다. 바로 이 시점에서, 형이상학의 역사상 가장 중요하고 결정적인 변화가 일어났다. "이데아가 알레테이아의 주인이" 된 것이다.

하이데거에 따르면, 이러한 변화를 기점으로 진리의 개념은 점점 더 "옳은" 것과 일치하는 방향으로 발전했다. 하이데거는 여기서 하나의 결론을 도출해 냈다. 그는 플라톤에서 토마스 아퀴나스, 데카르트를 거쳐 니체에 이르기까지 표현의 옳음을 중요시하고 이데아를 가치로 보는 관점이 존재의 '신비', 즉 그것의 '은폐'에 대한 가장 치열한 망각을 서양 문화의 가장 핵심적인 특징으로 만들었다고 보았다. 하이데거에 따르면, "진리의 본질에 변화를 가져왔던 그 사건은 현대라는 극단적인 시대를 향해 치닫는 인류의 역사 전체를 뒷받침하는 근본적인 현실로 실재한다. 모든 것을 지배하는 이 현실은 진리의 본질에 대한 결정, 즉 진리를 인간에 좌우되지 않고 사전에 이미 확립되어 있는 것으로 보며 내린 결정에서 비롯되었다".

8.7 형이상학을 뛰어넘어

진리의 역사에 대한 이러한 시각을 중심으로 하이데거는 그만의 "비밀스러운" 철학을 구상하며 형이상학과 전적으로 "다른" 사유를 실험하기 위해 1936년과 1938년 사이에 『철학에의 기여*Beiträge zur Philosophie*』라는 제목의 저서를 집필했다.

하이데거가 이 책에서 유지하는 기본적인 관점은 존재를 더 이상 사물의 '실재'로 간주하는 형이상학적 관점이 아니라 실재성에서 벗어날 수 있고 실재에 대한 인간의 관점에서도 벗어날 수 있는 하나의 사건Ereignis으로 간주할 필요가 있다는 것이었다. 하이데거에 따르면, 형이상학이 마지막 단계에 도달하는 순간, 즉 형이상학의 지배력이 극치에 달하는 순간, 혹은 허무주의의 시대에, 사유가 발견하는 것은 실재들이 존재에 의해 "버림받았다는" 사실과 오히려 버림받았다는 사실 덕분에 패권을 장악할 수 있었고 그런 식으로 세계를 계산과 기계화와 기술적인 체계화의 대상으로 환원하며 이러한 과정의 전복적인 결과로 다름 아닌 문화와 인본주의가 중시되고 진리의 은폐 장치로 기능하는 가치들이 부각되는 상황을 발생시킬 수 있었다는 사실이다.

하지만 하이데거의 의도는 현대 문명이 처한 위기를 분석하는 것이 아니라, 존재에 의해 실재들이 '버려진' 상황에서, 즉 표상과 조작이 가능한 실체-실재 일색의 세계와는 다를 수 있는 세계의 의미가 전적으로 '부재하는' 상황에서 다름 아닌 은폐된 존재론적 진리의 '본질'적인 특징을 발견하려는 것이었다. 물론 존재가 우리의 시야를 벗어난 곳에서 은폐된 채로 남는 것은 아니다. 하이데거에 따르면, 존재는 오히려 "스스로 벗어나며 존재"한다.

하이데거는 '존재', 즉 Sein이라는 용어가 이제는 형이상학적 정의와 다른 무언가를 의미한다는 사실을 강조하기 위해 고어 Seyn을 사용했다. 따라서 '현존재' 역시 더 이상 존재를 이해하거나 계획하는 실재로 이해할 것이 아니라 "빈 터" 혹은 존재의 "은폐를 위한 장소", 또는 존재의 은폐 사건, 즉 존재의 진리가 보존되는 장소로 이해해야 한다.

따라서 우선적으로는 형이상학을 뛰어넘기 위해 실재를 기점으로 존재를 생각하거나 망각하는 방식에서 벗어날 필요가 있지만 반대로 존재의 망각에서는 결코 벗어날 수 없으며 망각에서 망각된 무언가를 빼앗는 것도 불가능하다는 점을 인정해야 한다. 반면에 망각이 존재의 은폐 또는 지속적인 은폐로서의 존재를 보존한다면, 그렇다면 형이상학은 마치 어려운 시기를 극복하듯 단순히 극복해야 할 무언가에 지나지 않을 것이다.

8.8 기술 시대와 존재의 부름

존재의 진리가 모든 역사적 시대를 정초하며 시대의 본질적인 특징과 필연적인 운명을 결정짓는다면, 우리 시대의 특징은 무엇이며 우리의 운명은 무엇인가?

우리 시대의 본질적인 특징이 시대 자체가 '형이상학적'이라는 점이라면 우리 시대의 운명은 형이상학의 완성 혹은 '허무주의'라는 차원의 '기술'에 달려 있다. 하이데거에 따르면, 서구 문명을 지배하고 있는 '기술'은 현실을 바라보는 낡은 형이상학적 관점이 황혼기에 접어들 무렵 시작된 것이 아니라 오히려 이러한 관점의 본질 자체에 소속되어 있었다. 따라서 '기술'의 지배와 침투는 사실상 형이상학의 완성에 지나지 않는다.

우리 시대는 세계의 지속적이고 체계적인 조직화가 자연적, 문화적, 사회적 현실의 의도적이고 계산된 조작의 도구로 쓰이기 때문에 흔히 '기술 시대'라는 이름으로 불린다. 하지만 기술의 도구적인 기능과 인간중심적인 목적만으로 '존재'의 본질을 파악한다는 것은 절대적으로 불가능하다.

하이데거에 따르면, 본질적인 문제는 특정 시대의 인류가 기술로 실현하고자 하는 것과 무관하며 지속적으로 확장되는 기술-과학의 세계 앞에서 인간이 취해야 할 도덕적 차원의 책임과도 무관하다. 요구되는 질문은 오히려 기술 시대에 '존재'는 어떤 식으로 실재하는가, 인간을 향한 존재의 부름은 무엇인가라는 것이다.

'기술'은 존재의 진실을 탈-은폐하는 방식들 가운데 하나다. 따라서 기술의 '본질'은 기술적인 무언가가 아니다. 하이데거는 현대의 '기술'이 단순히 사물들의 생산에 소요되는 것으로 그치지 않고 인간을 "자극하며" 생산품들의 탈-은폐를 활용도와 일치하는 것으로 간주하도록, 즉 질료나 다를 바 없고 무언가를 구축하기 위해 소모할 수 있는 전유물 또는 무언가에 쓰이기 위해 축적된 '자산'으로 간주하도록 유도하는 "탈-은폐 방식"이라고 보았다.

인간이 무언가를 제시하고 활용하고 생산하도록 만드는 모든 방식의 총체를 하이데거는 'Ge-stell'이라는 표현으로 정의했고, 이를 우리는 '발판'과 '강요'의 의미를 모두 함축하는 표현으로 간주할 수 있다. 이는 곧 모든 활동, 모든 기획과 기계화가 존재의 부름이라는 것을 의미한다. 이 부름은 위험한 동시에 모호한 성격을 지녔다. 왜냐하면 한편으로는 서구 세계 전체가 기술의 광기에 사로잡혀 길을 잃고 실재들을 따라서 존재 자체를 탈-은폐하도록 허락하는 은폐된 차원을 망각한 채 더 이상 기술의 본질을 되찾지 못하는 듯이 보이기 때문이며, 다른 한편으로는 다름 아닌 기술의 강요 속에서 존재의 망각 자체가 존재의 원천적인 탈-은폐 방식, 즉 다름 아닌 망각된 존재로 드러나는 방식을 구축한다는 사실이 그대로 드러나기 때문이다. 결과적으로 기술이 세계를 지배하고 모든 것이 계산으로 환원되는 곳에서, 아이러니하게도 존재 자체의 원천적인 지배 방식 또는 '발판'에 의해 사용된 실재들 하나하나의 탈-은폐 속에 감추어져 있는 '계산 불가능한' 것이 실체를 드러낸다고 볼 수 있다.

물론 하이데거가 기술을 전적으로 거부했던 것은 아니다. 하이데거는 오히려 기술이 지닌 신비로운 측면에 주목할 것을 요구했다. "위험이 있는 곳에 구원의 힘도 함께 자란다"라는 횔덜린의 유명한 구절을 인용하면서 하이데거는 "기술의 본질 속에 구원의 힘도 함께 자란다"고 볼 필요가 있으며, '발판', 즉 탈-은폐의 운명을 깊이 관찰하면서 구원의 힘이 함께 탈-은폐될 수 있는 가능성에 주목할 필요가 있다고 보았다.

하이데거에게 기술이 지배하는 시대는 아울러 허무주의의 본질이 극명하게 드러나는 시대를 의미했다. 하이데거는 허무주의의 본질적인 특징들이 전통적인 형이상학 체계의 해체를 계기로 모습을 드러낸 것이 아니라 오히려 형이상학의 역사가 시작된 순간부터 항상 실재해 왔다고 보았다. 따라서 형이상학이 역사적으로 항상 실재의 존재라는 문제만 다루어 왔다는 점을 고려하면, 허무주의는 형이상학의 내부에 은밀하게 보존되어 있었다고도 할 수 있다.

허무주의를 이해하는 방식에는 기본적으로 두 가지가 있다. 첫 번째는 니체가 제시하고 정립한 방식으로 모든 가치의 폄하와 전복을 통해 이해하는 방식이며, 두 번째는 허무주의의 본질적인 형이상학적 성격에 주목하는 방식이다. 하이데거는 니체 역시 고유의 허무주의적 관점에서 서구 형이상학의 기본적인 특징이 존재를 실재로 환원하고 실재의 진실을 가치로 환원하는 과정에 있다는 사실을 분명하게 인지했다고 보았다. 결과적으로, 하이데거에 따르면, 니체에 의해 폄하된 낡은 가치들뿐만 아니라 '힘에의 의지'에 의해 주어진 새로운 가치들 역시 본질적으로는 형이상학적인 것으로 남는다. 따라서 허무주의의 역사와 형이상학의 역사 사이에는 본질적인 상호 소속관계가 성립된다. 예를 들어 허무주의는 형이상학의 내부에서 은폐되는 움직임을 구축한다.

오랫동안 형이상학이 일종의 '존재-신-론onto-teo-logia'으로 간주되어 왔다면, 다시 말해 실재로서의 실재를 다루는 동시에 이를 실재의 '기반', 즉 언제나 '지고의' 실재라는 의미로 제시되던 '기반'과 함께 다루어 왔다면, 형이상학은 이제 존재 자체의 부재 혹은 상실의 역사로 간주되어야 한다.

허무주의의 본질을 구축하는 것은 어쨌든 '존재의 상실'이다. 이를 가리키기 위해 하이데거는 '존재'라는 표현을 사용했다. 망각으로부터도 벗어날 수 없지만, 하이데거는 오히려 망각 안에서 안정을 취할 수 있다고 보았다. 하이데거는 '허무주의로부터의' 구원을 '허무주의를' 구원하는 방식으로, 즉 무無의 아무 말 없는 부름을 보존하는 방식으로 이해했다.

9

실존주의

9.1 실존주의라는 정의하기 힘든 범주

실존주의는 20세기 초에 독일에서 탄생한 뒤 전 유럽으로 확산되었고 두 번에 걸쳐 세계대전이 일어나는 동안 현실화된 유럽의 사회정치적 일탈을 비판하며 당대의 정신문화에 혁신적인 영향을 끼친 철학 사조다. 실존주의를 특징짓는 것은 무엇보다 이성지상주의에 대한 불신, 즉 현실의 총체적인 의미를 확보할 수 있고 이성을 도구로 현실을 지배할 수 있다고 보는 철학적 입장에 대한 근본적인 불신과 본질적인 비관주의였다. 역사의 뿌리 깊은 의미를 설명할 수 있다고 주장하는 모든 역사주의적 관점, 예를 들어 관념주의와 마르크스주의도 이러한 실존주의적 불신과 비판의 대상에서 벗어날 수 없었다. 현실의 모든 것에 대한 포괄적인 설명을 제시할 수 있다고 주장하는 철학자들이나 완성된 체계로서의 철학에 대한 신뢰는 서서히 자기성찰적인 관점을 선호하는 성향, 아울러 과학의 객관화에서 숙명적으로 이탈할 수밖에 없는 특정 개인의 독특하고 반복될 수 없는 경험을 토대로 구축되는 탐구 관점을 선호하는 성향에 의해 대체되었다. 철학적 성찰의 주인공은 더 이상 19세기의 실증주의와 관념주의 사상가들이 끊임없는 역사적, 과학적 진보의 주체로 간주했던 '인류'가 아니라, 문제적이고 해독이 불가능한 모순에 갇혀 꼼짝달싹하지 못하는 제한된 성격의 '개인'이었다.

장 발이 『실존주의의 짤막한 역사*Petite histoire de l'existentialisme*』(1947년)에서 언급했던 것처럼 "흡족할 만한 방식으로 실존주의라는 용어를 정의한다는 것은 불가능하다". 실존주의는 사실상 뚜렷하고 일관적인 방식으로 정확한 설명을 제시하기 어려운 범주다. 이러한 난점은 실존주의 철학의 가장 중요하고 핵심적인 저서 『존재와 시간』(1927년)의 저자 마르틴 하이데거가 실존주의적 해석의 관점에서 자신의 저서가 존재에 관한 탐구의 일부에 지나지 않는다고 공개적으로 밝혔다는 사실에서도 어느 정도 분명하게 드러난다. 실존주의에 대한 학자들의 의견도 상당히 다양하다. 몇몇 학자들은 실존주의를 헤겔주의의 위기에 뒤이어 발전한 철학 사조로, 다시 말해 근대 철학의 형이상학적 이성주의가 결정적으로 몰락한 뒤에 등장한 새로운 유형의 철학으로 간주하는 반면 일각에서는 프란츠 카프카 같은 작가의 실존주의에 대한 영향을 언급하기도 하고 시대적으로 상당히 거슬러 올라가는 철학자 파스칼(1623~1662년)을 실존주의의 선구자로 주목하거나 도스토옙스키 소설에 등장하는 번뇌의 주인공들을 실존주의적인 인간의 원형으로 주목하는 등 다양한 해석들을 제시했다. 물론 실존주의적 성찰의 뿌리에는 니체와 키르케고르가 시도한 철학적 이성주의와의 단절이 있다. 칼 야스퍼스가 『이성과 실존*Vernunft und Existenz*』(1935년)에서 주목했던 것처럼 니체와 키르케고르는 "근대인들의 의식에 우리에게는 더 이상 확실한 지반이 없다는 관점을 심어 주었다".

하지만 실존주의의 발전 과정에서 핵심적인 역할을 한 인물은 다름 아닌 덴마크의 철학자 키르케고르(1813~1855년)다. 제1차 세계대전 이후 독일어 문화권에서 키르케고르의 사상에 대한 지대한 관심을 토대로 이른바 '키르케고르 르네상스' 운동이 일어났고 이러한 관심의 흔적을 우리는 스위스의 신학자 칼 바르트의 유명한 저서 『로마서*Der Römerbrief*』(1919, 1922년)에서 찾아볼 수 있다. 바르트의 저서는 당대의 유럽 문화에 신선한 충격을 안겨 주었지만 종교적인 성격과 성서로 되돌아가야 한다는 주장이 강하게 부각되었던 만큼 엄밀한 의미에서 실존주의 사상의 철학적 표현이라고는 평가하기 힘들다. 반면에 키르케고르가 남긴 방대하고 복합적인 철학적 유산에서 직접 유래하는 철학적, 심리학적 차원의 주제들, 다시 말해 사물들의 진실 혹은 추상적인 문제와 직결되는 "객관적인" 주제가 아니라 숙명적으로 "역경 속에서 실존하는 개인들"과 관련된 "주관적인" 주제들은 독일의 실존주의를 대표하는 두 철학자 하이데거와 야스퍼스의 저서들을 통해, 아울러 프랑스의 철학자 장 발(1888~1974년)의 『키르케고르 연구』(1938년)를 통해 본격적으로 탐구되기 시작했다.

9.2   하이데거에서 야스퍼스에 이르는 실존주의

실존주의의 역사에서 가장 중요하고 핵심적인 위치를 차지하는 저서는 두말할 필요 없이 하이데거의 『존재와 시간』이다. 하이데거는 '실존'을 인간만의 특별한 존재 방식으로 간주하고 탐구하는 '실존론적 분석'을 토대로 '현존재', '죽음을 향한 존재', '계획', '배려' 같은 개념들을 구축하고 발전시켰다. 이 개념들이 뒤이어 실존주의 철학의 핵심 용어이자 주제로 정착된다.

하지만 『존재와 시간』이 출판되기 이전부터 실존주의적인 성격의 주제들을 다루어 온 또 한 명의 독일 철학자가 있다. 그의 이름은 칼 야스퍼스(1883~1969년)다. 야스퍼스는 하이데거와 상당히 유사한 관점에서 출발했고 초기에는 하이데거의 입장을 지지했지만 하이데거가 나치에 입당하고 대학 총장으로 임명되는 과정을 지켜보면서 윤리적인 차원에서뿐만 아니라 철학적인 차원에서 하이데거를 공개적으로 비판하기 시작했다. 정신병학을 전공한 야스퍼스는 심리학자들의 과학적 관념에 대한 비판적 시각을 발전시키면서 철학에 접근했다. 야스퍼스 역시 철학적 성찰의 본질은 존재에 대한 탐구에 있다고 보았다. 하지만 그는 서구 형이상학의 사상적 구도에 고유한 이 존재론적 관점이 존재가 모습을 드러내는 구체적인 상황을 근거로 구축되어야 한다고 보았다. 이 구체적인 상황이 바로 인간의 실존이다. 야스퍼스는 이 실존적 상황을 『철학*Philosophie*』(1932년)에서 몇 가지 단순한 질문들을 제기하며 묘사한 바 있다. "존재란 무엇인가? 나는 누구인가? 내가 정말 원하는 것은 무엇인가?" 하지만 인간이 갈망하는 답변은 쉽게 주어지지 않는다. "존재하는 '존재'를 붙들기 원한다면, 나는 실패할 수밖에 없는 처지에 놓인다." 다시 말해 절대적인 것은 항상 인간의 인식 가능성 밖에 위치한다. 야스퍼스가 "한계 상황"이라고 부르는 것들, 예를 들어 죽음, 우연, 죄, 고통처럼 인간의 한계를 드러내는 상황들도 중요한 의미를 지닌다. 인간은 숙명적으로 마주해야 하는 이러한 상황들을 이해할 수도, 극복할 수도 없지만 이를 계기로 경직된 생활 방식이나 선입견에서 벗어날 수 있고 스스로의 한계를 뛰어넘는 초월적인 것이 무엇인지 예감할 수 있다.

9.3 사르트르와 프랑스의 실존주의

하이데거는 『존재와 시간』에서 인간의 실존적인 한계가 무엇인지 보여 주었고, 이 암울한 한계에 대한 고통스러운 인식은 1930년대에 실존주의 문학의 발전이라는 결과로 이어졌다. 무엇보다도 장폴 사르트르(1905~1980년) 같은 카리스마적인 저자의 활동에 힘입어 실존주의 문학은 우선적으로 프랑스에서 성공을 거두기 시작했다. 사르트르는 철학자인 동시에 소설가, 극작가인 동시에 토론가로 활동하며 당대의 정치문화 토론을 일선에서 이끌었던 인물이다. 사르트르가 일찍이 1938년에 발표해 큰 성공을 거둔 『구토*La Nausée*』에서 '구토'라는 표현은 실존의 부조리한 상황 앞에서 주인공이 경험하는 독특한 감성을 가리킨다. 이 작품에서 세계는 무상으로 주어지는 동등한 가치의 무한한 실존 가능성에 지나지 않으며 결과적으로 아무런 의미 없는 실체로 표현된다.

반면에 사르트르의 가장 중요한 철학서는 하이데거의 『존재와 시간』에서 영감을 얻어 집필한 『존재와 무*L'Être et le Néant*』(1943년)다. 이 저서의 핵심 개념 '즉자적 존재être en soi'와 '대자적 존재être pour soi'는 각각 객관적인 사실성과 의식의 영역을 가리킨다. 사르트르는 이 저서에서 현상의 존재를 순수한 객관성, 혹은 단순히 "있는" 무언가나 "있는 그대로" 또는 "즉자적으로" 존재하는 무언가로 소개했다. 다시 말해, 객관적인 현실은 단순히 존재한다는 특징 외에 어떤 유형의 결정력이나 주장 혹은 특성도 지니지 않는다. 주어진 사물을 사고 대상으로 고려한다는 것은 사물의 고정적인 성격을 부인하고 사물을 사유의 흐름 속으로 끌어들인다는 것을 의미한다. 사물의 고정성은 이를테면 사물의 무의미함을 의미로 변형시키는 일종의 의식적인 발언에 의해 대체된다. 반면에 대자적 존재는 의식이며 이 의식은 '대자적 존재'가 불분명한 성격을 지닌 것과는 달리 항상 구체적인 "무언가에 대한 의식"이다. 아울러 이 의식은 구조적으로, 세계 속의 사물들과 관련하든 스스로와 관련하든, 항상 스스로와의 관계를 지향한다.

대자적 존재는 따라서 항상 스스로와 거리를 유지한다. 단지 스스로와 유지하는 이 거리가 '무無'에 지나지 않을 뿐이다. 의식을 분리하는 공간적이거나 시간적인 거리는 실재하지 않는다. 하지만 바로 그런 이유에서, 즉 거리가 '무'에 지나지 않기 때문에 부상하는 것이 허무와 부정이다. 이 모든 것이 의미하는 것은 무엇보다도 인간이 파괴 행위를 실행에 옮길 수 있는 유일한 존재라는 사실이다. 인간에 비하면 자연이 할 수 있는 것은 존재를 대량으로 재분배하는 일에 지나지 않는다. 아울러 이러한 파괴는 "더 이상 존재하지 않는다는 것"의 의미를 파악하는 인간적인 의식의 차원에서만 일어난다. 반면에 의식 자체에 일어나는 결과들도 고려할 필요가 있다. 가장 먼저 주목해야 할 것은 인간이 스스로의 내면에서 발견하는 이 '무'의 공간이 바로 인간을 이미 결정된 형태로 "주어지는" 존재가 아니라 "잠재적인" 존재로 만드는 요인이라는 사실이다. 이를테면 '무'는 인간이 누리는 자유의 조건이다. 단지 현실적인 차원을 극복하고 뛰어넘도록 자극하는 고통스러운 조건으로 주어질 뿐이다. 아울러 의식은 언제나 스스로와 다르기 때문에 이중의 움직임 속에서, 즉 자신이기를 원하지 않을 때 스스로에게서 도주하는 움직임과 자신이기를 원할 때 스스로를 추적하는 움직임 사이에서 끊임없이 방황한다는 점에 주목할 필요가 있다.

　대자적 존재에 대한 사르트르의 사유에서 중요한 부분을 차지하는 또 하나의 주제는 '타자'다. 사르트르에 따르면, 타자와의 관계를 특징짓는 가장 중요한 요소는 '모순'과 '폭력'이다. 인간관계는 본질적으로 비극적이며 이러한 특성은 사르트르의 "타자들은 곧 지옥이다"라는 말 속에 집약되어 있다. 누군가가 '나'를 바라볼 때 즉각적으로 발생하는 느낌은 일종의 수치심이다. 이러한 느낌은 '나'를 바라보는 그의 시선이 '나'를 하나의 대상으로 간주한다는 인상에서 비롯된다. 의식의 주체가 타자, 즉 또 다른 의식의 주체를 바라보는 시선은 언제나 객관화를 동반한다. '나'도 처음부터 '객체'로 간주하는 타자가 '나'를 바라볼 때에는 그의 시선 역시 '나'를 객관화하며 단순히 "타자에게 주목되는 존재"로 만들어 버린다. 사르트르에 따르면, 유일하게 동등한 형태의 인간관계는 '거부'의 관계다. 다시 말해 '나'와 '타자'는 서로를 거부한다는 전제하에서만 조화로운 동시에 상호 보완적인 관계를 유지한다.

　나치 정권에 반대하던 사르트르의 레지스탕스 운동과 제2차 세계대전이 막을 내린 뒤 사르트르의 철학은 『구토』와 『존재와 무』를 지배하던 비극적인 구도에서 벗어나 새로운 색채를 띠기 시작했다. 파리에서 열린 강연 내용으로 구성된 『실존주의는 휴머니즘이다 L'existentialisme est un humanisme』(1946년)에서 사르트르는 자신의 철학에 대한 총체적인 평가를 제시하며 "실존이 본질에 우선한다는 원칙"을 바탕으로 사회적 참여의 필요성을 강조했다. 사르트르의 '세계의 무상성' 역시 실존의 부조리에 대해 고민하는 사유로 집중되는 대신 모든 형태의 결정론적 환원주의를 부인하기 위한, 결과적으로 본질적으로는 어떤 무엇에도 좌우되지 않는 인간의 자유를 칭송하기 위한 근거로 제시된다. 인간이 지닌 본성의 저급한 측면만 강조한다는 비판으로부터 실존주의를 옹호하면서 사르트르는 "세계에 던져진" 인간의 조건을 일종의 "절망적 정적주의"로 몰아가는 대신 어떤 인간도 피할 수 없는 절대적인 책임의 기반으로 해석했다. 그런 의미에서, 인간은 스스로의 실존적 존재에 대한, 즉 자신의 선택에 대한 총체적인 책임을 지닌 존재다.

사르트르의 철학이 프랑스 문화에 끼친 지대한 영향을 평가하면서 사람들은 20세기를 이른바 '사르트르의 세기'로, 혹은 문화적 풍조의 차원에서 프랑스 실존주의의 세기로 정의했다. 하지만 상당수의 지식인들은 사르트르의 지속적이고 무조건적인 정치 참여가 그의 실존주의를 특징짓는 논리적 명백함을 오염시켰다고 보았다. 공산주의를 전폭적으로 지지하는 그의 입장도 결과적으로는 『변증법적 이성 비판 Critique de la raison dialectique』(1960년)의 경우처럼 실존주의적 주제와 마르크스주의를 접목하려는 시도로 이어졌지만 이러한 시도들이 항상 성공적이었다고 보기는 힘들다. 사르트르의 이러한 선택들은 결국 한 중요한 프랑스 철학자와의 친분관계를 회복할 수 없는 단계로 이끄는 원인이 되었다. 이 철학자는 사르트르의 오랜 친구였고 1945년부터 월간지 《레탕모데른 Les Temps Modernes》의 열성적인 추진자로 함께 활동했지만 무엇보다도 그리고 누구보다도 후설의 현상학에 충실했던 메를로퐁티다.

물론 프랑스 실존주의에 대한 논의는 사르트르의 작품을 언급하는 것만으로는 충족되지 않는다. 프랑스 실존주의에 대해서는 또 다른 중요한 해석자들을 함께 언급할 필요가 있고, 이들 가운데 가장 눈에 띄는 인물은 당연히 카뮈 Albert Camus다. 실존주의 정신은 카뮈의 경우에도 『시지프 신화 Le Mythe de Sisyphe』(1942년)나 『반항하는 인간 L'Homme révolté』(1952년) 같은 철학적인 성격의 저서뿐만 아니라 무엇보다 『이방인 L'Étranger』(1942년), 『페스트 La Peste』(1947년) 같은 문학작품을 통해서 표출된다.

사르트르는 자신의 실존주의에 내포된 무신론의 일관성을 마음에 들어했다. 신이 더 이상 존재하지 않는다면 모든 것의 중심은 주체성이 차지하게 될 것이며, 실존이 모든 종류의 본질, 특히 신에 의해 주어지는 차원의 본질에 우선할 것이기 때문이다. 반면에 다른 저자들은 프랑스 정신철학의 전통과 그리스도교의 가치를 복원할 수 있는 실존주의를 구축하는 데 관심을 기울였다. 예를 들어 가브리엘 마르셀(1889~1973년) 같은 철학자는 개인의 인격을 절대성 탐구에 구체적으로 집중시킬 줄 아는 태도에 주목했고 이러한 입장을 기반으로 자신의 실존주의 철학을 일종의 그리스도교적 소크라테스주의로 발전시켰다. 마르셀의 중요한 저서 『형이상학적 일기』는 1927년, 하이데거의 『존재와 시간』과 같은 해에 출판되었다.

프랑스 문화와 밀접한 연관성을 지닌 러시아 출신의 사상가 두 명의 이름, 레프 셰스토프(Lev Shestov, 1866~1938년)와 니콜라이 베르댜예프(Nikolai Berdyaev, 1874~1948년)도 모든 측면에서 실존주의의 역사에 기록되어야 마땅하다. 이 두 저자들 덕분에 종교적인 영역의 신학적 주제들이 실존주의에 도입될 수 있었고 도스토옙스키의 소설에서 부각된 주제들의 철학적 해석이 발전할 수 있었다.

9.4 이탈리아의 실존주의

이탈리아 문예지 《프리마토 *Primato*》1943년 1월호에 발표한 기사에서 니콜라 아바냐노(Nicola Abbagnano, 1901~1990년)와 엔조 파치(Enzo Paci, 1911~1976년)가 이탈리아의 지식인들을 향해 제시한 실존주의적 견해와 실존주의에 관한 본질적인 질문은 당대에 이탈리아를 대표하던 중요한 철학자들의 답변을 이끌어 냈고 이들의 지상 토론은 이탈리아에서 실존주의에 관한 문화적인 차원의 토론이 본격적으로 시작되는 데 결정적인 계기를 마련했다. 어조와 양식을 달리할 뿐 이 두 철학자는 하이데거와 야스퍼스가 이끌어 낸 근본적으로 부정적인 결과들, 예를 들어 '죽음', '피투성', '난파', '존재의 무상성' 같은 범주에서 유래하는 철학적 결과들을 거부하는 형태의 실존주의를 제안했다. 특히 아바냐노는 『실존의 구조 *La struttura dell'esistenza*』(1939년)나 『실존주의 입문 *Introduzione all'esistenzialismo*』(1942년)을 통해 문예지 기사를 발표하기 이전부터 고유의 실존주의적 입장을 표명해 왔고 이를 '긍정적 실존주의'라고 불렀다.

아바냐노 역시 세계 속에 머무는 인간의 위치는 무엇보다도 불안전성, 위험, 결핍, 불확실성, 실존적인 문제 등의 범주를 토대로 해석되어야 한다고 보았다. 하지만 그에게 인간의 실존은 하나의 가능성이자 자유였고, 그런 차원에서 실존주의는 본질적으로 미래를 향한 건설적이고 적극적인 태도를 의미했다.

이탈리아의 실존주의를 대표하는 또 한 명의 철학자 루이지 파레이손은 실존주의적 관점들을 수용하고 발전시켜 '인격체'의 개념을 그리스도교적인 차원에서 재정립하는 데 활용했다. 파레이손은 근대 이성주의의 위기가 결국에는 그리스도교를 수용하느냐 마느냐라는 선택의 문제로 귀결될 수밖에 없으며 이를 철학적인 문제로 해석하는 것이 이성적 위기의 또 다른 결과인 실존주의의 과제라고 보았다. 바로 그런 이유에서 유신론적이고 그리스도교적인 차원의 실존주의를 긍정적으로 바라볼 필요가 있었다.

생제르맹데프레

『존재와 무』(1943년)의 한 유명한 구절에서 장폴 사르트르는 카페 종업원의 행동과 태도를 장황하게 묘사하며 '불성실한' 인간의 모습을 조명하는 데 집중한다. 이 장면이 독자들에게 제공하는 단서 한 가지는 사르트르가 그의 걸작을 완성하기 위해 깊이 고민하며 글을 쓰던 공간이 바로 생제르맹데프레Saint-Germain-des-Prés 지역의 카페 드 플로르Café de Flore라는 사실이다.

1930년대 말에서 1950년대 말까지 20년이 넘도록, 생쉴피스Saint-Sulpice 성당과 센강 사이에 위치한 작은 규모의 생제르맹 지역은 20세기에 활동한 상당수의 열정적인 예술가들과 철학자들에게 그들만의 소중한 안식처를 제공했다. 파리의 지성인들, 작가들, 시인들, 화가들, 조각가들, 극작가들, 영화감독들, 철학자들이 생제르맹의 카페와 브라스리를 오가며 서로의 의견을 나누거나 작업에 몰두하곤 했다. 카페 드 플로르를 비롯해 카페 뒤 마고Deux Magots, 브라스리 립Brasserie Lipp, 러므리 마르티니케즈Rhumerie Martiniquaise, 비외콜롱비에Vieux-Colombier, 바 베르Bar Vert 등은 모두 사르트르와 카뮈의 노벨 문학상 수상을 비롯해 외젠느 이오네스코Eugène Ionesco의 부조리극, 자크 브렐Jacques Brel과 조르주 브라상Georges Brassens이 부른 샹송의 성공과 깊은 연관성이 있는 장소들이다. 프랑수아 트뤼포François Truffaut 감독의 '누벨바그Nouvelle Vague'도 생제르맹 수도원 앞의 아늑한 광장에서 시작되었다. 파블로 피카소의 아틀리에가 그다지 멀지 않은 곳에 있었고 조각가 알베르토 자코메티Alberto Giacometti가 카페 드 플로르의 테라스에서 그의 바싹 마른 선사시대 형상들을 만들어 냈다. 작가 보리스 비앙Boris Vian은 『생제르맹데프레 안내서Manuel de Saint-Germain-des-Prés』(1951년)에서 "카페 드 플로르에는 난로가 하나 있었다. 독일인들은 없었지만 지하철이 있었다……"라고 기록하며 독일인들이 파리를 점령했을 당시에 왜 파리의 지식인들이 몽파르나스Montparnasse 지역을 벗어나, 그러니까 제1차 세계대전 이후 파리의 가장 우아한 문학 카페들, 라 로통드La Rotonde, 라 쿠폴La Coupole

등이 몰려 있던 곳을 벗어나 생제르맹 교구로 몰려들었는지 설명한 바 있다. 한때 직물 도매상이었던 '뒤 마고'를 찾아드는 손님들은 사실 좀 더 부르주아적이었다. 왜냐하면 갈리마르를 비롯한 파리의 주요 출판사들이 생제르맹데프레 근교에 모여 있어서 주로 출판 관계자들, 작가, 변호사 같은 전문가들이 모여들었던 곳이기 때문이다.

'브라스리 립'은 주로 기자들과 정치인들이 만남의 장소로 활용하던 곳이다. 바로 이곳에서 1936년에 극우파 '악시옹 프랑세즈Action Française'의 행동 당원들이 사회당 총수 레옹 블룸Léon Blum의 암살을 시도했었다.

사르트르가 카페 드 플로르에 모습을 나타낸 것은 1942년 전후다. 카페 주인의 기억에 따르면, 사르트르는 카페가 문을 여는 순간부터 12시까지, 오후부터 문을 닫을 때까지 거의 하루 종일 카페에서 시간을 보냈다. 카페 드 플로르는 이미 수많은 예술가들이 드나들던 명소였고 자크 프레베르Jacques Prévert와 '시월 그룹Groupe Octobre'의 일원이었던 피에르 프레베르Pierre Prévert, 레몽 뷔시에르Raymond Bussières, 실비아 바타이유Sylvia Bataille, 마르셀 물루지Marcel Mouloudji 등도 이곳을 그들의 둥지로 활용했다. 하지만 1944년 8월에 종전이 선언되고 사르트르와 시몬 드 보부아르Simone de Beauvoir 같은 정치-문화 운동가들의 참여와 활동이 부각되는 시점에서 생제르맹의 예술-문학 운동은 무언가 새로운 것으로, 사회적으로 훨씬 더 큰 의미를 지닌 무언가로 변하기 시작했다.

종전 직후에 생제르맹 '마을village'로 들어간다는 것은 구체적인 정치적 입장을 선언하는 것과 마찬가지였다. 이는 물론 카페의 테이블에 앉아서 토론을 하거나 철학책을 읽으면서 수용할 수 있는 종교 사상이나 정치사상을 지지한다는 의미라기보다는 오히려 진행되고 있던 일종의 문화 혁명에 참여한다는 것을, 다시 말해 부르주아 계층뿐만 아니라 프랑스 사회주의자들도 이단적이라고 비판하던 가치 혁명, 전통과 관습의 전복 운동에 참여한다는 것을 의미했다. 자정이 되어 카페들이 문을 닫을 때면, 예술가들은 카브cave로, 다시 말해 몇몇 바들의 지하 공간을 활용해서 만든 음악 클럽으로 자리를 옮겼다. 신문 지상에서는 생제르맹 마을의 왕래자들을 가리키며 무분별하게 경멸조로 '실존주의자'라는 표현을 사용했지만 이들은 스스로를 아이러니하게 '동굴 거주자Troglodyte'로 정의했다. 왜냐하면 실제로 자정이 지난 뒤에야 생제르맹의 땅 밑으로 기어들어 재즈와 부기우기를 듣고 즐기며 살아가는 카브의 야간 생활자들이었기 때문이다.

카브들 가운데 가장 유명한 곳은 1947년에 쥘리에트 그레코Juliette Gréco, 안느마리 카잘리스Anne-Marie Cazalis, 보리스 비앙의 기념 공연과 함께 개장한 '타부Le Tabou'다. 밤이 되면 카브를 장악하던 '지성인'들의 무리에 다양한 부류의 청소년들이 합류하곤 했다. 이들은 사르트르와 카뮈의 연극 무대에서 엑스트라로 활동하는 젊은 청년들이거나 헌책을 팔며 생활하던 학생들, 그리고 무엇보다도 마을의 축제에 참여하던 중산층 청소년들이다. 청소년들은 이곳에서 미국 음악에 흠뻑 빠져들었고, 아울러 자신들의 정체성을 표현하는 독특한 유형의 체크무늬 남방이나 소녀들이 입는 검은 옷을 유행시켰다. 뒤이어 이러한 생제르맹 문화 운동의 특징들이 구체적으로 정형화되는 양상을 보였다면, 이러한 특징들은 20세기 후반에 유럽 청소년들의 이른바 '하위문화'라는 형태로 다시 등장하게 된다. 이 반항의 문화는 주로 중산층 가정의 청소년들이 부모들 세대의 가치관을 거부하며 음악을 매개로 미국 문화와의 연결고리를 요구하는 식으로 표출되었다. 제2차 세계대전 이후 미국 문화가 프랑스에 끼치던 일방적인 영향은 사회당뿐만 아니라 보수당의 입장에서도 의혹의 대상이었다. 한편 생제르맹데프레의 카브들이 거둔 상업적인 성공은 개인 사업자들의 욕구를 자극하면서 유사한 형태의 문화적 확산에 크게 기여했다. 비록 탄생 당시의 정신과는 분명히 상반되고 모순되는 측면을 지녔지만 이러한 확산 현상은 이곳에서 첫발을 내딛었던 예술가들, 샹송 작가chansonnier들이 대규모 관중에게 호응을 얻을 수 있는 여건을 마련해 주었다.

도스토옙스키와 철학

철학에 지대한 영향을 끼친 위대한 작가들 가운데 표도르 도스토옙스키는 여러 가지 측면에서 특별히 중요한 위치를 차지하는 인물이다. 도스토예프스키는 무엇보다도 그가 묘사하는 인간사의 심각한 윤리적 문제들 속으로 곧장 뛰어들어 함께 고민하지 않고서는 작품의 문학적 객관성이나 사실주의 혹은 서사 구조 등을 생각조차 하기 힘든 작가다. 특히 몇몇 철학적 주제들은, 그에게 선구자나 대표적인 철학자의 역할을 부여하지 않고서는 사유의 전개 과정을 추적하는 것이 아예 불가능한 경우들이 있다. 대표적인 예는 『죄와 벌*Преступление и наказание*』의 주인공 라스콜니코프의 생각과 도스토옙스키가 한 번도 읽은 적이 없는 니체의 초인 사상 사이에서 발견되는 다양한 형태의 유사성, 또는 프로이트의 심리학이나 실존주의 사상을 선구자적 입장에서 제시하는 듯이 보이는 다수의 문장들이다. 따라서 니콜라이 베르댜예프 같은 철학자가 도스토옙스키를 러시아의 역사상 가장 위대한 '형이상학자'로 간주했다는 것도 그다지 놀랄 일은 아니다.

물론 도스토옙스키는 철학자가 아닌 작가다. 따라서 그의 도덕적 관점이나 철학적 입장의 분석은 무엇보다도 문학적인 차원에서 이루어져야 한다. 하지만 바로 그런 의미에서 가장 먼저 주목해야 할 것은 다름 아닌 철학적인 측면들이, 도스토옙스키의 작품에서, 각 장에 삽입되는 에피소드의 형태로 소설의 뒷문을 통해 부차적으로 등장하는 것이 아니라 소설 자체를 구축하는 핵심적인 요소들, 특히 인물과 대화의 구성 요소들을 제시하며 정문으로 나타난다는 사실이다. 러시아의 문학비평가 미하일 바흐친은 1929년의 한 중요한 저서에서 도스토옙스키가 저자인 자신과 본질적으로 거리가 먼 등장인물들에게 생명력과 사유를 부여하는 탁월한 능력을 지녔다고 강조한 바 있다. 즉 극단적으로 상반되는 도덕적 관점과 철학적 이론들을 등장인물들에게 체화시키는 그의 비상한 능력에 주목했던 것이다. "도스토옙스키는 등장인물로 말없는 노예들이 아니라 자유로운 인간들을 창조한다. 그의 주인공들은 저자 곁에서 떠날 생각을 하지 않고 그에게 동의하기는커녕 심지어 반항할 태세를 갖추고 있다." 더 나아가서, "결국 윤곽을 드러내고 특징으로 부각되는 것은 등장인물의 특별한 존재 방식이나 그의 뚜렷한 정체가 아니라 그가 지닌 의식과 자의식의 마지막 결과, 그가 결정적으로 자신과 세계에 대해 마지막으로 던지게 될 말이다".

본질적인 차원에서, 도스토옙스키의 등장인물은 '그'도 '나'도 아닌 완전한 형태의 '너', 즉 이질적이며 모든 권리를 지닌 또 다른 '나'를 의미한다. 바로 그런 이유에서 도스토옙스키의 영웅은 수사적이거나 문학적인 형태의 '대사'를 읊는 인물이 아니라 진지하고 진솔한 대화를 나눌 자세를 갖춘 인물이다. 도스토옙스키가 대화를 통해 등장인물의 집요하고 천재적인 자의식 분석을 극단적인 단계로 몰고 나아갈 때 부각되는 것이 바로 그의 작품을 특징짓는 '살아 있는' 철학이다.

따라서 이러한 관점에 함축되어 있는 혁명적인 시학의 흔적은 이미 초기의 작품들, 특히 『지하생활자의 수기Записки из подполья』에서 주인공 '지하생활자'가 자신의 삶과 스스로를 대상으로 전개하는 잔인한 자기분석을 통해 분명하게 드러난다. 하지만 이 혁명적 시학은 후기의 걸작들을 통해서만 비로소 의미 있는 철학적 내용으로 발전하게 된다.

『죄와 벌』의 주인공으로 등장하는 무일푼의 생도 라스콜니코프는 스스로에게 던진 도전장을 받아들이면서 인색한 노파 고리대금업자를 살해하기로 결심한다. 한편 그는 자신이 나폴레옹처럼 특별한 운명을 타고난 소수의 인간들 가운데 한

명이며 따라서 그의 운명은 법을 존중하는 것이 아니라 오히려 법을 위반하고 다
시 쓰는 것이라고 느낀다. "나는 단순히 '비범한' 남자가 자신의 계획을 실행에 옮
기면서, 특히나 그것이 인류 전체에 유익한 계획일 때에는, 장애물을 만나더라도
그것을, 필요하다면, 의도적으로 제거할 수 있는 권리가 그에게 있다는 가설을 세
웠을 뿐이다."

　적어도 살인을 저지르기 전까지는, 주인공의 자의식과 자연스러운 표현 속에
서 니체의 초인 사상이 지니는 위대하고 프로메테우스적인 색채를 느낄 수 있다.
하지만 이 작품의 진정한 매력이 발산되는 곳은 '죄'의 단계라기보다는 '벌'의 단
계, 즉 살인을 저지른 뒤 주인공의 내부에서 폭발하는 감성적, 육체적, 그리고 철
학적인 위기의 전개 과정이다.

　『죄와 벌』 못지않게 어둡고 복잡한 『악령Бесы』의 세계에서 주인공으로 등장하
는 니콜라이 스타브로긴 역시 비범하고 예사롭지 않은 신체적 조건과 정신적 힘
은 물론 카리스마까지 갖춘 저주받은 인물이다. 이 소설에서도 어김없이 주인공
을 사로잡는 것은 초인 사상, 특히 선과 악의 경계를 뛰어넘어 가치를 거부하는
미학적 차원의 초인 사상이다. 바로 그런 이유에서 『악령』의 주인공은 종종 키르
케고르의 '미학적 단계의 인간' 혹은 '죽음에 이르는 병'의 주체에 비유되곤 한다.
하지만 라스콜니코프의 경우와는 달리 스타브로긴의 철학적 '도전'은 사뭇 다른
방향으로, 즉 강렬하게 신학적인 성격을 유지하며 전개된다. "만약 신이 존재하
지 않는다면, 모든 것은 우리에게 달려 있다"라는 것이 바로 이 비상한 문학적 창
조물의 표어인 동시에 낙인이다. 주인공이 어디를 가든 만나는 것은 비극과 죽음
뿐이며 이러한 상황을 극복하기 위해 그는 결국 자살이라는 극단적인 형태의 정
복을 시도한다. 어쨌든 스타브로긴의 허무주의에서는 실존주의의 도래를 예고하
는 관점들이 분명하게 드러난다. 그런 의미에서 '스타브로긴'이라는 이름의 선택
도 의미심장하게 다가온다. 이 이름의 어원 '스타브로스stavrós'는 다름 아닌 그리
스도교의 '십자가'를 의미한다.

　실존주의적 색채를 띤 또 다른 비극의 주인공은 이반 카라마조프, 도스토옙스
키의 마지막 작품이자 많은 이들이 그의 걸작으로 간주하는 『카라마조프가의 형

제들*Братья Карамазовы*』의 핵심 인물이다. 이 경우에도 주인공을 괴롭히는 것은 저물어 가는 신앙, 초자연적인 것에 대한 믿음의 파괴다. '신의 죽음'은 결국 도덕적으로 수용하기 힘든 결과들을 가져온다. "그렇다면 부도덕성 자체가 사라지고 모든 것이 허락될 것이다. 심지어는 식인 행위도 가능할 것이다." 이것이 바로 신도 믿지 않고 자신의 불멸성도 믿지 않는 개인에게 벌어지게 될 세계다. 결과적으로, "자연적인 도덕성은 낡은 종교적 계율과 정반대되는 형태로 변신해야 한다. 다름 아닌 이기주의가, 심지어는 범죄에 가까운 유형의 이기주의도 인간에게 허락되어야 할 뿐 아니라, 오히려 필연적인 해결책으로, 아니 가장 이성적이고 고귀한 해결책으로 간주되어야 한다".

도스토옙스키는 '대심문관'이라는 제목의 일화를 통해 이러한 입장의 알레고리적인 묘사를 시도했다. 에스파냐의 종교재판 시대를 배경으로 전개되는 이 일화에서 대심문관이 감옥에 가두고 심문하는 대상은 다름 아닌 예수 그리스도다. 그가 인간에게 기적을 선사하기 위해 지상으로 되돌아온 이유는 신이 인간에게 선사한 자유가 결국에는 인간에게 형벌이자 유혹에 불과하며 오히려 사람들이 원하는 것은 그들의 운명을 이끌 인도자라는 것이 분명했기 때문이다. 하지만 대심문관이 원하는 것은 세계를 신의 손에서 빼앗아 좀 더 나은 세상으로 만드는 것이었다.

작가와 철학자로서의
알베르 카뮈

1913년 알제리에서 태어나 1961년에 자동차 사고로 사망한 알베르 카뮈는 제2차 세계대전 이후 가장 영향력 있는 프랑스 지성인들 가운데 한 명으로 사르트르 못지않게 다방면에서 천재성을 드러내며 저술가, 저널리스트, 소설가, 극작가, 사상가로 활동했던 인물이다.

'부조리'를 다룬 『시지프 신화』나 『반항하는 인간』 같은 철학적인 성격의 저서에서 카뮈는 인간에게 '치명적인 문제들', 예를 들어 죽음을 마주한 삶의 의미라는 문제, 결과적으로 드러나는 의미의 부재나 부조리의 문제를 직접적으로 제기했다. 카뮈에 따르면, 부조리는 두 가지 요소의 불균형에서 비롯된다. 예를 들어 칼로 기관총소대를 공격하는 것이 부조리한 이유는 달성하려는 목표에 수단이 부합하지 않기 때문이다. 이와 마찬가지로 삶 속에서도 부조리의 감정은 의식에서 떠오르는 모순적인 질문들, 특히 삶의 의미와 관련된 까다로운 질문들의 헤아리기 힘든 성격과 아무런 단서도 제공하지 않는 세계 사이의 불균형에서 비롯된다. 『시지프의 신화』에서 카뮈가 극단적인 형태로 발전시키는 부조리의 논리는 다음과 같은 질문으로 이어진다. 사실상 인생에 아무런 의미가 없다는 것은 삶이 살만한 가치가 없으며 따라서 자살은 정당화될 수 있다는 것을 의미하는가?

흔히 의식 자체가 인간을 세계와 대적하도록 만든다는 실존주의적인 견해를 공유하면서 카뮈는 독창적인 결론에 도달했다. 카뮈는 부조리가 죽을 수밖에 없는 인간 존재의 유한성에서 비롯되기 때문에 부조리에 대적하기 위해 죽음을 선택한다는 것은 오류에 불과하다고 보았다. 카뮈는 이러한 부류의 긴장이 오히려 인간이 지니는 고유한 실존적 특성이기 때문에 이 긴장된 삶을 완전하게 살 필요가 있다고 주장했다. 카뮈는 부조리에 대한 인식이 실제로는 새로운 가능성들, 특히 고정관념으로부터 자유로워질 수 있는 가능성을 제공하며 본질적으로는 "더 나은" 삶이 아니라 "더 많이", 즉 더 적극적으로 살 수 있는 기회를 제공한다고 보았다. 카뮈에 따르면, 부조리한 인간도 일련의 원칙을 존중하며 살아간다. 부조리한 인간은 무엇보다도 현재에 충실하려고 노력한다. 그는 현재에 충실할 목적으로 희망의 굴레에서 벗어나기 위해 노력하며 특히 현재의 가치를 체계적으로 폄하하는 종교적 희망에서 벗어나려고 노력한다. 결과적으로 요구되는 일종의 지침을 카뮈는 시지프라는 신화적 인물의 부조리한 지혜에서 도출해 냈다. 카뮈에 따르면, 아무짝에도 쓸모없는 노력을 끊임없이 기울여야 하는 시지프의 숙명은 인간의 운명과 유사하다. 인간은 세계에 대한 질문을 끊임없이 던져야 할 운명에 처해 있지만 이는 그에게 주어진 지적 한계를 넘어서는 일이다. 카뮈는 끊임없이 정상을 향해 끌어올려야 하는 바위의 무게가 시지프를 파괴하지 않듯이 끊임없는 탐구의 고통 역시 인간을 파괴하지 않고 오히려 인간의 존재 방식을 구축한다고 보았다.

『반항하는 인간』에서 카뮈는 '부조리의 철학'을 '반항'이라는 정치적 주제에 적용하며 반항 행위를 부정과 긍정 사이의 환원 불가능한 긴장으로, 혹은 가치와 '우리'를 구축하는 행위로 간주했다. 바로 그런 이유에서 카뮈는 이렇게 말할 수 있었다. "나는 반항한다. 고로 우리는 존재한다." 카뮈에 따르면, 노예는 어느 순간까지 참고 견딘 상황을 향해 "이제 그만"이라고 외치며 반항하는 동시에, 마지막 명령에 다시 한번 위협을 받았을 뿐 자신의 진정한 정체성을 보존하는 내면을 향해, '반항'에 동의하며, "그래"라고 외친다. 바로 이 긍정의 주장이라는 차원에서, '반항'은 모든 인간들 사이에서, 심지어는 희생을 강요하는 자와 당하는 자 사이에서조차 공감대와 결속력을 생산해 낸다. 카뮈는 이러한 이상적인 '반항'을 현대의 혁명 이데올로기, 즉 마르크스주의와 국가사회주의에 대치시켰다. 카뮈는 이 혁명 이데올로기들의 등극에 결정적으로 기여한 것이 바로 개인적인 차원의 종교적 희망을 특징짓는 것과 동일한 유형의 근원적 악습에 지나지 않았고 나치주의와 스탈린주의는 미래의 영화를 약속하며 수많은 생명을 희생시키는 혐오스러운 결과를 가져왔다고 보았다. 카뮈는 상황 분석에 만족하지 않고, '반항'이 본질적으로 뛰어넘을 수 없는 한계의 문제를 제기했다. 『시지프의 신화』에서와 마찬가지로, 카뮈는 삶의 물리적인 차원을 칭송하고 현재의 가치를 강조하면서, 특히 '삶의 기쁨'에 활기를 불어넣는 지중해 문화의 자연적인 요소에서 답변을 모색했다. 『반항하는 인간』의 결론 부분에서 카뮈는 이 모든 요소들을 함축적으로 가리키며 "정오의 사상pensée de midi"이라는 표현을 사용했다. 이는 카뮈가 그의 자유주의적 '반항'에 이론적 구도를 제시하려는 시도였다고 볼 수 있다.

정치적 색채가 강한 카뮈의 『반항하는 인간』은 어김없이 신랄한 비판의 대상과 격렬한 논쟁의 시발점이 되었다. 이 논쟁들 가운데 가장 유명한 것은 두말할 필요 없이 카뮈와 사르트르 사이에서 벌어진 논쟁이다. 이들의 논쟁은 특히 정치적 참여라는 문제를 두고 심화되는 양상을 보였고 결국에는 두 지성인의 결별이라는 결과로 이어졌다.

카뮈의 작품에서 철학과 문학은 일체를 이루며 전개된다. 철학적 탐색 대상이 어떤 논리적 결론을 거부하는 듯이 보일 때 철학자 카뮈는 문학가 카뮈에게 도움을 요청하고, 문학가 카뮈는 비유와 우화를 활용하며 사상의 뚜렷한 일관성이 장점이라기보다는 감각적인 차원의 기억에 분명히 각인될 수 있는 메시지를 전달하기 위해 노력한다. 반대로 『이방인』이나 『페스트』처럼 문학적인 성격이 보다 분명하게 드러나는 작품들은 철학적 과제의 연장선상에서 철학적 성찰의 '이중적인' 결론에 대한 생생한 경험을 독자들에게 선사한다. 행복과 불행처럼 인간의 본성을 구축하는 조건들, 폭력과 연대감 같은 반항하는 인간의 이중적이고 상반되는 경험들이 바로 카뮈가 주인공들에게 각인하는 요소들이다. 예를 들어 『이방인』의 주인공은 재판과 선고를 통해 자신의 운명을 깨닫고 이 깨달음을 승리로

인식하며 부조리한 영웅으로 등극한다. 카뮈의 철학에서 유아론이 연대주의로
전이되는 과정은 『페스트』, 즉 페스트가 만연한 한 도시에서 공동체를 위협하는
전염병을 물리치기 위해 실행되는 연대적 행위의 서술을 통해 구체화된다. 카뮈
는 이러한 유형의 생각들을 완성된 형태로 발전시키면서 『반항하는 인간』을 통
해 부조리의 철학에 고유의 '사회적 윤리'를 부여하게 된다.

10

현대 마르크스주의

10.1 '정통파 마르크스주의'로부터의 이탈

20세기에 마르크스주의의 발전 과정은 기본적으로 결정론적이고 객관주의적인 해석의 틀에서 벗어나는 방향으로 전개되었다. 이러한 성향의 마르크스주의는 20세기 초반부터 제2인터내셔널 내부에서 다양한 형태로, 특히 『유물사관*Die materialistische Geschichtsauffassung*』(1927년)의 저자 카를 카우츠키(Karl Kautsky, 1854~1938년)와 『제국주의론*Империализм*』(1917년), 『국가와 혁명*Государство и революция*』(1917년)의 저자 블라디미르 레닌Владимир Ильич Ленин의 활동을 통해 부각되기 시작했다.

이들의 전제는 생산력의 직선적이고 지속적인 향상이 역사의 원동력이라는 것이었다. 레닌은 이 생산력 향상이 자본주의의 빈약한 생산체제 안에서 점점 더 위험한 형태의 모순들을 양산할 수밖에 없으며 이 모순들이 축적되는 과정에서 언젠가는 당의 지도하에 프롤레타리아 계급이 상황을 지배하기 위한 행동을 취하게 되리라고 보았다. 반면에 카우츠키는 생산력 향상 과정이 점진적으로 특별한 도약이나 분쟁 없이 진행될 것이며 결국 프롤레타리아가, 물론 이 경우에도 당의 중재를 바탕으로, 국회와 법적 절차를 거쳐 권력을 쟁취하게 되리라고 보았다. 보다 혁신적인 형태의 관점을 제시했던 인물은 에두아르트 베른슈타인(Eduard Bernstein, 1850~1932년)이다. 그는 '타자'를 항상 도구가 아닌 목적으로 간주해야 한다고 주장했던 칸트의 정언명령을 실현할 수 있는 가능성이 다름 아닌 사회주의에 있다고 보았다. 사회주의에 이르는 길은 따라서 법적 절차가 요구되는 평화로운 길이었고 노동자 계급이 자본주의 사회의 부와 안녕에 보다 적극적으로 참여할 수 있는 가능성을 토대로 실현되어야 했다.

몇몇 특이한 경우를 제외하면 20세기의 철학적 마르크스주의 사조들이 지니는 공통점은 헤겔의 철학적 주제들과 변증법을 재해석하면서 현실의 사실성보다는 그것의 전개 과정과 변화 요인에 주목하고 침체와 경직의 형태들을 방해하는 분쟁과 모순의 형태를 조명하는 데 집중했다는 것이다. 아울러 객관적인 메커니즘으로 환원되지 않는 자유롭고 '능동적인' 주체성의 차원도 중요한 요소로 간주되었다.

반면에 결정론적이고 경제론적인 구도를 거부하는 입장이 구체적인 형태로 표명되기 시작한 것은 칼 코르쉬(Karl Korsch, 1886~1961년)와 죄르지 루카치(1885~1971년)의 저서들을 통해서다. 코르쉬는 『마르크스주의와 철학Marxismus und Philosophie』(1923년)에서 사회를 바라보는 부르주아적인 사유가 이론을 경제학, 법학, 정치학, 철학 같은 다양한 분야로 분해하려는 성향에서 벗어날 필요가 있으며, 그런 의미에서 마르크스주의는 이론과 실천이 통일된 형태를 유지하려고 노력해야 한다고 주장했다.

루카치 역시 『역사와 계급의식Geschichte und Klassenbewußtsein』(1923년)에서 '부르주아적인' 관점이 편파적인 사실들을 유형별로, 예를 들어 경제학, 법학, 정치학 등으로 고립시키고 특정 학문의 대상으로 취급하면서 이것들을 마치 자연적이고 절대적인 사실들인 것처럼 소개한다고 보았다. 반면에 이 사실들은 인간이 유지하는 총체적인 활동의 산물에 불과했다. 부르주아적인 관점에서 추상적인 것을 구체적인 형태로 소개하는 방식은 곧 인간이 사회적인 차원의 발전 과정을 제어하지 못하고 관심도 기울이지 않는 자본주의 사회의 전형적인 사고방식과 크게 다르지 않았다. 루카치는 이러한 사고방식에 맞서 이를 대체할 수 있는 총체적인 시각, 즉 다양한 학문에 의해 분석되는 특수하고 객관적인 사실들을 인간의 활동이라는 공통분모의 산물로 간주하는 동시에 역사적 전개 과정의 다양한 순간들로 간주할 수 있는 시각이 필요하다고 보았다. 그리고 이러한 총체적인 관점은 어떤 총체성을 대변하는 주관적 입장에서만, 즉 특정 사회계층의 입장에서만 표명될 수 있었다.

사후에 출판된 루카치의 『사회적 존재의 존재론*Zur Ontologie des gesellschaftlichen Seins*』에서 현실은 무기적, 유기적, 사회적 단계로 계층화된 구도를 보여 준다. 이 계층들은 각각 이전 단계를 전제로 성립되지만 이전 단계로 환원될 수는 없다는 특징을 지닌다. 이러한 관계를 현대적인 용어로 '생존관계'라고 부른다. 사회적 존재를 특징짓는 범주는 노동과 목적론적 위상이며 바로 이 범주를 기반으로 윤리적 범주들의 구도가 결정된다.

결정론적이고 경제론적인 구도에 대해 루카치보다 훨씬 더 근본적인 차원의 반론을 제기했던 인물은 에른스트 블로흐(Ernst Bloch, 1885~1977)다. 블로흐의 반론은 『유토피아의 정신*Geist der Utopie*』(1918년), 『희망의 원리*Das Prinzip Hoffnung*』(1953~1959년), 『그리스도교 내부의 무신론*Atheismus im Christentum*』(1968년) 외에도 존재의 '앞을 향해 있는' 특성 혹은 '현재를 뛰어넘으려는 본질적으로 혁명적인 도약'의 성격에 주목했던 이른바 '뜨거운' 마르크스주의를 재해석하는 과정에서 드러난다. 블로흐의 재해석은 "아직 아닌 존재"의 존재론 구축과 그가 "희망의 원리"라고 정의했던 구체적인 유토피아의 탐구, 즉 순수한 환상에 그치는 것이 아니라 언제나 현실 속에 내재하는 가능성을 타진하는 탐구와 연관된다.

존재를 항상 '~이었던 것'으로 분석하고 다루면서 존재 자체를 경직된 현실로 만들고 이를 수식하기 위해 영원하고 불변하는 개념과 원리들만 양산해 온 모든 철학을 거부하면서 블로흐는 희망의 원리를 인간뿐만 아니라 자연 안에 존재하는 보편적인 힘으로 제시했다. 이 희망의 원리를 뒷받침하는 것이 바로 "아직 아닌 존재"의 존재론, 즉 "아직 없는 의식"과 "아직 없는 현실"이 존재와 사유의 가장 기본적인 차원으로 대두되는 존재론이다. 결과적으로, 궁극적인 차원에서는, 미래만이 진정한 의미의 현실을 표상할 수 있다. 블로흐가 자신의 존재론을 구체적인 형태로 설명하는 저서는『희망의 원리』다. 블로흐는 이 저서에서 '예상하는' 의식의 다양한 형태들, 즉 아주 일상적인 형태에서 복합적인 구조를 지닌 문화적인 형태에 이르기까지 다양한 유형의 미래지향적 의식을 분석하면서 희망에 근거하는 존재론의 정립을 시도했다. 블로흐는 아울러 종교성과 비교리적이고 비제도적인 차원의 그리스도교 정신을 회복하기 위해 노력했고, 종교를 심리적 불안과 사회를 향한 불만과 불의에 대한 이해가 좀 더 나은 세계의 이미지를 형성하는 의식의 공간으로 해석했다. 그런 의미에서, 블로흐는 종교 역시 '예상하는' 의식의 한 형태로, 모든 유형의 강요를 거부하며 실질적인 해방으로 인도할 수 있는 의식의 차원으로 이해했다.

반면에 안토니오 그람시(1891~1937년)는 마르크스주의의 전적으로 비기계주의적인 해석을 체계화한 철학자다.『옥중수고 Quaderni del carcere』(1948~1951년)에서 그람시는 계급 분쟁을 특징짓는 역동적인 상부구조와 특정 계급이 우위를 점하며 패권을 거머쥐는 다양한 방식을 주제로 일련의 정치철학적 관점을 발전시켰다. 그람시는 이 패권이 단순히 국가의 직접적인 통치력과 권력 혹은 국가가 활용할 수 있는 다양한 제도적 장치를 토대로만 정립되지 않으며, 오히려 가장 중요하고 핵심적인 요소로 문명사회 내부에서 구축되는 동의, 다시 말해 국가와 경제 구조 사이에서 중간자적 현실로 기능할 수 있는 동의를 필요로 한다고 보았다. 그람시에 따르면, 문명사회는 수많은 단계와 다양한 현실로 표현된다. 예를 들어 학교를 비롯해 총체적인 차원의 교육제도가 존재하는 한편 공공의 의견 형성에 기여하는 다양한 공간과 도구들, 예를 들어 출판사, 신문, 교회, 아카데미, 도서관, 동호회 등등이 존재한다. 그람시는 계급투쟁이 이러한 다양한 공간 내부에서 의식 형성과 문화적 객관화에 주력하며 전개되어야 할 뿐 아니라 이러한 과정이 권력 쟁취를 위한 필수적인 준비 단계라는 것을 이해하는 것이 중요하다고 주장했다.

반면에『일차원적 인간 One-Dimensional Man』과『에로스와 문명』의 저자 마르쿠제는 그람시와 전적으로 다른 관점을 제시했다. 마르쿠제는 목적에 관한 모든 담론을 불가능하게 만드는 현대 문화의 기술만능주의를 비롯해 그릇된 꿈과 필요를 만들어 내는 조작적인 문화의 악영향을 지적했지만, 정신분석적인 차원에서, 긍정적인 면에 주목할 것을 요구했다. 다시 말해 마르쿠제는 효율성과 노동의 문화가 강요하는 억압적인 논리에서 벗어나 미적 가치와 쾌락주의의 가치를 되찾을 수 있는 기반이 다름 아닌 정신분석에 의해 드러난 욕망의 역동성 속에 있다고 보았다.

10.2   마르크스주의와 프랑크푸르트학파

프랑크푸르트학파의 학자들, 특히 『비판 이론*Kritische Theorie*』(1969년)의 저자 막스 호르크하이머(Max Horkheimer, 1895~1973년), 『미니마 모랄리아*Minima moralia*』(1951년)와 『부정변증법*Negative Dialektik*』(1966년)의 저자 테오도르 아도르노(1903~1969년), 『마르크스와 프로이트*Marx und Freud*』(1962년), 『소유냐 존재냐*Haben oder Sein*』(1976년)의 저자 에리히 프롬(Erich Fromm, 1900~1980년)은 마르크스주의적인 관점에서 소비에트 공산주의의 실질적인 특성에 대한 명쾌한 비판적 해석을 제시하는 동시에 기술자본주의 사회 내부에서 진정한 민주주의적 혁명이 일어날 수 있는 가능성에 대해 전적으로 비관적인 해석을 제시했다.

『계몽의 변증법*Dialektik der Aufklärung*』(1947년)의 저자 호르크하이머와 아도르노에 따르면, 자본주의 사회에 만연한 '인간의 인간에 의한 지배' 논리는 역사적 과정에서 일어난 우발적인 사고의 산물이 아니라 '자연의 지배'를 목표로 전개된 뒤 과학기술의 고도화라는 결과를 가져온 계몽주의 기획의 극단적이고 완성된 형태의 산물이다. 소련의 경우가 극명하게 보여 주었듯이, 사실상 사회주의 사회도 이 논리를 피해 갈 길이 없었다.

프랑크푸르트학파의 학자들은 부르주아사회에 대해서도 상당히 비판적인 입장을 고수하며 자본주의 사회가 문화 산업이라는 메커니즘을 통해 절대적인 획일화를 주도한다고 보았다. 이 획일화에 저항할 수 있는 것은 오로지 개인의 비판적이고 철학적인 사유뿐이었다. 바로 그런 이유에서 호르크하이머는 모든 유형의 전체주의적인 기획뿐만 아니라 대의를 위해 희생을 요구하는 유토피아의 유혹으로부터 개인을 보호할 필요가 있다고 강조했다.

아울러 주목해야 할 것은 프랑크푸르트학파 학자들이 사회적 현실의 산물인 동시에 전제가 되는 사회 구성원의 심리적 역동성에 대한 연구와 본격적인 사회학 연구의 조합을 시도했다는 점이다. 그런 식으로 이들은 심리적 수용과 반영의 메커니즘에 특별한 관심을 기울이며 정신분석의 범주들을 연구했고 이를 토대로 사회적인 차원에서 권위의 수용을 유도하는 역동적인 요소들을 발견하려고 노력했다. 이러한 방향의 학문적 취지하에 출판된 『권위와 가족에 관한 연구*Studien über Autorität und Familie*』(1936년)나 『권위주의적 인격*The Authoritarian Personality*』(1950년) 같은 공동 연구서들은 지식인들 사이에서 커다란 반향을 일으켰다. 대중매체에 대한 비판적인 관점을 처음으로 제시한 이들도 바로 프랑크푸르트학파의 학자들이었다.

10.3 헤겔과의 단절

지금까지 검토한 관점들이 다양한 방식으로 강조했던 것은 헤겔 철학의 주제와 문제점들을 복원하는 작업과 구체적인 역사적 특징들을 지닌 활동 및 주체성의 분석이었다. 반면에 『마르크스를 위하여*Pour Marx*』와 『자본론 읽기*Lire le Capital*』의 저자 루이 알튀세르(Louis Althusser, 1918~1990년)의 마르크스주의 해석은 오히려 이러한 개념들에 대한 근원적인 비판, 특히 모든 형태의 주체성 개념에 대한 비판을 토대로 전개되었다. 알튀세르는 마르크스의 분석적 입장에서 근본적인 형태의 반헤겔주의, 반휴머니즘, 반역사주의를 발견했다.

특히 반헤겔주의의 경우, 알튀세르는 마르크스의 변증법과 총체성 개념이 헤겔의 그것과 전적으로 다르다고 보았다. 다시 말해, 마르크스의 총체성은 구조적인 차원의 차이점들이 헤겔의 경우처럼 오로지 상쇄되기 위해 주어지지 않는다. 마르크스의 관점에서, 자본과 노동, 생산력과 생산관계 사이에 존재하는 일차적인 모순 곁에는 이차적인 모순이 존재하며 이 이차적인 모순은 지극히 사실적일 뿐 아니라 일차적인 모순에도 직접적인 영향을 끼친다. 여기서 일차적인 모순은, 알튀세르의 표현대로, "과잉결정"된다.

바로 그런 의미에서, 마르크스의 총체성은 위계적인 구도를 지니며 여기서 지배적인 것은 경제구조지만 경제는 사실상 정치, 법률, 국가 같은 또 다른 상부구조들로부터 고립된 상태로는 존재하지 않는다. 따라서 순수하게 그 자체로 평가될 수 있는 경제적인 차원은 존재하지 않으며 결과적으로 이를 기준으로, 다양한 현상의 본질을 이해하기 위해, 또 다른 상부구조들을 필요할 때마다 삽입하거나 제거할 수 있는 것도 아니다.

이러한 총체적인 관점을 토대로 구체화되는 것이 바로 마르크스의 말기 사상을 특징짓는 또 다른 측면들, 즉 반휴머니즘과 반역사주의다. 생산관계는 어떤 식으로든 인류학적 차원의 주체로 환원될 수 없었다. 마르크스의 표현대로, 개인은 경제구조 내부에서 나름의 역할과 기능을 수행하는 존재였고 바로 이 역할과 기능의 총체가 진정한 의미의 주체, 혹은 결코 중첩될 수 없는 상이한 시대들로 구성되는 역사의 주인공이었다. 역사와 사회에 대한 이러한 복합적인 관점으로부터 바로 역사적 주체의 결정 불가능성과 이 주체가 제시하는 궁극적인 목적의 결정 불가능성이 유래한다. 예를 들어 헤겔의 관념이나 프롤레타리아를 역사적 주체로 결정하는 것은 불가능하다. 알튀세르가 제시한 이러한 비판적인 관점을 토대로 다름 아닌 인본주의적인 입장 표명의 중요성과 필요성이 부각되었다.

보다 최근에 이루어진 경제주의와 객관주의 비판의 주인공은 『역사적 유물론의 재구성을 위하여*Zur Rekonstruktion des Historischen Materialismus*』(1976년)와 『의사소통 이론*Theorie des kommunikativen Handelns*』(1981년)의 저자 하버마스(1929년~)다. 관념주의와 동떨어진 차원에서 주체의 복원을 시도했던 하버마스는 마르크스주의의 전통적인 관점 속에 생산력과 생산관계의 연관성을 바라보는 기술주의적인 시각이 숨어 있으며 이를 뒷받침하는 것은 행위를 도구적인 모형으로 간주하는 관점이라고 보았다. 예를 들어, 생산 기술은 특정 형태의 노동 방식을 강요하는 동시에 이러한 방식을 토대로 이에 상응하는 생산관계를 결정짓는다. 하지만 하버마스는 사회적 발전 과정을 이해하려고 할 때 반대로 개인적이거나 집단적인 차원의 이해 과정에 주목할 필요가 있다고 보았다. 하버마스가 인용한 도덕심리학자 로렌스 콜버그(Lawrence Kohlberg, 1927~1987년)의 견해에 따르면, 이러한 이해 과정은 항상 보다 높은 도덕적 의식의 단계에서 구체화된다.

10.4 마르크스주의의 새로운 해석

마르크스주의를 비-교리적인 차원에서 재구성하는 과정의 종착점을 표상하는 것은 분석적 마르크스주의에 속하는 일련의 저자들과 이들의 저술, 예를 들어 욘 엘스터(Jon Elster, 1940년~)의 『마르크스 이해하기*Making Sense of Marx*』(1985년), 존 로에머(John Roemer, 1945년~)의 『착취와 계급의 일반론*A general theory of exploitation and class*』(1982년), 제럴드 코헨(Gerald Cohen, 1941~2009년)의 『카를 마르크스의 역사 이론: 하나의 변론*Karl Marx's Theory of History: A Defence*』(1978년) 등이라고 볼 수 있다.

　이 분석적 마르크스주의를 대변하는 학자들은 분석적 사회과학의 기술적인 관점들을 활용하며 착취, 계급, 계급투쟁, 집단행동 같은 역사적 유물론의 기본 개념들에 대한 새로운 해석을 시도했다. 이들은 이 개념들이 비기능적인 차원에서, 예를 들어 무언가가 자본주의 지배계급이나 사회주의에 유익하기 때문에 일어난다는 식에서 벗어나, 항상 개인의 이성적인 차원을 고려한 상태에서 재해석되어야 한다고 보았다. 분석적 마르크스주의의 이론적 기반을 구축하는 것은 이성적 선택의 이론과 방법론적 개인주의였다.

　한편으로는 전적으로 이론철학적인 단계의 마르크스주의 외에도 다양한 국적의 학자들이 좀 더 구체적이고 실질적인 성격의 문제들, 무엇보다도 마르크스 경제 이론과 연관된 가치의 이론, 가치를 가격으로 환산하는 문제, 경제 위기의 문제, 화폐와 금융 이론 등에 주목하며 활발한 연구 활동을 벌였다는 사실도 기억해 둘 필요가 있다. 아울러 이러한 다양한 형태의 마르크스주의 이론은 또 다른 유형의 경제학 사상 및 이론과 엄밀한 대조를 통해 다각도에서 재검토되고 체계적인 이론화 과정과 경험적인 차원의 검증을 거쳤다.

안토니오 그람시와
공산주의

안토니오 그람시는 1891년, 칼리아리의 부르주아 가정에서 태어났다. 토리노 대학 문학부에서 공부하며 일찍부터 사회주의적인 성격의 정치에 관심을 드러냈던 그람시는 건강상의 문제로 빈번히 학업을 중단해야 했음에도 불구하고 이탈리아 문학, 이론철학, 언어학에 열중하는 모습을 보였다. 1913년 '사회당Partito Socialista'에 가담한 그람시는 일찍부터 기자로 활동하기 시작했다. 1914년부터《민중의 외침 Grido del Popolo》기자로, 1917년에는 편집장으로 활동했다. 뒤이어 《전진!Avanti!》에서 일하다가 1919년에《새로운 질서L'Ordine Nuovo》를, 5년 뒤에《통일l'Unità》을 창간했다.《통일》에서 일하던 시기가 바로 그람시의 정치 활동과 저술 활동이 가장 두드러졌던 시기이며 뒤이어 검거와 함께 옥중 생활이 시작된다.

익명으로 '하루 만에 쓴' 그람시의 기사들은 종종 상당한 정치적 중요성을 지닌 글로 부각되곤 했다. 예를 들어 1914년 10월 31일자 기사의 표제 '적극적으로 활동하는 중립'에는, '사회당'의 슬로건이었던 '절대적 중립'에 반대하며, 중립은 인정하되 정당은 "사회적 문제"에도 관여해야 하며 "나라의 생애에 고유의 진술하고 진지한 계급투쟁의 성격을 되돌려 줄" 수 있어야 한다는 의견이 함축되어 있었다.

제1차 세계대전이 종결된 뒤 토리노는 노동자 투쟁의 수도로 부상했고 이 투쟁의 주인공은 다름 아닌 그람시의《새로운 질서》였다. 새로운 노동자들의 나라를 구상하며 모체로 고안된 공장 노조의 경험과 실무를 사실상 주도한 것은 동명의 주간지였다. 1920년 봄과 여름 사이에 분쟁이 고조되면서 고용주 측의 노조 해체 시도에 대한 반발로 시작된 첫 번째 파업은 실패로 돌아갔고 노동자들의 공장 점거도 결국에는 고용주 측에 승리를 안겨 주며 무산되고 말았다.

노동자들의 패배가 결국에는 당과 노조의 정치력 약화라는 결과로 이어지리라는 확신하에《새로운 질서》의 지지자들은 사회당의 혁신을 추진하기 시작했고 이를 위해 레닌의 지지까지 얻어 냈다. 그람시의 입장에서 사회당은 "시대가 절대적으로 요구하던 혁명적인 행위"에 책임을 질 줄 모르는 당파들의 "오합지졸"이자 "민중의 자유로운 활동을 기록할 뿐인 가여운 서기"에 불과했다. 그런 식으로 추진된 공산당파의 분리는 1921년 리보르노에서 열린 17회 사회당대회 도중에 현실로 드러났다.

1922년 5월에서 1924년 4월까지 국외에서 생활했던 그람시는 1923년 9월까지 코민테른Коминтерн 집행위원회의 '이탈리아 공산당Partito Comunista d'Italia' 대리인 자격으로 모스크바에서 머물렀고 건강이 악화되는 바람에 모스코바 교외의 병원에서 치료를 받으며 이곳에서 후에 아내가 될 줄리아 슈흐트Giulia Schucht를 만났다. 1923년 12월 3월부터 빈에 와 있었던 그람시의 공식적인 임무는 이탈리아 공산당의 활동 상황을 가까이서 지켜보고 유럽의 또 다른 공산당들과 협력관계를 도모하는 것이었다.

그람시의 지도자적 입지는 견고했지만 이를 더 확고부동하게 만드는 요소는 사회주의와 공산주의 정치인들을 압박하는 파시즘 세력의 공격적인 행보였다. '이탈리아 공산당'의 집행위원들 대부분이 이미 검거된 상태였지만, 결정적인 것은 그람시 자신의 분명한 입장과 무엇보다도 대내외적으로 정치적 고립을 피해야 할 시기에 '이탈리아 공산당'이 내부의 파벌 싸움으로 인해 소수당으로 전락할 수도 있다는 점에 대한 그의 뚜렷한 인식과 우려였다.

그람시 자신이 설립한 '이탈리아 공산당'의 기관지《통일》의 창간호가 1924년

2월 12일에 발행되었고 그람시는 두 달 뒤 대의원으로 선출되면서 이탈리아로 복귀했다. 《통일》이라는 일간지의 이름은 그람시의 정치 노선, 즉 북부 이탈리아의 노동자 계급과 남부 이탈리아 농민 계급의 통일을 꾀하고 민중의 참여를 기반으로 정당을 창설하겠다는 계획을 상징하는 표현이었다. 바로 이러한 계획이 1926년 1월에 열릴 공산당 전당대회를 앞두고 그람시가 톨리아티Palmiro Togliatti와 함께 집필한 이른바 「리옹의 논제Tesi di Lione」의 기본 내용이었다.

여유와 깊이가 배가되었을 뿐 아니라 정치철학적으로 한 단계 성숙한 모습을 보여 주는 이 문서의 핵심은 "북부의 자본주의, 거대한 규모의 은행들과" 동맹관계에 있는 "무시무시한 규모의 농지"를 이데올로기적이고 중앙집권적인 형태로 체계화하는 데 소용되던 "위대한 지성인들"의 역할 분석이었다. 즉 그람시가 막중한 책임을 져야 할 인물로 지목했던 크로체 같은 지성인들의 역할은 "국가적인" 차원에서 "남부 출신의 지성인들을 농민들의 세계에서 떼어 내 (…) 국가적인 차원의 부르주아 세계로 흡수하는 데 있었다". 반면에 그람시가 정반대되는 경우로 소개한 피에로 고베티Piero Gobetti 같은 정치가는 공산주의와 거리가 먼 부르주아 지성인이었음에도 불구하고 "프롤레타리아의 사회적, 역사적 특수성"를 이해하고 결과적으로 "이 요소로부터 무언가를 추상적으로 생각해 낸다는 것이" 불가능하다는 것을 인정했기 때문에 자신이 속해 있던 계급사회와 인연을 끊고 보다 건설적인 역할을 선택한 인물이었다.

그람시는 1926년 11월 8월에 검거되었고 이때부터 결국에는 사망으로 이어지게 될 그의 옥중 생활이 시작된다. 그람시는 "계층 간의 증오를 가르치며 반역과 반란을 꾀하고 내란을 유도했다"는 이유로 20년 4개월 5일 형을 선고받고 투리Turi의 감옥에 수감되었다.

옥중 생활의 고통과 고독을 다스리며 1929년 2월과 1935년 8월 사이에 쓴 글들은 뒤이어 33권의 '옥중수고'라는 형태로 빛을 보게 된다. 그람시가 가족에게 쓴 『감옥에서 보낸 편지Lettere dal carcere』에서도 그가 감옥에서 경험한 극단적인 육체적, 정신적 고통의 흔적이 그대로 남아 있다. 그람시의 서간문은 문학적이고 자서전적인 차원에서뿐만 아니라 이론적이고 역사적인 차원에서도 중요한 문헌으로 간주된다. 그의 편지는 당원들과 소식을 주고받기 위해 암호화된 형태의 소통 수단으로 사용되기도 했다.

『옥중수고』가 그람시를 세계 최고의 지성인 가운데 한 명이자 가장 많이 번역되고 인용되며 연구되는 저자들 가운데 한 명으로 만들어 주었다는 것은 의심할 여지가 없는 사실이다. 하지만 『옥중수고』를 읽는 것은 쉬운 일이 아니다. 완성되지 않은 형태의 글이라는 특징이 다른 어떤 미완성 저서에서보다 극명하게 드러나며, 그람시 자신의 표현대로 독서에 "상당한 분별력과 신중함"이 필요하고 읽을 때 내용 자체가 "여전히 잠정적"이라는 점을 항상 기억할 필요가 있기 때문이다. 그람시는 이 방대한 분량의 글에 통일성과 일관성을 부여하기 위해 노력했지만 악조건 속에서 쓰인 만큼 그의 글들은 수많은 단상의 산에, 혹은 감옥 속의 어두운 복도들이 꽉 들어찬 미로에 가깝다.

이러한 독서의 난점들을 극복하기 위해 톨리아티는 초판본(1948~1951년)의 출판을 준비하면서 원고를 별도의 제목을 지닌 6개의 장으로, 즉 '역사적 유물론과 크로체의 철학', '지성인들과 문화의 구성', '이탈리아 통일운동', '마키아벨리, 정치, 현대 국가에 관한 노트', '문학과 나라의 생애', '과거와 현재'로 분류했다.

인쇄본으로 2,000쪽이 넘는 분량의 글인 만큼 그람시가 다룬 주제들의 범위도 상당히 넓다. 하지만 그의 기본적인 관심은 정치와 문화의 조합이라는 문제, 따라서 지성의 정치적 역할이라는 문제에 집중되어 있었다. 이는 그가 역동적인 사회의 "물질적인" 측면들에 대해 관심이 없었다기보다는 현대 사회처럼 "복합적인" 사회에서 지성이 담당하는 역할의 중요성을 이해했기 때문이다. 이것이 바로 그람시가 제시하는 관점들의 핵심이며 여기서 다양한 주제들이 상이한 방향으로, 서로 밀접한 관계를 유지하며 뻗어 나간다.

그람시는 상식에 관한 논의에서 출발해 문화적 헤게모니의 이데올로기적 기능을 분석하고 크로체 철학에 대한 비판적인 관점을 정립하는 단계로 나아갔다. 아울러 프롤레타리아의 지적이고 정치적인 자율성의 조건에 대한 성찰은 뒤이어 대중정당의 조직과 형태, 특히 그가 "현대의 군주"라는 표현으로 정의했던 '노동자들의 정당'에 관한 연구로 이어졌다. 한편 그람시는 크로체의 철학에 대한 비판

이론적인 관점을 역사적 유물론의 고전적인 철학적 입장과 기원에 대한 치밀한 분석과 연구로 발전시켰다. 그람시의 현대 사회 분석은, 한편으로는, 현대 문화의 특징들을 유럽 국가들이 형성되는 과정과 함께, 특히 프랑스혁명과 이탈리아 독립운동이라는 특수한 상황을 고려한 상태에서 분석하는 방향으로 나아갔고, 다른 한편으로는 자본주의의 "유기적인 위기"가 현실화되는 단계에서 주어질 수 있는 파시즘 같은 "수동적 혁명"과 포드주의Fordism 같은 "안정화"에 주목하는 방향으로 나아갔다. 이러한 맥락에서 그람시는 주체의 결정적인 역할에 주목하는 독창적인 정치 이론, 즉 "힘의 관계", "역사 단위Blocco storico", "경제적 신체", "예상", "규칙 사회" 같은 일련의 새로운 개념들을 비롯해 "구조-상부구조", "문명사회-국가", "위치 전쟁" 같은 변증법적 상반관계들을 활용하며 그만의 정치 이론을 발전시켰다.

이처럼 풍부한 이론들을 구축하는 동안 감옥에 갇혀 있던 그람시의 신체적이고 심리적인 조건은 점점 더 악화되었고, 결국 1933년에 그람시는 척추결핵을 진단받았다. 그람시가 감옥에서 사망할 경우 쏟아질 수 있는 국제사회의 비난을 피하기 위해 정부는 그의 거처를 먼저 포르미아Formia로, 뒤이어 로마로 옮겼다. 그람시는 1937년 4월 21에 완전한 자유인이 되었지만 불과 6일 만에 세상을 떠났다.

『옥중수고』의 친필 원고는 그람시의 편지와 책들, 그가 감옥에서 사용하던 물건들과 함께 소련으로 발송되었고 1938년 7월 모스크바에 도착했다가 전쟁이 끝난 뒤 다시 이탈리아로 돌아와 민주주의 투쟁을 위한 귀중한 도구로 활용되었다.

11

구조주의

11.1 페르디낭 드 소쉬르와 구조주의 언어학자들

'구조주의'라는 용어는 기본적으로 프랑스 철학의 한 특징적인 흐름을 가리키는 동시에 20세기 중반부터 언어학, 인류학, 정신분석, 문학비평, 미술비평, 철학 등 다양한 분야에서 '구조'를 탐구의 핵심 개념으로 간주하는 일반적인 학문적, 철학적 경향을 가리킨다.

'구조'라는 용어는 철학사에서 아주 다양한 방식으로 사용되어 왔다. 예를 들어 프랑스 철학자 피에르 앙드레 랄랑드Pierre-André Lalande는 『기술적, 비평적 철학 사전Vocabulaire technique et critique de la philosophie』(1902~1923년)에서 구조를 결속력이 있는 일련의 요소들로 구성될 뿐 아니라 각각의 요소들이 다른 모든 요소에 좌우되기 때문에 이들 사이에서 유지되는 관계를 토대로만 설명될 수 있는 일종의 집합체에 가깝다고 정의한 바 있다. 그렇다면 구조라는 용어는 유기적인 성격의 모든 철학에 적용할 수 있을 뿐 아니라, 심지어는 구조의 개념도 아리스토텔레스의 실체 개념에서 유래하는 것으로 간주할 수 있을 것이다. 하지만 구조주의란 사실상 페르디낭 드 소쉬르가 제시한 언어학적 관점의 발전 과정과 일치한다. 소쉬르는 『일반언어학 강의*Cours de linguistique generale*』(1916년)에서 언어를 하나의 구조가 아닌 체계로 설명했다. 물론 좀 더 정확히 말하자면 여기서 이 두 용어는 서로 대체가 가능한 의미로 사용된다.

소쉬르를 비롯해 루이 옐름슬레우Louis Hjelmslev, 니콜라이 트루베츠코이Nikolaj Trubeckoj, 로만 야콥슨Roman Jakobson 같은 구조주의 언어학자들은 언어를 통시적인(Diachronie) 관점, 즉 언어의 역사적 발전 과정 전체를 토대로 이해할 것이 아니라 공시적인(Synchronie) 관점, 즉 역사적 발전의 특정 순간에 주어지는 특정한 형태의 언어현상이라는 관점에서 연구해야 한다고 보았다.

이러한 관점에서 살펴보면, 언어는 이중 조직을 지닌 체계라는 점, 즉 문장을 구성하기 위해 조합되는 형태소morfema들, 혹은 의미를 지닌 요소들 역시 그 자체로 좀 더 세분화된 구성의 효과, 즉 음소fonema들, 혹은 의미를 지닌 음들의 조합 결과라는 것이 드러난다. 언어 사용자가 먼저 음소들, 뒤이어 형태소들을 선별의 축에서, 즉 패러다임의 단계에서 고를 때 선택하는 것은 조합의 축에서, 즉 신태그마의 단계에서 활용할 요소들이다.

여기서 화자가 실제로 발음한 소리들을 정의하기 위한 추상적인 요소로서의 음소들은 각각의 요소가 상반되는 요소들과의 관계를 토대로 차별화되는 '관계의 체계'를 구축한다. 예를 들어 영어의 두 기호 pet와 bet는 첫 번째 음소 때문에 의미의 차이를 나타내고 두 음소는 체계 내부에서의 대립관계로 인해 차이를 나타낸다. 다시 말해 [p]와 [b]는 모두 순음脣音이지만 하나는 맑고 다른 하나는 둔탁하다. 또 다른 예로, 영어에서 음소 [n]는 'sinner'(죄인)의 경우처럼 비음이자 치음이지만 [ŋ]는 'singer'(가수)의 경우처럼 비음이자 경구개음이며 이 두 음소에 의해 서로 상반되는 두 형태소 사이의 발음 차이가 성립된다.

이러한 대립관계는 다양한 형태소들의 내용에도 그대로 적용될 수 있다. 예를 들어 옐름슬레우는 덴마크어, 독일어, 프랑스어의 몇몇 용어들 사이에서 발견되는 의미상의 차이점들이 세 언어체계 안에서 의미가 서로 대립하는 방식에 의해 정의될 수 있다고 보았다.

trae	Baum	arbre
skov	Holz	bois
	Wald	forêt

이 도표에서 확인할 수 있는 것은 Baum과 arbre라는 단어가 동일한 의미 공간, 즉 우리말로 '나무'라는 의미가 적용될 수 있는 공간을 차지하는 반면 프랑스어 bois는 독일어 Holz의 의미 공간, 즉 '목재'에 해당하는 공간뿐만 아니라 Wald의 의미 공간, 즉 '숲'에 해당하는 공간까지 침범하고 있다는 점이다. 아울러 독일어 Wald는 프랑스어 forêt의 의미 공간을 차지할 뿐 아니라 '숲'을 뜻하는 프랑스어 bois의 의미 공간 일부까지 차지하고 있다. 한편 덴마크어에는 단어가 두 개밖에 없지만 이들의 의미 영역은 프랑스어와 독일어 용어들이 차지하는 의미 공간과 대조할 때 분명하게 드러난다.

11.2   언어학과 구조주의적 접근

언어에 대한 구조주의적인 접근 방식이 제안하는 것은 무엇인가? 구조주의적 관점은 무엇보다도 어떤 체계를 순수하게 형식적인 차원에서 분석할 수 있으며 의미의 차이점들까지도 형식적인 차원에서 정의하는 것이 얼마든지 가능하다고 보는 관점이다. 간단히 말하자면, 형식뿐만 아니라 내용도 분석할 수 있다는 것이다. 구조주의는 아울러 다양한 언어체계들 사이에 차이점들이 존재하지만, 그럼에도 불구하고 유한한 수의 음소들을 조합하는 동시에 불필요한 음소들을 제거하면서 어떤 언어에서든 부정수의 형태소들을 구성할 수 있으며, 더 나아가서, 유한한 수의 형태소로 무한한 수의 문장들을 만들어 낼 수 있다는 것을 보여 준다.

이러한 차원에서 주목해야 할 것은 20세기 초반에 활동했던 러시아 형식주의 언어학자들의 관점이다. 이들은 자주 등장하기 때문에 어떤 언어로든 재생이 가능한 요소들에 주목했고, 결국 '서사 구조' 같은 공통 요소를 발견해 냈다. 한편 로만 야콥슨은 1920~1930년대에 활동했던 프라하언어학회의 연구 내용을 토대로 음성학의 발전에 크게 기여했을 뿐 아니라 구조주의적인 관점을 언어장애, 시적 언어를 비롯한 기타 예술 분야로 확장시켰다.

이러한 변화에 주목했던 클로드 레비스트로스(1908~2009년)는 구조주의를 모든 인문학 분야에서 활용되어야 할 핵심적인 설명 도구로 간주하기에 이르렀고, 결과적으로 구조주의적 방법론을 원시민족의 친족관계뿐만 아니라 신화 연구과 여러 문명권의 음식문화 연구에 적용했다. 특히 레비스트로스의 신화 연구는 상이한 문화권에 신화소Mythème들이 존재한다는 것을, 즉 그 자체로는 텅 빈 상태의 대립관계에 가깝지만 문화권마다 다른 양상을 보이는 특정 구조 속에서 가치를 확보하는 요소들이 존재한다는 것을 분명하게 보여 주었다. 예를 들어, 레비스트로스는 '태양'이라는 신화소가 아무런 의미도 지니지 않은 상태에서 태양이 등장하는 신화들의 변화무쌍한 이상적 내용들을 표상할 수 있다고 보았다.

이러한 유형의 연구는 다양한 형태의 대립관계 혹은 이원론적 체계가 인간의 정신을 지배하는 일종의 항수이며 이것들이 특정 체계를 구성하는 기초적이고 불변하는 요소들의 통일적인 조합 과정을 통해 다양한 문명권에서 표출되었으리라는 결론을 가져왔다. 물론 상당수의 연구자들에게 구조주의라는 모형은 다양하고 이질적인 현상들을 통일적인 방식으로 정의하기 위한 도구에 불과했다. 하지만 이 시점에서 구조주의는 이미 다양한 학문 분야에, 예를 들어 라캉의 정신분석이나 롤랑 바르트Roland Barthes의 문학비평에 침투해 있었다.

이러한 경로를 거쳐 구축된 정통파 구조주의 내부에서는 아울러 마르크스주의와 구조주의, 현상학과 구조주의의 관계와 연관성에 대한 활발한 논쟁이 이루어졌다. 결과적으로 학자들은 수많은 기호체계에서 언어학적인 유형의 구도를 탐색하는 데 몰두했고, 교차로의 '언어'에서 영화에 이르는 다양한 체계들을 대상으로 상당히 예리한 분석들을 시도하며 때로는 사실상 포함될 수 없는 체계들의 영역에까지 언어학적 모형을 적용하려고 노력했다. 그런 의미에서 정통파 구조주의는 고유의 '이단'을 탄생시켰다고 볼 수 있다. 촘스키의 '생성문법'이나 데리다Jacques Derrida와 푸코가 이끌었던 이른바 후기구조주의 다양한 형태들이 바로 이러한 파생적인 유형의 구조주의에 속한다. 20세기 말로 접어들면서 구조주의는 점차 정형화되는 양상을 보였지만 현대의 예술 이론과 문학 이론, 기호학 분야에서는 구조주의가 남긴 분명한 흔적을 찾아볼 수 있다. 물론 기호학의 경우, 많은 이들이 구조주의와 기호학을 동일한 분야로 간주했지만, 실제로는 구조주의와 거리가 먼 유형의 기호학이 다방면에서 연구되고 있었다.

12

에마뉘엘 레비나스와
타자의 윤리학

12.1 전체성과 무한

에마뉘엘 레비나스Emmanuel Lévinas는 1906년 1월 12일 리투아니아 카우나스의 부유한 유대인 가정에서 태어났다. 레비나스의 문화적 성장 과정을 지배했던 것은 성서와 러시아 문학작품의 독서였다. 레비나스가 선호했던 작가들은 도스토옙스키, 푸시킨Aleksandr Pushkin, 고골Nikolai Gogol 등이다. 1923년에 스트라스부르로 이주한 레비나스는 이곳에서 철학 공부를 시작했고 플라톤, 데카르트, 칸트, 뒤르켐, 베르그송 등의 철학에 심취했다. 1928년과 1929년 사이에 프라이부르크에서 상호주체성의 구축에 관한 후설의 강의를 들었고 이곳에서 하이데거를 만났다. 1930년에 『후설 현상학에서의 직관 이론Théorie de l'intuition dans la phénoménologie de Husserl』을 출판했고 후설의 『데카르트적 성찰』을 가브리엘 페퍼Gabrielle Peiffer와 함께 프랑스어로 번역했다. 1932년에는 프랑스 최초의 하이데거 연구 논문 「마르틴 하이데거와 존재론Martin Heidegger et l'ontologie」을 발표했다. 1961년에 문학박사 학위를 받은 레비나스는 푸아티에 대학(1964~1967년), 파리-낭테르 대학

(1967~1973년), 소르본 대학(1973~1976년)에서 강의했고 1995년 12월 25일에 세상을 떠났다. 주목을 요하는 그의 저서들 중에는 앞서 언급한『후설 현상학에서의 직관 이론』외에도『존재에서 존재자로De l'existence à l'existant』(1947년),『후설, 하이데거와 함께하는 존재의 발견En découvrant l'existence avec Husserl et Heidegger』(1949년),『전체성과 무한: 외재성에 대한 에세이Totalité et Infini : Essai sur l'extériorité』(1961년),『존재와 다르게, 혹은 본질의 저편Autrement qu'être ou Au-delà de l'essence』(1974년),『생각에 달린 신에 관하여De Dieu qui vient à l'idée』(1982년) 등이 있다.

　레비나스의 철학적 여정은, 포괄적인 차원에서, 절대적으로 초월적인 타자와의 '만남'을 묘사하려는 시도, 다시 말해 주체와 객체의 관계라는 형태로는 생각할 수 없고 어떤 식으로든 이론 철학의 영역으로 환원될 수 없는 '관계'를 묘사하려는 시도였다고 볼 수 있다. 기나긴 성찰의 과정에서 레비나스는 철학사 전체를 문제의 대상으로 삼았고 그런 의미에서 핵심적인 개념들의 본질을 재검토하는 데 몰두했다. 이 개념들 가운데 하나가 바로 아리스토텔레스 이후 줄곧 철학의 가장 중요한 문제로 간주되어 왔던 '존재'의 개념이다.

　레비나스가 처음으로 비교적 방대한 영역을 검토하며 시도한 이론적 작업의 결과는『전체성과 무한: 외재성에 대한 에세이』라는 제목의 저서로 나타났다. 이 책의 내용은 현상학적 관점의 필요성을 재차 수용하는 과정인 동시에 이러한 필요성을 도덕적인 차원에서 극복하는 과정으로 해석될 수 있다. 레비나스는 **타자**와의 윤리적인 관계, 다시 말해 **동일자**와 **타자** 사이에 실재하는 차이와 '분리'의 관계에 의해 구축되는 지평이 바로 담론과 지식을 가능하게 만드는 조건이라고 보았다. 이론적인 차원에서 이러한 관점은 표상의 절대적인 중요성을 거부하는 입장, 다시 말해 다양한 차이점들을 재구성하면서 중립적인 개념과 **동일자**의 전체적이고 획일적인 시선에 종속시키는 태도를 거부하는 입장과 일치한다. 이러한 입장은 결과적으로 윤리적인 차원에서 '의미'를 어떤 윤리적인 배려와 분리할 수 없는 것으로 만드는 '의미' 자체의 상호주체적인 성격을 인정하는 태도로 이어진다. 레비나스는 분리된 상태로 남아 있는 주체들 간의 관계를 정립하는 데 쓰이는 것이 '언어'라고 보았다. 말을 한다는 것은 곧 세계

를 타자에게 제시할 뿐 아니라, 정의의 문제를 수반하는 공유의 지평으로 진입
한다는 것을 의미했다.

12.2   동일자

데카르트가 『형이상학적 성찰*Meditationes de prima philosophia*』 세 번째 장에서 다루었
던 '무한' 개념을 토대로 레비나스는 분리되어 있는 존재, 이기적으로 자기 안
에 갇혀 있는 존재, 즉 **동일자**의 구축 과정을 제시하면서 '전체성'을 거부하고
여기에 **동일자**와의 동질화가 불가능하며 윤리적인 접근만이 가능한 **타자**와의
관계와 이 관계에 의해 구체적으로 정립되는 '단절'을 대립시켰다. **동일자**의 구
축 경로를 묘사하면서 레비나스는 삶과 행복의 기반이 되는 환경에서 **동일자**가
차지하는 기본적인 위치를 검토한 뒤 어떤 식으로 **동일자**가 환경으로부터 거리
를 두고 그것을 자신의 목적에 부합하도록 변형시키는지 보여 준다. **동일자**에
맞선 **타자**의 **얼굴**이 가리키는 것은 오로지 어떤 부재의 흔적으로만 모습을 드
러내는 타자성이다. 이 **얼굴**은 모든 맥락의 바깥에서 어떤 의미의 보유자로 나
타난다. **동일자**의 행위가 부여하지 않는 이 의미는 예를 들어 '살인하지 말라!'
라는 명령어의 형태로 표현된다. 이 명령어는 **동일자**가 책임을 질 수 있는 의미
의 지평을 열어젖히고, **동일자**는 이 지평 안에서 타자를 위협하지 않고 그에게
다가설 수 있는 길을 발견한다. 이러한 의미의 지평에 위치하는 것이 바로 존재
의 실체를 풍부하게 만드는 '사랑'이다. 예를 들어, 아버지는 아들의 행동과 실
체 속에서 스스로를 발견하지만 동시에 아들과 다른 존재로 분리되어 있다. 더
나아가서, 아들은 **동일자**의 영역에 미래를 향한 시간을 도입하며 그런 의미에
서 아버지라는 존재의 자기충족적인 정체성을 파괴하는 미래의 입성을 상징한
다. 이 시점에서, 존재의 구조는 더 이상 통일적이지 않으며 다채롭고 분리된
상태를 드러낸다. 결과적으로, 존재를 **동일자**와 **타자**의 분리로 간주하기 때문
에 윤리학은 근원적인 철학이자 정통적인 형이상학으로 체계화될 수 있다.

서가

서울대 가지 않아도 들을 수 있는 명강의

명강

인문
개인에서 타인까지,
'진짜 나'를 찾기 위한 여행

다시 태어난다면,
한국에서 살겠습니까

사회과학 이재열 교수 | 18,000원

**"한강의 기적에서 헬조선까지
잃어버린 사회의 품격을 찾아서"**

한국사회의 어제와 오늘을 살펴
문제점을 진단하고 해결책을 제안한 대중교양서

우리는 왜 타인의
욕망을 욕망하는가

인류학과 이현정 교수 | 17,000원

**"타인 지향적 삶과 이별하는
자기 돌봄의 인류학 수업사"**

한국 사회의 욕망과
개인의 삶의 관계를 분석하다!

내 삶에 예술을 들일 때,
니체

철학과 박찬국 교수 | 16,000원

**"허무의 늪에서 삶의 자극제를
찾는 니체의 철학 수업"**

니체의 예술철학을 흥미롭게, 또 알기 쉽게
풀어내면서 우리의 인생을 바꾸는 삶의
태도에 관한 니체의 가르침을 전달한다.

지금, 서가명강 시리즈로 각 분야 최.

12.3   윤리적 차원의 중요성

많은 이들이 레비나스의 주저로 간주하는 『존재와 다르게, 혹은 본질의 저편』
(1974년)은 통일된 형식의 논문이 아니라 여러 편의 글들로 구성되어 있다. 이 글
들의 공통점이라고 볼 수 있는 핵심 주제가 있다면, 그것은 '분리'와 '외재성'의
개념 대신 기용되는 '대체'의 개념이다. 즉 근본적인 차원에서 레비나스의 윤리
적 관점은 철학적 사유의 개념적이고 언어적인 지평을 단념하는 입장으로 제
기된다. 여기서 레비나스가 문제로 삼는 것은 '지식'의 개념 자체와 지식의 범
주들, 무엇보다도 '존재'라는 범주, 즉 단순히 '실체'로만 간주되지 않고 '동사'
나 '언어'로도 이해되는 '존재'의 범주다. 사실 존재론이라는 표현 자체가 정의
하는 것은 존재의 전시와 언어 사이의 암묵적인 동의다. 레비나스에 따르면, 존
재는 스스로의 존재에 대한 '관심'의 형태로 실현된다. 이 관심은 존재가 시간
속에서 스스로를 차별화하는 동시에 뒤이어 생의 다양성 속에서 중심을 되찾
는 과정 자체라고 볼 수 있다. 그런 식으로 생산되고 재구성되는 존재의 정체성
을 보장하는 것이 바로 언어다. '동사'로서의 언어는 보편적인 존재의 울림인
반면 '이름'으로서의 언어는 실재들을 존재 방식으로 전시하는 일종의 기호체
계다. 기호들은 실재들과 이들 간의 관계를 표상한다. 그런 식으로 언어는 실재
들 간의 관계를 체계화된 문장 속에서 통일된 형태로 정립하며 존재의 자기인
식 과정을 완성 단계로 이끌 수 있다. 반면에 '말해진 것'으로서의 언어는 존재
의 다양한 양상들을 한 '주제'의 서사적 통일성 속에 담는다. 아울러 언어의 의
미 작용 기능은 존재의 전시와 언어의 공모관계에서 유래하지 않는다. 레비나
스는 오히려 존재가 스스로를 전시하며 의미화라는 사건을 기점으로 말을 한
다고 보았다. 레비나스에 따르면, 의미화는 바로 주체를 **타자**와 연결하는 '책임'
이라는 독특한 관계처럼 생산된다. 『존재와 다르게, 혹은 본질의 저편』에서 레
비나스가 의도했던 것은 '말해진 것'의 주제화 기능을 최소화함으로써 언어 자
체가 **타자**를 향한 윤리적 태도와 일치하는 '말함'의 단계로 거슬러 올라가는 것
이었다. 물론 존재를 순수하게 '부정'할 때, 존재를 한쪽으로 미루어 두는 자세

보다는 오히려 존재의 비인격성이나 획일적인 보편성 같은 존재의 가장 흉측한 측면들이 부각된다는 사실을 레비나스가 몰랐던 것은 아니다. 따라서 관건이 되는 것은 존재와 실재의 대립, 또는 존재와 무無의 대립이 아니라 '다르게' 생각하기, 즉 윤리적인 의미를 되살리기 위해 존재론의 정언적인 언어를 단념하는 일이다. 한편, 의미화의 지평을 구축하는 **타자**와의 관계는 '근접성'으로 정의되며 이 '근접성'은 정체도 없고 상관성도 없는 이질적인 용어들 사이의 관계로 정의된다. **타자**는 항상 주체의 외부에 남아 주체를 초월한다. 하지만 구체적인 관계가 주어지기 위해서는 어떤 식으로든 **타자**가 주체를 '만질' 필요가 있다. 그런 차원에서 레비나스는 '이웃'을 향한 '책임'이라는 개념을 도입했다. **동일자**와 **타자** 사이에는 **동일자**가 자기 안에 머물러 있을 수 없다는 사실을 각인하는 공간이 존재한다. 이 공간이 바로 **타자**를 위해 자신을 희생하도록 유도하는 '책임'의 공간이다. 이러한 분석은 다름 아닌 '대체'의 개념을 통해 완성 단계에 도달한다. 주체는 '더 이상' **동일자**가 아니며 그가 자신으로부터 벗어나는 움직임, 따라서 '타자를 위한 존재'로 되어 가는 움직임 속에서 정의된다. 물론 이 움직임은 **동일자**와 **타자**의 분리를 파괴하지 않는다. 다시 말해 **동일자**는 **타자**가 되지 않는다. '**타자**를 위해' 존재한다는 것은 곧 '**타자**의 입장에 선다는 것'을, **타자**의 책임 자체에 책임감을 느끼고 **타자** 대신 대가를 치른다는 것을 의미한다. 그런 식으로 '대체'의 개념은 **타자**의 운명에 참여해 짐을 지라고 말하는 윤리적 계율인 동시에 주체를 **타자**에 좌우되는 존재이자 수동성, 비정체성으로 간주하는 주체의 정의라고 할 수 있다.

　결론 부분에서 레비나스는 '제3의 인간' 개념을 토대로, '근접성'에서 부상하는 도덕적 의식과 정의의 실현 기준에 대해 설명을 시도했다. 이 '제3의 인간'은 또 다른 이웃인 동시에 이웃과는 다른 존재를 말한다. 평가의 문제를 제기하며, 쌍방의 요구를 평가할 줄 아는 올바른 의식을 요구하는 것이 바로 이 '제3의 인간'이다. 정의로부터 비교, 질서, 주제화가 탄생하며 지식과 지성의 지평이 열린다.

13

푸코와
권력의 고고학

13.1 계보학적 방법론

미셸 푸코는 1926년 푸아티에서 태어나 1984년에 세상을 떠났다. 철학과 심리학을 공부한 푸코는 1970년부터 콜레주드프랑스에서 '사유 체계의 역사'를 가르쳤다. 푸코의 철학은 흔히 구조주의와 깊은 연관성을 지닌 사상으로 소개되는 경향이 있지만 사실은 상당히 특이하고 독보적인 위치를 차지한다. 푸코는 니체처럼 자신의 탐구 방식을 '계보학'으로 정의했고 여기서 사물들의 영역, 담론들, 지식의 구축 과정을 조명할 수 있는 역사적 형식을 발견했다. 따라서 푸코는 계보학을 과학의 주체와 지식의 대상들이 형성될 수 있는 조건의 연구로 이해했다. 다시 말해, 관건은 이론적 발명과 발견의 역사를 이해 방식의 변천사로 대체하는 것이었다. 이 변천사의 연구 방식은 연구 과정을 이끄는 문제의식의 유형에 따라 두 종류로 구분된다. 첫 번째 연구 방식이 이해의 형성 규칙을 기점으로 그것의 변형 조건을 탐구하는 데 주력한다면, 두 번째 연구 방식은 새롭고 전례 없는 지식을 생산해 내는 방식과 장치들을 연구하는 데 주력한다. 이처럼 지식을 구축하고 변형시킬 수 있는 가능성의 조건을 연구하는 과정은 초월적인 철학의 활용을 수반하지 않는다. 푸코가 분명하게 언급했던 것은 오히려 역사적 아프리오리였고 지식을 또 다른 분야의 활동 영역 내부에 위치시켜야 할 필요성, 다시 말해 어떤 문제적인 관습의 형성과 등장과 변형의 조건들을 문화적 장의 형태로 구축하는 경제적, 이론적, 정치적, 사회적 활동 영역 내부에 위치시켜야 할 필요성이었다.

푸코에 따르면, 이러한 과정과 조건들의 장은 초월적이거나 장 외부에 머문다고 상정되는 주체에 의존하지 않은 상태에서 정의되어야 한다. 주체는 무엇보다도 특정 지식의 문제적인 장에 내부적인 존재로 구축된다. 인식론적 객체의 형성도 사실은 인식론적 주체의 활성화와 일치하며, "주체와 진리의 관계는 그 자체로 지식의 효과"에 가깝다. 더 나아가서, 주체는 지식의 초월적인 기반이라기보다는 특수한 형태의 담론 형성과 특수한 기술의 조합에서 발생하는 산물이다. 주체는 그만큼 권력의 장치와 담론의 관습과 제도들의 교차 지점에 머물며, 지식의 주체는 점점 더 개체가 되려는 성향을 지닌다.

여기서 주목을 요하는 것은 푸코의 두 가지 핵심 개념, 즉 '에피스테메'와 '담론 형성'이다. 첫 번째 개념 '에피스테메'는 지식의 인식론적 장, 지식이 지식으로 인지될 수 있는 가능성들의 장, 역사적 아프리오리를 구성하는 일련의 관습과 장치들의 복합적인 틀을 가리킨다. 반면에 '담론형성'의 경우 관건이 되는 것은 개념들의 체계화, 명제들의 유형화, 이론들의 분류를 가능하게 하는 특정 주제들이 구체적으로 명시되고 자주 등장하는 일련의 명제들이다.

13.2 광기, 감옥, 교육

『고전 시대 광기의 역사*Histoire de la folie à l'âge classique*』(1961년)에서 푸코는 그가 고전 시대라고 부르는 15세기에서 18세기까지의 시기에 정신병자를 바라보는 사회적 시선의 변천사를 연구하면서 어떤 과정과 경로를 통해 광인이 구체적인 제도적 맥락에서 특별한 처방과 조치의 대상으로 고정되는지 보여 주고자 했다. 파리의 종합병원Hopital Général은 원래 수용과 재교육을 목적으로 1656년에 설립되었고 시간이 어느 정도 흐른 뒤에야 1년에 대략 4,000~5,000명을 감금하는 격리시설로 변신했다. 르네상스 시대에 광인은 자유롭게 거리를 활보할 수 있었고 광기는 단순히 이성의 어두운 측면 혹은 이성의 이면이나 일부로 간주되었다. 뒤이어 고전 시대에는 이성 자체가 의혹의 방법론적인 활용을 기반으로 정의되기 때문에 광기의 가능성 자체가 제외되는 데카르트적인 관점과 병원의 격리 정책 사이에 특별한 조응이 이루어졌다. 근대에 이르러서야 광인은 의사의 의혹과 과학적 검증의 대상으로 간주된다.

『고전 시대 광기의 역사』가 의학의 담론이 교육의 담론, 법률의 담론과 함께 구성되는 복합적인 영역에 대한 첫 번째 관찰의 결과라면 이 책을 보완하는 이상적인 저서는 감옥의 탄생 과정을 연구한 『감시와 처벌Surveiller et punir』(1975년)이다.

푸코는 무엇보다도 18세기에 처벌 관례의 변화가 두 가지 경로를 거쳐 일어났다는 점에 주목했다. 첫 번째 경로에서는 다양한 형태의 고문을 통해 고통을 가하는 처벌 방식이 '비육체적인' 처벌, 즉 죄인의 신체보다는 영혼에 직접적인 영향을 끼치는 처벌 방식으로 서서히 대체되는 현상이 일어난다. 두 번째 경로에서 처벌은 결과적으로 고통의 부여라는 형태가 아니라 '권리 보류의 경제학'이라는 형태로 실행된다. 여기서 드러나는 것은 벌을 내릴 수 있는 힘이 본질적으로는 치료하거나 재교육할 수 있는 힘과 다르지 않다는 것이다. 바로 그런 이유에서 의사들, 감시자들, 사제들, 정신의학자들, 심리학자들, 교육자들 같은 온갖 종류의 기술자들이 고통의 정령이었던 사형 집행인을 대체하게 된다.

감옥 체계의 발전 과정에서 발견되는 첫 번째 경로가 본질적으로 교육 문제의 부상과 직결된다면 두 번째 경로는 감옥과 감옥 '외부'에 존재하는 모든 형태의 교육기관과 재활 시설들 간의 긴밀한 협조관계를 조성하고 제도화하는 과정과 직결된다. 푸코에 따르면, 감옥은 처벌의 법적 힘을 "자연화"하고 훈육의 기술적인 힘을 "합법화"한다. 바로 그런 의미에서 감옥은 더 이상 '외부'를 지니지 않는다. 감옥은 보다 광범위하고 복합적인 체제, 예를 들어 비참한 상황에 놓인 '개인'을 요람에서 무덤까지 보좌하는 수많은 형태의 교육기관과 구제기관들로 구성되는 체제의 일부에 지나지 않는다. '개인'의 입장에서 그가 살아가는 동안 도움을 받지 않을 수도 있는 순간은 결코 주어지지 않는다. 『감시와 처벌』에 묘사된 대로, 문제적 인간은 "탁아소에서 유치원으로 옮겨 간 뒤 6살이 되면 초등학교에 입학하고 다음에는 성인 학교를 다닌다. 뒤이어 일을 할 수 없는 사태가 벌어져도 그는 거주지의 극빈자 구호소에 등록할 수 있고, 병에 걸려도 12개의 병원 중에 하나를 고르기만 하면 된다. 이 파리의 빈민이 그렇게 생의 말년에 도달하는 경우에도 그를 위해 7개의 양로원이 대기하고 있다. 때로는 양로원의 위생적인 관리가 그의 쓸모없는 여생을 부자들의 그것보다 훨씬 길게 연장하곤 한다".

　한편으로는 정신병동의 제도화가 정착되고 '감금'이라는 처벌 형식이 도입되면서, 무엇보다도 정치권력과 신체의 관계를 재정립하는 데 필요한 지식들의 새로운 생산 전략이 가동된다. 이 전략에 따르면, 신체에 적용해야 할 것은 더 이상 고문이 아니라 재교육이다. 피교육자의 시간은 완전하고 효율적인 방식으로 소모되어야 하며 그의 힘은 지속적으로 노동에 소용되어야 한다. 푸코가 강조한 것처럼, 처벌의 '감옥 형식'은 공장의 임금제 노동 형식에 상응한다. 이 시점에서 분명하게 드러나는 것은 교육, 정신의학, 공장 노동자들의 기술 훈련, 감금제도 등의 영역들 사이에 형성되는 독특한 공모관계다. 예를 들어 의학은 신체의 정상 상태를 연구한다는 차원에서, 비정상 상태의 치료를 담당할 수 있는 이론적이고 실천적인 학문의 자격으로 다름 아닌 형법에 도입된다. 하지만 무엇보다 놀라운 것은 이 다양한 지식과 장치들의 복잡한 조합 경로에서 특별한 '심리적 주체'가 탄생했다고 보는 푸코의 주장이다. 아이러니하게도 특정 지식의 객체이면서 이해와 성장 과정을 수용하기도 하는 이 주체의 주체성은 "스스로에 대한 진실을 말하는" 과정에서 형성되고 표출된다. 이것이 바로 푸코가 말년에, 특히 1970년대 후반과 1980년대 초반의 세미나에서 집중적으로 다루었던 주제다.

13.3   '인간' 개념의 계보학

『말과 사물Les Mots et les choses』(1966년)은 르네상스, 고전 시대, 근대를 중심으로 구성된 일종의 기념비적인 '인문과학들의 고고학'이다. 이 저서는 한 시대에서 다른 시대로, 한 에피스테메에서 또 다른 에피스테메로 넘어가는 과정을 특징짓는 역사적 불연속성과 인식론적 단절을 재구성하면서 인간이라는 개념의 계보학을 제시하는 동시에 이 개념의 본질적인 분해 성향에 대해 말한다. 인문과학들을 계보학적으로 재구성하는 과정은 '말'과 '사물'의 관계를 중심으로 전개되며 르네상스 시대에 정령주의 우주론의 풍부한 비유와 참조 사항을 토대로 가능했던 '말'과 '사물' 간의 '자연적인' 결속관계가 분해되는 과정을 탐구한다. 고전 시대는 르네상스 시대의 비유를 수학적 과정의 정확성으로 대체했고 이를 다름 아닌 주체의 표상 활동을 특징짓는 요소로 만들었다. 이성의 질서는, 주체의 내부에 밀폐된 상태에서, 말들과 말들이 가리키는 사물들의 저하된 결속력을 보충하는 데 소요되었다. 그런 식으로 전통적인 표상의 주체, 즉 관찰 대상의 영역 바깥에 머물면서 대상의 가시성이라는 조건과 칸트적인 의미에서 존재 조건을 결정짓는 주체는 근대에 들어서면서 인문과학 탄생의 결과로 또 다른 변화를 겪게 된다. 인간은 표상의 주체에서 복합적인 지식 분야의 대상으로, 특히 푸코가 인문학의 '삼면각triède'을 구성한다고 본 경제학, 언어학, 생물학의 대상으로 변하고 부각되며, 결국 이 지식세계 안에서 소외된 상태로, 결국에는 폐기된 상태로 머문다.

13.4   성의 역사와 생명정치

푸코가 철학적 성찰의 마지막 단계에서 다루었던 주제는 성의 역사다. 푸코는 이 주제에 관한 연구 결과를 세 권의 저서, 즉『지식의 의지La Volonté de savoir』(1976년),『쾌락의 활용L'Usage des plaisirs』(1984년),『자기 배려Le Souci de soi』(1984년)로 나누어 발표했다. 이 세 권의 저서에서 푸코가 조명하며 재구성을 시도했던 것은 성적 성향과 행위에 직접적인 영향을 끼치는 금기의 역사라기보다는 오히려 이러한 금기 문화와 의무적인 고해의 구조적 관계였다. 푸코가 제기한 이 문제적인 영역의 연구는 세미나를 통해 지속되었고 연구 결과의 일부가 『자기의 테크놀로지*Les techniques de soi*』(1988년)라는 개괄적인 성격의 책으로 소개되었다. 푸코가 이 책에서 집중적으로 다루는 것은 소크라테스적이고 헬레니즘적인 '자기 배려'라는 주제, 그리고 고백과 관련된 신학적, 법적 담화 장치들의 역사다.

이러한 주제들은 모두 1975년에서 1979까지 진행된 세미나의 복합적인 탐구 과정에서 다시 거론된다. 푸코는 근대적인 "권력관계의 구체적인 분석"을 시도하면서 주권을 정의하는 데 집중하거나 주권의 기원이 지니는 법률-정치적인 성격에 집중하는 대신 18세기 유럽의 군주국가에서 특정 영토와 특정 민족의 관리 및 제어장치로 기능하던 '복종의 관계'에 주목했다. 푸코가 '통치성 Gouvernementalité'이라는 이름으로 부른 이 관리와 제어의 장치들은 다양한 형태와 부류를 지녔을 뿐 아니라 이른바 '경찰 기술'로 확장된다. 이 '경찰 기술'은 통치의 이성적 기술이라는 영역의 일부를 차지하며 '공공의 건강'으로 정의될 수 있는 모든 영역, 예를 들어 유아사망률의 감소, 전염병 예방, 삶의 조건 향상을 위해 필요한 조치들, 일탈의 예방 등을 담당한다. 이러한 제어장치들과 함께 국가 권력이 행사되는 보다 일반적인 차원의 권력 구도를 지칭할 뿐 아니라 국가 구성원들이 독특한 생물학적, 병리학적 특징들을 공유하기 때문에 이러한 특징들에 대한 특별한 통치 전략과 이에 상응하는 지식체계의 조합이 요구되는 민족 공동체의 권력 구도를 푸코는 '생명정치'라고 불렀다.

14

자크 데리다와
해체주의

14.1 철학의 정신분석

1930년에 태어나 2004년에 사망한 자크 데리다는 파리의 '고등사범학교Ecole Normale Superieure'에서 공부했고 같은 학교에서 교수로 활동하다가 1984년부터 파리의 '사회과학고등연구원Ecole des Hautes Etudes en Sciences Sociales'에서 가르쳤다. 1960년대부터 미국의 여러 대학에서 강의했고 전 세계를 여행하며 열성적인 강연가로 활동했다. 거의 100권에 달하는 그의 철학서들 가운데 주목할 필요가 있는 저서는, 1967년 같은 해에 출판된 『글쓰기와 차이L'Écriture et la différence』,『목소리와 현상La Voix et le Phénomène』,『그라마톨로지De la grammatologie』를 비롯해 『철학의 여백Marges de la philosophie』(1971년), 『글라스Glas』(1974년), 『정신에 관하여De l'esprit』(1990년), 『마르크스의 유령Spectres de Marx』(1993년) 등이다.

후설의 현상학을 니체, 프로이트, 마르크스의 급진적인 철학, 하이데거의 형이상학 비판과 조합하면서 데리다는 이른바 해체주의 이론을 고안했고 이를 전통 철학의 해부학으로, 다시 말해 서양 철학이 면면히 유지해 온 철학중심주의와 완전체주의가 이론적인 차원에서 순박한 발상에 불과하며 정치적인 차원에서 전체주의에 가깝다는 비판적인 관점을 유지하며 전통 철학을 분석하는 철학으로 제시했다.

데리다 자신은 항상 부인했지만 그의 철학이 지니는 의미는 흔히 '철학의 정신분석'이라고 부르는 것에서 발견된다. 간단히 말하자면, 데리다의 해체주의는 2000년이 훨씬 넘는 역사와 스스로에 대해 상당히 고차원적인 관념을 유지해 왔던 '철학', 다시 말해 진리를 향한 사심 없는 사랑으로 정의되는 전통 철학을 "안락의자에 앉히고" 이 사랑의 기반을 마련하는 조건은 무엇인가, 이 사랑은 정말 아무런 감각적 동기도 없고 어떤 기술적 원인도, 지극히 사소하고 부차적인 목적도 없는 감정인가라는 질문을 던졌다. 철학은 이러한 질문에 답하면서 스스로를 변호하지만 텍스트의 행간에 감추어진 오류들이 하나둘씩 정체를 드러낼 때 진리는 표면 위로 떠오르기 마련이다.

물론 이 시점에서 뚜렷해지는 하나의 모순이 있다. 그것은 해체주의 역시 진리를 추구하며 어떤 식으로든 형이상학의 악습이나 위선에 영향을 받을 수밖에 없다는 것이다. 어쨌든 데리다는 고전 철학의 영향에서 벗어나 '참/거짓' 보다는 '정당/부당'을 선호하는 듯이 보인다. 우리가 만약 악하고 부당한 이기주의자이자 인종차별주의자라면 그 이유는 우리가 너무 많은 것들을 원하고 지나친 풍요와 도덕적, 사회적, 성적 정체성을 꿈꾸기 때문이다. 결과적으로 형이상학의 역사는 폭로해야 할 선과 악의 전쟁사에 가깝고 철학자는 박식한 혁명가에 가깝다.

이 해부 작업에서 문제시되는 것은 철학의 순수한 의도뿐만 아니라 철학의 정체, 즉 무언가 '순수한' 철학 같은 것이 역사, 과학, 신화, 특히 인간사와 무관하게 분리된 상태로 존재한다는 사실이다. 데리다에 따르면 이 순수성은 본래의 모습, 즉 신화적인 모습을 드러내야 한다. 다시 말해 철학적 담론의 중심이 그것의 여백에 남아 있는 수사학이나 기술 같은 영역들, 심지어는 철학과 정반대되는 것처럼 보이는 문학이나 예술 같은 분야를 피해 가기 힘들다는 사실이 드러나야 한다. 데리다의 이러한 작업은 상반되지만 밀접하게 연결되어 있는 두 가지 결과를 가져왔다. 우선적으로 데리다의 철학은 철학이라는 학문적 영역을 벗어나 상당히 다양한 분야에서, 예를 들어 비교문학이나 법학, 건축이나 영화 같은 분야에서 활발하게 논의되고 수용되는 현상을 낳았지만 한편으로는 그의 철학이 본질적인 차원에서 철학과 거리가 멀다는 부정적인 평가에 부딪혔다.

물론 데리다가 20세기에 철학 자체에 대한 비판적인 시각을 고집한 유일한 사상가는 아니다. 동일한 시각을 예를 들어 아도르노나 하버마스의 부정변증법에서도 찾아볼 수 있고 특히 데리다에게 많은 영향을 끼친 미셸 푸코의 계보학적 방법론에서도 유사한 비판적인 시각을 읽을 수 있다. 하지만 데리다는 그만의 독특한 접근 방식을 지니고 있었고 그의 독창성은 철학적 차원의 근본적인 문제들에 주목하는 시선과 1950년대의 프랑스 철학문화를 지배하던 현상학이 서로에게 주목하며 소통하도록 만들었다는 데 있다. 이러한 과정은 부분적으로나마 베트남 철학자 쩐 덕 타오Tran Duc Thao가 『현상학과 변증적 유물론Phénoménologie et matérialisme dialectique』(1951년)에서 제시한 경로를 추적하며 이루어졌다.

데리다는 첫 번째 저서 『후설 철학에서의 발생의 문제Le Problème de la genèse dans la philosophie de Husserl』(1952~1953년)에서 현상학을 일종의 해정술解錠術처럼 사용하며 당대의 화두였던 관념주의적인 구조주의와 유물론적인 역사주의의 대립 상황을 극복하는 데 주력했다. 19세기 말에 이와 유사한 문제를 다루었던 후설의 연구 과정을 참조하면서 데리다는 구조주의-역사주의 논쟁의 해결책을 제시했다. 데리다는 역사와 구조 사이에 대립관계가 아닌 상호 보완성이 존재한다고 보았다. 관념적인 구조는 하늘에서 떨어진 것이 아니며 기원을 지니지만 단지 이 기원에 구조들이 환원될 수 있다고 보기 힘들 뿐이다. 이는 논리학을 심리학으로 환원할 수 없는 것과 마찬가지다.

후설의 『기하학의 기원L'origine de la géométrie』(1962년) 프랑스어 번역본 서문에서 데리다는 순수과학의 역사라는 관점을 토대로 구조와 역사 간의 양자택일 문제를 직접적으로 다룬 바 있다. 기하학에서 관념주의는 필수적인 듯이 보인다. 우리는 '모든 변의 길이가 똑같은 삼각형은 각의 크기도 모두 동일하다'라는 사실이 '카이사르는 루비콘강을 건넜다'라는 사실과 동일한 유형의 진리라고는 생각하지 않는다. 기하학적 진리는 어떤 현실적인 조건에도 좌우되지 않으며 전적으로 독립된 것처럼 보이다. 예를 들어 '피타고라스의 정리'는 피타고라스Pythagoras가 실존 인물이 아니었다고 해도, 심지어는 발견된 적이 없더라도, 사실로 인정될 것이다. 이러한 상황을 주의 깊게 관찰한 관념주의 철학자 후설에 따르면, 피타고라스의 정리는 그것을 발견한 사람과 일치하지는 않는다. 하지만 피타고라스의 정리처럼 어떤 이상적이고 우발적이지 않은 실재가 존재하기 위해서는 피타고라스처럼 사실적이고 유한한 실재가 존재했어야만 한다. 뒤이어 피타고라스가 정리를 더 이상 기억하지 못하고 누군가에게 알려 주지도 못했다면, 피타고라스의 정리는 그와 함께 영영 사라지고 말았을 것이다. 반대로 그가 발견한 내용을 널리 알리기 위해서는 무엇보다도 그것을 기록으로 남기는 것이 필요했을 것이다.

데리다가 주목한 것은 결과적으로 관념의 조건이, 아이러니하게도, 다름 아닌 글의 경우처럼, 무언가 물질적인 것에 달려 있다는 것이었다. 현상학으로부터 멀어지기 시작한 시점에 집필한 『목소리와 현상』(1967년)에서 데리다는 이러한 생각의 보편화를 시도했고, 결국 글이 없다면, 흔적과 기억과 기호와 표상이 없다면 역사가 있을 수 없을 뿐 아니라 구조도, 관념도 있을 수 없다는 결론을 내렸다. 흔히 '구조'라고 부르는 것, 혹은 칸트적인 관점에서 지식의 조건으로 제시되는 '초월적인' 것은, 궁극적인 차원에서, 글이었다. 이것이 바로 같은 해 1967년에 출판한 『그라마톨로지』에서 다루었던 내용이다. 칸트가 우리와 세상의 관계를 중재하는 것으로 제시했던 범주들을 대체하기 위해 데리다는 지금까지 살펴본 글의 기능이 집중되어 있는 이른바 '원형-글Archi-écriture' 개념을 도입했다. 어쨌든 여기서도 데리다는 자신의 이론을 체계화하는 데 큰 관심을 기울이지 않았다. 다시 말해, 당시에 활발히 전개되던 일반기호학의 연구 방향과는 달리 『그라마톨로지』에서 데리다의 관심은 사회적 현실을 구축하는 기호들의 역할을 부각하기보다는 오히려 이 역할이, 전통 철학 내부에서뿐만 아니라 일상생활에서도, 체계적으로 은폐되어 왔다는 점을 강조하는 쪽으로 기운다.

이 은폐 현상을 데리다는 '로고스중심주의'라고 불렀다. 데리다가 플라톤에서 니체까지 이어지는 형이상학의 역사적 운명과 일치한다고 보는 이 '로고스중심주의'는 질료와 기호, 소통과 대화의 도구들이 관념 앞에서, 의미와 정신 앞에서 사라져 가는 현상을 말한다.

14.2 해체와 차이

데리다가 분석을 통해 도달하는 지점의 철학은 일종의 '불순이성비판'에 가깝다. 데리다가 중요하게 생각했던 것은 철학자가 스스로의 정신을 치료하고, 결국에는 한계와 전체주의적인 성격을 드러낼 수밖에 없는 순수성과 완전성의 꿈에서 벗어나야 한다는 것이었다. 이러한 특징을 감안하면, 그의 철학의 핵심 개념이 왜 '해체'인가는 보다 분명해진다. 데리다가 1967년에 '해체'라는 용어를 도입한 것은 하이데거가 40년 전에 형이상학의 역사를 설명하면서 도입했던 '해체Destruktion' 혹은 '분해Abbau'라는 개념을 복원하기 위해서였던 것으로 보인다. 하이데거의 생각은 전승 과정을 거치면서 무기력해진 개념들의 침전물을 분해하고 활성화함으로써 개념들이 본래의 생생한 의미의 되찾도록 해야 한다는 것이었다. 하지만 데리다가 여기에 덧붙여 강조하고자 했던 것은 오히려 해체의 구축적인 측면이다. 다시 말해 그에게 해체는 곧 무언가 다른 것의 구축을 의미했다.

  이것이 가능한 이유는 바로 데리다가 고려하는 영역이 이론적이기에 앞서 현실적이기 때문이다. 어떤 이론이 틀렸다는 것은 그것을 대체할 수 있는 진리가 없어도 증명이 가능하지만 어떤 현실적인 대안을 암묵적으로나마 제시하지 않고 특정한 삶의 형태를 비판한다는 것은 있을 수 없는 일이다. 물론, 데리다가 제시하는 '해체'의 개념은 가치들을 단순히 대체하는 차원을 뛰어넘는다. 그의 기본적인 생각은 가치들이 항상 상대적이라는 것이다. 예를 들어 검은색이 없으면 흰색도 없는 것과 마찬가지로 변두리 없는 중심도, 배경 없는 형상도, 불의 없는 정의도 존재하지 않는다. 인간은 정의를 위해 항상 이질적인 것, 타자, 이방인 등을 불의로 간주해 왔다. 바로 그런 의미에서 '해체'는 무엇보다도 이러한 상대적인 성격을 조명할 수 있어야 한다. 예를 들어 헤겔의 변증법에서 노예 없는 주인은 존재하지 않고 차이점 없는 정체성은 존재하지 않듯이, 무언가가 그것의 이면 없이는 존재하지 않으며 오히려 본질적인 차원에서 좌우된다는 사실을 밝혀야 한다. 그런 의미에서 차이는 곧 연관성이며 감추어진 공모관계다. 이것이 바로 헤겔의 논리를 뒷받침하는 직관적 사고, 즉 '삶과 죽음', '낮과 밤', '자연과 문화', '자연과 기술' 같은 상반된 요소들은 시간성만 도입하면 곧장 상호 보완적인 요소로 바뀐다는 생각이다.

바로 그런 이유에서 데리다는 '차이'를 뜻하는 프랑스어 différence에서 e를 a로 바꾸어 '차연'을 가리키는 différance로 표기했다. 프랑스에서 두 가지 사물 사이의 '차이'는 e가 들어간 différence라고 쓰지만 a를 써도 발음은 변하지 않는다. 따라서 이 신조어는, 언뜻 철자를 잘못 쓴 것처럼 보이지만, 사실은 프랑스어 문법의 '제롱디프Gérondif' 용법을 적용해 진행형의 의미를 강조함으로써 이 단어가 차이뿐만 아니라 차별화 행위, 거리를 두며 연기하는 행위를 가리키도록 만든 경우에 해당한다. 철자를 바꾼 이 용어는 데리다의 생각을 상징적인 방식으로 표현하는 데 쓰인다. 즉 데리다에 따르면, 삶의 일부를 차지하는 상반된 개념들은 자율적으로 존재하거나 처음부터 대립된 상태로 주어지는 것이 아니라 오히려 밀접한 연관성 속에서만 존재한다. 이처럼 상반관계 속에 숨어 있는 공모관계를 드러내기 위해 도입되는 것이 바로 시간 개념이다. 그렇다면 모든 것은 상대적이라는 결론을 내려야 할까? 그렇지 않다. 주목해야 할 것은 오히려 결정적인 것은 없다는 사실, 헤겔의 변증법에서처럼 절대적인 지식이나 궁극적인 진리에 도달하는 것은 불가능하다는 사실이다.

15

들뢰즈, 차이의 존재론에서
뿌리줄기의 논리학으로

15.1 개념들의 구축과 다양성의 존재론

1925년 1월 18일 파리에서 태어나 1995년에 사망한 질 들뢰즈는 소르본에서 공부하며 페르디낭 알키에Ferdinand Alquié, 장 이폴리트Jean Hyppolite, 조르주 캉길렘Georges Canguilhem의 강의를 들었고 캉길렘의 지도하에 흄에 관한 논문으로 박사학위를 받았다. 들뢰즈는 1948년부터 1957년까지 고등학교에서 철학을 가르쳤고 1957년부터 1960년까지 소르본 대학에서 철학사 조교로, 1969년 이후로는 파리 제8대학에서 교수로 활동했다. 이 시기에 상당한 분량의 중요한 현대 철학 이론서들을 집필했을 뿐 아니라 미셸 푸코, 펠릭스 가타리Felix Guattari 등과 함께 정치 활동에 적극적으로 참여하는 모습을 보였다. 특히 가타리와 함께 정신분석에 대한 정치 비판을 중심으로 여러 편의 중요한 저서들을 발표했고, 이들의 글은 반정신의학Antipsychiatrie의 관점을 인정하는 지식인들 사이에서 커다란 반향을 일으켰다. 1987년에 교수직에서 은퇴한 들뢰즈는 오랫동안 앓아 오던 호흡기 질환으로 기관절개수술을 받은 뒤 1995년에 자살했다.

들뢰즈의 주목할 만한 저서에는 『경험주의와 주체성: 흄에 따른 인간 본성에 관한 시론*Empirisme et subjectivité: Essai sur la nature humaine selon Hume*』(1953년), 『니체와 철학*Nietzsche et la philosophie*』(1962년), 『베르그송주의』(1966년), 『차이와 반복*Différence et répétition*』(1968년), 『의미의 논리*Logique du sens*』(1969년), 『시네마 I: 이미지-운동*Cinéma I : L'image-mouvement*』(1983년), 『시네마 II: 이미지-시간*Cinéma II : L'image-temps*』(1985년), 『푸코*Foucault*』(1986년), 『주름: 라이프니츠와 바로크*Le pli : Leibniz et le baroque*』(1988년), 『안티-오이디푸스*L'Anti-Œdipe*』(1972년), 『카프카: 소수문학을 위하여*Kafka: Pour une Littérature Mineure*』(1975년), 『천 개의 고원*Mille Plateaux*』(1980년), 『철학이란 무엇인가?*Qu'est-ce que la philosophie?*』(1991년) 등이 있다.

들뢰즈의 철학적 탐구는 독창적인 구성주의적 성격을 유지하며 전개되었다. 들뢰즈는 철학이 사고하려는 욕망이나 지혜에 대한 사랑에서 비롯되었다기보다는 생각을 해야 하는 상황이나 필요성에 의해 탄생했고 이러한 상황을 결정짓는 것은 생각할 여지를 마련해 주고 결과적으로 해석해야 할 일종의 기호로 부각되는 무언가와의 우발적이고 때로는 충격적인 만남이라고 보았다. 결과적으로 철학은, 해석의 요구에 답한다는 차원에서, 어떤 '개념의 창조'에 가까웠다.

들뢰즈가 지닌 사유의 이미지는 '다양체' 개념에 집중된다. 무엇보다도 이 용어는 어떤 식으로든 통일적이고 기초적인 성격의 단위나 원천적인 단계에서 주어질 수 있는 기본적인 단위의 특성을 가리키지 않으며 아울러 사유가 목적으로 간주할 수 있는 것, 다시 말해 상이한 '다양성들'을 하나의 체계 안에 조합하고 여기에 통일성을 부여할 수 있는 어떤 목적의 특성을 가리키지도 않는다. 들뢰즈는 어떤 기초 단위도 어떤 체계도 전제하지 않는 다양성의 이론을 구축했다.

그렇다면 이 '다양체'라는 실체를 우리는 어떤 식으로 이해해야 하는가? 다양성의 어떤 '총체'를 생각한다는 것은 가능한 일인가? 무엇보다도 다양체란 정확하게 '무엇'을 말하는가?

들뢰즈는 다양성의 어떤 '총체'가 실재한다고 보았고 이 '총체'가 어떤 "공존

가능성의 다양성"이라는 특성을 지니며 연쇄적 상관관계를 유지하는 다수의 '개별체'들로 구성된다고 주장했다. 예를 들어 '피에트로는 파올로보다 작다'라는 문장을 살펴보자. '크다'는 특성이나 '작다'는 특성이 그 자체로 존재하는 것은 아니므로 이러한 개념들의 의미는 이들의 관계에서만 부각될 수 있다. 하지만 바로 그런 이유에서, '더 작다'는 상대적인 특성은 어느 한 쪽만의 특성도, 그렇다고 두 쪽 모두의 공통된 특성도 아니다. 다시 말해 이 문장은 피에트로라는 사람 자체가 객관적으로 작다는 말을 하는 것도, 그렇다고 피에트로와 파올로가 모두 제삼자에 비해 더 작다고 말하는 것도 아니다. 상대적인 특성은, 이를테면, 중립적인 위치에 머문다. 그런 식으로 상대적인 관계 자체는, 연루된 비교의 대상들이 불변하는 경우에도, 얼마든지 변할 수 있다. 예를 들어 탁자 위에 잔 하나가 놓여 있는 경우에 우리는 잔을 어느 한쪽으로 치울 수 있고 이때 이 두 대상의 관계에 변화를 주는 셈이지만, 그렇다고 해서 잔이나 탁자 자체의 본질에 변화를 일으키는 것은 아니다. 또 다른 문장, '엘리스는 자란다'를 예로 들어 보자. 이 문장에서는 한 명에게만 하나의 사건이 적용된다. 어쨌든 엘리스가 자란다고 말하는 것은 곧 엘리스가 생각했던 것보다 더 크게 성장했다고 주장하는 것과 마찬가지인 동시에 엘리스가 좀 더 크게 자라기 바로 이전 상태, 즉 좀 더 작았던 상황을 전제로 말한다는 것을 의미한다. 따라서 이 단순한 문장 속의 엘리스는 성장이라는 사건 자체를 기준으로 좀 더 큰 동시에 좀 더 작은 상황에 놓여 있다. 이 문장의 핵심을 이루는 '주체' 엘리스는 '크다/작다'라는 상대적인 차별화의 관계 속에서만 주어지기 때문에 스스로에 대해 어리둥절할 수밖에 없는 상황에 놓여 있지만 상이한 가치를 취하면서도 하나의 개별체로 남을 뿐 아니라 사람들의 입에 오르내리는 것도 결국에는 엘리스의 이야기다. 그런 의미에서, 상대적 관계란 비교의 대상을 변형된 동시에 차별화된 상태로 제시하게 될 변화의 요인이 주어지는 사건을 말한다.

결과적으로, 들뢰즈가 프랑스 구조주의의 '구조' 개념과 유사한 형태로 제시하는 '존재'의 개념은 개별체라는 가장 기초적인 단위들의 상대적인 관계와 일치한다. 여기서 개별체들이란 지속적으로 요구되는 변화를 겪으면서 가치가 정의되고 수정되는 요인들의 관계를 말한다. 존재의 개념이 관계와 일치한다는 것은 곧 존재의 의미가 고스란히 생성으로 환원될 수 있다는 것을 의미한다. 이것이 바로 들뢰즈가 베르그송의 철학에서 도출해 낸 철학적 가르침이다.

15.2   펠릭스 가타리와의 협력

들뢰즈와 가타리가 공동 집필한 여러 편의 저서들 가운데 가장 큰 관심과 인기를 끌었던 두 권의 책은 『안티-오이디푸스』와 『천 개의 고원』이다. 첫 번째 책은, 제목에서 짐작할 수 있듯이, 프로이트의 정신분석과 라캉의 프로이트 재해석 작업에 대한 총체적인 비판으로 이루어졌고, 반정신의학 운동의 지지자들 사이에서 널리 읽히며 적잖은 반향을 일으켰다. 이 책에서 저자들이 특별히 거부했던 것은 욕망을 결핍 혹은 거세 효과로 보는 프로이트의 이론과 욕망의 가능성 자체가 궁극적으로는 유아기의 가족관계와 심리적 성장 단계에 집약되어 있다고 보는 관점이다. 이러한 시각을 대체하기 위해 저자들은 '기관 없는 신체corps sans organs', 즉 유기체화하기 이전 상태의 신체이자 본능적으로 유기체화를 거부하는 신체의 구도 속에서 전개되는 욕망의 생산성 혹은 이른바 '욕망하는 기계'의 생동주의적인 관점을 제시했다.

두 번째 책 『천 개의 고원』은 '뿌리줄기'의 이미지와 함께 시작된다. 이 이미지에서 저자들은 통일성 없는 다양성 혹은 통일적인 기초 단위의 단순한 전시라고 볼 수 없는 원천적인 형태의 다양체를 발견했다. 위계적인 체계와는 달리, 여기에는 미리 정해진 입장이나 일관적인 방향의 발전이 없으며 어떤 지점도 다른 것들에 비해 유리한 위치를 점하지 않고, 오히려 "뿌리줄기의 특정 지점이 다른 모든 지점과 직접적으로 연결될 수 있으며 또 그래야만 한다".

16

분석철학

16.1 언어의 형성

철학사에서는 일반적으로 네 명의 철학자, 즉 고트로프 프레게(1848~1925년), 버트런드 러셀(1872~1970년), 조지 에드워드 무어(1873~1958년), 그리고 루트비히 비트겐슈타인(1889~1951년)을 분석철학의 창시자로 간주한다. 오늘날에도 여전히 지대한 영향력을 발휘하고 있는 이들의 사상은 수많은 학자들, 특히 잉글랜드와 미국의 철학자들에 의해 적극적으로 수용되는 경향을 보였다. 분석철학은 종종 날카로운 비판의 대상으로 지목되었지만 또 다른 발전의 계기를 마련하면서 상당히 다양한 방향으로 세분화되는 양상을 보였다. 따라서 분석철학의 분명한 특징을 발견하기란 쉽지 않은 일이다.

러셀의 저서 『지시에 관하여*On denoting*』(1905년)가 주제와 방법론, 양식과 영향력의 차원에서 분석철학을 대표하는 책이라는 사실은 어느 누구도 의심하지 않을 것이다. 여기서 러셀이 어떤 이야기를 하는지 간략하게나마 살펴보고 분석철학에 대한 개괄적인 이해를 시도해 보자.

예를 들어 '소크라테스', '플라톤', '페가수스', '누군가', '철학자', '날개 달린 말', '어느 누구', '어느 것' 같은 표현들은 전부 동일한 문법적 형태를 지닌 것처럼 보인다. 왜냐하면 아무런 조건 없이 주어로도 사용될 수 있고 보어로도 사용될 수 있기 때문이다. 예를 들어 우리는 '소크라테스가 달린다'라는 말을 '한 철학자가 달린다'라고 표현할 수도 있고 '소크라테스가 페가수스를 탄다'라는 말을 '소크라테스가 날개 달린 말을 탄다'라고 표현할 수도 있다. 하지만 이러한 단순한 표현들이 추론에 사용될 때에는 어떤 식으로 사용되느냐에 따라 커다란 차이가 발생한다. 예를 들어 다음과 같은 추론은 옳다.

1*a*. 소크라테스는 달린다.
따라서 누군가는 달린다.

2*a*. 세척은 가루세제보다 비누로 훨씬 더 깨끗하게 할 수 있다.
따라서 가루세제보다 훨씬 더 깨끗하게 세척할 수 있는 무언가가 존재한다.

3*a*. 피에트로는 마리아를 사랑하고 파올로도 마리아를 사랑한다.
따라서 피에트로와 파올로가 모두 사랑하는 한 여인이 존재한다.

반면에 이하의 추론은 옳지 않다.

1*b*. 아무도 달리지 않는다.
따라서(?) 누군가는 달린다.

2*b*. 어느 것도 비누보다 더 깨끗하게 세척하지는 못한다.
따라서(?) 비누보다 더 깨끗하게 세척할 수 있는 무언가가 있다.

3*b*. 피에트로는 한 여인을 사랑하고 파올로도 한 여인을 사랑한다.

따라서(?) 피에트로와 파올로가 모두 사랑하는 한 여인이 존재한다.

문법적인 관점이 아니라 논리적인 관점에서 볼 때, '소크라테스'라는 이름과 '무언가', '어느 것', '날개 달린 말', '한 여인' 같은 이름들 사이에는 커다란 차이가 있다. 오늘날 문법학자들은 더 이상 이러한 차이점을 간과하지 않지만 1905년의 상황은 달랐고, 바로 그런 이유에서 러셀은 문법적인 차원의 표면적인 분석보다 논리적 분석이 훨씬 더 상세하고 치밀하다는 생각을 할 수 있었다. 모든 고유명은 그 이름을 사용하는 특정 개인을 가리키지만 두 번째 유형의 표현들은 개인을 가리키지 않는다. 만약 개인을 가리킨다면 추론 1*b*, 2*b*, 3*b*는 모두 옳을 것이다. 하지만 그렇지 않다.

현대 논리학, 특히 프레게의 양화 이론에 따르면, '한 철학자가 달린다'라는 말은 '철학자이면서 달리는 누군가 혹은 무언가가 존재한다'라는 말과 동일한 의미를 지닌다. 하지만 사실 동일한 의미를 지닌다는 표현 자체는 부정확하다. 예를 들어 다랑어는 참치와 같은 물고기를 가리키는 말이다. 하지만 참치가 다랑어와 동일한 의미를 지닌다고 볼 수 있을까? 따라서 '사람들은 다랑어가 참치라는 사실을 모른다'라는 말과 '사람들은 다랑어가 다랑어라는 사실을 모른다'라는 말이 동일한 의미를 지녔다고 할 수 있을까? 우리가 '의미'라는 말로 정확하게 무엇을 가리키는지 정하지 않는 이상, 그렇다고도 그렇지 않다고도 말할 수 없다. 어쨌든 확실한 것은 '한 철학자가 달린다'라는 문장과 '철학자이면서 달리는 누군가 혹은 무언가가 존재한다'라는 문장은 가능한 모든 상황에서 모두 참이거나 모두 거짓이라는 사실이다. 다시 말해 이 문장들은 동일한 진실의 조건을 갖췄다. 사실상 중요한 것은 이것이다. 우리가 두 문장이 동일한 의미를 지닌다고 말할 때 의도하는 것은 두 문장이 참으로 인식될 수 있는 동일한 조건을 갖췄다는 것이다. '의미'의 본질이 '진실의 조건' 속에 있다는 생각은 사실상 프레게와 비트겐슈타인이 주장했던 철학적 핵심 논제들 가운데 하나다. 다음과 같은 문장들은 모두 동일한 의미를 지닌다.

a. 한 철학자가 달린다.

b. 철학자이면서 달리는 누군가 혹은 무언가가 존재한다.

c. 최소한 한 명의 x가 존재하며, 이때 x는 철학자인 동시에 달리는 사람이다.

d. x(철학자(x), 달리다(x))

   d는 논리학 언어로 묘사된 c다.

이제 '독을 마신 철학자', '현재의 프랑스 왕', '아담과 이브의 아들' 같은 표현들을 검토해 보자. 이러한 표현들과 '어떤 철학자'라는 표현의 유일한 차이는 전자가 구체적인 특징을 지닌 인물들을 가리키는 반면 후자는 특별히 누군가를 가리키는 표현이 아니라는 점이다. 이상의 표현들은 아울러 구체적인 인명과 함께 분류하는 것이 가능하다. 예를 들어 우리는 '독을 마신 철학자'가 가리킬 수 있는 인물이 최소한 한 명은 존재한다는 것을 알고 있다. 그는 바로 소크라테스다. 물론 '현재의 프랑스 왕'이나 '아담과 이브의 아들' 같은 경우는 인명을 대입하지 않는 편이 오히려 낫다는 것을 이해하는 것으로 충분하다. 오늘날의 프랑스는 민주주의국가여서 왕이 존재하지 않고 아담과 이브는 한 명이 아니라 여러 명의 아들을 낳았기 때문이다. 추론에서 이러한 표현들은 보통 고유명사와는 다른 방식으로 기능한다. 이러한 표현들을 우리는 이른바 '한정 기술 definite description'에 속하는 것으로, 그리고 '어떤 철학자'나 '어떤 프랑스 왕' 같은 표현들을 '비한정 기술 indefinite description'에 속하는 것으로 분류할 수 있다.

이하의 표현들은 모두 동일한 의미를 지닌다.

e. 현재의 프랑스 왕은 대머리다.

f. 정확하게 한 명의 x가 존재하며, 이때 x는 현재의 프랑스 왕인 동시에 대머리인 사람이다.

g. x(현재의 프랑스 왕(x), 대머리(x)).

h. x(현재의 프랑스 왕(x), y(현재의 프랑스 왕이 y일 경우 y=x), 대머리(x)).

I. 최소한 한 명의 x가 존재하며, 이때 x는 현재의 프랑스 왕이며 y가 현재의

프랑스 왕일 경우 모든 y는 x이고 x는 대머리이다.

여기서 g와 h는 논리학적 언어로 쓰였고 이 문장들의 의미는 e와 동일하다. 좀 더 명확한 형태를 취하기 때문에 g와 h는 e의 논리적인 형식과 '소크라테스는 달린다' 같은 단순한 문장의 차이를 보다 분명하게 보여 주며, 바로 그런 이유에서 e의 논리-철학적인 분석이라고 볼 수 있다.

이하의 p와 q도 동일한 의미를 지닌다.

p. 현재의 프랑스 왕은 존재한다.

q. x(현재의 프랑스 왕(x), y(현재의 프랑스 왕이 y 일 경우 $y=x$)).

이 모든 것이 논리적인 관점에서뿐만 아니라 철학적인 관점에서 흥미로운 이유는 무엇인가? '소크라테스는 달린다'라는 표현과 '독을 마신 철학자가 달린다'라는 표현은 모두 소크라테스를 언급하며 그가 달린다는 이야기를 하는 것처럼 보이지만 사실은 적어도 두 종류의 상당히 다른 분석이 적용된다는 것을 확인할 수 있다. 다시 말해 두 번째 문장은 첫 번째 문장이 요구하는 분석과는 전혀 다른 분석을 요구한다. 첫 번째 문장은 특정 개인을 언급하며 이 사람이 달린다고 말한다. 반면에 두 번째 문장은 보편적인 성격의 문장이며 어떤 특징, 즉 독을 마신 철학자라는 특징을 지닌 사람이, 유일하게, 달리는 사람이라고 말한다.

한편, 기원전 5세기경의 철학자 파르메니데스가 제시했던 '비존재'의 문제는 역사적으로 수많은 철학자들에게 다양한 고민거리와 숙제를 안겨 주었다. 문제는 존재하지 않은 무언가를 상식적인 차원에서 수식하는 것이 어떻게 가능한지, 다시 말해 '페가수스', '현재의 프랑스 왕', '무無'처럼 존재하지 않는 것에 어떤 특성을 부여하는 명제들이 어떻게 의미를 지닐 수 있는지 이해하는 데 있었다. 이러한 유형의 명제들은 사실 얼마든지 있다. 우리가 앞에서 인용한 몇몇 표현들을 조합해서 만들 수 있는 문장들, 예를 들어 '페가수스는 존재하지 않는다'

또는 '현재의 프랑스 왕은 존재하지 않는다' 같은 문장들은 참으로 간주된다.

'비존재'의 문제를 해결하기 위해 고심했던 알렉시우스 마이농(1853~1920년) 같은 철학자는 '페가수스'나 '현재의 프랑스 왕' 같은 용어들이 겉으로 보이는 것과는 달리 어떤 명제 안에서, 특히 의도가 표현되는 종속문, 예를 들어 '피에리노는 페가수스를 타기 원한다' 또는 '어떤 소녀는 현재의 프랑스 왕이 훌륭한 신랑감이라고 생각한다' 같은 문장에서 주어나 보어로 활용될 수 있지만, 사실은 독특한 형태로 존재하는 무언가를 가리킨다고 생각했다. 그는 '페가수스'나 '현재의 프랑스 왕' 같은 용어들이 물질적인 객체가 아니라 추상적인 실재 또는 문화적 표현의 형태로 존재한다고 보았다.

뒤이어 러셀은 적어도 '한정 기술'에 대해서만큼은 좀 더 나은 해결책이 있다는 것을 보여 주었다. 러셀에 따르면, 우리가 깨달아야 할 것은 '한정 기술'을 통해 구축된 표현들이 어떤 면에서는 마치 개별적인 용어들인 것처럼 인지되고 따라서 어떤 명제의 주어로도 활용될 수 있지만 '소크라테스'나 '플라톤' 같은 개별적인 용어는 아니라는 비교적 단순한 사실이다. 일단 명제를 분석하고 논리적 형식이 분명히 드러나도록 다시 기술하면 '개별적인 용어'라는 알쏭달쏭한 개념의 환상은 사라지고 만다. '현재의 프랑스 왕' 대신 '현재의 프랑스 왕이라고 부르는 것'이라는 표현과 '양화사'를 사용하면, 구체적으로 무엇(사실상 존재하지 않는 것)을 가리키는가라는 문제는 제기조차 되지 않는다. 문제 자체가 소멸된 셈이다.

러셀의 '한정 기술' 이론은 '비존재'의 문제를 해결하면서 이른바 '철학의 패러다임'으로 등극했다. 분석철학의 핵심 내용을 구축하는 기본적인 관점들이 모두 함축되어 있는 러셀의 이론은 2000년이 넘는 세월 동안 해결되지 못한 상태로 남아 있던 문제를 언어의 논리적 분석을 통해 해결했다. 분석의 목적은 자연언어로 구축되는 명제들 속에 깊이 숨어 있는 논리적 구조를 논리-분석적인 차원에서 드러내거나, 약간은 다른 차원에서, 이 명제들을 다른 유형의 명제로, 즉 아리스토텔레스의 논리학보다 훨씬 더 견고하고 완전한 현대 논리학의 형식언어를 활용하는 명제로 대체하는 데 있었다. 프레게와 마찬가지로 자연언어를 그다지 대수롭지 않게 생각했던 러셀은 형식언어를 선호한 반면 이들의 뒤를 잇는 분석철학자들은 대부분 자연언어를 존중하며 좀 더 중립적인 입장을 취했다.

논리 분석 자체가 어떤 철학적인 차원의 구체적인 앎, 예를 들어 물리학이나 역사학의 지식과 유사한 형태의 지식을 구축하는 데 소용되는 것은 아니다. 논리 분석은 오히려 어떤 철학적인 문제가 사실은 우리가 사용하는 언어 자체에 대한 몰이해에서 비롯된다는 것을 증명하는 데 쓰인다. 바로 그런 이유에서, 비트겐슈타인은 논리 분석이 일종의 치료와 같다는 결론을 내렸다. 물론, 논리 분석의 전개 방식을 구성하는 기초적인 요소들은 대부분 수학-논리학자들의 예와 이들의 논증 방식에서 유래한다.

16.2   러셀 이후

러셀이 1905년에 출판한 『지시에 관하여』는 전통 철학의 또 다른 문제들, 어쩌면 '다른 모든' 문제들이 위에서 살펴본 것과 동일한 방식으로 해결되거나 소멸될 수 있으리라는 희망을 가져다주었다. 바로 그런 차원에서 분석철학자들은 러셀이 제시한 이론과 연구 방향을 따라, 아울러 러셀 자신이 인정했던 것처럼 그에게 지대한 영향을 끼친 프레게의 방법론을 기준으로 언어 분석을 심도 있게 발전시키기 시작했다. 언어철학과 의미론 분야에서 가장 신선하고 독창적인 생각들을 제시한 인물은 비트겐슈타인이지만, 루돌프 카르납을 비롯해 윌러드 콰인(1908~2000년), 힐러리 퍼트넘(Hilary Putnam, 1926년~), 솔 크립키(Saul Kripke, 1940년~), 데이비드 캐플런(David Kaplan, 1932년~), 리처드 몬태규(Richard Montague, 1930~1971년), 도널드 데이빗슨(1917~2003년), 마이클 더밋(Michael Dummett, 1925~2012년) 등도 중요한 업적을 남겼다.

인식론 분야에서는 빈학파의 철학자들, 특히 카르납과 콰인이 중요한 역할을 했고 존재론 분야에서는 콰인과 데이비드 루이스(David Lewis, 1941~2001년), 수학철학 분야에서는 카르납, 콰인, 더밋의 역할이 두드러졌다. 물론 이 세 분야 뿐만 아니라 다양한 분야의 철학적 학문들, 예를 들어 미학이나 정신철학 분야에서도 수많은 연구자들이 의미 있는 연구 결과들을 제시했다. 언어 분석이라는 영역에서 철학은 일종의 공동 작업으로 연구되는 양상을 보였고 이들의 연구는 참여하는 학자들의 밀접한 관계와 원활한 학문적 교류를 토대로 전개되었다. 사실상 거의 모든 분야와 성향의 분석철학자들이 러셀의 연구 결과와 무엇보다도 그의 방법론에서 무언가를 배우고 이를 토대로 고유의 이론을 발전시켰다. 그리고 이러한 현상은 언어 분석을 직접적인 탐구 대상으로 간주하지 않고 무언가를 증명하기 위한 도구로도 활용하지 않는 학자들에게도 마찬가지로 일어났다. 따라서 윤리학이나 정치학 분야의 분석철학자들은 물론 특수 과학의 인식론 연구가들, 심지어는 종교철학자들과 미학자들까지 러셀과 그의 저서로부터 무언가를 배우고 영향을 받았다고 해도 그다지 틀린 이야기는 아니다.

러셀 이후의 분석철학은 발전을 거듭했지만 열성적인 연구 활동은 결국 1960년대에 들어서면서 러셀의 이론에 대한 비판적인 시각이 대두되는 상황으로 이어졌다. 이 과정을 이해하기 위해서는 먼저 러셀의 '고유명' 이론과 '한정 기술' 이론에서 부각되는 쟁점들에 주목할 필요가 있다. 러셀은 '이름'의 논리적 형식을 '한정 기술'에 의한 표현의 논리적 형식과 명백하게 구분한 뒤 놀랍게도 전자의 영역을 축소시켰다. 러셀은 어떤 이름이 무엇을 가리키는지 의심할 여지가 없고 그것에 대한 지식도 우리가 직접적으로 얻은acquaintance 경우에만 그것을 '진정한' 이름으로 간주했다. 그는 다름 아닌 대명사 '나'를 바로 이러한 부류의 이름들 가운데 가장 전형적인 예로 제시했다. 러셀은 흔히 '고유명'이라고 부르는 것들, 예를 들어 '율리우스 카이사르'나 '비스마르크' 같은 이름들이 특정 개인을 가리킬 수 있을 뿐 반드시 가리켜야 하는 것은 아니며 오히려 이런 이름을 지닌 인물들이 과연 존재한 적은 있는지 언제든지 물을 수 있다고 보았다. 이러한 물음 속에서 이 이름들은 다름 아닌 '한정 기술'의 표현과 동일한 방식으로 기능한다. 우리는 '현재 프랑스 왕은 존재하지 않는다'라는 명제의 논리적 형식이 무엇인지 알고 있다. 하지만 '율리우스 카이사르는 존재하지 않는다'라는 명제의 논리적 형식은 무엇인가? 이 명제의 논리적 형식이 'x는 존재하지 않는다'라면 결국에는 '비존재'의 문제가 다시 제기될 수밖에 없다. 따라서 러셀은 다음과 같은 결론을 내렸다. 무엇보다도 무엇이 '존재한다'라는 표현은, 다름 아닌 칸트가 주장했던 대로, 수식어가 될 수 없다. 아울러 '율리우스 카이사르'라는 이름은 진정한 이름이 아니라 무언가의 변질되거나 축약된 표현, 예를 들어 '갈리아를 정복했고 브루투스에게 암살당한 로마의 장군이자 정치인'의 축약된 표현에 불과하다. 일반적으로 이름 'N'은 누가 우리에게 N의 정체를 물을 때 우리가 그에게 제시하는 묘사의 축약이다.

　러셀에 앞서 프레게는 모든 이름이 지시 대상 외에도 하나의 의미를 지녀야하며 이 의미란 곧 이름이 지시 대상을 '소개하는' 방식에 가깝다고 주장한 바있다. 이름의 의미는 다름 아닌 '한정 기술'에 의해 표현될 수 있기 때문에, 프레게와 러셀은 모두, 이름과 직결되는 묘사 속의 특성을 지시 대상이 지닌 만큼, 고유명이 가리키는 것은 고유의 지시 대상이라는 점을, 그것이 존재할 경우에 한해서 인정한다. 묘사가 이름에 관여하는 것은, 프레게의 경우처럼, 묘사가이름의 의미를 표현하기 때문이기도 하고 이름이 묘사를 축약하기 때문이기도하다. 어쨌든 고유명이 가리키는 것은 고유의 지시 대상이다. 예를 들어 '율리우스 카이사르'라는 이름은 어떤 특정 인물을 가리키지 그 외의 또 다른 누군가를 가리키지 않는다. 왜냐하면 이 특정 인물이 바로 '갈리아를 정복했고 브루투스에게 암살당한 로마의 장군이자 정치인'이기 때문이다. 달리 말하자면, 프레게와 러셀의 입장에서, 고유명은 어떤 대상을 가리킨다는 사실 자체에 대한 설명을 내용으로 지닌다.

　물론 고유명에 대한 이러한 논의는 그다지 중요하지 않은 문법적 범주의 기능 방식과 관련된 어떤 세부적인 문제에 지나지 않는다는 인상을 주지만 사실은 그렇지 않다. 왜냐하면 정말 중요한 것은 말과 사물, 언어와 세계 사이에 존재하는 기본적인 관계, 즉 지시관계의 본질이 무엇인지 깨닫는 데 있기 때문이다. 여기서 이러한 관계의 가장 전형적인 예로 제시되는 것이 바로 고유명과 고유명 보유자의 관계다. 프레게와 러셀에 따르면, 이름이 사물과 관계하는 이유는 이름 자체가 사물에 대한 묘사를, 드러난 형태로든 감추어진 형태로든, 내용으로 지니기 때문이다. 어떤 이름이 어떤 유일무이한 사물을 가리킨다면 그 이유는 이름이 사물을 정확하게 묘사했기 때문이다.

하지만 1960년대에 들어서면서 힐러리 퍼트넘, 솔 크립키, 데이비드 캐플런, 키스 도넬런Keith Donnellan 등의 철학자들은 이러한 묘사 이론을 다양한 방식으로 비판하기 시작했다. 이들이 가장 먼저 주목했던 것은 우리가 어떤 유형의 한정 기술도 적용할 수 없는 이름들이 존재한다는 사실이다. 예를 들어, 대부분의 사람들은 그들의 지식이 허락하는 한도 내에서 얼마든지 '키케로'라는 이름을 사용할 수 있지만 '키케로는 누구인가?'라는 질문에는 일반적으로 '로마의 한 연설가'라고 대답한다. 문제는 이러한 답변이 어떤 유일무이한 인물의 정체를 묘사하지 않는다는 것이다. 반대로 우리가 어떤 이름에 '한정 기술'을 적용할 수 있는 경우가 있지만 이때 우리가 사용하는 것은 '옳은' 묘사가 아니다. 예를 들어, 많은 사람들이 '아인슈타인은 누구인가?'라는 질문에 '원자폭탄 발명자'라고 대답하지만, 여기서 발생하는 문제는 사람들이 '아인슈타인'이라는 이름으로 아인슈타인을 생각하지 실제로 원자폭탄을 발명한 로버트 오펜하이머Robert Oppenheimer와 그의 조력자들을 떠올리지 않는다는 것이다.

묘사 이론의 비판자들이 주목한 두 번째 문제는 어떤 이름이 지시하는 바가 '한정 기술'에 의해 제한된다 하더라도, '이름'의 기능과 '한정 기술'의 기능은 상당히 다르다는 것이다. 이러한 측면은 무엇보다도 양상논리를 표현하는 명제들의 경우, 예를 들어 왜 어떤 것들은 어떨 수도 있고 그렇지 않을 수도 있는지 설명하거나 왜 어떤 것들은 필연적으로 어떠해야만 하는지 설명하는 명제들의 경우에 분명하게 드러난다. 결과적으로 이들은 이름이 묘사를 함축한다고도 할 수 없고 묘사가 이름의 의미를 부여한다고도 할 수 없다고 보았다.

묘사 이론의 비판자들에 따르면, 일상생활에서 부각되는 이름과 수많은 표현의 이미지는 사실 프레게와 러셀이 제시한 것과는 상당히 다르다. 많은 표현들이 이름의 묘사를 내용으로 담고 있을 가능성은 충분히 있지만 그 내용이 지시

대상을 결정하는 데 어떤 구체적인 역할을 하는 것은 아니다. 이들은 많은 표현들이 '직접적으로' 말할 뿐 어떤 의미나 묘사의 중재를 필요로 하지 않으며, 결과적으로, 무언가를 지시하는 이유는 그것을 정확하게 묘사하기 위해서가 아니라 단순히 원천적으로, 마치 세례를 받은 듯이, 지시 대상과 결속되어 있기 때문이라고 보았다. 지시 대상을 지닌 수많은 표현은 언어 공동체 내부에서, 따라서 어떤 지시 대상에 대한 지식을 한 번도 경험적인 차원에서 취득한 적이 없는 언어 사용자들 사이에서도 확산되기 마련이다. 예를 들어 어떤 글이나 이미지는 복사본의 형태로, 따라서 변질될 가능성을 안고 있지만 원본과의 원천적이고 역사적인 관계를 그대로 유지한 상태에서, 얼마든지 전파될 수 있다.

결과적으로는 러셀의 '한정 기술' 이론도 의혹과 비판의 대상으로 거론될 수밖에 없었고 러셀의 관점이 지니는 이론적 타당성에 관한 논쟁은 오늘날에도 여전히 계속되고 있다. 물론 많은 표현들 가운데 러셀의 분석이 적절하다고 볼 수밖에 없는 경우들이 존재하는 것은 사실이다. 하지만 자연언어에는 분석철학의 창시자들이 미처 알아차리지 못했거나 고려의 대상으로 간주하지 않은 수많은 표현 형식과 활용 방식이 존재한다. 우리가 빈번히 사용하는 묘사 방식 가운데 하나는, 인물을 묘사하면서 구체적인 묘사에 상응하는 특정 인물에 대해 이야기한다기보다는 오히려 우리의 머릿속에 있는 누군가에 대해 말할 목적으로, 그리고 그 누군가의 특징에 대한 사람들의 관심을 불러일으킬 목적으로 이야기하는 것이다. 이 경우에 우리는 머릿속에 있는 개인에 대한 묘사가 부정확하더라도 우리의 묘사만으로 우리가 원하는 바를 충분히 전달할 수 있다. 그런 식으로 우리는 특정 개인에 대해서도 무언가 옳은 말을 할 수 있다. 예를 들어, 어떤 스미스라는 인물의 살해자로 지목받은 피고인의 재판 과정을 지켜보면서 누군가가 다음과 같이 말했다고 가정하자. '스미스의 살해자는 이상한 방식으로 행동한다.' 뒤이어 판사가 피고인은 무죄이며 스미스의 살해자가 아니라는 판결을 내렸다고 해도 화자는 그의 머릿속에 있던 인물에 대한 어떤 진실을 말하는 데 성공한 셈이며, 청취자가 누구에 대한 이야기인지 이해만 한다면, 자신의 의사를 전달하는 데 성공한 셈이다.

반면에 러셀의 분석에 따르면, 화자의 발언은 사용된 묘사가 정확하게 지시하는 인물, 다시 말해 스미스를 정말 살해한 진범에 대한 발언으로 간주되어야 한다. 하지만 이 진범은 오히려 '이상한 방식으로 행동'하지 않았을 가능성이 크다. 왜냐하면 판사가 무죄 판결을 내린 만큼, 법정에 출석해 있는 인물이 아닐 가능성이 크기 때문이다. 이처럼 화자가 묘사 자체를 누구에 대해 이야기하고 있는지 '알리기' 위해 사용하는 '지시적referential' 묘사 방식에 대해 러셀은 적절한 설명을 제시하지 못한다. 어느 것이 더 근원적인 묘사 방식인가? '지시적' 묘사 방식인가 아니면 러셀이 주장했던 방식, 즉 묘사와 일치하는 대상을 지시하는 '수식적attributive' 묘사 방식인가?

물론 이 경우에도 쟁점 자체는 특이한 표현 범주의 의미론과 관련된 사소한 문제라는 인상을 주지만 사실은 그렇지 않다. 왜냐하면 관건은 어떤 발언의 내용과 그것을 듣는 청취자의 이해가 무엇보다도 사용된 표현들의 문자적인 의미 또는 개별적인 차원에서 활용되기 전에 언어적 습관에 의해 정형화된 의미에 좌우되는지, 아니면 본질적으로 화자들이 머릿속에 지니고 있는 생각, 결과적으로 발언을 통해 청취자들의 머릿속에도 떠오르게 만들 수 있는 생각에 좌우되는 것인지 이해하는 데 달려 있기 때문이다. 전자의 경우 특정 발언의 이해는 전적으로 언어 공동체가 일련의 표현에 부여하는 의미들을 토대로 이루어지는 반면, 후자의 경우에는 무엇보다도 화자가 머릿속에 지니고 있는 생각이 중요한 요소로 부각된다. 물론 이 경우에도 화자가 사용한 표현의 문자적이고 관습적인 의미는 중요하지만 그것이 중요한 이유는 무엇보다도 화자의 심리적 상태를 분명히 하는 데 필요하기 때문이다. 바로 그런 이유에서 청취자는 다음과 같은 질문을 떠올린다. 화자는 왜 그런 표현을 사용했을까? 머릿속에 무슨 생각을 지니고 있었던 걸까? 왜냐하면 화자의 발언 내용을 결정할 수 있는 유일한 요인이 바로 그가 머릿속에 지니고 있던 생각이기 때문이다. 발언 내용을 이해하는 방식은 이처럼 두 종류의 상반된 관점으로 대별된다. 즉 언어의 사회적인 차원을 중시하는 관점과 개인적인 차원을 중시하는 관점으로 대별되며 이러한 관점들 간의 차이와 모순이 바로 오늘날 언어철학자들 사이에서 전개되는 토론의 핵심 내용을 이룬다.

반면에 프레게와 러셀이 이끌었던 분석철학의 핵심을 구축하던 언어철학은 더 이상 토론의 대상이 아니다. 무엇보다도 더밋이 분류한 분석철학의 세 가지 특징, 혹은 분석철학을 특징짓는 세 가지 기본적인 관점이 모두 프레게에서 유래한다는 점에 주목할 필요가 있다. 첫 번째는 철학이 무엇보다도 '사유'를 다루어야 한다는 관점, 두 번째는 사유 자체가 사고 행위의 개인-심리적인 차원과 과정으로부터 구별되어야 하며 오히려 사유의 '내용'으로 간주되어야 하고 그런 의미에서 다수의 개인이 정신적으로 공유할 수 있는 내용이어야 한다는 관점, 세 번째는 사유 자체가 연구 대상으로 간주되어야 하며 특히 그것이 표명되는 곳, 즉 언어 속에서 탐구되어야 하고, 바로 그런 이유에서 언어 분석이 철학의 가장 확실하고 핵심적인 도구라는 관점이다. 이제는 많은 철학자들이 이러한 부류의 관점에 더 이상 동의하지 않는다. 오늘날 분석철학의 특징은 더 이상 내용을 기반으로 정의될 수 없는 단계에 도달했다. 지금은 오히려 상당히 전문적인 차원의 지적 교류와 역사상 전례를 찾아보기 힘든 높은 수준의 철학적 명백함과 엄격한 방법론적 기준을 특징으로 하는 일종의 분석철학 공동체가 존재한다고 볼 수 있다. 이 방법론적 기준의 모체는 여전히 1905년에 출판된 러셀의 저서 『지시에 관하여』다.

분석철학의 형이상학과
존재론

오늘날 형이상학과 고대 존재론에 대한 연구는 과거 어느 때보다도 더 활발하게 진행되고 있다. 분명하게 드러나는 용어상의 차이점과 전적으로 새로운 차원의 논리학적 개념이나 도구들, 형이상학 연구자들이 눈여겨보아야 할 과학적 개념들의 근본적인 차이점 등을 제외하면, 사실상 아리스토텔레스가 '제1철학'이라는 범주 안에서 논의했던 문제들 가운데 상당수가 오늘날에도 여전히 '형이상학'과 '존재론'이라는 범주 안에서 계속 논의되고 있으며, 아울러 이러한 문제들을 중심으로 제시되는 현대적인 해결책에서도 여전히 고대 철학자들의 접근 방식과 관점의 흔적이 발견된다. 현대 철학이 이 오랜 전통과 유지하는 사상적 근접성은 20세기 중반 이후에 특별한 관심을 기울이며 형이상학을 총체적으로 연구하기 시작한 '분석철학' 내부에서 보다 명백한 방식으로 부각되었다. 몇몇 급진적인 분석철학자들의 반형이상학적인 입장에도 불구하고, 형이상학에 대한 분석철학자들의 관심은 결코 줄어들지 않았다.

1950년대에는 분석철학 내부에서 이른바 '일상언어철학'이라고 불리는 성향이 부각되었고 결과적으로 철학자들의 관심은 인위적인 언어에서 자연언어로 기울어지기 시작했다. 이러한 성향을 확실한 특징으로 만드는 데 결정적인 역

할을 했던 철학자 피터 스트로슨(Peter Strawson, 1919~2006년)은 존재하는 것의 일반
론에 접근하는 방식을 '기술형이상학descriptive metaphysics'과 '점검형이상학revisionary
metaphysics'으로 분류했다. '점검형이상학'의 목표가 현실이 그 자체로 어떤 구조를
지녔는지 밝히는 데 있다면 '기술형이상학'의 목표는 칸트처럼 우리가 세계를 어
떤 식으로 개념화하고 우리의 사고 속에 상정된 상태에 머물러 있는 존재들의 세
계를 어떤 식으로 뚜렷하게 체계화하는지 기술하는 데 있다. 스트로슨이 추구하
고 강조했던 것은 '기술형이상학'이며, '기술형이상학'에 중요성을 부여한다는 것
은 곧 논리학적 의미론이 지닐 수 없는 형이상학의 본질적인 도구적 성격을 인정
한다는 것을 의미했다. 다시 말해, 문제는 현실의 구조를 표상하는 데 있지 않고
오히려 우리가 활용하는 현실의 표상 방식을 표상하는 데 있다고 본 것이다.

　'기술형이상학'은 궁극적으로 카르납이 "내부적인 존재론적 문제"라고 부르던
것에 대한 답변이 시도되었던 공간이라고 볼 수 있다. 그런 의미에서 '기술형이상
학'은 20세기 후반부에 발전한 분석철학적 의미론에도 적잖은 영향을 끼쳤고 이
러한 영향의 흔적은 예를 들어 형이상학의 '논리적 기반'을 전제로 제시하는 관점
이나 데이빗슨이 "형이상학적 진리의 방법론"이라고 부른 관점에서 발견할 수 있
다. 에드워드 로Edward Jonathan Lowe는 이러한 유형의 접근 방식에 함축되어 있는 공
통적인 입장을 '의미론주의'로 명명하면서 '의미론주의'가 극단적인 형태의 칸트
주의, 즉 형이상학은 객관적인 현실에 대해 아무런 이야기도 하지 않으며 오로지
현실에 대한 우리의 생각에 대해 이야기할 뿐이라는 관점에 가깝다고 분석한 바
있다.

　하지만 콰인은 존재론의 내부적인 문제와 외부적인 문제를 구분하는 카르납
의 관점을 비판하면서 '기술형이상학'에 근본적인 의혹을 제기했고 그런 식으로
현실의 '절대적인' 구조라는 문제를 토론 대상에서 제외해 버렸다. 하지만 콰인의
'자연적 인식론'은 결과적으로 이러한 문제를 비롯해 형이상학을 포함한 인간의
모든 지식을 다름 아닌 자연과학에 내맡기는 상황으로 이어질 수 있었다.

　같은 시기에, 사실상 구조나 목적, 제기되는 문제와 방법론의 측면에서 여러
모로 아리스토텔레스의 '제1철학'과 흡사하다고 볼 수 있는 학문의 형성 여건을

마련하며 솔 크립키와 루스 마커스Ruth Barcan Marcus는 이른바 양상논리학적 의미론을 발전시켰고 뒤이어 크립키와 앨빈 플란팅가Alvin Plantinga를 비롯한 여러 철학자들의 노력으로 '가능성', '필연성', '본질적 특성' 같은 개념들을 완전히 정당화하는 문제와 관련하여 일련의 기술적이고 철학적인 논제들이 구축되었다. 이 모든 문제들이 토론되는 장과 이에 대한 총체적인 시각을 바로 콰인이 명명한 '아리스토텔레스적 본질주의'라는 이름으로 부른다. 형이상학의 운명이라는 측면에서 보았을 때, '아리스토텔레스적 본질주의'는 무엇보다도 모든 기술description의 유혹을 거부하며 사물들을 개념화하는 방식이 아니라 사물들의 본질적인 특성에 주목하도록 만들고, 아울러 '현실은 어떤가?'라는 질문과 '현실은 어떻게 보일 수 있는가?'라는 질문의 명확한 구분과 분리를 제시하며 두 번째 유형의 질문들을 환원이 불가능한 형이상학적 문제로, 따라서 자연과학의 영역 바깥에서나 다루어질 수 있는 문제로 간주한다. 여기서 '대상', '특성', '실체', '존재', '관계', '부분', '원인', '가능성' 같은 개념들은 더 이상 사유의 범주로 간주되지 않고 다시, 아리스토텔레스적인 차원에서, 존재의 범주로 되돌아온다.

분석철학자들의 관심은 공간과 시간의 이론, 존속성과 개혁성의 본질, 보편성, 특수성, 보편성과 특수성의 관계, 인과론, 정체론, 전체와 부분의 관계 등을 비롯해 좀 더 구체적인 범주의 실재들, 예를 들어 사람들, 머릿속에서 벌어지는 사건, 행위, 사회적 실재 등의 본질에 집중되는 양상을 보였다. 때로는 토론 주제로 부각된 낡은 문제들이 새로운 형태를 취하면서, 예를 들어 정체성의 기준에 관한 토론에서처럼, '형식'과 '실체'에 대한 고대 철학적인 관점들의 '번역'으로 제시되었고, 때로는 고대의 '무더기 역설'에 대한 토론을 기반으로 존재론에 관한 논의가 활발히 전개되는 양상을 보였다. 분석철학자들은 새로운 해결책들의 체계화를 시도하기도 하고 데이비드 루이스처럼 전통적인 형이상학 개념들의 획기적인 '환원'을 시도하면서 '양상실재론modal realism'을 제시하기도 했다. 루이스의 '양상실재론'은 사실상 가능성 자체를 확장된 활동의 영역 안에 체계적으로 압축하려는 시도였다. 분석철학자들은 의미론적인 문제와 논리-철학적인 문제의 조합을 시도하면서, 혹은 시간 이론과 상대성 이론의 대조를 시도하면서, 현대 과학 이론과의 만남이 유발하던 일종의 압박 속에서, 전례 없는 형식의 이론적 구축을 시도했다.

오늘날에는 분석철학 분야에서 고대 형이상학 개념들과 이론적 상응관계를 구축하려는 시도들이 더 이상 이루어지지 않지만 반대로 형이상학의 개념 자체에 대한 논쟁은 수그러들었다고 보기 힘들다. 신학을 형이상학의 신플라톤주의적인 착상으로 간주하는 해석적 관점은, 비록 분석철학 내부의 형이상학자들 가운데 상당수가 미국과 잉글랜드에서 신학과 종교철학을 깊이 연구했음에도 불구하고, 사실상 분석적 토마스주의를 제외하면, 아무런 흔적도 남기지 않았다. 형이상학을 존재 그 자체에 대한 학문으로 간주하는 관점은 여전히 많은 학자들이 공유하는 반면 형이상학을 1차 원인에 대한 탐구로 보는 아리스토텔레스의 관점에 동의하는 학자들은 찾아보기 힘들다. 가장 많이 논의되는 메타형이상학적 주제들 가운데에는, 기술형이상학과 점검형이상학의 대립 문제, 이와 관련된 형이상학적 담론의 사실주의적인 관점과 관습주의적인 관점의 대립 문제, 아울러 존재하는 것의 이론, 즉 '존재론'이라고 불리는 관점과 존재하는 것이 지니는 궁극적인 특성의 이론, 즉 간략히 '형이상학'이라고 불리는 관점의 대립이라는 문제가 있다.

분석적 진리와
종합적 진리

/ 콰인의 경험주의 도그마 비판

분석철학의 역사와 발전 과정에서 중요한 변화의 계기를 마련했던 『경험주의의
두 가지 도그마*Two Dogmas of Empiricism*』(1953년)에서 콰인이 비판의 대상으로 주목했
던 것은 사실 신실증주의적 경험주의의 이론적 입장을 뒷받침하는 두 가지 전제,
즉 분석적 진리와 종합적 진리를 구분하는 관점과 의미를 지닌 명제는 순수하게
논리적인 요소와 관찰자적인 요소, 즉 주체의 직접적인 경험과 일치하는 요소로
항상 분해가 가능하다는 논리였다.
　분석적 진리와 종합적 진리의 구분, 그리고 이에 뒤따르는 분석적 명제와 종합
적 명제의 구분은 라이프니츠를 기점으로 철학사에 등장한 뒤 끊임없이 거론되
어 왔던 문제다. 경험을 토대로 구축되는 종합적 명제들을 라이프니츠는 '사실적
진리'라고 불렀고 흄은 '사실적 질료', 칸트는 '후험적a posteriori 종합 판단'이라고
불렀다. 이 명제들은 예를 들어 '물은 산소와 수소로 이루어졌다'라는 문장처럼
본질적으로 경험적 과학의 명제인 동시에 '불 위에 물 없이 올려놓은 냄비는 머지
않아 뜨겁게 달아오른다'라는 문장처럼 현실에 대한 정보들을 제공하는 상식적

인 의미의 명제들이다.

한편, '분석'의 개념은 철학사에서 다음과 같은 세 가지 방식으로 해석된다.

(1) 분석은 칸트가 제시한 설명, "수식어 B는 주어 A의 개념 속에 담긴 내용의 자격으로 A에 소속된다"에서처럼 주체와 객체 사이에 존재하는 특별한 연결/수반의 관계로 해석된다.

(2) 분석은 논리적 진리의 개념을 다루는 방식으로 해석된다. 이것이 바로 항진명제tautology('비는 내리거나 내리지 않을 것이다')와 모순명제('비는 내리고 내리지 않을 것이다')의 결과를 '논리적 진리'로 간주하는 비트겐슈타인의 입장이다. 우선 항진명제는 어떤 상황이 전개되더라도, 다시 말해 '무조건적인 방식으로' 진리다. 반대로, 모순명제는 가능한 모든 세계에서 '무조건적인 방식으로' 오류다. 논리적 진리가 부각되는 또 다른 예로 '어떤 결혼하지 않은 남자도 결혼하지 않았다'는 문장을 들 수 있다. 이 문장은 논리 상항('어떤', '아닌', '만약', '그렇다면' 등)을 제외한 용어들을 어떤 식으로 해석하든 참이다. 다시 말해 이 문장의 진실 여부를 결정하는 것은 실질적인 상황이 아니라 오로지 논리적 형식이다.

(3) 분석은 '유의어' 개념에 접근하는 방식이다.

a) 유의어는 예를 들어 수학이나 기하학 또는 인위적인 언어를 사용하는 형식 논리학에서 객관적인 형태로 주어지는 정의들을 기준으로 판단할 수 있다.

b) 유의어는 용어들의 상호 교환 가능성/대체 가능성 개념, 즉 라이프니츠가 일찍이 정체성 개념을 정의하기 위해 사용했던 개념을 기준으로 판단할 수 있다. 다시 말해 두 용어는 어떤 상황, 어떤 맥락에서든 한 용어가 다른 용어를 대체할 수 있을 때 동일한 의미를 지닌다. 따라서 하나의 명제는 '논리적 진리'로 환원될 수 있을 때, 즉 '어떤 조건에서든' 옳거나 그른 표현으로 환원될 수 있을 때, 또는 가능한 모든 세계에서 한 유의어를 또 다른 유의어로 대체하는 것이 가능할 때, '분석적'이라고 정의할 수 있다.

콰인은 a)에서 제시된 유의어의 정의와 의미에 아무런 문제가 없는 반면 b)에서 분석의 개념을 구축하기 위한 기반으로 제시된 유의어의 정의에 문제가 있다고 보았다.

우리는 '어떤 총각도 결혼하지 않았다'라는 명제에서 다름 아닌 '총각'을 '결혼하지 않은 남자'의 유의어로 간주하고 이 명제를 '분석적'인 명제로 판단할 수 있다. 이때 우리는 이 명제를 논리적 진리의 형태로, 즉 '어떤 결혼하지 않은 남자도 결혼하지 않았다'라는 문장으로 바꾸어 쓸 수 있다. 이러한 논리를 받아들이면, 우리는 '총각'이 필연적으로 '결혼하지 않은 남자'이며 '총각'은 '결혼하지 않은 남자'와 동일한 의미를 지닌다고 주장하는 셈이다.

여기서 콰인이 주목하는 문제는 이러한 유형의 논리가 사실상 증명해야 할 내용, 즉 '총각'의 뜻과 '결혼하지 않은 남자'라는 표현의 뜻이 동일하다는 것을 증명하는 대신 상정하는 것으로 그친다는 점이다. 콰인은 따라서 '총각은 결혼하지 않은 남자'라는 주장이 옳다면 그 근거는 무엇인가라는 질문을 던진다. 누가 언제 '총각'을 이런 식으로 정의했는가? 이 질문에 대한 가장 자연스러운 답변은 '사전을 찾아보라'일 것이다. 하지만 콰인은 사전에 의존하는 것이야 말로 '논리적 도약'에 가깝다고 보았다. 사전은 어떤 용어의 정의를 제시하지 않으며 관습이 제공하는 언어적 사실들을 관찰하고 기록으로 남기면서 경험적인 차원의 해설을 제시할 뿐이다. 사전이 '총각'이라는 단어의 의미와 '결혼하지 않은 남자'라는 표현의 뜻을 동일한 것으로 간주하더라도 그것은 이 표현들이 활용되는 일상적인 맥락에서 두 용어 간의 유사관계가 발견되었기 때문이지 의미의 일치를 증명할 수 있는 근거를 찾아냈기 때문은 아니다. 따라서 '총각'과 '결혼하지 않은 남자'의 유의어관계를 주장하기 위해 사전적 정의를 제시한다는 것은 유의어관계를 증명하는 것이 아니라 상정하는 것에 지나지 않는다. 경험적인 차원에서만 확립되어 있는 이 유의어관계에 논리적 필연성을 부여하는 것은 불가능하다. 바로 그런 이유에서 유의어라는 개념은 분석을 설명하기 위한 기반으로 간주될 수 없다. 분석적 명제와 종합적 명제의 구분은 여기서 타당성을 잃는다. 앞서 살펴본 예를 비롯해 이와 동일한 방식으로 구성되는 모든 용어들의 경우에 부각될 수 있는 '의미의 일치'는 경험적인 사실이지 분석적인 사실이 아니다.

분석적 명제와 종합적 명제의 구분법에 이어 콰인은 신실증주의적 경험주의의 두 번째 전제, 즉 환원주의적 관점을 비판했다. 이 관점에 따르면, 의미를 지닌 명

제는 일련의 관찰적인 용어로, 다시 말해 즉각적인 경험을 바탕으로 구축되기 때
문에 명제의 진위를 확인할 수 있는 가능성 자체를 좌우하는 용어들로 번역될 수
있어야 한다.

　콰인은 이러한 근거 없는 관점을 포기하고 이와 정반대되는 관점, 따라서 전체
론holism에 가깝다고 할 수 있는 관점에 주목해야 한다고 보았다. 이 전체론적인
관점에 따르면, 어떤 과학 이론을 구성하는 특정 명제가 경험적인 측면과의 대조
를 필요로 하는 것은 사실이지만 정작 요구되는 것은 어떤 개별적인 차원의 경험
이 아니라 이론을 구축하는 다른 명제들을 모두 고려한 상태에서 전개되어야 할
총체적인 차원의 대조다. 경험적인 차원과 대조해야 할 적절한 명제들이 없는 경
우, 심지어는 이론의 타당성을 증명할 만한 명제들이 없는 경우에도, 전체를 고려
한 상태에서 어떤 명제들이 대조의 대상으로 간주되어야 하는지 결정할 수 있다.
이는 곧 한 이론을 구성하는 특정 명제가 틀린 것으로 판명되어도 오히려 다른 명
제들을 수정함으로써 해당 명제를 그대로 유지하거나 몇몇 전제들을 재평가함으
로써 이론을 전체적인 차원에서 살릴 수 있다는 것을 의미한다. 이것이 바로, 뉴
턴이 명왕성의 궤도가 이론적인 차원에서 예상했던 것과 달리 완벽한 타원형이
아니라는 것을 깨달았을 때 그에게 일어났던 일이다. 뉴턴은 자신의 이론을 곧장
포기하는 대신 과오를 오히려 비정상적인 현상으로, 따라서 새로운 연구를 위한
계기로 해석했다. 그런 식으로 지속된 연구를 통해 결국에는 해왕성과 함께 해왕
성이 명왕성 궤도 변경의 원인이라는 사실이 밝혀졌다.

/ "가바가이!" 혹은 의미의 문제

콰인이 시도한 분석적 명제와 종합적 명제의 구분법 비판은 뒤이어 좀 더 거시
적이고 총체적인 차원의 비판으로 발전했다. 『존재론적 상대성Ontological Relativity』
(1969년)에서 콰인이 비판한 것은 아리스토텔레스의 '본질' 개념이 근대화를 통해
여과되는 과정의 결과가 '의미'의 개념이며 바로 그런 이유에서 의미를 머릿속의

실재나 사실로 간주하는 성향이 생겨났다고 보는 관점이다. 콰인은 이러한 역사 구도적인 관점을 근본적인 차원에서 거부해야 하며, '의미'는 예외적으로 언어 행위의 차원에서 이해되어야 한다고 보았다. '의미'는, 비트겐슈타인이 이해했던 것처럼, 특정한 언어 게임 내부에서, 즉 어떤 맥락 내부에서 전개되는 말의 활용에 달려 있었다. 콰인은 이러한 입장을 극단적인 형태로 발전시켜 한 용어의 의미는 예외적으로 명제뿐만 아니라 언어 전체의 내부에서만 이해될 수 있다고 보았다.

이러한 측면을 강조하기 위해 콰인은 일종의 사고실험을 제시하며 어떤 근본적인 차원의 '번역'이 필연적으로 요구되는 상황, 즉 우리가 한마디도 이해하지 못하는 미지의 언어에서 '번역'이 요구되는 상황을 상상했다. 이때 우리에게 주어지는 유일한 가능성은 원어민들의 행동, 즉 그들이 사용하는 관찰자적 명제들을 주의 깊게 청취하는 것이다. 콰인이 제시했던 유명한 사고실험을 예로 들어, 우리 앞에 토끼 한 마리가 지나가고 그 토끼를 발견한 원어민이 '가바가이'(즉 우리가 전혀 이해할 수 없는 단어)라고 외쳤다고 상상해 보자. '가바가이'는 당연히 '토끼'로 번역될 수 있지만 대등하게 합리적인 방식으로 '토끼의 움직임 일부' 혹은 '토끼의 뗄 수 없는 일부'나 '토끼 같은 것'으로도 해석될 수 있다. 따라서 실제로는 모든 유형의 번역이 나름의 가치를 지니지만 번역은 원어민의 존재론적 관점을 해석하는 번역가의 개념적 구도에 좌우된다.

결과적으로 언어적 용어들과 이 용어들이 가리키는 대상들 사이에 어떤 절대적인 관계를 설정하지 못하도록 만드는 무한한 해석 가능성과 이에 뒤따르는 퇴행 상황이 잠재적으로 존재한다는 것을 인정할 수밖에 없다. 이는 곧 지시 대상을 파악하는 것이, 다시 말해 언어와 현실 사이의 관계를 파악하는 것이 본질적인 차원에서 불가능하다는 것을 의미한다. 이러한 상황을 받아들일 수밖에 없는 우리를 위로하는 것은 콰인이 제시한 이른바 '자비의 원칙'뿐이다. 어떤 번역 매뉴얼이 계속해서 명백하게 틀렸다고 볼 수밖에 없는 결과들을 제시한다면 매뉴얼에 어떤 오류가 있다고 볼 수밖에 없다. 이상적인 번역 매뉴얼이 존재한다면, 따라서 원어민이 제시하는 수많은 표현에서 '사실적인' 번역의 표본을 가능한 한 많이 생산해 낼 수 있어야 할 것이다. 하지만 이를 실현하기 위해서는 우리가 진실을 이해하는 방식과 원어민이 이해하는 방식의 본질적인 일치를 가정해야 한다. 다시 말해 진실을 식별할 줄 아는 우리의 능력과 동일한 능력을 상대에게 부여하지 않고서는 상대를 해석조차 할 수 없다는 사실을 인정해야 한다. '자비의 원칙'이 말하는 것은 상대가 비이성적이라고 단정하지 말라는 것이다.

17

비트겐슈타인의
논리적 형식과 언어 게임

17.1   성장 과정

오스트리아의 가장 막강한 대기업 총수의 아들로 태어나 모두가 부러워할 만
한 문화적 환경에서 성장하지 않았다면 루트비히 비트겐슈타인(1889~1951년)
은 우리가 알고 있는 루트비히 비트겐슈타인이 되지 못했을 것이다. 그의 가족
이 머무는 궁전은 현대 예술작품들이 즐비하게 전시되어 있는 일종의 박물관
이었을 뿐 아니라 무엇보다도 빈 음악의 심장이었다. 10대의 그랜드피아노가
있는 비트겐슈타인의 집을 끊임없이 드나들던 인물들 중에는 요하네스 브람스
Johannes Brahms, 리하르트 슈트라우스Richard Strauss, 구스타프 말러Gustav Mahler, 브루
노 발터Bruno Walter, 파블로 카잘스Pablo Casals 같은 쟁쟁한 음악가들이 포함되어 있
었다. 비트겐슈타인가의 방문객들을 언급할 때 빼놓을 수 없는 또 한 명의 인물
은 프로이트다. 루트비히의 누나들 가운데 한 명의 심리치료사이기도 했던 프
로이트는 비트겐슈타인에게도 각별한 애정을 가지고 있었다고 전해진다. 루트
비히의 아버지 카를 비트겐슈타인Karl Wittgenstein은 아들들에게 자신의 철강 산업

을 물려주기 원했지만 무엇보다도 예술가적 기질을 타고난 아들들은 아버지의 뜻을 순순히 받아들이지 않았다. 루트비히의 세 형이 뒤이어 자살을 한 것도 아버지와의 이러한 갈등 때문이었던 것으로 보인다. 루트비히의 네 번째 형은 전쟁에서 오른팔을 잃었다. 이 사건이 특별히 절망적이었던 것은 그가 촉망받는 피아니스트였기 때문이지만 작곡가 모리스 라벨Maurice Ravel은 그를 위해 왼손을 위한 협주곡을 작곡하기도 했다. 클라리넷을 연주했던 루트비히도 음악의 중요성을 인정하며 음악을 "가장 세련된 예술"로 정의했다. 음악이 그에게 끼친 적잖은 영향의 흔적을 우리는 그가 남긴 여러 단상뿐만 아니라 다름 아닌 주저 『논리철학논고』에서 발견할 수 있다. 루트비히에 따르면, "음반, 악상, 악보, 음파는 서로 밀접한 관계를 유지하며 모두 언어와 세계 사이에 존속하는 내적 표상관계 속에 머문다. 이 요소들은 공통적으로 논리적 구조를 지닌다". 언어 분석 이론을 연상시키는 이 문장을 다루기에 앞서 빈의 가장 부유한 집안의 아들이 과연 어떠한 과정을 거쳐 가문의 기업을 물려받는 대신 철학에 전념하겠다는 결정을 내리게 되었는지 살펴보자.

비트겐슈타인은 린츠Linz의 고등학교에서 공부했다. 같은 학교에 다름 아닌 히틀러가 다니고 있었고 비트겐슈타인과 나이가 같았지만 한 학년 아랫반에서 공부했기 때문에 두 사람이 알고 지냈을 가능성은 희박하다. 따라서 히틀러의 반유대주의가 비트겐슈타인에게서 유래했을 가능성을 이론화한 오스트레일리아의 저자 킴벌리 코니시Kimberley Cornish의 황당한 주장은 전혀 사실이 아니다. 앤터니 플루Antony Flew는 그루초 막스Groucho Marx의 말을 그대로 인용하며 이러한 가설을 다음과 같이 비판했다. "말이 안 되는 것처럼 보이지만, 속지 마십시오. 말이 안 됩니다."

아버지 카를 비트겐슈타인의 뜻을 따라 루트비히는 베를린에서 기계공학을 공부하기 시작했고 뒤이어 맨체스터 공과대학으로 유학을 떠났다. 이곳에서 비트겐슈타인은 비행기 프로펠러를 개발해 특허를 얻어 내기도 했다. 기억해 두어야 할 것은 같은 시기에 비트겐슈타인이 볼츠만 밑에서 물리학을 공부하고 싶어 했다는 사실이다. 하지만 볼츠만은 자신의 항공학 이론을 발표하고 출판한 다음 해 1906년에 자살로 세상을 떠났다. 비트겐슈타인은 기계공학을 공부하면서 자연스럽게 수학적인 차원의 문제들을 접하기 시작했고 해결책을 모색하는 가운데 프레게와 러셀의 저서를 읽었다. 이들의 이론에 완전히 매료된 비트겐슈타인은 자신이 고안한 몇 가지 유사한 이론을 소개하기 위해 1910년에 예나로 프레게를 직접 찾아가기까지 했다. 비트겐슈타인은 프레게로부터 캠브리지에서 활동하는 철학자 버트런드 러셀과 함께 공부해 보라는 조언을 듣고 잉글랜드로 돌아왔다. 비트겐슈타인의 진정한 철학적 여정은 바로 이 시점에서 시작된다. 그는 러셀과 조지 에드워드 무어의 강의를 들었고 특히 무어의 저서 『윤리학 원리*Principia Ethica*』(1903년)를 읽고 깊은 감명을 받았다. 무어의 저서에서 비트겐슈타인이 특히 주목했던 것은 '좋다'라는 단어의 활용법에 관한 설명뿐만 아니라 자연주의 윤리관의 '허구성'을 거부하는 입장, 즉 '선'을 어떤 자연적인 특성과 일치하는 것으로 보는 관점, 예를 들어 즐거움을 주거나 욕망할 만한 것은 곧 선이라는 관점을 거부하는 입장이었다. 두 저자 모두 비트겐슈타인에게 장기간에 걸쳐 큰 영향을 끼쳤고 비트겐슈타인 역시 러셀에게 강렬한 인상을 심어 주었다. 러셀은 그의 『논리적 원자론의 철학*The philosophy of logical atomism*』(1918년)에서 자신의 제자 비트겐슈타인의 의견으로부터 배운 바가 크다고 밝힌 뒤, 하지만 그의 소식을 더 이상 듣지 못했다고 언급한 바 있다. 실제로 비트겐슈타인은 1915년 이후부터, 아버지로 물려받은 어마어마한 재산을 기부한 뒤, 전쟁에 참여하고 있었다.

러시아 국경에서 세운 공로를 인정받아 여러 개의 무공훈장까지 받은 비트겐슈타인은 장교로 임명된 뒤 이탈리아 국경으로 발령받았다. 하지만 전쟁은 오스트리아-헝가리 제국의 패배로 돌아갔고 비트겐슈타인은 1918년에 포로가 되어 이탈리아의 몬테카시노로 이송되었다. 당시에 비트겐슈타인이 수중에 지니고 있던 첫 번째 저서의 원고는 1922년에 스피노자의 『신학정치론*Tractatus theologico-politicus*』을 연상시키며 무어가 제안한 '논리철학논고*Tractatus Logico-Philosohicus*'라는 제목으로 러셀의 서문과 함께 출판되었다.

제자의 첫 번째 저서 서문에서 러셀은 음악 표기법에 관한 비트겐슈타인의 문장을 인용하면서 『논리철학논고』의 핵심 사상이 '그림 이론'이라는 점을 강조했다. 음악 표기법은 음악적 현실의 그림이라고 할 수 있다. 왜냐하면 음악과 동일한 구조를 지녔고 음파들의 구조를 표상하기 때문이다. 이와 유사한 관점에서, 언어는 현실의 논리적 그림이라고 할 수 있다. 특히 하나의 명제는 사물의 어떤 상태나 사건의 논리적 그림이다. 왜냐하면 동일한 논리적 형식을 지녔기 때문이다. 언어와 현실, 글과 사물 사이에는 '동형사상isomorphism'의 관계, '형식'의 일치관계가 성립된다. 여기서 '형식의 일치'라는 표현은 물리적인 유사성이 아니라 구조적인 일치의 의미로 사용된다. 본질적인 것은 언어의 구성 요소들이 서로 관계하는 방식과 현실을 구성하는 요소들의 관계 방식이 일치한다는 것이다. 언어 혹은 문장을 구성하는 요소들은 각각 현실의 한 요소, 혹은 그 언어가 표상하는 사물들의 특정 상황을 가리킨다. 실제로 비트겐슈타인은 한 이름이 항상 특정한 방식 혹은 의미를 매개로 어떤 대상을 지시한다는 프레게의 생각에 동의하지 않았고 이름은 대상을 직접적으로 지시하는 언어의 일부라는 관점을 제시했다. 동일한 관점이 1970년대에 들어서면서 크립키에 의해 다름 아닌 '직접적인 지시' 이론으로 발전하게 된다.

비트겐슈타인은 프레게의 '이름 이론'을 비판했지만 한편으로는 프레게의 관점이 지닌 중요한 측면, 즉 한 명제의 의미는 그것이 지닌 진리의 조건에 의해 구축된다는 관점을 수용하고 적극적으로 발전시켰다. 동일한 맥락에서 비트겐슈타인이 발전시킨 '진리표Truth table' 이론은 복합적인 명제들의 진실 여부를 결정하는 방법론으로 기능한다. '진리표'는 오늘날 논리학 강의에서 가장 기초적인 단계의 방법론으로 활용된다. 비트겐슈타인은 동일한 방법론을 언어 분석에 적용했다. 화학 분석이 분자를 구성하는 원자들을 식별하는 데 쓰였듯이 언어 분석은 분자적인, 혹은 복합적인 명제들의 진리가 원자적인 명제들이 지니는 진릿값의 함수라는 것을 증명하는 데 쓰인다.

비트겐슈타인이 프레게로부터 명제의 의미는 그것이 지닌 진리의 조건에 의해 구축된다는 관점을 수용하고 발전시켰다면, 러셀로부터는 그가 높이 평가했던 '기술 이론', 즉 어떤 문장의 표면적인 형식은 그것의 논리적 형식과 다르다는 생각을 받아들였다. 비트겐슈타인에 따르면, 언어는 논리적 형식을 감추고 있기 때문에 우리를 '기만'할 수 있고 대부분의 철학적 문제는 "우리가 사용하는 언어의 논리에 대한 오해에서 비롯된다".

17.2 　 언어 분석으로서의 철학

철학은 무엇보다도 언어의 한계를 분명하게 명시할 목적으로 전개되는 언어 분석이다. 몇몇 학자들은 비트겐슈타인이 사유의 한계를 분명하게 명시하려는 칸트의 목표를 언어학적인 차원에서 추구한 인물이라고 보았다. 하지만 칸트는 무엇보다도 사유의 대상을 구축하는 문제에 관심을 기울였고 비트겐슈타인은 오히려 언어로 사실들을 어떻게 묘사할 수 있는가에 관심을 기울였다. 그가 언어에 관심을 기울인 이유는 세상이 다름 아닌 대상들로 이루어지지 않았다고 보았기 때문이다. 비트겐슈타인에 따르면, "세계는 사실들의 총체이지, 사물들의 총체가 아니다"(『논리철학논고』 1.1). 몇몇 학자들은 의식 속에서 구축되는 대상을 분석하는 단계에서 사실들의 논리-언어학적 표현을 통해 사실을 분석하는 단계로 전환이 이루어졌다는 점에 주목하면서 이를 분석철학과 대륙철학의 결정적인 결별의 징후로 해석했다.

　비트겐슈타인은 러셀에게 쓴 편지에서 철학의 핵심 문제는 '말하기'와 '증명하기'의 구분, 즉 문장을 통해 표현될 수 있는 것, 다시 말해 사고의 대상으로 고려될 수 있는 것과 증명될 수 있을 뿐인 것의 구분에 있다고 언급한 바 있다. 비트겐슈타인에 따르면, 생각할 수 있는 것의 한계가 곧 말할 수 있는 것의 한계인 반면, 문장은 고유의 논리적 형식을 말하거나 표현하지 못한다. 그 이유는 논리적 형식이 문장의 구조 속에서만 드러나기 때문이다. 예를 들어, 지금 어떤 대상들에 대해 이야기하고 있다는 것은 "증명될" 수 있다. 즉 형식에 구애받지 않고 쓴 "여기에 ~라는 두 대상이 있는데"라는 문구는 논리구조적인 언어 "$E\,x, y\cdots\cdots$" 로 쓰일 수 있다(『논리철학논고』 4.1272). 하지만 위에서 '대상'이라는 단어가 포함된 문구는 논리적인 관점에서 아무런 의미도 없는 표현이다. 바로 그런 차원에서『논리철학논고』자체는 하나의 무의미한 말로, 즉 언어의 논리적 구조가 어떤 식으로 기능하는지 분명하게 보여 주는 예로 간주될 수 있다.

　여기서 등장하는 것이 바로 유명한 사다리의 비유다.『논리철학논고』를 읽고 이해한 사람은 이 책 속에 인용되는 문장들이 무의미하다는 것을 알기 때문에 그것들을 일종의 사다리처럼, 즉 정상에 오를 목적으로 "딛고 올라간 후에는 던져 버릴 수 있는" 사다리처럼 활용할 수 있다.『논리철학논고』는 사다리의 비유 못지않게 유명한 한 문장과 함께 끝난다. "말할 수 없는 것에 대해 우리는 침묵해야 한다." 이 결론을 통해 드러나는 것은『논리철학논고』가 지닌 신비주의적인 성격이다. 세계가 존재한다는 사실 자체가 하나의 신비이며 과학은 세계가 존재한다는 것을 이야기할 수 있을 뿐이다. 신비는 언급될 수 없고, "말해질 수 있는 것 외에는, 따라서 자연과학의 명제들 외에는 아무것도 말하지 않는 것이 철학의 올바른 방법일 것이다"(『논리철학논고』 6.53). 언급될 수 없는 것을 말하려는 모든 시도는 실패로 돌아갈 수밖에 없다. 같은 맥락에서 비트겐슈타인은 1929년 12월 29일 모리츠 슐리크와 나눈 대화에서 하이데거가 시도했던 것과 같은 유형의 탐색 역시 실패로 돌아갈 수밖에 없다고 말했다. "하이데거가 '존재'와 '고통'이라는 말로 무슨 말을 하려는 것인지 잘 이해할 수 있을 것 같습니다. 인간은 본능적으로 언어의 한계에 부딪쳐 보려는 성향을 가지고 있습니다. (…) 이처럼 언어의 한계에 도전하려는 성향이 바로 '윤리'입니다. (…) 윤리학에서는 항상 상관이 없는 무언가에 대해 이야기하려고 시도하지만 문제의 본질에 결코 도달할 수 없습니다. (…) 하지만 이러한 '성향'이나 '충돌'만큼은 무언가를 의미할 겁니다." 1929년 캠브리지에서 진행한 윤리학 강의에서 비트겐슈타인은 윤리가 "언어로 표현될 수 없다"(『논리철학논고』 6.421)라는 자신의 주장과 직결되는 듯이 보이는 무어의 핵심 사상을 언급하며, 어떤 사실 묘사도 가치 평가를 수반할 수 없다고 주장했다. 비트겐슈타인에 다르면, 말해질 수 있는 것은 오로지 사물과 사건의 묘사에 불과하므로 윤리학은 언급이 불가능한 범주에 속한다.

17.3   비트겐슈타인, 아인슈타인, 빈학파

우리는 앞서 비트겐슈타인이 슐리크와 대화를 나누며 언급했던 내용을 살펴
보았다. 그렇다면 슐리크는 누구인가? 슐리크는 철학자들과 과학자들로 구성
된 빈학파의 창시자들 가운데 한 명이었고 카르납, 괴델 등과 함께 며칠씩 시간
을 할애해 비트겐슈타인의 『논리철학논고』를 읽고 해석했던 인물이다. 물리철
학자였던 슐리크는 시간과 공간에 관한 새로운 유형의 이론들에 각별한 관심
을 기울였고 바로 그런 이유에서 1919년에 공인된 상대성 이론의 창시자 아인
슈타인과 교류하며 상당량의 서신을 주고받았다. 한편 이탈리아의 몬테카시노
에서 포로 생활을 마치고 빈으로 돌아와 초등학교 교사 생활을 하던 비트겐슈
타인은 1924년을 전후로 슐리크와 교류하기 시작했다. 따라서 비트겐슈타인이
슐리크와 함께 아인슈타인과 그의 상대성 이론을 주제로 의견을 교환하며 대
화를 나누었을 가능성은 상당히 높다.

　아인슈타인의 핵심 이론들 가운데 하나는 우주 전체에 적용될 수 있는 절대
적인 시간은 존재하지 않는다는 것이다. 따라서 두 사건의 '동시성'에 대해 이
야기하는 것도 사실은 동시성을 증명하고 확인할 수 있는 구체적인 방법론이
제시되지 않는 이상 불가능하다고 볼 수밖에 없었다. 아인슈타인에 따르면, 확
인 방식을 구체적으로 명시하지 않은 상태에서 동시성을 주장하는 명제는 "아
무런 의미 없는" 말에 불과했다. 비트겐슈타인의 『논리철학논고』에 푹 빠져 있
던 슐리크와 빈학파 학자들의 입장에서 아인슈타인의 이 "아무런 의미 없는"이
라는 표현은 더할 나위 없이 반가운 것이었다. 그렇게 해서, 비트겐슈타인의 철
학적 관점과 아인슈타인의 물리학적 관점의 조합을 토대로 하나의 새로운 관
점, 이른바 의미의 확인주의라는 관점이 탄생했다. 확인주의적인 관점에 따르
면, 한 문장의 뜻을 이해한다는 것은 그것을 확인할 수 있는 방법을 이해하는
것과 마찬가지다. 비트겐슈타인 자신도 1930년대를 전후로 이러한 확인주의적
인 관점을 검토하며 수용하기 시작했고 이를 언어의 활용법 분석에 적용했다.
"물리학이 지닌 모든 난점은 물리학의 논제와 사용되는 문법적 규칙들이 혼동

되는 상황에서 비롯된다. '시간'은 두 가지 상이한 의미, 즉 기억의 시간이라는 의미와 물리적 시간이라는 의미를 지닌다. 상이한 방식의 확인이 이루어질 때 의미도 상이한 것들이 주어진다."

그런 식으로, 상대성 이론과의 대조를 통해, 의미를 다양한 증명 방식 혹은 맥락에 적용해야 할 필요성이 대두되었고, 이러한 요구는 이른바 '후기' 비트겐슈타인 사상의 핵심 논제로 발전했다. 어떤 문맥에서 사용되어야 할 어떤 단어의 구체적인 활용 방식을 명시하지 않으면, 명제는 논리적 혼란을 일으킬 수 있었다. 따라서 더 이상 『논리철학논고』의 논리만으로는 충분하지 않았고 훨씬 더 치밀한 논리적 분석이 요구되었다. 비트겐슈타인은 이를 '문법' 혹은 '철학적 문법'이라고 불렀다.

『논리철학논고』의 전제 가운데 하나는 예를 들어 'A는 붉은색이다'와 유사한 형태의 원자적 명제가 존재한다는 것이었다. 하지만 비트겐슈타인의 새로운 '문법'에 따르면 이러한 논리는 더 이상 성립되지 않는다. 'A는 붉은색이다'라는 명제는 정말 원자적이라고 볼 수 없다. 왜냐하면 이 명제에는 동시에 A가 녹색이나 파란색은 아니라는 뜻이 내포되어 있기 때문이다. 실제로는 모든 원자적 명제가 항상 고유의 논리나 문법을 갖춘 또 다른 명제들의 무리와 직결되어 있다. 어쨌든 하나의 독립적인 명제가 일종의 잣대처럼 현실과 결속되어 있다는 것은 사실이 아니다. 현실에 하나의 잣대로 관여하는 것은 오히려 일군의 명제들 혹은 명제들의 체계다.

17.4 철학적 탐구와 언어 게임

1930년대를 기점으로 시작되는 비트겐슈타인의 기나긴 철학적 여정을 특징짓는 것은 그의 지속적인 집필 활동이다. 이 시기에 비트겐슈타인은 많은 분량의 글을 쓰고 수정하며 연구에 몰두했지만 그가 계획했던 저서를 완성하지 못한 상태에서 제2차 세계대전을 맞이했다. 결과적으로 탄생한 어마어마한 분량의 원고는, 1951년 비트겐슈타인이 세상을 떠난 뒤, 유언 집행자들에 의해 크게 수학철학 분야의 글과 심리철학 분야의 글로 나뉘어 출판되었다. 이 가운데 『확실성에 관하여On Certainty』라는 제목의 책은 인식론적 주제들을 중심으로 비트겐슈타인이 전개해 온 성찰의 최종적인 단계를 보여 준다. 반면에 비트겐슈타인 자신이 직접 선별한 일련의 원고가 사후에 『철학적 탐구』라는 제목으로 출판되었다.

이 저서에서 비트겐슈타인은 『논리철학논고』의 핵심 이론을 언어의 극히 작은 일부로, 즉 진위 게임과 관련된 부분으로 간주하며 거리를 유지한다. 비트겐슈타인에 따르면, 언어에는 언어의 사용과 관련된 수많은 유형의 게임이 존재한다. 우리가 어떤 명제를 두고 관건이 되는 언어 게임을 이해하지 못하면 실제로는 아무런 의미 없는 말을 하게 되는 경우가 발생할 수 있다.

예를 들어 '태양에서는 5시다'라는 명제의 진위 여부를 확인하기 위해 지구에서 쓰이는 것과 동일한 시간 확인 방식을 적용하는 것은 무의미한 일이다. 마찬가지로 우리는 누군가가 고통을 느끼는지 확인하기 위해 사용한 방식을 우리 스스로에게 적용하지 않는다. '나는 아프다'라는 말은 고통의 표현이지 확인을 요구하는 사항이 아니다. 달리 말하자면, '나'는 자신이 정말 아픈지, 그래서 아픈 표정을 짓고 있는지 확인하기 위해 거울 앞에 설 필요가 없다. 고통을 느끼는 것으로 충분하기 때문이다.

하지만 타자의 고통을 묘사하는 경우는 다르다. '그는 아프다'라는 말은 어떤 식으로든 확인이 가능한 내용이다. 우리는 '그'가 아프다는 것을 그의 행동이나 표정을 관찰하면서, 혹은 그에게 어디가 아픈지 직접 묻고 특정 유형의 답변을 얻으면서 확인할 수 있다.

여기서 우리가 확인할 수 있는 것은 일인칭 서술과 삼인칭 서술 사이에 커다란 문법적 차이가 존재한다는 사실이다. 이러한 차이를 후에 좀 더 세부적으로 이론화한 철학자 존 오스틴John Langshaw Austin에 따르면, 어떤 동사들은 일인칭으로 사용될 때 행위로 간주되고 삼인칭으로 사용될 때 묘사로 간주된다. 예를 들어 '내가 100유로를 준다고 네게 약속하지'라는 표현은 '그들이 100유로를 준다고 그에게 약속했다'라는 표현과 다르다. 첫 번째 문장의 경우에 '약속'은 '내가' 지켜야 할 행위로 귀결되지만 두 번째 문장의 경우는 단순한 묘사의 대상에 불과하다.

오스틴은 그런 식으로 언어 행위들을 분류하는 데 집중했지만, 비트겐슈타인의 관심사는 무엇보다도 말의 의미가 말을 지배하는 문맥에 좌우되는 현상이었다. 어떤 단어 혹은 문장의 의미는 이미 결정된 상태나 불변하는 형태로 주어지는 것이 아니라 전달하려는 내용의 문맥에 좌우된다. 즉 의미는 일종의 언어 게임을 구축하는 화자들 간의 규칙, 관습, 행위, 전제, 동의 등의 총체에 좌우된다. 비트겐슈타인은 이 총체적 '맥락'이라는 개념을 설명하기 위해 종종 아인슈타인을 떠올리며 '좌표계'라는 용어를 사용했다. 그는 화자들 간의 오해가 이 좌표계를 이해하지 못하거나 관건이 되는 언어 게임이 무엇인지 이해하지 못할 때 일어난다고 보았다.

바로 그런 이유에서 언어 게임은 비트겐슈타인 철학의 핵심 개념으로 부각된다. 한편에는 출발점으로 삼아야 할 '정보'가, 다른 한편에는 철학적 분석의 '방법'이 있다. 비트겐슈타인은 그가 '방법'으로 개발한 다양한 종류의 언어 게임, 혹은 특정 상황에 요구되는 언어의 활용 방식들을 제시했다. 이러한 방법들은 우리가 일상적으로 사용하는 언어의 독특한 기능적 측면들을 조명하는 데, 예를 들어 이름들, 다양한 유형의 숫자들, 색을 가리키는 단어들, 증명에 쓰이는 용어들이 어떤 식으로 기능하는지 조명하는 데 쓰인다. '정보'의 유형과 관련하여 무엇보다 중요한 것은 말과 행위의 관계였다. 예를 들어 어떤 미지의 부족을 이해하기 위해서는 그들이 공유하는 행위의 유형을 관찰해야 하고 결과적으로 그 관찰 내용이 그들의 삶과 문화의 양식을 뒷받침하는 말과 행위의 상관관계를 깨닫는 데 일종의 안내자 역할을 한다고 보았을 때, 바로 이러한 관계가 언어의 이해에 적용될 수 있다는 것이 비트겐슈타인의 생각이었다.

물론 이러한 관점은 우리가 사용하는 '개념'에 적용될 때 개념에 대한 전통적인 이해 방식과 충돌을 일으킨다. 왜냐하면 전통적인 '개념'이란 일련의 '본질적인 특징', 즉 플라톤의 철학에서처럼 선험적으로 주어지거나 경험주의 철학에서처럼 경험적으로 주어지는 '본질'에 의해 정의되기 때문이다. 하지만 대부분의 개념에는 이러한 규칙이 적용되지 않는다. 비트겐슈타인은 '게임'의 개념을 예로 들어 '게임'에는 본질이라는 것이 없으며 '게임' 자체를 정의하는 데 반드시 필요하거나 충분한 특징들은 존재하지 않는다고 주장했다. 비트겐슈타인에 따르면, 우리는 모든 게임의 공통적인 특징이나 게임이라는 것 자체의 고유한 특징이 무엇인지 정의할 줄 모르는 상태에서 주저하지 않고 이 게임이라는 단어를 사용한다. 체스, 테니스, 술래잡기 같은 다양한 형태의 게임들을 관찰하다 보면 우리는 "비슷한 요소들이 서로 중첩되고 교차되는 일종의 복잡한 그물 조직을 발견하게 된다"(『철학적 탐구』 66장). 비트겐슈타인은 이러한 유사관계를 강조하기 위해 '가족유사성'이라는 표현을 사용했다. 왜냐하면 가족 구성원 모두에게 공통된 특징은 사실상 찾아볼 수 없지만, 그럼에도 불구하고 구성원들이 지니는 여러 가지 특징들의 복합적인 조합을 토대로 가족 단위의 유사성을 감지할 수 있기 때문이다. 비슷한 예로, 밧줄은 무엇보다 튼튼하다는 특성을 지녔지만 사실은 얇은 끈들을 조합해서 만들었고 끈 하나가 밧줄 전체를 관통하는 것도 아니다.

비트겐슈타인이 『철학적 탐구』로 독특한 탐구 영역의 기반을 마련했다면 오늘날 우리는 이 탐구 영역의 모든 측면을 해석하는 분석 방식들이 발견된 단계에 도달해 있다. 하지만 여전히 많은 철학자들, 때로는 상당히 날카롭고 뛰어난 저자들도 비트겐슈타인으로부터 자극을 받기 위해, 혹은 새로운 탐구 방향을 모색하기 위해, 혹은 비트겐슈타인이 성급하게 내린 결론들의 단점들을 비판적인 관점에서 재평가하기 위해 그의 책을 다시 읽는다.

언어 행위, 화용론, 수행성

존 오스틴이 언어 행위 이론의 완전한 체계화를 시도한 저서 『말과 행위*How to do things with words*』는 같은 제목으로 1955년에 열린 일련의 강의 내용을 토대로 집필되었다. 조지 에드워드 무어 밑에서 윤리학을 공부하며 성장한 오스틴은 언어의 명제들이 묘사나 지시의 형태가 아니라 '언어 행위'로 이해되어야 한다고 보았다. 오스틴에게 모든 발화는 하나의 행위였고 이러한 입장은 말의 의미와 활용이 근본적인 차원에서 일치한다고 본 비트겐슈타인의 입장이나 언어적인 표현들이 지니는 단정적인 힘의 개념을 강조한 프레게의 입장과 일맥상통하는 부분이 있다. 오스틴은 언어를 연구하는 철학자들이 일반적으로 단정적인 성격의 표현에만 집중하는 성향을 지녔다고 비판했다. 그는 언어를 오히려 일종의 활동으로 간주했다. 따라서 언어의 일반적이고 일상적인 활용 영역에서 그것의 모든 측면을 연구하는 것이 가능했다.

오스틴은 명제들을 '확인적인constative' 유형, 예를 들어 'x는 y를 용서했다'처럼 사실을 확인하고 기록하는 데 집중되는 유형과 '수행적인performative'인 유형, 예를 들어 '널 용서해 줄게'처럼 특정 상황을 묘사하는 것으로 그치지 않고 그것을 오히려 현실화하는 데 주목하는 유형으로 분류했다. 두 번째 유형에 속하는 명제들은 선험적인 판단이 불가능하다. 이 명제들은 참과 거짓의 이분법을 기준으로도, 가치와 사실의 구분법을 기준으로도 평가될 수 없다. 참/거짓의 이분법은 주어진 상황이나 목표에 영향을 받기 때문에 결국에는 실용적인 차원을 벗어날 수 없으며, 가치와 사실의 구분법은 이러한 구분법 자체를 무색하게 만드는 일련의 명제들을 나열하는 것이 가능하다. 오스틴은 예를 들어 '판정적인verdictive' 유형('인가하다', '선고하다'), '언약적인commisive' 유형('약속하다', '위협하다'), '진술적인expositive' 유형('주장하다', '답변하다', '공개하다'), '행사적인executive' 유형('벌하다', '폐지하다', '임명하다'), '행태적인behavitive' 유형('감사하다', '저주하다', '책망하다')을 제시했다. 좀 더 정확히 말하자면, 언어 행위는 주어진 목표의 달성이라는 차원에서 평가될 언어 행위의 '만족' 또는 '불만족'을 기준으로, 즉 개별적인 명제에 대한 평가가 아니라 전체적인 맥락을 고려한 상태에서, 분류된다. 바로 그런 이유에서 오스틴은 '총체적인 언어 행위'라는 표현을 사용했다.

무언가를 주장한다는 것은 필연적으로 어떤 행위의 실천을 의미한다는 이론적인 원칙하에 오스틴은 언어 행위의 활용 방식을 기준으로 언어 행위의 기본적인 형식을 '발화 행위'(locutionary act, 무언가를 말하는 행위)와 '발화수반 행위'(illocutionary act, 무언가를 말하면서 그 자체로 어떤 행위를 수반하는 경우, 예를 들어 '인가하다', '약속하다', '폐지하다', '임명하다'), '발화효과 행위'(perlocutionary act, 청취자에게 모종의 효과를 일으키는 경우)로 분류했다.

언어 행위의 분류법에는 존 설John Searle도 기여한 바가 크다. 오스틴의 관점이 일상적인 언어에서 부각되는 명제들의 구조를 분석하는 차원에서 출발했다면, 설의 관점은 반대로 언어의 형식화 과정을 분석하는 차원에서 출발했다.『발화수반 행위의 분류학A Taxonomy of Illocutionary Acts』에서 설은 세밀한 분류체계를 구축하며 한 문장의 내용과 '발화수반 효력illocutionary force'의 구분법과 상호관계를 바탕으로 기초적인 형태의 발화수반 행위들을 분류했다. 그런 식으로 설은 동일한 발화수반 효력으로 다양한 내용을 표현하는 것이 가능할 뿐 아니라(예를 들어, '전화를 끊어라!'와 '택시를 불러라!') 상이한 발화수반 효력으로 문맥상 동일한 내용을 표현하는 것도 가능하다는(예를 들어, '오늘 저녁에 전화해'와 '오늘 저녁에 나한테 전화 한 통 부탁

할게') 것을 보여 주었다. 설은 언어 행위를 '표상적인' 유형(오스틴의 판정적인 유형과 진술적인 유형에 상응한다), '지시적인'(행사적인) 유형, '언약적인' 유형, '표현적인' 유형, '선언적인' 유형(예를 들어 '해고하다'나 '전쟁을 선포하다'처럼 어떤 사건을 선언함으로써 일어나도록 만드는 명제들)으로 분류했다.

소통의 화용론을 비롯해 언어적 기호에 대한 현대 철학적인 관점에 관심을 기울였던 철학자 폴 그라이스(Paul Grice, 1913~1988년)는 사실 비트겐슈타인, 오스틴, 설과 함께 언어철학의 진정한 창시자 중 한 명으로 간주될 수 있는 인물이다. 언어적 기호의 본질에 관한 근원적인 질문, 즉 '과연 무엇이 기호에게 무언가를 의미하도록 만드는가?'라는 질문에서 출발한 그라이스는 두 사람이 서로의 의도를 전달하는 소통 방식에서 이 질문에 대한 답변을 찾아야 한다고 보았다. 이른바 '의도에 기초한 의미론intention-based semantics'이 실제로 주목하는 것은 화자들이 문자 그대로의 표현과 전혀 다르거나 흡사한 내용을 제시하기 위해 간접적으로 비유나 암시를 활용하며 소통하는 방식, 즉 '대화상의 함축conversational implicature'이라는 표현으로 정의된 이론이다. 그라이스가 제시한 화용론은 오늘날 기호학에서 담론 분석과 사회언어학에 이르기까지 언어 행위를 주체의 상호주체성과 화자들 간의 관계를 토대로 연구하는 거의 모든 탐구 분야에 적용되고 있다. 특히 명제들의 수행성에 관한 그라이스의 연구 결과를 토대로 프랑스의 인류학자이자 언어학자인 당 스페르베르Dan Sperber와 잉글랜드의 언어학자 데어드리 윌슨Deirdre Wilson은 공저 『연관성: 소통과 인지Relevance: Communication and cognition』(1986년)에서 이론화한 '연관성'을 화자들의 대화와 소통의 규칙으로 기능하는 실용적인 원칙으로 제시했다.

18

해석학과
해석의 발전 경로

18.1 통상적인 해석과 혁명적인 해석

해석은 우리가 일상적으로 반복하는 활동 가운데 하나인 동시에 언제나 존재해 왔던 기능이다. 유구한 역사의 발전과 함께 수많은 세월이 흘렀음에도 불구하고, 해석의 대상만 변경되었을 뿐, 그 기능은 변하지 않았다. 그리고 역사의 어느 한 시점에 이르러 해석은 특정 문명권을 배경으로, 다시 말해 서구 근대 문화라는 구체적인 역사-문화적 맥락 속에서 철학적인 가치를 획득했다. 여기서 우리는 무엇보다도 '통상적'이라고 정의할 수 있는 네 가지 '해석'의 의미가 무엇인지 살펴볼 필요가 있다. 다시 말해 어떤 특별한 철학적 중요성을 고려하지 않은 상태에서, 상식적인 차원과 관점의 '해석'에 먼저 주목할 필요가 있다.

해석의 첫 번째 '통상적'인 의미는 약간 이상하다. 첫 번째 의미는 바로 해석을 일종의 표현으로 보는 관점 속에 함축되어 있다. 이러한 관점에 따르면 해석은, 우리가 갖고 있는 생각이나 의도를 누군가에게 설명하거나 표현하는 경우처럼, 우리의 내면에 있는 무언가를 바깥으로 표출하는 방식에 가깝다. 이것이 바로 아리스토텔레스의 『명제론』 또는 『해석에 관하여 *Perí hermenéias*』에서 발견되는 관점이다. 아리스토텔레스가 이 저서에서 설명하는 내용을 본격적인 '해석'의 이론이라고 보기는 힘들다. 이 '해석'이라는 용어에 우리가 알고 있는 대로의 철학적인 의미가 부여된 것은 한참 뒤에 일어나는 일이다. 따라서 우리는 아리스토텔레스가 이 책에서 해석이라는 용어를 일반적인 의미로 사용한다고 보아야 하며, 결과적으로 아리스토텔레스에게 '해석'은 무언가에 대한 상세한 '설명'이 아니라 '표명'이었다고 이해해야 한다. 다름 아닌 감추어진 것을 드러낸다는 의미에서, 그리스 신화의 '헤르메스 Hermes'는 신들의 메시지를 인간에게 전달하는, '표명'하는 전령이다.

인간이 영혼 속에 간직하고 있던 생각을 말과 소리로 표현할 때, 이 '표현'이 다름 아닌 '해석'의 의미라고 볼 수 있다. 이 표현은 문자에 의해 또 다른 형태로 표현될 수 있다. 해석의 이 첫 번째 의미에 비한다면 두 번째 의미는 훨씬 더 독창적으로 다가온다. 해석의 두 번째 의미는 해석을 연주자에 의한 음악적 해석으로 보는 관점 속에 함축되어 있다. 물론 이 경우에 해석은 영혼이 아니라 악보에 쓰여 있는 기호들을 대상으로 이루어지며 소리로 표현된다는 차이가 있을 뿐이다. 해석의 세 번째 의미는 해석이 곧 번역이라는 관점과 일치한다. 이 경우 역시 전적으로 '통상적'인 의미에 속한다. 해석자는 중간자적인 입장을 고수하며 글을 한 언어에서 다른 언어로 옮긴다. 해석의 네 번째 '통상적'인 의미는 해석을 해명으로 보는 관점과 일치한다. 글을 읽다가 어느 시점에서 모호하거나 전혀 이해할 수 없는 구절을 만나게 되면 우리는 해석에 의존할 수밖에 없다. 반대로 명료한 문장들은 해석을 요하지 않는다.

해석 개념의 이러한 '통상적'인 상태가 오랫동안 지속되다가 어느 시점에선가 일어난 문화적 단절의 계기는 칸트가 『순수이성비판』(1781년)에서 제안한 철학적 사유의 코페르니쿠스적인 혁명, 즉 지식의 기반을 앎의 대상이 아닌 앎의 주체로 정초해야 한다는 주장에 의해 마련되었다고 볼 수 있다. 칸트의 주장에는 물론 우리가 지식의 경험적인 대상에 직접적으로 접근할 수 없으며 오로지 감각과 개념적인 구도의 중재를 통해서만 접근할 수 있다는 생각이 포함되어 있었다. 따라서 우리는 인간의 모든 인식 활동이 일종의 구축적인 요소, 간단히 말하자면, 해석적인 기능을 지닌다고 있다고 보아야 한다. 이러한 원칙을 분명하게 지지하며 표명하는 것은 다름 아닌 칸트의 "개념 없는 직관은 맹목적이다"라는 주장이다. 이는 곧 개념적인 차원의 사고 활동이 이미 감각적인 경험 내부에서 전개된다는 것을 의미한다. 우리는 바로 이러한 이론적 배경을 바탕으로 낭만주의 시대에 해석학의 보편화가 이루어졌다고 볼 수 있다. 우리의 모든 지식이 중재된 지식이라면 우리의 모든 지식에는 해석의 자리가 마련되어 있다고 보아야 한다. 이 시점에서, 해석의 네 가지 일반적인 의미에는 새로운 의미들이 추가된다. 칸트가 제안한 철학적 혁명을 전제로 도입되는 만큼 '혁명적'이라고 부를 수 있는 이 새로운 '관점'들은 세 가지로 요약된다.

첫 번째는 해석을 소통으로 보는 관점이다. 해석학을 소통의 관점에서 이해한 프리드리히 슐라이어마허(1768~1834년)에 따르면, 개인이 세상에 즉각적으로 접근할 수 없듯이 다수의 타자에게도 즉각적으로 접근할 수 없는 만큼, 모든 소통 행위는 필연적으로 해석의 시도다.

두 번째는 해석을 이해로 간주하는 관점이다. 해석학이 역사적 지식을 이해하는 문제와 직결된다고 본 빌헬름 딜타이(1833~1911년)에 따르면, 우리와 가까운 누군가를 전혀 이해하지 못하는 경우가 발생할 수 있는 만큼 먼 과거에 살았던 사람들, 따라서 문헌을 통해서만 접근할 수 있는 사람들은 더더욱 이해하기 힘들기 때문이다. 따라서 해석자의 과제는 이들의 의도나 정신세계에 대한 이해의 자기화를 용이하게 만드는 것이다. 역사적 이해의 자기화가 필요한 것은, 소통이라는 실용적인 목표 때문이 아니라, 자연과학과 달리 역사적 사실들을 이해하기 위해 타자의 생각 속으로 들어가 봐야 한다는 문제가 있기 때문이다.

세 번째 '혁명적'인 관점은 해석을 폭로로 보는 관점이며 카를 마르크스, 프리드리히 니체, 지그문트 프로이트가 공통적으로 활용했던 관점이다. '타자'는 해석을 소통으로 보는 관점에서처럼 유일하게 신비로운 존재도, 해석을 이해로 보는 관점에서처럼 시간상으로만 멀리 있는 존재도 아니다. '타자'는 오히려 원하기만 한다면 언제든지 자신의 의도를 감출 수 있는 존재다. 바로 이 시점에

서, 타자의 감추어진 의도와 생각을 밝혀야 한다는 일념으로 의혹의 해석학이
개입한다.

　20세기에 이루어진 해석학의 보편화는 해석의 일상적인 필요성과 유용성을
바탕으로 전개되는 일반적인 해석과 해석을 철학적이고 이데올로기적인 영역
으로 깊이 끌어들이는 혁신적인 해석의 만남 혹은 조합의 결과로 간주될 수 있
다. 그런 식으로 상식적인 차원에서 단순한 필요에 소용되던 해석 기능은 상식
적으로 상상이 불가능하고 심지어는 상식에 위배되는 의미들을 다루는 단계에
도달했다. 물론 상식은 우리가 모르는 언어를 듣고 이해하려면 우선적으로 통
역이 필요하다는 것을 당연히 인정하지만 하찮은 것까지 포함하는 모든 소통
행위에 해석이 요구된다는 사실은 인정하지 않는다. 결과적으로, 해석학은 철
학 혹은 학문이 주장하는 사실성과 객관성의 해체 작업으로 대두되었다.

　이 시점에서 우리는 지금까지 살펴본 해석의 모든 의미와 의미 조합의 총체
로 간주될 수 있는 해석학을 만나게 된다. 총체적 시각으로서의 해석학 개념을
공유하는 입장들은 두말할 필요 없이 상당히 다양한 형태로 존재한다. 예를 들
어 루이지 파레이손(1918~1991년)이 『진리와 해석Verità e interpretazione』(1971년)에서
제시한 미니멀리즘적인 관점은 매개체의 중재가 없을 때 진리를 얻는다는 순
박한 형이상학적 사실주의에 대한 비판적인 시각을 구축한다. 이와는 반대로
"사실은 없고 해석만이 있을 뿐이다"라는 니체의 주장을 지지하며 해석 영역의
극대화를 추구하는 입장이 존재한다. 예를 들어 이탈리아의 철학자 잔니 바티
모Gianni Vattimo는 『진리여 안녕Addio alla verità』(2009년)에서 이러한 관점을 지지하며
해석 자체를 진리의 확인이 아니라 현실의 변형으로 간주했다.

18.2　맥락과 번역의 불확정성

해석학의 현실 변형이 해체주의적인 동시에 보편주의적인 성향을 지닌다면 이
러한 특징은 무엇보다도 해석학이 유지하는 '글'과 '저자' 같은 개념과의 관계

속에서 드러난다. 해석학은 실제로 알렉산드리아와 페르가몬의 학교에서 호메로스의 서사시를 해석하고 작품에 대한 해석학적 방법론을 연구하던 헬레니즘 시대부터 '글'과 밀접한 관계를 유지해 왔다. 뒤이어 알렉산드리아를 배경으로 유대교와 그리스도교 같은 '책의 종교'와 세속 문헌학의 만남을 통해 종교해석학이 탄생했고, 로마 제국 말기에, 특히 유스티니아누스Iustinianus 1세의 『시민법대전Corpus Iuris Civilis』집필 이후에 이루어진 로마법의 대대적인 체계화 과정을 거치면서 자연스럽게 법해석학이 탄생했다. 이러한 세 가지 유형의 해석학이 지니는 공통점은 모두 표준문헌canone, 즉 규범으로 기능하는 성격의 글들을 다룬다는 사실이다. 다시 말해 이는 종교해석학과 법해석학뿐만 아니라 문학해석학의 경우에도 해당되는 특징이다. 왜냐하면 그리스인들과 로마인들은 문학을 훌륭한 삶의 양식과 행동 방식의 다양한 예들을 제시하고 선택의 기회를 제공하는 모범적인 글로 이해했기 때문이다.

이와는 달리 우리 현대인들은 글의 표준문헌성에 대해 이중적인 견해를 지니고 있다. 먼저 주목해야 할 것은 '언어학적 전환' 이후에, 무엇보다도 개념적일 뿐만 아니라 언어적이며 문화적인 '구도'의 역할을 받아들인 뒤에, '글'의 개념이 크게 확장되면서 결국에는 일종의 존재론적 위상까지 획득하는 되었다는 사실이다. 이러한 변화의 핵심적인 의미는 "글 바깥에는 아무것도 존재하지 않는다"(『그라마톨로지』)라는 데리다의 주장 속에 그대로 요약되어 있다. 아울러 이러한 표준문헌성의 극대화 현상에 맞서 등장한 정반대의 입장, 즉 글의 무한한 해석 가능성을 주장하는 입장에는 표준문헌의 존재를 근원적인 차원에서 부인하는 관점이 포함되어 있다. 왜냐하면, 니체가 "사실은 없고 해석만이 있다"라고 말한 시점과 대략적으로 같은 시기에 폴 발레리(Paul Valéry, 1871~1945년)가 주목했던 것처럼, "글의 진정한 의미란 존재하지 않고 저자의 권위도 존재하지 않는다. 일단 출판되고 나면, 글은 독자 모두가 나름대로 활용할 수 있는 도구로 변하기" 때문이다.

바로 그런 차원에서 해석자의 전지전능함을 주장하는 관점이 대두되었지만 발레리는 이 이야기를 아마도 문학에 국한되는 사항으로 간주했을 것이다. 누구든 나름대로 활용할 수 있는 도구의 범주에 형법 조항이나 해부학 이론서 같은 글이 포함되어 있다고 보기는 힘들기 때문이다. 하지만 이러한 유형의 문제를 떠나서, 텍스트의 무한한 해석 가능성이라는 관점은 인식론적 차원의 실질적인 난점, 즉 데리다가 '맥락의 불확정성'이라는 표현으로 강조했던 어려움을 안고 있다. 어떤 표현의 모든 것을 빠짐없이 완벽하게 이해하기 위해서는 저자의 의도가 무엇인지 완전히 파악해야 할 뿐 아니라 무엇보다도 표현이 주어지는 맥락을 완벽하게 이해해야 한다. 하지만 맥락의 완벽한 이해는 불가능하다. 우리는 글이나 말로 표현되는 특정 의견이 어떤 맥락에서 제시되는지 파악할 수 있지만 우리가 이해한 '맥락'에 절대적인 확실성을 부여하지 못한다. 이러한 어려움은 글의 경우에 훨씬 더 구체적이고 까다로운 것으로 나타난다. 말로 의견을 나누는 상황에서는 손동작, 표정, 화자가 처한 특정 상황, 듣는 사람이 질문을 할 수 있는 가능성 등이 맥락을 포착하고 이해하는 데 도움을 줄 수 있지만 글은 무엇보다도 저자가 없는 곳에서 읽는 것이 보통이다. 예를 들어, 하찮은 식재료 영수증도 구매자의 입장에서는 구비된 식재료의 목록으로 읽힐 수 있지만, 그가 만약 유명한 요리사라면 그에 대한 기사를 준비하고 있는 기자에게는 전혀 다른 차원에서 해석해야 할 흥미롭고 유용한 자료가 될 수 있다. 『박차. 니체의 스타일Eperons. Les styles de Nietzsche』(1978년)에서 데리다는 "나는 우산을 잊었다"라는 니체의 단상을 인용한 바 있다. 데리다가 니체의 유고집에서 발견한 이 단상의 정체는 무엇일까? 일기의 한 부분일까? 노트일까? 형이상학의 역사에 관한 비유의 일종일까? 우리는 니체가 어떤 맥락에서 이러한 표현을 기록으로 남겼는지 결코 이해할 수 없을 것이다. 하지만 우리는 어떤 가능성도 배제할 수 없다. 심지어는 식재료 영수증에서도 예기치 못한 무의식의 요소들이 발견될 수 있기 때문이다. 프로이트도 레오나르도 다 빈치Leonardo da Vinci의 가계부를 정신분석 차원에서 읽고 해석했다는 사실을 기억하자.

맥락의 불확정성에 대한 문제의식을 좀 더 구체적으로 발전시킨 인물은 미국의 철학자 콰인(1908~2000년)이다. 『말과 대상Word and Object』(1960년)에서 콰인은 이 문제를 맥락이 아닌 번역의 불확정성이라는 관점에서 분석했다. 여기서 관건이 되는 것은 우리가 어떤 의견의 맥락을 완전히 파악하고 있는가라는 문제가 아니라 오히려 맥락을 조금도 이해할 수 없는 상황에 처해 있는 것은 아닌가라는 문제, 즉 발화자가 사용하는 언어를 전혀 이해하지 못하는 상황에 처해 있는 것은 아닌가라는 문제다. 어떤 민속학자가 알지도 못하고 들어 본 적도 없는 부족을 만났다고 가정한 뒤 토끼 한 마리가 지나갈 때마다 원주민들이 '가바가이'라는 말을 외쳤다고 상상해 보자. 여기서 문제는 이 '가바가이'라는 표현이 정말 토끼를 가리키는 단어인지 아닌지 어떻게 알 수 있느냐는 것이다. '가바가이'는 '토끼의 움직임'일 수도 있고 '토끼의 본질'일 수도, '토끼의 일부'일 수도 있다. 이러한 유형의 문제는 현실세계에서 구체적인 형태로 드러난 적이 있다. 제임스 쿡James Cook이 캥거루를 처음 보고 원주민들에게 동물의 이름을 물었을 때, 원주민들이 그에게 제시한 답변은 "난 몰라요"였다. 원주민들의 언어로 '캥거루'는 바로 '난 몰라요'라는 뜻이었다.

18.3　해석학적 순환

하이데거는 『존재와 시간』(1927년)에서 맥락과 번역의 불확정성이라는 문제에 주목하며 해결책을 마련하기 위해 이른바 '해석학적 순환'이라는 이론을 제시했다. 게오르크 가다머(1900~2002년)가 『진리와 방법Wahrheit und Methode』(1960년)에서 발전시킨 것이 바로 이 이론이다.

　'해석학적 순환' 이론의 기본 전제는, 다름 아닌 번역의 근원적인 차원을 가정했던 경우에서처럼, 우리가 읽는 글이나 듣는 이야기에서 우리의 사전 지식과 공통적인 부분을 조금도 발견하지 못할 경우 글이나 이야기를 이해하기란 상당히 어렵다는 것이다. 어떤 글이나 이야기의 이해에 앞서 '사전 이해' 혹은 '기대치'라는 것이 존재한다. 예를 들어, 머지않아 글을 읽을 수 있으리라는 기대 속에는 글 대신 아라베스크를 구경하는 일은 벌어지지 않으리라는 막연한 기대가 포함되어 있다. 또 다른 예로, 암호화된 문자를 해독하는 사람은 자신의 전문 분야가 문자이지 라디오 전파는 아니라는 사실을 필연적으로 전제해야 한다. 반대로 즉각적인 이해가 힘든 글의 경우, 예를 들어 몇몇 단어가 삭제되었거나 언어를 완전히 터득하지 못한 외국인이 썼을 경우, 이 글은 어떤 의미를 가정할 때에만 이해될 수 있다.

이러한 예들의 보편화를 꾀하면서 하이데거는 '해석학적 순환'이 전달되는 의견의 이해뿐만 아니라 인간이 세계와 유지하는 '모든 관계'의 특징이라는 측면에 주목했다. 예를 들어, 드라이버가 무엇에 쓰이는 도구인지 모른다면 그것을 우리는 주방 도구로 사용할지도 모른다.

결정적으로, '해석학적 순환'을 논할 때 관건이 되는 것은 칸트가 제안한 철학의 코페르니쿠스적인 혁명 속에 함축되어 있는 관점이다. 하이데거가 『존재와 시간』을 집필한 뒤 2년 만에 『칸트와 형이상학의 문제』를 출판했다는 것은 결코 우연이 아니다. 칸트에 따르면, 지식 이론에 고유한 근본적인 질문은, 사물들이 그 자체로 무엇이며 무엇을 의미하는가라는 질문이라기보다는, 우리가 사물들에 대한 지식과 이해의 단계에 도달하게 되는 방식과 경로에 관한 질문이다. 여기서 칸트가 주목하는 것은 순박한 형이상학의 약점, 즉 세계를 그 자체로 고려할 수 있으며 우리가 활용하는 개념적인 구도나 감각기관의 중재와 무관하게 독립적으로 판단할 수 있다는 생각의 약점이다. 칸트의 뒤를 이어 딜타이는 우리의 개념적 구도나 감각기관뿐만 아니라 역사와 문화도 세계를 이해하는 과정에서 중재자 역할을 한다고 주장했다. 그가 칸트의 『순수이성비판』을 자신의 『역사이성비판』으로 보완할 필요가 있다고 주장한 것도 바로 그런 이유에서였다.

한편, 인식 행위의 핵심이 인식 대상에서 인식 주체로 바뀌었다는 사실은 무엇보다도 자연적인 객체와 사회적인 객체를 이해하는 문제와 이 객체들에 대한 지식과 관련하여 또 다른 형태의 문제와 관점들을 양산해 냈다. 실제로 칸트의 혁명적인 관점은 '해석학적 순환' 이론을 제시한 하이데거의 지지를 받았을 뿐 아니라, 과학철학 분야의 토머스 쿤(1922~1996년)이 『과학혁명의 구조*The Structure of Scientific Revolutions*』(1962년)에서, 그리고 좀 더 극단적인 형태로 파이어아벤트(1924~1994년)가 『방법에 반대하다*Against method*』(1975년)에서 발전시킨 담론의 기반을 이룬다. 쿤의 생각은 과학 이론이 외부 세계의 요소들을 직접적인 대상으로 다루면서 발전하는 것이 아니라 오히려 다른 이론들과의 비교를 통해 발전하며 그만큼 외부 세계와의 직접적인 관계는 사실상 불가능하다는 것이었고, 파이어아벤트의 생각은 바로 이러한 상황 때문에 모든 과학 이론이 과학 공동체의 요구에 부합하는 이상 타당성을 인정받아야 하며 결과적으로, 실용적인 관점에서, 과학 이론의 객관성보다는 연대성이 더 중요한 요소라는 것이었다. 연대성을 중요시하는 관점은 아울러 『철학과 자연의 거울*Philosophy and the Mirror of Nature*』(1979년)의 저자 리처드 로티(1931~2007년)도 동의했던 부분이다. 물론 여기서 드러나는 비교적 명백한 문제는 이러한 관점을 기준으로 예를 들어 의사의 활동과 샤먼의 활동, 천문학자의 활동과 점성술사의 활동을 구분한다는 것이 사실상 불가능하다는 점에 있다. 이러한 문제점에 특별한 관심을 기울였던 철학자는 『앎에 대한 두려움*Fear of Knowledge*』(2006년)의 저자 폴 보고시안Paul Boghossian과 『진리를 위하여*Per la verità*』(2007년)의 저자 디에고 마르코니Diego Marconi다.

차원은 다르지만 이러한 유형의 문제점들은 사회적 객체들의 세계에 내재하는 해석학적 순환성을 정의하는 영역에도 여전히 남아 있다. 이질성이 그것에 대한 해석의 불확정성 때문에 소외의 근거로 간주될 수 있을까? 동일한 문화나 언어를 공유하지 않는다는 사실은 한 인간을 차별화하기 위한 충분한 잣대로 간주될 수 있는가? 인간의 문화를 어떤 식으로든 공유하지 않는 동물들은 어떤 권리도 지니지 않는다고 보아야 하나? 이 몇 안 되는 예제들로부터 분명하게 드러나는 것은 '해석학적 순환'의 원리를 지나치게 강조는 입장이, 순박한 객관주의에 맞서 균형을 이룬다는 차원에서는 틀림없이 중요하지만, 결국에는 윤리적이고 정치적인 차원에서 심각한 문제들을 유발할 수 있다는 사실이다.

18.4 구성주의와 사실주의

맥락과 번역의 불확정성 이론은 물론 해석학적 순환의 이론 역시 모든 이해 행위는 해석을 요구한다는 논제를 바탕으로 전개된다. 이러한 입장들은 거시적인 차원에서 모두 '구성주의'라고 정의할 수 있다. 왜냐하면 칸트적인 차원에서 개념적인 구도의 구축적인 역할을 강조하고 경험론과 존재론 대신 인식론을 선호하기 때문이다. 하지만 시간이 흐르면서 이러한 '구성주의'적 관점을 거부하는 '사실주의'적인 관점, 즉 해석에 지배받지 않는 현실의 공간이 존재한다고 보기 때문에 구성주의 영역과 영향력을 최소화하려고 노력하는 관점이 부각되기 시작했다.

이러한 사실주의적 성향은 다양한 형태로 모습을 드러냈다. 상식의 철학과 밀접하게 연관되어 있는 첫 번째 유형의 사실주의를 제안한 인물은 미국의 철학자 도널드 데이빗슨(1917~2003년)이다. 『진리와 해석에 관한 질문*Inquiries into Truth and Interpretation*』(1984년)에서 데이빗슨은 우리의 해석이 '자비의 원칙', 즉 화자의 이해력이 지니는 일관성과 그가 지닌 지식들의 사실성을 가능한 한 높게 평가해야 한다는 원칙에서 벗어날 수 없다고 주장했다. 달리 말하자면, 우리의 대화자가 자신이 무슨 말을 하는지 알고 있고 우리를 속일 의향이 없다고 상정하는 것은 좋은 규칙이다. 그리고 실제로도 상황은 대부분의 경우 이런 식으로 전개된다. 이처럼 신뢰를 바탕으로 하는 태도의 기본적인 장점은 두 가지다. 우리의 가장 정상적이고 일반적인 경험에 부합한다는 점과, 바로 그런 이유에서 인생이 편리해진다는 점이다. 그렇지 않을 경우, 예를 들어 우리가 신문에 실리는 기사의 내용이 사실은 외계인들 사이에서 오가는 은밀한 메시지로 구성된다는 의혹을 떨쳐 버리지 못한다면 신문을 읽는 행위는 아름답지도 유익하지도 않을 것이다. 무엇보다 의혹으로 가득한 사고는 지극히 평범하고 일반적인 소식들도 해독을 불가능하게 만든다.

하지만 이러한 태도는 해석학에서 일종의 원리로 간주되어 왔다. 이를 흔히 '완벽주의의 전제'라고 부른다. 이 원리의 기본적인 논제는 어떤 글을 이해하려

면 그 글이 완전한 의미를 지녔다는 전제에서 출발할 필요가 있고 이 완전한 의
미를 완벽하게 이해하려는 우리의 시도들이 모두 실패로 돌아간 후에야 그런
의미는 없다는 것을 인정할 수 있다는 것이다. 폴 리쾨르(1913~2005)는 이러한
관점이 중요하며 해석학에서만큼은 '존재론'이 '인식론'에, 결과적으로 '존재'
가 '언어'에 우선한다고 주장했다. 그는 『살아 있는 비유La Métaphore vive』(1975년)에
서, "글 바깥에는 아무것도 존재하지 않는다"라는 데리다의 의견과 정반대되는
입장을 표명하며, "무언가가 언급되기 위해서는 먼저 존재할 필요가 있다"라고
기록했다.

　의미론적인 차원에서뿐만 아니라 존재론적인 차원에서도 해석의 한계가 분
명히 명시되어야 한다는 점에 주목했던 움베르토 에코Umberto Eco는 『이야기 속
의 독자Lector in fabula』(1979년)와 『해석의 한계I limiti dell'interpretazione』(1991년)에서 저
자와 독자를 모두 해석의 주체로 간주하는 참여적인 해석학의 이론화를 시도
했다. 에코에 따르면, 어떤 글의 의미가 저자에 의해 과소평가되었을 수도 있기
때문에 고스란히 '저자의 의도'만으로 환원될 수 없다는 것이 분명한 사실이라
면 고스란히 '독자의 의도(이해)'만으로 환원될 수 없다는 것도 분명한 사실이
다. 후자의 경우, 환원될 수 있다면, 독자는 오히려 진정한 의미의 저자로 간주
될 수 있을 것이다. 따라서 어떤 글의 진정한 의미를 이해했다는 확신에는 결코
도달할 수 없는 반면 이 글이 의미하지 않은 것에 대한 확신, 따라서 부정적인
차원의 확신에 도달하는 것은 가능하다는 결론을 내릴 수 있다. 예를 들어 만초
니의 『약혼자들I promessi sposi』을 요리책으로 간주하는 것은 불가능하다는 확신에
도달할 수 있지만, 얀센주의가 만초니의 작품세계에 끼친 영향에 대해서는 무
한한 해석이 가능할 뿐 그것의 궁극적인 의미에 대해서는 어떤 결론도 내릴 수
없다.

　에코의 이러한 성찰이 중요한 이유는 그가 같은 맥락에서 해석적 일탈에 대
한 '텍스트의 저항'을 언급하며 제시했던 설명이 좀 더 보편적인 존재론적 차원
에도 그대로 적용될 수 있기 때문이다. 에코는 이러한 관점을 바로 『칸트와 오
리너구리Kant e l'ornitorinco』(1997년)에서 소개했고 좀 더 구체적인 형태로, 즉 '새로

운 사실주의'에 대한 논쟁과 토론의 맥락에서, '부정적 사실주의'라는 형태로 이론화했다. 실제로, 현실의 어떤 '단단한 뿌리'가 존재하기 때문에 이 뿌리가 해석에 저항하며 '그만!'이라고 말한다는 것은 곧 세계에 사유가 침범할 수 없는 독립적인 부분이 존재한다는 것을 의미한다. 이러한 관점에서 사유는 오히려 모든 사실주의의 미세한 충족 조건에 불과하다. 인식론적인 차원에서도 '텍스트의 저항'은 오히려 우리가 결코 받아들일 수 없는 의미들을 경험한 만큼 원칙적으로는 해석에 어떤 의미가 있다는 것을 의미한다.

18.5 새로운 사실주의

필자의 『새로운 사실주의 선언문*Manifesto del nuovo realismo*』(2012년)을 통해 전모를 드러낸 '새로운 사실주의'는 해석학 내부에서 구성주의 혹은 허무주의를 거부하며 탄생했다. 이 사조의 철학적 입장을 인정하고 동의한 철학자에는 필자 외에도 분석철학을 전공한 마리오 데 카로Mario De Caro와 대륙철학의 전통을 물려받은 마우리시오 베우쇼Mauricio Beuchot, 마르쿠스 가브리엘Markus Gabriel 등이 있다. '새로운 사실주의'는 특히 움베르토 에코, 힐러리 퍼트넘, 존 설 등의 지지를 얻었고, 아울러 독립적인 방식으로 탄생한 다른 유형의 사실주의들과 교류하면서 공통의 관심사로 프랑스 철학자 캉탱 메이야수Quentin Meillassoux와 미국 철학자 그레이엄 하먼Graham Harman의 '관조적 사실주의' 혹은 '사변적 실재론'에 관심을 기울였다.

새로운 사실주의의 입장에서, 과학이 현실과 진리의 궁극적인 체계적 척도가 될 수 없다는 것이 점점 더 분명해진다는 사실은 지난 세기의 철학자들 상당수가 결론지었던 것처럼 현실과 진리 또는 객관성에 작별을 고해야 할 때가 왔다는 것을 의미하지 않으며, 오히려 법학이나 언어학 또는 역사학처럼 철학 역시 세계에 대해 무언가 할 말을, 무언가 중요하고 진실한 이야기를 지니고 있다는 것을 의미한다.

이러한 관점에서, 새로운 사실주의는 무엇보다도 부정적인 사실주의로 간주될 수 있다. 우리의 개념적 구도에 포착되기를 거부하는 외부 세계의 저항을 사실상 인정할 수밖에 없기 때문이다. 하지만 외부 세계의 저항을 뛰어넘을 수 없는 한계로 보기보다는 오히려 일종의 자원으로, 또는 독립적인 외부 세계의 건재함을 증명하는 일종의 근거로 해석할 수 있다. 그렇다면 부정적 사실주의는 긍정적 사실주의로 이해되어야 한다. 저항하는 현실은 분명히 한계로만 나타나는 것이 아니라 일련의 가능성과 자원을 제공한다. 이러한 사실은 어떻게 자연세계의 동일한 환경에서 상이한 형태의 생명체들이 아무런 개념적 도식도 공유하지 않은 상태에서 서로 조응할 수 있는지, 그리고 어떻게 인간 사회에서 인간의 의도와 행위가 무엇보다도 '주어진' 현실, 그리고 오로지 그 다음 단계에서만 '해석'될 수 있고 필요하다면 '변형'될 수 있는 현실에 의해 가능해질 수 있는지 설명해 준다.

가다머의 진리와 방법

한스 게오르크 가다머의 『진리와 방법』(1960년)은 하이데거의 혁명적인 해석학과 통상적인 인본주의 해석학의 성공적인 조합이라고 평가할 수 있는 해석학 이론서다. 가다머가 진행한 일련의 대학 강의 내용과 정신과학, 즉 19세기 인문학의 문제들에 관한 성찰이 포함되어 있는 이 저서의 핵심 주제는 현대에 들어와서 기술과학의 진보에 위협받는 인본주의 전통의 변론이다. 그런 의미에서 우리가 주목해야 할 것은 '진리'와 '방법'의 상호 보완성이라기보다는 오히려 대립이다. 방법론적으로 보편적이고 수학적인 체계화를 추구하며 데카르트의 『방법 서설*Discours de la Méthode*』이 제시하는 원칙들을 중시하는 과학이 진리의 유일한 경험이라고는 보기 힘들다. 가다머에 따르면, "방법론적 차원을 벗어난 진리의 경험"에는 최소한 세 종류, 즉 진리의 '미적 경험', '역사적 경험', '언어적 경험'이 있으며 이때 이 진리의 핵심을 표상하는 것은 '방법'이 아니라 다름 아닌 '해석'이다. 다름 아닌 이러한 정황을 토대로 인문학의 기반으로서 해석학이 지니는 보편성이 정립되며, 자연과학에 역사적이고 실존적인 뿌리와 의미를 제공하는 것도 이 해석학적 인문학이다. 언어가 이해의 차원으로 조명되면서 드러나는 것은, 통상적인 해석학과 혁명적인 해석학의 조합, 인본주의적인 차원과 사변적인 차원의 조합이다. 『진리와 방법』의 한 유명한 문구에 따르면, "이해될 수 있는 존재는 언어다". 우리는 이 문장에 내재적인 의미를 부여하고 이를 곧 세계의 이해라는 차원에서 언어가 지니는 중요성에 대한 호소로 해석할 수 있는 반면, 좀 더 강한 의미를 부여함으로써 세계의 모든 경험이 필연적으로 언어의 중재를 필요로 한다는 일종의 존재론적 논제로 해석할 수 있다. 내재적 의미에 주목하는 해석이 문헌학, 수사학, 문학을 통해 언어에 대한 연구를 최고의 학문으로 정립한 인본주의 전통의 변론과 일치한다면, 강한 의미를 부여하는 해석, 즉 언어적 중재 이론은 하이데거의 사상과 직결되며 결과적으로 경험의 보편적인 조건으로 제시되는 칸트적 초월성이 향상된 형태의 언어로 드러나는 '언어적 전환'과 직결된다.

루이지 파레이손과
자유의 존재론

루이지 파레이손(1918~1991년)이 『자유의 존재론Ontologia della libertà』(1955년)에서 다루는 주요 주제는 인간과 신의 '자유', 근원적인 '악惡', '그리스도교 신화' 등이다. 저자의 사후에 출판된 『자유의 존재론』은 그의 사상이 지니는 핵심적인 측면들이 바로 이러한 주제들을 중심으로 전개되기 때문에 그의 중요한 철학적 유산으로 간주된다. 파레이손의 사후에 출판된 또 한 권의 저서 『도스토옙스키Dostoevskij』도, 거론되는 주제들의 성격이나 분석적 구도의 유사성을 고려했을 때, 주저와 병행해서 기본적인 해석적 관점을 항상 염두에 두며 읽어야 할 저서다.

『자유의 존재론』에서 파레이손은 플로티노스Plotinos, 야스퍼스, 하이데거, 셸링, 니콜라이 베르댜예프(1874~1948년) 등의 사상을 비교하고 분석하면서 두 가지 핵심 주제에 대한 전적으로 '신학-형이상학'적인 차원의 설명을 시도했다. 첫 번째는 『진리와 해석』(1971년)의 핵심 주제였고 무엇보다도 상대주의적 사유로 간주되는 '해석학' 이론, 두 번째는 『존재와 인격체』(1956년)의 핵심 주제, 즉 파레이손이 초월적인 것으로 정의하는 진리를 향해 열린 자세와 자유로운 태도를 유지하는 인격체의 존재론적 위상이라는 주제다. 파레이손은 아울러 『형성의 이론Teoria della formatività』(1954년)에서 제시했던 주요 내용을 종교적인 차원에서 재해석하며 이를 토대로 그가 도스토옙스키나 멜빌Herman Melville의 작품들을 지속적으로 연구하면서 발견했던 철학적 연관성들을 조명했다. 이 저서에서는 예술 역시 종교적 신화에 뿌리를 둔 인류 문화유산의 상징적인 표현으로 간주되며, 따라서 인간의 조건을 이해하기 위해 필수적인 요소로 간주된다.

파레이손이 제시한 중요한 관점들 중에 하나는 실존적 역사관이다. 파레이손에 따르면, '시간'과 '영원성'이 매번 역사적 현실 속에서 구체적인 방식으로 모습을 드러낸다는 사실을 감안했을 때, '역사적 현실'은 단순한 문화적 표현을 뛰어넘어, 문명의 기반을 구축하는 원천적인 신화의 보편화와 이에 대한 지속적인 이해의 시도를 바탕으로 해석되어야 한다. 결과적으로, "여기서 관건이 되는 것은 단순한 문화사적 차원의 연구가 아니라 실존적 해석학이다".

파레이손은 아울러 '진실의 불멸성'이라는 주제를 현실 전체의 버팀목으로 기능하는 '자유'의 관점에서 탐구했다. 파레이손이 무엇보다도 자유를 '신성한' 것으로 간주하는 이유는 자유가 시작과 선택을 좌우하기 때문이다. 오로지 자유로운 시작과 선택에서만 존재가 선하고 긍정적인 존재로 생성될 수 있었다고 본 것이다. 하지만 이 '선善'과 '긍정성' 뒤에는 어떤 부정적인 측면이 숨어 있다. 파레이손은 이 감추어진 부정성을 근거로 드러나는 것이 있으며, 그것은 인류의 역사가 시작되기 이전부터 혹은 신이 세상을 창조하기 이전부터 이른바 '시간의 밤'에 전개된 상황, 즉 신이 세계를 존재하도록 만들기 위해 스스로를 '선'으로 제시하며 '무無'를 극복하기로 하는 결정을 내려야만 했던 상황이라고 보았다. 신이 극복해야만 했던 이 '무'의 흔적은 우리의 현실을 떠나지 않으며 이른바 현실의 '어두운 이면'이라는 형태로 존재한다.

파레이손에 따르면 '악'이 표상하는 '부정성'은 신의 과거다. 신이 '선'을 선택했다는 것은 곧 '부정성'을 상대로 승리를 거두었다는 것을 의미한다. 하지만 이는 근원적인 차원의 '악'이 신에게 없지 않고 뿌리 깊게 박혀 있다는 것을 의미한다. 이 신 속의 '악'은 현실로 존재하지 않을 뿐, 패배했지만 언제든 깨어날 수 있는 일종의 잠재력으로 존재한다. 이것이 바로 파레이손의 "자유이자 심연"으로 존재하는 신의 개념이다. 신이 '심연'인 이유는 그 안에 '부정성'의 흔적, "가라앉았지만 활성화될 수 있고, 일찍이 멈췄지만 여전히 위협적인" 분쟁의 흔적이 남아 있기 때문이다. 오로지 인간만이 이 제외된 가능성을 현실로 만들 수 있다. 결과적으로 악은 선과 마찬가지로 자유의 열매지만 또 다른 유형의 자유이자 파멸하는 인간에게 고유한 자유, 즉 독단적 자유의지의 결과다. 하지만 이 자유의지는 반대로 인간의 파멸이 반드시 필연적인 것은 아니라는 특징을 보장하는 동시에 악에 대한 신의 승리가 역사 속에서 실현될 수 있는 가능성을 보장하는 요소다.

포스트모더니즘과
약한 사유

/ 포스트모더니즘

'포스트모더니즘'이라는 용어는 무엇보다도 현대 세계의 특징적인 요소로 부상하며 발생한 기술적이고 사회문화적인 차원의 커다란 변화에 주목하며 1980년대 탄생한 철학 사조를 가리킨다. 물론 이 용어는 일찍부터 또 다른 영역에서 다양한 의미로 활용되고 있었지만 특정 사조나 철학적 성향을 가리키는 용어로 인식되고 활용되기 시작한 것은 1980년 이후에야 일어나는 일이다.

'포스트모더니즘'의 접두사 '포스트'는 우선적으로 모더니즘의 '이후'라는 의미를 지닌다. 따라서 '포스트모더니즘'의 빼놓을 수 없는 특징은, 철학이나 예술의 종말을 이론화하는 데 주목하는 다양한 형태의 묵시록적인 시각과 다르지 않게, 모더니즘이 지니는 몇몇 중요한 특징들의 소멸에 주목하며 이를 분명하게 의식한다는 데 있다. 하지만 포스트모더니즘의 이론가들이 근본적인 차원에서 소멸의 단계에 이르렀다고 보는 것은 베르나르 드 샤르트르Bernard de Chartres의 유명한 경구 "거인의 어깨 위에 올라탄 난쟁이"에 그대로 함축되어 있는 직선적이고 발전적인 역사의 개념이다. 그런 식으로 근대인들에 대한 고대인들의 위대함을 칭송하던 관점은 역사를 진두지휘하는 현대인들이 미래를 훨씬 더 멀리 내다볼 수 있다는 관점으로 대체되었다. 아울러 모더니즘의 종말은 기본적으로 이론적인 패러다임의 변화에서 비롯되었다기보다는 오히려 일련의 사건에서, 즉 두 번에 걸친 세계대전과 새로운 정보통신 기술의 도래에서 비롯되었다. 모더니즘의 종말을 야기한 이론적이고 문화적인 차원의 원인은 아방가르드 예술의 등장과 물리학 분야의 상대성 이론, 양자역학, 수학 분야의 프랙털 기하학fractal geometry, 괴델의 정리 같은 혁신적인 이론들의 도입으로 일어난 개념 혁명이라고 볼 수 있다. 여기서 주목해야 할 포스트모더니즘의 특징은 모더니즘과는 근본적으로 다른 이론적 성향이다. 모더니즘이 존재론적인 차원에서 역사적 메커니즘에 주목하는 역사철학이나 체계적인 역사관을 구축하려는 성향이 강했고 인식론적인 차원에서 다양한 현상에 통일적인 법칙이나 보편적인 원리를 부여하려는 성향이 강했다면, 포스트모더니즘은 세분화와 차별화를 선호한다.

포스트모더니즘에 대한 철학적 토론의 시발점이 되었던 저서는 장프랑수아 리오타르Jean-François Lyotard의 『포스트모던의 조건La Condition postmoderne』(1979년)이다. 리오타르가 주목한 것은 정보통신 분야의 새로운 소통 도구들이 앎의 세계에 끼치게 될 영향과 가져오게 될 결정적인 변화의 양상들이었다. 이 저서에서 리오타르는 기술이 왜 더 이상 실험적 검증의 도구로만 활용되지 않고 검증을 정당화할 수 있는 요인으로 대두되는지, 왜 결과적으로 앎의 위상을 총체적인 차원에서 지배하며 지식의 생산과 전달의 조건을 결정짓는 실체로 부각되는지에 주목했다. 리오타르는 현대의 고도화된 정보통신 기술이 무엇보다도 인간의 앎을 효율주의라는 원칙에 굴복시켰다고 보았다. 결과적으로 이 원칙에 부응하지 않는 앎, 바로 그런 이유에서 '효율적으로' 전달될 수 없는 지식은 도태할 수밖에 없는 운명에 처한다. 대표적인 예는 리오타르가 '서사적 지식'이라고 부른 유형의 앎이다. '검증'보다 '교양'에 주목하는 '서사적 지식'의 목표는 사물들의 상태를 정의하거나 증명하는 것이 아니라 실험적 검증을 필요로 하지 않는 내용, 예를 들어 사회의 종교적, 도덕적, 정치적 측면 등과 직결되는 내용을 널리 알리는 데 있다. 신화나 우화를 비롯해 세계에 대한 다양한 형태의 묘사, 옳거나 그른 것에 대한 비유적인 설명, 문화적 정체성 형성에 기여하는 내용을 다각도에서 전달하는 이야기들이 이러한 유형의 '서사적 지식'에 속한다. 모더니즘 내부에서 이러한 '서사적 지식'은 메타서사와 역사철학의 형태로 활용되었다. 리오타르는 예를 들어 계몽주의적 진보주의 신화, 헤겔의 철학, 마르크스주의, 실증주의, 심지어는 그리스도교까지도 고유의 보편성을 내세우며 이러한 역사철학적 서술 양식을 다름 아닌 모더니즘의 역사적 정당화를 위해 활용했다. 하지만 이러한 시도들은 뒤이어 제2차 세계대전 혹은 '아우슈비츠' 같은 비극적인 경험에 의해 모두 무산된다.

리오타르에 따르면, 이러한 메타서사 양식들의 시대는 끝났다는 의식에서 출발하는 것이 바로 포스트모더니즘이다. 포스트모더니즘은 모더니즘의 '체계-서사'에 대한 '불신', 즉 허무주의적이지만 향수를 모르는 해맑은 불신이며, 바로 그런 차원에서 모더니즘의 전체주의적인 성격을 비판하고 폭로하는 입장을 취한다. 리오타르의 이러한 진단은 이어서 사회에 대한 진단으로 확대된다. 리오타르에 따르면, 새로운 유형의 정보통신 기술은, 모더니즘의 두 가지 기본적인 사회 모형, 즉 '서사적 지식'에 상응하는 유기적-일원론적 모형과 '과학적 지식'에 상응하는 비판적-이원론적 모형과 전적으로 다른 새로운 유형의 사회를 구축하는 데 기여한다. 다시 말해 다양한 학문들 간의 협력관계뿐만 아니라 이론적인 측면과 실용적인 측면의 조합을 용이하게 만들고 다양한 지식과 정보에 가능한 한 자유롭게 접근할 수 있는 가능성을 제공함으로써 훨씬 더 세분화된 사회를 구축하는 데 기여할 수 있다. 정보화는 더 나아가서 체제의 폭력적인 제어 도구로 쓰이는 대신 제어의 민주화와 관료체제의 최소화를 위한 도구로 발전할 수 있으며, 그런 식으로 인터넷의 그물망 조직이나 가상의 텍스트 같은 이상적인 구조를 지닌 사회, 따라서 어떤 위계질서나 힘의 중심도 존재하지 않는 사회, 오히려 모든 정보의 즉각적인 교환체제와 상호 참조체제를 갖춘 사회의 구축과 발전에 기여할 수 있다.

따라서 우리는 포스트모더니즘이 왜 한편으로는 미로나 바벨탑에, 다른 한편으로는 영혼 윤회설의 주인공 오르페우스 신화에 비유되는지 어렵지 않게 이해할 수 있다. 자크 데리다에 따르면, 포스트모더니즘이 바벨탑에 직접적으로 비유되는 이유는 포스트모더니즘이 하나의 보편적인 언어와 이를 통해 패권을 장악하려는 기획의 종말을 천명하기 때문이다. 여기서 포스트모더니즘은 언어의 다양성을 지배한다는 것이 불가능하다는 인식과 일치한다. 데리다가 제안한 '해체주의'는 다름 아닌 바벨탑의 파괴에서 출발하며, 바로 그런 의미에서, "하나 이상의 언어다". 언어적 다양성을 인식하고 인정하는 입장은 결과적으로 '차이'를 재평가하는 입장으로 이어졌고, 그런 식으로 포스트모더니즘의 핵심 개념들 가운데 하나로 정립된 '차이'는 무엇보다도 데리다가 고안해 낸 신조어 '차연différance'이라는 개념을 토대로 이론화되었다. 데리다가 『철학의 여백』에서 보여 주었듯이 구조주의와 하이데거, 니체, 정신분석에서 유래하는 일련의 분석적 경로들이 바로 이 '차연'이라는 개념에 집중되어 있다. 포스트모더니즘은 따라서 모든 형태의 보편주의, 본질주의, 공동체주의, 근본주의, 아울러 동일자에 집중되는 모든 환원주의의 해체를 기반으로 정립된다고 할 수 있다.

데리다의 이러한 생각에 큰 영향을 받은 미국의 문학비평가들, 특히 예일학파의 비평가들은 지속적으로 철학, 문학, 정신분석 같은 장르들의 조합을 시도했고 문학 자체를 구성과 해체의 지속적인 순환으로 보는 관점을 비롯해 텍스트의 파괴와 재구성을 바탕으로 혁신을 반복하는 장르로서의 문학 개념을 정립하는 데 결정적으로 기여했다. 반복되는 혁신의 대표적인 예는 오르페우스 신화다. 이러한 관점에서 문학은, 니체가 주목했던 대로, 디오니소스적인 원리를 기반으로 전개되는 '탈구조화', 즉 욕망과 아름다운 예술적 형상의 탈구조화에 가깝다. 하지만 이러한 분산은 일종의 비극적인 사건으로 인식되지 않고 오히려 무언가 흥미로운 것으로 인식된다. 다시 말해 오르페우스의 해방은 그가 분해되는 과정과 무관하게, 그의 정체성을 재구성하는 마지막 단계에서만 이루어지는 것이 아니다. 오르페우스는 분해 과정을 거치면서, 한 형상에서 또 다른 형상으로 전이하는 과정을 거치면서 스스로의 자유를 실험한다.

움베르토 에코의 소설 『장미의 이름Il nome della rosa』(1980년)도 이러한 포스트모더니즘 고유의 서사 전략을 분명하게 보여 준다. 이는 에코 자신도 인정했던 부분이다. 에코가 소설의 배경으로 설정한 14세기의 한 수도원에는 어마어마한 분량의 고대 문헌들이 소장되어 있다. 미로와 다를 바 없는 도서관에 화재가 일어나면서 문헌들과 함께 사라지는 거대한 앎의 세계는 뒤이어 단상과 파편의 형태로만 남게 된다. 이 일화가 상징적으로 표현하는 것이 바로 총체성을 상실한 포스트모더니즘적인 앎의 조건이다. 하지만 『장미의 이름』은 구조적으로도 포스트모더니즘적인 소설이다. 왜냐하면 암호화된 인용문으로 가득하기 때문이다. 에코는 이 소설을 1300년대 말에 독일 수도사가 라틴어로 쓴 작품의 1700년대 판본에서 프랑스어로 옮겼을 것으로 추정되는 책의 이탈리아 판본으로 소개했다. 한 권의 책에서 또 다른 책으로, 한 번역본에서 또 다른 번역본으로 이어지는 참조의 유희 속에서 에코가 창출해 낸 것은 일종의 망원경 효과 혹은 과거와 현실에 관여하는 전적으로 포스트모더니즘적인 방식의 효과다. 현대인은 과거와 현실을 더 이상 직접적이지도 않고 순박하거나 즉각적이지도 않은 방식으로, 따라서 필연적인 성찰의 경로를 거쳐 이성적이며 아이러니한 방식으로 받아들인다. 과거에서 '혁명적인' 방식으로 벗어난다거나 과거를 삭제하는 것도 불가능하고 과거를 그대로 이어받아 모더니즘적인 '전통과 진보'의 논리를 추구하는 것도 불가능하기 때문에 현대인은 거리를 유지한 채 과거를 아이러니한 시선으로 바라보며 재구성을 시도할 뿐이다.

참조의 유희나 콜라주collage를 선호하는 성향은 포스트모던 건축에서도 찾아볼 수 있다. 건축 분야에서 '포스트모더니즘'이라는 용어를 가장 먼저 사용한 인물은 로버트 벤투리Robert Venturi다. 그는 르 코르뷔지에Le Corbusier, 미스 반 데어 로에Mies van der Rohe, 아돌프 로스Adolf Loos 등의 모더니즘 건축을 거부하고 새로운 건축 양식을 제시하며 이를 '포스트모더니즘 건축'으로 명명했다. 벤투리는, 데카르트가 철학 분야에서 시도했던 것처럼, 르 코르뷔지에가 건축의 전통적인 법칙과 관례를 무시하고 순수하게 이성적인 기반을 토대로 건축의 재구성을 시도했다고 보았다. 벤투리의 의견대로, 필로티 위에 건물을 올려 생활 공간을 지반으로부터 물리적으로 분리시키겠다는 르 코르뷔지에의 생각은 건축의 모든 역사적 맥락에서 벗어나려는 성향과 "장식은 노동력의 낭비"라는 로스의 주장대로 모든 장식적인 요소를 거부하고 순수하게 기능적인 측면만을 강조하는 건축 성향을 그대로 보여 준다. 하지만 이러한 기능주의적인 건축 개념을 거부하면서 벤투리는 건축의 장식적인 측면과 소통의 측면을 강조했고, 특히 『건축의 복합성과 대립성Complexity and Contradiction in Architecture』(1966년)에서 건축은 어떤 획일적인 성격의 기준과 원칙에 복종하기보다는 오히려 환경과 문화적 맥락에 적응해야 하며 세계의 문화적, 기능적 복합성을 반영할 수 있어야 한다고 주장했다. 벤투리는 한편 『라스베이거스의 교훈Learning from Las Vegas』(1972년)에서 라스베이거스의 대로가 주는 자극적인 인상에 주목하면서 건축은 각양각색의 광고판과 과도한 조명 때문에 부각되기 힘들지만 이러한 장치들만큼은 라스베이거스를 찾아오는 사람들의 취향과 요구에 부응한다는 장점을 지녔다고 주장했다. 이처럼 건축을 추상적이고 기하학적인 원리가 아니라 생활 및 활동 공간의 문화적 기능을 기준으로 바라보는 관점에는, 다름 아닌 하이데거의 철학에서처럼, 특정 공간을 실제로 드나들며 생활하고 활동하는 사람들의 습관과 편의를 고려할 뿐 아니라 건축 공간 자체를 이들이 지닌 생활양식의 표현으로 간주하는 관점이 포함되어 있다.

앞서 언급한 것처럼, 포스트모더니즘의 이론화는 모더니즘의 역사적 전개 과정에 대한 정확한 진단에서, 다시 말해 모더니즘의 역사를 무엇보다도 계몽주의적인 차원의 진보와 해방이라는 이상적인 기획의 실패 과정으로 보는 해석에서 출발했다. 이와 관련하여 주목해야 할 것은 모더니즘을 오히려 변호하는 입장의 철학자들과 포스트모더니즘의 이론가들 사이에서, 무엇보다도 마르크스주의를 쟁점으로 벌어지기 시작한 논쟁이다. 실제로, 리오타르의 『포스트모던의 조건』(1979년)이 출판된 지 얼마 지나지 않아 하버마스는 『모더니티, 미완의 프로젝트Die Moderne, ein unvollendetes Projekt』(1981년)에서 포스트모더니즘이 본질적인 차원에서 마르크스주의와 대척되는 신보수주의적인 성향을 지녔다고 비판했다. 일찍이 1968년에 출판한 『인식과 관심Erkenntnis und Interesse』에서 하버마스는 도구적이고 기술적인 이성이 현대 사회에서 우위를 점하는 현상에 위험이 도사리고 있으며 결과적으로는 정치 활동 자체가 기술의 힘과 동일시되고 사회의 체제와 구도가 순수하게 사회공학적인 판단의 지배하에 놓이게 되는 상황이 도래할 수 있다고 진단한 바 있다. 하버마스는 이러한 상황을 모더니즘의 숙명적인 결과라기보다는 오히려 모더니즘 본연의 이상과 방향에서 벗어난 일탈의 결과로 제시했다. 바로 그런 이유에서, 하버마스는 이성적 행위의 형식들 가운데 무엇보다도 소통 행위, 즉 계몽주의 이후 공공의 영역에서 공개 토론과 논의를 바탕으로 제도와 전통에 대한 비판 정신의 활성화에 기여해 온 이성적 행위로서의 소통에 주목할 필요가 있으며 소통 행위가 전개될 수 있는 공공의 영역을 복원하는 것만이 일탈에 맞서 모더니즘이라는 미완의 기획을 재개할 수 있는 길이라고 보았다. 하버마스는 리오타르 같은 포스트모더니즘 이론가들의 주장과는 달리, 모더니즘이 아직 폐기되지 않았고 미완의 상태로 남아 있으며, 따라서 다시 부각되고 재개되어야 한다고 주장했다. 하버마스에 따르면, 모더니즘에 포함되어 있는 해방의 요구는 어떤 추상적인 논리에서 비롯되지 않았고 어떤 독재적이고 전체주의적인 모형의 요구와도 일치하지 않으며 오히려 인간의 삶에서 비롯되는 요구, 혹은 후설이 '생활세계'라고 부르던 것의 표현에 가깝다. 예를 들어 인권이나 환경을 보호하려는 의지나 노력에 숨어 있는 이러한 요구에는 도구적 이성의 강렬한 침투력에 대적할 수 있는 저항의 힘이 숨어 있다.

하버마스와 어느 정도 비슷한 입장에서 포스트모더니즘을 비판했던 또 한 명의 철학자는 프레드릭 제임슨Fredric Jameson이다. 『포스트모더니즘 혹은 후기자본주의의 문화논리Postmodernism, or, the Cultural Logic of Late Capitalism』(1989년)에서 제임슨은 포스트모더니즘이 현대 사회의 단순한 문화적 산물 혹은 부수적인 현상으로 그치는 것이 아니라 오히려 현대 문화 자체의 문화적 논리이며 복합적인 이데올로기이자 현대 사회를 문화적인 차원에서 정당화하는 하나의 방식이라고 보았다. 제임슨에 따르면, 포스트모더니즘은 후기자본주의, 즉 가장 완성된 형태의 자본주의가 유지하는 "상부구조"의 표현이다. 포스트모더니즘의 이데올로기가 포착하는 것은 모든 생산품을 상품으로 만들어 버리는 전폭적인 자본주의적 환원 과정의 문화적, 사회적, 정치적 결과들이다. 자본주의적 상품화는 삶의 모든 측면을 식민지화했고 결국에는 예술마저 삼켜 버리고 말았다. 제임슨은 몇몇 아방가르드 예술, 특히 분명한 형태로 광고의 특징을 취하는 앤디 워홀Andy Warhol의 팝아트를 이러한 상품화 현상이 가져 온 최악의 결과라고 보았다. 팝아트에서 사라지는 것은 모더니즘적인 비평문화의 기본적인 요소, 즉 고급문화와 대중문화의 구분과 이를 기반으로 전개되던 예술의 독특한 역할, 즉 존재하는 세계에 대한 비판과 저항의 역할이다. 제임슨에 따르면, 예술의 상품화와 함께 시작된 것은 다름 아닌 문화의 상품화다. 결과적으로 비평적 시각에 요구되는 최소한의 거리를 유지할 수 있는 가능성 자체가 사라졌고 이러한 현상은 현대 사회에서 문화의 사회적 기능에 심각한 타격을 안기면서 모든 깊이 있는 의미를 사라지게 만들고 비판적, 역사적 시각을 위한 거리를 비롯해 현실과 인상의 구분 가능성을 사라지게 만들었다. 포스트모더니즘의 세계에서 문화는 환영에 가까운 복제의 차원으로 축약된다. 하지만 포스트모더니즘은 우리의 낡은 정치관이 지니는 맹점들을 보여 주며 결과적으로 우리가 국제화와 세계화의 무대에 어울리는 새로운 정치문화를 바탕으로 상당히 복합적인 세계를 만들어 가야 한다는 것을 보여 준다.

/ 약한 사유

'약한 사유pensiero debole'는 잔니 바티모와 피에르 알도 로바티Pier Aldo Rovatti가 공동 편저로 출판한 책의 제목인 동시에 이 책을 통해 표명된 현대 철학 사조의 이름이다. 니체와 하이데거의 철학적 입장을 수용하면서 바티모와 로바티는 형이상학의 정초를 의도하는 모든 사유에서 온갖 형태의 지배 의지와 폭력의 씨앗을 발견하고 이러한 '강한 사유'와 거리를 둔다는 의미에서 '약한 사유'를 천명했다. '약한 사유'는 기본적으로 포스트모더니즘의 철학적 토론 내부에서 전개되며 기본적인 내용은 바티모의 『모더니즘의 종말. 포스트모더니즘 문화의 허무주의와 해석학La fine della modernità. Nichilismo ed ermeneutica nella cultura postmoderna』(1985년)에서 읽을 수 있다.

바티모에 따르면 포스트모더니즘 시대의 사회는 '평준화된 소통'의 사회이며 따라서 혼돈 상태에 놓여 있지만 바로 그런 이유에서, 즉 동질화를 불가능하게 만든다는 차원에서 해방의 요구를 유지하는 사회다. 다시 말해 포스트모더니즘은 바티모의 이른바 '투명한' 사회, 즉 헤겔의 '절대적 자의식'이라는 이상을 실현함으로써 모든 종류의 분쟁을 극복하는 '유기적인 사회'의 구축을 불가능하게 만든다. 포스트모더니즘 시대의 사회는 반대로 '불투명한' 사회, 즉 차이점들의 배가 현상이 특징이며 이 차이점들을 통일적인 위상으로 환원한다는 것이 불가능한 사회, 정보통신의 발달과 다양한 소통 수단의 확산으로 인해 새로운 주체들이 세계의 무대 위에서 새로운 역사의 주인공으로 떠오르는 사회다. 세계사의 중심이 사라지고 사회가 세분화되는 현상들이 철학적인 차원에서 중요한 이유는 우리가 참조할 수 있는 절대자적 요소, 혹은 근본적인 원리나 원형이 사라졌다는 것을 의미할 수 있기 때문이다. 이는 아울러 형이상학의 끝을 알리는 동시에 이야기(니체)와 해석(하이데거)으로 전개되는 세계의 시작을 알리는 징후로도 간주될 수 있다. 이 세계에서 허무주의는 모더니즘 자체의 피할 수 없는 역사-철학적 결과로 드러난다. 사실상 모더니즘과 포스트모더니즘을 연결하는 끈은 형이상학의 기틀과 강한 체제의 점진적인 '약화'와 세속화 과정이다. 포스트모더니즘은 형이상학뿐만 아니라 형이상학의 역사적 형상, 즉 모더니즘과의 고별을 의미한다. 하지만 이 고별로서의 포스트모더니즘은 형이상학도 모더니즘도 부인하지 않으며 오히려 이들을 변형시켜 포스트모더니즘의 유래인(역사적 정당화) 동시에 포스트모더니즘이 벗어나야 할 지점으로(다름 아닌 역사적 관계에 놓여 있기 때문에) 인식한다. 바티모는 이러한 관계를 설명하기 위해 '변형'과 '극복'을 동시에 의미하는 하이데거의 용어 Verwindung을 사용했다.

  분명한 것은 '약한 사유'를 바티모가, 향수에 젖어, 원천적인 '존재'의 흔적을 발견하기 위한 단순한 탐색과 해명의 과정으로 고안하지 않았다는 사실이다. 바티모에 따르면, 존재가 여전히 사유의 대상으로 간주될 수 있는 유일한 방식은 담론과 상징 모든 측면에서 쇠약해진 사유의 위상에 주목하며 그것의 흔적 속에서, 즉 사유가 일종의 낡고 희미해진 기억으로 머무는 곳 혹은 해석에 의해 중재된 형태로 머무는 곳에서 존재를 떠올리는 것이다. 반면에 로바티의 탐구는 『구멍 뚫린 냄비. 우리의 모순적인 상황Il paiolo bucato. La nostra condizione paradossale』(1998년)에서 볼 수 있듯이, 좀 더 분명하게 현상학적이고 해체주의적인 차원에서 전개되었다.

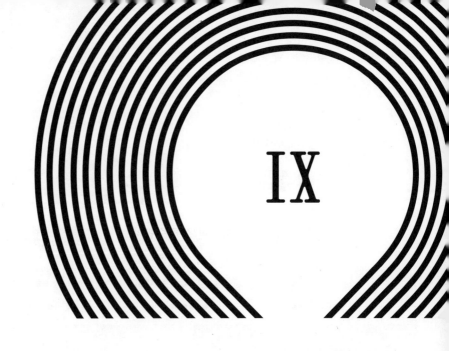

IX

20세기의
철학과 과학

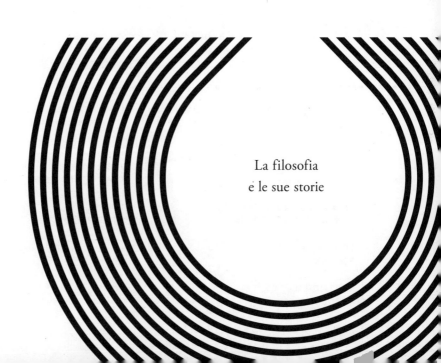

La filosofia
e le sue storie

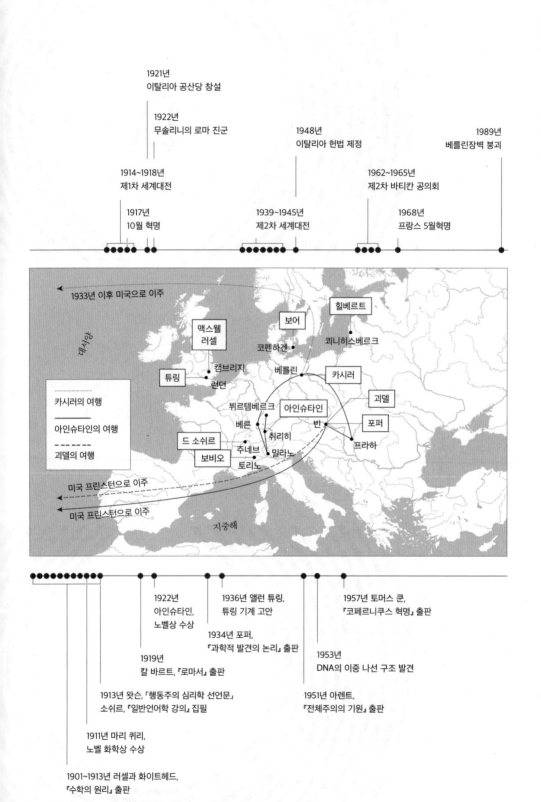

1921년
이탈리아 공산당 창설

1922년
무솔리니의 로마 진군

1948년
이탈리아 헌법 제정

1989년
베를린장벽 붕괴

1914~1918년
제1차 세계대전

1962~1965년
제2차 바티칸 공의회

1917년
10월 혁명

1939~1945년
제2차 세계대전

1968년
프랑스 5월혁명

1933년 이후 미국으로 이주

힐베르트

맥스웰
러셀

보어

코펜하겐

쾨니히스베르크

대서양

튜링

캠브리지
런던

베를린

카시러

괴델

카시러의 여행

아인슈타인의 여행

괴델의 여행

뷔르템베르크
베른

아인슈타인

취리히

포퍼

프라하

드 소쉬르
보비오

주네브
토리노

밀라노

미국 프린스턴으로 이주

미국 프린스턴으로 이주

지중해

1922년
아인슈타인,
노벨상 수상

1936년 앨런 튜링,
튜링 기계 고안

1957년 토머스 쿤,
『코페르니쿠스 혁명』 출판

1934년 포퍼,
『과학적 발견의 논리』 출판

1919년
칼 바르트, 『로마서』 출판

1953년
DNA의 이중 나선 구조 발견

1913년 왓슨, 「행동주의 심리학 선언문」
소쉬르, 『일반언어학 강의』 집필

1951년 아렌트,
『전체주의의 기원』 출판

1911년 마리 퀴리,
노벨 화학상 수상

1901~1913년 러셀과 화이트헤드,
『수학의 원리』 출판

시간상의 거리는 일종의 여과 장치로 기능한다. 다시 말해 어떤 현상들이 중요하거나 특징적인 것으로 간주되어야 하고 어떤 현상들이 반대로 과거라는 문서 보관소에 보관되어야 하는지 결정짓는 잣대로 기능한다. 학자들은 언제든지 이 문서 보관소에서, 무언가를 재조명하기 위해, 특정 저자나 저서를 선별할 수 있고 그런 식으로 결국에는 또 다른 저자들과 저서들의 존재를 망각한다. 반면에 20세기의 철학 혹은 현대 철학의 근본적인 측면들을 역사적으로 서술하거나 묘사하는 작업, 결과적으로 해석하는 작업에는 극단적인 어려움이 뒤따른다. 물론 철학, 과학, 문학, 예술과 관련된 학문 분야들의 증가와 탐구 방식의 다양화 현상, 특수한 언어들을 사용하는 경향, 관련 분야들의 영향으로 인해 학문이 점점 전문화되고 복잡해지는 현상 등 현대 철학의 수많은 특징들을 계통별로 분류하고 체계화하는 것은 불필요한 작업이다. 이러한 현상들이 사실상 언제나 반복되어 왔다는 것을 우리는 역사와 다양한 방식의 역사 탐구를 통해 배워 알고 있다. 하지만 현대 철학의 역사적 서술이 특별히 까다로운 이유는 선택해야 할 사항들, 풀어야 할 매듭들, 혹은 엉켜 있는 대로 놓아두어야 할 것들이 너무 많아서 어떤 포괄적인 관점을 도출해 내기 위한 시도가 결국에는 주어진 자료의 영역과 선입견으로 구축된 고정관념의 틀에서 벗어나지 못하거나 유행을 좇는 것으로 그치기 십상이기 때문이다. 실제로는 철학, 인문과학, 문학, 예술의 연관성을 비롯해 철학과 자연과학의 연관성, 철학의 역사적 연구를 지배하는 범주들, 아울러 윤리적이고 제도적인 원칙들과의 관계를 고려할 때, 결국에는 '철학' 자체를 탐구자의 책임은 물론 탐구의 의미와 가치가 사라지고 모든 것이 뒤섞이며 색깔을 잃는 일종의 용광로로 소개하려는 유혹에서 벗어나기 힘들다. 보르헤스Jorge Luis Borges의 소설『기억의 천재 푸네스Funes el memorioso』의 주인공처럼 모든 것을 기억하면서도 사실상 아무것도 이해하지 못하는 상황에 처할 위험이 도사리고 있는 것이다.

게다가 오늘날의 문제는 공유해야 할 지식을 보존하고 전파하는 일이 오히려 상식에 의탁되거나 망각의 기술과 타협할 줄 아는 능력에 의탁되고, 수많은 정보의 소음 속에서 이론과 전통과 개념과 계율과 가치에 대한 이해력을 점차적으로 상실해 가는 형태의 기억에 의탁된다는 데 있다.

역사적 시간이라는 여과 장치가 부재하기 때문에, 다시 말해 우리가 살고 있는 시대와 너무 가깝기 때문에, 현대 철학의 역사를 다루는 이 장에서 우리는 극단적으로 대조되는 측면들을 부각한다든지 아무런 의미도 없고 상식적인 유사에 의존하는 언어학적 분석이나 극단적으로 전문화된 개념에 치중하는 경향을 거부하는 동시에 철학적 앎의 정체성과 자율성을 포기하지 않는 중도적인 입장의 경계와 관점을 정립하려고 노력했다. 물론 모든 학문이 세계를 이해하기 위해 구축하는 다양한 범주들, 상이한 이론들의 양립 불가능성, 일련의 지식 분야가 또 다른 형태의 지식으로 번역되는 방식의 부정형성 등에 대한 언급을 굳이 피할 필요는 없겠지만 세계에 대한 철학적 관심 자체를 허락하지 않는 이른바 '이론의 포화 상태'에 빠져서는 안 된다는 것이 우리의 생각이다. 철학적인 문제들은 세계에서 비롯된다. 세계가 변하면서 지속적으로 새로운 철학적 문제들이 끊임없이 제기되는 것도 바로 그런 이유에서다.

진리의 다양성까지는 아니지만 진리에 접근하는 방식만큼은 다양하다는 것을 인정할 필요가 있다는 것이 오늘날의 일반적인 견해다. 이러한 관점은 철학사에서 다양한 철학적 지식들로 하나의 완성된 체계가 구성된다는 주장을 더 이상 신뢰하지 않는 경향과 일치한다. 하지만 바로 그런 이유에서 이 마지막 장은, 구조적인 차원에서, 훨씬 더 집중적이고 진지한 독서를 요한다. 여러 학문 분야들 간의 비교를 통해 드러나는 것은 가장 불안정한 형태의 지적세계도 기꺼이 수용할 수 있는 구도의 관점이다. 철학과 물리학, 철학과 수학, 철학과 법학이 함께 고려되는 상황은 쓸모없는 의견들의 단순한 목록을 작성하는 것으로 그치지 않고 학문 분야에서뿐만 아니라 일상의 삶 속에서 철학적 사유가 감당해야 할 부분이 그만큼 지대하다는 의식과 관점을 구축한다. 잊지 말아야 할 것이 있다. 철학이 여전히 최고의 학문으로서 가치를 지닌다면 그것은 아리스토텔레스가 생각했던 것처럼 철학이 경이로움에서 비롯되기 때문이다. "지금이나 옛날이나 인간의 철학은 경이로움에서 비롯된다. (…) 이제 의혹을 품으면서 경이로움을 느끼는 사람은 자신이 알지 못한다는 것을 인식한다." 비트겐슈타인은 철학을 한 번 사용한 다음 버릴 수도 있는 사다리에 비유했지만, 이 장을 채우는 글들은 철학이라는 사다리가 완전히는 버릴 수 없으며 다시 활용할 수 있는 도구일 뿐 아니라 이 도구가 끊임없는 의혹의 건전한 의미를 발견하게 될 앎의 영역으로 우리를 인도할 수 있다는 희망을 증언해 줄 것이다. 끊임없는 의혹이 요구된다는 점을 기억하기 위해 쉬운 표어가 필요하다면, 18세기의 한 유령 작가가 남긴 인용문만큼 적절한 것은 없을 것이다. "오래전에 나는 우유부단했지만, 지금은 아예 아무것도 확신하지 못한다."

1

독자적인 학문으로서의 철학사

1.1　태동기에서 18세기까지

아리스토텔레스가 『형이상학』 1부에서 자신을 앞서간 철학자들의 사상을 소개하는 부분은 소크라테스 이전 시대의 철학자들과 관련된 가장 중요한 문헌으로 간주된다. 하지만 아리스토텔레스가 과거의 철학에 대해 이야기하면서 일종의 철학사를 염두에 두었다고 보는 것은 잘못된 생각이다. 아리스토텔레스의 관심은 오히려 과거의 철학자들이 주장했던 이론들의 부적절함을 지적하고 논박하거나 자신의 사상적 체계가 수용할 수 있는 긍정적인 측면들을 발견하는 쪽으로 기울어져 있었다. 하지만 이 부분에서도 아리스토텔레스는 제자 테오프라스토스Theophrastos를 비롯해 헬레니즘과 로마 시대의 철학자들에 이르기까지 수많은 후세대의 철학자들에게 일종의 서술 모형, 즉 철학자들의 의견들을 편찬하는 양식의 기틀을 제공했다. 이러한 유형의 글들은 다양한 철학 이론을 사상의 발전상이라는 관점에서 설명하는 대신 '학파'를 기준으로 분류하고 소개한다는 특징을 지닌다. 이러한 특징은 이 글들이 처음부터 이론의 구축과 교육을 목적으로 탄생했다는 사실을 설명해 준다. 다시 말해 특정 학파를 대표하는 스승들의 사상이나 경쟁관계에 놓인 학파의 철학자들과 이들의 사상을 함께 소개함으로써 고유의 학파가 지니는 이론적인 차원의 특수성과 정체성을 정립하기 위해 쓰였던 것이다. 이러한 양식을 보완하며 등장했던 것이 일대기적인 형식의 서술이며 이러한 형식으로 쓰인 문헌들 가운데 대표적인 저서는 서기 3세기경에 쓰인 디오게네스 라에르티오스의 『그리스 철학자 열전*Vitae Philosophorum*』이다.

이 일대기라는 장르는 중세와 르네상스 시대에 널리 활용되면서 체계화되었고, 이슬람교 세계와 월터 벌리(Walter Burley, 1275~1344년)의 잉글랜드, 레오나르도 브루니(Leonardo Bruni, 1370~1444년)의 피렌체를 비롯한 여러 지역에서 특정 철학자나 여러 철학자의 '생애'와 '사상', 특히 이들이 남긴 '어록'을 다루는 전기적인 성격의 저서들이 점점 증가하는 양상을 보였다. 물론 이 경우에도 저자들의 접근 방식은 역사학적이었다고 볼 수 없다. 특히 서방 그리스도교세계의 기본적인 우려와 관심은 무엇보다도 고대 철학자들의 견해와 종교의 가르침을 비교하는 것이었다. 서방의 학자들은 이러한 비교를 통해 대조적인 측면을 강조하면서 '철학자들의 오류'를 폭로하거나 반대로 유사한 측면들을 진지하게 다루면서 고대의 현자들이 비록 세속인들이었지만 몇 가지 기본적인 진리를 직관적으로 깨달았고 이를 신화라는 상징적이거나 의도적으로 모호하게 구성된 형식으로 표현했으며 동일한 진리가 뒤이어 다름 아닌 성서를 통해 보편적인 방식으로 계시되었다는 해석을 제시했다.

1400년대에 플라톤의 사상과 그의 대화록을 재발견하는 과정은 플라톤과 아리스토텔레스 중에 누가 철학적으로 우월한가를 논하는 신랄한 논쟁으로 이어진 반면 1500년대에는 오히려 이들 사이의 공통점을 부각하려는 노력과 보편적인 차원의 철학 전통과 그리스도교 교리 사이의 공통 요소를 찾아내려는 시도가 이루어졌다. 논쟁의 확산이 제어되고 이론적인 차이가 순수하게 방법론적이고 수사학적인 차원의 차이로 축약됨에 따라 여러 '학파'의 다양한 사상은 사실상 유일한 진리가 다양한 방식으로 표현된 것에 지나지 않는다는, 다시 말해 역사 속에서 다양한 방식으로 모습을 드러내는 '항존철학philosophia perennis'의 다양한 얼굴에 지나지 않는다는 생각이 대두되었다. 이러한 역사적 차원의 구도가 당대의 유럽 문화에 요구되었던 이유는 르네상스 시대의 인문학자들이 플라톤 전집을 복원하면서 그의 사상에 대한 총체적인 이해를 제시하는 것으로 그치지 않고 헬레니즘 시대의 주요 학파들, 예를 들어 에피쿠로스학파, 스토아학파, 고대 회의주의, 오르페우스-피타고라스 전통, 헤르메스주의, 신플라톤주의, 그리스의 교부철학을 동시에 부활시킨 것이 유럽의 지성인들에게 하나의 도전으로 다가왔고 어떤 식으로든 이에 응답할 필요가 있었기 때문이다. 결과적으로 고대로부터 전해 내려오는 철학 이론들의 다양성과 다양한 학파나 교파를 구분해서 이해하는 관습은, 중세 신학자들이 생각했던 것처럼, '세속적 지혜'에 고유한 허영의 근거가 아니라 오히려 인간이 누릴 수 있는 문화적 풍부함의 지표로 인식되기 시작했다. 처음으로 체계적인 철학사의 집필이 시도되었을 때에는 다양한 철학 학파와 세기를 거듭하며 명맥을 유지해 온 이 학파들의 역사가 자연스럽게 철학사의 핵심 주제로 채택되었다. 근대 문헌학과 박학주의의 산물인 이 초기의 철학사들은 시간이 흐르면서 다양한 형태로 출판되는 경향을 보였고, 이들 가운데 주목할 만한 저서로는 토머스 스탠리Thomas Stanley의 『철학의 역사History of philosophy』(1655년), 게오르크 혼Georg Horn의 『철학의 역사Historiae philosophicae』(1655년), 요하네스 헤르하르트 포스Johannes Gerhard Voss의 『철학과 철학 학파에 관하여De philosophia et philosophorum sectis』(1657~1658년), 주세페 발레타Giuseppe Valletta의 『철학의 역사Istoria filosofica』(1704년), 에프라임 게하르트Ephraim Gerhard의 『철학사 입문Introductio praeliminaris in historiam philosophicam』(1711년) 등이 있다. 방법론과 정보의 차원에서 분명한 한계를 지닌 책들이지만 그럼에도 이 저서들이 언급되어야 하는 이유는 저자들이 모두 철학의 역사가 독자적인 학문이어야 한다는 생각을 공개적으로 표명했기 때문이다.

철학사가 '비평적인' 관점을 겸비하기 시작하는 것은 계몽주의 시대에 와서야 일어나는 일이다. 예를 들어 이러한 특징이 제목에서부터 드러나는 앙드레-프랑수아 데랑드André-François Deslandes의 『철학의 비평적 역사Histoire critique de *la philosophie*』(1737년)와 야콥 브루커Jakob Brucker의 『철학의 비평적 역사*Historia critica philosophiae*』(1742~1744년)는 중요한 의미를 지닌다. 이 저서들이 철학사 서술에 일종의 전환점을 마련했다고 볼 수 있는 이유는 철학사에 근대 철학, 즉 당대의 철학을 포함시켰기 때문이다. 전통문화에 대한 체계적인 비평이 이른바 역사적 회의주의와 자유사상가들의 박학주의를 바탕으로 활성화된 뒤 피에르 벨의 기념비적인 저서 『역사-비평적 사전*Dictionnaire historique et critique*』을 통해 정점에 달했다면 데랑드와 브루커는 이러한 비평적 관점과 계몽주의 이상의 접목을 꾀하면서 철학의 역사를 이성의 점진적인 정복 과정으로 해석했다. 특히 브루커는 철학자들을 언급하면서 전기적인 요소, 즉 일화나 심리적인 측면에 많은 공간을 할애했지만 철학자들의 초상화를 그리는 것으로 만족하지 않고 철학의 기원에서부터 당대의 철학에 이르는 시기를 총망라하며 다양한 철학체계의 논리-논술적 구조와 형성의 기원을 재구성했고 그런 식으로 철학적 사유의 발전상에 대한 최초의 체계적인 서술을 제시했다. 따라서 무언가 완전히 새로운 것으로 인식된 그의 『철학의 비평적 역사』가 전 유럽에서 지성인들의 지대한 관심을 받았고 백과사전의 사상사와 관련된 수많은 항목에 가장 기본적인 사료와 내용을 제공했다는 것은 그다지 놀라운 일이 아니다.

　실제로 18세기 말과 19세기 초에 유럽의 정신문화를 지배했던 것은 철학의 역사가 정신의 좀 더 폭넓고 포괄적인 역사의 일부라는 생각과 이러한 생각을 바탕으로 구축된 사상적 '체계'라는 개념이었다. 여러 '학파'를 기준으로 철학을 분류하고 다양한 사조들이 지배적인 역할을 하거나 역사의 무대에서 사라지는 과정을 기준으로 철학사를 구분하는 작업은 서서히 추상적인 철학 개념과 설명 구도를 갖춘 관념적 접근 방식에 의해 대체되기 시작했다. 예를 들어 칸트는 철학의 역사를 "개념을 바탕으로 발전하는 이성의 역사"로 이해했고 이 역사를 "이성적으로, 즉 선험적으로" 구축하는 것이 가능하다고 보았다. 반면에 헤겔은 철학사를 완전한 자기 인식 단계에 도달할 수 있는 사유의 형식이자 절대적 앎이라는 가장 높은 정신의 표현으로 변형시켰다. 하지만 헤겔은 이 앎이 변증적인 과정을 거쳐 역사적으로 구축된다고 보았다. 따라서 이 과정을 추적함으로써 과연 어떤 식으로 모든 철학이 고유의 사상을 통해 당대의 시대상을 표현하는 동시에 철학을 논박하며 "극복"하는지 증명해 보이는 것이 바로 철학사의 과제였다. 결과적으로 모든 철학은 시대정신의 표현인 동시에 각 시대의 정치적, 사회적, 문화적, 예술적, 종교적 맥락과 뿌리 깊게 연결되어 있는 하나의 구체적인 역사적 현실로 인식되는 동시에 진리지만 시대적 한계를 지닌 진리, 다시 말해 각 시대의 문화적 맥락에서만 유효한 진리를 보유하는 사상으로, 결과적으로 다름 아닌 헤겔의 '체계'와 일치하는 절대적 진리가 발전하는 과정의 일부를 차지하는 단계로 인식되었다.

바로 그런 의미에서 철학의 역사는 철학 자체, 다시 말해 헤겔의 철학과 일치한다. 바꾸어 말하자면 사유의 역사 전체의 완성이자 이 역사를 그 자체로 완전히 소화할 수 있는 사상이 바로 헤겔의 철학이다. 동일한 차원에서 "철학적 체계들"의 연대기적 발전 과정은 **"관념**에 관한 개념적 설명들의 논리적 환원 과정"에 상응한다. 하지만 그런 식으로 과거의 '철학체계'에 대한 평가가 완전히 이론적인 기준으로 이루어졌기 때문에, 근대의 철학사가 힘들게 정복했던 자율성은 완전히 사라질 위기에 놓였다. "시대적이고 우발적인" 차원을 상실하면서, 다시 말해 철학의 구체적인 역사성을 상실하면서 철학사는 일종의 개념적 '예비 단계들'로 환원되었고, 궁극적으로 **정신**의 완전한 실현과 자의식에 도달하기 위한 과정에 필수적인 단계로 축약되었다.

1.2   19세기와 20세기 사이에서

헤겔의 철학사적 관점이 낳은 근본적으로 형이상학적인 결과들은 관념주의를 수용한 이탈리아 철학자들의 사유에서 구체적인 예를 찾아볼 수 있다. 상이한 이론적 전제에서 출발했음에도 불구하고 이탈리아의 철학자 크로체와 젠틸레는 모두 철학의 역사가 궁극적으로는 철학 자체와 일치한다는 견해를 가지고 있었다. 다시 말해 과거의 철학은 관념주의 철학의 '예비 단계'로 인식되었고 관념주의와 무관한 요소들은 본질적인 철학과 거리가 먼 것으로 간주되었다. 추상적인 구도를 바탕으로 '거꾸로' 거슬러 올라가며 재구성된 철학사의 전개 과정이 궁극적으로 도달해야 할 지점, 다시 말해 '논리적' 연관성을 지닐 뿐인 개념들의 '사슬'을 구축하며 형성되는 사유의 역사 전체가 수렴되어야 할 지점이 바로 관념주의였다.

다름 아닌 이러한 관점들을 토대로, 후세대의 지식인들에게 지대한 영향을 끼치게 될 일련의 철학사 저서들이 19세기 중반에 출판되었다. 대표적인 예로 클로드 조세프 티소Claude Joseph Tissot가 집필한 철학사 연구서들과 에두아르트 첼러의 『역사 속에서의 그리스 철학Die Philosophie der Griechen in ihrer geschichtlichen』, 그리고 헤르만 딜스Hermann Diels와 울리히 폰 빌라모비츠Ulrich von Wilamowitz 같은 문헌학자들의 역사 연구서를 들 수 있다.

헤겔이 남긴 유산의 또 다른 측면이 독특한 방식으로 발전된 곳은 독일이다. 앞서 언급한 것처럼, 헤겔은 철학을 절대정신의 지고한 형식으로 간주하면서 한편으로는 철학 이론들이 특정 시대의 정신적 삶을 표현하는 예술이나 종교 같은 형식은 물론 정치사회적 맥락과 긴밀하게 연결되어 있다는 점을 강조했다. 이러한 특징에 주목한 마르크스와 엥겔스는 철학을 일종의 상부구조로 해석하면서 철학이 경제사회적 구조와 유지하는 관계를 비롯해 이에 뒤따르는 철학의 '이데올로기적' 기능을 강조했다. 즉 지배 계층의 권력 유지를 정당화하거나 피지배 계층의 의식을 표현하는 기능이 철학의 주요 기능들 가운데 하나라고 본 것이다. 반면에 딜타이 이후의 역사주의자들은 예술, 종교, 철학을 특정 시대의 모든 문화적 형식들을 포괄하는 동일한 세계관의 다양한 표현으로 이해했다.

마르크스주의적인 관점과 역사주의적인 관점은 모두 철학의 역사성에 주목하는 성향과 철학 자체가 인간의 구체적인 존재에 뿌리를 두고 있다는 사실에 주목하는 성향으로 이어졌다. 마르크스주의적인 접근 방식을 오랫동안 지나치게 경직된 방식으로 해석해 온 학자들은 이론적인 사실과 물질적인 사실의 기계적인 상응관계, 예를 들어 생산관계나 계급투쟁 같은 현상을 탐구하는 차원에서 거의 벗어나지 못했던 반면 역사주의적인 접근 방식은 일찍부터 풍부한 관점을 제공할 수 있다는 가능성을 보여 주었다. 르네상스나 계몽주의 같은 문화현상에 대한 몇몇 탁월한 해석 작업이 바로 이러한 역사주의적인 접근 방식을 토대로 이루어졌다. 대표적인 예는 관련 주제를 다룬 딜타이의 연구와 상당히 폭넓은 영역을 다룬 카시러의 저서 『근대 철학 및 과학의 인식 문제』다. 이 시점에서 철학의 역사는 훨씬 더 방대한 문화의 역사 혹은 정신사의 일부에 불과한 것처럼 이해되기 시작했다.

흔히 '개념의 역사'라고 불리는 분야 역시, 적어도 첫 단계에서는, 이와 유사한 결과를 가져왔다. 유럽과는 전혀 다른 문화적 맥락에서 탄생한 이 연구 분야를 가장 구체적인 형태로 제시한 인물은 미국의 역사학자 아서 러브조이다. 1936년에 출판된 대표적 저서 『존재의 거대한 사슬: 한 개념의 역사 연구*The Great Chain of Being: A Study of the History of an Idea*』에서 러브조이는 더 이상 다양한 철학의 이론적 구조가 아니라 철학적 이론들을 구성하는 요소들, 다시 말해 시간이 흐르면서 다양한 방식으로 조합되는 '단위개념'에 관심을 기울여야 한다고 주장했다. 러브조이에 따르면 역사학자의 과제는, 화학 분석과 상당히 유사한 방식으로, 개념들의 실재를 찾아내고 이 개념들이 철학뿐 아니라 예술, 문학, 과학을 비롯한 다양한 분야에서 활용되는 방식을 발견하는 것이었다.

결과적으로 19세기 말에서 20세기 초반까지 지식인들은 철학사에 대한 상당히 모순적이고 모호한 이미지를 지니고 있었다고 보아야 한다. 한편에는 철학의 역사에 대한 집중적인 연구가 활발히 진행되고 중세처럼 잘 알려지지 않은 시대의 철학에 대한 진지한 탐구가 이루어지면서, 대학의 전문 과정으로 정착되고 문화기관과 출판계의 관심이 집중되는 분야로 성장한 철학사의 이미지가 있었던 반면 다른 한편에는 자율성과 특수성을 상실한 철학사의 이미지, 다시 말해 철학사를 철학 자체와 동일한 것으로 간주하는 관념주의적인 관점이나 경제사 사회사의 이데올로기적 표현으로 간주하는 편협한 마르크스주의적 관점, 또는 방대한 문화사의 일부로만 간주하는 역사주의적 관점이나 내재적 논리와 일관성을 지닌 이론적 체계의 재구성으로 보는 관점이 아니라 다양한 학문적, 지적 맥락에서 진행되는 '단위개념'들의 조합과 해체의 방식으로 해석하는 개념사적 관점에 의해 크게 훼손된 철학사의 이미지가 존재했다. 철학사의 불분명한 이미지를 장식하는 또 하나의 예는 버트런드 러셀의 『서양 철학사』다. 커다란 성공을 거둔 저서지만 러셀이 제시한 대중적이고 상당히 자극적인 내용과 형식 뒤에 일종의 그림자처럼 숨어 있는 뿌리 깊은 이데올로기적 관점은 연구 대상인 사실들의 해석을 특정 방향으로 이끌며 무엇이 역사적 사실로 간주되어야 하는지 이미 결정한 상태에서 철학사의 내용을 강제적으로 유형화하고 도식화한다.

1.3 이탈리아의 기여

이탈리아의 상황에 대해 기억해야 할 것은 무엇보다도 크로체와 젠틸레가 구체적인 역사 탐구를 바탕으로 구축한 이론적 체계가, 저자들 자신은 이를 원리원칙으로 내세울 의도가 전혀 없었음에도 불구하고, 제2차 세계대전까지 지배적인 역할을 하며 지대한 영향력을 행사했다는 점이다. 결과적으로 1960년대와 1970년대에는 철학의 역사를 경험적 시간의 차원으로 끌어들이려는 노력이 이루어졌고 이러한 시도의 일환으로 방법론적인 차원에서 상당히 활발한 토론이 전개되었다. 이 토론에 참여한 이들은 안토니오 반피, 엔초 파치, 피에트로 피오바니Pietro Piovani, 노르베르토 보비노Norberto Bobbio 등의 역사학자들과 에우제니오 가랭Eugenio Garin, 마리오 달 프라Mario Dal Pra, 파올로 로시Paolo Rossi 같은 철학사학자들이었다. 방법론적인 차원의 이견에도 불구하고, 이들은 다음과 같은 영역에서 공통된 의견을 지니고 있었다.

1) 이들은 모두 신관념주의자들의 결정론과 목적론적인 역사관을 비판했고 이른바 '영원한 철학', 즉 교본적인 토마스주의와 얼마나 가까운가를 기준으로 철학을 평가할 수 있다는 신스콜라철학의 주장에 대해서도 비판적인 입장을 취했다.

2) 이들은 아울러 철학의 개념 자체를 선험적으로 정의하려는 태도가 옳지

않다고 보았고 철학의 개념이 다양한 의미를 지닐 뿐 아니라 상이한 시대, 상이한 문화와 언어적 배경에 따라 변한다고 생각했다.

3) 이들은 과거가 시간상 거리가 먼 곳에 위치한다는 사실과 여기에서 비롯되는 이질성을 강조하며 현재에만 유효한 범주들을 기준으로 과거를 해석하는 시대착오적인 오류를 범해서는 안 된다고 보았다.

4) 이들은 특히 문헌에 적혀 있는 내용을 충실하게 재구성하는 작업이 필요하며 역사 연구의 특수성은 다름 아닌 이 재구성 작업에 있다고 보았다.

1946년에 계간지 《철학사 논평 *Rivista di storia della filosofia*》을 발간하면서 달 프라는 "엄격한 문헌학적 작업"만이 철학사를 서술할 때 "철학의 다양한 이론적 입장들을 역사 바깥에서 역사를 이해하기 위한 일종의 교리적 규칙으로 제시하는 성향"에 맞서기 위한 최상의 해결책이라고 천명한 바 있다. 그는 "영원불변하는 성격의 범주들을 실체화하는 습관에서 벗어나 역사의 완전한 의미를 파악하고", "모든 측면에서 바라본 인간의 풍부하고 실질적인 경험을 구체적으로" 다룰 필요가 있다고 강조했다.

20세기 중반에 이루어진 방법론적 혁신은 과거에 도식적인 방식으로만 소개되던 저자들, 다시 말해 단순히 이성주의, 경험주의, 관념주의 등의 이론적 입장을 수호하거나 대변하는 인물로만 소개되던 철학자들의 본모습과 사유의 핵심을 복원하기 위한 연구들, 혹은 주목받지 못했던 철학자들이나 사조를 발굴하는 데 집중하는 새로운 차원의 관점과 연구들의 발전에 크게 기여했다.

흥미로운 것은 이러한 작업을 통해 이탈리아의 철학사학자들이 일찍부터 상당한 수준의 전문성을 획득하며 국제사회에서 인정받기 시작했다는 것이다. 예를 들어 브루노 나르디 Bruno Nardi는 단테 사상의 탁월한 연구자이자 대가로 인정받았고, 오늘날 중세와 르네상스 사상을 연구하는 학자들이 반드시 참조해야 하는 핵심적인 저서들을 출판했다. 에우제니오 가랭은 르네상스에서 계몽주의에 이르는 시기의 유럽 사상에 대한 우리의 이해 방식을 구축하는 데 폴 오스카 크리스텔러 Paul Oskar Kristeller와 그의 학파 못지않은 결정적인 영향을 끼쳤고 달 프라는 자신의 반관념주의 논쟁을 고대 회의주의에서 중세 유명론, 흄과 마르크스의 사상에 이르는 반형이상학 전통 전체의 역사적 구도를 마련하는 작업으로 전환하는 데 성공했다.

지금까지 언급한 인물들의 뒤를 이어 활동한 차세대의 이탈리아 철학사학자들은 스승들이 세운 방법론적인 원칙들을 그대로 고수하는 경향을 보였다. 이들은 스승들과 마찬가지로 이론적 원칙들을 절대적이며 불변하는 것으로 간주하는 관점과 역사가 이 원칙들을 바탕으로 평가되어야 한다고 보는 견해를 비판하며 거부했다. 하지만 바뀐 것이 있었고 그것은 비판의 대상이었다. 사실상 이 신세대 학자들의 입장에서 관건은 더 이상 신관념주의나 신스콜라철학의 역사 서술이 지니는 형이상학적인 성향을 비판하는 것이 아니라 방법론적인 하이데거주의, 즉 철학의 역사 전체를 존재에 대한 망각의 역사로 환원하려는 경향, 또는 과거의 철학 이론을 현대적인 언어로 해석한 뒤 그 의미를 다시 분석철학의 원칙들을 기준으로 평가하려는 경향과 맞서 싸우는 것이었다.

아울러 비판의 대상뿐만 아니라 관점에도 중요한 변화가 일어났다는 점에 주목할 필요가 있다. 이러한 변화의 원인은, 간략하고 도식적인 차원에서, 서로 긴밀히 연결되어 있는 네 가지 요인으로 축약될 수 있다. 첫 번째 요인은 철학사의 연구 범위 자체가 놀랍도록 넓어졌다는 사실이다. 학자들은 예전에 간과되던 저자나 주제들, 예를 들어 중세의 논리학이나 기호학 같은 독특한 분야에 관심을 기울이기 시작했고, 유럽중심주의적 사고에서 비롯되는 편견을 버리고 이슬람 철학과 유대 사상, 비잔틴 철학, 중국과 인도와 일본의 철학을 연구하며 폭넓은 시야를 확보하기 위해 노력했다. 학자들은 아울러 원전 수사본, 오래된 인쇄본, 서간문, 도서관 카탈로그 등 상당히 방대한 범위의 사료에 대한 지속적 연구의 필요성에 주목하기 시작했다.

두 번째 요인은 학자들이 철학 문헌들 사이의 관계와 이 문헌들이 집필된 배경에 좀 더 많은 관심을 기울이기 시작했다는 것이다. 학자들의 이러한 관심을 뒷받침하는 것은 철학의 '내부 역사'가 인위적으로 '외부 역사'와 분리될 수 없다는 생각이었다. 따라서 철학자들의 사상이 형성되는 과정과 이들이 활동했던 시대의 지적, 제도적 환경, 다양한 개념들이 생산되는 경로와 소통의 메커니즘, 원문의 활용 가능성과 해석의 전략, 철학의 소통 양식과 이 양식의 변천사 등을 이해하는 것이 다양한 철학 이론의 탄생 배경뿐만 아니라 정확한 의미를 함께 파악하기 위해 반드시 필요한 조건으로 인식되었다.

세 번째 요인은 학자들의 관심이 '위대한' 철학자에서 철학 사조들과 이 사조들의 구축 과정, 지속성 혹은 비지속성으로 바뀌었다는 것이다. 이러한 전이의 예는 중세 플라톤주의 전통에 대한 레이몬드 클리반스키Raymond Klibansky의 연구, 르네상스 시대의 아리스토텔레스주의에 관한 폴 크리스텔러와 찰스 슈미트Charles Schmitt의 연구, 근대 회의주의에 관한 리처드 포프킨Richard Popkin의 연구에서 찾아볼 수 있다.

마지막 요인은 철학의 역사라는 학문과 다양한 성격의 인문학 혹은 '특별한' 역사들 간의 비교와 조합을 적극적으로 도모하는 성향이 나타났다는 것이다. 인류학은 고대 사상의 연구와 발전에 결정적인 영향을 끼쳤고, 개념의 역사는 철학 이론을 단위개념들의 순수한 조합으로 이해하는 관점에서 벗어나 보다 포괄적인 지성사에 접근하기 시작했다. 괄목할 만한 성과를 이룬 예는 라인하르트 코젤렉Reinhart Koselleck의 '개념의 역사Begriffsgeschichte', 뤼시앵 페브르Lucien Febvre의 '사고의 역사Histoire des mentalités', 툴리오 그레고리Tullio Gregory의 '철학 용어의 역사', 파올로 로시의 과학과 과학적 '이미지'의 역사 등이다.

특히 파올로 로시는 근대 과학의 기원뿐만 아니라 기억의 기술이나 조합논리 같은 주제들과 관련된 연구들을 도입하면서 역사의 서술 방식을 근본적인 차원에서 혁신했다. 로시는 철학의 역사가 독립된 학문으로서 자율성을 획득해야 하지만 동시에 항상 철학 자체와의 대화를 열린 자세로 받아들여야 하며 이론적인 차원의 탐구를 결코 게을리하지 말아야 한다고 반복해서 강조했다. 이는 무엇보다도 철학의 역사가라는 전문가가 문화적 유행에 비판적인 자세로 대응할 수 있을 뿐 아니라 철학을 "인식론적 코페르니쿠스주의로, 다시 말해 철학이 항상 필연적으로 세계사의 중심에 위치한다는 생각을 완전히 포기하는 단계로 인도해야" 하기 때문이다.

2

과학적 탐구의
역사적 가치

　　20세기 초에 교육기관에서 정규 과목으로 채택되기 시작한 과학사는 다양한 학문 분야의 특징들, 예를 들어 철학적, 사회학적, 역사적 탐구의 관점에서 유래하는 특징들이 모두 적용되는 분야로 인식되는 동시에 과학 자체의 탐구 영역을 결정짓는 기준에 대한 열띤 토론과 과학 및 과학사의 사회적, 정치적 영향력에 관한 논쟁의 차원에서 강렬한 긴장을 유발하는 분야로 인식되었다.

　　당대의 지식인들은 과학사를 일반적으로 과학이란 무엇인가라는 문제에 대한 설득력 있는 논제를 증명할 수 있는 특별한 분야로 이해했다. 예를 들어 신실증주의 영역에서 형성된 철학적 논제들의 영향하에, 과학사학자들은 역사적인 발전과 변모의 차원에서 과학 이론들의 논리적인 구조를 연구했다. 결과적으로 역사학자가 다루어야 할 문제들의 영역은 수학과 철학적 논리학에서 유래하는 기준들을 중심으로 축약되는 현상이 일어났다.

　　프랑스에서는 관념주의 철학의 영향으로 이른바 '성숙한' 과학의 이론적인 측면들만, 즉 본질적으로는 물리-수학적인 학문들 혹은 실제로 20세기 초반에 과학계에서 커다란 성공을 거두었던 분야들의 이론적인 측면만 탐구 대상으로 간주하는 성향이 나타났다. 결과적으로 과학사학자는 철학자의 성찰을 과학이 어떤 식으로 발전했는지에 대한 적절한 예와 설명으로 보완해야 했고 과거에 서 현재로 이어지는 직선적인 발전 경로를 추적해야 했다. 프랑스에서 특별히 중요했던 것은 과학 지식의 역사적 발전을 위한 물질적이거나 사회적인 여건 이 과학 이론의 역사에 전혀 주목할 만한 영향을 끼치지 못했다는 논제다. 프랑 스의 과학사학자 알렉상드르 코이레Alexandre Koyré는 과학의 역사 자체를 수학적 인 유형의 거대한 개념적 구도가 발전을 거듭하며 이룩한 역사로 보았다.

1950년대 말부터 1980년대 말까지 논리경험주의적인 탐구의 중요성과 관점 을 재검토하고 또 상당수의 관점을 포기하게 되는 과정은 과학철학자들 사이 에서 열띤 토론을 불러일으켰지만, 후기 경험주의 과학철학 내부에서 일어난 토론은 과학사의 연구 분야에 사실상 어떤 흔적도 남기지 않았다. 과학사와 과 학철학의 관계를 다룬 1990년도의 저서에서 과학철학자 래리 로든Larry Laudan은 이렇게 말했다. "상당수의 과학철학자들이 이제는 과학사와 과학철학이 함께 고려될 때에만 의미가 있다고 확신한다. 하지만 과학사가들 대부분은 반대로 과학사를 향한 과학철학자의 혼인 제안과 조건이 대부분 거부되어야 한다고 생각한다."

지금까지 논의된 다양한 종류의 인식론 모형들이 드러낸 것은 과학적 이론 과 담론의 구축과 전파 과정의 일부를 차지하는 논리적인 메커니즘, 언어학적 도구, 심리적이고 사회적인 차원에 대해 세밀하고 설득력 있는 정의를 제공 해야 하는 과제의 까다로움과 복합성이었다. 결과적으로 이처럼 까다롭고 알 쏭달쏭한 과학의 정의에 권위를 부여하는 것은 부질없는 짓이라는 확신이 점 점 더 강하게 부각되었다. 이 '과학'이라는 현상은, 역사적인 관점에서 관찰할 때, 반드시 이론적인 차원에서만 정의되어야 한다거나 진위 여부나 성패를 기 준으로만 평가되어야 할 이유가 없었다. 사실상 현대 과학은 일종의 경제현상 이자 놀라울 정도로 복잡한 정치적, 제도적, 윤리적, 사회적 현상이었기 때문 이다.

물론 철학의 역사가들은 신실증주의가 위기에 빠지는 것을 확인할 때까지 기다리지 않고 근대 과학의 탄생과 전통적인 철학 사상의 관계에 대한 야심찬 연구 계획을 실행에 옮겼다. 예를 들어 과학의 역사에 관심을 기울이는 성향은 일찍이 미국에서 1922년에 조지 보아스George Boas와 아서 러브조이를 중심으로 '개념의 역사 클럽History of Ideas Club'에 모인 학자들에게서 두드러지게 나타났다. 러브조이는 1936년에 『존재의 거대한 사슬: 한 개념의 역사 연구』를 출판했고 1940년에는 그의 저서 못지않게 커다란 성공을 거둔《개념의 역사 저널Journal of the History of Ideas》을 창간했다. 러브조이가 제시한 탐구 계획에 참여했던 철학의 역사가들은 그들의 관점이 여러 측면에서 코이레의 개념 분석에 상당히 근접해 있다는 것을 인정했다.

반면에 마르크스주의 같은 정치사상의 지지자들은 과학의 역사에 대해 정반대되는 관점을 제시했다. 과학사를 바라보는 마르크스주의적인 관점이 1931년 여름 런던에서 열린 제2차 국제과학사학회에서 처음으로 소개되었을 때 발표자들은 참가자들에게 놀라운 인상과 충격을 전해 주었다. 마르크스주의자들의 관점은, 간단히 요약하면, 사회의 미래를 형성하고 구축하는 경제적이고 사회적인 힘이 사실은 과학 지식에 새로운 길을 열어 줄 수 있는 개념적 범주들을 구축하는 데도 결정적인 역할을 한다는 것이었다. 관념주의와 실증주의 역사학자들이 이러한 관점에 거부반응을 일으키는 것은 당연한 일이었지만 마르크스주의 과학사관은 어떤 식으로든 적잖은 영향을 끼쳤고 무엇보다도 잉글랜드에서 조지프 니덤Joseph Needham이 마르크스주의 과학사관의 영향을 받아 1954년부터 1984년까지 『중국의 과학과 문명Science and Civilisation in China』이라는 방대한 분량의 중요한 과학사 문헌을 집필하는 데 성공했다.

20세기 과학사의 발전에 공헌한 또 하나의 이론적인 요소는 사회학에서 유래한다. 미국의 사회학자 로버트 머튼Robert K. Merton은 1936년에 『17세기 잉글랜드의 과학, 기술, 사회Science, Technology and Society in Seventeenth Century England』에서 특정 과학 공동체에 대한 최초의 체계적인 분석과 양적, 질적 차원의 평가를 시도했다. 머튼은 그가 17세기 영국혁명의 직접적인 동기로 간주한 청교도 이데올로기와 과학 공동체의 급속한 성장 사이에 밀접한 연관성이 존재한다고 보고 이 관계를 이론화하려고 노력했다. 그의 관심은 특정 과학 이론의 성공이나 인기의 이유를 평가하는 것이 아니라 누가, 왜 과학에 전념했는지 파헤치는 것이었다.

과학의 발전 과정에서 사회적인 요소들이 차지하는 기능을 가장 독창적인 방식으로 해석한 인물은 『과학혁명의 구조』(1962년)의 저자 토머스 쿤이다. 하지만 동료 사회학자들의 주장을 쿤이 전적으로 신뢰했던 것은 아니다. 다시 말해 과학이라는 현상을 특징짓는 것은 과학이 지식세계나 기술적, 의학적 혁신에 기여하는 바가 아니라 과학이 사회에 끼치는 영향이라는 주장을 궁극적인 진실로는 받아들이지 않았다.

20세기의 마지막 20년 동안에는 수많은 방법론적 입장들이 대두되었고 이러한 방법론적 시각의 다양화는 과학 공동체들을 대표하는 과학자들을 비롯해 신실증주의적인 경향의 철학자들이 표명하던 입장과 후기하이데거주의 비평과 포스트모더니즘 이론가들의 입장이 대립되는 상황 속에서 더욱 첨예화되는 양상을 보였다. 유사한 맥락에서, 오늘날 과학 공동체들의 사회적 구성뿐만 아니라 탐구 영역이나 관심의 경쟁 구도가 불러일으키는 분쟁과 여기서 비롯되는 고유의 긴장감을 감안할 때, 고전 과학의 역사는 오히려 그 자체로 구태의연한 담론, 혹은 과학이 어떤 의미를 지니는지에 대한 상당히 낭만적이고 비현실적인 관점에 갇혀 있는 담론인 것처럼 보인다. 곳곳에서 많은 사람들이 과학의 모든 역사가 현재의 문제점들을 기준으로 다시 쓰여야 한다고 주장하는 한편 어떤 이들은 심지어 첨단의 과학기술 연구에 시간과 공간을 투자하기 위해서라도 과학사는 사라져야 한다는 주장을 펼치기도 한다.

과학이란 무엇인가라는 문제를 두고 학자들은 항상 강력한 주장이나 급진적인 성격의 논제들을 제시해 왔다. 하지만 과학자들의 설명이나 주장이 현대 사회가 선호하는 다양성의 확산을 막지는 못할 것이다. 다시 말해, 수많은 현상들을 이해하기 위해 동원되는 질문과 탐구 양식의 다양화를 비롯해 이론을 구축하고 관찰의 도구와 기술을 완성 단계로 끌어올리려는 노력과 정치, 경제, 심지어는 종교 분야의 다양한 사상적 전개와 과학의 개념화 사이에 강한 결속력을

구축하려는 노력이 과학을 어떻게 정의하느냐에 따라 폐지될 수 있는 것은 아
니다.

학문과 종교의 문제

/ 과학의 역동적인 발전과 종교의 교리적인 고착화

19세기에 과학철학의 여러 사조 사이에서 전개되던 열띤 토론의 주제들 가운데 하나는 과학적 지식의 발달과 종교 사이에 존재하는 근본적인 차이점이었다. 과학이 엄밀한 탐구 방식과 수학이라는 도구에 힘입어 지식을 검토하고 영역을 확장하는 방향으로 나아간 반면 신학은 계시를 바탕으로 교리적인 진리의 체계적인 내용을 반복해서 강조하는 것 외에 할 수 있는 일이 없었다. 과학은 발견과 혁신을 거듭했던 반면 신학은 종교적 신앙의 권위가 시대의 변화에 위협받거나 실추되는 것을 막기 위해 교리를 설명하며 위치를 확고히 하는 데 집중했다.

　빠른 속도로 발전하며 20세기에 놀라운 승리를 거머쥔 과학기술의 역할은 서구 사회의 점진적인 세속화에 박차를 가한 결정적인 요인으로 간주된다. 과거에 그랬던 것처럼 종교적인 이념과 신념은 언제나 과학 이론과 과학적 사고방식의 발전에 커다란 걸림돌이 되어 왔고 심지어는 과학의 발전을 막기 위해 폭력적인 얼굴을 드러내기도 했다. 종교 지도자들은 항상 과학을 창조와 자연에 대한 그들의 사상과 반대되는 것으로 이해했다.

하지만 이러한 상황은 20세기에 들어와서 극적인 변화를 겪기 시작했다. 물론 대다수의 과학 공동체와 일반인들은 과학과 종교의 관계를 여전히 대립 현상으로 인지했지만, 이러한 변화 과정은 아주 다양하고 상이한 방식으로 전개되었다. 예를 들어 미국인들은 오늘날에도 50퍼센트 이상이 성서에 적힌 창조 이야기가 과학적인 근거를 지녔다고 생각한다. 상당수의 과학자들이 신을 믿는다고 선언했고, 나사를 대표하는 중요한 과학자들 가운데 상당수가 개신교 전통의 천년왕국설과 직결되는 과학기술적 메시아주의에 동의한다는 보고가 나왔다.

20세기에 과학과 종교의 관계라는 문제는 상당히 복잡한 성격을 유지했고 특히 20세기 말에 새로운 변화의 요인들이 등장했지만, 이러한 현상들이 서양 문화에 뿌리를 내리고 우리가 다루고 있는 관계의 흐름 자체를 완전히 바꾸어 놓으리라고 단정하기는 어렵다. 예를 들어 20세기 말에 등장한 미국의 창조주의적 근본주의가, 정치적이고 사회적인 요인들의 중요성을 감안했을 때, 장기화되리라고 쉽게 예상하는 것은 금물이다. 더 나아가서 다른 나라들의 상황도 사뭇 이질적이라는 점에 주목해야 한다. 성공회가 지배하는 잉글랜드에서 창조주의적 근본주의는 흔적을 찾아보기 어려운 반면, 대규모의 투자를 바탕으로 과학기술의 세계 무대에서 주인공으로 떠오르려는 의지를 분명하게 보여 준 중국과 인도에서 근본주의에 대한 자율적인 연구를 막는 사람은 거의 없다.

/ 과학과 종교의 관점

과학사를 연구하는 학자들 가운데 근대 과학이 구축되는 과정을 논하면서 과학과 종교의 근본적인 양립 불가능성을 주장하며 실증주의적 믿음을 지지하는 사람은 극히 드물다. 20세기 초반부터 분명하게 그리스도교를 옹호할 목적으로 시작된 연구들이 실제로 무너트렸던 것은 바로 오랫동안 지속되어 온 일련의 실증주의 신화와 확신이었다는 사실에 주목할 필요가 있다. 보수주의자이자 가톨릭의 절대적인 신봉자였던 프랑스의 저명한 과학철학자 피에르 뒤엠은 실증주

를 비판하며 근대 과학은 로마교회가 오랫동안 수호해 온 가르침의 딸이라고 주
장했다. 이러한 관점에 따르면, 18세기의 과학혁명은 수 세기에 걸쳐 진행된 아랍
과학과 고전 과학의 수용 과정이 마지막 단계에서 결과를 맺으며 일어난 사건이
었고 옥스퍼드의 수학자들과 파리, 파도바의 자연과학자들도 다름 아닌 고전 과
학을 토대로 연산과 실험의 세계를 발전시킬 수 있었다. 오스트레일리아의 역사
학자 앨리스테어 크롬비(Alistair Crombie, 1916~1996년)는 『아우구스티누스에서 갈릴
레이까지: 400년에서 1650년에 이르는 과학의 역사*Augustine to Galileo: The History of Science
A.D. 400~1650*』에서 동일한 입장을 표명한 바 있다. 크롬비의 저서는 많은 비판과
논쟁을 불러일으켰지만 동시에 '암흑의 세기'라는 표현과는 전혀 어울리지 않는
중세 과학에 대한 중요한 연구 결과를 제시했다.

　18세기의 과학혁명과 관련하여 20세기의 역사학은 '혁명'이라는 개념 자체
에 대해서뿐만 아니라 당대의 과학자들이 새로운 과학의 태동을 추진하고 새로
운 탐구 계획을 제시하면서 고수했던 철학적, 신학적 관점들의 역할에 대해 중
요한 수정안들을 제시했다. 알렉상드르 코이레와 로버트 머튼, 찰스 웹스터Charles
Webster의 연구를 비롯해 롭 일리프Rob Iliffe가 출간한 최근의 연구서들과 잉글랜드
의 과학에 대한 신세대 학자들의 연구를 통해 드러난 것은 1630년에서 1700년에
이르는 시기에 활동했던 모든 잉글랜드 지성인들 사이에서 실험적 탐구를 중시
하는 지식과 자연에 대한 성서적이고 천년왕국주의적인 관점이 결정적인 역할을
했다는 사실이다. 예를 들면 뉴턴도 천문학이나 수학보다는 점성술과 성서 연구
에 훨씬 더 많은 시간을 할애했다.

　한편으로는 19세기의 과학문화에 대한 연구도 과학과 종교의 관계에 대한 또
다른 특징들을 조명하는 데 일조했다. 예를 들어 다윈이 그의 초기 진화론을 발
전시키는 데 잉글랜드의 자연신학이 중요한 역할을 했다는 사실뿐만 아니라 초
대교회 유형의 공동체를 추구하며 스코틀랜드 교회에서 분리되어 나온 소규모의
반체제 종교 집단에 마이클 패러데이가 소속되어 있었고 그의 과학적 발견이 이
고립된 집단의 종파적인 신학과 이 신학에서 유래하는 자연과 창조의 개념에 직
접적인 영향을 받았다는 사실이 조명되었다.

물론 그렇다고 해서 20세기의 역사 탐구가 그리스도교 없이는 근대 과학이 탄생하지 않았으리라는 것을 증명해 보인 것은 아니다. 한편으로는 실증주의의 도식적인 원칙들이 역사적 탐구가 제시하는 결과들 앞에서 와해될 수밖에 없었고, 다른 한편으로는 동일한 연구를 토대로, 과학과 종교의 관계가 지역적인 상황과 직결되어 있으며 사회정치적 긴장에 강한 영향을 받기 때문에 항상 많은 문제점을 안고 있다는 점이 드러났다. 따라서 과학과 종교라기보다는 오히려 과학자들의 공동체와 종교 지도자들에 대해, 그리고 이들이 어떤 특별한 이유로 인해 특정 시간과 공간에서 나눈 대화 또는 대립했던 상황에 대해 이야기하는 것이 더 타당할 것이다. 아울러 도처에서 동일한 특징과 동일한 방법론을 토대로 동일한 전제를 제시하는 단 하나의 '과학'이 존재하지 않았듯이, 자연과 지식을 다루는 신학적인 견해들 역시 '단일한' 체제 안에서 획일적인 방식으로 표명되지 않았다. 갈릴레이 시대의 로마와 피렌체에서도 다수의 수도회들과 교회의 지도부 혹은 권력 구조를 구성하는 다수의 당파들이 새로운 과학에 대한 다양한 입장들을 표명했고 이러한 입장들은 정치적 상황이 변할 때마다 함께 변화하는 양상을 보였다.

가톨릭세계에서는 교황의 권위와 교리중심주의 덕분에 오랫동안 유지되는 입장들이 존재했던 반면 개신교에서는 종파와 교회의 정치적 영향력이 상대적으로 미약했기 때문에 오랫동안 살아남는 견해가 형성될 수 없었다. 예를 들어 잉글랜드 성공회는 한때 과학의 탐구 영역을 제한하는 데 주력했고 「창세기」에 기록된 창조 이야기의 신빙성에 대한 과학자들의 의혹이나 19세기 초에 잉글랜드에서 부각된 진화론 가정들을 강렬하게 비판한 바 있다. 하지만 20세기에 들어와서 잉글랜드 성공회는 과학 실험과 연구 활동을 긍정적으로 평가하기 시작했고 특히 가톨릭교회에서는 절대 수용될 수 없는 형태의 연구 내용과 실험에 대해서도 개방적인 입장을 표명했다.

/ 분쟁의 실체

만약 갈릴레이가 오늘날의 바티칸 천문대를 방문한다면 흡족해하며 자신이 옳았음을 확인할 수 있을 것이다. 하지만 바로 그런 이유에서, 그는 자신이 인식론적인 차원에서 피상적이었고 설득력 있는 증거를 제시할 수 없는 이론에 대한 지나친 확신을 표명했다는 이유로 비난받았다는 사실을 더욱 안타까워할 것이다. 아마도, 사람들이 교회가 그를 처벌하는 것이 필요하다고 느꼈다기보다는 그의 말을 진지하게 받아들일 수 없었다고 말하는 것을 듣고 망연자실할 것이다.

물론 20세기의 상황은 크게 다르다. 물론 물리학과 수학 분야에서만큼은 많은 것이 바뀌었지만, 또 다른 문제들이 등장했다. 물리학 분야에서 이 이론 혹은 저 이론을 주장하며 전개되는 분쟁은 사실상 일종의 자기도취에 빠진 과학자들이, 신보다 더 뛰어난 현실주의자라는 생각으로, 하이젠베르크의 불확정성 원리가 독단적 자유의지의 근원적인 물리학적 기반을 증명할 수 있다거나 현대 물리학이 영혼의 불멸성을 증명할 수 있다는 식의 주장을 펼치면서 비롯되었다. 하지만 본질적인 차원에서 불안을 조장하고 과거의 보복전 정책을 떠올리게 하는 것은 진화론의 문제다. 그리고 관건은 진화론 자체가 아니라 진화론 연구에 집중되는 여러 학문 분야들이 윤리적이고 미학적인 차원의 지성이나 종교적 감성과 상충되면서 일으키는 문제들이다.

/ 진화론과 가톨릭교회

최근 150년간 진화론을 바라보는 로마교회 지도자들의 시각을 특징짓는 것은 신중함과 단호함이었다. 교황 피오 9세는 다윈의 저서를 악마의 책으로 간주했지만, 이 이야기는 『종의 기원』을 비판하는 수많은 저서들 가운데 한 권을 출판했던 어느 프랑스 의사에게 보내는 편지에서 언급했을 뿐이다. 반면에 19세기에서 20세기로 넘어오는 시기에 등장한 영적 차원의 진화론들을 제안했던 이들은 다름 아닌 수도회나 교단을 대표하는 성직자들이나 신도들이었다. 이들이 진화론의 교리적인 해석을 통해 발전을 억제하려는 전략을 취했던 것은 처벌보다는 논쟁을 피하고 교육적인 차원의 경고와 제재에 의존하는 것이 적절하리라는 판단 때문이었다. 이러한 상황을 그대로 보여 주는 대표적인 예는 1955년의 교황회칙이다. 피오 12세는 1955년의 회칙 「인류Humani generis」에서 진화론을 가설의 차원에서 수용한다고 공표하는 동시에 예수회 출신의 진화론자 피에르 테야르 드 샤르댕Pierre Teilhard de Chardin의 저서들을 금서로 지정했다. 뒤이어 1962년에 6월 30에는 교수들과 사제들에게 젊은 학생들이 샤르댕의 글을 읽지 못하도록 지시할 것을 명하는 경고문이 발표되었고 교황청은 동일한 내용의 경고문을 1981년 7월 20일에 기관지《오세르바토레 로마노Osservatore Romano》를 통해 다시 공고했다.

반면에 요한 바오로Giovanni Paolo 2세가 1996년 10월 22일 '교황청과학원Accademia Pontificia delle Scienze'에 보내면서 공개한 지침서는 커다란 변화와 반향을 일으켰다. 왜냐하면 교회가 진화론을 하나의 가설이라기보다는 오히려 과학 이론에 가까운 것으로 간주한다는 내용이 발표되었기 때문이다. 지침서에는 아울러 진화론이라는 분야가 일련의 이론으로 구성되어 있고 이 이론들 가운데 몇몇이 정신적인 차원 혹은 유물론적인 차원의 사상이나 철학적 입장에서 유래하는 만큼 진화론을 평가하는 것이 바로 철학과 신학의 과제라고 명시되어 있었다. 하지만 요한 바오로 2세의 지침서는 동시에 인간의 지적 능력과 지성의 성장과 발달에 관여하는 진화론 연구를 분명하게 금하고 이러한 연구 내용이 인간의 진실과 양립할 수 없으며 인간적 존엄성의 기반을 정초할 수 없다고 밝혔다. 이는 관례상 가톨릭교회가 사용한 가장 강경한 어조의 정죄들 가운데 하나였다.

교회의 이러한 태도가 심각한 우려와 논쟁을 불러일으켰던 것은 교회가 고유의 입장과 견해의 표명에 대한 명백한 권리를 주장했기 때문이 아니라 사람들이 무엇을 읽고 무엇을 읽지 말아야 하는지, 무엇을 가르치고 무엇을 가르치지 말아야 하는지, 누가 과학적 문제에 대한 의견을 표명할 수 있는지 교회가 결정할 수 있다고 주장했기 때문이다. 이 경우에도 여지없이 드러나는 것은 과학적 탐구와 문화의 핵심적인 영역에 개입할 권리를 요구하는 어조나 시기를 결정하는 것은

정세의 변화라는 사실이다. 진화론을 학교에서 어떤 식으로 가르쳐야 하는가를
토론하며 교육청 간부들이 그토록 '이론적'인 과학이 젊은이들에게 과연 어떤 식
으로 소개되어야 하는지 결정하기 위해 모였다는 것은 관건이 종교가 아니라 정
치 공간의 확보라는 것을 보여 준다. 분명한 것은 교회가 원하는 것과 다른 방식
으로 생각하는 교육자들이나 연구자들의 경력이나 미래가 앞서 간략하게 언급
한 유형의 정죄 선고로 인해 불확실해질 수도 있다는 것이다. 교육 구조가 사립
교육을 장려하는 방향으로 흘러가는 분위기 속에서 위와 같은 조치는 결과적으
로 생물학 분야에서 일하는 많은 교수들이 직업을 잃을 수도 있는 상황을 불러올
것이다.

　유심히 살펴보면 우리가 다루고 있는 것은 외견상 교리적인 차원의 견해인 것
처럼 보이는 종교 지도자들의 입장에서 전적으로 정치적인 성향이 드러나는 대
표적인 경우라고 할 수 있다. 다시 말해 종교의 입장이 한 국가의 문화에 지대한
영향력을 행사하고 사람들의 의견 형성에 관여하며 젊은 세대들이 전적으로 자
유롭게 다루어야 할 난해한 과학적 문제들의 연구 자체가 제한되는 결과로 이어
지는 경우를 목격하고 있는 것이다.

/ 미국인들이 바라본 진화론과 창조론

다양한 색채를 지닌 미국의 복음주의 개신교는 1960년대부터 집요하고 체계적인
방식으로 진화론 반대 운동을 펼치기 시작했고 1990년대에는 중요한 결과를 얻
어 내기까지 했다. 이러한 현상이 발생한 이유는 복합적이지만, 학자들은 진화론
반대 운동이 기본적으로 정치적인 성격을 지녔다는 점을 조금도 의심하지 않는
다. 왜냐하면 전형적인 대중 선동적 어조와 단순하면서도 직접적인 언어를 사용
할 뿐 아니라 자유주의와 과학지상주의에 물든 계층과 무신론자들을 국가의 원
흉으로 지목했기 때문이다.

　물론 진화론에 대한 이런 식의 전면 공격이 전적으로 새로웠던 것은 아니다.

이미 1920년대부터 테네시, 미시시피, 아칸소 주에서는 진화론을 가르치는 행위가 형사법을 위반하는 행위로 간주되었고 오클라호마주에서는 진화론을 다루거나 언급하는 모든 책들이 금서로 지정되었다. 1925년 테네시주의 데이턴에서 다윈주의를 가르쳤다는 이유로 검거된 뒤 재판에 회부된 존 스콥스John Scopes 교수 사건은 결국 종교 단체들이 공교육에 관여하는 것을 막기 위해 연방 정부가 개입하는 상황으로 이어졌다.

뒤이어 1970년대를 전후로 헨리 모리스Henry M. Morris가 창설한 창조과학연구소 Institute for Creation Science의 등장은 문화적이고 정치적인 차원에서 상당히 중요한 변화를 가져왔다. 창조론은 뜨거운 호응에 힘입어 협력자들과 투자자들을 만났고 상황은 결과적으로 1990년대에 창조과학박물관이 건설되고 인터넷 사이트와 출판사들이 창조론 보급에 집중되는 대규모의 시장을 형성하는 방향으로 흘러갔다. 정치적인 차원에서도 창조론의 발전과 보급을 위해 형성된 단체들은 여러 주와 도시의 교육제도를 주관하는 관리체제의 정치적 장악을 위해 총력을 기울였다. 예를 들어 오하이오주의 교육청에서는 2002년에 다윈주의의 교육이 창조론에 관한 토론과 함께 이루어져야 한다는 공문을 발표했다. 반면에 캔자스주에서는 다윈주의를 옹호하거나 반대하는 분위기가 1년을 단위로 번갈아 가며 고조되는 양상이 나타났다.

진화론을 거부하고 부인하는 극단적인 형태의 주장들은 법정에서 다양한 유형과 무게의 제재를 받았고 결과적으로 제기된 일종의 목표 수정 요구를 충족하기 위해 교육 현장에서는 현대 진화론의 복합적인 이론과 정반대되는 이론을 뒷받침하는 성서의 내용을 함께 가르쳐야 한다는 주장이 대두되었다. 다양한 형태와 방식으로 창조론을 지지하는 다수의 당파들이 치열한 경쟁 구도 속에서 운영하는 인터넷 사이트들은 뉴욕 자연사박물관이나 스미스소니언협회 같은 권위 있는 기관 사이트들과의 협력관계를 바탕으로 열린 자세와 관용주의를 표명하며 유물론자들과 진화론자들의 폐쇄된 자세와 몽매주의를 비판했다. 창조론을 지지하는 협회나 사업체들이 늘어나는 현상은 상당히 다양하고 이질적인 형태의 창조론 해석들이 등장하는 계기를 마련했고 결국 창조론은 오늘날 공존할 수 없는 수많은 입장들을 무분별하게 가리키는 용어가 되어 버렸다.

　반면에 보다 세련된 방식으로 전개되는 '지적 설계Intelligent Design' 운동은 미국 고유의 조잡하고 신비주의적인 창조론을 멀리하며 잉글랜드와 네덜란드의 고전적인 자연신학 주제들을 재해석하고 첨단의 과학 지식을 활용하면서 근대 과학이 어떻게 우주와 생동하는 자연은 선하고 전능한 창조주의 작품이라는 피할 수 없는 결론에 도달하게 되었는지 증명하려고 노력했다.

3

기호학

3.1 기호학의 선구자 소쉬르와 퍼스

기호에 관한 성찰의 기원은 상당히 오래전으로 거슬러 올라간다. 기호학은 주술, 천문학, 의학과 관련된 기술적인 지식의 형태로(기호의 구조적인 논리에 대한 언급은 고대 문헌 『히포크라테스 전집』에서도 찾아볼 수 있다), 아울러 아리스토텔레스, 스토아학파 철학자들, 갈레노스Claudios Galenos, 아우구스티누스, 로크에게서 나타나는 세분화된 기호 이론의 형태로 존재해 왔다. 하지만 기호학을 기호와 기호화 현상(semiosis, 무언가를 기호로 기능하도록 만드는 현상)의 연구에 집중되는 독립된 학문으로 정초하려는 계획이 구체화되기 시작한 것은 19세기에서 20세기로 넘어오는 사이에 일어난 일이다.

20세기 기호학의 선구자는 찰스 샌더스 퍼스(1839~1914년)와 페르디낭 드 소쉬르(1857~1913년)다. 소쉬르는 기호학을 "사회적 삶의 구도 안에서 기호의 삶을 연구하는 학문"으로, 퍼스는 "가능한 모든 기호화 현상의 다양한 유형과 본질적인 특성을 연구하는 학문"으로 이해했다.

소쉬르와 퍼스는 이 새로운 학문에 서로 다른 목표를 부여했다. 인도유럽 언어를 연구하면서 19세기의 비교언어학적 방법론에 만족할 수 없었던 소쉬르는 군사 신호체계나 농아인 수화와도 유사한 일종의 기호체계를 기준으로 언어를 바라보는 통일된 탐구 영역의 정초를 도모했다. 간단히 말하자면 소쉬르는 이러한 기호체계들 가운데 가장 중요한 것이 바로 언어라고 보았다.

『일반언어학 강의』(1916년)에서 소쉬르는 20세기 언어학 연구의 판도를 지배하게 될 몇 가지 개념쌍들을 도입했다. 첫 번째 개념쌍은 언어의 사회적이고 추상적인 측면을 가리키는 랑그langue와 언어의 화자들이 개별적이고 구체적으로 사용하는 말을 가리키는 파롤parole로 구성된다. 소쉬르는 언어가 문화적으로 취득된 공동의 유산이자 "각자의 두뇌에, 좀 더 정확히 말하자면, 개인들로 구성된 한 공동체의 두뇌에 가상으로 존재하는 문법적 체계"이며 이 체계에 대한 지식이 언어 행위 자체를 가능하게 만든다고 보았다. 다시 말해, 언어 사용자들은 언어가 추상적으로 제시하는 가능성으로부터 잠재적으로 변화무쌍하고 화자들의 고유한 언어적 성향에 좌우되는 어구들을 생산해 낸다. 그런 의미에서 소쉬르는 언어학의 과제가 구체적인 담론 행위의 분석을 토대로 언어의 추상적인 체계를 발굴하는 것이라고 보았다.

소쉬르는 언어를 기호들의 체계로, 기호를 시니피앙(signifiant, 표현 단위 혹은 감각적인 요소의 인지 흔적)과 시니피에(signifié, 개념이나 내용의 인지 흔적), 즉 기표와 기의라는 "두 얼굴을 지닌 심리적 실재"로 이해했다.

소쉬르에 의하면, 언어를 기호들의 체계로 간주할 때에만 언어의 본질적인 측면, 즉 언어가 문화적으로 주어지는 등가성의 체계를 기반으로 정립된 일종의 사회적 약속이라는 점을 이해할 수 있다. 언어를 이미 존재하는 대상들의 단순한 명명체계로 보는 순박한 언어 개념을 비판하면서 소쉬르는 기의가 그것을 실어 나르는 기표와 무관하게 독립적으로 존재할 수 없다고 주장했다. 기호의 두 얼굴인 기표와 기의는 동시에 서로에 대한 전제로 부상하며, 이는 종이가 뒷면이나 앞면 없이 어느 한 면만으로 존재할 수 없는 것과 유사하다. 모든 언어는 시니피앙의 차원에서 인간의 목소리로 생산이 가능한 '부정형의 음성적 질료'로부터, 아울러 시니피에의 차원에서 전개되는 생각의 무분별한 연속으로부터 고유의 언어 요소들을 독단적으로 채취한다.

소쉬르는 시니피앙과 시니피에의 결속관계 역시 독단적이라고 보았다. 우발적인 성격의 역사적 원인을 제외하면, 어떤 구체적인 동기가 있어서 그로 인해 시니피에 '나무'가 시니피앙 '나무'와 결속되어야 하는 것은 아니다. 달리 말하자면 '나무'라는 의미는 tree, arbre, baum 같은 기표들, 즉 '나무'라는 뜻을 지닌 수많은 언어의 인위적인 표현들과 결속될 수 없을 뿐더러 반드시 '나무'라는 기표와 결속되어야 할 이유도 없다. 따라서 말과 말들이 가리키는 사물 간의 자연적인 결속력은 존재하지 않으며 오로지 언어 자체에 의해 독단적으로 주어지는 시니피앙과 시니피에의 등가성이 망사조직의 형태로 존재할 뿐이다.

소쉬르에 따르면, 결과적으로 언어는 다른 모든 기호체계와 마찬가지로 내부 구조의 탐구가 가능한 대상으로, 따라서 상호 대응관계에 놓인 요소들이 폐쇄 구조를 구축하는 체계로 간주될 수 있다. 이때 언어를 구성하는 요소들 고유의 가치는 특정 요소가 체계 내부의 다른 모든 요소들과 유지하는 차별화 및 거부관계의 망사조직에서 유래한다. 이것이 바로 구조언어학을 뒷받침하는 내재성의 원리다. 구조언어학이 발달하면서 이룬 가장 구체적인 성과는 루이 옐름슬레우(1899~1965년)의 '기호언어학glossematica'에서 찾아볼 수 있다. 옐름슬레우는 '기표와 기의'의 상관관계를 '표현과 내용'의 상관관계로 발전시켰다.

반면에 퍼스는 기호학을 일종의 인식론, 즉 인간의 인지 활동이 어떻게 전개되는지 설명하는 이론으로 간주했다. 결과적으로 그는 기호를 어떤 논리적 과정의 생산물, 필연적으로 잠정적이며 실패의 가능성을 안고 있는 결과물로 이해했다. 퍼스는 기호를 "누군가에게 어떤 동기에 관여하며 무언가를 가리키는 것"으로 정의했다. 기호는 예를 들어 사슴의 자취가 사슴 사냥이라는 동기를 지닌 사냥꾼에게 자취를 남긴 동물의 실재를 의미하는 경우와 유사한 방식으로 기능한다. 여기서 기호를 생산해 내는 논리적 과정은 어떤 "놀라운 사실", 즉 해석자가 예기치 않은 상태에서 감지한 사건의 기억에서 출발해 추론 활동을 자극하며 그가 어떤 가설을 선택하는 단계 혹은 계획에 부합하는 어떤 해석적 규칙을 정립하는 단계에 도달하도록 만드는 과정을 의미한다. 순수한 표현(자취)으로 간주되는 기호와 이 기호가 가리키는 대상(자취를 남긴 동물) 사이에 퍼스가 "해석적" 기호라고 부르는 것이 위치한다. 이 해석적 기호는 표현으로서의 기호가 해석자의 이른바 "유사 정신quasi-mind"을 상대로 일으키는 효과(예를 들어 '여기에 사슴이 한 마리가 지나갔다'는 생각)에 가깝다.

퍼스에 따르면, 사고 행위는 기호들의 연쇄 작용을 유발하고 유지하는 행위에 가깝다. 우리의 지적 삶 자체가, 무언가를 감지하는 아주 기본적인 사고 행위에서 난해한 과학적 가설을 증명하는 작업에 이르기까지, 사유-기호의 흐름에 좌우된다. 하나하나의 사유-기호가 다음 단계의 사고에 무언가를 전달하고 제시하면서 형성되는 과정 자체는 잠재적으로 무한하며, 퍼스는 이 과정을 "해석적 기호들의 도주"라고 불렀다. 퍼스에 따르면, 특정 기호의 의미는 그 기호가 생산하거나 잠재적으로 생산해 낼 수 있는 효과 혹은 해석적 기호들의 무한히 확장 가능한 총합과 일치한다.

기호에 대한 소쉬르와 퍼스의 상이한 정의로부터 두 종류의 명백히 다른 기호학적 접근 방식이 유래한다. 먼저 소쉬르-구조주의적인 방식은 언어라는 구조물의 해부를 목표로, 혹은 의미 작용을 일으키는 모든 유형의 기호체계를 내부적인 메커니즘의 차원에서 해부하는 것을 목표로 전개된다. 반면에 퍼스-실용주의적인 방식은 다양한 영역의 인지 활동이 활용하는 해석의 메커니즘을 탐구하는 데 주력한다.

이 두 관점은 구체적인 소통 과정에서 공존할 수 없는 것처럼 보이지만 실제로는 오히려 서로의 관점을 전제로 전개되는 양상을 보인다. 해석은, 근원적 해석이라는 특별한 경우를 제외하면, 어떤 특정 언어나 기호체계, 혹은 일련의 소통 경험들에 대한 체계화된 기억, 즉 구조적으로 짜임새가 있는 기억에 의존해야 하는 반면, 언어는 방대한 분량의 소통과 해석의 일화들이 사회적으로 집약되고 정형화되는 동시에 끊임없이 변화하는 과정의 산물이다.

이와 유사한 방식으로, 찰스 모리스(Charles Morris, 1901~1979년)는『기호 이론의 기반Foundations of the Theory of Signs』(1938년)에서 기호학의 영역을 세 가지로, 즉 기호들

이 연쇄 작용을 일으키는 방법에 주목하는 통사론Syntactics, 기호와 기호들이 가리키는 대상 혹은 의미의 관계를 연구하는 의미론Semantics, 기호와 기호 해석자들의 관계를 연구하는 화용론Pragmatics으로 구분한 뒤 기호들의 실질적인 소통 과정에서는 이 세 가지 요소들이 아주 밀접하고 복잡한 방식으로 뒤엉켜 있지만 그럼에도 불구하고 기호학 탐구를 위해 이들을 인위적으로 분리시키는 것이 불가능한 것은 아니라고 강조했다.

3.2 학문으로서의 기호학과 서사론

퍼스와 소쉬르의 이론은 직접적으로든 간접적으로든 20세기의 정신세계와 지적 문화를 풍부하게 만드는 데 결정적인 역할을 했고, 세기가 진행되는 동안 기호학적 관점과 사고방식은 인류학, 문학비평, 언어철학, 심리학 같은 다양한 연구 분야로 빠르게 확산되었다. 하지만 기호학이 대학에서 학과목으로 채택되기 시작한 것은 1960년대 중반 이후에야 일어난 일이다. 대학에 기호학이 도입되는 과정은 로만 야콥슨(1892~1982년), 클로드 레비스트로스(1908~2009년), 에밀 뱅베니스트(Émile Benveniste, 1902~1976년)와 롤랑 바르트의 지도하에 일군의 학생들이 목표를 설정하고 방대한 영역의 소통 장치들을 통일된 관점에서 분석하기 위해 언어학적 개념들을 개량하고 이를 활용하면서 시작되었다. 이 분석의 이론적 전제는 인간의 모든 지식이 언어를 통해 구축되는 만큼 언어야말로 수많은 형태의 표현 방식을 지닌 의미의 비밀을 파헤치는 데 열쇠가 될 수 있다는 것이었다.

  초기에 우세를 점했던 것은 소쉬르의 기호학과 이에 대한 옐름슬레우의 해석적 관점, 즉 기호를 이분법적 정의에 따라 분석하고 언어를 상호 보완적인 요소들로 구성된 폐쇄된 구조로 간주하는 관점이다. 1960년대에 구조기호학은 소쉬르와 옐름스레우의 언어학적 범주들, 즉 체계/과정, 외시dénotation/공시connotation, 랑그/파롤, 시니피에/시니피앙 등을 연구하고 이 범주들을 언어 외의 또 다른 기호체계에 적용하는 데 집중되어 있었다. 예를 들어 레비스트로스는 구조주의 언어학의 원칙들을 적용해 인류학 분야에서 친족관계의 구조를 연구했고 바르트는 패션의 체계를, 크리스티앙 메츠Christian Metz는 영화의 언어를 연구했다.

이러한 방향으로 전개된 기호학적 연구가 이루어 낸 놀라운 성과들 가운데 하나는 '서사론narratologia'이다. 이 용어를 고안해 낸 츠베탕 토도로프(Tzvetan Todorov, 1939~2017년)는 러시아 형식주의에서 출발해 블라디미르 프로프(Vladimir Propp, 1895~1970년)의 『민담 형태론Морфология сказки』(1928년)을 모형으로 만화, 추리소설, 신화, 문학작품, 광고 문구, 신문 기사 등 다양한 장르의 텍스트들을 분석하며 서사의 보편적인 구조를 재구성하기 위해 노력했다. 이러한 유형의 연구 분야에서 생산된 논문들 가운데 가장 의미 있는 것은 아마도 1966년 프랑스의 학술지 《코뮈니카시옹Communications》 8호일 것이다. 여기에 글을 쓴 롤랑 바르트, 움베르토 에코, 츠베탕 토도로프, 알기르다스 그레마스Algirdas Greimas, 제라르 주네트Gérard Genette 같은 저자들의 기본적인 생각은 서사의 다양하기 이를 데 없는 상황들, 등장인물들, 줄거리들을 밑에서 떠받치는 공통의 뼈대가 있어서 이것이 서사의 불변하는 요소들을 구축하며 이 요소들의 실재 여부가 특정 텍스트의 서사 구조를 결정한다는 것이었다.

구조주의 기호학의 서사 이론을 좀 더 깊이 있게 연구한 인물은 그레마스다. 그는 인간의 모든 경험이 서사의 논리를 바탕으로 기획된다는 전제하에 외견상 서사적이라고 볼 수 없는 대상들 속에 깊이 침전되어 있는 서사 구조를 발견하려고 노력했다. 바로 그런 이유에서 그레마스는 과학 논문, 조리법, 특별한 용도의 사물들 등 누군가에게 전달될 수 있는 의미를 지닌 동시에 기호학적인 차원에서 분석이 가능한 모든 종류의 소통 매개체를 분석 대상으로 간주했다. 그레마스는 『의미에 관하여Du sens』(1970년), 『모파상: 텍스트의 기호학Maupassant : la sémiotique du texte』(1976년), 『의미에 관하여 2Du sens 2』(1983년) 등의 저서에서 텍스트를 의미의 여러 단계로 구성되는 일종의 성층 현상에 비유했다. 표면 위로 떠올라 있는 것이 표현으로서의 의미이며 가장 깊은 곳에 위치하는 것이 텍스트 전체를 지탱하는 의미론적 기본 구도다. 중간 단계에서 서사와 담론이 전개되며 담론은 서사 구조 자체가 텍스트 속에서 조합되고 정립되는 방식에 관여한다. 이때 기호학적 분석은 수많은 형태의 텍스트에서 구성의 다양한 단계를 발굴하고 내부의 장치들을 해부함으로써 가능한 한 추상적인 "의미의 유일한 생성 과정"이 무엇인지 설명하는 것을 목표로 전개된다.

3.3   후기구조주의를 향하여

1960년대에 다양한 분야의 인문학이 기호학의 모험에 뛰어들며 보여 주었던 기세는 1970년대에 들어오면서 수그러들기 시작했고 기호학은 방법론적인 차원에 좀 더 신중한 자세를 취했다. 바로 이 시기에 구조주의의 가장 혁신적이고 독창적인 사유들 가운데 몇몇이 재정립되었고 이들 가운데 하나가 모든 의미 있는 현상의 구조는 전적으로 언어학에서 유래하는 구조적 모형으로 환원될 수 있다는 생각이었다.

낡은 방식의 기호학 분석은 시간이 흐르면서 제기된 반론과 문제점에 좀 더 유연하게 대응할 수 있는 풍부한 개념들로 보완되었고 등가성에 의존하는 소쉬르의 기호 개념도 비판적인 차원에서 재평가되는 과정을 거쳐야 했다. 뒤이어 활용도가 점점 떨어지는 소쉬르의 기표/기의 개념을 학자들은 상당히 조심스럽게 다루기 시작했고 결국에는 기호화 현상과 텍스트의 개념으로 대체했다. 결과적으로 기호학에서 유래하는 모든 인문학을 단일한 방법론으로 통합하려는 계획은 실행될 수 없다는 것이 자명해졌고 기호학자들의 관심도 다양하고 이질적인 방향으로 분산되는 양상을 보였다.

이러한 상황에서 부각되기 시작한 것이 바로 기호학 연구의 해석학적 관점이다. 이 해석학적 관점에 주목한 학자들은 구조주의가 내재성의 원리에 천착하며 기호학적인 차원에서 무의미하다고 판단했던 소통의 실용적인 측면에 관심을 기울였다. 이러한 관점의 필요성이 처음으로 제기된 영역은 텍스트의 언어학이다. 예를 들어 대명사처럼 말들의 주체가 실재한다는 것을 가리킬 수 있는 언어적 요소들, 이른바 '대체자shifters'에 대한 야콥슨의 연구(1957년)와 프랑스어 인칭대명사의 기능과 동사 시제에 관한 뱅베니스트의 연구(1966년)를 기점으로, 텍스트의 언어학은 더 이상 모든 문맥에서 벗어난 독립된 문법체계로서의 언어가 아니라 언어의 실질적인 사용 환경이 그대로 반영된 소통 현상으로서의 담론 혹은 텍스트를 다루기 시작했다. 뱅베니스트는 언어가 다름 아닌 발화를 통해 고유의 언어적 형태를 취하고 언어로서의 기능을 발휘한다고 보았을 뿐 아니라 인간이 고유의 개성적, 사회적, 문화적 정체성을 지닌 주체로 성립될 수 있는 것은 언어가 담론으로 변환될 수 있는 기량 혹은 '나'라고 말하는 동시에 필연적인 방식으로 '너'를 향해 말하도록 만들 수 있는 기량을 지녔기 때문이라고 보았다. 언어적 기량을 갖춘 모든 개인은 기호들을 학습할 수 있고 이 기호들을 구체적인 소통 행위, 요구, 주장, 명령 등으로 변형시킬 수 있다. 뱅베니스트에 따르면 바로 이 소통 행위 혹은 담론의 탐구를 통해 담론 내부에서 담론의 사용자들이 활용하는 소통 경로의 흔적을 찾아내는 것이 기호학의 임무였다. 롤랑 바르트, 마리아 코르티(Maria Corti, 1915~2002년), 체사레 세그레(Cesare Segre, 1928~2014년)의 연구도 바로 이러한 차원에서 전개되었다고 볼 수 있다.

텍스트에 함축되어 있는 기호들 대신 텍스트 자체에 관심을 기울인다는 것은 아울러 기호학적 시각을 텍스트의 주변으로 확장한다는 것을 의미했다. 텍스트는 어떤 경우에도 독립적으로 생산되거나 읽히지 않으며 그것이 다양한 유형의 관계를 유지하는 또 다른 텍스트들의 촘촘한 그물조직과 깊이 연관되어 있었다. 1982년에 제라르 주네트는 이러한 관계들을 상호텍스트intertestualità, 주변텍스트paratestualità, 메타텍스트metatestualità, 원형텍스트architestualità, 참조텍스트ipertestualità의 5가지 범주로 구분한 바 있다. 특히 바흐친과 줄리아 크리스테바(Julia Kristeva, 1941년~)의 영향하에 고조된 상호텍스트성에 대한 관심, 다시 말해 하나의 텍스트를 다른 텍스트들과의 관계 속에 위치시키는 모든 것에 대한 기호학적 관심은 전통적인 텍스트 개념을 '텍스트성'이라는 훨씬 더 유연하고 열린 형태의 정의로 용해하는 데 기여했을 뿐 아니라 특정 텍스트가 취할 수 있는 여러 가지 의미들은 대략적으로 텍스트가 독자들을 위해 활성화할 수 있는 상호텍스트적인 참조 사항들의 그물조직에 좌우된다는 원칙을 정립하는 데 결정적인 역할을 했다.

한편 유리 로트만(Yuri Lotman, 1922~1993년)이 이끌었던 타르투Tartu의 기호학파는 상호텍스트성 연구를 일종의 문화기호학으로 발전시켰다. 이 문화기호학의 기본적인 전제는 인간의 다양한 문화를 고유의 문법이나 이론상 무한한 수의 텍스트를 생산해 낼 수 있는 규칙과 규범들을 갖춘 기호체계들의 총체로, 혹은 다양한 형태의 잠재적인 문법들을 활성화하는 텍스트들의 총체로 간주하고 분석할 수 있다는 것이었다. 이러한 관점에서 일상적인 문화 활동은 어떤 분량의 현실을 하나 혹은 그 이상의 문화적인 기호들로 구성된 텍스트로 변형시키는 활동, 즉 일종의 번역 활동으로 간주될 수 있었다.

기호학이 단순히 기호들을 다루는 학문에서 텍스트의 생산과 해석의 기호학으로 발전하는 과정은 기호학에서 해석자의 역할과 기능이 중요한 위치를 차지하게 되는 결과를 가져왔다. 1960년대에서 1970년대로 넘어오는 사이에 다양한 인문학 분야에서 부각되었던 것은 의미의 구축 과정에서 능동적인 역할을 하는 해석자의 중요성이었고 상대적으로 반론에 부딪히며 위기를 맞이할 수밖에 없었던 것은 전통적인 구조주의적 관점, 즉 한 텍스트의 의미는 어떤 식으로든 이미 주어져 있으며 따라서 텍스트의 복잡한 구조 내부에서 발견되어야 한다는 관점과 결과적으로 해석자의 역할도 텍스트가 이미 함축하고 있는 의미들을 해독해 내는 것에 불과하다는 생각이었다. 반면에 기호학적 해석학의 관점에서, 텍스트의 의미는 텍스트와 해석자 간의 협력 과정 혹은 분쟁관계가 어떤 식으로 전개되고 어떤 결론에 도달하느냐에 달려 있었다.

이러한 관점을 원칙으로 삼는 기호학의 가장 대표적인 예는 다름 아닌 움베르토 에코의 해석학적 기호학이다. 에코가 텍스트와 해석의 조합에서 얻어 낸 결과는 '백과사전' 개념이다. 『일반기호학 이론*Trattato di semiotica generale*』(1975년)과 『기호학과 언어철학*Semiotica e filosofia del linguaggio*』(1984년)에서 구체적으로 정립된 이 백과사전 개념은 보르헤스의 작품 『바벨의 도서관*La biblioteca de Babel*』에 나오는

'끝없는 도서관'과 유사하다. 에코의 '백과사전'은 언어를 구속하는 구조주의의 틀을 폭발적으로 열어젖혀 언어를 다양한 방식으로 뒤섞여 있는 해석의 다차원적인 그물 위에 펼쳐 놓는다. 『이야기 속의 독자』(1979년)에서 에코는 텍스트를 일종의 "게으른 기계"에 비유하면서 이 기계를 작동시킬 누군가, 즉 해석자의 개입이 항상 요구된다고 주장했다. 에코는 아울러 해석자의 역할이 해석자를 위한 함축적인 사용 설명서의 형태로 텍스트 속에 이미 적혀 있으며, 그만큼 "이야기 속에in fabula" 있는 독자의 실재를 추적하는 것이 가능하고, 텍스트가 제공하는 단서들을 토대로 잠시나마 텍스트에서 벗어나 더욱더 "풍부한 상호텍스트들을 수집"한 뒤 이를 바탕으로 독자의 "수용 경로", 즉 이상적인 독자가 점점 더 적극적인 관심을 기울이며 밟게 될 경로를 추적하고 재구성하는 것이 가능하다고 보았다.

    최근 몇십 년간 해석학적 기호학은 기본적인 관점을 그대로 유지하면서 다양한 단계를 거쳐 발전했고 텍스트의 해석학적 특성과 텍스트 내부에 존재하는 잠재적 독자의 문제는 구조적인 문제라는 점과 독자에게 텍스트의 의미를 가설의 차원에서 구축할 수 있도록 허락하는 수용 과정의 문제는 인식론적 문제라는 점을 보다 분명하게 보여 주었다.

번역에 관하여

사람들은 번역을 상이한 언어 기호들 간의 단순한 교체 작업으로 생각하는 경향이 있다. 실제로 언어를 외국어에서 모국어로 옮기는 번역 작업 덕분에 우리는 세계 곳곳에서 일어나는 일들을 뉴스로 접하거나 세계문학을 비롯해 각종 매뉴얼이나 영화 혹은 외국인의 말을 아무런 어려움 없이 이해할 수 있다. 결과적으로 우리는 도착 지점의 언어로 읽거나 듣는 모든 것이 출발 지점의 언어로 쓰였거나 발언된 모든 것에 상응한다고 생각할 뿐 아니라 번역문이 원어로 쓰인 것과 같은 내용의 글이라는 생각을 지극히 당연하게 받아들인다.

하지만 좀 더 자세히 살펴보면, 아니 간단한 외국말을 시험 삼아 우리말로 옮겨 보기만 해도 우리는 번역이 결코 쉽지 않은 난해한 작업이라는 것을 깨닫게 된다. 이러한 측면을 이론적이고 학문적인 차원에서 다루는 것이 바로 오늘날의 번역 이론이다. 현대 번역 이론은 상당히 방대한 영역에 관여할 뿐 아니라 철학적이고 인류학적인 차원, 문학적이고 언어학적인 차원, 사회적이고 문화적인 차원, 기술적이고 용어적인 차원 등 상당히 다양한 관점에서 번역을 연구한다.

번역 이론은 20세기 말이 되어서야 자율적인 학문으로 언급되기 시작했지만 번역 자체에 대한 성찰과 질문의 역사는 상당히 오래전으로 거슬러 올라간다. 일반적인 견해에 따르면, 서양 문화사에서 번역은 라틴 고전문학과 함께 시작된다. 라틴 고전문학은 다름 아닌 번역에서 창조와 혁신의 잠재력을 발견했고 이를 문학과 언어와 문화에 적용했다. 과거의 역사와 고대 로마의 문화를 함께 살펴보면 당시에는 번역이라는 분야가 결코 획일적인 방식으로 인식되지 않았다는 점을 알 수 있다. 고대사를 살펴보면 번역의 문제는 상이한 문화권에서 사실상 상당히 다른 방식으로 다루었다는 것이 드러난다. 예를 들어 고대 그리스인들은 번역을 로마인들과는 전혀 다른 방식으로 이해했다. 그리스인들은 번역이 꼭 필요한 분야라는 점을 인정했지만 번역에 특별한 매력을 느끼지 못했고 결과적으로 커다란 중요성을 부여하지 않았다. 기본적으로 그리스어라는 하나의 언어만을 사용했기 때문에 번역의 유용성에 둔감할 수밖에 없었던 그리스인들은 외국어 사용자들을 '야만인', 혹은 단순히 알아들을 수 없는 말을 하는 사람들이라는 차원에서 '이방인'이라고 불렀다.

서양 문화사에서 번역에 대한 진지한 성찰을 처음으로 시작한 이들은 로마인들이었다. 이들이 번역에 지대한 관심을 기울였던 이유는 제1외국어였던 그리스어에서 그들이 향유할 수 있는 문화적 풍부함의 원천을 발견했기 때문이다. 바로 그런 이유에서 로마인들은 그리스 시인들의 작품을 자유롭게 해석하기 위해 이른바 '기술적 번역'이라는 장르를 발명했고 그리스 문학과의 비교와 경쟁을 통해 한계를 극복하면서 외국 문학을 고유의 세계로 소화해 내는 데 성공했다. 사실 로마의 문화 자체가 그리스어의 번역을 바탕으로 구축되었다고 해도 과언이 아닐 정도로 로마인들의 번역 활동은 열성적인 총력전의 형태로 전개되었다.

로마인들은 번역을 하면서 형식뿐만 아니라 내용에 있어서도 상당히 자유분방한 방식을 취했다. 우리 현대인의 입장에서는 이를 과연 번역이라고 할 수 있는가라는 의문이 들 정도로 지나치게 자유로웠지만 로마인들이 남긴 번역 작품들은 번역이 문학과 언어의 발생, 변형, 발달에 얼마나 결정적인 영향을 끼칠 수 있는지 보여 주는 더할 나위 없이 훌륭한 예들이다. 우리가 역사와 비교문화사를 통해 배우는 것은 번역이 놀라운 잠재력을 지닌 문화 활동이며 문화 교류와 교류를 통한 문화 발전에 필수적인 요인이라는 사실이다.

로마인들이 '기술적 번역'을 시도하면서 시작한 번역 연구는 기본적으로 문학 작품에 집중되는 성향을 보였다. 이러한 성향은 사실 오늘날에도 여전히 지배적이라고 할 수 있다. 왜냐하면 오늘날 국제사회에서 흔히 볼 수 있는 공개 토론이나 강의 혹은 출판물들의 번역도 기본적으로는 '기술적 번역'이라는 기준을 따르고 있고 이 기준 자체가 번역의 기술적인 차원에서 상당히 흥미롭고 까다로운 문제들이 집중적으로 나타나는 문학작품들의 번역 연구를 통해 마련되었기 때문이다.

실제로는 로마 시대에서부터 일종의 이분법적 구분, 즉 문자 그대로의 뜻에 주목하며 직역(interpres)을 선호하는 입장과 자유로운 해석을 중시하며 의역(orator)을 선호하는 입장의 대립이 번역 연구를 줄곧 지배해 왔다. 주목해야 할 것은 역사가 흐르는 동안 키케로를 비롯한 여러 학자들이 의역을 다양한 방식으로 선호하고 지지해 왔다는 점이다. 예를 들어 성서 번역자 성 히에로니무스Eusebius Hieronymus는, 다름 아닌 의역을 지지하는 차원에서, 특정 단어에 상응하는 번역어만 찾을 것이 아니라 말들의 의미와 무게를 보전하는 데 주의할 필요가 있다고 주장했다.

직역과 의역의 이분법적 대립이 번역문화를 지배해 왔다는 사실을 보여 주는 예는 얼마든지 있다. 18세기에 프랑스에서 번역을 '부정한 미녀belle infidèle'에 비유한 것도 동일한 이분법을 토대로 고안된 표현이었고 19세기 초에 독일어권의 번역 이론가들이 표명했던 입장도 이와 유사한 전제에서 시작된 것이었다. 예를 들어 슐라이어마허는 번역가가 두 종류의 길 가운데 하나만 선택할 수 있다고 보았다. "저자를 편하게 내버려 둔 상태에서 독자가 저자에게 접근하도록 만들거나 독자를 편안하게 하기 위해 저자가 독자에 접근하도록 만들 수 있다." 하지만 슐라이어마허는 결론에서 우리가 살펴본 전형적인 관점들과는 사뭇 다른 입장을 표명했다. 슐라이어마허는 번역의 진정한 의미가 독자를 원전의 세계로 끌어들이는 데, 즉 독자가 원전의 언어와 내용의 본질에 가능한 한 가깝게 접근할 수 있도록 만드는 데 있다고 보았다. 이와 유사한 맥락에서 독일의 낭만주의자들은 번역이 우리가 익히 알고 있는 것들의 틀에서 벗어나 이질적인 것을 직접적으로 경험하도록 인도하고 이를 위해 변화를 요구하면서 우리의 경험을 더욱더 풍부하게 만들어야 한다는 번역의 새로운 이상을 탄생시켰다.

20세기에는 형식적인 번역어와 역동적인 번역어의 대립이라는 고대의 이분법을 새로운 형태로 제시하려는 다양한 시도들이 이루어졌고, 최근에는 유사한 맥락에서 이른바 '이국화foreignizing 번역'과 '자국화domesticating 번역'이라는 이분법이 등장했다. 따라서 과거에는 양분된 전략들이 언어적이거나 양식적인 기준을 바탕으로 대립되는 양상을 보였던 반면 현대에는 문화적이고 정치적인 차원의 대립이 주를 이룬다고 볼 수 있다. 이와 유사한 맥락에서, 번역 연구가들이 모색하는 다양한 탐구 방식의 역사-주제적인 차원을 고려하면서 번역에 대한 관심의 범위 자체가 점차적으로 확장되는 현상이 일어났고 동시에 번역을 이데올로기, 정치, 권력과의 관계 속에서 이해하려는 노력이 이루어졌다.

20세기 후반에 들어서면서 번역 연구는 독립적인 학문 분야로서 체계를 갖추기 시작했다. 번역의 법칙을 비롯해 번역상의 다양한 문제들에 대한 현실적인 답변을 제시하기 위해 형식적인 기준과 보편적인 규칙들을 찾으려고 가장 먼저 노력한 이들은 언어학자들이었다. 하지만 머지않아 언어학이 번역 문제에 대한 충분한 해결책을 제시할 수 없다는 주장이 제기되면서 문학가들이 번역 연구 분야를 장악하기 시작했다. 문학가들은 번역이 언어적 체계들 사이에서 이루어지는 것이 아니라 상이한 언어와 문화를 대변하는 텍스트들 사이에서 이루어진다고 보았다. 그런 식으로 번역의 복합성까지 고려하며 보다 포괄적인 관점에서 번역을 이해하려는 시도들이 이루어졌고 이들 가운데 가장 의미 있는 것은 번역의 문제를 언어학적인 관점에서 벗어나 문화의 소통 가능성이라는 관점에서 관찰하려는 시도였다. 특정 언어로 쓰인 글의 내용을 또 다른 언어로 옮긴다는 것은 기본적으로 문화적 차이를 다루는 작업, 다시 말해 역사와 전통과 상식의 차원에서 표현될 뿐 아니라 언어를 통해 구체화되는 삶의 양식 속에서 표현되는 문화적 차이를 다루는 작업이었다. 발터 벤야민이 그의 유명한 글 「번역가의 과제Die Aufgabe des Übersetzers」(1923년)에서 언급했던 예처럼, 빵을 뜻하는 독일어 단어 brot는 불어의 pain, 이탈리아어의 pane에 언어학적으로 상응하지만, 이 세 단어는 문화적인 차원에서 결코 대등하다고 볼 수 없는 의미들을 지닌다. 빵을 활용하는 각 나라의 음식문화가 다르고 빵을 만드는 재료는 물론 빵의 모양새도 나라마다 다르다. 번역을 한다는 것은 결국 말들이 지닌 문화적인 의미에 관여한다는 것을 의미한다. '사전적' 지식보다는 '백과사전적' 지식을 적극적으로 활용하면서 우리는 새로운 언어로 쓰인 텍스트에 진정한 생명을 부여하려고 노력해야 한다. 언어들, 말들 사이의 이러한 문화적 대체 불가능성 때문에 우리는 이 말들을 번역할 때 얻는 것과 잃는 것이 무엇인지 곰곰이 따져 보고 타협할 줄 알아야 하며 에코가 『거의 똑같은 것을 말하기Dire quasi la stessa cosa』(2003년)에서 강조했던 것처럼 똑같은 것을 말하려고 애쓰는 대신 "거의 똑같은" 것을 말하려고 노력해야 한다.

이러한 관점에서 이루어지는 번역은 아마도 문화적 차이가 무엇이며, 그 차이가 어떻게 다른 방식, 다른 언어로 표현될 수 있는 동시에 때로는 번역이 불가능하기도 한가를 가장 확실하게 보여 주는 지적 활동일 것이다. 사실은 바로 이러한 특성 때문에 많은 사상가들이 소통의 가능성, 해석학이나 인식론의 문제들을 다루기 위한 전제를 번역에서 발견했다. 예를 들어 오르테가 이 가세트Ortega y Gasset는 『번역의 빈곤과 광채Miseria y esplendor de la traducción』(1937년)에서 번역의 까다로움과 불가능성에 대해 이야기하면서 사실상 생각과 말의 일치가 불가능하다는 주장을 펼쳤다. 반면에 가다머는 『진리와 방법』(1960년)에서 번역가와 해석자의 근접성을 강조했고 윌러드 밴 오먼 콰인은 『말과 대상』(1960년)에서 원어와 번역어 사이에 확실한 상응성은 존재하지 않는다는 이유로 번역의 불확정적인 성격을 주장했다. 조지 슈타이너George Steiner는 그의 유명한 책 『바벨 이후After Babel』(1975년)에서 일련의 관점들을 제시하며 서양 세계의 번역이 지니는 관조적인 성격을 조명했다.

오늘날 번역은 과거 어느 때보다도 활발하게 진행되고 있다. 이러한 현상에 동력을 제공하는 것은 문화적, 언어적 장벽을 무너트리며 어느 시대보다도 강렬하고 왕성하게 이루어지고 있는 교류의 물결이다. 아니, 자세히 들여다보면, 국제사회에서 이루어지는 정보의 교류 및 소통관계의 극대화를 추구하는 현대 사회를 사실상 좌우하는 것은 다름 아닌 번역이다. 실제로 우리는 국제 교류가 세계적인 규모로 활발히 전개되는 현상뿐만 아니라 이민자들의 수가 점점 더 증가하면서 수많은 국가와 도시들이 다양한 언어, 다양한 문화가 공존하는 공간으로 변해 가는 현상을 목격하고 있다. 번역은 어떤 식으로든 상이한 언어와 문화권들 사이에서만 이루어지지 않으며 복합적인 문화 내부에서 문화적인 요소로 실재한다. 결과적으로 번역은 우리의 삶에 직접적으로 관여하며 삶의 일부를 차지하는 요소일 뿐 아니라, 바로 그런 의미에서, 우리에게 또 다른 문제점과 질문들을 끊임없이 제기한다. 우리가 어떤 식으로든 일종의 번역문화 안에서 살아가고 있다면, 다시 말해 상이한 문화, 역사, 전통, 언어들 사이를 끊임없이 오가며 살아가고 있다면, 분명한 것은 그만큼 한 개인과 또 다른 개인의 차이, 자기와 타자의 차이가 사라지기 쉽다는 것이다. 더 나아가서 화자들이 두 가지 이상의 언어를 말할 수도 있다는 것은 그런 식으로 개인이 자기 자신의 번역자가 된다는 것을 의미한다. 이는 우선적으로 이민자들이 처하게 되는 상황이지만 다양한 취향과 문화를 지닌 다양한 출신의 사람들이 모여 사는 대도시의 시민도 이와 유사한 상황에 놓이게 된다. 우리가 흔히 글로벌화라고 부르는 현상 역시 근본적으로는 번역문화적 현상이며 단지 서로 다르고 분리되어 있는 두 현실 사이가 아니라 단편적이고 혼성적인 차이점들 사이의 번역으로 전개될 뿐이다.

아울러 현대 사회의 특징에 대한 이해를 비롯해 서구 유럽의 인본주의적이고 보편주의적인 단일언어주의 전통을 위기에 빠트렸던 연구들을 바탕으로 번역에 대한 새로운 시각이 형성되고 있다는 점에 주목할 필요가 있다. 이는 번역 자체를 식민지화의 수단이나 식민지화를 거부하는 저항의 수단으로 보고 분석하는 관점, 다시 말해 정복자들의 정치적 이윤을 추구하는 차원에서 전개되는 문화적 정체성의 형성과 구축의 도구로 보거나 반대로 피지배자라는 축조된 이미지에서 벗어나야 하기 때문에 실행되는 반항적이고 전복적인 전략의 도구로 보는 관점이다. 따라서 번역의 성격과 질과 양식과 내용에 결정적인 영향을 끼치는 것은 언제나 불균형적인 정치 세력이며 번역의 문화적인 역할도 바로 이러한 관점을 바탕으로 분석된다.

4

20세기의 커뮤니케이션

4.1 의미의 다양성

커뮤니케이션은 그 자체로 모호한 개념이다. 무엇보다도 커뮤니케이션이라는 용어가 두 가지 의미를 지니기 때문이다. 첫 번째 의미의 커뮤니케이션은 생명체나 사물들을 한곳에서 다른 곳으로 옮기는 '물리적인' 운반 행위를 가리키며 바로 그런 이유에서 기차, 자동차, 비행기, 마차, 배 같은 운송 도구들을 가리키기도 한다. 두 번째 의미의 커뮤니케이션은 특별한 메시지의 전달을 가리키는 동시에 언어나 다양한 시각적, 음성적 기호체계 같은 소통 도구들을 가리킨다. 하지만 메시지를 전달할 때에도 객체의 운반이 뒤따른다는 사실, 예를 들어 우편제도의 경우 우편물들, 전화나 라디오의 경우 다양한 종류의 전파가 메시지와 함께 전달되며 소통체계의 이러한 '물리적'인 성격을 결정짓는 것은 운반과 관련된 다양한 유형의 기술적 요인들이라는 사실을 기억할 필요가 있다. 아울러 운송의 발달 역시 메시지의 전달 속도와 양의 증대에 크게 기여했고 여전히 기여하고 있다는 점도 염두에 두어야 한다. 실제로 마차를 이용하던 우편체계와 비행기를 사용하는 우편체계 사이에는 어마어마한 차이가 있다. 이 장에서 우리는 소통으로서의 커뮤니케이션을 집중적으로 다룰 것이다. 하지만 소통체계는 항상 운송체계와 함께 발전했다는 사실을 기억해야 한다.

19세기에는 운송체계에 대대적인 변화가 일어났다. 증기기관은 18세기에 발명되었지만 철도가 건설되고 증기선이 개발되기 시작한 것은 19세기에 들어와서야 일어난 일이다. 자동차는 20세기 초반이 되어서야 대중교통수단으로 채택되었지만 자동 마차의 기술적 원칙들은 이미 18세기와 19세기에 정립되어 있었다. 19세기가 끝나고 불과 3년 만에 최초의 비행 실험이 이루어졌다. 당시에는 공기보다 무거운 동체로 하늘을 나는 것이 관건이었다. 뒤이어 20세기는 19세기에 발명된 운송체계를 놀라운 속도와 규모로 발전시켰고 결국에는 우주선을 개발해 우주로 진출하는 데 성공했다.

그러나 커뮤니케이션에 관한 한 20세기의 가장 놀라운 특징은 오히려 의사전달체계가 실질적인 운송체계의 구속에서 벗어났다는 사실이다. 이는 의사전달이 대부분의 경우 더 이상 물리적인 사물의 운반에 의존하지 않고 라디오, 텔레비전, 인터넷처럼 에너지를 사용하는 소통 기술을 선택했기 때문에 일어난 현상이다.

물론 전화, 전보 그리고 불과 몇 년 간격으로 등장한 무선 전신과 라디오 등은 모두 19세기의 산물이지만 이러한 도구들이 산업화 단계를 거쳐 전 세계로 보급된 것은 20세기에 일어난 일이다. 바로 그런 의미에서 20세기는 커뮤니케이션 혁명의 세기였다고 할 수 있다.

4.2 커뮤니케이션 혁명

커뮤니케이션 혁명에 대해 이야기할 때 우리는 소통 도구들의 발달과 확산 현상뿐만 아니라 이 도구들이 우리의 삶과 사고 방식 자체를 근본적인 차원에서 바꾸어 놓았고 새로운 기술이 심지어 과거의 운송 및 소통의 도구와 체계를 더 이상 쓸모없는 것으로 만들어 버렸다는 사실에 주목해야 한다. 이러한 혁명의 전모는 사실 신용카드 지불체계나 팩스, 인터넷을 통한 은행 계좌 운영 등이 신용장, 우편환, 수표 같은 전통적인 화폐 전달 방식을 완전히 대체했다는 사실, 혹은 지상으로든 항공으로든 물리적인 방식으로 운영되던 과거의 우편물 운송 체계를 이메일이 전면적으로 대체하고 있다는 사실만 살펴보아도 어렵지 않게 이해할 수 있다.

이제 정보의 교환과 소통 분야에서 어떤 혁명이 일어났는지 살펴 보자. 과거에 인간은 얼굴을 마주 본 상태에서 진행되는 대화라는 소통 방식을 알고 있었고 원거리 소통을 위해 상당히 조악하고 특별한 순간에 특별한 용도로만 사용되던 방식들, 예를 들어 연기나 불빛을 이용해 신호를 보내는 방법에 의존했을 뿐이며 그 외에는 설교자나 연설자, 이야기꾼들의 일방적인 언설을 통해 메시지를 전달받았고 고작해야 성인들의 삶이나 왕들의 축제에 관한 소식을 교회나 궁전의 조각이나 벽화를 통해 어렴풋이나마 이해할 수 있었다. 물론 책을 읽을 수 있는 사람들을 위해 글이 존재했고 인쇄 혁명이 일어난 뒤 18세기와 19세기에는 가제트 및 정기간행물들의 발간과 함께 대중적인 양식의 다양한 출판물들이 등장했지만, 이 매체들이 제공하는 모든 정보에 접근할 수 있는 이들은 글을 배운 소수에 불과했다. 무엇보다도 커뮤니케이션 산업의 생산품들을 활용하고 혜택을 누리기 위해서는 먼저 글을 배워야만 했다.

이러한 상황이 뒤바뀐 것은 바로 20세기다. 영화, 라디오, 텔레비전 같은 일련의 시청각적 소통 매체들이 등장하면서 정보의 소통 경로는 글을 모르는 사람들에게까지 확장되었고 새로운 소통 매체들은 우선적으로 또는 빈번히 학교와 유사한 역할을 수행하며 과거에 학교에서만 얻을 수 있었던 많은 정보들을 제공하기 시작했다. 여기서 이러한 새로운 형태의 정보 유통이 얼마나 정부 혹은 또 다른 권력 장치에 의해 제어될 수 있고, 틀렸거나 이질화될 정보들을 제공한다는 차원에서 검열의 대상으로 간주될 수 있는지 논의하지는 않을 것이다. 이러한 결점들은 과거의 전혀 다른 소통체계 속에서도 얼마든지 발생할 수 있었기 때문이다. 중요한 것은 20세기의 인간이 로마 제국에 대해 무언가를 교과서보다는 영화를 통해 먼저 배울 수 있었다는 것이다. 그것이 상상에 의해 왜곡된 정보인지 정확한 사실인지는 중요하지 않다. 중요한 것은 그가 세상에서 일어나는 수많은 사건들에 대한 소식을 라디오나 텔레비전을 통해 심지어는 알고 싶지 않을 때조차 접한다는 사실, 그런 식으로 때로는 분류가 불가능할 정도로 엄청난 양의 정보를 습득한다는 사실, 그가 알고 있는 지식의 분량이 엄청나게 늘어났다는 사실이다. 예를 들어 19세기 초에는 한 이탈리아인이 워털루에서 전투가 벌어졌고 나폴레옹이 완전히 무릎을 꿇었다는 소식을 접하지 못한 채 수 년 동안 아무런 문제없이 살아갈 수 있었던 반면 오늘날에는 누구든 인도네시아에 태풍이 들이닥쳤다는 소식과 인도에서 새로운 대통령이 선출되었다는 소식을 실시간으로 접할 수 있다. 이러한 정보량의 증가는 좋은 싫든 양적 차원의 증가에 그치지 않고 우리가 생각하고 행동하는 방식 자체를 바꾸어 놓았다.

커뮤니케이션이 새로운 기술을 활성화하면서 하나의 독립된 산업, 아마도 선진국들의 입장에서 가장 중요한 산업 분야를 구축하는 데 결정적으로 기여했다면, 한편으로는 커뮤니케이션이 중압적인 산업으로 성장했다는 점, 다시 말해 1차 산업과 2차 산업에 대한 3차 산업의 절대적인 우세 현상을 양산했다는 점도 인정할 필요가 있다. 사람들이 오늘날 쿠데타를 일으키려면 탱크를 이끌고 정부 청사를 점령할 것이 아니라 텔레비전 방송국을 점령해야 한다는 말을 하는 것도 바로 그런 이유에서다.

4.3   매스커뮤니케이션

20세기는 아울러 매스커뮤니케이션의 세기였다. 매스커뮤니케이션이라는 표현은 기술적으로 대단히 복잡한 기획 공간에서 출발해 수많은 수신자들에게 전달되는 메시지의 발신을 뜻한다. 이때 발신자는 수신자들에 대해 거의 아는 바가 없고 수신자들의 입장에서는 발신자와의 직접적인 소통이 불가능하다.

그런 의미에서 대서양처럼 몰려들었던 무솔리니나 히틀러의 군중은 매스커 뮤니케이션의 형태와 거리가 멀었다고 볼 수 있다. 왜냐하면, 적어도 이론상으로는, 군중이 박수를 치거나 야유를 보내면서 지도자의 연설에 어떤 식으로든 영향을 끼칠 수 있었기 때문이다. 이에 비하면 라디오가 전달하는 메시지는 기본적으로 매스커뮤니케이션의 형태를 취한다. 실제로는 책이나 인쇄물 같은 고전적인 소통 형식 역시 매스커뮤니케이션이라고 할 수 있지만 이러한 방식의 소통은 사회의 특정 계층만을 대상으로 이루어진다는 제한적인 성격을 지닌다. 이 경우에 발신자는 그가 취향이나 문화적 수준을 어느 정도 파악하고 있는 일군의 수신자들을 대상으로 메시지를 전한다.

어떤 측면에서는 오늘날의 매스커뮤니케이션 양식과 상당히 유사하다고 볼 수 있는 현상이 개신교의 성서가 번역되고 보급되는 과정에서 일어났다. 다시 말해 개신교 세계에서 성서의 번역은, 가톨릭에서처럼 성서 해석을 총괄하는 기관의 개입 없이, 문화적 측면에서 이질적일 수밖에 없는 수많은 해석자들과 머나먼 시대의 메시지 사이에서 이루어졌다.

매스커뮤니케이션이 사실상 사회 전체를 대상으로 전개될 수 있는 단계에 도달한 것은 대중적인 성격의 출판문화와 그래픽 광고의 발달은 물론 라디오, 영화, 텔레비전이 문화 자체를 지배하기 시작한 20세기에 일어난 일이다. 아울러 광고 표지판이나 광고 포스터, 시각적인 효과를 내세우며 호소하는 유형의 메시지들로 가득한 도시 자체가 메시지의 지속적인 전달 매체로 변신하는 현상에도 주목해야 한다. 도시 전체가 하나의 커뮤니케이션체계라는 것은 물론 머나먼 고대 사회에도 적용될 수 있는 이야기다. 고대 도시를 구성하는 신전, 광장, 시장들도 항상 소통의 기능을 지니고 있었기 때문이다. 하지만 도시는 20세기에 들어와서야 비로소 개성이 없는 대중을 상대로 도시의 구석구석에서, 도시의 모든 장치와 다양한 신호들을 통해 '말하는' 무언가로 변한다. 20세기의 도시는 심지어 스스로에 대해 말한다. 건물 정면을 장식하는 유리 위로 주변 건물들의 모습을 연출하며 스스로의 정체성을 표현하는 현대 도시는 그런 식으로 본질적으로는 무대에 가까운 구조를 추구한다.

한편 과학기술의 발전과 매스커뮤니케이션의 발달은 현대의 유럽 문화와 미국의 문화를 사실상 구분하기 힘든 것으로 만들었다. 미국은 일찍이 20세기 초반부터, 그리고 제2차 세계대전 이후에는 보다 적극적으로 음악, 영화, 텔레비전, 만화 등의 분야에서 고유의 커뮤니케이션 모형들을 유럽으로 수출해 왔다. 비록 이러한 모형들이 빈번히 일종의 문화적 피진을 형성하며 오히려 전적으로 유럽적인 현상들을 생산해 내기도 했지만 매스커뮤니케이션의 발달은 서구 유럽의 역사와 노르웨이에서 오스트리아에 이르는 유럽 전역의 문화에 지대한 영향을 끼쳤다.

아울러 매스커뮤니케이션의 강한 침투력은 아메리카와 유럽의 대륙에 이러한 현상을 탐구하는 학문을 비롯해 다양한 비판 이론을 탄생시켰다. 같은 맥락에서 소통의 문제점에 주목한 학자들은 '정보의 수학' 같은 새로운 이론들을 제시했고 커뮤니케이션은 언어과학, 기호학, 언어철학 분야의 새로운 성과를 유도하는 촉매로 작용했다. 커뮤니케이션 이론의 이러한 총체적인 발달은 뒤이어 정보학이나 컴퓨터과학, 인공지능 같은 분야의 탐구로 이어졌다.

4.4 커뮤니케이션, 운송, 여행

여기서 주목해야 할 것은 운송의 발달이 서로 다른 문화권 간의 소통 혹은 소통 불가능성에 지대한 영향을 끼친다는 사실이다.

상주 영토라는 개념을 이질적으로 느꼈을 고대 유목민들의 '방랑' 문화와는 달리 고대의 문명세계와 현대의 문명사회를 특징짓는 것은 '정착' 문화다. 상주하기 위한 영토를 바탕으로 구축되는 정체성은 뒤이어 '조국', '나라', '국가' 등의 개념을 탄생시켰다. 문명사회의 주민 혹은 국민에게 마을 혹은 국가의 울타리를 넘어서는 일은 두 가지 경우에 한해서만 발생했다. 첫 번째 경우인 전쟁이 일어났을 때 남성들은 정복자 혹은 침략자의 임무를 띠고 한 나라에서 다른 나라로 이동했고 두 번째 경우인 순례를 떠날 때 신도들은 무리를 지어 산티아고

데 콤포스텔라Santiago de Compostela 혹은 예루살렘을 향해 움직였다. 물론 또 다른 독특한 경우, 즉 상류층에게만 해당되는 여행이 존재했다. 18세기와 19세기 사이에 상류사회의 사람들은 유럽으로, 특히 이탈리아의 아름다운 도시들을 구경하기 위해 이른바 '그랜드 투어Grand Tour'를 떠났고 낭만주의 문학가들은 동방을 여행했다.

증기기관의 발명과 함께 일어난 운송 혁명은 오늘날까지 이어져 결국 고속도로, 철로, 항공로, 해로로 구성되는 복잡한 그물조직을 구축하며 절정에 달했다. 이러한 변화는 서구 사회에서만 일어나지 않고 이러한 체계를 부분적으로 혹은 일본의 경우처럼 고스란히 수용한 사회에서도 똑같이 일어났다. 이 운송의 혁명과 함께 등장한 것이 바로 새로운 유형의 방랑 문화다.

무엇보다도 체제 내부적인 유형의 방랑 문화, 다시 말해 잦은 출장이 요구되는 직업에 종사는 이들, 예를 들어 기업 간부, 기술 고문, 사업가, 그리고 가장 대표적인 예라고 할 수 있는 성직자들, 특히 교황 같은 이들이 마르코 폴로Marco Polo나 크리스토퍼 콜럼버스Christopher Columbus의 장구한 여정과 다를 바 없는 거리의 여행을 단 몇 시간 만에 마치거나 1년에 몇 번씩이라도 반복할 수 있는 유형의 방랑 문화가 있다. 오늘날 캘리포니아에 사업체를 가지고 있고 뉴욕에 사무실을 둔 한 미국 사업가가 일주일에 한 번씩 여행을 하는 것은 지극히 자연스러운 일이다. 직업을 바꾸기로 결심한 수만 명의 사람들이 하루가 멀다 하고 동부 해안에서 서부 해안으로 이동한다. 여기서 주목해야 할 것은 제도적으로 정착된 통근 현상, 즉 교외에 집이 있고 시내에 직장을 지닌 사람들의 일상적인 이동 현상이며 이에 뒤따르는 도시 교통의 첨단화다. 미국의 도시들은 이처럼 때로는 한 도시에서 다른 도시로 이동하는 데 걸리는 것과 대등한 시간이 소요되는 통근 현상을 고려하며 건설되었고, 지상철과 지하철 및 주차 시설도 마찬가지다. 이러한 유형의 도시들 가운데 가장 대표적인 예는 로스앤젤레스일 것이다. 이 도시에서 거주 공간은 휴식만을 위해, 혹은 주말만을 위해 존재하며 시내는 일종의 이동 장치, 즉 도시 풍광의 80퍼센트를 차지하는 도로망을 기반으로 기능하며 수많은 교차로와 주유소와 모텔과 대형 쇼핑센터를 겸비한 이동 장치로 존재한다.

이러한 내부적인 이동을 원활하게 하기 위해, 예를 들어 캘리포니아주의 도시 내부에 들어선 슈퍼마켓과 호텔과 영화관은 뉴저지주의 도시에 있는 것과 똑같은 형태로 건설된다. 일종의 새로운 여행 개념으로 등장한 내부적인 방랑 문화는 이동 자체에서 커다란 불편함을 느끼지 못하도록, 낯선 장소가 불러일으킬 수 있는 심리적 불안을 느끼지 못하도록 만든다. 모든 장소가 다른 도시의 그것과 크게 다를 바 없기 때문이다.

이제 이주 현상에 대해 살펴보자. 19세기에는 많은 사람들이 움직였지만 충격적이라고는 할 수 없는 규모의 이동이 이루어졌고 이 현상을 특징짓는 것은 다름 아닌 이민, 즉 살 곳을 찾아 떠나는 여행이었다. 이탈리아와 아일랜드에서 많은 사람들이 미국으로 이민을 떠났던 경우가 대표적인 예다. 반면에 20세기 후반에는 대규모의 이민자들이 서서히 한 대륙에서 다른 대륙으로, 특히 제3세계에서 산업화된 나라로 이동하는 현상이 일어났다.

인구가 많은 나라에서 수십만에 달하는 사람들이 다른 나라로 살기 위해 떠나는 경우는 분명히 이민이었고 이 이민자들을 받아들이는 나라에서 재정과 수용 가능성을 기준으로 이민 절차를 제시하고 통제하는 것은 지극히 자연스러운 일이었다. 하지만 오늘날 유럽에서 우리가 목격하는 현상은 이러한 이민과는 거리가 멀다. 우리가 마주한 것은 좀 더 포괄적인 차원의 이주 현상이다. 이 현상은 물론 독일 민족이 이탈리아와 프랑스와 에스파냐를 침공했을 때처럼 폭력적이거나 위협적이지도 않고 헤지라 이후 전개된 아랍 원정처럼 맹렬하지도 않을 뿐더러 아시아에서 오세아니아와 아메리카를 향해 이동한 다수 민족들의 이주처럼 부정확하거나 느리지도 않지만 분명히 인류사의 또 다른 장을 장식하게 될 것이다. 이주의 역사는 서쪽에서 동쪽으로, 아프리카에서 서구를 거쳐 오스트레일리아까지 이어지는 경로를 통해, 뒤이어 동쪽에서 서쪽으로, 즉 천 년에 걸쳐 인도에서 헤라클레스의 기둥까지, 이어서 4세기 동안 헤라클레스의 기둥에서 캘리포니아와 티에라델푸에고까지 이어지는 경로를 통해 전개되었다. 앞서 언급한 현상은 바로 이 거대한 역사적 이주의 물결 위에서 문명사회가 형성되고 해체되는 과정으로 구축된 인류사의 또 다른 장을 장식하고 있다. 이 이주 현상은 멈출 수도 없고 인지하는 것도 불가능하다. 왜냐하면 비행기 여행의 형태를 취하거나 경찰서의 이민자 사무실에 잠시 들르는 식으로, 혹은 피난민의 자격으로 척박하고 굶주린 남부에서 북쪽을 향해 이루어지기 때문이다. 이 현상은 이민처럼 보이지만 사실은 이주다. 이 이주 현상은 여파를 계산한다는 것이 불가능한 역사적 사건인 동시에 소단위로 은밀하게, 게다가 백 년이나 천 년 단위가 아니라 불과 몇 십 년을 단위로 전개되는 현상이다. 지금까지 일어났던 모든 대규모의 이주가 그랬듯이, 오늘날의 이주 현상도 결국에는 종착지의 민족이 재편성되는 결과를 가져올 것이다. 풍습과 문화에 돌이킬 수 없는 변화를 가져오고 민족들의 피가 뒤섞이는 혼성 과정이 사람들의 피부와 머리카락과 눈동자의 색깔을 변형시키면서 결국에는 노르만인들이 시칠리아에 금발과 푸른 눈의 인종을 이식시킨 것과 비슷한 결과를 가져오게 될 것이다.

대규모의 이주는, 적어도 역사적으로는, 우려의 대상이었다. 처음에는 이주를 막기 위해 노력했다. 로마 황제들은 이주자들의 침투를 사전에 막기 위해 누벽vallum을 건설했고 군대를 전방에 배치했다. 뒤이어 이들은 타협을 선택하며 협약에 도달했고 이방인들의 제국 내 상주를 제도화하기 시작했다. 결과적으로 로마 시민권은 로마 제국에 거주하는 모든 속민들에게까지 확장되었다. 하지만 결국 로마는 멸망했고 로마의 폐허 위로 구축된 것이 이른바 로마-게르만족의 왕국, 즉 현대 유럽 국가들의 기원이자 오늘날 우리가 자랑스럽게 사용하고 있는 언어들, 정치 및 사회 제도들의 기원이다. 이탈리아 롬바르디아주의 고속도로를 달리면서 확인할 수 있는 마을들의 이름, 상당히 이탈리아적인 뉘앙스를 풍기며 우스마테Usmate, 아고냐테Agognate, 비안드라테Biandrate라고 불리는 마을들의 이름은 모두 랑고바르드족의 언어에서 유래한다는 사실을 우리는 더 이상 떠올리지 않는다.

이 대규모 이주는 멈추지 않을 것이다. 모두들 새로운 삶과 아프리카-유럽 문화라는 새로운 계절을 맞이할 준비를 하고 있을 뿐이다. 유럽은 머지않아 '유색의' 대륙이 될 것이다. 분명한 것은 이러한 전이가 결코 진통 없이 진행되지 않으리라는 것이다. 우리는 이러한 변화가 일으키는 긴장을 이미 일상적으로 목격하고 있다.

끝으로 주목해야 할 것은 대규모의 일시적 방랑 문화로 정의할 수 있는 여행이다. 오늘날에는 도시와 영토 대부분이 여행에 필요한 시설들, 예를 들어 기차역, 공항, 헬기장, 버스 터미널 등을 비롯해 숙박시설은 물론 아드리아해안이나 몰디브섬처럼 토지 전체가 여행에 헌정된 이른바 관광지들을 갖추고 있다.

서구 사회는 여행을 삶의 일부로 간주하고 이를 용이하게 만들기 위해 여행이 주는 심리적 부담을 최소화하려고 노력했다. 여행자에게 여행의 방향을 제시하고 그를 불편한 임무에서 벗어나게 할 수 있는 시설들을 개발했을 뿐 아니라, 공항에서 호텔, 관광 안내에 이르는 다양한 수용 시설들은 모두 여행자가 여행지에 도착했을 때 가능한 한 집에 있는 것과 다를 바 없이 느낄 수 있도록 고안되었다. 예를 들어 힐튼호텔이나 홀리데이인의 모형은 투숙객이 세계 어느 곳에 가든 모든 음식과 편리 시설들을 마치 자신의 집에서 사용하는 것처럼 느끼고 즐길 수 있도록 고안되었다.

이러한 기준에 따르면, 여행객은 여행을 불편하게 느껴서는 안 되고 현지인들과의 만남이 그에게 충격을 주어서도 안 된다. 여행을 기획하는 사람들은 여행객이 만나게 될 현지인들을 여행객이 이해하고 수긍할 수 있는 유형, 따라서 여행객의 기대치와 사고방식에서 크게 벗어나지 않는 유형에 상응하도록 만들기 위해 노력한다. 바로 그런 이유에서 상당수의 현지인들은 '여행객을 위한 현지인'으로 인식될 수 있도록, 원래는 그들의 것이 아닌 문화, 즉 이국적 정서라는 고정관념이 그들에게 부여하는 행동 방식과 태도를 취하도록 교육받는다.

여행객의 문화적 이질성이 현지인들에게 충격을 주는 일은 피해야 하지만 현지인들이 여행객에게 충격을 주는 일도 피해야 한다. 그렇지만 한편에는 여행객들과 대응하는 데 익숙한 유형의 현지인들이 존재하고 법의 통제하에 허용되는 특이한 공간들, 이른바 '이국적 저속성'을 상징하는 유곽이나 시장, 혹은 관광객들이 많이 찾는 '독특한' 구역들이 존재한다. 물론 관광과 무관한 거주민들은 사실상 여행객들과 분리된 상태에서 살아간다. 단지 특수 구역과 주거 지역 가운에 어느 곳이 더 고립된 공간인지 분간하기 힘들 뿐이다.

아울러 우리는 국제적으로 통용되는 언어가 하나로 통일되어 있기 때문에(영어는 마카오와 몸바사에서도 쓰인다) 여행은 더 이상 또 다른 언어를 배우기 위한 기회조차 제공하지 않는다는 점에도 주목할 필요가 있다. 결과적으로 '또 다른' 문화와의 만남이라는 여행의 '진정한' 의미는 사라지고 말았다. 여행에 대한 역사-인류학적 연구 자료들을 살펴보면 전통적인 여행은 우리에게 일련 경험들, 예를 들어 시간과 공간을 굉장히 느린 방식으로 감지한다거나 상이한 문화에 적응하는 방식을 경험하고, 획일화된 방식의 아니라 여행지 고유의 전형적인 방식을 경험하며 전적으로 새로운 제례 양식과 새로운 언어, 새로운 문화를 만날 수 있는 기회를 선사했다. 반면에 대중화된 여행은 여행의 표면적인 경험만을 허락하면서 여행 자체의 의미를 상실하게 만들었다. 오늘날 여행자는 어디를 가든 자신에게 익숙한 것을 찾는다. 바로 이러한 상황이 사실은 인류학자들이 비장소라고 부르는 공간을 만들어 냈다. 어디를 가든 동일한 문화를 연출하는 이 공간에서 여행자는 집에서 하던 대로 그에게 익숙한 것을 찾아 반복하며 심지어는 다양한 음식들을 접하는 경험마저도 집에서 했던 것과 유사한 방식을 찾는다.

4.5 컴퓨터와 매스미디어

컴퓨터는 그 자체로, 그리고 아마도 발명가들의 의도를 감안했을 때, 개인이나 일군의 과학자들을 위한 도구라고 정의할 수 있다. 사용자가 컴퓨터로 계산을 하든, 그림을 그리든, 글을 쓰든 간에 그가 컴퓨터의 화면이나 자판과 유지하는 관계는 개인적이다. 하지만 인터넷이 등장하면서 컴퓨터의 화면도 매스커뮤니케이션을 위한 도구와 경로로 전락하고 말았다. 화면을 통해 컴퓨터 사용자는 사실 수많은 사이트들로부터 끝없는 메시지들을 수신할 수 있다. 가히 천문학적이라고 할 수 있는 사이트들의 수는 텔레비전이나 라디오, 신문 기사, 출판물들을 사용하는 정보 전달자들의 수와는 비교가 되지 않는다. 사람들은 월드와이드웹World Wide Web을 통해 정치적, 경제적 상황이나 기후에 관한 정보들을 얻을 뿐 아니라 박물관이나 도서관을 방문하기도 하고 글을 읽고 음악을 듣는다.

이 모든 것을 토대로 우리는 단순히 정보들의 수와 정보 제공자들의 수가 기하급수적으로 늘어났을 뿐이며 정보 사용자가 옛날에는 다양하고 특화된 경로를 거쳐야만 얻을 수 있었던 정보들을 이제는 컴퓨터라는 단일한 도구를 통해 입수할 수 있게 되었을 뿐이라고 결론 내릴 수 있다. 하지만 이러한 양적 변화는 몇 가지 질적 변화를 수반한다.

긍정적인 차원에서, 인터넷 사용자는 도서관에 직접 가거나 값비싼 백과사전을 구입할 필요 없이 수많은 도서들을 참조할 수 있다. 인터넷은 특히 대도시와 멀리 떨어진 곳에서 사는 사용자들과 세계를 연결해 줄 수 있다. 바로 그런 이유에서 인터넷은 여전히 독재체제의 감시 속에서 살아가는 사람들에게도 유용한 자유의 도구가 될 수 있다. 정부가 사이트들을 심하게 단속하고 검열하는 나라에서도 재능 있는 인터넷 사용자들은 과거였다면 접근이 불가능했을 정보들을 결국에는 모두 찾아낸다. 인터넷은 일련의 뉴스, 비판이나 평가의 내용 등을 즉각적으로 알리기 위한 도구로 쓰일 수 있다. 누군가가 지적했듯이, 나치 시대에 인터넷이 존재했다면 홀로코스트는 일어나지 않았을 것이다. 일어났다 하더라도 뒤이어 그런 일이 일어났는지 몰랐다고 주장하는 것은 불가능했을 것이다. 인터넷 사용자들이 관련 소식들을 빠트리지 않고 널리 알렸을 것이기 때문이다. 인터넷은 원거리 상행위는 물론 무엇보다도 재택근무를 용이하게 만든다. 이는 많은 사람들을 도시로부터 멀어지게 하고 출퇴근 문화에서 벗어나게 만든 분산 과정의 사회적 파급효과들 가운데 하나라고 볼 수 있다. 인터넷은 더 나아가서 자신과 비슷한 부류의 사람들 외에 교류가 불가능한 이들의 외로움을 달래기 위한 방법이 될 수 있다.

하지만 이러한 긍정적인 측면들은 동시에 모두 부정적인 측면들을 지니고 있다. 무엇보다도, 커뮤니케이션이 '중압적인 산업'으로 성장했을 뿐 아니라 순수하게 에너지만 활용하는 소통 방식이 물리적인 운송체계를 완전히 대체한 만큼 사람들은 굳이 얼굴을 마주보고 앉아 소통할 필요를 더 이상 느끼지 못한다. 주목해야 할 것은 이러한 변화가 신체적 고립을 조장한다는 것이다. 다시 말해 이론상으로는 모두가 모두와 소통하는 커뮤니케이션 사회의 병폐들 가운데 하나가 다름 아닌 고독이라는 점이다.

한편으로는 전자 기술과 정보학의 첨단화에 힘입어 가상세계에서 작업할 수 있는 가능성이 점점 더 늘어나는 반면 현실세계에 대응할 수 있는 가능성은 상대적으로 줄어드는 현상이 나타났다. 결과적으로 부각되는 것은 관계성에만 의존하는 순수한 가상세계다. 이러한 성향이 집단적이거나 개인적인 차원의 심리에 어떤 영향을 끼치게 될 것인지에 대해서는 관찰과 확인이 필요겠지만 앞으로 해결해야 할 중요한 문제들 가운데 하나라는 것은 틀림없다.

어마어마한 분량의 정보 활용은 오히려 정보의 영도를 초래할 수 있다. 예를 들어보자. 옛날에는 특정 주제에 대한 참고 도서 목록을 만들기 위해 도서관을 찾았고 며칠에 걸쳐 수십 권에 달하는 저서들을 읽거나 살펴본 뒤 제목을 기입하며 목록을 작성했다. 반면에 오늘날에는 인터넷으로 특정 주제와 관련된 수백 권의 책들을 찾아낼 수 있다. 하지만 관련 서적들을 모두 읽는다는 것은 불가능할 뿐 아니라 제목을 읽는 것만으로도 벅찰 수 있다. 정보는 어느 순간 포화 상태에 도달하며 양적 차원의 정점을 넘어서는 순간 전부 소음에 불과한 것으로 변해 버린다. 이때 이야기는 단순히 정보가 지나치다는 것으로 끝나지 않는다. 정보의 신빙성을 확인할 길이 없다는 문제가 제기되기 때문이다. 신문을 사서 읽는 사람은 신문 이름을 기준으로 신문사의 입장이나 신빙성에 대해 판단하는 것이 보통이다. 책을 사서 읽는 사람은 예를 들어 유명한 대학 출판사가 책을 출판했을 경우 이를 근거로 책의 내용이 믿을 만하다고 판단할 수 있다. 하지만 인터넷에서는, 몇몇 특별한 경우를 제외하면, 정보의 실질적인 출처를 확인하기 어렵다. 출처는 어떤 공인된 기관일 수도 있고, 미치광이일 수도, 무언가를 잘못 이해한 애호가일 수도, 일부러 잘못된 정보를 유포하려는 사람일 수도 있다. Y라는 분야에 종사하는 전문가는 이 분야와 관련된 사이트들을 아무런 문제없이 검토할 수 있지만, 그가 잘 모르는 X라는 분야의 정보들을 관련 사이트에서 얻으려고 할 때 전적으로 무기력한 상태에 놓인다. 결과적으로 요구되는 것은 사이트들을 선택하는 요령 혹은 기술이다. 이러한 기술을 원칙상 학교에서 가르쳐야 하지만 아직은 어떤 규칙들이 필요한지 밝혀지지 않은 상태다.

월드와이드웹은 백과사전이 아니다. 월드와이드웹은 가능한 모든 백과사전의 총합이며 다양한 지식들을 소개하고 설명하기 때문에 상반될 수밖에 없는 내용들을 담고 있는 백과사전들을 모두 포함한다. 여기서 주목해야 할 것은 문화의 기능이다. 한 문화의 기능, 아울러 이 문화를 잠재적으로 표상하는 가상 백과사전의 기능은 보편적 관심의 대상인 지식세계에 최대한의 일관성을 부여하는 것이다. 즉 백과사전은 정보를 보전할 뿐 아니라 정보 선택을 위한 정보 제거 기능을 동시에 수행한다.

어떤 백과사전을 참조하든 독자는 율리우스 카이사르Gaius Julius Caesar의 삶에 대한 거의 모든 것을 읽을 수 있지만 그의 아내 칼푸르니아Calpurnia에 대해서는 극히 제한된 정보만을 얻는다. 그녀에 대한 이야기는 카이사르의 사망과 함께 중단되는 것이 보통이다. 역사가들이 칼푸르니아의 삶을 소홀히 다루었다는 것은 하나의 오류로 간주될 수 있겠지만 우리 문화는 항상 이런 방식을 취해 왔고 그런 식으로 카이사르의 사망 이후 칼푸르니아에게 무슨 일이 일어났는지 반드시 알아야 할 필요는 없다는 결정을 내렸던 것이다. 백과사전은 선택을 했고 이제는 오류로 증명된 과거의 과학 이론들을 역사적 기록의 형태로 제시하는 동시에 지구가 태양 주변을 돌지 태양이 지구 주변을 도는 것은 아니라는 주장을 사실로 소개한다. 또 다른 예는 나폴레옹의 사망 일자다. 백과사전상의 공식적인 설명에 따르면 나폴레옹은 1821년 5월 8일에 사망했지만 사실은 또 다른 가설들이 존재하고 이를 주장하는 책들도 계속해서 출판되고 있다. 문화가 하는 일 중에 하나가 바로 선택이다. 이 문화적 선택 덕분에 우리는 하나의 공통된 앎을 토대로 서로를 이해할 수 있고 토론에 참여할 수 있다. 선택이 틀렸을 수도 있지만 바로 그런 이유에서 학자들은 비판적 입장을 유지하고 끊임없이 문제점을 제기하며 백과사전의 수정과 발전을 위해 노력한다. 어느 날 70억 명이 넘는 인류의 구성원 한 명 한 명이 인터넷의 다양하고 이질적인 정보들을 다양한 방식으로 활용해 고유의 개인용 백과사전을 만들게 된다면, 우리는 70개가 넘는 개성 넘치는 백과사전들을 가지게 될 것이며 그런 식으로 글로벌화의 절정에서 모든 개인이 소유하는 개별적인 지식의 절대적인 특수화 현상을 목격하게 될 것이다.

사회는 당연히 이러한 일탈을 막을 수 있는 여러 가지 수단들을 가지고 있다. 하지만 여전히 구체화되지 않은 선택과 차별의 기준들을 청원하는 것은 인터넷이다. 이 청원은 페이스북이나 트위터 같은 SNS의 형태로 이루어진다. SNS의 세계적인 확산은 21세기의 첫 10년간 이른바 가상 사회라는 현상을 양산해 냈고 이 공간에서 지식을 평가하거나 확인하기 위한 기준들은 객관성이나 사회적 약속 같은 보편적인 기준보다는 오히려 가상 집단의 정체성을 창출해 내기 위한 요구에 상응하는 경향을 보인다. 이러한 상황은 공동체나 개인의 정체성처럼 커뮤니케이션의 영역에서 핵심적인 역할을 하는 기본적인 개념들의 의미를 왜곡하거나 변형시키는 결과로 이어졌다. SNS는 '흡족'의 원칙을 내세워 어떤 사상이나 인물들에 대한 특정한 내용의 동의를 사람들로부터 이끌어 내기 위해 내용 자체를 마치 많은 이들이 공유하는 가치인 것처럼 소개한다. 이러한 전략 자체는 동일한 내용을 마음에 들어할 수 있는 또 다른 참여자들의 관심을 끄는 데 사용된다. 그런 식으로 일종의 자기 지시적인 형태의 공동체가 형성되며 이 가상공간에서만큼은 공동체가 옳다고 인정하는 것이 진리이며 진리는 그런 식으로 공동체의 동의를 기준으로 정립된다.

4.6 전통적인 소통 경로의 변화

사람들은 종종 단순한 도덕주의적 관점에서 매스커뮤니케이션의 발달이 전통적인 소통 경로와 도구들이 사라지는 데 직접적인 원인을 제공했다고 주장한다. 예를 들어 1960년대에는 매스커뮤니케이션이 이미지의 문화를 승자로 추대하면서 책을 중심으로 구축되는 말과 글의 문화를 쇠퇴하도록 만들었다는 생각이 널리 퍼져 있었다. 이러한 의견에 대한 첫 번째 반론은 이미지를 사용하는 지식의 전달이 우리 시대만의 현상은 아니라는 것이다. 한때 커뮤니케이션은 대부분의 사람들에게 오로지 시각적이거나 청각적인 매체를 통해 이루어졌고 글은 엘리트 계층의 전유물이었다. 이러한 상황에 처했던 시대들 가운데 가장 대표적인 예는 중세다.

현대로 돌아와서, 우리가 주목해야 할 것은 오히려 20세기의 마지막 20년 동안 개인용 컴퓨터의 등장이 이러한 관점의 상당 부분을 전복시켰다는 것이다. 스크린이라는 전자 기기는 사실상 독서로 귀환할 것을 요구했고 인터넷이 실제로 보급한 것은, 이미지와 소리의 차원을 뛰어넘어, 엄청난 분량의 글이었다.

우리는 매스커뮤니케이션이 정보의 전통적인 전달 경로 가운데 일부를 변화시켰다는 점에 주목하고 이를 인정해야 한다. 예를 들어 책에 어떤 변화가 일어났는지 살펴보자. 책을 옛 문화의 유산으로 좌천시킨 것은 텔레비전도 컴퓨터도 아니다. 사람들이 책을 읽지 않는다고 불평할 때 우리가 쉽게 잊는 것은 오로지 텔레비전만 고집하며 책을 읽을 생각은 조금도 하지 않는 수많은 사람들이 한때는 모든 정보 소통 경로로부터 제외되어 있었다는 사실이다. 우리가 부인할 수 없는 것은 오늘날 지난 세기에 출판되었던 것보다 훨씬 더 많은 양의 책이 출판되고 있으며 현대 문화의 특징 가운데 하나인 대형 서점들이 청년층을 비롯해 다양한 계층의 관심을 유도하며 과거와는 비교할 수 없을 정도로 많은 사람들에게 독서문화를 제공하고 있다는 사실이다. 최근 50년간 인구가 놀랍도록 증가했다는 사실을 염두에 두더라도 이는 부인할 수 없는 사실이다.

최근 몇십 년 사이에 나타난 주목할 만한 현상들 가운데 하나는 책이 책방이라는 공간을 통해서만 보급되지 않고 일간지, 주간지와 함께 보급되기 시작했다는 것이다. 정기간행물들은 독자들이 고전 작품은 물론 실용 도서에 좀 더 쉽게 접근할 수 있는 방법을 제시했고 그런 식으로 과거에는 상상조차 할 수 없었던 분량의 도서들을 보급하기 시작했다. 동일한 현상은 음악 분야에서도 일어났다. 음악 분야에서 일어난 변화의 놀라운 점은 보급되는 음악의 질적인 변화와는 사실상 무관하다. 음악을 향유하는 새로운 방식은 첨단의 재생 기술과 인터넷에서 음악을 다운로드할 수 있는 가능성 덕분에 다양한 장르의 음악, 예를 들어 아주 쉬운 가요부터 거장들의 고전음악 연주 혹은 민속음악이라는 미개척 분야에 이르기까지 거의 모든 장르의 음악을 어렵지 않게 찾아서 듣고 즐길 수 있다는 사실과 직결된다. 다시 말해 정말 놀라운 것은 현대의 음악문화가 음악을 일종의 배경음악으로, 즉 일상적인 삶의 매순간을 풍부하기 하기 위해 지속적으로 기용되는 청각적인 차원의 장식으로 간주하며 소비하도록 장려한다는 사실이다. 간단히 말하자면, 오늘날의 음악문화는 편안한 무관심 속에서 음악을 향유하도록 만든다.

이와 유사한 방식으로 현대의 뛰어난 과학기술 덕분에 예술의 유산에 대한 사람들의 지식은 훨씬 더 깊이 있고 풍부해졌다. 이는 세련된 첨단의 재생 기술에 힘입어 과거에는 가격만 비싸고 완전하지도 못했던 예술 출판물들의 질이 향상되고 모두가 어렵지 않게 접할 수 있는 단계에 도달했을 뿐 아니라 인터넷을 통해 가상 박물관과 미술관을 방문하는 것이 가능해졌기 때문이다. 하지만 대중적인 여행문화 덕분에 여러 나라의 박물관에 소장되어 있는 예술작품들을 직접 관람하는 것이 가능해진 반면, 아이러니하게도 접근이 용이하다는 장점은 전시 공간을 포화 상태로 만들었고 결국에는 관람자들이 예술작품들을 초조하게 서둘러 관람할 수밖에 없는 상황을 초래했다. 박물관을 관람하는 경험 자체가 때로는 물신숭배적인 성향을 띠는 것도 바로 이 때문이다. 반대로 고도화된 인쇄 기술에 힘입어 복제품들이 점점 더 원본에 가까워지는 현상은 수많은 사람들에게 보다 깊이 있는 지식을 쌓을 수 있는 기회와 예술작품을 훨씬 더 여유 있고 의식적으로 즐길 수 있는 기회를 제공했다.

문학의 경우 흔히 목격할 수 있는 것은 작품을 출판할 기회가 적거나 없는 젊은 작가들이 인터넷을 통해 새로운 유형의 문학을 소개하는 현상이다. 이러한 가능성은 출판된 적이 없는 작품들을 읽을 수 있는 기회가 많은 이들에게 주어지고 창작자의 작품 활동을 장려한다는 장점을 지닌다. 이러한 상황은 시나 소

설 분야뿐만 아니라 인문학 분야에도 적용되며 과학 분야의 연구 결과를 공유
하는 방식도 근본적인 변화를 겪었다. 물론 이러한 유형의 활동에는 단점이 있
다. 왜냐하면 훌륭한 글을 신빙성이 없는 글이나 무용지물과 구별한다는 것 자
체가 상당히 어렵기 때문이다. 따라서 새로운 형태의 비판의식이 요구되는 것
은 당연한 일이다. 아울러 글들은 몇 번에 걸쳐 재활용되고 여러 종류의 기기에
적합한 방식으로 수정되며 그런 식으로 텍스트의 소통 구도 자체가 변형된다.
예를 들어 글은 기기에 적용될 때 비물질적인 성격을 취하며 결과적으로 기기
가 훼손되면 글의 내용도 함께 사라진다.

4.7 빅 브라더

반면에 스펙터클의 사회는 새로운 유형의 '다신주의'를 생산해 냈다. 한때 세속
인들이 온 우주가 초자연적인 존재들, 예를 들어 숲의 신이나 강, 호수, 산의 신
들로 가득하다는 영속적인 환영의 세계에서 살았던 것처럼, 오늘날 텔레비전
사용자는 일상적인 삶 속에서 발견하는 것과 유사하지만 사실 그것을 초월
하는 존재들과 날마다 시각적으로 접촉하면서, 즉 일종의 가상 세계를 지속적
으로 경험하면서 살아간다.

사람들은 텔레비전 화면에 등장하는 인물을 길에서 만나는 사람보다 더 사
실적으로 느낀다. 하지만 동시에 그 인물들을 손으로 붙들 수 없다는 점에 동감
하며 그들을 붙들기 위해서는 '화면 안으로' 들어갈 필요가 있다고 느낀다. 그
런 식으로 화면이 보여 주는 세계의 일부가 되기 위해 수단과 방법을 가리지 않
는 일종의 경쟁 상황이 전개된다. 그래야만 일상으로 되돌아왔을 때 지인들로
부터 인정을 받을 수 있다고 확신하기 때문이다.

이처럼 '화면 안으로' 들어가기 위해 애를 쓰는 현상이, 잘못되었든 악의적
이든 간에, 가장 구체적으로 표현된 것은 다름 아닌 '빅 브라더'다. 이러한 제목
의 텔레비전 프로그램이 방영될 때 수백만의 시청자들은 극소수의 다른 사람

들, 즉 연기자들이 하는 행위를 '훔쳐본다'. '빅 브라더'는 조지 오웰George Orwell이
『1984』에 등장하는 독재자를 가리키기 위해 사용했던 표현이다. 오웰의 독재자
는 다양한 감시 도구들, 예를 들어 오늘날 슈퍼마켓에서 소비자들의 왕래를 기
록하는 감시 카메라 같은 도구들을 활용해 모두의 행동을 혼자서 관찰하는 인
물이다. 이제, 매스커뮤니케이션의 세계에서 진정한 '빅 브라더'는 우리가 아니
다. 왜냐하면 우리는 연기자들을 훔쳐본다고 믿지만 이들은 사실 우리가 훔쳐
보고 있다는 인상을 주기 위해 일부러 연기를 하고 있을 뿐이기 때문이다.

　매스커뮤니케이션의 문화와 함께 위기에 빠진 것은 개인의 프라이버시다.
우리 모두가 감시를 당하고 있기 때문이다. 가게에 들어설 때, 공항에 가거나
공공시설에 들어설 때에만 감시당하는 것이 아니라 사용한 카드의 모든 구입
내역이 기록으로 남는다. 우리가 여행을 하면서 카드로 지불한 내용, 기차나 호
텔, 레스토랑에서의 지출 내역이 항상 기록으로 남기 때문에 이론상으로는 우
리의 여정을 재구성하는 것도 얼마든지 가능하다. 아울러 핸드폰의 등장으로
인해 전날 누구에게 몇 번이나 전화했는지 확인하는 것도 수월해졌을 뿐 아니
라 우리가 인터넷으로 방문하는 사이트들의 초 단위 검색 기록은 결국 우리가
종교 사이트를 방문했는지 포르노 사이트를 방문했는지 쉽게 알려 준다.

　우리는 인구가 몇백 명밖에 되지 않는 작은 마을에서 일어날 수 있는 것과는
비교도 할 수 없을 정도로 많은 감시 속에서 살아가고 있다. 따라서 우리가 파
묻혀 있는 군중은 어떤 의미에서는 가장 폐쇄된 형태의 강제수용소가 될 가능
성을 얼마든지 가지고 있다. 이 모든 것이 비관적인 예상이라는 것은 분명하다.
하지만 일반적으로는 하나의 스펙터클처럼 소개되는 매스커뮤니케이션의 세
계가 전폭적인 낙관주의에 의존하는 만큼 몇몇 비관적인 성격의 성찰은 오히
려 우리의 자유를 수호하는 데 기여할 수 있을 것이다.

논증의 필요성

폴란드의 법학자이자 철학자인 카임 페렐만Chaïm Perelman과 사회학자 루시 올브레히츠-티테카Lucie Olbrechts-Tyteca가 공동으로 집필한 저서 『논증에 관하여 Traité de l'argumentation』(1958년)에서 부활한 것은 고대와 중세에 호화를 누린 뒤 오랫동안 사람들의 기억 속에서 사라졌던 수사학이라는 분야다. 저자들의 의도가 수사학을 되살리는 것이었다는 사실은 '새로운 수사학'이라는 부제를 통해서도 분명하게 드러난다.

수사학을 복원하는 작업의 의미가 무엇이며 왜 수사학이 20세기 후반에 학문적이고 문화적인 차원에서 지대한 관심의 대상으로 떠올랐는지 쉽게 설명해 주는 것은 바로 이 저서의 핵심 주제 '논증 이론'이다.

저자들은 데카르트 이후의 서양 철학이 과학과 관련된 분야가 아니면 가치에 대한 판단을 표현하는 데 기술적인 차원에서 항상 약점을 노출해 왔다고 지적했다. 이러한 문제의 핵심은 다음과 같은 저자들의 말에 함축되어 있다. "논증 방식을 다루는 책의 출판은 물론 이 책을 통해 복원된 그리스의 수사학과 변증법은 데카르트와 함께 탄생한 뒤 3세기 동안 서양 철학을 지배해 온 이성 개념과의 단절을 요구한다."

저자들이 주목한 약점은, 좀 더 정확히 말하자면, 필연적이고 명백한 성격을 지녔기 때문에 모두가 받아들일 수밖에 없는 것들만을 '이성적인' 것의 범주에 포함시키기로 한 선택에서 비롯된다. 이러한 전제하에서는 반박할 수 없을 정도로 명백하고 분명한 내용 덕분에 아무런 문제없이 모두를 설득할 수 있는 과학적 증명만이 유일하게 가능한 '이성적 담론'으로 간주된다. 저자들은 서구의 지식인들이 이러한 획일적이고 편협한 방법론을 수용하면서 개연적이거나 그럴싸한 것들, 혹은 불확실하거나 모호한 것들을 모두 이성의 영역 바깥으로 추방했고 이성이 지배할 수 없는 곳에서만 일어날 수 있는 것으로 간주하기 시작했다고 보았다. 이들은 이러한 태도가 삶의 일부를 차지하는 불확실하고 모호한 것들의 방대한 영역, 더 나아가서 기만과 폭력, 교리주의와 근본주의 같은 현상들까지 모두 포함되는 영역을, 단순한 거부감 때문에, 비이성적인 세계에 내맡기는 크나큰 오류를 범하게 만들 뿐이라고 보았다. 이러한 상황을 조명하면서 저자들은 이성의 경계를 새로이 설정할 필요가 있으며 이를 위해 논리적인 것의 영역을 개연적인 것의 영역으로 확장하고 증명의 담론과 논증의 담론을 함께 활용해야 한다고 주장했다. 결과적으로 필요한 것은 "제시되는 논제에 대한 동의를 이끌어 내거나 지지를 얻을 목적으로 기용되는 담론의 기술"이었다. 어떻게 보면 논증 이론은 이성이 지배하는 세계에서 이성의 윤리적인 측면을 복원하려는 시도였다. 비록 순수이성과는 다른 실천이성의 윤리지만 철학의 도전은 다름 아닌 실천이성이라는 영역에서 이루어져야 한다는 것이 저자들의 생각이었다. 이들에 따르면, "압제적이지도 않고 독단적이지도 않은 논증 과정만이 인간의 자유에 의미를 부여할 수 있다. 더 나아가서, 인간의 자유는 합리적인 선택을 위한 조건이다". 실제로 저자들은 고대 수사학이라는 거대한 무기고를 재생하고 활용할 수 있는 길과 방법을 찾아냈고, 20세기라는 격정적이고 급진적인 변화의 시대에, 수사학의 사회적, 정치적, 경제적 중요성을 강조하면서 수사학을 모두에게 주목받는 분야로 되살리는 데 성공했다.

논증 이론의 특징을 저자들은 다음과 같이 설명했다. "논증은 특이하게도, 이성적 차원의 논리와 달리, 다양한 유형의 청중을 대상으로 전개된다." 결과적으로 논증 이론은 20세기 후반부의 민감한 주제들 가운데 하나였던 '청중'의 문제에 집중되는 성향을 보인다. 여기서 청중은 "화자가 그의 논증 과정 도구로 영향을 끼치고자 하는 사람들의 집합체"로 정의된다. 화자는 논증 과정을 전시한다는 차원에서 항상 어떤 식으로든 청중을 상대로 말한다. 논증적인 담론의 전제 조건으로 그치는 것이 아니라 담론 자체가 누군가를 설득하기 위해 전개되는 만큼 설득의 대상이 존재해야 하는 것이다. 그런 의미에서 『논증에 관하여』는 "고대로의 회귀"를 의미하기도 한다. 일찍이 아리스토텔레스도 "상황에 따른 논리학", 즉 화자와 청중의 관계를 고려한 상태에서 전개되는 논리학을 이론화한 바 있다. '청중'은 어쨌든 저자들이 제시한 새로운 수사학의 핵심적인 개념이다. 청중의 존재는 모든 논증에 상대적인 성격을 부여한다.

『논증에 관하여』는 크게 세 부분으로 나뉜다. 1부 '논증의 구도'에서 저자들은 논증의 방법론과 증명의 차이점을 논하면서 논증의 이론적 전제들을 제시하고 청중의 성격과 부류를 분석한다. 2부 '논증의 토대'에서는 담론의 전개를 위해 활용되는 사실, 진실, 가설, 가치, 위계 등의 요소와 논증 형식들을 다루며 논증의 유형, 정보의 선택, 정보가 논증 과정에서 제시되는 방식 등을 다룬다. 끝으로 3부 '논증 기술'에서는 청중을 설득하기 위해 제시되는 담론의 개별적인 논제들을 계통별로 분석하고 검토한다.

5

존재론

5.1 존재론적 문제의 분석

오랜 역사를 지녔을 뿐 존재론ontologia은 오늘날 고유의 학문적 정체성을 잃고 특정 부류의 철학적 문제들을 총괄적으로 가리키는 일종의 지시사로 전락한 듯이 보인다. 이러한 상황에서 최근에는 '존재론'이라는 명칭마저 '메타철학'으로 바꾸자는 제안이 등장했고 반대로 관련 문제들을 다루기 위해서는 '존재론'과 좀 더 확실한 기반을 지닌 '형이상학'의 무분별한 혼용을 수용할 수밖에 없다는 의견까지 제기되었다. 왜냐하면 존재론적인 문제와 형이상학적인 문제 사이에는 실제로 부인할 수 없는 연관성이 존재하기 때문이다.

먼저 주목해야 할 것은 분석철학의 초석이 마련되던 시기에 부각된 이른바 '보편적 실재의 학문'과 관련된 문제들이다. 이들 가운데 가장 중요한 것은 보편성의 문제에 관한 고대의 논쟁, 다시 말해 인간의 존재가 지니는 유한성이라는 '특성'이나 인간성이라는 '본질' 또는 누군가의 아들이라는 '관계성'처럼 다수의 개인에게 적용할 수 있는 실질적인 특성을 지지하는 입장과 이러한 특성을 부인하는 입장, 즉 이 특성들이 사고 속에만 존재하는 개념이나 일반적인 언어적 용어에 불과하며 이 개념이나 용어에는 어떤 실질적인 존재도 상응하지 않는다고 보는 유명론적인 입장의 대립이다.

　이러한 문제에 대한 논쟁이 심화되는 가운데, 분석철학을 구축하는 논리학, 인식론, 언어철학 분야에서, 다양한 방법론들이 제시되었다. 핵심적인 것은 이러한 방법론들이 공유하는 기본적인 전략, 즉 까다롭거나 해결되지 않은 이런저런 문제들의 구도를 새로이 정립하기 위해 이 문제들이 언어적이고 논리적인 차원에서 무반성적인 형태로 표현되는 '문법적인' 방식과 좀 더 세밀하게 다듬어진 형태로 표현되는 '논리적인' 방식 사이의 차이에 주목하는 전략이었다. 이 시점에서 존재론적 논쟁의 구도는 전통적인 그것과는 근본적으로 다른 형태를 취하기 시작했고 무엇보다도 치밀해지는 경향을 보였다. 이러한 성향은 무언가의 부재를 설명하는 수식어의 문제, 다시 말해 이른바 '텅 빈 이름'을 지닌 실재들의 현실 혹은 허구적인 실체와 관련된 문제들을 다룬 분석철학자들의 토론에서 분명하게 드러난다. 이들은 예를 들어 "페가수스는 존재하지 않는다"라는 문장에서 부재를 설명하는 수식어의 모순을 피하기 위해서는, 즉 존재를 인정하며 도입되는 '페가수스'의 부재를 주장하면서 발생하는 모순을 피하려면, 이 문장을 "날개 달린 말이 한 마리라도 존재하는 경우는 발생하지 않는다" 혹은 "날개 달린 말이 최소한 한 마리라도 존재한다거나 한 마리만 존재한다는 주장은 틀렸다"라는 식으로 바꾸어 말할 필요가 있다고 보았다. 이와 유사한 방식으로, 보편적인 개념이 존재의 수식어로 활용되는 경우를 피하기 위해서는, 예를 들어 '붉은색'이라는 개념이 "이 두 개의 토마토는 둘 다 붉은색의 예다"라는 식으로 표현되는 것을 피하려면 "첫 번째 토마토는 붉은색 1번, 두 번째 토마토 붉은색 2번이다"라는 식의 해설이 필요하다. 그런 식으로 두 종류의 붉은색이 지니는 표면적인 유사성을 충분히 인정하면서도 궁극적으로는 서로 다른 색이라는 점을 분명하게 표현할 수 있다고 보았던 것이다.

　하지만 20세기가 흐르는 동안 이러한 전략은 학자들의 비판을 피할 수 없었다. 의혹을 품은 학자들은 다양한 형태의 질문을 던졌다. 한 문장의 문법적인 형식이 틀렸을 가능성이 있고 '존재'와 관련된 전형적인 모순들을 유발할 수 있다는 점을 인정한다고 해도, 정말 그렇다고 볼 수 있는 기준은 과연 무엇인가? 어떤 문장의 부적합성을 해결하기 위해 제시되는 해설의 적합성을 평가하는 기준은 과연 무엇인가? 루돌프 카르납은 언어학적 분석을 토대로 전통적인 형이상학의 모든 문제를 해결할 수 있다고 확신했지만, 이러한 반론들을 토대로, 아울러 클래런스 루이스와 넬슨 굿맨Nelson Goodman 등이 이끈 실용주의의 지대한 영향력에 힘입어, 분석철학 내부에서도 형이상학과 존재론의 본격적인 재활이 시작되었고 이를 위해 논리-언어학적인 분석 외에도 사고실험, 직관이나 경험적 지식에 대한 고찰이 도구로 활용되었다.

이러한 측면 외에도 분석철학 내부에서 존재론의 위상이 상승하는 과정을 정당하게 평가하기 위해서는 현상학이 기여한 바를 진지하게 고려할 필요가 있다. 적어도 두 가지 이유에서 현상학은 칸트주의와 함께 시작된 변화 과정에서 존재론이 부각되는 데 직접적인 영향을 끼쳤다. 첫 번째는 현상학이 20세기의 존재론 논쟁에 브렌타노의 철학에서 유래하는 다양한 부류의 형이상학 이론들을 도입했기 때문이다. 결과적으로, 일찍이 크리스티안 볼프Christian Wolff나 프란시스코 수아레스가 인정했던 '실재의 학문'이 오스트리아와 독일 지역에서 전혀 소개되지 않았다고는 보기 힘들다. 또 다른 이유는 의식의 구조, 즉 인식 주체가 직접적으로 경험하는 세계의 구조를 연구했다는 차원에서 후설의 현상학이 구체적으로 기여한 바가 있기 때문이다. 방법론적인 차원에서 경험적 세계의 존재라는 문제를 부차적인 것으로 간주했을 뿐 후설은 실제로 종과 개인의 관계라는 문제, 결과적으로 보편성과 특수성의 관계를 다루는 문제와 전체와 부분의 관계, 즉 전통 존재론의 일부인 부분 이론의 문제, 아울러 '이상적인 의미'의 문제 등에 대한 일련의 답변을 제시했다.

하지만 이러한 이론적 구도에 결정적인 변화를 가져온 것은 하이데거의 등장이다. 적어도 『존재와 시간』 이후의 하이데거, 즉 '전회'의 철학자 하이데거는 현상학적인 관점을 형이상학적 연구 대상으로서의 실재를 뛰어넘는 차원의 존재에 주목하면서 극복해야 할 국면으로, 다시 말해 어떤 본질적인 차원의 존재론에 접근하기 위한 기초 단계로 이해했다. 이러한 제안 속에는, 하이데거의 '실존주의적 현상학'이 해석학의 차원으로 발전하는 과정에서 파생한 문학적인 성향의 사유들과는 무관하게, 하나의 진지한 문제가 함축되어 있다. 이 문제의 핵심은 '존재하는' 것과 '존재론적인' 것의 구분으로 간략하게 요약될 수 있다. 그런 차원에서 하이데거는 세 종류의 선입견이 형이상학적 사유, 즉 '존재'에 대한 존재론적 관점의 성찰을 지배한다고 보았다. 먼저 존재는 '보편적'이라는 생각, 다시 말해 존재가 다른 모든 범주들을 포괄하는 범주라는 생각과 존재는 '정의할 수 없다는' 생각, 그리고 존재는 그 자체로 설명된다는 생각이 존재에 관한 형이상학적 사유를 지배한다고 보았던 것이다. 하이데거에 따르면, '존재란 무엇인가?'라는 원천적인 질문을 던지면서 우리가 피해야 할 것은 이 질문의 대상을 철학에 의해 모든 의미가 텅 비어 버린 대상으로 간주하거나 실재를 특별한 범주들의 단순한 표상으로 간주하는 일이다.

5.2 존재의 의미에 관한 논쟁에서 존재 기준의 정의로

이 '말 없는 존재론'의 학문적 의미는 아마도 잉글랜드에서 탄생한 분석철학과 이른바 '낡은 대륙'의 전통 철학이 대립하거나 서로를 도외시하는 상황 속에서, 그리고 이와 유사한 방식으로, 형이상학의 복원 혹은 처분을 주장하는 입장의 대립 속에서 발견될 수 있을 것이다. 20세기 초에 존재를 수식하는 가장 일반적인 용어들을 다루면서 소리 소문 없이 형이상학의 가장 핵심적인 부분으로 구축되기 시작한 연구 분야는 뒤이어 존재의 '의미'에 관한 비교적 자율적인 논쟁으로 발전했고, 이러한 상황은 결국 실재하는 것들의 목록과 다를 바 없는 형이상학으로부터 존재론을 분리시켜야 한다는 전례 없는 주장이 지극히 일반적인 견해로 부각되는 결과를 가져왔다. 예를 들어 콰인을 비롯한 다수의 저자들은 존재론을 "무엇이 있는가?"라는 질문에 대한 답변으로 간주했고, 무엇보다도 어떤 실재들이 '존재하는 것'으로 간주되어야 하는지 결정하는 만큼 형이상학에 우선한다고 보았다. 여기서 "무엇이 있는가?"라는 질문은 다양한 형태로 표현될 수 있다. 어떤 이유에서 우리는 그리스의 신들이나 마녀가 존재하지 않는다고 생각하는가? 탁자나 의자, 혹은 일반적인 객체들은 정말 존재하는가? 아니면 존재하는 것은 이 대상들을 구성하는 소립자들뿐이라고 보아야 하나? 정신은 존재하는가? 아니면 존재하는 것은 뇌뿐이라고 간주해야 하나? 이러한 질문들이 제기된 뒤에 실재의 목록 안에 속하는 것들의 본질을 탐구하며 그것들은 "무엇인가?"라는 질문을 던지는 것이 바로 형이상학의 몫이었다.

　그러나 존재론과 형이상학을 구분해야 할 또 다른 이유를 제시하면서, 형이상학은 실재하는 것들의 목록이라는 관점이 철학 토론의 무대를 지배하기 전에 또 다른 차원의 토론이 다름 아닌 존재의 기준이라는 문제, 이른바 '존재론적 결속'의 문제를 중심으로 이루어졌다. 여기서 부각되는 것은 '존재론'과 '형이상학'의 구분이 아니라 아주 기본적인 형태의 차이점이다. 바로 그런 이유에서 최근에는 존재론을 마치 낡고 오래된 용어로 취급하며 이를 '메타철학'으로 대체해야 한다고 주장하는 학자들이 등장했다. 이러한 입장에 따르면, 근본적인 차이는 '인식론'과 '형이상학' 사이에 있다. 다시 말해 근본적인 차이는 우리가 어떤 식으로 무언가의 존재를 인식하는 단계에 도달하는지, 혹은 우리가 어떤 식으로 무언가의 실재에 구체적이고 특별한 성격을 부여하는지에 주목하는 탐구 방식과 무언가의 존재를 우리의 인지력과는 무관하게 인식의 이전 단계에서 어떤 식으로 정의해야 하는가에 주목하는 탐구 방식의 차이다. 예를 들어 우리가 치통을 어떤 식으로 인식하는지에 대해 답하는 것과 치통이 치통으로 인식되기 위해 어떤 조건을 갖추어야 하는지에 대해 답하는 것은 전혀 다른 문제다. 결과적으로 여기서 주어지는 것은 두 종류의 해석이다. 먼저 인식론적 방식에 따르면 존재의 기준은 담론의 원리, 예를 들어 콰인이 제시한 "존재는 변수의 가치와 일치한다" 또는 "정체성이 없는 실재는 존재하지 않는다" 같은 원리로 해석된다. 반면에 '형이상학적' 탐구 방식에서 존재의 기준은 경험 가능성의 기준과 일치한다. 이 방식을 가장 적절하게 설명해 주는 예는 칸트가 『순수이성비판』에서 신의 존재 증명과 관련하여 인용한 바 있는 '100탈러'의 비유다.

칸트에 따르면, 신의 존재와 개념은 근본적으로 분리되어 있고, 존재와 개념 사이에는 커다란 차이가 있다. 개념의 차원에서는 대상이 단순히 하나의 가능성으로 간주되지만 존재의 차원에서는 대상이 존재하기 때문에 무언가를 "더 감지할 수 있는 가능성"이 "총체적인 경험의 맥락"을 폭넓게 만든다. 결과적으로 100탈러가 존재하기만 하면, 주머니에 100탈러가 있다고 생각하는 것이 가능해진다.

6

미학

6.1   실증주의와 아방가르드 사이에서

그다지 멀지 않은 과거의 학문을 다루면서 역사적인 발전 과정을 기술할 때에
는 해당 학문의 유산을 명확하게 정의하기 힘들다는 이유에서 오는 특별한 어
려움이 있다. 그리고 이 어려움은 이론적 지평의 경계가 항상 분명하지만은 않
은 현대 미학 같은 분야를 다룰 때 배가된다. 이러한 부류의 난점을 해결하기
위한 가장 간편하고 효율적인 방법은 미학의 다양한 이론이나 사조와 입장들
을 몇 가지 공통분모로 환원하는 일이다. 하지만 현대 미학의 발전 과정에서 등
장하는 풍부한 목소리에도 주목할 필요가 있다. 현대 미학의 발전은 실제로 미
학 자체의 정의를 모색하는 동시에 다양한 분야와의 대조를 통해, 예를 들어 예
술의 생성 과정이나 언어학, 기호학, 심리학, 사회학 같은 인문학 분야는 물론
시학과의 대조를 모색하면서 이루어졌다.

　미학이라는 학문의 탐구 영역을 설정하기 위해 가장 먼저 살펴보아야 할 것
은 현대 미학이 형성되는 과정의 역사적 배경, 다시 말해 한편으로는 실증주의

가 여전히 지대한 영향력을 발휘하는 가운데 본래의 기지와 색채를 상실하고 다른 한편으로는 예술이 아방가르드 예술의 등장으로 인해 고전 미학의 기준들을 상실할 위기에 놓여 있던 상황이다. 신칸트주의를 섭렵하며 성장한 독일의 예술사가 콘라트 피들러(Konrad Fiedler, 1841~1895년)는 19세기 말에 미학과 예술 이론을 유사하다고 보거나 동등한 차원에서 다룰 수 있다고 보는 견해에 의혹을 제기하면서 순수시각주의, 즉 예술은 예술가가 자연을 표현하기 위해 활용하는 항구적이며 선험적인 형식을 바탕으로 성립되며 예술작품은 이러한 형식의 구체적인 표현이라고 보는 관점을 제시했다. 사후에 출판된『예술에 관한 단상Schriften zur Kunst』(1914년)에서 피들러는 미학이 예술의 이론을 의미하지 않으며 예술작품의 가치는 아름다움이나 아름다움의 느낌과 일치하지 않는다고 주장했다. 예술의 구조는 미학의 규칙에 지배되지 않는다고 보았던 것이다. 결과적으로 미학은, 알렉산더 고틀리프 바움가르텐Alexander Gottlieb Baumgarten이 정의한 것처럼, 감각적인 성격의 지식을 다루는 학문이지만 아름다움을 추구하는 학문은 아니다. 피들러에 따르면, 예술은 감상자의 주관적인 감정이나 아름다움에 대한 판단을 목표로 하지 않으며 자연이나 이상적인 세계의 모방을 추구하지도 않는다. 예술이 제공하는 지식도 미학적이거나 상징적인 목적과는 무관하다. 막스 데소아(Max Dessoir, 1867~1947년) 역시 1906년의 저서『미학과 일반예술론Ästhetik und allgemeine Kunstwissenschaft』에서 예술과 미학의 분리를 지지한 바 있다. 데소아는 아름다움과 미학과 예술이 본질적인 차원에서 일치한다는 견해가 사실과 무관하다고 보았다. 왜냐하면 예술은 미학적인 범주나 차원을 훌쩍 뛰어넘어 사회적, 윤리적, 역사적, 심리적 내용으로 구성된 상당히 복합적인 대상들이 가장 먼저 부각되는 세계를 보여 주며 이 세계를 다름 아닌 앎의 대상으로 제시하기 때문이다.

미학과 예술 이론의 호환 불가능성은 20세기 초반부터 핵심적인 문제로 부각되었다. 분명하게 드러난 것은 무엇보다도 불변하는 미학적 가치들, 예를 들어 아름다움이나 숭고함 같은 가치를 토대로 구축되는 '고전 미학'의 범주가 예술의 다양성과 이 다양한 예술의 미학적이거나 예술적인 차원의 복합적인 내용을 이해하는 데 전적으로 비효율적이었다는 사실이다. 결과적으로 요구되는 것은 미학이, 일찍이 피들러와 데소아가 주목했던 것처럼, 순수하게 관조주의적인 차원 또는 단순한 수용이나 평가의 단계에 머물러 있을 수 없고 예술이 제공하는 생생한 경험과 예술을 통해 드러나는 사회적이고 문화적인 문제들에 주목해야 한다는 것이었다. 존 듀이(1859~1952년) 역시 『경험으로서의 예술』(1934년)에서 미학은 더 이상 "밀교적인" 학문으로 머물러 있을 수 없고 예술을 통해 표면 위로 떠오르는 경험들의 복합성에 주목해야 한다고 주장한 바 있다.

그런 의미에서 고전 미학의 체계를 '재구성'하기 위해 등장한 핵심적인 이론들의 구축 과정은 이른바 '아방가르드' 예술에서 발견된다. 프랑크푸르트학파의 창시자들 중에 한 명인 테오도르 아도르노(1903~1969년)가 주장했던 것처럼, 현대 예술이 표면적인 혼돈과 예술 내면의 근본적인 정신세계화를 통해 분명하게 보여 주는 것은 "깔끔하게 다듬어진 생각들"을 거부하고 예술작품과 예술의 내용으로 제시되는 "철학적" 진실의 상호관계를 이해할 필요가 있다는 사실이다. 아도르노는 예술 이론이 이러한 상호관계를 더 이상 간과할 수 없으며 오히려 이 상호관계의 물리적인 법칙들을 존중해야 한다고 보았다. 현대 미학 이론의 토양을 구성했던 '아방가르드' 예술의 대표적인 예는 초현실주의와 인상주의다. 초현실주의의 창시자 앙드레 브르통André Breton의 표현대로, 초현실주의가 현실을 상상의 세계 안에서 변형시켜 현실을 재생하는 "보이지 않는 광선"을 제시했다면, 이와 유사한 방식으로, 인상주의가 제시했던 것은 인간으로부터 분리된 사물들의 존재론, 다시 말해 관료주의와 야만적인 산업화와 군국주의와 폭력으로 인해 모든 것을 상실한 벌거벗은 인간이 억압적이고 이질화된 현실을 파괴하기 위해 자유를 부르짖으며 반항하고 절망의 신음을 내뱉는 양상의 존재론적 구도다. 예를 들어 화가 바실리 칸딘스키(Vassily Kandinsky, 1866~1944년)에게 예술은 하나의 행위였고 무엇보다도 정신의 목소리를 경청할 수 있도록, 즉 사물에서 정신의 힘을 느끼고 작품 안에서 정신이 표현되는 형태를 주목할 수 있도록 허락하는 위대한 자유를 의미했다.

초현실주의의 비현실화와 인상주의가 비형식적이고 추상적인 형태로 제시

한 '원형적 절규' 외에도, 고전 미학에서 벗어나려는 현대적 성향의 예는 기계
나 속도, 운동, 에너지 등 이른바 '차가운 열기'의 이미지를 선호하는 미래주의
나 릴케Rainer Maria Rilke, 파운드Ezra Loomis Pound, 엘리엇Thomas Stearns Eliot, 베케트Samuel
Barclay Beckett, 브레히트Bertolt Brecht, 쇤베르크Arnold Schönberg, 피카소, 클레Paul Klee 등
이 제시한 새롭고 다양한 시학에서 찾아볼 수 있다. 하지만 아도르노는 상이한
표현 도구와 양식을 사용하는 이들의 시학에서 분명하게 드러나는 한 가지 공
통점에 주목했다. 다름 아닌 "와해의 신호들은 현대 예술에서 예술의 정통성을
증언하는 기준이자 현대 예술이 항구적인 동일성의 견고함을 절망적으로 부정
하기 위해 사용하는 도구다. 폭발은 현대 예술의 불변하는 요소들 가운데 하나
다. 전통에 반대하는 힘은 모든 것을 집어삼키기 위한 기관으로 기능한다".

이와 유사한 방식으로 철학자 폴 발레리는 『미학에 관한 담론Discours sur
l'esthétique』(1936년)에서, 20세기에는 통일적인 성격의 미학이 새로운 양태로 생산
되는 아름다움의 다양성에 의해 파괴되고 예술현상이 스캔들에 가까운 표현들
을 사용하도록 자극하면서 예술을 위한 "독단의 필요성" 혹은 예술의 "독단에
의한 필요성"을 전시한다고 주장했다.

하지만 이처럼 예술이 마치 파편화나 파괴를 원하는 듯이 보일 때, 삶을 가로
막거나 방해하는 대신 표현하려는 예술적 형태들의 의미를 이해하기 위해 예
술의 통일적인 요소에 주목하면서 미적 차원의 모순을 해결하려고 노력하는
것이 어떻게 보면 미학과 철학의 과제였을 것이다. 이것이 바로 생기론의 철학
자 게오르크 짐멜(1858~1918년)이 20세기 초반에 추구했던 방향이다. 그의 사상
은 다름 아닌 삶과 형식 사이의 비극적이면서도 효과적인 관계들을 추적하면
서 체계화되었다. 따라서 삶은 객관화를 추구하는 주관적 차원으로 해석되었
고 이러한 삶의 개념은 20세기에 등장한 미학적 담론들의 핵심 주제로 정착되
는 양상을 보였다. 삶의 문제는, 앙리 베르그송의 경우에서처럼, 예술이 주제
가 아닌 곳에서도 핵심적인 요소로 부각되었다. 실제로 중요한 것은 '생동하는
삶'의 요소들을 실증적인 사실로 환원하지 않는다는 조건이었다. 미학적 판단
의 주체와 예술과 자연의 관계에 결속력을 부여하는 것은 일종의 감정이입이

며, 빌헬름 보링거(Wilhelm Worringer, 1881~1965년)가 그의 유명한 저서 『추상과 감정이입*Abstraktion und einfühlung*』(1916년)에서 주장했던 것처럼, 이 감정이입은 실험적 사실이 아니라 세계를 향한 주체의 답변에 가까웠다. 빌헬름 딜타이는 예술이 인간의 실질적인 경험과 경험의 재생 과정에 대한 완전한 이해를 추구하며 그런 식으로 인간세계의 구조를 드러낸다고 보았다. 딜타이에 따르면, 시인의 작품이 지니는 예술성은 일련의 내면적 사고라는 영역에서 종결되지 않으며 창조 과정 전체의 "전형적인" 구조적 의미와 함께 표출된다. 딜타이가 『철학의 본질』(1907년)에서 주장했던 것처럼, 예술의 개념이 포착될 수 있는 것은 오로지 예술을 구성하는 요소들로부터 개념을 구축하는 독특한 특징들 사이의 관계를 유추하는 것이 가능하기 때문이다.

딜타이의 사유는 현대 독일 사상가들의 예술에 관한 성찰에 지대한 영향을 끼쳤고 현대 해석학의 아버지로 불리는 한스 게오르크 가다머(1900~2002년)도 『진리와 방법』(1960년)에서 딜타이로부터 받은 영향을 분명하게 인정한 바 있다. 이 저서에서 딜타이의 영향은 가다머가 하이데거로부터 받은 영향, 특히 하이데거가 1930년대의 '전회' 이후에 구축한 '예술의 존재론'이 끼친 영향과 융합되는 양상을 보인다. 예술작품의 '언어학적 상황'을 예술적 표현의 무한한 역사적 해석 가능성으로 간주하고 이러한 관점을 토대로 작품의 존재론적 본질을 포착하는 해석학적 맥락에서 예술작품의 의미를 제시하는 작업에는, 예술작품의 '존재'를 역사적인 차원에서 탐구하는 만큼, 분명히 하이데거의 유산과 딜타이의 유산에서 유래하는 관점이 포함되어 있다. 이러한 해석학 전통은 이탈리아의 철학자 파레이손과 그의 제자들, 특히 잔니 바티모의 사유에 지대한 영향을 끼쳤다.

예술작품의 해석에서 언어가 핵심적인 역할을 차지하게 되는 현상은 하이데거의 철학과 해석학적 사유뿐만 아니라 루트비히 비트겐슈타인에게 영향을 받은 잉글랜드 철학자들의 사유에서 유래한다. 이러한 현상을 바로 '언어학적 전환'이라고 부른다. 따라서 현대 미학의 일반적인 의미는 비교적 명확한 방식으로 형성되었다고 볼 수 있다. 간단히 말하자면 현대 미학은 철학과 철학의 목적에 대한 일반적인 담론을 전개하는 데 '소요'된다. 결과적으로 이른바 '분석미학'이라는 분야의 생성은 예술이나 미적 경험에 대한 구체적인 관심에서 비롯되지 않고 언어와 존재의 관계에 대한 질문에 답하면서 이루어졌다고 보아야 한다.

따라서 언어가 곧 세계의 이미지라는 확신은 '분석적인' 차원, 즉 이 이미지들이 모습을 드러내면서 삶의 구체적인 형태를 전시하기 위해 활용하는 언어적 유희에 대한 분석으로 전개되거나 '존재론적인' 차원, 즉 하이데거와 가다머의 관점에 따라, 언어란 존재가 스스로의 정체를 드러내는 방식이며 존재의 의미는 역사적 구도를 기반으로 주어지는 다양한 해석들의 사슬 속에서 결정된다고 보는 존재론적인 차원으로 전개되었다. 어떻게 보면 자크 데리다의 해체주의는 이러한 두 가지 관점의 만남 혹은 융합이라고 할 수 있다. 서구의 형이상학이 충족이유율에 답하기 위해 보다 뿌리 깊은 원인을 탐색하는 학문이라면, 해체주의는 그런 원인들이 존재하지 않으며 존재의 의미는 언어적인 방식을 토대로 설명될 수 있다고 주장한다.

당연히 분석학과 해석학이 기울이는 관심의 영역은 일치하지 않는다. 분석학자들은 일반적인 언어에 주목하는 반면 해석학자들은 언어를 일종의 존재론적 체계로 간주한다. 하지만 이들이 공통적으로 인정하는 것은 표현의 형태로부터 자유로운 '진리'란 존재하지 않는다는 것이다. 결과적으로 존재론의 관심은 대상에서 그것을 정의하는 표현 도구들로 기울어진다. 분석 미학도 예술과 미적 현상이 무엇인지에 대해 더 이상 주목하지 않으며 오히려 이것들이 정의되는 방식에 관심을 기울인다. 분석미학을 구성하는 다양한 분야들의 핵심 주제는 미적 현상이 동반하는 정의와 판단의 유희다.

그런 식으로 경험과 판단의 관계 역시 20세기 미학의 가장 중요한 특징들 가운데 하나로 정립된다. 후설은 이성을 총체적인 잠재력의 차원에서 탐구하지 않는 이른바 '그릇된 이성주의'에 매달릴 때 진리의 모든 잠재적 측면을 포착하지 못하고 '미적 대상'의 심층적인 의미를 깨닫지 못한다고 보았다. 후설에 따르면, 이러한 편파적 이성주의에 내재하는 위험은 예술적 표현이 펼쳐 보이는 세계의 근원적인 '미적 의미'를 포착하지 못할 때 발생하며, 결국에는 현실주의, 개별적인 것에 절대적인 힘을 부여하는 성향, 결정론적인 성향의 언어편중주의, 특수주의, 학문의 기술화와 '자연화' 등의 형태로 드러난다. 후설은 이성이 언어와 언어의 결정론적 사슬에 주목하는 대신 분석의 영역에서 끊임없이 벗어나는 이른바 '삶의 세계'를 먼저 탐구해야 한다고 보았다.

후설은 언어에 존재론적 의미를 부여하지 않았다. '물 자체'와 사물에 대한 경험이 의미의 경계와 무게를 구축한다고 보았기 때문이다. 그는 언어의 뿌리를 존재론적 차이가 아니라 경험의 논리에서 발견해야 한다고 주장했다. 바로 이러한 입장을 견지하면서, 현상학자들은 미학과 예술의 경험적 생성 과정에 지대한 관심을 기울였다. 이는『눈과 정신』의 저자 메를로퐁티, 미셸 뒤프렌(Michel Dufrenne, 1910~1995년), 안토니오 반피, 디노 포르마조(1914~2008년)의 사유에서 공통적으로 나타나는 성향이다.

현상학, 해석학, 분석철학은 이론적인 차원의 결과를 뛰어넘어, 20세기의 미학이 고유의 발전 과정에서 끊임없이 참조해 왔고 여전히 참조하고 있는 핵심적인 모형들이다. 이 모형들은 수많은 유형의 또 다른 모형들을 생산해 냈지만 경험과 판단, 존재론과 인식론, 언어와 역사의 구축적인 관계를 바탕으로 전통적 지평에 대한 관찰 가능성을 제공한다.

6.2   20세기 미학의 다양성

20세기 미학의 다양한 특징들을 몇 가지 핵심적인 이론으로 환원하는 일은 언제나 가능하다. 하지만 기억해야 할 것은 현대 미학의 다양성과 풍부함이 그 자체로 간과할 수 없는 중요한 특징이자 성향이라는 사실이다. 예를 들어 기호학이 시도한 언어적 기호의 분석, 특히 찰스 모리스(1901~1979년), 롤랑 바르트(1915~1980년), 움베르토 에코 같은 기호학자들의 연구 내용은 또 다른 유형의 언어적 체계에 대한 접근 방식으로 환원될 수 없을 뿐 아니라 미학과 결코 무관하지 않은 독창적인 사유 양식을 구축한다. 프랑스 전통 미학이 레이몽 바이에(Raymond Bayer, 1898~1959년), 에티엔 수리오(Étienne Souriau, 1892~1979년) 같은 미학자들을 중심으로 발전시킨 '사실주의'의 풍부한 정신세계, 이탈리아의 베네데토 크로체가 『표현의 학문과 일반언어학으로서의 미학』(1902년)을 기점으로 날카로운 역사적, 이론적 관점에서 시도한 관념주의의 재해석, 아울러 보들레르 Charles Baudelaire 이후 현대의 폐허 속에서 전개된 발터 벤야민(1892~1940년)의 미학적 성찰 역시 동일한 맥락에서 이해할 필요가 있다. 이러한 미학적 성찰은 서유럽을 무대로 이루어졌지만 동유럽에서도 커다란 반향을 일으켰다. 예를 들어 체코슬로바키아의 얀 무카로프스키(Jan Mukařovský, 1891~1975년)는 『사회적 사실로 간주되는 미학의 기능과 규칙과 가치Estetická funkce, norma a hodnota jako sociální fakty』(1936년)에서 로만 야콥슨을 중심으로 형성된 프라하 구조주의의 학문적인 성과들을 참조하며 러시아 형식주의 원칙들에 대한 사회학적 차원의 재해석을 시도했다.

이러한 관점들을 비롯해 딜타이의 철학과 현상학, 형식주의를 토대로 미하일 바흐친(1895~1975년)은 독특한 관점을 발전시켰다. 바흐친은 미의 개념이 경험의 경로를 거쳐 예술작품으로부터 유래한다는 견해가 선입견에 불과하며 아름다움이란 인간의 모든 문화적 영역을 지속적으로 관찰하고 참조하면서 정의되어야 한다고 보았다. 미학은 그런 식으로 단순히 모방이라는 차원에 국한되지 않고 본질적으로는 사회적인 기능을 수행하는 분야로 인식되었다. 루카치도 마르크스주의적인 관점에서 동일한 입장을 표명했고, 아도르노 역시 미학의 사회적인 기능은 인식론의 문제로 환원될 수 없다고 보았다. 반대로 미학의 대상은 항상 어떤 대화의 의도 혹은 문화적, 사회적 객관화 사건으로 간주되어야 한다.

이러한 측면들이 부각되는 과정에서 나름대로 중요한 역할을 했던 현대의 탁월한 역사가들과 예술비평가들, 예를 들어 아비 바르부르크Aby Warburg, 프레데릭 안탈Frederick Antal, 아놀드 하우저Arnold Hauser, 피에르 프랑카스텔 Pierre Francastel 같은 학자들도 예술가들의 사회적 위상과 역할, 그리고 예술의 관중에 주의를 기울였다. 이러한 정황에서 다름 아닌 '취향'을 통해 뚜렷하게 부각되었던 것이 바로 '미학의 기능'이다. 예를 들어 무카로프스키는 미학의 역할이 주관적인 동기와 객관적인 동기의 만남을 주도하는 데 있으며 이 만남을 정립하는 것은 본질적으로 사회적인 차원의 문제라고 보았다. 이러한 관점은 미학을 바라보는 시각 자체의 변화를 가져왔다. 미학은 더 이상 아름다움과 취향의 법칙들을 다루는 학문이 아니라 미의 기능과 이 기능의 효율성을 다루는 학문으로 인식되기 시작했다. 결과적으로 좋은 취향과 나쁜 취향의 경계를 결정짓는 것은 예술 이론이 아니라 특정 시대의 세계관이라는 것이 분명해졌다. 취향이 나쁜 취향, 즉 키치와 유지하는 변증적인 관계에서 분명하게 드러나는 것은 사회를 가로지르는 이데올로기의 변화에 미적 수용이 영향을 받을 수밖에 없다는 것이었다. 과거에도 마찬가지였지만 20세기에는 훨씬 더 높은 강도의 이데올로기 복합화 현상이 일어났고 이러한 현상은 이데올로기와 정치사회적 차원의 관계가 복잡해지는 결과로 이어졌다. 마르크스주의적인 관점에서 장 보드리야르(Jean Baudrillard, 1929~2007년)가 주목했던 것처럼, 사용가치와 교환가치의 관계가 복잡해지는 현상 역시 이 가치체계들에 고유한 기호-상징적 장치들 간의 관계가 복잡해지는 결과를 가져왔다. 아울러 현대적 취향의 기호체계와 기호의 정치-경제학을 고려했을 때 주목하지 않을 수 없는 것은 벤야민이 예술적 "아우라의 상실"이라고 정의했던 부분, 다시 말해 예술작품의 기술적 복제가 관중과 예술의 관계 자체를 변형시켰다는 사실에 대한 의식이다. 중요한 것은 예술이 결과적으로 예술작품과 미적 쾌락 앞에서조차 사회적 현실에 대한 비판적인 시각을 간과할 수 없는 국면에 처했다는 것이다. 이러한 사회 비판적 시각에 주목했던 인물은 프랑크푸르트학파의 철학자 헤르베르트 마르쿠제(1898~1979년)다.

물론 이러한 비판적 태도나 아도르노가 주장한 부정변증법에서 순수하게 개념 비판적인 설명 방식, 즉 '단절', '비판', '논쟁'에만 집중하거나 유토피아아적인 지평의 '종말' 개념에만 주목하는 개념적인 설명이 유래하지만, 이러한 설명에 의존하지 않고 미학의 현대적인 의미가 형성되던 단계에서 논의되던 '감각적인' 차원의 가치들을 복원하고 이를 바탕으로 예술과의 주관적인 관계를 이해하기 위한 시도들이 전혀 없었던 것은 아니다.

이러한 방향과 차원에서 전개되었던 것이 바로 한스 로베르트 야우스(Hans Robert Jauss, 1921~1997년)의 수용미학이다. 야우스는 무엇보다도 해석학과 비판철학의 지나치게 상반된 관점과 과도하게 관조적인 성격을 비판하면서 예술이 불러일으키거나 제시하는 유희의 가능성이야말로 미적 경험을 구축하는 가장 기본적인 요소라고 강조했다. 야우스는 "우리가 오늘날 예술을 비방하는 교양인들이나 비교양인들에 맞서, 예술의 사회적 기능을 비롯해 예술과 관련된 학문들을 수호하는 데 관심을 기울인다면" 다름 아닌 예술을 수용하는 문제와 유희라는 주제, 즉 한때 '취향'이라는 이름 속에 함축되어 있던 문제들이 총체적으로 "이론적 성찰의 대상이 되어야" 한다고 보았다. 야우스는 미적 경험을 세 가지 차원으로 구분했다. 다시 말해, 미적 경험은 창조poiésis의 차원, 즉 창조적인 경험의 차원과 감각aisthésis의 차원, 즉 직관이 인식의 가장 우선적인 원리라는 점을 보여 주는 차원과 희열kátharsis의 차원, 즉 관찰자가 예술을 향유하는 과정에서 미적 쾌락으로부터, 혹은 미적 쾌락을 위해 일상적인 삶의 선입견으로부터 자유로워지는 차원으로 구성된다.

야우스의 이러한 입장은 현대 미학의 발전 과정 내부에서 현대 미학 자체의 기반을 마련하면서 지속되어 온 전통적 사유의 필연적인 결과라고 볼 수 있다. 다시 말해 야우스의 입장은 기본적으로 발레리, 피들러, 데소아의 미학에서 공통적으로 나타나고 무엇보다도 현상학적 미학의 초기 단계에서 발견되는 입장과 크게 다르지 않다. 이는 곧 '미학적인 것'과 '예술적인 것'의 구분에서 출발해 이 두 차원의 관계에 주목하면서 이를 체계화하거나 이에 대한 규칙들을 마련하는 대신 오히려 범주화에 앞서 상호주체성의 결속을 구축하는 '취향'이나 관찰자의 미적 판단에 뿌리를 둔 주관적인 지식의 가능성과 표현의 의미에 주목하는 입장이다.

이러한 전통적인 관점 내부에서 미학 이론의 발전 경로가 분명하게 드러났고 미적 감각과 미학의 '사회사'에 대한 논리적이고 구체적인 관찰 시점이 정립되었지만 동일한 이론적 관점은 사람들이 일반적인 예술, 즉 역사적으로 정형화된 예술에 대해 이야기하면서 소위 역사적 아방가르드 예술과 현대 예술처럼 사실상 소통의 문제를 별로 중요하게 생각하지 않는 예술이 제공하는 경험을 다룰 때 상당히 심각한 문제점을 드러냈다. 다시 말해 복잡한 문제는, 다름 아닌 예술작품의 미적 수용이라는 관점에서, 한편으로는 무의미와 허무주의의 표현이며 다른 한편으로는 그 자체로 표면적이고 무의미한 현대 예술의 경험을 이해하는 단계에서 발생했다.

이러한 무의미의 향연에 대응하기 위한 다양한 해결책들을 뛰어넘어, 허무주의의 전시에 대응하기가 사실상 불가능하다는 점은 취향이 예술에 관여할 때 단순한 주관적 반응으로 머물지 않으며 오히려 관찰 대상의 본질과 분리할 수 없는 방식으로 연결되어 있다는 것을 보여 준다. 미학의 대상은 어쨌든 이미지들의 세계와 스펙터클의 사회로부터 짓밟히고 복제품에 의해 살해되거나 해석학과 비판철학의 해부에 의해 완전히 사라졌다고 볼 수 없다. 미학은 오히려 탐구 대상과 새로운 보편적 의미를 찾고 있고 보편적인 의미로 재구성될 수 있는 가능성을 모색하고 있다. 다시 말해, 생각할 수 있는 기회를 허락하는 동시에 느낄 수 있는 기회를 빼앗지 않는 신비롭고 마술적이고 상징적인 의미를 재구성하는 능력과 이미지들의 감각적인 표현을 바탕으로, 상호주체적 소통의 지평을 구축할 수 있는 가능성을 모색하고 있다. 그런 의미에서 보드리야르가 "근원적인 환영"이라고 불렀던 것을 기억할 필요가 있다. 이 근원적 환영의 복원을 위해서는 표상의 근원을 포착할 수 있는 표현 방식 내부에서 다양한 형식들을 조합할 수 있는 능력이 요구된다. 감각에 대한 취향을 재발견하고 사물들의 상징적인 의미를 회복할 필요가 있는 것이다. 그런 의미에서 20세기의 미학은 사물들의 보이는 세계에서 보이지 않는 의미로 인도하는 과정의 탐색이라고 할 수 있다.

7

20세기의 신학 이론

20세기 신학의 역사는 종교를 위한 공간이 점점 더 사라지는 이른바 세속화 과정 및 문화와의 지속적인 대조 속에서 전개되었다. 종교와 역사의 관계, 그리스도교와 현대 사회의 관계, 신앙과 문화의 관계 등에 주목하며 중재를 시도하는 것이 이른바 '자유주의 신학'의 우선적인 과제였다. 상당히 다양하고 이질적인 성향의 학자들로 구성된 이 복합적인 사조는 19세기 말에서 20세기 초 사이에 개신교 내부에서 형성되었다.

20세기의 신학에 전환점을 마련한 것은 스위스의 신학자 칼 바르트(1886~1968년)의 저서 『로마서』(1919년)다. 이른바 '위기의 신학' 혹은 '변증신학'의 시작을 알린 이 저서에서 바르트는 신의 절대적 초월성과 그리스도에 의한 구원의 무상성을 주장하면서 신의 절대성은 오로지 성서에서만 발견될 수 있다는 전제하에 역사와 신앙의 연관성에 대해서는 전혀 관심을 기울이지 않았다. 가톨릭세계는 제2차 바티칸 공의회(1962~1965년)를 계기로 신학적인 차원의 변혁을 시도하며 현대 문화를 열린 자세로 수용하기 시작했다. 유대교 신학에서는 쇼아를 계기로 극적인 형태의 변화가 일어났고, 20세기에 유럽 한복판에서 유대인들이 경험한 전대미문의 재난은 인간의 역사 속에서 신이 맡은 역할과 신의 존재 혹은 본질에 대한 다양한 형태의 질문들을 불러일으켰다.

키르케고르는 일찍이 "역사적인 사실을 바탕으로 영원한 구원의 역사를 구축하는 것은 과연 가능한가?"라는 질문을 던진 적이 있다. 이 역설적인 질문에는 현대가 당면한 다양한 신학적 문제들의 핵심이 요약되어 있다. '시간' 속의 '영원함'을 어떤 식으로 받아들이고 이해해야 하는가? 그리스도교가 절대성과 직결되고 역사가 인간이 결코 벗어날 수 없는 상대성의 왕국과 직결된다고 볼 때, 어떤 식으로 그리스도교와 역사의 조화를 도모해야 하는가? 키르케고르의 질문은 종교가 시대정신에 자리를 내주며 고유의 공간을 점점 더 상실해 가는 세속화 과정으로서의 서구 역사에서 그리스도교가 지니는 의미에 의문을 제기했다.

일찍이 계몽주의는 복음서의 내용을 일종의 윤리적 메시지로 해석하는 관점에 주목했고, 그런 식으로 신의 아들을 단순한 도덕 선생으로 이해하는 상황이 전개되었던 반면, 헤겔은 그리스도교의 지적이고 철학적인 해석에 집중했고 결과적으로는 예수의 역사적 구체성이 완전히 도외시되는 상황이 발생했다. 좀 더 일반적인 차원에서는, 역사주의 철학의 영향하에, '하나님의 왕국'이라는 표현이 세속적인 차원의 구도를 바탕으로 재해석되는 현상이 나타났다.

19세기에는 성서에 대한 세련된 역사-비평적 탐구가 장구한 세월에 걸쳐 유지되어 온 그리스도교와 역사의 공존관계를 위기에 빠트렸다. 예수의 가르침에 대한 학문적 연구는 발전적인 성과를 이루었지만 이로 인해 복음서의 메시지가 상대화되고 특히 초기 그리스도교 공동체의 신앙과 밀접한 연관성을 지닌 특징들이 부각되는 결과를 가져왔다. 예를 들어 '하나님의 왕국'이라는 표현이 초기 그리스도교 공동체의 신도들에게 '임박한 종말'의 기다림을 의미했다면, 그리스도교가 2000년의 역사를 지닌 교회라는 기관으로 존재해야 한다는 근거는 복음서에서 찾아볼 수 없다는 점이 드러났다.

19세기와 20세기 사이에 신학은 무엇보다도 이러한 모순에서 비롯된 불안정한 상황에서 벗어나야 하고 점점 더 독립적인 형태로 발전하던 철학과 어떤 식으로든 대화를 나누어야 하는 상황에 처해 있었다. 예를 들어, 대화는 불가능했지만, 자율성을 획득하는 것으로 그치지 않고 무신론의 형태로 발전한 철학들, 예를 들어 포이어바흐, 마르크스, 니체의 철학에도 주목할 필요가 있었다.

20세기 초반에 개신교 신학 사상을 지배했던 것은 이른바 '자유주의 신학'이다. 상당히 다양한 부류의 신학자들이 자유주의를 표명했지만 신학적 자유주의를 대표하는 인물은 당연히 에른스트 트뢸치(Ernst Troeltsch, 1865~1923년)다. 트뢸치는 역사주의적 관점을 고수하면서도 다른 종교들과의 비교를 통해 그리스도교의 우월성을 인정했던 학자다. 『그리스도교의 절대성과 종교의 역사Die Absolutheit des Christentums und die Religionsgeschichte』(1902년)에서 트뢸치가 주장했던 것처럼, "그리스도교는 인격적 종교성의 가장 엄격하고 강렬한 표현이다". 트뢸치는 신에 대한 예수의 믿음, 즉 예수 그리스도가 직접 실천했던 믿음이 인간의 내면 안에 숨어 있는 진실하고 훌륭한 마음의 역사상 가장 뛰어난 표현이라고 보았다. 트뢸치는 아울러 그리스도교에서 유래하는 사회적, 정치적 형태의 생명력에 커다란 중요성을 부여했고 그런 식으로 키르케고르가 제시했던 문제, 즉 영원과 시간의 관계라는 문제에 대한 답변을 시도했다. 트뢸치는 그리스도교가 매순간의 구체적인 역사적 조건에 좌우되기 때문에 역사의 흐름에 깊이 연루되어 있을 뿐 아니라 오히려 현대 사회와 긴밀한 관계를 유지하며 이러한 예는 자본주의 사회의 정치사회적 조건을 수용하면서 놀라운 적응력을 보여 준 개신교에서 찾아볼 수 있다고 주장했다. 결과적으로 가능해진 것은 역사주의와 그리스도교의 조합, 현대 문화와 그리스도교의 조합이었다. 하지만 자유주의 신학을 비판적인 시각으로 바라보던 학자들이 주목했던 것처럼 이러한 조합은 오로지 그리스도교 복음의 변형을 통해서만, 즉 세상과의 타협이 가능하도록 내용을 좀 더 가볍게 만들고 신앙의 근본은 성서에 적힌 신의 말씀이라는 점을 간과할 수 있을 때에만 이루어질 수 있었다. 실제로 트뢸치가 그리스도교를 평가하며 사용한 문화 비교적인 관점은 상대주의적인 성격의 관용주의로 이어졌을 뿐 아니라 보편적 윤리성에 집중했기 때문에 다양한 종교적 가치들의 융합과 그리스도교만이 지니는 특수성의 상실이라는 결과를 가져왔다.

반면에 『로마서』의 저자 칼 바르트의 신학은 현대 문화와의 화합과 타협에 전혀 주목하지 않는 방향으로 나아갔다. 바르트의 『로마서』와 함께 시작된 것이 바로 '변증적 신학' 혹은 '위기의 신학'이다. 바르트의 신학은 "시간과 영원성 사이에 무한한 질적 차이"가 존재한다는 키르케고르의 관점, 즉 역사와 종교, 문화와 신앙 사이에 근본적인 차이가 있다는 관점을 무조건적인 원칙으로 받아들인다. 바르트가 무엇보다도 중요하다고 생각한 것은 신의 절대적 초월성과 그리스도의 희생에 의한 구원의 무상성이다. 바르트는 자유주의 신학에 대한 전면적인 비판을 시도하면서, 종교의 근원이 신앙의 주체나 인간의 의식 속에 있다면 성서는 과연 무엇에 쓰여야 하는가, 종교의 근원이 의식이라는 관점은 그리스도교만의 특수성을 상실하게 만들지 않는가라는 질문을 던졌다. 바르트의 신학은 불편하고 비이성적이며 제안적인 성격의 신학이다. 개신교 내부에서도 가장 엄격한 전통 신학에서 파생한 바르트의 신학은 신의 절대성이 역사나 윤리, 이성이나 감성 혹은 인간의 주체적 의식이 아니라 오로지 성서 속에서만 발견될 수 있다는 입장을 고수한다. 사실상 자유주의 신학자들의 입장에서 결코 기대하지 않았던 것이 바로 이러한 측면이다.

바르트의 변증신학은 제1차 세계대전 이후 유럽의 문화가 경험할 수밖에 없었던 정신적 '위기'와 상실감의 실체를 효과적으로 표현한다. 이러한 차원에서 바르트의 신학과 동일한 상황을 배경으로 탄생한 실존주의 철학 사이에는, 키르케고르를 참조한다는 사실 외에도, 분명한 공통점들이 존재한다. 하지만 바르트가 말하는 '위기'는 사실상 어떤 구체적인 역사적 사건에 의해 조장되는 위기와는 거리가 멀다. 바르트는 특정 시대의 위기가 아니라 역사 자체의 위기에 대해 말한다. 이 '위기'라는 용어는 전적으로 신학적인 차원에서 이해해야 하며, 특히 제1차 세계대전 후에 한 시대에서 다른 시대로 넘어가기 위한 극적인 변화를 가리키는 말로 사용되던 것과는 완전히 다른 차원에서 이해해야 한다. 바르트의 '위기'는 역사적 흐름 속에 내재하는 경로가 아니라 위에서 '쏟아지며' 인간을 죄에서 벗어나지 못하도록 만드는 일종의 재앙이었다.

바르트는 20세기의 신학자들에게 반드시 넘어야 할 산 같은 존재였다. 하지만 머지않아, 신의 존재와 초월성만 강조하고 피조물에게는 어떤 시도의 가능성도 남기지 않는 바르트의 신학적 입장에 대한 비판적인 견해들이 고개를 들기 시작했고 비판과 함께 인간과 인간의 위상에 주목하는 자유주의 신학의 전형적인 논제들이 문화적인 차원에서 새로운 관점들을 바탕으로 다시 논의되기 시작했다. 루돌프 불트만(Rudolf Bultmann, 1884~1976년)은 초기에만 바르트의 관점에 근접해 있었을 뿐 점차적으로 하이데거의 실존주의적 범주들을 참조하며 고유의 신학적 체계를 발전시켰다. 무엇보다 중요한 것은 불트만의 신학에서 핵심적인 역할을 하는 '탈신화화'의 개념이다. 이 개념을 바탕으로 구축되는 것은 현대인이 바르트의 엄격한 성서주의에서 벗어나 성서의 깊은 의미에 접근할 수 있도록 도와주는 해석학적 방법론이다. 나치의 등극으로 인해 대학의 교수직에서 물러나야만 했던 폴 틸리히(Paul Tillich, 1886~1965년)도 그리스도교와 현대 문화의 새로운 조화를 시도했던 인물이다. 틸리히는 실존주의 철학, 정신분석, 마르크스주의와의 대조를 통해 고유의 신학적 체계를 정립했고 당대의 정치적 차원과 사회적 변화에도 많은 관심을 기울였다. 나치에 반대하며 저항운동에 가담했다는 이유로 처형당한 디트리히 본회퍼(Dietrich Bonhoeffer, 1906~1945년)는 그리스도교의 '세속화'를 "어른이 된" 인간에게 자율성을 허락하는 신의 배려로 해석했다.

가톨릭세계에서 신학적 성찰은 교회가 제시하는 교리적, 학문적 틀과 계율에서 오랫동안 벗어나지 못했다. 바로 그런 이유에서 이른바 '근대주의' 신학 사상, 즉 여러 측면에서 개신교의 자유주의 신학과 유사한 성격을 유지했던 신학적 근대주의는 20세기 초에 상당한 어려움을 겪었다. 특히 그리스도교와 현대 사상의 대화라는 지평을 확보하기 위해 노력하면서 근대주의자들은 교회 지도자들의 강력한 저항에 부딪혔다. 종교와 진화론의 조화를 꾀했던 프랑스의 예수회 철학자 피에르 테야르 드 샤르댕(1881~1955년)을 향한 교회 지도자들의 의혹도 신학자들이 겪었던 어려움의 또 다른 예로 간주될 수 있다.

이러한 상황은 교황 요한 23세가 1962년에 제2차 바티칸 공의회를 개최하면서 변화하기 시작했다. 가톨릭세계 내부에서도 신앙의 기반을 수호하는 데에만 몰두하는 편협한 태도에서 벗어나 현대 문화와 대화를 시도해야 한다는 입장들이 생겨났다. 이러한 열린 자세를 촉구했던 신학자들 가운데 주목해야 할 인물은 한스 우르스 폰 발타자르(Hans Urs von Balthasar, 1905~1988년)와 카를 라너(Karl Rahner, 1904~1984년)다. 발타자르는 바티칸 공의회의 몇몇 결론들에 대해 비판적인 입장을 표명했고 라너는 현대 철학의 인류학적인 관점에 호소하며 인간은 결국 신의 말씀에 귀를 기울이려는 은밀한 자세를 갖춘 존재라는 관점에서 신학을 재정립하기 위해 노력했다.

한편 한스 큉Hans Küng 같은 신학자는 개신교 세계를 향한 열린 자세의 필요성을 주장하면서 가톨릭의 위계적인 문화와 경직된 체제에 대해 비판적인 입장을 표명했다. 이러한 유형의 성찰과 입장들을 수용하고 근본적인 차원의 원칙으로 받아들인 신학 사조가 바로 '해방신학'이다. 이 복합적인 신학 운동의 빼놓을 수 없는 특징은 1960년대 말에 유럽이 아닌 라틴아메리카에서 형성되었다는 것이다. 다시 말해 해방신학은 뿌리 깊은 가난과 극심한 빈부격차와 열악한 삶의 조건을 토양으로 형성되었다. 가난하고 억압받는 자들은 해방신학자들에게 자신들을 억압하는 독재자와 투쟁할 것을 요구하면서 혁명을 두려워하지 말라고 주장했다. 바로 그런 이유에서 해방신학을 대표하는 신학자들은 보수적인 교회 지도자들의 검열과 제재의 대상으로 주목받았다.

유대교의 신학적 성찰에 변화의 계기를 마련한 것은 쇼아라는 전대미문의 비극이다. 20세기에 유럽 한복판에서 벌어진 이 비극은 가장 먼저 유대인들의 개입을 요구했고 인간의 역사 속에서 신이 맡은 역할과 신의 존재 혹은 본질에 대한 수많은 질문을 불러일으켰다. 「욥기」만큼이나 오래된 질문, 신은 왜 무고한 의인에게 고통을 주는가라는 질문이 근본적인 답변을 요구하며 표면 위로 떠올랐다. 사람들은 대량 학살의 희생양이 다름 아닌 유대 민족이었다는 사실을 두고 여전히 신의 섭리를 믿는다는 것이 어떻게 가능한지, 유대 민족은 과연 선택받은 민족이었는지에 대해 진지한 의혹을 품기 시작했고, '신의 죽음', '신의 침묵' 같은 주제나 인간의 운명은 결국 인간의 손에 달렸다는 주장도 대량 학살을 가능하게 만든 첨단의 기술과 이데올로기를 양산해 낸 현대 문명의 병폐에 관한 담론과 복잡하게 뒤섞이며 전개되는 양상을 보였다.

이러한 측면에 주목했던 저자들 가운데 언급이 필요한 인물은 엘리 위젤Elie Wiesel과 한스 요나스(Hans Jonas, 1903~1993년)다. 위젤은 자신이 강제수용소에서 직접 경험한 사실들을 토대로 쓴 자전적 소설 『밤La Nuit』(1960년)에서 아무 말이 없는 신을 향해, 자신이 선택한 민족에 대해 정당하지 못한 신을 향해 항변하며 "아우슈비츠에서 신은 어디에 있었나?"라는 질문을 던졌다. 철학자 요나스는 『아우슈비츠 이후의 신의 개념Der Gottesbegriff nach Auschwitz』(1984년)에서 쇼아를 다룰 때 악에 관한 전통적인 철학적 문제, 즉 신정론의 문제를 다룰 수밖에 없다는 점에 주목했다. 요나스는 전통 신학이 신에게 부여해 왔던 세 가지 특징, 즉 선의와 전지함과 전능함이 더 이상 동일한 인격체 안에서 공존할 수 없다고 보았다. 요나스의 신은 더 이상 전능하지 않은 신, 역사 속에서 변화하는 신이었고, 결과적으로 신이 선택한 민족과의 동맹이라는 개념도 변화할 수밖에 없었다. 요나스는 신이 인간에게 더 많은 자유를 부여하기 위해 역사의 무대에서 점진적으로 벗어난다고 보았고, 바로 그런 이유에서 이 자유의 공간을 악에 의해 지배될 수 있는 차원으로 이해했다.

아부 자이드와 코란의
역사주의적 해석

이집트의 사상가 나스르 하미드 아부 자이드(Nasr Hamid Abu Zayd, 1943~2010년)는 역사주의적 해석학의 관점을 코란에 적용하면서 전통을 중시하는 무슬림 사상가들의 불같은 비난과 무슬림 사회의 공분을 샀던 것으로 유명한 인물이다. 배교자로 지목된 자이드는 박해를 피해 네덜란드로 이주한 뒤 레이던과 위트레흐트 대학에서 교수로 활동했다.

자이드는 가다머와 리쾨르의 연구를 토대로 코란의 역사주의적 해석을 시도하며 고유의 관점을 발전시켰다. 해석학적 관점에서 자이드의 작업은, 적어도 초기 단계에서는, '텍스트의 개념'과 코란이 본질적으로는 하나의 텍스트라는 사실에 집중되는 양상을 보였다. '텍스트'를 뜻하는 아랍어 '나스nass'는 우선적으로 '작문'을 의미하며 '구조'를 강조하는 라틴어의 '텍스투스textus'와는 상당히 다른 뜻으로 사용되었다. 하지만 이러한 '나스'의 개념은 시간이 흐르면서 화석화되었고 결과적으로 사이드 쿠틉Sayyid Qutb 같은 급진적인 이슬람 사상가들은 '나스'의 해석을 금해야 한다고 주장했다. 코란은 하나의 '나스'였고 따라서 해석의 대상이 될 수 없었다. 반면에 자이드는 코란에 함축되어 있는 모든 잠재적 내용, 다시 말해 계율뿐만 아니라 도덕적, 사회적, 신학적, 서사적, 예술적 내용이 모두 해석을 요구한다고 보았다. 코란이 하나의 텍스트라는 것은 무엇보다도 코란이 특정 시기에 인간의 언어로 쓰였다는 것을 의미했다. 자이드는 언어의 차원과 역사의 차원이 서로 밀접하게 연결되어 있다고 주장했다. 왜냐하면 텍스트는 "필연적으로 문화와 역사의 산물"이며 특정한 문화적, 사회적, 정치적, 인류학적 현실과의 구체적인 관계 속에서만 해석될 수 있다고 보았기 때문이다. 자이드에 따르면, "종교적 텍스트들은 궁극적으로 언어적 텍스트에 지나지 않으며, 이는 텍스트가 특정 문화의 구조에 지배될 뿐 아니라 언어를 핵심적인 기호체계로 활용하는 문화의 지배적인 법칙들을 토대로 생산된다는 것을 의미한다".

하지만 언어는 기능적인 차원에서 중요한 역할을 할 뿐 하나의 전제에 불과하다. 자이드는 코란을 역사적인 관점에서 해석할 때 구체적인 철학적 지평을 발견할 수 있다고 보았다. 자이드가 지지했던 무타질라파의 교리의 따르면 코란은 신의 영원한 말씀이 아니라 현세적 시간 안에서 '창조'된 텍스트에 불과하다. 이는 정통파 이슬람 신학자들의 견해, 즉 코란은 신의 말씀이며 신이 영원한 존재이듯 그의 말씀 또한 영원하다는 견해와는 사뭇 다르다. 자이드는 이렇게 물었다. "만약 신의 말씀이 언어로 만들어지는 하나의 과정을 통해 형성되었다면, 이 말씀의 내용이 표명되는 하나의 사건에 불과한 코란이 어떻게 창조된 적도 없고 영원할 수 있단 말인가?" 이러한 관점은 성스러운 경전의 신성한 기원을 굳이 부인하지 않고서도 경전을 인간적이고 역사적인 차원에서 조명할 수 있다는 장점을 제공했다. 자이드는 코란이 계시가 시작된 순간부터 역사에 도입되었고 결과적으로 세속화되었다고 보았다. 그런 차원에서 의미와 기의의 구분을 시도한 자이드는 종교적 경전에 고유한 특별한 인식론적 구도에 따라 의미는 정립될 수 있지만 인간의 의도에 좌우되는 기의는 변화할 수 있으며 결과적으로 해석을 가로막는 텍스트적인 차원의 수많은 장애물에서 벗어날 필요가 있다고 주장했다. 자이드는 코란을 오로지 시간과 공간에 좌우되지 않고 불변하는 계율의 체계로만 읽는 이들이 코란을 일종의 '미라'로 간주하면서 인간의 가장 절실한 요구에 응답하는 신의 말씀과 그의 진정한 의도를 간과한다고 보았다. 자이드에 따르면, 코란이 역사에 등장한 사건의 본질적인 의미는 오히려 신과 인간의 직접적인 소통을 가능하게 만들었다는 데 있다.

경전을 해석의 대상으로 간주하고 해석에 역사적인 관점을 도입하면서 자이드는 코란을 신의 직접적이고 영원한 말씀으로 간주하는 전통적인 이슬람 신학자들의 신랄하고 집요한 비판에 부딪혔다. 이 미묘한 문제를 해결하기 위해 자이드가 제안했던 것이 바로 텍스트의 문자적인 의미와 언어학적인 의미와 상징적이거나 알레고리적인 의미를 구분하는 방법론이다.

하지만 말년에 이르러 자이드는 자신의 생각들을 재검토하고 어떤 측면에서는 수정하는 데 몰두했다. 자이드는 신의 말씀이 '텍스트' 속에 기호화되어 있기 때문에 어떤 의미에서는 '불변'한다는 논리를 거부하는 방향으로 나아갔고, 결과적으로 코란은 더 이상 하나의 텍스트, 즉 모든 대조와 대화를 불가능하게 만드는 '나스'가 아니라 하나의 담론으로 간주되었다. 다시 말해 자이드는 코란을 유사한 논제들의 식별이 가능하고 계시의 다양한 상황에 따라 다양한 방식으로 해석할 수 있는 열린 구조의 담론으로 인식했다. 자이드는 아울러 코란이 바로 이러한 차원에서 고유의 역사적인 성격을 유지한다고 보았다. 예를 들어, 코란에는 평화를 호소하는 문구뿐 아니라 전쟁을 장려하는 문구들이 함께 적혀 있지만 이는 코란이 전적으로 평화적이거나 전적으로 호전적인 성격의 텍스트라는 것을 의미하지 않으며 평화나 전쟁을 언급하는 문구들이 구체적인 역사적 상황에 대한 일련의 답변으로 제시되었다는 것을 의미한다.

여기서 주목해야 할 것은 이러한 해석학적 전제에서 파생되는 결과들이다. 무엇보다도 코란은 담론으로 간주될 때 본질적으로 대화 혹은 토론을 의미한다. 다시 말해 코란은 하나의 유일하고 불변하는 형이상학적 이데올로기를 표상하는 것이 아니라 다양한 의견들의 대조와 절충을 이끌어 내는 담론으로 간주된다. 그런 식으로, 일찍이 해석과 해석학적 설명을 통해서만 보장되는 듯이 보였던 코란의 수용성은 이제 코란이 독자들에게 제공하는 도덕적이고 윤리적인 차원의 성찰과 신학적인 해설과 일련의 행동 규범에 의해 보장된다.

역사적이고 논리적인 성격의 해석에 뒤따르는 다양한 결과들 가운데 특별히 주목해야 할 것은 그리스도교와 유대교에 대한 코란의 설명에 부여되는 의미다.

코란은 그리스도교나 유대교와의 타협에 열린 자세를 유지하며 타종교를 어떤 획일적인 기준으로 단죄하거나 용서하지 않는다. 물론 이러한 규칙이 모두에게 해당되는 것은 아니다. 예를 들어 세인들과 다신주의자들에게는 적용되지 않는다. 수 세기에 걸쳐 지속된 평화로운 공존관계에도 불구하고 현대의 이슬람 사회가 유대인들을 상대로 표명하는 뿌리 깊은 적개심에 대해서도, 우선적으로는 코란이 유대인들에 대해 어떤 설명을 제시했는지 주목해야 한다. 코란의 저자들은 유대인들이 계시의 수혜자였고 신에게 선택받은 민족이었다는 점을 인정하면서도 유대인들 스스로가 그들을 향한 신의 신뢰를 저버렸고 바로 그런 이유에서 신에게 버림받은 뒤 떠돌아다닐 수밖에 없는 운명에 처했다고 보았다. 더 나아가서 이들은 이슬람교도들이 유대인들을 적으로 간주해야 한다고 기록했다. 자이드는 이러한 단죄의 일화가 유대인들이 경멸하던 예언자 무함마드의 시대에나 정당화될 수 있는 이야기라고 보았다. 시대와 장소를 막론하고 적용될 수 있는 이야기가 아니라 역사적 맥락에서 이해해야 할 내용이라고 보았던 것이다. 이러한 해석은 코란을 경전이 아니라 다름 아닌 담론으로 볼 때 가능해진다.

과학철학

8.1 20세기에 탄생한 학문

과학철학이 철학 분야의 독립적인 학문이자 대학의 교과목으로 구체적인 형태와 체계를 갖추게 되는 것은 20세기가 되어서야 일어나는 일이다. 하지만 사실은 근대의 유명한 철학자들 대부분이 일찍부터 과학에 대한 고유의 철학적 관점을 구축하며 과학적 인식론이나 방법론 혹은 과학의 문화적 역할에 대한 이론을 나름대로 발전시켜 왔다.

1600년대에는 오늘날 우리가 '철학'과 '물리학'이라고 부르는 학문들이 밀접한 관계를 유지하며 흔히 '자연철학'이라는 이름으로 불리는 단일한 분야 속에 통합되어 있었다. 자연철학은 뒤이어 1700년대부터, 그리고 1800년대에 들어서면서 좀 더 구체적인 방식으로 세분화되는 양상을 보였고 독립된 과학 분야들도 고유의 명칭을 획득하기 시작했다. 이러한 변화는 결국 철학과 과학이 분리되는 현상을 가져왔다. 물리학이 수학적인 방식으로 체계화되는 과정과 철학이 본격적으로 체계화되는 과정 역시 과학과 철학의 분리를 가져온 중요한 요인들이다.

하지만 1800년대 중반부터 1900년대 초까지는 정반대의 현상이 일어났다는 점도 기억할 필요가 있다. 무엇보다도 과학의 방법론적 성찰에 깊이 관여했던 헤르만 폰 헬름홀츠, 클로드 베르나르, 루트비히 볼츠만, 에른스트 마흐, 하인리히 헤르츠, 앙리 푸앵카레 같은 과학자들은, 마흐가 흄의 사상을 연구하거나 헬름홀츠, 헤르츠, 푸앵카레가 칸트의 사상을 흥미롭고 독창적인 방식으로 재해석한 경우처럼, 오히려 철학과 과학의 관계를 생생하게 유지하는 데 관심을 기울였다.

20세기에는 철학을 과학에 적용하려는 시도들이 과학적 탐구의 혁명적인 결과들을 기반으로 두 종류의 상반되는 영역에서 전개되었다. 한편에서는 과학적 지식을 갖춘 철학자들이 비에우클레이데스 기하학의 발견이나 집합론 같은 수학의 근원에 관한 연구와 고트로브 프레게, 버트런드 러셀 등이 추진한 상징논리학의 새로운 결과들을 바탕으로 논리학이 철학적 사유의 새로운 도구로 활용될 수 있다는 믿음을 가지기 시작했다. 반면에 두 번에 걸쳐 일어난 20세기 물리학 혁명의 놀라운 결과, 즉 상대주의 이론(1905~1915년)과 양자역학(1900~1926년)은 뉴턴의 역학이 대우주와 소우주를 규명하는 데 더 이상 필요 없다는 것을 증명해 보였고, 이러한 변화에 주목한 신세대의 철학자들은 물리학에 대한 해박한 지식을 바탕으로 공간, 시간, 질료, 원인 같은 개념들이 새로운 과학 이론의 출현으로 인해 철학적인 차원에서 어떤 변화를 겪었는지, 아울러 과거의 과학 이론과 현대 과학의 차이가 이론적 진리의 차원에서 어떤 문제를 유발하는지 고찰하기 시작했다.

20세기 과학철학의 발전사는 간략하게 세 시기로 구분된다. 하지만 염두에 두어야 할 것은 이러한 구분이 단순한 설명 이상의 가치를 유지할 뿐 과학철학의 복잡한 변천 과정과 역사의 단순한 도식적 표현에 불과하다는 사실이다.

20세기의 전반부에 전개된 첫 번째 시기를 특징짓는 가장 중요한 요소는 과학적 언어의 분석과 논리학이 과학에 대한 철학적 성찰을 위한 가장 기본적인 도구라는 확신이었다. 이 시기에 과학철학자들은 '과학 이론이란 과연 무엇인가?'라는 근원적인 질문을 제기하며 다양한 답변을 시도했다. 이들은 예를 들어 과학 이론이 해석을 요구하지 않는 논리적 환산이라든지, 루돌프 카르납이 1932년에 주장했던 것처럼, 형성에 소요되는 조합의 규칙과 변형에 소요되는 연역의 규칙을 포함하는 하나의 기호체계라는 의견 등을 제시했다.

상징적인 차원에서 토머스 쿤의 저서 『코페르니쿠스 혁명*The Copernican Revolution*』 (1957년)의 출판과 함께 시작되었다고 볼 수 있는 두 번째 시기는 1980년대 초반까지 지속되었고 이 시기에 학자들은 이전 세대의 형식적이고 논리적인 체계에서 벗어나기 위해 관점의 전복을 꾀하면서 과학철학이 해결해야 할 가장 시급하고 중요한 문제로 '과학 이론들은 어떻게 변화하는가?'라는 질문을 제기했다.

이 시기에 과학철학자들이 주장했던 내용의 본질은 헝가리 출신의 철학자 임레 라카토슈(1922~1974년)의 다음과 같은 표현 속에 집약되어 있다. "과학사가 없는 과학철학은 텅 빈 학문, 과학철학이 없는 과학사는 눈 먼 학문이다." 이러한 생각을 바탕으로, 과학적 방법론의 본질에 관한 문제와 수많은 논제들이 과학의 역사와 과학사에 출현하는 다양한 이론들의 경쟁 구도를 참조하며 논의되었다.

과학의 역사적 차원에 주목하는 입장은 오늘날에도 완전히 사라지지 않았고, 따라서 과학철학이 정복한 관점들 가운데 꽤 오랫동안 유지되는 경우임에 틀림없지만, 이와는 무관하게, 1980년대부터 오늘날까지 이어지는 세 번째 시기에는 거의 상반되는 성격의 두 가지 성향이 부각되는 양상을 보였다. 한편에서는 과학적 탐구가 세분화된 분야의 개별적인 근원과 본질에 집중되면서 과학에 대한 철학적 성찰 역시 점점 더 전문화되는 경향이 나타났다. 예를 들어 양자역학의 철학, 공간과 시간의 철학, 생물학 혹은 인지과학 분야의 철학이 결국에는 기존의 '보편적인' 질문들, 즉 과학 이론이란 무엇인가, 과학적 방법론이란 무엇이며 과학 이론은 어떻게 변화하는가라는 질문들을 대체하는 현상이 일어났다. 반면에 사회적이고 역사적인 차원에 집중되어 있던 기존의 과학 개념을 '구성주의적인' 차원으로 극대화하려는 성향이 나타났지만 이러한 노력은 결국 인식론을 지나치게 강조하는 입장에 대한 피상적인 비판으로, 아울러 과학적 실험과 연구를 좌우하는 사회적 여건을 무시한 채 독립적인 자연세계의 존재만을 강조하는 과학자들의 성향에 대한 강렬하지만 표면적인 공격으로 그치고 말았다. 이 세 시기의 주요 특징들을 이제 좀 더 상세하게 살펴보자. 물론 이러한 시기 구분이 지극히 관습적이고 형식적이라는 점은 염두에 두어야 한다.

8.2   1905년~1957년, 신실증주의를 중심으로

이 첫 번째 시기에 무엇보다도 과학철학사적인 관점에서 가장 중요한 역할을 한 인물들은 1920년대에 모리츠 슐리크(1882~1936년)을 중심으로 형성된 이른바 빈학파의 학자들이다. 빈에서 정기적으로 회합을 가지던 카르납, 수학자 한스 한, 사회학자 오토 노이라트, 논리학자 쿠르트 괴델 등의 젊은 학자들로 구성된 빈학파의 학자들은 새로운 유형의 과학적 세계관을 제시하며 흄과 마흐의 경험주의 사상과 새로운 수학적 논리학의 조합을 시도했다. 이들이 구축한 철학 사조가 흔히 논리적 신실증주의라는 이름으로 불리는 것도 바로 그런 이유에서다.

신실증주의의 가장 기본적이고 핵심적인 논리는 과학 이론을 구축하는 모든 유형의 명제들이 이른바 '이론적인' 차원의 명제와 '관찰적인' 차원의 명제로 구분되어야 한다는 것이다. 이론적인 차원의 명제란 전자나 원자 혹은 박테리아처럼 육안으로는 관찰이 불가능한 실재나 특성을 가리킬 목적으로 사용되기 때문에 '이론적'이라고 부르는 용어나 수식어로 구축되는 명제들을 말한다. 반면에 관찰적인 차원의 명제란 직접적으로 증명할 수 있는 실재나 특성을 다루기 때문에 과학적으로 인식할 수 있는 모든 것의 '기반이 되는' 명제들을 말한다.

초기 신실증주의의 관점에서 '기반'이 된다는 것은 어떤 이론적 명제든 간에, 본질적인 차원에서 과학적인 명제로 인정받기 위해서는, 그 의미가 고스란히 하나 혹은 하나 이상의 관찰적인 명제로 번역될 수 있어야 한다는 것을 의미했다. 이 완전한 번역 가능성, 혹은 환원 가능성이라는 조건은 직접적인 관찰이 불가능한 실재를 수식하는 수많은 명제들을 비롯해 과학 지식의 상당 부분을 서술의 무의미라는 위협으로부터 지켜 내기 위한 일종의 보호 장치였다. 이러한 무의미의 위협으로부터 벗어날 수 없는 것이 바로 형이상학이었고, 따라서 형이상학을 꺼려하던 신실증주의자들은 어떤 명제든 원칙적으로 증명이 가능할 때에만 의미가 있으며 궁극적으로는 전달력을 지녔다고 보는 상당히 협소하고 엄격한 의미론을 고집했다.

관념의 역사를 연구하는 현대의 예리한 학자들은 이 '명제의 의미'라는 기준이 사실은 비트겐슈타인의 『논리철학논고』(1921년)뿐만 아니라 아인슈타인의 특수 상대성 이론(1905년)을 구축하는 이른바 '동시성 분석'의 지대한 영향하에 고안되었다고 주장한 바 있다. 동시성의 분석을 바탕으로 아인슈타인이 내린 결론은, 거리가 먼 곳에서 일어난 두 사건의 동시성을 주장하는 것이, 두 사건의 발생을 단일한 지점에서 포착하는 경우처럼 직접적으로 확인할 수 있는 방법이 없기 때문에, 아무런 의미가 없다는 것이었다.

20세기의 과학철학 분야에서 토머스 쿤 못지않게 커다란 영향력을 행사했던 칼 포퍼(1902~1994년)는 과학 이론의 본질에 대한 초기 신실증주의의 관점을 비판하면서 과학과 과학이 아닌 학문들(형이상학, 윤리학, 미학 등)을 구분하는 기준은 의미와 무의미, 혹은 증명 가능성과 증명 불가능성을 구분하는 기준과 일치하지 않는다고 주장했다. 관찰적인 명제에도 이론적인 요소들이 함축되어 있다는 점에 주목한 포퍼는 『과학적 발견의 논리 The Logic of Scientific Discovery』에서 어떤 이론이나 법칙의 확실성을 증언하기 위해 제기되는 부차적인 근거들은 이론의 타당성이나 이론에 함축되어 있는 진리를 완벽하거나 충분한 방식으로 증명해 낼 수 없으며, 궁극적으로는 무한한 경우의 수가 통제되어야 하고 사실상 단 하나의 오류만으로도 이론이나 법칙 전체가 무효화될 수 있다고 주장했다. 과학과 형이상학을 구분하는 기준은 결국 이론적 타당성의 증명 가능성이 아니라 잠재적 오류의 실재 가능성이라고 보았던 것이다. 이러한 관점에 따르면, 오늘날 우리가 과학 이론으로 이해하고 받아들이는 사실들도 본질적으로는 잠정적인 진리에 불과하며 오류가 발견되는 순간 언제라도 거짓으로 판명될 수 있다. 다시 말해, 모든 과학 이론은 추론적인 성격과 함께 결과적으로 무효화될 수 있는 가능성을 안고 있으며 무엇보다도 과학 자체가 새로운 실험이나 연구 결과를 바탕으로 끊임없이 수정되어야 한다는 조건을 전제로 존속한다. 수정과 번복의 필요성에 구애받지 않는 과학 이론이 있다면, 그것은 오히려 모든 경우에 적용될 수 있지만 결과적으로는 불필요한 이야기, 혹은 인식론적인 차원에서 아무것도 전달하지 않는 텅 빈 이론에 불과할 것이다.

빈학파는 1930년대에 히틀러가 정권을 장악하면서 해체의 길을 걸었지만 카르납과 헴펠Carl Hempel을 비롯한 몇몇 구성원들이 미국으로 이주하면서 연구 활동을 지속할 수 있는 기회를 얻었고 미국의 실용주의 사상을 섭렵하면서 더욱 풍부해지는 양상을 보였다. 1940년대에 신실증주의는 철학적 담론을 점점 더 세분화하는 데 주력했고 특히 칼 헴펠은 1948년에 명제들의 의미를 평가하는 기준의 자율화를 표명했다. 헴펠은 이론적 명제를 관찰적 명제로 완전히 번역할 수 있다고 보는 관점에서 벗어나야 하며 이는 관찰적 명제가 결정하는 것이 명제의 부분적인 의미에 불과하기 때문이라고 보았다. 헴펠은 다름 아닌 관찰적인 용어들이 이론적인 용어의 의미를 구체적이지만 오로지 부분적이고 편파적인 방식으로만 명시한다는 사실이 오히려 과학 이론의 변동성과 열린 구조에 대한 설명과 근거를 제시한다고 보았다.

과학의 변동성에 이목이 집중되는 현상은 기본적으로 이 시기의 학자들이 과학을 통시적이라기보다는 공시적인 관점에서 관찰했기 때문에 일어났지만, 결정적으로는 20세기의 첫 30년 동안 물리학이 이룩한 놀라운 발전과 혁신에서 비롯되었다고 볼 수 있다. 이러한 정황을 배경으로 신실증주의의 계승자들은 물리학이 다른 모든 과학에 우선한다는 원칙을 이론화하는 데 주력했고, 이 원칙은 흔히 모든 종류의 과학이 궁극적으로는 물리학으로 환원된다는 관점으로 기울어지거나 방법론적 원칙으로 정립되는 경향을 보였다. 이러한 경향은 방법론적인 차원에서 두 가지 중요한 관점이 부각되는 결과로 이어졌다. 첫 번째는 과학에 대한 철학적 성찰이 집중될 수 있는 최상의 학문적 토양을 제공하는 분야가 다름 아닌 물리학이라는 생각이었고, 두 번째는 사회학 같은 학문 분야들이 더 이상 발전하지 못하는 이유가 자연과학이나 물리학의 방법론을 모형으로 채택하지 않았기 때문이라는 견해였다. 카르납과 노이라트가 각고의 노력을 기울여 기획했던 『통합 과학 국제 백과전서』의 제작도 본질적으로는 이러한 문제를 해결하기 위해 추진되었다.

과학에 대한 비역사적이고 형식주의적인 관점을 비롯해 물리학이 인식론적 차원에서 가장 뛰어난 학문이라는 생각은 후세대들의 의혹과 비판의 대상이 되었지만 이로 인해 일어난 관점의 변화가 과거의 과학이 이룩한 모든 것을 무효화했던 것은 아니다. 관점의 변화는 오히려 과거의 오류에 대한 뚜렷한 인식과 과학 지식의 또 다른 특징, 즉 '연구 결과의 축적'에 대한 깨달음이라는 결과로 이어졌다.

8.3 1957~1983년, 과학의 사회사적 차원을 중심으로

두 번째 시기는, 상징적인 차원에서, 토머스 쿤의 유명한 저서 『코페르니쿠스 혁명』(1957년)의 출판과 함께 출발해 이언 해킹Ian Hacking의 저서 『표상하기와 개입하기Representing and Intervening』(1983년)의 출판과 함께 마감된다. 실제로 이 시기를 특징짓는 요소는 과학의 역사적이고 사회적인 차원과 과학 이론의 변화 과정에 대한 관심이었다. 과학철학과 과학사가 상호 보완적인 학문으로 인식되기 시작한 것도 바로 이 시기에 일어난 일이다. 그만큼 이 시기에는 쿤의 영향력이 절대적이었고 과학의 발전이나 과학적 진실의 문제를 다루는 과학철학자들 가운데 쿤의 『과학혁명의 구조』(1962년)를 언급하지 않는 학자는 사실상 찾아보기 힘들었다.

이 시기에 학계의 관심이 다름 아닌 과학의 역사적인 차원으로 기울어지는 현상은 과학철학적인 고찰과 분석을 위한 최상의 필수불가결한 도구가 상징논리학이라는 관점에서 점차 벗어나는 결과로 이어졌다. 주목해야 할 것은, '양상

논리modal logic'나 '양자논리quantum logic'를 적용한 흥미로운 방식들이 존재했음에
도 불구하고, 논리적 신실증주의의 위기가 논리학과 과학철학이 서로 독립적
인 노선을 구축하며 발전하는 결과로 이어졌다는 사실이다. 첫 번째 시기에 정
립된 관점들 가운데 살아남은 것이 있다면 그것은 과학적인 '법칙', '설명', '개
연성', 과학 이론의 '변화' 같은 개념들의 철학적 분석이 최대한 엄격하고 정확
하게, 아울러 방법론적인 차원에서 다른 모든 분야에 우선하는 물리학을 기반
으로 이루어져야 한다는 것이었다. 생물학과 심리학을 비롯한 다양한 사회과
학의 방법론적 체계가 철학적인 분석의 대상에서 제외되었던 것은 아니지만
이 시기에 활동했던 대부분의 과학철학자들, 쿤을 비롯해 파울 파이어아벤트,
칼 포퍼, 임레 라카토슈 같은 학자들은 핵심 논제의 근거를 기본적으로 물리학
의 역사에서 발견했다.

   이 두 번째 시기에는 아울러 철학과 과학사의 이른바 '상대주의적 전환'을 위
한 기반이 마련되었다. 쿤에게 영향을 받은 학자들은 경쟁 구도를 형성하는 이
론들 사이에서 특정 이론을 선택하는 과정이 과연 과학적 실험과 관찰의 세밀
함이 요구하는 사항들의 가치에 상응하는 것만 수용하는 방식으로 이루어지는
가라는 질문을 던졌다. 일찍이 포퍼가 순수하게 사변적인 차원으로 재편성했
던 과학은 이제 한 시대의 역사적 산물로 인지되기 시작했다. 이 역사적 산물을
특징짓는 것이 바로 방법론, 가치, 연구 방식 혹은 쿤이 말하는 패러다임이었
고, 이러한 요소들은 세월과 함께 변화하기 마련이며 그런 의미에서 문학이나
회화 양식과도 크게 다르지 않은 것으로 간주되었다. 동일한 차원에서 집중적
으로 논의되었던 것이 바로 서로 다른 시대에 탄생한 이론들, 예를 들어 뉴턴의
이론과 아인슈타인의 이론, 혹은 고전역학과 양자역학은 같은 기준으로 비교
가 불가능하다는 토머스 쿤의 주장이었다. 이러한 논리를 뒷받침하는 다양한
종류의 논제들 가운데 중요한 것들을 대략적으로 요약하면 다음과 같다.

   (1) 쿤에 따르면, 우선적으로, 경쟁 구도를 형성하는 두 가지 이상의 이론들
사이에는 객관적이고 중립적인 관찰의 언어가 존재하지 않는다. 포퍼가 주장
했던 것처럼, 모든 유형의 관찰 결과들이 다양한 이론을 함축하고 있다면, 실험

을 바탕으로 경쟁 구도에 놓인 이론들 사이에서 무언가를 선택한다는 것은 사실상 불가능하며, 이는 어떤 관찰 결과이든 일련의 독특한 탐색 과정에 의해 정립된 이론을 바탕으로 해석되기 때문이다.

(2) 과학 이론의 서술을 구성하는 한 용어의 의미는, 전체론holism적인 차원에서, 다른 모든 용어의 총체적인 의미에 좌우되며 이론이 수정될 때마다 변화한다. 쿤은 코페르니쿠스 같은 학자가 '행성pianeta'이라는 낡은 단어를 계속 사용하면서도 실제로는 이 용어로 '지구'를 가리켰던 반면 프톨레마이오스Klaudios Ptolemaios의 천문학에서는 동일한 용어가 겉보기운동을 하는 모든 천체를 가리켰고, 따라서 태양도 '행성'의 범주에 포함되어 있었다는 점에 주목했다. 결과적으로, 과학적 세계관에 근본적인 혹은 혁명적인 변화가 일어날 때 변화 이전과 이후에 물리적 현실을 체계화하는 방식들은, 동일한 용어들의 잔재와는 무관하게, 근본적으로 다르다고 볼 수 있다.

(3) 학자들의 관심이 과학의 사회적, 역사적, 제도적 차원으로 기울어지는 현상과 함께 분명해진 것은 특정 이론의 선택을 결정짓는 것이 다름 아닌 정치적, 경제적 요인이라는 사실이다. 따라서 특정 이론의 내부적인 일관성이라든지 실험적 차원의 확실성 같은 요인들은 연구의 방향을 선택하는 데 핵심적인 역할을 하지 못한다. 과학의 역사에서 흔히 일어났던 것처럼, 이러한 현상은 경험적인 차원에서 대등한 이론들이 경쟁 구도를 형성할 때 보다 분명하게 나타난다.

이러한 논제들의 토론은 결과적으로 과학 이론의 진실뿐만 아니라 관찰이 불가능한 현실에 관여할 수 있는 과학 이론의 역량 자체에 의혹을 제기하는 경향으로 이어졌다. 이러한 양상은 흔히 쿤이 의도했던 것과는 무관한 방식으로 전개되었지만 한편으로는 쿤의 사상 자체가 빈번히 발견되는 용어상의 불문명함으로 인해 상당히 다양한 방식으로 해석될 수 있었다는 점을 감안할 필요가 있다. 실제로 이데올로기적인 관점과 거리가 먼 학자들은 자연언어들의 경우에서처럼 몇몇 용어들 사이에 번역 불가능성이 존재할 수 있다는 점을 합리적인 차원에서 인정한다고 하더라도 이것이 곧 두 이론 간의 절대적인 번역 불가능성 혹은 비교 불가능성을 의미하는 것은 아니라는 점에 주목했다. 이러한 관점에 따르면, 두 이론을 동일한 기준으로 비교하는 것이 불가능하다는 평가 자체는 오히려 이 이론들을 단일한 관점에서 정의할 수 있는 공통된 언어가 존재한다는 것을 의미한다.

8.4   1980년대에서 오늘날에 이르기까지

쿤의 상대주의에서 비롯된 몇몇 극단적인 결과들을 대상으로 건전한 비판을 시도했던 인물은 해킹이다. 해킹은 그의 『표상하기와 개입하기』에서 다름 아닌 '실험'과 '탐구'를 과학철학의 핵심 주제로 제시했다. 결과적으로 이러한 시도는 육안으로 관측이 불가능한 실재들의 특성을 다양한 각도에서 조작하며 측정하던 과정이 다름 아닌 조작되고 측정된 것의 존재를 증언하는 식으로 전개되는 토론의 틀에서 벗어나 이 관측 불가능한 실재들에 대한 건전한 사실주의를 구축하는 단계로 이어졌다. 이 관측 불가능한 실재들을 일종의 골칫덩어리로 바라보던 신실증주의자들의 고집스러운 관점이 '실재를 향한 사실주의적' 관점이었다면, 해킹의 건전한 사실주의를 특징짓는 것은 '이론을 향한 비사실주의적' 관점, 즉 과학 이론을 단순한 도구로 간주하며 진위 여부를 잣대로 평가하지 않는 관점이다. 하지만 이러한 '반쪽짜리 사실주의'를 비판적인 시각으로 바라보기 시작한 사회학자들은 과학을 전적으로 도구적인 차원에서 이해하는 관점을 제시했다. 이들은 물리학자들과 생물학자들이 말하는 관찰 불가능한 실재들이 사실은 권력의 쟁취와 경제적 이윤을 추구하는 학자 계층의 사회적 협상을 통해 문자 그대로 '축조'되었다고 보았다.

이러한 변화 과정을 살펴보면, 우선적으로는 쿤과 그의 제자들이 우리에게 과학과 과학사의 조금은 덜 이상적인 이미지를 선사했고 과학 지식이 구축되는 과정의 사회적인 성격을 좀 더 구체적으로 이해하는 데 크게 기여했다는 점을 인정할 필요가 있다. 하지만 다른 한편으로는 이러한 '구성주의'가 지난 세기의 마지막 20년 사이에 쉽게 받아들이기 힘든 극단적인 견해를 표명했다는 사실에 주목하지 않을 수 없다. 예를 들어 에든버러학파의 데이비드 블로어 David Bloor는 1983년에 과학 지식을 권력의 기반인 사회적 구조의 단순한 반향으로 간주한 바 있고 앤드루 피커링Andrew Pickering은 1984년에 쿼크의 '구성'에 대한 책을 발표했다. 여기서 관건이 되는 것은 '자연'과 '문화'가 동일한 유형의 역사적 구성물이며 '독립적인 사실'은 과학 이론의 형성에 어떤 영향도 끼치지 않는다는 관점이다.

이러한 성향의 이론들이 지난 세기의 마지막 20년간 과학자들을 과학철학에 대한 그릇된 사고방식에서 벗어나도록 유도하는 데 부분적으로나마 기여했다면, 다른 한편으로는 과학과 철학의 생산적인 관계가 정립되기를 기대하는 학자들에게 진정한 용기를 북돋워 줄 수 있는 두 가지 성향이 같이 부각되는 결과로 이어졌다.

첫 번째 성향은 과거에 대부분의 과학철학자들이 소홀이 했던 생물학과 인지과학에 관심이 집중되면서 이 분야의 연구 결과들이 주로 정기간행물을 통해 소개되는 현상과 함께 구체화되었다. 이러한 현상은 특히 과학 분야의 저명한 리뷰《과학철학Philosophy of Science》이 물리학을 다루는 기사들 못지않게 많은 분량의 생물학 기사들을 발표했다는 사실에서 분명하게 드러난다.

첫 번째 성향과 밀접한 연관성을 지니는 두 번째 성향은 과학철학 혹은 과학철학자의 점진적이고 어쩌면 불가역적인 전문화 현상에서 유래한다. 물론 '보편적인' 차원의 연구들, 예를 들어 과학적 설명의 문제, 과학적 사실주의의 문제, 과학적 법칙들의 본질에 관한 연구들은 여전히 진행 중이지만, 지난 세기의 마지막 20년간 집중적으로 탐구된 내용들은 '보편적인' 영역에서 지속적으로 벗어나며 세분화된 과학 분야들의 핵심적인 문제에 깊이 관여하는 양상을 보였다. 어떻게 보면, 자연철학자는 더 이상 존재하지 않고 오히려 수학의 철학자, 물리학, 신경과학, 인지철학, 경제학, 기술과학, 사회과학의 철학자들만 개별적으로 존재하는 상황이 전개되었다고 할 수 있다. 양자역학 혹은 상대성 이론의 원리에 주목하며 제기된 철학적이고 개념적인 측면에 대한 토론이 일찍이 20세기 전반에 한스 라이헨바흐나 에른스트 카시러 같은 학자들에 의해 시작되었다면, 동일한 유형의 토론이 이제는 훌륭한 수학자나 물리학자 못지않게 수준 높은 지식을 갖춘 철학자들에 의해 상당히 기술적인 차원에서 전개되는 양상이 나타난 것이다.

물리학의 철학이 우리에게 여전히 말하고 있는 것은 증명된 공리들 안에 물리학 자체의 기반과 관련된 문제들, 예를 들어 소립자의 존재나 공간과 시간의 본질에 관한 문제 등이 연구 대상으로 포함되어 있다는 것이다. 이와 유사한 방식으로 생물학 혹은 심리학 분야의 철학자들 역시 진화론이나 육체와 정신의 관계와 관련하여 '과학적인 차원에서 열려 있는' 문제들을 다룬다. 이들은 상당히 전문적이고 기술적인 지식을 활용하기 때문에 전문 과학자들과 보다 생산적인 방식으로 대화를 나눈다.

과학철학의 점진적인 전문화가 가져다준 장점은 따라서 다양한 과학 분야의 전문화된 '철학적 성찰'과 과학자들의 작업, 무엇보다도 과학 자체의 개념적인 문제에 주목하는 '과학적 탐구'의 거리를 좁히면서 협력의 가능성을 제공한다는 점이다. 그런 의미에서, 비록 통일적인 성격은 사라졌지만, 근대 자연철학의 전통이 부활했다고도 볼 수 있다.

하지만 다른 한편으로는 이러한 전문화된 연구 활동이 가져올 위험에 대해서도 주목할 필요가 있다. 우선적으로는 과거에 논의되던 보편적인 차원의 문제들, 예를 들어 모든 과학에 적용될 수 있는 유일한 설명 모형의 존재를 모색하며 제기되는 '과학적 설명이란 무엇인가?'라는 질문을 완전히 사라지게 만들 수 있고 더 나아가서 과학철학의 역할이 본질적으로는 개요와 구도를 제시하는 데 있다는 사실을 망각함으로써 과학적 탐구를 총체적인 차원에서 바라보려는 시각, 바로 그런 이유에서 문화를 구성하는 또 다른 분야들과 과학의 관계에 주목하는 시각을 완전히 사라지게 만들 수 있다.

어쨌든 과학과 과학철학의 대화는, 20세기의 과학자들과 과학철학자들 모두의 입장에서, 상당히 풍부하고 효과적인 방식으로 전개되었다. 철학이 순수하게 개념적인 분석에만 매달리며 황폐해지는 결과를 피하기 위해 항상 새로운 경험적 정보들을 필요로 했다면, 과학 분야의 선두 주자들은 과학적 탐구가 순수한 적용의 문제나 세부 사항에 매달려서는 안 되며 우주의 본질과 우주 안에 머무는 인간의 위상을 깨닫기 위해 끊임없이 노력해야 한다는 것을 깨달았다. 과학자들은 자신의 이론에 대한 해석을 시도할 때마다, 다시 말해 그들의 이론이 세계에 대해 과연 무슨 이야기를 하는지 이해하려고 노력할 때마다 철학적인 질문들을 제기했다. 다름 아닌 이러한 유형의 질문들 덕분에, 예를 들어 아인슈타인이 1930년대에 상당히 회의적인 입장에서 양자역학의 해석과 관련하여 제기한 뒤 1950년대와 1960년대에 데이비드 봄David Bohm과 존 스튜어트 벨John Stewart Bell에 의해 재조명된 질문들 덕분에 물리학은 최근 20년간 이론적이고 실험적인 차원에서 예기치 못한 발전을 이룩할 수 있었다.

9

물리학자들의 철학

9.1 새로운 세기의 전주곡

19세기 말과 20세기 초반 사이에 물리학 분야에서는 중대한 변화가 일어났다. 19세기 말에는 과거에 명백히 독자적인 영역으로 구분되던 분야들이 서서히 통합되는 양상을 보였다. 예를 들어 전자기학은 광학 현상과 전기역학 현상을 통합하는 방향으로, 아울러 기체의 분자운동론과 통계역학도 협력관계를 구축하는 방향으로 나아갔다. 하지만 화학과 물리학이 1900년을 전후로 거둔 놀라운 성공을 근거로 19세기 말에 과학의 내부적인 갈등이 전혀 없었다고 판단하는 것은 잘못된 생각이다. 대부분의 과학 신봉자들은 모든 물리적 현상을 역학의 원리들로 환원할 수 있다고 믿었던 반면 다른 이들은 과학적 유물론을 극복하기 위해 질료의 개념을 에너지의 개념으로 대체할 필요가 있다고 주장하거나 역학적 환원주의에 반대하며 역학을 전자기학으로 대체해야 한다고 주장했다. 하지만 몇몇 중요한 실험 결과들은 이러한 문제들과 관련된 과학의 발전 구도를 빠르게 변형시켰다.

1895년에 빌헬름 콘라트 뢴트겐Wilhelm Conrad Röntgen은 음극선cathode ray에서 이른바 'X'라는 광선이 발생한다는 사실과 이 X선은 빛이 통과할 수 없는 두터운 사물을 투과할 수 있으며 질료나 방사선으로 분류되지 않고 전자기장의 영향으로 굴곡을 일으키거나 반사와 굴절 현상도 일으키지 않는다는 사실을 발견했다. 20년 후에는 막스 폰 라우에(Max von Laue, 1879~1960년), 윌리엄 헨리 브래그(William Henry Bragg, 1862~1942년), 그의 아들 윌리엄 로런스 브래그(William Lawrence Bragg, 1890~1971년)의 연구를 바탕으로 X선은 본질적으로 파장이라는 사실이 밝혀졌다. 1897년에 조지프 존 톰슨(Joseph John Thomson, 1856~1940년)은 음극선이 일종의 하전입자로 구성되며 이 하전입자들이 전해질이온화와 동일한 규모의 전류를 전달하고 수소이온에 비해 1,000배가량 더 가볍다는 사실을 발견했다. 이 하전입자는 뒤이어 전자로 명명되었고, 원자의 구조를 구축하는 핵심 요소이자 질료와 방사선이 상호작용을 일으키는 주요 원인으로 규명되었다.

전자에 관한 탐구는 방사선 연구와 병행되는 양상을 보였다. 1896년에는 앙리 베크렐(Henri Becquerel, 1852~1908년)이 우라늄 결정체가 사진판에 자국을 남기는 현상에서 우라늄이 방사선 물질이라는 사실을 발견했고 이 분야에서 가장 결정적인 역할을 한 마리 퀴리(Marie Curie, 1867~1934년)와 피에르 퀴리(Pierre Curie, 1859~1906년)는 방사성 원소들을 연구하면서 폴로늄과 라듐을 발견했다. 방사선에는 다양한 유형이 존재한다는 사실도 밝혀졌고 어니스트 러더퍼드(Ernest Rutherford, 1871~1937년)는 방사선을 침투력이 약한 '알파' 유형과 침투력이 강한 '베타' 유형으로 분류했다. 리더퍼드에 따르면, 양전하를 지닌 베타 방사선은 자기장의 영향을 받을 때 쉽게 굴곡을 일으킨다. 베타 방사선의 전하와 질료의 관계는 톰슨의 하전입자 이론에서 정립된 관계와 동일하다. 다시 말해, 베타 방사선은 전자들의 흐름으로 구성된다. 반면에 알파 방사선이 헬륨 원자핵의 흐름이라는 사실은 비교적 뒤늦게 발견되었다. 폴 빌라르(Paul Villard, 1860~1934년)는 라듐이 방출하는 방사선에서 '감마' 유형, 즉 X선과 상당히 유사한 새로운 유형의 전자기파를 발견했다.

9.2 새로운 세계

역학적 환원주의를 중심으로 전개되던 토론은 음극선, X선, 방사선 발견 이후 원자의 구성 요소로 간주되기 시작한 새로운 미립자에 관한 토론으로 전이되는 양상을 보였다. 하지만 세계의 전자기장적인 이미지, 즉 물리학의 모든 법칙이 전자기학적 법칙들로 환원될 수 있다고 보는 관점은 이러한 이미지 자체가 안고 있는 복합성으로 인해, 그리고 상대성 이론의 성공과 양자 이론에 대한 지대한 관심으로 인해 빠르게 퇴색되고 말았다. 1900년에 막스 플랑크Max Planck는 '양자quantum'의 개념, 즉 질료가 전자기적 방사 작용을 통해 질료로부터 얻어 낼 수 있는 최소한의 에너지 양이 존재한다는 이론을 제기했고 1905년에 앨버트 아인슈타인은, 플랑크의 이론을 뛰어넘어, '양자화'되는 것은 에너지의 환원을 주도하는 메커니즘이 아니라 전자기장 자체라는 관점을 바탕으로 광전효과를 설명하는 데 성공했다. 뒤이어 양자 이론은 전자에 '고정적인' 유형의 궤도를 부여한 닐스 보어의 원자핵 모형을 전적으로 수용하면서 발전했다.

1905년에 아인슈타인은 그에게 노벨상(1921년)을 안겨 준 광전효과에 대한 설명 외에도 브라운 운동과 특수 상대성 이론에 관한 논문을 발표했다. 식물학자 로버트 브라운Robert Brown이 1827년에 관찰했던 현상, 즉 표류 상태에 놓인 미소입자들의 불규칙한 운동에 대한 아인슈타인의 설명은 장 바티스트 페랭Jean Baptiste Perrin의 세밀한 실험을 통해 사실로 규명되었고 페랭은 이 연구로 1926년에 노벨상을 수상했다. 반면에 상대성 이론의 점검 과정은 훨씬 더 복잡하게 전개되었다. 19세기의 파동 이론은 빛이 에테르aether를 투과하며 퍼져 나간다는 전제하에 정립되었지만 에테르의 존재를 실험적인 차원에서 증명하는 근거는 제시되지 않았다. 더군다나 파동 이론의 지지자들은 에테르에 대한 상대적 운동이 '절대적 운동'으로 간주되는 체계를 '선호할 만한 참조 체계'로 선택했기 때문에 물리적인 현상에 대한 설명에 예기치 않았던 균열이 발생했다. 1892년 갈릴레이의 상대성 원리를 확대 적용하며 새로운 변화를 가져왔던 로런츠Hendrik Lorentz도 사실은 동일한 체계를 고집했다. 이러한 문제점에 주목하며 이론적 혁신을 도모했던 인물이 바로 아인슈타인이다. 에테르의 존재를 부인하며 갈릴레이의 상대성 원리를 전자기학뿐만 아니라 역학으로까지 확장시킨 아인슈타인은 결정적으로 어떤 참조 체계를 '선호'한다는 생각 자체를 거부했다. 더 나아가서 아인슈타인은 빛의 속도가 불변하며 시간에 비례하는 위치 변화의 차원에서 최대치의 한계를 표상한다고 보았다. 이 모든 것에서, 아인슈타인의 연구에 힘입어, 동시성의 상대성 이론과 과거, 현재, 미래의 구분은 절대적이지 않으며 오히려 참조 체계, 즉 물리적 실체의 운동체계에 좌우된다는 이론이 탄생했다. 이 시점에서 물리학은 관성 좌표계, 즉 등속직선운동체계와 관련된 모든 물리적 현상들을 통일된 방식으로 설명할 수 있는 단계에 이르게 된다.

1907년부터 아인슈타인은 운동의 상대성 원리가 가속운동체계에도 적용될 수 있는지, 아울러 자신이 완성한 전기와 자기의 통합 이론이 중력에까지 확장 적용될 수 있는지 검토하기 시작했고 수학자인 친구 마르셀 그로스만Marcel Grossmann의 도움으로, 아울러 그레고리오 리치쿠르바스트로Gregorio Ricci-Curbastro와 툴리오 레비치비타Tullio Levi-Civita의 미분기하학 연구 결과를 활용하면서 1916년에 일반 상대성 이론을 완성했다. 이 이론에서 중력은 더 이상 물체들 사이에 존재하는 힘이 아니라 공간의 한 특성으로 간주된다. 예를 들어 A의 운동은 B에 의한 '중력인력gravitational attraction'에 기인한다는 식의 설명이 일반적이었다면 이제 A의 운동은 B의 질료가 '굴곡을 일으키는' 공간 안에서 전개되는 운동으로 정의된다.

좀 더 간단히 말하자면 아인슈타인이 보여 주는 것은 '중력인력'과 '가속'의 절대적인 등가성이다. 아인슈타인은 관성좌표계가 궁극적으로는 시공간 안에서 가장 짧은 궤도, 이른바 '측지선'을 따라 움직이는 관찰자들의 관점에 상응하는 체계라는 결론을 내렸다. 이러한 내용을 바탕으로 아인슈타인은 진정한 의미에서 보편적이라고 할 수 있는 상대성 원리를 정립했고 '관성질량inertial mass', 즉 특정 물체를 구성하는 질료의 양과 '중력질량gravitational mass', 즉 한 물체가 중력인력을 느끼는 강도의 등가성을 이론화했다. 아인슈타인은 상대성 이론을 증명하는 데 '결정적인 근거'가 될 수 있는 세 가지 사항, 즉 수성 궤도의 세차운동, 빛이 질량을 가진 물체 곁을 지나면서 일으키는 굴절 현상, 은하의 스펙트럼이 일으키는 적색이동을 검토했다. 첫 번째 근거의 경우, 아인슈타인의 계산은 전통 역학의 예상과 실험 결과 사이의 미세한 차이를 메우기에 충분한 것으로 나타났다. 두 번째 근거의 경우, 아인슈타인이 주목했던 중력장의 영향을 고려한 빛의 굴절률은 대략 1세기 전에 헨리 캐번디시Henry Cavendish가, 그리고 캐번디시와는 무관하게 개별적으로 요한 게오르크 폰 졸트너Johann Georg von Soldner가 빛의 미립자 이론을 연구하며 계산했던 것의 정확하게 두 배라는 사실이 드러났고 아인슈타인의 주장은 뒤이어 아서 에딩턴Arthur Eddington의 실험 결과를 토대로 더욱 확고한 지지를 얻었다. 세 번째 근거인 적색이동은 은하의 스펙트럼에서 실질적으로 드러나는 현상이다. 그러나 두 번째와 세 번째 관찰 결과들은 당대의 학문적 수준을 감안할 때 특별히 치밀하다고는 볼 수 없는 단계에 머물러 있었고 일반 상대성 이론이 초기에 거둔 성공을 뒷받침하는 것은 실험적 근거라기보다는 내부적인 논리적 일관성이었다. 아인슈타인의 이론은 뒤이어 상대성 이론에 입각한 우주론 분야에서 새로운 형태의 우주 모형을 연구하기 시작한 천문학자들에게 지대한 영향을 끼쳤다.

9.3 순수의 상실

앞에서 살펴본 이론적인 결과들 못지않게 중요한 것은 실험적인 결과들이다. 1934년에 마리 퀴리의 딸 이렌 졸리오퀴리(Irène Joliot-Curie, 1897~1956년)는 남편 프레데리크 졸리오퀴리(Frédéric Joliot-Curie, 1900~1958년)와 함께 인공방사능의 발견 소식을 발표했다. 그리고 몇 달 후에는 엔리코 페르미(Enrico Fermi, 1901~1954년)가 감속된 중성자를 매개로 다양한 원소의 핵변환을 이끌어 내는 상당히 효과적인 방사능 유도 방식을 발견했다.

1938년과 1939년 사이에는 중성자가 우라늄의 핵붕괴를 일으킬 수 있다는 사실이 밝혀졌고 이를 계기로 핵에너지를 활용하기 위한 본격적인 탐구가 시작되었다. 아인슈타인은 1939년 여름, 레오 실라르Leo Szilard의 조언으로 프랭클린 루즈벨트Franklin Roosevelt 대통령에게 에너지 자원으로서의 우라늄이 지닌 잠재력과 우라늄이 전쟁을 목적으로 사용될 수 있다는 사실에 대한 설명을 제공했다. 미국은 독일의 나치체제를 거부하며 망명한 과학자들을 위해 보호시설을 만들었고 이들 중 상당수가 미국 정부의 핵개발 계획에 적극적으로 참여했다. 1942년 12월 2일에는 우라늄 핵에서 에너지를 추출해 낼 수 있는 최초의 원자로가 시카고에서 작동되기 시작했고 1945년 7월 16일에는 뉴멕시코 사막에서 최초의 원자폭탄 실험이 이루어졌다. 원자폭탄 제작에 참여했던 과학자들은 핵을 전쟁에 직접 활용하는 방안에 찬성하는 이들과 원자폭탄 실험은 단순한 실험으로 그쳐야 한다는 입장을 고수하는 이들로 양분되는 양상을 보였다. 하지만 상황은 이미 돌이킬 수 없는 방향으로 흘러가고 있었다. 1945년 8월 5일 히로시마에, 8월 9일 나가사키에 원자폭탄이 투하되었고 14일에 일본은 무조건 항복을 수락했다.

제1차 세계대전 당시에 물리학자들이 고도의 정밀성을 발휘하는 발사 무기를 비롯해 전기통신 장비, 비행기, 잠수함, 음파탐지기 등의 제작에 기여했다면, 제2차 세계대전 당시에는 핵에너지의 활용을 비롯해 레이더와 미사일 기술의 발전에 기여했다. 분쟁의 세계화 현상은 과학자들이 연구 결과를 공유하고 정보를 교환할 수 있는 국제적인 차원의 교류를 가로막았지만 다른 한편으로는 다양한 형태의 국가적인 지원이 과학자들에게 보장되는 결과를 가져왔다. 특히 전쟁이 끝난 뒤에도 지식인이자 과학자로서 나름대로 전쟁에 참여했던 물리학자들은 자신들의 미래와 연구 활동을 위해 보다 넉넉한 지원과 투자를 요구했다.

상당히 다양한 형태의 기술 분야에 응용되었던 고체물리학Solid-state physics은 다른 몇몇 분야들과 함께 응집물질물리학Condensed matter physics의 일종으로 분류되면서 확실하게 성공적인 분야로 부상했다. 반면에 우주론의 경우 학자들은 고정적인 형태의 우주 모형을 포기하고 확장형의 우주 모형을 선호하기 시작했다. 하지만 우주의 팽창은 질료의 지속적인 창조를 기반으로 전개되는가 아니면 어떤 사건을 시발점으로 전개되는가라는 문제가 제기되었다. 1950년에 프레드 호일Fred Hoyle은 후자를 하나의 대폭발 사건으로 간주하며 이를 가리키기 위해 '빅뱅big bang'이라는 명칭을 고안해 냈다. 물론 이는 부정적인 차원의 묘사였다. 왜냐하면 호일은 첫 번째 입장, 즉 영원히 존재하는 우주가 새로운 물질을 꾸준히 만들어 내며 일정 부분 팽창한다는 이른바 정상우주론Steady State theory의 지지자였기 때문이다. 우주의 팽창에 관한 논쟁은 뒤이어 보다 철학적인 성격의 논쟁으로 발전하며 심지어는 정치적이고 종교적인 성격의 주제들까지 언급하는 양상을 보였다. 상당수의 천문학자들이 정상우주론을 결정적으로 포기한 것은 1965년, 빅뱅의 흔적 혹은 '화석'으로 간주되는 '우주 마이크로파 배경cosmic microwave background'이 발견되었을 때다.

1950년대부터는 입자가속기의 실험과 연구 활동이 활발하게 전개되었고 이는 우주 방사선에서 관찰되는 입자들의 연구를 용이하게 만들었다. 우주 방사선을 다루는 물리학은 머지않아 이른바 입자물리학으로, 즉 물질의 본질적인 구성에 대한 정보를 제공할 수 있는 사실상 유일한 학문으로 정립되었다. 뒤이어 학자들은 입자가속기에 힘입어 새로운 입자들을 생산해 내는 단계에 돌입했고 몇 년 사이에 입자들의 수가 100개를 넘어서자 이를 통괄하기 위한 조합이론, 이른바 '표준 모형Standard Model'을 고안해 냈다. 이는 기본 입자들과 이들의 상호작용에 관한 이론으로 여기에는 '전자기 상호작용' 및 '약한 상호작용'과 양성자, 중성자, 뮤 입자를 구성하는 쿼크들 사이의 상호작용을 총괄하는 통합이론이 포함된다. 오랜 세월의 기다림 끝에 드디어 해결된 듯이 보이는 힉스 보손의 문제 외에도 20세기의 물리학이 유산으로 남긴 문제들 가운데 하나는 다음과 같은 질문으로 요약된다. 우리가 알고 있는 입자들의 목록은 근본적으로 완전한가, 아니면 아직 관찰되지 않은 또 다른 입자들이 존재하는가? 물리학자들은 당연히 입자들에 관한 양적 차원의 정보를 제공할 수 있을 뿐 아니라 중력과의 관계를 설명할 수 있는 완전한 이론을 구축하기 위해 노력하고 있다.

상대성 이론

/ 아인슈타인의 기여

뉴턴의 역학, 특히 힘과 관련된 법칙들이 하나의 물리적 체계에서 발생할 수 있는 상이한 속도들에 좌우되지 않으며 단지 속도의 차이, 즉 가속도에만 좌우된다는 것은 익히 알려진 사실이다. 이러한 사실은 실제로 모든 관성체계들을 물리적인 차원에서 동등한 것으로 만들어 버린다. 특히 정지 상태에 있는 것으로 간주되는 체계와 상대적으로 등속직선운동을 하는 체계는 실험적인 차원에서 분간이 불가능하다. 왜냐하면 두 체계 가운데 어느 하나에서 우리가 멈춰 있는지 아니면 등속운동을 하고 있는지 결정하는 것이 불가능하기 때문이다. 흔히 갈릴레이의 상대성 원리라고도 부르는 이 원칙에 따르면 절대적 부동 상태를 유지하는 특권적 관성체계(뉴턴의 절대 공간)가 존재할 수 있다는 가정은 사실상 확인이 불가능하다.

　여하튼, 19세기 후반에 밝혀졌고 고전적인 전자기 이론의 기반을 이루는 '맥스웰 방정식Maxwell's equations'은 빛의 속도 C에 핵심적인 역할을 부여할 뿐 아니라 관성체계에서 전자기력이 물체의 속도 V에 좌우된다는 사실을 명확하게 보여준다. 고전역학과는 달리, 전자기 이론은 참조를 위한 특권적인 관성체계의 존재, 즉 전자기 파장이 완벽한 유연성을 지닌 매개체 에테르를 통해 전파될 때 이 매개체가 절대적인 정지 상태를 유지하는 관성체계의 존재를 전제하는 듯이 보인다. 하지만 이어서 빛은 하나의 특별한 전자기적 현상이라는 것이 밝혀졌기 때문에 결과적으로 빛의 속도는 비유동적 에테르에 대해서만 C와 같다는 결론을 내릴 수 있다. 따라서 고전역학은 갈릴레이의 상대성 원리를 토대로 정립되지만 이 상대성 원리를 반증하는 것은 전자기 이론인 셈이다.

아인슈타인의 특수 상대성 이론이 크게 기여한 부분들 가운데 하나는 바로 19세기 물리학의 이 두 영역 사이에서 생성된 뿌리 깊은 개념적 모순을 상쇄시켰다는 것이다. 상대성 원리를 전자기 이론으로까지 확장하면서 모순을 제거하는 과정은 물리적 공간과 시간의 개념을 본질적인 차원에서 변형시키는 결과를 가져왔다.

19세기 말에는 비유동적 에테르에 대한 지구의 상대적인 가상 속도를 계산할 목적으로 일련의 실험이, 당대의 상황을 고려했을 때 상당히 정확한 방식으로 이루어졌다. 실험을 주도했던 앨버트 마이컬슨과 에드워드 몰리는 빛이 직각을 형성하는 두 방향으로 진행했다가 다시 만나면서 일으키는 간섭 현상을 관찰하도록 고안된 정밀한 간섭계interferometer를 사용했다. 에테르가 존재한다는 가정이 사실일 경우 두 갈래의 빛은 서로 간섭을 일으켜야 한다는 것이, 다시 말해 밝은 부위와 어두운 부위가 번갈아 나타나는 지대를 생성해야 한다는 것이 이들의 생각이었다. 하지만 이들은 몇 달에 걸쳐 반복된 실험에도 불구하고 기대했던 결과를 얻어 내지 못했다. 실험의 실패 원인을 설명하려는 최초의 진지한 시도는 몇 년 뒤에(1892년) 조지 피츠제럴드George Fitzgerald와 헨드릭 로런츠에 의해 이루어졌다. 이들은 개별적으로 에테르에서 지구가 움직이는 것과 같은 방향으로 움직인 거리는 지구의 속도에 비례해 수축한다는 설명을 제시했다. 이로써 간섭의 부재 이유는 자연스럽게 해명이 된 셈이었고 동시에 에테르에 대한 빛의 속도는 C라는 전제도 그대로 유지할 수 있었다. 로렌츠의 입장에서 중요한 것은 왜 빛의 속도가 모든 관성체계에서 동등해 보이는지 설명하는 것이었다. 왜냐하면 이는 분명히 "부자연스러운" 일이었고, 특히 우리가 빛을 향해 움직일 때와 빛에서 멀어질 때 우리를 기준으로 계산된 빛의 속도가 달라야 하는 만큼, 비상식적이었기 때문이다.

아마도 에테르에 대한 지구의 상대적인 속도를 실험적인 차원에서 제시하기 힘들다는 이유 때문이었겠지만 아인슈타인은 절대적인 부동 상태의 물리체계를 전제할 때 전자기적 현상과 관련하여 발생하는 '거추장스러운' 불균형의 문제를 해결하려는 보다 구체적인 의도를 가지고 새로운 이론의 구축을 시도했다. 아인슈타인은 두 가지 기본적인 원리에서 출발했다. 첫 번째, 다름 아닌 상대성의 원리를 바탕으로 아인슈타인은 역학적 현상들의 상대성을 전자기적 현상으로까지, 잠정적으로는 물리학 전체로 확장함으로써 특권적 관성체계가 전제되어야 할 필요성 자체를 제거했다. 빛의 속도와 관련된 두 번째 원리는 개념적인 관점에서 훨씬 더 혁신적이었다. 왜냐하면 로렌츠를 비롯한 다른 물리학자들이 받아들이려고 하지 않았던 사실, 다시 말해 빛은 모든 관성체계에서 발광체의 속도와는 무관하게 동일하고 일정한 속도를 유지한다는 사실을 인정했기 때문이다.

/ 상대성, 동시성, 시공간

바로 이 두 번째 원리를 토대로 아인슈타인은 원거리에서 벌어지는 두 사건들 사이의 동시성 관계를 절대적인 것으로 간주하는 관점에서 점점 더 멀어지는 방향으로 나아갔다. 이는 역사상 가장 독창적인 수학자 앙리 푸앵카레도 이론적인 서술(1905년)에 상당히 근접해 있었을 뿐 감히 내딛지 못한 행보였다. 두 번째 원리와 함께 대두된 새로운 문제는 두 관성체계에서 빛의 속도가 동일하고 두 체계의 시간도 동일한 방식으로 흐른다는 것이 전제된 상태에서 두 관성체계의 관찰자가 만나는 지점에 비춰진 빛이 체계마다 상이한 거리를 횡단한다는 것이 어떻게 가능한지 설명하는 것이었다. 분명한 것은 오로지 두 관성체계의 시계, 즉 구조적인 시간이 상이한 방식으로 흐를 때에만, 다시 말해 먼 거리에서 벌어진 두 사건의 동시성이 각각의 관성체계에 좌우될 때에만, 두 체계에서 기록되는 빛의 횡단 거리가 다른 것과는 무관하게, 아인슈타인의 두 번째 원리대로, 빛은 어느 관성체계에서든 동일한 속도를 지닌다고 볼 수 있다는 것이었다.

상이한 관성체계에서 관찰자들에게 시간이 다른 방식으로 전개되며 결과적으로 동시성 자체가 '상이한' 관성체계들과 직결된다는 생각은 특수 상대성 이론이 가져온 두 가지 혁신적인 측면들 가운데 하나다. 뉴턴의 물리학에서 우주적인 차원으로 확장된 현재가 본질적으로 우리의 '지금 여기'와 동시에 진행되는 사건들의 부류, 다시 말해 사실상 어떤 특별한 상태의 관성운동에 좌우되지 않는 부류에 의해 정의되는 반면, 특수 상대성 이론에서 동시성은 어떤 특별한 상태의 운동에 좌우되며 결과적으로 한 사건의 '현재'는 사건 자체로 환원된다.

특수 상대성 이론을 토대로 이루어진 또 하나의 혁신은 시간과 공간이 하나의 4차원적인 총체로 통합되었다는 데 있다. 이 시공간의 존재는 특히 특수 상대성 이론에 대한 헤르만 민코프스키Hermann Minkowski의 기하학적 해석에서 분명하게 명시된 바 있다. 관성운동에 특별한 위상을 부여하며 관성계의 운동과 비관성계의 운동을 절대적으로 구분한다는 점에 있어서 뉴턴의 역학을 따르지만, 그럼에도 불구하고 특수 상대성 이론은 사건들에 대한 공간적인 차원의 분리나 시간적인 차원의 분리에 어떤 불변하는 의미를 부여하지 않는다. 절대적인 의미 혹은 관성체계의 관찰자로부터 독립적인 의미를 유지하는 것은 '분리'를 관찰하는 관점들의 적절한 '총합'에 지나지 않는다. 바로 그런 이유에서, 민코프스키가 기록했던 것처럼, "분리된 상태에서 고려된 공간과 분리된 상태에서 고려된 시간은 어두운 그림자 속에서 해체될 운명에 처해 있다. 오로지 공간과 시간의 통일된 유형만이 하나의 독립적인 현실을 유지할 수 있다". 민코프스키가 20세기의 학자들에게 물려준 값진 유산은 이처럼 불변하는 이론적인 측면들을 고집하며 이루어진 '에를랑겐 프로그램'(1873년)에서 찾아볼 수 있다. 뒤이어 이 프로그램을 토대로 또 다른 물리학 이론들의 기하학화가 이루어졌다. 어떤 특수 기하학을 정립하는 것 외에도, 이처럼 불변하는 이론들은 위의 인용문에서 분명하게 확인할 수 있듯이 독립적이고 객관적인 물리량에 상응한다.

모든 운동은 상대적이며 어떤 물체에 대한 특정 물체의 상대적 운동이라고 생각했던 에른스트 마흐의 관점에 영향을 받아, 아인슈타인은 앞서 언급한 상대성 원리, 즉 관성체계에만 적용되던 원리를 등속운동체계에까지 확대 적용함으로써 상대성 원리 자체의 보편화(1907년)를 시도했다. 중력장에서의 자유낙하운동체계와 관성체계의 공간적 등가성, 즉 아인슈타인이 그의 생애에서 "가장 행복한 생각"이었다고 평가한 '등가 원리'는 그가 뒤이어 일반 상대성 이론을 체계화하는 데 결정적인 역할을 하게 된다. 아인슈타인은 일반 상대성 이론을 1916년까지 열정적으로 연구했다.

이 원리의 타당성을 분명하게 증명하는 것은 물체의 가속에 저항하는 관성질량과 중력에 좌우되는 중력질량의 비례성이다. 일찍이 갈릴레이의 시대에서부터 주목받아 왔던 이 비례성은 중력장에 있는 물체들이 모두 동일한 가속도로 낙하하는 현상의 직접적인 원인이다. 로란드 외트뵈시Loránd Eötvös는 이 신비로운 비례성을 일찍이 19세기 말부터 측량하기 시작했고 뒤이어 이에 대한 최초의 이론적인 설명을 제공하는 아인슈타인의 새로운 등가 원리가 등장했다. 아인슈타인의 설명에 따르면, 중력이 없는 관성계에서 $-a$의 속도로 등가속도운동을 하는 물체의 '관성적인' 특성은 균일한 중력장의 비관성계에서 가속도 a로 낙하하는 물체의 '중력적인' 특성과 일치한다. 결과적으로 관성과 중력은 뒤이어 하나의 유일한 특성을 설명하기 위한 두 가지 상이한 방식으로 정립된다.

일찍이 1907년에 아인슈타인은 등가 원리로부터 관찰이 가능한 두 가지 결과를 도출해 냈다. 다시 말해 빛이 휘는 현상의 원인은 중력이라는 사실과 빛의 파장이 중력장에서 상승하거나 하강함에 따라, 즉 빛의 진동수가 줄어들거나 늘어남에 따라 적색편이 혹은 청색편이를 일으킨다는 사실을 도출해 냈다. 이로써 시공간의 기하학은, 즉 이 경우에 시간의 흐름은 중력장에 영향을 받을 수 있으며, 민코프스키의 시공간에서 일어나는 것과는 달리, 질량 배분으로 변화를 일으킬 수 있다는 것이 처음으로 명백해졌다.

취리히 공과대학의 수학자이자 오랜 친구인 마르셀 그로스만과 함께 1913년에 쓴 논문에서 아인슈타인은 균일하지 않은 중력장이 우주의 커다란 일부를 차지할 수 있으며 이 중력장이 구형과는 달리 굴곡의 방향이 일정하지 않은 곡면(예를 들어 럭비공)으로 묘사될 수 있다는 의견을 처음으로 표명했다. 아인슈타인에 따르면 이 중력장의 표면은 부분적으로 시간에 의해, 혹은 거의 균일한 장을 지닌 '파편들'에 의해 구성된다. 아인슈타인이 제시한 비유에서, 중력장의 부분적인 균일성은 곡면의 아주 미세한 '근방'의 특성이며, 근방은 에우클레이데스 기하학적 표면 혹은 평면, 예를 들어 구형의 접면에 상응하는 것으로 간주될 수 있다. 이 근방에서는 상대성 원리가 제한적으로만 적용되는 반면, 장이 균일하지 않은 우주의 표면 전체는 비에우클레이데스 기하학적인 특성을 지닌다.

일찍이 19세기에 칼 프리드리히 가우스, 니콜라이 로바체프스키, 베른하르트 리만에 의해 발전되었고 뒤이어 그레고리오 리치쿠르바스트로, 툴리오 레비치비타 같은 이탈리아 수학자들이 미분법의 관점에서 연구한 바 있는 비에우클레이데스 기하학은 이미 물리학에 적용될 수 있는 단계에 들어서 있었다. 실제로 아인슈타인이 그로스만과 함께 쓴 1913년의 논문에서, 중력 이론은 휜 시공간의 기하학 속에 흡수되었다고 볼 수 있다. 왜냐하면 휜 시공간에서 "가능한 한 곧게 뻗은" 직선, 혹은 관성운동을 바탕으로 정의되는 측지선geodesic이 중력에만 의지하며 자유낙하 운동을 하는 입자의 궤도를 표상하고 한편으로는 가속 상태의 두 측지선이 시공간의 굴곡을 결정하기 때문이다.

이 1913년의 논문 속에는 개념적인 차원에서 일반 상대성 이론이 지니는 혁신적인 측면이 이미 포함되어 있었다. 여기서 시공간의 기하학은 질량 배분에 좌우되며 시간과 공간은 더 이상 우주의 역사가 보여 주는 위대한 드라마의 무기력한 관람자가 아니라 역사에 적극적으로 참여하는 주인공으로 간주된다. 질료가 중력장을 생성하며 시공간의 굴곡에 영향을 끼치는 반면 다름 아닌 시공간의 굴곡이 질료의 운동을 인도한다. 천문학자 아서 에딩턴의 비유를 인용하면, 신축성이 있는 천(시공간)을 펼쳐 놓고 그 위에 무거운 쇠구슬(질료)을 올려놓을 때 생기는 주름이 그 위에서 벌어지게 될 운동의 향방을 결정한다. 끝으로, 기억해 두어야 할 것은 아인슈타인의 이론에 등장하는 모든 방정식이 공변식covariant의 형태를 취하기 때문에 미리 설정되는 유형의 특정 좌표계에 좌우되지 않는다는 사실이다. 이러한 특징은 세계를 특별한 체계에 의존하는 형태로 설명하지 않으려는 요구에 부응한다.

/ 일반 상대성 이론의 실험적 근거

아인슈타인이 남긴 1915년의 여러 기록과 노트에서 나타나듯이, 아인슈타인은 중력 방정식을 우리가 알고 있는 형태에 도달할 때까지 다양한 방식으로 수정하면서 수성의 근일점이 이동하는 현상에 대한 정확한 설명을 제시하는 데 성공했다. 이는 뉴턴의 물리학을 토대로는 설명이 불가능했던 부분이다. 실제로 수성은 동일한 경로를 따라 움직이지 않으며 근일점, 즉 태양과 가장 가까운 지점에 도달하기 위해 이를테면 이전 근일점에서 출발해 공전 완료 과정을 반복한다. 뉴턴의 역학을 바탕으로 모든 행성들의 영향력을 감안했을 때 수성의 궤도는 100년간 531초각이 이동하는 것으로 나타났지만 실제의 관측에 따른 치수는 100년간 574초각이었다. 따라서 43초각의 차이가 있었지만 그 이유는 설명되지 않은 채 남아 있었다. 아인슈타인은 이론적인 결과와 관찰의 결과 사이에 존재하는 차이가 뉴턴의 역학 법칙을 시공간의 법칙으로 대체할 때 사라진다는 점에 주목했고 그런 식으로 자신의 이론이 옳을 뿐 아니라 원거리의 영향력이 전제되어야 한다는 불리한 조건을 뉴턴 자신도 받아들이기 어려워했던 만큼 뉴턴의 이론은 이제 포기해야 한다는 확신을 지니게 되었다. 수성의 근일점 이동 현상에 대한 아인슈타인의 정확한 설명은 여전히 오늘날에도 일반 상대성 이론의 타당성과 우수성을 증명하는 상당히 중요한 실험적 근거로 간주된다.

　일반 상대성 이론의 두 번째 실험, 즉 아인슈타인에게 세계적인 명성을 안겨준 실험은 빛이 거대한 천체들을 지날 때 휘어 보이는 현상과 연관된다. 이를 확인하기 위해 1919년 개기일식 때 찍은 별들의 사진과 이 별들이 다시 밤하늘에 나타날 때 찍은 사진의 비교가 이루어졌고, 결과적으로 별들의 위치에 차이가 있으며 그 차이가 아인슈타인이 이론적으로 예상했던 각도와 거의 일치한다는 것이 밝혀졌다.

　기억해야 할 것은 일반 상대성 이론이 광활한 우주를 정확한 수학적 모형을 바탕으로 관찰하고 묘사할 수 있는 가능성의 기반을 이룬다는 것이다. 수학적 정확성이야 말로 우주론이 순수하게 신화적이거나 사변적인 영역에서 과학으로 변화하는 데 결정적인 역할을 한 요인이라고 할 수 있다.

1917년에 아인슈타인은 처음에 팽창도 수축도 하지 않는 정적인 유형의 우주론 모형을 제시했다. 이 모형 안에서 특정 질료로부터 무한히 멀리 떨어져 있는 질료는 존재하지 않았고 인력의 균형을 유지하기 위한 척력이 존재하며 이를 표상하는 것이 이른바 우주 상수였다. 하지만 뒤이어 정적인 것과는 반대되는 역동적인 유형의 우주론 모형들이 등장하기 시작했다. 예를 들어 러시아의 물리학자 알렉산드르 프리드만Alexander Friedmann은 1922년과 1924년 사이에 균등하고(우주 공간의 모든 표면은 질적으로 균등하다) 등방적일(우주 공간 내의 모든 방향은 대등한 가치를 지닌다) 뿐 아니라 헤르만 바일Hermann Weyl이 1918년에 연구한 바 있는 '우주의 시간'을 비롯해 우주의 진화 가능성을 인정하는 우주론 모형을 제시했다. 프리드만의 우주론 모형이 지니는 균등성은, 비록 초기에는 아무도 관심을 기울이지 않았지만, 1929년 하워드 퍼시 로버트슨Howard Percy Robertson의 노력으로 타당성을 인정받았다. 로버트슨이 타당성의 근거로 제시했던 것은 특별한 기준으로 기능하는 방향의 존재를 식별할 수 있는 관찰자는 존재하지 않는다는 우주론적 원칙이었다. 로버트슨의 우주론 모형에서, 물질의 다양한 진화 경로들은 처음부터 모두 분리된 상태에서 출발하거나 수렴되거나 뒤이어 분리와 수렴을 병행한다. 학자들은 이러한 의견을 은하들의 후퇴 현상에 주목한 에드윈 허블Edwin Powell Hubble의 관찰 결과(1929년)와 함께 검토하면서 표준적인 '빅뱅' 이론, 다시 말해 태동기의 우주는 굉장히 뜨겁고 밀도가 높은 상태였으리라는 관점에 접근하기 시작했다.

1935년에 로버트슨과 아서 제프리 워커Arthur Geoffrey Walker는 물질의 밀도가 지니는 중요성에 주목하며 이를 감안한 표준적인 우주론 모형의 일반적인 정의를 시도했다. 이들은 물질의 밀도를 '빅크런치'(big crunch, 즉 중력인력이 초기 단계의 팽창 현상보다 우위를 점했을 경우 우주의 진화 과정에서 나타났을 일종의 수축 현상)가 일어나도록 만들거나, 반대로 우주가 무한히 팽창하도록 만들 수 있는 결정적인 요소로 간주했다. 대략 20년간 프리드만-로버트슨-워커의 우주론 모형은 부각되거나 진지하게 받아들여질 만한 기회조차 얻지 못했다. 왜냐하면 사람들은 허블이 은하계와의 거리를 계산하면서 오류를 범했고 바로 그런 이유에서 그가 우주의 대폭발과 확장이 시작된 뒤 흐른 시간, 즉 우주의 나이로 제시한 20억 년과 실제로는 훨씬 더 오래전으로 거슬러 올라가는 지구 암석의 나이 사이에 커다란 차이가 있다고 생각했기 때문이다. 하지만 이러한 그릇된 정보는 1956년 월터 바데Walter Baade의 관찰 결과를 바탕으로 수정되었고 이와 함께 일찍이 랄프 알퍼Ralph Alpher, 한스 베테Hans Bethe, 조지 가모프George Gamow가 1948년에 발견한 핵합성Nucleosynthesis 이론에 힘입어 빅뱅의 표준 모형은 점차 신뢰를 회복하기 시작했다. 핵합성 이론을 바탕으로 학자들은 등방성복사isotropic radiation가 2.7캘빈으로 이루어지리라는 것을 예견할 수 있는 단계에 도달했고, 등방성복사는 우연한 기회에 1965년 아노 펜지어스Arno Allan Penzias와 로버트 윌슨Robert Woodrow Wilson에 의해 발견되었다.

　이처럼 우주론 영역에서 이루어진 성공적인 발전과 수학 분야에서 이루어진 이론적 첨단화, 예를 들어 로버트 게로치Robert Geroch, 로저 펜로즈Roger Penrose, 스티븐 호킹Stephen Hawking이 증명해 보인 우주 생성 단계의 '특이점 정리singularity theorem' 같은 중요한 성과와 병행해서, 1960년대부터는 일반 상대성 이론을 뒷받침하는 중요한 실험적 근거들이 등장하기 시작했다.

　이러한 관점에서 중요한 결과들 가운데 주목해야 할 것은 1960년대 중반에 발견된 '쌍성펄서Binary pulsar', 즉 공통의 질량중심 주변으로 타원형 궤도를 그리며 공전하는 한 쌍의 중성자별이다. 아인슈타인의 이론은 두 중성자별 가운데 어느 하나가 공통의 질량중심과 가장 가까워 지는 지점, 즉 '근점periapsis'의 이동에 대한 아주 상세한 설명을 제공한다. '수성의 근일점 이동' 현상과 비슷하게, 두 별들 가운데 어느 하나가 그리는 타원은 고정되어 있지 않고 시간이 흐르면서, 매년 4.2초각을 기록하며 움직인다. '쌍성펄서'는 또 다른 실험적 관점에서 중요한 의미를 지닌다. 일반 상대성 이론에 따르면, 공전하는 물체의 에너지는 시간이 흐르면서 서서히 '중력파'로 환원되며 모든 공전궤도도 점진적으로 '수축'하는 현상을 일으킨다. 그러나 이 수축의 정도는 거대한 객체의 운동 유형에 따라 변화하며 수축이 극에 달할 때 객체는 다름 아닌 펄서의 경우처럼 아주 높은 진동수와 속도로 진동하거나 회전한다. 안테나를 통해 진동파를 관측하려는 시도는 1960년대에 시작되었고 진동파의 관측은 오늘날에도 레이저 기술을 활용해 계속 시도되고 있다.

레이저는 두 질료 사이에서 미세한 수축을 감지할 수 있지만 아직까지 긍정적인 결과를 생산해 내지는 못했다.

1936년에 아인슈타인은 빛의 굴절에 관한 또 다른 중요한 실험적 근거를 예측한 바 있다. 아인슈타인은 먼 거리의 천체가 발하는 빛이 천체와 우리 사이에 놓인 거대한 별의 천체 반대편 외곽을 비추기 때문에 천체 자체의 이미지가 두 개로 분산되는 현상이 일어난다는 데 주목했다. 이 '중력렌즈'의 효과는 뒤이어 1980년대에, 은하로부터 우리에게 도달하기 전에 빛이 경로의 일탈을 일으키는 퀘이사(quasar, 거의 별에 가까우며 전파를 발산하는 발광체)를 통해 증명되었다.

끝으로 이론물리학에서 여전히 해결되지 않은 채 남아 있는 커다란 문제는 20세기 물리학의 양대 산맥이라고 할 수 있는 상대성 이론과 양자역학을 융합하는 문제다. 두 이론은 모두 고유의 실험적인 차원에서 상당히 세심하게 접근하는 양상을 보이지만 오늘날의 기술로 실현 가능한 경험적 차원의 설명 단계에 도달하기 위해 융합을 꾀하는 데 있어서만큼은 여전히 적극적이지 못한 태도를 보인다.

일찍이 1916년에 아인슈타인은 양자물리학적 현상들에 대해 무언가를 설명하려면 일반 상대성 이론이 수정될 필요가 있다고 밝힌 바 있고 그의 남은 생애를 상대성 원리와 양자역학을 하나로 융합할 수 있는 장 방정식을 연구하는 데 바쳤다. '끈 이론string theory'과 '루프 양자중력loop quantum gravity' 분야에서 최근 10년간 이루어진 성과들은 사실상 아인슈타인에 의해 시작된 융합의 기획을 계속 이어 가기 위한 방법의 일환이라고 볼 수 있다. 융합의 꿈이야 말로 20세기 물리학의 처음이자 마지막 원동력이었다.

양자 이론

/ 플랑크와 흑체복사

전통적인 전자기 이론에 따르면, 어떤 물체든 높은 온도로 가열될 경우 전자기파를 발산하며 이 전자기파는 온도뿐만 아니라 물체의 특성에도 좌우된다. 하지만 이러한 전통적인 이론이 적용되지 않는 특이한 경우가 바로 흑체blackbody의 복사 현상에서 발견된다. 흑체란 온도에 영향을 받지만 물체의 특성과 그것을 구성하는 질료에는 전혀 좌우되지 않는 상태에서 모든 빛을 입사 각도와 무관하게 빨아들이고 다시 복사할 수 있는 물체를 말한다. 기존의 이론에 따르면, 좀 더 정확히 말해 레일리-진스Rayleigh-Jeans의 법칙에 따르면, 복사의 강도 증폭, 즉 흑체가 발산하는 에너지의 증가는 진동수의 상승에 비례하며 진동수가 자외선의 단계에 도달할 때까지 계속된다. 반면에 실험 결과는 흑체복사의 강도가 어느 정점에 달할 때까지만 증가하며 그 이후로는 진동수가 상승해도 감소한다는 것을 보여 준다. 1900년, 막스 플랑크는 이러한 현상에 대한 설명과 함께 전적으로 새로운 가설을 제시했고 그의 제안은 뒤이어 현대 물리학에 혁신적인 변화를 가져왔다. 플랑크는 흑체복사가 지속적인 과정이 아니며 "양자화"되어 있으리라는, 다시 말해 어느 정도의 크기를 지닌 양적 형태의 에너지, 이른바 '에너지양자'로 발산되리라는 가설을 제기했다. 에너지양자는 hv로 표기되며 v는 진동수, h는 이른바 플랑크 상수를 가리킨다. 이 가정에 잠재적인 형태로 함축되어 있던 이론적 관계들의 중요성은 불과 몇 년 만에 아인슈타인의 광전효과 분석을 통해 분명하게 드러났다.

/ 아인슈타인과 광전효과

아인슈타인은 양자물리학의 가설이 일으킬 수 있는 놀라운 혁신의 가능성을 진지하게 받아들이고 이를 흑체복사 현상과 거리가 먼 다른 분야에까지 확대 적용하려고 노력했던 물리학자들 가운데 한 명이다. 그는 무엇보다도 고전적인 전자기 이론이 빛의 반사나 회절 같은 현상들을 설명하는 단계에서는 아무런 문제가 없지만 또 다른 현상들, 예를 들어 광전효과photoelectric effect에서 나타나는 빛의 복사나 입사 현상의 분석에는 적합하지 못하다고 확신했다.

광전효과는 금속이 자외선처럼 진동수가 상당히 높은 빛에 노출되었을 때 금속 표면에서 전자가 방출되는 현상을 말한다. 전통적인 전자기 이론을 따를 경우, 발산된 전자들의 운동에너지는 금속에 가해지는 빛의 강도에 좌우된다고 보아야 하겠지만, 실험 결과를 따를 경우, 전자들의 에너지는 빛의 강도와 무관하며 오히려 빛의 진동수에 좌우되는 것으로 나타난다. 1905년에 아인슈타인은 광전효과를 다음과 같이 설명했다. 즉 금속에 가해지는 빛을 구성하는 것은 전자기파가 아니라 hv로 표기되는 에너지양자이며 이 에너지양자가 금속 표면을 구성하는 원자들의 전자에 반응하면서 '양자화'된 에너지를 전달하기 때문에 에너지는 금속에 가해진 빛의 진동수에 비례한다는 것이었다. 이런 식으로 아인슈타인은 빛이 입자로 구성된다는 가정을 도입했고 광자photon들, 즉 전자기파를 구성하는 미립자들을 간단히 "휴리스틱 이론의 관점에서" 소개했다. 양자 이론이 즉각적으로 수용되었던 것은 아니다. 왜냐하면 빛이 파동으로 구성된다고 보는 전통적인 전자기 이론이 여전히 여러 분야에서 성공적으로 활용되고 있었기 때문이다. 대표적인 예는 발터 프리드리히Walter Friedrich와 파울 크니핑Paul Knipping이 1912년에 관찰한 엑스선의 회절 현상, 즉 장애물을 피할 수 있는 기량이다. 17년이 지난 뒤에야 컴튼 효과Compton effect가 발견되면서 빛이 입자들로 구성되어 있다는 가설은 사실로 입증되었다.

/ 컴튼 효과, 드브로이의 물질파, 파동-입자의 이원론

1922년, 미국의 물리학자 아서 컴튼Arthur Compton은 엑스선의 단색 복사에서 일어나는 독특한 효과를 설명하기 위해 광자들의 존재를 가설로 제시했다. 엑스선이 아주 얇은 금속편을 통과할 때, 전통적인 이론을 따를 경우, 통과 후의 엑스선이 통과 이전과 동일한 파장 길이와 진동수를 유지하리라고 예상할 수 있지만 실험 결과에 따르면, 오히려 통과 후의 엑스선이 통과하기 이전보다 더 넓은 파장 길이와 결과적으로 더 낮은 진동수를 지니는 것으로 나타난다. 컴튼에 따르면, 이러한 현상이 일어나는 이유는 엑스선을 구성하는 광자들이 금속편의 전자들과 접촉할 때, 광전효과의 경우에서처럼, 발산된 전자의 운동에너지로 고스란히 변환되기 위해 고유의 에너지를 완전히 소진하는 것이 아니라 에너지양자가 지닌 에너지의 일부만을 상실하기 때문이다. 따라서 금속편을 통과한 엑스선은 이전 상태에 비해 감소된 에너지와 진동수를 지니는 반면 '반동 전자', 즉 엑스선을 흡수하면서 광전효과로 인해 발산된 전자는 어느 정도의 에너지를 비롯해 광전자가 초기 단계의 에너지 일부를 소진하면서 부여한 충격량을 지닌다.

　1923년에 찰스 윌슨Charles Wilson은 '반동 전자'의 방향에 대한 최초의 정보들을 제공했고 2년 뒤에는 한스 가이거Hans Geiger가 '아원자 입자들subatomic particle'을 식별하는 데 쓰이는 독특한 장치 '안개상자cloud chamber'를 활용해 엑스선의 굴절 각도와 전자의 반동 각도 사이에 존재하는 상관관계를 측정해 냈다. 이는 양자 이론에 대한 컴튼의 설명과 완벽한 조화를 이룬다. 이 실험이 특별한 의미를 지니는 것은 빛이 입자로 구성된다는 사실, 다시 말해 아인슈타인이 1905년에 단순한

"휴리스틱 이론의 관점에서" 묘사했던 사실을 결정적으로 증명하기 때문이다. 아인슈타인이 1922년에 노벨상을 수상한 것은 "이론물리학에 기여한 그의 수많은 연구들, 특히 광전효과의 규칙들을 발견한 업적"을 인정받았기 때문이다.

이 시점에서 빛의 파동-입자 이원론은 실험적 차원에서 증명된 사실로 간주되기 시작했다. 이에 따르면, 빛의 복사에는 두 종류의 상이한 모형, 즉 고전적 전자기 이론으로 거슬러 올라가는 파동의 모형과 양자 이론에 의해 도입된 입자 모형이 동시에 존재한다. 다양한 유형의 현상들을 설명하고 정의하기 위해 두 모형이 모두 필요했기 때문이다. 파동-입자 이원론은 머지않아 훨씬 더 근본적이고 자연적으로 광범위한 현상임이 밝혀졌다. 프랑스의 물리학자 루이 드브로이Louis de Broglie가 1924년에 주목했던 것처럼, 빛의 다양한 복사 현상만 신기하게도 입자적인 특징들을 보여 주는 것이 아니라 자연에 존재하는 물질 자체가 예상과는 달리 파동적인 특징들을 보여 준다. 드브로이에 따르면, 모든 입자는 하나의 파동과 쌍을 이룰 수 있고 파동의 길이와 진동수는 각각 입자의 충격량과 에너지에 비례하며 파동의 선은 입자의 궤도에 상응한다. 이러한 생각은 머지않아 에르빈 슈뢰딩거Erwin Schrödinger가 파동역학이라는 전적으로 새로운 유형의 역학을 구축하는 데 기반을 마련했고 1927년에는 클린턴 데이빗슨Clinton Davisson과 레스터 저머Lester H. Germer의 실험, 즉 전자들이 니켈 결정과 반응하면서 엑스선에서 일어났던 것과 유사한 회절 현상을 일으킨다는 사실을 토대로 물질의 특성 가운데 하나가 파동이라는 것이 증명되었다.

/ 닐스 보어와 원자의 양자화

앞서 살펴본 발전 양상과 더불어 언급이 필요한 것은 20세기 초에 양자 이론의 가설이 사실로 드러나는 데 결정적인 역할을 하며 이루어진 중요한 이론적 발전, 즉 원자의 구조를 다루는 이론에 양자 이론이 적용되기 시작하는 과정이다.

먼저 조지프 톰슨이 제시했던 초기의 원자 모형은 빵 속에 건포도가 박혀 있는

모양이었고 뒤이어 어니스트 러더퍼드는 '행성계' 형태의 원자 모형, 즉 핵이 태
양처럼 중심에 위치하고 전자들이 주변을 공전하는 형태의 모형을 제시했다. 뒤
이어 닐스 보어는 1913년에 기존의 모형들을 대체할 목적으로, 양자 이론이 핵심
적인 역할을 하는 형태의 원자 모형을 연구했다. 러더퍼드의 모형이 지닌 몇몇 문
제점들을 해결하기 위해, 예를 들어 전통적인 전기역학의 관점을 기준으로 예상
할 수 있는 것과는 달리 전자들이 핵 위로 무너지며 에너지를 소진하지 않는다는
문제를 해결하기 위해 노력하면서, 보어는 전자들이 어느 정도의 에너지를 보유
한 상태에서 궤도를 공전하며 기저상태에 머물러 있는 이상 어떤 복사 현상도 일
어나지 않는다는 점에 주목했다. 반면에 전자가 어떤 기저상태에서 또 다른 기저
상태로 도약할 때, 원자는 복사 현상(스펙트럼)을 일으키며 발산된 빛은 양자화된
다. 이때 에너지양자는 $h\nu = E1 - E2$로 표기되며 h는 플랑크 상수, ν는 진동수, $E1$과
$E2$는 각각 전자가 도약하기 이전과 이후의 기저상태를 가리킨다.

이런 식으로 보어는 19세기 말에도 널리 알려져 있던 수소 원자 스펙트럼 현
상에 대한 발머Johann Jakob Balmer와 뤼드베리Johannes Robert Rydberg의 법칙을 활용할 수
있었다. 보어는 전통적인 전기역학의 법칙들이 기저상태에 놓인 전자의 역동적
인 활동을 묘사하고 설명하는 데는 아무런 문제가 없지만 전자가 한 기저상태에
서 또 다른 기저상태로 전이하는 현상을 설명해야 하는 곳에서 타당성을 잃으며
바로 이 단계에서 요구되는 것이 양자 이론이라고 보았다. 하지만 보어는 뒤이어
'대응원리correspondence principle', 즉 원자의 구조를 묘사하는 곳에서는 고전물리학의
법칙들과 양자 이론의 법칙들이 본질적으로 상응한다는 원리를 정립하기에 이
른다.

1916년, 아르놀트 조머펠트Arnold Sommerfeld는 보어의 원자 모형에 타원형 궤도
를 비롯해 적절한 양자수에 의해 표기되는 또 다른 전자 운동의 자율성을 고려하
며 보어의 모형 자체를 확장시켰다. 보어-조머펠트의 원자 이론은 양자 이론의
새로운 측면과 구세대의 양자 이론이 모두 응용된 가장 의미 있는 결과였다고 볼
수 있다. 하지만 1920년대 초반에 보어-조머펠트 이론은 설명하기 힘든 분광학
적 이례들의 수가 점점 늘어나면서 위기를 맞이했고 이러한 상황은 1925년에 새

로운 양자 이론이 등장하는 계기가 되었다. 구세대의 양자 이론이 새로운 양자 이
론으로 발전하는 과정은 20세기 물리학의 역사에서 가장 매력적인 동시에 복잡
한 일화들 가운데 하나다. 이 전이 과정에서 전자 운동의 새로운 자율성, 예를 들
어 '스핀spin'과 전자궤도의 폐쇄를 위한 새로운 규칙들, 예를 들어 '파울리 배제 원
리Pauli exclusion principle'가 도입되었고 무엇보다도 양자 이론을 드디어 완전한 형태
로 표현할 수 있는 새로운 수학적 형식주의 언어가 도입되었다.

/ 새로운 양자 이론과 양자역학의 탄생

1925년은 새로운 양자 이론이 탄생한 기적의 해로 기억된다. 7월에 독일의 물리
학자 베르너 하이젠베르크는 양자물리학적 현상들을 다루기 위해 행렬을 사용하
는 새로운 역학을 도입했고 뒤이어 행렬의 계산을 바탕으로 새로운 형태의 역학
형식을 발전시키기 위한 막스 보른Max Born, 파스쿠알 요르단Pascual Jordan, 그리고
하이젠베르크 자신의 선구자적인 연구가 이루어졌다. 1926년에는 에르빈 슈뢰
딩거가 다름 아닌 드브로이의 물질파 개념에서 출발해 행렬역학을 대체할 수 있
는 역학 형식을 개발했고 같은 해 3월에 자신이 발전시킨 파동역학과 행렬역학의
등가성을 증명했다. 그런 식으로 양자역학은 고전역학처럼 하나의 독립된 분야
로 정립되었고 양자물리학적 현상을 다룰 때 대등한 가치를 지니는 두 종류의 수
학 형식을 갖추게 되었다. 행렬역학은 이산적인discrete 양을 다루며 비가환적인non-
commutative 대수학을 활용하고 파동역학은 연속적인continue 양을 다루며 미분방정
식을 활용한다.

　같은 시기에, 양자역학적 차원에서 운동하는 다수의 입자 집단을 통계적으로
다루기 위해 맥스웰-볼츠만Maxwell-Boltzmann의 고전적인 통계학을 대체하며 양자
통계역학이 형성되었고 1924년과 1925년 사이에 아인슈타인은 인도의 물리학자
사티엔드라 나드 보스Satyendra Nath Bose와 함께 광자 집단을 위한 양자통계학을 정
립했다. 1926년에는 엔리코 페르미와 디랙Paul Adrien Maurice Dirac이 '파울리 배제 원

리'에 따르는 전자 집단을 다루면서 양자통계학을 발전시켰다. 1924년에 발견된 이 원리에 따르면 단일한 양자 상태에서 두 개의 동일한 페르미 입자는 공존할 수 없다. 뒤이어 1940년에 파울리Wolfgang Pauli가 정립한 스핀 통계 정리spin-statistics theorem를 통해 보다 분명해졌지만, 모든 입자는 보스-아인슈타인의 통계학을 따르거나 페르미-디랙의 통계학을 따르며 이는 좀 더 정확히 말하자면 '파울리 배제 원리'를 따른다는 의미다. 모든 입자는 스핀 수가 0이거나 정수일 경우 보손 입자이며 반정수일 경우 페르미 입자다.

1928년에는 폴 디랙이 양자역학과 특수 상대성 이론을 조합해 전자에 대한 파동 방정식을 만들어 냈고 결과적으로 자연스럽게 새로운 자율성(스핀)이 순수하게 경험적인 차원에서 도입되었다. 이는 구세대 양자 이론이 위기에 빠져 있을 때 일어난 일이었고 그런 식으로 1920년대 초반에 관찰된 모든 분광학적 이례들에 대한 설명이 가능해졌다. 디랙 방정식은 한편 양자역학 연구자들의 입장에서 새로운 도전을 의미했고 이는 이론적이고 실험적인 차원의 오랜 연구 과정을 거쳐 전자의 반입자 발견이라는 결과로 이어졌다.

/ 양자역학의 코펜하겐 해석

양자역학을 위해 도입된 새로운 수학 형식에는 물리학적 해석이 필요했다. 코펜하겐 해석이라는 용어는 당시에 양자역학의 가장 정통한 해석으로 부각된 해석적 입장을 가리키지만 한편으로는 오늘날에도 물리학자들과 과학철학자들 사이에서 또 다른 해석의 타당성이나 코펜하겐 해석과의 등가성을 두고 여전히 열띤 토론이 전개되고 있다. 코펜하겐 해석이라는 용어는 덴마크의 물리학자 닐스 보어가 베르너 하이젠베르크, 볼프강 파울리와 함께 발전시킨 일련의 원칙들, 핵심 개념들의 체계를 가리킨다.

1927년 2월에 하이젠베르크는 위치와 운동량 에너지와 시간 사이에 불확정성의 관계가 존재한다는 원리를 발표했다. 이 원리에 따르면, 한 입자의 위치를 정확하게 측정하면 할수록 운동량의 측정은 불확실해지며 동일한 원리가 에너지와 시간 사이에도 적용된다. 하이젠베르크는 이러한 관계를 인식론적 한계의 표현으로, 다시 말해 우리가 한 입자의 두 가지 특성 모두를 정확하게 알고 이해하는 것을 가로막는 '지적 한계'의 표현으로 간주했다. 하지만 보어의 생각은 달랐다. 머지않아 보어는 동일한 불확정성의 원리에 관한 다른 관점의 해석을 제시했다. 뒤이어 몇 달씩이나 지속된 하이젠베르크와의 뜨거운 논쟁 끝에 보어는 1927년 9월 코모Como에서 열린 국제물리학학회에서 기사를 통해 하이젠베르크의 불확정성 원리에 대한 '존재론적'인 해석을 제시했다. 보어는 불확정성 원리에서 하이젠베르크처럼 인간이 지니는 지적 한계를 발견하는 대신 이 한계를 양자역학적 현실 자체의 한계로 보고 이를 상보성 원리complementarity principle로 명명했다. 고전물리학에서는 연구 대상의 시공간적 좌표를 세밀하게 묘사하는 동시에 대상의 역동적인 특성을 함께 묘사하는 것이 얼마든지 가능하지만 양자물리학에서의 상황은 다르다. 양자역학적 대상들은 본질적으로 세밀한 시공간 묘사와 세밀한 역동성 묘사 사이에 존재하는 상호 배타적인 성격과 상호 보완적인 측면들을 통해서만 모습을 드러낸다. 다시 말해 우리의 관찰력이나 측정 능력과는 무관하게 구체적이고 불변하는 물리적 특성을 갖춘 현실의 고전적인 이미지가 서서히 사라지고, 반대로 연구 대상과 실험에 사용되는 장치 사이에 결코 간과할 수 없는 간섭 체계가 존재한다는 생각, 따라서 양자역학적 대상들은 불변하는 물리적 특성을 지닌 객체로 간주될 수 없다는 생각이 부각되었다. 바꾸어 말하자면, 입자는 고유의 위치와 관련된 특징들을 측정하는 데 특화된 실험 장치, 즉 운동량을 측정과는 거리가 먼 장치 앞에서만 고유의 위치를 드러낸다.

상보성 원리를 제시하면서 보어는 고전물리학의 철학적이고 개념적인 기반 자체를 뒤흔들었다. 다시 말해 보어는 물리적인 실재들이 항상 일련의 구체적인 특징들을 지녔고 이러한 특징들을 관찰하고 실험하는 환경이나 맥락으로부터 아무런 영향도 받지 않는다는 고전적인 관점을 전복시켰다. 이것이 바로 보어와 아인슈타인 사이에서 벌어진 논쟁의 시발점이다. 1928년과 1930년 사이에 집중적으로 전개된 이들의 논쟁이 절정에 달한 순간은 1935년, 아인슈타인이 포돌스키Boris

Yakovlevich Podolsky, 로젠Nathan Rosen과 함께 기사를 통해 코펜하겐 해석이 지닌 근본적인 모순을 지적하며 하나의 역설(EPR역설)을 제기했을 때다. 이들에 따르면, 코펜하겐 해석은 정확하고 이에 따른 양자역학적 현실의 묘사도 완전하다고 볼 수 있지만 완전하다고 가정하는 순간 코펜하겐 해석은 상대적인 국소성의 원리(자연에는 빛보다 빠른 속도로 움직이는 신호들이 존재하지 않는다)와 분리의 원칙(멀리 떨어져 있어서 서로에게 영향을 끼칠 수 없는 두 물리체계는 분리된 물리 상태를 유지한다)에 위배된다는 점을 인정해야 하며, 반대로 국소성의 원리와 분리의 원칙을 존중할 경우, 양자학이 제시하는 현실세계의 묘사는 불완전하다는 사실, 다시 말해 하나의 물리체계는 구체적으로 정의되는 특성들의 총체라고 볼 수 있지만 이 총체에 대한 코펜하겐 해석의 양자역학적 설명은 완전하지 못하다는 점을 인정해야 한다.

  양자역학의 완전성에 대한 아인슈타인과 보어의 논쟁은 철학적인 관점에서 20세기 과학사의 흥미진진한 장들 가운데 하나였고 후세대 물리학자들의 중요한 연구 활동에 영감과 원동력을 제공했다. 코펜하겐 해석에 대한 아인슈타인의 비판은 양자역학체계의 현실세계에 대한 고전적 이미지를 회복하기 위해 1940년대에 등장한 '숨은 변수 이론Hidden variable theory'의 정립에 크게 기여했다. 1970년대에는 반대로 숨은 변수 이론을 비판했던 존 스튜어트 벨이 '벨 부등식'을 제시했고 1980년대에는 알랭 아스페Alain Aspect의 주도하에 새로운 실험이 이루어졌다. 양자역학의 완전성에 관한 논쟁은 오랜 세월을 거쳐 지속되었고 오늘날에도 여전히 계속되고 있다.

10

수학자들의 철학

10.1 전문성, 통일성, 응용성

본질적인 측면에서 20세기 수학의 발전 과정을 특징짓는 요소들은 세 가지로 요약될 수 있다. 첫 번째와 두 번째는 수학의 내부적인 차원에 속하는 요소로 서로 밀접하게 연관되어 있는 전문성과 통일성, 세 번째는 수학의 외부적인 차원과 연관되는 응용성이다.

수학이 방법론적이고 기술적인 차원에서 점점 더 정교해지고 고차원적으로 변해 가는 발전 과정은 문화적인 차원에서 수학이 오히려 다수의 부속 분야로 세분화되는 현상을 가져왔고 이러한 상황은 수학의 전문화와 함께 전문 분야를 연구하는 수학자들의 수가 상대적으로 줄어드는 결과로 이어졌다. 물론 이 전문 분야들 자체가 대부분의 경우 19세기에 사용되던 수학 개념을 그대로 활용하며 구축되었다는 점은 염두에 두어야 한다.

아울러 20세기의 수학은 전문화와는 정반대되는 또 하나의 성향, 즉 다양한 연구 방식을 체계화하고 이질적이거나 거리가 멀어 보이는 분야와 영역들 사이에서 연관성과 유사성을 발견하려고 노력하는 성향을 지니고 있었다. 이러한 측면에 주목했던 저명한 수학자 다비트 힐베르트(1862~1943년)는 다름 아닌 통일성을 수학의 본질적인 요소로 강조한 바 있다. 힐베르트에 따르면, "수학은 분해될 수 없는 일체이자 하나의 유기체다. 이 유기체의 생명을 좌우하는 것은 다양한 부분들의 조화로운 상관관계다". 이 문장이 수학자들 사이에서 일종의 세례 문구처럼 인식되는 이유는 힐베르트가 파리 제2차 국제수학학회에서 1900년 8월 8일에 가진 역사적인 강연 '수학자들의 미래의 문제들에 관하여Sur les problèmes futurs des mathématiques'에서 20세기의 수학자들이 해결해야 할 주요 문제점 23가지를 제시하며 언급했던 내용이기 때문이다.

응용성도 20세기에 수학의 구체적인 특성으로 드러났다. 한편으로는 수학과 무관한 어떤 학문도 사실상 수학의 영향력에서 완전히 벗어날 수 없으며 물리적, 생물학적, 언어적, 경제적, 사회적, 기술적 현상을 이해하는 데 가장 기본적이고 필수적인 학문은 수학이라는 사실이, 다른 한편으로는 수학의 전문화된 분야들 가운데 잠재적 응용 가능성을 지니지 않는 분야는 존재하지 않는다는 사실이 부각되었다.

10.2   순수수학

러셀이 20세기 초에 발견한 집합론의 논리적 모순을 수학자들은 일종의 위기로 인식하기 시작했다. 모순의 원인은 하나의 특성을 확장시켜 전체와 일치하는 것으로 이해하는 데 있었다. 힐베르트가 시도한 에우클레이데스 기하학의 공리화에 큰 영향을 받은 에른스트 제르멜로Ernst Zermelo는 이러한 어려움을 극복하기 위해 1908년에 공리적 집합론을 정립했고 1922년에는 아브라함 프렝켈Abraham A. Fraenkel이 제르멜로의 집합론을 새로운 형태로 발전시켰다. 오늘날 제르멜로-프렝켈의 집합론은 수학자들 사이에서 다양한 구조들의 총체를 통일적이고 치밀한 방식으로 설명할 수 있는 보편적 공리로 통용된다.

제르멜로-프렝켈의 이론을 구축하는 공리들 가운데 가장 많이 논의되고 언급되는 것은 '선택의 공리Axiom of choice'다. 이 공리에 따르면, 공집합이 아닌 집합체들로 구성된 일군의 집합이 주어질 때, 각각의 집합체에 상응하는 선택적인 요소들로 또 다른 집합을 구성할 수 있다. 쿠르트 괴델은 1938년에 '선택의 공리'가 지니는 일관성, 즉 이런 식으로 정립된 이론에서 어떤 모순도 발생하지 않는다는 사실을 증명해 보인 바 있고 1963년에는 폴 코언Paul J. Cohen이 '선택의 공리'가 지니는 독립성, 다시 말해 선택의 가능성이 집합론 자체에 직접적인 영향을 끼치지 않는다는 사실을 증명해 보임으로써 괴델이 언급했던 "공리화 이후 집합론 영역에서 가장 중요한 성과"를 이루어 냈다.

'범주론category theory'은 수학을 관찰하기 위한 새롭고 좀 더 다채로운 관점을 제시했다. 집합론과는 근본적으로 다른 범주론에서 하나의 수학적 대상은 일종의 블랙박스로 간주된다. 특정 대상과 다른 대상들 사이에 존재하는 함수들이 바로 이 블랙박스의 구조를 좌우한다. 형식적인 차원에서 볼 때, 하나의 범주는 A, B, C 같은 일련의 수학적 대상들을 비롯해 f : A→B처럼 이 대상들 사이에 존재하는 화살표 혹은 함수들의 무리로 구성된다. 직관적인 차원에서, 수학적 대상들은 특정 구조를 지닐 뿐 아니라 이 구조를 유지하는 데 필요한 함수를 겸비한 대상으로 간주된다.

'범주론'은 사무엘 에일렌베르크Samuel Eilenberg와 손더스 매클레인Saunders MacLane이 1945년에 공동으로 집필한 논문 「자연적 동치관계에 관한 일반론 General Theory of Natural Equivalences」의 발표와 함께 탄생했다고 볼 수 있다. 다이엘 칸 Daniel Kan은 1958년에 '수반 함자' 개념을 도입했고 이 개념에 대한 설명은 범주론이 수학적인 차원에서 이룩한 가장 의미 있는 성과로 평가된다.

적분 이론은 1902년 《수학 연보Annals of Mathematics》에 소개된 앙리 르베그Henri Lebesgue의 박사학위 논문 「적분, 길이, 면적Intégrale, longueur, aire」과 함께 결정적인 전환점을 맞이했다. 르베그의 적분 이론은 적분의 개념을 확장하는 데 결정적인 역할을 했고, 결과적으로 해석학의 발전에 크게 기여했다.

1914년에는 펠릭스 하우스도르프Felix Hausdorff가 출판한 『집합론 강요Grundzüge

der Mengenlehre』와 함께 현대적인 의미의 위상수학이 고유의 특성과 기능을 지닌 독립적인 학문으로 정립되었다. 하우스도르프는 이른바 '한 지점의 근방'이라는 개념을 도입한 뒤 '위상공간'과 '실수實數상의 연속함수'라는 개념을 정립했다.

위상수학의 개념들은 20세기 수학의 특징적인 분야들 가운데 하나인 '함수해석학functional analysis'과 긴밀하게 연결되어 있다. '함수해석학'이라는 용어는 수학자 폴 레비Paul Lévy에 의해 1922년에 도입되었다. '함수해석학'의 주요 과제들 가운데 하나는 위상공간 안에서 함수들을 유형별로 편성하는 것이었다. 힐베르트는 1904년부터 1910년까지 적분방정식을 연구하는 데 몰두했고 이 과정에서 이른바 '힐베르트 공간'이 탄생했다. 1920년대에는 스테판 바나흐Stefan Banach가 '놈 공간norm space'의 개념을 도입했고 '미터 공간'과 '벡터 공간'을 조합한 새로운 범주를 창출해 냈다.

쥘 앙리 푸앵카레는 1895년의 저서 『위치 해석Analysis situs』에서 대수학적 위상수학의 기반을 마련하며 '미분 가능한 다양체'의 정의와 '위상동형사상'의 개념, 아울러 위상공간과 관련된 정보들을 얻어 내는 데 유용한 '호몰로지' 개념을 도입했다. 네덜란드의 수학자 라위천 브라우어르Luitzen Egbertus Jan Brouwer는 1910년과 1913년 사이에 연속함수의 위상학적 특성들을 연구했고 위상학적 차수의 이론, 이른바 브라우어르 차수를 도입했다.

1800년대 말에서 1910년 사이에는 이탈리아 학파를 이끌었던 귀도 카스텔누오보Guido Castelnuovo, 페데리코 엔리케스Federico Enriques, 프란체스코 세베리Francesco Severi가 대수학적 다양체들을 계통별로 체계화하면서 수많은 유형의 곡선과 곡면들에 대한 포괄적인 설명을 제시하는 데 성공했다. 이탈리아 학파의 한계이자 특징은 해석학이나 대수학처럼 치밀한 방법론을 선택하는 대신 일종의 기하학적 폐쇄경제체제를 유지했다는 점이다. 이와는 조금 다른 차원의 시도가 1920년대에 에미 뇌터Emmy Noether에 의해 이루어졌다. 뇌터는 대수학적 개념들을 기하학적 개념으로 변환하기 위한 일종의 번역 매뉴얼을 구축했다.

엄밀히 말하자면 대수학을 공리의 관점에서 이해하는 방식은 20세기의 발명품이 아니다. 왜냐하면 일찍이 1854년 아서 케일리Arthur Cayley의 '군론group theory'

연구에서 시도된 바 있고 주세페 페아노Giuseppe Peano도 1888년에 벡터 공간에 대한 공리적인 정의를 제시한 바 있기 때문이다. 어쨌든 대수학의 공리화는 1902년 일라이어킴 헤이스팅스 무어Eliakim Hastings Moore가 힐베르트 기하학의 공리군에 내재하는 과잉의 요소를 발견하면서 새로운 활력을 얻기 시작했다. 20세기 초반에는 레너드 유진 딕슨Leonard Eugene Dickson이 '유한체'를 위한 새로운 공리들을 제시했고 요제프 퀴르샤크József Kürschák는 '평가 이론'을 소개했다.

현대 대수학은 하지만 일반적으로 에른스트 슈타이니츠Ernst Steinitz가 1910년에 출판한 『대수학적 체론Algebraische Theorie der Körper』의 142페이지에 달하는 내용과 함께 탄생한 것으로 간주된다. 이 저서에서 슈타이니츠는 '최초의 체'라는 개념과 '분해가 가능한 확대'의 개념, '초월적인 확장'의 개념 등을 소개했다.

파리의 국제 학회에서 힐베르트가 소개했던 몇 가지 문제점들은 정수론을 비롯해 몇몇 유명한 수학자들의 추론들, 예를 들어 피에르 드 페르마Pierre de Fermat, 레온하르트 오일러, 베른하르트 리만 등이 제시했던 추론들의 적합성에 관한 것들이었다. 1920년대부터 다수의 수학자들은 이러한 추론들을 바탕으로 드러난 문제들의 완전하거나 부분적인 해결책을 제시하기 위해 노력했다.

1638년을 전후로 페르마는 그가 읽고 있던 디오판토스Diophantos의 저서 『산학Arithmeticon』의 여백에 "x, y, z가 정수이며 n이 3 이상일 때 방정식 $x^n + y^n = z^n$은 성립되지 않는다는 사실을 발견했지만 이에 대한 증명 과정을 기록으로 남길 만한 공간이 부족하다"라고 기입했다. 수학자들은 거의 350년 동안 페르마의 정리를 인정해 왔지만 페르마가 찾아냈다고 주장했던 증명 방식은 끝내 발견하지 못했다. 이와 관련하여 힐베르트는 파리의 국제 학회에서 페르마의 정리가, 새로운 대수학 이론들의 발견에 크게 이바지한 만큼, 풍부한 잠재력을 지닌 추론의 대표적인 예라고 평가했다.

페르마의 정리를 증명하는 단계로 한 걸음을 다가서는 데 결정적인 역할을 한 인물은 케니스 리벳Kenneth Ribet이다. 리벳은 1986년에 페르마의 정리가 이른바 '타니야마-시무라Taniyama-Shimura 추론'의 한 결과라는 사실을 증명했다. 뒤이어 1994년에는 앤드루 와일즈Andrew Wiles가 약화된 형태의 '타니야마-시무라 추론'만으로도 페르마의 마지막 정리를 증명하는 데 충분하다는 근거를 제시했다. 와일즈의 증명은 로버트 랭글랜즈Robert Langlands가 제시했던 목표, 즉 대수학, 정수론, 해석학 등 수학의 여러 분야를 통합하려는 거대한 기획의 구현으로 간주될 수 있다.

10.3 응용수학

힐베르트가 '여섯 번째 문제'에서 다루었던 것은 역학이나 확률론을 공리적인 차원에서 설명할 수 있는 가능성이다. 1933년에 출판된 안드레이 콜모고로프Андрей Колмогоров의 『확률론의 기본 개념들Grundbegriffe der Wahrscheinlichkeitsrechnung』에서 눈에 띄는 것은 20세기 초반에 발전된 측도 이론이나 적분법 분야의 이론적 성과와 20세기 수학의 특징 가운데 하나인 공리화 경향이다. 콜모고로프는 이렇게 말했다. "확률의 이론은 정확하게 기하학이나 대수학의 경우처럼 공리에서 유도될 수 있고 유도되어야만 한다." 반면에 브루노 데 피네티Bruno de Finetti는, 여전히 1930년대에, 또 다른 방식으로 확률론에 접근했고 확률을 신빙성의 정도로 해석하면서 주관적인 차원에 주목하는 이론을 구축했다.

응용수학의 가장 흥미로운 분야는 게임 이론game theory이다. 게임 이론은 경쟁 상황과 협력 조건을 수학적인 관점에서 연구하는 학문이다. 1912년에 제르멜로는 집합론set theory을 체스 게임에 적용함으로써 게임 이론 분야의 첫 번째 정리를 제시했다. 제르멜로는 n개의 체스판과 n쌍의 선수들이 주어지고 완벽한 기량을 갖춘 선수들이 매번 전략적으로 최선의 선택을 한다면, n번에 걸쳐 진행된 체스 게임의 결과는 모두 똑같을 뿐 아니라 게임이 끝나는 순간의 전력 혹은 체스판 위의 상황도 항상 동일하다고 보았다.

뒤이어 1928년에는 존 폰 노이만John von Neumann이 게임 이론에서 상당히 중요한 의미를 지니는 이른바 '미니맥스 정리Minimax theorem'를 증명했다. 이 정리에 따르면, 선수의 승리가 정확하게 상대 선수의 실패로 환원될 수 있을 때, 아울러 선수들이 지닌 정보가 완벽할 때, 다시 말해 모든 선수가 상대 선수의 전략을 완벽하게 파악하고 있을 때, 선수들의 입장에서 "최대치의 피해를 최소할 수 있는" 하나의 전략이 존재한다.

1944년에는 존 폰 노이만과 오스카 모르겐슈테른Oskar Morgenstern이 경제수학이론의 관점을 수용하며 집필한『게임 이론과 경제 행동Theory of Games and Economic Behavior』을 출판했고 1951년에는 존 내시John Forbes Nash가 게임 참여자들의 비협력상태에서 주어지는 게임의 균형과 관련된 정리를 증명했다. 내시의 정리는 미니맥스 정리를 보편화한 이론으로 간주된다.

1976년에는 케네스 아펠Kenneth Appel과 볼프강 하켄Wolfgang Haken이 컴퓨터를 이용해 '4색 정리'를 증명했다. 이들은 네 가지 색상만으로도 연접 국가를 상이한색으로 표시하며 지도를 만드는 것이 가능하다고 보았다. 이러한 조합수학의문제는 원래 수학자 오거스터스 드 모르간의 한 제자가 1852년에 제기했던 것으로 뒤이어 드 모르간이 이 문제를 전문적인 수학자들에 공개하면서 화제가되기 시작했다. 1878년에는 아서 케일리가 동일한 문제를 런던수학협회에 제시했고 1년 뒤에는 알프레드 켐프Alfred Kempe가 완전하지는 않지만 기발한 해결책을 제시했다. 1913년에는 조지 데이비드 버코프George David Birkhoff가 켐프의 논제를 다시 연구한 뒤 색으로 표시해야 할 지대가 26개 이하인 모든 지도에 적용될 수 있는 정리를 증명해 냈다. 이론적인 관점에서는 그래픽 이론의 상당 부분이 이러한 유형의 정리를 감안한 상태에서 발전한다고 볼 수 있다. 물론 지도제작자들에게는 그다지 중요한 사항이 아니지만, 이 정리는 수학적 증명의 본질에 대한 성찰의 측면에서 상당히 중요하다는 것이 드러났다. 몇몇 저자들에따르면, '4색 정리'의 증명을 수용한다는 것은 곧 '증명'의 의미를 변형시키거나확장시킨다는 것을 의미한다.

리하르트 데데킨트와
게오르크 칸토어

19세기에 수학의 기초에 관한 연구 활동은 수학의 응용성이나 '기하학적' 접근 방식으로부터 멀어지는 양상을 보였다. 카를 바이어슈트라스(1815~1897년)는 베를린 대학 강의에서 수학적 연속성의 '산술학적' 개념을 소개했고 뒤이어 1872년에는 리하르트 데데킨트(1831~1916년)와 게오르크 칸토어(1845~1918년)가 이와 유사한 생각을 표명하는 책들을 출판했다.

데데킨트와 칸토어가 펴낸 저서들의 영향으로 새로운 유형의 엄격한 분석 모형이 부각되었고 '산술학적' 접근 방식은 수학 분야의 지배적인 경향으로 자리 잡기 시작했다. 데데킨트는 '산술학적' 정신이 수학의 기초에 대한 당대의 연구를 지배하고 있다는 점에 주목했고 이를 강조하기 위해 "인간은 산술한다"라는 표현을 사용했다. 수학의 개념들은 사실상 비에우클레이데스 기하학의 발견으로 인해 불안해진 기하학적 관점을 포기하고 유리수rational number의 산술에 의존할 때 엄격함을 되찾는 듯이 보였다.

하지만 이 유리수들의 연구만으로는 모든 수학적 사실들을 설명하는 것이 불가능했고 다양한 수학적 사실들의 존재와 중요성을 직관적으로 뒷받침하는 것은 오히려 수학과 기하학의 유사성인 듯이 보였다. 예를 들어 직선은, 데데킨트 자신이 주목했던 것처럼, "유리수의 영역보다는 무한히 더 풍부한 점들"을 지닌다. 직선의 특성들을 "산술적으로" 묘사하기 위해서는 유리수의 영역을 확장하는 과정이 "필수적"이며 이는 "새로운 수의 창조"를 통해서만 실현될 수 있다. 이 새로운 수란 다름 아닌 무리수irrational number를 말하며 이를 바탕으로 "직선만큼 연속적인" 영역을 얻을 수 있다. 이런 식으로 확보된 실수real number의 영역, 즉 유리수와 무리수가 모두 포함되는 영역은 직선을 구성하는 점들의 영역과 대등한 위상을 점하면서 이원적 구도를 형성하는 동시에 연속성의 정리를 충족시킨다.

칸토어도 데데킨트와 유사한 방식으로 무리수를 정의했다. 하지만 칸토어의 눈에 이런 식의 정의는 오로지 점들의 무한한 집합론 연구를 위한 첫 걸음에 지나지 않았다. 실제로 칸토어는 집합론을 수학의 가장 기본적인 토대로 간주했다. 집합론은 수학적 연속체의 모든 특성을 발견하고 수의 개념을 '초한수transfinite number'의 차원으로 확장하고 보편화하기 위한 열쇠였다. '초한수'란 칸토어 자신이 고안한 개념으로 산술적 개념의 서수와 기수가 무한한 요소로 구성된 집합의 영역으로 확장된 경우의 수들을 말한다.

데데킨트가 1888년에 증명해 보였듯이, 자연수의 개념도 집합 개념을 토대로 정의할 수 있다. 칸토어가 10여 년에 걸쳐 발전시킨 추상적 집합론은 19세기 말에 산술뿐만 아니라 수학 일반의 기반으로 정립되었다. 하지만 칸토어의 체계는 일찍이 20세기 초반에 집합론 자체의 내부적인 모순이 발견되면서 위기를 맞았고 결과적으로 부각된 '기반의 위기'는 수학사의 새로운 장이 열리는 데 결정적인 계기를 마련하게 된다.

수학적 언어학

언어학자 노암 촘스키(1928년~)는 1957년에 출판한 『통사구조Syntactic Structures』에서 이른바 '문법들의 위계'를 제안했다. 오늘날 '촘스키 위계'라고 불리는 이 문법 유형들 간의 위계는 복합적인 형식언어들을 분류하고 체계화하는 데 활용된다. 여기서 형식언어란 문자열의 집합, 즉 특정 알파벳을 토대로 구축되며 일정한 크기를 지닌 상징들의 집합을 말한다. 반면에 문법은 하나의 상징 집합체를 또 다른 상징 집합체로 변형시키는 데 쓰이는 뚜렷한 규칙들의 총체를 말한다.

수학처럼 명백하다는 특징 때문에 촘스키의 문법은 놀랍게도 언어학과는 상당히 다른 유형의 학문들, 예를 들어 컴퓨터공학(특히 프로그램 언어의 입력 기술)이나 논리학, 심지어는 분자생물학에도 충분히 적용될 수 있는 분야로 드러났다.

촘스키의 기본적인 생각은 문법적 규칙들이 언어를 '생성'한다는 것이었다. 물론 이는 말하는 사람이 이 규칙들을 활용해 언어를 생성한다는 뜻이 아니라 이 규칙들이 수학적인 차원에서 문법적인 명제를 구축할 수 있는 논리적 힘을 지녔다는 의미로 이해해야 한다. 바로 그런 이유에서 '생성'이라는 개념은 '도출derivation'의 개념을 심리학의 간섭에 구애받지 않고 활용할 수 있도록 해 준다.

형식적인 차원에서 생성문법은 네 가지 차원의 집합체 Σ, Vn, P, S로 구성된다.

- Σ는 문법적 종단 기호terminal symbol들의 총체를 가리킨다. 형식언어의 '말'에 해당하는 이 종단 기호들은 보통 a, b, c로 표기된다.

- Vn은 비종단 기호들의 총체를 가리킨다. 흔히 대문자 A, B, C로 표기되는 이 기호들은 문장이 도출되는 중간 단계에서 사용된다.

- P는 $a \rightarrow \beta$ 형식의 '생성' 혹은 '재작성'을 지배하는 규칙들의 총체를 가리킨다. 여기서 a와 β는 을 Σ나 Vn의 기호들로 구축되는 집합을 말한다.

- S는 문법의 시작 기호 혹은 공리를 가리킨다. 다시 말해 S는 Vn의 한 독특한 요소다.

아울러 촘스키의 위계는 생성 규칙을 특징짓는 제약의 정도에 따라 네 종류의 문법적 범주로 분류된다.

제0유형 문법: 생성규칙에 아무런 제약이 없는 유형(unrestricted grammar)

제1유형 문법: 문맥적 혹은 문맥에 의존하는 유형(context-sensitive grammar)

제2유형 문법: 비분맥적 혹은 문맥으로부터 자유로운 유형(context-free grammar)

제3유형 문법: 정상적인 문법(regular grammar)

촘스키의 위계가 지니는 독창성은 각각의 문법 유형이 바로 전 단계의 유형에 내포되어 있다는 점이다. 모든 문법 유형에는 고유의 문법으로 생성될 수 있는 언어 유형이 상응하며 모든 언어 유형에는 특별한 유형의 자동기계 혹은 인식체계, 예를 들어 언어 L과 문장 f가 주어졌을 때 f가 L에 소속되는지 여부를 결정할 수 있는 추상적인 인식 메커니즘이 상응한다. 촘스키 체계의 첫 단계와 마지막 단계만 예를 들면, 제0유형의 언어들은 정확하게 '튜링 기계Turing machine'에 의해 인식되며, 제3유형의 언어들은 작업에 대한 기억을 요구하지 않는 '유한 상태 기계finite-state machine'에 의해 인식된다.

언어학자들은 촘스키의 위계와 자연언어의 관계, 즉 생성문법과 간단히 말들의 집합체로 정의할 수 있는 언어들 사이의 정확한 관계에 대해 지대한 관심을 기울였다. 하지만 촘스키는 1957년의 저서에서 제3유형 문법이 자연언어의 모형으로는 불충분하다는 점에 대해 분명히 설명한 바 있고, 수많은 논제와 토론 결과들을 바탕으로 제2유형의 문법 역시 부적절하다는 것이 드러났다. 결과적으로 생성

문법과 자연언어의 구체적인 연관성을 증명하는 일은, 적어도 수학적인 관점에서는, 상당히 어렵다는 것이 분명해졌다.

11

20세기의 논리학

11.1 힐베르트의 기획과 현대 논리학의 발전

고트로브 프레게가 중요한 성과를 이루어 낸 뒤 논리학 분야에서 20세기 전반부에 이루어진 주목할 만한 발전은 대부분 독일의 수학자 힐베르트가 '수학의 기초'라는 문제를 해결하기 위해 추진했던 탐구 기획과 깊은 연관성을 지닌다. 오늘날 우리가 알고 있는 유형의 논리학이 구체적으로 정립된 것도 바로 이 시기의 일이다. 더 나아가서, 20세기의 논리학이 이루어 낸 가장 중요한 성과들 역시 힐베르트가 제시했던 다양한 형태의 질문에서 유래한다. 예를 들어, '어떤 것들은 불가능하다'는 사실을 인가하는 것은 무엇보다도 '제한'의 결과들, 즉 부정적인 결과들이다. 반면에 '수학의 기초'와 관련된 문제들은 '수'의 개념처럼 수학과 관련된 모든 지식의 기반을 형성하는 원시적인 개념들의 본질을 명백히 제시하는 데 집중되어 있었다.

19세기에서 20세기로 넘어오는 사이에 일련의 역설이 발견되면서 '수학의 기초'를 정립하는 문제는 더욱더 시급한 과제로 부상했다. 학자들은 지극히 직관적이고 아무런 문제도 일으키지 않을 것처럼 보이는 '집합' 같은 개념이 사실은 예기치 못한 모순들을 양산해 낼 수 있다는 점에 주목했다. 러셀이 제시했던 역설은 실제로 프레게의 논리학 체계 자체를 위기에 빠트렸다.

힐베르트가 이러한 문제를 해결하기 위해 제안한 탐구 기획은 역설의 위협으로부터 수학을 보호하고 수학에 확고한 이론적 기반을 제시하려는 차원에서 추진되었다. 1920년대에 구체적인 형태를 갖추기 시작한 힐베르트 기획의 두 가지 전제는 다음과 같다.

1) 수학 이론들은 형식적인 체계로, 다시 말해 하나의 언어와 명백한 연역 규칙들을 바탕으로 구축되는 공리들의 체계로 구성되어야 한다.

2) 이러한 형식적인 체계에 대해서는 비모순율을 증명할 수 있어야 한다. 다시 말해 이 체계의 공리에서 출발했을 때 어떤 모순도 발견되지 않는다는 것을 기술적으로 증명할 수 있어야 한다.

이 두 가지 전제는 또 하나의 특징과 직결된다.

3) 힐베르트는 하나의 형식적인 체계로 표상되는 모든 이론의 특정 공식이 이론상의 '정리teorema'로 간주될 수 있는지 여부를 순수한 기계적 검증을 토대로 확인할 수 있다는 가능성을 제기했다. 이러한 가능성을 다루는 것이 이른바 '결정 가능성의 문제'다.

이러한 힐베르트의 기획이 성공했다면 모호하지 않고 지극히 명백한 방식으로 모든 수학 이론을 설명하고(1) 역설의 위협으로부터 수학 이론을 보호하는(2) 것이 가능해졌을 것이다. 더 나아가서, 어떤 수학적인 명제가 그것에 상응하는 이론의 한 '정리'인지 아닌지를 결정하는(3) 것 또한 가능해졌을 것이다. 물론 힐베르트가 추진했던 기획들 가운데 완벽하게 실현된 것은 하나도 없다. 하지만 힐베르트가 제기했던 문제에 답변을 제시하려는 시도들은 우리가 오늘날 알고 있는 논리학의 탄생에 결정적으로 기여했을 뿐 아니라 논리학이 '수학의 기초'라는 특별한 범주를 뛰어넘어 크게 발전할 수 있는 중요한 계기를 마련해 주었다.

11.2   형식적 체계와 수학 이론

앞서 언급한 것처럼, 힐베르트는 모든 수학 이론이 '형식적 체계'로 구축되어야 한다고 주장했다. 먼저 이 '형식적 체계'는 과연 무엇인지 살펴보자.

무엇보다도, 모든 '형식적 체계'의 가장 기본적인 특징은 특정 언어를 '채택'한다는 데 있다. 일반적인 유형의 '형식적 체계'가 주어졌을 때 이 체계의 언어 L은 명백하고 체계적인 방식으로 정의되는 인위적인 언어다. 다시 말해, 이 언어의 문법은 기초적인 기호들의 집합체를 활용하며, 구문적인 차원에서 모두 옳은 명제들만 생성하도록 만드는 일련의 통사 규칙을 바탕으로 체계화된다. 힐베르트의 형식적 체계는 다름 아닌 술어논리적인 언어를 사용한다. 이 언어에는 '그리고, 혹은, 아니라, ~라면, 그래서' 같은 논리적 접속사나 '모든 ~에 대해' 같은 보편 양화사 혹은 '최소한 하나의 ~가' 같은 존재 양화사에 해당하는 기호들이 포함된다. 아울러 이 언어에서는 '하나의 짝수' 혹은 '첫 번째 수' 같은 '특성'을 표현하거나 '~보다 더 큰' 같은 '관계'를 표현하는 수식어의 기호를 비롯해 숫자 같은 어떤 객체들의 이름으로 사용될 수 있는 '상수'의 활용이 가능하다.

언어가 구체적으로 정립된 단계에서, 형식적 체계를 구축하는 것은 공리로 기능하는 공식들의 집합과 연역 규칙들의 집합이다. 공리들은 기점으로 삼을 수 있는 공식들을 말한다. 공리를 토대로 추론의 규칙들을 활용함으로써 형식적 체계의 모든(이론상 무한한) 정리들을 유도할 수 있다. 정리는 사실상 언어 L의 규칙들을 반복적으로 적용하면서 공리들로부터 확보할 수 있는 하나의 공식에 지나지 않는다.

형식적 체계의 공리들은 두 부류로 구분된다. 첫 번째 부류에 속하는 것은 논리적인 공리들이다. 논리적인 공리들은 직관적인 차원에서 논리적 진실로 간주되거나 어떤 유형의 지식에 적용되었을 때 사실로 판명될 수 있는 명제로 해석된다. 예를 들어 'P가 사실이라면, P가 아닌 것은 사실이 아니다' 혹은 'P와 Q가 사실이라면 P는 사실이다' 같은 명제들을 언어 L로 번역한 문장들은 논리적 공리로 간주될 수 있다. 논리적 공리들은 형식화하려는 수학 이론의 종류에 좌우되지 않는다.

반면에 두 번째 부류의 공리들은 형식화하려는 이론의 구체적인 특징으로 존재한다. 예를 들어 산술 혹은 수학 이론을 위한 형식적 체계를 구축한다고 가정할 때, 두 번째 부류에는 직관적인 차원에서 산술적 진실에 상응하는 공리들이 포함된다. 예를 들어 명제 '모든 수 x는 0을 더했을 때 x다'를 언어 L로 옮긴 번역문은 두 번째 부류의 공리로 간주될 수 있다.

추론의 규칙들은 일반적으로 논리적인 규칙들이며 이 규칙들을 토대로, 몇몇 공식이 전제로 주어진 상태에서, 또 다른 공식을 결론으로 유도해 낼 수 있다. 대표적인 예는 '긍정 논법modus ponens'의 규칙이다. 이 규칙을 바탕으로, 예를 들어 명제 P와 명제 '만약 P가 사실이라면 Q도 사실이다'가 전제로 주어지고 이 두 명제가 모두 언어 L의 공식으로 표현되었다면, 우리는 명제 Q에 상응하는 L의 공식을 결론으로 유도할 수 있다. 추론의 규칙들 역시, 논리학의 규칙인 만큼 형식화하려는 수학 이론의 종류에 좌우되지 않는다.

논리적인 공리와 추론의 규칙들은 그 자체로, 다시 말해 형식화하려는 수학 이론의 특별하고 구체적인 공리들을 제외한 상태에서, 술어논리를 위한 형식적인 체계를 구축한다. 이 체계의 공리와 규칙은 완전해야 한다. 다시 말해 논리적 진실에 상응하는 모든 공식들을 유도한 뒤 공리로 정립할 수 있어야 한다. 주목해야 할 것은 이러한 유형의 형식적 체계가 반드시 수학적인 내용에 국한되는 것은 아니라는 점이다. 술어논리는 모든 종류의 지식에 적용될 수 있다.

이 시점에서 정확히 확인하고 넘어가야 할 것은, 우리가 술어논리에 대해 이야기할 때, 실제로 다루는 것은 1차 술어논리라는 점이다. 1차 술어논리에서는 '모든'이나 '존재한다' 같은 양화사들이 객체만 수식할 수 있다. 다시 말해 1차 논리가 적용될 때에는 예를 들어 '모든 닥스훈트는 개다', 즉 '객체 x의 경우, x가 닥스훈트라면 x는 개다', 혹은 '최소한 한 마리의 검은 고양이가 존재한다', 즉 '최소한 하나의 객체 x가 존재하며 이 x는 한 마리의 고양이인 동시에 검다' 같은 명제들만 형식화할 수 있다. 반면에 '마르코는 마태오의 모든 결함을 지녔다'라는 명제를 살펴보자. 여기서 양화사 '모든'은 객체를 수식하는 것이 아니라 특징을 수식한다. 이 문장이 강조하는 것은, 특성 p가 있을 때 어떤 경우에든 p가 하나의 결함이고 마태오가 p를 지녔다면 마르코 역시 p를 지녔다는 사실, 예를 들어, 마태오가 인색하면 마르코도 인색하고 마태오가 신경질적이면 마르코도 신경질적이라는 이야기다.

1차 서술논리는 이러한 유형의 내용을 표현하기 위한 조건을 충족하지 못한다. 따라서 보다 강력하고 풍부한 논리, 예를 들어 특성이 관계와 마찬가지로 술어에 속하는 만큼, 술어도 양적으로 수식할 수 있는 논리가 요구된다. 이 논리를 다름 아닌 2차 술어논리라고 부른다. 2차 술어논리는 상당히 다양하고 매력적인 탐구 영역으로 확장되지만 이론적인 차원에서 상당히 어려운 문제점들을 안고 있다.

앞에서 살펴본 것처럼, 힐베르트 기획의 전제 1)이 요구하는 것은 모든 수학 이론이 형식적인 체계로 환원될 수 있어야 한다는 것이었다. 달리 말하자면 모든 수학 이론은 적절한 언어로 표현된 공리들의 집합을 식별하고 이 집합의 완전성과 적합성을 평가할 수 있어야 한다. 바꾸어 말하자면, 이러한 공리들을 기점으로, 추론의 규칙에 따라, 우리가 직관적으로 옳다고 판단하는 모든 이론적 명제들을 유도하는 것이 가능해야 한다.

일반적으로, 형식적인 체계가 의미를 지니려면 우선적으로 모순에서 벗어나 있어야 한다. 다시 말해 어떤 공식 f가 정리로도 유도될 수 있고 정리를 부정하는 명제로도 유도될 수 있다면 f는 체계 안에서 어떤 식으로든 존재하지 말아야 한다. 고전논리학에서는 공식들의 집합이 모순적일 경우 이 집합에서 무슨 결론이든 유도해 낼 수 있다. 마찬가지로 모순을 안고 있는 형식적인 체계는, 어떤 공식이든 정리가 될 수 있기 때문에, 그 자체로 무의미하다.

힐베르트 기획의 전제 2)에 따르면 수학 이론에 형식을 부여하는 형식적인 체계들의 비모순율은 정확하게 증명될 수 있어야 한다. 더 나아가서 힐베르트는 이러한 비모순율의 증명이 특별히 단순하고 확실한 방식으로, 즉 체계의 신빙성에 대해 어떤 의혹도 남기지 않을 만큼 간략하고 명료한 방식으로 이루어

겨야 한다고 보았다. 여기서 주목해야 할 것은 힐베르트의 '유한 방법론'이다. 물론 그는 이 방법론을 정확하게 정의한 적도 없고 어떤 식으로 전개되어야 하는지에 대해서도 설명한 적이 없지만 아마도 산술에서 사용되는 방법들 가운데 가장 단순한 것들과 유사했을 것이다. 산술은 일반적인 수학 이론들 가운데 가장 단순하고 명료한 동시에 미약한 이론이다.

11.3   괴델의 정리와 힐베르트 기획의 위기

쿠르트 괴델(1906~1978년)은 20세기의 가장 중요한 논리학자로 평가받는 인물이다. 1931년, 25세의 나이에 괴델은 두 가지 중요한 정리를 증명한 뒤 그 내용을 기사에 실어 발표했다. 이 정리들을 흔히 '괴델의 첫 번째 정리와 두 번째 정리'라고 부른다. 괴델의 정리가 가져온 결과들 가운데 가장 놀라운 것은 두말할 필요 없이 힐베르트의 기획을 결정적으로 무산시켰다는 것이다. 무엇이 관건이었는지 살펴보자.

우선 괴델의 첫 번째 정리는 다음과 같다. 산술에 쓰이는 형식적인 체계를 PA라고 할 때, PA가 모순적이지 않다면 PA는 불완전하다. 왜냐하면 동일한 체계의 언어를 사용하는 최소한 하나의 공식 G가 정리로 간주될 수 없고 그것을 부정하는 명제 역시 정리로 간주될 수 없기 때문이다.

달리 말하자면, 괴델의 첫 번째 정리가 우리에게 이야기하는 것은 산술이 하나의 형식적인 체계로는 완전하게 포착될 수 없다는 것이다. 형식적인 체계가 사실상 어떤 "입장을 취하지" 않고서는 관여할 수 없는 명제, 즉 앞의 G에 해당하는 명제가 최소한 하나 이상 존재하기 때문이다. 게다가 G는 항상 직관적인 차원에서 사실인 명제로 구축되는 동시에 내용 자체는 증명이 불가능하다는 것을 보여 준다. 어쨌든 최소한 하나의 산술적 명제가 사실로 간주될 수 있지만 PA에서는 증명 가능한 어떤 정리와도 일치하지 않는다. 한편 힐베르트 기획의 전제 1)은 이미 산술의 경우에서부터 적용이 불가능하다. 모든 수학 이론이 하나의 형식적인 체계에 고스란히 환원될 수 있어야 한다고 규정하기 때문이다. 더 나아가서 산술의 보다 복잡한 이론들을 형식화하는 형식체계들의 경우에도, 그것이 집합론이든 분석이든 실수 이론이든 간에, 똑같은 논리가 적용될 수 있다. 어쨌든 이러한 이론들은 형식적인 체계로 완전히 환원되지는 않는다.

이제 괴델의 두 번째 정리에 대해 살펴보자. 이 정리에 따르면, 형식적인 체계 PA는 모순적이지 않을 수 있지만, 이때 체계의 비모순율을 PA 내부에서 증명하는 것은 불가능하다. 다시 말해, PA는 모순적이지 않다고 말하는 명제가 곧 PA의 정리라는 것을 증명하는 것은 불가능하다.

따라서 산술을 위한 한 형식적인 체계의 비모순율을 증명하는 것은 산술 자체의 도구만으로는 불가능하다. 다름 아닌 이러한 문제로 인해 힐베르트 기획의 제안 2)는 위기에 봉착했다. 우리가 지금까지 살펴본 것과는 달리, 한 체계의 비모순율이 '유한 방법론'으로 증명될 수 있으며 이 방법론은 산술의 가장 명료하고 믿을 만한 방법론이라는 것이 힐베르트의 생각이었다. 이상의 결과는 산술보다 훨씬 복잡한 수학 이론들의 경우에도 똑같이 적용될 수 있다.

11.4   결정의 문제

이제 힐베르트 기획의 전제 3)에 대해 살펴보자. 세 번째 전제는 형식적인 체계가 술어논리를 바탕으로 구축될 때 이러한 형식적인 체계로 표상되는 모든 이론의 특정 공식이 정리로 간주될 수 있는지 여부를 순수한 기계적 검증 과정을 토대로 확인할 수 있다는 가능성과 연관된다.

무엇보다 이 '순수한 기계적 과정'이라는 표현이 과연 무엇을 가리키는지 살펴보자. 이 표현이 가리키는 것은 수학에서 흔히 알고리즘algorithm이라고 부르는 방식, 즉 어떤 문제를 해결하기 위한 결정론적인 유형의 방식이다. 좀 더 정확히 말하자면, 하나의 알고리즘은 주어진 문제에서 출발해 유한한 수의 절차들을 거쳐 원하는 답을 얻을 수 있도록 마련된 명령어들의 체계를 말한다. 아울러 명령어들은 결정론적이다. 즉 명령어가 적용될 때마다 그다음 절차에는 어떤 명령어가 적용되어야 하는지 혹은 절차가 끝났는지가 항상 분명해야 한다. 달리 말하자면 과정을 지속적으로 이어 가기 위해 어느 순간 '알아맞히기'를 해야 하는 상황이 벌어지면 안 된다. 알고리즘의 기초적인 예들은 초등학교에서 배우는 덧셈, 곱셈 같은 기본적인 산술 과정에서 찾아볼 수 있다.

이제 우리는 '결정의 문제Entscheidungsproblem'를 좀 더 정확한 방식으로 제시할 수 있다. 우리는 이렇게 물을 수 있다. 술어논리를 바탕으로 구축된 하나의 형식적인 체계가 주어질 때 이 체계의 언어로 쓰인 모든 명제에 대해 그것이 정리인지 아닌지를 결정할 수 있는 알고리즘은 항상 존재하는가?

앞서 살펴본 것처럼, 힐베르트는 모든 수학 이론이 형식적인 체계로 환원되어야 한다고 보았다. 여기서 주목해야 할 것은, '결정의 문제'에 대한 최종 답변이 긍정적이라면, 힐베르트의 의견대로 모든 수학적 문제들을 기계적인 방식으로 해결하는 것이 가능하리라는 것이다.

알고리즘의 개념은 그리 새로운 것이 아니다. 역사적으로 알고리즘은 항상 중요한 역할을 해 왔다. 알고리즘 덕분에 주어진 문제들을 완전하게 자동적인 방식으로, 다시 말해 직관이나 창작에 의존하지 않고 해결할 수 있었기 때문이다. 고대부터 수학자들은 상당히 다양한 종류의 문제들을 해결하기 위해 알고리즘을 연구해 왔다. 하지만 알고리즘의 역사는 지난 세기 전반에 중대한 전환점을 맞이했다. 변화는 다름 아닌 힐베르트 기획과 관련하여, 아울러 '결정의 문제'에 대한 답변이 필요하다는 요구와 관련하여 일어났다. '결정의 문제'는 사실 전적으로 새로운 유형의 질문을 제기하면서 알고리즘이라는 개념 자체의 훨씬 더 근본적인 분석을 요구하고 있었다. 필요한 것은 더 이상 특정 문제를 해결하기 위한 개별적인 알고리즘의 개발이 아니라 보편적인 차원의 질문에 대한 답변, 즉 어떤 형식적인 체계가 주어지면, '그것의 종류와는 무관하게' 하나의 명제가 정리인지 아닌지를 결정하기 위해 특정 알고리즘을 '언제나' 사용할 수 있는가라는 질문에 대한 답변이었다. 하지만 위에서 언급한 직관적인 유형의 알고리즘 개념, 즉 어떤 문제의 해결을 위해 기용되는 일련의 절차와 결정론적인 성격의 명령어 체계만으로는 이 질문에 답변을 제시할 수 없었고 따라서 알고리즘 개념의 특징들을 좀 더 구체적이고 명확하게 제시할 필요가 있었다.

그런 식으로 1930년대에는 알고리즘의 보다 뚜렷한 개념을 탐색하는 작업에 당대의 가장 능력 있는 논리학자들이 뛰어들었고, 그 가운데 한 명이 괴델이었다. 그렇게 해서 오늘날 '계산 가능성 이론computability theory'이라고 부르는 연구 분야가 탄생했다. 가장 중요하고 결정적인 역할을 했던 인물은 앨런 튜링Alan Turing이다. 1936년에 튜링은 알고리즘의 특징을 추상적인 기계들의 차원에서 고려하는 방식에 주목했고, 그런 식으로 이른바 '튜링 기계'가 탄생했다.

하지만 논리학자들의 탐구는 결과적으로 '결정의 문제'에 대한 부정적인 답변으로 이어졌다. 튜링 역시 그가 제시한 정의를 토대로 사실상 어떤 알고리즘으로도 해결될 수 없는 수학 문제들이 존재한다는 것을 증명해 보였다. 거의 같은 시기에 미국의 논리학자 알론조 처치(Alonzo Church, 1903~1995년)는 튜링의 그것과 상당히 비슷한 유형의 탐구를 개별적으로 진척시켰고 산술을 위한 하나의 형식적인 체계가 주어지고 이 체계가 모순적이지 않을 때, 이 체계의 한 명제가 정리인지 아닌지 정립할 수 있는 알고리즘은 존재하지 않는다는 것을 증명해 보였다. 괴델의 정리에서와 마찬가지로, 이 경우에도 처치의 증명은 산술보다 복잡한 형태의 모든 이론에 보편적으로 적용될 수 있다. 더 나아가서 처치는 결정의 문제가 논리학을 위한 체계에서도 해결될 수 없다는 것을 증명해 보였다. 술어논리를 위한 형식적인 체계에도, 어떤 명제가 주어질 때 그것이 정리인지 아닌지 결정할 수 있는 알고리즘은 존재하지 않는다.

결론적으로 말하자면, 수학의 기반을 마련하고자 했던 힐베르트의 기획은 모든 측면에서 완전하게 실현되기는 힘든 것으로 드러났다. 하지만 힐베르트가 제기했던 질문들은 오늘날 우리가 알고 있는 형태의 논리학이 탄생하는 데 결정적인 역할을 했고 그의 기획을 바탕으로 이루어진 이론적 성과에 대한 관심은 수학의 기초라는 특수한 분야를 뛰어넘어 훨씬 더 넓은 영역으로 확대되었다. 힐베르트 기획을 토대로 정립된 논리학은 수학과 무관한 영역에서도 얼마든지 활용될 수 있었고 실제로 철학에서 언어학에 이르는 수많은 분야에 적용되었다. '계산 가능성 이론'은 후세대 학자들에게 정보학 개발을 위한 이론적 기반을 제공했고 이 분야에서 지속된 연구는 인공지능과 인지과학이 탄생하는 데 결정적인 역할을 했다.

11.5   고전논리학을 넘어서

20세기 전반부의 탐구 활동에 뒤이어 논리학은 상당히 다양한 방향으로 발전하는 추세를 보였다. 예를 들어 양상논리학은 기존의 논리적 형식들이 지니는 표현 가능성을 확장하는 데 기여했다. 하지만 이 모든 체계들은 어떤 식으로든 고전논리학이라는 범주에 속한다. 고전논리학에는 아주 일반적인 법칙들, 예를 들어 아리스토텔레스의 비모순율(명제 P가 주어질 때, 그것이 어떤 종류의 명제이든, P도 옳고 P를 부정하는 문장도 옳은 상황은 발생하지 않는다)과 배중률(명제 P와 P를 부정하는 명제 가운데 한 명제만 옳을 수 있으며, 이 외에 또 다른 경우는 존재하지 않는다)이 적용된다. 배중률은 이른바 '이치논리bivalent logic'와 밀접한 연관성을 지닌다. 이 논리에 따르면 진리는 참이거나 거짓일 수밖에 없으며 모든 명제는 이 두 종류의 진릿값 가운데 하나만을 취할 수 있다. 양상논리학 역시, 가능한 모든 세계에서 고전논리학 법칙들이 타당성을 잃지 않는 만큼, 고전논리학의 범주에 속한다. 양상논리학은 단지 고전논리학의 확장으로 간주될 뿐이다.

하지만 내부적으로 고전논리학의 모든 규칙들이 보편적 타당성을 지닌다고는 볼 수 없는 논리체계들이 있을 수 있으며 이러한 논리체계들을 바로 '비고전적' 논리라고 부른다. 이는 현대 논리학이 가장 적극적으로 연구했던 분야들 가운데 하나로 철학적으로 적용될 수 있을 뿐 아니라 다른 학문들과의 연계성을 통해 발전할 수 있는 풍부한 가능성을 지닌 분야다. 몇 가지 예를 살펴보자.

배중률과 이치논리에 문제를 제기할 수 있는 계기는 이른바 '불확실한 미래'의 문제, 다시 말해 미래 시제로 표현되며 미래에 일어나게 될 사건, 따라서 일어나지 않을 가능성도 얼마든지 있는 사건들을 묘사하는 일련의 명제들, 예를 들어 '내일 해전이 벌어질 것이다' 같은 문장들에 의해 주어진다. 이러한 유형의 명제들이 어떤 객관적인 진리의 가치를 지닌다고 보거나 반대로 틀림없는 오류라고 보는 태도는 미래가 어떤 식으로든 이미 결정되어 있다는 것을 전제하며 이는 우리의 직관적인 이해 방식에 위배된다. 더 나아가서 이는 독단적인 자유의지의 가능성 자체를 무시하는 결과로도 이어질 수 있다.

이러한 문제는 일찍이 아리스토텔레스가 『명제론』 아홉 번째 장에서 언급한 바 있다. 현대에 들어와서는 1920년에 폴란드의 논리학자 얀 우카시에비츠(Jan Łukasiewicz, 1878~1956년)가 세 종류의 진릿값을 기반으로 구축되는 논리학을 제안했다. 이 논리학체계 안에서 명제는 참이거나 거짓이거나 '불확정적'이다. 예를 들어 '내일 해전이 벌어질 것이다' 같은 명제들은 진릿값을 불확정적인 형태로 지닌다. 세 종류의 진릿값을 기반으로 구성되는 우카시에비츠의 논리학은 '다치논리polyvalent logica', 즉 두 가지 이상의 진릿값을 지닌 논리학의 역사상 첫 번째 사례로 평가된다. 이때부터 다치논리체계는 상당히 넓은 영역에서 기술적 발전과 풍부한 철학적 사유의 가능성을 제시했다.

완전히 다른 목적으로 구축된 또 다른 유형의 다치논리 가운데 주목해야 할 것은 이른바 '퍼지논리fuzzy logic'다(안개가 낀 뿌연 상황을 수식하는 영어 단어 fuzzy에서 유래한다). 퍼지논리란 모호한 명제들을 분석하기 위해 제안된 일련의 논리를 말한다. 모호한 술어들을 사용하는 명제들, 다시 말해 경계가 분명치 않아서 술어의 내용이 적용되어야 할 영역과 적용될 수 없는 영역을 구분하기가 쉽지 않은 경우들의 명제가 퍼지논리의 분석 대상이다. 예를 들어 '젊다'라는 술어의 경우 젊은 사람들을 더 이상 젊지 않은 사람들과 구분하는 기준이나 경계는 분명치 않다. 결과적으로 '리카르도는 젊다'라는 문장을 항상 결정적으로 옳다거나 결정적으로 틀렸다고는 간주하는 것은 불가능하다. 물론 '리카르도는 젊다'라는 문장은 리카르도가 15세일 경우 결정적으로 옳고, 90세일 경우 결정적으로 틀렸다고 볼 수 있다. 하지만 이는 극단적인 경우에 불과하다. 15세와 90세 사이에는 중간 단계의 수많은 경우들이 존재하며, 리카르도가 49세일 경우 어떤 판단을 내려야 하는지는 분명치 않다. '덥다', '춥다', '빠르다', '높다' 혹은 색상을 가리키는 모든 표현들은 모호한 술어의 또 다른 예들이다. 퍼지논리는 이러한 문제를 다루기 위해 개발된 하나의 다치논리다. 퍼지논리는 원칙적으로 무한한 진릿값을 인정하며 이 진릿값은 상징적으로 0과 1 사이의 숫자들을 통해 표현된다. 0은 '거짓'을, 1은 '참'을 상징한다. 0과 1 사이의 숫자들이 중간 단계의 진리를 상징한다. 리카르도가 49세일 경우, '리카르도는 젊다'라는 문장의 퍼지논리는 0과 1 사이의 어떤 수, 예를 들어 0.52의 진릿값을 지닐 수 있을 것이다. 진릿값이 0이거나 1에 달하는 극단적인 경우, 퍼지논리의 기능은 고전논리학의 그것과 크게 다르지 않다. 반면에 진릿값이 중간 단계에 머물 경우 퍼지논리는 비고전적인 논리학의 양상을 나타난다. 예를 들어 퍼지논리에는 일반적으로 배중률이 적용되지 않는다. 고전논리학에서는 배중률을 기준으로, '리카르도는 젊다'라는 명제가 참이거나 거짓이어야 하고 또 다른 진릿값을 상상할 수 없지만 퍼지논리에서는, 예를 들어 리카르도가 49세일 경우, 그가 젊다는 말은 전적으로 옳은 것도, 전적으로 틀린 것도 아니다.

모호함과 관련된 철학적인 차원의 문제들 가운데 가장 대표적인 것은 아마도 '무더기의 역설'일 것이다. 이 역설의 한 예를 살펴보자. 우리는 모두 a) 머리카락이 0인 사람을 대머리라고 부르는 데 동의할 수 있고, 아울러 b) 대머리인 그에게 머리카락 하나가 자라났다고 하더라도 그를 여전히 대머리라고 부르는 데 동의할 수 있다. 하지만 전제 a)에서 출발해 b)를 반복할 경우 누구든, 늘어난 머리카락의 개수와 무관하게, 대머리로 남게 되리라는 결론에 도달하게 된다. 문제는 다름 아닌 '대머리'라는 표현이 모호한 술어라는 사실에서, 즉 대머리인 사람과 대머리가 아닌 사람을 구별하는 뚜렷한 기준이나 경계가 존재하지 않는다는 사실에서 발생한다. 퍼지논리는 이 문제를 설명할 수 있는 하나의 방법을 제시한다. 이에 따르면, 머리카락이 0인 사람은 대머리이며 1에 상응하는 퍼지논리의 진릿값을 지닌다. 아울러 머리카락이 하나씩 계속해서 자라나더라도 이 사람은 여전히 대머리이겠지만 이 사람의 퍼지논리 진릿값은 점점 낮아질 것이다. 그래서 머리카락이 정말 무성하게 자라난다면 진릿값은 결국 0에 도달하게 될 것이다.

흥미로운 것은 1960년대에 발달하기 시작한 퍼지논리가 원래는 정보 기술 분야에서 버클리 대학의 수학자이자 기술자인 로트피 자데(Lotfi Aliasker Zadeh, 1921~2017년)에 의해 제안되었다는 사실이다.

비고전적 논리학의 또 다른 흥미로운 예는 이른바 초일관성 논리paraconsistent logic에서 찾아볼 수 있다. 초일관성 논리란 아이러니하게도 몇몇 유형의 모순들이 허용되는 논리를 말한다. 비모순율의 원리가 지배하는 고전논리학에서는 명제 P가 주어졌을 때 P뿐만 아니라 P를 부정하는 명제까지 인정하는 것이 불가능하다. 특히 고전논리학에서는 하나의 명제와 그 명제의 부정문을 동시에 전제로 취할 경우 어떤 결론을 도출해도 무방한 상황이 발생한다. 반면에 상당히 방대하고 복합적인 정보들의 집합체, 혹은 좀 더 구체적으로 수백, 수천만개의 정보를 담고 있는 데이터베이스를 예로 들어 보자. 여기서 정보들의 집합체 속에 몇몇 모순이 숨어 있으리라는 것은 충분히 가능한 이야기다. 이때 피해야 할 것은 무엇보다도 어떤 구체적이고 특별한 모순이 모든 정보들의 신빙성을 무효화함으로써 정보의 사용 자체를 불가능하게 만들어 버리는 상황이다. 결과적으로 시도되는 것은 정보의 원활한 사용을 위해 모순을 '고립'시키는 작업이다. 이것이 바로 초일관성 논리가 발달하게 된 동기들 가운데 하나다. 철학적인 차원에서 이러한 성향은 사고의 주체가, 비록 다양한 형태의 고정관념과 모순적인 믿음을 지녔지만, 궁극적으로는 이성적인 존재로 간주되기를 원한다는 사실과 연관된다. 인간의 믿음이 수많은 모순을 담고 있는 상당히 복합적인 체계를 구축한다는 것은 틀림없는 없는 사실이다.

양상논리, 인식논리, 규범논리

양상논리학의 '양상modal'이라는 표현은 '방식'을 뜻하는 라틴어의 Modus에서 유래한다. 양상논리학은 '~이 가능하다', '~이 필요하다', '~은 의무다', '~은 정당하다' 같은 표현들이 기능하는 방식을 연구한다. 양상을 가리키는 표현들이 등장하지 않는 명제가 참이냐 거짓이냐를 판단하는 일은 예외적으로 현실세계에서 주어지는 실질적인 상황에 좌우된다. 예를 들어 '로마는 이탈리아의 수도다'라는 명제가 참인 이유는 현실세계 속의 사실을 묘사하기 때문이며 반대로 '피렌체는 이탈리아의 수도다'라는 명제가 거짓인 이유는 현실과 전혀 다른 사실을 묘사하기 때문이다. 반면에 양상적인 명제가 참인가 거짓인가를 평가하기 위해서는 현실과는 다른 사실들의 상황을 함께 고려할 필요가 있다. 먼저 '진리의 양상alethic modality', 즉 '~이 가능하다', '~이 필요하다' 같은 표현에 좌우되는 양상을 살펴보자. 명제 P가 주어졌을 때, 양상논리의 명제 'P는 ~가 가능하다'는 P가 비록 현실세계에서는 사실이 아니더라도 그와는 무관하게 사실로 인지될 수 있는 세계의 상태, 즉 현실세계와는 다른 상태를 납득할 만한 상태로 인정하는 것이 가능하다는 것을 의미한다. 예를 들어 '피렌체가 이탈리아의 수도였을 가능성이 있다', 혹은 좀 더 정확하게, '피렌체는 얼마든지 이탈리아의 수도가 될 수 있었을 것이다'

같은 명제는 참으로 간주되는 것이 보통이다. 1870년 로마가 이탈리아에 병합되지 않았더라면 이탈리아의 수도는 피렌체가 되었을 것이기 때문이다. 반면에 '사각형은 다섯 면을 지니는 것이 가능하다'라는 명제는 거짓이다. 왜냐하면 사각형인 동시에 다섯 면을 지닌 무언가가 존재하는 세계의 상황을 상식적으로 수용하기 힘들기 때문이다. 한편 'P가 ~할 필요가 있다'라는 유형의 명제는 현실세계에서 P가 사실이기를 요구할 뿐 아니라 가능한 모든 합리적 세계의 상황에서도 사실이기를 요구한다. 예를 들어 '4는 짝수일 필요가 있다'라는 명제는 참으로 간주된다. 4는 짝수가 아닌 세계를 상상하기 힘들기 때문이다. 반면에 '로마는 이탈리아의 수도로 존재할 필요가 있다'라는 명제는 참으로 간주되기 힘들다. 이 시점에서 주의해야 할 것은 일상적인 언어에서 때때로 사용되는 '~이 필요하다', '~이 가능하다'라는 표현은 우리가 다루고 있는 진리의 양상과는 거리가 먼 의미로 사용된다는 사실이다. 예를 들어 '~이 가능하다'라는 표현은 가능성이 크다는 의미로 사용하는 경우가 많고 '~이 필요하다'라는 표현은 흔히 의무 사항을 전달하기 위해 사용한다. 이러한 유형의 사용 방식은 우리의 관심사가 아니다.

양상논리에서는 형식적인 언어로 양상을 표현하는 것이 가능하다. 진리의 양상논리는 두 종류의 기호를 수식어로 활용한다. 기호 □는 '~이 필요하다'로 읽고 ◇는 '~이 가능하다'로 읽는다. 양상논리의 형식적 의미론은 라이프니츠의 '가능한 세계' 논리를 바탕으로 구축된다. 가능한 세계는 실질적인 현실세계와 어느 정도 커다란 차이를 보일 수 있는 상이한 사물들의 상태를 가리키며 우리가 직관적으로 '세계의 상태'라고 이해하는 것에 상응한다.

명제 P가 주어졌을 때 양상 명제 'P는 ~할 필요가 있다', 혹은 이를 기호로 표현한 명제 '□P'는 오로지 P가 가능하고 납득할 만한 모든 세계에서 참일 때에만 참이다. 반면에 양상 명제 'P는 ~할 가능성이 있다', 혹은 이를 기호로 표현한 '◇P'는 오로지 P를 참으로 수용하는 세계가 가능하고 납득할 만한 세계 가운데 최소한 하나 이상 존재할 때에만 참이다. 어쨌든 중요한 것은 '□P' 또는 '◇P'가 참인지 거짓인지 정하기 위해서는 P가 현실세계에서 참인지 거짓인지를 아는 것만으로는 부족하다는 것이다.

20세기 후반부에 '가능한 세계'의 의미론을 크게 발전시킨 인물은 루돌프 카르납(1891~1970년)과 미국의 논리학자 솔 크립키(1940년~)다. 하지만 양상논리학의 기원은 아리스토텔레스의 철학과 그의 『분석론 전서Analytica Priora』, 『명제론』으로 거슬러 올라간다. 아리스토텔레스는 양상을 시간과의 관계 속에서, 아울러 잠재력이 행동으로 전이되는 과정과의 관계 속에서 생각했다. 그는 가능성을 가끔씩 일어나는 것의 일종으로, 필연성을 항상 일어나는 것의 일종으로, 불가능성을 결코 일어나지 않는 것의 일종으로 간주했다. 아리스토텔레스의 이론은 14세기까지 양상논리학을 지배하는 핵심 이론의 위상을 유지했다. 뒤이어 둔스 스코투스가 역사상 처음으로 양상의 모형을 공시적인 형태, 즉 시간의 흐름에 구속되지 않는 형태로 제시했다. 그런 식으로 둔스 스코투스는 근대적인 의미의 양상논리학, 즉 '가능한 세계' 개념을 바탕으로 하는 양상논리의 기반을 마련했다. '가능한 세계'에 관한 라이프니츠의 성찰은 전적으로 새로운 차원의 양상 개념이 정립되는 데 결정적인 역할을 했다. 양상의 이 새로운 구도에 따르면, '필요한' 것은 '가능한 모든 세계에서 사실'인 것을 가리키며, '불가능한' 것은 '가능한 모든 세계에서 거짓'인 것을, '가능한' 것은 '최소한 하나의 가능한 세계에서 사실인' 것을, '우발적인' 것은 '최소한 하나의 가능한 세계에서 사실인 동시에 최소한 하나의 가능한 세계에서 거짓인' 것을 가리킨다.

지금까지 우리가 다룬 것은 진리의 양상논리다. 하지만 양상논리에는 이 외에도 '~는 의무 사항이다' 혹은 '~는 허가된다'라는 식의 표현에 좌우되는 '규범논리deontic logics', 지식과 연관되며 누군가가 '~을 알고 있다'라는 식의 표현에 좌우되는 '인식논리epistemic logics', 믿음이나 신념과 연관되며 누군가가 '~라고 믿고 있다'라는 식의 표현에 좌우되는 '의견논리doxatic logics' 등이 존재한다. 아울러 시간에 주목하는 양상논리도 존재한다. 이 논리는 명제들의 진실성이 명제가 언급하는 사건의 발생 시간과 연관되는 경우를 다루며 '과거에는~' 혹은 '미래에는~' 같은 표현들에 좌우된다. 이 모든 유형의 양상논리는 '가능한 세계'의 의미론을 활용하며 구축된다. 예를 들어 규범논리의 경우 '~는 의무 사항이다'와 '~는 허가된다'라는 표현은 각각 필연성의 표현과 가능성의 표현으로 기능한다.

일반적으로 양상 명제들은 두 가지 방식으로 해석될 수 있다. 다시 말해 양상 명제는 이른바 '언표의 해석lettura de dicto' 방식이나 '사실의 해석lettura de re' 방식을 기준으로 이해할 수 있다. 예를 들어 '이탈리아의 수도는 이탈리아의 도시일 필요가 있다'라는 명제를 살펴보자. '언표의 해석'에 따르면 이 명제가 하는 말은 이탈리아의 수도가, 어떤 도시이든, 필연적으로 이탈리아의 도시들 가운데 하나여야만 한다는 것이다. 이 경우에 '언표의 해석'은 참으로 간주되며 이는 무엇보다도 이탈리아에 없는 도시가 이탈리아의 수도라는 것을 받아들이기 힘들기 때문이다. 반면에 '사실의 해석'에 따르면 이 명제가 하는 말은 약간 다르다. 이 명제는 실제로 이탈리아의 수도인 도시는 필연적으로 이탈리아의 도시라고 말한다. 이 경우에 사실의 해석은 거짓으로 간주될 수 있다. 왜냐하면 로마가 교황청에 속한 상태로 남아 있었다면 이탈리아의 도시가 될 수 없었기 때문이다.

'인식논리'와 '의견논리' 역시 이와 유사한 문제들, 즉 언표와 사실의 이중 해석에 의해 드러나는 양가성의 문제들을 보여 준다. 예를 들어 '마르첼로는 루이스가 겁쟁이 개라고 믿는다'라는 명제를 살펴보자. 이 문장은 두 가지 방식으로 해석될 수 있다. 언표의 해석을 따르면 이 명제는 마르첼로가 루이스는 겁쟁이 개라는 점을 참으로 인식한다는 것을 의미한다. 반면에 사실의 해석을 따르면 이 명제는 마르첼로가 어떤 개를 알고 있고 그 개가 겁쟁이라고 생각한다는 것을 의미한다. 이때 개의 이름은 루이스지만 마르첼로는 개의 이름이 루이스라는 것은 모를 수도 있다. 일반적으로 술어들의 양상논리는, 특히 '모든' 혹은 '몇몇' 같은 양화사들이 개입할 때, 논리적일 뿐 아니라 철학적으로 상당히 까다로운 문제들을 제시한다.

인지과학

12.1 전환점

행동주의 심리학은 1950년대에 들어서면서 지배적인 위상을 상실하며 심각한 위기를 맞이했다. 행동주의 심리학은 무엇보다도 일관성이 결여된 분야였고, 사고 과정의 연구를 표출된 행동에 대한 연구로 대체할 수 있다는 생각은 극단적인 전제들의 경우에만 적용될 수 있었다. 아울러 대부분의 행동주의 심리학자들은 실험적인 차원의 근거를 확보할 수 없는 심리학적 가설의 도입에 대해 기본적으로 부정적인 견해를 지니고 있었다.

이러한 정황을 배경으로 1956년에는 인지심리학이 새로운 국면을 맞이했고 사고 과정 연구가 심리학 분야의 선두 주자로 되돌아올 수 있는 계기가 마련되었다. 정보 이론에 관한 학회가 1956년 매사추세츠 공과대학에서 열렸을 때 노암 촘스키는 변형문법을 소개하면서 그의 이론을 행동주의 심리학에 대한 비판의 근거로 활용했고 조지 아미티지 밀러(George Armitage Miller, 1920~2012년)는 이른바 '마법의 숫자 7'이라는 유명한 논제, 즉 7가지 요소를 소화해 낼 수 있는 인

간의 단기기억 능력에 대한 논제를 발표했다. 같은 해에 다트머스Dartmouth에
서는 인공지능 분야의 선구자로 알려진 앨런 뉴웰Allen Newell, 클리퍼드 쇼Clifford
Shaw, 허버트 사이먼Herbert Simon이 인간의 문제 해결 과정을 발견법적 탐구 과정
으로 간주하며 개발한 연산 프로그램 '로직 시어리스트Logic Theorist'를 소개했다.
인공지능 개발의 차원에서 '로직 시어리스트'는 제작자들에게 인간이 무언가
를 계획하거나 문제를 해결하는 과정에서 활용하는 사고방식의 연구이자 이러
한 연구의 첫 단계를 의미했다. 이들은 인간의 정보 활용 방식을 토대로 구축된
심리학이라는 의미에서 이 분야에 '인포메이션 프로세싱 사이콜로지Information
Processing Psychology'라는 명칭을 부여했다.

12.2   행동주의 심리학

미국의 심리학자 존 브로더스 왓슨(1878~1958년)은 1913년 《심리학 리뷰The
Psychological Review》에 「행동주의적 관점에서 본 심리학Psychology as the Behaviorist Views It」
이라는 제목의 기사를 발표했고 흔히 '행동주의 심리학 선언문'으로 간주되는
이 기사를 통해 심리학 연구의 전통적인 방식과 새로운 방식의 차이점들을 명
시하면서 외부로 표출된 행동을 어떤 식으로 관찰해야 하는지에 대한 방법적
인 설명을 제시했다.

왓슨은 심리학을 자연과학의 한 실험적인 분야로 간주했고 심리학의 목적은
행동을 예상하고 제어하는 데 있다고 보았다. 왓슨은 의식이나 정신이 아니라
관찰 가능한 행위를 행동주의 심리학의 탐구 대상으로 채택했고 관찰 가능한
행위를 신체적인 반응들의 총체로 정의했다. 행동주의 심리학을 지지하는 학
자들은 행동을 외부 자극에 대한 순수한 반응으로 간주했고 이러한 반응이, 분
노나 두려움 같은 '기초적인' 감정들을 제외하면, 전적으로 학습에서 비롯된다
고 보았다. 왓슨에게 인간의 '행동'은 의식의 전개 과정과는 달리 과학적인 관
찰과 객관적인 평가가 가능한 정보를 의미했다. 따라서 왓슨의 방법론은 본질

적으로 실험적인 성격을 지닌다.

왓슨은 그런 식으로 심리학 분야에서 오랫동안 지속될 토론의 기본적인 논제들, 예를 들어 의식의 역할을 부인하는 입장, 본유주의를 거부하는 입장, 행동의 실험적인 조작 가능성의 문제, 행동 자체를 단순한 반사작용으로 분해할 수 있는 가능성의 문제 등을 제시했다.

왓슨의 이론에 영향을 받은 심리학자들은 대부분 왓슨처럼 다윈의 진화론에서 유래하는 생물학적 기능주의나 콩트의 실증주의에 의존하는 경향을 보였다. 칼 래슐리(Karl Lashley, 1890~1958년)는 중추신경계의 반응 경로를 연구하는 데 몰두했고 특히 버러스 프레드릭 스키너(Burrhus Fredric Skinner, 1904~1990년)는 왓슨이 표명한 선언문의 내용에 본질적으로 동의하면서도 왓슨과는 다른 방향을 추구하며 행동주의의 주제들을 철학적이고 인식론적인 관점에서 다루었다. 스키너는 사고를 내재적 자율성이 없는 일종의 행동으로 간주했고 심리학이 탐구해야 할 것은 결과적으로 이 행동의 구성 요소들이라고 보았다. 이러한 관점에서, 사고는 자율적으로 기능할 수 없으며 경험을 통해 취득된 정보들을 조합하고 체계화하는 방식이나 진화 과정에 아무런 영향도 받을 수 없는 세계였다.

스키너에 따르면, 심리학의 목적은 무엇보다도 외부 자극 같은 '독립적인 변수'에 반응하며 신체 내부에서 생산되는 '행동의 변화'를 분석하고 설명하는 데 있었다. 이러한 관점에서는 사고의 상태나 전개 과정에 관한 모든 언급이 완전히 무용한 것으로 간주된다.

스키너는 파블로프가 외부 자극에 대한 반응의 '고전적 조건형성'에 주목하며 시도한 실험에 영감을 받아 '스키너 상자Skinner box'를 개발했다. 이 상자는 이른바 '도구적 조건형성' 혹은 '조작적 조건형성'을 연구하는 데 쓰인다.

파블로프는 음식이 타액 분비를 일으키는 경우처럼 직접적이고 '무조건적인' 자극이 동물에게 일정한 행동을 취하도록 만든다는 사실에 주목했다. 동물에게 먹을 것을 주기 전에 종소리 같은 '중립적인' 자극을 반복적으로 가하면 동물은 종소리가 들릴 때마다 침을 흘리는 동일한 반응, 이른바 '조건적인 반응'을 보인다. 결과적으로 고전적 조건형성에서 무조건적인 자극(음식)에 반복적으로 결합되는 중립적인 자극(종소리)은 이전 단계에서 무조건적인 자극에 의해 발생했던 것과 동일한 행동(타액 분비)을 유발하는 자극적인 사건으로 변한다.

파블로프가 고안해 낸 실험적 상황에서는 사람의 개입이 필수적이었지만 '스키너의 상자' 안에서 동물은 자연스럽고 자발적인 방식으로 조건에 적응한다. 상자에 남아 있는 동안 동물은 원하는 것을 마음대로 할 수 있으며 관찰자는 동물의 행동을 지속적으로 관찰할 뿐이다. 상자 안에는 지렛대를 건드릴 경우 음식이 제공되는 장치가 마련되어 있다. 동물이 어느 순간 우연히 지렛대를 건드리고 상자 안으로 음식이 제공되면 스키너가 '긍정적 강화'라고 불렀던 이 사건이 동물의 조건을 결정짓는다. 왜냐하면 계속해서 지렛대를 움직이도록 동물을 자극하기 때문이다.

아울러 스키너의 이론은 다윈 진화론과 여러모로 유사하다는 특징을 지닌다. 스키너는 행동의 자연스러운 변수들이 우발적인 유전자적 변이와 유사하며 환경이 제공하는 강화의 역할은, 미래에 어떤 변수들이 성공을 거두게 될지 결정하는 만큼, 자연선택의 역할과 유사하다고 보았다.

12.3 구성주의 심리학

구성주의적 관점에서 현실은 주체에 의해 주관적으로 '구성된' 세계이며 따라서 '객관적인' 세계로 간주되지 않는다. 결과적으로 지식은 학습 능력을 지닌 주체의 능동적인 구성의 결과에 지나지 않는다. 지식은 언제나 사회적 중재와 협력의 결과이며 본질적으로는 주관적이지만 역사적이고 사회적인 맥락에서 해석될 수 있다.

구성주의의 기본적인 입장들을 간략하게 요약하면 다음과 같다.

a) 지식은 개인적인 구성 작업을 통해 구축된다.

b) 학습은 능동적인 성격을 지닌다.

c) 학습은 협력관계를 바탕으로 이루어진다.

d) 맥락은 상당히 중요한 요소다.

e) 평가는 내재적인 방식으로 이루어진다.

오늘날 구성주의의 탐구 방향은 네 종류로, 즉 비판적 구성주의, 문화적 구성주의, 사회적 구성주의, 급진적 구성주의로 구분된다.

인지과학과 인지심리학의 마지막 연구 결과들은 사고 과정의 구조를 그물 구조로 해석하는 '신인지주의'를 구축하는 데 크게 기여했다. 신인지주의적 관점에 따르면, 학습은 결코 지식의 단순한 축적 과정이 아니며 모든 새로운 정보의 취득에는 이전 단계에서 취득한 정보들의 구조적인 재편성 작업이 뒤따른다. 그런 식으로 모든 인식 과정은 하나의 유일하고 주관적인 과정으로 유지된다. 외부 현실에 대한 모든 표현은 다양하고 상이한 유형의 해석들을 바탕으로 전개되지만 상이한 사고 구조를 지닌 주체들의 이해와 해석의 영역을 벗어나지 않는다.

12.4   게슈탈트 심리학과 행동주의 심리학의 양극화

1958년 《심리학 리뷰》에 발표한 한 편의 기사를 통해 뉴웰, 쇼, 사이먼은 '로직 시어리스트Logic Theorist'에 대한 설명을 제시하면서 당대의 심리학 이론들이 지닌 전반적인 성향과 IPP, 즉 '인포메이션 프로세싱 사이콜로지Information Processing Psychology'의 비교를 시도했다. 이 비교는 무엇보다도 현대 심리학의 학문적 위상에 대한 진단의 시도였다는 차원에서 중요한 의미를 지닌다. 저자들은 당대의 심리학이 정체기에 머물러 있었고 이러한 현상은 게슈탈트 심리학자들과 행동주의 심리학자들의 상반된 입장이 야기한 '양극화'에서 비롯되었다고 보았다.

게슈탈트 심리학이 통찰의 본질에 관한 문제, 의미의 문제, 상상력과 창조력의 문제를 두고 부각된 복합적인 질문에 답변을 마련하려는 심리학에 가까웠던 반면 행동주의 심리학은 엄밀한 의미에서 기능적이었고 양적 환산과 실험적인 차원의 평가가 가능한 정보들의 관찰을 토대로 전개되는 심리학이었다.

뉴웰, 쇼, 사이먼은 IPP가 게슈탈트 심리학과 행동주의 심리학의 상반된 요구를 모두 수용할 수 있으며 그만큼 게슈탈트 심리학자들이 강조하는 정신이라는 연구 대상의 '복합성'과 행동주의 심리학자들의 요구하는 엄격한 방법론의 필요성을 동시에 인정한다고 보았다.

IPP가 게슈탈트 이론에 훨씬 더 가까워 보이는 것은 사실이지만 게슈탈트 심리학자 카를 던커(Karl Duncker, 1903~1940년)와 막스 베르트하이머(1880~1943년)뿐만 아니라 행동주의 계열에 속하는 도널드 올딩 헤브(Donald Olding Hebb, 1904~1985년), 클라크 헐(Clark L. Hull, 1884~1952년), 리처드 체이스 톨먼(Richard Chase Tolman, 1881~1948년) 등이 모두 IPP의 주요 지지자들로 분류된다.

IPP의 개발자들이 제안한 심리학 이론의 제어 방식은 행동주의 심리학자들이 흔히 의존하는 자연과학적인 제어 방식과는 다르다. 이들이 주목했던 것은 문제 해결을 위해 발견법적 전략을 구축할 수 있는 일종의 상징적인 기계 혹은 계산기였다.

뉴웰, 쇼, 사이먼은 피험자들이 특정 문제를 해결하기 위해 사용하는 발견법이나 선별 과정을 언어적 프로토콜로 변환시켜 기록한 뒤 이를 하나의 프로그램에 입력했다. 이들의 프로그램은 인간의 사고 활동과 관련된 전통적인 심리학 개념들을 엄밀하게, 아울러 치밀한 제어가 가능한 방식으로 묘사하기 위해 고안되었다. 이들의 가정은 프로그램의 계산된 사고 과정이 인간의 사고 과정과 유사하며 이러한 유사성이 언어적 프로토콜에서도 드러난다는 것이었다. 이러한 관점에서, 사고 과정이 기록된 프로그램의 정보와 언어적 프로토콜의 비교는 이 가상 실험을 어느 정도까지 성공적이라고 볼 수 있는지, 다시 말해, 문제를 해결하는 데 사용되는 인간의 사고 과정과 계산된 사고 과정을 어느 지점까지 동일한 것으로 간주할 수 있는지 보여 준다. 이것이 바로 유사성의 가정뿐만 아니라 가상의 인지 과정을 연산 대상으로 간주하는 심리학의 과학적 시도를 정당화한다.

'인지주의'라는 새로운 심리학의 지지자들은 행동의 모형들이 인지 과정의 복합성을 설명할 수 있다는 생각에 대한 비판적인 관점에서 출발해 특별한 구조를 지닌 외부 현실의 존재를 주장했다. 단지 이 현실에 대한 완전한 깨달음의 가능성을 부인했을 뿐이다. 행동주의 심리학자들과는 달리, 이들은 심리학이 사고의 과정이나 상태를 연구해야 한다고 주장했다. 이들은 가상의 모형을 통해서든 인간의 정신과 컴퓨터의 유사성 연구를 통해서든 인간의 두뇌 속에서 무슨 일이 일어나는지 이해하는 것이 필요하다고 보았다.

12.5 인지과학

인지주의 심리학은 1960년대와 1970년대에 IPP의 직접적인 영향을 받으면서 발전했다. IPP의 영향이 확연하게 드러나는 예는 조지 밀러, 유진 글랜터 Eugene Galanter, 칼 프리브람Karl Pribram의 공저 『행동의 계획과 구조Plans and the structure of behavior』(1960년)다. 하지만 '정보의 활용 과정'이라는 개념 자체는 사실상 상이하고 이질적인 입장들을 양산하는 데 일조했고 이러한 현상은 피터 린지(Peter Lindsay, 1944년~)의 유명한 매뉴얼 외에도 도널드 노먼(Donald Norman, 1936년~)의 『인간 정보 처리론Human information processing』(1977년), 지각과 기억의 다양한 측면을 연구한 제롬 브루너(1915년~)와 율릭 나이서(Ulric Neisser, 1928년~)의 저서에서 비교적 분명하게 나타난다.

아울러 인지과학은 1950년대 이후의 행동주의 심리학에 대한 다양한 비판적 입장들이 집중적으로 대두되었던 영역이기도 하다. 1979년 샌디에이고에서 열린 '인지과학협회Cognitive Science Society' 학회에는 심리학자들을 비롯해 언어학자들, 철학자들, 인공지능 개발자들이 대거 참여했다. 인지과학은 실제로 IPP라는 정신과학의 야심찬 기획들이 집중되는 분야였고, 사이먼이 학회에 참여한 학자들에게 인지과학의 탄생 연도를 좀 더 거슬러 올라간 1956년으로 간주해야 한다고 주장한 것도 바로 그런 이유에서였다.

인지과학은 빠르게 언어학, 철학, 심리학, 신경과학, 인공지능 이론 등의 상이한 학문 분야들이 소통하고 의견을 교환하는 만남의 지대로 발전했다. 아울

러 튜링 기계에서 영감을 얻은 연산 방식의 영향이 어떤 식으로든 분명하게 나
타났다는 것도 인지과학의 특징 가운데 하나다. 인지과학의 탄생과 초기의 발
전에 크게 기여한 연구 업적들 가운데 언급이 필요한 것은 자연언어의 이해에
관한 로저 섕크Roger Schank와 테리 위노그래드Terry Winograd의 연구, 그리고 인간의
사고방식에 관한 필립 존슨레어드Philip Johnson-Laird의 연구다.

근본적인 성향의 차원에서, 인지과학은 뉴웰과 사이먼이 1975년에 제시한
'기호들의 물리적 체계'라는 가설을 공유한다고 볼 수 있다. 이 가설에 따르면
지성은 규칙에 따라 기호들의 구조를 조작할 수 있는 능력을 기본적으로 갖추
고 있으며, 이 능력은 인간의 사고와 연산 프로그램에 공통된 요소로 간주된다.
제논 필리신Zenon Pylyshyn은 1984년에 출판한『연산과 인지Computation and Cognition』에
서, 뉴웰과 인지주의 철학자 제리 포더Jerry Fodor의 영향하에, 기계적 연산의 관점
에서 인지과학의 이론적인 체계화를 시도했다. 뉴웰은 뒤이어 IPP의 야심찬 기
획 가운데 하나였던 것을 사뭇 다른 차원으로 발전시켜, 인간의 인지력이 지니
는 다양한 측면들을 상당히 광범위한 차원에서 다루는 이른바 SOAR체계를 제
시했다. 이 체계에 대한 뉴웰의 기본적인 생각은 모든 인지 행위는 궁극적으로
탐구 작업이며 '명시적 기억'과 '절차 기억' 사이에는 근본적인 차이가 없다는
것이었다.

12.6   인지신경과학

앞서 살펴본 인지심리학의 실험적인 연구 외에 또 주목해야 할 것은 뇌 손상에
서 비롯된 인지적 기능 장해에 관심을 기울이는 인지신경과학이다. 이러한 유
형의 연구는 총체적인 차원에서 인지 과정을 구성하는 다양한 모형들의 발견
을 용이하게 만든다. 신경과학이 이룬 최근의 성과는 이 분야에 훨씬 더 많은
공간과 권위를 선사했고 인지과학 분야의 새로운 경향에도 커다란 영향을 끼
쳤다. 흔히 '인지신경과학'이라는 이름을 공통적으로 사용하는 것도 이러한 영

향 때문이라고 볼 수 있다.

하지만 바로 이 연구 분야에서, 일찍이 인지과학 발전에 새로운 길을 열어 주었던 '기호들의 물리적 체계'와 이 체계가 지니는 이른바 '상징적인 패러다임'에 대한 날카로운 비판적 시각이 부각되었다. 이러한 비판적 관점은 정신을 다루는 학문과 뇌를 다루는 학문이 엄격하게 구별되어야 한다는 입장을 토대로 표명되었다. 이러한 구분법은 사실상 IPP를 연구하던 시기에도 인지과학 연구자들의 공동체 내부에서 공유되는 것이 일반적이었고 기능주의 심리학자들도 이를 신체-정신의 문제에 대한 해결책으로 간주하며 보다 분명한 방식으로 지지한 바 있다. 궁극적인 차원에서 기능주의의 주장은 정신이 뇌와는 무관한 탐구 대상으로 간주될 수 있다는 것이었다. 결론적으로 부각된 논제는, 제리 포더가 항상 주장했던 것처럼, 심리학이 신경과학과는 무관하며 전적으로 자율적인 학문이라는 것이었다. 어느 정도는 이와 정반대되는 입장을 취했던 이들이 바로 유물론적 정신철학자들이다. 이들은 기능주의를 거부하며 '정신과 뇌를 하나로' 보는 학문적 관점을 지지했다.

튜링 기계

수학자 앨런 튜링은 1936년에 출판한 『계산 가능한 수와 결정 문제의 응용에 관하여 *On Computable Numbers, with an Application to the Entscheidungsproblem*』에서 이른바 '결정의 문제'에 관한 자신의 의견을 발표했다. 간단히 말하자면 이 결정의 문제란 하나의 수학적 명제가 주어졌을 때, 명제의 종류를 막론하고, 명제의 증명 가능성을 확실하게 보장할 수 있는 알고리즘은 존재하는가라는 문제였다. 이 문제에 답하기 위해 튜링은 인간이 알고리즘적인 방식으로 계산하는 방식과 과정을 단계별로 분석하고 묘사하면서 이 과정의 모형을 개발한 뒤 이를 이른바 '튜링 기계'의 유형으로 체계화했다.

튜링 기계는 유한한 수의 상황들에 대한 제어체계와 1차원적이지만 양방향으로 무한히 확장될 수 있는 외부 기억장치, 그리고 입출력 헤드로 구성된다. 테이프 모양의 기억장치는 여러 칸으로 나뉘어 있고 각각의 칸은 기호로 채워지거나 텅 빈 상태를 유지한다. 튜링 기계는 정확하고 계산된 작업을 수행하며 입출력 헤드는 읽거나 쓰고, 테이프를 따라 좌우로 움직이거나 정지 상태를 유지한다.

튜링 기계의 계산 과정은 다양한 절차를 신중하게 밟아 나가는 식으로, 아울러 입출력 헤드의 좌우 운동, 기호의 대체 작업, 삭제, 해독과 입력 작업, 상황 변경,

정지 기능을 통해 전개된다. 절차들은 모순적이지 않은 일련의 지침, 다시 말해 하나의 프로그램에 의해 조절된다. 유한한 수의 절차를 거친 뒤에 테이프는 유한한 수의 기호들을 지니게 된다. 기호들 사이에는 빈칸이 삽입될 수 있다.

튜링 기계는 테이프 위에서 표현을 조작하는 반면 테이프는 입력과 출력을 위한 매개체로 기능하는 동시에 계산 과정의 기억장치로도 기능한다. 튜링 기계는 기호들을 어떤 유형으로든 조작할 수 있으며, 결과적으로 상징적인 표현을 만들어 낼 수 있고, 예를 들어, 수를 표상할 수 있다.

튜링은 그의 저서에서 어떤 수학적 전개 과정이 이러한 유형의 기계를 통해 이루어질 수 있는지 분석하고, 알고리즘으로 해결될 수 있는 모든 문제는 튜링 기계로도 해결될 수 있다는 가설을 제시했다. 이어서 튜링은 어떤 튜링 기계로도 해결될 수 없는 수학적인 차원의 문제들이 존재하며, 결과적으로 어떤 알고리즘으로도 해결될 수 없는 문제들이 존재한다는 것을 증명해 보였다. 결국 튜링은 결정의 문제에 대해 부정적인 답변을 제시한 셈이다.

뒤이어 튜링은 보편적인 기계의 존재, 다시 말해 프로그램화가 가능하고 다른 어떤 튜링 기계의 작업 과정도 반복할 수 있는 기계의 존재 가능성을 증명해 보였다. 오늘날 우리가 사용하는 컴퓨터의 이론적인 모형으로 간주되는 튜링의 보편 기계는 컴퓨터의 기술적인 현실화가 이루어지는 1940년대 중반보다 훨씬 전에 고안되었다.

1948년에 앨런 튜링은 맨체스터 대학의 컴퓨터연구소 소장으로 임명되었다. 튜링은 1950년에 발표한 「계산 기계Computing Machinery」라는 제목의 유명한 기사에서 "기계들은 생각할 수 있는가?"라는 질문을 제기했다. 튜링은 이 질문에 답할 수 있는 유일한 가능성이 상당히 독특한 실험적 상황을 구축하는 데 달려 있다고 주장했다. 이 실험적 상황을 그는 '이미테이션 게임imitation game'이라고 불렀지만 그 이후로는 '튜링 시험'이라는 명칭으로 통용된다. 튜링에 따르면, "게임에 참여하는 사람은 세 명이다. 참여자는 한 남성(A)과 한 여성(B)과 질문자(C)로 구성된다. 질문자는 다른 두 명과 분리되어 어느 방에 감금된 상태로 남는다. 이 질문자의 입장에서 게임의 목표는 글로만 소통할 수 있고 글로 질문을 던질 수 있을 뿐 얼굴도 목소리도 모르는 두 사람 가운데 누가 남성이고 누가 여성인지 알아맞히는 것이다. 이 두 사람을 X와 Y라는 기호로 인식하는 질문자는 결국 두 가지 해결책, 즉 'X는 A이며 Y는 B다' 혹은 'X는 B이며 Y는 A다' 가운데 하나를 답변으로 제시하게 될 것이다. 질문자가 두 사람과 글로 소통하는 이유는 이들의 목소리가 질문자에게 단서를 제공해서는 안 되기 때문이다. (…) 이제 질문을 던져 보자. 게임에서 어떤 기계가 A의 자리를 대신하게 된다면 어떤 상황이 전개될까? 질문자는 남성과 여성이 있었을 때 했던 게임에서만큼 많은 횟수의 틀린 답변을 내놓을까?" 이런 식으로 튜링은 지나치게 개괄적이고 모호했던 도입부의 질문을 포기하고 '사고 능력을 기계에 부여할 수 있는가'라는 질문 형태, 즉 '기계가 실험적이고 증명이 가능한 방식으로 사고할 수 있는가'라는 형태로 문제를 재구성했다. 실제로 기사의 마지막 부분에서 튜링은 이렇게 주장했다. "나는 대략 50년 후면 상당한 기억 능력을 갖춘 계산기를 프로그램화하는 것이 가능해지리라고 믿는다. 그렇게 되면 평균적인 수준의 질문자가 5분 동안 대화를 나눈 뒤 컴퓨터의 정체를 가려낼 확률은 평균 70퍼센트까지 떨어질 것이다. 나는 '기계들은 생각할 수 있는가?'라는 도입부의 질문이 토론을 해야 할 만큼 의미 있는 질문이라고는 생각하지 않는다. 나는 20세기 말이 되면 말들을 사용하는 방식과 일반적인 견해가 너무 많이 변해 있어서 누구든 반대 의견에 부딪히지 않고 사고하는 기계에 대해 자유롭게 이야기할 수 있으리라고 믿는다."

튜링은 동성애자라는 이유로 감금 상태에서 과도한 호르몬 치료를 받은 뒤 불과 42세의 나이에 자살로 생을 마감했다. 튜링은 전시에 수학자로서의 천재성을 발휘해 독일군이 사용한 암호를 해독해 내는 데 성공했다. 최고의 과학자들이 참여한 가운데 아무도 해내지 못한 해독 작업을 성공적으로 이끈 튜링은 전쟁을 동맹군의 승리로 이끄는 데 결정적인 역할을 했다. 하지만 이러한 영광도 그가 살았던 시대와 사회의 선입견을 상대로 싸우는 데에는 아무런 도움이 되지 못했다.

13

심리철학

13.1 심리철학의 기원

'심리철학Philosophy of mind'이라는 용어는 인식론, 지식론, 심리학, 언어철학의 철학적인 측면과 인지과학, 신경과학, 인공지능 이론 같은 과학 분야의 조화와 융합을 전제로 전개되는 탐구 영역을 가리킨다. 심리철학적인 관점에 따르면, 이러한 과학 이론들은 윤리적, 형이상학적, 인식론적 성격의 관점이나 이론적 결과와 결코 무관하지 않은 분야로 분류된다.

　이 다양한 학문 분야들의 조합은 정신과 두뇌의 관계에 대한 관심의 지속과 확장의 결과라고 볼 수 있다. 정신과 두뇌의 관계라는 문제는 고대 철학에서 직접적인 원형을 발견할 수 있으며, 고대 철학자들 사이에서 프시케psyché와 소마sóma, 즉 영혼과 신체의 관계라는 형태로 논의되었다. 아리스토텔레스는 질료형상주의적인 관점에서 영혼을 신체의 내재적인 형태로 정의했지만, 인간이라는 정신물리학적 실체의 본질적인 통일성을 강조하면서 유물론이나 플라톤의 이원론에 대응할 수 있는 관점을 가장 먼저 제시했던 인물이다. 하지만 그런 아리스토텔레스도 어떻게 순수한 사유의 기관으로 기능하는 지성 혹은 능동적 지성이 물질 같은 무기력한 신체 혹은 질료, 따라서 지성과는 완전히 다른 것과 소통할 수 있는지에 대해 설명하는 것이 어렵다는 것을 인정할 수밖에 없었다.(『영혼에 관하여』3장)

이러한 문제를 오늘날 우리가 바라보는 것과 동일한 관점에서 관찰하기 시작한 것은 근대에 들어와서야 일어나는 일이다. '정신mens'이라는 개념을 본격적으로 사용하기 시작한 인물은 '영혼'의 개념을 대체하기 위해 '정신'을 도입한 데카르트다. 신체와 밀접한 연관성을 지닌 개념들에 간섭받지 않는 '정신'의 본질적인 요소들은 '순수사유'와 사유의 방식으로 간주되는 '지각'과 사유의 기량으로 간주되는 '상상력'이었다. 하지만 데카르트가 제시한 본질의 이원론, 즉 '연장된 실체res extensa와 사유하는 실체res cogitans'라는 해결책을 비롯해 뇌 기능의 연구를 바탕으로 신체와 정신, 혹은 몸과 마음이 결속되어 있다고 보는 알쏭달쏭한 논리는 무수한 의혹과 함께 한편으로는 사유와 사고 활동의 물질적인 기반을 추적하는 상황과 관련된 문제들, 다른 한편으로는 영혼의 활동에 대한 자연적인 접근 방식과 설명의 한계와 관련된 문제들이 부각되는 현상을 가져왔다. 라이프니츠는 일찍이 그의 『모나드론』(1714년)에서 이러한 한계에 주목한바 있다. 오늘날에도 관련 주제들을 다루는 거의 모든 학자들이 끊임없이 인용하는 이 저서에서 라이프니츠는 정신적인 차원을 물리적인 차원으로 환원하는 것이 불가능하다는 사실을 입증하기 위해 오늘날 우리가 '환원주의적'이라고 정의 내릴 수 있는 가설을 바탕으로 인간에게는 오히려 '정신적인 사실'을 설명할 만한 능력이 부족하다는 점을 보여 주었다.

라이프니츠에 따르면, 생각하고 느끼고 감지하는 능력을 지닌 기계가 존재한다고 가정할 때 사유와 사유의 공간을 찾아낼 목적으로 마치 방앗간에 들어가듯 기계 안으로 들어갈 수 있지만 기계 안에 들어서는 순간 맞물려 돌아가는 장치와 부품들을 구경할 수 있을 뿐 생각이나 느낌과 비슷한 것은 아무것도 발견하지 못한다.

실제로는 이러한 문제와 관련된 수많은 유형의 질문이 데카르트에서 경험주의 철학자들을 거쳐 계몽주의 철학자들과 칸트에 이르기까지 서구의 인식론적 성찰이 전개되는 모든 과정에서 지속적으로 대두되었다. 19세기 중반까지 지속적으로 제기된 이러한 질문들은 뒤이어 신경계에 관한 과학적 지식의 발달과 행동 방식이나 뇌 기능의 신경학적 근거에 관한 연구, 빌헬름 분트의 경험적 심리학 연구 등에 힘입어 다시 제기되는 양상을 보였다.

13.2   정신물리학적 탐구와 19세기

다윈주의 유형의 진화론적 관점들을 토대로 발전한 이론적 시각들 가운데 하나는 인간과 동물의 사고 활동을 역사–생물학적 관점과 적응의 관점에서 바라보는 시각이다. 이러한 시각은 알렉산더 베인(Alexander Bain, 1818~1903년)과 데이비드 페리에(David Ferrier, 1843~1928년)를 비롯한 몇몇 학자들의 연구에 뒤이어 뇌 기능이 발휘되는 위치와 위치에 상응하는 사고 기능과 사고 활동을 식별해 내는 방향으로 발전했다. 이것이 이른바 대뇌 기능의 '국재화localization'라고 불리는 패러다임이다. 1861년과 1865년 사이에 프랑스의 신경학자 폴 브로카(Paul Broca, 1824~1880년)는 실어증 현상을 연구하면서, 의사 장바티스트 부이요(Jean-Baptiste Bouillaud, 1796~1881년)의 관찰을 바탕으로, 뇌의 좌측 전두엽 하단부에 언어 구사를 관할하는 영역이 위치한다는 사실과, 오늘날 '브로카의 영역'이라고 불리는 이 부분이 손상될 경우 언어를 명확하게 구사하는 기량이 감소할 수 있으며 이러한 현상은 발음에 요구되는 근육이 마비되지 않는 경우나 언어의 이해력이 손상되지 않은 경우에도 발생한다는 사실을 발견했다. 몇 년 뒤인 1874년에는 독일의 신경학자 카를 베르니케(1848~1904년)가 오늘날 '베르니케의 영역'으로 불리는 뇌의 좌반구 측두엽이 언어의 이해력을 관장한다는 사실을 발견했다. 이 부분이 손상되면 언어를 전혀 이해하지 못하는 상태에서 말을 내뱉는 경우가 발생할 수 있다. 이를 '유창성 실어증'이라고 부르며 환자는 '말의 의미를 전혀 이해하지 못하는 상태에 비해 상대적으로 풍부한 단어들을' 사용한다. 이제

정신의 실체를 구성하는 질료가 뇌에서 발견되는 만큼 해석의 가능성은 두 가지로 좁혀진다. 한편으로는 정신과 뇌의 본질적인 동일성을 전제로 뇌의 성장 과정을 거쳐 정신과 의식이 함께 부상한다고 볼 수 있고, 다른 한편으로는 정신과 뇌의 완전한 환원성을 전제로, 정신이 사라지면 의식도 함께 사라진다고 볼 수 있다.

하지만 우리가 '정신'이라는 말로 가리키는 것은 무엇인가? 아울러 '정신'을 '의식'에 결속시키는 것은 무엇인가? '정신'이라는 표현 자체는 엄밀히 말해 정보를 취득하고 활용하는 방식, 행동 양식을 적용하는 방식 등을 관리하는 과정을 가리킨다. 이러한 관점에서는 온도 조절기나 미사일이나 계산기도 '의식적'이지 않을 뿐 '정신적'인 과정을 전개한다고 볼 수 있다. 반면에 '의식'은 대략적으로 무언가를 알아차리거나 느끼는 경험과 직결된다. 의식은 개인적인 경험의 차원에서 일어나는 일을 즉각적으로 탐지하고 이해하는 기량이다. 다시 말해, 정신이 특정한 사고 과정들을 주도하는 반면 의식은 이러한 과정들이 감지되고 관찰 대상으로 변하고 따라서 '사유'와 '담론'으로 번역될 수 있는 공간에 가깝다.

'사유'와 '담론'의 구분은 개념적인 차원에서 '현상적 의식'과 '인지적 의식' 혹은 '접근 의식access consciousness'의 구분과 일치한다. 이 '접근 의식'은 하나의 유기체 혹은 체계가 다름 아닌 스스로의 내면세계에 접근할 수 있는 기량을 가리킨다. 그래야 내면세계를 언어적 표현이나 행동 양식으로 번역해 낼 수 있기 때문이다. 반면에 '현상적 의식'은 의식 주체의 본질적으로 주관적이며 질적인 요소, 즉 '스스로가 느낀다는 것을 느끼는' 의식을 가리킨다. '인지적 의식'이 객관적이고 삼인칭적인 과학적 접근 방식에 어울리는 반면 '현상적 의식'은 일인칭 주체와 그의 경험에 고유한 침묵 속의 주관적인 차원에 머문다. 미국의 철학자 토머스 네이글Thomas Nagel이 그의 유명한 책 『박쥐가 된다는 건 어떤 걸까?What is it like to be a bat?』(1974년)에서 주목했던 것처럼, 인간은 박쥐의 감각적인 경험 방식을 재구성할 수 있지만, 다시 말해 박쥐들이 스스로 내뱉는 소리의 반향을 토대로 확장된 공간을 인지하는 감식체계를 갖추고 있으며 이 체계를 바탕으로 주변

세계를 식별한다는 사실을 이해할 수 있지만, 박쥐로 존재한다는 것이 정말 어떤 느낌인지는 결코 이해하지 못한다. 이러한 표면적인 역설을 통해 네이글이 주장했던 것은 한 개인의 의식과 경험과 행동이 그가 받는 충동과 느낌과 물리적 자극에 대한 반응의 단순한 구성물로 환원될 수 없다는 것이다. 이러한 '반환원주의적'인 관점을 유지하면서 네이글은 개인적인 견해의 환원 불가능성과 삼인칭적인 관점을 고려할 때 발생하는 상대적인 긴장감이 실질적인 사고 활동에도 그대로 반영된다는 점을 강조했다. 예를 들어 도덕적 갈등은 항상 어떤 행동을 취하려는 개인의 사적인 이유와 행동자의 관점에 비해 중립적이고 객관적인 이유의 부조화와 대립에서 비롯되기 마련이다. 네이글에 따르면, 우리가 원하는 것과 우리의 의무에 객관적인 관점을 적용할 줄 아는 단계에 도달하는 것이 도덕적 성찰의 목적 가운데 하나라는 것은 분명하지만 도덕적 성찰은 이에 못지않게 중요한 자아의 합리적인 요구들을 이해하고 조절하는 데 기여해야 한다.

반면에 기능주의 심리학을 뒷받침하는 기본적인 전제는 정신을 정신이 '하거나 할 수 있는 것' 혹은 정신이 발휘하는 '기능'을 바탕으로 정의할 수 있으며 반대로 정신을 구성하는 질료는 무의미한 요소라는 생각이다. 정신적인 상태와 신경생리학적인 상태의 본질적인 동질성을 주장하는 입장과는 달리, 기능주의 심리학자들은 이른바 '다수 실현 가능성multiple realizability'의 논리, 즉 동일한 정신적 상태들이 상이한 물리적 질료에 의해 발생할 수 있다는 입장을 내세웠다. 기능주의적 관점에서, 정신의 역할은 정보를 활용하고 행동 양식을 생산해내는 데 있다. 기능주의의 지지자들 가운데 한 명이었던 힐러리 퍼트넘은 이와 관련하여 1960년에 발표한 『정신과 기계Minds and Machines』에서 이른바 '정신의 계산적인 성격'에 대해 언급한 바 있다. 튜링 기계를 예로 들며 인간의 지능과 인공지능의 유사성을 이론화한 퍼트넘은 우리가 정신을 일종의 컴퓨터로 간주할 수 있으며 이 컴퓨터의 소프트웨어를 '사유'로, 하드웨어를 이 사유의 구체화를 위해 필요한 '질료'로 간주할 수 있다고 보았다. 다시 말해 이 질료가 인간의 두뇌인지 마이크로프로세서인지는 중요한 문제가 아니다. 하지만 퍼트넘은 뒤이어 기능주의를 거부하는 단계에 이르렀고 1999년에 발표한 『삼중의 선: 정신, 신체, 세계 *The Threefold Cord: Mind, Body, and World*』에서 기능주의 역시 특정 유형의 '계산적인' 환원주의와 연결되어 있으며 '의도'나 '의식', 더 나아가서 뇌의 '기능적 가소성functional plasticity' 같은 현상에 대해 아무런 설명도 제시하지 못한다고 주장했다. 물론 퍼트넘의 새로운 체계에서도 정신적인 사실들, 예를 들어 고통이나 쾌락을 느끼는 일은 여전히 '기능적인 상태'로 정의된다. 하지만 이 '기능적인 상태'들은 뇌뿐만 아니라 유기체 전체에 관여하며 이 상태들은 오로지 심리학적인 차원에서만 묘사될 수 있다.

기능주의를 독창적인 방식으로 발전시킨 제리 포더는 1975년에 출판한 『사유의 언어 *The Language of Thought*』에서 고유의 의미론과 구문론을 갖춘 '사유의 언어', 이른바 '정신언어mentalese'을 고안해 냈다. 여기서 정신은 기호들을 조작하고 기호들 간의 관계, 연쇄 작용, 분리를 제어하는 일종의 계산기로 간주된다.

심리철학을 다룰 때 결코 간과할 수 없는 또 하나의 영역은 '지향'의 문제와 직결된다. '지향'이라는 용어는 인간이 사고하면서 무언가에 관여할 때 지니는 특성이자 기량을 말한다. 예를 들어 사랑할 때에는 사랑의 대상이, 감지할 때에는 감지의 대상이 있기 마련이며, 이러한 대상에 관심을 기울이거나 시선을 고정시키는 행위는 '무언가를 향해' 전개된다는 특성을 지닌다. 따라서 이러한 행위는 '지향적 행위'로, 이 '무언가'는 행위의 대상인 만큼 '지향의 대상'으로 정의된다. 물론 지향의 대상이 반드시 실재하는 사물일 필요는 없다. 사실적인 사물의 범주를 뛰어넘어 허구적인 인물도 얼마든지 지향의 대상이 될 수 있다. 예를 들어 누군가는 보바리 부인을 위해 눈물을 흘리거나 『삼총사 *Les Trois mousquetaires*』에 나오는 밀라디를 미워할 수 있다. 존재하지 않는 사물이나 환영 또는 환각의 경우도 지향의 대상으로 간주될 수 있다. 예를 들어 단테는 『신곡 *La divina commedia*』의 「지옥」편 제31곡에서 몬테리조니Monteriggioni의 탑들을 거인들의 몸이 배꼽까지 물에 잠긴 모습으로 상상했다.

달리 말하자면 지향성 이론의 지지자들은 인간이 욕망, 믿음, 감각의 대상을 뇌 혹은 마음 한구석에 머무는 일련의 사실 혹은 느낌의 단순한 총합이나 나열로 간주하지 않고 사고의 대상에 어떤 의미를 부여하며 이것이 다름 아닌 사고 활동의 환원 불가능한 특징이라고 보았다. 예를 들어 음악을 듣는 행위는 특이한 방식으로 전달되는 일련의 음파를 듣는 행위가 아니라 의미를 갖춘 지향적인 성격의 경험이다.

더 나아가서 중요한 것은 이러한 환원 불가능한 특징이 지향적 행위 자체와 관련되는 특징이지 사물을 대상으로 사고하는 주체의 특성은 아니라는 점이다. 알베르토 볼톨리니Alberto Voltolini와 클로틸데 칼라비Clotilde Calabi가 그들의 『지향성의 문제들I problemi dell'intenzionalità』에서 주목했던 것처럼, "주체가 지향성을 지니는 것은 주체의 지향 상태가 지향성을 지니기 때문이다. (⋯) 지향적 행위들은 사건으로 간주되어야 할 뿐 아니라 어떤 특성들, 예를 들어 지향성을 누릴 수 있는 행위로 간주되어야 한다."

끝으로 지향적 행위와 물리적 행위의 차이는 지향적 행위가 다름 아닌 지시대상을 지닌다는 데 있다. 다시 말해 지향적 행위는 무언가를 가리킨다는 특징을 지니며 바로 그런 의미에서 내용을 지닌다. 정신이 가리키는 어떤 내용의 실재가 다름 아닌 지향성의 여부를 결정짓는다. 지향성이라는 용어와 개념이 활용되기 시작한 것은 13세기 말이다. 13세기 말과 14세기에 신학자들은 중세적인 의미의 '지향', 즉 정신세계에 대한 표현이나 추상적인 개념의 형성 과정을 설명하는 동시에 주로 앎이나 신념과 관련된 사고 활동들이 세계의 사물들을 매개체 없이 직접적으로 혹은 직관적으로 이해할 때 나타내는 특성들에 대해 설명하려고 시도했다.

하지만 진정한 의미에서 '지향성'의 발견에 기여한 이들은 오스트리아의 철학자 프란츠 브렌타노를 비롯해 그의 제자 카를 슈툼프와 안톤 마르티, 그리고 브렌타노의 제자들 가운데 가장 큰 영향력을 행사한 철학자 후설이다. 『경험적 관점에서의 심리학』(1874년)에서 브렌타노는 모든 심리적 현상이 내용을 지니는 동시에 하나의 대상에 주목하는 이중적인 성격을 지녔다고 주장했다. 브렌타노에 따르면, "모든 심리적 현상은 중세 스콜라철학자들이 어떤 대상의 '지향적 실재' 혹은 간단히 '머릿속의 실재'라고 불렀던 것과 일치하는 동시에 우리가 어떤 내용에 대한 언급, 혹은 사실적이거나 비사실적인 대상을 향한 방향성이나 내재적 객관성이라고 부르는 것과 일치한다. 모든 심리적 현상은 내부에 무언가를 대상이라는 이름으로 지니지만 이 대상을 고유한 방식으로 표상한다. 예를 들어 무언가를 표현할 때 이 무언가는 다름 아닌 표현의 대상이며 무언가를 판단할 때에는 수용이나 거부의 대상, 무언가를 사랑할 때에는 사랑의 대상이다. 이러한 지향관계는 예외적으로 심리적 현상에만 적용되며 어떤 물리적 현상도 이와 유사한 특징을 나타내지 않는다. 심리적 현상은 따라서 지향적으로 내부에 어떤 대상이 포함되어 있는 현상이라고 볼 수 있다". 후설이 주목했던 것처럼 브렌타노는 후기 저서에서 '지향 속의 부재'라는 설명이 두 종류의 대상, 즉 현실 속 대상과 그것을 대체하는 머릿속 대상이 동시에 존재한다는 사실을 정당화한다는 모호한 관점을 제시했다. 하지만 중요한 것은 이러한 관점의 모호함을 뛰어넘어 브렌타노의 논리 속에 지향성의 근본적인 구조가 함축되어 있다는 점이다.

심리적 현상은 물리적 현상으로 환원될 수 없다는 점이 지향성의 논리를 바탕으로 분명해진 것처럼, 지향성 역시 양면성을 지니며 두 가지 차원, 즉 '지시의 지향성'과 '내용의 지향성'이라는 차원으로 양분된다. 이러한 특징은 상당히 다양한 방식으로 해석되어 왔지만 근본적인 차원에서 중요한 차이는 첫 번째 경우가 무언가를 믿는 사고 행위처럼 특정 대상으로 '기울어지는 성향'의 사고방식을 가리키는 반면 두 번째 경우는 물리적인 조건을 바탕으로 의미론적인 차원에서 평가할 수 있는 내용, 다시 말해 어떤 조건하에 옳거나 틀렸다고 말할 수 있는 무언가를 '소유하는 성향'의 사고방식을 가리킨다는 데 있다. 간단히 말하자면, 이는 무언가 믿을 만한 대상이 있어야만 '믿는' 사고 행위가 가능하며 어떤 대상도 이에 상응하는 믿음 없이는 존재하지 않는다는 것을 의미한다. 다시 말해, 무언가를 믿거나 생각하거나 감지하는 주체의 입장에서 언어적 혹은 감각적 대상이 아닌 '무언가'는 존재하지 않는다.

아울러 지향성의 논리에는 어떤 대상에 대한 '언급'이 포함된다. 이 언급의 대상에는 존재하지 않는 대상이 포함된다. 존재하지 않을 수도 있지만 그렇다고 해서 사고의 대상이 될 수 없는 것은 아니기 때문이다. 지향성은 동시에 주체의 특정한 태도, 예를 들어 믿거나 생각하거나 사랑하는 행위를 바탕으로 사고의 상태에 관여하거나 이를 결정짓는다. 이러한 태도들, 그리고 이 태도를 표명하는 문장이나 표현들, 예를 들어 무언가를 '믿거나 알거나 생각하거나 본다는' 식의 표현들은 사고 활동 특유의 상태로 간주될 수 있다. 이처럼 정신적 상태를 표현하는 동사들의 언어분석에 집중했던 잉글랜드 철학자들은 이러한 태도를 이른바 '명제 지향적 태도propositional attitudes'라고 불렀다. 지향성의 철학자들 가운데 한 명으로 간주될 수 없는 버트런드 러셀조차도 '논리적 원자론' 연구를 기반으로 지향 상태를 명제 지향적 태도로 간주하면서 무언가를 생각하거나 믿는 행위는 상황이 그렇다고 생각하거나 믿는 행위와 다를 바 없다고 보았다. 하지만 이러한 입장이 심리적인 상태와 물리적인 상태의 결속을 뒷받침하는 유일한 입장이라고는 볼 수 없다. 모든 지향 상태가 몇몇 지각 활동의 경우처럼 명백하게 명제적이라고는 볼 수 없고 옳거나 틀렸다는 판단 혹은 명제를 바탕으로 표현이 가능한 어떤 구체적인 특성을 반드시 지니는 것도 아니기 때문이다. '지시의 지향성' 역시 항상 '내용의 지향성'과 결속되는 것은 아니다. 왜냐하면 객관적일 뿐 반드시 언어적 설명으로 환원된다고는 보장할 수 없는 대상을 향해서도 '기울어질' 수 있는 것이 지향성이기 때문이다. 더 나아가서 지향 행위가 관심을 기울이는 대상은 대상이 아니라 어떤 특별한 실재, 예를 들어 물리적인 사물들을 식별할 수 있도록 도와주지만 물 자체와는 일치하지 않는 어떤 기능일 수 있다. 다시 말해 '지시의 지향성'은 대상들이 어떤 특별한 관점을 토대로 관찰될 수 있다는 것을 의미하며 반드시 그것들을 설명하고 묘사하는 명제들의 의미나 가치로 환원되어야 할 필요는 없다는 것을 의미한다.

13.3　이론적 논쟁

지난 세기의 마지막 몇 년 동안 학자들 사이에서는 사고 행위를 표현하는 명제들의 '명제 지향적 태도'를 분석하는 이론과 이러한 언어적 분석이 지향성 이론을 뒷받침하는 데 불충분하다는 입장의 이론들을 중심으로 열띤 토론이 벌어졌다. 이러한 이론적 논쟁은 더 나아가서 양상논리학과 인식논리학의 주제들, 즉 가능성 혹은 필연성을 기준으로 구축되는 명제들의 양상을 연구하거나 '~라고 인식하다'라는 유형의 문장들을 연구하는 논리학의 주제들을 비롯해 인지과학과 심리철학의 주제들을 함께 다루면서 전개되는 양상을 보였다. 지향성과 명제 지향적 태도가 지니는 정신적인 성격의 환원 불가능성을 비판적인 입장에서든 옹호하는 입장에서든 지지했던 이들은 앞서 언급한 브렌타노와 후설을 비롯해 프레게, 러셀, 비트겐슈타인 같은 철학자들이다. 이들의 뒤를 이어 20세기 중반 이후부터 오늘날에 이르기까지 이 분야의 이론적 발전에 크게 기여한 인물에는 야코 힌티카Jaakko Hintikka, 로더릭 치좀Roderick Chisholm, 팀 크레인Tim Crane, 닥핀 푈레스달Dagfinn Føllesdal, 제리 포더, 존 설, 프레드 드레츠키Fred Dretske, 안드레아 보노미Andrea Bonomi, 데이비드 우드러프 스미스David Woodruff Smith, 로널드 매킨타이어Ronald McIntyre, 존 맥도웰John McDowell, 로버트 브랜덤Robert Brandom 등이 있다. 하지만 이 이름들의 목록을 떠나 이 분야의 주제들이 얼마나 방대한 영역에 걸쳐 논의되는지 가늠하기 위해서는 가장 예리한 심리철학자들 가운데 한명인 케빈 멀리건이 『지향성, 지식과 형식적 대상Intentionality Knowledge and Formal Objects』(2007년)에서 피력한 바 있는 그의 희망에 대해 살펴볼 필요가 있다. 멀리건에 따르면 "지향성의 철학은 사고 행위, 의식 상태, 사고 활동이 지향하는 대상들의 유형에 대해 포괄적인 설명을 제시해야 한다. (…) 예를 들어 직접적으로 터득한 지식, 경외심, 관심, ~에 대한 믿음, ~을 향한 믿음, 확신, 선택, 결정, 욕망, 의혹, 계획, 혐오, 희망, 사랑, 기억, 지각, 가정, 시간에 대한 의식, 신뢰, 의식, 이해력, 관점, 의지, 기대 같은 유형의 지향성에 대해 무언가를 말할 수 있어야 한다. (…) 아울러 사람들이 일반적이고 상식적인 차원에서 공유하는 확신이나 부끄러움처럼 집단적으로 공유되는 지향성과 판단처럼 개인적이고 고립된 지향성의 차이에 대한 설명을 제시할 수 있어야 한다. 지향성의 철학은 어떤 식으로 상이한 종류의 사고 행위나 의식 상태의 지향성이 함께 유지될 수 있는지 설명해야 한다. 예를 들어 어떤 식으로 감정의 지향성이 지각이나 믿음의 지향성과 결속되고 어떤 식으로 상상의 지향성이 관점의 지향성과 융합되는지 설명할 수 있어야 한다. 하지만 이러한 희망사항은 사고 행위나 의식 상태의 몇 가지 유형만 고려하는 지향성의 철학자들에 의해 결코 만족될 수 없을 것이다".

브렌타노가 제기했던 지향성의 개념을 나름대로 발전시킨 인물은 존 설이다. 인간의 사고가 기호들의 단순한 조작 단계에 머물지 않고 본질적으로는 기호들의 이해와 직결된다고 확신한 설은 지향성 이론을 근거로 모든 환원주의적 입장과 자연주의적 입장, 즉 자연적 현상의 연구가 정신적 현상의 연구와 본질적인 차원에서 대등하다고 보는 모든 입장을 거부했다. 설은 지향성을 두 가지 유형으로, 즉 '내재적 지향성'과 '파생적 지향성'으로 구분했다. '내재적 지향성'은 정신에 내재하는 본질적인 요소이자 정신의 특징으로 간주되며 무엇보다도 인간의 사고 활동이 대상을 지니는 데 결정적인 역할을 하는 참조성의 근원적 요소로 간주된다. 반면에 '파생적 지향성'은 말이나 문장이나 책 같은 인위적인 대상 혹은 인공지능에 부여될 수 있는 성격의 지향성이다. 이 두 번째 경우에 중요한 것은 결국 말의 표현 방식이다. 왜냐하면 이 인위적인 요소에서 우리가 실제로 다루는 것은 오로지 조작된 기호들과 몇 가지 구문론적 특성뿐이기 때문이다. 이 경우에는 의미론이 성립되지 않는다. 다시 말해, 정신만의 특징이자 현실의 이해에서 비롯되는 '의미'가 주어지지 않는다.

설의 연구는 뒤이어 '집단적 지향성'의 개념을 바탕으로 개인적인 사고의 영역에서 사회적 현실의 영역으로 확장되는 양상을 보였다. 집단적 지향성의 관점에 따르면, 인간의 사고는 무언가에 그것의 활용성이나 상식적인 차원의 가치를 근거로 어떤 기능을 부여하며 이 기능을 토대로 '무언가'를 존재하게 만든다. 이런 식으로 존재하는 사물의 가장 대표적인 예는 '돈'이다. 기능을 부여하게 만드는 것은 사물에 집중되는 선입견이나 신뢰의 지향성이다. 이 사물을 사람들은 집단적 신뢰를 바탕으로 일련의 규칙을 통해 활용하며 언어를 통해 어떤 사회적 가치를 지닌 대상으로 만든다. 따라서 사용가치를 지닌 돈뿐만 아니라 대학 같은 사회기관들도 이러한 지향성의 대상으로 간주된다. 『사회적 현실의 구성 *The Construction of Social Reality*』(1995년)에서 주장했던 것처럼, 설은 특별한 대상들, 즉 사회적 현실의 대상들을 구성하는 과정이 이런 방식을 따른다고 보았다. 잊지 말아야 할 것은 설의 구성주의적인 접근 방식이 과거에 존재하지도 않았던 현실을 '대체'하거나 사회적으로 창조해 내는 것이 아니라, 우리가 가치와 사회적 중요성을 부여하는 일련의 대상을 무엇보다도 언어적으로 구성하는 데 기여한다는 점이다.

심리철학 분야에서 독특한 견해를 제시했던 도널드 데이빗슨(1917~2003년)은 존재론적인 차원에서 정통적인 유물론적 관점을 유지하면서도 정신에서 행위의 특별한 원인을 발견할 수 있다는 점에 주목하며 이를 인정했던 철학자다. 데이빗슨은 행위와 행위 외의 물리적 사건들 사이에 커다란 차이가 있으며 이는 행위가 의도적인 성격을 지녔기 때문이라고 보았다. 그는 이러한 차이가 아주 쉽게 발견된다는 점에 주목했다. 예를 들어 기침처럼 의도하지 않은 행위와 걷기처럼 의도에 의해서만 결정되는 행위는 모두 물리적인 사건이지만 전자를 후자의 경우처럼 행동이라고 부르지는 않는다. 바로 그런 이유에서 행동은 이성, 신뢰, 욕망 등을 원인으로 전개되며 일반적으로는 사고 활동에 의해 전개된다고 볼 수 있다. 정신적인 요인들은 물리적인 요인과는 달리 인간의 자유에 한계를 부여하지 않는다. 왜냐하면, 자연을 다스리는 자연법칙은 존재하지만 이와 동일한 차원에서 인간의 행위를 다스리는 법칙은 존재하지 않기 때문이다. 하지만 이 시점에서 다름 아닌 정신적인 차원의 사건과 물리적인 사건의 조합이라는 문제가 대두된다. 데이빗슨은 이 문제를 해결하기 위해 이른바 '무법칙적 일원론anomalous monism'를 고안해 냈다. 이 이론에 따르면, 정신적인 차원의 사건들은 이 사건들의 묘사가 물리적인 차원의 언어로 환원될 수 없기 때문에 이례적임에도 불구하고 아무런 기준이나 규칙 없이 물리적인 사건으로 간주된다. 데이빗슨이 『행동과 사건에 관한 에세이 *Essays on Actions and Events*』(1980년)에서 지적했던 것처럼, 심리적이고 정신적인 차원의 설명이 물리적인 차원의 설명으로 번역되는 과정이나 이들의 인과관계를 설명할 수 있는 자연적인 법칙은 사실상 존재하지 않는다.

정신과 정신의 본질에 관한 심리철학자들의 토론에 결정적인 영향을 끼친 『마음의 개념 *The Concept of the Mind*』(1949년)의 저자 길버트 라일은 데카르트의 철학에 뿌리를 둔 정신과 신체의 이원론을 비판적인 시각으로 바라보았다. 라일이 특별히 싫어했던 부분은 이 이원론적 정신의 정의 자체가 지니는 이중적인 성격, 즉 정신은 보이지 않고 비물질적이며 투명한 내면 공간을 형성하지만 이 투명한 공간에 접근하는 것이 타자의 입장에서는 불가능하다는 설명이었다. 라일은 이러한 전제를 그가 '기계 속의 유령 Ghost in the machine'이라고 부른 가상세계에 비유했다. 다시 말해 라일은 이러한 상황이 우리 모두의 머릿속에 신체라는 기계의 활동을 조절하며 우리의 생각을 '생각'하고 우리의 결정을 '결정'짓는 유령에 가까운 실체가 존재한다는 인상을 준다고 보았다. 이러한 논리에는 또다른 결과, 즉 사람들은 그들의 몸을 보고 만지고 느낄 수 있지만 타인의 생각에 대해서는 사실상 아무것도 감지하지 못하는, 시각장애인과 청각장애인이나 다를 바 없다는 결론이 뒤따른다.

너무나 명백해서 이의나 의혹의 대상이 될 수 없을 것처럼 보이는 이러한 상황이 지속되는 이유는 특정 오류가 반복되기 때문이며 라일은 이를 '범주적 오류 category mistake'라고 불렀다. 무언가를 그것이 속할 수 없는 범주의 관점에서 바라볼 때 일어나는 오류가 바로 '범주적 오류'다. 정신을 정의할 때 나타나는 이중성의 경우, '범주적 오류'는 사물들의 범주에 고유한 존재 방식을 정신에 적용하면서 발생한다. 사고의 상태나 과정은 실질적으로 관찰된 행동을 이끌기 위해 선재하지 않으며 행동을 가능하게 만들지도 않는다. 사고 활동은 오히려 언어의 용어들, 즉 행동의 여건을 제시하는 데, 혹은 행동 자체를 예상하거나 해석하는 데 사용되는 이름들에 가깝다. 이러한 이론적 입장에서 분명하게 나타나는 것은 비트겐슈타인이 삶의 형태와 '언어 게임 language game'의 관계에 대해 성찰하며 도달한 철학적 결론의 영향이다. 비트겐슈타인과 마찬가지로 라일은 데카르트의 내면 공간을 깨끗이 비우고 구체적인 사회적 틀 안에서 행동들의 유형을 관찰하며 타자에게 접근하는 것이 가능하다는 것을 보여 준다. 이와 유사한 접근 방식을 라일의 제자이자 심리철학의 거장들 가운데 한 명으로 손꼽히는 미국의 철학자 대니얼 데닛Daniel Dennett의 사유에서 찾아볼 수 있다. 『내용과 의식Content and Consciousness』(1969년), 『의도적인 자세Intentional stance』 등의 저서에서 데닛은 우리가 역동적인 성격의 지향성을 기반으로 타자에게 신뢰, 욕망, 계획 등을 부여하며 이는 타자의 행동을 이해하는 데 필요한 표현을 구성하기 위해서라고 주장했다. 지향적인 자세는 따라서 공감을 바탕으로 타자의 내면에 다가서는 접근 방식에 좌우되지 않으며 오히려 상식적인 의미의 심리학에 좌우된다. 여기서도 관건이 되는 것은 인식의 오류, 즉 계산기가 계산하는 능력을 지녔다고 보는 경우와 유사한 유형의 오류다. 물론 이러한 오류는 실용적이고 전략적인 차원에서 유용하다는 장점을 지닌다. 상당히 복잡한 구조의 체계적인 행동들을 예를 들어 신뢰나 동기에 의해 실행된 것으로 해석할 수 있는 가능성을 제공하기 때문이다. 결론적으로 말하자면, 데닛의 이론은 내면적 성찰이라는 방법으로 접근하는 모든 내면 공간의 계획적인 제거를 바탕으로 모든 형태의 표현을 행동주의적이고 실용적인 차원의 언어로 번역해 낼 수 있는 가능성을 제공한다. 다시 말해, 우리가 타자의 내면 공간에 접근할 길이 없는 것은 단순히 이 내면 공간이라는 것이 타자나 우리 안에 존재하지 않기 때문이라고 볼 수 있다.

그렇다면, 정신은 무엇이며 의식은 무엇인가? 데닛은 정신과 의식이 우리가 복잡하기 이를 데 없는 자기 묘사 과정과 그 결과에 부여하는 이름에 불과하다고 보았다. 데닛에 따르면, 언어 없이는 정신도 의식도 존재하지 않는다. 정신이나 의식은 대뇌에 축적된 일련의 정보가 어떤 경로를 통해서든 언어화될 수 있는 가능성을 토대로 실재한다. 데닛은 아울러 신경학적 차원의 경쟁 구도를 바탕으로 실용적이고 언어적인 차원의 정신 개념을 제안했다. 데닛에 따르면, 머릿속에서 벌어지는 다양한 사건들, 머릿속에서 유지되는 상황들은 언어적 표현의 차원으로 부상하기 위해 서로 경쟁하며 서로에게 일종의 압력을 가한다. 사람들의 생각은 그들이 하는 말과 고스란히 일치하며 여기에는 굳이 생각의 생산자인 주체의 능동적인 역할이 요구되지 않는다.

언어와 사실 사이의
중도적 사실주의

현대 철학의 거장들 가운데 한 명으로 손꼽히는 힐러리 퍼트넘은 카르납과 라이헨바흐의 제자로 논리실증주의와 분석철학을 공부하며 성장했다. 초기에 퍼트넘은 주로 논리학과 수학철학의 문제들을 다루었지만 뒤이어 관심 분야를 넓혀 분석철학의 거의 모든 영역들, 예를 들어 언어철학, 심리철학, 인식론, 과학철학 등의 연구에 관심을 기울였다. 1970년대부터 그의 성찰은 이 분야들을 포괄하는 이론, 즉 사실주의로 집약되는 양상을 보였다. 그의 사상이 지니는 윤리적이고 문화적인 가치가 부각되기 시작한 것은 1980년대에 접어들 무렵, 미국 실용주의의 재발견에 크게 기여하면서부터다. 도덕적인 측면에 대한 그의 열린 자세는 분석철학자들이 항상 의혹의 눈길로 보아 왔던 사조들에 대한 관심으로 이어졌고, 바로 그런 차원에서 퍼트넘은 유럽의 '대륙'철학 전통과 분석철학을 모두 이해하고 비교할 줄 아는 철학자로 간주된다. 특히 이 두 사유 양식의 대립 현상이 기본적으로는 이데올로기적이고 표면적인 성격을 지닌다는 점이 퍼트넘의 성찰을 통해 드러났다.

말들의 의미와 말이 가리키는 사물들의 관계에 주목했던 퍼트넘은 흔히 '직접 지시 이론direct reference theory'의 지지자이자 이론가들 가운데 한 명으로 간주된다.

먼저 퍼트넘은 특정 이론에 대해 비판적인 견해를 지니고 있었다. 퍼트넘은 말과 사물의 지시관계가 특정 용어의 개념적 정의, 이른바 '의미의 강화intension'와 그 용어가 가리키는 대상들의 범주, 예를 들어 개나 고양이의 범주 또는 '인간'이나 '물' 같은 일반 명사들, 이른바 '의미의 확장extension' 사이에 존재하는 위계적 관계에 의해 결정된다는 관점이 틀렸다고 보았다. 퍼트넘은 이러한 관점을 고수하는 이론들이 소통의 인과관계가 일련의 용어들을 사물에 고유의 이름, 종의 이름('인간'), 자연적 범주의 이름('물')으로 고정시키는 데 깊이 관여한다는 사실을 간과한다고 보았고, 과학철학자 파울 파이어아벤트가 내렸던 결론처럼 특정 용어의 모든 의미 변화는 확장성의 변화에 상응한다는 극단적인 결론으로 이어질 수 있다고 주장했다. 그렇다면 용어의 정의를 기준으로 '포착'되는 모든 대상이 이론적 체계가 바뀔 때마다 같이 바뀔 수밖에 없고, 따라서 상이한 정의들의 비교도 대상이 다르기 때문에 아무런 의미가 없다고 보았던 것이다. 예를 들어 '물'이라는 단어가 계속해서 지시 대상을 바꾼다면 이 단어가 H_2O를 가리킨다는 일상적인 정의의 보편적인 타당성은 사라지고 말 것이다. 퍼트넘에 따르면, 이러한 결과는 지식의 개념 자체를 무의미하게 만들고 극단적인 상대주의와 회의주의를 가져올 수 있었다.

퍼트넘은 특정 대상을 향한 말의 지시성은 오히려 용어들의 의미를 안정적으로 만드는 요소이며 이론적 체계가 바뀌더라도 변하지 않는다고 보았다. 퍼트넘은 『정신, 언어, 현실Mind, Language and Reality』(1975년)에 실린 유명한 논문 「의미의 의미The Meaning of 'Meaning'」에서 자신의 주장을 뒷받침하는 사고실험을 소개한 바 있다. 우리가 사는 지구와 똑같고 물의 화학 성분만 다른 쌍둥이 지구가 존재한다고 가정하자. 아울러 우리는 물론 쌍둥이 지구에 사는 사람들도 '물'이라는 단어를 동일한 방식으로, 예를 들어 색깔이나 냄새나 맛이 없을 뿐 갈증을 해소하는 액체라는 식으로 정의하며 다만 화학 성분이 다른 두 실체를 우리는 H_2O라 부르고 쌍둥이 지구에서는 XYZ라 부른다고 가정하자. 이때 우리가 우주선을 타고 쌍둥이 지구에 간다면 모든 면에서 지구의 물과 다를 바 없어 보이는 이 무색의 액체를 우리는 틀림없이 H_2O라고 생각할 것이다. 하지만 물의 화학 성분을 상세히 검사할 기회가 주어지면 그 액체가 H_2O가 아니며 쌍둥이 지구에서 '물'이라는 단어는 전혀 다른 의미로 쓰인다는 것을 깨닫게 될 것이다. 이는 곧 지구에 사는 우리나 쌍둥이 지구에 사는 사람들이 동일한 심리적 상태에서, 다시 말해 물에 대한 동일한 언어적 묘사와 이해를 공유하면서도 물이라는 단어로 상이한 실체를 가리킨다는 것을 의미한다. 퍼트넘이 내리는 결론은 어떤 단어의 의미가 단어를 사용하는 사람이 단어에 부여하는 개념적 정의에 좌우되지 않는다는 것이다. 바로 그런 이유에서 "의미는 머릿속에 있지 않다".

퍼트넘은 실체('물')나 자연적 종('인간')을 가리키는 용어들이, 지시관계의 안정성을 보장하는 화자와 이 용어들의 관계를 바탕으로, 사회적 동의를 통해 사물에 부여되는 식으로 정립된다고 보았다. 의미를 부여하는 언어적 기량 역시 사회적으로 배분되며 퍼트넘이 언어적 노동의 사회적 배분이라고 부른 것을 위해 지시 체계의 안정성과 정체성을 관리하는 전문가들의 공동체가 형성된다. 반면에 평범한 화자는 흔히 고정관념의 묘사, 예를 들어 '금'이라는 단어의 고정관념을 묘사하는 것으로 그친다. 이러한 고정관념은 평범한 화자를 이 단어가 활용되는 대부분의 일상적인 영역으로 인도하지만 그가 고정관념을 바탕으로 확장성을 결정할 수 있는 것은 아니다. 다시 말해 금의 정체는 곧 금이라고 확정지을 수 있는 것은 아니다. 바로 그런 이유에서 평범한 화자는 필요할 때에, 예를 들어 고정관념을 기준으로는 금인 듯이 보이지만 금이 아닐 가능성도 있는 물건을 유산으로 물려받았을 때 이를 확인하기 위해 과학자나 전문가의 의견을 요청할 수 있다. 어쨌든 의미는 사회적 동의를 바탕으로 특정 용어가 안정적이고 지속적인 방식으로 지시하는 대상을 가리킨다. 우리가 어떤 고정관념이 관여하는 대상의 묘사가 부적절하다고 느낄 때 고정관념에서 벗어날 자세가 되어 있는 것도 바로 그런 이유에서다. 이러한 이론을 토대로 퍼트넘이 강조하려는 것은 두 가지다. 첫째는 지시관계를 정립하는 데 외부 현실이 결정적인 역할을 한다는 사실이다. 바로 여기서 비롯된 것이 '의미론적 외재주의Semantic externalism'다. 둘째는 언어가 지니는 사회적 차원이다.

퍼트넘은 사실주의를 진리에 관한 인식론적 논제, 즉 있는 그대로의 모습을 묘사하기 때문에 사실에 상응하는 문장이나 이론 혹은 신념은 참이라는 논제, 따라서 자연스러운 상식에 의존하는 논제와 연결시켰다. 하지만 『진리와 윤리*Meaning and the Moral Sciences*』(1978년)와 『이성, 진리, 역사*Reason, Truth, and History*』(1981년)에서 퍼트넘은 사실과 진리의 차원을 지식의 차원과 다른 독립적인 차원으로 간주하는 견해를 포기하고 진리는 오히려 '지금 여기서' 이루어지는 정당화에 좌우되지 않으며 단지 절대적인 의미의 정당화에 영향을 받을 뿐이라는 이론을 제시했다. 퍼트넘에 따르면, 진리는 복합적인 개념들의 구도 내부에서, 아울러 인간의 인지 활동과 이를 바탕으로 우리가 세우는 목표들의 구도 내부에서 의미와 기능을 취하는 상당히 인간적인 개념이다. 진리는 일종의 초월적인 전환점이며 이 지점에서 우리는 지식의 대상을 '구축'하는 동시에 지적 대상을, 우리와 세계 사이에 존재하는 직접적인 원인관계를 토대로, '발견'하게 된다. 관건은 '상응관계'을 바탕으로 구축되는 진리의 원칙이 틀렸다는 것을 주장하는 것이 아니라 이러한 진리의 원칙이 얼마나 '공허'한 것인지, 다시 말해 '진리'라는 말의 의미를 이해하는 데 진리의 원칙이 사실상 아무런 도움도 되지 못한다는 것을 증명하는 일이다. 진리라는 말의 의미를 이해하려면 우리는 일련의 가치, 예를 들어 과학적 이성이 전제하는 지식의 목표로서 진리가 지니는 가치에 의존할 수밖에 없다. 진리, 타당성, 일관성, 이론적인 성격 등 인식론적인 성격의 가치들은 근본적으로 규범적인 역할을 수행하며 우리가 진실로 수용할 수 있을 만큼 타당한 것은 무엇인지 발견할 수 있도록 도와준다. 아울러 이상적인 인식론적 타당성은 오로지 이상적인 도덕적 타당성과의 관계 속에서만 정당화될 수 있으며 이는 도덕적 타당성이 요구하는 진리의 개념 자체가 인간의 인지력뿐만 아니라 인간의 본성이 추구하는 성장의 일부를 차지하기 때문이다.

철학적 사고실험의 역할

사고실험은 모호하지 않지만 정의하기가 결코 쉽지 않은 개념이다. 사고실험은 전통적인 유형의 과학실험이 아니다. 단지 과학실험의 몇 가지 특징만을 공유할 뿐이다. 사고실험은 비유나 메타포와 다르며 특히 추상적인 것에 대한 구체적이거나 예제적인 성격의 설명과 다르다. 사고실험이 추상적인 것의 설명이라면 모든 형태의 논리적 사고가 일종의 사고실험으로 간주되어야 할 것이다.

더 나아가서 사고실험은 단순히 상상에만 의존하는 실험이 아니며 생각 자체가 실험의 대상으로 간주되는 실험도 아니다. '사고실험'이라는 표현을 구성하는 '사고'라는 말은 실험이 다루는 영역을 가리키지 않으며 실험이 전개되는 방식을 가리킨다. 사고실험의 실험 대상에는 사고의 영역을 뛰어넘는 심리적인 것이 포함된다. 실제로 심리학은 물리학 못지않게 사고실험을 적극적으로 활용해 왔던 분야다. 흥미로운 것은 화학이나 생물학 분야에서 정반대의 현상이 일어났다는 사실이다. 화학자들이나 생물학자들이 사고실험을 중요하게 생각하지 않았다는 점은 사고실험이 물리학이나 심리철학 분야에서 불러일으켰던 뜨거운 관심과 열띤 토론의 흔적을 화학이나 생물학 분야에서는 전혀 찾아볼 수 없다는 사실에서 그대로 드러난다. 끝으로 사고실험은 단순히 현실과 거리가 먼 상황을 가설로 내세우는 경우와도 구별되어야 한다. 왜냐하면 비현실적인 상황 역시 경험적이고 실험적인 요소들이 가미되어야만 성립될 수 있기 때문이다.

사고실험은 현대 인식론의 핵심 주제지만 이를 중심으로 부각된 철학적 논쟁은 물론 이 논쟁이 불러일으킨 오해들도 어떤 결론 단계에 도달했다고 보기는 힘들다. 사실 사고실험의 기원도 상당히 오래전으로 거슬러 올라간다. '사고실험'이라는 표현은 19세기에 들어와서야 활용되기 시작했고 정확하게는 덴마크의 물리학자 외르스테드(1777~1851년)가 가장 먼저 사용했지만, 이 표현이 실제로 가리키는 것은 일찍이 17세기에 갈릴레이, 뉴턴, 윌리엄 몰리뉴William Molyneux 등의 가상실험을 통해 시작된 일종의 과학적 방법론이다.

사고실험의 역사적 중요성을 이해하기 위해서는 학자들이 사고실험을 어떻게 해석해 왔는지, 아울러 사고실험으로 인도했던 사유들은 어떤 것이었는지 살펴볼 필요가 있다. 사고실험에 대한 구체적인 설명을 처음으로 제시했던 학자들은 피에르 뒤엠(1861~1916년)과 에른스트 마흐(1838~1916년)다. 사고실험에 대한 비판적인 견해를 가장 먼저 피력했던 뒤엠은『물리학 이론. 물리학의 대상과 구조』(1906년)에서 사고실험에 의존하는 성향의 문제점을 지적하며 사고실험이 과학의 탐구와 교육의 현장에서 사라져야 한다고 주장했다. 반면에 긍정적인 평가를 제시했던 마흐는『역학의 발달. 역사적 비판적 고찰』(1883년)과『인식과 오류Erkenntnis und Irrtum』(1905년)에서 사고실험과 과학실험 사이에 방법론적인 차원의 연속성이 존재하며 두 종류의 실험이 모두 오랜 세월에 걸쳐 축적된 경험적인 성격의 지식은 물론 실현 불가능한 상황들을 즉각적으로 배제하려는 지적 본능을 토대로 이루어진다고 보았다. 특히 이러한 지적 본능에 주목하며 마흐는 빗면 위의 물체들이 유지하는 힘의 균형을 증명해 낸 수학자 시몬 스테빈(Simon Stevin, 1548~1620년)의 실험을 예로 제시한 바 있다. 스테빈에 따르면, 14개의 구슬이 일정한 간격으로 박혀 있는 사슬을 빗변이 밑으로 가도록 배치한 직각삼각형의 매끄러운 두 경사면 위에 걸쳐 놓았을 때 우리는 이 사슬이 일정한 방향으로 미끄러지거나 정지 상태에서 균형을 유지한다고 가정할 수 있다. 하지만 사슬이 빗변 밑에서 곡선을 그리는 부위에 주목하면 이 부위는 아무런 영향력이 없으므로 운동이 발생할 경우 영구운동을 해야 할 것처럼 보인다. 하지만 이는 불가능하다. 달리 말하자면, 자연 안에서 영구운동을 발견하는 것은 불가능하다는 사실에서, 다분히 사고실험적인 관점을 바탕으로, 오히려 경사면에 놓인 사슬이 균형을 유지한다고 추론할 수 있다.

과학사의 관점에서 가상실험의 역할에 주목했던 또 다른 두 명의 해석자들은 알렉상드르 코이레(1892~1964년)와 토머스 쿤(1922~1996년)이다. 이들의 성찰은 모두 갈릴레이를 중심으로 전개된다는 공통점을 가진다. 코이레는 갈릴레이의 사상에서 선험적 논리가 상당히 중요한 역할을 한다는 점에 주목했고 여기서 갈릴레이의 가상실험을 해석하기 위한 열쇠를 발견했다. 반면에 쿤은 가상실험 자체를 과학의 발전에 필요한 추진력의 일종으로 간주했다. 쿤은 무엇보다도 과학의 혁명적인 변화가 이루어지는 단계에서, 다시 말해 이론적이고 인식론적인 차원의 재정비와 구조 조정이 진행되는 단계에서 가상실험이, 순수하게 개념적이라는 특성 때문에, 현실을 바라보는 해석학적 관점을 재정립하거나 이른바 '정상적'인 것으로 고착된 기존의 과학적 방법론에 객관적인 의혹을 제기하는 데 더할 나위 없이 중요한 역할을 한다고 보았다.

과학과 철학의 역사에서 사고실험이 지속적으로 시도된 이유들 가운데 하나는 이 실험들이 지닌 원칙적인 불가능성 때문이었다. 사고실험은 이러한 불가능성에 주목할 것을 요구하면서 과학이 새로운 연구 방식을 고안하는 방향으로 나아가는 데 크게 기여했다. 예를 들어 양자역학의 발전은 공간적으로 분리되어 있는 물리적 체계들의 분리 불가능성을 인정하지 않는 아인슈타인, 포돌스키, 로젠의 이른바 EPR 역설에 대한 답변을 시도하면서 이루어졌다. 데이비드 봄(1917~1992년)은 원래 불가능했던 기술적인 차원의 실현 가능성을 제시하는 용어들로 이 역설 혹은 사고실험을 재구성하기 위해 노력했고 그의 시도는 존 스튜어트 벨(1928~1990년)이 양자역학을 뒷받침하는 근거이자 실험적으로 확인이 가능한 이른바 '벨의 부등식'을 정립하는 결과로 이어졌다.

아울러 20세기의 심리철학 분야에서 이루어진 수많은 사고실험들은 사고 과정을 탐구하는 새로운 방법론들이 고안되고 신경영상Neuroimaging 같은 첨단 기술이 실현되는 데 크게 기여했을 뿐 아니라 이처럼 뇌에 관한 침해적인 성격의 연구가 처음 등장했을 때부터 드러난 윤리적 한계들을 부분적으로나마 극복하는 데 일조했다.

이러한 사고실험들 가운데 주목할 만한 것은 존 설(1932년~)의 이른바 '중국어 방' 이야기다. 설은 이 사고실험을 통해 기호를 조합하는 인공지능의 기능이 반드시 의미를 이해하는 능력까지 수반하는 것은 아니라는 점을 증명하고자 했다. 중국어를 모르는 누군가가 어떤 방에 갇혀 있고 방 안에는 중국어 표의문자들이 가득한 상자가 놓여 있다. 중국어를 이해하지 못하는 그에게 표의문자들을 어떤 식으로 조합해야 하는지 설명하는 매뉴얼이 주어지고 뒤이어 중국어로 쓰인 질문지가 방 안으로 전달되면 그는 매뉴얼을 읽으면서 표의문자들을 조합해 답문을 작성한다. 그가 매뉴얼의 지시를 충실히 따랐다면, 그가 작성한 답문은 중국어를 사용하는 사람들이 작성하는 것과 크게 다르지 않을 것이다. 하지만 방 안에 있는 사람은 그가 사용한 표의문자의 의미에 대해서는 아무것도 이해하지 못한다. 다시 말해 매뉴얼에 적힌 규칙에 따라 기호들을 조합했을 뿐 말의 의미는 이해하지 못하는 것이다. 결론적으로, "기호들을 조작할 수 있는 능력만으로는 지성, 지각, 이해, 사고 등을 보장하지 못한다".

따라서 사고실험의 효과는 발견법적인 차원에서 확실하다고 할 수 있다. 사고실험은 아울러 다양한 기능을 수행할 수 있다. 사고실험은 과학 이론을 증명하거나 무효화할 수 있고 이론적인 차원에서 새로운 가설을 제시할 수 있고 고유의 서사적인 힘과 구조를 바탕으로 어떤 이론에 대한 보다 효과적인 이해 방식을 제시할 수 있고 직관적인 이해가 가능한 상황을 설정함으로써 어떤 이론의 특정 개념들에 대한 보다 분명한 이해를 도울 수 있다.

14

인식론

14.1 지식을 향한 인간의 열망

아리스토텔레스는 지식을 열망하는 성향이 인간의 본성 가운데 하나라고 보았다. 달리 말하자면, 지식을 열망하지 않는 사람은 사람이 아니다. 인식론과 철학은 바로 그런 이유에서 탄생했을 것이다. 좀 더 정확히 말하자면, 무언가를 열망하기 위해서는 무엇을 열망하는지 알아야 하기에 지식이란 무엇인가를 정의할 목적으로, 더 나아가서 불가능한 지식을 열망할 수 없기에 어떤 지식이 가능한지 이해할 목적으로 탄생한 것이 인식론이다.

회의주의자들은 우리가 안다고 간주할 수 있는 것들의 범주를 뛰어넘어 아무것도 알 수 없는 것이 현실이라고 주장했다. 버나드 윌리엄스(Bernard Williams, 1929~2003년)가 주장했던 것처럼 "지식 자체는 불확실한 성격을 지녔고 그 안에는 끊임없이 회의주의로 이끄는 무언가가 존재한다". 하지만 지식의 이러한 불확실한 성격은 오히려 지식에 대한 탐구를 철학적인 관점에서 훨씬 더 흥미롭게 만든다.

고대로부터 우리는 지식을 세 가지 상이한 유형으로 구분해 왔다. 즉 지식에는 직접적인 유형, 기량적인 유형, 명제적인 유형이 존재한다. S라는 인식 주체가 누군가 혹은 무언가를 인식할 때, 예를 들어 'S는 마리아를 안다' 혹은 'S는 이스탄불을 안다', 'S는 태블릿이 무엇인지 안다' 등의 표현을 토대로 우리는 S가 직접적인 유형의 지식을 지녔다고 말할 수 있다. 직접적인 지식은 비교적 일상적인 형태의 지식이며 기본적으로는 세계의 사물이나 사람들에 대한 우리의 개인적인 경험뿐만 아니라 우리 스스로의 생각과 감정과 느낌 등의 경험에서 유래한다. 반면에 S가 어떤 기량을 지녔거나 무언가를 할 줄 아는 경우에, 예를 들어 'S는 농구를 할 줄 안다' 혹은 'S는 영어를 할 줄 안다', 'S는 체스를 둘 줄 안다' 등의 문장을 토대로 우리는 S가 기량적인 유형의 지식을 지녔다고 말할 수 있다. 인간은 걷기처럼 아주 단순한 일에서 유전자 복제처럼 아주 복잡한 일에 이르기까지 수많은 일을 할 줄 안다. 끝으로 S가 어떤 말이 참이라는 것을 이해할 때, 예를 들어 'S는 아인슈타인이 『무한』의 작가가 아니라는 사실을 안다' 혹은 'S는 페이스북이 SNS의 일종이라는 것을 안다', 'S는 물의 화학 성분이 H_2O라는 것을 안다', 'S는 클레오파트라가 이집트의 여왕이었다는 것을 안다' 등의 경우에 S는 명제적인 유형의 지식을 지녔다고 할 수 있다.

대부분의 사람들이 아주 오랫동안 이 세 가지 유형의 지식에 비교적 동등한 관심을 기울여 왔다면, 20세기 중반 이후부터는 명제적인 유형의 지식에 관심이 집중되는 현상이 일어났다. 여기에는 두 가지 이유가 있다. 첫 번째 이유는 인간이라는 동물이 인간이 아닌 동물과는 달리 명제적 지식을 표현하는 데 탁월할 뿐 아니라 그것을 발전시키거나 전파하는 데 뛰어나기 때문이라고 볼 수 있다. 인간은 문장론적, 의미론적, 화용론적 기능을 갖춘 언어 덕분에, 아울러 체계적인 교육과 책, 백과사전, 신문, 잡지, 라디오, 텔레비전, 인터넷 등등에 힘입어 지식을 공유한다.

동물들 역시 직접적인 지식과 기량적인 지식을 지닌다. 예를 들어 고양이는 고유의 영역을 식별하고 쥐나 새를 포획할 줄 안다. 그러나 이를 인정한다면 오로지 인간만이, 어쩌면 영장류와 함께, 명제적 지식을 소유할 수 있다는 점도 언급할 필요가 있다. 물론 영장류와는 달리 인간은 명제적인 유형의 지식을 훨씬 더 풍부하고 상당히 세분화된 형태로 표현할 수 있으며 이러한 지식의 습득과 전파를 위한 최상의 도구들을 사회에 제공함으로써 사회를 명제적인 유형의 지식에 집중시킬 수 있다.

두 번째 이유는 에드먼드 게티어Edmund Gettier가 1963년에 발표한 「정당하고 바른 확신은 지식인가?Is Justified True Belief Knowledge?」라는 제목의 짧은 논문에서 명제적 지식의 전통적인 정의를 위기에 빠트리며 철학적 탐구의 방향을 전통적인 정의의 결함이 무엇인지 찾아내고 이를 보완할 수 있는 방법을 모색하도록 이끌었기 때문이다.

일반적으로 '3단계 분석'이라고 불리는 전통적인 지식의 정의는 플라톤으로 거슬러 올라간다. 아주 일반적인 차원에서 지식은 바르고 정당한 확신으로 정의된다. 다시 말해 인식의 주체 S가 어떤 문장 P는 참이라는 것을 아는 경우는 오로지 다음과 같은 조건이 충족될 때에만 성립된다.

(1) P는 참이다.

(2) S는 P가 참이라고 확신한다.

(3) P가 참이라는 S의 확신은 정당하다.

모든 종류의 문장이 명제 P의 내용으로 채택될 수 있고 결과적으로 이러한 분석이 모든 명제적 지식, 예를 들어 미학적 지식이나 도덕적, 지리학적, 언어학적, 수학적, 종교적, 과학적 지식에 적용될 수 있다는 숨은 전제하에, 이상의 세 단계가 왜 필수적인 조건으로 간주되는지, 직관적인 차원에서, 이해할 필요가 있다.

예를 들어, S가 눈이 내리고 있다는 것을 안다면, 눈이 내리고 있다는 것은 사실이어야 하고 눈이 내리고 있다는 사실을 S가 믿어야 한다. S가 5+1=6이라는 것을 '알기' 위해서는, 5+1=6이라는 것이 사실이어야 하고 5+1=6이라는 사실을 S가 믿어야 한다. S가 물이 하나의 산소 원자와 두 개의 수소 원자로 구성된다는 것을 알고 있다면 물이 하나의 산소 원자와 두 개의 수소 원자로 구성된다는 것이 사실이어야 하고 이 사실을 S가 믿어야 한다.

일반적인 차원에서 볼 때, 어떤 문장이 참인지 '알기' 위해서는 우선적으로 그 문장이 참이어야 하고 참이라는 확신을 줄 수 있어야 한다. 다시 말해 위의 조건 (1)과 (2)가 충족되어야 한다. 하지만 이것만으로는 부족하다. 왜냐하면 무언가가 참이라는 확신에 도달하기 위해 비정상적인 논리를 사용하는 경우들이 얼마든지 있기 때문이다. S는 예를 들어 '오늘의 운세'를 읽고 얻은 정보를 바탕으로, 혹은 점술사나 종교인의 충고를 토대로, 어떤 환영에서 비롯된 깨달음이나 근거 없는 예상을 바탕으로, 스스로를 속이면서 '희망에 부푼 생각wishful thinking'을 바탕으로 무언가를 참으로 믿는 확신에 도달할 수 있다. 이 경우에 우리는 S가 P는 참이라는 것을 '안다'고 말하지 않을 것이다. 그렇다면 S에게 더 필요한 것은 무엇인가? S에게는 합리적인 이성, 정확히 말해 확신을 뒷받침할 수 있는 정당한 근거가 필요하다. 다시 말해 S는 조건 (3)을 충족해야 한다.

조건 (1)과 관련하여, S가 다음과 같이 주장했다고 가정하자. '나는 캐시어스 클레이Cassius Clay가 이탈리아의 수상이라는 것을 안다.' 캐시어스 클레이가 이탈리아의 수상이 아닌 이상 우리는 S가 위와 같은 지식을 지녔다고 간주하는 대신 S가 캐시어스 클레이를 이탈리아의 수상으로 믿고 있다고 말할 것이다. 참된 명제들은 우리에게 행복을 안겨 줄 수도, 고통을 안겨 줄 수도 있다. 반면에 지식을 습득하는 과정에서 우리가 추구하는 것은 진실이지 행복이 아니다. 바로 그런 이유에서 S는 캐시어스가 이탈리아의 수상이라는 생각이 그를 행복하게 하는 경우에도 계속해서 진실을 모를 수 있다. 명제 P가 지식으로 성립되기 위해서는 먼저 참이어야 한다는 조건을 충족해야 하지만 이러한 전제 조건이 S가 '캐시어스 클레이는 이탈리아에 살고 있다'라는 유형의 틀린 명제를 알게 될 가능성까지 사라지게 만드는 것은 아니다. 캐시어스 클레이가 이탈리아에 산다는 것이 사실과 거리가 멀다는 점을 깨닫기 위해 S는 무엇보다도 진실을, 다시 말해 캐시어스가 이탈리아에 산다는 것이 틀렸다는 것을 진실로 받아들여야 한다.

조건 (2)와 관련하여, S가 다음과 같이 믿기 힘들고 모순적인 말을 했다고 가정하자. '애인이 내 뺨을 때렸지만, 나는 그걸 믿지 않아.' 우리는 심리학적인 차원에서, 혹은 감정적인 차원에서 S를 이해할 수 있다. 뺨을 맞았다는 것에서 오는 충격이 S로 하여금 사실을 부인하도록, 이 사건이 실제와는 다른 방향으로 흘러갔다고 기대하도록 유도했다고 볼 수 있기 때문이다. 하지만 인식론적인 차원에서는 S를 이해하기 힘들다. 지식은 확신을 요구하기 때문이다.

조건 (3)과 관련하여, 중요한 것은 앞서 언급한 것처럼 '오늘의 운세'의 독서나 비정상적인 추론을 바탕으로 도달한 확신은 지식으로 간주될 수 없다는 것이다. 달리 말하자면, 정당한 근거가 없는 확신은 지식의 범주에 속하지 않는다. 레오나르도 다 빈치의 〈모나리자Mona Lisa〉가 특정 전시실에 전시되어 있다고 주장하는 사람이 사실은 다 빈치의 작품을 그곳에서 직접 관찰한 적이 있기 때문이 아니라 단순한 상상과 추측을 토대로 그런 주장을 했다면 그에게 귀를 기울이려는 사람은 더 이상 없을 것이다. 모터사이클 경주에 대해 아무것도 모르는 사람이 V라는 선수가 경주에서 이길 것이라고 예상했다면, 그의 예상이 적중했다고 하더라도, 그의 확신을 지식이라고 간주하는 사람은 없을 것이다.

우리가 확신이 정당한 근거를 지닐 때에만 지식으로 간주될 수 있다고 생각하는 이유는 비정상적이거나 진지하지 않은 방식으로 얻은 확신이 지식으로 통용되는 위험한 상황을 피해야 한다는 필요성 외에도 지식의 습득 과정 자체가 진리를 목표로 전개되는 동시에 정당화된 확신이 근거 없는 확신에 비해 참으로 판명될 확률이 더 높기 때문이다. 인식론적인 차원에서, 확신의 정당한 근거는 진실을 합리적인 방식으로 파악하려는 의도가 발견될 때 확보된다. 하지만 이 '인식론적인 차원'은 확신에만 적용되며 행동이나 선택과는 무관한가? 이 시점에서 문제는 상당히 복잡해진다. 이 문제를 보다 쉽게 이해할 수 있도록 도와주는 예가 있다면 아마도 신의 존재에 관한 '파스칼의 내기'일 것이다. 우리가 선택할 수 있다면, 선호할 만한 것은 신이 존재한다는 믿음인가 존재하지 않는다는 믿음인가? 다시 말해 이 두 종류의 믿음 가운데 어느 것을 선택하는 것이 더 현명한 일인가? 신이 존재할 경우 저세상에서 벌을 받을 것이 분명하기 때문에 신이 존재하지 않는다고 주장하는 것은 받아들일 수 없다는 것이 파스칼의 생각이었다. 파스칼에 따르면, 신의 존재를 믿는 것이 더 현명한 이유는 신이 존재할 경우 영원한 삶을 상으로 받을 수 있을 뿐 아니라 신이 존재하지 않더라도 신이 존재한다는 믿음을 바탕으로 정직하게 감사하며 행복하게 살아 갈 수 있고 허영이나 악습을 멀리할 수 있기 때문이다.

이 유명한 논제는 우리에게 신의 존재에 대한 믿음의 실용적이고 '신중한' 정당화 양식을 제시할 뿐 인식론적인 차원의 정당화 양식, 다시 말해 신이 존재한다는 것은 사실이라는 믿음의 근거는 전혀 제공하지 않는다. 따라서 중요한 것은 이 두 가지 유형의 정당화 양식을 항상 구분하고 지식의 '3단계 분석'에서 조건 (3)에 해당하는 인식론적 정당화 양식을 유일하게 합당한 것으로 평가하는 일이다. 이러한 전제가 반드시 종교적 믿음에만 적용되는 것은 아니다. 예를 들어, 많은 사람들이 랍스터를 끓는 물에 집어넣어도 실제로는 랍스터가 고통을 느끼지 못한다고 믿는다. 이러한 유형의 믿음은 실용적인 차원에서만 정당화될 수 있다. 랍스터가 고통을 받지 않는다면 그만큼 미안한 마음을 덜 느끼면서 랍스터를 먹을 수 있기 때문이다. 하지만 인식론적인 차원에서 이러한 견해는 정당화될 수 없다. 랍스터가 고통을 느끼지 못한다는 것이 사실이라고 믿을 만한 근거를 제공하지 않기 때문이다. 더 나아가서, 인식론적 정당화와 실용적인 정당화의 구분은 인식론적 정당화가 진실에 도달하기 위한 최선의 수단이라는 사실을 보다 분명하게 보여 준다.

'3단계 분석'의 세 가지 조건이 필수적이라는 말은 이 조건들이 모두 충족되면 그것으로 충분하다는 것을 의미하지 않는다. 이는 게티어가 「정당하고 바른 확신은 지식인가?」에서 철학자들이 오랜 세월에 걸쳐 활용해 왔던 분석체계를 위기에 빠트리며 분명하게 보여 주었던 부분이다. 이상의 세 조건이 모두 충족되는 것만으로 충분하지 않은 이유는 정당하고 바른 확신이 지식으로 간주될 수 없는 경우가 발생할 수 있고, 확신이 정당한 근거를 지녔음에도 불구하고 그것이 참인 이유가 단순한 우연의 일치일 수 있기 때문이다. 이러한 문제점을 보완하기 위해 철학자들은 분석체계의 강화를 시도하며 또 다른 조건들을 제시하기 시작했다. 이러한 방향에서 이루어진 초기의 시도들 가운데 주목할 만한 것은 앨빈 골드먼Alvin I. Goldman의 인과론이다. 골드먼은 『지식의 인과론*A Causal*

Theory of Knowing』(1967년)에서 '3단계 분석'을 다음과 같은 조건으로 보완할 필요가 있다고 보았다.

(4) P라는 사실은 합리적인 방식으로 S의 P에 대한 확신과 인과관계에 놓여 있다.

하지만 오늘날까지 고안된 다른 모든 유형의 조건들과 마찬가지로 골드먼의 제안은 문제점을 안고 있다. 이것이 어떤 종류의 문제인지는 다음과 같은 상황에서 분명하게 드러난다. 인식 주체 S가 바위들이 즐비한 해안을 걷고 있다고 상상하자. 아울러 S가 어떤 바위 앞에서 멈추어 서서 그것이 바위라 믿고 그것은 바위라고 말할 뿐 아니라 그가 그것을 바위로 인식한 것이 지식으로 정당화될 수 있다고 가정하자. 이제 여기에 하나의 새로운 요소가 가미되는 상황, S가 모르는 사이에 바위의 모조품들이 해안에 들어서고 구분이 불가능할 정도로 똑같이 생긴 이 모조품들을 S가 실물과 구별하지 못하는 상황을 상상해 보자. 이 시점에서 S가 다시 어떤 바위 앞에 서서 그것을 바위라 믿고 그것이 바위라는 명백한 사실을 근거로 '이것은 바위다'라고 주장했다고 가정하자. 이때 우리는 더 이상 S가 '이것은 바위다'라는 사실을 '안다'고 주장할 수 없다. 이유는 간단하다. S가 바위의 실물과 모조품을 식별할 수 없고 모조품 앞에서도 얼마든지 그것을 실물이라고 주장할 수 있기 때문이다.

여기서 '3단계 분석'은 아무런 도움이 되지 못한다. 실물의 경우뿐만 아니라 모조품의 경우도 이상의 세 가지 조건을 모두 충족하기 때문이다. S가 목격한 것이 바위라는 것은 사실이며 S는 그것을 믿고 그의 확신도 정당하다. 물론 지식의 인과론도 이 경우에는 아무런 도움이 되지 못한다. S가 목격한 것이 바위라는 그의 믿음을 야기한 것이 결국 바위인 이상 해안에 바위의 실물만이 놓여 있는 경우든 실물과 모조품이 함께 놓여 있는 경우든 조건 (4)는 충족된다고 보아야 한다.

'3단계 분석'의 세 가지 조건에 또 다른 조건을 추가하려는 시도가 이후에도 지속적으로 이루어졌고 또 여전히 계속되고 있지만, 미국의 철학자 리처드 폴리Richard Foley는 또 다른 조건의 고안을 고집하는 대신 색다른 관점을 모색하면서, 어떤 명제가 참이고 S가 이 명제를 참이라고 확신할 때 이 명제가 참이라는 S의 믿음은 정당화될 수 있지만, 그럼에도 불구하고 우리가 S의 확신을 지식으로 간주할 수 없다면 이는 S가 지녔거나 그에게 부족한 정보들 때문이라고 주장했다. 신선하고 흥미로운 관점이지만, 폴리의 논제는 즉각적이고 간단한 방식으로 답변할 수 없는 두 가지 질문을 불러일으킨다. 어떤 정보들을 중요하고 의미 있는 정보로 고려해야 하는가? 그리고 무엇보다도, 무엇을 '정보'로 간주해야 하는가?

오랜 세월에 걸쳐 'S는 P를 안다'라는 명제의 만족스러운 분석체계를 고안해 내기 위해 수많은 학자들이 다양한 관점들을 제시해 왔지만 결국에는 아무런 성과도 이루지 못했다. 어쩌면 목표 자체가 실현 불가능한 것인지도 모른다. 결국 패배를 인정하고 모든 것을 포기해야 하는 것인지도 모른다. 하지만 이러한 과제가 실현 불가능하다는 결론을 내리기 전에 생각해 보아야 할 것은 어떤 과제를 두고 오랫동안 지속된 성과의 부재가 그 자체로 과제의 실현 불가능성을 증명하는 것은 아니라는 사실이다. 아무런 성과 없이 수 세기에 걸쳐 지속된 무모한 기획들이 끝내 놀라운 결과로 이어진 경우가 얼마나 많은가? 예를 들어 비행의 역사를 살펴보자. 인류는 오랫동안 이카로스를 떠올리며 수많은 상상을 거듭했고 레오나르도 다 빈치가 남긴 다수의 비행기 설계도와 수 세기에 걸친 비행 실험 끝에, 혹은 실패를 반복한 뒤에 하늘로 날아오르는 데 성공했다. 오늘날에는 어느 한 지점에서 다른 지점으로 이동하기 위해 하늘을 난다는 것이 지극히 자연스러운 일이 되었고 또 다른 혁신적인 비행 기술이 충분히 가능하다는 생각을 부인하는 사람도 찾아보기 힘들다. 하지만 인식론을 포기해야 한다고 주장하는 학자들은 과거에도 있었고 현재에도 존재한다. 여기서 왜 이런 주장들이 제기되는지, 왜 인식론은 계속해서 실패하는지 살펴보자.

14.2   철학적 자연주의

우리는 누군가의 확신이 정당화될 수 있다고 판단할 때, 혹은 그의 확신에 지식의 위상을 부여할 때 그것을 긍정적으로 평가하는 반면, 그의 확신이 정당화될 수 없거나 지식으로 간주될 수 없다고 판단할 때 그것을 부정적으로 평가한다. 이는 곧 정당화와 지식의 개념이 가치를 평가하고 규범을 제시하는 성격의 개념이라는 것을 의미하며, 바로 그런 차원에서 이 개념들이 인식론에 가치 평가적이고 규범적인 성격을 부여한다고 볼 수 있다. 이러한 특징은 과학과 달리 철학만이 지니는 특징이기도 하다. 실제로 철학적인 차원에서 우리는 흔히 '규범적인' 성격의 질문, 예를 들어 '우리가 도달하게 되는 확신이 정당화될 수 있기 위해 혹은 지식으로 구체화될 수 있기 위해 우리가 지켜야 하는 것은 무엇인가?'라는 질문을 던지지만 과학적인 차원, 예를 들어 심리학이나 인지과학적인 차원에서는 '서술적인' 성격의 질문, 즉 '우리는 확신에 어떻게 도달하는가?'라는 유형의 질문을 던진다.

이 두 질문에 대한 답변이 실질적으로 동일하리라는 것은 충분히 예상할 수 있지만 이 질문들은 본질적으로 다르며, 적어도 인식론이 과학적인 근거를 토대로 전개되는 것에 반대하는 전통적인 반자연주의적 관점을 따를 때, 엄격하게 구분되어야 한다.

앞서 살펴본 지식의 인과론은 반자연주의적 관점이 재정립되어야 할 필요성을 일찍부터 언급했던 이론들 가운데 하나다. 실제로 'S는 P가 참이라는 것을 안다'라는 문장의 분석 대상에는 인과관계가 포함되어 있으며 인과관계는 과학적 탐구에 고유한 요인이다. 골드먼은 인식론 고유의 과제, 즉 'S는 P가 참이라는 것을 안다'라는 명제의 적합한 분석체계를 발견하기 위한 노력의 필요성을 인정하는 데 주목한 반면 좀 더 급진적인 입장을 취했던 콰인은 『자연주의적 인식론 *Naturalized epistemology*』(1969년)에서 인식론이 전적으로 과학에 흡수되어야 하며 인지심리학의 일부이자 자연과학의 일부로 정립되어야 한다고 주장했다.

오로지 철학만이 지식을 분석할 수 있다고 보는 반자연주의자들을 향해 골드먼은 대부분의 분석이 추상적이며 인간의 인식이 얼마나 실질적인지 혹은 실제로 정당화된 확신을 지니는지에 대해 아무것도 알려주지 않는다고 주장했다. 바로 그런 이유에서 골드먼은 인지과학의 도움이 필요하며 지식의 인과론 연구를 위해, 즉 지식의 성립 조건인 인지 과정의 신빙성을 탐구하기 위해 인지과학의 힘을 빌려야 한다고 보았다.

이러한 입장을 중도적 자연주의라고 부른다면, 다시 말해 인식론 고유의 핵심적이고 규범적인 역할을 그대로 유지하면서도 인식론의 영역에서 벗어나는 문제들을 과학과 과학의 설명에 의존한다는 차원에서 중도적 자연주의라고 부른다면, 콰인은 이를 뛰어넘어 인식론의 모든 문제를 과학적인 차원의 문제로 대체해야 한다고 보는 급진적인 자연주의를 제안했다.

상당수의 철학자들이 자연주의를 중도적인 차원에서든 급진적인 차원에서든 받아들였고 여전히 받아들이고 있지만 중요한 것은 이 두 종류의 입장을 명확하게 구분하는 일이다. 급진적인 자연주의자들에게 자연주의는 인식론의 모든 문제가 과학적인 문제로 대체될 수밖에 없다는 것을 명확하게 보여 주는 근거이자 그렇게 만들 수 있는 기회를 의미한다. 이들은 과학적인 차원으로 환원될 수 없는 문제들을 과감하게 부적절한 문제로 분류한다. 급진적인 자연주의자들의 목표는 인식론을 무효화하고 그것을 또 다른 학문으로, 즉 우리가 우리의 확신을 조합하고 유지하거나 거부하는 방법에 대한 경험적인 서술과 과학적인 설명이 모든 것을 지배하는 학문으로 탈바꿈하는 것이다.

반면에 중도적인 자연주의자들은 지식을 정의하는 과정에서 부각되는 문제들이 연구 가치를 지닌 정당한 문제일 뿐 아니라 본질적으로 철학적인 문제이며 따라서 과학과의 동맹은 어떤 식으로든 표면적이고 형식적일 수밖에 없다는 입장을 고수한다. 결과적으로 이러한 관점은 인식론을 과학으로 대체할 수 없으며 단지 인식론과 과학의 연관성을 확보하기 위해 인식론을 개조할 수 있을 뿐이라는 입장으로 이어진다. 그런 식으로 도입된 것이 신빙성의 관점이다. 확신은 신빙성이 있는 인지 과정에 의해 전개되거나 또 다른 신뢰할 만한 확신을 양산해 낼 수 있는 사고 과정에 의해 전개되었을 때 정당화될 수 있다. 이처

럼 지식의 정당화라는 개념의 규범적인 분석을 제공하는 것이 인식론의 지상
과제라면 이러한 인지 과정이 정말 존재하는지 알아내고 존재한다면 그것을
검증하는 것이 인지과학의 몫이다. 그런 식으로, 중도적 자연주의의 관점에서,
확신의 정당화라는 것이 실질적으로 이루어지는지 확인할 수 있다고 보는 것
이다.

  자연주의적 인식론이 괄목할 만한 성과를 이루어 냈고 지속적으로 발전하고
있는 것은 사실이지만, 급진적 자연주의와 중도적 자연주의 가운데 어느 하나
를 선택해야 한다면 합리적인 차원에서 선호할 만한 것은 틀림없이 중도적 자
연주의일 것이다. 그 이유는 급진적 자연주의가 제시한 최근의 연구 결과들을
살펴보면 자연스럽게 드러난다. 예를 들어 힐러리 콘블리스Hilary Kornblith는 인식
론을 관할하는 학문이 동물행동학적 인식론으로 정립되어야 한다는 결론을 도
출해 냈지만 이는 인간 외의 동물에게도 지식을 부여하려는 목표에 부합한다
는 점에서 문제를 드러낸다.

  실제로는 급진적 자연주의를 인식론의 자연주의적 해석으로 보기 힘들다.
급진적 자연주의가 선포하는 것은 오히려 인식론의 죽음이며 결과적으로 이
입장은 전통적으로 제기되어 왔던 문제들, 특히 회의주의 같은 문제를 다루는
데 취약점을 드러낸다. 회의주의적인 의혹이 궁극적으로 과학적인 의혹이며
결과적으로 과학적인 접근과 관점을 요구한다는 주장은 사실상 급진적 자연주
의의 입장과 일맥상통하는 관점들 가운데 하나다. 하지만 이러한 전략은 비효
율적이다. 회의주의의 도전 가운데 가장 위협적인 '꿈의 가설'을 예로 들어 보
자. 지금 우리가 꿈을 꾸고 있다면 꿈꾸지 않을 때와 다를 바 없는 확신과 생각
들을 모두 할 수 있지만 그런 확신과 생각들은 결국 거짓으로 드러날 것이다.
이러한 유형의 확신 앞에서, 우리가 꿈꾸지 않고 있다는 것을 확인하기 위해 어
떤 경험적 '체계'에 호소한다는 것은 부질없는 짓이다. 우리가 꿈을 꾸고 있다
면, 우리가 꿈꾸고 있지 않다는 것을 증명하기 위해 시도하는 어떤 경험적 차원
의 실험도 결국에는 우리의 꿈속에서 이루어질 수밖에 없기 때문이다. 이는 곧
급진적인 자연주의가 회의주의를 논박하는 데 실패할 수밖에 없으며 우리가

안다고 생각하는 것에 대해 사실상 아는 것이 거의 없다는 것을 부인하는 단계까지 도달할 수 없다는 것을 의미한다. 아는 것이 '아예' 없지 않고 '거의' 없는 이유는 예를 들어, 아우구스티누스, 토마스 아퀴나스, 데카르트가 가르쳐 주었듯이, 우리가 존재한다는 것을 알 수 있기 때문이다.

수 세기에 걸쳐 철학자들을 괴롭혀 온 회의주의적 '꿈의 가설'은 20세기 말에 이르러 이른바 '맥락주의contextualism'라는 새로운 관점을 토대로 검토된 바 있다. 맥락주의에 따르면, 동일한 인식 주체 S와 동일한 문장 P에 대해 어떤 맥락에서는 'S가 P는 참이라는 것을 안다'고 주장할 수 있고 또 다른 맥락에서는 'S가 P는 참이라는 것을 안다'고 주장할 수 없다. 다시 말해, 회의주의적 가설의 위협이 존재하지 않기 때문에 S를 정당하게 어떤 지식의 주체로 간주할 수 있는 일상적인 맥락이 존재하는 반면, 철학적인 맥락 혹은 회의주의적인 맥락에서는 회의주의적 가설이 오히려 중요할 뿐 아니라 가설의 타당성을 부인하기조차 힘들기 때문에 S를 지식의 주체로 간주하기 어렵다.

키스 디로즈Keith DeRose 같은 맥락주의 인식론의 지지자들은 회의주의적인 관점뿐만 아니라 지식을 정의하는 우리의 일상적인 관점까지 모두 수용하려는 경향을 보인다. 우선적으로 우리는 회의주의자가 회의주의적 가설을 제시하며 일상적인 인식론적 가치와 기준의 변형을 시도하고 이 기준들을 놀랍도록 모호하게 만들면서 우리가 우리 자신과 타자를 정당한 지식의 주체로 간주하는 것이 불가능해지는 맥락을 확보하려고 할 때 그의 생각에 일리가 있다는 점을 인정해야 한다. 다시 말해 우리가 안다고 믿는 것들에 대해 사실상 아는 것이 거의 없는 맥락이 존재할 수 있다는 것을 인정해야 한다.

반면에 우리에게는 회의주의에 '영원히 무조건적으로' 동의하지 않거나 저항할 수 있는 가능성이 동시에 주어진다. 왜냐하면 일상적인 맥락에서 인식의 가치와 기준은 훨씬 더 편리하며 회의주의적 가설은 회의주의자가 회의적인 맥락을 연출하기 위해 강조하지 않는 이상 그다지 중요하지 않기 때문이다. 일상적인 맥락에서 우리는 일상적인 기준과 가치를 수용하고 활용하며 실제로 이 기준과 가치 덕분에 우리 자신과 타자에게 지식의 주체라는 위상을 부여한다. 일상적인 맥락에서는 회의주의자가 지식이 아니라고 주장하는 문장들을 우리 입장에서 안다고 간주하는 것이 지극히 자연스러울 뿐 아니라 오히려 알고 있는 것을 부인하는 것이 무의미하다. 회의주의자가 자신이 고안한 맥락에서 아무리 높은 수준의 기준들을 강요하더라도 이것이 곧 일상적인 맥락의 미약한 기준이 충족될 수 없다는 것을 의미하지는 않는다. 상이한 기준들이 회의주의적 맥락과 일상적인 맥락에 모두 적용될 수 있다면 지식의 정당성을 부인하는 회의주의적 입장과 지식의 정당성을 주장하는 일상적인 입장 사이에는 모순도 양립 불가능성도 존재하지 않는다.

14.3   증언

인간이 지닌 탁월한 능력 가운데 하나는 그가 의미론, 문장론, 화용론을 갖춘 언어에 힘입어 명제적 지식의 발전과 소통을 주도할 줄 안다는 것이다. 하지만 인간은 사회적 존재다. 이상의 특징은 사회적 맥락에서, 예를 들어 지식과 정보의 사회로 정의되는 현대 사회에서 보다 분명하게 드러난다. 현대 사회에서 인간은 무엇보다도 '증언'이라고 명명할 수 있는 특정한 근거를 바탕으로 지식을 획득하며 이 증언의 영역은 법률기관이 부여하는 것과는 비교할 수 없을 정도로 방대하다. 철학적인 관점에서 증언의 중요성은 오래전부터 주목되어 왔다. 그만큼 우리의 삶은 엄청난 분량의 잡다한 증언들로 채워져 있고 이 증언들은 일상의 직간접적인 대화뿐만 아니라 불과 10년 전만 해도 비현실적인 것으로 간주되던 핸드폰, 이메일, 블로그, SNS 같은 도구들을 비롯해 강의, 독서, 방송, 백과사전, 신문, 잡지, 라디오, 텔레비전, 인터넷 등을 통해 제공된다.

지식의 기반을 구축하는 증언이 사라진다면 인간에게 무슨 일이 벌어질까? 인간은 스스로의 이름조차 알지 못할 것이다. 인식론적이고 실용적인 차원에서 인간의 위상이 추락하면 인간은 마치 석기시대로 돌아간 것과 다를 바 없는 상황에서 인지적이고 감성적인 차원의 극단적인 결핍에서 오는 위험과 비일관성, 무지, 피해망상의 위험을 감수하며 살아야 할 것이다. 따라서 증언의 중요성을 이해하고 무엇이 어떤 식으로 우리의 앎과 행위를 허락하는지 이해해야 한다. 개인주의적인 관점에서 증언의 가치를 무시하는 것은 오류다. 왜냐하면 반대로 너무 많은 사람들이 증언의 통제를 원했고 여전히 원하고 있기 때문이다. 모두들 증언을 통제하기 원하는 이유는 독재 정권처럼 정보를 조작하기 위해서이기도 하지만 무엇보다도 거짓 증언을 거부하기 위한 조건을 마련해야 하고 또 우리가 믿을 수 있는 사람들과 믿을 수 없는 사람들을 구별할 필요가 있기 때문이다. 한마디로 말하자면 증언의 통제는 증언이 어떤 식으로 핵심적인 지식을 보장하는지 이해하기 위해 필요하다.

진화론의 진화

/ 진화론의 정립

생명과학적인 차원에서 19세기가 진화론의 세기였다면 1950년대에는 다윈주의
적인 진화론이 생물학을 총괄하는 이론이자 심리학, 경제학, 사회학, 의학, 인류
학, 인식론 같은 다양한 분야에서 학문적 설명을 지배하는 일종의 패러다임으로
부상하기 시작했다. 20세기에는 생명체뿐만 아니라 문화적 체계라는 생명체들
의 역동적인 생산물에서 공통적으로 발견되는 수많은 현상들을 보다 높은 인과
율을 기반으로 설명하기 위해 진화론적 관점을 취하는 성향이 강하게 나타났다.
여기서 부각되는 인과율의 원리란 바로 '자연선택'의 원리, 즉 유전형의 차별화에
의존하는 생식 원리를 말한다. 명확한 정의가 불가능한 이 메커니즘은 이를테면
초자연적인 유형으로 간주하거나 목적론적인 가설에 의존하지 않는 이상 이해
할 수없는 현상들에 대한 설득력 있는 설명을 제공한다는 장점을 지녔다. 진화론
의 힘은, 모든 유형의 견고한 과학 이론들이 그렇듯이, 경험적인 사실들에 적용될
수 있고 설명과 함께 검증이 가능한 논제들을 제시한다는 데 있다. 생명체들이 체
계의 차원에서 지니는 놀라운 복합성을 인지한 진화론자들은, 찰스 다윈에서 현

대의 이론가들에 이르기까지, 한 번도 진화론의 이론적 완벽성을 주장한 적이 없다. 다윈의 진화론과 현대의 통합진화론을 특징짓는 것은 오히려 이론의 잠정적인 성격과 이에 뒤따르는 상대적인 불완전성이다. 분자생물학의 발전 과정에서 발견된 것처럼 전적으로 새로운 이론들의 학문적인 결과들을 수용하기 위해 다방면에서 수정이 이루어지고 새로운 규칙들이 세워졌음에도 불구하고 진화론의 본질적인 상대성은 변하지 않았다. 진화론은 진화했지만 이 진화 과정에서 다윈의 이른바 '변화를 동반한 계승descent with modification' 이론은 물론 다윈의 자연선택 이론과 앨프리드 러셀 월리스의 자연선택 이론을 대등한 이론으로 간주하는 관점 역시 고스란히 유지되었다. 이 두 학자의 이론은 여전히 현대 진화론의 심장이자 질량중심으로 남아 있다. 자연선택의 원리는 여전히 다윈의 이론 내부에서 드러냈던 것과 동일한 해명의 위력을 발휘한다. 자연선택은 사실상 환경적 혹은 유전자적 다양성을 기반으로 생물학적 체계를 생산하고 그것을 정당화하며 의미를 정립하는 메커니즘의 이름이다. 주목해야 할 것은 생물들의 세계에서 일어나는 다양한 현상들에 대한 설명 모형으로서의 현대 진화론이 선택주의로는 환원될 수 없으며 그 이유는 다윈의 진화론과 완벽한 일관성을 유지하는 현대 진화론이 자연선택 외에도 진화의 원인으로 간주되는 또 다른 요인들, 즉 유전자 변형, 유전자 부동, 유전자 이동 등의 요인들을 비롯해 다윈의 진화론과 통합진화론 이후에 등장한 새로운 개념들을 포괄하기 때문이라는 사실이다. 이는 곧 오늘날의 진화론이 다윈의 진화론이나 19세기에 활동했던 다윈주자들의 그것과 일치하지 않으며 거의 반세기에 걸쳐 지속된 연구를 통해 통합진화론의 형태로 정립되는 오랜 과정의 결과라는 것을 의미한다.

18세기에 수많은 지식인들의 정신세계를 지배하던 생물불변주의, 즉 창조된 후에 종이 종적인 특성을 고스란히 유지하며 불변한다는 이론에 반대하며 진화론자들은 종의 변화 가능성과 새로운 종의 등장 가능성을 주장했다. 이러한 생각을 가장 먼저 구체적으로 제시했던 인물은 최초로 종의 진화에 대해 과학적 설명을 제시했던 장 바티스트 라마르크다. 하지만 라마르크는 종의 적응진화에 대해 종적 특징의 계승을 바탕으로 그릇된 설명을 제시했다. 뒤이어 자연선택의 원리에서 진화론의 메커니즘을 발견해 낸 이들이 바로 다윈과 월리스다. 특히 다윈은 상당히 복합적이고 세밀한 생물학적 진화론을 발전시켰다. 다윈의 뒤를 이어 생명과학은 놀라운 발전을 거듭했고 진화론도 다양한 방식으로 변화했다. 결과적으로 다수의 상이한 진화론 이론들이 공존하며 부각되거나 퇴보하는 현상이 일어났다.

첫 번째 유형의 진화론들은 생명체에게 본능적으로 종의 진보와 완성을 추구하는 경향이 있다는 관점에 동의하는 자가진화론들이다. 라마르크에게서도 발견되는 이 '진보'라는 개념은 19세기와 20세기 초의 많은 생물학자들이 공유했던 부분이다. 예를 들어 19세기 말에는 화석의 '계통도serie filetiche'가 발견된 뒤 미국에서 이른바 '정향진화설orthogenesis'이라는 이론이 유행하기 시작했다. 튀빙겐의 동물학자 테오도르 아이머Theodor Eimer가 종이 완성을 추구한다는 원리의 이름으로 수용하고 전파했던 것이 바로 이 정향진화설이다. 이러한 원리를 뒷받침하는 것은 직선적인 진화, 예를 들어 원래는 훨씬 짧았던 말의 다리가 진화 과정을 거치면서 점차적으로 길어진 것처럼, 물리적인 힘이 아니라 생명체를 완성 단계로 이끄는 내부 요인을 바탕으로 전개되는 직선적인 진화의 개념이다. 진화가 방향성을 지녔다는 생각은 라마르크주의에서 유래한다고 볼 수 있다. 왜냐하면 이러한 방향성 자체가 환경의 변화에 뒤따르는 종적 특징의 변화로 해석되기 때문이다. '정향진화설'이 탄생할 무렵 미국의 고생물학자 헨리 페어필드 오즈번Henry Fairfield Osborn과 심리학자 제임스 마크 볼드윈James Mark Baldwin, 그리고 잉글랜드의 동물학자 콘위 로이드 모건Conwy Lloyd Morgan은 각자 개별적이고 독립적인 방식으로 '유기적 선택'을 이론화했다. 흔히 '볼드윈 효과'라는 이름으로 불리는 이 '유기적 선택' 이론에 따르면, 환경의 문제에 당면한 생명체들은 그들의 능력으로 소화해 낼 수 있는 범위 안에서 적절한 해결 방안을 선택하며, 결과적으로 발생하는 새로운 습관이 생체의 변형을 일으킨다. 이처럼 '볼드윈 효과'에서는 행동 방식이 핵심적인 역할을 한다. 오즈번은 '유기적 선택'을 라마르크적인 진화론과 다윈주의적인 진화론에 공통된 메커니즘으로 간주하는 경향이 있지만 그렇다고 해서 이 메커니즘이 취득된 특성들의 상속 가능성을 전제하는 것은 아니다. 오히려 적응력을 지닌 특성에 상속 가능성을 부여하는 것이 바로 언젠가 일어난 변화와 '유기적 선택'이다. 아울러 '볼드윈 효과'에는 상속이 가능한 유전변이가 일어날 때, 생태학적이고 동물행동학적인 차원의 환경 적응력이 미래의 자연선택을 활성화할 수 있다는 생각이 함축되어 있다.

프랑스의 고생물학자 피에르 테야르 드 샤르댕은 '오메가 포인트'라는 또 다른 유형의 정향진화설을 고안해 냈다. 이 예수회 학자의 이론은 생물학적 진화의 과학 이론과 그리스도교 교리의 본질적인 동의를 이끌어 내려는 시도 속에서 탄생했다. 샤르댕이 추구했던 것은 신앙과 공존하는 과학이다.

'변화를 동반한 계승'의 이미지가 흔히 '생명나무'의 이미지에 비유되는 반면 정향진화설에서는 나무의 이미지와 닮은 요소를 발견하기 힘들다. 정향진화설과는 달리 다윈의 진화론에서 종들의 진화가 지니는 나무 구조는 새로운 종들의 탄생에서 비롯되는 지속적인 분지分枝 현상을 보여 주며 이러한 현상은 어떤 식으로든 환경의 변화와 관련되는 예측불허의 진화와 변형의 결과로 해석된다. 정향진화설과 비슷한 시기에 정반대되는 입장을 주장하며 등장한 이른바 '전체진화설 hologenesis' 역시 다윈의 진화론과 다른 또 다른 형태의 자가진화론이다. 이탈리아에서 등장했고 프랑스에서 긍정적으로 수용된바 있는 이 이론의 창시자 다니엘 로사(Daniele Rosa, 1857~1944년)는 모든 종이 내재적이고 총체적인 차원에서 발달하며 진화한다고 보았다. 로사와 '전체진화설'의 지지자들은 생명나무의 구조가 철저하게 이분법적이라고 보았다. 이들에 따르면, 생명나무의 성장 방식을 결정하는 것은 진화를 향한 지속적인 분지 현상이며 이러한 현상을 바탕으로 "조숙한 가지"와 "때늦은 가지"의 발생을 조절하며 특정 계통의 진화가 전개된다. 전체진화설의 지지자들은 세포가 잠재력을 소진할 때까지 지속적으로 양분되는 현상과 유사하게 종의 내부에도 종을 진화할 수밖에 없도록 부추기는 물질적인 원인이 존재하며 종의 잠재력 혹은 생명력의 소진과 함께 진화도 종결된다고 보았다. 하지만 이들은 이 모든 것이 환경과 무관하게 진행된다고 보았고, 내부적인 원인에만 주목하면서 결국에는 자가진화론적인 진화 메커니즘의 실체를 밝히는 데는 실패하고 말았다.

일찍이 20세기 초부터 부정적인 평가에 시달리던 다윈의 진화론은 멘델의 법칙이 부각되면서 보다 심각한 위기를 맞이했다. 20세기 초의 실험유전학자들은 진화론의 핵심이 자연선택에 있지 않고 유전변이에 있다는 생각을 지지하면서 구체적인 특성들의 진화가 불연속적으로 진행된다는 관점을 토대로 진화 자체가 본질적으로는 불연속적일 수밖에 없다는 입장을 고수했다. 따라서 불연속적인 '변형'이 진화의 메커니즘으로 주목되었고 그 결과로 등장한 것이 바로 '변형주의 Mutationism'다. 멘델주의자들과 변형주의자들이 자연선택의 역할과 진화의 점진적인 성격을 부인하면서 제시했던 것은 다름 아닌 반다윈주의적인 성격의 진화론이다. 1920년대와 1930년대에 활동하던 대부분의 실험생물학자들은 새로운 종의 출현과 적응을 유전적 자산의 변형을 토대로 설명했다. 아울러 라마르크의 진화론이 본질적으로는 유전적 변형 자체가 적응력을 지녔다고 간주하는 만큼 대부분의 유전학자들이 라마르크주의자라는 것은, 다시 말해 적응이 선택 없이 전개된다고 간주하는 것은 그다지 놀라운 일이 아니다. 자연선택 이론을 거부했던 이들은 멘델주의 유전학자들, 윌리엄 베이트슨William Bateson처럼 진화의 점진적인 성격을 부인했던 불연속주의자들, 휘호 드 프리스Hugo de Vries 같은 도약진화주의자들이다. 이들의 확신은 지속적인 유형의 변형이 규모가 너무 작기 때문에 의미 있는 선택이 실현되는 과정을 주도할 수 없으며 따라서 대규모의 변형만이 진화에 직접적으로 기여하는 변화의 원천으로 간주될 수 있다는 것이었다. 하지만 토머스 모건Thomas Morgan은 진화의 지속성과 자연선택을 부인하며 20년이 넘도록 불연속주의를 고집했음에도 불구하고 초파리Drosophila의 경우 소규모의 변형과 관련된 진화 현상의 예들이 많이 발견된다는 사실을 확인한 뒤 점진주의를 다시 수용했다.

/ 생체인식론에 반대하는 멘델주의자들과 집단유전학의 탄생

20세기 초에 유전학자들은 멘델의 법칙과 멘델주의적인 차원의 입자적 유전자

개념을 바탕으로 유전변이를 분석하는 데 집중했고 유전변이는 머지않아 진화가 수반하는 변형의 주요 원인으로 간주되었다. 이러한 관점을 논박하며 곧장 반대 의견을 표명했던 이들은 유전학에 관심이 없고 다름 아닌 진화의 연속성과 적응의 개념을 신뢰했던 자연주의 생물학자들이다. 사실상 멘델주의자들이 그들의 실험실에서 개별적 변형의 경우들을 손쉽게 관찰할 수 있었던 반면 자연주의자들이 자연에서 동일한 기회를 얻을 수 있는 가능성은 희박했다. 어쨌든 멘델주의자들이 유전변이를 중요하게 생각하고 특히 눈에 띄는 불연속적인 다양성에 주목했던 반면 생체인식론의 지지자들은 멘델주의 자체를 진화론에 아무런 영향도 끼칠 수 없는 관점으로 간주했다. 멘델주의자들은 진화가 전적으로 불연속적이며 근본적으로는 변형에 의해 전개된다고 보았다. 반면에 생체인식주의자들은 진화의 연속성이 지니는 중요성을 정확하게 인식하고 인정하면서도 여전히 유전은 혼합을 통해 이루어진다는 그릇된 견해를 지니고 있었다. 이러한 두 입장의 대립은 중재가 불가능한 것처럼 보였고 신랄한 논쟁으로까지 이어졌다. 특히 1920년대에는 잉글랜드와 미국에서 로널드 피셔Ronald A. Fisher, 존 홀데인John B. S. Haldane, 시월 라이트Sewall Wright를 중심으로 진화의 연속성(점진주의)과 자연선택(선택주의)의 효과에 관한 토론이 활발히 전개되었다.

피셔는 주로 종적 '우성', '평형 다형성balanced polymorphism', 유전변이와 진화의 관계에 대해 연구했고 라이트는 잡종의 특징과 소규모 서식지에서 발생하는 유전자 부동 현상의 중요성, '친족 계수', '유전자 자리'들 간의 상호 대응관계를, 홀데인은 상염색체 유전자에 따른 선택의 유형을 연구했다. 1908년에 발표된 하디–바인베르크Hardy-Weinberg 법칙과 함께 이들의 연구는 모두 수학적 집단유전학의 기반을 마련하는 데 결정적으로 기여했다. 3년 동안 1년 간격으로 피셔(1930년), 라이트(1931년), 홀데인(1932년)은 자신들의 가장 중요한 저서를 발표했고 이를 토대로 이른바 이론적 집단유전학을 정립했다.

이들의 연구는 소립자적인 차원의 유전(멘델주의)이나 변형의 지속성과 소규모 변형에서 나타나는 자연선택의 효과(다윈주의) 사이에 본질적인 모순이 존재하지 않는다는 것을 증명해 보임으로써 멘델주의자들과 생체인식주의자들의 대립을 극복하는 데 기여했다. 이들은 진화 과정의 단지 몇몇 측면만을 수용하고 이론화할 수 있는 수학 모형들을 개별적으로 제시했고, 몇몇 경우에는 이 모형들이 서로 상충되는 모습을 보이기도 하지만, 이로써 유전학의 이론적인 차원에서만큼은 멘델주의와 다윈주의의 조합이 실현되었다고 볼 수 있다. 여하튼 이론과 현실의 조합 가능성이 무르익고 이러한 가능성 자체가 보다 폭넓은 차원에서 다양한 학문 분야에 적용될 수 있는 단계에 도달하기 위해서는 집단유전학의 개별적인 전제들이 실험적인 차원에서 증명되고 유전학의 새로운 지식들이 전혀 다른 차원에서 진화에 따른 변화의 결과들을 연구하는 계통분류학이나 고생물학 같은 분야들의 지식과 함께 체계화될 필요가 있었다.

/ 통합진화론과 진화생물학의 기원

잉글랜드의 동물학자 줄리안 헉슬리Julian Huxley가 자신이 고안해 낸 '통합진화론synthetic theory of evolution'이라는 표현을 처음 사용한 곳은 그가 첨단의 진화론들을 망라하며 조합을 시도한 저서 『진화, 현대적 통합Evolution, the modern synthesis』(초판 1942년)의 1963년도 판본이다. 이 통합진화론의 구축에 결정적으로 기여한 인물들은 헉슬리를 비롯해 테오도시우스 도브잔스키Theodosius Dobzhansky, 에른스트 마이어Ernst Mayr, 조지 게이로드 심슨George Gaylord Simpson, 베른하르트 렌쉬Bernhard Rensch, 조지 레디어드 스테빈스George Ledyard Stebbins다. 이들은 1937년에서 1946년에 이르는 시기와 1950년까지 연장된 보완의 시기에 생물학적 계통분류학이나 고생물학 같은 유전학의 주변 학문들을 하나의 이론적 구도 안에서 체계화하는 데 성공했다. 그때까지만 해도 이론적인 차원의 내부적인 연관성을 발견하기 힘들었던 방대한 분량의 이질적인 정보들, 관찰 내용들, 실험 결과들을 체계적으로 설명할 수 있는 생물학적 진화의 통합 이론을 구축하는 데 성공했던 것이다. 이 통합 이론을 특징짓는 것은 종의 적응뿐 아니라 종의 분화 역시 점진적으로 진행된다고 보는 관점, 변이가 자연집단 고유의 유전자 풀pool 속에서 진행된다고 보는 관점, 진화의 주체는 자연집단이라는 관점, 선택이 유전자 적응의 유일한 원인이자 진화의 주요 요인들 가운데 하나라는 관점 등이다.

통합진화론의 구체적인 연구는 미국에서 활동했던 러시아 출신의 유전학자 도브잔스키가 1937년에 출판한 『유전학과 종의 기원Genetics and origin of the species』과 함께 시작되었다고 볼 수 있다. 종의 기원과 유전학의 관계와 연관성을 연구한 이 저서에서 도브잔스키는 진화에 관한 방대한 정보와 연구 결과들을 하나의 유일한 이론적 구도로 체계화할 수 있는 가장 합리적인 방법을 탐색했다. 실제로 도브잔스키의 연구 자체는 러시아 학파의 집단적이고 자연주의적인 진화론과 그의 스승이었던 미국의 생물학자 토머스 모건Thomas Hunt Morgan의 세포유전학에서 활용된 실험적 탐구 방식을 완벽하게 조합해 낸 성공적인 통합 이론의 예라고 볼 수 있다. 도브잔스키는 종들 간의 불연속성이 가장 중요한 문제라는 점을 인정했고 나아가 고립의 메커니즘과 변이의 유전학에 대한 연구가 필수적이라는 점을 인정했다.

마이어와 헉슬리의 학문적 성과는 종들이 명목상의 실재가 아니라 구체적인 생물학적 실재라는 사실을 증명함으로써 종의 문제에 대한 포괄적인 관점을 제시했다는 점, 생물학적 계통분류학에 집단의 개념을 도입했다는 점, 불연속적인 지리적 변이와 연속적인 지리적 변이를 개별적으로 연구했다는 점, 이소적인 allopatric 지리적 배분과 동소적인sympatric 지리적 배분의 중요성에 주목했다는 점, 종의 지리적 분화 메커니즘을 식별해 냈다는 점 등으로 요약될 수 있다.

미국에서 활동한 독일 출신의 동물학자 마이어의 학문적 기여는 무엇보다도 종의 문제, 즉 종의 존재론적 위상, 정의, 기원의 측면과 연관된다. 『계통분류학과 종의 기원Systematics and the origin of the species』(1942년)에서 종의 생물학적 개념을 연구한 마이어는 종이 생물학적 차원의 다유형적이고 다차원적인 실재이며 최소한 하나 이상의 종족으로 구성될 뿐 아니라 종족, 즉 진화가 가능한 생물학적 실재가 하나의 종이나 또 다른 종에 속하게 되는 경로를 결정하는 것은 생식적인 성격의 관계라는 것을 보여 주었다. 마이어의 이론에서 전적으로 새로운 요소가 있다면 그것은 어떤 종에 속한다는 사실이 더 이상 어떤 본질적인 요소 혹은 종족의 존재론적 특성에 관여하는 불변적 요소를 구축하지 않으며, 소속 자체가 상관관계를 바탕으로 시간이 흐르면서 변화할 수 있는 특성으로 정립되었다는 것이다. 생식의 성공 확률은 세대가 바뀌면서 다양하게 변할 뿐 아니라 종족들 사이의 유전자 친족관계와 관련하여 주기적인 방식으로 변화한다. 통합진화론의 주인공들 가운데 한 명이었다는 평가를 뛰어넘어, 마이어는 수십 년간의 연구 과정을 통해 축적된 진화론적 지식들을 역사학적이고 비평적인 차원에서 체계화하기 위해 노력했다.

통합진화론이 연구되던 시기에 고생물학자들은 다윈주의에 반대하는 입장을 고수했다. 고생물학자들을 비롯해 진화론 연구자들, 신라마르크주의자들, 반라마르크주의자들, 선별도약진화론Saltationism자들, 정향진화론Orthogenesis자들 중 어느 누구도 생물학자들의 점진적 선택 이론을 수용하지 않았다. 당대에는 대진화Macroevolution를 유전자적 분석의 차원에서 직접적으로 해석하는 것이 가능하지 않았다. 미국의 고생물학자 조지 게이로드 심슨도 대진화 이론과 소진화Microevolution 이론을 구분한 상태로 유지하는 것이 바람직하다고 보았지만 그의 관심은 본질적으로 고생물학적 진화론의 타당성을 유전자 이론의 관점에서 조명하는 데 있었고, 결과적으로 그는 대진화의 과정이라기보다는 대진화의 원인을 분석하는 데 집중했다. 『진화의 시간과 방식Tempo and mode in evolution』(1944년)이라는 제목의 혁신적인 저서에서 심슨은 인구통계학과 집단유전학에서 영감을 얻어 화석에 대한 정보와 자료의 모형을 만들어 제시했고 '적응 영역adaptive zone'의 개념과 '비연속적 진화' 및 '도약 진화'의 가설을 도입했다.

1949년에는 우크라이나의 동물학자 이반 슈말하우젠(Ivan Schmalhausen, 1884~1963년)의 중요한 연구서『진화의 요인들: 안정적 선택의 이론Factors of evolution: the theory of stabilizing selection』이 출판되었고 1950년에는 미국의 식물학자 스테빈스가『식물의 변이와 진화Variation and evolution in plants』에서 배수체polyploid, 즉 두 벌 이상의 염색체를 지닌 생물체와 잡종생성hybridogenesis이 차지하는 중요성을 조명하면서 통합진화론을 식물학으로까지 확장시켰다. 독일의 동물학자 렌쉬가 1954년에 펴낸 종 초월적 진화론에 관한 저서는 다윈의『종의 기원』의 출판 100주년을 기리기 위해 영어로,『종적 차원을 초월하는 진화Evolution above the species level』라는 제목으로 번역되었다.

　시간이 흐르면서 통합진화론은 수정 과정을 거쳤지만 그 사이에 통합진화론 자체가 단순화된 형태로 널리 보급되는 상황이 전개되었다. 누구도 원치 않았지만 통합진화론이 일종의 도식적이고 간략한 설명을 통해 연구실 바깥 세계로 널리 보급되고 단순화되는 현상은 곧 '적응주의'의 확산으로, 즉 모든 진화론적 특징은 적응을 수반한다는 논리의 확산으로 이어졌다. 적응주의는 뒤틀리고 단순화된 형태의 적응 이론이며, 적응주의의 관점은 자연선택을 적응과 표면적으로만 연관되는 모든 현상의 원인으로 간주한다. 잊지 말아야 할 것은, 통합진화론이 탄생하기 이전에는 진화론에 대한 포괄적인 학문이 존재하지 않았다는 사실이다. 진화론, 특히 적응 이론이 부각될 때마다 여기저기서 그럴싸한 설명을 제시하는 목소리들이 들려 왔지만 실제로는 19세기의 색채가 그대로 남아 있는 다윈주의적인 설명이 대부분이었고 결과적으로 보편적인 이론을 구축하는 단계에는 이르지 못했다. 1950년대가 끝나갈 무렵에야 진화론은 생물학적 진화를 전문적으로 연구하는 새로운 학문을 갖추게 된다. 이 학문이 바로 통합진화론의 가장 진지한 결과이자 장수한 분야로 평가받는 진화론적 생물학이다.

/ 표현형, 성장, 진화

대략 1800년대 말에서 1950년대 말 사이에, 진화론의 역사에서 상당히 중요한 의미를 지니는 이론적, 실험적 결과들이 전모를 드러냈다. 이 시기에 서로 밀접한 관계를 유지하며 전개된 다양한 유형의 진화론 연구 활동들은 오늘날의 관점에서 살펴보면 형태학이나 발생생물학을 토대로 진화론을 설명하려는 시도, 따라서 종족의 소진화 이론이라기보다는 개별적인 표현형phenotype의 대진화 이론을 중심으로 진화론을 구축하려는 부적절하거나 과감한 시도인 것처럼 보인다. 이 시기의 진화론 학자들은 적응 이론의 실험적인 연구, 특히 적응의 생리학적이고 규범적이고 후유전자적인 차원의 연구에 많은 공간을 할애했다. 이들은 적응을 형질의 형태로 간주했고 이러한 관점을 태아뿐만 아니라 성체의 단계에도 적용했다. 여러 가지 이유에서, 특히 성장의 유전자적, 분자생물학적 메커니즘에 대한 지식이 부족했기 때문에(당시에 발생학embryology은 여전히 연구 단계에 머물러 있었고 분자유전학은 아직 존재조차 하지 않았다), 이 시기의 학자들은 진화에 대한 고유의 이론을 체계화하는 단계에 이르지 못했다. 아울러 선택에 필요한 표현형질의 발생이 유전자는 물론 성장을 주관하는 유전자의 기량에 달려 있다는 것이 이들의 입장에서 분명했음에도 불구하고, 발생학은 통합진화론을 구축하는 과정에 어떤 식으로든 관여하지 않았다. 하지만 이들은 과학적인 차원에서 상당히, 그리고 여전히 중요하고 핵심적인 질문들을 제기했고 생물학은 1980년대에 들어와서야 이 질문들에 대한 답변을 제시하기 시작했다.

일찍이 진화 과정에서 일어나는 유전자형genotype과 표현형의 변형에 관한 연구는 유전학의 탄생 이후 크게 두 단계로, 즉 덴마크의 유전학자 빌헬름 요한센Wilhelm Ludvig Johannsen이 유전자형과 표현형의 개념을 연구한 단계와 독일의 동물학자 리하르트 볼테레크Richard Woltereck가 대응 규칙의 개념을 연구한 단계로 구분될 수 있다. 볼테레크에 따르면 상속되는 것은 성장 단계에서 일련의 환경과 상황에 대응하는 구체적인 방식의 전략 혹은 성향이었다.

1920년대와 1930년대에 대부분의 생물학자들은 다양한 동물과 식물들의 종적 차이를 명백하게 보여 주는 생물형태학의 새로운 연구 결과들이 궁극적으로 변이나 자연선택의 축적 효과를 바탕으로 설명될 수 있으리라는 가능성에 대해 강한 의혹을 품고 있었다. 이러한 입장을 고수했던 인물이 바로 독일 출신의 미국 유전학자 리처드 골드슈미트Richard Goldschmidt와 발생학자 슈말하우젠이다. 대진화의 이론가였던 골드슈미트는 통합진화론의 영역 바깥에서 활동했던 반면 발생학과 생물형태학을 연구했던 슈말하우젠의 이론은 최종 단계의 통합진화론자들에 의해 수용되었다. 슈말하우젠은 어떤 의미에서는 두 갈래의 진화론 전통 사이에서 교량 역할을 했던 인물이다. 다시 말해 통합진화론의 핵심 학문이었던 종족탐구 분야의 진화론 전통과 발생학, 해부학, 생물형태학 분야의 학자들을 비롯해 골드슈미트처럼 통합 이론과 무관했던 유전학자들의 진화론 전통을 연결시켜 주

는 교량 역할을 한 셈이다. 슈말하우젠은 이론적인 차원에서 상당히 많은 기여를
한 인물이다. 그는 진화 과정에 변형을 일으키는 내부적인 요소들과 외부적인 요
소들을 구분했고 이 두 범주가 모두 표현형의 진화를 제어하고 계열화하는 데 핵
심적인 역할을 한다는 점에 주목했다. 슈말하우젠은 다윈의 종족진화론을 환경
변화와 관련하여 분석하면서도 자신의 연구 체계를 유기체주의적인 접근 방식으
로 구축했고 생명체들의 체계가 지니는 위계적인 성격에 주목하면서 유기체적
인 특성과 종족의 특성과 유전체genome의 특성 간에 실재하는 관계성을 명시하려
고 노력했다. 슈말하우젠은 아울러 유전자형과 환경의 관계를 연구하고 볼테레
크의 '대응 규칙' 개념을 발전시켜 대응 규칙을 토대로 이루어지는 안정적인 선택
을 이론화하는 한편 표현형의 적응력이 지니는 잠재적인 하부 메커니즘을 비롯
해 자연선택과 성장 과정의 관계가 지니는 중요성을 조명했다. 그의 대표적인 저
서 『진화의 사실들. 안정화 선택의 이론*Factors of evolution. The theory of stabilizing selection*』은
1949년에 영어로 출판되었다.

　다음으로 주목해야 할 인물은 잉글랜드의 유전학자이자 발생학자인 콘래드 워
딩턴Conrad Hal Waddington이다. 워딩턴은 형성체organiser의 화학적 특성과 배아 유도
induction 현상을 발생학의 실험적 차원에서 연구했고 성장에 관여하는 유전자의
역할뿐만 아니라 생식에 필요한 유전자 수가 축소되는 과정에서 후성유전학적
메커니즘이 차지하는 중요성을 조명했다. '후성유전학epigenetics'은 워딩턴 자신이
고안해 낸 용어다. 슈말하우젠과 유사한 방식으로, 그리고 거의 같은 시기에 워
딩턴은 이른바 '유전적 동화genetic assimilation'라는 메커니즘을 제시했다. 워딩턴은
'표현형의 진화'가 이루어지는 동안 이 메커니즘을 통해 '표현형 적응성'이 일종
의 중간 경로로 기능할 수 있다고 주장했다. 실제로 특정 환경에서 일어난 '표현
형 변이'는 시간이 흐르면서 상속 가능한 형태로 변하고 이러한 현상은 라마르크
적인 방식이 아니라 오히려 대립유전자allele의 선택, 즉 상속성이 나타나는 특별
한 방식의 원인으로 간주되는 또 다른 유전자 형태의 선택을 통해 일어나며, 성장
과정에서 관찰할 수 있는 것과 유사한 '표현형 효과'를 일으킨다. 더 나아가서 학
자들은 슈말하우젠이 제안했던 몇몇 가설들에 대한 실험적인 차원의 증명을 시

도했다. 예를 들어 표현형의 적응성, 변화무쌍한 환경에 처한 객체의 대응, 동물들이 학습을 통해 도달하게 되는 개별적인 적응 단계 등은 종족의 유전학적 진화론에서 선택 과정을 통해 도달하게 되는 적응 단계를 효과적으로 대체할 수 있었다. 슈말하우젠과 워딩턴의 연구 내용이 분명하게 보여 주는 것은 생태학적 적응의 결정적인 중요성과 진화 과정에서 객체가 지니는 중요성이다.

현대의 진화론은 다윈의 진화론과 상당히 다를 뿐 아니라 통합진화론 자체의 내부적인 변화를 촉진시켰다. 오늘날의 진화론이 지니는 상대적인 유동성은 지난 세기 마지막 25년간 발견된 새로운 이론들이 통합진화론의 재해석을 요구한다는 사실에서 기인한다. 이 새로운 이론들은 결과적으로 다윈의 진화론이나 통합진화론보다 훨씬 더 폭넓고 체계적인 제3세대의 진화론으로 집약되고 있으며 이 이론들 사이에서 다름 아닌 다윈이 『종의 기원』(1859년)과 『인간의 유래』(1871년)에서 제기했던 몇 가지 질문과 문제점들에 대한 답변을 발견할 수 있다.

예를 들어 1972년에는 미국의 고생물학자 닐스 엘드리지Niels Eldredge와 스티븐 제이 굴드Stephen Jay Gould가 이른바 '단속평행 이론punctuated equilibrium'을 제시했다. 이 이론에 따르면, 다윈이나 통합진화론자들이 기대했던 것과 달리, 이른바 '살아 있는 화석'들은 시간이 흐르면서 주목할 만한 변이를 나타내지 않으며 이들의 형태 변화 역시 미미하며 충동적이다. 다시 말하자면 엘드리지와 굴드의 생각은 종들이 수백만 년 동안 안정적인 상태를 유지하다가 강렬한 종분화의 순간에 발생한 새로운 종의 출현과 함께 느닷없이 화석화되며, 결과적으로 진화는 갑작스럽고 간헐적인 종분화에 의해 진행된다는 것이었다. 단속평행 이론은 이어서 케냐의 투르카나 호수에서 발견된 신성대의 연체동물화석 연구를 통해 확인되었다. 이 연구에 따르면, 조개는 장장 300~500만 년 동안 안정적인 형태를 유지하는 반면 상대적으로 상당히 짧은 5만 년 주기의 빠르고 강렬한 변이 현상을 겪는다. 단속평행 이론의 가장 중요하고 혁신적인 측면은 대진화가 소진화와는 전적으로 다른 유형의 현상이라는 사실을 보여주었다는 것이다. 이 이론에 따르면, 종, 속, 과, 목, 강 등의 단계에서 실재하는 유기체의 다양성은 사실상 집단이 아닌 개체들의 차원에서 예측할 수 없으며 즉흥적인 방식으로 이루어지는 대규모의 유전자 변이나 특별한 변화 요인의 우세를 원인으로 발생하지 종족 차원의 점차적인 유전자 변이를 통해 일어나지 않는다.

이론적 성과에 힘입어 분명해진 또 하나의 사실은 대량절멸mass extinction의 메커니즘이다. 서식지를 지닌 상당히 다양한 부류의 종들이 비교적 짧은 기간에 즉각적으로 멸종하는 이 대량절멸 현상의 특징들은 이른바 배경멸종background extinction이라는 정상적인 현상의 특징들과는 다르다. 고생물학자들이 인정하는 대량절멸의 대표적인 다섯 가지, 즉 오르도비스기-실루리아기 대량절멸Ordovician–Silurian extinction, 데본기 말기 대량절멸Late Devonian extinction, 페름기 말기 대량절멸Late Permian extinction, 트라이아스기 말기 대량절멸Late Triassic Period, 백악기-팔레오기 대량절멸 Cretaceous–Paleogene extinction event이며, 이 외에도 소규모의 멸종이 대략 20회 정도 일어났던 것으로 추정된다. 대량절멸 연구의 혁신적인 측면은 멸종 현상이 진화에 끼치는 영향의 평가 자체를 바꾸어 놓았다는 데 있다. 대량절멸 현상을 바탕으로, 학자들은 진화가 대부분의 경우 점진적으로 일어나는 현상임에도 불구하고, 유전적인 차원의 적응 자체가 불가능할 정도로 갑작스럽게 일어나는 변화들이 생물군집의 변화와 혁신에 결정적으로 기여한다는 사실을 인정했다. 다시 말해 5번에 걸쳐 일어난 대량절멸 사건에서 살아남은 생존 생물들이 다음 단계의 생태계 역사와 발전의 향방을 결정지었다고 보았던 것이다. 여기서 부각되는 것은 '우연'이 종의 진화 과정에서 중요한 부분을 차지한다는 사실이며 이는 대량절멸의 직접적인 원인이 빙하기나 화산 폭발, 해수면 상승, 혜성 충돌처럼 예상하기 힘든 일련의 재난이었다는 사실에서 그대로 드러난다.

새로운 이론들과 함께 부상한 또 하나의 핵심 개념은 생물학적 '이타주의' 혹은 '사회성'이다. 생태계에 존재하는 이타주의가 생존 확률의 증대를 돕지 못한다는 것이 분명한 만큼, 다시 말해 이타주의자의 이타적인 행위로 인해 오히려 이득을 보는 자의 생존 확률이나 생식 적합성의 증대를 야기하는 만큼, 이타주의는 다윈과 월리스가 구축한 뒤 통합진화론에 흡수된 '개별적 선택'의 이론으로는 설명될 수 없었다. 거의 1세기에 거쳐 진행된 연구와 제시된 가설들을 뛰어넘어, 1960년대에, 생명체들이 보여 주는 다양한 형태의 이타적인 행위들, 예를 들어 보초를 서는 동물들이 포식자의 공격에 쉽게 노출되는 상황을 감수하며 경보 신호를 보내는 경우, 사회성곤충social insect들이 정복지에 먹이를 제공하는 경우, 특정 계층의 벌목들이 생식기관을 방어용이나 사냥용으로 사용하는 경우 등을 바탕으로 잉글랜드의 윌리엄 로완 해밀턴William Rowan Hamilton은 혈연선택kin selection 혹은 친족선택이라는 보다 설득력 있는 이론을 제시했다. 해밀턴에 따르면, 수혜자가 이타적 개체와 공유하는 유전자가 많으면 많을수록 수혜의 폭이 넓어지며, 이타적 개체는, 혈연관계를 인식할 수 있는 기량을 지녔다는 전제하에, 가능한 한 가까운 친족을 도우려는 성향을 지닌다. 해밀턴은 일벌 계층이 모두 생식불능의 암컷으로 구성되는 꿀벌의 경우를 예로 들며 어떤 식으로 진화 과정에서 벌목들의 사회성이 정립될 수 있었는지 분명하게 증명해 보였다.

한편, 원핵세포prokaryote를 기점으로 진핵세포eukaryote의 기원을 연구한 세포생물학과 분자생물학 분야의 학자들은 아주 오래전에 일어났을 것으로 추정되는 '내부공생endosymbiosis'의 가설을 제기했다. 이들은 대략 20억 년 전에 일어난 것으로 보이는 이 사건이 지구 생태계의 운명을 결정지었다고 보았다. 다시 말해 생물권에 존재하는 모든 다세포생물과 원생생물의 신체를 구성하는 진핵세포의 진화와 관련하여 새로이 발견된 놀라운 특성들, 무엇보다도 유사분열, 감수분열, 유성생식 같은 특징들이 사실상 유전자와 생명체 및 생태계의 구조가 이루 말할 수 없이 다양해지고 복잡해지는 데 결정적인 역할을 했다고 보았던 것이다. 진핵세포의 기원에 관한 내부공생설은 오늘날에는 거의 확실시되고 있는 하나의 가설을 기반으로, 즉 아주 오래전에 하나의 커다란 박테리아 세포와 미토콘드리아mitochondria 혹은 엽록체chloroplast의 숙명적인 만남이 이루어졌고 이로 인해 이들이 한 세포 안에서 영원이 공존해야 하는 공생관계가 형성되었으리라는 가설을 토대로 구축되었다. 물론 이 경우에도, 생물학 분야에서는 흔히 일어나는 일이지만, 상황은 이보다 훨씬 더 복잡했을 것으로 추정된다. 왜냐하면 현대에 발견된 진핵세포의 핵유전자들과 세포질유전자들의 상이한 특성들에 주목한 많은 학자들이 원시적 원핵세포 역시 그 자체로 훨씬 더 오래된 융합의 결과, 즉 세포질의 제공자인 진정세균eubacteria과 아마도 유전자체제를 제공했을 것으로 추정되는 고세균

archaea의 융합의 결과라고 생각하고 있기 때문이다. 결과적으로 진핵세포는 최소한 2회에 걸쳐 이루어진 숙명적 만남, 즉 진정세균과 고세균의 첫 번째 만남과 이 박테리아와 미토콘드리아 혹은 엽록체의 두 번째 만남에서 비롯되었다고 볼 수 있다. 진핵세포의 기원에 관한 내부공생설을 처음으로 이론화했던 학자 린 마굴리스(Lynn Margulis, 1938~2011년)는 미토콘드리아나 엽록체가 숙주세포 안에 정착한 뒤에도 계속해서 기능을 발휘하고 성장하며 숙주세포의 분열과 함께 그 안의 입자들이 새로이 형성된 세포들 내부에서 배분된다고 보았다. 내부공생설을 증명하는 근거로는 미토콘드리아와 엽록체가 원형의 DNA를 지니며 이중의 막으로 둘러싸여 있다는 점이나 이분법에 따라 증식한다는 점을 들 수 있다. 하지만 내부공생설로는 설명하기 힘든 진핵세포의 또 다른 특징들, 예를 들어 막을 하나만 지닌 세포소기관의 존재, 소포체endoplasmic reticulum의 존재, 세포핵의 기원에 관한 문제 등이 실재한다.

더 나아가서, 통합진화론의 구도에 커다란 타격을 준 새로운 요소들 가운데 하나는 이른바 호메오 유전자들의 발견이다. 호메오 유전자는 다른 유전자들의 발현을 조절하고 제어하는 기능을 갖춘 유전자족을 말한다. 이 가운데 특히 혹스 HOX 유전자의 단백질 산물은 유전자 발현을 조절하는 전사 인자로 기능하며 배아의 공간 구성에서 상당히 중요한 역할을 한다. 혹스 유전자의 특징들 가운데 하나는 신체의 특정 부위를 결정하는 발생 과정을 돕는다는 것이다. 바로 그런 이유에서, 예를 들어, 초파리의 2중 흉부복합체bithorax complex, BX-C는 이른바 더듬이 다리 복합체Antennapedia complex, ANT-C와 연접해 있다. 3개의 유전자로 구성되는 BX-C에서 일어나는 변형이 흉부 하단(T3)의 변형을 초래하며 흉부 하단이 흉부 중앙(T2)과 동종으로 변하기 때문에 결과적으로 4개의 날개와 2개의 흉부를 지닌 돌연변이가 발생한다. 일반적으로 곤충들의 흉부는 세 부분으로 나뉘며 흉부 상단 T1에는 날개가 없고 T2에는 한 벌의 날개가, T3에도 또 한 벌의 날개가 달려 있다. 초파리와 또 다른 파리목 곤충들의 경우 T3에는 날개 대신 침 모양의 이른바 평균곤이라는 기관이 위치한다. BX-C와 ANT-C의 연동성은 BX-C를 구성하는 일군의 유전자가 염색체를 따라 정렬하는 현상이 결코 우발적이지 않다는 것을 암시한다. 전방에 위치한 유전자는 초파리의 신체 앞부분의 구축 과정을 제어하며 후방에 위치한 유전자는 뒷부분을 제어한다. 이와 상당히 유사한 방식으로, ANT-C를 구성하는 5개의 유전자 역시 초파리의 머리와 흉부 전반의 발전을 관리하는 데 관여한다. 학자들은 몇몇 유전자들이 다른 유전자들에 비해 훨씬 더 중요한 위치를 차지하는 일종의 유전적 위계가 존재하며, 호메오 유전자들이 이 위계에서 상당히 높은 위치를 점한다고 보았다. 더 나아가서 다름 아닌 BX-C와 ANT-C의 총 8개 유전자가 암호화한 단백질의 분자 구조를 연구하면서 학자들은 이 단백질이 동일한 영역에서 나타난다는 것을 발견했다. 이러한 구조적인 요소를 충족시키기 위해 암호화되는 DNA의 영역을 바로 호메오박스homeobox라고 부르며 이를 1984년에 처음으로 식별해 낸 인물은 발터 게링Walter Gehring이다.

그렇게 해서 호메오 유전자의 추적이 시작되었고 아주 짧은 기간 안에 효소에서 녹색식물, 절지동물에서 척추동물에 이르기까지 수많은 유형의 생명체에서 호메오 유전자들이 발견되었다. 학자들은 쥐와 인간의 호메오 유전자들을 연구하면서 이들 간의 유사성뿐만 아니라 DNA들의 동일한 영역에서 유사한 집약 현상이 일어나며, 초파리의 경우에서처럼, 성장하는 생명체의 전-후방 축을 따라 다수의 영역들이 정렬된다는 것을 밝혀냈다. 하지만 새롭게 밝혀진 사실들 가운데 정말 놀라운 것은 초파리의 호메오 유전자들과 인간의 호메오 유전자들을 비교하면서 드러난 동질성, 즉 이들 가운데 몇몇이 동종의 유전자였다는 사실이다. 진화론적인 관점에서, 이러한 사실은 파리와 인간에게 공통된 호메오 유전자가 최소한 4개 혹은 5개 존재하며 이것들이 곤충과 척추동물의 진화론적 분리가 이루어지기 이전 시대의 선조 생명체가 소유했던 것과 동일한 유전자들이었다는 것을 의미했다. 수억 년 전으로 거슬러 올라가는 놀라운 친족관계의 근거가 발견되었던 셈이다. 실제로 혹스 유전자족은 상당히 오래된 역사를 지녔고, 아울러 탁월한 보존력을 지닌 것으로 추정된다.

이것은 곧 혹스 유전자의 제어에 좌우되는 성장 모형들이 제한적이며 따라서 더 이상 진화할 수 없다는 것을 의미한다.

이제 진화론의 발전을 위해 상당히 긍정적인 이론들을 제시한 신생 학문, 즉 진화발생생물학evolutionary developmental biology의 역할에 대해 살펴볼 차례다. 흔히 '이보디보evo-devo'라고 불리며 생명체의 성장을 진화론적인 관점에서 연구하는 이 학문이 제공하는 것은 종족 단위의 소진화 모형들을 대진화의 이해에 활용되는 유전학적, 후성유전학적 성장에 대한 지식들과 조합할 수 있는 이론적, 실험적 틀이라고 볼 수 있다. '이보디보'의 첫 번째 연구 결과들을 토대로 드러난 새로운 측면은 '개체발생ontogenesis'의 핵심적인 역할이다. 개체발생은 성장을 제어하며 변이의 생산을 제한하고 어떤 식으로든 선택의 가능성을 제한한다는 특성을 지닌다. 결과적으로 개체발생은 적응과 자연선택 이론의 언급을 불가피하게 만드는 선택주의적인 설명에 의존하지 않고서도 몇몇 형태론적인 성장 패턴들에 대한 충분한 설명을 제시한다는 장점을 지닌다. 하지만 기억해야 할 것은 소진화 이론과 대진화 이론을 조합할 수 있는 '이보디보' 이론을 구축하는 작업이 결코 쉬운 과제는 아니라는 사실이다. 걸림돌이 되는 것은 무엇보다도 극복이 결코 쉽지 않은 몇몇 이원론들, 다시 말해 진화발생생물학 못지않게 확실한 이론적 체계들을 표상하는 이원론적 구분법들이다. 이러한 이원론에는 대표적인 '유전형genotype'과 '표현형phenotype'의 구분법 외에도 생물학의 핵심 교리 속에서 부동의 위치를 점하고 있는 바이스만August Weismann의 체세포계열somatic cell과 생식세포계열germline의 구분법, 근접한(기능적인 차원) 원인들과 최종적인(역사적인 차원) 원인들의 구분법, 성장생물학의 유형적이고 구조주의적인 유기주의와 종족진화론적 사유의 다양한 이론적 연관관계의 대립 등이 있다.

통합진화론의 뒤를 이어 제시된 이론적 모형들과 지속적으로 전개된 실험적 연구들은 유전형-표현형의 지도map 기능이 일관적일 수 없으며 이는 유전자-유전자나 유전형-환경 같은 상응관계가 존재하기 때문이라는 논제, 즉 빌헬름 요한센과 윌리엄 베이트슨, 볼테레크, 슈말하우젠 등의 생각을 뒷받침할 수 있는 근거를 제시했을 뿐 아니라 진화론에서 표현형의 적응성이 지니는 중요성을 조명하는 데 결정적인 역할을 했다. 표현형의 적응성이 중요한 이유는 적응성이 유전형을 위한 잠재적 서식지의 영역을 결정짓는 요소였기 때문이다. 식물들은 고유의 정착성 덕분에 동물들보다 훨씬 더 뛰어난 적응력을 지니며(동물들 중에서도 고착성 동물들, 해면동물이나 자포동물은 이동력을 지닌 동물들보다 뛰어난 적응력을 지닌다), 결과적으로 대부분의 연구는 식물학을 중심으로 전개되었다. 리버풀 대학의 식물학 교수 앤서니 브래드쇼Anthony D. Bradshaw는 1965년에 오늘날의 적응성 개념을 정립하면서 표현형의 적응성에 관한 연구를 체계화했다. 그의 연구 내용은 다음과 같은 두 가지 핵심 논제로 요약될 수 있다. 첫째, 표현형의 적응성은 유전적 기반을 지녔으며 일종의 특징으로 진화할 수 있다. 둘째, 유전형 역시 주변 환경이나 고유의 생화학적, 생리학적, 해부학적, 형태학적 특징에 따라 어느 정도의 적응력을 지닌다. 뒤이어 1974년에는 리처드 르윈틴(Richard Lewontin, 1929년~)이 어떤 특징의 상속 확률은 환경에 따라 변할 수 있다는 점에 주목하면서 실험자들이 주로 사용하던 통계학적 변이 분석과 대응 규칙 사이의 관계를 정립했다. 1990년대에는 미국의 칼 슐리히팅Carl D. Schlichting과 마시모 필리우치Massimo Pigliucci가, 유럽에서는 폴 브레이크필드Paul Martin Brakefield가 각각 식물과 나비에 관한 연구를 토대로, 표현형의 적응력을 지배하는 분자유전학적 메커니즘에 관한 설명을 제시했다.

통합진화론의 구축으로 인해 결정적으로 사라진 것은 진화에 대한 라마르크적인 해석의 시도들이었다. 하지만 최근에는 성장의 현상들에 대한 관심이 되살아나면서 진화생물학 내부에서, 우리가 여전히 라마르크주의적이라고 부를 수 있는 관점, 즉 후성유전학적 상속에 관한 연구의 주요 관점에 대한 관심 역시 고조되고 있다. 후성유전학적 상속은 무엇보다도 유전자들의 상호작용이나 유전자와 유전자산물 간의 상호작용을 통해 성장이 진행될 때 다세포 진핵생물의 유전자 발현을 조절하는 일련의 과정에 의해 이루어진다. 후성유전학은 성장이 진행될 때, 즉 '유전적 동화'가 일어날 때 유전형에서 표현형으로 전이하는 과정에서 유도된 변형들의 총체에 관한 연구다. '후성유전학'이라는 용어를 고안해 낸 워딩턴과 그의 뒤를 이은 유전학자들은 표현형의 생산에 필요한 정보들이 모두 DNA 안에 보존되어 있는 것은 아니라는 점에 주목했다. 예를 들어 일벌과 여왕벌의 차이는, 이들의 유전체가 동일한 만큼, 유전적 현상이 아니라 성장에 좌우되는 후성유전학적 현상이다. 실제로는 기본적인 유전형적 변이와 연관성이 없는 모든 표현형 변이가 후성유전학적 상속의 산물이다. 후성유전학적 현상들의 예에는 포유동물 암컷의 경우에 일어나는 염색체 X의 비활성화, 유전체 각인 현상(결과적으로 한 유전자의 발현은 모계 상속이냐 부계 상속이냐에 좌우된다), DNA 메틸화에 의한 각인 현상 등이 있다. 외부에서 DNA로 유도되는 변화 요인들이, 정상적인 세포분열과 함께 이루어지는 DNA 복제에 힘입어, 생체 내부에 배포된다는 것은 비교적 분명한 사실이지만, 감수분열meiosis이 일어날 때 세포 내에 실재하는 표현형의 정보들이 한 세대에서 다음 세대로 전이되는 것을 허락하는 분자들의 메커니즘에서는 여전히 명백한 설명을 요구하는 많은 사항들이 산재한다.

/ 진화론을 둘러싼 분쟁과 동맹

20세기에는 진화론과 창조론의 분쟁이 심화되는 경향을 보였고 이러한 현상은 특히 미국에서 두드러지게 나타났다. 하지만 창조론과 진화론의 대립 자체는 새로운 현상이 아니며, 일찍이 다윈과 당대의 진화론 지지자들도 교회의 지도자들 또는 철학자들과 대립한 바 있다. 20세기 말에는 교회가 인간을 비롯해 생명체들이 진화한다는 사실을 분명히 인정했지만 세계에 대한 자연주의적이고 과학적인 설명은 여전히 받아들이지 않고 있다. 창조주의가 유럽에 널리 확산되는 현상은 사회학적인 차원에서는 흥미로울 수 있지만 생물학 이론의 과학적인 관점에서는 관심을 기울일 수 없는 현상이다. 창조론은 사실상 과학 이론이 아니며 학문으로도 간주될 수 없는 분야다. 그럼에도 불구하고 창조론은 이른바 '지적 설계Intelligent Design' 이론을 내세우며 과학을 전공하지 않은 비전문가들 입장에서는 얼마든지 수용할 수 있는 이론을 제시하며 대중적인 인기를 끌고 있다. 하지만 근본적으로는 신앙을 바탕으로 성립되었기 때문에, 창조론은 경험적이거나 이성적인 근거를 바탕으로 자연현상을 설명하지 않으며 실제로는 과학적 정보와 미신적인 요소의 교묘한 조합을 바탕으로 고유의 목적에 부합하는 주장을 내세울 뿐이다. 진화론과 창조론의 분쟁에서 특별히 흥미로운 것은 상이한 견해를 지닌 과학자들이 진화의 방식에 대해 다양한 방식으로 전개해 온 논쟁과 토론의 내용들, 예를 들어 '단속평형 이론 대 계통점진주의', '적응주의 비판', '범선택주의 이론가들의 환원주의 비판' 같은 토론의 내용을 창조론자들이 인용하며 활용했다는 사실이다. 이상의 진화론 논쟁으로 부각되었던 저명한 학자들 가운데 주목할 필요가 있는 인물들은 앞서 언급한 리처드 르원틴, 스티븐 제이 굴드, 닐스 엘드리지, 그리고 예일 대학의 지리학과 지구물리학 교수 엘리자베스 브르바Elisabeth Vrba와 유명한 '이기적 유전자' 이론을 바탕으로 진화론을 구축한 리처드 도킨스Richard Dawkins 등이다.

1980년대에 미국과 잉글랜드의 대학을 중심으로 시작되었고 곧장 신문 지상과 대중매체를 통해 널리 알려지기 시작한 이 진화론 논쟁은 '유연한' 다윈주의 진화론과 '엄격한' 다윈주의 진화론 사이에서 다양한 의견이 표출되는 양상을 보이며 참여자들의 의견 충돌과 불화가 급속도로 악화되는 상황을 발생시켰다. 아울러 서로 다른 의견과 이론들이 지니는 상반되는 요소들이 대중매체를 통해 부각되면서 이론들의 특징적인 요소들이 대부분 캐리커처에 가까운 방식으로 묘사되고 소개되는 상황은 이를 지켜보던 일반 대중과 독자들의 시야를 가리고 본질적인 측면, 즉 다양한 의견과 이론을 주장하는 학자들이 출발선에서 공유했던 이론적인 기반이자 이들에게 항상 공통분모로 남아 있었던 다윈주의 진화론을 더 이상 주목할 수 없도록 만들었다. 창조론 지지자들은 진화론자들의 주장에서 빌미를 발견했고, 예를 들어 단속평형 이론과 계통점진주의의 대립을 진화론 자체에 내재하는 근원적인 모순의 근거로 보거나 회복이 불가능한 근원적 단절의 근거로 보는 왜곡된 해석을 제시했다. 과학의 세속적 이성주의에 적대적인 입장을 고수하던 지식인들은 종에 대한 다윈주의 진화론적 설명을 신랄하고 집요하게 비판했지만 이는 오히려 진화론이 지닌 문화적 패러다임으로서의 생명력을 다른 어떤 과학적 근거보다도 확실하게 증언하는 역효과를 낳았다. 진화론적인 접근 방식이 대학의 연구 활동과 진화론 자체의 보존을 위해서뿐만 아니라 우리 모두의 삶을 위해서도 중요하다는 사실을 보다 확실하게 증명해 주는 것은 '자연선택' 개념 같은 진화론의 기본 원칙들이 생명공학 기술을 비롯해 의약품 제조나 병원체 식별 혹은 자연보호 같은 실용적인 영역에서 점점 더 요구되고 있다는 점이다. 더 나아가서 진화론은 정보학이나 인공지능 같은 분야에서도 수년 전부터 프로그램의 진화론적 원칙들을 토대로 유전자적 알고리즘 같은 첨단의 소프트웨어를 개발하는 데 크게 기여하고 있다.

15

사회학

15.1 사회학과 모더니즘

20세기에 사회학은 세계가 인간의 생산물이라는 관점을 점점 더 적극적으로 수용하면서 발전했다. 따라서 세계를 과학과 유사한 방식으로 세밀하게 연구하는 것이 가능한 동시에 역사적, 인문학적, 해석학적 지식에 가까운 이해의 차원에서 탐구하는 것이 가능했다. 결과적으로 대두된 것은 세계와 세계에 접근하는 일상적인 방식을 바라보는 색다른 관점이었다. 다시 말해 실증주의자들은 이른바 객관성을 유지하는 과학적이고 사회적인 성격의 지식과 지식의 일반적인 형식들 사이에 연속성이 없다고 보았던 반면 새로운 해석학적 관점을 지지하는 이들은 과학적 지식과 일상의 측면들 사이에 지속성이 존재한다고 주장했다. 이들은 우리에게 세계를 이해하도록 허락하는 지식이 항상 어떤 특별한 관점에서 출발한다는 '관점주의'를 주장하는 동시에 고유의 학문적 관점을 비판적인 맥락에서 고려해야 한다고 보는 '성찰주의'*를 강조했다.

　19세기 말과 20세기 초 사이에 주로 독일과 프랑스에서 활동했던 위대한 사회학자들, 예를 들어 베버, 뒤르켐, 짐멜 같은 학자들은 모더니티를 정의하는 데 있어서 결정적인 요인으로 간주되는 몇몇 사회문화적 전개 과정의 전모를 밝히는 데 성공했다. 이들은 예를 들어 종교가 삶의 공적인 영역에서 뒷전으로 밀려나 개인의 영역에 국한되는 세속화 현상과 함께 사회적 체계를 구축하는 영역과 장치들이 기능적인 차원에서 분할되는 변화가 일어났다는 점에 주목했다. 근대국가들의 탄생 배경을 설명하면서 베버는 근대국가가 정당한 폭력을 독점하는 실체라는 점에 주목했고 짐멜은 시장이 지배하는 근대 경제의 발전과 돈이 교환 수단으로 확산되는 현상의 연관성에 주목했다. 역사학이 모더니즘이라는 특정 시기의 시대 구분과 그 기준에 주목한다면, 사회학이 주목하는 것은 현대 사회의 특징적인 전개 과정이다. 사회학이 추적하고 이론화한 다수의 사회적 과정들 가운데 특별히 주목해야 할 것은 두 가지, 즉 이성화와 개인화다. 이성화는 주어진 과제의 계산적이고 분석적인 세분화를 바탕으로 목적 달성에 필요한 수단들을 완성하기 위해 형식과 예측 가능성과 도구적인 기능성을 강조하는 효과 위주의 사유와 조직이 우선시되는 경향을 말하며, 개인화는 개인을 사회적으로 평준화된 역할과 선호도의 유일한 조합체로 강조하는 동시에 특별하고 원천적이며 분리된 존재이자 가치와 선택의 출발점으로 간주하는 경향을 말한다. 20세기 중반에 미국의 사회학자들은 이러한 특징들에 주목했지만 탤컷 파슨스Talcott Parsons처럼 사회의 체제적인 특징들을 분석적인 동시에 전지적인 방식으로 정의하려고 시도하거나 다양한 경험적 탐구에 몰두하면서 원래의 입장으로부터 점점 멀어지는 경향을 보였다.

경험적인 탐구와 분석적인 성향의 체계화를 융합하려는 성향 때문에 사회학은 흔히 학문과 문학 사이에 존재하는 제삼의 분야로 인식되기도 하고 역사보다는 더 이론적이고 철학보다는 덜 추상적이기 때문에 중도적인 성격의 학문

• 사회학에서 '성찰reflexivity'은 사회 구성원의 자기분석이나 이론가들의 사회체계 분석을 비롯해 이론이나 개념의 상대적인 발달이나 변화의 탐구를 통해 사회 자체에 영향을 끼치며 사회의 변형에 어떤 식으로든 기여하는 현상을 가리키며, 성찰주의는 이러한 현상에 주목할 것을 요구하는 입장과 일치한다.

으로 간주되기도 한다. 부분적으로나마 사회학의 출발점이었던 도덕철학과 정치철학의 영역으로부터 사회학이 크게 벗어나며 구축한 영역들의 대표적인 예는 현대 사회학의 창건자들 가운데 한 명인 에밀 뒤르켐의 연구에서 찾아볼 수 있다. 뒤르켐의 사상은 이른바 사회적 '기능주의'로 불리는 분야에 지대한 영향을 끼쳤다. 사회를 다양한 기능들의 협력체계로 간주하는 기능주의적 관점을 발전시킨 대표적인 학자는 탤컷 파슨스다. 1951년에 출판한 『사회체계 *The Social System*』에서 파슨스는 사회 구성원들의 상호관계를 구조적으로 결정짓는 사회제도적인 차원의 기대치를 관찰하며 상대적으로 안정적인 기대치의 모형들을 제시했다.

15.2   개인과 사회

20세기에는 노베르트 엘리아스 Norbert Elias와 게오르크 짐멜을 비롯한 상당수의 사회학자들이 현대 사회의 조직적인 구조가 개인의 정체성에 끼치는 영향에 관심을 기울였다. 『문명화 과정 *The Civilizing Process*』(1969년)에서 엘리아스는 근대국가의 형성에 결정적인 역할을 한 정치적 변화들이 개인의 정체성 형성을 위한 조건 역시 변화시켰다고 주장했다. 그는 현대 사회에서 개인의 삶에 결정적인 영향을 끼치는 근본적인 두려움의 유형이 과거의 물리적이고 예측할 수 없는 폭력에 대한 두려움에서 사회적 소외에 대한 두려움으로, 상호의존관계의 난해하고 거대한 사슬을 제어하지도 이해하지도 못하는 데서 오는 두려움, 타인의 행위와 의도를 해석하기 힘들다는 사실에서 비롯되는 두려움으로 바뀌었다고 보았다. 행동에 대한 외형적인 제어가 내면적인 형태로, 즉 자기 제어로 바뀌었다고 본 것이다. 하지만 관건은 단순히 좀 더 엄격해진 형태의 자기 제어가 아니다. 현대 사회에서는 오히려 감정이나 열정이 충분히 예상할 수 있거나 규격화된 방식으로 표출되는 이른바 '반제어적인' 공간이 창출되기 때문이다.

감정이 제어된 상태에서 자유롭게 표출되는 공간은 대중의 소비문화와 직결된다. 짐멜은 다름 아닌 시장의 신화화와 대중문화를 관찰하면서 현대 사회를 특징짓는 대응관계와 정체성의 형태들을 이해하기 위해 노력했다. 짐멜이 『돈의 철학*Philosophie der Geldes*』(1900년)에서 주장한 바에 따르면, 고도로 발달한 화폐경제체제에서 주체는 사물들과 융합될 수 있는 방법을 발견하지 못한다. 상품들은 빠른 속도로 낙후되고 금전으로 환산되는 가치의 망령이 상품 자체의 가치를 떨어트린다. 그런 식으로 돈은 사람과 소유물 사이를 멀어지게 만들고 결과적으로 사람과 사람 사이를 멀어지게 만든다. 따라서 주체는 일종의 자유를 획득하지만 이는 모든 목적과 방향성을 상실한 채 지속적인 불안을 조장하는 자유다. 전체적인 차원에서, 모더니티는 두 가지 상반되는 방향으로, 즉 한편으로는 '평준화'와 '대중화'를 향해, 다른 한편으로는 개인의 '독립성'과 '자율성'을 추구하는 방향으로 발전했다고 볼 수 있다. 짐멜은 물론 엘리아스는 더욱 진지하게 사회구조, 사회적 질서의 재생, 장기간에 걸친 역사적 전개 과정 등에 주목하는 거시적인 관점과 상호 대응관계나 개인이 의미나 감정을 구축하는 방식 등에 주목하는 미시적인 관점의 융합을 시도했다. 그런 측면에서 이들은 '미시적' 관점과 '거시적' 관점, 개인의 관점과 사회적 관점을 혼용하는 현대 사회학의 기반을 닦았다고 볼 수 있다. 이러한 특징은 예를 들어 잉글랜드의 사회학자 앤서니 기든스Anthony Giddens가 제시한 '사회구조화 이론'이나 프랑스의 피에르 부르디외Pierre Bourdieu, 뤽 볼탄스키Luc Boltanski 같은 학자들이 제시한 다양한 형태의 '실천 이론'에서 찾아볼 수 있다.

　20세기 후반에 '정체성', '상호작용', '일상의 삶' 등을 연구한 사회학자들 가운데 눈에 띄는 인물은 어빙 고프만Erving Goffman과 해럴드 가핑클Harold Garfinkel이다. 이들은 모두 사회 구성원들이 추구하는 목표의 추상적인 정의를 제시하는 대신 설정된 목표가 달성되는 방식을 연구하면서 사회제도가 필요한 이유보다는 사회제도들이 어떤 식으로 기능하는지에 주목했다. 고프만은 인간의 사회 활동을 '직접적으로' 분석하면서, 한편으로는 인간의 정체성이 구축되는 방식, 즉 인간이 스스로를 소개하는 일련의 의례를 토대로 정체성이 구축된다는 점을 보여 주었고, 다른 한편으로는 사회 활동이 진행되는 동안, 이러한 소개 양식의 조건들을 결정짓는 문화적 '프레임들frames'이 어떻게 창출되고 유지되거나 변형될 수 있는지 보여 주었다. 반면에 가핑클은 자신이 제안한 민속학적 방법론을 토대로, 세상에서 우리를 '우리가 모르는 사이에' 인도하는 이른바 '당연시되는taken-for-granted' 사항들에 주목하면서, 사회의 구성원들이 '스스로와 타자에게' 고유의 행동에 대한 이해를 가능하게 만들기 위해 스스로의 행동을 정당화할 뿐 아니라 이 행동이 지극히 정상적이며 당연한 것으로 보이도록 애쓴다는 사실을 보여 주었다. 우리는 이 저자들의 입장에서, 일상적인 삶의 안정성과 현실 자체는 의무 사항에 대해 문화적인 차원에서 예상할 수 있는 것들의 암묵적인 공유를 기반으로 유지된다는 견해를 확인할 수 있다. 이들은 개인적인 감정들마저도 자연적이거나 비이성적인 요인으로 보지 않고 오히려 상징적인 중재와 전적으로 사회적인 형식을 통해 실현되는 사실로 간주했다.

마크 오제와 '비장소'

'비장소'와 '슈퍼모더니티'라는 개념을 제안한 프랑스의 저명한 인류학자 마크 오제(Marc Augé, 1935년~)는 관찰 대상을 끊임없이 교체하면서 지역 사회와 사회 내부에서 형성되는 인간의 상호관계, 제의, 주술, 권력, 가족관계, 질병, 공간, 시간, 이야기, 꿈, 상상력, 건축, 도시 등 상당히 다양한 분야의 주제들을 다룬 것으로 유명하다. 인문학을 공부한 오제는 1960년대에 들어서면서 인류학과 사회과학에 접근하기 시작했다. 오제가 인류학자로서 시도한 첫 번째 연구의 주제는 코트디부아르와 토고의 원주민 문화였다. 이 연구의 결과로 출판된 저서들이 바로 『흡혈귀의 변신: 하나의 소비사회에서 또 다른 소비사회로 *Les métamorphoses du vampire: D'une société de consommation à l'autre*』(1972년)와 『권력의 이론과 이데올로기: 코트디부아르의 경우 *Théorie des pouvoirs et idéologie: Étude de cas en Côte-d'Ivoire*』(1975년)다. 오제가 자신의 연구를 바탕으로 이룬 이론적인 성과들 가운데 하나는 이데올로기의 인류학적인 정의를 정립했다는 것이다. 오제는 이데올로기를 특정 사회에서 의미를 구축할 때 개인의 사회적 위상이나 경제관계, 사회관계를 결정짓는 다양한 요소들을 어떤 경우에는 관련지어 생각할 수 있도록, 어떤 경우에는 무관한 것으로 간주하도록 만드는 구문론적인 규칙들의 총체라고 보았다.

　　오제가 제시한 것들 가운데 또 한 가지 흥미로운 개념은 세계화 과정과 긴밀하게 연관되어 있는 '비장소'의 개념이다. 오제는 세계화 과정이 하나의 마을로 간주할 수 있는 세계를 현실화하는 것과는 거리가 멀다고 보았다. 왜냐하면 예를 들어 인간은 이상기온 현상을 토대로 예측할 수 있는 재앙의 위협에도 불구하고 '운명 공동체'라는 것에 도무지 관심을 기울이지 않으며 모두가 함께 "지구에 소속되어 있다는" 사실에도 아무런 의미를 부여하지 않기 때문이다. 세계화된 세계란 따라서 공항이나 고속도로, 기차역, 슈퍼마켓, 놀이동산, 인터넷의 소통 공간 같은 비장소들의 망사, 즉 이 장소를 지나가는 사람이나 이곳에 "사는" 사람에게 어떤 소속감도 주지 못하는 공간들의 망사와 다를 바 없다.

　　'비장소'라는 개념은 소속감을 상징하는 공간 '마을'의 특징들을 모두 부정할 때 정의될 수 있다. 오제는 '다른 곳'의 경험을 '이곳'의 이론적 분석에, 다시 말해 현대 서구 세계의 분석에 적용했다. 오제에 따르면 장소는 세 번에 걸쳐 상징성을 발휘한다. 다시 말해 장소는 장소를 차지하는 각자가 유지하는 자신과의 관계, 타자와의 관계, 이들만의 공통된 이야기를 상징한다. 하지만 '비장소'에서는 정체성도 관계도 이야기도 표상되지 않는다.

　　비장소의 개념은 분명히 상대적인 개념이다. 예를 들어, 공항이라는 공간을 지나가는 사람의 경험과 이 공간에서 근무하는 사람의 경험은 결코 동일하다고 할 수 없다. 하지만 항공기 승무원의 입장에서조차 공항은 장소의 특징을 지니지 않는다. 대도시의 시민들은 정체성이나 관계성의 순수한 경험을 모두 모호하게 만들어 버리는 공간 안에서 대부분의 시간을 보낸다. 그리고 이러한 비장소들이 '소통'과 '순환'과 '소비'를 위한 공간의 형태로 점점 더 확산되는 현상은 오제가 『비장소: 슈퍼모더니티의 인류학 입문*Non-Lieux. Introduction à une anthropologie de la surmodernité*』(1992년)에서 제시한 '슈퍼모더니티'의 가장 핵심적인 특징이다.

지그문트 바우만과
액체 사회

1925년 유대인 가정에서 태어난 폴란드의 철학자 지그문트 바우만Zygmunt Bauman
이 제시했던 개념들 가운데 가장 중요하고 널리 알려진 것은 현대 사회의 분석에
적용된 '액체liquidity'의 개념이다. 바우만이 이 개념을 구체적으로 활용하고 소개
하는 저서로는 『포스트모더니티: 고통의 근원Ponowoczesność jako źródło cierpień』(2000년),
『액체 모더니티Liquid Modernity』(2000년) 등이 있다. 바우만은 '위대한 서사의 종말'이
라는 장 프랑수아 리오타르의 사유, 즉 이데올로기의 황혼을 현대 사회의 본질적
인 특징으로 보는 관점을 수용했지만 이를 리오타르처럼 모더니즘에서 포스트모
더니즘으로 넘어오는 과정의 특징으로 해석하지 않고 오히려 근대 사회 자체에
서 일어난 변화, 즉 '고체'처럼 부동적인 상황에서 '액체'처럼 유동적인 상황으로
바뀌는 내부적인 변화로 이해했다.

바우만에 따르면, 사실상 액체화는 근대 사회를 부동적인 상태의 초기 단계에
서부터 특징짓는 요소였다. 근대 사회는 무엇보다도 사회의 체제적 안정성과 일
관성을 유지하기 위해 주변적이거나 불안정한 관점과 직결되는 종교적이고 도덕
적인 의무들을 사회적으로 융합하는 방향으로 나아갔다. 이 과정에서 유일하게
살아남은 사회적 실체는 '계층'이었다. 사실상 근대적 이성을 이끄는 데 앞장섰

던 것은 경제였고, 근대 사회를 진두지휘하면서 경제는 양적 차원에서 평가된 적이 없는 '공간'이나 '시간' 같은 범주들을 이성화하기에 이르렀다. 무엇보다도 시간이 논리적인 성찰과 분석의 대상으로 간주된 것은 근대 사회의 초기 형성 단계, 즉 초기 자본주의 사회에서 이루어진 노동의 엄격한 조직화와 함께 일어난 일이다. 실제로 고정적인 형태의 근대 사회를 특징짓는 요인 중에 하나는 개인의 '자유'와 '안전' 가운데 어느 것을 더 중요시해야 하는가라는 문제 앞에서 후자를 선호하는 성향이었다. 이러한 안전을 위협하는 잠재적인 요소들을 보다 효율적이고 적극적인 방식으로 제어하려는 의지가 결국에는 지배의 논리와 타자 혹은 '이방인'을 배제해야 한다는 논리로 이어졌고 이러한 논리가 적용된 대표적인 예를 우리는 사실상 '이방인'을 암시할 뿐이었던 '유대 민족'의 대량학살에서 찾아볼 수 있다.

액체화 과정은 이제 '고정적인' 단계의 근대 사회 자체가 생산해 낸 구조에 적용되고 개인적인 자유의 이름으로 모든 유형의 사회적 안전을 부식하는 현상이 일어난다. 이는 경제 분야에서 생산자 중심의 체계가 소비자 중심의 체계로, 즉 사회적 안전과 거리가 먼 개인주의적인 체계로 전환되는 과정과 함께 일어난 변화다. 새로이 정립된 사회적 구도 속에서는 무엇보다도 공간의 범주가 고유의 특성을 모두 상실하고 획일화되는 과정을 밟았고 이러한 현상은 근대 이성적 기획의 자연스러운 결과라고 볼 수 있다.

사회의 세계화는 소속감을 기반으로 하는 지역 사회와의 결속력을 약하게 만들고 사회를 세계적인 차원으로 투영하지만 오히려 지역주의와 사회적 분화의 필요성을 절실하게 만들 뿐이다. 이 단계에서 자본주의의 경제적, 금융적 유동성은 사회적 결속력을 위협하고 극단적으로 상이한 유형의 생활양식과 삶의 조건들을 양산해 낸다. 이러한 삶의 이질적인 조건들이 결국에는 세계화된 사회와 지역 사회 간의 긴장을 고조시킨다.

바우만은 획일화된 공간, 따라서 본질적으로 무의미한 공간과의 관계가 개인의 정체성에 끼치는 영향을 분석하면서 '여행객'과 '방랑자'를 예로 들었다. 전자가 새로운 유형의 감성과 쾌락을 끊임없이 추구하며 감각적인 요구를 토대로 정형화된 '장소'들을 광적으로 소비하는 존재인 반면 후자는 반대로 모두에게 소외된 채 일종의 정지 상태에서 타자들이 살아가는 모습을 관찰하는 존재다.

16

새로운 윤리학 이론

16.1 윤리학의 전통적인 문제들에 관한 재고

'홀로코스트' 이후 철학적으로 생각한다는 것은 여전히 가능한가? '아우슈비츠' 이후 신의 개념은 무엇인가? 테오도르 아도르노가 던진 첫 번째 질문과 한스 요나스가 던진 두 번째 질문은 윤리학의 전통적인 문제들을 재고한다는 것이 무엇인지 보여 주는 좋은 예라고 할 수 있다.

기술의 발전이 보다 나은 삶을 위한 조건의 향상과 일치한다는 19세기의 실증주의적 사고가 더 이상 통용될 수 없다는 것이 20세기에 들어와서 분명하게 드러났다면, 여기서 이러한 내용을 주제로 다양한 각도에서 나름의 입장을 표명했던 하이데거, 마르쿠제, 아렌트의 생각과 이들의 철학적 대안에 대해 살펴볼 필요가 있다. 하이데거는 기술에 대해 거의 거부반응에 가까운 불신을 표명했고 마르쿠제는 자본주의적 이윤의 세계가 인간의 삶에 의미의 이질화를 강요한다고 주장했다. 아렌트는 '악의 통속성'을 주장하며 능글맞은 관료의 회색 제복에 대해, 혹은 정치에는 아무런 관심도 없는 대중이 무능력한 지도자를 위해 희생을 마다하지 않는 경우 등에 대해 이야기했다. 기술이 본질적으로 자제력을 상실한 괴물이나 다를 바 없다는 데 동의했던 이들의 철학적 입장은 각각 다음과 같은 세 가지 유형의 답변으로 요약될 수 있다. 하이데거는 기술을 '존재에 대한 망각'의 극단적인 예로 간주했고 서양 철학도 바로 이 존재에 대한 망각 속에서 허무주의적인 방식으로 탄생했다고 보았다. 마르쿠제는 시장이 인간을 지배하는 구조 속에서 만개한 기술의 기능을 폭로할 혁명적인 의식이 필요하다고 주장했고 아렌트는 실천의 중요성을 강조하면서 철학이 일찍부터 추상적인 철학을 선호하는 크나큰 오류를 범하며 간과해 왔던 공공의 영역에 대한 공동책임의 차원이 성찰의 대상으로 고려되어야 한다고 주장했다.

윤리학의 전통적인 주제들 가운데 빼놓을 수 없는 또 한 가지는 '전쟁'이다. 20세기가 역사상 가장 피비린내 나는 분쟁의 세기였고 민간인을 상대로 전례를 찾아볼 수 없는 만행을 저질렀을 뿐 아니라 인간의 존엄성을 의도적이고 체계적으로 파괴한 세기였다는 사실 때문에 '전쟁'은 철학적인 관점에서 더 이상 간과할 수 없는 문제로 간주된다. 이 주제에 대한 가장 혁신적이고 고차원적인 성찰을 시도한 인물은 아마도 마하트마 간디(Mahatma Gandhi, 1869~1948년)일 것이다. 간디의 '사티아그라하Satyagraha' 사상, 다시 말해 '진실을 향한 비폭력 투쟁' 사상은 유린당한 인간의 권리를 회복하기 위한 방책뿐만 아니라 분쟁의 비폭력적이고 '창조적인' 해결책을 동시에 제시한다는 장점을 지닌다. 간디의 생각은 권력층이 과시하는 체계적인 폭력에 이성과 성찰의 힘으로 맞서기 위해서는 대화의 단절을 기반으로 하는 전쟁의 퇴폐적인 논리를 위기에 빠트릴 수 있는 불복과 저항의 상징적인 형식이 필요하다는 것이었다. 물론 간디의 사유가 전형적인 서양 철학 양식에 속하는 것은 아니지만 그렇다고 해서 그의 주장이, 특히 도덕적 성찰의 차원에서, 가치를 상실하는 것은 아니다. 반면에 서양 철학에서는 미셸 푸코(1926~1984년)가 이른바 '권력의 미시물리학'에 대한 성찰을 바탕으로 투쟁과 제압의 논리가 모든 것을 지배하는 현대 사회의 본질적으로 억압적인 구조를 폭로한 바 있다.

16.2   새로운 윤리

윤리학의 전통적인 주제들에 대한 재고 없이는 이른바 '새로운 윤리', 즉 현대
사회에서 발견되는 전적으로 새로운 유형의 문제들을 개별적으로 다루는 특수
한 윤리학 역시 발전하지 못했을 것이다. '새로운 윤리'의 영역은 크게 세 종류
로, 즉 의학과 유전학 분야의 연구 결과들을 다루는 생명윤리학, 산업화에서 비
롯된 환경 파괴 현상을 막기 위해 취해야 할 행동과 조치들을 다루는 환경윤리
학, 매스미디어의 활용 문제를 다루는 소통윤리학으로 구분된다.

　생명윤리학이 중점적으로 다루는 것은 의학이 환자들의 프라이버시를 침
범한다는 차원에서 부각되는 윤리적인 문제들, 경제-정치적인 차원에서 국민
의 건강을 보호하기 위한 제도적 장치를 마련하는 문제, 신체의 구제인가 영혼
의 구제인가라는 문제를 두고 과학적 탐구 정신의 지지자들과 종교적 신념의
지지자들 사이에서 벌어지는 논쟁, 아울러 이러한 논쟁이 공적인 차원의 선택
과 개인적인 차원의 선택에 반영되는 경로의 문제, 유전자 복제처럼 어떤 이들
에게는 과학적 탐구의 차원에서 매력적으로 다가오기도 하고 어떤 이들에게는
종의 미래를 위협할 수 있다는 차원에서 두렵게 느껴지기도 하는 실험 단계의
기술에 대한 윤리적인 평가의 문제 등이다.

　현대 생명윤리학의 철학적 성찰은 칼 야스퍼스가 1950년과 1955년 사이에 집
필한 『기술 시대의 의사*Der Arzt im technischen Zeitalter*』에서 시작되었다고 볼 수 있다.
물론 이 저서에서 야스퍼스의 관심은 심리학에 대한 비판적인 분석에 집중되
지만 야스퍼스의 생각 속에는 의학 연구가 윤리학적 성찰과 병행되어야 한다
는 주장이 함축되어 있다. 야스퍼스는 "과학적 의학이라는 영역의 한계에 도달
한 만큼 철학 없이는 어리석음을 제어할 수 없다"라고 보았다. 생명윤리학은 야
스퍼스의 주장에 주목하며 그의 제안을 일종의 과제로 수용하기 시작했다. 무
엇보다도 위에서 언급한 문제들을 다루는 공개 토론이 시도된 동기가 무엇이
정당하고 무엇이 부당한지 결정하는 일을 권위적인 정치 집단이나 기관 또는
고립되어 있다고 볼 수밖에 없는 관련 분야의 학자들이나 제약회사에게 맡기

지 않으려는 것이었다는 점에서 생명윤리학에 관심을 기울였던 로널드 드워킨 Ronald Dworkin, 위르겐 하버마스, 한스 요나스 같은 학자들이 동의하는 핵심 요소가 무엇이었는지 확인할 수 있다. 더 나아가서 생명윤리학자들이 원칙처럼 제시하는 또 한 가지 사실, 즉 전통 윤리학만으로는 현대 사회의 복잡한 윤리적 문제들에 대해 충분한 답변을 제시할 수 없다는 점에도 주목할 필요가 있다. 이들은 전통 윤리학이 '현재'에 집중된 인권의 충족을 기반으로 정립되기 때문에 불충분할 수밖에 없으며 이제는 우리와 결코 동등한 관계에 있다고 볼 수 없는 미래의 세대를 고려해야 할 때라고 보았다.『책임의 원리: 기술 문명을 위한 윤리학Das Prinzip Verantwortung: Versuch einer Ethik für die technologische Zivilisation』(1979년)에서 요나스가 제안한 책임의 원리, 즉 행위의 주체가 행위의 결과에 대해 책임의식을 지녀야 한다는 원리는 생명윤리학뿐만 아니라 환경윤리학과도 직결된다. 다시 말해, 사회의 미래를 결정짓는 데 지대한 영향력을 행사하는 정치, 행정, 학문 분야의 권위자들은 아직 '존재하지 않는' 이들까지도 보호하거나, 요나스의 표현대로, **"존재가 존재하도록 내버려 둘 수"** 있을 만큼 진지한 책임의식을 가지고 행동해야 한다.

　이 두 가지 관점 앞에서 생명윤리학의 해석자들은 더 이상 합의점을 발견하지 못한다. 왜냐하면 이들 역시 삶의 권리라는 원칙을 정립하는 데 있어서 본질적으로는 상반되는 소신과 이데올로기를 적용하기 때문이다. 한편에서는 이 원리를 종교적인 차원에서 해석하고 '삶의 신성함'이라는 관점에서 이해한다. 이 관점은 불변하는 모형으로서의 '자연' 개념이 어떤 식으로든 변질되는 것을 거부하며 '자연' 자체를 본질적인 차원에서 신의 섭리와 일치하는 것으로 간주한다. 하지만 동일한 원리를 '삶의 질'이라는 관점에서 해석하는 관점은 인간의 삶이 지니는 내재적 가치를 부인하지 않지만 이성과 의식의 주체인 인간에게 그가 어떤 권리와 의무를 지니는지 결정할 수 있는 권리가 있다고 보는 동시에 결과적으로 모형으로서의 '자연'이 인간에 의해 부분적으로든 전체적으로든 변형될 수 있으며 단지 인간이 이에 대해 책임을 져야 할 뿐이라고 이해한다.

　이 두 입장 사이를 가로막는 높은 벽 앞에서 심화되는 관점의 절대화는 개인 및 사회와 관련된 결정적이고 중요한 문제들에 대한 건전한 대화를 불가능하게 만든다. 바로 그런 이유에서 이른바 '최소한'의 목표, 예를 들어 '피해의 최소화'를 두고 합의점을 찾는 것이 훨씬 용이하며 '선의 실현'같은 '최대한'의 목표에 도달하기 어렵다. '선의 실현'에는 종교적이거나 이데올로기적인 선택과 이 선택이 수반하는 상대적인 어려움이 뒤따르기 마련이다. '최소한'의 목표를 추구하며 성과를 올리기 위해서는 천천히 단계별로 취득한 합의점들의 정착에 주력하고 소수 혹은 다수의 확신이 모두에게 획일적인 입장을 요구하는 경우가 일어나지 않도록 유념해야 한다.

올바른 정보 소통의 원리를 비롯해 선입견이나 고정관념으로부터 벗어난 창조적인 의견을 선호하고 지지할 줄 아는 성숙한 공개 토론 문화 등이 여기서 절대적으로 요구되는 소통윤리학의 기본 원칙들이다. 사실상 중요한 것은 '책임의 원리'뿐만 아니라 '자율성의 원리', 즉 모든 인간이 스스로의 행위를 의식하는 존재이자 스스로의 신체나 의사와 환자의 관계와 관련하여 자율적으로 선택하고 결정할 줄 아는 존재라는 원칙을 함께 수호하는 일이다.

대중매체를 사용하는 소통의 세기는 결과를 예측하기 힘든 일련의 매커니즘을 가동시켰고 이에 대한 결과를 모르는 만큼 두려움에 앞선 질문들을 불러일으켰다. 대중매체라는 설득의 도구들이 지닌 잠재력을 가장 먼저 활용할 줄 알았던 이들은 전체주의체제의 지도자들이었다. 텔레비전 방송이 히틀러가 다스리던 독일에서 가장 먼저 시작된 것은 결코 우연이 아니다. 소통 도구들은 발전을 거듭했고 결국에는 라디오, 영화, 텔레비전에 이어 전 세계를 하나로 묶는 인터넷이 등장했다. 개인의 입장을 고려하면 정보를 취득하고 소통할 수 있는 가능성의 영역이 확장되었지만 동시에 기업이나 정보 업체 혹은 정부가 개인의 삶에 영향을 끼칠 수 있는 범위 혹은 제어 능력 역시 증가했다. 결과적으로 한편에서는 시민들의 프라이버시를 보호해야 한다는 요구가, 다른 한편에서는 다름 아닌 시민들을 저작권 침해나 테러리즘처럼 전통적인 보호 장치로 제어하기 힘든 유형의 범죄들로부터 보호할 필요성이 대두되었다.

소통윤리학적인 차원의 성찰에 크게 기여한 인물들은 카를오토 아펠(Karl-Otto

Apel, 1922~2017년)과 위르겐 하버마스다. 이들은 정치와 윤리의 담론 이론을 구축하기 위한 전제 조건들을 제시했다. 이들에 따르면 관건은 '시민사회'와 '동의'의 범주를 다시 활성화함으로써 민주주의의 위기를 극복하는 데 있었다. 아펠은 도덕적인 계율이 언어의 활용 방식에 함축되어 있다고 보았고 바로 그런 이유에서 소통적인 윤리학의 구축을 시도했다. 아펠은 법과 유사한 차원의 규칙들(동의를 얻거나 진실을 주장하는 데 유용한 언어 행위에 의존할 수 있는 동등한 권리가 모든 언어 사용자에게 주어져야 한다), 연대의식적인 차원의 규칙들(문제점들의 논술적인 해결책을 찾으려는 공동 의사의 차원에서 상호 지지가 필요하다), 공동책임과 관련된 규칙들(모든 언어 사용자가 문제를 해결하기 위해 책임의식을 갖고 공동의 노력을 기울여야 한다)을 소통윤리학의 기반으로 삼았다. 아펠은 이러한 규칙들을 담론의 차원에서 인정하고 동일한 규칙들이 무한한 소통 공동체 내부에 실재한다고 보는 관점이 의미의 실질적인 지평을 구축할 수 있다고 보았다.

반면에 하버마스는 실천적인 차원에서 전개되는 이른바 '소통 행위'의 이론을 구축했다. 하버마스에 따르면, '소통 행위'와 정반대되는 것이 바로 기술의 조작과 지배의 논리가 좌우하는 '도구적인 행위'다. '소통 행위' 자체는 분명한 합의점의 탐색을 추구하는 태도에 의해 지탱되는 사회적 결속의 가능성을 의미한다.

칼 포퍼 역시 소통윤리학에 관한 논쟁에 『텔레비전은 나쁜 선생Television: a Bad Teacher』(1993년)이라는 글로 참여한 바 있다. 포퍼는 이 저서에서 대중에게 소통할 수 있는 힘을 보유한 자의 책임의식만이, 아울러 소개되는 목소리의 복수주의만이 텔레비전을 '열린사회'를 위한 도구로 만들 수 있다고 주장했다.

요나스의 『책임의 원리: 기술 문명을 위한 윤리학』은 인간과 자연의 관계에 대한 현대적인 의미의 철학적 논의가 시작된 기점이었고 여전히 생명윤리학과 환경윤리학의 논의에서 빼놓을 수 없는 논제들의 철학적 기반을 제공하는 저서다. 요나스는 그의 또 다른 저서 『삶이라는 현상The Phenomenon of Life』(1966년)에서 표명한 관점과 1930년대 및 1950년대에 연구했던 고대 말기의 영지주의에 대한 관점을 바탕으로 환경보호와 관련된 전적으로 현대적인 문제들을 다루었다.

요나스는 기술 시대가 더 이상 미룰 수 없는 윤리적 혁신을 요구하고 있다고 보았다. 요나스는 고전적인 존재론을 복원해 존재의 중요성을 새로운 윤리학의 심장으로 만들고 그것의 형식적인 구조를 칸트의 윤리학과 도덕적 계율에서 발견했다. 고전적 윤리학의 관점에 따르면, 행위에 대한 평가는 인간들의 상호관계를 바탕으로 이루어져야 했다. 반면에 요나스는 '자연'이 현대 윤리학의 대상에 포함되어야 한다고 주장했다. 자연환경에 대한 선입견이나 자연을 무시하는 태도는 곧 또 다른 유형의 타자, 즉 미래의 세대로부터 우리만큼은 여전히 누리고 있는 권리를 빼앗는 결과를 가져오리라고 보았기 때문이다.

요나스는 정치적으로 책임을 진다는 것이 곧 지금 살고 있는 사람들의 권리뿐만 아니라 지상에서 앞으로 살게 될 사람들의 권리 역시 보호한다는 것을 의미한다고 보았다. 요나스는 이렇게 말했다. "모든 책임의식의 원형은 인간에 대한 인간의 책임의식이다." 요나스에 따르면, 오늘날 인류는 그들만의 것이 아닌 유산을 낭비하며 '타자'의 미래를 소모하고 있다. 따라서 현대의 기술 시대가 받아들여야 하는 지상명령은 자연을 존중하고 존재 자체의 존재 가능성을 존중해야 한다는 것이다. 인간이 자초한 여러 동식물의 멸종 위기에 위협받고 있는 것이 바로 존재 자체의 의미이기 때문이다. 세계를 살만한 곳으로 만든 기술은 인간을 다양한 형태의 공포로부터 해방하고 자연을 지배할 수 있는 권리를 부여했지만 이제는 오히려 모든 것을 뒤엎어 버릴 수 있는 하나의 가능성으로 대두되고 있다. 주목해야 할 것은, 세계의 인간화 기획에 소용되던 도구가 이제는 세계를 비인간화하고 비자연적으로 만드는 도구로 변해 가고 있다는 사실이다.

요나스가 제기했던 문제들을 재차 검토한 하버드 대학의 과학사 교수 에버렛 멘델스존Everett Mendelsohn은 기술이 가져온 바람직하지 않은 결과들을 경제적인 차원에서 분석하고 자연환경의 존중이라는 문제를 성장윤리학적 관점에서 조명했다. 요나스의 사유에 주목했던 또 한 명의 철학자, 일본의 이마미치 도모노부(今道友信, 1922~2012년)는 그가 제안한 '생태윤리학'을 바탕으로 '나'의 윤리학에서 '우리'의 윤리학으로 전환할 필요성을 주장하며 인간과 자연의 조화를 탐구하기 위해 서양 철학과 동양 철학의 융합을 허락할 수 있는 공통의 덕목을 찾아야 한다고 강조했다.

젠더 스터디

여성이나 남성으로 태어난다는 것은 세계에 대한 우리의 경험적 양태를 돌이킬
수 없는 방식으로 결정짓는, 예를 들어 우리가 어떤 식으로 성장하고 어떤 교육을
받아야 하는지 결정짓는 요인이다. 다시 말해 미래의 여성 혹은 남성으로서의 성
적 정체성이 부여되는 경로를 기점으로 우리가 주체성의 의미를 일상적으로 가
늠하는 과정이 시작된다. 다양한 학문 분야의 연구들이 집약되는 형태로 전개되
는 이른바 '젠더 스터디'라는 분야는 '성정체성'이 구축되거나 부여되는 복잡한
과정을 정의하기 위해 필요한 수많은 측면과 차원을 연구하는 동시에 성정체성
이라는 용어의 전통적인 의미와 대별되는 또 다른 차원의 의미들, 즉 유전적이고
생물학적인 요인으로서의 구체적인 성정체성과 직결되는 보다 복합적인 측면들,
예를 들어 성적 차원에서 바라본 개인의 표현 방식, 행동 양식, 태도, 사회문화적
인 관계 등에 각인되어 있는 의미 영역을 부각하는 데 주력한다.

성정체성이라는 용어가 이러한 의미로 받아들여지기 시작한 것은 잉글랜드에
서였지만 성과 젠더를 명확하게 구분할 필요성을 처음으로 제시한 인물은 『성과
젠더Sex and Gender』(1968년)의 저자 로버트 스톨러Robert Stoller다. 스톨러는 젠더를 "성
과 직결되지만 생물학적 차원의 성과는 구체적인 연관성이 없는 환상, 생각, 느

낌, 행위 등의 총체"로 정의했다. 결과적으로 생물학적 차원의 성을 문화적이고 사회적인 요인들의 총체로 간주되는 젠더와 구분하는 관점이 역사상 처음으로 등장했고, 이러한 관점은 페미니즘 이론가들에 의해 적극적으로 수용되는 양상을 보이다가 '젠더 스터디'로 발전하게 될 연구 분야의 확고부동한 이론적 기반으로 정립되었다. 초기의 젠더 스터디는 여성을 사회적으로 열등한 위치에서 벗어나게 하려는 취지를 지니고 있었고 무엇보다도 여성들의 전통적인 사회적 위치가 결코 자연적이지 않으며 남성중심주의 사회와 문화의 산물에 지나지 않는 만큼 남성중심주의가 사실상 여성들을 억압해 온 제도적 장치의 토대였다는 점을 조명하는 데 집중되어 있었다.

이러한 구조적인 성격의 장치들은 사실상 여성의 신체나 본성과는 아무런 상관도 없는 의미들을 정형화하기 위해 성적 차이를 강조하는 관습이나 담론을 생산해 왔고 여전히 생산하고 있으며, 그런 식으로 인간이 지니는 기량이나 성격 혹은 성향을 부적절하고 조화롭지 못한 방식으로 분류하는 결과를 가져왔다. 대표적인 예는 남성이 여성보다 더 강하고 담대하며 이성적이고 여성은 남성보다 더 감정적이고 감성적이며 무언가를 가꾸고 지키려는 성향이 강하다는 식의 구분법이다. 바로 그런 이유에서 미국의 여성사학자 조앤 스콧Joan Scott은 「젠더: 역사적 분석의 유용한 범주Gender: A Useful Category of Historical Analysis」(1986년)에서 젠더를 하나의 사회적 범주로, 즉 "권력관계가 모습을 드러낼 때 가장 먼저 부각되며 성적 신체에 부여되는 사회적 범주로 간주해야 한다고 주장했다. 시몬 드 보부아르가 『제2의 성Le Deuxième Sexe』(1949년)에서 주장했던 것처럼 여성이 여성으로 태어나지 않고 여성으로 만들어진다면 이는 곧 이러한 생성 과정이 생물학적 성의 역사적, 문화적 해석을 뒷받침하는 사회적 이념이나 성의 문화적 모형에 수동적으로든 의식적으로든 적응하려는 노력의 결과라는 것을 의미한다.

아울러 '성' 대신 '젠더'라는 용어를 사용하면서 학자들은 성의 주체성과 정체성의 상관관계라는 측면을 강조하려고 노력했다. 젠더의 차원에서 '여성'의 의미는 오로지 '남성'과의 관계 속에서만 이해될 수 있으며 궁극적으로는 다양한 차원의 사회적 구도 속에서, 예를 들어 생산체계(노동은 남성의 몫이다)나 생식체계(자식을 낳고 키우는 일은 여성의 몫이다), 성정체성을 표상하는 방식(성에 관한 고정관념, 특히 소비나 욕망의 대상으로 활용되는 여성들의 신체와 관련된 고정관념) 등 어떤 식으로든 남성과 여성의 관계를 조절하거나 이해하는 데 활용되는 방식들의 사회적 구도 속에서 발견된다. 성의 기능과 사회성의 자연적인 위상을 문제점으로 지적하면서 젠더 스터디의 학자들은 전통적인 이성, 지식, 주체 등의 철학적 개념에 의혹을 제기하며 이 개념들의 외견상으로만 보편적이고 중립적인 얼굴 뒤에는 위선적인 보편화와 억압의 메커니즘이 숨어 있다는 사실을 폭로하는 데 주력했다. 젠더 스터디의 관점에서 볼 때, 이처럼 초월주의적인 성격의 보편성과 중립성에는 사실상 소수의 경험만이, 본질적으로는 서양 백인 남성들의 경험만이 반영되어 있을 뿐이다. 젠더 스터디 덕분에 탄생한 또 하나의 연구 분야, 이른바 '남성 연구Men's Studies' 분야에서 학자들은 남성이라는 존재에 대한 전통적인 관점에 의혹을 제기하면서 생산노동의 분리와 이것이 수반하는 역할 분담과 경쟁 구도에 특별한 관심을 기울였다.

'여성'과 '남성'에 관한 성찰은 그런 식으로 상당히 다양하고 체계화하기 힘든 관점의 비판적인 입장들을 탄생시켰고 학자들은 이러한 입장을 고수하며 최근 40년간 다양한 방식으로 '주체'라는 개념 자체의 위상에 대해 성찰해 왔다. 1970년대에 급진적인 성격의 페미니즘 문화는 젠더, 혹은 젠더에 의해 정의되는 '주체'를 하나의 실질적인 또는 '본질적인' 차이점으로 간주했다. 다시 말해, 항상 거부되어 왔지만 어떤 식으로든 추적이 가능하고 무엇보다도 복원이 가능한 '진정한 여성적 본성'이 하나의 차이처럼 존재한다는 것이었다. 이어서 1980년대부터 일종의 '사회구성주의'를 구축하는 방향으로 발전한 '젠더 스터디'는 젠더를 더 이상 본질적인 요소로 간주하지 않았고 발굴해야 할 '진정한 본성' 같은 것은 존재하지 않으며 한계 설정이 가능하고 동질적인 주체로서의 여성 같은 것도 존재하지 않는다고 보았다. 학자들은 대신에 젠더적인 차이점들을 표상하거나 구성하는 방식에 집중했다. 그런 식으로 또 다른 형태의 주체 이론이 정립되었고 이를 바탕으로 더 이상 통일성과 보편성이 아닌 복수성과 다양성을 기준으로 사고하는 방식이 부각되었다.

같은 시기에 페미니즘은 유색인종 여성을 비롯해 탈식민주의 비평에도 관심을 기울이며 연구 영역을 확장시켰다. 식민지의 해방운동이 전개된 뒤에 발전한 탈식민주의 비평의 지지자들은 식민지 고유의 역사가 지니는 특수성과 차이점을 강조하는 데 주력했다. 이러한 관점에 따르면, 근대의 식민주의는 우리의 '현재'를 탄생시킨 서구 자본주의의 형성에 크게 기여한 현상으로 간주된다. 이는 일찍이 장폴 사르트르(1964년)가 주장했던 내용이다. 사르트르는 식민주의가 비유럽 민족들을 대상으로 진행된 경제적, 정치적, 문화적 지배와 착취의 체계로 간주되어야 하며 바로 이 체계가 정복자들뿐만 아니라 피정복자들의 역사와 의식을 돌이킬 수 없는 방식으로 확정지었다고 보았다. 성의 기능과 사회성의 자연적인 위상을 비판하는 차원은 여기서 유럽 사회에 잔재하는 '식민지 정복자'의 이미지 혹은 현대 서구 문화에 고유한 '무의식적 식민주의'를 폭로하는 차원과 일맥상통한다. 이 무의식적 식민주의를 토대로 식민주의가 유럽인인 아닌 사회문화적 주체들을 '다른', '이질적인', 무엇보다도 '열등한' 존재로 간주하며 이야기하는 담론의 형성 방식을 생산해 냈다고 보았던 것이다.

이러한 입장과 젠더 스터디의 연구 결과들은 우리가 우리의 정체성과 타자의 정체성을 정의하기 위해 활용하는 범주들을 사실상 현실 속에서는 실재하지 않는 개념으로 간주할 것을 요구한다. 왜냐하면 이 범주들은 투명하지도 뚜렷하지도 중립적이지도 않으며 사실상 어떤 식으로든 타자, 여성, 유색인종, 이방인 등을 굴복시키려는 의지에만 복종하기 때문이다. 젠더 스터디와 탈식민주의 연구 분야에서 두각을 나타냈던 연구가들 가운데 한 명인 가야트리 스피박(Gayatri Spivak, 1942년~)은 이러한 메커니즘에 주목하면서 현대 서구 사회가 어떤 잠복적인 형태의 '폭력적인 인식'에서 출발해 유럽 중심적이고 민족 중심적이며 가부장적인 성향의 '인식논리'를 기반으로 타자와의 만남이나 대립이 이루어질 때마다 상이한 정체, 주체, 문화를 체계적으로 부정하거나 왜곡해 왔다고 주장했다.

성별이나 다수의 인종들 또는 민족들 사이에 불변하는 차이점이 존재한다는 생각, 아울러 이에 뒤따르는 분리가 인간세계의 분류를 조장하고 각각의 부류에 상이한 가치를 부여한다는 생각은, 젠더 스터디와 탈식민주의 비평에 힘입어, 서서히 힘을 잃고 사실은 훨씬 더 많은 차이점들이 존재한다는 관점에 의해 대체되었다. 아울러 이러한 다양성의 개념을 토대로, 주체성의 형성과 변형에 기여하는 요인들은 상당히 다양하다는 점과 우리가 주체성에 부여하는 가치 역시 항상 사회적 맥락과 권력관계에 좌우된다는 것이 분명해졌다. 따라서 오늘날 '젠더 스터디'나 '탈식민주의' 같은 용어들은 언어학에서 생물학, 인류학에서 현대 역사학, 국제관계에서 문학비평에 이르는 상당히 다양한 탐구 영역들의 총체를 가리킨다. 동일한 탐구의 차원에서 오늘날에는 기본적으로 레즈비언, 트랜스젠더 등의 성소수자들에게 주목하는 이른바 퀴어queer(혹은 포스트젠더) 비평을 토대로 성과 젠더의 구분법이 다시 토론되고 있다. 기묘하다거나 변칙적이라는 뜻과 결과적으로 불안하다는 뜻도 함께 지니는 '퀴어'라는 용어는 실제로 이론적 차원에서 성과 젠더라는 구분마저 뛰어넘는 관점을 가리키기 위해 기용되었다. 오늘날 '퀴어'라는 용어는 문화적이고 사회적인 차원에서 예외적이거나 비정상적이라고 평가되던 성행위들의 정당성을 옹호하기 위해 일종의 방어용 표어로 활용된다. 좀 더 정확히 말하자면 '퀴어'는 성정체성의 어떤 범주에도 속하지 않으려는 실천적인 동시에 이론적인 차원의 태도, 혹은 생물학적 차원의 성과 젠더와 성적 욕망을 명확하게 구분하려는 모든 입장을 해체하려는 의지를 가리킨다. 그런 식으로 '퀴어'의 분석 영역은 결국 레즈비언과 게이의 성정체성, 탈식민주의, 젠더에 관한 연구뿐만 아니라 욕망과 성과 젠더와 인종과 피부색 사이에서 발생하는 모순과 비일관성을 극적으로 경험하는 모든 형태의 주체성에 대한 연구로까지 확장되었다.

부정주의자들은 누구인가?

부정주의자란 홀로코스트가 결코 일어난 적이 없고 나치의 가스실 역시 꾸며 낸 이야기에 불과하다고 보는 일부 역사학자들을 말한다. 이들은 홀로코스트가 전쟁에 패한 독일로부터 배상금을 받아 내 이스라엘 재건에 활용하고자 했던 동맹국들이 다분히 시온주의적인 발상에서 꾸며 낸 이야기에 지나지 않는다고 보았다.

이 역사학자들은 스스로를 수정주의자라는 명칭으로 불렀지만 학문적인 성격의 역사학에서는 이들을 부정주의자로 부르는 것이 일반적이다. 그 이유는 비교적 간단하다. 대부분의 진지한 역사학자들이 자신들의 지식을 얼마든지 재검토할 수 있고 자신의 견해를 반증하는 확실한 근거들을 입수했을 때 자신의 입장을 기꺼이 수정할 수 있다는 차원에서 본질적으로는 수정주의자라고 볼 수 있는 반면, 부정주의자는 역사적 확실성 자체를 부인하기 때문이다. 부정주의자들에게 가스실이 존재하지 않았다는 것은 논박이 불가능한 기정사실이었고, 이 확고부동한 사실을 바탕으로 부정주의자들은 홀로코스트가 실제로 일어난 사건이었다는 것을 증명하는 모든 증거와 증언을 선험적인 차원에서 거부하며 제2차 세계대전의 역사가 근본적인 차원에서 수정되어야 한다고 주장했다.

실제로는 전쟁이 끝난 직후부터 이른바 승자들의 역사적 관점을 바탕으로 해석된 전쟁의 역사에 왜곡된 부분이 존재한다는 목소리가 여기저기서 들려왔다. 예를 들어 프랑스에서는 일찍이 1948년부터 자타가 공인하는 파시스트 모리스 바르데슈Maurice Bardèche가 전쟁의 책임을 독일인들에만 돌릴 수 없고 흔히 비난의 대상이 되는 만행도 독일인들은 저지른 적이 없으며 전쟁의 책임은 오히려 동맹국들과 유대인들 스스로가 져야 한다고 주장했다. 전쟁 직후에 두각을 나타낸 또 한 명의 부정주의자 폴 라시니에Paul Rassinier는 대학살의 목격자가 아니라 강제수용소 수감자로서의 경험을 바탕으로 홀로코스트에 관한 언급이 구축하는 거짓 역사를 폭로하고자 했다.

뒤이어 부정주의는 꽤 오랫동안 주변적인 현상으로 남아 있었지만 1970년대 말에 접어들면서 좀 더 많은 이들의 주목을 받기 시작했다. 상황을 변하게 만든 여러 요인들 가운데 하나는 부정주의자들이 세운 보다 효과적인 소통 전략이었다. 1978년 미국 캘리포니아의 토런스에 설립된 '역사평론협회Institute for Historical Review'는 실제로 전 세계의 부정주의자들이 모여드는 곳이었다. '역사평론협회'는 학회를 개최하고 《역사평론저널 The Journal of Historical Review》이라는 제목의 기관지를 발행했다. 부정주의자들의 글 대부분이 바로 이 저널을 통해 소개되었다. 아울러 '역사평론협회'는 홀로코스트를 부정하는 모든 학자들이 존중해야 할 이른바 8가지 '부정주의 공리'를 발표했다. 이 공리들은 다음과 같다.

1. 모든 것을 종결지은 것은 대학살이 아니라 이민이었다.

2. 가스 살포는 없었다.

3. 실종된 유대인들 대부분은 미국이나 소련으로 이민하면서 자취를 감추었다.

4. 살해당한 소수의 유대인들은 전복을 도모한 범죄자들이었다.

5. 전 세계의 유대인 공동체들은 제2차 세계대전에 대한 정직한 역사를 탐구하는 모두에게 탄압을 가한다.

6. 집단 학살의 증거는 존재하지 않는다.

7. 증거를 제시할 의무는 오히려 '학살론 지지자들'에게 있다.

8. 공식적인 역사 서술에서 드러나는 인구조사적인 차원의 모순들은 이 역사 자체가 거짓이라는 것을 확실하게 보여 준다.

이 공리들은 부정주의자들을 향해 제기될 수 있는 반론에 대한 표준적인 답변들을 제공한다. 예를 들어 실종된 유대인들은 어디로 사라졌냐는 질문에 이들은 유대인들이 전쟁 직후의 혼란을 틈타 새로운 삶을 개척하기 위해 다른 곳으로 이동했다고 대답한다. 나치의 전쟁 문서에서 그토록 빈번히 등장하는 '특별 조치'라는 암호화된 표현은 어떻게 설명할 것인가라는 질문에 부정주의자들은 이 '특별 조치'가 건강한 수감자들과 병든 수감자들을 분리시키라는 지시에 불과했다고 대답한다. 전쟁이 끝난 뒤에 쏟아져 나온 증언들에 대해서는 과연 무슨 말을 할 것인가라는 질문에 이들은 증언이 증거와 일치하는 것은 아니며 오히려 동맹국들에 의해 조작되었거나 강요되었을 가능성이 크다고 답변한다. 그렇다면 훨씬 더 분명한 사진 자료들은 어떻게 설명할 것인가라는 질문에 대해서도 이들은 모든 사진 자료들 역시 첨단의 기술을 사용한 조작의 결과에 불과하다고 말한다.

프랑스에서 1978년에 발생한 '포리송 사건'은 사진 자료에서 조작된 부분을 제거하는 복원 작업의 필요성을 더욱더 자극하는 일종의 촉매로 기능했다. 문학비평가 로베르 포리송Robert Faurisson은 1976부터 프랑스 주요 일간지에 지속적으로 편지를 보내 이른바 '가스실의 문제Le problème des chambres à gaz'에 관한 공개 토론 개최의 당위성을 피력했다. 그의 진지함과 끈기는 결국 그 제안에 매력을 느낀《르 마탱Le Matin》이나《르 몽드Le Monde》같은 신문사들이 1978년에 그의 글들을 신문에 발표하는 결과로 이어졌다. 그가 원하던 대로 곧장 뜨거운 논쟁이 시작되었지만 포리송은 리옹 대학의 프랑스문학 교수직에서 물러나야만 했다. 그러나 포리송은 좌절하지 않고 자신이 부당한 탄압의 희생양임을 주장하면서 뒤이어 사실상 내용을 정확히 파악하지 못한 좌파 지식인들, 예를 들어 노암 촘스키 같은 인물의 지지를 얻는 데 성공했다.

뒤이어 부정주의자들은 좀 더 과학적인 관점을 활용하기 시작했고 결과적으로 홀로코스트 존재론과 일반적인 역사관에 대한 부정주의자들의 공격은 크게 두 가지 방향으로 전개되었다. 한편에서는 홀로코스트의 존재를 뒷받침하는 증언들의 연관성을 무효화하려는 시도가 이루어졌고 다른 한편에서는 가스를 사용한 집단 살해가 기술적인 차원에서 사실상 불가능했다는 점을 증명하기 위해 정체불명의 전문가들이 기용되었다.

부정주의자들은 증인들의 증언을 전체적인 맥락으로부터 고립시켜 증언으로서의 설득력을 잃게 만드는 한편 증인들의 신빙성과 증언 자체의 가치를 떨어트리기 위해 증인들을 신뢰할 수 없는 인간으로 보이게끔 만드는 데 주력했다. 부정주의자들은 예를 들어 증인들이 심리적으로 불안정하다거나 알코올중독자라거나 부도덕한 인간이라는 식으로 인신공격을 하거나, 이들이 이윤을 목적으로, 혹은 개인적인 명성을 얻기 위해 증언한다고(엘리 위젤) 비난하며 심지어는 동맹국과 시온주의자들이 선전을 위해 꾸며 낸 이야기를 읊어 댈 뿐이라고(안네 프랑크 Anne Frank) 비난했다.

부정주의자는 증언의 내용을 역사적 맥락과 분리시킨 뒤에 역습을 시작한다. 그는 모든 문서를 정반대의 관점으로 읽으면서 해석에 균열을 일으키는 모든 요소들을 집요하게 추적하고 조금이라도 불분명한 사실들, 지극히 사소한 모순들을 끄집어 낸다. 부정주의자는 증인들이 범한 미세한 판단의 오류들을 집요하게 물고 늘어지다가 느닷없이 결론을 내린다. 증인이 어떤 특정 요소에 대해 잘못 판단했다면 다른 모든 부분에 대해서도 잘못 판단했을 가능성은 충분히 있다는 결론을 내리는 것이다.

이러한 개별적인 반론에 답하기 위한 충분한 정보가 없는 청중은 결국 오리무중에 빠지거나 일종의 해석적 마비 상태에 빠지는 것이 보통이다. 어쨌든 부정주의자의 기본적인 전략은 동의의 구조를 파괴하고 홀로코스트에 대한 우리의 집단적 이해를 구축하는 사회적 동의를 파편화하는 것이다. 이 시점에서 부정주의자는 본격적인 공격을 시도한다. 그는 암시의 기술을 바탕으로 청중에게 문서와 증언에서 발견되는 결점들은 우연히 발생한 것이 아니며 오히려 증언 자체가 국제 시온주의 단체들의 어떤 구체적인 조작 의지에서 비롯되었다는 것을 보여 준다고 주장한다. 이쯤 되면 이야기는 유대인들이 은밀히 세계 정복을 도모한다는 음모론으로 흘러간다. 실제로 부정주의는 모종의 음모론, 즉 세계 어디엔가 보이지 않는 지배 세력이 존재하며 이들이 역사의 흐름 자체를 좌우한다는 확신 없이는 성립되지 않는다.

반면에 대량 학살의 기술적인 불가능성을 과학적으로 증명하는 데 주력했던 이른바 '기술적' 부정주의를 대표하는 인물은 프레드 로이터Fred Leuchter다. 사형 집행에 쓰이는 장치들을 전문적으로 제조하고 설치하던 기술자 로이터는 1988년 아우슈비츠를 방문해 강제수용소의 가스실에서 불법으로 표본을 채취한 뒤 이 표본의 화학 성분 분석을 바탕으로 보고서를 작성했다.

로이터의 과제는 '아우슈비츠에서 가스에 죽은 건 벼룩뿐이다'라는 부정주의자들의 오래된 주장에 대한 과학적인 근거를 제시하는 것이었다. 강력살충제 치클론B가 강제수용소에서 기생충뿐만 아니라 인간을 학살하는 데 사용되었다는 것은 널리 알려진 사실이다. 하지만 로이터는 살충제가 살포된 장소의 벽에 치클론B에서 발생하는 독성물질 사이안화 수소가 푸른색 흔적을 남기는 것이 보통인데 오늘날 사람들이 나치 강제수용소의 가스실이라고 알고 방문하는 곳에서는 이러한 흔적을 찾아볼 수 없다는 데 주목했다. 이러한 사실을 바탕으로 로이터는 오늘날 나치 강제수용소의 가스실로 소개되는 장소가 실제로 인간을 학살하는 데 쓰였던 것은 아니라는 결론을 내렸다.

로이터의 논리는 부정주의자 에른스트 췬델Ernst Zündel의 재판이 진행되는 동안 근거가 없는 것으로 드러났고 장클로드 프레사크Jean-Claude Pressac의 연구를 통해 보다 상세하게 반증되었다. 로이터가 몰랐던 사실이 있었다. 치클론B의 독성물질에 견디는 벌레들의 저항력이 인간의 저항력에 비해 훨씬 더 강하고, 결과적으로 사람보다는 기생충을 죽이는 데 훨씬 더 많은 양의 치클론B가 소요된다는 사실이다. 실제로 가스실에서는 가스 살포가 대략 10분간 진행되었고 그 뒤에는 청소와 환기가 이루어진 반면 기생충 박멸을 위한 살충 작업은 몇 시간에 걸쳐 진행되었다. 그런 식으로 치클론B가 벽에 스며들 수 있는 충분한 시간을 제공했던 것이다.

오늘날 부정주의의 선전 도구로 활용되고 있는 인터넷은 모두에게 개방된 소통 경로인 만큼 부정주의자들의 입장에서 볼 때 몇몇 유럽 국가의 부정주의 저술 검열 정책에 대응하기 위한 최상의 도구임이 분명하다. 부정주의자들이 아무런 문제없이 정보의 고속도로에 진입할 수 있다는 사실은 홀로코스트 부정주의에 대항하며 학문적인 역사관을 수호하려는 이들의 전략에 지대한 영향을 끼친다. 소통의 기술이 책이나 비디오에 국한되던 시기에는 부정주의자들의 활동을 억제하는 것이 어떤 식으로든 가능했지만 인터넷의 등장과 함께 이러한 전략은 사실상 실행이 불가능해졌다. 아울러 검열의 적합성 여부에 관한 논쟁의 결과를 떠나, 검열 자체가 시대착오적인 발상이라는 것은 부인할 수 없는 사실이다.

바로 이러한 측면에 대한 인식을 바탕으로 시작된 것이 히브리어로 '우리는 기억할 것이다'라는 뜻의 '니즈코어Nizkor' 기획이다. 1992년에 시작된 이 기획의 참여자들은 부정주의자들의 사이트를 세밀하게 관찰하면서 이들의 계획을 폭로하는 데 앞장섰다. "유해한 사상에는 또 다른 사상으로 싸워야 한다"라는 것이 '니즈코어'의 모토다.

17

정치철학

17.1 대중의 세기

독일의 작가이자 철학자인 에른스트 윙거(Ernst Jünger, 1895~1998년)는 『총동원*Die totale Mobilmachung*』(1930년)에서 20세기의 역사를 특징짓는 시대적 변화가 대중이 정치와 사회에 끼치는 영향력의 증가에서 비롯되었다고 설명한 바 있다. 윙거는 20세기의 세계대전이 이제껏 누구도 경험해 본 적이 없는 보편적이고 총체적인 차원의 심리적 충격을 안겨 주었다고 보았다. 세계대전은 단지 온 세대가 참여했기 때문이 아니라 참여국들의 경제와 산업의 극단적인 활성화를 바탕으로 전개되었기 때문에 민중적인 차원에서 일어났다고 볼 수밖에 없었다. 윙거는 이와 유사한 대중의 참여가 전쟁이 끝난 평화의 시기에도 계속되었다고 보았다. '총동원' 현상은 기계와 대도시의 시대에 고유한 현상, 즉 인간의 활동이 일종의 거대한 노동 과정이자 모든 것을 지배하는 체제로 드러나는 시대의 전형적인 현상이었다. 이 현상이 주는 인상을 윙거는 이렇게 표현했다. "점점 더 획일화되어 가는 대중의 움직임과 세계의 정신이 이들 위로 그물을 던지는 모습은 하나의 거대하고 무시무시한 공연처럼 느껴진다."

대중이 역사의 무대에 등장하는 현상은 세계에 근본적인 변화를 가져왔다. 문명의 거의 모든 측면이, 예를 들어 도덕문화, 윤리관, 인간이 스스로를 바라보는 관점, 소통의 형태, 문화, 예술 등이 커다란 변화를 겪었고, 산업적 생산과 소비가 논리화되고 체계화되는 곳에서 경제에, 그리고 무엇보다도 정치구조에 근본적인 변화가 일어났다. 한편으로는 새로운 형태의 주체들이 구체제가 더이상 보장할 수 없는 권리를 요구하기 시작했고, 다른 한편으로는 집단적인 의지를 뒷받침하거나 제어하고 특정 방향으로 이끌 수도 있는 전대미문의 정치적 지배 형식과 대규모의 동원 형식이 체계화되는 현상이 일어났다.

이러한 변화를 이해하고 해석하기 위해 정치철학은 새로운 현상에 대한 용이한 설명을 허락하는 범주에 의존하기 마련이다. 그런 의미에서 '전체주의'는 현대의 철학 토론과 정치 담론에서 가장 빈번히 언급되는 범주들 가운데 하나다. '전체주의'는 흔히 국회 같은 제어장치나 견제 세력을 형성하는 정치기구 혹은 구속력을 지닌 법적 장치가 부재할 때 실현될 수 있는 정치 형태로 정의된다. 전체주의를 특징짓는 것은 단일 정당의 존재, 혹은 민주주의국가에서 국민의 권리와 함께 보장되는 자유와 복수주의의 부재다. 일반적으로는 전체주의라는 용어로 대중사회에 깊이 파고들 수 있고 소통의 제어를 통해 인간의 행동방식을 유도할 수 있는 형태의 권력을 가리킨다. 그런 식으로 전체주의체제 속에서 인간은 언제든지 서로를 대체할 수 있는 동질적인 존재로 변하며 모든 개별적인 특징과 재능을 상실한 채 주어진 과제뿐만 아니라 스스로의 다양한 욕구까지 주어진 조건 속에서만 실행하고 충족시킨다.

주목해야 할 것은 지식인들에게 이 범주를 남용하는 경향이 있다는 사실이다. 무엇보다도 20세기의 변화무쌍한 정치현상들을 단일한 관점에서 해석하려는 성향이 결국에는 상이하고 이질적인 입장과 이론들을 무분별하게 전체주의라는 명칭으로 부르는 혼란스러운 상황을 가져왔다. 나치 정권이나 공산주의적인 유형의 정부들을 모두 전체주의로 보는 관점은 구조적인 측면에서 공통된 요소들을 찾아내는 데 유용할 수 있지만 결국에는 이데올로기적이고 역사적인 차원의 뿌리 깊은 차이점들을 간과하게 만들 위험이 있다. 아울러 전체주의라는 개념의 의미가 어느 정도까지 확장될 수 있는지에 대해서도 정치 이론가들의 의견은 일치하지 않는다는 점을 염두에 두어야 한다. 일반적으로는 에스파냐의 프랑코 정권 같은 전형적인 독재 정권이나 남아프리카의 군부독재를 전체주의로 간주하는 성향이 강하지만 이탈리아의 파시즘이나 중국의 공산주의를 전체주의로 보아야 하는가라는 문제에 대해 학자들의 의견이 항상 일치하는 것은 아니다.

카를 슈미트(Carl Schmitt, 1888~1985년)는 20세기 초반에 일어난 뿌리 깊은 변화에 주목하며 정치적 범주들의 새롭고 독창적인 정의를 시도했던 인물이다. 이 법철학자의 이름이 20세기의 철학사에서 그토록 자주 언급되는 이유는 무엇보다도 나치즘과의 연관성 때문이지만, 그의 정치학 이론이 히틀러가 정권을 잡기 이전에 완성되었다는 점을 감안할 때 그의 사상이 과연 나치 이데올로기를 기준으로 평가될 수 있는가라는 점은 신중하게 살펴봐야 할 문제다.

흔히 결단주의라는 용어로 불리기도 하는 슈미트의 정치 이론에 따르면, 법적 가치의 기반은 통치자의 의지에 있다. 통치자의 결단 자체가 법을 만든다. 슈미트가 『3가지 부류의 법학적 사고에 관하여*Über die drei Arten des rechtswissenschaftlichen Denkens*』(1934년)에서 홉스를 인용하며 주장했던 것처럼, "법을 만드는 것은 진리가 아니라 권위다*Auctoritas, non veritas facit legem*". 통치자의 최종 결단이 법을 만들며 그런 식으로 제정된 법은 모든 형태의 제한적인 전제 조건으로부터 분리되어 있다. 다시 말해 윤리적인 계율이나 전통적인 가치에 좌우되지 않는다. 슈미트가 『정치신학*Politische Theologie*』(1922년)에서 주장한 바에 따르면, "근대국가 이론의 모든 의미심장한 개념들은 세속화된 신학적 개념"이다. 바로 그런 이유에서 슈미트는 신학 이론들을 정치 이론의 실례로 제시했다. 이러한 관점에 따르면, 예를 들어 신의 존재와 관련된 선험적인 개념들이 적용될 때 무언가가 어떤 기준이나 가치에 상응하기 때문이 아니라 단순히 신의 명령에 부합하기 때문에 정당화되는 것처럼, 법적 가치를 예외적으로 결정하는 것은 다름 아닌 통치자의 의지다.

하이데거와 야스퍼스의 제자였던 한나 아렌트(1906~1975년)는 하이델베르크 대학을 졸업한 뒤 같은 대학에서 교수로 활동하다가 인종차별법이 실행되면서 1933년에 파리로, 뒤이어 1941년에 미국으로 망명했다. 미국에서는 시카고와 뉴욕에서 교수로 활동했다. 아렌트는 유명한 저서 『전체주의의 기원 The Origins of Totalitarianism』(1951년)에서 '전체주의'를 개인의 자유가 묵살되고 모든 형태의 정치적 규합이 국가적인 차원으로 흡수되는 통치체제로 정의했다. 아렌트의 반유대주의에 관한 저서 『예루살렘의 아이히만: 악의 통속성에 대한 보고서 Eichmann in Jerusalem: A Report on the Banality of Evil』(1963년) 역시 중요하며 주목을 요한다.

『전체주의의 기원』에서 아렌트는 20세기에 이루어진 거대한 단절에 주목했다. 아렌트는 20세기 초반에 일어나기 시작한 윤리관, 정치관, 세계관의 구조적인 변화가 1930년대와 1940년대에 이르러 "도덕적 질서의 총체적인 붕괴"를 일으키며 절정에 달했고 이러한 총체적인 변화가 정치철학의 전통적인 범주들을 무용지물로, 특히 현대의 사회적 현상들을 설명하는 데 전혀 어울리지 않는 낡은 개념으로 만들었다고 보았다. 아렌트에 따르면, 전체주의는 근본적인 차원에서 "전통문화와의 총체적인 단절을 가져왔고, 명백하게 우리의 정치적 범주와 우리의 도덕적 판단 기준들을 분해해 버렸다". 따라서 전적으로 새로운 현상들을 해석하기 위해서는 현상 못지않게 새로운 범주들이 필요했다.

20세기에 등장한 전체주의 정권들, 즉 아렌트가 전체주의로 정의하는 나치즘과 스탈린의 사회주의를 과거의 독재주의나 권위주의와 유사한 형태로 간주하는 것은 문제의 핵심에서 크게 벗어나는 일이다. 총수의 의지가 모든 것을 관할하는 유일 정당의 실재는 '국가'와 '사회'의 전통적인 구분을 무의미하게 만들 뿐 아니라 모든 것을 장악하는 공포와 이데올로기의 침투에 활로를 제공한다. 공포가 비밀경찰의 치밀한 사회 감시를 기반으로 침투하는 반면 전체주의 권력체계를 복합적인 차원에서 정당화하는 형식으로서의 이데올로기는 "역사 전체가 어떤 식으로 비밀스럽게 전개되는지, 즉 과거의 비밀과 현재의 복합성과 미래의 불확실성을 모두 꿰뚫고 있다고 주장하는 전체주의 고유의 논리"를 통해 침투한다. 아렌트에 따르면, 인간을 시키는 일만 할 줄 알고 따라서 언제든지 대체가 가능한 자동기계로 전락시키는 체제는 인간의 사회적 고립을 조장하고 고귀한 정치적 차원의 상실을 가져올 뿐이다. 아렌트가 그녀의 또 다른 저서 『활동적 삶*Vita activa*』(1958년)에서 주목했던 것처럼, "물질의 중재 없이 인간관계를 활성화할 수 있는 유일한 활동은 인간 조건의 복수적인 성격에 부합하며 지구에서 사는 존재가 보편적 '인간'이 아니라 '인간들'이라는 사실에 부합하는 활동이다". 전체주의는 행위의 가장 인간적이고 자율적이며 자유롭고 고차원적인 측면, 즉 인간관계와 관련된 측면을 말살한다. 아렌트는 이러한 정치적 영역이 사라질 때 인간은 "끝없이 재생되는 동일한 모형의 복제품"에 불과하다고 보았다. 바로 이러한 관점에서 아렌트는 대중문화 시대의 개인적 책임이라는 개념과 도덕적인 범주들의 재정립을 시도했다. 이러한 차원에서 모두의 관심을 끌었던 것은 바로 '악의 통속성' 개념이다. 이 개념을 설명하면서 아렌트는 20세기의 극악무도한 만행을 겉으로 보기에는 평범하기 이를 데 없는 통속적인 인간들이 어떤 혐오감이나 퇴폐적인 동기에서가 아니라 그저 누군가의 명령을 수동적이고 기계적으로 받아들이고 이행하면서 저질렀다는 점을 보여 주었다.

17.2   자유와 정의

20세기 초반에 자유주의 사상은 이데올로기의 세계에 가려 활로를 찾지 못했을 뿐 아니라 보수주의적인 철학자들을 비롯해 마르크스주의 철학자들의 거센 비판에 맞서 대응조차 할 수 없는 상태였다. 정통파 유대교 교육을 받으며 성장했고 나치가 정권을 장악했을 때 미국으로 이민한 철학자 레오 슈트라우스(Leo Strauss, 1899~1973년)는, 슈미트의 자유주의 비판을 토대로, 현대 자유주의가 몰락의 결과이자 정치적 내용이 증발하는 현상의 결과라고 보았다. 슈트라우스에 따르면, 개인적인 영역의 수호 정신을 사실상 지배했던 것은 두려움이었고 자유주의는 공동의 가치를 추구하는 것과 거리가 멀었기 때문에 상대주의적인 맥락에서만 발전할 수 있었다. 마르크스주의자들은 자유주의가 자본주의의 단순한 이데올로기적 투영에 지나지 않으며 사실상 경제적 주도권을 쥔 계급의 입장에서 노동자 계급의 착취를 정당화하기 위한 이론에 불과하다고 비판했다. 좀 더 세련된 입장을 제시했던 프랑크푸르트학파의 학자들은 자유주의가 결국 전체주의로 귀결될 수밖에 없는 부르주아적인 성격의 또 다른 지배 형식이라고 보았다. 예를 들어 마르쿠제는 미국처럼 자본주의와 소비주의가 지배하는 대중-산업사회 역시 전체주의적인 특징들을 나타낸다고 보았다. 마르쿠제가 『일차원적 인간』(1964년)에서 주목했던 것처럼, "전체주의라는 용어는 사실상 공포를 조장하는 유형의 정치체제에만 적용되는 것이 아니라 공포와 무관하게 포장된 욕망을 제공하며 필요를 조작하는 방식으로 유지되는 정치체제와 기술 사회에도 적용된다". 이 경우에도 인간의 완전한 복종 상태, 즉 소비논리와 생산 자체가 목적인 생산논리에 인간이 전적으로 복종하는 모습을 확인할 수 있을 뿐 아니라 점점 더 강력해지는 소통 장치와 조건을 토대로 필요가 조작되는 현상을 확인할 수 있다.

1989년에 동유럽의 공산 정권이 붕괴되고 1991년에 소련이 붕괴되면서 서방 세계와 사회주의 세계의 분쟁은 지속될 명분을 상실하고 말았다. 따라서 마르크스주의 정치 이론들도 위기를 맞았지만 반대로 자유주의가 생명력을 인정받는 상황이 전개되었고 이러한 변화는 결과적으로 20세기 초반에 자유주의적 관점에서 좌파적 혹은 우파적 전체주의에 대해 비판적인 의견을 피력했던 저자들의 이론이 다시 주목받는 상황으로 이어졌다. 철학자 칼 포퍼는 1945년에 발표한 그의 유명한 저서 『열린사회와 그 적들』에서 전통적인 실증주의의 교리적인 이성주의를 거부하고 비판적인 동시에 방법론적인 이성주의를 지지하면서 과학적 가설은 오로지 잠정적인 가치를 지닐 뿐이며 그것을 반증할 수 있는 사실들에 의해 언제든지 오류로 판명될 수 있다고 주장한 바 있다. 포퍼의 주장이 주목받았던 이유는 동일한 차원에서, 정치에서도, 열린사회가 이성적인 계획을 강요하거나 역사를 지탱하는 법칙들의 존재를 강조하는 성향에서 벗어나 개인의 자유를 보장해야 한다는 생각이 대두되었기 때문이다. 이와 유사한 형태의 논제를 "전체주의적 민주주의"와 "자유주의적 민주주의"의 차이점에 주목했던 이스라엘의 학자 야콥 탈몬(Jacob Talmon, 1916~1980년)의 사유에서 찾아볼 수 있다. 탈몬은 첫 번째 용어를 18세기에 형성된 일종의 '정치적 메시아주의'를 가리키기 위해 사용했다. 정치적 메시아주의란 인간이 "예정되어 있는 사실들의 조화롭고 완벽한 총체를 추구할 수밖에 없고 또 이 단계에 필연적으로 도달해야만" 한다고 보는 입장을 말한다. 탈몬은 이러한 절대적이고 유일하게 타당한 목표, 따라서 무의식적으로 강요되던 목표의 이름으로 희생되었던 것이 바로 개인의 자유라고 보았다.

포퍼의 입장을 지지하며 자유주의의 전제들을 아무런 조건 없이 수용했던 경제학자 프리드리히 아우구스트 폰 하이에크Friedrich August Von Hayek는 개인의 삶을 침해하는 국가의 제도적 간섭을 비판하며 치밀한 이론적 논쟁을 전개했다. 소련의 경제발전 5개년계획이나 서구 사회의 복지국가welfare state 체제 같은 계획경제나 중앙집권적인 경제체제를 모두 거부했던 하이에크는 국가의 영향력을 최소화하거나 제재하고 개인의 자유, 개인의 노력, 사유재산을 수호하는 데 필요한 이론들을 체계화하기 위해 노력했다. 하이에크는 국가가 시민들의 삶과 재산을 보호하는 데 "밤의 수호자"로서가 아니면 개입하지 말아야 하며 사회와 시장이 시민들의 자유롭고 개별적인 시도에 힘입어 자연스럽게 성장할 수 있도록 내버려 두어야 한다고 보았다.

지금까지 언급한 저자들은 개인의 자유가 얼마나 보장되느냐를 기준으로 정치체제를 평가했지만 미국의 철학자 존 롤스(John Rawls, 1921~2002년)의 평가 기준은 '정의'였다. 20세기 말의 철학 논쟁에 생기를 불어넣은 롤스의 가장 유명한 저서는 다름 아닌 『정의론A Theory of Justice』(1971년)이다. 롤스가 추구했던 것은 사회적 평등성의 증대와 확대였고, 바로 그런 차원에서 "사유체계의 가장 우선적인 덕목이 진리이듯, 사회제도의 가장 우선적인 덕목은 정의"였다. 롤스는 개인에게 가능한 한 많은 자유, 아울러 모두에게 동등한 자유가 주어져야 한다는 전형적인 자유주의 전제를 수용하고 지지했다. 롤스의 입장에서는 정당한 국가가 실현되어야 하는 이유도 사회 내부에서 필연적으로 발생하는 불균형을 바로잡기 위한 개입이 필요하기 때문이었다. 동일한 차원에서, 롤스는 전통적인 사회계약론에 대한 보편적인 관점의 해석을 시도하며 사회 이전 단계의 상황, 즉 사회 자체를 뒷받침하게 될 정의의 기준들이 결정되고 계약의 차원에서 정립되는 출발 단계의 조건에 머물러 있는 개인의 입장에 주목했다. 롤스는 개인이 이러한 "원천적인 위치"에서, 즉 앞으로 지니게 될 자신의 사회적 위치에 대해서는 아무것도 모르는 상태에서 가장 공정한 선택을 할 수 있다고 보았다. 롤스의 비판자들은 그의 이론이 지나치게 추상적이라는 점을 지적했다. 예를 들어 미국의 정치 이론가 로버트 노직(Robert Nozick, 1938~2002년)은 롤스가 개인들이 관여한 생산 과정을 역사적이고 사실적인 관점에서 고려하지 않고서는 부의 정당한 배분이 실질적으로 불가능하다는 점을 간과한다고 보았다.

한나 아렌트와
악의 통속성

제2차 세계대전이 종결된 뒤에 아르헨티나에서 자신의 정체를 감추고 은둔 생활을 하던 나치 장교 아돌프 아이히만Adolph Eichmann은 수백만 명에 달하는 유대인들뿐만 아니라 집단수용소에 수감되어 있던 집시들, 동성애자들, 정치 망명가들, 소외된 인간들을 죽음으로 몰아넣은 장본인들 가운데 한 명이다. 대부분의 나치 장교들과는 달리 아이히만은 강제수용소를 운영한 적이 없고 어떤 식으로든 수감자들에게 개인적으로 가학적인 행위를 저지른 적이 없었다. 아이히만의 주요 임무는 '인간 물질'(이는 그가 도살장으로 끌려가던 사람들을 가리킬 때 사용했던 표현이다)을 독일의 주요 도시에서 아우슈비츠, 트레블링카, 다하우의 강제수용소로 운송하는 업무를 관리하는 것이었다. 아이히만이 적극적으로 대학살에 참여했다는 것은 분명한 사실이지만 그가 사람을 직접 고문하거나 살해했다는 증언은 없다.

　아돌프 아이히만의 재판이 이스라엘에서 열렸을 때《뉴요커New Yorker》의 특파원 자격으로 재판을 참관했던 한나 아렌트의『예루살렘의 아이히만: 악의 통속성에 대한 보고서』(1963년)와 이 책을 가득 채우고 있는 증언들에 따르면, 아이히만은 평범한 남자였고 그에게 절대적인 충성을 요구하며 자신이 저지르는 행위의 도덕적 의미에 대해 고민하지 말 것을 요구했던 전체주의체제의 노예에 지나지 않았다. 아렌트가 관찰한 나치 감시원 아이히만의 이미지가 표상하는 것은 추악한 절대 악의 모습이 아니라 오히려 외견상 무심하고 일상적이며 통속적인 악의 모습에 가깝다. 그렇다면 행위의 주체인 개인의 책임과 개인적인 차원을 초월하는 사건들, 즉 중립적인 듯이 보이는 개인의 행동이 사실상 그가 책임질 수 없는 훨씬 더 거대한 구도에 어쩔 수 없이 기여하게 되는 경우의 사건들 사이에는 어떤 유형의 경계가 존재하는가? 행동 주체들의 책임을 무효화하고 이들을 개인의 식별이 불가능한 무리로 간주하며 강요와 집요한 설득의 힘으로 구축된 목표에 획일적으로 봉사하도록 만드는 전체주의의 위협으로부터 현대 사회를 지키기 위해 필요한 도구에는 어떤 것들이 있는가? 이것들이 바로 아렌트의 저서가 독자들에게 던지는 질문들이다.

현대 정치사상에서의
법과 정의

/ 롤스와 정의론

롤스는 모든 형태의 공리주의를 거부하며 정의의 논리를 바탕으로 '선'의 개념에 '정의'의 개념이 우선한다는 점을 강조했다. 롤스는 정의에 대한 다수의 의식을 좌우하는 원칙들이 자유롭고 동등한 주체들 간의 기본적인 동의라는 범주 내에서 유효하다는 점을 깨닫는 것이 중요하다고 보았다. 이는 계약이 공정성을 확보하려면 대등한 조건에서 이루어져야 하는 것과 마찬가지다. 같은 차원에서 롤스는 정의를 구축하는 원칙들의 공정성이 바로 동일한 원칙들이 선별되는 과정의 공정성에서 유래한다고 보았다. 이것이 바로 롤스가 말하는 '공정성으로서의 정의' 이론이 지니는 의미다.

이 이론을 뒷받침하는 원칙은 두 가지다. 첫 번째는 모두에게 평등과 기본적인 자유가 보장되어야 한다는 원칙인 반면 두 번째는 공직에 몸담을 수 있는 기회가 모두에게 주어진다면, 아울러 공직자가 열악한 상황에 놓인 사회 구성원들을 보호하기 위해 존재한다면 사회적, 경제적 불평등은 정당한 것으로 간주되어야 한다는 원칙이다. 물론 롤스는 『정의론』에서 공공의 정의 의식에 대한 동의가 또 다른 경로를 통해 포괄적이고 보편적인 윤리학을 구축하는 방향으로 발전할 수 있다는 가능성을 인정한 바 있다. 롤스가 주장한 '공정성으로서의 정의'는 다양한 분야의 학자들 사이에서 열띤 논쟁을 불러일으켰다. 이들 가운데 경제학자이자 철학자인 아마르티아 센(Amartya Sen, 1933년~)의 입장은 특별한 주목을 요한다. 그는 인간의 다양성을 "우리가 평등성에 기울이는 관심의 기본적인 구성 요소"로 간주했고 여러모로 상이한 유형의 인간들이 평등한 존재로 간주되는 이유를 구체적으로 밝힐 필요성이 바로 이러한 다양성에서 유래한다고 보았다. 하지만 평등성이 요구되는 상이한 영역들 사이에서 평등성의 규모나 형태 등을 중심으로 분쟁이 일어날 수 있다는 점도 간과할 수 없는 문제였다. 따라서 사회적 평등성에 대한 적절한 평가를 제공할 수 있는 이론은 다양한 종류의 변수들, 예를 들어 나이나 성, 건강, 자연적 자원, 경제적 상황, 사회-환경적 맥락 등을 관찰할 수 있는 분석적 시각을 갖추고 있어야 했다.

/ 테일러와 노직

평등주의를 지지했지만 자유주의를 거부했던 캐나다의 철학자 찰스 테일러(Charles Taylor, 1931년~)는 오히려 개인의 정체성과 '다문화주의'라는 문제에 각별한 관심을 기울였다. 테일러는 인간을 원자주의적인 관점에서 바라보는 자유주의자들의 입장에 문제가 있으며 이러한 자유주의적 관점이 인간의 자급자족성과 도덕적 자율성에 대한 맹신에서 비롯된다는 점을 지적했다. 테일러는 오히려 인간을 사회적 동물로 보는 관점, 혹은 소속 사회와의 지속적인 관계에 놓인 정치적 존재로 보는 아리스토텔레스적인 관점의 중요성을 강조했다. 이러한 관점의 분석을 토대로 테일러는 현대 사회에 숨어 있는 모순, 즉 개인의 자율성이라는 '이상'과 개인이 속한 구체적인 역사-문화적 공동체가 그에게 부여하는 일련의 '의무' 사항들 사이에 잠재적인 모순이 존재한다는 점을 발견했다. 테일러가 『다문화주의: 인정의 정치학 연구Multiculturalism: Examining The Politics of Recognition』(1992년)에서 주장했던 것처럼, 필요한 것은 개인의 정체성 구축에 기여하는 공동체의 정체성과 권리에 대한 공공의 인식이었다.

지금까지 검토한 입장들과는 별개로 특별한 주목을 요하는 또 한 명의 인물은 미국의 철학자 로버트 노직(1938~2002)이다. 근본적으로 개인주의적이고 자유주의적인 입장을 지지했던 노직은 재산의 재분배나 사회적 불균형의 수정 정책이 어떤 경우에든 윤리적인 관점에서 부당하며 이는 절대적으로 보장되어야 할 개인의 권리를 침해하기 때문이라고 주장했다. 바로 그런 차원에서 노직은 '최소국가minimal state' 이론, 즉 국가가 권력을 독점하되 개인의 권리 행사에 대한 국가의 간섭을 최소화하는 방식으로 개인의 권리를 보장해야 한다는 이론을 제시했다.

18

경제철학

18.1 방법론의 문제

경제와 관련된 철학적인 주제들의 분석을 처음으로 시도했던 인물은 아리스토 텔레스지만 체계적인 경제학의 정립과 관련된 철학적인 문제들을 분명하게 식 별하고 조명한 인물은 존 스튜어트 밀이다. 경제학 분야의 철학적인 문제들은 근본적인 차원에서 세 가지 유형으로 구분된다. 첫 번째는 '방법론'적인 문제, 즉 경제 분야에서 가설을 어떤 식으로 제안하고 정당화할 수 있는가라는 문제 를 다루며, 두 번째는 '이성'적인 문제, 즉 행위의 관점에서 원리들을 어떻게 정 의해야 하는가라는 문제, 세 번째는 '후생厚生'적인 문제, 즉 무엇을 추구하는 것 이 개인과 사회를 위해 유익한가라는 문제를 다룬다.

밀의 성찰은 경제 이론들을 정립하고 평가하는 방법론이나 이 과정에 경험 적인 성격의 관찰이 기여하는 바에 대한 열띤 토론을 촉발하는 데 결정적인 역 할을 했다. 밀은 경제현상의 복합성과 이러한 현상을 일으키는 원인들의 다양 성 때문에 자연과학에서 쓰이는 경험적이고 귀납적인 방법론을 경제에 적용한다는 것은 쉽지 않은 일이며, 이는 무엇보다도 자연과학적 방법론이 실질적인 결과에 대한 경험적인 차원의 관찰과 원인들의 보편적인 특성을 토대로 전개되기 때문이라고 보았다. 바로 그런 이유에서 밀은 원인과 결과의 관계를 뒤엎는 선험적 방법론을 제시했다. 밀은 무엇보다도 경제현상들의 개별적인 원인이 무엇인지 밝힐 필요가 있으며, 원리로 간주될 수 있는 기초적인 성향들, 예를 들어 부를 갈망하거나 욕망을 충족하려는 성향, 노동을 기피하는 성향 등의 분석을 토대로 원인을 식별하는 것이 가능하다고 보았다. 밀의 방법론에 따르면, 이러한 '원인'들을 지배하는 법칙들로부터 경제적인 차원의 '결과'들을 예상할 수 있고 이 결과들을 실질적인 현실과 비교할 수 있다. 예상된 결과들이 경험적인 차원의 현실에 상응하지 않을 경우에도 원인을 지배하는 법칙들이 오류로 판명되는 것은 아니며 단지 모든 요인에 대한 관찰과 분석의 정확도만 문제시될 뿐이다. 밀의 이론을 비판했던 이들은 상반되는 관점을 고수하며 두 갈래로 양분되는 경향을 보였다. 먼저 사실주의적인 입장의 비판가들은 밀이 경제 이론의 타당성을 '증명'하거나 '반증'할 때 경험적인 차원의 분석을 전혀 중요하게 생각하지 않았다는 점을 지적했다. 반대로 도구주의적인 입장을 고수했던 이들은 이론적 원리들의 사실적인 본질과 원인으로서의 기능에 대한 밀의 의혹에 반론을 제기했다.

첫 번째 입장을 지지했던 이론가들 가운데 테렌스 허치슨(Terence Hutchison, 1912~2007년)은 관념적인 성찰을 통해 도입된 이론적 원리들이 본질적으로는 번복될 수 없으며 반증이 불가능하다는 전제가 틀렸다고 주장했다. 허치슨은 경제 이론의 본질적으로 경험적인 차원이 유지되려면 이론적인 원리들 역시 관찰의 대상으로 간주되어야 한다고 보았다. 아울러 허치슨은 경제를 방해하는 요소들의 본질적으로 모호한 성격 때문에 경험적인 차원에서 어떤 종류의 비정상적인 현상이 등장해도 경제 이론 자체는 흔들리지 않는다는 장점을 지녔다고 보았다. 바로 그런 이유에서 심리학적인 유형의 탐색이 유용하게 활용될 수 있다면, 최근에 경제학 분야에서 이루어진 실험의 활용은 바로 이러한 방향으로 나아간 듯이 보인다.

조금은 다른 차원에서, 다니엘 하우스만Daniel Hausman은 '다른 모든 조건이 동일하다면ceteris paribus'이라는 전제하에 경제를 방해하는 어떤 중요한 요인들이 이론적 '반증'의 경험적 증거로 제시되는지 분명하게 밝힐 필요가 있다고 주장했다. 이러한 입장을 지지했던 이들은 칼 포퍼와 임레 라카토슈의 가르침을 따르는 이른바 방법론적 경제학자들이다. 이들이 우려와 함께 지적했던 것은 대부분의 경제학자들이 반증주의자인 것처럼 행동할 뿐 사실은 특정 이론 혹은 경쟁 상태에 놓인 여러 이론들을 검토하기 위한 경험적인 토대를 정립하는 데 아무런 관심이 없다는 것이었다. 아울러 주목할 것은 동일한 입장을 고수했던 학자들이 경제현상의 원인으로 간주되는 실질적인 메커니즘에 상응하는 이론을 구축하기 위해 다양한 철학적 시도를 감행했다는 사실이다. 예를 들어 최근에 인지과학과 신경경제학 분야에서 이루어진 획기적인 연구도 사실은 인간의 경제적 선택이나 사고가 전개되는 과정에서 정신의 기능을 발견하려는 인식론적 목적에서 추진되었다고 볼 수 있다.

두 번째 도구주의적인 유형의 입장은 일련의 인식론적 전제에서 출발한다. 우선적으로, 도구주의적인 관점에서, 이론은 반증이 불가능하다. 왜냐하면 무엇보다도 경제에 악영향을 끼치는 비정상적인 요소들이 이론 자체를 구축하는 가설, 법칙, 원칙, 방정식 등에 관여하는지 혹은 부차적인 가설들, 예를 들어 도구들의 기능이나 정보 수집이나 평가 기준의 정립에 관한 가설과 직결되는지가 정해지지 않았고, 이론이 사실은 경험적인 정보에 좌우될 뿐 아니라 결과적으로 동일한 정보가 수많은 이론에 의해 설명될 수 있기 때문이다. 따라서 이론을 수용할 때 이론의 사실성에 대해 우려하는 것은 아무런 의미가 없는 일이다. 경제학자 밀턴 프리드먼(Milton Friedman, 1912~2006년)은 경제 모형들이 예측의 도구로만 활용되어야 한다고 주장한 바 있다. 훌륭한 경제 이론이란 가격과 물량에 대한 정확한 예상을 사실적인 정보와 다를 바 없이 제시할 수 있는 이론이다. 이는 훌륭한 당구 선수가 당구공의 최적 궤도를 파악하기 위한 복잡한 물리-수학적 공식들을 모두 알고 있다는 듯이 당구공을 정확하게 원하는 곳으로 보내는 경우와 비슷하다. 이론이 예측 기능을 가진 일종의 블랙박스처럼 작동하기만 한다면, 이론적 논제들이 일종의 가설로 도입되었는지, 혹은 관념적인 고찰이나 귀납적인 방식으로 도입되었는지, 아울러 현실에 실질적으로 상응하는지의 여부는 그리 중요하지 않다. 물론 이 블랙박스가 체계적인 방식으로 부정확한 예측을 반복할 때 이 블랙박스의 존재를 어떻게 정의해야 하는가라는 문제에 분명한 답이 있는 것은 아니다.

도구주의는 신고전적인 경제학의 이론적 발전에 지대한 영향을 끼쳤다. 도구주의의 목표는 단순화된 경제체제, 따라서 비현실적인 경제체제를 표상할 수 있는 경제 모형을 구축하고 수학적인 차원과 인식론적인 차원에서 다루기 쉬운 모형을 제시함으로써 경제현상에 대한 구체적인 예측을 가능하게 만드는 것이었다. 이처럼 경제학 분야에서 방법론의 사실적이고 경험적인 본질을 부인하는 성향은 디아드르 맥클로스키Deirdre McCloskey의 수사학적 접근 방식과 함께 절정에 달했다고 볼 수 있다. 수사학적 관점에 따르면, 경제 이론을 평가하기 위한 방법론적 기준은 더 이상 존재하지 않으며 중요한 것은 설득에 필요한 수사적 기량뿐이다.

18.2   이성의 문제

철학사에서 '이성'을 바라보는 관점은 크게 두 종류로 구분된다. 첫 번째 관점에 따르면 이성은 선입견으로부터 벗어날 수 있는 힘, 참과 거짓을 구분할 수 있는 힘, 인간이 동물과 다른 이유를 정당화하는 요소 등으로 정의된다. 이러한 보편적 관점과 대조되는 두 번째 관점을 지지했던 대표적인 인물은 칸트다. 칸트는 '이성'에 대한 '지성'의 우월성을 인정할 필요가 있으며 그 이유는 지성이 즉각적이고 직관적인 특성을 지녔고 바로 그런 이유에서 인간이 경험적인 세계를 직접적으로 이해할 수 있기 때문이라고 보았다.

19세기에 경제학에서 선택 이론의 기반을 구축하는 요소로 정립되었고 오늘날의 신고전적 경제학에서도 여전히 동일한 기능을 유지하고 있는 '이성'의 개넘은 첫 번째 관점에 속한다. 이 '이성'은 제왕적이며 보편적이고 계율적인 동시에 묘사적이라는 이중적인 성격을 지닌다. 이론이 계율적인 것은 특정한 이성적 선호도와 신뢰도를 바탕으로 어떤 유형의 선택이 이루어져야 하는지 규정하기 때문이다. 여기서 선호도는 총체적이고 이행移行이 가능하면 이성적이며, 신뢰도는 확률 계산의 공리들을 충족시킬 수 있을 때 이성적이다. 선택은 유용성을 극대화할 때 이성적인 선택으로 간주된다. 결과적으로 유용성을 극대화할 수 있는 선택 사항을 포기하고 또 다른 가능성을 선택하는 것은 비이성적인 행위다. 이론이 묘사적인 이유는 현실 속에서 경제주체가 유용성을 극대화할 수 있는 선택 사항을 포기하고 또 다른 가능성을 선택하는 일은 결코 일어나지 않으리라는 것을 보여 주기 때문이다. 이러한 이성적 선택의 이론은 '경제적 인간homo oeconomicus'의 범주를 후생이 최상의 목적이라는 원칙에 따라 경제적 맥락에 국한되는 인간의 행동 영역으로 정의한 밀의 경제학적 관점에서 그 기원을 찾아볼 수 있다. 이러한 전제에서 출발해 고전경제학과 신고전적 경제학은 경제주체 모형의 기반을 구축하는 형태로 선택의 이성적 원칙들을 발전시켰다. 이는 곧 밀의 시대에 규범이나 모호한 행동 수칙에 불과했던 것이 확률론의 방정식처럼 구체적인 형식을 갖춘 진정한 차원의 모형으로 변형되는 결과를 가져왔다.

이성적 경제 이론을 비판적인 시각으로 바라보는 관점에는 몇 가지 유형이 존재한다. 첫 번째는 이성의 계율적이고 선험적인 성격과 연관되며, 정신이 전적으로 뇌와 신경계의 내부 활동에 좌우된다고 보는 내재주의 이론을 토대로, 이성의 계율적인 성격이 인간의 직관력과 인지력에서 유래한다고 보는 관점이다. 이성의 계율적인 측면을 비판하는 관점은 묘사적인 측면에 대한 비판적인 시각과 어렵지 않게 연결된다. 후자의 관점에 따르면, 허치슨이 일찍이 주장했던 것처럼, 경제의 경험적인 성격은 경제적 유용성의 극대화 원칙을 보좌하는 부차적인 가설들, 예를 들어 부의 유형, 가격의 기능, 경제제도 등에 관한 가설에만 적용되지 않는다. 경제적 이성의 기본적인 특징과 원칙 역시 경험적인 차원과 직결된다고 보았기 때문이다. 그런 식으로, 허버트 사이먼의 '제한적인 이성' 개념은 경험적인 차원에 대한 다름 아닌 묘사의 요구에서부터 출발한다. 사이먼은 경제주체가 복잡한 환경을 마주한 상태에서 이해력의 한계에 부딪혔을 때 유용성을 극대화하기 위한 까다로운 계산을 포기하지만 이러한 상황을 묘사하고 규명함으로써 적절하고 만족할 만한 선택을 하기에 이른다고 보았다. 유용성의 극대화에 봉사하는 이성의 경제학 이론을 비판적인 시각으로 바라보는 경험주의적 입장은 최근에 시도된 다양한 연구의 공통분모로도 기능하는 듯이 보인다. 실험경제학은 버넌 스미스Vernon Smith의 연구를 기점으로 경제행위와 시장제도에 대한 일련의 실험적 테스트에 집중하는 경향을 보였고, 행동경제학과 인지경제학 분야에서는 사이먼을 비롯해 대니얼 카너먼Daniel Kahneman, 아모스 트버스키Amos Tversky, 게르트 기거렌처Gerd Gigerenzer 등이 체계적인 방식으로 반복되는 오류나 관찰과 결정에 활용되는 발견법을 명시하며 경제적 사고와 판단의 과정을 분석했다. 아울러 최근에는 경제적인 선택의 과정에 방향성을 부여하는 감정적이고 직관적인 측면을 강조하는 경향이 나타났다. 끝으로 신경경제학은 뇌 기능의 식별 기술들, 예를 들어 '기능적 자기공명' 기술을 사용해 인지론적인 차원의 가설들을 증명하거나 다양한 유형의 경제적 선택에 관여하는 신경계의 고정적인 기능을 식별하기 위해 노력하고 있다. 지금까지 살펴본 내용에서 분명하게 드러나는 것은 경제학의 새로운 연구 분야들이 인식론적 사실주의의 목표들을 조합하는 방향으로 나아갔고 경제행위를, 환원주의적인 차원에서, 신경-심리적인 원인의 메커니즘을 통해 설명하려는 노력이 이루어졌다는 사실이다.

18.3 후생

애덤 스미스 이후로 경제학은 줄곧 개인의 후생을 경제행위 이론의 핵심 주제로 간주해 왔다. 바로 그런 이유에서 행동경제학 이론의 묘사적인 측면은 개인주의적인 윤리에 편중된다는 비난을 피하지 못한다. 오로지 물질적인 풍요의 증대만을 목적으로 하는 개인의 유용성이 경제주체의 선택을 좌우하는 듯이 보이기 때문이다. 물론 이러한 비판은 이성적 경제 이론의 계율적인 측면에까지, 잘못된 방식으로, 확대 적용되는 것이 사실이다. 이러한 확대 적용이 부당하다고 사료되는 이유는 이성의 계율적인 측면이 순수하게 형식적이며 선호도나 선택의 내용에 관여하는 바가 없고 오로지 선택의 논리적인 구조만을 규정하기 때문이다. 경제주체의 선택이 이기적인지 이타적인지를 결정하는 것은 선택의 내용, 즉 선호하는 바의 내용이다. 아마르티아 센의 주장처럼, 경제적인 선택은 실제로 선택 주체의 물질적인 풍요와 개인적인 후생뿐만 아니라 타자의 후생을 위해서도 이루어질 수 있다. 예를 들어 경제주체는 개인적인 유용성의 극대화를 자기 자신만을 위해서가 아니라 다름 아닌 타자를 위해 스스로를 희생하며 추구할 수 있다. 신고전적 경제학이 개인을 오로지 이기적인 동기가 주어질 때에만 행동하는 존재로 간주했던 반면 실험경제학은 타자의 경제적이고 사회적인 상황을 고려해야 한다는 입장과 자세가 경제주체를 움직일 수 있다는 점에 주목했다. 사실상 다수의 개인을 중심으로 추진되는 사회적인 성격의 전략에서 유용성의 극대화는 경제주체들의 동기가 구조적으로 개인적인 이득과 자기만족을 최대화하는 데 집중된다는 전제하에서는 실현되기 힘들다. 오히려 염두에 두어야 할 것은 이타주의, 평등성, 연대감, 상호성 등을 비롯해 '타자를 향한' 다양한 유형의 부정적인 감정들, 이질적인 동기들이다. 핵심 개념은 이제 '경제적 인간'에서 에른스트 페르Ernst Fehr와 지몬 게히터Simon Gächter 가 제안한 '호혜적 인간homo reciprocans'으로 변하고 있다. 아울러 소비주의와 지배적인 형태의 경제 모형을 거부하고 성장의 제재 전략을 수용할 수 있는 비판적인 차원의 재검토가 요구되고 있다. 이러한 차원에서 의미 있는 의견을 제시한 인물은 『세계화된 시장의 위험Les Dangers du marché planétaire』(1998년)과 『발전에서 살아남기: 가상 경제의 탈식민지화에서 대안 사회의 건설로Survivre au développement: De la décolonisation de l'imaginaire économique à la construction d'une société alternative』(2004년)의 저자 세르주 라투슈Serge Latouche다. 결과적으로는 개인적 선택과 공동체적 선택 모두의 목표인 '자산'의 존재론적인 특징도 변하기 마련이다. 다시 말해 금융이나 부동산 같은 물질적인 자산이나 정보나 지식 같은 비물질적인 자산뿐만 아니라 인간 관계 역시 자산으로 간주되기 시작했다. 타자와의 소통이 주는 행복이나 사랑 받는다는 느낌과 관심의 교환이 주는 기쁨 등의 기본 전제인 인간관계 역시 경제학 분석의 대상으로 간주되기 시작한 것이다.

19

권리와 민주주의

19.1 권리의 문제

노르베르토 보비오가 주장했던 것처럼 20세기는 무엇보다도 강렬한 '권리의 시대'였고 인간의 기본 권리들이 법을 보다 인간적인 어조와 형태로 개편하는 데 결정적인 역할을 한 세기였다. 하지만 동시에 20세기는 인간의 모든 권리가 묵살되고 인간성 자체가 말살되는 상황이 공존했던 무시무시한 독재의 세기이기도 했다. 이 크나큰 오류에 대한 인류의 대응 의지는 1949년의 독일 헌법 서두를 장식하는 "인간의 존엄성은 유린될 수 없다"라는 문구에서, 혹은 동일한 문구가 등장하는 유럽연합 기본권헌장 서두에서 나타난다. 아울러 1948년의 이탈리아 헌법 제32조를 결론짓는 문구, "법은 어떤 경우에든 인간 존중의 의무가 부여하는 한계선을 넘어설 수 없다"라는 문구에서도 인류의 인간성 회복을 향한 보다 분명한 의지를 읽을 수 있다.

　19세기의 권리 유형과 20세기의 권리 유형 사이에 존재하는 본질적인 차이점을 이해하기 위해서는 우선적으로 18세기 말에 일어난 권리 혁명의 역사적 주인공들, 즉 부르주아 계층에 뒤이어 등장한 노동자 계층의 문화와 활동이 권리의 문화를 뿌리 깊게 바꾸어 놓았다는 사실에 주목할 필요가 있다. 전통적인 형태의 민권과 정치참여권을 보완하며 사회권이 등장했고, 이는 뒤이어 사회국가라는 1900년대의 위대한 발명품의 형태로 발전했다. 유럽에서 사회국가의 발전이 최고조에 달했던 시기를 흔히 '영광의 30년'(Les Trente Glorieuses, 1945~1975년)이라고 부른다. 이 시점에서 주목해야 할 것은 1776년에서 1789년에 이르는 권리의 혁명기에 일어난 것과는 달리 유럽 대륙과 미국에서 권리의 발전 양상이 상이한 형태로 전개되었다는 사실이다. 유럽 대륙에서는 권리의 개념이 무엇보다도 경제 분야에서 권리의 사회적 기능에 주목하는 열린 사고와 함께 발전했던 반면, 노동자 계층의 영향력이 유럽에 비해 상당히 미흡했던 미국에서는 개인주의적인 차원의 권리가 유일한 혹은 지배적인 개념으로 정립되었다.

이러한 상황은 두 가지 결과로 이어졌다. 먼저 권리가 타자나 공동의 이득과는 무관하며 오로지 개인의 이득을 취하는 데만 쓰이는 일종의 도구로 간주되었기 때문에 권리는 점점 더 공격적인 방식으로 활용되었고 결국에는 개인적인 차원에서 벗어나지 못하는 '고립성'이 미국적인 권리의 특징 가운데 하나가 되어 버렸다. 모든 타자와 분리된 개인이 자신의 성 안에 갇혀 권리를 마치 창처럼 거머쥐는 상황이 전개된 것이다. 이러한 상황에 주목한 학자들은 구원의 길이 권리가 아닌 사회 공동체에 있다고 주장하기도 했다. 두 번째 결과는 시장의 성장세가 주는 압박이 권리를 교환이 가능한 일종의 사물로 간주하도록 만들면서 권리 자체의 침해 불가능한 성격을 약하게 만들었다는 것이다. 반면에 유럽 사회는 개인적인 차원에서뿐만 아니라 사회적인 차원에서도 훨씬 풍부한 권리 개념을 제시했다.

이러한 구체적인 변화 양상을 뛰어넘어 20세기 후반부에 권리의 역사는 도처에서 여성들, 생태학자들, 과학자들, 기술자들의 평화적 혁명을 경험했고, 그런 식으로 성적 관심, 신체에 대한 관심, 생태계에 대한 존중, 혁신적인 기술과 과학적 지식의 비폭력적인 활용 등의 차원에서 구체적인 권리가 요구되는 상황이 전개되었다. 여기서 중요한 것은 단순히 새로운 권리들이 요구되는 국면

이 아니라 이러한 권리에 상응하는 새로운 현실을 어떻게 법적으로 보호하고 다루느냐는 실질적인 문제다. 결과적으로 부각되는 것은 생식의 권리와 유전자적 권리, 레즈비언, 게이, 양성애자, 트랜스젠더 같은 성소수자들의 권리, 소통의 권리, 개인정보 보호의 권리, 존재할 권리 등이다. 특히 개인정보 보호의 권리는 전통적인 프라이버시의 영역을 뛰어넘어 개인의 인간관계와 사회관계에 직접적인 영향력을 행사함으로써 사적인 영역과 공적인 영역의 관계를 재정립하도록 만든다. 존재할 권리는 삶의 온갖 어려움과 문제들을 조명함으로써 노동에의 권리를 주목하지 않을 수 없게 만든다. 이탈리아 헌법 제36조에 따르면 급여는 어떤 물건을 양도하고 받는 대가와 비교될 수 없으며 오히려 '자유롭고 존엄한 삶'을 위한 조건에 가깝다. 이러한 권리들의 체계화와 함께 나타난 현상들 가운데 하나는 결코 용납할 수 없는 인간 차별의 요인들이 분명하게 범주화되는 현상이다. 무엇보다도 유럽연합 기본권헌장 제21조에 이러한 차별의 요인들이 분명하게 명시되어 있다는 것은 법이 이제는 인간을 가능한 한 가까이서 관찰하고 그의 모든 면을 고려한 인격적인 차원에서 평가하며 그가 유일무이한 존재임을 강조하는 방향으로 나아가고 있다는 것을 증명해 준다. 따라서 권리의 자산화와 인간 차별의 부당성을 인정하는 추세는 전형적이고 정상적인 유형의 삶에 순응하라는 요구를 더 이상 받아들일 수 없는 것으로 만든다. 결과적으로 세계의 무대에 등장한 새로운 유형의 권리들은 진정한 삶의 의미를 피부로 느끼게 하고 감각적인 차원에서 온몸을 깨어나게 만드는 데 집중되어 있는 반면 추상적인 주체에만 적용되던 전통적인 권리들을 구태의연하고 쓸모없는 것으로 만들어 버린다. 물론 이 두 가지의 상이한 권리의식의 조합은 '인격체'와 그의 현실을 총체적인 차원에서 바라볼 때 가능해진다. 바로 그런 의미에서 유럽연합 기본권헌장(2000년 12월 18일)은 행위의 핵심이 인격체라는 점을 강조했다.

19.2   물리적 신체와 전자적 신체

기본권에 관한 논의에서 주요 관심사로 주목받는 것은 생명윤리학의 성찰과 전자 기술에서 유래하는 주제들이다. 먼저 '물리적' 신체의 보호를 위해 인격체로서의 완전성을 보장받을 권리, 즉 완전성을 파괴하는 육체적, 심리적 침해를 거부할 수 있는 권리가 모두에게 주어져야 하며 그런 식으로 우생학의 대중화, 인간 복제, 신체의 상업적 사용을 막을 수 있는 방법을 꾀해야 한다는 주장이 제기되었다. 아울러, '전자적' 신체의 보호를 위해서도 개인정보 보호를 전통적인 프라이버시 개념에 우선하는 기본권으로 정립해야 한다는 주장이 제기되었다.

예를 들어, 가족을 다양한 형태로 구성할 수 있는 권리가 이성 간의 결혼에 대한 자연스러운 권리 못지않게 존엄한 권리로 간주되어야 한다는 요구를 비롯해 차별을 금지하는 전통적인 계율들, 예를 들어 성, 인종, 종교, 정치적 견해와 관련된 차별 외에도 성적 취향이나 장애인과 관련된 차별 역시 금지되어야 한다는 요구가 대두되었다. 아울러 개인을 권리의 소유자로만 보는 추상적인 관점이 사라지고 보다 구체적인 방식으로 아이의 권리, 노인의 권리, 신체장애자의 권리, 특히 노동자의 권리와 중요성을 인정하는 관점의 중요성이 부각되었다.

오늘날 우리는 '인격체의 헌법적 정립'이라는 이름으로 부를 수 있는 과정을 목격하고 있고 이 과정을 통해 점차적으로 인격체는 '침해 불가능한' 존재이자 매순간, 어느 곳, 어떤 상황에서든 존중해야 할 존재라는 관점이 부각되고 있다. 권리의 중요성에 주목하는 추세는 감옥이나 정신병원 같은 전체주의적인 형태의 기관에도 침투했고 이 공간에서 살아가는 사람들의 존엄성을 조금이나마 회복하는 데 기여했을 뿐 아니라 이 기관들의 존속 자체가 지니는 문제점을 조명하는 데 크게 기여했다. 광인들의 다름 아닌 '권리'는 정신병동의 존재를 정당화하던 격리의 논리를 해체시켰고 심리학자 프랑코 바살리아Franco Basaglia의 집요한 노력은 결국 정신병원의 폐지법(1978년) 제정이라는 결과로 이어졌다.

권리가 일찍부터 '세대'를 기준으로 배분되어 왔고 바로 그런 이유에서 역사적인 성격을 띠었다면 동일한 권리들이 이제는 '인격체'를 중심으로 통합되는 양상을 보이면서 더 이상 분리될 수 없는 형태를 갖추기 시작했다. 예를 들어 시민권과 정치참여권은 인정하면서 사회적 권리나 후세대들의 권리, 무엇보다도 환경에 대한 새로운 의식이나 혁신적인 과학기술의 효과와 직결되는 권리를 부인할 수는 없는 노릇이다. 물론 이 '세대'에 관한 논의는, 오늘날 컴퓨터 분야에서 사용되는 것처럼, 신세대의 기계가 기존의 모든 버전을 무용지물로 만들어 버린다는 의미로 해석되어서는 안 된다. 마치 몇몇 세대의 기계들을 기술적으로 낮게 평가하는 위계적인 기준에 따라 일종의 연대기를 조명할 수 있다는 식의 억측이 실제로 사회적 권리와 관련된 논의에서 벌어지고 있기 때문이다. 사회적 권리들을 하나로 묶는 끈이 있다면 이 끈을 구성하는 것은 예를 들어 유럽연합 기본권헌장을 채우고 있는 일련의 원리들, 즉 존엄성, 자유, 평등성, 연대성, 시민권, 정의 같은 원리들이다. 이 원리들이 바로 개인의 사회적 위치뿐만 아니라 민주주의적 과정과 방식을 결정짓는다. 민주주의적 과정도 개인의 구체적인 상황과 결코 무관하지 않다. 자유로운 선거의 권리가 모두에게 동등하게 주어져야 한다는 것을 인정하게 되는 과정이 이 권리의 행사에 관여하는 물질적인 조건에서 추상적으로 파생하는 것은 아니다. 교육, 노동, 주거 공간 등이 시민들의 실질적인 정치적 참여를 위한 선결 조건이며 실현하고자 하는 민주주의의 수준을 결정짓는 요인이다.

하지만 우리는 개인의 권리와 함께 집단의 권리, 그리고 여기에 관여하는 새로운 주체들이 점점 더 강력하고 다양한 형태로 등장하고 있다는 점에 주목할 필요가 있다. 권리의 목록은 따라서 전례를 찾아볼 수 없는 새로운 요소들로 더욱 풍부해졌다. 예를 들어 민족 공동체들의 자립과 고유의 언어와 고유의 자산에 대한 권리, 환경보호의 권리, 굶주림에 허덕이는 모든 민족의 생명에 대한 권리와 일치한다는 차원에서 부각되는 음식 섭취의 권리, 지식에 대한 권리, 영토에 대한 권리 등이 부각되었다. 특히 앎에 대한 권리는 아프리카의 에이즈 환자들에게 약품 제공을 보장하는 문제나 인터넷에서 벌어지는 불법 다운로드의 문제 등과 관련하여 지적소유권, 판권, 독점권의 논리가 지닌 근본적인 문제점

들을 드러내는 데 일조했고, 영토에 대한 권리는 자연적이고 환경적일 뿐만 아
니라 역사적-문화적 자산으로 간주되는 영토를 보호할 권리와 존중해야 할 의
무를 조명하는 데 일조했다. 아울러 인본주의적 지원도 일종의 권리로 대두되
었지만 강자의 논리를 또 다른 형태로 위장하는 것은 아닌가라는 의혹을 불러
일으켰다. 새롭게 대두된 권리들 가운데 가장 어렵지만 결코 포기할 수 없는 것
은 평화에 대한 권리다.

　더욱 풍부해졌고 그만큼 획득을 위해 많은 노력이 필요했던 권리들의 구도
에 어두운 측면이 전혀 없었던 것은 아니다. 새로운 권리들의 그림자는 20세기
가 끝나갈 무렵에 부각되기 시작했다. 세계화된 공간 속에서 권리들은 끝없이
확장되는 동시에 흔적을 감추고, 배가되는 동시에 힘을 잃고, 집단적인 차원의
기회를 제공하는 동시에 개인적인 차원 안으로 틀어박혔고, 그런 식으로 보안
의 절대적인 요구에, 정치에, 경제와 금융의 논리에 시장의 횡포에 권력을 되
돌려주고 복종하기 시작했다. 우리가 목격하는 새로운 권리의 세계는 평화로
운 세계지만 끊임없는 분쟁과 모순에 시달리며 권리가 인정받을 때보다 훨씬
더 단호하게 부인되는 경우를 빈번히 목격하게 되는 세계, 끊임없는 탄압과 체
념으로 점철된 고통스러운 세계다. 결과적으로 '말하는 권리'는 불의의 거울이
자 척도지만 동시에, 무엇보다도 불의에 맞서기 위한 도구다. 권리가 묵살되는
모든 경우들의 실상이 드러난다고 해서 자동적으로 권리의 무용성이 증명되는
것은 아니다. 어떤 권리가 묵살되었다는 사실 하나만으로도 우리는 이 사실의
부당성을 고발할 수 있고 권리를 문서상으로만 인정할 뿐 현실에서는 묵살하
는 자의 위선을 고발할 수 있고 그의 부정이 곧 억압이라는 점을 천명하고 말과
행동의 일치를 주장할 수 있다. 권리를 획득하기 위한 전통적인 투쟁은 오늘날
다수의 '권리들'을 획득하기 위한 투쟁으로 변모했다. 이 투쟁은 더 이상 역사
적 주인공들에 의해 주도되지 않고 근대적인 차원의 권리가 탄생한 지역에서
만 전개되지도 않는다.

　21세기로 넘어오는 시기의 특징들을 살펴보면, 도처에서 나타나는 부인할
수 없는 권리들의 요구가 모든 형태의 제도적, 정치적 억압에 도전하며 정치의

흐름 자체를 좌우하는 현상이 벌어졌다고 할 수 있다. 다수의 주체들이 매일같이 공개적으로 다양한 형태의 권리를 요구하고 있다면, 이들의 요구가 지니는 힘은 어떤 형식적인 차원이나 권위 있는 기관의 공개적인 인가에서 유래하지 않으며 오로지 항변의 형태로만 권리를 인정받을 수 있고 인간으로서의 존엄성을 되찾을 수 있는 여성들과 남성들의 뿌리 깊은 확신에서 유래한다. 우리는 추상적인 권리와 구체적인 권리의 전례 없는 결속을 목격하고 있다. 이러한 결속력이 직접적으로 행동하도록 종용하는 주체들은 권리의 대변혁을 이끌었던 근대의 '역사적 주인공들', 즉 부르주아와 노동자 계층이 아니라 글로벌 네트워크를 바탕으로 소통하는 그야말로 무수한 사람들이다. '일반지성general intellect'* 도 정체불명의 다수도 아닌 수많은 열정적인 남성과 여성이 예속 상태에서 벗어나기 위한 정치적 기회를 찾고 창출해 내고 있다.

19.3　권리가 법적으로 보장되는 국가

현실의 이러한 역동적인 상황은 권리에서 오로지 '서구적인 이성'만을 발견하려는 시각과 그런 식으로 뿌리 깊은 식민주의적 관점의 흔적을 드러내는 이들의 비판적 시각에는 포착되지 않는다. 권리의 역사가 마지막 단계에서 보여 주는 특징들 가운데 하나는 세계의 곳곳을 연결하며 전개되는 문화적인 대화를 통해 다름 아닌 권리의 경계가 지속적으로 무너지고 있다는 점이다. 이 대화의 핵심 주제들 가운데 하나는 무엇보다도 '권리'와 '시장'의 관계에 관한 문제다. 1999년 유럽연합이 기본권헌장의 작성에 착수했을 때 유럽 각의는 이처럼 의미심장한 선택의 이유를 "기본권 보호는 유럽연합의 기본 이념과 존재의 필수

---

* '일반지성'이란 마르크스가 『정치경제학 비판 요강』에서 사용했던 개념으로 기계의 발전이 사회 조직에 직접적인 영향을 끼치면서 사회적인 성격의 일반적인 지식과 기술적인 기량의 조합을 바탕으로 생성된 지적 범주를 가리킨다. 마르크스는 일반지성을 생산의 중요한 원동력 가운데 하나로 간주했다.

불가결한 전제 조건을 구축하는 요소"이기 때문이라고 설명한 바 있다. 하지만 이러한 기본권은 본격적인 분쟁의 공간이 되고 말았다. 왜냐하면 사람들의 본질적인 의도는 기본권과 오늘날 유일하게 '자연적인' 법칙으로 간주되는 시장의 양립 불가능성을 천명하는 데 있다는 것이 분명해졌기 때문이다.

그런 식으로 사실상 무너졌다고 볼 수밖에 없는 것은 20세기 후반부에 구축된 국가 형태다. 요구되는 것은 더 이상 전통적인 권리국가가 아니라 '권리가 법적으로 보장되는 국가'다. 따라서 기본권의 공간이 법적으로 제도화되었다는 것은 중요한 의미를 지닌다. 결과적으로 이 권리들은 민주주의와 권력체계를 이해하는 방식에 결정적인 영향을 끼치는 정치적인 문제로 간주될 수밖에 없다.

20세기를 역사적인 관점에서 관찰해 보면 이러한 문제들의 본질과 함께 권리의 문제가 점진적으로 구체화되는 과정을 좀 더 명확하게 파악할 수 있다. 첫 번째 변화는 바이마르헌법이 제정된 1919년에 일어났다. 이때 사회적 권리의 등장은 권리들의 목록을 좀 더 풍부하게 꾸미는 것으로 그치지 않고 사유재산제도의 핵심적인 역할에 근본적인 의혹을 제기하는 결과로 이어졌다. 두 번째 변화는 제2차 세계대전 이후 이탈리아와 독일의 헌법이 제정되었을 때 일어났다. 여기서 모든 인간이 '자유롭고 평등하게' 태어난다는 전통적인 이념은 무의미한 것으로 평가되는 대신 인간의 존엄성과 노동에서 출발하는 훨씬 더 포괄적인 맥락에 적용되었고 결과적으로 과거에는 주목조차 받지 못했고 원리로도 간주되지 않았던 형제애나 연대감 같은 개념들의 중요성이 부각되었다. 자유와 평등성과 존엄성과 연대감 사이에는 위계가 존재하지 않는다. 오히려 이 모든 것들이 타자와 사회를 존중할 줄 아는 인간의 이미지, 혹은 사람을 경제주체로만 바라보는 시대에 인간의 존엄성을 확실하게 보장할 수 있는 이미지를 중심으로 권리들의 구도를 구축하는 데 기여한다.

노르베르토 보비오의
'정치와 문화'

노르베르토 보비오(1909~2004년)는 주로 정치와 문화의 관계에 관심을 기울였고 여기서 파생되는 주제들을 토대로 이탈리아 철학에 대한 포괄적인 평가를 시도했다. 보비오는 피에로 고베티와 안토니오 그람시의 도시 토리노의 복잡한 문화적 환경에서, 즉 최초의 반파시스트 연구소가 탄생했고 처음으로 자유주의 사상과 마르크스주의를 조합하려는 시도가 이루어진 도시에서 성장하며 정치철학자로서의 꿈을 키웠다. 보비오가 정치를 배우는 과정은 본질적으로 지적인 차원에서 이루어졌고 이탈리아 '행동당Partito d'Azione'에서 활동하기로 한 것은 1943년으로 비교적 뒤늦게 내린 결정이었다.

초기에 자유민주주의 정치학 이론을 지지했던 보비오의 입장은 인격체를 절대적인 가치로 보는 윤리관, 즉 칸트의 영향하에 자연법사상이 자연법 이론을 통해 기초를 마련하며 정치적인 색채를 부여했던 윤리관을 토대로 정립되었다. 반면에 보비오가 비판적인 시각으로 바라보았던 것은 정치의 근본적인 문제들, 예를 들어 공적인 차원과 사적인 차원의 대립, 국가의 권력과 개인의 자율성 사이에 존속하는 항구적인 긴장 상태 등의 문제를 간과함으로써 자유에 관한 논의를 순수하게 형이상학적인 관점에서만 취급하는 철학들이었다. 대표적인 예로 관념주의는 현실과 이성의 조합으로 위안을 삼으며 실질적인 분쟁을 무시하는 우를 범했고 실존주의도 선택의 부조리를 극단적인 단계로 몰고 가면서 모든 것을 개인적인 차원으로 접어들게 만들거나 비이성적인 탈출구를 추구하도록 만들거나 사회적 불참을 유발하는 우를 범했다(『퇴폐주의 철학*La filosofia del decadentismo*』, 1944년).

보비오의 관심이 '민주주의의 윤리적인 차원에서 민주주의적 절차의 차원으로' 옮겨 가는 과정에서 그의 성찰은 내부적으로 양분되는 양상을 보인다. 보비오는 법과 정치의 학문적이고 이론적인 연구와 관점의 필요성을 느꼈고 이로 인해 자연법사상과 거리를 두기 시작했다. 왜냐하면 자연법사상은 법체계와 법률이 지니는 타당성의 형식적이고 보편적인 차원과 항상 역사적인 특수성을 고려한 상태에서 정립되는 법의 윤리적인 가치를 명확하게 구분하지 못한다는 한계를 지니고 있었기 때문이다. 그런 식으로 법학과 정치학의 이론화를 시도하며 집필했던 저서들이 바로 『법의 일반론 연구*Studi sulla teoria generale del diritto*』(1955년), 『법률 일반론*Teoria generale della norma giuridica*』(1958년), 『법체계 이론*Teoria dell'ordinamento giuridico*』(1960년), 『법적 실증주의*Il positivismo giuridico*』(1961년), 『자연법사상과 법적 실증주의*Giusnaturalismo e positivismo giuridico*』(1965년), 『구조에서 기능으로*Dalla struttura alla funzione*』(1978년) 등이다. 반대로 부당하게 정치적인 차원에서 해석되었던 윤리적인 성찰은 사실상 철학적인 차원에서 전개되었다고 보아야 한다. 왜냐하면 "철학의 탐구 방향 자체가 가치론적"이었기 때문이다. 바로 이 시점에서 문화인들이 공유할 수 있는 윤리적인 성격의 정치 구도, 즉 반정치적인 문화와 상반되고 정당 중심의 정치문화와도 상반되는 정치 구도에 대한 보비오의 생각이 구체화되기 시작했다. 『정치와 문화*Politica e cultura*』(1955년)에서 보비오는 자유민주주의 정치 모형이 국가론은 물론 마르크스주의적인 관점의 한계를 이론화할 수 있었다는 점과 결과적으로 뒤따르는 자유민주주의의 우월성을 전제로 정치적 차원과 윤리적 차원의 소통을 추구하며 자유의 개념 분석에서 드러난 여러 결과들의 조합을 시도했다.

하지만 보비오의 철학적 탐구에서 인식론적 차원의 이성적 탐구와 객관성이 결여된 분야의 논의, 예를 들어 도덕적 성찰 같은 범주가 명확하게 구분된다는 점은 순수하게 이성적인 논리를 기반으로 구축되는 윤리적 관점의 지지를 어렵게 만든다. 바로 그런 의미에서 그는 "비관적 계몽주의자라는 모순적인 상황"에 처했고 이러한 상황에서 벗어나기 위해 개념들의 정의와 분석을 통한 일련의 핵심 주제 연구를 바탕으로 정치사상의 재구성을 시도했다. 동일한 차원에서 정치학 개념들과 용어들의 의미를 분명히 정의하고 사회적 담론을 이성화하기 위해 쓴 저서들이 바로 『전쟁의 문제와 평화의 길 *Il problema della guerra e le vie della pace*』(1978년), 『민주주의의 미래 *Il futuro della democrazia*』(1984년), 『국가, 정부, 사회: 정치학 일반론을 위하여 *Stato, governo, società: per una teoria generale della politica*』(1985년), 『좌파와 우파 *Destra e sinistra*』(1994년) 등이다.

권리의 철학

/ 유린된 권리와 보편화된 권리

인간의 권리를 역사적인 차원에서 조명하고 자연적 권리의 이론이나 17세기와 18세기에 일어난 권리의 혁명들을 역사적으로 재구성하는 일은 얼마든지 가능하다. 근대의 혁명은 권리의 정치적 인정을 이끌어 냈다는 점에서 전례를 찾아볼 수 없는 획기적인 사건이었다. 하지만 권리를 수호하려는 노력이 이론적이고 법적인 차원에서 총체적으로 이루어진 시대는 오히려 인권이 가장 잔인하고 비극적인 방식으로 유린당한 20세기다.

19세기와 20세기 초반에 권리를 특징짓는 요소들은 국가권력의 확장과 당대의 정치를 지배하던 법실증주의 사상이었고 법실증주의를 정당화하는 것은 실질적으로 주어졌다는 차원에서 원칙으로 간주되는 실증법과 정의가 아닌 타당성의 원리였다. 하지만 제2차 세계대전과 나치의 공포는 즉각적이고 근본적인 변혁을 요구했고 결과적으로 평등하고 자유로운 주체이자 존엄성과 고유의 내면적 가치를 지니는 존재로서의 인간에게 주어져야 할 권리를 보편적인 차원에서 인정할 필요성이 대두되었다. 이러한 변화는 철학적 성찰이나 이론적인 차원에서뿐만 아니라 구체적이고 역사적인 경험의 차원에서 일어났다.

우선적으로는 근대에 들어와서 자연적 권리가 회복되는 과정에 크게 기여했던 자연법사상을 문화적 모체로 복원하려는 노력이 이루어졌다. 이러한 요구는 무엇보다도 독일에서 피할 수 없는 당면 과제로 인식되었다. 제2차 세계대전 종결 직후에 권리 회복에 앞장섰던 구스타프 라드브루흐Gustav Radbruch는 권리가 본질적으로 윤리적인 측면과 직결된다는 사실을 상기해야 하며 명백하게 부당한 권리는 권리로 간주조차 될 수 없다는 점을 잊지 말아야 한다고 주장했다. 라드브루흐는 법의 형식만으로는 부족하며 모든 형태의 법률에 적용될 수 있는 적절한 내용이 동시에 요구된다고 보았다.

이것이 국가사회주의에 대한 고통스러운 답변이었다는 것은 분명하다. 하지만 이러한 이론적 깊이가 고스란히 지속적으로 유지되었던 것은 아니다. 오히려 역사적인 차원에서 중요성이 인정된 인권을 정치체제의 변화무쌍함으로부터 보호하는 것으로 만족하는 성향이 발생했고 인간에게 주어져야 할 자연적인 권리의 정당성을 확신한다고 천명하는 대신 역사적으로 규명된 인권을 존중하는 것으로 충분하다는 입장이 대두되었다.

이것이 바로 이탈리아의 정치철학자 보비오의 입장이었다. 그는 권리의 본질이 아니라 권리의 보호에 주목할 것을 요구했고, 권리의 본질에 관한 담론 자체의 정당화에 모든 것을 거는 태도, 즉 본질의 근거만을 명시하려는 시도가 당장 혹은 미래에 실패했을 경우 일어날 수도 있는 실효성 상실의 위험과 이를 기꺼이 감수하려는 태도의 유해성을 지적하면서 권리가 중요한 이유를 바라보는 시각 자체를 바꾸려고 노력했다.

권리의 본질을 파악하려는 시각과 권리의 보장에 주목하는 시각의 대립관계는 사실상 20세기에 권리의 철학이 대면해야 했던 가장 복잡한 문제들 가운데 하나다. 한편에서는 권리의 이론적인 정초를 가장 중요하고 핵심적인 과제로, 권리의 보호를 실천적이고 부차적인 과제로 보았던 반면 다른 한편에서는 권리를 확실하고 효과적으로 보호하기 위한 방법을 모색하는 데 집중했다. 반면에 역사는 계속해서 권리의 문제가 얼마나 다양한 형태로 결정적인 영향력을 행사할 수 있는

지, 예를 들어 실질적인 차원의 권리 보호를 권리가 형식적인 차원에서만 인정되는 형태로 변형시키는 체계적인 기술의 실재는 물론 권리의 보장이라는 목표를 절망적인 단계로까지 몰고 가며 고유의 원리인 인권 자체가 무시되는 결과도 아랑곳하지 않는 퇴폐적인 형태의 주장들이 난무하는 현상을 보여 준다.

한편으로는 민주주의 국가들이 기본권 보장을 위해 헌법적인 차원에서 이루어낸 성과나 비록 형식적인 단계지만 국제법의 차원에서 이루어진 인권의 승리를 긍정적으로 평가할 수 있는 반면 사형, 전쟁, 고문 등 부정적으로 평가할 수밖에 없는 문제들이 여전히 남아 있다. 그런 의미에서, 인간의 권리를 다룰 때 선입견에서 벗어난 신중한 시각이 필요하다는 아렌트의 지적과 주장은 오늘날에도 여전히 유효하다고 할 수 있다.

/ 인간의 권리와 권리의 거부

역사적인 관점에서 보편적인 인권의 계절은 1948년에 공표된 유엔총회의 「세계 인권선언the Universal Declaration of Human Rights」과 1950년에 발표된 「유럽 인권 조약European Convention on Human Rights」을 기점으로 만개했다고 볼 수 있다. '유럽 인권 조약'이 제시한 인권 보장 규약이 유럽 공동체의 회원국들에게 즉각적인 효력을 발휘한 반면 국제적인 차원에서 생명권이 포함된 시민권, 선거권이 포함된 정치권, 건강권이 포함된 사회적 권리를 보장하는 규약이 마찬가지의 효력을 발휘하기까지는 1966년에 공표된 「시민권과 정치권에 관한 국제 규약International Covenant on Civil and Political Rights」과 「경제적, 사회적, 문화적 권리에 관한 국제 규약International Covenant on Economic, Social and Cultural Rights」을 기다려야만 했다. 권리 요구의 원활한 관철을 위해 마련된 일련의 기관들, 예를 들어 1950년의 조약 내용을 바탕으로 스트라스부르에 설립된 '유럽 인권 법원European Court of Human Rights'을 비롯해 반인도적 범죄를 다루기 위해 1998년에 채택된 「국제형사재판소에 관한 로마 규정Rome Statute of the International Criminal Court」을 토대로 2002년부터 활동에 들어간 '국제형사

재판소International Criminal Court' 역시 중요한 역할을 했다.

하지만 철학 분야에서의 상황은 조금 달랐다. 모든 철학자들이 권리의 정당화에 만장일치로 동의했던 것은 아니기 때문이다. 무엇보다도 프랑스혁명기의 「인간과 시민의 권리선언Déclaration des droits de l'Homme et du citoyen」에 대한 19세기의 비판적인 의견들이 여전히 살아남아 있었다. 공리주의자 벤담은 일찍이 모호한 형태의 권리들이 신비주의적인 성향을 지녔으며 오로지 법과 정권에 대항하는 반란의 정신을 고취하는 데 쓰일 뿐이라고 주장한 바 있다. 벤담은 권리를 헛소리나 다를 바 없는 난센스에 불과하다고 보았다. 청년 마르크스의 비판적인 시각은 역사적인 가치와 영향력을 지녔던 만큼 훨씬 더 생생하게 남아 있었다. 마르크스는 인간의 권리를 이상으로 간주할 수 없다고 주장했다. 왜냐하면 권리가 경제와 사회의 구체적인 관계로부터 떨어져 나간 상당히 추상적인 정치 개념을 기반으로 성립될 뿐 아니라 타자와 분리된 인간의 고립 상태와 이기주의자에게나 어울릴 만한 자유의 개념을 기반으로 구축된다고 보았기 때문이다.

이러한 비판적 시각과 공존하며, 20세기 후반에는 권리 이론에 반대하는 입장을 기본 전략으로 고유의 이상적 정의 개념을 구축하기 위해 노력하는 사조들이 나타나기 시작했다. 예를 들어 급진적인 성향의 페미니즘은 주관적인 권리의 개념뿐만 아니라 심지어 이와 연결된 용어체계 전체를 비판하면서 권리를 정당화하는 용어들이 페미니즘 입장에서 극복해야 할 억압의 논리 자체에 내재한다고 주장했다. 아울러 보수적인 공동체주의는 공동체가 공동체를 구성하는 개인에 우선한다는 원칙하에 권리의 보장을 위한 투쟁의 정당성을 부인했다. 자유주의적인 관점에서 비판적인 입장을 고수했던 이들은 법의 경제학적 분석을 바탕으로 몇몇 종류의 권리와 모든 사회적 권리에 문제점이 있음을 지적했다.

하지만 이러한 비판보다 우세했던 것은 인권에 대한 확신이었다. 인권의 정당화 논리는 다양한 형태로 발전하며 부분적인 조합을 통해 풍부한 이론적 성과를 이루어 냈다.

/ 개념적 구분과 개념적 분쟁

권리와 관련하여 눈에 띄는 현상들 가운데 하나는 권리를 정의하기 위해 사용되는 동일한 용어들이 다양하고 이질적인 해석을 양산해 내는 현상이다. 예를 들어 인권과 기본권은 빈번히 동의어인 것처럼 인식되지만 때로는 인권을 도덕적인 차원의 권리로 이해하고 기본권을 제도적인 차원에서 인정되는 인권, 정확히 말하자면 법적 권리로 이해한다. 존 롤스는 인권을 '도덕적 권리'로, 다시 말해 국가가 최소한의 품위를 유지하기 위한 필수 조건으로 간주되기 때문에 헌법적 인가와는 무관하게 타당한 권리이자 노예화로부터, 폭력과 고문의 고통으로부터 자유로울 수 있는 권리가 포함되기 때문에 특별한 중요성을 지닌 권리로 정의했다. 하지만 인권과 기본권은 일반적으로 기본권을 인권보다 훨씬 더 방대한 범주로 간주할 때 보다 분명하게 구분된다. 기본권은 권리의 내용에 구애받지 않으며 본질적으로는 형식적이다.

권리의 성격이 절대적이냐 상대적이냐의 여부도 동일한 구분에 영향을 받는다. 보비오가 상대주의를 지나치게 불신하지 말라고 충고했던 반면 다른 저자들은 권리를 상대화하려는 경향이나 권리를 보다 적합한 방식으로 보장하기 위해 권리의 보편성과 요구의 규모를 기꺼이 축소시키려는 태도가 사실은 권리에 대한 본질적인 무관심과 무비판적인 태도, 혹은 특정 권리를 선호하는 성향에서 비롯된다고 보았다.

이러한 상황을 더욱 복잡하게 만드는 것은 다양한 인권의 이질성, 특히 시민권이나 정치권과 대별되는 사회적 권리의 이질성이다. 여러 학자들이 주목했던 것처럼, 사회적 권리가 지향하는 것은 보호나 자유라기보다는 힘과 목표이기 때문에 곧장 권리에 상응하는 의무로 번역될 수 없다는 특징을 지닌다. 바로 그런 이유에서 한편에서는 사회적 권리가 본질적으로 권리에 포함될 수 없다는 주장이 제기되었던 반면 다른 한편에서는 시민권, 정치권, 자유 등을 진지하게 다룰 수 있는 조건을 마련하기 위해서라도 사회적 권리를 권리로 인정할 필요가 있다고 주장했다.

/ 권리의 철학

이처럼 다양하고 깊이 있는 관점들은 이들을 통해 부각되는 관계들 때문에 중요하며 이 관점들의 다양성은, 명백하게 환원될 수 없는 측면들을 제외하면, 몇 가지 본질적인 유형으로 체계화될 수 있다.

인권을 연구하는 이론에는 기본적으로 세 가지 유형, 즉 형식적인 이론, 실체에 주목하는 이론, 절차에 주목하는 이론이 있다.

형식적인 유형의 이론은 인권을 기본권의 특별한 범주로 간주하며 개인의 관심이나 자산 혹은 권리가 법적으로 보장되는지의 여부와는 별개로 모든 인간에게 보편적으로 적용되는 인간 주체의 권리가 이 범주에 포함된다. 루이지 페라욜리Luigi Ferrajoli는 기본권을 시민뿐만 아니라 모든 인간의 우선적인 권리로 정의했다. 기본권의 특징은 일반인이나 사회기관은 물론 권리의 소유자 입장에서도 침해나 활용이 불가능하다는 것이다.

인권의 실체에 주목하는 이론은 반대로 권리가 정초된 기점에 관심을 기울이며 그런 식으로 권리의 정당성에 관한 질문에 답변을 제시한다. 그런 의미에서 권리의 실체론은 완벽주의적인 성격을 지니며 아리스토텔레스와 토마스 아퀴나스의 자연법 전통과 이상적인 연관성을 유지한다. 권리의 실체론을 뒷받침하는 기본적인 생각은 인권 자체가 정치 공동체 안에서 살아가는 인간의 기초자산 증대를 위해 필요한 법적 도구라는 것이다. 다시 말해 인권은 인간의 탁월한 능력을 펼쳐 보이거나 행복한 삶을 살기 위한 조건이 보장되어야 한다는 기본적인 요구를 충족시킨다. 존 피니스John Finnis는 인권을 공동선의 구성 요소로 이해했다. 그는 인권이 공동선을 위협하는 것도, 공동선이 인권을 제한하는 것도 아니라고 보았다.

완벽주의적인 실체론이 인간의 기초자산은 권리를 동원해서라도 보호해야 한다는 이성적이고 직관적인 명백함을 기반으로 성립되었다면, 이와 유사한 형태로 앨런 그워스Alan Gewirth의 연구에 힘입어 등장한 이론은 권리의 논리-추론적인 성격을 기반으로 성립된다. 이 이론에 따르면, 행동하는 주체로서의 인간에게는 본질적으로 도덕적인 요건이 주어지기 때문에 권리는 일관성의 원칙을 기반으로 논리적인 차원에서 정당화될 수 있다. 이 도덕적 요건은 모든 인간을 자유로운 행동의 주체로 인정해야 한다는 것이다. 바로 여기서 자유와 행복을 추구할 권리의 필요성, 즉 모든 인간 행위의 실존적인 상황을 밝히기 위한 전제 조건의 필요성이 유래한다.

인권의 실체에 주목하는 이론의 대안으로 제기되었던 절차의 논리는 권리의 정당화에 필요한 규범화 의무를 형식적인 방법론으로 번역함으로써 권리의 기반을 확보하려는 야심찬 계획에서 유래한다. 이 세 번째 유형의 이론들을 뒷받침하는 논리에 결정적인 영향을 끼친 특징들은 롤스가 1971년의 『정의론』에서 획기적인 방식으로 소개했던 이상적인 정의가 해석되는 경로에서 발견할 수 있다. 예를 들어 자연법을 권리의 기반이자 원동력으로 간주할 수 있는 가능성에 대한 불신이나 가치 평가를 거부하는 상대주의의 위협에 쉽게 무릎을 꿇을 수 없다는 확신을 토대로 급속하게 부상했던 것이 바로 가치 평가를 중시하며 과감한 규칙들을 제시하는 혁신적인 탐구 방식이었다. 이 탐구 방식의 기본적인 취지는, 적용되었을 경우 도덕적인 차원에서 중립적이지 않은 결과를 제공할 수 있는 논리와 선택의 규칙들을 찾아내자는 것이었다. 대표적인 예는 롤스의 유명한 케이크 이야기다. 롤스에 따르면, 케이크를 공정하게 배분하는 과제는 케이크 조각을 마지막으로 받게 될 사람에게 맡겨야 한다. 이러한 생각들은 거센 논쟁과 비판을 불러일으켰지만 20세기 후반에 활동했던 권리의 철학자들 대부분은 이와 같은 관점들을 수용하고 새로운 방식으로 발전시켰다. 주목해야 할 것은 이 개선된 문화적 분위기 속에서 탄생한 두 종류의 인권 이론, 즉 즉 로널드 드워킨의 헌법 이론과 위르겐 하버마스의 담론 이론이다.

드워킨은 인권의 정당화를 위해 훨씬 더 보편적이고 해석적인 유형의 법 개념을 활용했다. 드워킨은 법을 일종의 해석으로 간주했다. 법은 법기관의 신중한 판단에 의탁되는 해석이 아니라 판단하기 까다로운 사건들을 앞에 두고 정의의 원칙들을 적용할 수 있고 궁극적인 차원에서 주체의 권리를 존중할 줄 아는 어떤 이상적인 판사의 판단 능력에 의탁되는 해석이다. 바로 그런 의미에서 주체의 권리는 카드 게임의 승리를 보장할 수 있는 에이스에 비유된다. 주체의 권리는 아울러 모두를 동등한 조건에서 판단하고 동등하게 존중해야 할 도덕적 의무가 실재한다는 지극히 보편적인 규범을 전제로 성립된다.

하버마스의 권리 이론에 따르면 반대로 주체의 권리는 민주주의가 실천되는 세계의 현실에서 피어오르는 권리로 간주된다. 하버마스는 민주주의 자체를 권리의 표명 조건으로 이해한다. 달리 말하자면, 이 권리의 소유자들은 본질적으로 권리 자체를 인가하는 규범의 저자들이다.

하버마스는 우리가 도덕적인 차원의 인권을 전제 조건으로 내세울 수도, 포기할 수도 없지만 이 권리가 민주주의를 지탱하는 일종의 체계적인 규칙이라는 점에 동의할 수 있으며, 결과적으로 민주주의를 단순히 과반수의 동의에 의존하는 정부 형태로만 볼 것이 아니라 권리와 권력이 이원론적 원칙을 바탕으로 결속을 도모하며 서로를 보완하는 형태의 체제로 이해할 수 있다고 보았다. 이러한 관점에 따르면, 권리체계는 민주주의와 함께 통합된 형태로만 존재하며, 민주주의적 담론의 정통성을 유지하기 위해, 아울러 담론 자체의 번복을 피하기 위해 반드시 인정되어야 하는 법률들을 통제하는 역할이 바로 권리체계에 주어진다.

/ 이론에서 실천으로

이 세 종류의 이론적 입장을 지지했던 학자들 대부분이 공통적으로 인정하는 특징은 인권의 정당화라는 방대한 과제에 직면했을 때 이 권리들의 실질적인 법적 효력과 권리의 보증이라는 독특한 성격의 문제를 피하기 힘들다는 것이다. 인권 수호의 과제에 결정적인 장해물로 기능하는 두 가지 요소는 밀접한 연관성을 지니는 구조적인 문제들이다. 첫 번째는 국가권력의 절대적인 성격, 즉 한계를 모르는 성격에서 오는 문제, 두 번째는 국제 협약이 지니는 동의주의, 다시 말해 협약의 효력이 오로지 국가가 동의할 때에만, 아울러 참여국에 한해서만 발휘된다는 사실에서 오는 문제다. 인권 자체는 그것이 도덕적인 차원에서 모든 인간에게 보장되어야 한다는 사실을 전제로 성립되지만 이에 상응하는 법적 차원의 의무들을 발생시키기 위해서는 국가의 입장에서 권력 제한적인 성격의 조치를 취해야 할 뿐 아니라 사회적인 차원에서 권리와 관련된 의무 사항들이 제도적, 관료적, 정치적 장벽을 뛰어넘어 법적 구속력을 지니도록 만들겠다는 구체적인 의지가 요구된다.

무시할 수 없는 또 하나의 요소는 권리가 보장하는 혜택과 요구들의 범주를 확장해야 한다는 다수의 지속적인 주장이다. 이러한 주장의 동기에는 기본적으로 세 가지가 있다.

무엇보다도 중요한 것은 약자들로 구성되는 소수 계층의 종속 현상이 어느 정도 정형화되었다는 사실에 대한 사회의 뚜렷한 인식이다. 이러한 인식을 바탕으로, 여성들의 권리를 확보하기 위해 전개되었던 역사적인 투쟁을 모형 삼아 아이들, 신체 부자유자들, 동성애자들에 돌아가야 할 권리들이 요구되기 시작했다.

두 번째 동기는 과학기술의 발전으로 인해 등장한 새로운 유형의 위험과 문제점들이 사회를 위협하기 시작했다는 인식이다. 바로 그런 이유에서 미래의 세대들에게 돌아가게 될 권리도 앞서 인정해야 한다는 주장이 대두되었고 환경의 권리와 유전적 완전성 유지에 대한 권리가 요구되기 시작했다.

세 번째 동기를 구축하는 것은 보호가 요구되는 주체들의 범주가 확장되어야 한다는 생각이 널리 확산되면서 발생하는 권리의 창궐 현상이다. 바로 그런 이유에서 학자들은 권리의 독립적인 범주, 예를 들어 '동물들의 권리'를 이론화하는 단계에 이르렀다.

「동물의 보편적 권리선언The Universal Declaration of Animal Rights」은 1978년 유네스코에 의해 발표되었다. 피터 싱어Peter Singer는 불과 3년 전인 1975년에 『동물 해방 Animal Liberation』을 출간했고 뒤이어 인간이 아닌 동물들에게만 적용될 수 있는 정의의 이론을 구축하기 위해 노력했다.

동물들을 위한 정의의 회복을 주장하는 입장은 기본적으로 두 종류의 철학적 관점, 즉 권리의 이론과 공리주의를 바탕으로 성립된다.

동물에게 특별한 권리를 부여함으로써 동물들의 보호에 앞장섰던 인물은 톰

레건Tom Regan이다. 형식주의적인 차원의 기본권 개념을 바탕으로 레건은 보장받아야 할 권리의 범주 안에 인간이 아닌 동물의 권리를 포함시켰다. 여기서 동물은 도덕적 무능력자로 간주되며 도덕적 무능력자로서 도덕적 범주 안에 포함된다. 동물이 도덕적으로 무능력한 존재인 반면 인간은 도덕적 행위자다. 하지만 인간과 동물은 모두 고유의 가치를 지닌 개별적인 존재다. 바로 여기서 레건은 동물이 존중받아 마땅한 이유와 동물이 지니는 기본적인 도덕적 권리의 정당성을 발견했다.

한편으로는 동물들의 권리를 핵심적인 문제로 간주하는 정의의 차원에서 스티븐 와이즈Steven Wise가 제안했던 관점에 주목할 필요가 있다. 와이즈는 앨런 그워스의 연구에서 유래하는 논리-추론적인 성격의 권리실체론을 토대로, 어느 정도는 자율적으로 행동할 수 있는 동물들의 부분적인 능력에 상당하는 권리를 인정할 필요가 있다고 주장했다.

이러한 윤리적 관점은 어쨌든 싱어의 동물주의적인 관점과 간접적인 연관성을 지닐 뿐이다. 싱어는 권리가 분명하게 공동의 유용성이라는 원칙을 토대로 동물의 행동이 사회적 유용성을 배가하느냐 감소하느냐에 따라 정의될 수 있다고 보았다. 일찍이 루소가 동물이 고통을 느끼기 때문에 자연적 권리의 소유자로 간주될 수 있다는 점에 주목했던 것처럼, 고통을 느낄 수 있는 능력을 판단 기준으로 삼는 관점은 도덕과 행동의 차원에서 능동적인 역할을 하는 주체들의 범주를 확장해 동물들을 포함시킨다. 이러한 관점에서 동물들은 인간과 대등한 보호를 받아야 할 존재로 간주된다. 하지만 동물들의 권리는 인간의 권리가 보편적인 차원으로 확장된 경우라고 볼 수 없다. 동물들의 권리는 오히려 이론적인 차원의 자율성을 지닌다. 이러한 관점을 뒷받침하는 것은 인간의 존엄성이나 인간적인 특성이 아니라 한 생명체로서 고통을 느낄 수 있는 능력과 삶의 주체인 존재의 실존적인 조건을 기반으로 성립되는 존엄성의 원리다.

20

시민의 존재

20.1 법의 두 얼굴, '렉스'와 '유스'

사람들은 헌법에 대해 그것을 칭송하고 수호하려는 입장에서 이야기하거나 헌법을 비판하고 개혁을 요구하는 입장에서 이야기한다. 하지만 헌법이 무엇인지 과연 알고 하는 이야기일까? 다시 말해 헌법에 대해 의견을 피력하는 사람들은 그들이 무슨 이야기를 하는지 알고 있는가? 헌법은 법이 아니다. 다시 말해 여타의 모든 법률과는 차원이 다르다. 물론 그렇다고 해서 다른 법률에 비해 더 강하거나 더 중요한 것은 아니다. 간단히 말하자면, 헌법은 법이 아니다. 단지 사람들이 그것을 법으로, 어떤 특별한 성격을 지녔지만 어디까지나 법으로 취급할 뿐이다. 하지만 그건 사람들의 오해에 불과하다. 다시 말하지만, 헌법은 법이 아니다. 이 사실을 이해하기 위해서는 가까운 과거에서 물려받은 생각들을 떨쳐 버리고 헌법을 조금은 멀리 떨어져서 관찰할 필요가 있다. 파스칼이 지적했던 것처럼, 너무 가까이서 보기 때문에 오해의 소지가 있는 것들을 정확히 이해하기 위해서는 멀찌감치 떨어져서 관찰해야 한다.

법은 기하학적인 용어로 선이 아니라 면이라고 할 수 있다. 법이 선이라면 하나의 차원만 지닐 수 있으며 이는 곧 법을 통해 모든 사람들에게 명령하는 왕의 의지와 일치한다고 볼 수 있다. 반면에 면이라면, 법은 두 가지 차원, 즉 렉스lex와 유스ius의 차원을 지닌다. 사람들은 흔히 렉스와 유스가 동일한 것을 가리킨다고 믿는다. 예를 들어 대학생들은 법률(렉스)을 공부하면서 법(유스)을 배운다고 믿는다. 하지만 사실은 법의 한 가지 측면만을 배울 뿐이다. 절대국가를 이론화했던 장 보댕Jean Bodin은 이런 말을 남겼다. "법과 법률 사이에는 커다란 차이가 있다. 전자는 항상 공정성을 유지하지만 후자는 권력을 행사하는 통치자의 명령에 불과하다."

이해를 돕기 위해 한 편의 문학작품, 우리가 서구 문명의 기원에 관심을 기울일 때 항상 참조하는 소포클레스Sophokles의 비극 「안티고네Antigone」를 예로 들어보자. 테베의 독재자 크레온과 안티고네 사이에 존재하는 갈등의 동기는 안티고네의 오빠 폴리네이케스의 시신, 즉 고국을 상대로 무기를 치켜든 채 죽은 반역자의 시신이다. 크레온은 그의 시신을 매장하지 말고 짐승과 새들의 먹이로 내주라고 명령했지만 안티고네는 가족에 대한 도덕적 의무를 저버릴 수 없다는 생각으로 왕의 명령을 무시한 채 오빠의 시신을 땅에 묻고 장례를 치른다. 왕의 명령을 어겼다는 이유로 사형을 선고받은 안티고네는 크레온이 만든 법의 합법성을 폄하하며 자신이 한 행위의 정당성을 주장한다. 여기서 드러나는 정당성과 합법성의 관계는 다름 아닌 유스와 렉스의 관계다. 안티고네는 이렇게 말한다. "나는 죽을 수밖에 없는 인간으로 하여금 신들의 변함없는 불문율을 무시하게 만들 정도로 그대의 포고령이 강력하다고는 생각하지 않았습니다. 그 불문율들은 어제나 오늘 만들어진 것이 아니라 영원한 생명력을 지녔고 어디서 왔는지 아무도 모르니까요." 여기서 드러나는 것은 법률이 합법적인 동시에 부당할 수 있다는 사실이다. 이 갈등으로부터 다름 아닌 안티고네의 비극이 유래한다.

또 한편의 고전, 크세노폰Xenophon이 상상했던 청년 알키비아데스와 노인 페리클레스 사이의 대화를 예로 들어 보자. 배경은 「안티고네」와 거의 같은 시기,

기원전 5세기의 아테네, 서구 문명의 요람이다. 알키비아데스가 질문을 던진다. "법이란 무엇입니까?" 페리클레스는 순진한 청년만이 지닐 수 있는 순수한 의혹 앞에서 미소를 지으며 이렇게 답한다. "한 도시를 다스리는 통치자가 결정하고 문서화한 모든 것을 법이라고 부르네." "그렇다면, 폭력이 문서화될 경우 그것도 법인가요?"

알키비아데스가 제시하는 이 '부당한 법'이라는 영원한 딜레마를 주제로 대화는 다음과 같은 결론에 도달한다. 형식화된 폭력으로 그치지 않으려면 법은 설득력을 지녀야 한다. 달리 말하자면, 법은 모두가 아닌 소수에 의해 만들어지기 때문에, 아울러 이러한 상황은 다수의 의견이 소수의 의견을 지배하는 민주주의체제에서도 마찬가지이기 때문에, 한편에서 다른 편을 설득할 수 있어야 한다. 이해와 동의가 요구되는 내용은 문서화된 법 제정자들의 의지가 공동체의 삶을 지탱하는 정의의 개념과 모순을 일으키지 않으며 법의 힘은 복종하는 사람과 명령하는 사람 모두의 위에 있다는 것이다. 결과적으로 분명해지는 것은 정당성이 모두에게 동등한 가치를 지니고 보편적이며 개별적인 의지에 좌우되지 않는 만큼 안정적인 반면 합법성은 본질적으로 특이하며 변화무쌍하다는 점이다.

20.2 힘과 법의 대립

렉스와 유스, 즉 '법률'과 '법' 사이의 긴장은 '힘'과 '정의' 사이에 존재하는 긴장 상태와 유사하다. 법률, 이 장엄한 이름은 때로는 고귀하고 영광스러운 역사로, 때로는 추잡하거나 상스러운 이야기로 채워진다. 바로 그런 이유에서 다양한 매력을 발산하며 다양한 해석을 가능케 하고 그만큼 오해의 원인도 제공하는 법률은 혼자 있으면 아무런 문제가 없지만 대인관계에서는 항상 불안해하는 사람에 비유할 수 있다. 그 자체로는 문제가 되지 않지만 적용되는 순간 허점을 드러내는 것이다. 법률은 본래의 위치에서 벗어나면 법 자체의 본질과 기능을 배반한다.

　'법률' 자체는 힘의 형태 혹은 형태화된 힘이라고 볼 수 있다. 하지만 '법률'은, '법'이 되려면, 법적 힘의 발휘 의지를 표명하는 동시에 본질적인 정의를 추구할 줄 알아야 한다. 다시 말해 정의에 대한 확신이나 관점과 유사한 무언가 본질적인 것과 법적 효력을 조합하는 데 주목해야 한다. 법률은 이러한 양면성을 지닌다. 이를 증언하는 것은 법에 대한 지극히 일상적이고 상식적인 관점이다. 사람들이 법으로부터 기대하는 것은 다름 아닌 힘과 정의다.

　법의 힘이 과도하게 발휘되거나 법 자체가 억압적이고 독단적으로 다가올 때 사람들은 정의에 호소하지만 법이 구조적인 결함 때문에 아무런 영향력을 발휘하지 못할 때에는 오히려 법의 힘을 요구하며 '법과 질서'를 외친다. 어떤 경우에든, 위태로워 보이는 것은 과도하거나 결함이 있어서 정당화될 수 없는 힘과 아무런 영향력이 없기 때문에 무기력한 정의 사이의 균형이다. 이 균형을 유지하기 위해 힘의 중심에 아슬아슬하게 서 있는 것이 법률이다. 이 위태로운 상황을 파스칼은 이렇게 표현했다. "힘이 없는 정의는 무능하고 정의 없는 힘은 압제적이다. 사람들이 힘없는 정의를 비난하는 것은 그 안에 항상 나쁜 인간들이 있기 때문이다. 정의 없는 힘은 고발을 당한다. 따라서 정의와 힘의 조화를 꾀해야 한다. 바로 그런 이유에서 정의로운 것이 강하고 강한 것이 정의로울 필요가 있다."(『팡세Pensées』, 135)

20.3   법률의 정당화

이성적인 차원과 사회적인 차원에서 어떤 식으로든 정당화될 수 없는 힘의 독단적인 행사를 인가하는 법률, 혹은 명백한 독단이자 순수한 폭력으로 간주되는 법률은 아마도 형언이 불가능한 부조리로 정의될 수밖에 없을 것이다. 법률을 제정하면서 서두에 '이하의 법 조항들은 어떤 이성적인 설명도 불가능하고 모든 면에서 부당하다'고 천명하는 입법자를 상상할 수 있을까?

모든 법은, 특히 입에 담을 수 없을 정도로 역겨운 동기에서 비롯되거나 이 윤을 목적으로 하는 법안은 항상 제기하는 내용 자체를 정당화하려고 노력하 며 합법성을 인정받기 위해 특별한 논리로 법의 내용을 치장하며 근원적인 문 제의 은폐를 시도한다. 법률은 법이 되기 위해 법정에서 앞으로 행사하게 될 법 적 효력의 정당성을 증명할 수 있어야 한다. 그 누구도, 법과 권력을 혼돈하지 않는 이상, 다시 말해 법을 권력의 단순한 도구로 오해하지 않는 이상, '법'을 순 수한 '힘의 법칙'으로 정의하지 않는다. 법은 결코 의지 자체를 기반으로 표명 되는 순수의지의 형태로 정립되지 않는다. 법이 입법자의 입장에서 '내가 원하 기 때문에' 법으로 정립되는 것은 아니다. 입법자는 오히려 항상 이성적인 존재 로 등장한다. 즉 법은 입법자의 입장에서 '내가 원하는 것이 합리적이기' 때문 에 법으로 성립된다. 이러한 특징들은 법이 순수하고 단순한 월권 의지의 행사 로 표명될 수 없다는 논리를 바탕으로 정의와의 관계 자체가 법의 개념과 위상 을 구축하는 결정적인 요인이라는 것을 보여 준다. 그렇지 않다면, 입법 과정에 서 훌륭한 법을 제정하기 위한 토론의 자리는 마련되지 않을 것이며 입법자가 가치를 인식할 수 있는 것은 오로지 '힘의 논리'일 것이다. 이 경우에 법은 입법 자가 가장 강한 존재이기 때문에 법으로 정립된다. 누군가가 반대 의견을 관철 시킬 수 있는 유일한 방법은 자신이 입법자보다 강하다는 것을 증명해 보이는 것뿐이다. 하지만 어떤 입법자도, 예를 들어 자신이 고안한 법안에 대해 지극히 뚜렷하고 절대적인 확신을 지닌 입법자도 순수한 권력의 보유자를 자처할 수 없으며 법의 또 다른 측면, 법의 제정 의지에 '외재적인' 사회적 필요성, 즉 법 자체의 적용 대상인 사회 내부에서 생성되는 요구에 법이 부응해야 한다는 측 면을 진지하게 받아들여야 한다. 간단히 말하자면 법은 정의의 법정에서 법적 내용의 정당성을 증명해 보여야 한다.

렉스와 유스의 비교는 안티고네의 시대에서 오늘날에 이르기까지 다양한 형 태를 취하면서 전개되어 왔다. 유스의 차원은 평화, 질서, 정의처럼 빈번히 이 름과 내용을 바꾸었을 뿐 오늘날까지 그대로 유지되고 있다. 몇 가지 역사적인 예를 들어 보자. 고대 그리스의 위대한 입법자 솔론Solon과 리쿠르고스Lykurgos는 역사적 신화를 바탕으로 '통치자의 법nómos basileus'을 정립했다. 로마법에서 핵심적이었던 것은 사회적으로 절대적인 권위를 유지하며 법률 전문가들에 의해 보존되고 개선되던 '시민법ius civile'이며 이를 체계화하는 데 기여했던 요인들은 법리적인 차원의 '회답서responsa', '선조들의 전통Mos maiorum', '종교법fas', '12표법 Leges Duodecim Tabularum', 집정관의 칙령에 기록된 내용 등이다. 이 모든 것들이 총체적인 차원에서 정의의 실현을 위한 토양을 마련했고 정의는 그런 식으로 법률과의 관계를 유지하기 시작했다. 단지 시간이 흐르면서 입법자의 종류가 공화국 시대의 민회 혹은 원로원에서 제국 시대의 황제로 바뀌었을 뿐이다. 중세에는 그리그도교 황제의 입법권에 맞서, 로마법으로 거슬러 올라가는 법칙들, 법례들, 자연법, 관습법, 지역별 특권 등으로 구성되는 '공동의 법ius comune'이 견제 기능을 맡았다. 구체제에서는 왕이 여러 계층으로 나뉘어 있는 사회의 균형을 유지하기 위해 자신의 의지를 독단적으로 행사할 때 국회가 왕을 상대로 전쟁을 벌이게 하기도 했다.

이러한 내용들은 직접적으로든(습관적인 경우처럼) 간접적으로든(이 내용들을 통일된 방식으로 체계화하던 법률가들의 이론적 작업을 통해) 사회에 의존하며 왕의 권한에 대항하거나 이를 제한할 수 있는 법의 한 측면, 즉 '법률을 거스르는 법ius contra legem'의 의미를 구축한다. 법률은 두 요소를 하나로 체계화할 수 있을 때 법의 일부가 될 수 있었다. 렉스와 유스의 관계는 어느 편이 우세하느냐에 따라 변화를 겪었다. 당연한 사실이지만, 유스는 보존을 상징했고 렉스는 혁신을 상징했다. 물론 어느 것이 확실하게 더 중요하다고 말하기는 힘들다. 유익한 것을 보존하는 일은 그것을 뒤엎으려는 혁신보다 더 나은 선택임에 틀림없지만, 사회적 가치를 상실한 낡은 관습을 보존하려는 시도는 그것을 법적으로 제거하는데 앞장서는 혁신보다 열등한 선택임에 틀림없다.

20.4　법적 절대주의

이러한 구도가 결정적인 변화를 일으키며 단일한 색채를 띠기 시작한 것은 16세기와 17세기 사이에 군주국들의 절대주의에 부응하는 법적 일원론들이 처음으로 등장했을 때다. 앞서 언급한 것처럼, 과거의 법이 다양하고 이질적인 요소들의 혼합물이었고 이러한 이질적인 요소들의 조합을 가능하게 했던 것이 풍부한 경험을 바탕으로 법을 다루는 접근 방식(iuris prudentia)이었다면 17세기로 접어들면서 법은 법 자체가 군주의 예외적인 의지에서 직접적으로 표명된다고 보는 법학적 접근 방식(scientia iuris)을 추구하는 방향으로 나아갔다. 법은 그런 식으로 도덕적이고 윤리적인 차원에서 벗어나 수학이나 기하학과 다를 바 없는 이론적이고 형식적인 차원의 학문, 본질적으로는 비모순율의 원칙을 바탕으로 성립되는 편파적인 학문으로 변모하기 시작했다. 절대군주 역시 모순을 혐오한다. 왜냐하면 법에 반영된 그의 의지가 일관성을 유지하며 그가 다스리는 왕국 전체에 아무런 장해물 없이 관철될 수 있어야 하기 때문이다. 하지만 군주가 법을 서서히 그의 권력에 집중시키는 동안 유스는 렉스에 자리를 내준다. 법의 이 두 측면 사이에 존재하는 간격 역시 점점 좁아지고 유스와 렉스는 결국 입법의 체계 안으로 녹아든다. 법학자들 역시 수학자들이 수학에, 기하학자들이 기하학에 봉사하듯 군주의 의지에 봉사하는 학자로 활동한다.

　라이프니츠가 말했듯이, "법학은 경험에 의존하지 않으며 수학과 마찬가지로 정의와 증명에 좌우되는 학문들 가운데 하나다. 법학은 감성이 아닌 이성, 사실이 아니라 규칙을 다루는 학문이다". 홉스는 이렇게 말했다. "인간의 행위를 지배하는 규칙들을 기하학의 규칙들만큼 확실하게 이해할 수 있다면, 인류를 괴롭히는 불행들을 막을 수 있을 것이다." 이것이 바로 17세기의 지성인들이 법을 바라보던 나름대로 신선한 시각이었다. 논리적으로 생각해 보면 리슐리외Richelieu 추기경이 루이Louis 13세에게 다음과 같은 충고를 한 이유도 어렵지 않게 파악할 수 있다. "폐하! 자유를 부르짖으면서 지속적으로 왕국의 안녕을 거스르는 무리들의 활동을 막으셔야 합니다. 대규모의 무리든 소규모의 무리든 이들이 왕권에 무조건적으로 복종하도록 하셔야 합니다.”

프랑스혁명은 유스의 패배와 렉스의 승리라는 결과를 가져왔다. 이러한 측면을 고려할 때 부각되는 것은 절대군주제의 모순이 아니라 오히려 통치자의 대적할 수 없고 무한한 권력체계를 현실화하기 위해 3세기에 걸쳐 진행된 특수주의와의 투쟁과 이 투쟁 끝에 완성된 절대군주제의 기획이다. 미라보Mirabeau 후작은 혁명이 시작될 무렵, 이중적 정치 전략을 펼치면서, 비밀리에 편지를 보내 루이 16세에게 혁명을 가로막지 말라고 권고한 바 있다. “현 세상이 돌아가는 새로운 모습과 구체제를 비교해 보시기 바랍니다. 이 대조에서 새로운 희망이 탄생할 겁니다. 국민의회(Assemblée nationale, 입법기관)의 과반수가 명백하게 군주제를 지지하고 있습니다. 이제는 의회도, 반목하는 무리도, 성직자들이나 귀족들 혹은 선택받은 자들의 요구도, 모두 사라진 것 같지 않습니까? 단일한 사회 계층을 형성한다는 생각은 아마 리슐리외 추기경도 마음에 들어 했을 것입니다. 이 완전히 획일화된 계층은 권력의 행사를 더 쉽게 만들어 줄 것입니다. 왕실의 권위를 세우기 위해 절대정부가 그토록 오랜 세월에 걸쳐 노력했던 모든 것은 이 혁명의 물결이 한 해에 이룩한 것에 미치지 못할 것입니다.”

물론 역사는 정반대로, 왕이 아닌 국민들과 혁명가들에게 유리한 쪽으로 흘러갔다. 하지만 법에 관한 미라보의 판단만큼은 틀리지 않았다. 결론적으로 혁명은 절대주의를 뿌리 뽑는 대신 절대주의의 자리를 왕권에서 선거권을 지닌 국민의 권력으로 옮겨 놓음으로써 절대주의를 오히려 완성시켰다고 볼 수 있다. 더 나아가, 법률의 권위에는 신비주의적인 후광이 부여되었다. 결정적인 역할으 한 것은 국가가 범주적인 차원에서 오류를 범할 수 없기 때문에 정의상 ‘전능’하며 그런 의미에서 ‘보편적인 의지’를 지녔다는 루소의 생각이다.

20.5 법률의 눈먼 힘

이때부터 법률은 법으로부터 자유로워졌다. 오로지 법률만이 법이며 법률 바

같에는 어떤 법도 존재하지 않았다. 법률은 더 이상 법률이 관여하는 사회적 균형과의 합리적인 관계를 정립하기 때문에 정당성을 인정받는 것이 아니라 오로지 통치자의 의지가 반영되었다는 사실만을 토대로 정당화되었다.

결과적으로 법률과 법률의 힘은 온갖 형태의 권력을 행사하기 위한 도구로 활용되기 시작했다. 권력의 형태가 민주주의적인지, 자유주의적인지, 전체주의적인지는 중요하지 않았다. '법률의 힘'은 자코뱅당의 혁명의 논리를 합리화하기 위해, 군주와 자유주의를 지지하던 부르주아 계층의 타협을 위해, 19세기 말의 주인공이었던 자유주의자들의 권위주의를 정당화하기 위해, 20세기 초의 민주주의 개혁을 정당화하기 위해, 뒤이어 등장한 우파나 좌파의 전체주의체제를 정당화하기 위해 활용되었다. 간단히 말해 악법도 법이었고 좋든 싫든, 중도적이든 잔인하든 법률은 또 다른 법률로도 대적할 수 없는 절대적인 권위를 누렸다. 통치 기반이 법률인 국가는 법률을 따른다는 사실 하나만으로도 존립을 정당화할 수 있었다. 심지어는 파시즘과 나치즘도 정치적 치장을 목적으로 '법치국가'라는 명칭을 사용할 수 있었다. 이것이 가능했던 이유는 '법의 힘' 자체가 법과 범죄를 구분하는 기준이 될 수 없기 때문이다.

세계 곳곳에서 합법화된 폭력을 정치적 무기로 사용하는 모든 유형의 통치체제들이 집요하게 그들의 국가를 마치 법치국가인 것처럼 이야기한다. 이것이 가능한 이유는 법 자체가 무언가 본질적인 것으로 존재하기를 포기했기 때문이며 그것을 권력의 형태로 보유하는 자의 손 안에서 무엇으로든 변신할 수 있기 때문이다. 사업가들, 투기꾼들, 이데올로기의 추종자들, 심지어는 범죄조직마저도 뻔뻔스럽게 그들만의 권력을 정복하기 위한 효과적인 기술을 가지고 있으며, 법률의 생산에 요구되는 조건들, 예를 들어 사회적 동의, 공공의 의견, 정치적이고 행정적인 요인들에 대한 총체적인 제어를 바탕으로 자신들이 정한 규칙을 기준으로 스스로의 행동을 정당화할 수 있다고 믿는다. 결과적으로 이들이 스스로에게 부여하는 권력은 분명히 합법적이라고 할 수 있지만 학문적인 차원에서는 일종의 찬탈로, 다시 말해 권력의 충족을 위한 법적 매춘을 통해 스스로에게 부여하고 스스로 천명한 권력이라고 평가할 수 있다. 이러한 상황이 절정에 달하면서 합법성은 '권력을 위한 권력'의 소유자들이 존재하는 방식으로, 아울러 민주주의 자체를 어떤 식으로든 성공의 발판으로 활용하는 데 수단과 방법을 가리지 않는 진정한 갱스터들의 존재 방식으로 전락했다. 이러한 정황은 나치즘 같은 정치체제의 이론적인 분석을 통해서뿐만 아니라 베르톨트 브레히트가 「아르투르 우이의 저지 가능한 상승Der aufhaltsame Aufstieg des Arturo Ui」 (1941년)을 통해 문학적인 차원에서 폭로했던 사실들을 토대로 분명하게 확인할 수 있다.

브레히트의 비유는 관점의 총체적인 전복으로 종결되는 듯이 보인다. 우리는 오로지 무수한 문서상의 변화무쌍한 법률들, 따라서 안티고네의 불문율과는 전혀 다른 법률들을 알고 있을 뿐이다. 우리는 누가 언제 이 법률들을 제정했는지, 어떤 상황과 이유에서 어떤 목적으로 제정했는지 알고 있다. 이 법률들은 어제의 것이었고 오늘의 것이지만 분명히 내일 이상은 버틸 수 없는 것들뿐이다. 말 없는 유스ius의 신성함은 말뿐인 렉스lex의 외모로 대체되었다. 국가는 오래전부터 스스로 만들어 낸 문제와 피해를 해결하고 복구하기 위해, 즉 해야 할 일을 자체적으로 공급하며 작동하는 일종의 법률 생산 기계로만 존재한다. 사람들이 법을 기대할 수 있는 곳은 법률 제조소뿐이지만 그 법이 어떤 기능을 하게 될 것인지는 아무도 모른다. 그것을 결정할 수 있는 사람은 법률 제조기를 마음대로 조작할 수 있는 위치를 정복하는 사람뿐이다.

20세기 전체주의체제의 붕괴 이후, '한계 없는 법' 안에 숨어 있던 무시무시한 측면들은 본연의 모습을 충분히 드러냈다고 볼 수 있다. 당대의 고통스러운 경험에 대한 가슴 아픈 기억들이 후세대들에게 물려준 것은 정상적으로 국회를 거쳐 통과된 법안뿐만 아니라 투표를 거쳐 국민이 직접 선택한 법안에 대해서도 쉽게 신뢰하지 않는 신중한 태도였다. 민주주의체제의 정치제도와 행보는 민주주의가 독단에 대응하기 위한 최후의 보루가 아니라는 점을 여실히 보여 주었다. 왜냐하면 다름 아닌 민주주의가 더군다나 민주주의적 원칙들이 존중된 상태에서 파시즘이나 나치즘 같은 전체주의체제의 권력을 허락했기 때문이다. 이제 옳은 입법자에 대한 무비판적인 신뢰는 용납되지 않는다. 민주주의

입법자의 경우도 마찬가지다. '법의 정의'라는 주제의 핵심은 '옳은 입법자'에
서 '옳은 법'으로, '법을 만드는 사람'에서 '법이 지닌 내용'으로 바뀌어야 할 운
명에 처해 있다.

　하지만 법의 기반을 마련하고 제한 사항들을 결정하고 대응책들을 체계화하
는 데 필요한 모든 도구들은 법률만 제외하고 이미 150년 전에 사라지고 말았
다. 소규모의 사회 공동체들이 간직하던 법 전통은 '대중사회'에서 이미 사라진
지 오래다. 사회관계 역시 더 이상은 자연스러운 윤리적 동의를 기반으로 정립
되지 않는다. 정치적 차원에서, 자유주의적 법치국가제도를 무너트리기 위해
전체주의자들이 동의를 요구했던 불문율들(독일 민족의 본질적으로 능동적인 성격, 독
일인들의 피와 땅, 이탈리아인들의 로마적인 성격과 국가주의)은 퇴폐적인 신화였음이 만
천하에 드러났다. 더 나아가서 자연법도, 신학적인 형태로든 논리적인 형태로
든, 다원주의적이고 세속화된 사회에서는 더 이상 제안이 불가능하다. 정당성
을 생산하기 위한 방법은, 다름 아닌 입법 절차를 제외하면, 더 이상 존재하지
않는다. 그런 의미에서 합법성만이 정당성의 유일한 형태로 남게 되리라는 막
스 베버의 예견은 정확했다고 볼 수 있다.

　입법 절차를 규제하고 안정적으로 유지하기 위해 활용할 수 있는 도구는 결
과적으로 법뿐이다. 하지만 이 법은 일반적인 법률들이 지니는 것보다 더 큰 가
치와 힘을 지녀야 한다. 이것이 바로 헌법이다. 사람들은 헌법에 호소하며 위배
될 수 없는 법률들의 목록을 작성하고 폐지될 수 없는 정의의 원칙들을 세우며
헌법 안에 헌법 자체를 보호하기 위한 구조적인 장치와 기관을 마련한다. 예를
들어 특별 조치나 법률 제정 및 변경을 위한 절차를 명시하며 헌법재판소를 세
운다.

　분명한 것은 이 외에 할 수 있는 것이 없다는 것이다. 법실증주의, 즉 실증적
인 법만을 법으로 간주하는 관점은 또 다른 법, 더 높은 층위의 법을 제시하는
것과 다른 어떤 해결책도 용납하지 않는다. 그렇다면 법실증주의가 유일한 해
결책인가? 의혹은 씨앗은 이미 1789년의 혁명에 대해 비판적인 입장을 고수했
던 조제프 드 메스트르의 짤막한 문장 속에 들어 있었다. "누군가는 헌법을 만

들었는데 어떻게 모두가 헌법 아래에 있다고 말할 수 있는가?"

헌법을 제정한 누군가가 헌법을 폐지 하거나 피해 가거나 위배하거나 변경하는 일이 일어나지 않도록 무엇을 할 수 있는가? 법을 이 모든 것으로부터 보호하기 위해 제시된 헌법적 원칙들 자체가 위배되는 경우는 일어나지 않는다고 누가 보장할 수 있는가? 법률에 한계를 부여하고 법률을 규제하기 위해 탄생한 헌법 자체가 일종의 법률로, 아니 가장 중요한 법률, 따라서 가장 위험한 법률로 사용되며 권력에 봉사하지 말라는 법은 없지 않은가? 여기에 바로 모순이, 부조리가, 악순환이 존재한다. 헌법은 본질적으로 '헌법적 권력'에 의해 제정된다. 그렇다면 법이 권력으로부터 스스로를 보호하기 위해 권력에 의존한다는 것은 과연 타당한가? 헌법은 보증서로 기능할 수 있지만 최종적이거나 궁극적인 의미를 지니지 못한다. 드 메스트르가 프랑스의 정치 상황을 주제로 문제점을 지적하며 언급했던 것처럼, 성문화된 헌법은 권력 쟁취를 목적으로 좀 더 나은 헌법을 쓰기 위해 개방된 경합의 장이다.

20.6   헌법이라는 법률

이것이 바로 우리 시대의 헌법주의가 지니는 모순이다. 여기서 바로 본질적인 문제, 즉 내용에 앞서 헌법의 기반을 정초해야 한다는 문제가 제기된다. 수많은 사람들이 진지하게 혹은 농담조로 언급하는 헌법이 권력자들의 창백하고 냉소적인 기만과는 다른 무엇이어야만 한다면 그 이유를 우리는 헌법의 힘이 아니라 헌법의 필요성을 뒷받침하는 논리에서 발견해야 한다. 이 시점에서 다시 떠올려야 하는 것은 안티고네의 목소리다. 헌법을 포함해 법률은 많은 것을 할 수 있지만 모든 것을 할 수 있는 것은 아니다. 법률이 형성하는 것은 하나의 거대한 건축물에 가깝지만 이 건축물의 견고함은 종이로 만든 성에 불과할 만큼 위태롭다. 왜냐하면 그것의 기반이 오로지 법률 내부에서만 기능하도록, 다시 말해 법을 다스리는 권력이라는 땅에 정초되었기 때문이다. 바로 그런 이유에서 안티고네의 경고를 우리는 이렇게 읽을 수 있다. 유스 없이 렉스는, 헌법처럼 가장 고귀한 동기들로 치장되는 법률마저도, 독단적으로, 결과적으로는 독재적으로 변할 수 있으며 결국에는 스스로를 향해 무너질 수 있다. 바로 여기서 헌법주의의 도박을 발견할 수 있다. 즉 헌법이 렉스라는 조건에서 유스로 활약할 수 있는 가능성에 모든 것을 거는 것이다. 이 도박은 법률 바깥으로, 그것이 지탱하는 권력의 영역 바깥으로, 법률 문서 속의 차가운 말들의 영역 바깥으로 벗어나 우리의 확신과 우리가 소중히 여기는 가치들, 우리가 뜨겁게 지지하며 우리에게 생명만큼이나 소중한 사상들의 영역에서 법의 가치를 발견하도록 만들 수 있는 가능성에 달려 있다.

헌법은 본질적인 차원에서 법률의 합법성과 대등한 '법의 정당성'을 복원하려는 시도라고 볼 수 있다. 누군가의 지적처럼, 그런 식으로 복원된 정당성은 인위적인 천국에 지나지 않는다는 것이 사실일 수도 있겠지만, 헌법에 봉사하는 자의 우선적인 과제는 바로 이 인위적인 요인들을 변형시켜 사회가 즉각적이고 자연스러운 방식으로 수용할 수 있는 문화적인 힘으로 바꾸는 일이다. 그는 헌법을 점진적으로 그것이 태어난 토양, 즉 분리와 대립과 분쟁을 조장하는 정치적 선택의 토양에서 헌법의 실질적인 활동 공간이어야 할 동의의 장으로, 즉 독단과 무관심에서 발생한 단절의 상처들을 치유하고 사회를 보호할 수 있는 열린 정치문화의 장으로 이끌어야 한다.

끝으로 이제 우리가 처한 현재의 상황을 고려해 하나의 질문을 던져 보자. 현행 헌법과 이상적인 형태의 헌법에 대해 이야기하는 수많은 법학자들, 다시 말해 본질적으로는 헌법의 개혁에 대해 이야기하는 학자들은 유스에 뿌리를 둔 법의 정당성 문제를 충분히 인식하고 있는가, 아니면 헌법을 그저 수많은 법 조항들 가운데 하나로 간주하고 바꾸기가 어려울 뿐 정권이 요구하기만 한다면 사실은 언제든지 뒤바꿀 수 있는 법률에 불과하다고 생각하는가?

움베르토 에코에 관한 오해

14,000매에 달하는 번역 원고를 마감한 뒤 후기를 구상하면서 가장 먼저 떠올린 주제는 20세기 후반에 일어난 역사관의 근본적인 변화가 철학사에 끼친 영향과 그 결과로 나타난 철학사 서술 양식의 전반적인 다양화 현상이었다. 하지만 이 주제는 에코의 철학사에서 나타나는 몇몇 양식상의 특징과도 일맥상통하는 면이 있기 때문에 추상적인 범주론을 다루기보다는 오히려 구체적인 이야기를 하는 것도 얼마든지 가능하리라는 생각이 들었다. 그러나 서서히 이러한 시도를 가로막는 요인들이 눈에 들어오기 시작했다. 그것은 아이러니하게도 에코의 포장된 이미지, 다시 말해 건전하고 긍정적인 사유와는 거리가 멀고 일종의 성공 신화를 표상하는 '천재'의 이미지였다. 고민 끝에 내린 결론은, 무엇보다도 이러한 이미지에서 비롯된 일반적인 오해와 오해가 사라질 때 보다 분명해질 건전한 이해 방식에 대해 이야기하는 것이 어쩌면 중요하고 또 필요하리라는 것이었다.

나는 에코가 모든 면에서 배워야 할 점이 많은 사람이지 단순히 누구보다 박식하다는 사실 하나만으로 존경할 만한 학자라거나 또 그런 의미에서 모범이 되는 인물이라고는 생각하지 않는다. 박식하다는 것 자체는 그다지 훌륭한 덕목이 아니다. 박식할 뿐이라면, 에코는 훌륭한 사람이 아니다. 사람들은 대부분 뛰어난 지능과 탁월한 학습 능력을 타고났다는 의미에서 에코를 경이로운 시선으로 바라보며 천재라고 부르지만 사실 에코는 이런 통속적인 의미의 천재와는 거리가 먼 인물이다. 에코가 천재라는 것은 도서 시장을 중심으로 자연스럽게 조성된 선입견에 불과하다. 안타까운 점은 이러한 선입견이 에코의 글과 학문 세계가 지닌 진정한 가치를 발견하는 데 커다란 걸림돌이 된다는 것이다.

　이러한 선입견을 조장하며 진정한 가치를 은폐하는 데는 상당히 복합적인 요인들이 관여한다. 에코는 많은 책을 썼지만 에코에 관한 책은 그리 많지 않다. 그가 쓴 소설들의 서평을 제외하면 인문학 분야의 저서들에 대한 해설서나 비판서는 물론 그의 학문세계를 평가하는 진지한 논평도 사실상 찾아보기 힘들다. 그 이유는 무엇보다도 그가 비판이나 의혹의 여지를 남기지 않는 치밀하고 꼼꼼한 저자이기 때문이고, 상대적으로는 칭찬 일변도의 평가가 모든 지면을 꽉 채우고 있기 때문이다. 하지만 회자되지 않을 뿐 비교적 분명하게 드러나 있는 또 다른 원인이 있다. 그것은 그가 쓴 상당수의 인문학 저서들이 본질적으로 백과사전적인 특징을 지녔다는 점이다. 간단히 말하자면 비판이 없는 이유는 백과사전을 장황하다고 비판하는 것이 아무런 의미가 없기 때문이다. 이론서들의 전체적인 구도만 백과사전적일 뿐 아니라 에코의 서술 방식도 기본적으로는 백과사전의 구도에 가장 잘 어울리는 비교·요약·조합·참조·범주·목록의 양식을 따른다. 복잡한 듯이 보이지만 그의 서술은 유사점과 차이점을 기반으로 양산되는 개념들의 분류와 나열의 논리를 토대로 전개된다. 요약하면 에코의 철학적 담론을 지탱하는 것은 나열의 수사학이다. 이는 서사가 중요한 소설이나 해학적인 에세이에서는 좀처럼 부각되지 않지만 인문학 저서에서는 비교적 분명하게 드러나는 특징이다. 이 나열의 수사학은 박물관과 백과사전의 형식적인 기반을 이루는 전시의 수사학과 일치한다. 에코가 저술한 책에 비해 그에 관한 책이 드물고 평가나 비판도 드문 이유가 그의 글이 백과사전적이라는 형식적인 특징을 지녔기 때문이라면, 이 나열의 수사학은 보다 근본적인 이유가 사실은 그의 글이 특별한 주장을 하지 않기 때문이라는 것을 보여 준다. 특별한 주장을 많은 주장 가운데 하나로 만들어 버리는 것이 나열의 수사학이다. 무언가가 틀렸다는 이야기를 할 때도 에코는 왜 틀렸는지에 대해 한 가지가 아닌 여러 가지 이유를 제시한다. 단 하나의 이유만으로 틀린 무언가는 틀렸다고도 볼 수 없고 여하튼 탐구의 대상이 아니다.

하지만 여기서 주목해야 할 것은 이러한 특징이 단순히 모든 평가를 잠재우며 백과사전적인 지식 세계와 지식의 목록을 구축하는 데만 소용되는 것은 아니라는 사실이다. 사람들은 흔히 에코의 이론서들이 단지 많은 것 또는 모든 것을 이해할 수 있는 단계로 나아가는 데 소용된다고 생각한다. 이러한 그릇된 생각에 박수를 치며 화답하는 것이 바로 세상에서 가장 박식하고 똑똑한 천재의 이미지다. 하지만 나열의 수사학은 축적된 지식의 세계와 정반대되는 세계, 열린 대조와 소통의 장을 구축하는 데에도 크게 기여한다. 이 대조의 장에 많은 지식이 필요한 것은 지식을 축적하기 위해서가 아니라 열린 상태를 유지해야 하기 때문이다. 많은 지식에 목마른 사람이 추구하는 것은 완벽한 세계라기보다는 전체에 대한 사고다. 그런 의미에서 에코의 철학사는 사유의 역사 전체를 고찰하기 위한 비교와 대조의 장이라고 볼 수 있다. 이러한 측면은 에코의 기획에 참여한 많은 저자들이 상이한 시대, 상이한 사유의 자유로운 비교와 대조가 가능하도록 만들기 위해 다양한 사조, 관념, 이념, 사상 들 간의 상호 영향이나 관계의 변천사에 주목하는 경향이 지배적이라는 점에서 뚜렷하게 드러난다. 이러한 특징이 에코의 의도에서 비롯되었으리라는 것은 분명해 보인다. 에코의 철학사가 전형적인 사상사의 틀에서 벗어나 철학의 문화사처럼 다가오는 것도 바로 그런 이유에서다. 확연하게 드러나지 않을 뿐 에코의 철학사는 철학의 문화사 혹은 비교 철학에 가깝다.

물론 저자들이 비교의 구체적인 가능성이나 결과까지 제시하는 것은 아니다. 철학사적 비교의 결과는 복합적일 수밖에 없고 오랜 시간과 다수의 확인을 거쳐 새로운 사상사의 열린 장을 구축하는 점진적인 변화를 기대할 수밖에 없기 때문이다. 하지만 이는 비교가 오히려 독자의 몫이며 독자는 사상사의 잠재적 재해석자라는 것을 의미한다. 에코의 철학사는 숙명적으로 긴밀한 관계를 유지하는 다양한 철학 사조의 변화 경로에 대한 독자의 주도적이고 적극적인 비교와 재해석을 요구하는 책 혹은 문헌이다. 그렇다면 이런 식으로 많은 고민과 지적 실천을 요구하는 글을 읽고 나서 많은 지식을 쌓았다거나 무언가를 배웠다고만 느끼는 독자의 이해 방식은 어딘가 잘못되었거나 소극적이었다고 볼 수밖에 없을 것이다. 에코가 제시하는 앎의 세계는 그의 꾸준한 노력과 남다른 애정과 놀라운 지적 투명성이 그대로 반영된 비상한 보편성 확립 전략에 의해 구축된다. 이 지적 세계에 독자들이 참여할 수 있을 뿐 아니라 해석자로서의 적극적인 참여가 요구된다는 것이 에코의 전제다. 그런 의미에서 에코의 소설들도 이러한 전제의 문학적 실천이라고 할 수 있고 결과적으로 에코의 소설을 읽어 본 경험이 있는 독자는 에코의 인문학을 이해하기 위한 가장 이상적인 독서 방식을 자연스럽게 터득한 셈이다. 예를 들어, 철학사를 소설처럼 읽는다는 것은 시대와 관심사가 다른 수많은 철학자들의 상이한 철학적 관점들을 대조하고 비교하면서 항상 이 관점들 사이에 어떤 관계가 존재하거나 존재하지 않는다는 것을 상정하며 읽는다는 것을 의미한다. 그리고 여기에는 에코 못지않은 독자의 노력이 요구된다.

물론 노력이 전부는 아니다. 앞서 에코가 박식한 천재는 아니라고 피력했던 것도 단순히 천재라는 이미지가 에코의 지식세계에서 드러나는 부단한 노력의 흔적과 어울리지 않았기 때문은 아니다. 내가 아는 한 에코는 노력형 천재와도 거리가 먼 인물이다. 에코는 목표나 난관에 대한 뚜렷한 이해 없이 무조건 하면 된다는 식으로 한 우물을 파는 눈먼 열정의 소유자가 아니다. 현실세계나 어떤 지적 목표를 향해 스스로의 지성과 감각을 집중시키고 날카롭게 만들며 목표에 상응하거나 대응할 수 있도록 스스로를 개발하고 혁신할 수 있는 학습 능력은 노력만으로 얻을 수 있는 성질의 것이 아니다. 여기에는 개인의 힘이지만 혼자만의 힘이라고는 보기 어려운 요소가 있다. 그것은 자신이 구축한 앎의 세계를 자기만의 것으로 간주하는 대신 모두의 것으로 간주할 줄 아는 힘이다. 이 힘은 자기 것을 포기할 줄 아는 양보의 미덕과는 다르다. 지적 양보란 무언가를 모른다고 인정하는 것과 다를 바 없기 때문이다. 이 힘은 특정 지식이 모두의 것이라는 점을 알리기 위해 그것의 보편성을 주장하는 대신 그것이 보편적이라는 사실을 수용하는 데 있다. 보편성은 강요되는 순간 본질을 상실하고 특별한 것으로 이질화하지만 수용되는 곳에서 본연의 공간을 확보한다. 보편성을 강요하는 대신 수용할 줄 아는 힘은 문화의 산물이지 개인의 기량으로 키울 수 있는 성격의 것이 아니다. 에코는 박식한 천재나 노력의 화신이 아니라 이러한 문화적 토양에서 자신의 세계를 한껏 펼쳐 보일 수 있었던 뛰어난 학자이자 천부적인 이야기꾼이었다.

이탈리아인들은 누구나 에코가 달변가였다는 사실을 알고 있다. 하지만 언뜻 무의미해 보이고 그래서 아무도 언급하지 않는 또 한 가지 흥미로운 사실이 있다. 그것은 에코가 대담이나 인터뷰에서 사용한 말투와 글을 쓸 때 사용한 어투가 놀랍도록 흡사하다는 점이다. 대부분의 경우 에코는 그의 말을 그대로 옮겨 적어도 글로 읽는 데 아무런 문제가 없다는 인상을 준다. 여기서 짐작할 수 있는 것은 그가 말로도 항상 글을 썼고 글을 쓸 때에도 항상 말에, 즉 소통에 유념했으리라는 것이다. 그래서 글과 다를 바 없는 에코의 말을 육성으로 들으면, 그가 말을 하고 있기 때문에, 글은 항상 무언가의 주장이자 부단한 노력의 산물이라는 견해가 왠지 무의미하다는 느낌을 받는다. 다시 말해 그가 글쓰기를 근본적인 차원에서 소통으로 간주하고 이를 정복의 대상으로 간주하는 대신 생활화하는 데 주력했다는 느낌을 받는다. 개인적인 소견이고 그리 눈에 띄지도 않는 특징이지만, 적어도 그의 말을 듣고 있노라면, 세상에 에코만큼 소박하고 순수한 사람도 드물다는 생각이 든다. 어쩌면 그가 이룩한 것이 많고 크기 때문에 더욱 순수하게 다가오는 것인지도 모르지만, 내가 듣는 것은 현란한 미사여구를 사용하면서도 항상 진술하고, 자신이 아는 것을 자랑스럽게 설명할 때조차도 왠지 아는 것은 그뿐이라는 식으로 선을 넘지 않으려는 소박한 지식 장인의 목소리다. 나는 이러한 자세가 진리에 접근하는 방식은 다양할 수밖에 없다는 에코의 학문적 입장에서 유래하며, 인문학 저서나 소설, 에세이에서도 그대로 드러나듯이 보편적 세계의 다양성과 변화무쌍함을 수용하려는 그의 입장과, 아울러 이러한 입장을 대변하는 실천적 서술 양식과 일치한다고 본다. 어떤 철학자의 글을 읽고 배울 때 빼놓지 말아야 할 것 가운데 하나는 그의 철학적 방법론이다. 내용을 떠나서 그가 어떤 식으로 다양한 주제들에 접근하며 이를 분석하고 분석된 내용을 조합하는지 주목할 필요가 있다. 거시적인 평가에 불과하지만, 에코의 방법은 어떤 이야기를 구축하기 위한 거대한 그물 구조를 설치하는 것이다. 소설에서는 이 이야기를 에코가 직접 풀어 나가지만 인문학 저서에서 이 이야기를 쓰는 일은 독자의 몫이다. 단지 저자가 아닌 독자로서 에코가 설정하는 함축적인 형태의 이야기가 곳곳에 숨어 있을 뿐이다. 그런 의미에서, 에코는 철학서나 역사서를 쓸 때도 천부적인 이야기꾼의 자취를 남긴다. 그의 글을 읽으면 끝없이 펼쳐지는 방대한 세계의 무게로 인해 깊이 가라앉았다가 그 무게의 힘으로 다시 서서히 피어오르며 빛을 발하는 것이 있다. 그것은 에코가 궁극적으로 하려는 말도 아니고 그가 마련한 어떤 장치에 의해 도달하게 될 깨달음도 아니다. 그것은 바로 독자가 자율적으로 써야 할 이야기, 독자만의 깨달음이다. 놀라운 것은 독서가 이 깨달음은 보편적인 진리의 일부를 차지한다는 경이로운 확신을 선사한다는 점이다.

2020년 9월
윤병언

참고 문헌

I

AA.VV. *La sinistra hegeliana*, a cura di K. Löwith, tr. it. a cura di C. Cesa, Laterza, Roma-Bari 1966

C. Cesa, *Introduzione a Fichte*, Laterza, Roma-Bari 2008

P. D'Angelo, *L'estetica del Romanticismo*, Il Mulino, Bologna 1997

T. Griffero, *L'estetica di Schelling*, Laterza, Roma-Bari 1996

J. Hyppolite, *Genesi e struttura della "Fenomenologia dello spirito" di Hegel*, trad. it. di G. A. De Toni, La Nuova Italia, Firenze 1972

L. Illetterati, P. Giuspoli, G. Mendola, *Hegel*, Carocci, Roma 2010

N. Merker, *Le origini della logica hegeliana. Hegel a Jena*, Feltrinelli, Milano 1961

F. Moiso, *Vita natura libertà. Schelling (1795-1809)*, Mursia, Milano 1990

L. Pareyson, *Fichte. Il sistema della libertà*, Mursia, Milano 1976

S. Poggi, *Il genio e l'unità della natura. La scienza della Germania romantica* 1780-1830, il Mulino, Bologna 2000

G. Rametta, *Fichte*, Carocci, Roma 2013

G. Semerari, *Introduzione a Schelling*, Laterza, Roma-Bari 2005

V. Verra, *Introduzione a Hegel*, Laterza, Roma-Bari 1988

II

É. Balibar, *La filosofia di Marx*, Manifestolibri, Roma 2001

G. Carandini, *Lavoro salariato e capitale nella teoria di Marx*, Mondadori, Milano 1979

C. Cesa, *Introduzione a Feuerbach*, Laterza, Roma-Bari 1978

R. Fineschi, *Marx e Hegel. Contributi a una rilettura*, Carocci, Roma 2006

R. Fineschi, *Un nuovo Marx. Filologia e interpretazione dopo la nuova edizione storico-critica (MEGA)*, Carocci, Roma 2008

D. McLellan, *Marx*, il Mulino, Bologna 1998

N. Merker, *Karl Marx*. Vita e opere, Laterza, Roma-Bari 2010

S. Petrucciani, *Marx*, Carocci, Roma 2009

F. Tomasoni, *Ludwig Feuerbach. Biografia intellettuale*, Morcelliana, Brescia 2011

III

T.W. Adorno, *Kierkegaard. La costruzione dell'estetico*, Longanesi, Milano 1962

S. Barbera, *Il mondo come volontà e rappresentazione di Schopenhauer. Introduzione alla lettura*, Carocci, Roma 1998

G. Campioni, *Nietzsche. La morale dell'eroe*, Ets, Pisa 2008

R. Cantoni, *La coscienza inquieta*, il Saggiatore, Milano 1972

G. Colli, *Scritti su Nietzsche*, Adelphi, Milano 1980

G. Deleuze, *Nietzsche e la filosofia e altri testi*, Einaudi, Torino 2002

D. Fazio, *Schopenhauer e la sua scuola*, Pensa Multimedia, Lecce 2009

M. Ferraris, *Nietzsche e la filosofia del Novecento*, Bompiani, Milano 2009

C.Gentili, *Nietzsche*, il Mulino, Bologna 2001

F. Grigenti, *Natura e rappresentazione. Genesi e struttura della natura in Arthur Schopenhauer*, La città del sole, Napoli 2000

M. Heidegger, *Nietzsche*, Adelphi, Milano 1994

G. Invernizzi, *Invito al pensiero di Schopenhauer*, Mursia, Milano, 1995

P. Martinetti, *Schopenhauer*, Garzanti, Milano 1941

M. Montinari, *Che cosa ha detto Nietzsche*, Adelphi, Milano 1999

M. Segala, *Schopenhauer, la filosofia, le scienze*, Scuola Normale Superiore, Pisa 2009

S. Spera, *Introduzione a Kierkegaard*, Laterza, Roma-Bari 2005

G. Vattimo, *Introduzione a Nietzsche*, Laterza, Roma-Bari 2007

A. Vigorelli, *Il riso e il pianto. Introduzione a Schopenhauer*, Guerini, Milano 1998

F. Volpi, *Il nichilismo*, Laterza, Roma-Bari 2005

IV

AA.VV., *L'eta del positivismo*, a cura di P. Rossi, il Mulino, Bologna 1986

I. Berlin, *Quattro saggi sulla liberta*, Feltrinelli, Milano 1989

N. Bobbio, N. Matteucci, G. Pasquino, "Utilitarismo" in *Dizionario di politica*, UTET, Torino 2004

D. Buzzetti, *Felicita e logica. John Stuart Mill e la formazione del carattere*, Clueb, Bologna 2000

M. Foucault, *Sorvegliare e punire. Nascita della prigione*, Einaudi, Torino 1976

M. Gray, *Liberalismo*, Garzanti, Milano 1989

L. Kolakowski, *La filosofia del positivismo*, Laterza, Roma-Bari 1974

S. Moravia, *Il pensiero degli Ideologues*, La Nuova Italia, Firenze 1974

A. Negri, *Introduzione a Comte*, Laterza, Roma-Bari 2001

M. Ravera, *Il tradizionalismo francese*, Laterza, Roma-Bari 1990

F. Restaino, *J.S.Mill e la cultura filosofica britannica*, La Nuova Italia, Firenze 1968

V

E. Agazzi, D. Palladino, *Le geometrie non euclidee e i fondamenti della geometria*, Mondadori, Milano 1978

G. Barsanti, *Una lunga pazienza cieca*, Einaudi, Torino 2005

E. Bellone, *I modelli e la concezione del mondo nella fisica moderna da Laplace a Bohr*, Feltrinelli, Milano 1973

E. Boncinelli, *Prima lezione di biologia*, Laterza, Roma-Bari 2001

E. Cassirer, *Determinismo e indeterminismo nella fisica moderna*, La Nuova Italia, Firenze 1970

P. Corsi, *Oltre il Mito. Lamarck e le scienze naturali del suo tempo*, Il Mulino, Bologna 1983

C. Darwin, *Viaggio di un naturalista intorno al mondo*, Einaudi, Torino 2005

A. Desmond e J. Moore, *Darwin*, Bollati Boringhieri, Torino 2012

M. Dummett, *Introduzione alla filosofia del linguaggio. Saggio su Frege*, Marietti, Brescia 1983

1082

L. Geymonat, *Storia del pensiero filosofico e scientifico*, vol. IV, Garzanti, Milano 1974

T.S. Kuhn, *Alle origini della fisica contemporanea*, il Mulino, Bologna 1981

in L. Geymonat, *Storia del pensiero filosofico e scientifico*, vol. V, Garzanti, Milano 1971

J. Monod, Il caso e la necessita, Mondadori, Milano 1970

G. Pancaldi, Charles Darwin: storia ed economia della natura, La Nuova Italia, Firenze 1977

T. Pievani, Creazione senza Dio, Einaudi, Torino 2006

M. Ridley, Evoluzione, McGraw-Hill, Milano 2006

VI

A. Bagnasco, M. Barbagli, A. Cavalli, Corso di sociologia, Il Mulino, Bologna 2012

F. Barale et al., a cura di, *Psiche. Dizionario storico di psicologia, psichiatria, psicoanalisi, neuroscienze*, Einaudi, Torino 2009

P. Bonte, M. Izard e M. Aime, a cura di, *Dizionario di antropologia e etnologia*, Einaudi, Torino 2006

F. Cambi, *Manuale di storia della pedagogia*, Laterza, Roma-Bari 2009

T. De Mauro, *Introduzione alla semantica*, Laterza, Roma-Bari 1998

T. De Mauro, *Lezioni di linguistica teorica*, Laterza, Roma-Bari 2008

T. De Mauro, *Prima lezione sul linguaggio*, Laterza, Roma-Bari 2002

U. Fabietti, *Storia dell'antropologia*, Zanichelli, Bologna 2011

L. Firpo, *Storia delle idee politiche, economiche e sociali*, Voll. V e VI, UTET, Torino 1973

R. Massa, *Istituzioni di pedagogia e scienze dell'educazione*, Laterza, Roma-Bari 2000

L. Mecacci, *Manuale di storia della psicologia*, Giunti, Firenze 2008

G. Poggi e G. Sciortino, *Incontri con il pensiero sociologico*, Il Mulino, Bologna 2008

G. Sola, *La teoria delle elites*, Il Mulino, Bologna 2000

VII

A. Civita, *La filosofia del vissuto: Brentano, James, Dilthey, Bergson, Husserl*, Unicopli, Milano 1982

U. Eco e T.A. Sebeok, a cura di, *Il segno dei tre. Holmes, Dupin, Peirce*, Milano, Bompiani 2004

S. Gozzano, *Storia e teorie dell'intenzionalità*, Laterza, Roma-Bari 1998

P. Guarnieri, *Introduzione a James*, Laterza, Roma-Bari 1985

A. Pessina, *Introduzione a Bergson*, Laterza, Roma-Bari 2010

G. Proni, *Introduzione a Peirce*, Bompiani, Milano 1990

C. Marmo, *Storia della semiotica*, Bup, Bologna 2014

S. Nannini, *L'anima e il corpo. Un'introduzione storica alla filosofia della mente*, Laterza, Roma-Bari 2002

P. Rossi, *Lo storicismo tedesco contemporaneo*, Edizioni di Comunità, Einaudi, Torino 1994

F. Tessitore, *Introduzione allo storicismo*, Laterza, Roma-Bari 1991

VIII · IX

F. Bianco, *Introduzione a Gadamer*, Laterza, Roma-Bari 2004

A. Bonomi, *La struttura logica del linguaggio*, Bompiani, Milano 2001

A. Camus, *Il mito di Sisifo*, Bompiani, Milano 2013

A. Camus, *Lo straniero*, Bompiani, Milano 2001

G. Chiurazzi, *Il postmoderno*, Bruno Mondadori, Milano 2002

V. Costa, E. Franzini, P. Spinicci, *La fenomenologia*, Einaudi, Torino 2002

B. Croce, *Estetica come scienza dell'espressione e linguistica generale*, Laterza, Roma-Bari 1908

F. D'Agostini e N. Vassallo, a cura di, *Storia della filosofia analitica*, Einaudi, Torino 2002

S. De Beauvoir, *L'età forte*, Einaudi, Torino 1960

M. De Caro e M. Ferraris, a cura di, *Bentornata realtà. Il nuovo realismo in discussione*, Einaudi, Torino 2012

U. Eco, *I limiti dell'interpretazione*, Bompiani, Milano 1990

H. F. Ellenberger, *La scoperta dell'inconscio*, Bollati Boringhieri, Torino 2003

C. Esposito, *Heidegger*, Il Mulino, Bologna 2013

A. Fabris e A. Cimino, *Heidegger*, Carocci, Roma 2009

M. Ferrari, *Introduzione al neocriticismo*, Laterza, Roma-Bari 1997

M. Ferraris, *Storia dell'ermeneutica*, Bompiani, Milano 1988

M. Ferraris, *Introduzione a Derrida*, Laterza, Roma-Bari 2003

P. Frascolla, *Il Tractatus logico-philosophicus di Wittgenstein. Introduzione alla lettura*, Carocci, Roma 2000

S. Freud, *Racconti analitici*, Einaudi, Torino 2011

A. Ghisalberti (a cura di), *Mondo Uomo Dio. Le ragioni della metafisica nel dibattito filosofico contemporaneo*, Vita e Pensiero, Milano 2010

A. Gramsci, *I quaderni del carcere*, Einaudi, Torino 2007

P. Hadot, *Wittgenstein e i limiti del linguaggio*, Bollati Boringhieri, Torino 2007

V. Jankelevitch, *Pensare la morte?*, Cortina, Milano 1985

A. J.P. Kenny, *Wittgenstein*, Bollati Boringhieri, Torino 1984

E. Lévinas, *Totalità e infinito. Saggio sull'esteriorità*, Jaca Book, Milano 1990

D. Marconi, *Guida a Wittgenstein: il "Tractatus", dal "Tractatus" alle "Ricerche", matematica, regole e linguaggio privato, psicologia, certezza, forme di vita*, Laterza, Roma-Bari 1997

L. Mecacci, *Il caso Marilyn M. e altri disastri della psicoanalisi*, Laterza, Roma-Bari 2002

L. Mecacci, *Storia della psicologia nel Novecento*, Laterza, Roma-Bari 2007

M. Merleau-Ponty, *Fenomenologia della percezione*, Bompiani, Milano 2003

M. Musto, *Ripensare Marx e i marxismi*, Carocci, Roma 2011

G. Piana, *I problemi della fenomenologia*, Mondadori, Milano 1966

G. Piana, *Interpretazione del "Tractatus" di Wittgenstein*, Il Saggiatore, Milano 1975

S. Pietroforte, *La scuola di Milano. Le origini della Neoscolastica italiana (1909-1923)*, Il Mulino, Bologna 2005

S. Resnik, *Spazio mentale*, Bollati Boringhieri, Torino 1990

M. Santambrogio, a cura di, *Introduzione alla filosofia analitica del linguaggio*, Laterza, Roma-Bari 1992

J.-P. Sartre, *La nausea*, Einaudi, Torino 2005

J.-P. Sartre, *L'essere e il nulla*, Il Saggiatore, Milano 2008

F. Volpi, a cura di, *Guida ad Heidegger*, Laterza, Roma-Bari 1997

G. Vattimo, *Introduzione ad Heidegger*, Laterza, Roma-Bari 1971

A. Voltolini, *Guida alla lettura delle "Ricerche filosofiche" di Wittgenstein*, Laterza, Roma-Bari 1998

찾아보기

Philos 003

경이로운 철학의 역사 3
현대 편

1판 1쇄 발행 2020년 10월 23일
1판 4쇄 발행 2024년 6월 14일

엮고지은이 움베르토 에코, 리카르도 페드리가
옮긴이 윤병언
펴낸이 김영곤
펴낸곳 아르테

편집 김지영 최윤지
디자인 박대성   교정 박서운
기획위원 장미희
출판마케팅영업본부 본부장 한충희
마케팅 남정한 한경화 김신우 강효원
영업 최명열 김다운 김도연 권채영
해외기획 최연순 소은선
제작 이영민 권경민

출판등록 2000년 5월 6일 제406-2003-061호
주소 (10881) 경기도 파주시 회동길 201(문발동)
대표전화 031-955-2100 팩스 031-955-2151 이메일 book21@book21.co.kr

ISBN 978-89-509-7586-9   04100
ISBN 978-89-509-7583-8 (세트)